CONSTRUIR EL PAISAJE

CONSTRUIR EL PAISAJE

MATERIALES, TÉCNICAS Y COMPONENTES ESTRUCTURALES

ASTRID ZIMMERMANN (ED.)

Birkhäuser
Basilea

CONSTRUIR EL PAISAJE

INTRODUCCIÓN

En el paisajismo o la arquitectura del paisaje, al igual que en cualquier otra actividad relacionada con el diseño, un paso ineludible entre la idea del proyecto y su realidad construida es el desarrollo de los detalles constructivos. Solo una meticulosa elaboración de estos puede garantizar que la calidad del proyecto se conserve en el resultado final. La base para el éxito —a largo plazo— de una obra construida es, por tanto, el respeto hacia las propiedades de los materiales utilizados, así como la adopción de métodos constructivos adecuados tanto a los materiales como a la función. Dadas las particulares condiciones del *exterior* como emplazamiento, debe prestarse especial atención a aspectos como el posible impacto de las condiciones del lugar y la durabilidad de los equipamientos de uso público.

La presente publicación está dirigida a todas las personas que se dedican a la configuración de espacios al aire libre y buscan una introducción al proyecto técnico y constructivo. Este manual ofrece una visión general básica de los materiales, técnicas constructivas y técnicas de plantación utilizadas en los proyectos de exteriores en contextos urbanos.

El manual se divide en tres secciones independientes: «Materiales», «Principios estructurales» y «Elementos estructurales y sistemas constructivos», que pueden a su vez relacionarse entre sí modularmente.
En la primera parte se describen los materiales utilizados habitualmente en los espacios al aire libre. Se presentan sus propiedades básicas, así como sus cualidades superficiales, sus posibilidades de uso y los diferentes productos.
La segunda parte está dedicada a cuestiones fundamentales en el diseño de estructuras portantes, y su intención es servir de apoyo tanto a los propios proyectos de construcción del lector como a la discusión informada con los proyectistas de estructuras. En el primer capítulo se exponen las leyes que rigen el comportamiento estructural. Los capítulos siguientes se dedican a las conexiones entre elementos portantes, a la mecánica de suelos y a los diferentes tipos de cimentaciones.
En la tercera parte se describe cómo y con qué elementos se construyen las áreas exteriores; tanto las construcciones de menor entidad, como muros, vallas, escaleras o elementos de agua, como las áreas pavimentadas y no pavimentadas. En relación con ellos se tratan temas importantes, como el drenaje y diversos aspectos de las técnicas de plantación. Junto a los principios básicos de cada tema y detalles típicos, se presentan diversos tipos de construcción mediante proyectos reales específicos que van más allá de los detalles convencionales y amplían el campo de aplicación.

Uno de los temas centrales de la arquitectura del paisaje es la vegetación entendida como material de construcción. En los capítulos «Las Plantas» y «Praderas de césped y otras áreas sembradas», se tratan las características, posibilidades de uso y demandas de diferentes grupos de plantas. Puede encontrarse más información en los capítulos sobre técnicas de plantación (capítulos 3.9 y 3.10) y en los más relacionados con la vegetación como material de construcción (por ejemplo, el capítulo «Cubiertas ajardinadas»). La amplitud y diversidad de la temática, especialmente en lo referido a formas de crecimiento y ámbitos de aplicación de las plantas, hace imposible su tratamiento exhaustivo en una publicación como esta. Debido a que cada región cuenta con una multitud de factores variables resultado de sus peculiaridades climáticas y edafológicas, llegados a este punto, los lectores deberán consultar la literatura específica correspondiente. Cuando es posible y está justificada una visión general de las especies vegetales más importantes, los capítulos dedicados a la construcción se complementan con tablas de plantas. > **Capítulos 3.12 Elementos de agua, 3.13 Jardines verticales y 3.14 Cubiertas ajardinadas**

Las condiciones climáticas de una región determinan tanto el uso de determinadas especies vegetales como las técnicas constructivas empleadas en áreas exteriores. Con el fin de poder establecer reglas generales, la información incluida en esta publicación se limita al área de Europa central. En cualquier caso, muchas de las técnicas constructivas son aplicables en otras regiones sin cambios o con mínimas adaptaciones.

La normativa europea proporciona actualmente regulaciones internacionales que afectan a muchos aspectos de la construcción; dicha normativa es la base de los códigos técnicos citados en esta publicación. Cuando se tratan otros aspectos para los que no se cuenta con regulación comunitaria, se hace referencia a normas y directrices alemanas. En cada caso particular, debe comprobarse que se cumple la normativa del país. La bibliografía y las listas de referencias que se encuentran al final de cada capítulo pueden servir de ayuda al respecto. También se recomienda la consulta de las ediciones nacionales de la normativa europea, que suelen incluir las regulaciones suplementarias.

En algunos capítulos se citan las normas publicadas por la FLL (Forschungsgesellschaft Landschaftsentwicklung Landschaftsbau, Asociación de Investigación en Desarrollo y Diseño Paisajístico), establecidas como estándares en Alemania, aunque fuera de dicho país no son de obligado cumplimiento. La información que contienen refleja los avances científicos y la experiencia práctica acumulada, por lo que fuera de Alemania pueden considerarse como recomendaciones.

Construir el paisaje se plantea como una obra de referencia en el tema de la construcción de la arquitectura del paisaje, cuya intención es acompañar el proceso de diseño desde la fase de proyecto hasta la solución técnica y constructiva —óptima, a ser posible—, aportando información útil al proceso. Junto a los conocimientos técnicos básicos, también pretende proporcionar inspiración y estímulo para el proyecto de construcción.

Como guía para investigaciones más avanzadas, el apéndice de esta publicación contiene listas de bibliografía relacionada, de normativa y de directrices, además de información adicional sobre cada tema. También se incluye un resumen sobre bibliografía de consulta de cada capítulo.

Astrid Zimmermann
Berlín, verano de 2008

CONSTRUIR EL PAISAJE

Un ensayo de Cordula Loidl-Reisch

La fascinante interacción entre el paisaje —la capa más dinámica de la superficie terrestre— y la construcción constituye el tema central de la presente publicación. El paisaje puede ser tanto el *sustrato* del proyecto construido como la *base* ligada al lugar. En cualquier caso, el interés está en que se trata de un proceso recíproco, en el que el paisaje, a través de sus peculiaridades, dicta las condiciones generales, mientras que la construcción, a su vez determinada por las propiedades de sus elementos estructurales, ofrece una respuesta.

Construir, en castellano, procede del verbo latino *construere*, que significa «componer», «acumular», «montar», «erigir» o «edificar», establecer una configuración material o inmaterial. El término en latín incluye todas las ideas, consideraciones, principios, cálculos, estrategias y procedimientos que contribuyen al correcto funcionamiento esperable de un producto técnico, ya se trate de un aparato o de una edificación. El significado de la palabra también implica ordenar la materia y darle forma.

Talea, también en latín, significa, en su primera y más restrictiva acepción, «ramita cortada», de ahí que nuestro verbo *detallar* («descomponer», «pormenorizar»), derivado de él, describa el proceso de descomposición o división de algo en secciones menores. *Detalle* puede también referirse tanto a una particularidad como a una descripción precisa, y por lo general representada a mayor tamaño, de una sección sacada de una entidad mayor. Por lo tanto *detallado* significa también aquello que queda descrito con precisión y minuciosamente en todos sus aspectos.

Todo aquel que quiera dedicarse a la construcción debe amar los detalles, una predilección que no debe confundirse con una meticulosidad excesiva, y que es especialmente necesaria, pues actúa como un motor para el desarrollo de nuevas aplicaciones y el perfeccionamiento de las existentes. Si bien los suplementos culturales suelen diferenciar claramente entre los *inventores* y los *pensadores* —y solo a estos últimos les permiten ser espíritus despreocupados—, para desarrollar buenos detalles hace falta ser un *inventor* apasionado, alguien cuya actitud obsesiva le permita innovar en su trabajo.

Un planteamiento coherente en el desarrollo de un proyecto desde los primeros bocetos hasta los detalles constructivos es útil y aconsejable. Pero, si en esta última fase uno se ve atrapado en una actitud de rigor despiadado, lo mejor es tomárselo con humor y darle a las ideas un pequeño giro.

«¡Construid, no calculéis!», exige Karlheinz Wagner en su artículo «Fragil Bauen» (2005, p.8), y señala que la optimización de un sistema estático depende en gran medida de los materiales, al tiempo que subraya la importancia de tener en cuenta la adecuación de estos durante todo el proyecto, desde los primeros bocetos de la estructura, pasando por los detalles constructivos, hasta los acabados finales.

Las ganancias en confort han sido siempre un motor de la evolución en la construcción, y hoy tienden a serlo aún más. Si creemos las predicciones de Eva Gesine Baur en su libro *Was kommt, was bleibt* (1999), en el futuro la comodidad será la principal motivación a la hora de elegir la ropa. Probablemente lo mismo ocurra con el espacio exterior como objeto de consumo.

«El hecho es que a las personas nos gustan las cosas cómodas», afirma Peter Eisenman. Es comprensible que los elementos que se encuentran en los espacios interiores sirvan de inspiración para los objetos situados al aire libre, y que se establezcan así las demandas tanto estéticas como de confort de los espacios *trasladados* al exterior. Estos deben adaptarse a condiciones mucho más exigentes, tanto de resistencia a las inclemencias del tiempo como de drenaje del agua de lluvia. También puede observarse la transferencia periódica de elementos y materiales del interior al exterior, y viceversa.

Por otro lado, también el *Zeitgeist* y las tendencias de moda de él resultantes acaban afectando a la manera de construir y a la elección de materiales. Pensemos en un ejemplo *anguloso*: durante los años setenta se tenía en alta estima el ángulo de 45º, y se usaba prácticamente para todo, desde la planta de una vivienda hasta el detalle de un objeto; actualmente nos falta aún distancia temporal para poder tener una actitud completamente relajada con respecto a ese ángulo. Después llegaron los ángulos de 90º, rigurosamente precisos, como los que amaba Donald Judd. En esa época hasta el más leve biselado en las esquinas era tabú. Actualmente, objetos que en principio debieran contar con ángulos rectos exhiben unas graciosas esquinas redondeadas, cuando no todos sus ángulos oblicuos.

Los procesos de densificación urbana implican intervenciones en emplazamientos complicados y con frecuencia requerimientos casi paradójicos. También los usuarios conflictivos generan necesidades de construcciones especiales; por ejemplo, elementos similares a jaulas que permitan que las plantas crezcan protegidas de actos vandálicos, de posibles daños y de usos inadecuados. El empleo de plantas trepadoras con la idea de «conquistar deliberadamente el espacio aéreo» puede ser la solución constructiva para emplazamientos artificiales, complicados o excesivamente angostos.

El planteamiento *one-size* («estandarizado»), por el contrario, promete la simplificación pragmática del proyecto de planificación mediante el uso de elementos de aplicación *universal*, con lo que eso supone de rapidez constructiva. El uso de productos estandarizados no implica necesariamente una menor durabilidad, pero sin duda refuerza la tendencia hacia la globalización de los paisajes urbanos. Paul Virilio lo expresa claramente en su obra *La estética de la desaparición:* «Cuando una técnica desaparece, en realidad es sustituida por otra que se considera más eficaz».

El denominado *diseño universal*, comprometido y atento a la diversidad de usuarios y a sus necesidades especiales, lleva desarrollándose desde finales de los años 1980. En él los elementos se construyen para garantizar un amplio rango de usos y flexibilidad, para permitir un uso simple e intuitivo, con el menor esfuerzo físico. Junto a la dimensión ecológica de la construcción creativa, son precisamente los aspectos perseguidos por el diseño universal los que se perfilan como los mayores retos desde el punto de vista creativo y constructivo en el futuro próximo.

Por otro lado, si las estrategias *antiedad* están afectando a todas las áreas de la vida en el momento presente, ¿por qué iba a quedar fuera la arquitectura del paisaje? Una deseable pátina como signo del paso del tiempo ofrece un atractivo contraste. Donde la pátina emana un aura de modernidad, como en el caso del acero cortén con su potente y convincente apariencia oxidada, el efecto envejecido es apreciado y deja claro, también a nivel constructivo, lo que el diseño de espacios exteriores —sobre todo en lo que se refiere al arbolado— no es y no puede en ningún caso ser: efímero.

Una excepción a la durabilidad deseable en la mayoría de los casos para un espacio al aire libre son los jardines temporales, una forma novedosa, artística y a la vez social de diseño de espacios exteriores. Los que se dedican a ella dejan a otros la posibilidad de rediseñar en el mismo lugar y en un futuro cercano algo más interesante (cf. Pierre Bertaux, *La Mutation humaine).*

Por si esto fuera poco, también se dan condiciones generales que lo facilitan: los jardines temporales en ocasiones no tiene que durar ni siquiera todo un verano, por lo que pueden usarse alegremente materiales ligeros, variopintos e incluso perecederos. Todo está permitido siempre que nadie pueda hacerse daño.

Por supuesto, se da una búsqueda constante de soluciones nuevas e interesantes, de construcciones que sigan las tendencias de moda o, mejor aún, las tendencias que señalan hacia la innovación. Y, en efecto, lo novedoso está asociado a ciertas condiciones:

· Nuevos materiales que inevitablemente conducen a nuevas formas constructivas.
· Combinaciones inéditas de materiales, seleccionadas de forma innovadora.
· Formas y proporciones hasta el momento poco habituales.
· Nuevos usos.
· Nuevas libertades que pueden ser resultado, por ejemplo, de la sensacional estabilidad de un increíble material nuevo.
· Y, por supuesto, una nueva forma de *ver*, en general.

Los proyectos sensacionales dejan siempre huella. Quedan como ejemplos a imitar, despiertan deseos y establecen nuevas demandas en cuanto a materiales y construcción. Pero incluso las construcciones más innovadoras forman parte de un proceso evolutivo, y su novedad dura poco.

Para ellas sirve también la cita de Paul Virilio en *Estética de la desaparición* (1986, p. 107) en relación con las máquinas locomotoras: en cuanto una nueva forma de construir surge, deja de contarse entre las cosas que faltan; ya no es algo por venir, sino que está ahí, preparada para quedar obsoleta.

Ser consciente de la durabilidad más o menos limitada de los paisajes construidos no debería desalentar a quien los crea, como tampoco el hecho de que las áreas al aire libre sufran una enorme presión por parte de sus usuarios. Lo que hace falta es una mayor investigación sobre el vandalismo y la creación de estrategias positivas. En el desarrollo de los detalles constructivos, la elección de los materiales adecuados resulta decisiva para contrarrestar esos efectos.

Cuando en 1929 se publicó el duodécimo volumen de la colección «Die Gartenschönheit» («La belleza del jardín») bajo el título *Hausgartentechnik (Tecnología del jardín doméstico),* la arquitectura del paisaje se centraba casi exclusivamente en el diseño de jardines para casas y mansiones. Dicha publicación aspiraba a reflejar cuál era el estado de la tecnología aplicable en ese campo (Poethig y Schneider, 1929, p.7).

El título de la presente publicación, *Construir el paisaje,* es en sí una muestra de lo mucho que la disciplina ha ganado en contenido espacial en los últimos ochenta años, y de su emancipación de los trabajos de jardinería doméstica (aunque estos siguen dando lugar a propuestas muy atractivas): la arquitectura del paisaje ha pasado a ser parte del paisaje. Y «si se quisiera establecer un orden de prioridad entre las artes, aunque la idea resulta bastante absurda, podrían ordenarse según su grado de dependencia respecto a la materia, lo que daría esta secuencia: arquitectura, escultura, pintura, poesía y música». Podemos sonreír ante los devaneos intelectuales del pensador paradójico Egon Friedell en su libro *Kulturgeschichte der Neuzeit* (publicado en Alemania en 1927, p. 23), y aun así preguntarnos dónde quedaría situada la arquitectura del paisaje en esa lista jerárquica; entre la arquitectura y la escultura, probablemente.

El título *Construir el paisaje* hace referencia literal a los aspectos materiales de la *construcción* entendida como el desarrollo, bien de formas arquitectónicas sobre el paisaje como *sustrato*, bien de edificaciones *solo* vinculadas al paisaje.

En la introducción a *Hausgartentechnik*, Poethig y Schneider dejaron bien clara en aquel momento su intención de que la publicación sirviera para «evitar las controversias artísticas sobre el diseño de jardines». También en ese sentido han cambiado mucho las cosas desde 1929.

La presente publicación aspira a objetivos artísticos más ambiciosos: mediante la exposición de posibilidades, limitaciones e interdependencias, pretende servir de inspiración en los procesos de desarrollo de detalles.

Por otro lado, ya entonces Poethig y Schneider consideraban desfasado el punto de vista de algunos especialistas en jardines que defendían su derecho a no desvelar los secretos técnicos de su arte. La intención de esta publicación es dar las claves del comportamiento básico de los materiales, y demostrar las propiedades y principios físicos y de diseño de los componentes estructurales para facilitar la construcción mediante la elección de las técnicas de conexión entre ellos más apropiadas.

Además, el presente libro se dirige a personas creativas y llenas de curiosidad, imaginación crítica y perseverancia, dispuestas a resolver los retos planteados por las nuevas situaciones que —en interpretación libre de Sigmund Freud— suelen ser fuente de todo tipo de malestares.

Finalmente, aspira al ambicioso objetivo de *destrozar* la forma de pensar en los proyectos. De desplazar el motor creativo desde la idea sublime y la unidad absoluta hasta el plano más terrenal de los detalles convincentes, las combinaciones de materiales adecuadas, la correcta elección de acabados superficiales, el cromatismo armonioso, etcétera. Se trata de formar parte del proceso iterativo desde lo pensado, pasando por lo desarrollado, hasta lo construido, un resultado material que debe satisfacer unos propósitos determinados para un lugar específico, y que para ello debe hablar en un *lenguaje* lo más expresivo posible.

1 MATERIALES

1.1 EL SUELO

COMPONENTES, PROPIEDADES, CLASIFICACIÓN
- Componentes del suelo
- Clasificación por tamaño de partículas (tipos de suelo)
- Suelos destinados a la edificación. Trabajabilidad (clases de suelos) y aptitud para fines constructivos (grupos de suelos)
- Suelos para plantaciones
- Suelos contaminados

SÓLIDOS SECOS A GRANEL
- Agregados pétreos de origen natural
- Agregados artificiales
- Sólidos secos a granel para plantaciones

PROTECCIÓN DE SUELOS

MUESTREO E IDENTIFICACIÓN DE SUELOS
- Estudios geotécnicos
- Identificación de suelos

Astrid Zimmermann

1.1 EL SUELO

El suelo no es únicamente una base para construir, sino también una herramienta creativa fundamental para los paisajistas. El suelo crea la forma y funciona como vínculo entre la superficie y el terreno situado bajo ella, adoptando, por ejemplo, la apariencia de un área ajardinada, un camino o un edificio. El suelo es fundamental para casi cualquier decisión creativa en el diseño de espacios exteriores.

Según el uso que se vaya a dar al suelo, este tendrá unas demandas determinadas, por lo que es necesario valorar sus características en relación con el tipo de proyecto de que se trate. > **Figs. 1.1.1 y 1.1.2**

Si bien todos los proyectos deberían tender a modificar el suelo lo menos posible, en muchas ocasiones, por razones económicas o ecológicas, las condiciones del terreno o la normativa urbana pueden exigir el aporte de suelos o la sustitución de los existentes. Si el suelo no cumple las condiciones para la edificación por no tener suficiente capacidad portante, por ejemplo, deben tomarse medidas de mejora o sustitución del suelo.

Fig. 1.1.1: El suelo como base de cimentación:
a) preparación de la base para la construcción

b) instalación y compactación de una capa portante

Fig. 1.1.2: El suelo como material de modelado del terreno y futura superficie ajardinada

COMPONENTES, PROPIEDADES, CLASIFICACIÓN

Componentes del suelo

El suelo se forma a partir de materiales pétreos disgregados como resultado de procesos mecánicos, químicos y biológicos (sobre tipos de rocas > **Capítulo 1.5 Piedra natural**. Los componentes minerales así disgregados forman depósitos con mayor o menor contenido de aire. Los componentes del suelo pueden ser tanto orgánicos como minerales. La capa más superficial del suelo, enriquecida con depósitos de origen orgánico, se denomina suelo superficial (*topsoil* en inglés) o cubierta edafológica. Los componentes orgánicos del suelo superficial reciben el nombre de humus. La turba es un tipo de suelo totalmente orgánico. Los depósitos de ciertos materiales, resultado de procesos industriales pero con propiedades similares a las de los materiales pétreos (por ejemplo, las escorias de altos hornos), también se llaman suelos. Por su parte, el *suelo natural* es el que se ha producido en un lugar por sedimentación y meteorización, y no ha sido modificado.

La estructura del suelo está determinada por el tamaño, la forma y la irregularidad de los componentes sólidos de este > **Capítulo 2.2 Cimentaciones**. El espacio libre entre dichos componentes es el volumen poroso, ocupado por fluidos como agua y aire (u otros gases). La relación agua/aire del volumen poroso puede cambiar; un aumento en el contenido de agua supone una reducción en el volumen de aire, y viceversa. La compresión reduce el volumen poroso. La estructura del suelo queda modificada cuando se interviene en él. En particular, la compresión debida a las cargas (gravitatorias o de paso) puede reducir considerablemente el volumen poroso de un suelo y, por tanto, su permeabilidad. Los movimientos de tierras disminuyen la estabilidad del suelo.

En cuanto al agua contenida en el suelo, se distingue entre agua filtrada, agua retenida y agua capturada. El agua de precipitaciones o de condensación (diámetro del poro

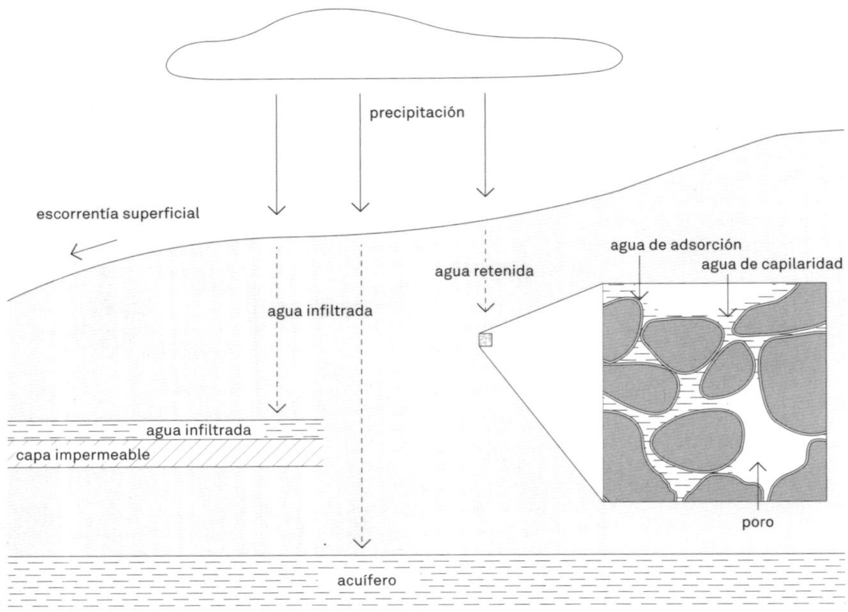

Fig. 1.1.3: Representación esquemática de un acuífero

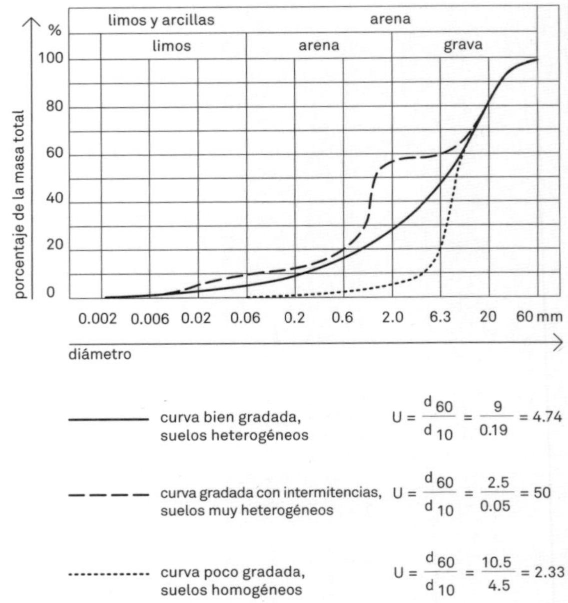

Fig. 1.1.4: Curvas granulométricas: ejemplos de suelos bien gradados (heterogéneos), gradados con intermitencias (muy heterogéneos) y poco gradados (homogéneos)

d > 0,01 mm) se filtra, contribuyendo a recargar el acuífero, o bien permanece como agua retenida (medida del poro: 0,0002 mm > d >0,01 mm) en las capas superiores del suelo. A su vez, puede permanecer como agua de adsorción (retenida en la superficie de las partículas del suelo) o como agua de capilaridad (retenida en los poros) del suelo. Si los poros tienen un diámetro menor de 0,0002 mm y aumenta la presión del agua, el agua retenida se fija a las partículas del suelo y lo inhabilita para el cultivo. > **Fig. 1.1.3**

El suelo se clasifica en función de su aptitud para la edificación; es decir, de acuerdo con sus propiedades significativas a ese respecto. Así, según el uso a que esté destinado, existen diferentes clasificaciones.

Clasificación por tamaño de las partículas (tipos de suelos)

Una primera clasificación, que no proporciona una valoración en términos de uso, puede hacerse en función del tamaño de los componentes del suelo, de su distribución y de otras características de acuerdo con las normas EN ISO 14688-1 (Identificación y Descripción de Suelos) y EN ISO 14688-2 (Principios de Clasificación de Suelos). Estos estándares tipifican los suelos según el tamaño de sus componentes minerales, dividiéndolos en suelos de grano fino (arcillas y limos), de grano grueso (arenas y gravas) y de grano muy grueso (piedras y rocas).
Los suelos de grano fino también se denominan cohesivos, y los de grano grueso, no cohesivos o granulares. Los suelos en cuya composición intervienen granos diversos se definen en función de las proporciones de unos y otros. > **Tab. 1.1.1**

Los suelos cohesivos también se subdividen según su plasticidad y consistencia, lo que proporciona información acerca de su aptitud para ser trabajados y moldeados. Los suelos con un alto contenido en limos tienen poca plasticidad, mientras que los suelos con un elevado contenido en arcillas la tienen alta. Según su consistencia, los suelos cohesivos pueden dividirse en suelos muy blandos, blandos, de consistencia media, firmes y duros. Si son muy blandos, no alcanzan un mínimo de firmeza y no pueden trabajarse. Su aptitud para ser trabajados aumenta al disminuir el contenido de agua, por lo que los suelos de consistencia media a dura se consideran los más aptos.
Los suelos no cohesivos pueden diferenciarse a su vez según la distribución del tamaño de sus partículas, lo que proporciona información sobre la compactabilidad de los suelos y su resistencia a cortante. Se distingue así entre suelos uniformemente gradados (homogéneos), bien gradados (con alguna irregularidad en el tamaño de los granos) y de gradación discontinua (con muchas irregularidades y ausencia de granos de determinados tamaños). > **Fig. 1.1.4 y Capítulo 2.2 Cimentaciones**
Los suelos bien gradados compactan muy bien; los de gradación discontinua, bastante bien, y los uniformemente gradados, peor. La permeabilidad de las gravas de gradación discontinua es mayor que la de las bien gradadas.

Suelos destinados a la edificación. Trabajabilidad (clases de suelos) y aptitud para fines constructivos (grupos de suelos)

Trabajabilidad del suelo

La naturaleza de los suelos influye en el mayor o menor esfuerzo requerido para mover, transportar, almacenar y depositar tierras; las diferencias entre unos y otros pueden ser enormes. Con el fin de valorar la naturaleza y magnitud de los trabajos necesarios, es preciso contar con una clasificación de la aptitud del suelo para ser trabajado. El suelo superficial o la cubierta edafológica constituye una clase en sí mismo, ya que siempre debe trabajarse y almacenarse por separado de los demás suelos para no mezclarse con ellos. > **Tab. 1.1.2**

Aptitud para fines constructivos

Según para qué vaya a usarse —como base para cimentaciones, como material para modelar el terreno o como capa de drenaje—, el suelo debe cumplir diferentes requerimientos. La resistencia a cortante y la compresibilidad son parámetros importantes a la hora de valorar un terreno en función de su adecuación como soporte de cimentaciones o como elemento estructural de obras de tierras. Si un suelo cede de forma constante bajo una carga, esta acabará modificando la forma de aquel (compresibilidad). Todos los suelos gruesos (gravas, arenas y las mezclas que las incluyen) y algunos suelos de granulometría mixta (los suelos con un porcentaje alto de limos de diámetro superior a 0,063 mm tienen mal funcionamiento) ofrecen una estabilidad a cortante de buena a muy buena, y también una compresibilidad del mismo nivel. Los suelos de granulometría fina muestran una compresibilidad reducida, pues el agua retenida en los poros tarda mucho tiempo en salir. Por otra parte, si son finos, los suelos pueden tardar años e incluso décadas en asentarse, mientras que los gruesos se asientan casi de inmediato. > **Capítulo 2.2 Cimentaciones**
La base de cimentación debe resistir las cargas debidas al peso del edificio y a su uso. Mediante el compactado se aumenta la capacidad portante de los suelos y se evitan posibles asentamientos a posteriori. El grado de compactación necesario depende de las cargas previstas, pero no todos los suelos admiten la compactación requerida. El ensayo de Proctor proporciona información sobre la densidad máxima que permite cada tipo de suelo. > **Capítulo 2.2 Cimentaciones**
Los suelos finos (cohesivos) son difíciles de compactar y presentan tiempos largos de asentamiento. Por el contrario, los no cohesivos son más compactables. Las mejores características de compactación o compresibilidad se encuentran en suelos bien gradados (heterogéneos).

Los suelos con un alto volumen poroso (las gravas y arenas) son más permeables que los finos, y los suelos de granulometría uniforme son por lo general más permeables que los bien gradados. La permeabilidad de un suelo se determina mediante el coeficiente de permeabilidad k (m/s). Los suelos gruesos y de granulometría uniforme son los mejores para drenajes. Aquellos que presentan un porcentaje alto de finos, especialmente los suelos arcillosos ligera y medianamente plásticos en estado compactado, prácticamente no dejan pasar el agua, por lo que se utilizan para impermeabilizar

	Área	Nombre	Símbolo	Tamaños de partículas en mm	Descripción según norma DIN 4022 / DIN 18196
Suelos no cohesivos	suelos muy gruesos	**grandes piedras**	**LBo**	**> 630**	Y
		piedras	**Bo**	**> 200–630**	
		guijarros	**Co**	**> 63–200**	X
	suelos gruesos	**grava**	**Gr**	**> 2–63**	G
		grava gruesa grava media grava fina	CGr MGr FGr	> 20–63 > 6,3–20 > 2–6,3	gG mG fG
		arena	**Sa**	**> 0,063–2**	S
		grava gruesa grava media grava fina	CSa MSa FSa	> 0,63–2 > 0,2–0,63 > 0,063–0,2	gS mS fS
Suelos cohesivos	suelos finos	**limos**	**Si**	**> 0,002–0,063**	U
		limos gruesos limos medios limos finos	CSi MSi FSi	> 0,02–0,063 > 0,0063–0,02 > 0,002–0,0063	gU mU fU
		arcillas	**Cl**	**< 0,002**	T
Otros	**suelos orgánicos** **rellenos**		**Or** **Mg**	—	H A

	Área	Nombre	Símbolo*	Propiedades	
				Fracción principal	**Fracción secundaria**
	suelos compuestos (ejemplos)	grava arenosa	saGR	grava	arena
		arena gruesa con grava fina	fgrCSa	arena gruesa	grava fina
		limos con arena gruesa y grava fina	fgrcsaSi	limos	grava fina y arena gruesa
		grava y arena	Gr/Sa	proporciones aproximadamente iguales	

* La fracción secundaria se escribe en minúscula

Tab. 1.1.1: Clasificación e identificación de tipos de suelo según el tamaño de las partículas

Fuente: EN ISO 14688-1 ampliada

(por ejemplo, en estanques). Cuanto menor sea el tamaño de las partículas del suelo, más subirá el agua por capilaridad. > Tab. 1.1.3

La estabilidad de un suelo aumenta en función del peso de las partículas, por lo que los suelos gruesos son menos sensibles a la erosión, dado su mayor peso. En el caso de los suelos finos, sin embargo, el tamaño de los granos es decisivo: si bien un alto contenido en limos reduce la estabilidad, un menor tamaño de grano —como el de las arcillas— proporciona una mayor cohesión, lo que hace que las partículas queden *pegadas* entre sí. Por otra parte, el contenido de humus en el suelo superficial reduce la erosión.

El agua convertida en hielo en el interior del suelo puede ocasionar importantes dilataciones y asentamientos, lo que pone en peligro la estabilidad de los edificios. La heladicidad (sensibilidad al hielo) de un suelo se acentúa cuanto menor es su volumen poroso, y también cuando el contenido en agua aumenta debido a una mayor capilaridad. Si se construye sobre un suelo heladizo, la cimentación debe ser resistente a heladas, o bien debe disponerse una capa de protección contra las heladas que gracias a su granulometría evite el ascenso del agua por capilaridad. Todos los suelos no cohesivos son resistentes a las heladas. Los suelos limosos son más sensibles a estas que los arcillosos. > **Capítulos 2.2 Cimentaciones y 3.2 Caminos y plazas**

Clase de suelo		Descripción del tipo de suelo
1	Capa superficial	Estrato superior del suelo, con contenido de humus
2	Suelos fluidos	Consistencia entre fluida y pastosa, el agua se elimina con dificultad
3	Suelos fácilmente trabajables	Suelos entre no cohesivos y poco cohesivos, con ≥ 15% de limos o arcillas (d < 0,06 mm) y ≤ 30% de piedras (d = 63-300 mm), suelos orgánicos estables (p. ej. turbas)
4	Suelos moderadamente trabajables	Mezclas de arena, grava, limos y arcillas con ≥ 15% de limos o arcillas (d < 0,06 mm) y suelos semifirmes cohesivos de plasticidad entre ligera y mediana
5	Suelos trabajables con dificultad	Similares a los suelos de clase 3 y 4, pero con > 30% de piedras (d = 63-300 mm), suelos cohesivos y no cohesivos con ≥ 30% piedras (d = 300-600 mm) y arcillas plásticas entre blandas y semifirmes
6	Rocas fácilmente trabajables y suelos similares	Rocas fracturadas, quebradizas, desmoronadizas, pizarrosas o erosionadas, y suelos firmes o reforzados con > 30% de piedras (d = 300-600 mm)
7	Rocas trabajables con dificultad	Rocas con una alta resistencia estructural, poco fracturadas y erosionadas, bloques > 600 mm

Tab. 1.1.2: Clasificación de los suelos según su trabajabilidad — Fuente: DIN 18300

Tipo de suelo	Permeabilidad*	Coeficiente de permeabilidad kf (m/s)	Contenido de agua en %	Altura capilar (m)
grava gruesa	muy altamente permeable	superior a 10^{-2}	1–3	0–0,05
grava entre fina y media	muy permeable	10^{-3}–10^{-2}		
arena gruesa		10^{-4}–10^{-3}		0,03–0,10
arena media		aprox. 10^{-4}	2–5	0,10–0,30
arena fina	permeable	10^{-5}–10^{-4}	9–15	0,30–1,00
suelo grueso, saturado			hasta aprox. 20	
limos gruesos	de permeable a levemente permeable	10^{-8}–10^{-5}	10–20	1,00–3,00
limos medios				3,00–10,00
limos finos				10,00–30,00
arcillas medianamente plásticas	muy poco permeable	10^{-11}–10^{-8}	20–30	30,00–300,00
arcillas muy plásticas			30–80	
suelos finos, saturados			hasta aprox. 250	
limos orgánicos	muy poco permeable	10^{-11}–10^{-9}	40–80	
arcillas orgánicas			50–150	
turba, saturada			hasta aprox. 800	

* Tomada de la norma DIN 18130

Tab. 1.1.3: Permeabilidad, contenido en agua y altura capilar

	Grupo de suelo	Abreviatura	Aptitud para la construcción									
			Propiedades						Adecuación			
		según DIN 18196	resistencia a cortante	compactabilidad	compresibilidad	permeabilidad	erosionabilidad	heladicidad	base de cimentación	material de construcción – sellados	material de construcción – soportes	material de construcción – drenajes
Suelos gruesos	grava uniformemente gradada	GE	+	+o	++	--	++	++	+	--	+	++
Suelos gruesos	mezcla bien gradada de grava y arena	GW	++	++	++	-o	+	++	++	--	++	+o
Suelos gruesos	mezcla poco gradada de grava y arena	GI	++	+	++	-	o	++	++	--	++	+o
Suelos gruesos	arena uniformemente gradada	SE	+	+o	++	-	-	++	+	--	o	+
Suelos gruesos	mezcla bien gradada de arena y grava	SW	++	++	++	-o	+o	++	++	--	+	+o
Suelos gruesos	mezcla poco gradada de arena y grava	SI	+	+	++	-o	+o	++	++	--	+	+o
Suelos mixtos	mezcla de grava y limos	GU	++	+	++	o	+o	-o	++	-	+	-
Suelos mixtos	mezcla de grava y limos (alto contenido en finos)	GU *	+	+o	+	+	-o	--	+	+o	-	--
Suelos mixtos	mezcla de grava y arcillas	GT	+	+	+	+o	+o	-o	++	-o	+o	-
Suelos mixtos	mezcla de grava y arcillas (alto contenido en finos)	GT *	+o		o	+o	++	+o	-	+o	+	--
Suelos mixtos	mezcla de arena y limos	SU	++	+	+	o	o	o	++	o	-o	-
Suelos mixtos	mezcla de arena y limos (alto contenido en finos)	SU *	+	o	+o	+	-	--	o	+o	--	--
Suelos mixtos	mezcla de arena y arcillas	ST	+	+o	+o	+o	o	-o	+	o	-	--
Suelos mixtos	mezcla de arena y arcillas (alto contenido en finos)	ST *	+o	-o	+o	++	-o	-	o	+	--	--
Suelos finos	limos ligeramente plásticos	UL	-o	-o	+o	+o	--	--	+o	o	--	--
Suelos finos	limos medianamente plásticos	UM	-o	-	-o	+	-	--	o	+o	--	--
Suelos finos	limos muy plásticos	UA	-	-	-	++	-o	-o	-o	-o	--	--
Suelos finos	arcillas ligeramente plásticas	TL	-o	-o	o	+	-	--	o	++	--	--
Suelos finos	arcillas medianamente plásticas	TM	-	-	-o	++	-o	-o	o	+	--	--
Suelos finos	arcillas muy plásticas	TA	--	--	--	++	o	+o	-o	-	--	--
Otros (selección)	limos con añadidos orgánicos y limos de origen orgánico	OU	-o	-	-o	+o	--	--	--	-	--	--
Otros (selección)	arcillas con añadidos orgánicos y arcillas de origen orgánico	OT	--	--	-	++	-o	-o	--	-	--	--
Otros (selección)	suelos entre gruesos y mixtos con humus añadido (p. ej. la capa superficial)	OH	--	--	-	++	-o	-o	--	-	--	--
Otros (selección)	suelos entre gruesos y mixtos, con añadidos orgánicos y formaciones calcareosilíceas	OK	+	o	-o	-o	o	+o	-o	--	--	--
Otros (selección)	turba entre nada descompuesta y medianamente descompuesta (humus)	HN	-	--	--	o	+o	-	--	--	--	--

resistencia a cortante	compactabilidad	compresibilidad … heladicidad	Adecuación
-- muy baja	-- muy pobre	-- muy alta	-- inadecuado
- baja	- pobre	- alta	- no muy adecuado
-o moderada	-o moderada	-o de media a alta	-o o medianamente viable
o media	o media	o media	o viable
+o de media a alta	+o de media a alta	+o de poca a media	+o adecuado
+ alta	+ alta	+ muy poca	+ muy adecuado
++ muy alta	++ muy alta	++ prácticamente nula	++ óptimo

Tab. 1.1.4: Agrupación de suelos según su aptitud para la construcción

Fuente: DIN 18196, tabla 4, extracto

Clasificación según la aptitud para fines constructivos (grupo de suelo)

En Alemania, la norma DIN 18196 clasifica los suelos por grupos de acuerdo a su composición material y las cualidades resultantes. > **Tab. 1.1.4** Además, cada grupo de suelo proporciona información sobre su aptitud como base de cimentación y como material de construcción en sí mismo (por ejemplo, para sellados, como soporte o como drenaje).

Suelos para plantaciones

Cuando un suelo presenta vegetación, el estrato que las raíces deben atravesar y que proporciona a las plantas su base vital se denomina capa de soporte vegetal. Se diferencia así entre la capa superficial y el subsuelo situado bajo ella.
Los criterios fundamentales para la capa de vegetación son la permeabilidad y la disponibilidad de agua, la penetrabilidad por raíces, el pH del suelo y el aporte de nutrientes. Además del tipo de suelo, el contenido orgánico ejerce un efecto crucial en el nivel de agua y de nutrientes. El humus junto con las finas partículas de las arcillas forma el compuesto humus-arcilla. Esta es, sin duda, la mejor estructura para la capa superficial; mejora el contenido en aire, agua y nutrientes, y además se reduce la tendencia a la erosión y a la meteorización.
El suelo destinado a plantaciones debe estar suelto y lleno de cavidades. Para los suelos no cohesivos, el pH ideal se encuentra entre 5,5 y 6 (ligeramente ácido), y para los cohesivos, entre 6,5 y 7,5 (neutro). La mejores condiciones para el crecimiento de la vegetación las proporcionan las arcillas arenosas o las arenas arcillosas con una buena granulometría, pero también existen otros tipos de suelos que pueden ofrecer condiciones adecuadas para el crecimiento de la vegetación si se eligen para cada lugar las especies pertinentes.
Para evitar daños en la estructura del suelo, este solo debe trabajarse en las zonas donde vayan a crearse nuevas superficies de plantación. Cuando se trata de suelos cohesivos, debido a sus propiedades plásticas pueden producirse cambios irreversibles en la estructura del mismo siempre que el contenido de agua subterránea sea excesivamente alto. En ese caso, se forma una capa impermeable de arcillas y limos finos en la superficie del terreno que impide el adecuado suministro de agua y aire. Por esa razón los suelos cohesivos y muy cohesivos no deben trabajarse antes de haberse secado y hasta ofrecer una consistencia semisólida; este plazo puede retrasar el calendario de construcción. Se trata de una circunstancia que también se da en arenas margosas y margas arenosas, gravillas margosas y gravas, así como en limos plásticos y margas con o sin contenido en gravillas o gravas. Los trabajos en suelos poco cohesivos deben iniciarse solo una vez que la superficie se haya secado hasta alcanzar una consistencia firme. Este tipo de suelos incluye las arenas algo limosas, los loess arenosos y los loess magrosos, así como las gravas. No hay restricciones para las arenas o las mezclas de grava y gravillas.

Suelos contaminados

Los suelos utilizados para fines constructivos o de plantación deben estar libres de contaminantes, o contenerlos en cantidades muy reducidas. Según cuál sea el grado de contaminación, puede admitirse la continuidad en el uso o la reutilización de esa tierra, o puede requerirse su completa sustitución. En este caso, es fundamental para el funcionamiento del suelo y para el uso sobre él previsto garantizar que las tierras aportadas estén en buen estado.
Si el suelo va a ser destinado a áreas con vegetación, a zonas de protección de agua potable o a otras igualmente sensibles (por ejemplo, áreas de juego para niños), las exigencias son mayores que en las zonas destinadas a construcciones técnicas o rellenos. La legislación o los gremios implicados establecen los rangos de valores permitidos en cada caso. En Alemania, por ejemplo, es el Landesarbeitgemeinschaft Abfall (LAGA). Los suelos se clasifican (de acuerdo a la notificación 20 del LAGA) en función de los valores de contaminantes establecidos. Así, se permite en ellos un uso sin límites o limitado (de Z0 a Z2), o solo el vertido (de Z3 a Z5).
El ministerio de medioambiente de cada país suele ofrecer información. En Suiza, por ejemplo, el Servicio Federal de Medioambiente ofrece la ayuda necesaria, que puede consultarse *on-line*.

SÓLIDOS SECOS A GRANEL

En el mercado están disponibles diversos sustratos y agregados pétreos con diferentes combinaciones de materiales y granulometría, que responden a los distintos requerimientos de los numerosos ámbitos de uso.

Agregados pétreos de origen natural

Los agregados pétreos de origen natural pueden encontrarse en su estado original o triturados. El material se obtiene de arenales, graveras y canteras. Si se somete a un proceso de machaqueo o triturado, se obtiene arena de machaqueo, gravilla o balasto. > **Fig. 1.1.5**
Estos materiales se utilizan, entre otras cosas, como capas resistentes a las heladas, para drenajes, cimentaciones, superficies no deslizantes, o como componentes de hormigones y morteros. Para las capas resistentes se prefieren los materiales de machaqueo, pues las aristas vivas y las superficies planas de los granos garantizan una mayor trabazón y, por tanto, más estabilidad. Tanto las arenas como las gravillas trituradas de primera categoría son agregados que cumplen los más altos requerimientos de calidad y suelen utilizarse para el acabado de superficies.
Los materiales de origen volcánico (por ejemplo, la piedra pómez, la toba volcánica o la lava) son agregados pétreos que, sin haber sido triturados, presentan estructuras granulares angulosas. Debido a su ligereza y a su estructura porosa, las rocas volcánicas son especialmente apropiadas para la construcción de cubiertas ajardinadas y para conseguir suelos más permeables y aireados. > **Tab. 1.1.5**

Los suelos cohesivos son adecuados como material de construcción porque se les puede dar forma a voluntad. Como resultado de su composición granulométrica, presentan propiedades muy diversas y, por tanto, sirven para usos muy diferentes. La marga es un tipo de suelo compuesto principalmente de arena, limo y arcilla. Es adecuada para la elaboración de muros de barro, para el relleno de estructuras de entramado o como revoco de barro.

Fig. 1.1.5: Diversos agregados pétreos

Tab. 1.1.5:
a) Agregados pétreos según el tipo de grano y la descripción comercial estándar

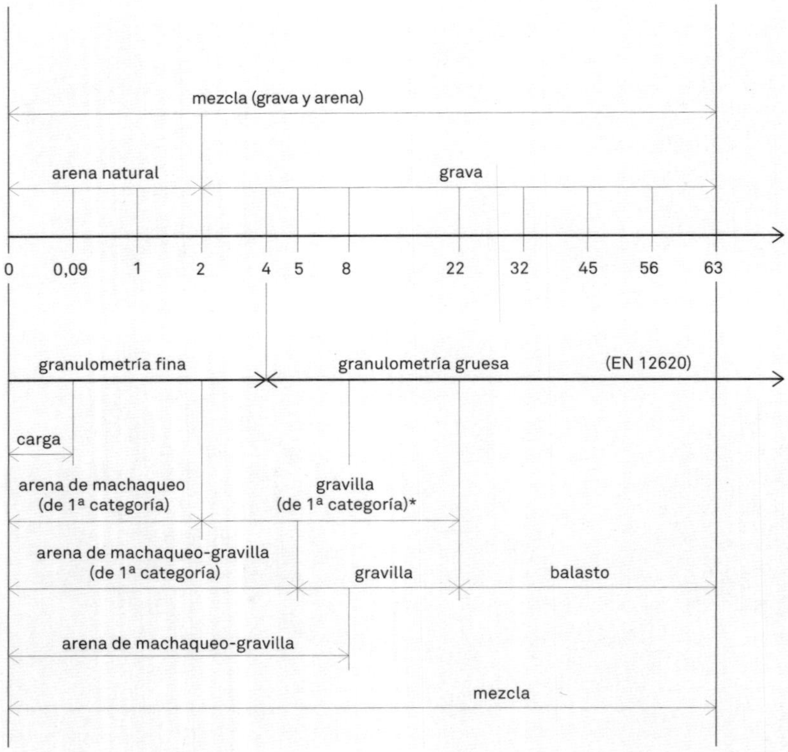

b) Áridos disponibles en el mercado (rango de elección)

Descripción	Granulometría en mm	Ejemplos de uso
Grano redondo		
Arena natural	0/1 (arena fina), 0/2	Cama y material de rejuntado en pavimentos de adoquín, recrecidos, relleno de zanjas, agregado (en hormigones y morteros), superficies antideslizantes para juego y deporte: de especial calidad para vóley-playa, golf, paddocks y áreas infantiles
Grava	2/4, 4/8, 8/16, 11/22, 16/32, 32/63, 32/56, 32/63	Cama de drenaje, agregado (en hormigones), capas antiheladas, grava decorativa
Mezcla (grava arena)	0/3, 0/4, 0/8, 2/8, 0/16, 0/32, 0/56, 0/63	Rellenos, antideslizante (2/8), capas antiheladas y resistentes (0/32, 0/56), agregado (en hormigones), capa superficial en pavimentos, grava decorativa
Grano de machaqueo		
Filler (harina de roca)	≤ 0,09	Agregado (en hormigones y asfaltos)
Arena de machaqueo (de 1ª categoría)*	0/2	Agregado (en hormigones y asfaltos), relleno de zanjas
Arena de machaqueo-gravilla	0/5, 0/8	Cama en pavimentos de adoquín, relleno de zanjas
Arena de machaqueo-gravilla (de 1ª categoría)	0/5, 0/3 1/3	Cama y material de rejuntado en pavimentos de adoquín, gravilla para esparcir sobre asfalto
Gravilla (de 1ª categoría)*	2/5, 5/8, 8/11, 11/16, 16/22	Capa superficial en pavimentos, cama en pavimentos de adoquín (2/5), agregado (en hormigones y asfaltos)
Gravilla	5/8, 5/11, 8/11, 8/16, 11/16, 16/22, 22/32, 16/32	Agregado (en hormigones y asfaltos), drenajes (11/16, 11/22, 16/22, 16/32)
Balasto	32/45, 32/56, 45/56	Capa de absorción bajo aleros, estabilización de suelos, zanjas de drenaje/de filtración
Mezcla de granos	0/32, 0/45, 0/56 y también 0/16, 0/22	Capa superficial en pavimentos (granos de menor tamaño), agregado (en hormigones y asfaltos), capas antiheladas (de 0/5 a 0/56), capas resistentes (0/32, 0/45, 0/56**)

* Para la arena de machaqueo de 1ª categoría y la gravilla de 1ª categoría se establecen especificaciones más exigentes en cuanto al tamaño, calidad y composición del grano
** También descrita como capa resistente de balasto (D)

Fig. 1.1.6: Sólidos secos a granel para cobertura de áreas plantadas:
a) cobertura de corteza (*mulch*)
b) gravilla
c) *mulch* teñido
d) grava

a | b
c | d

Debido a su singular estructura interna, las arcillas —en especial las ligeramente plásticas— permiten una compactación tan completa que con ellas pueden formarse capas prácticamente impermeables. La arcilla compactada se utiliza, por ejemplo, para la construcción de estanques. También puede encontrarse en forma de placas de arcilla o en polvo, como arcilla pulverizada o bentonita.

Agregados artificiales

Además de los materiales pétreos de origen natural, en el mercado se encuentran productos fabricados industrialmente. Puede distinguirse entre los materiales reciclados obtenidos de escombros de edificación y obra civil (hormigón, asfalto y ladrillo) y los productos derivados de la industria. La arcilla expandida aligerada es un material de construcción producico industrialmente, como resultado de someter a altas temperaturas determinados minerales arcillosos, pero en general los productos industriales derivados se definen como sustancias que quedan como residuo de procesos de producción. Tal es el caso de las escorias de altos hornos o de incineración de residuos.

Por motivos de sostenibilidad y viabilidad económica, debe fomentarse el uso de materiales reciclados (RC) y de subproductos de la industria, y con frecuencia es obligatorio en los proyectos de obras públicas. Sin embargo, hay que tener cuidado a la hora de elegir estos materiales, pues pueden estar contaminados. Así, solo pueden utilizarse materiales probados y certificados como apropiados.

Su uso está limitado, particularmente en áreas que puedan tener importancia en términos de captación de agua y de calidad del agua subterránea. Sin embargo, los materiales reciclados de alta calidad pueden utilizarse sin problemas en determinados casos en la superficie de áreas de protección de aguas. El nivel freático y la permeabilidad del terreno son en estos casos parámetros importantes. La disposición de capas continuas sobre los materiales reciclados ofrece una protección adicional. A este respecto se distingue entre sistemas constructivos permeables al agua, semipermeables o impermeables. En Alemania y Suiza las autoridades responsables de la calidad del agua y de la eliminación de residuos o los organismos cantonales respectivos proporcionan la información y conceden los permisos para la utilización de materiales reciclados.

Sólidos secos a granel para plantaciones

El suelo superficial debe ser apropiado para el tipo de vegetación y el uso previstos. No debe contener materiales extraños (como escombros o residuos), ni restos de vegetación leñosa o difícilmente putrescible que puedan dificultar su buen funcionamiento. En las cubiertas vegetales suele utilizarse roca volcánica como capa de soporte vegetal.

Los materiales secos a granel también se usan para cubrir áreas plantadas con el fin de prevenir el crecimiento de malas hierbas o para mejorar el suelo, además de como sustrato propiamente dicho.

Entre los diferentes tipos de suelos que pueden emplearse para mejorar los terrenos, cabe destacar especialmente ciertos sólidos secos a granel como el compost o el humus de corteza de árbol (a base de cortezas trituradas y convertidas en compost). Como material de cobertura para plantaciones o *mulch*, puede utilizarse tanto corteza de árbol triturada o astillas de madera como agregados pétreos, por ejemplo grava, gravilla o piedra pómez. A la hora de elegir sólidos secos a granel de origen orgánico, debe optarse por productos de calidad controlada (en Alemania, por ejemplo, los que tengan el sello de calidad RAL). > Fig. 1.1.6

PROTECCIÓN DE SUELOS

Cualquier trabajo llevado a cabo en un terreno alterará la estructura del suelo, por lo que toda intervención sobre el terreno deberá limitarse a lo estrictamente necesario, para no afectar al funcionamiento natural del suelo. Especialmente en áreas donde se prevean plantaciones, conviene evitar la compactación debida a cargas estáticas o al paso de vehículos. Por otra parte, debe evitarse la aportación de contaminantes sólidos o líquidos. Estos también suponen un peligro potencial para las aguas subterráneas. En aquellas áreas donde la contaminación del suelo no pueda evitarse, hay que tomar las medidas necesarias, como la disposición de capas impermeables.

También durante la fase de construcción tienen que adoptarse medidas de protección del suelo, entre ellas la identificación de las áreas apropiadas para el acopio de materiales y la organización del acceso de vehículos a la obra de modo respetuoso con el terreno.

Deben tomarse medidas contra la erosión cuando se construya directamente sobre el terreno, en la fase de acopio intermedio y cuando se modifiquen terrenos anteriormente modelados. Los movimientos de tierras, tanto los temporales como los permanentes, deben protegerse contra los agentes atmosféricos e hidrogeológicos. Pueden distinguirse las medidas que implican la manipulación biológica de otras técnicas y constructivas. > **Capítulo 3.1 Modelado del terreno y movimientos de tierras**

El suelo superficial debe estar convenientemente protegido de la desecación y la erosión del viento. Los montones de suelo superficial no deberían superar los 2 m de alto, y se debe garantizarse un adecuado drenaje del agua de lluvia. Si se va a almacenar suelo superficial durante un plazo mayor de tres meses, se recomienda plantar semillas de mostaza o del género *Phacelia,* por ejemplo. > **Capítulo 1.3 Praderas y otras áreas sembradas**

MUESTREO E IDENTIFICACIÓN DE SUELOS

Estudios geotécnicos

Para cualquier proyecto que implique la construcción sobre un terreno existente, es esencial contar con un buen estudio geotécnico, pues este proporcionará información sobre las condiciones del suelo necesaria para llevar a cabo una planificación adecuada. Este paso solo puede omitirse en casos excepcionales; por ejemplo, si el proyecto es de muy pequeña escala, si se cuenta con suficiente información sobre las condiciones del terreno (a veces esta puede proceder de anteriores edificaciones en el sitio) o si las demandas técnicas sobre el terreno son muy pequeñas. La aptitud de un terreno para plantación puede conocerse a través de los organismos dedicados a la agricultura u otras instituciones que hagan estudios sobre los suelos.

El encargo del estudio geotécnico es responsabilidad del cliente. Debe estar referido específicamente al proyecto que se vaya a construir para poder dar respuesta a sus exigencias concretas. Los ingenieros que se encarguen del estudio determinarán la naturaleza y el alcance de la investigación del terreno sobre la base del programa del proyecto, y a continuación redactarán un informe geotécnico acerca de las condiciones geológicas e hidrológicas del suelo, con instrucciones y recomendaciones para las obras de construcción previstas.

El informe debe incluir perfiles del terreno y determinar, entre otros aspectos, la clasificación del suelo (tanto el tipo como la clase y el grupo de suelo), su heladicidad, su permeabilidad, y a qué altura se encuentra el nivel freático. También debe contener instrucciones precisas sobre el tipo y la profundidad de las cimentaciones, su grado de compactabilidad, el contenido de agua, las posibilidades de mejora o la necesidad de eliminación de terrenos contaminados.

Identificación de suelos

Una adecuada identificación del suelo superficial requiere los estudios geotécnicos y las pruebas de laboratorio realizadas en vista a la elaboración de un informe geotécnico. Los responsables del diseño cuentan con otros métodos de identificación. Para tener una primera impresión del terreno pueden consultarse previamente mapas y fotografías aéreas. Las fotografías aéreas tomadas en otras épocas proporcionan información sobre los usos anteriores y sus posibles consecuencias (por ejemplo, contaminaciones, excavaciones o rellenos), mientras que los planos especializados pueden aportar datos sobre la topografía, los estratos geológicos, el terreno existente o la hidrografía. Los mapas del subsuelo y los geológicos que utilizan los ingenieros permiten obtener datos sobre aspectos importantes para la construcción. En muchos sitios se dispone también de bases de datos *on-line*. En Alemania y Suiza, estos catálogos de datos ambientales pueden solicitarse a través de las páginas webs del correspondiente ministerio de medioambiente y de los organismos regionales y cantonales. > **Fig. 1.1.7**

Las condiciones del terreno solo pueden determinarse con precisión mediante el reconocimiento in situ, pues en cualquier momento pueden darse cambios. Una valoración del suelo incluye la observación visual (tanto del relieve como de la vegetación existente y de la granulometría del terreno) y manual, para lo que suelen ser de utilidad los ensayos de amasado, de sacudimiento y de presión con las manos. > **Tab. 1.1.6**

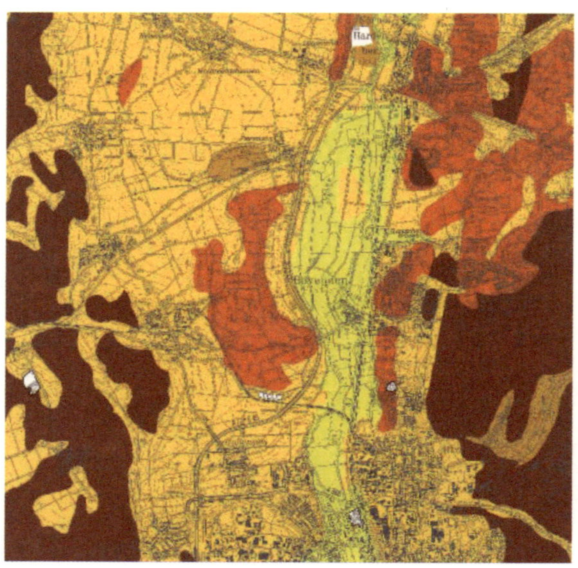

Fig. 1.1.7: Ejemplo de una clasificación de suelos para la ingeniería
Fuente: Umweltdatenkatalog des Landesamtes für Bergbau, Energie und Geologie (LBEG) Hannover (Catálogo de datos medioambientales de la oficina regional de minería, energía y geología de Hannover)

Leyenda

- **Suelos fluidos**
- **Suelos fácilmente disgregables**
- **Suelos disgregables con dificultad med**
- **Suelos disgregables con dificultad**
- **Rocas fácilmente disgregables y tipos de suelos comparables**
- **Rocas difícilmente disgregables**
- **Sin datos**

a) clasificación de suelos no cohesivos

Tamaño de granos (en mm)	Tipo de suelo	Comparación
600		
	rocas	
200		como una cabeza
	piedras	
63		como un huevo de gallina
	grava gruesa	
20		como una avellana
	grava media	
6,3		como un guisante
	grava fina	
2,0		como una cabeza de cerilla
	arena gruesa	
0,63		como un grano de sémola
	arena media	
0,2		apenas visible
	arena fina	
0,063		invisible a simple vista
0,02	suelo cohesivo (> **Tab. 1.1.6b**)	

b) clasificación de suelos cohesivos

Tamaño de granos (en mm)	Tipo de suelo
0,2	suelo no cohesivo (> **Tab. 1.1.6a**)
0,063	
	limos gruesos
0,02	
	limos medios
0,0063	
	limos finos
0,002	
	arcilla

	Muestra de suelo húmedo, pasado tres veces por un rodillo de 3 mm de espesor	Corte de una muestra con la humedad original	Fricción entre los dedos	Sacudir una muestra húmeda en la mano, observar si surge agua en la superficie y si desaparece cuando se presiona con los dedos	Muestra del tamaño de una avellana dejada secar
limos medios	No se pueden formar terrones > poca plasticidad	Superficie mate y sin brillo	Pegajoso, se adhiere	Reacción rápida	Se deshace bajo presión de ligera a moderada
arcilla	Toma forma fácilmente > alta plasticidad	Superficie brillante y lisa	Maleable, no se adhiere	Reacción lenta o inexistente	No se destruye por la presión de los dedos

Fuente: EN ISO 14688-1

c) Plantas indicadoras para determinar las características de los suelos

Características del suelo		Plantas indicadoras
pH del suelo	De muy ácido a moderadamente ácido	*Calluna vulgaris*, brezo *Nardus stricta*, cervuno *Rumex acetosella*, acedera *Scleranthus annuus*, escleranto anual *Spergula arvensis*, esparcilla *Trifolium arvense*, trébol pie de liebre
	Moderadamente ácido	*Anthemis arvensis*, manzanilla bastarda *Chrysanthemum segetum*, corona de rey, santimonia *Digitalis purpurea*, digital, dedalera *Potentilla argentea*, platinaria *Scleranthus perennis*, escleranto perenne *Spergularia rubra*, arenaria roja
	De débilmente ácido a neutro	*Alopecurus myosuroides*, cola de zorra *Apera spica-venti*, apera *Fumaria officinalis*, fumaria *Matricaria chamomilla*, manzanilla *Veronica persica*, verónica
	De neutro a alcalino	*Campanula persicifolia*, campanilla silvestre *Centaurea scabiosa*, centaura mayor *Euonymus europaeus*, bonetero *Geranium pratense*, geranio de prado *Ligustrum vulgare*, aligustre *Ranunculus arvensis*, ranúnculo *Salvia pratensis*, salvia de prado *Sinapis arvensis*, mostaza de campo
	Alcalino	*Adonis flammea*, flor de adonis *Galium glaucum*, galio blanco
Suelo margoso		*Cornus sanguinea*, cornejo *Euonymus europaeus*, bonetero *Ranunculus arvensis*, ranúnculo *Rosa arvensis*, rosal silvestre *Rosa rubiginosa*, rosa mosqueta *Veronica persica*, verónica
Contenido de nutrientes	Pobre en nitrógeno	*Calluna vulgaris*, brezo común *Erophila verna*, pan y quesillo *Potentilla argentea*, platinaria *Rumex acetosella*, acedera *Scleranthus annuus*, escleranto anual *Spergula arvensis*, esparcilla *Sedum album*, sedum, uva cana *Trifolium arvense*, trébol pie de liebre
	Rico en nitrógeno	*Atriplex nitens*, planta de sal *Atriplex patula*, armuelle *Chenopodium bonus-henricus*, espárrago de los pobres, buen enrique *Chenopodium polyspermum*, cenizo *Galium aparine*, lapa, amor de hortelano *Lamium album*, ortiga blanca *Sambucus nigra*, saúco común *Stellaria media*, pamplina, hierba gallinera *Urtica dioica*, ortiga mayor *Urtica urens*, ortiga menor

Fuente: DIN 18915; Ellenberg, H. 1979

Tab. 1.1.6: Métodos visuales y manuales para establecer la composición y las propiedades de un suelo

1.2 LAS PLANTAS

REPRODUCCIÓN DE LAS PLANTAS

PLANTAS LEÑOSAS
- Grados y criterios de calidad
- Plantas frondosas caducifolias y perennes
- Coníferas
- Control y recepción de leñosas

PLANTAS VIVACES (INCLUIDAS LAS HERBÁCEAS Y LOS HELECHOS)
- Hábitats y variedad formal
- Grupos por uso
- Calidad de las plantas

BULBOS Y TUBÉRCULOS (GEÓFITAS)
- Geófitas resistentes a las heladas

PARTERRES Y MACETAS

Ute Rieper

1.2 LAS PLANTAS

Las plantas, como materia viviente, son el material de composición por excelencia de la arquitectura del paisaje. Todos los demás materiales empiezan a envejecer una vez que el proyecto se completa; solo las plantas alcanzan su pleno desarrollo con el paso del tiempo. La vegetación tiene una dinámica interna. Por un lado, las plantas reflejan el ciclo de las estaciones, con sus fases de brotadura, floración y cambio de color de las hojas; por el otro, pasan por diversas fases vitales, desde la juventud hasta la vejez. Este ciclo vital de la vegetación puede alcanzar incluso varios siglos, según las formas de crecimiento. La integración eficaz de la dinámica vegetal y el trabajo creativo sobre ella son rasgos de una buena planificación.

Este capítulo trata sobre los grupos de plantas disponibles como material en la arquitectura del paisaje: plantas leñosas, plantas vivaces, bulbos, cormos y plantas estacionales. Se han clasificado según sus formas de crecimiento y por criterios botánicos. En una breve introducción se enumeran los requerimientos y posibles usos de cada grupo, así como las características cualitativas que cada planta presenta. Dado que las plantas son seres vivos, su calidad depende en gran medida del suelo y del clima; por ello las recomendaciones y los valores empíricos que aquí se ofrecen no son transferibles a otros países sin adaptaciones. Existen grandes diferencias entre las tradiciones de la horticultura en los distintos países europeos, definidas por condiciones climáticas y socioculturales muy diversas. Esto se refleja muy claramente en el rango de especies utilizadas. De ahí que los sistemas de regulación varíen de un país a otro.

Se presentan a continuación los temas fundamentales, con especial énfasis en el uso de plantas leñosas en zonas verdes y parques públicos urbanos. En una publicación como esta, es imposible establecer recomendaciones sobre el uso de los diferentes tipos de plantas, a excepción de la lista de árboles de alineación > **Tab. 1.2.1** y el resumen de duración potencial de las geófitas resistentes a heladas. > **Tab. 1.2.3** Sí se hace referencia a la literatura fundamental sobre el uso de las plantas. Los capítulos siguientes referidos a elementos de agua, aplicación de vegetación a los edificios y cubiertas verdes tratan también acerca del uso de plantas en esas situaciones específicas.

REPRODUCCIÓN DE LAS PLANTAS

Las plantas se reproducen generativamente de modo natural por medio de las semillas. Las plantas generadoras son heterocigóticas, de modo que su progenie puede ser muy diversa. Las especies vivaces y leñosas cultivadas se multiplican mediante técnicas hortícolas de reproducción vegetativa o asexual, con el fin de conservar las cualidades y características genéticas de la planta madre. Los métodos de reproducción vegetativa incluyen injertos, plantones y esquejes. En un injerto, un fragmento de la planta que se desea reproducir —la variedad o injerto propiamente dicho— se une a otra ya asentada —el patrón, pie o portainjerto—, que garantiza la estabilidad de la variedad. Además, el pie aporta características positivas, como tallos más fuertes o un sistema radicular más resistente.

Hoy es práctica habitual de los viveros la distribución tanto de semillas, plantas de semillero y plantones como de plantas adultas a lo largo de toda Europa. Sin embargo, debido a que el origen de las semillas, el suelo y el clima en el lugar de origen de la producción afecta al uso posterior de una planta, debe procurarse que dichas condiciones sean coincidentes en la medida de lo posible con las de la nueva localización. En el caso de Alemania, las plantas cuyas semillas o plantones se producen en áreas de clima más templado sobreviven menos que las adaptadas al clima frío. Estos problemas se hacen más acusados cuanto más duro sea el clima de la nueva situación. Las consecuencias son una alta tasa de pérdidas en las nuevas plantaciones, una menor vitalidad y mayor sensibilidad a las plagas. Los principales factores limitantes son las fuertes heladas, los largos periodos de heladas y las sequías estivales.

Los viveros ofrecen plantas con diversas presentaciones de las raíces. > **Tab. 1.2.4** Con las raíces desnudas, se comercializan sobre todo frondosas jóvenes y ciertas variedades de rosales. Suelen tener un precio comparativamente razonable. Normalmente enraízan sin dificultad, crecen rápidamente en el primer año y se adaptan bien a las condiciones de la nueva localización. La única desventaja es que las leñosas jóvenes suelen necesitar de tres a cinco años para alcanzar una mínima masa vegetal. Además, el periodo de plantación queda limitado a la breve fase de latencia o reposo invernal. Solo cuando se ha iniciado la caída otoñal de las hojas, estas plantas pueden extraerse de la tierra y venderse a raíz desnuda.

Las plantas que se presentan con cepellón se cultivan mediante replantaciones sucesivas. Esto hace que la planta forme una bola compacta y densa de raíces, y es el único modo en que leñosas de porte relativamente grande pueden replantarse. Cuanto más madura sea la planta, más lentamente arraigará y echará nuevos brotes. Este tipo de presentación puede dar problemas si la tierra del cepellón difiere considerablemente del terreno de la nueva localización (por ejemplo, un cepellón arcilloso y un terreno arenoso), pues la ruptura de la capilaridad hará que el agua llegue con dificultad a las raíces. Los cepellones de menor tamaño suelen envolverse en arpillera, mientras que los grandes se recubren con malla metálica. El periodo de plantación de las plantas con cepellón es entre unas dos y cuatro semanas más largo que el de las plantas a raíz desnuda, en primavera y otoño.

Las plantas también se presentan en contenedores y macetas, lo que supone que pueden plantarse durante todo el año. El volumen del contenedor de las leñosas y su tamaño se miden en litros. Las plantas herbáceas se presentan habitualmente en macetas. Suelen tener un sustrato

con base de turba. Dado que ese sustrato de turba rico en humus suele diferir bastante del terreno mineral de la localización final, puede haber problemas de enraizamiento y absorción de agua. La extracción de turba también representa un problema para la conservación del medioambiente. Están empezando a aparecer sustratos con otras materias primas, pero su uso no está aún muy difundido.
La mejor época para plantar la mayoría de las especies leñosas y vivaces es a principios del otoño. Las raíces siguen creciendo mientras la temperatura no baje de 5 ºC. Así, los ejemplares recientemente trasplantados pueden disponer de un sistema radicular bien establecido capaz de sobrevivir a los meses más secos del verano del año siguiente. La plantación en primavera tiene sentido en suelos particularmente densos o para variedades que no soporten bien las heladas. > **Capítulo 3.9 Técnicas de plantación y cuidado de las superficies ajardinadas**

PLANTAS LEÑOSAS

Las plantas leñosas son variedades perennes con tallos leñosos aéreos. Dentro de ellas, los árboles se caracterizan por tener un crecimiento apical, es decir, crecen a partir de la yema apical o terminal y generalmente desarrollan un eje continuo, que apenas se divide. Los arbustos crecen desde el rizoma y generalmente desarrollan un gran número de tallos. Debido a su tamaño, ambos grupos son adecuados para crear masas tridimensionales, que pueden ser elementos puntuales (un árbol solitario), cubiertas y áreas (arboledas, bosquetes) o estructuras lineales (avenidas, setos), y pueden crecer libremente o con podas más o menos severas. Existen tres tipos básicos de sistemas radiculares que se desarrollan en suelos profundos: raíces pivotantes que crecen profundamente en el suelo, verticalmente, y tienen una raíz principal claramente más gruesa que las demás; sistemas en los que un gran número de raíces crecen más o menos verticalmente, y otros horizontales en los que las raíces se desarrollan sobre todo en diagonal y horizontalmente. Los sistemas radiculares son específicos de cada especie, e importantes para determinar criterios de uso.

Grados y criterios de calidad

Las plantas leñosas se ofrecen en varios tamaños, llamados grados. Los estándares de calidad definen los grados y los tamaños mínimos aceptados.
Los criterios son el número de tallos, la altura y/o el ancho, el perímetro del tronco a la altura de 1 m (en el caso de los árboles), el número de trasplantes y la formación de raíces o volumen del contenedor para los arbustos y las plantas leñosas en maceta. > **Fig. 1.2.1** Además, y sobre todo, debe atenderse a la autenticidad de la variedad, a la buena salud y al buen aspecto general de las plantas, lo cual garantizará que estén en condiciones de crecer sin problemas en su nueva localización. > **Fig. 1.2.1**

A la hora de aceptar las plantas leñosas ofrecidas en un vivero, debe tenerse en cuenta que se cumplan además otros requisitos. Los árboles y arbustos deben presentar la forma que sea típica para su especie y su edad. Por ejemplo, un árbol joven tendrá naturalmente una copa más bien estrecha, mientras que otro de la misma especie pero que lleve más tiempo en el vivero y esté plantado en solitario debería tener una copa algo más amplia. La edad relativa se refleja principalmente en la posición de las ramas. Los árboles jóvenes crecen vigorosamente y sus ramas forman ángulos agudos próximos al tronco. Los árboles de más edad, generalmente de mayor tamaño y que han sido trasplantados varias veces, suelen presentar las ramas más horizontales.
Los arbustos deben tener una estructura regular y un buen número de ramas. Las copas muy irregulares o las terminaciones desnudas del tronco son motivo de reclamación. Lo mismo puede decirse de las ramas excesivamente retorcidas o de las horquillas en el tronco, pues reducen la estabilidad de la copa a largo plazo, al dañarse las ramas mutuamente cuando empiezan a ganar grosor. Las heridas debidas a podas realizadas en el vivero deben presentar indicios de cicatrización; por ejemplo, que sobre ellas haya crecido nueva corteza. También es importante que no haya malas hierbas en los cepellones ni en las macetas, como la gramilla (*Elymus repens*) o la angélica menor o egopodio (*Aegopodium podagraria*); si se utilizan plantas vivaces o arbustos de bajo porte al pie de los árboles, estas malas hierbas crearán un problema de mantenimiento en el futuro, que requerirá una cantidad considerable de esfuerzo extra. Las malas hierbas que se propagan por semillas pueden tolerarse. > **Tab. 1.2.2**

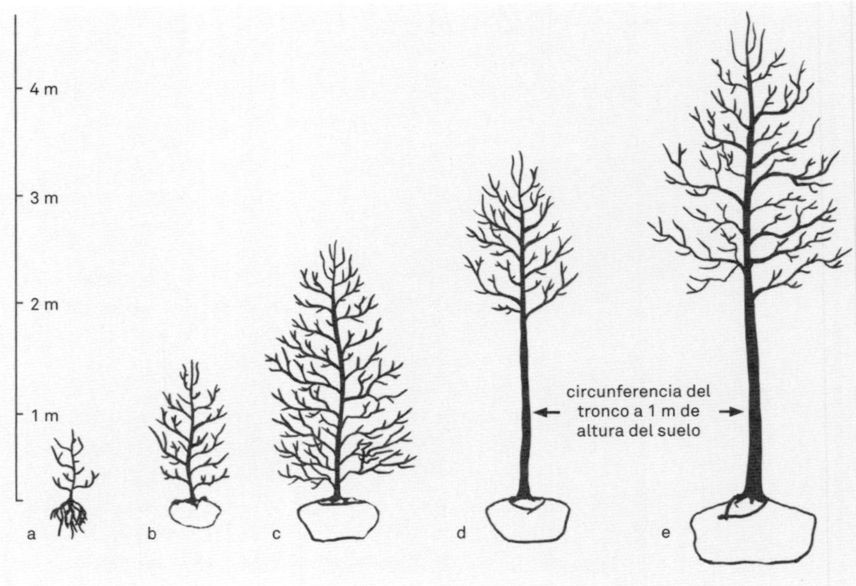

Fig. 1.2.1: Diagrama esquemático de la clasificación por tamaño de ejemplares de *Carpinus betulus* (carpe blanco):
a) arbolito joven, trasplantado una vez, altura: 60-80 cm
b) árbol joven, trasplantado dos veces, con cepellón, altura: 125-150 cm
c) árbol joven exento, trasplantado tres veces, con cepellón protegido con malla de alambre, anchura: 100-150 cm, altura: 250-300 cm
d) árbol adulto, trasplantado tres veces, con cepellón protegido con malla de alambre, circunferencia del tronco: 14-16 cm
e) árbol adulto exento, trasplantado cuatro veces, con cepellón protegido con malla de alambre, anchura: 100-150 cm, altura: 250-300 cm

Plantas frondosas caducifolias y perennes

Las plantas leñosas frondosas son angiospermas dicotiledóneas (la semilla tiene dos cotiledones) con hojas con nervaduras. La textura del follaje puede ir de fina a gruesa, dependiendo de la especie. Los efectos decorativos se deben principalmente a su aspecto (por su forma de crecimiento, por ejemplo, apuntado, colgante o con copa amplia), pero también a su floración, sus frutos o su color en otoño. Las plantas de hoja caduca de follaje verde en verano proceden de climas templados en los que las estaciones son muy marcadas. Cada año producen un follaje nuevo durante el periodo de foliación. Las plantas de hoja perenne proceden de regiones mediterráneas (áridas) o zonas de inviernos templados y tienen poca resistencia a las heladas.

Los árboles para alineaciones urbanas deben satisfacer dos demandas. La primera es la tolerancia a las adversas condiciones de su emplazamiento urbano: un clima con calor, sequías estivales y radiación reflejada por las

Nº listado	Nombre botánico y en español	Altura máxima en metros	Anchura en metros	Penetración de luz	Requerimientos de sol o sombra	Aptitud para localizaciones urbanas	Observaciones
4	*Acer platanoides*, arce	20-30	15-22	Escasa	Sol a semisombra	Adecuado con limitaciones	Árbol de gran porte y crecimiento rápido, con copa redondeada. Florece antes de la caída de las hojas. Es sensible a la compactación del suelo
7	*Acer platanoides*, arce noruego	10-15	7-9	Escasa	Sol a semisombra	Adecuado	Igual que 4, pero de menor tamaño, con una copa ovalada, compacta y regular, horizontalmente ovalada en los ejemplares adultos. Las hojas jóvenes presentan veteado rojo. Es resistente al clima urbano
32	*Alnus spaethii*, aliso	12-15	8-10	Moderada	Sol	Muy adecuado	Árbol incluido en la lista desde 1995, de crecimiento muy rápido, con una amplia copa piramidal y ramas ligeramente ascendentes. Con la edad se extiende horizontalmente. Su tronco es recto. Sus hojas, de color verde oscuro y un poco brillantes, caen tarde. Presenta riesgo de rotura por nevadas
35	*Betula pendula*, abedul común	18-25 (30)	10-15 (18)	Considerable	Sol	Adecuado con limitaciones	Árbol de gran tamaño y rápido crecimiento con copa no muy densa. No resiste bien el clima urbano, por lo que no debe situarse en áreas pavimentadas. No es muy longevo. Necesita mucha luz. Sus raíces son superficiales. Es un árbol pionero
44	*Corylus colurna*, avellano turco	15-18 (23)	8-12 (16)	Escasa	Sol a semisombra	Muy adecuado	Árbol de tamaño medio a grande con una copa regular, cónica, de base amplia, y tronco muy recto; los frutos son comestibles y acaban cayendo al suelo
59	*Fraxinus ornus*, fresno de flor, orno	8-12 (15)	6-8-(10)	Moderada	Sol	Adecuado	Árbol de pequeño tamaño y rápido crecimiento con copa piramidal o redondeada. No suele presentar ramas rectas. Árbol invasivo, con floración. No se debe utilizar en áreas pavimentadas. Es resistente al clima urbano
62	*Ginko biloba* ginko biloba	15-30 (35)	10-15 (20)	Considerable	Sol a semisombra	Muy adecuado	Árbol de gran tamaño, crecimiento en formas diversas, hojas en forma de abanico. Es dioecio (sus flores son solo femeninas o solo masculinas), resistente a las enfermedades y al clima urbano. Requiere mucha luz. Los frutos caen al suelo. Cambia de color en otoño
85	*Platanus acerifolia*, plátano de sombra	20-30 (40)	15-25	Escasa	Sol	Adecuado	Árbol de gran tamaño y crecimiento rápido, con una amplia copa. En los últimos años es sensible a las plagas. Es resistente al clima urbano
86	*Populus berolinensis*, álamo berlinés	18-25	8-10	Moderada	Sol	Adecuado con limitaciones	Árbol de gran tamaño con tronco fuerte, similar a una columna. Su crecimiento es rápido. Genera chupones
91	*Prunus avium*, cerezo silvestre	15-20 (25)	10-15	Escasa	Sol	Inadecuado	Árbol de tamaño medio, con floración; la fruta acaba cayendo al suelo. Presenta riesgo de gomosis
109	*Quercus robur*, roble común	25-35 (40)	15-20 (25)	Considerable	Sol	Adecuado	Árbol de gran tamaño con amplia copa cónica; se extiende mucho. Es sensible a las plagas. No se debe plantar antes de diciembre
113	*Robinia pseudoacacia*, robinia, falsa acacia	20-25	12-18 (22)	Considerable	Sol	Adecuado	Árbol de gran tamaño con copa abierta, irregular. Crece rápidamente en los primeros años. Tiene floración. Requiere poco mantenimiento, pero es susceptible de daños por viento en suelos ricos en nutrientes. Con la edad tiende a partirse. Genera chupones. Está adaptado al clima urbano
133	*Tilia cordata*, tilo de hoja pequeña	18-20 (30)	12-15 (20)	Escasa	Sol a semisombra	Adecuado con limitaciones	Árbol de gran tamaño, con copa amplia, cónica y densa. Se ensancha con la edad. El porte puede ser variable. Agradece el suelo fresco y aireado; secreta maná
135	*Tilia cordata* var. *greenspire*, tilo de hoja pequeña	18-20	10-12	Escasa	Sol a semisombra	Muy adecuado	Igual que 133, pero más estrecho, más regular y más denso. Se ensancha con la edad. Tiene ramas ascendentes. En algunas regiones sufre necrosis de la corteza

Tab. 1.2.1: Extracto del listado de árboles urbanos del GALK de 2006. De las 145 especies y variedades incluidas; 7 recibieron la calificación de muy adecuadas; unas 40 resultaron adecuadas, y 50, adecuadas con limitaciones. A veces algunas variedades resultan más adecuadas que la especie en general

fachadas de los edificios; poco espacio para las raíces, y un suelo pobre, apelmazado en profundidad y en superficie, con inmisiones, sal antiheladas y orines de perros.

Para evitar que los árboles generen problemas de seguridad vial, deben cumplir también determinados requerimientos funcionales: una buena estabilidad y seguridad frente a las fracturas que minimice el riesgo de caídas de árboles o de roturas de ramas; y un crecimiento recto, con una copa cerrada que asegure un gálibo suficiente y evite el peligro de las ramas bajas. Se deben desechar los árboles que dan fruto, pues su caída sobre el pavimento puede representar un peligro e incrementar el riesgo de resbalones. También deben rechazarse los que produzcan el llamado maná, una secreción dulce de determinados pulgones, pues ensucia los coches aparcados. Por último, no deben usarse especies cuyas raíces se desarrollen muy cerca de la superficie, por el daño que supone para las aceras y calzadas.

Las mejores especies para el clima urbano proceden de las regiones submediterráneas o subtropicales, pues toleran bien el calor y la escasez de agua. La mayoría de las especies arbóreas de Europa central proceden, por el contrario, de zonas boscosas y riberas, por lo que conviene descartarlas. Algunos árboles pioneros, como los álamos (género *Populus*) no son recomendables por su agresivo sistema radicular superficial y horizontal; además, les salen chupones y su madera es quebradiza. No obstante, algunas variedades de plátano (*Acer platanoide*), una especie también pionera, sí son adecuadas.
Habitualmente se redactan listados de plantas recomendadas o inconvenientes con el fin de facilitar la elección de las especies de árboles para alineaciones. En Alemania, el Arbeitskreis der Grünflächenamtsleiterkonferenz o GALK ha publicado una lista de árboles de alineación basándose en las experiencias de los departamentos de parques y jardines locales. >**Tab. 1.2.1** Este grupo de trabajo también intercambia información con especialistas de países vecinos.

Los árboles de alineación se entregan con cepellón y una altura de tronco (o cruz del árbol) de entre 220 y 250 cm.

Aspectos a comprobar	**Criterios**	**Procedimiento, observaciones**
Tamaño	Altura mínima y/o número de ramas principales	Se mide y/o se cuentan en un ejemplar al azar
Anchura	Anchura mínima, ancho total de la copa de ejemplares cultivados exentos	Retirar la protección para el transporte. Se requiere un buen conocimiento de las especies, pues hay grandes diferencias entre unas y otras
Circunferencia del tronco	Circunferencia mínima a 1 m del suelo, según lo especificado en la oferta	Se mide algún ejemplar al azar, o todos si se trata de árboles grandes
Especie o variedad	Debe responder a la especie y variedad especificadas	La tarea se dificulta por la ausencia de follaje, las variedades solo pueden comprobarse durante la floración. Debe retirarse a cada ejemplar la protección para el transporte, para facilitar la identificación
Calidad del cepellón	Raíces firmes y densas en todo el cepellón; no deben aparecer demasiado gruesas en la superficie de este	¿La planta se mueve en el envoltorio del cepellón? Entonces debe reclamarse. Las raíces muy gruesas en la superficie del cepellón indican sobremaduración del producto
Estado de salud	Comprobación de las ramas del último año, los brotes, el follaje y la corteza, así como del crecimiento de líquenes	Debe detectarse cualquier decoloración o distorsión, así como daños por enfermedad; el liquen indica estancamiento en el crecimiento
Daños debidos al almacenamiento y transporte	Las raíces, el cepellón, el tronco y las ramas no deben presentar daños por causas mecánicas, ni debidos a exceso de frío o calor	Deben buscarse raíces secas, ramas dobladas, daños en la corteza (retocados con pintura) y cepellones sueltos. Si las guías del árbol están dañadas, rechace el ejemplar, especialmente en el caso de coníferas y árboles de alineación. Las plantas deben ir siempre protegidas si las temperaturas superan los 25 ºC o en caso de heladas
Ausencia de malas hierbas	Los productos con cepellón o en contenedor deben estar libres de malas hierbas (grama)	En caso de duda, se debe abrir el cepellón o comprobar durante la plantación

Tab. 1.2.2: Criterios de comprobación para aceptar plantas leñosas

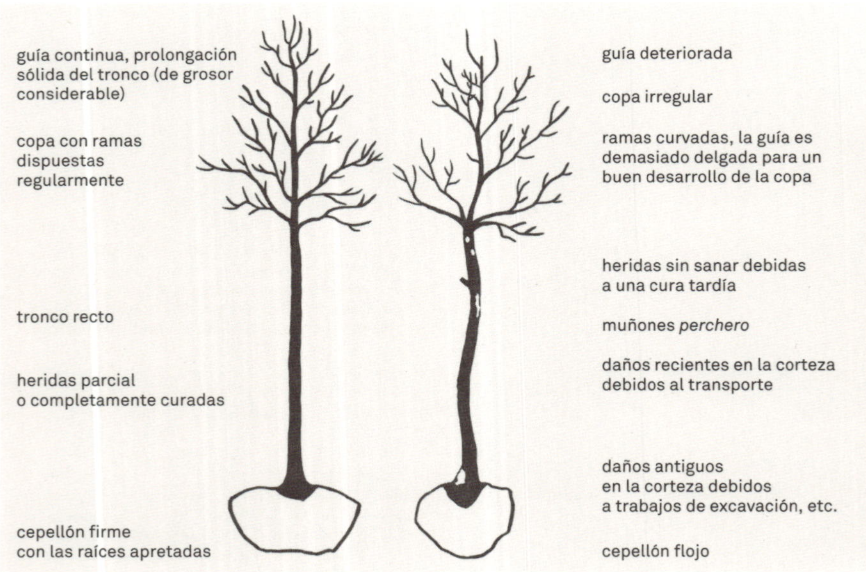

Fig. 1.2.2: Árboles de alineación: diagramas esquemáticos de características positivas y negativas

Fig.1.2.3: Ejemplares producidos para creación de setos: *Prunus laurocerasus* (laurel cerezo o lauroceraso), exento, trasplantado cuatro veces, con cepellón protegido con malla de alambre, 110 x 60 x 200 cm, 8-10 años

Fig. 1.2.4:
a) Esferas realizadas con *Ligustrum vulgare* var. *atrovirens* (aligustre), diámetro: 160-180 cm, trasplantado cinco veces con cepellón de malla de alambre, edad: 15-18 años, recorte anual
b) *Tilia cordata* var. *greenspire* (tilo de hoja pequeña), en espaldera, trasplantado cinco veces con cepellón de malla de alambre, circunferencia del tronco: 40-45 cm, altura total: 570 cm, edad aproximada: 12-15 años
c) *Tilia europaea* var. *pallida* (tilo híbrido de holanda o tilo común) cortado en forma cúbica, trasplantado cuatro veces con cepellón de malla de alambre, circunferencia del tronco: 45-50 cm, altura total aprox.: 400 cm, recorte anual, edad aprox.: 17-22 años
d) *Buxus sempervirens* (boj) cortado en forma de sofá, por encargo, aprox. 2 m de ancho y 1 m de altura, compuesto a base de plantas independientes trasplantadas tres o cuatro veces, edad aprox.: 7-10 años, recorte estructural durante unos 4 años más, recorte 2 veces al año

a | b
c | d

El tronco continuo debe presentar ramas de un grosor medio, de modo que el árbol pueda podarse a los pocos años de la plantación. En las vías principales se requiere una altura de cruz o gálibo de 4,5 m, mientras que en las calles secundarias puede ser algo menor. Los troncos con horquillas o lesiones son objetables en cualquier caso. > **Fig. 1.2.2**

Las plantas para la formación de setos son frondosas, de hoja caduca o perenne, que soportan bien las podas y pueden desarrollarse como arbustos o árboles. Los setos deben presentar muchas ramas desde el tronco hacia arriba y crecer densamente, lo que se consigue con podas repetidas en el vivero. Los arbustos ligeros se venden a raíz desnuda; los más frondosos, con cepellón o en contenedor. > **Tab. 1.2.4** Desde hace algún tiempo se dispone de setos que se comercializan ya formados. Gracias a ellos, zonas recién plantadas tienen inmediatamente un aspecto maduro. > **Fig. 1.2.3**

Las plantas topiarias proceden de frondosas caducifolias y perennes y, más raramente, también de coníferas, sobre todo de tejo común (*Taxus baccata*). Para este fin son adecuados árboles y arbustos que toleren bien la poda, por ejemplo *Carpinus betulus* (carpe blanco), *Fagus Sylvatica* (haya común), *Prunus laurocerasus* (laurel cerezo) y *Buxus sempervirens* (boj). No hay normativas estandarizadas para la calidad de las plantas topiarias. En los viveros de cierto tamaño, se ofertan en las formas y figuras más variadas: los árboles en forma de esfera, columna o abanico, y los arbustos principalmente con formas geométricas como esferas, cubos o conos. En viveros especializados pueden encargarse figuras especiales no incluidas en el catálogo general, pero pueden tardar un mínimo de cuatro años en estar listas. Las plantas topiarias se utilizan habitualmente para áreas exteriores formales. > **Fig. 1.2.4**

Los árboles de gran porte no pueden cultivarse en vivero, sino que se extraen de la localización donde han estado toda su vida y se trasplantan como especímenes más o menos maduros. Allí donde se plantan, generan un efecto inmediato e impresionante, debido a su aspecto maduro, expresivo y muchas veces irregular. Los costes del trasplante pueden ser muy variables, de bajos a bastante altos, dependiendo de las especies y del tamaño, de la localización previa y de la distancia de transporte. La tasa de pérdidas es considerablemente más alta que en las plantas de vivero, pues la mayor parte de las raíces de un árbol maduro se pierden en el trasplante, y deben recuperarse cuidadosamente, a un elevado coste. Habitualmente este tipo de árboles necesitan un anclaje permanente, pues su sistema radicular no suele desarrollarse con la fuerza suficiente. Debido a que por edad los árboles maduros no son muy adaptables, lo más importante es que la especie sea la adecuada para al uso y la localización. Si

las necesidades fundamentales del árbol en cuanto a luz y suelo no se tienen en cuenta, el crecimiento de los árboles trasplantados se paraliza, e incluso pueden morir poco a poco.
Los árboles frutales son inadecuados para su uso en espacios públicos. Dado que los frutales son comparativamente exigentes en términos de suelo y clima, no suelen prosperar en ámbitos urbanos. También requieren podas regulares, anuales en un primer momento, y por lo general no se cuenta con los recursos ni con el personal suficiente para ello. Además, la fruta caída puede causar problemas en calzadas y praderas. Los árboles frutales silvestres o decorativos pueden ser una alternativa sensata fuera de las áreas densamente pobladas, pues por lo general son más resistentes y necesitan menos mantenimiento.
Las plantas colgantes y trepadoras son leñosas frondosas que no pueden mantenerse por sí mismas, pues necesitan el apoyo de paredes y otros elementos para poder crecer en vertical. Muchas de ellas proceden de áreas boscosas donde crecen entre los árboles, y prefieren localizaciones y suelos frescos, ricos en humus. Pueden crecer entre 2 y 30 m. Las trepadoras se venden en macetas y tienen que presentar al menos dos troncos fuertes. Las plantas con tendencia a la rotura requieren el apoyo de estacas. > **Capítulo 3.13 Plantaciones verticales**
Las rosas se cultivan desde hace varios siglos y actualmente existe un formidable rango de variedades. Se dividen en clases en función de su forma de crecimiento y sus especies. Las rosas más habituales para parterres son, por ejemplo, las floribundas, las poliantas, las híbridas de poliantas y las rosas cultivadas, que no alcanzan una gran altura (de 0,5 a 1, 5 m) pero producen un gran número de flores, en su mayoría de buen tamaño. Estos rosales son muy decorativos y requieren bastante mantenimiento.
Según la variedad, los rosales trepadores pueden alcanzar alturas de entre 2 y 5 m, excepcionalmente hasta 10 m, y su mantenimiento es relativamente sencillo. Los rosales en arbusto tienen un carácter más bien silvestre (con una altura de entre 1 y 3 m) y tampoco requieren muchos cuidados. Antiguamente el objetivo del cultivo de rosas era conseguir flores de gran tamaño y colores singulares, pero desde hace tiempo los esfuerzos se centran en obtener variedades resistentes a las enfermedades. > **Fig. 1.2.5**
Todos los tipos de rosas se reproducen vegetativamente por injerto (se toma un tallo con yemas de una variedad y se injerta sobre un pie o patrón). Las rosas injertadas se comercializan como plantas de un año de antigüedad, a raíz desnuda. > **Tab. 1.2.4** Se recomienda el uso de productos de clase A. Son rosales que se caracterizan por contar con tres ramas bien desarrolladas y maduras, es decir, algo leñosas.

Fig. 1.2.5: Rosal silvestre

Los rosales tapizantes crecen de manera similar a los trepadores y sus flores se parecen a las rosas silvestres. Este grupo incluye un número bastante elevado de variedades resistentes a las enfermedades. Generalmente se plantan en espacios públicos ajardinados. Como por lo general se reproducen a partir de sus propias raíces por esquejes cortados o naturales, no existe riesgo de un crecimiento indeseado del patrón, como puede ocurrir con los rosales injertados. Los requerimientos de calidad de las leñosas en general son aplicables también a los rosales silvestres, es decir, a las plantas de semillero procedentes de reproducción generativa.

Coníferas

Las coníferas son plantas gimnospermas. Las hojas suelen tener nervaduras paralelas y forma de aguja. Su porte es bastante regular, austero, con muchas ramificaciones del tronco principal. Sus hojas perennes las hacen apropiadas para configurar masas duraderas. Muy pocas coníferas resisten bien las podas. Como suelen presentar micorrizas (simbiosis entre un hongo y la raíz del árbol), por lo general se venden con cepellón o en contenedor. > **Tab. 1.2.4** Alcanzan desde los 10 cm de altura de algunas variedades enanas hasta los más de 20 m del *Pinus sylvestris* (pino silvestre, también conocido como pino de

Fig. 1.2.6: Los estolones aéreos colonizan rápidamente las calvas entre las matas

Fig. 1.2.7: Plantación mixta en el mes de septiembre

a | b
c |

Fig. 1.2.8: Geófitas resistentes:
a) *Tulipa* híbrida (tulipán de jardín): cada año se plantan nuevos bulbos de tulipanes para obtener una llamativa disposición de colores
b) *Scilla siberica* (*spring beauty*): florece entre la hierba silvestre y es capaz de soportar que se pasee sobre su superficie durante el verano
c) *Narcissus híbrido* (narciso de copa grande): requiere lugares a la sombra en verano

Escocia). Sus orígenes y requerimientos de localización difieren también notablemente. Las especies que provienen de lugares montañosos o bosques costeros están adaptadas a abundantes precipitaciones y altos grados de humedad; no toleran el clima urbano, y responden al calor, la sequedad y las emisiones contaminantes despojándose de sus agujas. Esto reduce sus niveles de fotosíntesis, lo que ralentiza su crecimiento y las hace más proclives a contraer enfermedades.

Las coníferas deben presentar una alta densidad de agujas y el color del follaje típico de su especie. El tronco debe mostrar una distribución regular de las ramas desde la base. De las coníferas arbóreas, son preferibles aquellas que tienen un tronco recto, sin horquillas, y hay que rechazar los ejemplares que presenten ramas dobladas o yemas terminales dañadas.

Control y recepción de leñosas

Cuando el pedido de plantas llega a la obra, debe chequearse que estas cumplan las condiciones de calidad previamente pactadas. Cualquier error debe reclamarse al vivero inmediatamente. En el momento en que el constructor acepta el pedido sin objeciones, se compromete con el cliente respecto a la calidad irreprochable de las plantas. Para evitar deficiencias a posteriori, cuando se lleva a cabo la entrega debe estar presente un especialista del equipo proyectista encargado de comprobar la adecuación de las plantas recién suministradas > **Tab. 1.2.2** para los criterios de control más importantes.

PLANTAS VIVACES (INCLUIDAS LAS HERBÁCEAS Y LOS HELECHOS)

Las vivaces son plantas herbáceas que viven varios años y cuyas partes situadas sobre el suelo mueren al acercarse el invierno. Los nuevos brotes salen cerca de la superficie del suelo o bajo este. Crecen en matas o por estolones. > **Fig. 1.2.7**

Hábitats y variedad formal

Las áreas de localización de las vivaces abarcan desde zonas soleadas y secas hasta lugares húmedos y sombreados. La longevidad de las especies también varía entre algunos años y varios siglos, según su procedencia y localización, y la altura que alcanzan puede ir de unos pocos centímetros a dos o más metros. Mediante técnicas de reproducción, se han logrado muchos híbridos y variedades para jardines cuyo cultivo es considerablemente más sencillo que el de sus antecesoras silvestres. Así, en el último siglo se han generado un número inmenso de variedades de plantas vivaces.

Grupos por uso

El rango de las vivaces existentes es enorme, y es objeto de estudio detallado en un gran número de libros especializados. Sin embargo, los usos posibles para algunos grupos pueden resumirse de modo simplificado.

Las vivaces tempranas empiezan a brotar en primavera y florecen hasta principios del verano. Alcanzan alturas de entre 10 y 60 cm. Después de la floración, la mayoría presenta un follaje poco atractivo que en algunos casos muere. Casi todas las vivaces de este grupo proceden de Europa. Las de floración tardía no empiezan a brotar hasta mayo. La floración comienza en verano e incluso en otoño, y puede durar hasta las primeras heladas. Hay muchas especies de este grupo que alcanzan alturas considerables, de hasta 1,2 y 2 m. Proceden con frecuencia de Norteamérica.

Las plantas con un follaje decorativo se utilizan básicamente para áreas umbrías, donde no florecerían las que necesitan mucho sol. Su efecto proviene de la textura de

sus hojas; con frecuencia se ofertan variedades con hojas bicolores. Debido a que suelen provenir de bosques y de sus áreas periféricas, estas plantas suelen ser exigentes en términos de humedad, calidad del suelo y riego; esto último es especialmente aplicable a las plantas de hojas grandes. La mayoría de las especies comparten las características de los arbustos silvestres y, como estos, crean efectos estéticos mediante la forma que adoptan y el follaje. Las flores suelen ser sencillas, y su efecto se debe más al conjunto que a los capullos individuales.
El grupo de las plantas decorativas y para parterres puede distinguirse de las especies silvestres. La mayoría son altas, pues alcanzan entre los 1,2 y los 2 m. Muchas variedades tienen flores individuales de colores brillantes. Deben plantarse en lugares soleados, sobre suelos húmedos y ricos en nutrientes. Necesitan muchos cuidados y atención, por lo que no suelen encontrarse en zonas verdes públicas.
Las hierbas son un grupo por derecho propio desde un punto de vista botánico. Se trata de plantas monocotiledóneas herbáceas. La mayoría son caducas, aunque algunas son perennes. La variedad de situaciones en las que prosperan es muy amplia. Las especies para zonas umbrías no suelen crecer muy alto y no son tan vistosas como las que están adaptadas a zonas soleadas y húmedas, que pueden alcanzar hasta los 2 m de altura y resultan decorativas por su imponente porte. Proceden de Europa, América y Asia.
Los helechos no se reproducen por semillas sino mediante esporas, por lo que también forman un grupo botánico específico. Sus frondas pueden ser de una sola hoja o de hojas múltiples y raramente enteras. En su mayoría proceden de lugares boscosos, por lo que necesitan mucha humedad y un suelo rico en humus. Alcanzan alturas comprendidas entre 20 cm y 1,2 m. Las variedades caducifolias son algo menos exigentes que las perennifolias.

Calidad de las plantas

Las plantas vivaces deben pertenecer a variedades genuinas, sanas y vitales, para que arraiguen con garantías. En el caso de las herbáceas anuales, hierbas y helechos, como su parte superior muere en invierno, el tamaño del cepellón, donde están sus reservas de nutrientes, constituye un criterio más fiable para definir el estado de desarrollo y el potencial de crecimiento. Las plantas herbáceas suelen presentarse en macetas. > **Tab. 1.2.4**
Las macetas de 9 cm (500 cm³) son las más frecuentes para plantas herbáceas de tamaño habitual. Pero las hierbas de altura o las herbáceas de gran tamaño con raíces vigorosas deben presentarse en macetas de al menos 11 cm (1000 cm³). Para que su adquisición sea aceptable, las plantas herbáceas deben estar bien desarrolladas, ser saludables y estar endurecidas, y presentar cepellones densos, sin malas hierbas. Conviene rechazar las plantas demasiado jóvenes o con cepellones sueltos, así como las que tengan aspecto enfermo o parezcan viejas. Para su uso en cubiertas, deben cumplir requisitos particulares. > **Capítulo 3.14 Cubiertas ajardinadas**
En cuanto a los tamaños especiales, las herbáceas, sobre todo las procedentes de semillero, pueden comprarse como plantas jóvenes. Debido a que se trata de un tamaño poco frecuente en el mercado, hay que solicitarlas en viveros especiales que permitan un periodo de vegetación. El hecho de que recién plantadas no resulten muy decorativas queda compensado con el rápido crecimiento

Fig. 1.2.9: Parterre de plantas de verano

Fig. 1.2.10: Parterre de plantas de primavera

Fig. 1.2.11: Plantas en maceta

Tab. 1.2.3: Duración de las geófitas resistentes más habituales (para plantaciones en masa)

Nombre (botánico y en español)	Localización natural	Resistencia / duración
Allium spp., ajo ornamental	A pleno sol, zonas secas en verano	Se asilvestra bien, perenne
Crocus spp., croco	A pleno sol o en semisombra, zonas secas en verano	Se asilvestra bien
Eranthis hyemalis, acónito de invierno	En los bordes de los bosques, suelos ricos en humus	Perenne, se asilvestra bien
Galanthus nivalis, galanto o campanilla de invierno	En los bosques y bordes de los bosques, suelos ricos en humus	Se asilvestra bien; deben plantarse los bulbos lo antes posible, pues no soportan bien el almacenamiento
Narcissus spp., narciso común	En terrenos generalmente húmedos, de sol a semisombra; unas pocas especies son de origen alpino	La mayoría de las especies se asilvestran bien; son relativamente persistentes
Narcissus hybrids, narciso de flor grande	En suelos ricos, de sol a semisombra	Se asilvestra bien, relativamente persistente
Scilla siberica, spring beauty	En los bordes de los bosques, suelos ricos en humus	Se asilvestra bien, muy resistente a las pisadas, muy persistente
Tulipa spp., tulipán común	A pleno sol, zonas secas en verano	Se asilvestra bien en localizaciones favorables, relativamente persistente
Tulipa hybrids, tulipán cultivado	A pleno sol, zonas secas en verano	Duran unos 2 o 3 años, dependiendo de la especie y variedad; excepcionalmente pueden durar hasta 8 años

que presentan al año siguiente. De hecho, ofrecen una mejor relación calidad/precio, se adaptan mejor y desarrollan un sistema radicular fuerte con mayor rapidez que si se cultivan en macetas durante más tiempo. Para conseguir efectos decorativos inmediatos, pueden utilizarse herbáceas más maduras con cepellones particularmente grandes.

BULBOS Y TUBÉRCULOS (GEÓFITAS)

Las geófitas son herbáceas perennes cuyo crecimiento por encima del terreno se detiene tras la floración. Sus órganos subterráneos (bulbos, cormos o tubérculos) les permiten sobrevivir en situaciones climatológicas extremas, como las sequías veraniegas o las heladas invernales. Mediante buenas combinaciones de bulbos y cormos, se pueden obtener flores prácticamente durante todo el año. Existen variedades resistentes a las heladas y otras que no lo son.

Geófitas resistentes a las heladas

En estado natural, las geófitas proceden de tres tipos de hábitats: bosques con suelos ricos en humus y alto grado de humedad; praderas y pastos soleados, entre frescos y húmedos, y estepas soleadas que en verano se secan. Si se utilizan correctamente, respetando sus necesidades, pueden dar vida a grandes superficies plantadas con estilo silvestre y a praderas en parques, así como enriquecer el conjunto de plantas decorativas en parterres, en grupos o formando un patrón.

PARTERRES Y MACETAS

Las plantas decorativas de este tipo suelen utilizarse para áreas singulares o en muestras de horticultura. Normalmente se recurre a plantas de floración estival que, con las primeras heladas, son reemplazadas por otras que florecerán a principios de la primavera. Entre las primeras, destacan las anuales escogidas por sus flores o su follaje, las geófitas no resistentes a las heladas —como las dalias—, los semiarbustos —como los híbridos de pelargonios— y las hortalizas decorativas. También pueden combinarse con plantas en macetas. > **Fig. 1.2.9**
Para la floración de primavera se utilizan plantas bianuales como los *Cheiranthus* (también llamados *Erysimum*, y en lenguaje común alhelíes) o los *Myositis sylvatica* (nomeolvides), generalmente combinados con geófitas resistentes, como los tulipanes de jardín o los narcisos. > **Fig. 1.2.10**
Excepto unas pocas especies, estas plantas decorativas requieren lugares soleados, con buen suelo y suficiente riego. Los parterres plantados necesitan mucho material y mantenimiento, pero su efecto decorativo cuando están en plena floración es incomparable.
Las plantas en maceta son semiarbustos no resistentes a las heladas o plantas leñosas decorativas, como los cítricos, que deben mantenerse en invernaderos para protegerse durante el invierno. Se utilizan en jardines históricos o en áreas singulares. Estas plantas (en maceta) requieren de un cuidado intensivo llevado a cabo por especialistas tanto durante la estación cálida como en la fría. No hay estándares de grados de calidad.

Grupo de plantas	Suministro	Patrón de crecimiento	Efecto decorativo inmediato tras la plantación	Época de plantación	Coste del material de plantación	Mantenimiento necesario hasta lograr un efecto total	Riesgos, observaciones
Plantas de hoja caduca							
A raíz desnuda	Plantas jóvenes y para formación de setos	Buena adaptación, fuerte crecimiento	Escaso	Época de crecimiento al exterior: otoño (primavera)	Bajo	De escaso a medio, dependiendo del programa de plantación	Pueden secarse durante el tiempo de almacenamiento, pueden secarse rápidamente si se comprimen de forma inadecuada
Con cepellón	Plantas maduras, particularmente árboles de alineación	Relativamente bueno, se ralentiza con la edad y el tamaño	De medio a alto	Otoño y primavera	De medio a alto	Medio, alto a finales de la primavera	El crecimiento puede estancarse si no se utiliza un tipo de suelo adecuado o si se plantan tardíamente
En contenedor	Posible	Generalmente tardan en desarrollarse	De medio a muy alto	Todo el año si no se producen heladas	De alto a muy alto	De alto a muy alto	Pueden darse dificultades de crecimiento debidas a las bolas de turba; las raíces no cortadas crecen con dificultad en terrenos profundos
Plantas leñosas de hoja perenne							
A raíz desnuda	Poco habitual	-	-	-	-	-	-
Con cepellón	Estándar	Desarrollo relativamente bueno	De medio a alto	Principio de otoño (primavera)	De medio a alto	De medio a alto	Pueden secarse por las heladas si se plantan a final del otoño, pueden secarse si se plantan al final de la primavera
En contenedor	Posible	Crecimiento lento, especialmente durante la floración	De medio a muy alto	Todo el año si no se producen heladas	De alto a muy alto	De medio a muy alto	Envejecen rápidamente en pleno verano, tienden a secarse después de haber sido plantados
Trepadoras y rastreras							
A raíz desnuda	Poco habitual	-	-	-	-	-	-
Con cepellón	Poco habitual	-	-	-	-	-	-
En contenedor	Estándar, plantas jóvenes	Desarrollo relativamente bueno	De escaso a medio	Otoño (primavera)	De bajo a medio	Medio	Si se deja puesto el empaquetado del transporte, los brotes pueden verse afectados
Rosales							
A raíz desnuda	Habitual	Prende rápidamente, crecimiento fuerte	Escaso	Otoño (primavera)	Bajo	De escaso a medio	Las plantas pueden secarse al quedar almacenadas después de la plantación de primavera
Con cepellón	Poco habitual	-	-	-	-	-	-
En contenedor	Posible	Lento para prender	De medio a muy alto	Pueden plantarse durante todo el año, incluso en flor	De alto a muy alto	De medio a alto	Puede haber problemas con las bolas de turba y las raíces apelmazadas
Coníferas							
A raíz desnuda	Poco habitual	-	-	-	-	-	-
Con cepellón	Estándar	Prende sin dificultad	De medio a alto	Principio de otoño (primavera)	De medio a alto	De medio a alto	Pueden secarse por las heladas si se plantan al final del otoño, pueden secarse si se plantan al final de la primavera
En contenedor	Posible	Lento en arraigar	De medio a alto	Todo el año si no se producen heladas	De alto a muy alto	De alto a muy alto	Pueden secarse si se plantan en verano
Plantas vivaces (incluidas herbáceas y helechos)							
A raíz desnuda	(Solo para jardineros aficionados)						
En maceta	Estándar	Prende sin dificultad	De escaso a medio	Otoño, primavera y principios del verano	De bajo a medio	De escaso a medio	Si se plantan en pleno verano necesitan más riego
Con cepellón, plantas jóvenes	Por encargo	Muy bueno	Escaso	Otoño, primavera	Bajo	Medio	
En contenedor	Por encargo	Arraigan con lentitud	De medio a alto	Primavera, verano, otoño	Alto	De medio a alto	Se secan si se plantan en verano

Grupo de plantas	Suministro	Patrón de crecimiento	Efecto decorativo inmediato tras la plantación	Época de plantación	Coste del material de plantación	Mantenimiento necesario hasta lograr un efecto total	Riesgos, observaciones
Geófitas resistentes							
Tubérculos y bulbos desnudos	Estándar	Arraigan bien (fáciles de plantar)	Ninguno	Principios de otoño	Bajo	Escaso	Si se plantan a finales de otoño, poca formación de raíces; en el segundo año desde la plantación apenas florecen
En maceta o contenedor	Poco habitual, posiblemente para su plantación en primavera	Crecimiento lento, principalmente la floración	De medio a alto	Primavera	Alto	Medio	Los productos de invernadero no suelen ser resistentes a la intemperie
Geófitas heladizas							
Tubérculos y bulbos desnudos	Tradicional, habitual	Buen desarrollo, plantas fuertes	Ninguno	Pasadas las últimas heladas, mediados de mayo	Medio	De medio a alto	Los bulbos dañados no brotan, por lo que aparecen huecos en la plantación; los caracoles se comen los brotes
Estacas enraizadas en maceta	Habitual	Buen desarrollo, las plantas tienden a ser pequeñas	Medio	Pasadas las últimas heladas, mediados de mayo	De bajo a medio	De medio a alto	Pueden venir mezclados con variedades no deseadas
Bulbos trasplantados en macetas o contenedores	Habitual con limitaciones, p. ej. para reposiciones	Desarrollo lento en algunos casos	De medio a alto	Pasadas las últimas heladas, de mediados de mayo al verano	De alto a muy alto	Medio	Los productos de invernadero pueden presentar marcas debidas al sol
Ornamentales anuales (o de temporada)							
En maceta, brotadas	Habitual	Buen arraigo y desarrollo	De escaso a medio	Pasadas las últimas heladas, mediados de mayo	Bajo	De escaso a medio	Requieren la eliminación de malas hierbas hasta que las plantas crecen
En maceta, en flor	Habitual	Escaso desarrollo posterior	De medio a alto	Pasadas las últimas heladas, mediados de mayo	De bajo a medio	De escaso a medio	Tendencia a secarse debido a no haber desarrollado suficientes raíces
Ornamentales bianuales							
Plantas jóvenes, en maceta	Habitual	Buen arraigo y desarrollo	Escaso	Otoño	Bajo	Medio	Deben combinarse con geófitas resistentes a las heladas
Plantas adultas, brotadas	Con limitaciones	Escaso desarrollo posterior	Medio	Primavera	Medio	De escaso a medio	Los productos no preparados para la intemperie pueden dañarse con la escarcha y las lluvias
Plantas en macetas o jardineras							
A raíz desnuda	Poco habitual	-	-	-	-	-	-
Con cepellón	Poco habitual	-	-	-	-	-	-
En contenedor	Habitual	Desarrollo relativamente bueno	De medio a alto	Pasadas las últimas heladas, mediados de mayo	Medio a alto	De escaso a medio	Los productos no preparados para la intemperie pueden presentar manchas debidas al sol, deben protegerse en invierno

Tab. 1.2.4: Tamaños habituales en el mercado. Ventajas y desventajas

1.3 PRADERAS DE CÉSPED Y OTRAS ÁREAS SEMBRADAS

PRADERAS DE CÉSPED

- Orígenes de los céspedes
- Las especies de céspedes más importantes y sus propiedades
- Localizaciones adecuadas para la implantación del césped
- Elección del tipo de césped
- Mezclas de semillas de césped
- Tepes o rollos de césped
- Semillas orgánicas

PRADERAS DE GRAVA Y PRADERAS DE ADOQUÍN

PRADERAS NATURALES

- Localizaciones aptas y mezclas de semillas para praderas
- Tratamiento de praderas y céspedes existentes

PLANTACIONES TEMPORALES

Alexander von Birgelen

1.3 PRADERAS DE CÉSPED Y OTRAS ÁREAS SEMBRADAS

PRADERAS DE CÉSPED

El césped (también llamado pasto) es un organismo dinámico compuesto por varios miles de plantas individuales. Sus posibilidades de uso son muy amplias, pues está presente tanto en las praderas ornamentales como en las pistas deportivas o campos de juego de uso intensivo, pasando por las praderas pensadas para tumbarse y descansar o las de uso extensivo de tipo natural. Además de tratarse de una versátil herramienta de diseño, las áreas sembradas de césped son cada vez más importantes, debido a sus características ecológicas. El césped, al igual que cualquier otra área sembrada, contribuye a mejorar el microclima urbano, pues captura dióxido de carbono y partículas de polvo, produce oxígeno, que aumenta el nivel de humedad del aire, y reduce la fluctuación de temperaturas. Plantado sobre una base adecuada, mejora la filtración al terreno del agua de lluvia, además de ser fuente de alimento y hábitat para un gran número de pájaros, insectos y otras criaturas que viven en el suelo.

Un grupo de plantas se define como césped si está compuesto en su mayor parte por hierbas densamente dispuestas y tanto sus raíces como sus estolones están firmemente unidos a la capa de suelo o vegetación inmediatamente inferior. Un césped visualmente atractivo, cortado regularmente para mantenerlo igualado y agradable para pasear, por lo general no tiene una finalidad agrícola y puede incluir otras plantas, según el uso que se le pretenda dar. > Fig. 1.3.2

Orígenes de los céspedes

Todos los céspedes forman parte de la gran familia de las gramíneas (también llamadas poáceas). Las especies conocidas aptas para formación de praderas proceden de las subespecies conocidas como gramíneas cespitosas. Estas acaban predominando sobre otras hierbas si el terreno experimenta siegas frecuentes (como consecuencia, por ejemplo, del pastoreo de animales), debido a su característico ahijamiento (ramificación subterránea múltiple, originada a partir de los nudos del tallo). Es decir, que este tipo de gramíneas crecen densamente pegadas al suelo siempre que dispongan de suficiente agua, luz y nutrientes.

Las especies de céspedes más importantes y sus propiedades

Para producir un césped denso, de altura homogénea, con cierta resistencia al tránsito y visualmente atractivo, son necesarias gramíneas con determinadas propiedades. Las más adecuadas son las que permanecen verdes durante mucho tiempo, toleran las siegas frecuentes y presentan hojas lanceoladas verticales, mejor cuanto más cortas y estrechas. Las gramíneas elegidas tienen que ser duras, resistentes a las heladas, a la sequía y a las enfermedades. Deben crecer bien cuando están recién sembradas y también renovarse, de modo que puedan usarse continuadamente.
Si se suman todos estos requisitos, el número de las gramíneas más adecuadas se reduce de algunos miles de especies a unas pocas familias: las cespitosas. La mayoría de ellas pertenecen a cuatro géneros: *bentgrass* (*Agrostis*), festuca (*Festuca*), grama (*Poa*) y raigrás (*Lolium*). > Tab. 1.3.1

Localizaciones adecuadas para la implantación del césped

El césped está compuesto por diversas gramíneas cuyo crecimiento, como en todas las plantas, depende de determinados factores relativos a la localización. La temperatura y la incidencia de la luz solar en un lugar son factores de crecimiento que no pueden ser alterados, por lo que para tener

Fig 1.3.1: Resiliencia y necesidades de mantenimiento para diferentes tipos de céspedes según DIN 18917

Fig. 1.3.2: Diversos tipos de céspedes > **Fig. 1.3.1** en contextos adecuados:
a) césped de alta resistencia para la práctica de deporte, Allianz Arena en Múnich
b) césped ornamental como elemento decorativo en el parque barroco Het Loo (Países Bajos)
c) césped de resistencia media en un parque público de Zúrich
d) césped de mantenimiento extensivo tras una demolición en un área residencial en proceso de rápido decrecimiento en Wolfen Nord (Sajonia-Anhalt, Alemania)

a | b
c | d

un buen césped es fundamental elegir una localización soleada o con poca sombra y una mezcla de céspedes que se adapte a las temperaturas del lugar. Cuanto más sombreado sea el sitio, menores serán el crecimiento, la densidad, la durabilidad y la viabilidad del césped. Otros factores importantes, como la disponibilidad de agua, la aireación del suelo o su riqueza en nutrientes, pueden verse positivamente influidos por las mejoras preparatorias del suelo y, posteriormente, por medidas de mantenimiento adecuadas.

Elección del tipo de césped

La elección del tipo de césped debe centrarse en los factores de crecimiento, los usos potenciales y las previsiones de mantenimiento. Si uno o más de estos factores cambiase, la mezcla de especies también debería modificarse. La combinación cambia constantemente; algunas especies desaparecen por completo y otras nuevas pueden establecerse espontáneamente. El resultado es que el césped deja de responder a las demandas iniciales.

Por ese motivo, antes de crear un área de césped es importante prever el uso al que se lo destinará y cuál será su mantenimiento. > Fig. 1.3.1 De esos factores dependerán la combinación de especies o variedades para la mezcla, la estructura del suelo elegido, los trabajos de preparación y el grado de mantenimiento requerido. Como regla general: cuanto más se le exija al césped, más trabajo requerirá a largo plazo.

Mezclas de semillas de césped

Los céspedes basados en monocultivos son escasos y poco recomendables debido a su propensión a enfermar y a sus exigencias en cuanto a localización y mantenimiento. Con objeto de lograr un césped robusto, deben combinarse especies con distintas formas de crecimiento. Los céspedes en matas densas (macollas), de lento crecimiento, difícilmente establecerán una pradera por sí mismos, pero crean un entramado que contribuye a la implantación de otras especies. Los céspedes de crecimiento más rápido, con sus rizomas (subterráneos) y estolones (aéreos), se redistribuyen por sí mismos, llenando las áreas entre las matas hasta cubrir todo el suelo. > Fig. 1.3.3

Por lo general, un césped se compone de entre dos y cinco tipos de gramíneas. Se incluyen distintas variedades de la misma especie para facilitar la adaptación al lugar. En este caso la elección de la variedad es importante, pues una que sea adecuada para un objetivo concreto puede influir considerablemente en la calidad del césped, aunque su proporción en el total sea muy pequeña. Mezclar muchas especies puede tener sentido como medida preventiva si se va a plantar un área muy amplia con grandes variaciones entre unas zonas y otras.

Para determinar la combinación adecuada, es necesario recurrir a especialistas, por lo que los usuarios comunes deben confiar en las mezclas que están disponibles en el mercado. Hay que elegir semillas de la mejor calidad,

	Bentgass **(género *Agrostis*)**		**Grama (género *Poa*)**		**Festuca (género *Festuca*)**					**Raigrás (género *Lolium*)**
	Agrostis capillaris Espiguilla	*Agrostis stolonifera* Césped Agrostis	*Poa pratensis* Poa de los prados	*Poa supina* Supina bluegrass	*Festuca arundinacea* Festuca alta	*Festuca brevipila* (*F. ovina ssp duriuscula*) Festuca ovina / Cañuela de oveja	*Festuca nigrescens* (*F. rubra commutata*) Festuca roja / Festuca encarnada	*Festuca rubra rubra* Festuca reptante	*Festuca trichophylla* (*F. rubra trichophylla*) Festuca roja semireptante	*Lolium perenne* Raigrás inglés
Forma de crecimiento	Estolones	Estolones	Estolones	Estolones	Macollas	Macollas	Macollas	Estolones	Estolones cortos	Macollas
Vigor[1]	gm	gm	gl, dl	gl, dl	gm	gm, dl	gm	gm	gm	gl, dl
Textura[2]	Media	Media	Media, gruesa	Fina	Gruesa	Fina	Fina	Fina	Fina	Media
Color	Verde claro	Verde azulado	De verde oscuro a gris verdoso	Verde claro	Verde	De gris a gris azulado	Gris verdoso oscuro	Gris verdoso oscuro	Verde oscuro	Verde oscuro
Necesidad de nutrientes	De baja a media	Media	Alta	Alta	Media	Baja	Baja	Baja	Baja	De media a alta
Resistencia a la sequía	De baja a media	De baja a media	Media	Baja	Alta	Alta	Alta	Alta	Alta	Media
Resiliencia	De baja a media	De baja a media	Alta	Alta, en lugares en semisombra	Media	Baja	Baja	Baja	Baja	Alta
Uso en praderas con mezcla de otras semillas[3]	2, 4, 6, 7, 8	4; 7 en lugares húmedos	2, 3, 4, 5, 6, 7	2, 4, 7 para lugares en semisombra	2	2, 6, 7, 8	1, 2, 4, 5, 6, 7, 8	1, 2, 4, 7, 8	1, 2, 4, 5, 6, 7	1, 2, 3, 4, 5, 7

[1] gl = germinación lenta, gm = germinación media, dl = desarrollo lento, [2] La textura depende del ancho de la hoja (hoja estrecha = textura fina).
[3] Véase Tabla 1.3.2

Tab. 1.3.1: Principales especies cespitosas de Europa central y sus propiedades

Fuentes: Taschenbuch der Gräser; Exkursionsflora von Deutschland, vol. 4; www.rasengesellschaft.de

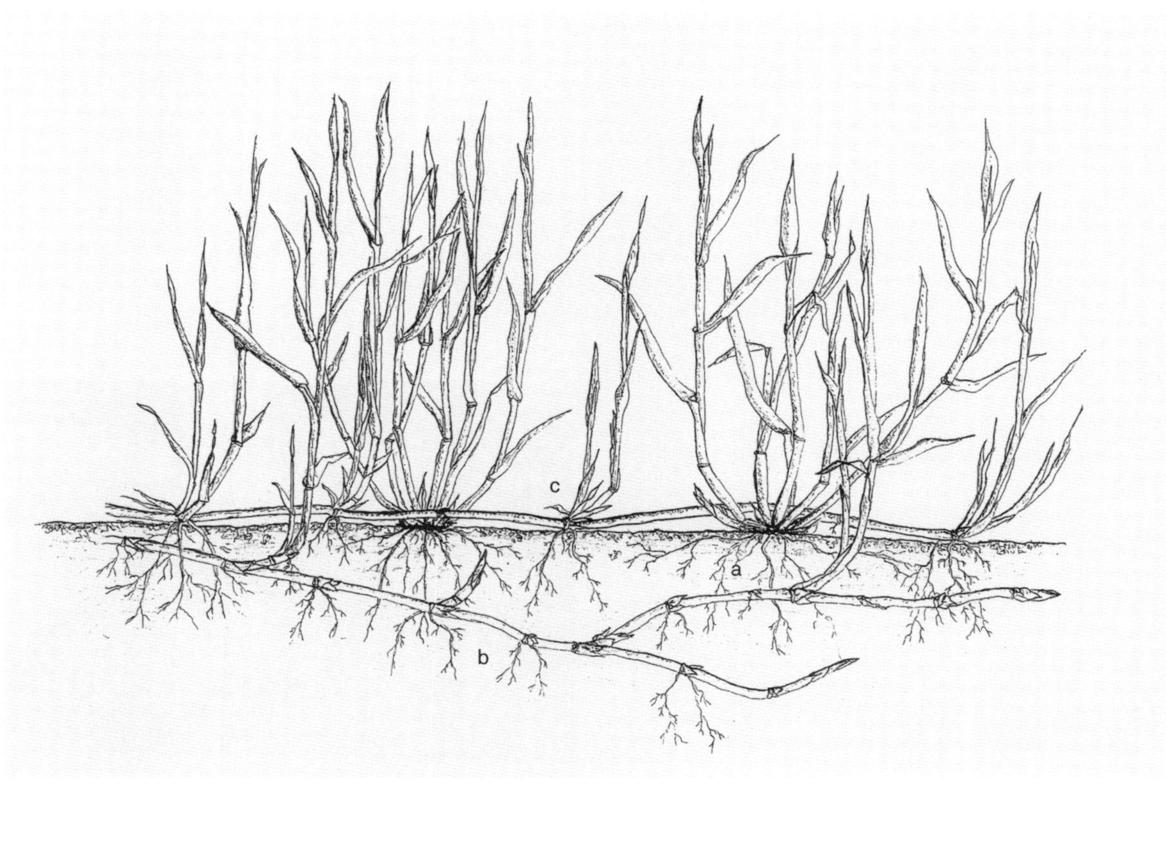

Fig. 1.3.3: (Dibujo de Ivette Grafe) Una mata de césped consiste generalmente en un conjunto de tallos que crecen de una raíz única (a), que forman la trama base, y tallos que se extienden muy rápidamente, reproduciéndose por estolones aéreos (c) o rizomas subterráneos (b) capaces de rellenar las calvas con mucha rapidez

pues solo ellas garantizan un buen crecimiento continuado del césped, siempre y cuando además se utilice adecuadamente y se mantenga en condiciones. La asociación alemana de investigación Forschungsgesellschaft Landschaftsentwicklung Landschaftsbau e.V. (FLL) publica anualmente un listado de mezclas reguladas de semillas (RSM) indicadas para diferentes usos y localizaciones, en el que se determina la combinación de especies y las proporciones entre ellas. El RSM es un estándar de calidad en Alemania, pero también se utiliza en países vecinos, como Suiza y Austria. Estas mezclas pueden comprarse ya preparadas o encargarse a viveros para adecuarlas a exigencias particulares. > **Tab. 1.3.2**

Las mezclas de semillas sin certificar, vendidas en general a menor precio, pueden dar buenos resultados inmediatos, pero a la larga no duran. En las combinaciones de este tipo no quedan fijadas las variedades individuales ni su proporción en peso. Contienen una alta proporción de especies que crecen rápidamente sin grandes requerimientos y también algunas variedades de gramíneas forrajeras. La diferencia de precio entre unas y otras se basa, por tanto, en las especies y variedades incluidas. Las semillas para céspedes de primera calidad son resultado de años de pruebas. Por norma general, producen pocas espigas y, por tanto, pocas semillas, lo que resulta preferible si se quiere un césped homogéneo. Al final, las de mayor precio son más rentables, pues generan céspedes de mayor calidad y menor crecimiento, lo que supone menos siegas, ya que las variedades de céspedes cultivados crecen con más lentitud y densidad.

Tepes o rollos de césped

En el mercado se encuentran tepes o rollos prefabricados de céspedes que proceden de *stocks* o de cultivos especializados. La adquisición, el transporte y la instalación de tepes resultan más caros que la siembra de semillas. Pero los tepes presentan la ventaja de que se puede disponer en mucho menos tiempo de una pradera para su uso deportivo o recreativo, por ejemplo. Además, se reduce el riesgo de erosión y de invasión de malas hierbas. Por otra parte, las obras de ajardinamiento se terminan antes. Dado que los tepes pueden plantarse prácticamente a lo largo de todo el año (excepto con lluvia, nieve o heladas), su uso supone una ampliación de la época en que se puede encargar una pradera nueva.

Por lo general se encuentran rollos de césped de todas las mezclas disponibles en el mercado. Si se encargan con anticipación, tanto la mezcla de semillas como el sustrato vegetal pueden adaptarse a las condiciones particulares del lugar, con el fin de asegurar un mejor arraigo del tepe una vez instalado. > **Fig. 1.3.4**

Semillas orgánicas

Las semillas orgánicas son de origen perfectamente controlado y no se cruzan ni se mezclan con plantas de otros orígenes. Estas semillas deben proceder de lugares naturales lo más cercanos posible al sitio donde se vayan a comercializar. Esto implica que se adaptan mejor que las semillas normales a las condiciones locales, por lo que su tasa de fracaso es menor. Se trata de una cualidad especialmente importante en lugares con condiciones extremas. Por lo general estas semillas se utilizan, por ejemplo, en planes de ingeniería ambiental. La adaptabilidad al lugar depende de la pertenencia o no a los distintos ecotipos —poblaciones genéticamente diferenciadas, restringidas a hábitats específicos—; también de las subespecies, variedades o formas.

Sobre este tema, es motivo de debate el problema, conocido desde hace algún tiempo, de la creciente pérdida de diversidad genética y, por tanto, biológica, que afecta especialmente a los ecotipos. Y el principal motivo de preocupación es la generalización del uso de mezclas de semillas estandarizadas ajenas a las áreas naturales donde son empleadas, habitualmente en operaciones de replantación y compensación.

Basándose en estos estudios, el Consejo Europeo aprobó en 1993 la Decisión 93/626/CEE relativa a la firma del Convenio sobre Biodiversidad, que sirve de modelo para la legislación nacional de los países europeos. Alemania la incorporó en 1998 a la Ley Federal de Protección de la Naturaleza. Aún existen dificultades para la puesta en práctica del convenio, pero se espera que puedan resolverse en breve. Por ejemplo, las exigencias sobre producción y venta de semillas de la ley de conservación alemana contradicen las directivas europeas en materia de tráfico de semillas, y la legislación alemana derivada de ellas.

Para la producción de simientes orgánicas, adaptadas al lugar, a la superficie a cubrir y al uso previsto, existen varios procedimientos: la patente Heudrusch o de acolchado de heno; las semillas de flores de heno; los semilleros de especies recolectadas directamente del lugar y mejoradas, e incluso el trasplante de suelos de praderas.

PRADERAS DE GRAVA Y PRADERAS DE ADOQUÍN

Las praderas de grava y las de adoquín son apropiadas para superficies con tráfico ocasional de vehículos. La mezcla de semillas debe contener hierbas y plantas que arraiguen con fuerza y que soporten bien la sequía.

La composición de la mezcla de semillas depende de las condiciones del lugar y de la intensidad del uso previsto, que puede ir de ligero a pesado. En estos casos son aconsejables las mezclas RSM para áreas de aparcamiento o las mezclas de praderas de actividad para localizaciones cálidas y secas. > **Tab. 1.3.2**

Ninguna mezcla de semillas puede, sin embargo, soportar niveles elevados de paso de vehículos en una pradera de grava ni en una de adoquines. Las calvas que en ocasiones aparecen en superficies de este tipo son pruebas de que en la fase de proyecto no se ha tenido este aspecto en consideración. > **Capítulo 3.2 Caminos y plazas** El grado de mantenimiento requerido depende en este caso también de la intensidad de uso, y por lo general es menor o igual al de praderas de otro tipo.

Fig. 1.3.4: Los tepes de césped se venden habitualmente en tiras enrolladas que se extienden sobre el suelo como una alfombra para ser instalados

Mezclas de semillas para praderas	Clima / localización	Resistencia / uso	Coste de mantenimiento	Nomenclatura RSM
Praderas ornamentales				
Praderas ornamentales	Sin restricciones	Baja / áreas ajardinadas ornamentales, jardines domésticos	Alto	1.1
Praderas de uso común				
Lugares secos (variantes 1 y 2)	Zonas de clima seco / lugares secos	V1 de baja a media, V2 de media a alta / praderas de uso público, jardines de residencia colectiva, jardines domésticos	De bajo a alto, según la intensidad de uso	2.2
Pradera de juego	Hasta 1000 m sobre el nivel del mar / sin restricciones	De media a alta / praderas de uso intenso (p. ej.: para juegos o tumbarse al sol, jardines domésticos)	Medio	2.3
Praderas de hierba	Sin restricciones / para todas las localizaciones, excepto suelos con exceso de nutrientes	Praderas de uso público, jardines de residencia colectiva, jardines domésticos	De bajo a muy bajo	2.4
Campos de deporte				
De nueva planta	Sin restricciones	Alta, durante todo el año / campos de deporte	De medio a alto	3.1
Replantaciones	Sin restricciones	Alta / regeneración de campos de juego y deportivos	De medio a alto	3.2
Campos de golf				
Green (variantes 1-3)	Sin restricciones	V1 y V2 para campos de alta calidad y categoría; V3 para campos de alta calidad, especialmente en lugares altos	Muy alto	4.1
Tee	Sin restricciones	Resistente y con capacidad de regeneración, especialmente si se siega	De alto a muy alto	4.3
Calles (variantes 1-3)	Sin restricciones	V1 para todas las localizaciones, especialmente si el suelo está amenazado de erosión, encharcamiento o crecimiento de hierbas; V2 y V3 para las mismas localizaciones, en condiciones de sequía y humedad, respectivamente	De medio a alto	4.4
Aparcamientos sobre hierba				
Césped para aparcamientos	Sin restricciones / V1 sin restricciones, V2 para lugares cálidos y secos, V3 para zonas sometidas a tráfico de medio a intenso	De baja a alta / praderas de grava y praderas de adoquín	De bajo a medio	5.1
Cubiertas ajardinadas				
Plantación extensiva de cubiertas	Sin restricciones	Alta tolerancia a la sequía y buena capacidad de regeneración / cubiertas con capas de soporte de espesor aprox. 10-15 cm	Bajo	6.1
Praderas paisajísticas				
Lugar estándar, con o sin crecimiento de otras hierbas	Sin restricciones / para todas las localizaciones, excepto lugares extremadamente secos, alcalinos, húmedos o sombríos	Paisajes abiertos, áreas de replantación, praderas de uso y/o mantenimiento extensivo, públicas o privadas	De bajo a muy bajo	7.1
Lugares secos, con o sin crecimiento de otras hierbas	Clima de interior / lugares extremadamente secos o suelos muy alcalinos	Paisajes abiertos, áreas de replantación, praderas de uso y/o mantenimiento extensivo, públicas o privadas	De bajo a muy bajo	7.2
Lugares húmedos	Sin restricciones / sitios con riesgo de acumulación de humedad	Paisajes abiertos, áreas de replantación, praderas de uso y/o mantenimiento extensivo, públicas o privadas	De bajo a muy bajo	7.3
Lugares en semisombra	Sin restricciones / semisombra	Paisajes abiertos, áreas de replantación, praderas de uso y/o mantenimiento extensivo, públicas o privadas	De bajo a muy bajo	7.4
Áreas de regeneración biológica				
Biotopos (variantes 1-4)	Sin restricciones (excepto para situaciones extremas) / suelos de pobres a medios en nutrientes, lugares de moderadamente secos a ocasionalmente húmedos	Zonas de replantación, compensación y regeneración biológica, bordes de carreteras y ferrocarriles y zonas de mucho uso y/o bien mantenidas, públicas o privadas	De bajo a muy bajo	8.1

Tab. 1.3.2: Mezclas de semillas para praderas disponibles en el mercado para los usos más habituales y sus necesidades de mantenimiento, según el listado de mezclas reguladas de semillas (RSM) alemán. Las mezclas de semillas pueden cambiar según la diversidad de especies y variedades, la normativa local y las condiciones del lugar (p. ej.: en el caso de mezclas especiales para lugares situados por encima de los 1000 m sobre el nivel del mar)

Fuente: FLL: RSM 2006. Regel-Saatgut-Mischungen Rasen

PRADERAS NATURALES

Una pradera natural o prado es una comunidad compleja de plantas compuesta de gramíneas y de una proporción más o menos alta de plantas con flores que prosperan en lugares soleados. A diferencia de las praderas de césped, que deben segarse continuamente, los prados con gran variedad de especies se siegan solo una o dos veces al año, mientras que los menos variados pueden segarse hasta seis veces al año. Junto a factores locales, como el suelo y el clima, la frecuencia de las siegas ayuda a determinar la composición de un prado, pues regula el ritmo de crecimiento, de floración, de fructificación y de maduración de las semillas. Los prados requieren por lo general muy poco mantenimiento, pero su capacidad de carga también es baja.

Localizaciones aptas y mezclas de semillas para praderas

Los prados actuales, en su mayoría de origen antropogénico, crecen en terrenos potencialmente boscosos y deben ser regularmente clareados de plantas leñosas. La sociología vegetal ha llegado a identificar varios cientos de tipos de prados, que pueden dividirse en algunos básicos y sus correspondientes subtipos asociados, según la riqueza en nutrientes del suelo, su humedad y su pH. > **Fig. 1.3.5-1.3.6**

Fig. 1.3.5: El ecograma muestra las alianzas entre especies presentes en prados naturales sin aporte de fertilizantes en el área de submontaña de Europa central, en relación con la disponibilidad de agua y el pH del suelo. Apenas existen prados intensivos en áreas húmedas y de suelos no demasiado ácidos, pues esas áreas suelen ser objeto de agricultura intensiva, es decir, se aran y se les aportan fertilizantes. (Fuente: Ellenberg, 1996)

Fig. 1.3.6: El ecograma muestra los diferentes tipos de praderas sobre suelos ricos en nutrientes que están sustituyendo los prados naturales mostrados en la Fig. 1.3.4 como resultado de la fertilización de los cultivos. En localizaciones muy secas no se producen praderas fertilizadas, pues en ese caso la adición de nutrientes no supone ninguna diferencia. Tampoco existen praderas de ese tipo en localizaciones de pH muy ácido, pues la fertilización supone la aportación de pH alcalino. (Fuente: Ellenberg, 1996)

El abanico va desde áreas naturales áridas o semiáridas sobre suelos pobres —por lo general con calvas, pero con una gran riqueza de especies—, pasando por los cada vez más escasos prados de avena silvestre, hasta los prados de uso intensivo con gran aporte de nutrientes y mantillo, en los que abunda la hierba y no tanto las flores. **> Fig. 1.3.7-1.3.9**
Para plantar un prado se pueden encargar mezclas de semillas preparadas. También es posible recurrir a algunas casas comerciales especializadas en reproducir determinados tipos. Si hay prados naturales cercanos, pueden usarse los métodos de siembra orgánica, mejorándose con adición de otras especies. **> Capítulo 1.3 Praderas de césped y otras áreas sembradas, Semillas orgánicas**
La mayoría de las mezclas comerciales para prados contienen una gran cantidad de especies de poca duración, inadecuadas para conformar un prado a largo plazo. La espectacular floración inicial suele reducirse en gran medida al año siguiente, ya que esas especies no son capaces de establecerse de forma permanente en un prado.

Tratamiento de praderas y céspedes existentes

Una posibilidad de crear prados de abundante floración es la transformación de praderas que requieren siegas frecuentes y fertilizante en abundancia. Según cuáles sean las condiciones de partida, el proceso puede durar varios años. Para ello es necesario reducir el número de siegas, disminuir el aporte de nutrientes retirando la hierba segada e introducir nuevas especies mediante plantaciones o siembras.

PLANTACIONES TEMPORALES

Las plantaciones temporales se utilizan principalmente para mejorar o proteger el suelo, o por razones estéticas. Si se eligen las especies adecuadas, en poco tiempo puede lograrse una plantación bien arraigada que proteja eficazmente el suelo de la erosión y de la proliferación de malas hierbas. Si al mismo tiempo se toman medidas para reponer el suelo, por ejemplo para mejorar su estructura y aumentar su contenido en humus, es recomendable que las plantas tengan una gran cantidad de materia orgánica de degradación lenta y sean lo más voluminosas posible. Las semillas se siembran sin más en el momento adecuado en las áreas a tratar. Las plantas leguminosas son adecuadas para aportar nitrógeno al suelo, al igual que algunas variedades de trébol y altramuz (o lupino), capaces de fijar el nitrógeno del aire gracias a los nódulos con bacterias simbióticas que poseen en sus raíces. Las raíces de plantas como el altramuz azul (*Lupinus angustifolius*) son capaces de roturar el suelo hasta una profundidad de 2 m. Para la correcta elección de las plantas a utilizar deben tenerse en cuenta, entre otros factores, el periodo de germinación, la época de siembra, la velocidad de crecimiento, el tipo de terreno y la longevidad de la especie. **> Tab. 1.3.3**

En la siembra de plantas anuales ornamentales prima el aspecto plástico; en este tipo de plantaciones se utilizan principalmente variedades con flores, de poca duración. Se trata de crear imágenes atractivas rápidamente y a un coste razonable, en áreas sin uso que están disponibles temporalmente. El inconveniente en este caso es el largo periodo que se extiende desde la siembra hasta el desarrollo completo del área, durante el cual el aspecto no es muy atractivo. Este tipo de plantaciones requiere una buena preparación del suelo, así como una adecuada selección de las plantas aptas para el lugar. **> Fig. 1.3.10**

Especie	Eliminación de malas hierbas / cobertura del suelo	Profundidad de las raíces	Suelos	Observaciones
***Helianthus annus*, girasol anual**	Escasa	Profundas (150-200 cm)	Todo tipo de suelos, de ácidos a alcalinos	Especie anual, crece con rapidez
***Lathyrus sativus*, almorta o guija**	Buena	Media (80-150 cm)	Todo tipo de suelos, de ácidos a alcalinos	Anual, resistente al paso, enriquece el suelo con el nitrógeno atmosférico que fijan las bacterias presentes en sus raíces, efecto fertilizador desde la sexta semana de su cultivo
***Lupinus albus*, altramuz o lupino blanco**	Muy buena	Profundas (150-200 cm)	De ligeros a medios, de ácidos a moderadamente alcalinos	Anual, crecimiento muy rápido, enriquece el suelo con el nitrógeno atmosférico que fijan las bacterias presentes en sus raíces, efecto fertilizador desde la sexta semana de su cultivo
***Lupinus angustifolius*, altramuz azul**	Muy buena	Profundas (150-200 cm)	De muy ligeros a medios, de ácidos a moderadamente alcalinos	Anual, crecimiento rápido, enriquece el suelo con el nitrógeno atmosférico que fijan las bacterias presentes en sus raíces, efecto fertilizador desde la sexta semana de su cultivo
***Lupinus luteus*, altramuz amarillo**	Muy buena	Profundas (150-200 cm)	De muy ligeros a medios, de ácidos a moderadamente alcalinos	Anual, crecimiento lento, enriquece el suelo con el nitrógeno atmosférico que fijan las bacterias presentes en sus raíces, efecto fertilizador desde la sexta semana de su cultivo
***Medicago, Melilotus, Trifolium*, tréboles y alfalfas**	De escasa a media, según las variedades	De media a profunda, según las variedades (de 80 a 200 cm)	De ligeros a pesados, de ácidos a alcalinos, según la variedad de trébol	Crecimiento lento, hay tréboles anuales y plurianuales, enriquecen el suelo con el nitrógeno atmosférico que fijan las bacterias presentes en sus raíces, efecto fertilizador desde la sexta semana de su cultivo
***Phacelia tanacetfolia*, phacelia**	Muy buena	Superficiales; según el tipo de suelo, pueden acumularse rápidamente	De ligeros a moderadamente pesados, de muy ácidos a muy alcalinos	Anual, se acumula rápidamente, indiferente a la rotación de cultivos, se usa en apicultura
***Pisum sativum*, guisante o arveja**	Buena	Media (80-150 cm)	De medios a pesados, de ácidos a muy alcalinos	Anual, crecimiento lento, enriquecen el suelo con el nitrógeno atmosférico que fijan las bacterias presentes en sus raíces, efecto fertilizador desde la sexta semana de su cultivo
***Raphanus sativus*, rábano**	Buena	Media (80-150 cm)	Todo tipo de suelos, de ácidos a moderadamente alcalinos	Anual, crece rápidamente
***Sinapis alba*, mostaza blanca**	Muy buena	Media (80-150 cm)	De ligeros a pesados, de ácidos a muy alcalinos	Anual, fertilizante de rápido crecimiento, sus raíces mejoran la estructura del suelo mientras permanece viva

Tab. 1.3.3: Principales especies utilizadas en la mejora y protección de suelos, como plantación principal o temporal — Fuentes: Handbuch Gartenpraxis, RSM-Saatgut 2006

Fig. 1.3.7: Pradera natural con gran variedad de flores y plantas sobre un suelo ácido pobre en sílice en Stein/Pfreimd (Baviera). Entre las flores destacan la milenrama (*Achillea millefolium*), la cuajaleches o el galio (*Galium verum*) y las flores rojas de la clavelina (*Dianthus deltoides*). La hierba dominante es la espiguilla (*Agrostis capillaris*)

Fig. 1.3.8: Pradera natural de avena alta (*Arrhenatherum elatius*) en un valle en Heppenheim (Hessen). Las flores más destacadas son las amarillas de las chirivías (*Pastinaca sativa*), las flores púrpura del cártamo silvestre (*Centaurea jacea*), las umbelas blancas de la pimpinela negra (*Pimpinella major*) y las flores anuales con aspecto de margarita de la erigeron (*Erigeron annuus*)

Fig. 1.3.9: Espesa pradera muy fertilizada y con poca diversidad de especies en Turingia. A finales de mayo la especie que domina esta comunidad es el bromo (*Bromus hordeaceus*)

Fig. 1.3.10: Plantas de floración efímera en una zona ajardinada en Ladenburg. Destacan especialmente las rojas amapolas silvestres (*Papaver rhoeas*), las umbelas blancas del apio cimarrón (*Ammi majus*) y las flores amarillas y marrones de las bellas dianas (*Coreopsis tinctoria*)

1.4 MADERA

COMPOSICIÓN, PROPIEDADES Y CONSERVACIÓN DE LA MADERA

- Histología y composición química
- Propiedades físicas
- Propiedades mecánicas y tecnológicas
- Resistencia natural y a la intemperie
- Medidas de protección de los elementos de madera

PRODUCTOS

- Productos de madera maciza
- Transformados de la madera
- Calidades de los productos de madera maciza

CARACTERÍSTICAS SUPERFICIALES

- Tratamiento y coloración superficiales
- Labra de la madera

ENSAMBLAJES

Gero Heck

1.4 MADERA

Fig. 1.4.1: Pilas de rollizos descortezados mecánicamente

En el mundo existen entre veinticinco y treinta mil especies de árboles, de las que unas seiscientas se comercializan en el mercado internacional, mientras que en Europa se trabaja con unas treinta especies bien conocidas.

Los bosques cubren aproximadamente el 30% de la superficie terrestre. Cerca de la mitad se encuentran en países en desarrollo o recientemente industrializados situados en áreas tropicales y subtropicales. Pese a las medidas de protección, los países del hemisferio sur pierden anualmente entre doce y quince millones de hectáreas de bosque, por lo que el uso de maderas tropicales en Europa debería sopesarse críticamente. Las especies arbóreas locales o disponibles a escala regional suelen poder utilizarse como alternativa, con lo cual se evitan el transporte de madera por medio mundo y los daños irreversibles a los hábitats y ecosistemas que ello conlleva.

Desde cualquier parte del mundo puede apoyarse la gestión sostenible de los bosques mediante el uso de productos forestales con el sello de cualquiera de los dos organismos internacionales competentes, el FSC (Forestry Stewardship Council, en español «consejo de regulación forestal») o el PFEC (Programme for the Endorsement of Forest Certification Schemes, en español «programa de reconocimiento de sistemas de certificación forestal»). > Fig. 1.4.2

Fig. 1.4.2: Sellos de certificación de los dos organismos internacionales autorizados

COMPOSICIÓN, PROPIEDADES Y CONSERVACIÓN DE LA MADERA

En general, la palabra *madera* se refiere a la sustancia sólida y dura que crece de los brotes axiales (tronco y ramas) de los árboles y arbustos. La madera de los troncos de árbol se utiliza habitualmente para la edificación.

Histología y composición química

La madera es una sustancia orgánica que se origina en las células divisibles de las plantas. El cámbium es el responsable del crecimiento secundario en grosor de los tallos. Al dividirse y diferenciarse las células del cámbium, se originan dos capas de células: la primera, hacia el interior, es de leño (xilema) y forma la madera; la segunda, exterior, es el floema o tejido conductor que forma la corteza.

En las regiones donde las estaciones del año están muy diferenciadas, el crecimiento se ralentiza de forma periódica, y alternativamente se producen primero las células de madera temprana, de gran volumen y paredes finas, y luego las células de madera tardía, de paredes gruesas y color oscuro, cuya función es básicamente estructural. Este tipo de crecimiento cíclico da lugar a la formación de anillos anuales más o menos distinguibles al seccionar el tronco, dependiendo de la especie de árbol. Los perennes de las zonas tropicales no suelen presentar anillos anuales, pues crecen ininterrumpidamente, aunque en ocasiones sí registran en la sección del tronco las épocas secas o lluviosas en la región. > Fig. 1.4.3

Con la edad, en la mayoría de los árboles cesa la actividad conductora de la parte interna del tronco y sus células mueren. Entonces se generan los materiales que forman el duramen y se acumulan en las paredes de las células. Los árboles que presentan una separación clara entre la albura y el duramen reciben el nombre de árboles de duramen (por ejemplo el roble, el pino, el alerce o la robinia). Si no existe una diferencia discernible de color, pero el bajo contenido en humedad sugiere un endurecimiento del interior del tronco, se denominan árboles de duramen claro (la pícea, el abeto o el haya). Algunos árboles presentan

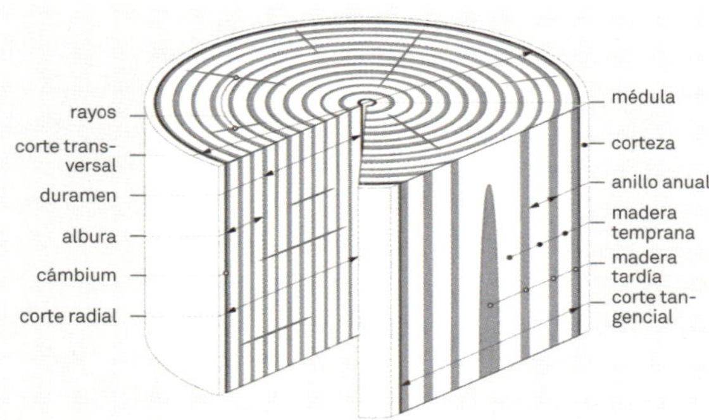

Fig 1.4.3: Esquema de un tronco seccionado

Fig. 1.4.4: Corte transversal de un tronco de alerce en el que puede apreciarse una diferencia macroscópica entre el duramen, la albura y los anillos de crecimiento anual

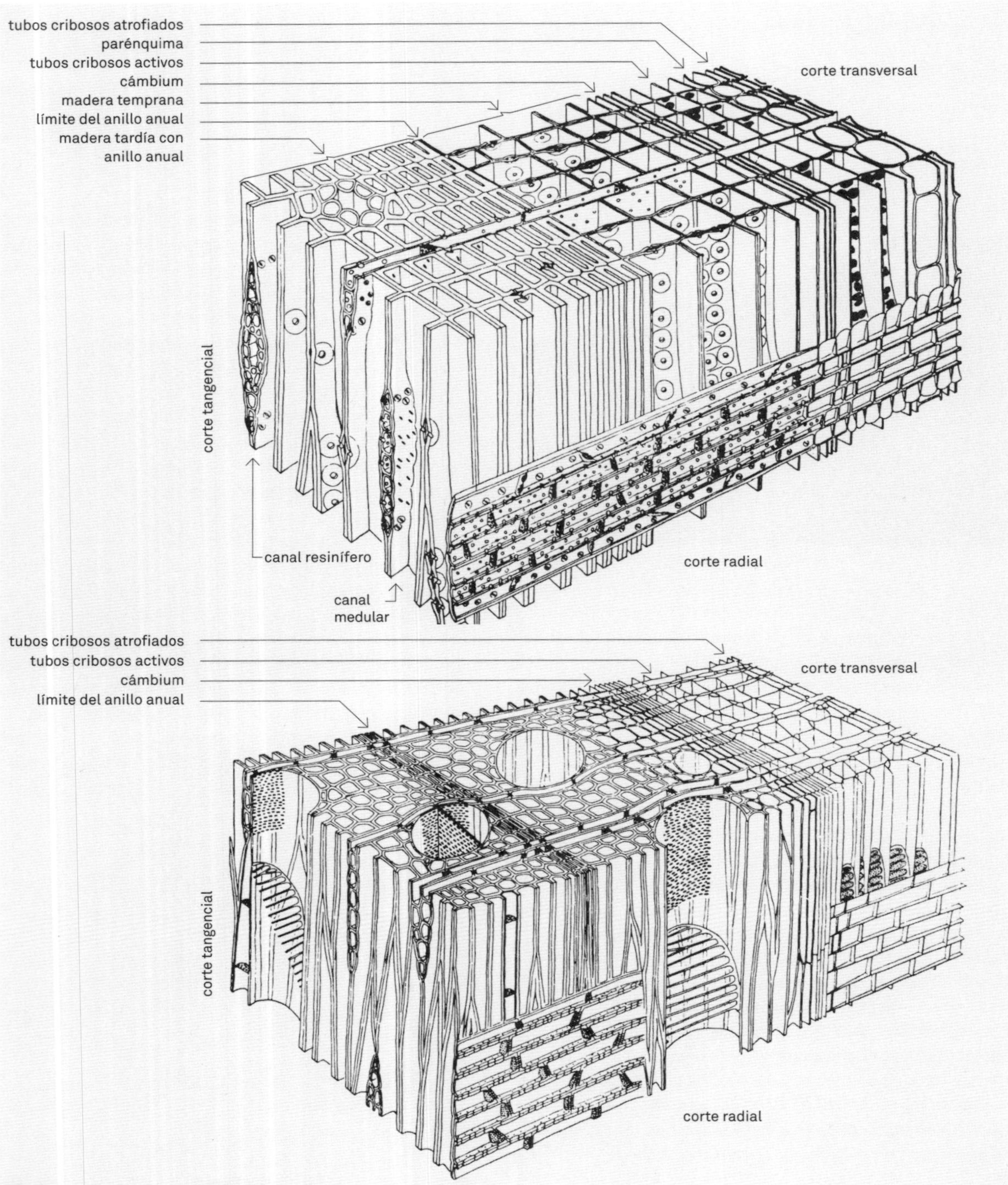

Fig. 1.4.5: Microestructura, madera y corteza de a) una conífera y b) una frondosa

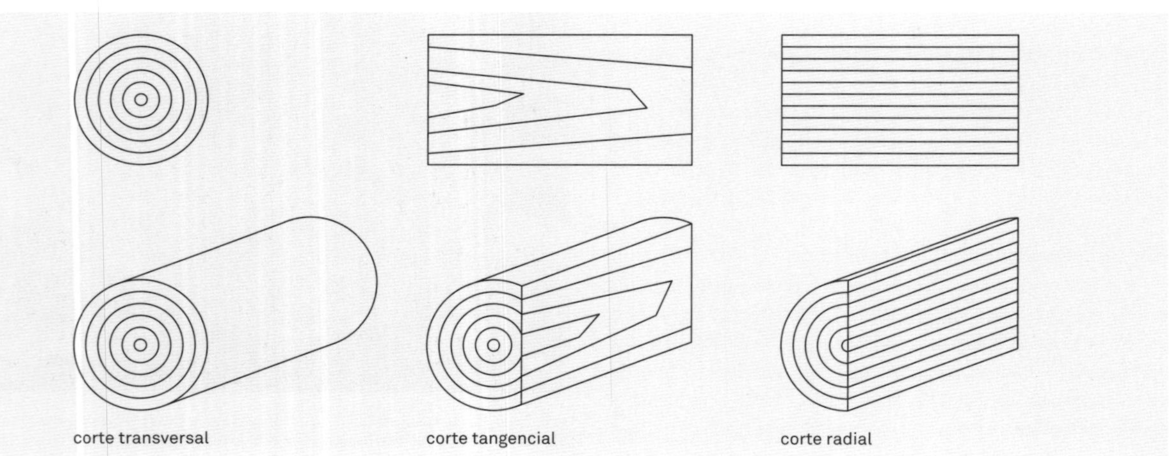

Fig. 1.4.6: Cortes de la madera según la dirección del eje

corazón, duramen y albura; son los llamados árboles de duramen claro y oscuro (como el fresno o el olmo). En los árboles de albura no se diferencia el duramen y la coloración es homogénea. El agua y los nutrientes se reparten homogéneamente por toda la sección del tronco (por ejemplo el abedul, el aliso o el chopo). > **Fig. 1.4.4**
La madera está formada por entre un 40 y un 50% de celulosa, entre un 20 y un 30% de hemicelulosa y entre un 20 y un 39% de lignina. Otros componentes de la madera (colorantes, aceites, taninos o resinas) suelen encontrarse en cantidades menores al 5%. Estos son específicos de cada tipo de madera y determinan su color, aroma, resistencia y capacidad de conservación.
Las células son los elementos constructivos básicos de la madera. Según su función en el árbol vivo —formación de la estructura, conducción de la savia o almacenamiento de material—, se diferencian varios tipos. > **Fig. 1.4.5** La mayoría de las células son alargadas, por lo que también se las denomina fibras. La posición y dirección de las células, junto a la formación de los anillos anuales, crean el grano característico de cada especie.
La capacidad de las células vegetales de adoptar determinadas direcciones de crecimiento se conoce como anisotropía. En términos sencillos, el tejido leñoso puede describirse como un manojo de tubos encajados unos dentro de otros en dirección longitudinal. La anisotropía explica la gran diferencia entre los distintos cortes de la madera (transversal, radial y tangencial), así como las enormes variaciones en el comportamiento de la madera en el sentido paralelo y en el transversal a las fibras. > **Fig. 1.4.6**

Propiedades físicas

Dado que las células leñosas en todas las especies tienen una densidad uniforme de unos 1500 kg/m^3, la principal diferencia de densidad entre los distintos tipos de madera reside en las proporciones variables de paredes leñosas y tubos porosos en un tejido lígneo dado. La densidad en masa es un importante valor característico tanto de las especies arbóreas como de los productos de madera. En general, la elasticidad y la rigidez, la dureza frente a la talla y la abrasión, el grado de dilatación y compresión, así como la dificultad de trabajarla y de secado se incrementan con la densidad. > **Tab. 1.4.1**

La humedad de la madera siempre está relacionada con su peso, y puede determinarse con el cociente entre la masa de agua de la madera y la masa de la madera seca (masa de madera pura). La madera es higroscópica, es decir, tiende a captar agua o a soltarla dependiendo de las condiciones de humedad ambiental. Si se utiliza para la construcción, el denominado «contenido de humedad» en equilibrio es el valor de referencia. En construcciones a la intemperie, dicho contenido se sitúa entre el 18 ± 6%. La expresión «saturación de fibras» alude a la situación en que solo las células de las paredes están saturadas de agua y las cavidades se encuentran libres. > **Fig. 1.4.7** El contenido de humedad en el punto de saturación de fibras se sitúa entre el 22 y el 35%. Por debajo de la saturación de fibras, si se reduce la humedad de las células de las paredes, la madera empieza a encogerse. Por el contrario, la madera se dilata si, partiendo del estado seco (humedad del 0%), llega a la saturación de fibras. La dilatación y compresión de la madera son mucho más marcadas en el sentido de la fibra que en el sentido transversal. Deben tenerse en cuenta los cambios dimensionales que inevitablemente se dan en todos los elementos de madera sujetos a cambios de humedad. Debido a que las células de la madera y las de las paredes no están homogéneamente repartidas en todas las direcciones, las dimensiones cambian también irregularmente, provocando el alabeo de las piezas. > **Fig. 1.4.8**

Propiedades mecánicas y tecnológicas

Por debajo de ciertos límites de carga, el límite elástico, la madera y sus productos derivados se comportan de modo prácticamente elástico. Los cambios de forma en los componentes de madera pueden determinarse utilizando los módulos de rigidez y de elasticidad como valores característicos. Cuanto más rígido sea el material, mayores serán dichos valores.
La dirección de la carga es un dato clave para los productos de madera, dado que esta es anisótropa. Su rigidez es mucho mayor en el sentido de la fibra que en el transversal. Su dureza y resistencia a la abrasión se incrementan cuanto mayor sea su densidad y menor su contenido de humedad. La madera es entre un 1,5 y un 2,5% más dura en la testa (corte transversal) que en cualquiera de los otros cortes.

Resistencia natural y a la intemperie

La resistencia natural de la madera es su capacidad inherente de soportar el ataque de organismos que podrían destruirla. Para clasificar dicha resistencia natural frente a los diferentes tipos de hongos, que pueden dañarla gravemente, se utiliza un sistema de cinco grados que van de «muy resistente» a «no resistente». Este permite determinar la durabilidad de la madera para un nivel de humedad constante o predominante de más del 20% (EN 350-2). El nivel de resistencia solo se puede aplicar a las maderas de duramen, pues las de albura de cualquier especie se clasifican como no resistentes.
El envejecimiento de la madera ocurre cuando esta permanece expuesta al sol, a las precipitaciones y al oxígeno atmosférico durante mucho tiempo y sin protección. En el primer caso, la lignina empieza a descomponerse en la superficie de la madera debido a la fotooxidación. Si se trata de maderas de color claro, los cambios químicos producen principalmente un amarilleamiento, que en ocasiones tiende a un tono más oscuro con el tiempo. En las piezas expuestas a la lluvia durante largos periodos, los componentes oscuros resultado de la descomposición de la lignina se van lavando continuamente, y la superficie de la madera acaba adquiriendo el color blanquecino de la celulosa. En este proceso de blanqueo la superficie de la madera pasa por todos los tonos del gris. > **Fig. 1.4.9**
La pérdida de color hacia tonos negros o azulados se debe generalmente al crecimiento en la superficie de moho o del llamado hongo azul, que crece en las células de la madera sin atacar la sustancia leñosa.

Medidas de protección de los elementos de madera

La madera está sometida a numerosas tensiones cuya combinación puede acabar dañando y destruyendo la sustancia leñosa, entre ellas, por ejemplo, el ataque de hongos o insectos, la radiación solar, los cambios de temperatura, la acción del viento y las precipitaciones, la humedad del terreno, las salpicaduras, o las reacciones con metales y productos químicos. La aplicación de medidas preventivas de protección mecánica y química permite conservar en buen estado las propiedades de la madera y los productos derivados de ella. La protección mecánica y el uso de especies con una alta resistencia natural deben preferirse, en todo caso, a las medidas químicas.

Nombre científico Nombre comercial	Origen	Densidad media bruta con una humedad del 12% (kg/m³)	Módulo de elasticidad (N/mm²)	Grado de dilatación o contracción por variación del grado de humedad en un 1% por debajo del punto de saturación de la fibra; valor medio para la contracción tangencial y radial (%)	Estabilidad dimensional	Resistencia natural del duramen a los hongos 1	Espesor de la albura
Coníferas							
Abies alba Abeto común (abeto blanco)	Europa, Norteamérica	460	11.000	0,24	Buena	4	No se distingue
Larix decidua Alerce europeo	Europa	600	13.800	0,24	Buena	3–4	Delgada
Picea abies Pícea común	Europa	460	11.000	0,24	Buena	4	No se distingue
Pinus sylvestris Pino silvestre	Europa	520	11.000	0,24	De media a buena	3–4	De delgada a media
Pinus elliottii, P. taeda, P. palustris Pino amarillo del sur, pino melis	Norteamérica	660	13.000	0,24	De media a buena	3	Media
Pseudotsuga menziesii Pino de Oregón, abeto de Douglas	Norteamérica, cultivado en Reino Unido	520	13.000	0,24	Buena	3–4	Delgada
Thuja plicata Tuya gigante, cedro gigante	Norteamérica, cultivado en Reino Unido	370	8000	0,15	Muy buena	2–3	De delgada a media
Frondosas							
Acer pseudoplatanus, A. platanoides Arce de hoja de plátano, arce noruego	Europa	640	10.500	0,20	De media a buena	5	No se distingue
Afzelia bipindensis Afzelia	África occidental	800	13.500	0,24	Muy buena	1	Delgada
Castanea sativa Castaño	Europa	590	9000	0,19	Buena	2	Delgada
Eucalyptus diversicolor Eucalipto Karri	Australia	880				2	Delgada
Fagus sylvatica Haya común	Europa	710	14.000	0,30	Escasa	5	No se distingue
Lophira alata Azobe	África occidental	1060	17.000	0,36	De escasa a media	2	Delgada
Quercus robur, Quercus petraea Roble común, roble albar	Europa	710	13.000	0,24	Media	2	Delgada
Robinia pseudoacacia Robinia	Norteamérica, Europa	740	13.600	0,29	Media	1–2	Muy delgada
Shorea laevis, S. atrinervosa, S. glauca, S .sp.pl. (sección Shorea) Bangkira, balau	Sudeste asiático	930	18.700	0,29	Escasa	2	Delgada
Shorea curtisii, S. pauciflora, S.sp.pl. (sección Rubroshorea) Meranti rojo oscuro	Sudeste asiático	680	14.500	0,24	Buena	2–4	Delgada
Tectona grandis Teca	Asia; cultivado en Asia, entre otros lugares	680	13.000	0,20	Muy buena	1–3	Delgada

[1] Resistencia natural a los hongos / clase según su resistencia

1 muy resistente
2 resistente
3 resistencia moderada
4 resistencia escasa
5 no resistente

Tab. 1.4.1: Principales especies arbóreas y sus propiedades

Fig. 1.4.7: Agua libre y agua ligada:
1 agua libre en el interior de las cavidades celulares
2 agua ligada (savia embebida) en las paredes celulares

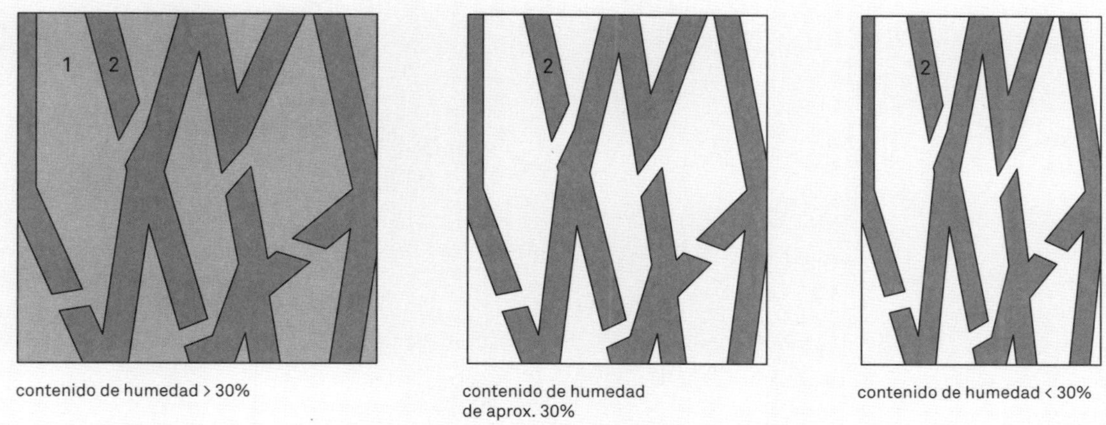

Fig. 1.4.8: Cambios cualitativos de forma en cortes transversales de la madera al absorber y perder humedad

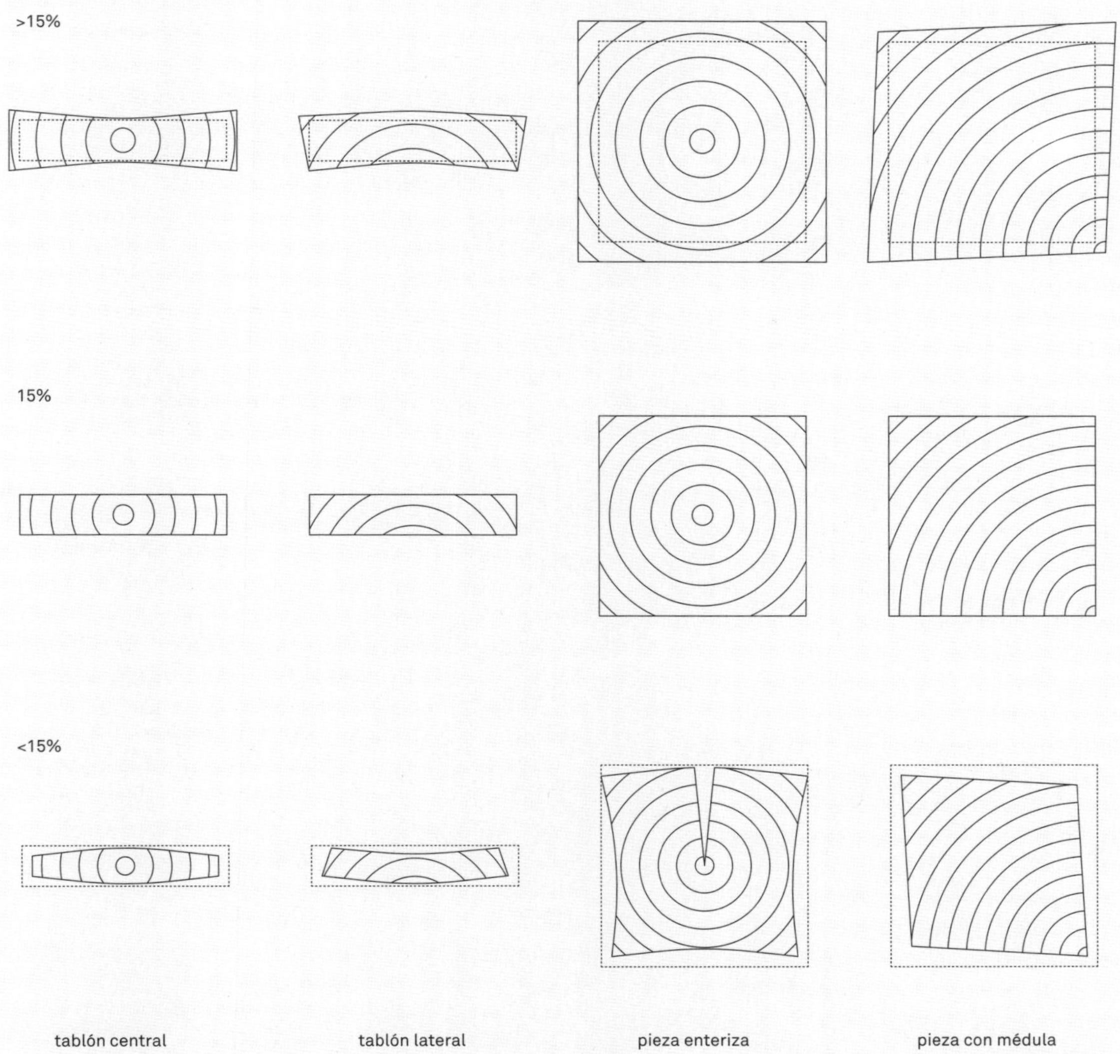

Fig. 1.4.9: Cambios de coloración en la madera debidos a la exposición a la intemperie

Clase según su uso	Condiciones generales de uso	Exposición a la humedad	Decoloración y ataque por hongos	Pudrición	Escarabajos	Termitas	Organismos marinos	Precauciones
1	En interiores, bajo cubierta	Escasa, máx. 20%	-	-	x	(x)	-	Utilizar madera de durabilidad 1 a 5; en caso de uso de elementos de madera inadecuados, tratar con protectores contra insectos
2	En interiores o bajo cubierta	Ocasionalmente >20%	x	-	x	(x)	-	Utilizar madera de durabilidad 1 a 5; para las de durabilidad 4 a 5, tratar con protectores contra insectos y hongos donde sea preciso
3.1	A la intemperie, sin contacto con el suelo, protegida	Ocasionalmente >20%	x	-	x	(x)	-	Utilizar madera de durabilidad 1 a 2; para maderas de durabilidad 4 a 5 –y si es posible también 3– tratar con protectores contra insectos, hongos e intemperie
3.2	A la intemperie, sin contacto con el suelo, no protegida	Frecuentemente >20%	x	-	x	(x)	-	Igual que en 3.1
4.1	A la intemperie, en contacto con el suelo y/o con agua dulce	Predominante o constantemente > 20%	x	x	x	(x)	-	Utilizar madera de durabilidad 1; para maderas de durabilidad 3 a 5 –y si es posible también 2– tratar con protectores contra insectos, hongos, pudrición e intemperie
4.2	A la intemperie, en contacto con el suelo (con requerimientos importantes) y/o agua dulce	Constantemente >20%	x	x	x	(x)	-	Igual que en 4.1
5	En contacto permanente con agua marina	Constantemente >20%	x	x	x	(x)	x	Utilizar madera de durabilidad 1; para maderas de durabilidad 2 a 5, tratar con protectores contra insectos, hongos, pudrición e intemperie

x Extendidos por toda Europa
(x) En determinados lugares de Europa

Tab. 1.4.2: Relación entre las clases de madera según el riesgo de ataque biológico (EN 335), las clases de madera según su durabilidad (EN 350) y el uso de productos de protección de la madera

La norma EN 335 (durabilidad de la madera y de sus materiales derivados) determina las clases de madera a utilizar para contextos particulares y diferentes localizaciones geográficas. Pueden consultarse las condiciones habituales de uso con el fin de establecer, en función de la resistencia natural, si la madera elegida (EN 350) requiere protección adicional o no (EN 460). > **Tab. 1.4.2** En el momento en que este texto se está redactando, los estándares nacionales coexisten con los europeos. Los primeros tienen prioridad en lo que se refiere a las medidas prácticas de protección; por ejemplo, a los métodos de construcción de elementos estructurales en madera o al uso de protectores.

Protección mecánica de los elementos de madera

Para prevenir los peligrosos cambios en el contenido de humedad de la madera y sus productos derivados, y garantizar, por tanto, la mejor protección, deben tenerse en cuenta los siguientes aspectos, así como ciertas medidas relativas a cuestiones estructurales:

- deben elegirse especies adecuadas para el uso al aire libre previsto;
- deben contar, en el momento de la instalación, con el contenido de humedad medio previsto para su uso;
- hay que construir aleros de cubierta y otros elementos protectores de materiales resistentes a la intemperie; > **Fig. 1.4.10**
- debe dejarse el espacio adecuado entre los elementos de madera y las superficies adyacentes para protegerlos de la nieve y las salpicaduras; en la base de elementos verticales hay que dejar una banda de 30 cm de altura de protección (15 cm si se cuenta con una banda de grava); los bajos de los pilares deben mantenerse lo más despejados posible y protegidos de las salpicaduras; > **Fig. 1.4.11**
- deben instalarse barreras de vapor contra la humedad;
- conviene asegurarse de que el agua sea rápidamente drenada, creando inclinaciones suficientes; también hay que colocar goterones en las caras inferiores de los componentes estructurales; > **Fig. 1.4.12**
- se tiene que proteger la testa de la madera cubriéndola o biselando los cantos; > **Fig. 1.4.13**
- debe evitarse la acumulación de agua en rincones, oquedades y juntas; la superficie de contacto entre juntas de madera debe ser menor de 5 cm; para ello pueden usarse separadores de acero inoxidable de 3 mm; > **Fig. 1.4.14**
- conviene evitar la acumulación de polvo en las posibles grietas, pues en condiciones de humedad permanente puede producirse la pudrición de la madera;
- debe evitarse el empotramiento en hormigón (para vallas);
- tienen que secarse lo antes posible los componentes estructurales mediante el método de ventilación más eficaz;
- hay que procurar utilizar la menor sección transversal posible para prevenir los daños debidos a las contracciones y dilataciones, y favorecer un secado rápido;
- deben acanalarse en los laterales las piezas de gran escuadría para evitar la aparición de grietas a través de las cuales los insectos y el agua puedan penetrar en la madera; > **Fig. 1.4.15**
- deben disponerse las piezas horizontales con el lado cóncavo hacia arriba, de modo que el agua se escurra hacia el núcleo y la cara superior se curve de forma convexa;
- conviene evitar las juntas en cuña, y si no es posible deben protegerse de la intemperie;

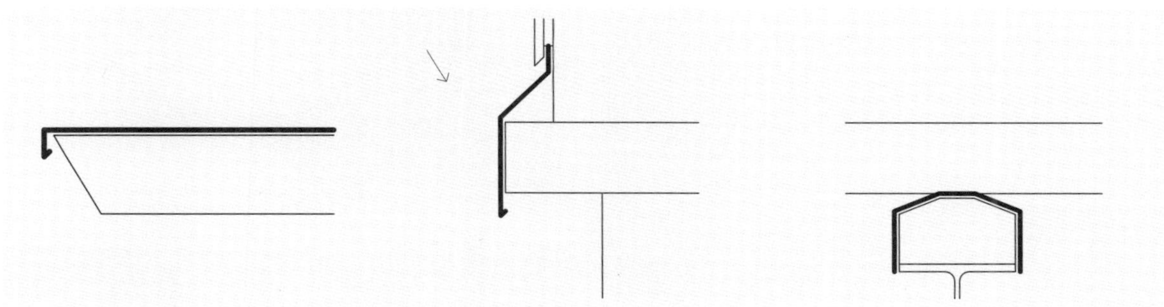

Fig. 1.4.10: Protección mediante cubiertas

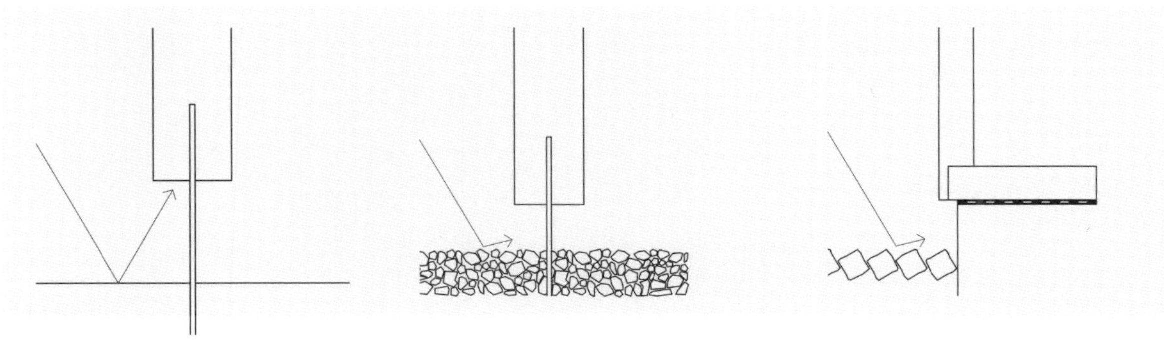

Fig. 1.4.11: Protección frente a salpicaduras

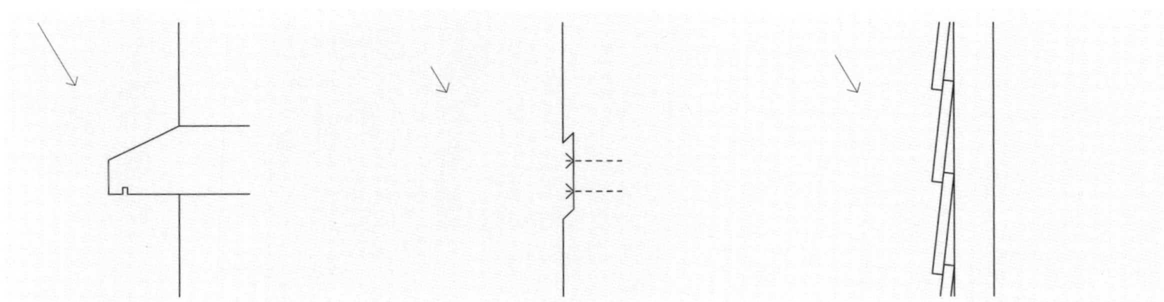

Fig. 1.4.12: Protección por facilitado de desagüe

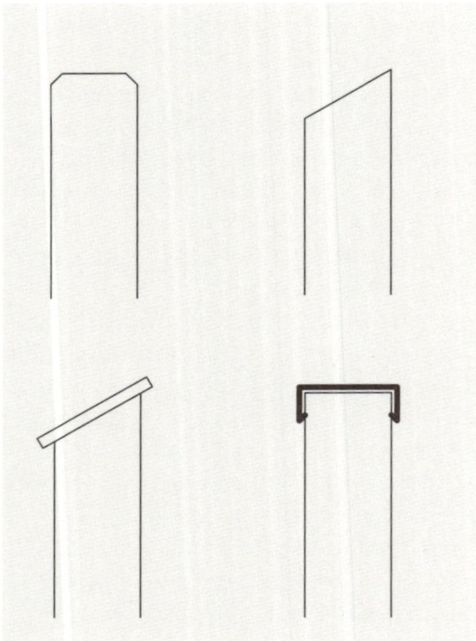

Fig. 1.4.13: Protección de la testa de las piezas de madera

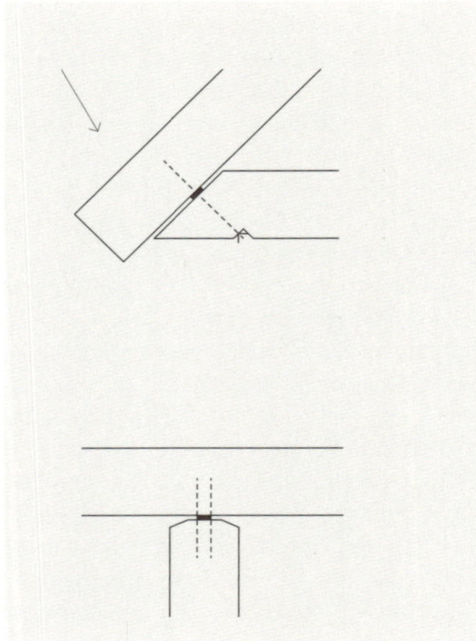

Fig. 1.4.14: Protección evitando la acumulación del agua

Fig. 1.4.15: Prevención de la formación de grietas mediante acanaladuras

- los elementos conectores han de ser resistentes a la corrosión;
- la madera tratada con calor es más resistente (sin embargo este tratamiento no es adecuado para elementos estructurales).

Protección química de los elementos de madera

Los métodos de protección de necesaria aplicación en los elementos estructurales de madera son recomendados también para los componentes no estructurales y deben especificarse en cada caso particular. La protección química preventiva se logra con agentes biocidas. Unas normas específicas, definidas oficialmente, definen los distintos métodos de protección en cada país. El tratamiento protector es posterior a cualquier manipulación de los elementos de madera. Si después de recibirlo las piezas vuelven a ser serradas, taladradas, cepilladas o talladas, se les debe aplicar un tratamiento complementario. La protección ideal para los elementos de madera maciza expuestos a la intemperie es el tratamiento en autoclave.

PRODUCTOS

Productos de madera maciza

Los productos de madera maciza utilizados en exteriores incluyen rollizos y tablas serradas, así como madera maciza laminada, a base de tableros pegados con adhesivos. > Fig. 1.4.16

Los rollizos son troncos o partes de troncos a los que se ha eliminado la corteza con alguno de estos tres métodos: retirada manual manteniendo la forma original del tronco; retirada mecánica con un lijado somero de la superficie, o calibrado de los troncos, cuyo resultado es un diámetro regular y una superficie completamente lisa.

La madera maciza laminada es un producto derivado de la madera de al menos 6 mm de grosor, que se fabrica seccionando piezas paralelas al eje del tronco mediante sierras de bastidor o sierras circulares. Se presenta en listones, tableros, planchas o escuadrías, según su espesor. > Tab. 1.4.3 y Fig. 1.4.17

Fig. 1.4.16: Productos de madera maciza: rollizo, madera aserrada y madera laminada

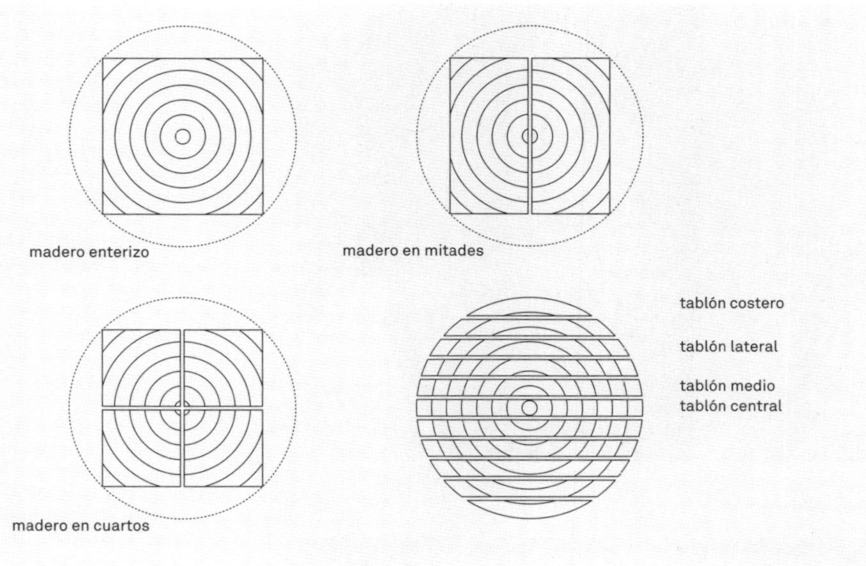

Fig. 1.4.17: Divisiones del tronco en piezas de madera aserrada

	Canto (d) o altura (h)	Ancho (b)
Listón	d ≤ 40 mm	b > 80 mm
Tabla	d ≤ 40 mm	b ≥ 80 mm
Tablón	d < 40 mm	b > 3 d
Madero	b ≤ h ≤ 3 b	b > 40 mm

Tab. 1.4.3: Categorías de la madera aserrada

La madera laminada es un producto derivado de la madera maciza, que consiste en una serie de chapas unidas con adhesivos, con las vetas en paralelo, apiladas en dos, tres o más unidades. Como las chapas son muy flexibles, con ellas se pueden producir componentes estructurales curvos. En exteriores solo deben utilizarse adhesivos sintéticos a base de resinas que garanticen su durabilidad en cualquier condición climática (por ejemplo, el adhesivo de resinas resorcinol). La madera maciza laminada se recomienda para grandes luces. Su estructura la hace muy rígida, con escasa tendencia a la aparición de grietas y gran capacidad de carga. Visualmente da muy buenos resultados.

Transformados de la madera

Los tableros y listones producidos a partir de partículas y piezas de madera prensadas se denominan productos transformados de la madera. Esta se reduce mediante el serrado (tableros), descortezado o corte (chapas), cepillado (lana de madera y virutas) o triturado; posteriormente las piezas se prensan con adición de resinas o adhesivos minerales.
La mayoría de los transformados de la madera, como por ejemplo los tableros de fibras orientadas u OBS, los contrachapados con resinas sintéticas o los tableros de aglomerado, no son adecuados para su uso a la intemperie. Sin embargo, los tableros de contrachapado clasificados como «para exteriores» (EN 13986) sí pueden utilizarse en construcciones al aire libre. La madera contrachapada se fabrica a partir de chapas de madera dispuestas con las vetas alternas y unidas por adhesivos. Existen tableros contrachapados y tableros alistonados, que usan el mismo sistema a base de listones.

Calidades de los productos de madera maciza

El uso previsto determina la elección de una determinada especie de árbol, aunque seleccionar la calidad adecuada también es importante. En los productos de madera maciza, esta puede verse afectada en las distintas fases de producción.

Corte, secado y tratamiento de la superficie

Si el corte del tronco se realiza en paralelo a la dirección de la médula (corte tangencial) o eliminándola (corte tangencial sin médula), la tendencia al agrietamiento, alabeo y combado de las tablas disminuye dramáticamente. Por tanto, si prima el aspecto visual de las piezas, se recomienda el corte tangencial, si es posible eliminando la médula.
Algunos efectos negativos, como los abarquillamientos, los alabeos, la aparición de grietas o el ataque de hongos e insectos, pueden minimizarse si la madera se instala con el mismo nivel de humedad que se prevé en el lugar a largo plazo. La madera debe someterse a un proceso de secado para alcanzar la humedad adecuada que permita trabajarla, también según el lugar donde va a utilizarse. En el caso de madera maciza, el contenido de humedad requerido debe incluirse en el pliego de condiciones. Las piezas de transformados de la madera pueden dejarse simplemente serradas; si se requiere una mayor calidad de la superficie, esta se cepilla y las aristas se biselan. Si no se desea que las aristas queden solo desbastadas, debe especificarse un acabado preciso.

Clasificación cualitativa

Debe distinguirse entre la clasificación de las piezas estructurales de madera debida a las normativas de edificación y la que atiende a criterios estéticos. En este último caso, se tienen en consideración características relevantes desde el punto de vista decorativo, como la presencia de nudos o médula, la dirección de la veta, la anchura de los anillos anuales, las grietas, los bordes irregulares, los alabeos, las decoloraciones y los daños debidos a insectos. Así, cuando la madera se clasifica por su aspecto estético, se pueden establecer características visuales obligatorias y valores límite para los demás parámetros.

CARACTERÍSTICAS SUPERFICIALES

La madera presenta un amplio rango de posibilidades de uso, e igualmente variadas pueden ser sus apariencias. También su estructura puede ser muy diversa. No hay un lugar idéntico a otro, y la cualidad orgánica de la estructura celular resulta legible. Cada especie tiene su grano y coloración característicos. En el caso de la madera expuesta a la intemperie, el proceso de degradación puede dar lugar a un aspecto intencionadamente envejecido. Se tiene la percepción de que la madera es cálida por sus excelentes propiedades de aislamiento térmico: resulta agradable sentarse en un banco de madera o andar descalzo por una superficie de este material.

Tratamiento y coloración superficiales

La coloración superficial de la madera expuesta al aire libre es perfectamente posible. Para ello, la madera a tratar debe ser adecuada y estar correctamente preparada: el contenido de humedad debe ser menor del 20%; si se presentan signos de envejecimiento, deben eliminarse, así como la resina que haya podido supurar; también hay que quitar el moho, aplicando a la pieza una capa de base antimoho. Solo entonces la madera estará lista para ser pintada o barnizada. Tanto la pintura como el barniz deben renovarse periódicamente, por lo que no es recomendable aplicar este tratamiento superficial a construcciones de gran extensión, pues los procesos de repintado o rebarnizado suelen ser imposibles o excesivamente caros. Los barnices, aceites y ceras no son aconsejables para la madera al exterior.
Otro modo posible de dar color a la madera es mediante el proceso denominado de *ahumado*. La madera con un alto contenido en tanitos (el roble, por ejemplo) adquiere un tono ahumado que puede variar desde marrón hasta un negro viejo si se expone a vapores de amoníaco en una cámara hermética; cuando la madera está expuesta al aire libre, sin embargo, este tratamiento es poco duradero. > **Fig. 1.4.18**

Labra de la madera

La madera es un material sencillo de trabajar. Los procesos básicos son el serrado, el barrenado, el cepillado, el lijado, el tallado, el ranurado y el fresado. Los troncos enterizos y descortezados, así como los tablones serrados o desbastados, pueden utilizarse para edificaciones, según las intenciones del diseño y el uso previsto para la construcción. Las piezas están disponibles con las aristas desbastadas, vivas o en bisel. Las piezas de madera maciza con secciones transversales singulares, no rectangulares, pueden prepararse mediante el cepillado y biselado. Con una sierra eléctrica es posible crear formas más libres y superficies irregulares. > **Fig. 1.4.19** El tratamiento con chorro de arena o con cepillo de cerdas metálicas puede conseguir que se distinga en relieve la madera temprana de la tardía.

ENSAMBLAJES

Hasta el siglo pasado, los ensambles de carpintería eran el único modo de lograr uniones de madera duraderas y a presión. Sin embargo, el amplio repertorio de ensamblajes desarrollados por los carpinteros artesanales ha caído en desuso. Se necesita un trabajo de gran precisión y un excelente acabado para realizarlos, y el proceso requiere gran cantidad de mano de obra; por lo tanto, es caro. Además, resulta muy difícil calcular de forma exacta la capacidad portante de estos ensamblajes de madera, y se requieren grandes escuadrías. Sin duda, son ensamblajes que se corresponden con las características técnicas del material. El modo en que se transmiten las cargas resulta inmediatamente inteligible, y pueden utilizarse con bastante creatividad gracias a la uniformidad del comportamiento de la madera. > **Fig. 1.4.20**
El uso de uniones mediante sistemas mecánicos está bien implantado en la construcción actual en madera. Entre los medios de unión más comunes se encuentran los clavos, los tornillos, las espigas, los pernos, los conectores de placa y los dentados con púas, así como una gran variedad de conectores a base de placas metálicas conformadas. > **Fig. 1.4.21** Con el fin de que estas piezas metálicas queden protegidas contra la corrosión, debido a su uso al aire libre, es preciso que se les dé al menos un baño de cinc. Más recomendable es el uso de productos de acero inoxidable u otros metales ligeros y no oxidables.

Fig. 1.4.18: Coloración de madera con alto contenido en taninos mediante ahumado

Fig. 1.4.19: Madera labrada con sierra mecánica: área de juegos natural en el parque de la Feria Alemana de Jardinería (BUGA) de Potsdam

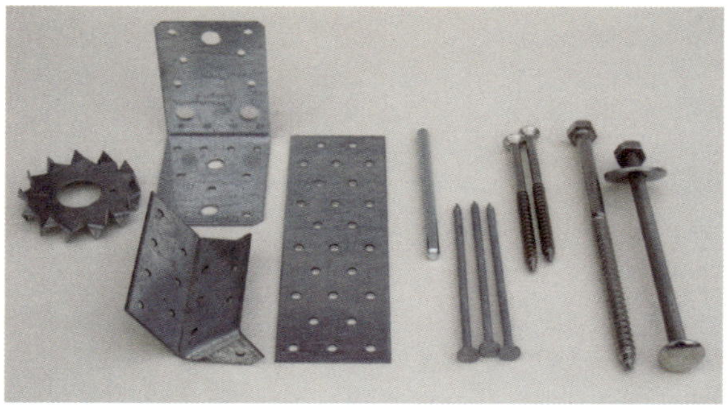

Fig. 1.4.21: Piezas de unión utilizadas en la construcción actual en madera

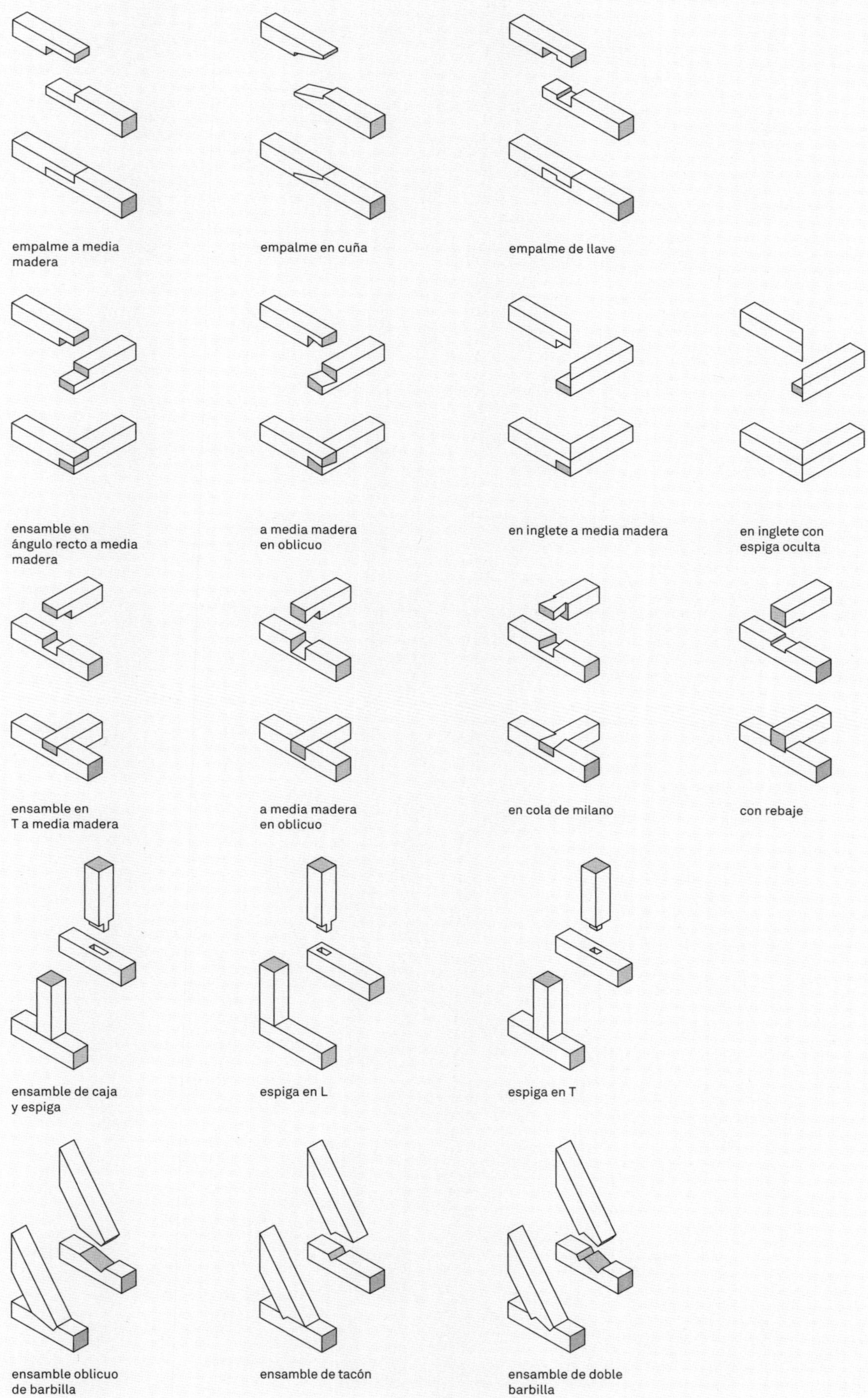

Fig 1.4.20: Ensamblajes de carpintería

1.5 PIEDRA NATURAL

PROPIEDADES Y PRODUCTOS

- Familias de piedras y agrupación según su origen
- Características y propiedades
- Extracción y productos

PROPIEDADES Y TRATAMIENTOS SUPERFICIALES

- Tratamientos posibles
- Mantenimiento y protección

FORMAS Y UNIONES

Hanna Bornholdt

1.5 PIEDRA NATURAL

Las construcciones en piedra natural son únicas e irrepetibles. Ningún otro material es capaz de presentarse en una variedad tan amplia de formas, colores y diseños. Si a ello le añadimos los diferentes tratamientos superficiales que pueden darse a la piedra natural, los proyectistas cuentan con un material versátil que les permite crear pavimentos, muros, escaleras y elementos de agua con el aspecto exacto deseado.

La nomenclatura y clasificación de las piedras es un tema muy vasto. Para proceder a su categorización, la ciencia debe fijarse en las propiedades individuales de cada tipo de piedra, pues es casi imposible decidir a simple vista a qué grupo pertenece cada una. A diferencia de los animales y las plantas, muchos tipos de piedras no son fácilmente distinguibles entre sí. Algunos expertos identifican hasta mil clases de piedras diferentes, mientras otros las agrupan en unas cien. > **Fig. 1.5.1** Según una regla de la litología, dos piedras muy similares pueden pertenecer a tipos muy diferentes, mientras que dos piedras de aspecto completamente distinto pueden corresponder al mismo tipo. Esta regla indica la dificultad que para los proyectistas y constructores supone la selección de la piedra adecuada para un proyecto de construcción.

La nomenclatura científica no suele coincidir con los nombres comerciales. Estos a menudo vienen fijados por los propietarios de las canteras, los importadores o los intermediarios, quienes buscan nombres impactantes. Al no tenerse en cuenta el tipo de piedra de que se trata, con frecuencia se omiten los términos científicos, lo que genera cierta confusión. La norma EN 12670 establece una base terminológica para las definiciones geológicas y petrológicas de los tipos de piedras y su clasificación. Para evitar confusiones, cada tipo de piedra aparece en el listado con su nombre comercial, su nombre petroquímico, la localización de la cantera y algunos atributos descriptivos (color, granulación). El modo de formación de las rocas y también su composición química se cuentan entre los principales criterios de clasificación de las piedras, que se establece según el principio genético señalado a continuación. > **Tab. 1.5.1**

Fig. 1.5.1: En el jardín botánico de la Villa Carlotta en Cadenabbia, Italia, se utilizaron piedras muy diversas como pavimento. Hasta que no se realizaron pruebas petroquímicas de todas ellas, no fue posible darles una denominación precisa

<table>
<tr><td colspan="19">Piedras naturales</td></tr>
<tr><td colspan="6">Magmáticas
(rocas ígneas)</td><td colspan="8">Sedimentarias
(rocas sedimentarias)</td><td colspan="5">Metamórficas
(rocas metamórficas)</td></tr>
<tr><td colspan="6">Rocas plutónicas
(rocas intrusivas)</td><td colspan="8">Sedimentarias biogénicas químicas
(rocas de sedimentación química)</td><td colspan="5">Rocas ortogenéticas
(a partir de rocas ígneas)</td></tr>
<tr><td>Granito</td><td>Sienita</td><td>Diorita</td><td>Gabro</td><td>Peridotita</td><td>Foyaita</td><td>Piedra caliza</td><td colspan="2">Dolomía</td><td colspan="2">Caliza en lajas</td><td>Travertino</td><td>Caliza conchífera</td><td>Toba calcárea</td><td colspan="2">Ortogneis</td><td colspan="2">Pizarra clorita</td><td>Serpentina</td></tr>
<tr><td colspan="6">Rocas hipoabisales
(subvolcánicas)</td><td colspan="8">Sedimentarias clásticas
(rocas detríticas)</td><td colspan="5">Rocas paragenéticas
(a partir de rocas sedimentarias)</td></tr>
<tr><td colspan="2">Pegmatita</td><td colspan="2">Aplita</td><td colspan="2">Lampórfido</td><td colspan="2" rowspan="2">Brecha</td><td colspan="2" rowspan="2">Arenisca
(psamita)</td><td colspan="2" rowspan="2">Roca de arcilla
(lutita)</td><td colspan="2" rowspan="2">Roca piroclástica</td><td>Cuarcita</td><td colspan="2">Paragneis</td><td colspan="2">Pizarra micosa</td></tr>
<tr><td colspan="6" rowspan="2">Volcánicas
(rocas eruptivas)</td><td>Mármol</td><td colspan="2">Pizarra arcillosa</td><td colspan="2">Filita</td></tr>
<tr><td colspan="2">Brecha</td><td colspan="2">Arenisca</td><td colspan="2">Arcilla esquistosa</td><td colspan="2">Toba volcánica</td><td colspan="5" rowspan="4"></td></tr>
<tr><td colspan="2">Riolita
(pórfido)</td><td>Basalto</td><td>Lava</td><td>Diabasa</td><td>Toba</td><td colspan="2">Conglomerado</td><td colspan="2">Arenisca silícea</td><td colspan="4" rowspan="3"></td></tr>
<tr><td colspan="6" rowspan="2"></td><td colspan="2" rowspan="2"></td><td colspan="2">Arenisca calcárea</td></tr>
<tr><td colspan="2">Grauvaca</td></tr>
</table>

Tab. 1.5.1: Sistematización de los tipos de rocas

PROPIEDADES Y PRODUCTOS

Familias de piedras y agrupación según su origen

Rocas magmáticas (o rocas ígneas)
Las rocas ígneas se forman a partir del magma líquido en estado viscoso. Según dónde se haya solidificado, se distinguen entre rocas plutónicas o intrusivas, volcánicas o extrusivas e hipoabisales. > **Fig. 1.5.2**
Las rocas plutónicas (llamadas así en referencia a Plutón, el dios romano del mundo subterráneo) se forman cuando el magma se enfría en el interior de la corteza terrestre. Los minerales pueden cristalizar bien gracias a la lentitud del enfriamiento y a la presión de las capas superiores. Entre estas roca, las más conocidas son, ordenadas de la más clara a la más oscura, el granito, la sienita, la diorita y el gabro. Entre sus características particulares, destaca la presencia de cristales y minerales perceptibles a simple vista y mezclados entre sí de forma no direccional y compacta, sin dejar cavidades. Esto les confiere una gran solidez (por su alto contenido en cuarzo) y, en la mayoría de los casos, una alta resistencia a una gran variedad de agentes agresores. Las rocas plutónicas se parten fácilmente, sus superficies son trabajables y se pueden pulimentar de un modo excelente. Por su resistencia a las heladas y al paso, así como por su capacidad portante, se pueden utilizar prácticamente sin restricciones en la construcción paisajística y de jardines, por lo que conforman el tipo de rocas más usadas. > **Figs. 1.5.3-1.5.5**
Las rocas volcánicas se forman cuando la presión volcánica empuja al magma líquido hasta la superficie, donde se enfría. Las más conocidas son el pórfido (o riolita), el basalto, la dolerita (o diabasa), la toba volcánica, la piedra pómez y la escoria. La más popular es el basalto, la roca volcánica más común; se trata de una roca uniforme, oscura y densa. Se utiliza para pavimentos, pues es una de las piedras naturales más duras y resistentes a la intemperie. La densidad de sus poros la hace excelente para el pulido. Los pavimentos de basalto muy desgastados por el paso se vuelven muy lisos. La lava basáltica se forma en el momento de la erupción en el cráter, y en su forma básica contiene un gran número de pequeñas cavidades. Tanto el basalto como la lava basáltica son importantes materias primas para bloques de piedra, piedra cortada y grava. La grava de basalto constituye una buena capa de cobertura en la construcción de carreteras. También se utiliza en piezas de pequeño tamaño en mosaicos y pavimentos a base de piezas pequeñas. > **Figs. 1.5.6-1.5.8**
Las rocas hipoabisales se forman en el interior de la corteza terrestre cuando el magma de baja densidad penetra en las grietas de las rocas. Su estructura es similar a la de otras rocas plutónicas, pero al enfriarse más rápidamente su cristalización es menos regular, y pueden contener incrustaciones de distintos tipos de rocas. El grupo más importante lo forman las pegmatitas, las aplitas y los lamprófidos.

Rocas sedimentarias
La piedra arenisca se forma cuando las partículas meteorizadas de rocas, especialmente los granos de cuarzo aislados, se compactan cementándose (diagénesis) mediante arcilla, carbonato cálcico o sílice. La piedra arenisca, cuyo componente de unión es el sílice, se caracteriza por ser razonablemente sólida y resistente a las heladas si se usa en

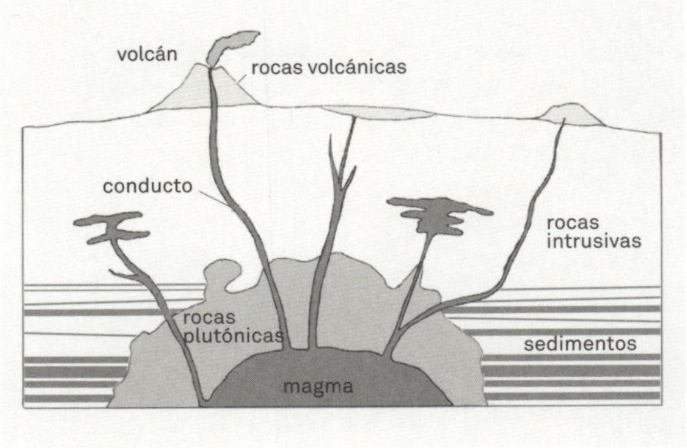

Fig. 1.5.2: Diagrama esquemático del origen de las distintas rocas y de la clasificación resultante

Fig. 1.5.3: Escalones y fachada de gabro (*nero assoluto,* Sudáfrica), laterales de arenisca amarilla (*sunrise,* Sudáfrica) y guijarros de arenisca roja (*thambach sandstone,* Alemania), Embajada de Sudáfrica, Berlín, Alemania

Fig. 1.5.4: Grandes losas de granito rojo en el jardín de las esculturas de la Neue Nationalgalerie, Berlín, Alemania

Fig. 1.5.5: Muretes de contención y canales de desagüe en granito gris oscuro de grano fino, pavimento de mosaico de granito *strigau* polaco y baldosas de piedra de basalto ucraniano en una cubierta ajardinada de Berlín, Alemania

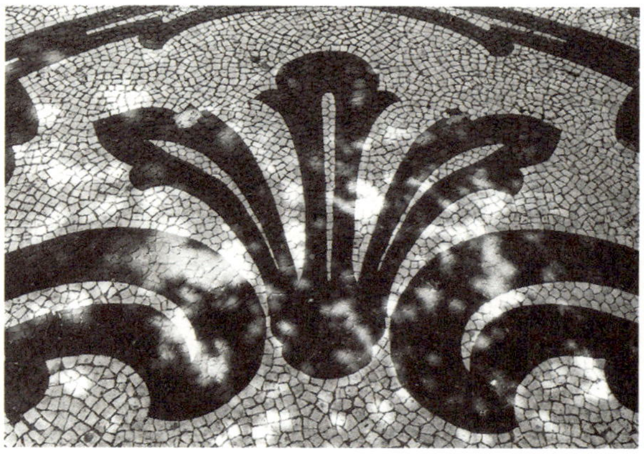

Fig. 1.5.6: Pavimento de mosaico de adoquines (piedra portuguesa) en basalto y piedra caliza, plaza de São Mamede, Lisboa, Portugal

Fig. 1.5.7: Muros y fachadas de riolita (pórfido), iglesia de Santa Maria degli Angeli, Monte Tamaro, Suiza

Fig. 1.5.8: Chapado de losas de lava basáltica porosa (*plaidt basalt-lava*), jardín privado, Zúrich, Suiza

el exterior. Una característica típica de la piedra arenisca es su estratificación, que crea tonalidades cálidas y texturas suaves en tonos rojizos, amarillos, marrones, verdes y grises. La arenisca está presente en muchos edificios históricos, y se considera fácil de labrar. Normalmente adquiere una pátina, y en lugares especialmente húmedos y sombríos va tomando una tonalidad verdosa. Esta propiedad es muy valorada en la escultura, pero no en los pavimentos, porque no es recomendable que sean resbaladizos, razón por la que no es muy utilizada para ese fin. > **Fig. 1.5.9**
La piedra caliza y las rocas carbonatadas se forman como resultado de determinadas condiciones químicas. Las calizas, las dolomías y el yeso se disuelven en agua, se descomponen y forman depósitos. Una de las características de las calizas es la presencia frecuente en su interior de fósiles como conchas, caparazones o lirios de mar (crinoideos). Como resultado de procesos de formación ocurridos en distintas épocas geológicas, existe un gran número de tipos de calizas con diversas clases de fósiles en ellas, así como numerosas variaciones de color y textura. Dichas categorías incluyen la caliza conchífera (también denominada *muschelkalk*), el travertino, la toba calcárea, la dolomía, la caliza y la caliza laminada. Muchos tipos de calizas densas y sólidas son denominadas incorrectamente mármoles, lo que puede dar lugar a cálculos estructurales erróneos. Las propiedades constructivas relacionadas con la durabilidad y el aspecto de las rocas sedimentarias varían en función de los minerales que las componen y de su proceso de formación. El travertino calizo de agua dulce y la toba calcárea presentan poros bien definidos, una textura muy diferenciada, una estratificación clara y una coloración entre el amarillo y el ocre. Entre las calizas, la más común es la conchífera, enormemente versátil debido a su gran durabilidad y la facilidad para labrarla. > **Figs. 1.5.10-1.5.12**

Fig. 1.5.9: Muro de fábrica de arenisca roja del Meno, defensa de ribera en Miltenberg, Alemania

Rocas metamórficas

Las rocas ígneas y sedimentarias pueden ser desplazadas por los movimientos de la corteza terrestre hacia estratos más profundos, y allí, debido al aumento de la presión y a las altas temperaturas, sufrir modificaciones que las convierten en rocas de otro tipo. Este proceso se llama metamorfismo, y con frecuencia origina foliaciones (líneas finas) o plegaduras (textura de bandas) que no deben confundirse con la estratificación que presentan las rocas sedimentarias. Las rocas metamórficas no muestran cavidades, presentan texturas características y suelen tener un brillo sedoso. La composición química, el aspecto y las posibilidades de aplicación en el campo de la construcción pueden variar mucho. Las metamórficas más importantes son la cuarcita, el gneis, el mármol y la pizarra.

Los gneises son rocas metamórficas de color claro y una alta proporción de feldespato; junto con los granitos conforman el tipo de roca más frecuente en la corteza terrestre. Si el material a partir del que se ha formado el gneis son rocas ígneas, recibe el nombre de ortogneis. > **Fig. 1.5.13** Si, por el contrario, se ha formado a partir de rocas sedimentarias, se llama paragneis. Ambos son similares al granito y se comercializan como tales, si bien la estratificación marca una clara diferencia. La confusión con el granito puede dar lugar a errores de cálculo respecto a su capacidad portante y resistencia a las heladas.

Las cuarcitas son rocas metamórficas muy duras, con un contenido en cuarzo superior al 85%. Su estructura estratificada las hace fáciles de partir. Se trata de una piedra altamente resistente a la abrasión, por lo que es adecuada para losas de pavimentación y escalones en áreas de mucho paso, especialmente si se coloca en su forma partida natural.

Las pizarras esquistosas son rocas negras finamente foliadas con un alto contenido en antracita y un aspecto muy denso de grano fino. Esta clase de pizarras se utiliza cada vez más en exteriores, en forma de bloques de cantería, planchas o lajas. > **Figs. 1.5.14 y 1.5.15**

Fig. 1.5.10: Pavimento de mosaico de adoquines en caliza blanca y negra, avenida da Liberdade, Lisboa, Portugal

Fig. 1.5.11: Pared exenta en travertino de Turingia (Langensalza) en un jardín privado de Berlín, Alemania

Fig. 1.5.12: Gaviones de caliza devónica (caliza del Harz) en la exposición regional de horticultura de Wernigerode, Alemania

Fig. 1.5.13: Muro de mampostería de gneis de Steinz partido natural, cementerio de Riem, Múnich, Alemania

Fig. 1.5.14: Pavimento de pizarra (*otta phyllite*, Noruega) y mármol, Embajada de los Países Nórdicos, Berlín, Alemania

Fig. 1.5.15: Mesa de agua en pizarra, jardines del Bundesgartenschau, Potsdam, Alemania

	Propiedades técnicas					Durabilidad	Confort
	Densidad bruta (kg/m³)	Resistencia a la compresión (N/m²)	Resistencia a las heladas	Absorción de agua (% en masa)	Resistencia a la flexión bajo carga concentrada (MPa)	Resistencia a la abrasión (cm3/50 cm²)	Conductividad térmica (W/mK)
Magmáticas							
Granito	2600–2800	130–270	●	0,1–0,9	5–18	5–8	2,8 (1,6–3,4)
Sienita	2600–2800	160–240	●	0,2–0,9	5–18	5–8	3,5
Diorita	2800–3000	170–300	●	0,2–0,4	6–22	5–8	3,5
Gabro	2800–3000	170–300	●	0,2–0,4	6–22	5–8	3,5
Riolita (pórfido)	2500–2800	180–300	●	0,2–0,7	10–22	5–8	3,5
Basalto	2900–3000	240–400	●	0,1–0,3	13–25	5–8	3,5 (1,2–2,0)
Diabasa	2800–2900	180–250	●	0,1–0,4	15–25	5–8	3,5
Sedimentarias							
Brecha	2600–2750	50–160	○	0,5–1,0	--		2,3
Conglomerado	2200–2500	20–160	●	0,8–10	2–15	14–80	2,3 (1,2–3,4)
Arenisca	2000–2700	30–150	● (○)	0,2–10	--	9–35	2,3 (1,2–3,4)
Arenisca silícea	2600–2700	120–200	○	0,2–0,5	--	7–8	2,3(2,1)
Grauvaca	2600–2650	150–300	●	0,2–0,5	11–25	7–8	2,3
Toba volcánica	1800–2000	20–30	○	6–15	0–5	10–35	2,3 (0,4–1,7)
Caliza	2600–2900	75–240	●–○	0,1–3	3–19	15–40	2,3 (2,0–3,4)
Caliza conchífera	2600–2900	80–180	●–○	0,2–0,6	3–16	15–40	2,3(2,0–3,4)
Dolomía	2600–2900	75–240	○	0,1–3	3–19	15–40	2,3
Travertino	2400–2500	20–60	● (○)	2–5	2–13	20–45	2,3
Toba calcárea	1700–2200	30–50	○	1–10	--	n.b.	0,85–1,7
Rocalla caliza	2600–3000	100–200	●	0,3–0,4	--	4–10	3,5 (1,6–2,1)
Metamórficas							
Paragneis	2600–3000	100–200	●	0,3–0,4	4–12	4–10	3,5 (1,6–2,1)
Cuarcita	2600–2700	150–300	●	0,2–0,5	13–25	7–8	3,5
Pizarra micosa	2600–2800	140–200	○	0,2–0,4	--	15–25	2,2
Pizarra arcillosa	2700–2800	50–80	●	0,5–0,6	1–8	n.b.	2,2 (1,2–2,1)
Mármol	2600–2900	75–240	○	0,1–3	3–19	15–40	3,5 (2,0–2,6)

● Muy adecuado
○ Menos adecuado

Tab. 1.5.2: Propiedades técnicas de la piedra

Características y propiedades

Cada tipo de roca tiene características y propiedades específicas que la hacen adecuada para determinados lugares de aplicación. Al principio del proceso de planificación, el tipo de piedra natural se elige en primer lugar por razones estéticas, como el color, la textura o el grano. Posteriormente debe comprobarse que la piedra elegida es capaz de cumplir los requerimientos técnicos y soportar tanto las cargas estructurales como el ataque de las sustancias químicas, con el fin de evitar posteriores daños estructurales y demandas legales. Según el uso que se le vaya a dar, la piedra debe garantizar cierta resistencia a las heladas, a la abrasión, a la compresión, a la dilatación técnica y al pandeo, así como una determinada capacidad de absorción de agua. Las tablas de tipos de piedras ofrecen datos generales que dan idea de su comportamiento. > **Tab. 1.5.2** En los casos de piedras naturales cuyas propiedades al aire libre no puedan establecerse por experiencia, debe recurrirse a un organismo competente que expida un certificado de acuerdo con los estándares europeos. En concreto, si se trata de piedras en contacto directo con el suelo o que vayan a estar siempre mojadas (por ejemplo, en áreas sombrías o en elementos de agua), su resistencia debe establecerse en función de las heladas o heladicidad; los pavimentos y escalones deben garantizar su resistencia a la abrasión; los componentes portantes, como los plintos y columnas, su capacidad resistente, y las piezas en voladizo o los escalones con vuelo, su resistencia a la flexión. La experiencia demuestra que las pruebas certificadas generales pueden no aportar mucho. Esto ocurre, por ejemplo, si el material probado ha sido obtenido de las mejores partidas de una cantera y el suministrado, de otra partida que puede diferir en gran medida de aquel. En una cantera las vetas adyacentes y las rocas similares a las sometidas a pruebas no se comprueban singular y específicamente. Por tanto, es conveniente contar con certificados de garantía de adecuación de la piedra que efectivamente se vaya a usar, para evitar así problemas posteriores. También es recomendable utilizar tipos de piedra que se hayan usado con anterioridad en el lugar. > **Fig. 1.5.16**

Extracción y productos

La piedra suele extraerse de canteras a cielo abierto en lugares con buena accesibilidad (laderas y llanos). De las canteras se obtienen tanto grandes bloques de

Fig 1.5.16: Piedra caliza portuguesa de la fuente de Pamukkale en Berlín dañada por las heladas. La resistencia a las heladas de la piedra no se comprobó antes de utilizarla

piedra como balasto y grava. Para sacar bloques, hay que cortarlos en formas más o menos prismáticas y reducir al mínimo las roturas durante el proceso de corte. Los bloques crudos se sacan por diversos métodos: hileras de barrenas, partido con sistemas hidráulicos (granitos y areniscas), partido con cuñas (caliza), cortado con sierra (caliza, arenisca, travertino) o mediante oxiacetileno (1600 °C), chorro de agua a alta presión o tecnología láser.
Estos bloques pueden utilizarse para piezas grandes, como escalones, losas de gran tamaño, estelas, columnas o vasos para fuentes. Los canteros parten los grandes bloques mediante procesos de corte, convirtiéndolos en piezas menores. Así se producen piezas de piedra natural con un acabado basto, como balasto, losas para pavimentos, bordillos o bloques de cantería. Las ventajas ecológicas de la piedra aumentan considerablemente si se utilizan materiales procedentes de lugares cercanos y rutas de transporte lo más cortas posible. Otro punto a favor de la elección de piedras de procedencia local o próxima es que tanto los proyectistas como los clientes pueden examinar la idoneidad del material en la propia cantera. > **Fig. 1.5.17**

Al elegir una piedra como material de construcción, deben tenerse en cuenta los siguientes aspectos:

- la disponibilidad del material;
- los tamaños en los que puede obtenerse;
- la entrega en plazo;
- la disponibilidad del mismo material a largo plazo, y
- la capacidad de acabar las piezas en obra.

La piedra natural permite la reutilización y la labra de los elementos de construcciones demolidas. Las losas de granito en particular pueden reutilizarse infinidad de veces, por lo que su balance energético es claramente positivo.

PROPIEDADES Y TRATAMIENTOS SUPERFICIALES

Tratamientos posibles

La piedra natural es apreciada por su estructura y su color. Su aspecto final viene dado por el tratamiento superficial que haya recibido. > **Fig. 1.5.3** El efecto puede resaltarse o perderse. Así, el pulido o el apomazado contribuyen a un mayor impacto de la estructura y el color de la piedra, mientras que el flameado puede llegar a modificar su color. Por eso, las pruebas deben hacerse con la misma piedra que se vaya a utilizar, y debe desconfiarse de los muestrarios generales.
Respecto al tratamiento superficial, los procesos aplicados a la piedra pueden ser muy variados, desde los más artesanales hasta los más industriales. La **figura 1.5.18** a)–i) muestra algunos posibles tratamientos de la superficie de la piedra.

	Lajado	Partido	Escafilado	Abujardado	Apiconado	Raspado	Tratado con chorro de arena	Corte diamantado	Apomazado	Pulido	Flameado
Rocas magmáticas											
Granito	+	+	+	+				+	+	+	+
Sienita	+	+	+	+				+	+	+	
Diorita	+	+	+	+				+	+	+	
Gabro	+	+	+	+				+	+	+	
Riolita (pórfido)	+	+	+	+				+	+	+	
Basalto	+	+	+	+				+	+	+	
Diabasa	+	+	+	+	+			+	+	+	
Toba	+	+	+	+	+	+	+	+	+		
Rocas sedimentarias											
Conglomerado	+	+	+	+		+		+	+		
Brecha	+	+	+	+	+	+	+	+	+		
Arenisca cuarzosa	+	+	+	+	+	+	+	+	+	+	
Arenisca	+	+	+		+	+	+	+	+		
Grauvaca	+	+	+		+	+	+	+	+		
Toba volcánica	+	+	+		+	+	+	+	+		
Caliza	+	+	+	+	+	+	+	+	+	+	
Caliza conchífera	+	+	+	+	+	+	+	+	+	+	
Travertino	+	+	+	+	+	+	+	+	+	+	
Toba caliza	+	+	+					+			
Dolomía	+	+	+	+	+	+	+	+	+	+	
Rocas metamórficas											
Ortogneis/paragneis	+	+	+	+	+			+	+	+	+
Cuarcita	+							+	+	+	
Pizarra micosa	+							+			
Pizarra clorita	+							+	+	+	
Serpentinita				+				+	+	+	
Mármol	+	+	+	+	+	+	+	+	+	+	
Filita	+							+			
Pizarra margosa	+								+	+	
Granulita	+	+	+	+				+	+	+	

Tab. 1.5.3: Acabados manuales e industrializados de la piedra natural

Rocas magmáticas
1 granito de Balmoral
2 granito marrón báltico
3 granito blanco cristal
4 granito Bohus Red
5 granito Claire de Tarn
6 granito Grigio Sardo
7 granito Epprechtstein
8 granito Flossenburg
9 diorita Furstenstein
10 granito Kaltrum
11 granito Knaupsholz
12 granito Kösseine
13 granito gris Kuru
14 granito Lausitz
15 granito Meissen
16 granito Metter
17 granito Mittweida
18 granito Neuhauser
19 gabro Pedrogoa
20 granito Rosa Porriño
21 granito de Silesia
22 granito Schrems
23 granito silvestre
24 granito Tittling

Rocas volcánicas
25 basaltina volcánica
26 riolita Beucha (granito pórfido)
27 Gondomar
28 basalto Greifenstein
29 sienita labrador Antique
30 lava basáltica Londorf
31 diabasa Oberscheld
32 lava basáltica Plaidt
33 lava basáltica Rhenish
34 riolita Trentino
35 Weidenhahr trachyte

Rocas hipoabisales
36 Snowflake lamprófido

Rocas sedimentarias
Rocas calizas y carbonatadas
37 piedra azul de Aquisgrán
38 caliza Adnet
39 granito Belgian
40 travertino Cannstatt
41 piedra Comblanchien
42 caliza conchífera Crailsheim
43 toba calcárea Gönningen
44 caliza Harz (caliza devónica)
45 toba caliza Huglfing (Pollingen)
46 caliza conchífera Kirchheime (Kernstein)
47 caliza conchífera Kirchheim (Blaubank)
48 caliza conchífera Krensheim
49 travertino Langensalza
50 caliza conchífera Oberdorla
51 caliza portuguesa
52 travertino Roma
53 dolomía Wachenzell

Areniscas
54 arenisca Bateig
55 arenisca Bentheim
56 arenisca Bollingen
57 arenisca Cotta
58 arenisca Neksö
59 arenisca Pfaffenhofen
60 arenisca roja del Meno
61 arenisca Seeberg
62 arenisca Sirkwitz-Rachwitz
63 arenisca Warthau
64 arenisca Weser
65 arenisca Worzeldorf

Pizarras
66 pizarra Fredeburg
67 pizarra Harz
68 pizarra Mayen

Rocas metamórficas
69 cuarcita alta
70 ortogneis Andean
71 paragneis Calanca
72 ortogneis Graubündnen
73 paragneis Iragna
74 paragneis Maggia
75 ortogneis Odenwald
76 filita Otta
77 serpentinita Tauerngrün
78 pizarra Theuma Frucht
79 serpentinita verde Alpi
80 pizarra Welsh
81 cuarcita Walser

Toba volcánica
82 toba Ettringen
83 toba riolita Rochlitz
84 toba Roma

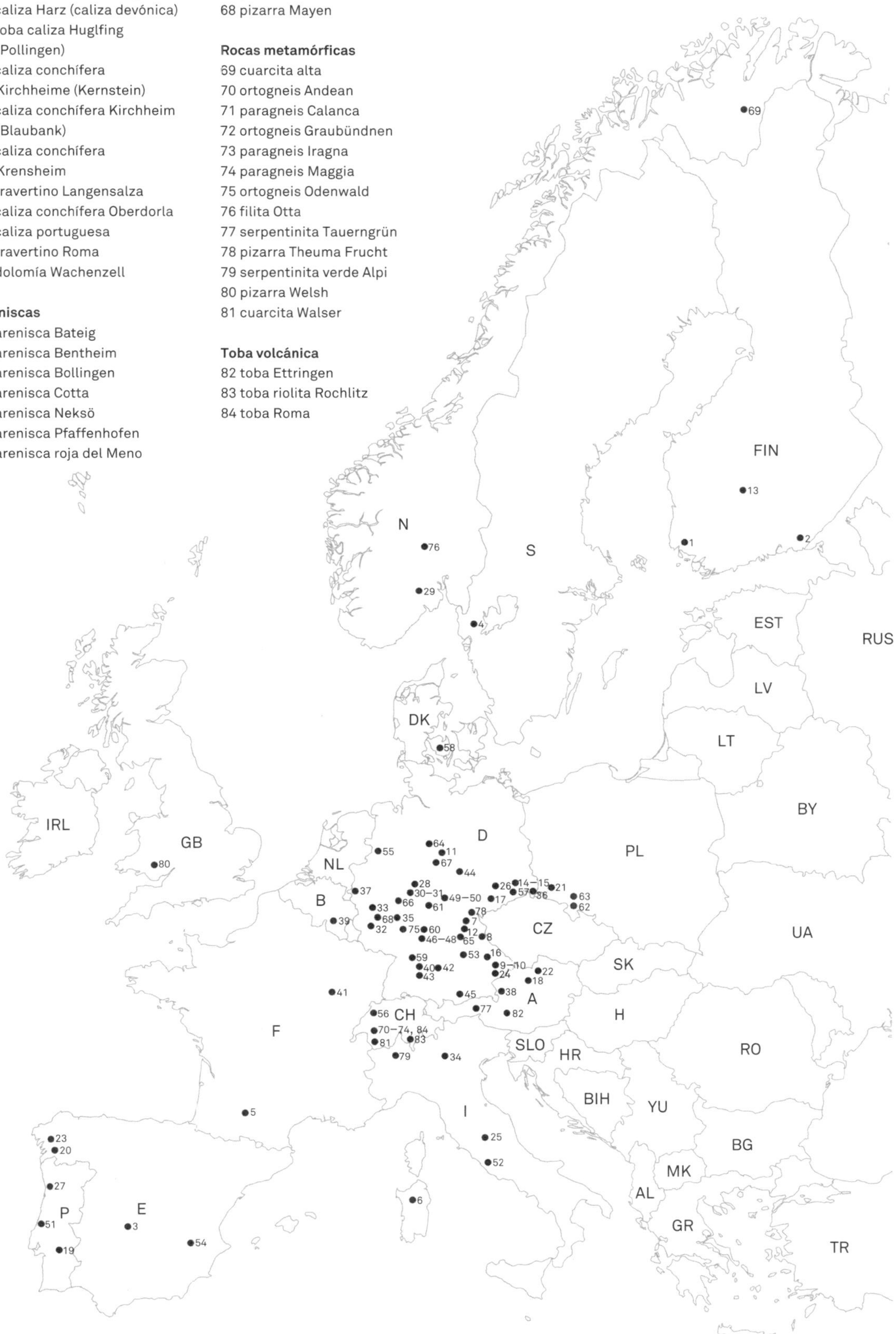

Fig. 1.5.17: Selección de piedras naturales europeas

a	b	c
d	e	f
g	h	i

Fig. 1.5.8: Acabados manuales e industrializados de la piedra natural
a) granito Metten abujardado
b) granito Metten partido
c) granito Metten flameado
d) granito Metten tratado al chorro de arena
e) granito Metten apomazado
f) caliza de Jura apiconada bastamente
g) caliza de Jura abujardada
h) caliza de Jura raspada
i) caliza de Jura cortada con hilo diamantado

Mantenimiento y protección

Con el paso del tiempo, la piedra adquiere una pátina natural. Los rocas ígneas y la mayoría de las metamórficas son muy duraderas y apenas envejecen a la intemperie. Las areniscas adquieren la pátina con rapidez si están expuestas al exterior. En particular las algas se instalan fácilmente en los poros, por lo que la superficie de la piedra puede volverse verde rápidamente en condiciones de mucha humedad. Las rocas porosas —es decir, los travertinos, las tobas calcáreas y las lavas de poro grueso— proporcionan buenas condiciones para la germinación y el crecimiento. Las algas y los líquenes proliferan sobre todo en áreas muy húmedas: lugares cercanos al suelo, siempre a la sombra, situados bajo árboles, en rincones poco ventilados o donde les cae agua con frecuencia. El resultado, además de estéticamente poco atractivo, puede dar lugar a superficies resbaladizas.

Si aparecen manchas no deseadas, por lo general pueden limpiarse con jabón suave y agua caliente. El uso de agua jabonosa facilita la limpieza con cepillo y deja una fina capa de grasa que impide la formación de nuevas manchas. La rugosidad de la superficie de la piedra determina el grado de fijación de la suciedad. Así, por ejemplo, en un suelo pulido o tratado al láser los chicles pegados pueden eliminarse con un sencillo rascador, pero en una superficie flameada o abujardada deben utilizarse hielo seco o productos químicos. Otros métodos para eliminar manchas son los sistemas de vapor comprimido, de limpieza por láser, los líquidos para eliminar lechada de cemento o ciertos productos específicos para la limpieza de la piedra natural. Si alguno de estos productos contiene ácidos, debe tenerse mucho cuidado con la superficie de determinados tipos de piedra.

Las rocas son materiales muy duraderos, pero en las actuales condiciones ambientales muchas de ellas, como por ejemplo la arenisca o las calizas, requieren un tratamiento que las impermeabilice o las haga repeler el agua. Para ello, a las superficies de estas piedras se les debe aplicar regularmente una capa o impregnación de ácido fluosilícico, ácido hidrofluórico, ésteres de ácido silícico o resinas de silicona. Con las impregnaciones de sustancias impermeables, debe tenerse cuidado de no dañar la capa aplicada e impedir la penetración de agua. Para proteger la piedra contra los grafitis puede impregnarse de cera.

Algunas manchas y pérdidas de color son resultado de la propia composición de las piedras. Así, determinadas rocas, expuestas a la humedad, tienden a oxidarse, debido a su contenido en minerales de hierro. Con frecuencia, las manchas aparecen durante la obra. El agua puede transportar el hidróxido de calcio contenido en el cemento, algunos agregados no ligados o incluso restos de los lubricantes del desencofrado, los cuales acaban formando manchas sobre la piedra que no siempre pueden limpiarse. Los depósitos de sales en forma de eflorescencias, filtraciones o aglomeraciones pueden eliminarse en algunos casos mediante el cepillado en seco o el lavado con mucha agua (en algunos casos con productos de limpieza especiales). Los depósitos de sales se evitan utilizando como aglomerantes cementos puzolánicos o *trass*.

FORMAS Y UNIONES

En las áreas exteriores, la piedra se utiliza principalmente en adoquines y losas de pavimento. Como base de apoyo y cama en zonas de tránsito se utilizan gravas y zahorras (minerales de machaqueo resistentes a las heladas). La

Fig. 1.5.19: Pavimento de losas de travertino con la junta rellena de grava, cubierta ajardinada en Berlín, Alemania

piedra natural es sensible a la acumulación de humedad en su superficie, por lo que se recomienda que, en coordinación con el plano de cotas o topográfico, se proyecte un plano de escorrentías que garantice que tanto la capa base como la superficie acabada drenen correctamente. > **Capítulo 3.2 Caminos y plazas** Las juntas entre las losas y los adoquines deben rellenarse con áridos de alta calidad hasta al menos 2/3 del espesor de la piedra. **> Fig. 1.5.19** Con frecuencia la capacidad de drenaje de las cubiertas y terrazas impermeabilizadas no es suficiente, en especial cuando sobre ellas se vierte el agua de escorrentía superficial y de las fachadas. Los productos para colocar en superficies aterrazadas garantizan la protección contra daños debidos a las heladas y la humedad. Las losas de piedra se asientan sobre una base de hormigón poroso, una malla de rejilla y varias canaletas de plástico situadas por debajo del mortero, que garantizan un rápido desagüe de las aguas de precipitación así como la ventilación del conjunto.

En la jardinería y arquitectura del paisaje, los mampuestos de piedra natural se presentan como muros de carga o como aplacados de piedra ejecutados sin cámara de aire. > **Capítulo 3.5 Muros** Las lajas de piedra se disponen siguiendo su estratificación natural en la formación de muros, por lo que el largo de las piezas no debe superar en más de cuatro o cinco veces el espesor de las mismas.

Los aplacados de piedra sin función portante se fijan al muro de carga o al intradós de la estructura (generalmente de hormigón) colgados mediante anclajes metálicos o insertos en la fábrica, y asegurados con grapas, tornillos o llaves metálicas. Las eflorescencias cálcicas en los muros pueden evitarse si la mezcla de hormigón es lo más espesa posible, con bajo contenido en agua, y si tanto la piedra como el hormigón en masa están a la misma temperatura en la puesta en obra. En general, un modo adecuado de evitar las eflorescencias en los muros de piedra natural es utilizar cemento puzolánico o de escorias de altos hornos. El mortero de cemento es, por lo general, inadecuado.

1.6 LADRILLOS Y CLÍNKERES

COMPOSICIÓN, PROPIEDADES Y PRODUCTOS

- Conformación
- Formatos y dimensiones
- Ladrillos moldeados
- Mantenimiento y protección
- Posibilidades de reutilización

CARACTERÍSTICAS Y TRATAMIENTOS SUPERFICIALES

- Tratamientos superficiales
- Color
- Proceso de cocción

FORMAS Y UNIONES

- Fábricas y aparejos
- Pavimentos

Petra Zadel-Sodtke

1.6 LADRILLOS Y CLÍNKERES

El concepto de ladrillo incluye todos aquellos materiales extraídos de la tierra y posteriormente cocidos. Por su parte, los clínkeres son ladrillos especiales fabricados con arcillas de alta densidad y calidad que han sido cocidas hasta el punto de sinterización. En este sentido, al hablar de ladrillos, estamos incluyendo tanto los utilizados en muros levantados a mano como los ladrillos modernos con cualidades históricas (ladrillos monumentales).
En estructuras exteriores permanentes solo se emplean ladrillos resistentes al hielo y a la intemperie, que se clasifican en diversas categorías, como ladrillos cara vista y vitrificados, baldosas y azulejos cerámicos o de gres, tejas cerámicas y losas de terracota. Por el contrario, no resultan adecuados los ladrillos cerámicos toscos en la medida en que no son resistentes al hielo. También se pueden utilizar otros materiales cerámicos de construcción, como loza resistente al hielo, baldosas o losas cerámicas para exteriores.
Los distintos ladrillos se diferencian no solo en el formato, sino, sobre todo, en su calidad superficial. Se trata de un material de construcción que ofrece un amplio rango de posibilidades de diseño en la interacción del aparejo y de la distribución de las juntas. El proceso de fabricación de los ladrillos comienza con la extracción y la preparación de las materias primas; sigue con la conformación de las piezas, y finaliza con el secado y la cocción. La coloración durante la fase de preparación o la decoración previa a la cocción son medios adicionales para modificar las características superficiales.

COMPOSICIÓN, PROPIEDADES Y PRODUCTOS

Los ladrillos están compuestos básicamente de arcilla en bruto y diversos aditivos, como arena, cenizas u óxidos que actúan como pigmentos. Se pueden encontrar depósitos de arcilla en regiones montañosas, en valles fluviales o en el fondo de lagos y mares, que se clasifican en arcillas comunes, arcillas para ladrillos, rocas arcillosas, arcillas esquistosas y esquistos arcillosos. No todas las arcillas son aptas para la fabricación de ladrillos. Las materias primas que contienen las arcillas tienen distintas propiedades y deben ser manejadas adecuadamente.

Conformación

El método más antiguo para dar forma a los ladrillos consiste en «golpear» la arcilla con las manos, presionando la masa de arcilla dentro de moldes de madera o hierro, con o sin fondo. Estos moldes deben humedecerse o recubrirse con agua, aceite o arena antes de introducir la arcilla para permitir el desmoldado, de forma que según el procedimiento empleado se obtienen acabados característicos. Algunos fabricantes están especializados en estos sistemas de fabricación para utilizar en obras de conservación y rehabilitación, y también replican ladrillos específicos por encargo. Sin embargo, la fabricación artesanal ha sido en general sustituida por la industrial con la introducción de la prensa de extrusión (1861) y la prensa de tornillo (1863).
Entre los ladrillos de fabricación industrial, se distingue entre los moldeados (moldeado industrial) y los prensados. Los primeros se diferencian muy poco de los artesanales. > **Tab. 1.6.1, líneas 1-3** Por su parte, los ladrillos prensados se fabrican en moldes y pueden ser semisecos, secos o extruidos (con la ayuda de boquillas ajustadas a la prensa de extrusión). Los ladrillos perforados solo pueden fabricarse por extrusión. > **Fig. 1.6.1**
No todos los tipos de ladrillo perforado son adecuados para su empleo en exteriores, ya que algunos carecen de la suficiente resistencia al hielo y a los agentes climáticos.

Ladrillos: categoría en función de la fabricación	**Apariencia**	
	Artesanales	**Industriales**
En molde húmedo	Superficie fina, lisa y densa con marcas de la arcilla o el agua	Similares a los artesanales, pero con la marca del pistón en una de sus caras
En molde de arena y tipo Formbak (Holanda)	Superficie rugosa e irregular, con marcas de arena en todas sus caras, un patrón irregular de hendiduras y pliegues producidos por la presión	Superficie rugosa y con marcas de arena en todas sus caras, con la marca del pistón en una de ellas
Prensado manual	Superficie angulosa y lisa en todas las caras y pliegues poco profundos debido a la presión	
	Industriales	
Ladrillos extruidos	Superficies regulares y lisas, excepto la cara cortada, que presenta a veces marcas y muescas del corte, aristas angulosas –a veces con rebaba– y muescas irregulares poco profundas causadas por el contacto con otros materiales –polvo, poliestireno–. Los ladrillos crudos prensados al vacío presentan unas superficies especialmente lisas en las caras prensadas y una alta densidad	
Ladrillos prensados en semiseco	Superficies generalmente lisas, con cierto grado de estructuración en función de la forma de preparar la materia prima	
Ladrillos prensados en seco	Superficie lisa en todas las caras, aristas marcadas, masa densa y estructurada, muy preciso en sus dimensiones	

Tab. 1.6.1: Efectos del proceso de fabricación sobre las propiedades visuales

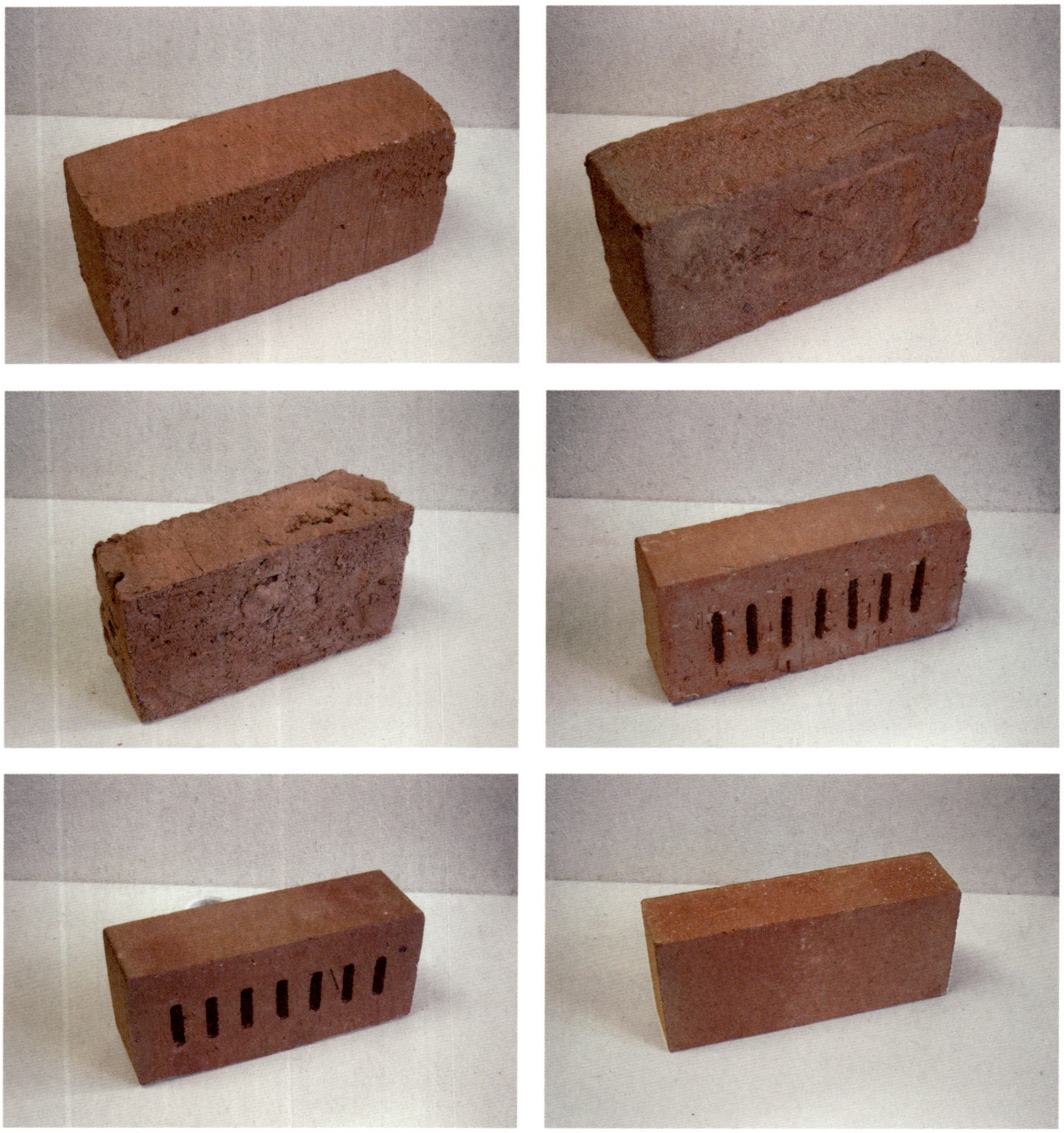

Fig. 1.6.1: Características superficiales de los ladrillos moldeados:
a) molde húmedo
b) molde de arena
c) fabricado a mano
d) extruido sin vacío
e) extruido con vacío
f) prensado en seco

a	b
c	d
e	f

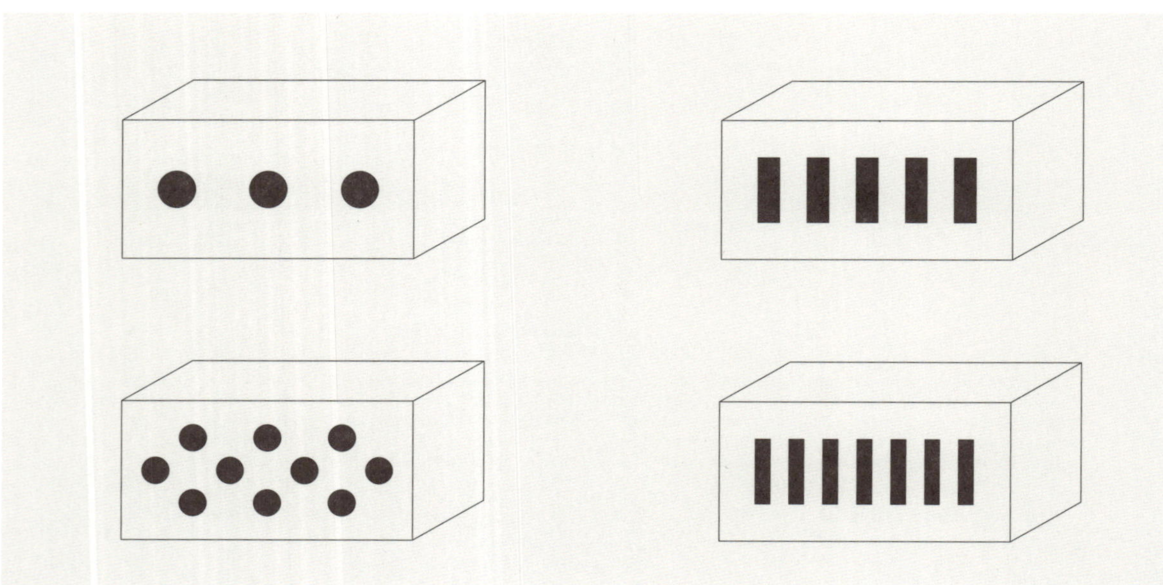

Fig. 1.6.2: Ladrillos perforados

Tab. 1.6.2: Formatos normalizados de algunos países europeos

País	Largo (cm)	Ancho (cm)	Alto (cm)
Alemania	24,0	11,5	7,1 (NF)
		11,5	5,2 (DF)
Bélgica	19,0	9,0	5,0
Dinamarca	22,8	10,8	5,4
Finlandia	27,0	13,0	7,5
Francia	22,0	11,0	6,0
Reino Unido	21,5	10,25	6,5
Italia	25,0	12,0	5,5
Holanda	21,0	10,0	5,0
Noruega	23,0	11,0	6,5
Austria	25,0	12,0	6,5
Suecia	25,0	12,0	6,2
Suiza	25,0	12,0	6,0
España	25,0	12,0	5,0

En exteriores solo resultan adecuados ladrillos cara vista y clínkeres con un máximo del 50% de volumen perforado y con perforaciones nunca superiores a 2,5 cm^2. > **Fig. 1.6.2** Por ello solo está permitido el uso de ladrillos macizos y ladrillos perforados que cumplan la norma DIN 105-1. En el caso de paredes con función estructural, en las proximidades de los huecos solo deberían utilizarse ladrillos macizos con el fin de prevenir la penetración de agua.

Formatos y dimensiones

Formatos y proporciones del ladrillo

Además de los formatos normales (NF) y de los delgados (DF), incluyendo los derivados de este último previstos en las normas DIN (por ejemplo, 2DF, 3DF, 20DF, etc.), en Europa existen otros formatos estandarizados. > **Tab. 1.6.2**

También existen otros formatos comerciales. > **Fig. 1.6.3 a, b** Estos no solo difieren en sus dimensiones nominales, sino también en sus proporciones, lo que permite conseguir diversos efectos en el patrón horizontal de los aparejos. > **Tab. 1.6.3** Como puede observarse en el listado de proporciones de ladrillos (escaladas a la unidad de altura), hay disponibles numerosas variaciones de longitud para conformar la apariencia general de un edificio.

a | b

Fig. 1.6.3: Varios formatos comerciales normalizados

Grupo según proporción largo/ancho	Proporción largo/alto	Denominación	Abreviatura	Dimensiones largo/ancho/alto (cm)	Proporciones largo/ancho/alto
24		Baldosa lisa		36,0 x 15,0 x 1,5	24 / 10 / 1
12		Baldosa clínker delgada		30,0 x 30,0 x 2,5	12 / 12 / 1
9,5		Formato alargado (desde 2003)		49,0 x 11,5 x 5,2	9,4 / 2,2 / 1
7,5		Baldosa clínker gruesa		30,0 x 30,0 x 4,0	7,5 / 7,5 / 1
7,0		Formato belga delgado		21,0 x 10,0 x 3,0	7,0 / 3,3 / 1
6,0		Römer alemán		24,0 x 11,5 x 4,0	6,0 / 2,9 / 1
5,5		Formato bávaro especial	BFG	36,0 x 18,0 x 6,5	5,5 / 2,8 / 1
		Formato especial	SF	34,0 x 16,5 x 6,5	5,2 / 2,5 / 1
		Formato Vecht holandés	VF	21,0 x 10,0 x 4,0	5,3 / 2,5 / 1
5,0		Formato estándar holandés		20,0 x 10,0 x 4,0	5,0 / 2,5 / 1
4,5		Formato bávaro pequeño	BFK	29,0 x 14,0 x 6,5	4,5 / 2,2 / 1
		Formato delgado	DF	24,0 x 11,5 x 5,2	4,6 / 2,2 / 1
		Formato Lilliput holandés		16,0 x 7,5 x 3,5	4,6 / 2,1 / 1
4,0		Formato Kiel delgado	KF	23,0 x 11,0 x 5,5	4,2 / 2,0 / 1
		Formato Oldenburg	OF	22,0 x 10,5 x 5,2	4,2 / 2,0 / 1
		Formato Waal holandés, delgado	WF	21,0 x 10,0 x 5,0	4,2 / 2,0 / 1
3,5		Formato normal	NF	24,0 x 11,5 x 7,1	3,4 / 1,6 / 1
		Formato Reich, nuevo	NRF	24,0 x 11,5 x 6,5	3,7 / 1,8 / 1
		Formato Kiel, grueso	KDF	23,0 x 11,0 x 6,5	3,5 / 1,7 / 1
3,0		Frankenstein (desde 2003)		36,5 x 24,0 x 11,5	3,1 / 2,1 / 1
		Euro módulo	EM	29,0 x 9,0 x 9,0	3,2 / 1,0 / 1
		Formato Waal holandés, grueso	WDF	21,0 x 10,0 x 6,5	3,2 / 1,5 / 1
2,5		Formato prusiano, menor		14,8 x 11,8 x 5,6	2,6 / 2,1 / 1
2,0		Formato 3 x delgado	3DF	24,0 x 17,5 x 11,3	2,1 / 1,5 / 1
		Formato 2 x delgado	2DF	24,0 x 11,5 x 11,3	2,1 / 1,0 / 1
1,5		Euro módulo	EM	29,0 x 9,0 x 19,0	1,5 / 0,5 / 1
		Euro módulo	EM	19,0 x 9,0 x 14,0	1,4 / 0,6 / 1
1,0		Terracota		24,0 x 7,1 x 24,0	1,0 / 0,3 / 1

Tab. 1.6.3: Algunos formatos de ladrillo comparados: proporciones largo/alto en relación a una altura h=1

Ladrillos cortados y dimensiones nominales

Los ladrillos cortados son necesarios para asegurar un solape adecuado en los distintos aparejos de albañilería. Pueden prepararse in situ o ser entregados precortados. En función de su tamaño, los ladrillos ortoédricos se denominan enteros, 3/4, 1/4 o medios ladrillos. Pueden cortarse a lo largo de su longitud, anchura o altura. Los ladrillos cortados horizontalmente son difíciles de fabricar en obra y normalmente presentan poca solidez estructural. Sin embargo, proporcionan un efecto estético particular en los pavimentos realizados con ladrillos históricos (con la superficie pulida por el corte hacia arriba).

Resulta recomendable utilizar con precisión las dimensiones nominales de los ladrillos, que difieren de las dimensiones nominales establecidas en la norma DIN 1023, con el fin de obtener valores idénticos cuando se emplean herramientas informáticas para determinar dimensiones constructivas a partir de una sucesión de hiladas de ladrillo. Con un espesor de juntas horizontales y verticales de 1 cm, las dimensiones nominales exactas del formato normal alemán (NF) serán de 24 x 11,5 x 7,33 cm. > **Fig. 1.6.4** Las dimensiones para formato delgado (DF) serán de 24 x 11,5 x 5,25 cm, mientras que las piezas cortadas tendrán las siguientes dimensiones: NF 3/4: 17,75 x 11,5 x 7,33 cm; NF 1/4: 5,25 x 11,5 x 7,33 cm; medio NF: 11,5 x 11,5 x 7,33 cm; NF cortado longitudinalmente: 24 x 5,25 x 7,33, y NF cortado horizontalmente: 24 x 11,5 x 3,16 cm. > **Fig. 1.6.5**

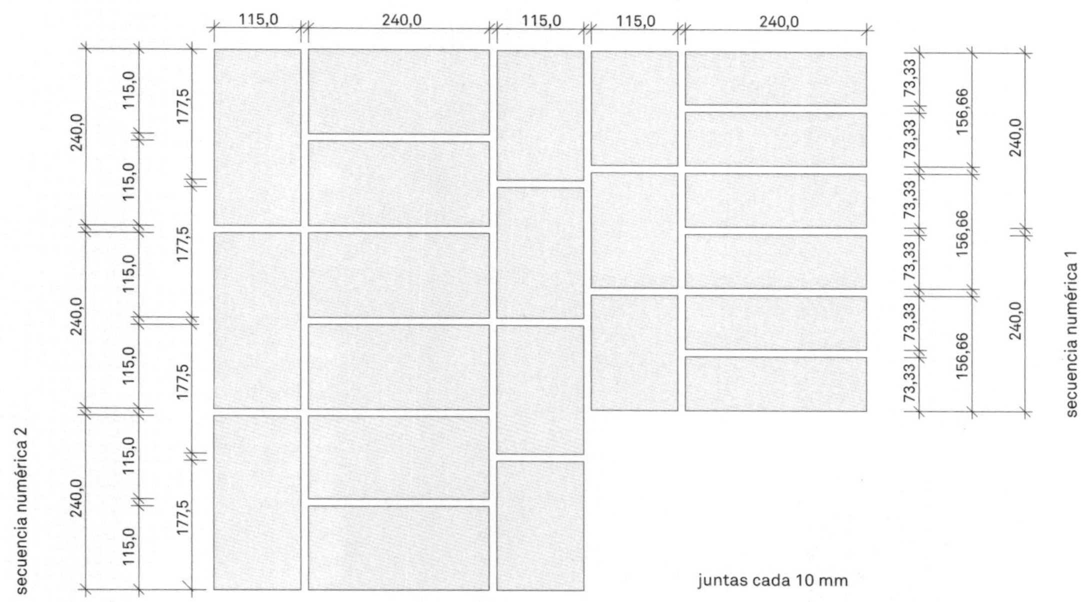

Fig. 1.6.4: Derivación de las dimensiones nominales precisas del formato normal (NF)

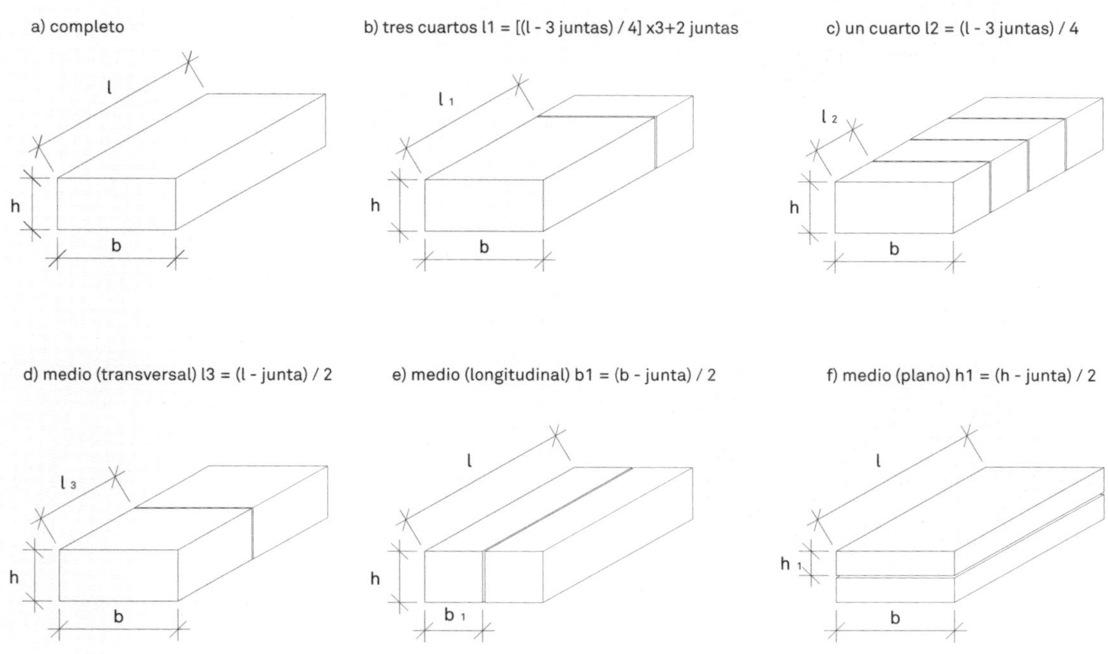

Fig. 1.6.5: Ladrillos ortoédricos y cortes asociados

Ladrillos moldeados

Para complementar a los ladrillos ortoédricos, normalizados y cortados, existen toda una serie de ladrillos moldeados que permiten patrones geométricos más elaborados. > **Figs 1.6.6-1.6.8** También hay ladrillos moldeados para proporcionar refuerzos horizontales adicionales en la coronación de los muros. > **Fig. 1.6.9**

Las piezas moldeadas pueden utilizarse de un gran número de formas. Por ejemplo, los ladrillos biselados son útiles en esquinas, en pozos o en jambas de puertas. > **Fig. 1.6.10** Asimismo, existen ladrillos moldeados en formas romboidales, triangulares, hexagonales o cuadradas para su utilización en pavimentos. El catálogo general de ladrillos moldeados para viviendas se completa con piezas especiales para pasamanos, piezas perforadas para jardines y clínkeres de formas flexibles con sistemas de cámaras para facilitar el drenaje. > **Fig. 1.6.11**

Mantenimiento y protección

Las fábricas o los pavimentos de ladrillo son de fácil mantenimiento y normalmente no requieren ningún tipo de protección. Suele bastar, además del uso regular, con el efecto limpiador de la lluvia y el sol. Las zonas techadas deberían limpiarse de vez en cuando con agua sin agentes químicos de limpieza, o lavarse a presión en caso de superficies muy sucias por la contaminación. Por otro lado, no son recomendables para muros de clínkeres los sistemas de limpieza en seco o mediante arena a presión, ya que pueden causar la pérdida de la superficie del ladrillo y provocar un envejecimiento prematuro. Por último, a diferencia del hormigón, ningún tratamiento antigrafiti resulta adecuado para el ladrillo debido a que tienden a formarse unos depósitos grisáceos poco atractivos bajo la película protectora.

Posibilidades de reutilización

Los ladrillos históricos, obtenidos en demoliciones controladas y conservados para su reutilización, son el principal material utilizado en obras de restauración. Pero su pátina y agradable aspecto los hacen también recomendables para proyectos de nueva planta.
Los ladrillos clínker y de alta cocción también se utilizan triturados. Como otros materiales molidos, se emplean en forma de grava, como aditivos para el hormigón o sustrato de balasto en terrazas, como árido en capas de balasto y de protección contra el hielo, como material de relleno en terraplenes y como sustrato para juntas, alcorques o áreas plantadas de pavimentos permeables.
Para triturar y procesar gravas de ladrillo con tamaños de partícula de 8/16, 16/32 o 32/64, se utilizan molinos de tambor. Este producto, que no debe contener fragmentos de mortero o revoco, no solo resulta adecuado para rellenos de drenaje, sino que su aspecto atractivo permite

Fig. 1.6.6: Ladrillos moldeados de albañilería

Fig. 1.6.8: Ladrillos moldeados para pavimentos

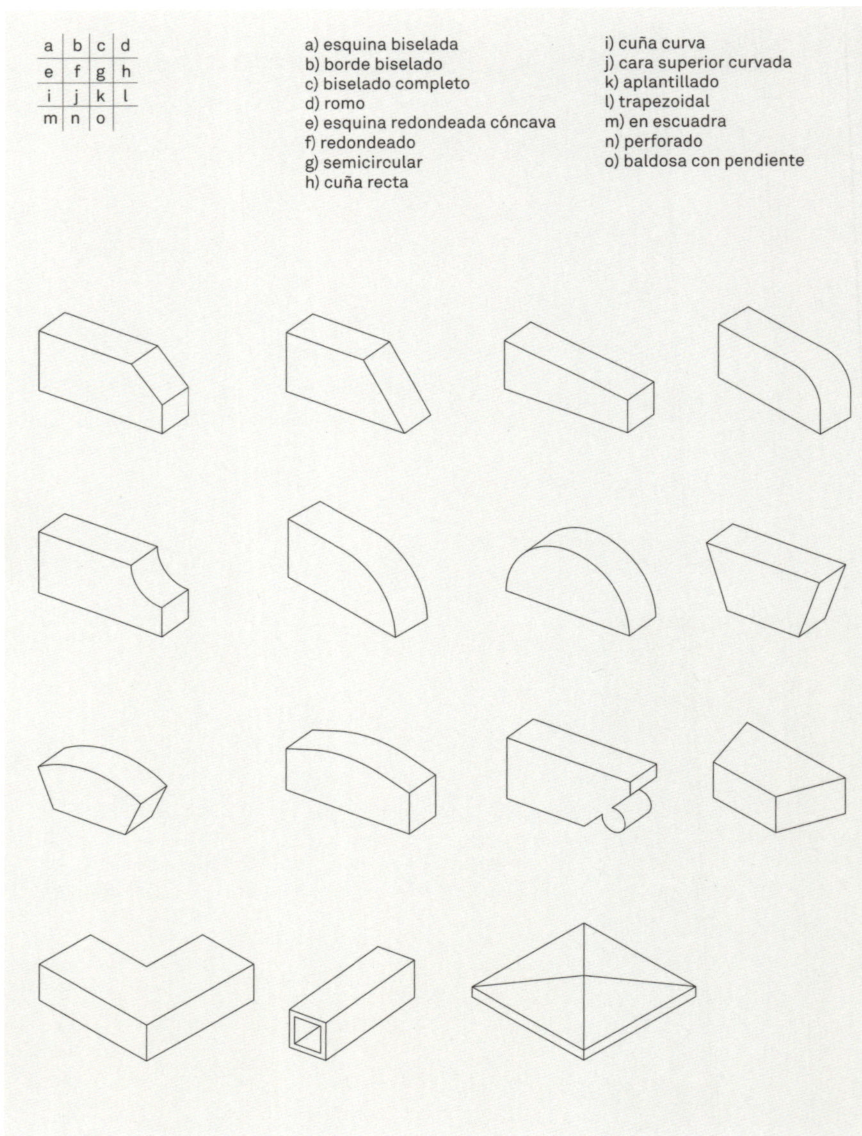

Fig. 1.6.7: Ladrillos moldeados seleccionados

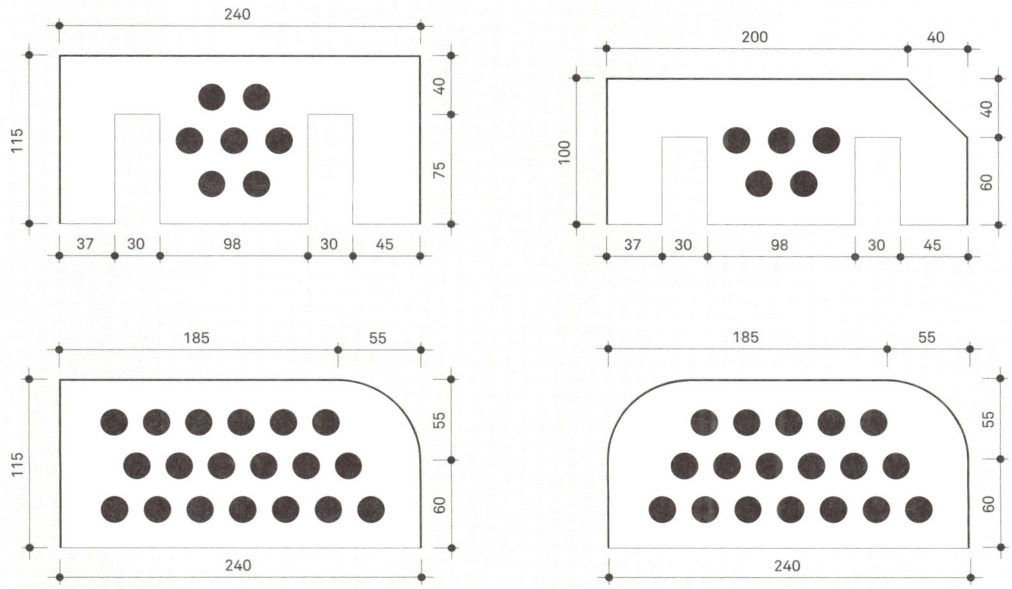

Fig. 1.6.9: Ladrillos moldeados para formar albardillas

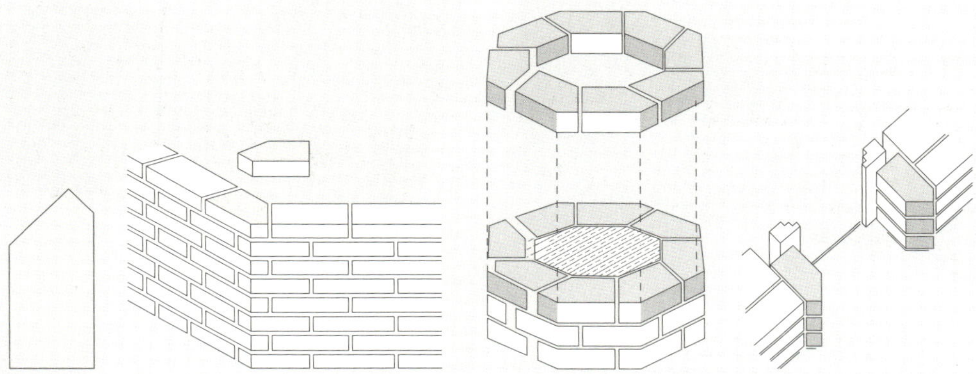

Fig. 1.6.10: Ladrillo moldeado multifunción

Fig. 1.6.11: Ladrillos perforados para césped

Fig. 1.6.12: Grava de ladrillo reciclado triturado, belterra

a | b

utilizarlo como un elemento más del diseño, para recubrir caminos o como grava decorativa en jardines. > **Fig. 1.6.12**

CARACTERÍSTICAS Y TRATAMIENTOS SUPERFICIALES

Cualquier ladrillo es uniforme y único: uniforme porque todos los ladrillos de una misma serie son de la misma forma y de tamaño similar; único porque ningún ladrillo es idéntico en sus detalles a ningún otro. Así, pues, los ladrillos pueden destacar por su calidad modular (su forma ortoédrica) o por la variedad de sus contornos (contorno irregular), de su estructura superficial (estructura irregular) y de su color. Las características visuales de los ladrillos dependen de la consistencia plástica del material original, del sistema de fabricación y del método específico de cocción. La cocción y el proceso de conformación proporcionan características específicas, como irregularidades debidas al agua (ladrillos moldeados en mojado), pliegues naturales provocados por la presión con arena incrustada (ladrillos moldeados en arena), superficies lisas con pliegues poco profundos (ladrillos moldeados en aceite) y trazas o surcos causados por el alambre de corte.
La conformación mecánica e incluso la cocción en hornos continuos de gas proporcionan ladrillos de dimensiones precisas y aspecto monótono, muy utilizados en las décadas de 1970 y 1980. Sin embargo, las irregularidades visuales no constituyen un defecto de los ladrillos, sino una cualidad valiosa.
Es posible fabricar ladrillos con el mismo aspecto que los artesanos utilizando medios mecánicos, a través de procesos industriales como prensado en mojado, moldeo por soplado o prensado manual. También se puede lograr que los ladrillos extruidos tengan un aspecto natural, sacándolos a mano de la cámara de convección y cociéndolos con carbón vegetal o algún material vitrificante en un horno circular. > **Fig. 1.6.13**

Fig. 1.6.13:
a) Ladrillo macizo cara vista, formato Waal grueso. Ladrillo extruido retirado a mano, cocido en horno circular de carbón (Francia, fabricante desconocido)
b) Clínker macizo, formato Reich, fundido en horno circular de carbón, tipo vitrificado para arquitectura (Klinker- und Ziegelwerk Wansleben, Alemania)
c) Clínker macizo, formato Waal grueso, moldeado mecánico en arena (Inglaterra, fabricante desconocido)
d) Ladrillo macizo cara vista, moldeado mecánico en arena, formato Waal grueso (Neerbosch Baksteen, Holanda)
e) Ladrillo cara vista, formato Waal grueso, moldeado a mano y cocido en horno de túnel, lavado a presión (KDB, Holanda)
f) Clínker macizo, formato Reich, prensa de extrusión, cocido en horno especial circular de carbón (también conocido como Klinkergruppe, Alemania)

a	b
c	d
e	f

Además, el transporte y el almacenamiento de ladrillos crudos cuando aún están húmedos añadirán normalmente marcas producidas por las manos, en el lugar de almacenamiento (por ejemplo, huellas de animales) y por las bandas de convección, tableros de apoyo o palés. Los ladrillos presentan muescas irregulares y poco profundas como resultado de la cauterización de materiales o de la típica superficie de presión. > Fig. 1.6.14
Los diseños superficiales con repeticiones intrincadas añadidas con posterioridad les dan a los ladrillos un aspecto artificial e inerte, destruyendo el equilibrio entre los aspectos naturales y artificiales. > Fig. 1.6.15 Las muescas difieren en cuanto a dirección, curvatura, número, anchura y profundidad, así como en la frecuencia de las interrupciones y en la intensidad de las sombras.

Fig. 1.6.14: Huella de la cinta transportadora visible en la estructura superficial

a
b

Fig. 1.6.15: Comparación entre un aspecto natural y otro artificial en el acabado superficial:
a) ladrillos prensados a mano con pliegues debidos a la presión
b) ladrillos extruidos con superficie picada en el proceso de laminado

Tratamientos superficiales

Los tratamientos adicionales hacen posible una gran variedad de diseños superficiales, que pueden aplicarse tanto a la arcilla extruida recién prensada como a los ladrillos frescos, crudos o cocidos. > Tab. 1.6.4 y Fig. 1.6.16
En el caso de las baldosas y los ladrillos clínker utilizados en pavimentos exteriores, nunca debería colocarse una cara excesivamente lisa por la cocción hacia arriba para evitar el riesgo de resbalones. Sí son adecuadas las superficies cortadas, serradas o cepilladas.

Color

El color del ladrillo surge del proceso de cocción. El tono deseado se obtiene seleccionando unas arcillas concretas a las que se pueden añadir materiales que proporcionan color. Los ladrillos pueden recibir el color en la masa o en una película superficial. La coloración también resulta afectada por la atmósfera de cocción (contenido de oxígeno, de humedad, etc.) y la incorporación de determinados aditivos para la cocción (por ejemplo, virutas de madera).
El rango de color de los ladrillos no vitrificados incluye los clásicos rojos, naranjas y amarillos, así como otras numerosas tonalidades; por ejemplo, matices blancos o amarillos, amarillos brillantes o rojizos, rosas puros y con matices, naranjas y rojos brillantes, marrones puros y rojizos, claros y oscuros, azules rojizos y negros. Pueden distinguirse diez tipos de ladrillo en función de su color. > Tab. 1.6.5
Para preservar el color de la abrasión o los desconchados, deberían utilizarse exclusivamente ladrillos con el color en masa, o ladrillos que sean extremadamente similares en términos de color. Por ello, conviene evitar el empleo de ladrillos con colores aplicados en la superficie en zonas con riesgo de vandalismo o donde vayan a sufrir un uso muy intenso.

Tratamiento superficial	Efecto
a) En la arcilla o mezcla extruida, todavía húmeda	
Superficie sin tratar	Liso
Aire comprimido	Arenado (fino, estratificado)
Cuchilla	Nivelado
Esponja	Marcas de agua
Cepillo	Cepillado
Cuchilla o cepillo de alambre	Rugoso
Laminado (ladrillo extruido)	Picado
	Ondulado
	Etc.
b) En el ladrillo crudo, ya seco	
Papel de lija	Rallado
Aire comprimido	Rociado
Instrumentos tipo peine	Cincelado
c) En el ladrillo cocido	
Arena a presión	Tratado con arena a presión
Cuchilla	Repujado
Molino de tambor	Machacado

Tab. 1.6.4: Tratamientos superficiales del ladrillo

<table>
<tr><th>Tipo de ladrillo</th><th colspan="2">Proceso de coloración</th></tr>
<tr><td>Ladrillos naturales</td><td colspan="2">Color propio de la materia prima cocida</td></tr>
<tr><td>Ladrillos coloreados en masa</td><td colspan="2">Áridos</td></tr>
<tr><td>Ladrillos reducidos</td><td colspan="2" rowspan="3">Atmósfera de cocción</td></tr>
<tr><td>Ladrillos vaporizados</td></tr>
<tr><td>Ladrillos flameados</td></tr>
<tr><td>Ladrillos revestidos</td><td>Revestimiento superficial</td><td rowspan="5">Color aplicado</td></tr>
<tr><td>Ladrillos engobados</td><td>Engobe</td></tr>
<tr><td>Ladrillos vitrificados</td><td>Vidriado</td></tr>
<tr><td>Ladrillos con color pulverizado</td><td rowspan="2">Pigmento aplicado</td></tr>
<tr><td>Ladrillos con arena de color</td></tr>
</table>

Tab. 1.6.5: Proceso de coloración de ladrillos

a | b
c | d
e | f

Fig. 1.6.16: Otros tratamientos superficiales:
a) cortado
b) cepillado
c) picado y tratado intensamente con arena a presión
d) cepillado y tratado someramente con arena a presión
e) repujado
f) tratado en molino de tambor

Proceso de cocción

La cocción provoca que las finas partículas del material en bruto se combinen de forma irreversible para formar un cuerpo sólido, asumiendo una naturaleza pétrea. La arcilla madura en función de su composición a temperaturas entre 800 y 1200 °C. Más allá del punto de maduración, cada arcilla tiene su propio punto de sinterización y de fusión. En función de la temperatura de cocción, se puede distinguir entre ladrillos maduros (cara vista), clínker y vitrificados. Los ladrillos cocidos hasta su punto de sinterización reciben el nombre de ladrillos clínker. Si se cuecen hasta su punto de fusión, de forma que la arcilla se funda y toda la masa quede vitrificada, se denominan ladrillos vitrificados. Los ladrillos vitrificados suelen clasificarse como defectuosos, pero en ocasiones se producen de forma deliberada por su colorido y su expresiva distorsión. > Fig. 1.6.17

Fig. 1.6.17: Ladrillos vitrificados

Los ladrillos se apilan dentro del horno unos sobre otros, para que el conjunto pueda calentarse de la forma más regular posible. Los ladrillos de la base están parcialmente protegidos de la atmósfera del horno por los que están sobre ellos, lo que produce franjas en las zonas de apoyo. > Fig. 1.6.18
En el caso de los ladrillos vitrificados, los que están en contacto se funden parcialmente y deben separarse; esto produce protuberancias superficiales especialmente marcadas.

Muy pocas fábricas de ladrillos utilizan aún carbón o turba, que dejan trazas sobre la superficie. Los ladrillos cocidos en hornos intermitentes de leña son una rareza y hoy solo se producen en algunas fábricas belgas. En general, los ladrillos cocidos en hornos de carbón, turba o leña se consideran productos visualmente expresivos debido a sus superficies irregulares y sus colores vivos y llenos de matices. > Fig. 1.6.19

Fig. 1.6.18: Franjas de apoyo en ladrillos:
a) ladrillo cocido

b) clínker

c) ladrillo vitrificado

Fig. 1.6.19: Tipos de ladrillo según el combustible empleado en su cocción:
a) carbón

b) turba

c) madera

FORMAS Y UNIONES

La elección de un material y la disposición de las juntas proporcionan un amplio abanico de apariencias a las fábricas y pavimentos de ladrillo, que la calidad de los materiales puede reforzar o atenuar. > **Fig. 1.6.20**

Fábricas y aparejos

En los muros de fábrica, los ladrillos se reciben con mortero. Las juntas visibles pueden perfilarse con la paleta durante la ejecución o rejuntarse más adelante. En el caso de los rejuntados posteriores, se distingue entre aquellos realizados tras la ejecución de cuatro o cinco hiladas y aquellos otros que se llevan a cabo una vez que toda la fábrica se ha completado y el mortero ha fraguado por completo.

Con la paleta pueden realizarse los siguientes tipos de junta: juntas secas, juntas enrasadas, juntas redondeadas, juntas ocultas o a hueso, juntas rehundidas, juntas angulares y juntas salientes. > **Capítulo 3.5 Muros**

El espesor normalizado de juntas verticales y horizontales puede calcularse a partir de las proporciones longitud/anchura y longitud/altura de los ladrillos. > **Tab. 1.6.2**

Pavimentos

En el caso de áreas pavimentadas abiertas al tráfico rodado, debe ponerse un gran cuidado para que las juntas entre ladrillo y ladrillo estén rellenas de arena o grava del tipo y la granulometría que se estimen convenientes para distribuir las tensiones (de comprensión y cizalladura). En estos casos, para evitar roturas en el pavimento, no deberían emplearse nunca juntas secas, y solo en casos excepcionales mortero. > **Capítulo 3.2 Caminos y plazas**

Las dimensiones más habituales en Alemania de los ladrillos para pavimentar son 20 x 10 cm, 22 x 10,5 cm y 22 x 11,8 cm, mientras que las alturas más normales son de 4,5, 5,2, 6,2 y 7,1 cm. Los ladrillos para pavimentar pueden tener las aristas biseladas o rectas.

a–p

Fig. 1.6.20: Diversidad de diseños para una gran variedad de aspectos: aparejos de albañilería (a-p) y formaciones de pavimentos (q-z)

q–z

1.7 HORMIGÓN

COMPOSICIÓN, PROPIEDADES Y PRODUCTOS

- Cemento
- Adiciones y aditivos
- Clases de exposición
- Hormigón armado
- Hormigón impermeable
- Hormigón autocompactante
- Hormigones reforzados con fibras y otros materiales
- Hormigón compactado al vacío
- Piezas de hormigón prefabricado

CARACTERÍSTICAS Y TRATAMIENTOS SUPERFICIALES

- Hormigón visto
- Diseño del color y la superficie
- Hormigón fotograbado
- Hormigones fratasados y pulidos

FORMAS Y UNIONES

- El hormigón como recurso constructivo y material para cimentaciones
- El hormigón como material de forma libre

Thomas Brunsch

1.7 HORMIGÓN

Los hormigones son mezclas que se endurecen y en las que el cemento actúa como material conglomerante. Una vez que el hormigón fresco, plástico, se ha estabilizado completamente, se obtiene un material de construcción que se asemeja a la piedra en apariencia y propiedades técnicas. Por ello el hormigón se describe con frecuencia como piedra artificial.

La fórmula básica del hormigón contiene un árido granular mineral, cemento y agua. > **Fig. 1.7.1** Este proceso también se denomina hidratación, ya que el agua es el agente que produce el fraguado y endurecimiento del cemento. A partir de la pasta de cemento, mezcla de cemento y agua, se forman estructuras cristalinas entrelazadas en un proceso que se prolonga durante meses. Estas estructuras microscópicas son capaces de ligar de forma estable sustancias minerales y metálicas durante largos periodos de tiempo.

Con el objetivo de modificar las propiedades del hormigón de una determinada manera, se pueden añadir diversos aditivos y adiciones durante su producción industrializada. El conjunto se describe como el sistema de cinco componentes del hormigón. La variación controlable de sus propiedades convierte al hormigón, al igual que al vidrio o al acero, en un material perfectamente moderno. La casi interminable lista de variedades contemporáneas, como los hormigones autocompactantes o los translúcidos, muestra el potencial que todavía tiene este material de construcción.

Fig. 1.7.1: Sección de hormigón: los áridos más gruesos quedan rodeados por los componentes más finos

COMPOSICIÓN, PROPIEDADES Y PRODUCTOS

La fabricación de hormigón implica la aplicación de fórmulas o dosificaciones que determinan la composición del producto final y garantizan su calidad. El elemento principal de cualquier fórmula son los áridos, sustancias minerales (gravas y arenas) que pueden ser redondeadas o trituradas, mientras que el cemento actúa como ligazón, permeando la mezcla y dotándola de resistencia. > **Fig. 1.7.2**

El endurecimiento de este cemento, también llamado fraguado, es un proceso claramente visible al cabo de unas pocas horas, aunque tarda años en concluirse. El cemento fragua hidráulicamente, esto es, en ausencia de aire e incluso bajo el agua. La piedra cementada por este proceso no es soluble en agua.

Según cuál sea la cantidad de agua aportada, el hormigón fresco es una masa gris pastosa y fluida que se adapta a cualquier molde. La proporción entre el contenido de cemento y el de agua se describe como la relación agua-cemento. En los hormigones de exteriores, resulta importante obtener una alta resistencia frente a la sal para deshielo, lo que se obtiene con una relación agua-cemento de 0,5 (una mezcla que siga una proporción de 1 l de agua por cada 2 kg de cemento). La forma del hormigón sólido se suele definir mediante el uso de moldes. En la fabricación industrial de piezas prefabricadas de hormigón en masa, se emplean moldes de acero de precisión en los que se vierte hormigón seco, a continuación se lo agita y se le aplican altas presiones. > **Fig. 1.7.3**

El hormigón vertido en la propia obra se denomina hormigón in situ, mientras que los moldes donde se endurece reciben el nombre de encofrados. Los encofrados modernos

Fig. 1.7.2: La superficie de este muro se proyectó teniendo en cuenta una variación controlada de los áridos, el tipo de cemento y el contenido de humedad del hormigón. Los elementos metálicos fueron añadidos a posteriori

Fig. 1.7.3: Escaleras y superficie acabadas con elementos de hormigón prensado de color antracita

consisten en sistemas modulares de fabricación industrial, aunque también se pueden realizar de forma artesanal con madera. El hormigón moldeado in situ cuyas superficies vayan a quedar visibles se denomina hormigón visto; para conseguirlo se requiere que el hormigón fresco tenga una consistencia blanda o fluida y una curva de fraguado en consonancia. Se compacta mediante un vibrador interno. > **Fig. 1.7.4**
Como la piedra natural, el hormigón presenta una gran estabilidad ante la compresión. Esta se corresponde con la clase de resistencia del hormigón, de forma que un hormigón C-20/25 alcanza una resistencia a compresión de entre 20 y 25 N/mm². El hormigón que alcanza una resistencia de entre 55 y 67 N/mm² se describe como hormigón de alta resistencia. En función del árido, el hormigón en masa pesa entre 2,0 y 2,6 kg/dm³. > **Tab. 1.7.1**

Cemento

El cemento consiste en una mezcla de 2/3 de cal y 1/3 de arcillas, cocida hasta el límite de sinterización, a una temperatura de unos 1400 °C, hasta formar lo que se conoce como clínker de cemento de Pórtland, que posteriormente es molido para obtener el fino polvo que constituye el cemento de Pórtland. La norma sobre cemento EN 197-1 distingue 27 tipos de cementos de uso habitual en Europa, divididos en 5 clases. La clase CEM I describe el cemento de Pórtland común, mientras que las clases CEM II a CEM V regulan las mezclas de cemento de Pórtland con diversas sustancias hidráulicas, por ejemplo la arena granulada (CEM II, cemento de Pórtland con escorias).

El fraguado del cemento es un proceso exotérmico; es decir, que libera calor. En este sentido se distinguen los cementos de fraguado rápido –con altos calores de hidratación– de los de fraguado lento –con calores de hidratación más bajos–. Estos últimos se utilizan en elementos estructurales de gran masa en los que la más mínima dilatación debida al calor podría producir grietas. > **Fig. 1.7.5 y Capítulo 2.1 Estructuras portantes y su dimensionado**
En los meses de otoño e invierno, normalmente es preferible el empleo de cemento de fraguado rápido, ya que las bajas temperaturas del ambiente retardan el proceso de endurecimiento.

Adiciones y aditivos

Las adiciones se añaden al hormigón en grandes cantidades para modificar determinadas propiedades como el color o la densidad. Se toman en consideración en la fórmula del hormigón; esto significa que, en función de la cantidad de adición añadida, se debe agregar mayor cantidad de cemento. Ejemplos de estas adiciones son las cenizas industriales y los polvos o harinas de roca. Estos materiales sirven como relleno para los poros. > **Fig. 1.7.6**
El hormigón autocompactante, por ejemplo, contiene altos niveles de harina de roca. Otras adiciones son los pigmentos o las rocas volcánicas como el *trass*. Estas sustancias, igual que el cemento, suelen presentar propiedades hidráulicas o tenerlas en estado latente. En otras palabras, reaccionan con la cal del cemento para formar un compuesto pétreo.
Los aditivos se añaden en pequeñas cantidades para modificar las propiedades químicas o físicas del hormigón. Los

Clase de resistencia	Contenido de cemento kg/m³		Adecuado para:
C 12/15	270	Hormigón normalizado X0	Hormigón en masa
C 20/25	280	Hormigones de distintas características	Hormigón armado
C 25/30	300		
C 30/37	≥ 300		

Tab. 1.7.1: Clases de resistencia del hormigón

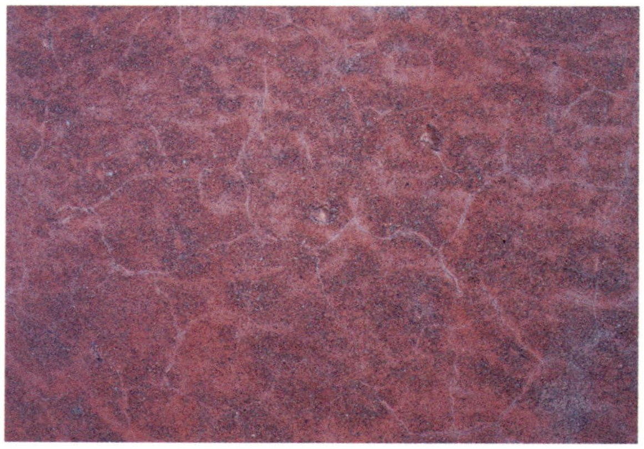
Fig. 1.7.5: Típicas fisuras de retracción en un hormigón coloreado

Fig. 1.7.4: Plataforma de jardín ejecutada con hormigón in situ y una piedra del lugar integrada

Fig. 1.7.6: Elementos de hormigón armado visto: el relleno de las juntas ayuda a optimizar la superficie

más comunes son los retardantes, que ralentizan el proceso de fraguado. Otros aditivos son los plastificantes, los superplastificantes, los aireantes, los sellantes, los acelerantes, los aditivos de inyección y los estabilizantes. > Fig. 1.7.7

Clases de exposición

El hormigón puede verse sometido a diferentes agresiones, como la humedad, el hielo o los ataques químicos (ácidos, sales, etc.), que obligan a adaptar su composición a las condiciones de cada emplazamiento. Las clases de exposición definen los usos y los niveles de agresión que puede tolerar un determinado hormigón. A partir de estas, se puede calcular la calidad mínima del material; en particular, en el caso de hormigones en exteriores, sometidos a fuertes tensiones, debe prestarse especial atención al contenido de cemento, a la relación agua-cemento y al espesor del recubrimiento sobre las armaduras. > Tab. 1.7.2

Se distinguen las siguientes clases de exposición: XC (corrosión de la armadura por carbonatación), XD (corrosión de la armadura por cloruros), XS (corrosión de la armadura por agua marina), XF (ataque por hielo), XA (corrosión de la armadura por ataques químicos), XM (desgaste natural), XO (hormigón sin riesgo de ataques). Un número adicional cuantifica la intensidad de la agresión; por ejemplo, XS1 significa «sal en el aire», mientras que XS2 significa «sumergido en agua marina».

Fig. 1.7.7: Hormigón sin áridos finos. Tratada con retardantes, la superficie del hormigón fragua más lentamente que la masa, lo que se puede aprovechar para lavar los áridos finos de la superficie y obtener este tipo de hormigón

Hormigón armado

La incorporación de un refuerzo mejora sustancialmente las propiedades mecánicas del hormigón, especialmente su relativamente baja resistencia a la tracción. Por lo general, para estos refuerzos se utiliza acero estructural, y el hormigón resultante se denomina hormigón armado. En casos especiales, sin embargo, puede utilizarse como refuerzo algún tipo de acero especial o diversas fibras. En teoría, cualquier material con buena resistencia a la tracción y suficiente durabilidad podría servir.

En el caso del hormigón armado convencional, se utilizan mallas electrosoldadas y barras corrugadas de acero, así como otros elementos especialmente fabricados, como jaulas de armadura. El acero se dispone en aquellas zonas de la sección del hormigón donde se producen esfuerzos de tracción. Es preciso calcular las necesidades del elemento estructural para determinar el área total de acero necesaria. En

Clase de exposición	Forma de ataque / Condiciones ambientales	Ejemplo típico	Mínima clase de resistencia a la compresión	Contenido mínimo de cemento kg/m³	Relación agua-cemento máxima
XO	**Sin riesgo de ataque o corrosión**				
XO	Elementos estructurales en un ambiente no hostil al hormigón	Hormigón de relleno, subbase granular	C 8/10		
XC	**Corrosión de la armadura por carbonatación**				
XC1	Seco o permanentemente mojado	Elementos estructurales en interiores; elementos estructurales sumergidos de forma permanente en agua	C 12/15	240	0,75
XC2	Mojado, ocasionalmente seco	Cimentaciones	C 16/20	240	0,75
XC3	Humedad moderada	Elementos estructurales bajo techo pero en contacto con el ambiente exterior (p. ej.: vestíbulos abiertos)	C 20/25	260	0,65
XC4	Mojado, ocasionalmente seco	Construcción al exterior con exposición directa a las precipitaciones	C 25/30	280	0,60
XD	**Corrosión de la armadura por cloruros ajenos al agua salada**				
XD1	Humedad moderada	P. ej.: garajes particulares	C 30/37	300	0,55
XD2	Mojado, ocasionalmente seco	Piscinas de agua salada	C 35/45	320	0,50
XD3	Alternativamente mojado, ocasionalmente seco	Pavimentos de carreteras	C 35/45	320	0,45
XS	**Corrosión de la armadura por cloruros presentes en el agua salada**				
XS1	Sal en el aire	Elementos estructurales exteriores próximos a la costa	C 30/37	300	0,55
XS2	Bajo el agua	Elementos estructurales en muelles sumergidos de forma permanente	C 35/45	320	0,50
XS3	Zona de mareas, zonas de salpicaduras	Muros de muelles	C 35/45	320	0,45
XF	**Ataque por hielo, con o sin agentes de deshielo**				
XF1	Saturación moderada de humedad sin agentes de deshielo	Elementos estructurales en exteriores	C 25/30	280	0,60
XF2	Saturación moderada de humedad con agentes de deshielo	Pavimentos tratados con sales de deshielos	C 35/45 C 25/30 (LP)	320 300	0,50 0,55
XF3	Alta saturación de humedad sin agentes de deshielo	Superficies horizontales de hormigón expuestas a precipitaciones y heladas, vasos de piscinas	C 25/30 con aire incorporado	300	0,55
			C 35/45	320	0,5
XF4	Alta saturación de humedad con agentes de deshielo	Superficies viarias expuestas a agentes de deshielo	C 30/37 con aire incorporado	320	0,5

Tab. 1.7.2: Clases de exposición y calidades del hormigón según EN 206 y Zement-Merkblatt Betontechnik B9

el caso de elementos estructurales sometidos a cargas importantes o relevantes en términos de seguridad, se requiere la participación de un calculista especializado. > **Capítulo 2.1 Estructuras portantes y su dimensionado**

Una desventaja del hormigón armado reside en la necesidad de cubrir las armaduras de acero para protegerlas de la corrosión. El acero oxidado multiplica su volumen respecto del original, lo que puede originar un efecto en cadena y desconchar la superficie del hormigón. > **Fig. 1.7.8** El recubrimiento mínimo de hormigón debería ser de 2,5 cm, en el caso de elementos estructurales situados en exteriores con un espesor mínimo de 6-8 cm. En caso de ambientes propicios a los ataques químicos, o en las proximidades del mar, suele resultar adecuada una cubierta de 5,5 cm. Para mantener las distancias de las barras entre sí y respecto del encofrado, y evitar desplazamientos por las vibraciones, es necesario utilizar un número suficiente de separadores.

Hormigón impermeable

Se denominan hormigones impermeables aquellos que presentan una alta resistencia a la infiltración de agua. Esta propiedad se obtiene reduciendo al mínimo la porosidad de la mezcla granular y la relación agua-cemento. Para minimizar la entrada de agua a través de las grietas, es preciso limitar su alcance armando adecuadamente el hormigón. > **Capítulo 2.1 Estructuras portantes y su dimensionado** Para conseguir la impermeabilidad de las juntas constructivas y de dilatación se hace necesario utilizar tapajuntas adecuados.

Hormigón autocompactante

El hormigón autocompactante es un material con una fluidez excepcional y un muy bajo contenido en aire, lo que resulta posible gracias al desarrollo de una nueva generación de plastificantes de alto rendimiento.
La consistencia y la viscosidad del hormigón autocompactante fresco son similares a las de la miel. Por ello, fluye rodeando los obstáculos y rellenando las cavidades sin necesidad de compactación posterior. Las superficies visibles de este material ofrecen un aspecto extremadamente homogéneo. > **Fig. 1.7.9** Puesto que este hormigón presenta una alta proporción de áridos finos, puede asumirse que la superficie permanecerá homogénea con el paso del tiempo y que se desprenderán pocas partículas. Sin

Fig. 1.7.8: Corrosión de la armadura

Fig. 1.7.9: Estelas realizadas con hormigón autocompactante, Monumento a los Judíos Asesinados de Europa, Berlín, Alemania

embargo, por su propia novedad, aún no pueden realizarse afirmaciones concluyentes respecto a su durabilidad y a su proceso de envejecimiento.

Hormigones reforzados con fibras y otros materiales

La baja resistencia a la tracción y la ductilidad (capacidad para expandirse y deformarse) del hormigón implican una tendencia a agrietarse, que en los bordes termina produciendo desprendimientos y pérdidas de material. En la fabricación de losas prefabricadas de hormigón para pavimentar, se trata de mitigar este problema introduciendo una doble malla de acero que se pliega y solapa en los bordes. Se trata del llamado hormigón reforzado con fibra de acero, en el que el acero no se dispone en función de las tensiones de tracción, como en el hormigón armado convencional, sino que se distribuye uniformemente por toda la sección del hormigón.
Otros tipos de refuerzo tales como las fibras o el acero de alta resistencia ofrecen mejores resultados que el acero de construcción, aunque también resultan más costosos. Asimismo, al reducirse la necesidad de los recubrimientos de hormigón, se pueden realizar estructuras extremadamente delgadas. También es posible obtener superficies de gran calidad. > **Fig. 1.7.10**
En el hormigón translúcido se utilizan fibras de vidrio como refuerzo. De esta forma, en la medida en que las fibras transmiten la luz sin pérdidas, se pueden distinguir diferencias en el brillo y hasta colores a través de muros de 1 m de espesor. > **Fig. 1.7.11**

Hormigón compactado al vacío

El proceso de deshidratación por vacío se utiliza principalmente en losas de pavimentación y permite que el hormigón se vierta con un alto contenido de agua, lo que facilita la compactación. Posteriormente, el exceso de agua se extrae utilizando mallas y bombas de vacío. Este procedimiento se puede utilizar para obtener una relación agua-cemento óptima. Finalmente, el hormigón fresco se alisa con una fratasadora. Al optimizar la relación agua-cemento, el proceso de deshidratación por vacío reduce la propensión a las grietas de contracción, y mejora tanto la resistencia a las heladas como la resistencia mecánica final del hormigón.

Fig. 1.7.10: Hormigón reforzado con fibras:
a) panel de fachada
b) asientos
c) bancos realizados con hormigón reforzado con fibras

a | b
c

Piezas de hormigón prefabricado

Las piezas de hormigón producidas industrialmente se conocen como elementos de hormigón prefabricado, y pueden ser de hormigón en masa, fabricados principalmente por presión, o de hormigón armado.

El hormigón prensado tiene una superficie rugosa, lo que resulta muy útil para pavimentos y superficies peatonales, en los que resulta claramente visible el grano del árido. Los hormigones para pavimentos se fabrican con dosificaciones especiales para alcanzar resistencias extremadamente elevadas. Esto significa que las piezas de pavimento no necesitan biselado, sino que sus aristas pueden dejarse en ángulo recto. Estas piezas de pavimento sin biselar se emplean en calzadas y zonas de aparcamiento, ya que ayudan a mitigar el ruido de los vehículos. Existen también piezas de mayor precio, cuya capa superficial suele ser de hormigón visto, un hormigón optimizado para tener un determinado aspecto, por ejemplo con la adición de pigmentos o arena ornamental, y que posteriormente puede recibir un tratamiento mecanizado. > **Fig. 1.7.12** Otros productos fabricados mediante este procedimiento de prensado son las piezas de bordillo, de muros, de esquina, escalones, empalizadas y conductos. Las partes acabadas con hormigón visto presentan una superficie lisa característica en la que no se percibe el grano del árido. En general, estos elementos se realizan con aristas biseladas para evitar cualquier daño en el proceso de fabricación, transporte o puesta en obra; las piezas sin bisel o con acabados de hormigón coloreado siguen un procedimiento especial de producción y solo se consiguen en fábricas especializadas.

CARACTERÍSTICAS Y TRATAMIENTOS SUPERFICIALES

El color básico del hormigón reciente «natural» es un gris claro cálido y mate, con variaciones en función de la humedad del hormigón fresco, así como del tipo y del contenido de cemento. Su color puede modificarse considerablemente a través de una cuidadosa elección del cemento y de los áridos y colorantes adecuados. Por otro lado, diversos tratamientos superficiales utilizados en la fabricación industrial también afectan al color. El más significativo es el lavado a presión, con agua, arena de cuarzo o granalla de acero, que implica, fundamentalmente, un envejecimiento prematuro mediante el desgaste de la superficie de cemento. > **Fig. 1.7.13** Cualquier tipo de tratamiento superficial aplicable a la piedra natural también puede emplearse para el hormigón. > **Capítulo 1.5 Piedra natural, Propiedades y tratamientos superficiales**

Hormigón visto

Hoy en día, para obtener hormigón visto, se utilizan normalmente encofrados no absorbentes. Estos consisten en paneles laminados de madera revestida o materiales artificiales que ofrecen superficies perfectamente lisas sin ningún tipo de alabeo, aunque tampoco son capaces de absorber el exceso de agua del hormigón. Bajo ciertas circunstancias, los encofrados no absorbentes pueden provocar un blanqueamiento o *blushing* en la superficie del hormigón.

Los encofrados fabricados con madera natural, por su parte, tienen cierta capacidad de absorber agua del hormigón fresco. Junto a la estructura de madera natural, el hormigón conformado de esta manera ofrece un aspecto más vivo,

Fig. 1.7.12: Superficie de una losa de pavimento: hormigón granallado siguiendo un patrón diagonal

Fig. 1.7.11: Hormigón translúcido

Fig. 1.7.13: Cuadro tratado con chorro de arena en medio de una superficie de hormigón con una pátina natural a causa del envejecimiento

aunque también la impresión de un color más uniforme, con menos poros y manchas en la superficie. > **Fig. 1.7.15**
Cuando se utiliza un encofrado no absorbente, es preciso recurrir a un procedimiento de fabricación del hormigón altamente estandarizado, ya que se hará visible en la superficie cualquier diferencia en la humedad o la compactación, así como cualquier exceso de los agentes desencofrantes. Incluso las fluctuaciones del clima pueden crear diferencias en el color de las superficies.
Los criterios de valoración de una superficie de hormigón visto son la textura y porosidad de la superficie; la precisión en las juntas de los elementos del encofrado, y la uniformidad del tono, de la superficie, de las aristas exteriores y de los orificios de anclaje. En aquellas situaciones en que los requisitos exigidos al hormigón visto sean más estrictos, hay que cuidarse de utilizar una adecuada combinación de sistemas y elementos de enconfrado, agentes desencofrantes y dosificaciones del hormigón, lo que puede requerir la realización de ensayos previos. En los elementos prefabricados se pueden obtener resultados más precisos que en el hormigón in situ, en la medida en que su proceso de fabricación se realiza en un entorno controlado y protegido de los agentes climáticos.

Diseño del color y la superficie

En construcción, el color del hormigón puede modificarse con la elección del árido y del cemento. El cemento blanco combinado con áridos de color claro, como la arena y la grava de cuarzo, proporciona un hormigón completamente blanco. También se puede obtener un color marrón mediante el empleo de cemento de pizarra bituminosa como conglomerante. Es posible conseguir una amplia gama de colores mediante la utilización de pinturas especiales para hormigón, tanto líquidas como en polvo. Sin embargo, como en otros muchos materiales de construcción expuestos a la intemperie, el color se va perdiendo con el paso de los años, en ocasiones de forma significativa, especialmente en el caso de los tonos rojos y azules. Se puede lograr un color verde con óxido de cromo, mientras que diversos pigmentos a base de óxido de hierro proporcionan amarillos, rojos, marrones y negros. > **Fig. 1.7.16**
La cantidad de color añadida suele situarse entre el 1 y el 10%. La adición de una cantidad superior no proporciona un color más intenso, que sí puede obtenerse si se utiliza cemento blanco en lugar de gris. En el pasado se agregó ocasionalmente hierro en polvo a la mezcla del hormigón para obtener una patina de óxido; en la actualidad existe un nuevo procedimiento, procedente de Finlandia, que se basa en el mismo principio: se añade cobre en polvo al hormigón. Según cuál sea el catalizador empleado, el hormigón muestra un color azul o verde bastante duradero. El color del hormigón tratado mediante este procedimiento resulta más natural que el que se obtiene por procedimientos convencionales. El lavado a presión proporciona a las superficies de hormigón una coloración y una estructura similares a las de la piedra natural, debido a que aumenta la cantidad de árido expuesto.
El uso de plantillas geométricas realizadas con materiales artificiales en el encofrado (tanto en hormigón in situ como en elementos prefabricados) permite dar forma a la superficie sin necesidad de un tratamiento posterior. Estas plantillas pueden utilizarse repetidamente y aprovecharse para crear superficies con patrones complejos. > **Fig. 1.7.17**
Por otra parte, también se puede utilizar como árido, en lugar de arena o grava convencional, vidrio mineral coloreado o reflectante, siempre y cuando sea resistente al álcali. El efecto del vidrio coloreado solo resulta visible una vez que se ha picado la superficie del hormigón. > **Fig. 1.7.18**

Hormigón fotograbado

El hormigón fotograbado se aquel en cuya superficie se ha inscrito cierta información visual. La información (gráfica o textual) no puede modificarse una vez que se ha grabado. El diseño se imprime sobre una lámina con agentes retardantes que impiden el endurecimiento del hormigón en aquellas zonas donde se ha aplicado; esta lámina puede colocarse sobre el encofrado. Una vez que el hormigón es desencofrado y se lava su superficie, la información visual impresa se hace visible debido a las diferencias en la composición de la superficie: las zonas crudas y lavadas quedan más oscuras que el resto. > **Fig. 1.7.19**
Existe otro procedimiento que se aplica sobre superficies de hormigón ya fraguado. Consiste en usar de una lámina parcialmente perforada, que se fija mediante cola a la superficie del hormigón y a continuación se lava con un gel ácido especial. El efecto que se consigue es bastante similar al obtenido mediante el procedimiento anterior.

Hormigones fratasados y pulidos

El hormigón fratasado es conocido como terrazo. Estas superficies pueden pulirse hasta brillar con intensidad si el hormigón es de alta calidad. Para ello requiere de una alta densidad y resistencia, que se obtienen mediante una baja relación agua-cemento y una compactación concienzuda. Los posibles poros de mayor grosor se rellenan con mortero fino y se vuelven a fratasar o pulir. Las fases sucesivas implican el uso de abrasivos cada vez más finos, hasta terminar con la utilización de compuestos especiales de pulido para crear una superficie homogénea y muy pulida. > **Fig. 1.7.20**

FORMAS Y UNIONES

El hormigón como recurso constructivo y material para cimentaciones

Una porción significativa del hormigón empleado en paisajismo se utiliza en las cimentaciones, por lo que resulta invisible para los usuarios. Este hormigón debe elaborarse tomando en consideración la humedad del suelo (consistencia seca para el tipo C1, según viene especificado por la norma EN 1045) con una clase de resistencia C12/15 (o, en caso de mayores requerimientos, clase C20/25). Apisonar o presionar este hormigón lo compacta lo suficiente como para fijar el elemento constructivo en su posición.
Con el fin de evitar fallos en la construcción, al utilizar un hormigón de cimentación es preciso respetar una serie de reglas básicas, aplicables a cualquier tipo de hormigón:

1. El hormigón de cimentaciones suele prepararse en la fábrica y transportarse a la obra en el mismo día. Deben utilizarse agentes retardantes para garantizar que pueda trabajarse a lo largo de toda la jornada, especialmente cuando se den altas temperaturas. Aquel hormigón que haya comenzado a fraguar antes de ser vertido en obra ya no puede utilizarse.
2. Para evitar la presencia en el hormigón de impurezas procedentes del terreno, especialmente en suelos altamente cohesivos, debe disponerse una capa de material neutro (por ejemplo, arena gruesa) en la base de la excavación.
3. En suelos con bajo contenido en humedad, el hormigón debe protegerse de la desecación. Además, una vez

Fig. 1.7.14: Superficies de hormigón:
a) la superficie alisada está picada uniformemente en la misma dirección con una escobilla fina
b) superficie picada con árido de granito triturado
c) superficie picada con árido de diabasa triturada
d) superficie pulida y granallada

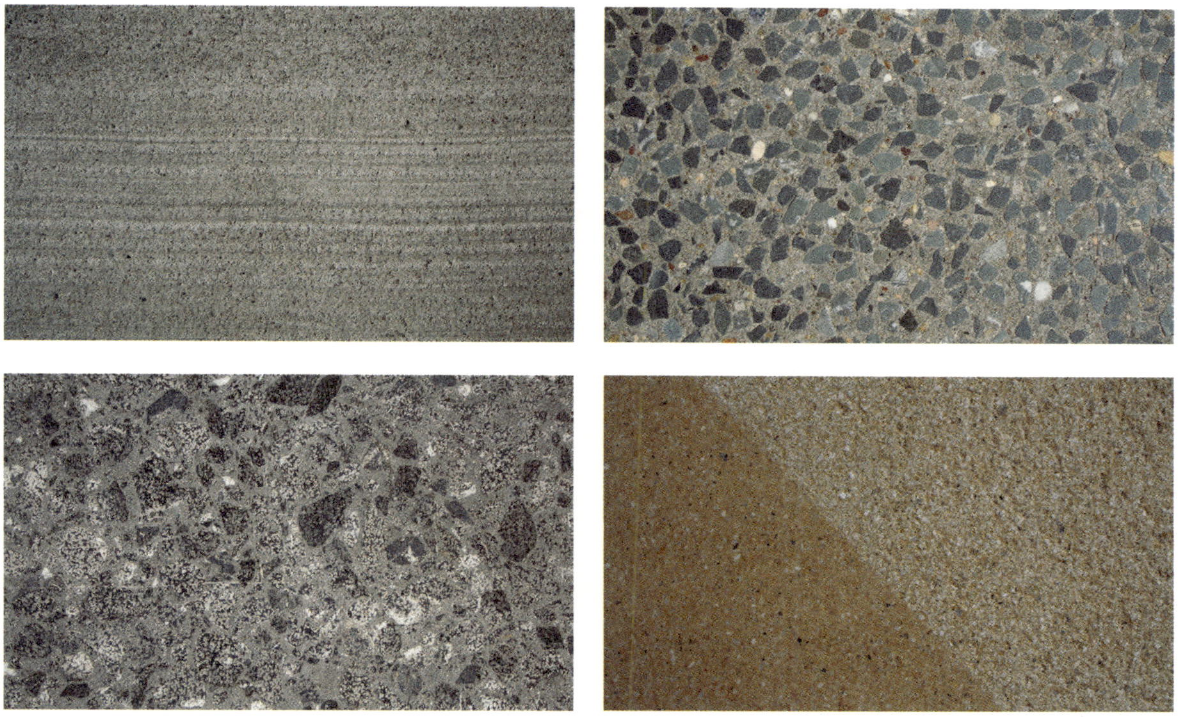

a | b
c | d

Fig. 1.7.15: Superficie de hormigón visto: encofrado de madera natural, color amarillo

Fig. 1.7.16: Superficie de un hormigón rojo en el que se ha empleado cemento blanco

Fig. 1.7.18: Hormigón in situ con árido de vidrio triturado

Fig. 1.7.17: Patrones superficiales creados mediante el uso de una diversidad de encofrados: a) plancha de serigrafía, b y c) plancha texturizada

Fig. 1.7.19: Hormigón fotograbado

colocado, no debe modificarse su ubicación por agitación o aplicación de cargas.

4. No debería elaborarse el hormigón a temperaturas ambiente inferiores a +5 °C, ya que el congelamiento de la masa tiene un efecto significativo sobre la resistencia. > Fig. 1.7.21

El hormigón como material de forma libre

El hormigón in situ puede recibir cualquier forma que permita el encofrado; es decir, cualquier forma que permita retirar el encofrado después de endurecido el hormigón. Las formas convexas (que se ensanchan en los extremos) solo son posibles mediante el uso de «encofrados perdidos». El Styrodur y otros materiales pueden emplearse para estas tareas y después retirarse con el resto del encofrado. Tampoco se pueden realizar formas libres plásticas con los encofrados convencionales, en la medida en que están formados por tableros y barras planas. Una alternativa para obtener formas libres consiste en utilizar encofrados enteramente fabricados de Styrodur; sin embargo, este sistema proporciona una calidad superficial muy limitada. > Fig. 1.7.22
Realmente, el hormigón solo puede adoptar una forma libre si se usan procedimientos de proyección, como el gunitado. Se le da a la armadura la forma requerida y posteriormente esta recibe el hormigón proyectado mediante boquillas especiales. La superficie que se obtiene mediante este procedimiento es bastante basta, pero puede tratarse y trabajarse a posteriori, incluso manualmente con paleta. > Fig. 1.7.23
Otra opción para dotar al hormigón de formas libres consiste en emplear moldes individuales reutilizables que se fabrican a partir de un molde con elastómeros de poliuretano, separados y provistos de un bastidor de soporte fabricado, por ejemplo, con hormigón. La calidad superficial obtenida con este método suele ser superior a la de los encofrados convencionales.

Construcción con elementos prefabricados

La construcción con elementos prefabricados difiere considerablemente de la construcción in situ, caracterizada por su estructura monolítica. En este caso, la obra no se ejecuta «de una pieza», sino mediante la unión de elementos individuales que pueden estar conectados de diversas maneras. Para evitar daños provocados por la expansión térmica, resulta importante dejar juntas de dilatación de suficiente dimensión entre los distintos componentes. Su disposición depende del tamaño de la estructura y de su diseño. > Capítulo 2.3 Uniones

Fig. 1.7.21: Soportes en ángulo sobre una cimentación de hormigón

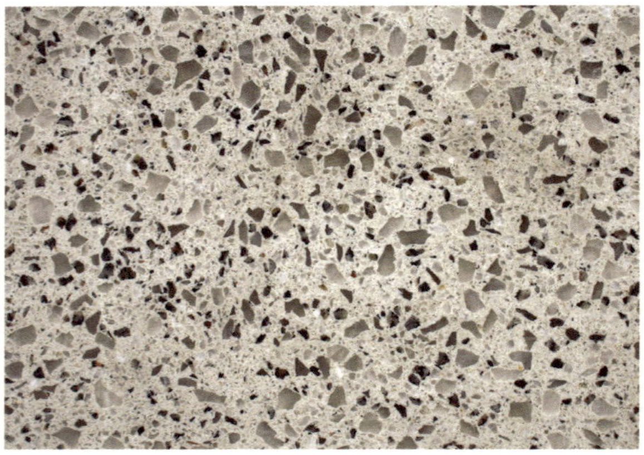

Fig. 1.7.20: Hormigón blanco pulido con árido de cuarzo triturado

Fig. 1.7.22: Contrafuerte de forma libre en una pasarela peatonal de Lyon, Francia

Fig. 1.7.23: Una aplicación técnica: imitación del tronco de un árbol realizada con hormigón

1.8 METALES

HIERRO Y ACERO

- Propiedades, productos y características superficiales
- Formas y uniones

ALUMINIO

- Propiedades y productos
- Características superficiales
- Formas y uniones

COBRE

- Propiedades y productos
- Características superficiales
- Formas y uniones

CINC

- Propiedades y productos
- Características superficiales
- Formas y uniones

Astrid Zimmermann

1.8 METALES

La mayoría de los metales habitualmente utilizados en la industria de la construcción no se encuentran de forma natural, por lo que su extracción y manufactura requieren procesos muy intensivos en energía, como la fundición.

Las diferentes propiedades de cada metal justifican su empleo en campos particulares. El acero se utiliza como material de construcción por sus propiedades específicas (alta resistencia estructural, alta rigidez y baja dilatación térmica), pero otros metales son apreciados por alguna característica superficial inusual (p.ej., el cobre por su patina verde), por su ductilidad o por su resistencia a la corrosión (aluminio, cobre). Como resultado de los modernos procesos de tratamiento superficial, de las mejoradas propiedades técnicas y de los nuevos desarrollos tecnológicos (p.ej., el proceso CNC), el ámbito de los posibles usos de los metales está en constante expansión. > **Fig. 1.8.1**

Los metales no ferrosos a menudo pueden ser conformados más fácilmente que los ferrosos. Sin embargo, sus dilataciones térmicas son mayores, por lo que su forma sufre más modificaciones tras la puesta en obra, lo que constituye un factor importante en la construcción.
De los metales preciosos, solo el cobre se utiliza con regularidad en construcción, mientras que el oro o la plata, por ejemplo, solo se encuentran en muy raras ocasiones. En particular, los baños o chapados en oro son muy adecuados en decoración y se emplean para hacer más atractivos determinados puntos. > **Fig. 1.8.2** Casi ningún material metálico se usa en su forma pura, sino en aleaciones que mejoran sus propiedades. En este capítulo solo podremos detenernos en unas pocas aleaciones cuyas propiedades difieren considerablemente.

Fig. 1.8.1: Silueteado del acero cortén mediante láser controlado por ordenador: marquesina en Landshut, Alemania. Proyecto de Hild und K Architekten

Fig. 1.8.2: Nichos en un muro de hormigón visto, decorados con pan de oro

HIERRO Y ACERO

El hierro es el cuarto elemento más común de la corteza terrestre, pues representa el 5% de su masa. Suele presentarse en forma de óxido de hierro, en vetas minerales como la hematita o la magnetita. Mediante la reducción de estos óxidos en altos hornos, se obtiene el arrabio, al tiempo que se producen escorias como subproducto. En la siguiente fase del proceso se convierte el arrabio en fundición (hierro colado) o en acero. Este último se consigue reduciendo el contenido de carbono por debajo del 2% mediante un proceso de refino. > **Fig. 1.8.3** El acero es muy maleable, mientras que el alto contenido en carbono de la fundición le otorga sus cualidades como material moldeable.
La fabricación de hierro y de acero es un proceso muy costoso desde el punto de vista energético. Sin embargo, la fundición y el acero son reciclables casi al 100%. Una importante proporción de la producción actual procede de la chatarra, aunque la alta demanda de productos de acero mantiene la tasa de reciclaje bastante por debajo del 50%.

Fig. 1.8.3: Laminado en caliente en una acería

Fig. 1.8.4: Rejilla de drenaje de fundición

Propiedades, productos y características superficiales

Fundición

Debe hacerse una distinción entre las fundiciones blancas y negras (que son maleables), la fundición gris (que contiene escamas de grafito) y la fundición dúctil (con grafito en forma nodular). En general, la fundición es un material tan quebradizo que no puede trabajarse, y solo admite procesos como el fresado. La fundición blanca maleable es una excepción, ya que puede ser soldada. La gris se distingue de la dúctil por su contenido en carbono, que se presenta en distintas formas de grafito (en escamas y en nódulos, respectivamente). La forma esférica del grafito en la fundición esferoidal le otorga mayores resistencias a tracción, ductilidad y deformación elástica. Junto a su mayor resistencia a la abrasión, la fundición esferoidal resulta especialmente adecuada para la construcción de carreteras, que requieren soportar cargas elevadas. Por lo general la fundición presenta una resistencia suficiente a la corrosión en situaciones donde se prevé la presencia de agua (de escorrentía) y sustancias procedentes del deshielo.
En todo caso, la fundición necesitará algún tipo de revestimiento cuando así lo demande la presencia de agentes corrosivos específicos (el suelo, por ejemplo).
Los revestimientos que se aplican a las tapas de alcantarilla suelen tener una función meramente estética. Es posible agregar color mediante tratamientos superficiales en polvo o por inmersión.
Entre las piezas moldeadas en fundición gris o esferoidal más típicas, destacan, además de las tapas de alcantarilla ya mencionadas, las rejas de calles y patios, las canalizaciones, las rejillas de alcorques y el mobiliario urbano, como bancos y bolardos. > **Fig. 1.8.4**

Acero

El acero suele contener elementos aleados distintos al carbono. Los diferentes tipos de acero adquieren sus propiedades características tanto por la presencia de estos elementos como por su cantidad relativa.
Los aceros habitualmente empleados en construcción son los estructurales, que incluyen el acero al carbono y el acero de grano fino. En este caso, las propiedades de los aceros no aleados suelen ser suficientes, al tiempo que presentan una buena relación calidad-precio. Al igual que los anteriores, también son importantes en el diseño de exteriores el acero cortén y el inoxidable, por sus cualidades tanto constructivas como estéticas. Por su resistencia a la corrosión constituyen un importante complemento a los aceros estructurales. > **Tab. 1.8.1**
Otro material es el acero para armaduras, que se utiliza como elemento de refuerzo en el hormigón armado, en forma de barras o de mallas. > **Capítulo 1.7 Hormigón** El hormigón pretensado requiere un acero adecuadamente pretensado. El acero fundido se usa en la manufactura de elementos especiales de los encofrados (por ejemplo, nodos de conexión).

Gracias a sus propiedades materiales, el acero es apto para estructuras relativamente esbeltas. Los perfiles, barras y cables de acero pueden quedar ocultos en las estructuras portantes, pero también pueden convertirse en elementos formales del diseño. Las planchas y mallas de acero permiten diseñar superficies o paneles. Los conectores y otras piezas moldeadas se utilizan para ensamblar elementos constructivos realizados con materiales distintos.

	Denominación	Norma	Abreviatura según EN 1560	Numeración del material según EN 1560	Abreviaturas y denominaciones nacionales o tradicionales
Fundición > 2% de carbono	Maleable: Fundición blanca	EN 1562	EN-GJMW-350-4	0.8035	GTW-35 (D)
	Maleable: Fundición negra		EN-GJMB-350-10	0.8135	GTS-35-10
	Fundición gris (con grafito en escamas)	EN 1561	EN-GJL-250	EN-JL 1040	GG-25 (D)
	Fundición nodular (con grafito en nódulos)	EN 1563	EN-GJS-400-15	EN-JS 1030	GGG-40 (D)
			Abreviatura según EN 10027-1	Número del material según EN-10027-2	
Acero max. 2% de carbono	Acero fundido	EN 10340	G200	1.0420	GS 38 (D)
	Acero para hormigones	EN 10080	B500		BSt 500 (D)
	Acero estructural no aleado	EN 10025-2	S235JR	1.0038	St 37-2 (D), E 24-2 (F), Fe 360 B (I), AE 235 B (E)
			S355J0	1.0553	St 52-3 U (D), E 36-3 (F), 50 C (GB) Fe 510 C (I), AE 355 C (E)
	Acero estructural de grano fino max. 0,2% de carbono	EN 10025-4	S460M	1.8827	StE 460 TM (D), Fe E 460 KGTM (I)
	Acero cortén, 0,25-0,55% de cobre, 0,3-1,25% de cromo	EN 10025-5	S235J2W P max. 0,04%	1.8961	WTSt 37-3 (D), E 24 W 4 (F), COR-TEN B, Allwesta 360 F, DIWETEN 235
			S355J2WP P 0,06–0,15%	1.8946	E 36 WA 4 (F), COR-TEN A, Allwesta 510 FP, (no aprobado en D)
			Abrev. según EN 10088-1		
	Acero inoxidable min. 10,5% de cromo, max. 1,2% de carbono	EN 10088-1	X5CrNi18-10	1.4301	V2A: 2332(S), 304 S 15 (GB), Z 6 CN 18.09 (F), NIROSTA 4301
			X6CrNiTi18-10	1.4541	V2A: 2337 (S), 321 S 31 (GB), Z 6 CNT 18.10 (F), NIROSTA 4541
			X5CrNiMo17-12-2	1.4401	V4A: 2347 (S), 316 S 31 (GB), Z 7 CND 17.02.02 (F), NIROSTA 4401
			X6CrNiMoTi17-12-2	1.4571	V4A: 2350 (S), 320 S 31 (GB), Z 6 CNDT 17.12 (F), NIROSTA 4571

Tab. 1.8.1: Selección de materiales de hierro y acero y sus denominaciones

	Chapas y pletinas	Paneles sándwich, perfiles confor-mados y chapas corrugadas	Perfiles laminados	Perfiles huecos	Barras	Cables	Alambres y mallas	Elementos de junta	Elementos moldeados
Fundición									x
Acero estructural	x	x	x	x	x	x	x	x	x
Acero cortén	x	x	x	x	x			No siempre disponible	
Acero inoxidable	x	x	x	x	x	x	x	x	x
Aluminio	x	x	x	x	x			Solo r emaches	x
Cobre y aleaciones	x	x	x	x	x		x	x	x
Cinc	x	x		Tubos					x (Conectores)

Tab. 1.8.2: Productos metálicos

Denominación	Sección	Dimensiones h x b (x t)	Peso	Notas
Perfiles de doble ala				
Perfiles en H				
HEA (IPBI) acabado ligero		HEA 100 (96 x 100 mm) HEA 1000 (990 x 300 mm)	16,7 kg/m 272,0 kg/m	Especialmente como pilares y apoyos de grandes cargas
HEB (IPBI) acabado medio		HEB 100 (100 x 100 mm) HEB 1000 (990 x 300 mm)	20,4 kg/m 314,0 kg/m	
HEM (IPBI) acabado reforzado		HEM 100 (120 x 106 mm) HEM 1000 (990 x 300 mm)	41,8 kg/m 349,0 kg/m	
Perfiles en doble T				
IPE		IPE 80 (80 x 46 mm) IPE 600 (600 x 220 mm)	6,0 kg/m 122,0 kg/m	Perfiles ligeros y esbeltos para cargas reducidas, buena solución para vigas en flexión
Perfiles en T				
IPET		IPET 80 (40 x 46 mm) IPET 600 (300 x 220 mm)	3,0 kg/m 61,2 kg/m	
Perfiles en U				
UAP		UAP 80 (80 x 45 mm) UAP 300 x 100 (300 x 100 mm)	8,38 kg/m 46,0 kg/m	Combinados en pares resultan mejor, ya que aumenta la capacidad de carga
UPE		UPE 80 (80 x 50 mm) UPE 400 (400 x 115 mm)	7,9 kg/m 72,2 kg/m	
Perfiles angulares				
L		20 x 3 (20 x 20 x 3 mm) 250 x 35 (250 x 250 x 35 mm)	0,88 kg/m 128 kg/m	
LD		30 x 20 x 3 (30 x 20 x 3 mm) 200 x 150 x 15 (200 x 150 x 15 mm)	1,12 kg/m 39,6 kg/m	
LS		LS 20 x 3 (20 x 20 x 3 mm) LS 50 x 5 (50 x 50 x 5 mm)	0,87 kg/m 3,73 kg/m	Solo en dimensiones reducidas
Perfiles en T				
Encuentros en ángulo		TPS 20 (20 x 20 x 3 mm) TPS 40 (40 x 40 x 5 mm)	0,87 kg/m 2,94 kg/m	Solo en dimensiones reducidas
Perfiles en Z				
Encuentros redondeados		Z 30 (30 x 38 mm) Z 160 (160 x 70 mm)	3,39 kg/m 21,6 kg/m	
Perfiles con caras inclinadas				
IPN				
IPN		I 80 (80 x 42 mm) I 550 (550 x 200 mm)	5,9 kg/m 166,0 kg/m	Menos adecuados para fijaciones atornilladas por la inclinación de sus caras, aunque menos costosos que otros perfiles
Perfiles en U				
U		U 30 x 15 (30 x 15 mm) U 65 (65 x 42 mm)	1,74 kg/m 7,09 kg/m	
UPN		UNP 80 (80 x 45 mm) UNP 400 (400 x 110 mm)	8,64 kg/m 71,8 kg/m	
Perfiles en T				
T		T 30 (30 x 30 mm) T 140 (140 x 140 mm)	1,77 kg/m 31,3 kg/m	
Barras				
Redondas		6 (Ø 6 mm) 250 (Ø 250 mm)	0,22 kg/m 385 kg/m	Para estabilizar estructuras porticadas, como tirantes
Cuadradas		6 (6 x 6 mm) 150 (150 x 150 mm)	0,28 kg/m 177,0 kg/m	
Rectangulares		5 x 10 (5 x 10 mm) / 5 x 100 (5 x 100 mm) 6 x 150 (6 x 150 mm) / 60 x 150 (60 x 150 mm)	0,39 / 3,93 kg/m 7,06 / 70,7 kg/m	
Chapas		5 x 160 (5 x 160 mm) / 80 x 160 (80 x 160 mm) 5 x 1200 (5 x 1200 mm) / 80 x 1200 (80 x 1200 mm)	6,28 / 100 kg/m 47,1 / 754 kg/m	
Perfiles huecos				
Cuadrados		40 (40 x 40 x 3/5 mm) 400 (400 x 400 x 10/16 mm)	3,41 / 5,28 kg/m 122 / 191 kg/m	Para estructuras ligeras
Rectangulares		50 x 30 (50 x 30 x 3/4 mm) 500 x 300 (500 x 300 x 10/20 mm)	3,41 / 4,39 kg/m 122 / 235 kg/m	
Circulares		33,7 (Ø 33,7 mm x 2,6/4 mm) 1219 (Ø 1219 mm x 10/25 mm)	1,99 / 2,93 kg/m 298 / 736 kg/m	

Tab. 1.8.3: Selección de los perfiles de acero más comunes

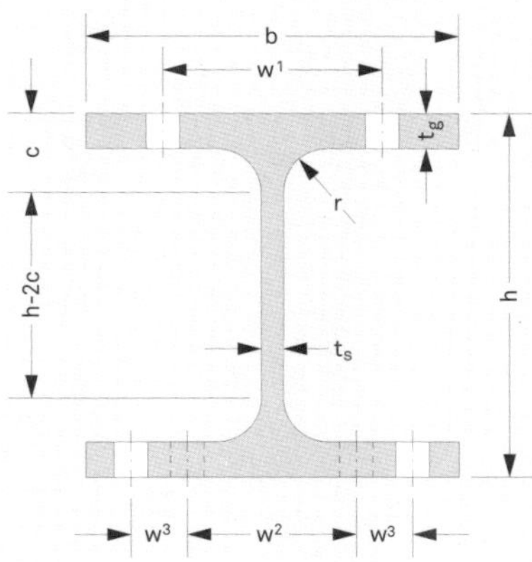

Abreviatura	h	b	t_s	t_g	r	h-2c	A cm^2	G kg/m	d[1] (max.)	w_1, w_2	w_3
HE-B 100	100	100	6	10	12	56	26,0	20,4	13	56	-
HE-B 240	240	240	10	17	21	164	106,0	83,2	25	96	35

Fig.1.8.5: Extracto con los datos de sección de un perfil: medidas y propiedades de dos perfiles tipo HEB (100 y 240)

El catálogo básico de productos de acero incluye perfiles laminados y huecos, pletinas, placas simples y conformadas, chapas perforadas, barras, alambres y mallas, sin olvidar los elementos de unión y conexión. > **Tab. 1.8.2** También se fabrican otros productos por encargo, pero los altos costes restringen esta posibilidad a situaciones muy especiales. Varias normas regulan estos productos y sus dimensiones. Asociaciones especializadas y fabricantes, así como diversos prontuarios, ofrecen información sobre los formatos habituales de los perfiles de acero. Además de las dimensiones generales, también son de interés para el proyectista detalles como los valores de las secciones o el tamaño y el número de perforaciones que pueden realizarse. > **Tab. 1.8.3 y Fig. 1.8.5**

El acero como material para pavimentos puede ser extremadamente deslizante. A la intemperie, especialmente en zonas a las que accede el público, debe garantizarse el empleo de materiales adecuados, como metales expandidos o revestimientos antideslizantes. Los aceros para uso al aire libre suelen estar expuestos a las inclemencias climáticas, por lo que su durabilidad depende en gran medida de los tratamientos activos y pasivos contra la corrosión.

Aceros estructurales

Los aceros generalmente utilizados en construcción contienen una muy baja proporción de elementos aleados (> EN 10020). Las propiedades de los aceros no aleados cubren la mayor parte de las demandas de la arquitectura paisajística. En cuanto a las posibilidades de soldadura, los tipos JR, JO, J2 y K2 por lo general son adecuados (estas siglas corresponden al final de la descripción corta de cada tipo). Una alternativa son los aceros estructurales de grano fino. Se utilizan exclusivamente en estructuras soldadas que han de soportar enormes cargas, por ejemplo en grandes edificios y en puentes.
Normalmente los aceros estructurales deben protegerse de la corrosión mediante un recubrimiento o un revestimiento, ya que tienden a oxidarse, lo que produce cambios en las superficies y destruye el material a largo plazo. Esto se debe a una reacción (electro-) química en la superficie del acero, que se intensifica con el aumento de la humedad (atmosférica) y como reacción a las impurezas del aire y a las sales higroscópicas (por ejemplo, las sales de deshielo). > **Tab. 1.8.4** Solo tiene sentido omitir las medidas de protección frente a la corrosión en aceros estructurales en el caso de que los elementos no vayan a instalarse por un largo periodo, no tengan que soportar cargas o sean de un espesor suficiente. La elección del tratamiento superficial a aplicar sobre el acero condiciona de manera radical su aspecto final.

Entre los distintos tipos de protección contra la corrosión, se distinguen las protecciones activas y las pasivas. Las primeras incluyen todas las medidas estructurales que pueden reducir la exposición a materiales corrosivos mediante un adecuado diseño de las superficies. A esta categoría pertenecen los métodos constructivos para evitar la acumulación de agua (eliminando bolsas y otras cavidades) y facilitar su rápida evacuación, tanto en la propia estructura como en el nivel del suelo. Cualquier irregularidad en la superficie de un elemento, como aristas o esquinas solapadas o afiladas, debería evitarse. Del mismo modo, hay que tomar medidas contra la corrosión por contacto cuando se utilizan diferentes tipos de metal o de acero. > **Fig. 1.8.7** También se considera un sistema de protección activa la utilización de materiales que son resistentes a la corrosión gracias a la presencia de determinados componentes aleados, como el acero cortén o el inoxidable.

La protección pasiva frente a la corrosión implica el recurso a recubrimientos o revestimientos para evitar el contacto de los materiales corrosivos con la superficie del acero. Los recubrimientos consisten habitualmente en materiales metálicos, principalmente el cinc, aplicados mediante procedimientos de inmersión o proyección en caliente; por su parte, los revestimientos se crean mediante el empleo de un material (coloreado) en forma líquida o en polvo. La combinación de ambos procedimientos se denomina sistema dúplex. > **Tab. 1.8.5** Los revestimientos puros son el procedimiento más costoso de protección frente a la corrosión, por lo que deberían utilizarse únicamente en caso de que la estructura vaya a usarse solo unos pocos años, o si la galvanización resulta imposible por motivos técnicos de producción.

En cuanto a los recubrimientos metálicos, su procedimiento más común es el galvanizado por inmersión en caliente. En este se incluyen tanto los procedimientos discontinuos (galvanización de piezas y tubos) como los continuos (galvanización de pletinas y alambres). En la galvanización de piezas (> EN ISO 1461), cada elemento individual se recubre de cinc sumergiéndolo en un baño de dicho metal. Para garantizar un recubrimiento regular y evitar la inclusión de aire, es necesario disponer un suficiente número de orificios para el flujo y la ventilación, así como evitar cavidades cerradas o grandes superficies de solape. > **Fig. 1.8.6**
Por otra parte, el tamaño de las piezas queda limitado por el tamaño del crisol, que habitualmente tiene unas dimensiones de 7 a 17,5 m de largo, de 1,3 a 2 m de ancho y de 1,8 a 3,2 m de profundidad. Este procedimiento resulta recomendable para elementos planos de un espesor constante, mientras que las piezas excesivamente largas pueden ser tratadas, hasta cierto tamaño, mediante un doble baño. En cualquier caso, es preciso comprobar si existe en

Fig. 1.8.6: Elemento con orificio para ventilar y evacuar el agua

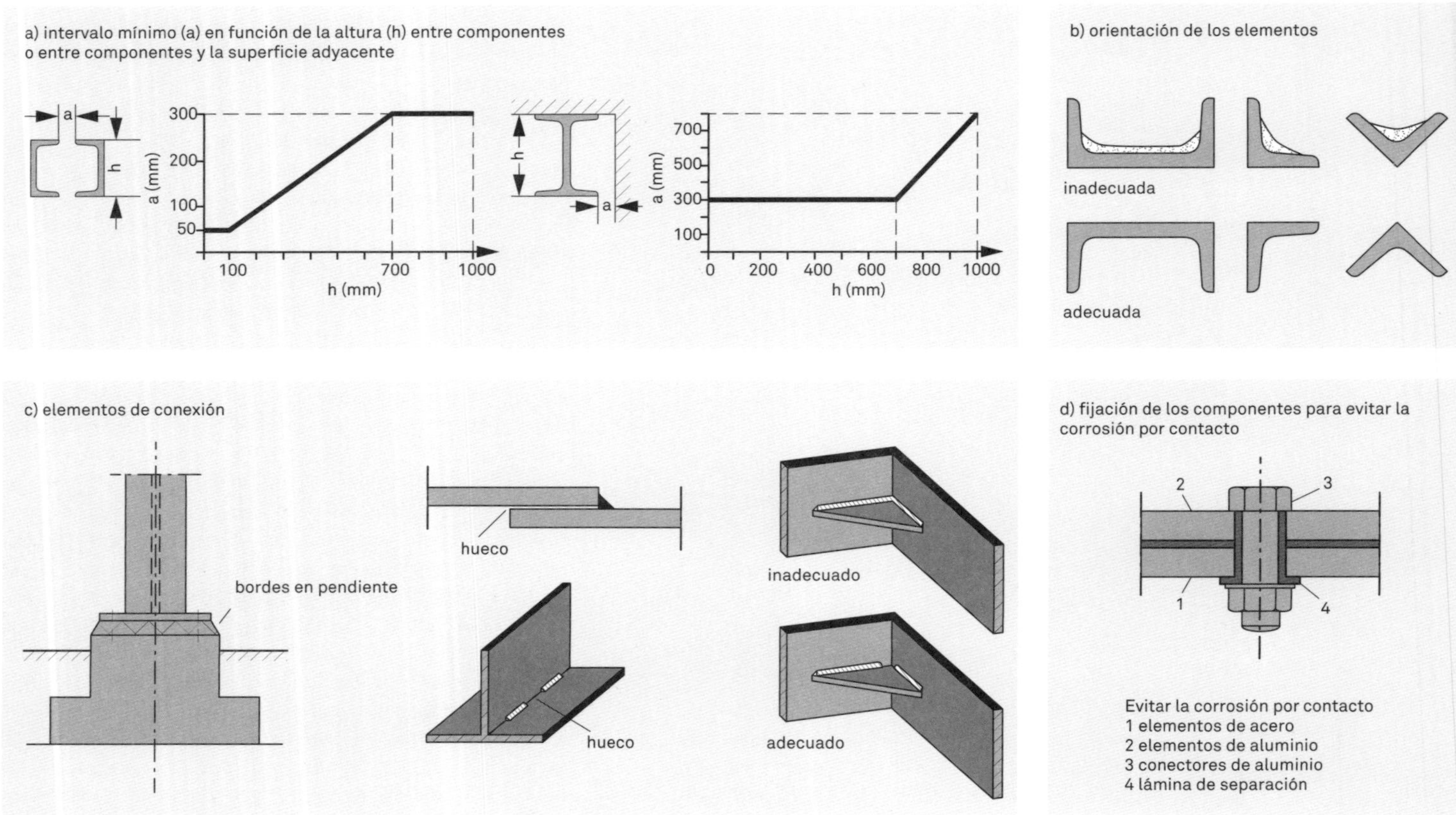

Fig. 1.8.7: Medidas activas de protección frente a la corrosión

Categoría y carga de corrosión	Condiciones ambientales relevantes para aceros estructurales no aleados	Condiciones ambientales (medidas de humedad) relevantes para aceros cortén	Corrosión media en µm/a			Notas
			Cinc	Acero estructural no aleado	Acero cortén *después de 10 años	
C1 insignificante	Sin relevancia en exteriores		≤ 0,1	≤ 1,3		
C2 ligero (bajo)	Atmósfera con poca contaminación. Principalmente zonas rurales	Ambiente alternativamente húmedo y seco con condensaciones mínimas (humedad indirecta con buena ventilación)	> 0,1–0,7	1,3–25	0,1–2 0,1–1 *	El 95% del territorio alemán entra dentro de estas categorías. Los aceros no aleados pueden protegerse adecuadamente mediante galvanización
C2/C3		Ambiente alternativamente húmedo y seco con condensaciones mínimas (exposición indirecta a la humedad con buena ventilación) y altos niveles de dióxido de azufre				
C3 moderado (medio)	Atmósfera urbana e industrial, contaminación moderada con dióxido de azufre. Zonas costeras con carga salina reducida	Ambiente alternativamente húmedo y seco determinado exclusivamente por las condiciones atmosféricas (estructuras lisas bien ventiladas)	> 0,7–2,1	25–50	2–8 1–5 *	
C3/C4		Ambiente alternativamente húmedo y seco con condensación limitada (humedad indirecta con buena ventilación) y alta carga salina				
C4 intenso (severo)	Zonas industriales y costeras con una carga salina moderada	Ambiente alternativamente húmedo y seco determinado exclusivamente por las condiciones atmosféricas (estructuras lisas bien ventiladas) con alta carga salina o de dióxido de azufre, o ambiente alternativamente húmedo y seco con periodos húmedos más prolongados por causas ajenas al clima (p. ej.: estructuras con acumulaciones de suciedad)	> 2,1–4,2	50–80	8–15 5–10 *	Los aceros no aleados deberían protegerse con un sistema dúplex
C4/C5		Ambiente alternativamente húmedo y seco con periodos húmedos muy largos: permanentemente húmedo en la práctica				
C5-I muy intenso (industria)	Zonas industriales con altos niveles de humedad y atmósfera agresiva	Ambiente alternativamente húmedo y seco con periodos húmedos muy largos, alta carga de dióxido de azufre o de sal	> 4,2–8,4	80–200		Los aceros no aleados deberían protegerse con un sistema dúplex. No se recomienda el empleo de acero cortén
C5-M muy intenso (mar)	Zonas costeras y mar adentro con cargas salinas elevadas		> 4,2–8,4	80–200		

Tab. 1.8.4: Categorías y tasas de corrosión para aceros aleados y aceros cortén

Fuente: EN ISO 12944-2, tabla 1 y Stahl-Informations-Zentrum: *Merkblatt 434: Wetterfester Baustahl*, tabla 3, modificadas y con añadidos las proximidades de la obra una instalación de galvanizado con las características adecuadas, con el fin de evitar posibles cuellos de botella en el suministro de piezas o elevados costes de transporte.

El calentamiento producido durante el baño de cinc puede causar tensiones internas significativas y el consiguiente combado de los elementos de acero. Para evitarlo, es conveniente comprobar que los componentes que vayan a ser soldados sean fabricados con bajos niveles de tensión. Por ejemplo, los componentes soldados simétricamente corren un riesgo menor de combado. En el caso de construcciones con chapa de acero, debe tomarse en consideración la dilatación del metal para evitar los alabeos y las abolladuras. En términos constructivos, esto puede lograrse mediante pliegues o canaladuras de poca profundidad. En el caso de que los elementos presenten algún tipo de alabeo o combadura, su puesta en obra resultará más laboriosa y lenta.

En el proceso de galvanizado por inmersión, se produce una capa de hierro y cinc que constituye un recubrimiento relativamente robusto capaz de asumir cargas mecánicas hasta cierto punto. Sin embargo, este recubrimiento protector puede deteriorarse por impactos mecánicos como el fresado, por lo que debe aplicarse antes del proceso de galvanizado siempre que sea posible. Los elementos galvanizados se pueden soldar. Cualquier daño que sufra el recubrimiento de cinc puede corregirse en obra, aunque nunca alcanzará el nivel de durabilidad original. El galvanizado por inmersión en caliente debería aplicarse sobre aceros compatibles con el mismo. En cualquier caso, conviene seguir las indicaciones de la norma EN ISO 14713 para garantizar que el procedimiento se ejecute adecuadamente.

Respecto a los procedimientos de revestimiento, las pinturas más comunes son las aplicadas en forma de polvo. La pintura en polvo, que se proyecta y fija por medios electrostáticos y posteriormente se hornea, es el procedimiento más respetuoso con el medioambiente, ya que no requiere disolventes. Además, proporciona un revestimiento más robusto. Pero, a diferencia de la pintura líquida, no puede repararse en obra, por lo que tiene una mayor tendencia a presentar irregularidades. Las estructuras superficiales y el grado de brillo de ambos procedimientos también presentan diferencias, por lo que no pueden yuxtaponerse. > **Fig. 1.8.8** La tonalidad de los colores se fija a partir de una paleta estandarizada; las paletas más comunes son RAL, DB-Eisenglimmer, NCS (Natural Color System) o MCS (Metallic Color System). Un problema fundamental de los revestimientos de color es el riesgo de daños por cargas mecánicas, que pueden ocasionar roturas o pérdidas del color. Por este motivo, la restitución y la renovación de la pintura deberían considerarse en la fase de diseño e incorporarse a los planes de mantenimiento.

Tipo de protección	Galvanizado discontinuo según EN ISO 1461	Preparación de la superficie galvanizada	Sistema de revestimiento según EN ISO 12944-5			Categoría de corrosión y durabilidad de la protección según EN ISO 12944-1 (corta = 2-5 años, media = 5-15 años, prolongada > 15 años)
			Revestimiento básico	Revestimiento superficial incluyendo capa intermedia	Espesor especificado	
Revestimiento sencillo	Ninguno	-	Revestimiento líquido 2K-EP* de 80 µm	2 capas de revestimiento líquido 2K-EP o 2K-PUR de 60 µm	200 µm	Hasta C3 (protección prolongada) o C4 (protección corta)
Recubrimiento por galvanización	Espesor mínimo del recubrimiento en función del espesor del componente: < 1,5 mm = 45 µm ≥ 1,5 a < 3 mm = 55 µm ≥ 3 a < 6 mm = 70 µm > 6 mm = 85 µm (Lo habitual son espesores de 50-150 µm, mayores espesores requieren la elección de un acero adecuado)	-	-	-	-	C2 o C3 (varias décadas)
Sistema dúplex con revestimiento en polvo		Quitar el polvo		Revestimiento en polvo SP o EP/SP de 80 µm	80 µm	Hasta C3 (protección prolongada) o C4 (protección corta)
		Cromado para revestimiento amarillo				Hasta C4 (protección prolongada)
Sistema dúplex con revestimiento múltiple en polvo		Quitar el polvo	Revestimiento en polvo EP de 60 µm	Revestimiento en polvo SP p EP/SP de 70 µm	130 µm	Hasta C3 (protección prolongada) o C4 (protección corta)
		Cromado para revestimiento amarillo				Hasta C5-I (protección media) o C5-M (protección prolongada)
Sistema dúplex con revestimiento líquido múltiple		Quitar el polvo	Revestimiento líquido 2K-EP de 40 µm*	Revestimiento líquido 2K-EP o 2K-PUT de 80 µm*	120 µm	Hasta C4 (protección media) o C5-I (protección corta)
		Limpieza	Revestimiento líquido 2K-EP-Komb o 1K-AY-hydro de 40 µm*	Revestimiento líquido 2K-EP o 2K-PLT de 80 µm*	120 µm	Hasta C4 (protección media) o C5-I (protección corta)
		Limpieza	Revestimiento líquido 2K-EP o 1K-AY-hydro de 80 µm*	Revestimiento líquido 2K-EP o 2K-PUT de 80 µm*	160 µm	Hasta C4 (protección prolongada) o C5-I o C5-M (protección corta)
		Quitar el polvo	Revestimiento líquido 2K-EP de 80 µm*	Revestimiento líquido 2K-EP o 2K-PUT de 80 µm*	240 µm	Hasta C5-I (protección media) o C5-M (protección prolongada)

Abreviaturas para los materiales ligantes básicos:
EP = resina epoxi
EP-Komb = resina epoxi/combinaciones
SP = resina de poliéster
EP/SP = resina epoxi y poliéster
PUR = endurecedor de resina de poliuretano

AY = resina acrílica
AY-Hydro = resinas acrílicas solubles en agua (para reducir las emisiones de disolventes en la aplicación de pinturas líquidas)
PVC = copolímeros de cloruro de polivinilo

* Los materiales de revestimiento de dos componentes (2K) son más estables que los de un único componente (1K)

Tab. 1.8.5: Algunos ejemplos de recubrimientos y revestimientos

Fig. 1.8.8: Revestimiento de color en chapas de acero

La corrosión por contacto tiene un origen electroquímico, pues es causada por el contacto entre dos metales con diferentes potenciales de reducción. La adición de un electrolito (normalmente la propia humedad) produce una reacción anódica en el material menos noble (por ejemplo, acero cortén o acero inoxidable en contacto con acero galvanizado). En caso de que no sea posible evitar el uso combinado de metales con distinto potencial, es preciso separarlos con elementos de algún material aislante, como arandelas de plástico. > **Fig. 1.8.7 y Tab. 1.8.6**

Para emplear adecuadamente aceros estructurales, deben cumplirse los siguientes requisitos:

- Asegurarse de que la capa de protección es suficiente para preservar el metal durante toda su vida útil en las condiciones ambientales previstas (C2-C5). > **Tab. 1.8.4**
- Proporcionar protección estructural frente a la corrosión.
- Evitar la corrosión por contacto.
- Programar el mantenimiento y el repintado de los revestimientos.
- Aplicar una protección duradera contra la corrosión a aquellos elementos de acero que la requieran, o aumentar su espesor.

Acero cortén

El acero cortén es un acero de alto grado con una mínima adición de materiales aleados. Se distingue del acero estructural convencional por la adición de cromo y cobre. Combinados con el fósforo, estos elementos forman una barrera sobre la superficie del material que se adhiere con relativa firmeza y proporciona un buen sellado. Así se previene que los materiales corrosivos lleguen a penetrarla y se inhibe el proceso de corrosión (a menos de la mitad, aproximadamente, en comparación con los aceros no aleados).

Este recubrimiento proporciona la apariencia característica del metal, un color rojo cobrizo que solo después de unos diez años llega a estabilizarse realmente. De hecho, el recubrimiento se forma de diferente manera en función de las condiciones ambientales y del nivel de exposición. En casos normales, el color del acero cortén cambia desde un naranja claro al comienzo hasta llegar a un marrón oscuro con cierto matiz violeta, pasando por naranja oscuro y marrón rojizo. > **Fig. 1.8.9**

Un requisito esencial para la formación de la capa protectora es un nivel de humedad atmosférica por encima del 65% y cambios regulares de mojado a seco. Si no se cumplen estas condiciones, es imposible que se forme la capa protectora. Si las condiciones ambientales suponen una humedad constante, este acero se oxidará como otro convencional. Por el contrario, en zonas de pluviosidad reducida y baja humedad, se formará poca o ninguna herrumbre. En tales casos no llega a formarse la capa superficial característica, o aparece solo en algunas partes de la estructura.

En sus propiedades mecánicas, los aceros cortén difieren poco de los no aleados.

		Materiales con superficie reducida / elementos de conexión					Contacto con otros materiales
		Acero cortén	Acero inoxidable	Cinc / acero galvanizado	Aluminio	Cobre	
Superficies extensas de material	Acero cortén	+ (Disponibilidad limitada de materiales de conexión)	o (Tolerable)	o (Solo con revestimientos en caso de exposición a la humedad)	o (Uso limitado con humedad indirecta)	- (Uso limitado con humedad indirecta)	Revestimiento de betún en contacto con el terreno
	Acero inoxidable	-	+	-	o / -	+	Utilizar tipos especiales en caso de contacto con el terreno
	Cinc / acero galvanizado	-	+	+	+	o	
	Aluminio	-	+	o	+	o / -	Evitar el contacto con hormigón húmedo y morteros de cemento o cal, o aplicar pintura aislante
	Cobre	-	+	-	-	+	
Leyenda: +: bueno, o: incierto, -: malo.							

Tab. 1.8.6: Compatibilidad entre distintos metales expuestos a la atmósfera

Fuente: Informationsstelle Edelstahl Rostfrei: Merkblatt 829, tabla 7; modificado y con añadidos

a-b

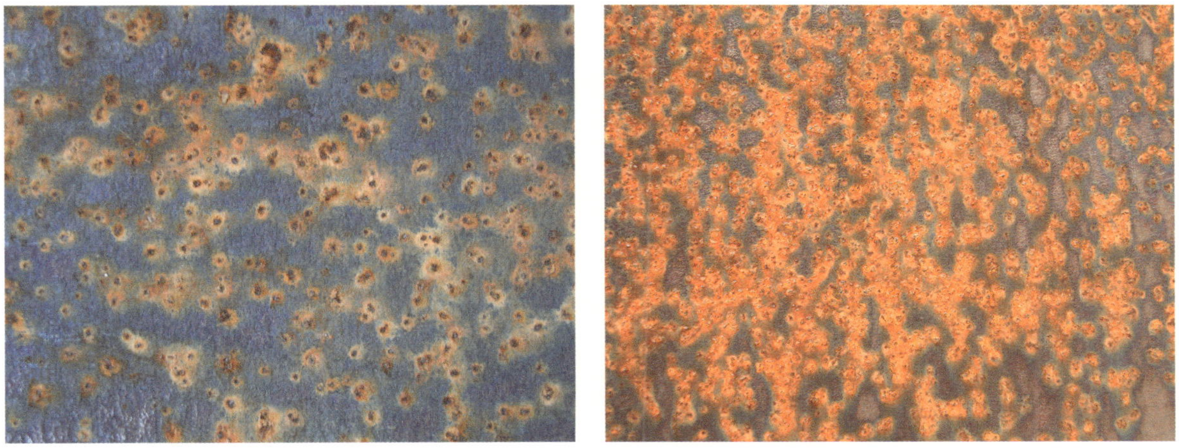

c-d

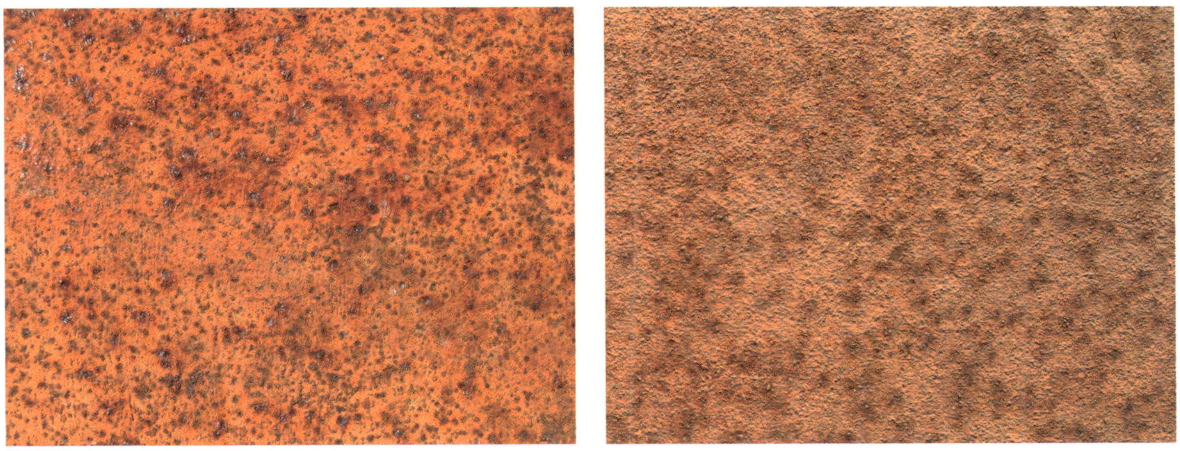

e-f

g

Fig. 1.8.9: Calidad superficial del acero cortén: rangos posibles de color en el proceso de corrosión durante el primer año, desde que se empieza a formar el recubrimiento protector (a) hasta la apariencia final de la estructura (g)

La norma EN 10025-5 distingue dos clases principales en función de la variación en el contenido de fósforo. Un mayor contenido en fósforo proporciona un recubrimiento más resistente y garantiza una mayor duración del color naranja. (En Alemania estos tipos están prohibidos por las normas DASt-Richtlinie 007 y Bauregelliste A.)
También es posible aplicar revestimientos de color a los aceros cortén, lo que aumenta la durabilidad del material. Para utilizar adecuadamente el acero cortén, es preciso seguir las siguientes indicaciones:

- Evitar soluciones constructivas que originen una acumulación de humedad.
- Garantizar un rápido drenaje en el nivel del terreno o evitar cualquier contacto con el suelo. > **Fig. 1.8.10**
- Evitar la humedad por capilaridad mediante el uso de juntas solapadas, con uniones preferentemente soldadas.
- Instalar en ambientes de una categoría de corrosión no mayor de C4. > **Tab. 1.8.4**
- Mantener la estructura libre de vegetación.
- Evitar la acumulación de óxido en elementos adyacentes que pueda ser arrastrado por el agua de escorrentía.
- Evitar la corrosión por contacto.
- Adaptar el espesor del material a las condiciones locales.
- Es posible pintar los elementos con betún en sus superficies no visibles o cuando la estructura está en contacto con el terreno.

Si se pretende obtener un color superficial regular, también deben cuidarse los siguientes aspectos:

- El contenido de humedad debe ser regular y se debe evitar el contacto con el terreno.
- Debe emplearse un acero con superficie tratada con arena a presión; el tratamiento se puede encargar a fábrica o realizarse tras la puesta en obra para eliminar las marcas dejadas durante los trabajos. > **Fig. 1.8.11**
- Se puede utilizar material que presente una pátina de color naranja claro. Se obtiene mediante un tratamiento con una disolución de ácido clorhídrico (hay que tener cuidado con los plazos de entrega).

Fig. 1.8.10: Canal de drenaje al pie de un muro revestido con acero cortén

Fig. 1.8.11: Restos del laminado en una plancha pesada. Pueden evitarse tratando la superficie con abrasivos

Si no se dan las condiciones adecuadas para utilizar un acero cortén, debería considerarse el uso de un acero estructural no aleado como una alternativa poco costosa. Esta es una buena opción cuando los elementos de acero no tienen una función estructural esencial o tienen el espesor necesario para no perder sus propiedades por la corrosión.

Aceros inoxidables

La característica más reseñable de los aceros inoxidables es su resistencia a la corrosión. Gracias a los componentes de estas aleaciones, el acero forma una capa oxidada rica en cromo en la superficie que se vuelve a formar incluso tras sufrir daños, de manera que no se necesita ninguna otra protección contra la corrosión. Los aceros austeníticos de cromo-níquel con un contenido mínimo de cromo del 16% y de níquel del 8% pueden utilizarse en exteriores. Si se añade molibdeno a la aleación, se aumenta más aún la resistencia a la corrosión. Se obtienen así aceros que pueden emplearse en atmósferas industriales o en las proximidades de la costa (incluyendo materiales 1.4401 y 1.4571).
Los aceros inoxidables son fáciles de conformar, aunque se requiere mayor fuerza que con los aceros no aleados. Los productos de acero inoxidable dejan la fábrica con una superficie que puede recibir otros tratamientos (de acuerdo con las normas EN 10088-2 o 10088-4). Existe una gran variedad de posibles tratamientos superficiales en función de los requerimientos técnicos y del efecto visual deseado. Las superficies lisas son menos susceptibles de sufrir corrosión. Otra opción disponible es la coloración electrolítica, procedimiento en el que se aplica a la superficie una película transparente que produce un efecto de color azul, morado, rojo, verde, dorado o negro, en función de su espesor. > **Fig. 1.8.12** En cualquier caso, debería evitarse cualquier daño en la superficie. También es posible obtener color mediante un revestimiento en polvo, aunque este procedimiento se utilice en muy raras ocasiones.

Fig. 1.8.12: Diversos acabados en acero inoxidable con su denominación abreviada:

a) 1D: en áreas no visibles y elementos estructurales
b) 2R: pulido brillante, reflectante y fácil de limpiar
c) 2K: pulido, resistente a la suciedad
d) 2M: chapa laminada en una cara
e) 2W: chapa laminada en ambas caras, más resistente, con patrón geométrico
f–h) efecto de color por tratamiento electrolítico
i–l) diversas combinaciones de laminado y color

Tipo de acero	Entorno											
	Rural			Urbano			Industrial			Marino		
	N	M	H	N	M	H	N	M	H	N	M	H
1.4301 1.4541	+	+	+	+	+	(+)	(+)	(+)	–	+	(+)	–
1.4401 1.4571	X	X	X	X	+	+	+	+	(+)	+	+	(+)

N = Carga corrosiva mínima en una situación dada (p. ej.: baja temperatura y humedad ambiental)

M = Carga corrosiva media en una situación dada

H = Carga corrosiva elevada en una situación dada (p. ej.: humedad ambiental alta de forma persistente, altas temperaturas y, especialmente, contaminación atmosférica agresiva)

X = Cumple los requisitos en lo fundamental, pero también podrían usarse aceros menos costosos

\+ = Probablemente es la mejor opción en términos de resistencia a la corrosión y de coste

(+) = Comportamiento adecuado, siempre y cuando se tomen ciertas precauciones: las superficies deberían ser lisas y limpiarse con regularidad

– = Previsible corrosión severa

Tab. 1.8.7: Aceros inoxidables para distintas localizaciones

Fuente: Informationsstelle Edelstahl Rostfrei: Merkblatt 828, extracto de la tabla 2

Una utilización adecuada del acero inoxidable requiere seguir las siguientes indicaciones:

- Seleccionar el tipo de acero de acuerdo con su función y el entorno en que se va a localizar. > Tab. 1.8.7
- Eludir soluciones constructivas que provoquen la acumulación de humedad.
- Evitar la corrosión por contacto.
- Evitar los depósitos de herrumbre y otras partículas ferrosas originadas por el cortado, limado o soldado (y limpiarlos si fuera necesario), ya que reducen la resistencia a la corrosión.
- Mantener una rutina de limpieza de las superficies, especialmente en el caso de componentes estructurales no expuestos a la lluvia.

Formas y uniones

Formas

La mayoría de los productos de acero deben sufrir una transformación previa (conformación, corte o perforación) a su puesta en obra definitiva. Por ejemplo, los tubos de acero que van a servir de pasamanos deben adaptarse al trazado curvo de estos, o las rejas que van a proteger un parterre han de doblarse para seguir sus bordes. Los grandes elementos curvos pueden arquearse en fábrica utilizando maquinaria específica. > **Fig. 1.8.13** Otras adaptaciones comunes son el doblado y el biselado de bordes, así como el plegado de piezas. Si estas modificaciones de la forma se van a realizar en frío, hay que tenerlo en cuenta e incluirlo en las especificaciones técnicas para emplear un acero apropiado.

Los procesos de corte incluyen el fresado, el taladrado y el serrado. Mediante estos procedimientos, los productos de acero adquieren sus dimensiones finales y quedan listos para su puesta en obra según el tipo de junta elegido. También se fabrican aceros especiales para cortarse por láser.

La forja es un proceso especial para trabajar el metal, que consiste en modificar la forma del material amartillándolo y aplicándole presión en caliente o en frío hasta obtener la forma prevista en el proyecto. Los materiales de partida suelen ser perfiles redondos o cuadrados, así como chapas de acero. > **Fig. 1.8.14**

La fundición, a diferencia del acero, es muy adecuada para su vertido en moldes, por lo que se utiliza especialmente para fabricar piezas moldeadas. Esto impone limitaciones a su modificación posterior. Solo son posibles algunos procedimientos de corte, como el fresado.

Uniones

Generalmente se distingue entre juntas permanentes y no permanentes. Estas últimas permiten un ensamblaje rápido en la obra, por lo que también son adecuadas para trabajos de mantenimiento y reparación.
El atornillado es una forma de unión puntual y no permanente entre dos o más elementos estructurales. Normalmente requiere un tornillo, una arandela y una tuerca. Las partes móviles u oscilantes se aseguran por el lado de la tuerca mediante elementos adicionales, como contratuercas, arandelas de seguridad o chavetas.

Fig. 1.8.14: Reja de forja

Fig. 1.8.13: Grandes formas creadas mecánicamente en fábrica: Allerpark en Wolfsburgo

Fig. 1.8.15: Juntas de acero:
a) machihembrada
b) atornillada
c) soldada

a | b | c

Fig. 1.8.16: Chapa de aluminio:
a) elementos extruidos en un aparcamiento de bicicletas
b) sistema de vallado de parterres y caminos peatonales

a | b

En el machihembrado dos elementos se unen insertándose con precisión uno dentro del otro. Las uniones machihembradas tienen sentido cuando conviene transportar a obra elementos de pequeñas dimensiones para montarlos in situ. > **Fig. 1.8.15**

Las uniones permanentes ofrecen mayor protección en espacios públicos contra desmontajes no deseados, aunque, por otra parte, dificultan la reparación y el mantenimiento. La soldadura es uno de los procedimientos más importantes. La mayoría de las soldaduras normales por fusión o por resistencia se pueden ejecutar sobre aceros no aleados, cortén e inoxidables. En todo caso es preciso tener en cuenta las características particulares de cada acero. Los revestimiento, sean del tipo que sean, deberían aplicarse preferentemente después de la soldadura. > **Fig. 1.8.15**
Las conexiones permanentes también pueden realizarse con remaches. El procedimiento clásico, con un remache completo, solo se emplea en la actualidad para reparaciones, debido a su elevado coste, al tiempo que requiere y al ruido que genera. Por su parte, los remaches ciegos constituyen un procedimiento simplificado que solo requiere acceso a una de las caras a unir y que se utiliza, por ejemplo, para juntar chapas metálicas.

El encolado de acero está cobrando una importancia creciente. Este procedimiento evita los efectos negativos del atornillado y la soldadura, incluso el debilitamiento del elemento base y las irregularidades visuales. El resultado es un junta plana y alineada, aunque con una resistencia térmica reducida. Los sistemas de encolado se están mejorando constantemente, por lo que en el futuro resultarán adecuados incluso en exteriores.

ALUMINIO

Propiedades y productos

El aluminio constituye alrededor del 8% de la corteza terrestre, de forma que es más abundante aún que el hierro. Sin embargo, su extracción y procesamiento requieren mucha más energía, lo que lo hace más costoso. Algunos de estos costes mayores se ven compensados por la larga vida útil del material y por el hecho de que no exige ningún mantenimiento. Además, el aluminio es altamente reciclable, proceso que solo necesita un 5% de la energía originalmente empleada. Puede recibir prácticamente cualquier forma imaginable, presenta un alto grado de resistencia a la corrosión y es muy ligero. Todas estas razones son citadas a menudo para argumentar a su favor frente a otros metales. El aluminio es muy adecuado para el diseño de estructuras, y se utiliza con frecuencia en combinación con el vidrio para construir veladores, invernaderos y otras pequeñas estructuras.
Tras el proceso de fabricación, se distingue entre perfiles extruidos —como barras—, perfiles sólidos y huecos, perfiles de precisión y productos laminados como pletinas y chapas, incluyendo paneles y revestimientos de fachada y de cubierta. Existe un amplio catálogo de elementos prefabricados para su uso en exteriores, como son farolas, bolardos, pasamanos, jardineras, verjas y entramados para plantas trepadoras. Otros productos incluyen partes moldeadas con aluminio fundido como piezas y accesorios de carpintería. > **Fig. 1.8.16**

Características superficiales

El aluminio forma en la superficie una capa adherente y durable que lo protege de la corrosión. Pueden aumentarse artificialmente el espesor de esta capa y la protección que proporciona frente a la corrosión mediante oxidación electrolítica. Diversos tratamientos superficiales, como el pulido, el cepillado o el bruñido, crean diferentes efectos decorativos.

La coloración electrolítica o por anodización puede proporcionar reflejos desde gris plata hasta gris oscuro o negro, pasando por el bronce. Como alternativa, se puede colorear la capa porosa anodizada mediante adsorción.

Entre los productos más comunes para aplicar color al aluminio, se encuentran las pinturas líquidas y el lacado (pintura en polvo adherida por calor). El tratamiento más adecuado para aplicar color sobre chapa de aluminio es el lacado en fábrica sobre la propia bobina, procedimiento conocido como *coil-coating*.

Formas y uniones

Como resulta tan fácil dar forma al material, es posible utilizar diversas técnicas de corte, así como conformar la chapa, especialmente plegando y doblando los bordes. También pueden emplearse todas las formas habituales de unión, como el atornillado, los remaches, el encolado o las juntas machihembradas, aunque la soldadura requiere procedimientos específicos. Dada la facilidad para modelar el aluminio, también pueden usarse juntas plegadas o empresilladas.

COBRE

Propiedades y productos

El cobre como material manufacturado a partir del mineral de cobre presenta buena resistencia a la corrosión y resulta fácil de moldear. Tiene una pátina verde característica. Las aleaciones de cobre más comunes son el bronce (aleación de cobre y estaño) y el latón (cobre y cinc). > **Fig. 1.8.17**

Tanto el latón como el bronce son más resistentes y más duros que el cobre; ambos soportan muy bien la corrosión y el bronce resiste incluso el agua salada. El latón es muy fácil de modelar, mientras que el bronce no lo es tanto, por lo que se lo utiliza principalmente en forma de fundición.

El cobre se emplea sobre todo en cubiertas y canalones, como revestimiento de muros y para elementos de conexión y accesorios. Como el latón, el cobre tiene un efecto bactericida. La construcción usa perfiles, chapas, barras, redondos, tuberías, alambres y elementos de conexión fabricados en cobre. Alemania cubre aproximadamente la mitad de sus necesidades de cobre a partir del reciclaje.

Características superficiales

Transcurrido un año, la oxidación produce en el cobre sin tratar una tonalidad marrón oscura; después de ocho o más años (dependiendo del nivel de contaminación atmosférica), se transforma en una pátina verde clara compuesta de sales de cobre de carácter básico. La pátina puede no formarse o hacerlo más lentamente en superficies muy inclinadas o verticales, no enfrentadas al viento y localizadas en zonas rurales.

Las chapas y en particular las pletinas de cobre se suministran con diversos tratamientos superficiales. Además, distintas aleaciones especiales pueden conseguir una coloración amarilla dorada de forma permanente. Los recubrimientos de estaño proporcionan un matiz gris mate permanente. > **Fig. 1.8.18**

En función de cada aleación concreta, el latón puede tener un color entre rojo dorado y amarillo claro, mientras que el bronce presentará una tonalidad entre rosa salmón y amarillo verdoso.

La superficie de todos los materiales puede tratarse con propósitos decorativos mediante pulido, abrasión o bruñido.

Formas y uniones

Todos los procesos de conformación (como el laminado, la extrusión, la estampación o el doblado) pueden utilizarse para dar forma al cobre, aunque en el caso del bronce solo pueden llevarse a cabo en frío. Los procesos de corte no son tan aplicables; el latón es más apropiado para este tipo de procedimientos.

La uniones se pueden realizar mediante atornillado, plegado, remachado o soldadura. El latón y el cobre pueden soldarse hasta cierto punto. En el cobre libre de oxígeno que suele utilizarse en construcción se puede emplear cualquier método de soldadura.

CINC

Propiedades y productos

El alto grado de resistencia del cinc frente a la corrosión se aprovecha en elementos estructurales de acero galvanizado, aunque también resulta interesante el uso de este material de forma independiente, especialmente en revestimientos e instalaciones de saneamiento. Sin embargo, debido a que el cinc es sumamente quebradizo, se utiliza principalmente en forma de aleación con el titanio. El cinc titanio es bastante resistente a la corrosión, pero puede sufrirla en caso de estar expuesto a la humedad durante largos periodos sin la ventilación adecuada. En esta forma aleada se fabrican pletinas, chapas y tuberías, que se usan en el revestimiento de cubiertas y de pilares o postes exentos. El cinc empleado en construcción tiene una tasa de reciclaje del 95%.

Características superficiales

Las aleaciones de cinc que se comercializan forman una pátina azul grisácea mate al quedar expuestas a la atmósfera. Mediante diversos tratamientos superficiales especiales, también se pueden obtener tonalidades desde el gris hasta el negro antracita. > **Fig. 1.8.19**

Formas y uniones

Las aleaciones de cinc pueden doblarse, redondearse y plegarse en los bordes. Es posible unir los elementos estructurales mediante una soldadura blanda. El cinc titanio también resulta apropiado para realizar soldaduras.

Fig. 1.8.17: Fuente de latón en la sede de KPM, Berlín. Proyecto de Topotek 1

Fig. 1.8.19: Albardilla de cinc

a | b

Fig. 1.8.18:
a) Paneles de cobre con coloración típica (chapa de cobre con pátina incluida)
b) Chapa de cobre con una aleación especial que hace posible un matiz dorado permanente: pabellón temporal del proyecto escultórico Münster 2007. Proyecto de Modulorbeat

1.9 OTROS MATERIALES DE CONSTRUCCIÓN

PLÁSTICOS
- Composición, propiedades y productos
- Características superficiales
- Formas y uniones

BETÚN Y ASFALTO
- Composición, propiedades y productos
- Características superficiales
- Formas y uniones

VIDRIO
- Composición, propiedades y productos
- Características y tratamientos superficiales
- Formas y uniones

Astrid Zimmermann

1.9 OTROS MATERIALES DE CONSTRUCCIÓN

PLÁSTICOS

Composición, propiedades y productos

Las propiedades especiales de los plásticos son la ilimitada gama de formas que pueden adoptar, su resistencia a las inclemencias y a los ataques químicos, su reducida capacidad para absorber agua, su baja densidad y la posibilidad de dotarlos de color o de crear materiales transparentes.
La mayoría de los plásticos están basados en monómeros reactivos con base de carbono que, ligados por enlaces químicos, forman macromoléculas denominadas polímeros. La materia prima para la producción de plásticos sintéticos procede principalmente del petróleo. Otros polímeros naturales como el caucho (látex) o la celulosa constituyen la base de los plásticos semisintéticos.
Se pueden fabricar plásticos con propiedades muy divergentes, particularmente en términos de elasticidad y plasticidad, empleando diversos métodos de síntesis y añadiendo otros elementos químicos. En general, las propiedades mecánicas de los plásticos vienen condicionadas por la temperatura y la duración de la tensión aplicada. Numerosos plásticos tienden a presentar roturas frente a tensiones de tracción prolongadas (p.ej., el poliestireno, el polietileno o el policarbonato), mientras que a bajas temperaturas se vuelven quebradizos. Esto es más probable como resultado de una exposición persistente a la intemperie. Por ello los plásticos que se vayan a utilizar en exteriores deben presentar las propiedades adecuadas.

Es técnicamente posible reutilizar plásticos. Un requisito previo para el reciclaje del material consiste en obtener un residuo homogéneo, sobre el que se aplican distintos tratamientos para crear nuevos productos. Es muy difícil reciclar plásticos compuestos o que no puedan fundirse (elastómeros, duroplásticos).
Una alternativa consiste en el reciclaje a partir de la materia prima, reduciendo los plásticos a gases y aceites mediante la rotura de sus enlaces químicos y la reconstrucción de sus componentes moleculares; un estado en el que pueden intervenir en diversos procesos industriales. También pueden incinerarse para producir energía.
Los plásticos se clasifican como termoplásticos, termoestables y elastómeros, en función del grado de entrelazamiento de sus enlaces y las propiedades resultantes.

La base de los termoplásticos (o plastómeros) son polímeros no enlazados. Sus cadenas moleculares mantienen sus posiciones relativas mediante fuerzas intermoleculares, de forma que al calentarse recuperan su movilidad, lo que implica que estas sustancias se funden fácilmente. Dentro de un cierto rango de temperaturas, resulta muy sencillo moldear o soldar estos plásticos, ya que pueden calentarse y enfriarse en numerosas ocasiones siempre que no se supere un cierto umbral de temperatura que ocasionaría su desintegración. El material también puede hacerse más trabajable mediante la adición de sustancias químicas (p.ej., disolventes orgánicos). En función de su composición, los termoplásticos pueden ser blandos o duros en el momento de su puesta en obra. En la arquitectura paisajística se utilizan mayoritariamente en forma de elementos prefabricados, revestimientos, cables y láminas geotextiles. > Tab. 1.9.1
La denominación de geotextiles engloba un conjunto de películas, láminas y mallas tejidas utilizadas como sellantes, barreras antirraíces, capas de infiltración y drenaje, láminas de protección de la edificación y mallas de control de la erosión. Las lonas y los veladores de plástico también se utilizan como barreras frente a la insolación y la lluvia. Estos plásticos son fácilmente moldeables, lo que permite la creación de elementos muy diferentes. También se pueden presentar en paredes muy finas, adecuadas

a | b

Fig. 1.9.1:
a) Con una mezcla de arena y resina epoxi, se imitaron huellas animales de gran tamaño en el festival BUGA de Múnich, Alemania, en 2005
b) Un experimento en el que se ha utilizando resina epoxi coloreada como material de junta

Denominación / Abreviatura		Propiedades, notas	Productos seleccionados y campos de utilización
Termoplásticos			
Policarbonato	PC	Completamente transparente, resistente al impacto, a prueba de llamas, solo puede emplearse en exteriores con protección contra rayos UV, puede ser encolado y tratado mecánicamente	Paneles sándwich y corrugados
Polietileno	PE	Blanco lechoso y opaco; buena resistencia mecánica; resistente al impacto incluso en frío; tendencia a sufrir fisuras por tracción; resistentes al aceite, al betún y a los ataques químicos; puede soldarse; acepta tratamientos mecánicos dentro de unos límites	
PE blando	PE-LD	Muy flexible y adaptable en forma de láminas	Láminas impermeabilizantes y otros geoplásticos, lonas (tejidas), tuberías ligeras
PE duro	PE-HD	Más robusto que el PE-LD, el tipo PE 100 es especialmente durable	Tuberías de frenado, saneamiento y distribución de agua; láminas impermeabilizantes de vertederos y piezas moldeadas
Polipropileno	PP	Ligeramente transparente y opaco, particularmente resistente al calor, puede soldarse y es adecuado para tratamientos mecánicos	Tuberías de distribución y evacuación de aguas, tuberías de alta temperatura, paneles, cables, piezas moldeadas, geoplásticos
Metacrilato de polimetilo	PMMA	Muy translúcido, transparente o denso; resistente a la luz y la intemperie; puede pulirse, soldarse, encolarse y tratarse mecánicamente; a prueba de esquirlas	Paneles ("vidrios acrílicos" comúnmente comercializados bajo la marca PLEXIGLAS®), revestimientos de muros y pavimentos
Espuma de poliestireno, expandida o extruida	EPS XPS	No resistente a los rayos UV, efecto aislante	Paneles de aislamiento (protección contra heladas en la construcción de carreteras) y paneles de drenaje; reciclado y pulverizado, se utiliza en tratamientos de mejora de suelos
Cloruro de polivinilo	PVC	Se suministra transparente como el vidrio o con color denso; es resistente a los ataques químicos y básicamente incompatible con el betún o el poliestireno; puede soldarse, encolarse y tratarse mecánicamente	
PVC blando	PVC-P	Blando y correoso	Geoplásticos (especialmente láminas impermeabilizantes), lonas, tapajuntas, piezas moldeadas (p. ej. juegos infantiles)
PVC duro	PVC-U	Duro, más resistente a la intemperie que el PVC-P, puede sufrir fisuras de tracción	Tuberías de drenaje, desagüe y distribución de agua (hasta un máximo de 60/40 °C), paneles y piezas moldeadas
Etileno- tetrafluoretileno	ETFE	Resistente a la luz, incombustible, prácticamente autolimpiable	Láminas translúcidas
Poliolefinas flexibles	FPO (TPO)	Estables en las dimensiones, resistentes a la intemperie y al paso del tiempo, altamente trabajables, a prueba de desgarraduras, mecánicamente robustos, compatibles con el betún y el poliestireno	Láminas impermeabilizantes
Termoestables			
Resinas epoxis	EP	Endurecidas: vítreas y duras, a prueba de presión y fricción, resistentes a la humedad y a ataques químicos, adhesión excelente a casi todos los materiales, buena trabajabilidad	Adhesivos, agentes ligantes, resinas reactivas para revestimientos, resinas para moldeo
Resinas de poliéster no saturadas	UP	Endurecidas: vítreas y duras, propiedades mecánicas y químicas equilibradas, fáciles de trabajar, estabilidad de las dimensiones	Agentes ligantes, pinturas, geoplásticos reforzados con fibras
Resinas de poliuretano	PUR	Endurecidas: vítreas y duras, amarillean ligeramente con el tiempo, muy tenaces y buena resistencia a los rayos UV, buena trabajabilidad	Agentes ligantes, sellantes, revestimientos, pinturas, ligantes de áridos pétreos y materiales granulados
Elastómeros			
Goma natural	NR	Reducida resistencia a los rayos UV y a la intemperie	Neumáticos, globos, sellantes
Goma de etil-propileno-dieno	EPDM	Muy resistente a los rayos UV y a la intemperie; estable en temperaturas entre -45 y 120 °C; adaptable y muy flexible incluso en frío; resistente a ataques químicos, aunque no a aceites minerales; compatible hasta cierto punto con el betún; puede encolarse	Láminas impermeabilizantes, granulados (también reciclados) para pavimentos
Goma de estireno-butadieno	SBR	Negra, alta resistencia a la abrasión, resistencia adecuada a la intemperie, baja elasticidad, precio razonable	Neumáticos, cintas transportadoras, sellantes, mallas
Goma de poliuretano	PUR	Alta resistencia mecánica, al aceite y al ozono	Sellantes
Goma de cloro-butadieno	CR	Resistente a los ataques químicos, al aceite y al ozono	Adhesivos, aislamientos de cables, cintas transportadoras
Silicona / goma de silicona	SI/SIR	Transparente, repelente del agua, muy resistente a las variaciones de temperatura (aprox. entre -60 y 200 °C o más)	Revestimientos, sellantes
Granulados ligados con PUR		Elásticos, resistentes a la intemperie	Capas elásticas para revestimiento de pavimentos o césped artificial
Reforzados con fibra de vidrio			
Resina de poliéster reforzada con fibra de vidrio	UP-GF	Mantiene su forma; resistente a la intemperie, los cambios de temperatura y los ataques químicos; acepta tratamientos mecánicos con herramientas especiales	Estanques, tuberías, paneles corrugados y lisos, encofrados, conductos especiales, rejillas de saneamiento y cajas de registro, elementos moldeados y de forma libre
Resina epoxi reforzada con fibra de vidrio	EP-GF		

Tab. 1.9.1: Catálogo de plásticos, sus propiedades y usos

Fig. 1.9.2: Termoplásticos:
a) lona de PVC
b) conducciones para cables fabricadas con PE-HD
c) tubería de saneamiento fabricada con PVC-U
d) geoplásticos: membrana combinada con una geomalla para mejorar la capacidad de carga del suelo
e) muro de paneles acrílicos
f) sillas moldeadas
g) cajas de PE-HD apiladas para formar un muro
h) lámina de ETFE en el Allianz Arena, Múnich, Alemania

para la producción de tuberías, paneles o asientos. Debido al reducido riesgo de rotura, las baldosas de plástico también pueden emplearse en vez del vidrio, p.ej., en paredes divisorias o en marquesinas. > **Fig. 1.9.4**

Los termoplásticos se reciclan fácilmente como material funcional a través de la producción de gránulos de plástico recuperado o mediante la fundición directa de los residuos plásticos. Con estos procedimientos, se obtienen materias primas secundarias para utilizar en nuevos productos, como rejillas para césped (de polietileno de alta densidad reciclado), canales de drenaje (plásticos mixtos) y asientos de bancos.

Los plásticos termoestables o duroplásticos (durómeros o resinas artificiales) presentan moléculas muy entrelazadas con enlaces cruzados que se crean durante el proceso de fabricación, cuando el material aún es fluido, mediante reacciones químicas, generalmente con resinas y compuestos endurecedores como reactivos básicos. Una vez que la sustancia plástica queda endurecida, ya no se puede modificar su forma; solo es posible aplicar tratamientos superficiales. En el momento de su puesta en obra, estos plásticos son rígidos. Solo algunos pocos tipos presentan un comportamiento elástico debido a un entrelazamiento molecular algo menos denso. La resistencia de los duroplásticos a las altas temperaturas compensa cierta fragilidad. Se utilizan principalmente como pegamentos o agentes ligantes y como barnices o materiales de revestimiento. En arquitectura paisajística estos plásticos se emplean como agentes ligantes en pavimentos elásticos y materiales compuestos reforzados con fibras, así como para solidificar áridos. En el ámbito de la ejecución de juntas, los duroplásticos se cuentan entre los reactivos del mortero de resina más utilizados para asegurar elementos de fijación. También se usan para sellar juntas estancas. > **Fig. 1.9.1b**

Los duroplásticos más comúnmente utilizados son las resinas epoxi, las de poliéster y las de poliuretano > **Tab. 1.9.1**. Las resinas epoxi resultan ideales para su uso en exteriores por su tiempo de secado ajustable, su adaptabilidad a diferentes condiciones de temperatura y humedad, su reducida contracción durante el secado y sus buenas propiedades mecánicas una vez endurecidas. Por otra parte, las resinas de poliuretano presentan una mejor resistencia a la intemperie y la radiación ultravioleta.

Las resinas artificiales no endurecidas suelen ser irritantes o cáusticas. Además, sus emanaciones gaseosas o el polvo procedente de su pulido pueden resultar alergénicos. Las posibilidades de reciclar los plásticos termoestables son limitadas, especialmente cuando forman parte de un material compuesto y su separación resulta difícil. Aparte de la energía producida por su incineración, se pueden aprovechar los granulados procedentes del reciclaje para añadir en pequeñas cantidades a nuevos productos.

El látex natural y el sintético son elastómeros. Entre estos plásticos también se incluyen los látex de etil-propileno-dieno (EPDM), de estireno-butadieno y de poliuretano. Su característica diferenciadora reside en su amplia malla de enlaces cruzados entre sus macromoléculas, que permiten la expansión del material a la temperatura de trabajo. Una vez que desaparece la fuerza causante de la expansión, el látex vuelve a su forma original (viscoelástico). Es prácticamente imposible fundir un elastómero.

La mayoría de estos plásticos presentan una elevada resistencia a la abrasión y una mejor resistencia al calor, al ozono y a la radiación ultravioleta que el látex natural. En arquitectura paisajística, debido a su composición elástica, los elastómeros se utilizan fundamentalmente en canchas deportivas y áreas de juegos infantiles, como elementos de protección frente a caídas, mallas de protección de edificios, piezas de aparatos de juegos y material sellante de juntas. El EPDM también se emplea para fabricar láminas impermeabilizantes, que son más durables, elásticas y trabajables a bajas temperaturas que las termoplásticas. > **Fig. 1.9.3 y Tab. 1.9.1**

a | b
c | d

Fig. 1.9.3: Elastómeros:
a) granulados sueltos de EPDM
b) granulados de EPDM ligados con PUR
c) área de juegos realizada con láminas de goma
d) superficie antideslizante de goma sobre tableros de madera

Fig. 1.9.4: Plásticos compuestos:
a) superficie de EPDM ligado con PUR
b) revestimiento de muro con chapas corrugadas de UP-GF
c) revestimiento de muro con chapas lisas de UP-GF
d) velador con planchas lisas de UP-GF
e) construcción de cubiertas con piezas moldeadas de UP-GF, Expo 02 en Yverdon-les-Bains, Suiza

a | b
c | e
d |

a | b

Fig. 1.9.5: Desviación de color entre la masa y la superficie de una pieza moldeada: un asiento antes y después de un deterioro mecánico

Las posibilidades de reciclar los elastómeros son limitadas, ya que solo pueden reutilizarse una vez que han sido reducidos a forma granulada. Estos granulados reciclados de goma, generalmente ligados con resinas de poliuretano, se incorporan en la materia prima de las mallas de protección de edificios, las bases elásticas bajo superficies deportivas o, mezclados con granulados primarios de EDPM, en los acabados superficiales.
Las siliconas tienen las mismas propiedades que los elastómeros. Sin embargo, a diferencia de los plásticos con base de carbono, su estructura química está conformada por enlaces inorgánicos (semiorgánicos) de silicio-oxígeno. Las siliconas son extraordinariamente hidrófugas y resistentes a la intemperie, y se utilizan como material de sellado de juntas y como un componente de diversos revestimientos.

Los plásticos compuestos de fibras y partículas se crean cuando se combina una matriz, normalmente un duroplástico, con un material fibroso o granulado. Por ejemplo, los granulados de EDPM se mezclan con resina de poliuretano como agente ligante para producir los pavimentos de canchas deportivas y áreas de juegos. La mezcla y la ejecución suelen tener lugar en la propia obra, aunque también existen placas prefabricadas. > **Fig. 1.9.4**

Los plásticos reforzados con fibras se utilizan cuando existen requerimientos estrictos en cuanto a rigidez, resistencia o estabilidad dimensional. Este es un buen procedimiento para crear elementos plásticos con función estructural. Las fibras artificiales o de vidrio, entre otras, constituyen la base de los plásticos reforzados con fibra. Los reforzados con fibra de vidrio se utilizan a menudo en la construcción. Mientras que sus propiedades mecánicas vienen determinadas por las fibras y por su posición relativa (direccional o no direccional), otras características dependen de la naturaleza de la matriz. En el caso de los materiales de construcción, la matriz suele ser algún duroplástico, debido a su resistencia a las altas temperaturas, su durabilidad, su adherencia y sus excelentes características superficiales. De estos materiales se fabrican diversos elementos moldeados, como pilas de estanques, baldosas, moldes o tubos. > **Fig. 1.9.4**

Características superficiales

Muchos plásticos presentan una superficie lisa sin necesidad de pulido; otros pueden pulirse. Los plásticos secundarios reciben a menudo un revestimiento de plástico acrílico nuevo, que es particularmente resistente a la radiación ultravioleta y tiene un color más estable, para obtener una mejor calidad superficial. Si las piezas moldeadas sufren alguna rotura o daño, pueden presentar una diferencia de color entre la masa y la capa superficial. > **Fig. 1.9.5**
Muchas superficies plásticas se cargan electrostáticamente con gran facilidad, lo que implica que acumulan suciedad con rapidez. Hay tratamientos antiestáticos adecuados para evitarlo.

Formas y uniones

Los elementos prefabricados con termoplásticos, los plásticos reforzados con fibras y los elastómeros se producen en fábrica. Las láminas y los tejidos se pueden colocar y ajustar en la misma obra. Para fabricar piezas a medida con plásticos reforzados con fibra, se utilizan moldes negativos. Por último, las resinas reactivas y las sustancias fibrosas se aplican por capas.

La mayoría de las sustancias termoplásticas pueden soldarse. Solo pueden unirse mediante este sistema elementos fabricados con el mismo material. Siempre que sea posible, las planchas de plástico deben producirse en fábrica, ya que así se aumenta la calidad y por ende la durabilidad de las juntas, y se agiliza la puesta en obra. La alternativa a la soldadura es la fijación mediante cinta adhesiva. Las tuberías se unen por medio de pestañas o sistemas machihembrados. Otras opciones son las fundas o los manguitos adhesivos. Las planchas o los revestimientos pueden fijarse lineal o puntualmente mediante tornillos o conectores a presión. > **Fig. 1.9.6**

Cuando existe incompatibilidad entre plásticos o entre plásticos y otras sustancias que están en contacto, por ejemplo entre el PVC blando y el betún o el poliestireno, se deben utilizar separadores de carácter neutro.

BETÚN Y ASFALTO

Composición, propiedades y productos

El betún es un producto de la destilación de petróleos pesados. En las fases finales del proceso, se optimiza en función del uso que se le pretende dar. Es prácticamente insoluble en agua, por lo que es un buen material impermeabilizante. Debido a sus características adhesivas y termoplásticas, también puede ser empleado como material ligante en la fabricación de asfalto. El betún también existe en forma natural, normalmente en combinación con diversos minerales; se lo conoce como «asfalto natural». Hay grandes depósitos en la isla Trinidad y otros de menor escala en distintos puntos de Europa; en la actualidad existe una explotación en Eschershausen (Weserbergland, Alemania). La adición de asfalto natural puede mejorar las características del betún artificial, especialmente en usos con altos requerimientos, como la construcción de puentes y carreteras.
En la arquitectura paisajística, el betún se utiliza principalmente en la construcción de calzadas asfaltadas. El betún oxidado (u oxiasfalto) también se usa en la protección de edificios (láminas impermeabilizantes, masas y revestimientos adhesivos), mientras que el betún polimerizado se emplea intensivamente en calzadas y en láminas sellantes de alta calidad y elevada resistencia a los rayos ultravioletas.
Como solución para impermeabilizaciones, el betún puede utilizarse en forma de baño, de masa o masilla adhesiva, o

Fig. 1.9.6: Fijación lineal de un vidrio acrílico mediante perfiles de encastre

Fig. 1.9.7: Muestra de ensayo de un asfalto apisonado

de lámina. Con este propósito se aplica el betún sobre una base de apoyo que proporciona al material la resistencia necesaria. Algunos de los materiales de apoyo son fieltros secos de techado, láminas de poliestireno, tejidos de vidrio o pletinas de metal. Las láminas empapadas de betún se apoyan sobre camas de arena durante su transporte para evitar que se adhieran y aumentar su resistencia al calor.
Para utilizarlo en la fabricación de asfalto, el betún caliente se combina con el árido. Se obtiene así una mezcla de baja porosidad y con una elevada tolerancia a las cargas y a las inclemencias climáticas.
En función del sistema elegido para la puesta en obra, del conglomerante y del árido, el material se denomina hormigón asfáltico, asfalto con matriz pétrea (SMA, Stone Matrix Asphalt), asfalto permeable (de drenaje) o baño asfáltico. El asfalto se emplea principalmente en la construcción de carreteras y caminos, y como capa de impermeabilización en estanques y terraplenes. En la construcción de caminos y carreteras, se utiliza en diversas composiciones según se trate de la base, la capa intermedia o la capa superficial. > **Fig. 1.9.7 y Capítulo 3.2 Caminos y plazas**
Se puede añadir asfalto reciclado en forma granulada al asfalto en caliente. Hoy en día se agrega en una proporción próxima al 20%, aunque en las bases puede llegar a constituir hasta el 100%.

Características superficiales

El betún es negro. Su color y sus características superficiales pueden modificarse mediante la adición de áridos o revestimientos. Es factible conseguir diversos efectos de diseño en la superficie del asfalto mediante el uso de determinados áridos y pigmentos (por ejemplo, óxido de hierro rojo) en la capa superficial, la adición de una capa compactada de arena o la aplicación de diferentes tratamientos superficiales (lavado a presión o pulido) para dejar expuesto el árido de la mezcla. Se pueden obtener coloraciones especiales sustituyendo el betún por conglomerantes transparentes, de forma que queden a la vista los colores de los áridos o de diferentes pigmentos. Este proceso implica un mayor esfuerzo y mayores costes, entre otros motivos por la necesidad de limpiar previamente toda la maquinaria de mezcla y puesta en obra. > **Fig. 1.9.8**
También pueden emplearse estarcidos para aplicar acabados superficiales al asfalto. > **Figs. 1.9.9 y 1.9.11**

Otros efectos superficiales sobre el asfalto se logran mediante la aplicación de revestimientos o marcas superficiales (señales viarias). Pueden utilizarse varios procesos, como la incorporación de colorantes de un único componente, plásticos en frío o en caliente (termoplásticos, como los empleados en la señalización viaria), o inserciones de termoplásticos. > **Tab. 1.9.2** Las marcas lineales se suelen crear con maquinaria específica (maquinaria

Fig. 1.9.8:
a) Capa superficial de asfalto en matriz de piedra, tipo SMA 0/8: el efecto de color se ha obtenido mediante la utilización de un agente ligante sintético con una mezcla de pigmentos rojos y verdes, por ejemplo: árido de pumita (rojo) y diabasa (verde), con un 10% de vidrio triturado en cada 2/8
b) Asfalto SMA 0/8 gris con un añadido de vidrio verde

a | b

Material de señalización	**Espesor de la capa (valor medio)**	**Resistencia a tensiones**	**Anotaciones**
Colorantes de un componente (p. ej.: pinturas HS)	0,3–0,6 mm	Baja	El mejor procedimiento
Plástico proyectado en frío	0,3–1,2 mm	Baja o media	Marcas temporales, en combinación con plásticos 2C, o para remarcar
Plástico en frío de dos componentes (2C)	1,5–3 (5) mm	Media o elevada	Aplicación mecánica o manual (excepto en el caso de señales con patrones geométricos), acabado superficial, revestimiento liso, marcas estructurales y perfiladas, máximo grosor de capa: 5 mm (solo para señales táctiles y con patrón geométrico)
Láminas adhesivas		Elevada	Existen franjas amarillas y blancas (señales normalizadas de tráfico). Más fáciles de retirar que otros materiales de señalización
Plástico proyectado en caliente	1,5 mm	Elevada	Se fija calentándolo hasta 200 ºC con maquinaria específica. Para fijar señales prefabricadas se utiliza el soplete
Plástico en caliente	3–5 mm		

Tab. 1.9.2: Catálogo de sustancias comunes de señalización de pavimentos de asfalto

de señalización viaria). Las señales y formas individuales se consiguen con plantillas. También existen pictogramas prefabricados en plástico para aplicar en caliente. Los colores blanco y amarillo son los más habituales en la señalización viaria, pero se pueden conseguir otros como rojo, verde o azul, previo encargo. > **Figs. 1.9.10 y 1.9.11** Los materiales abrasivos, como la arena de cuarzo, permiten mejorar la adherencia de la calzada. Por su parte, el vidrio triturado es reflectante y mejora la visibilidad nocturna. La mayoría de los materiales de señalización también pueden utilizarse sobre otros revestimientos superficiales.

Formas y uniones

Las láminas impermeabilizantes incorporan tapajuntas. Dependiendo de los materiales, se fijan mediante adhesivos o soldadura.
El asfalto apisonado (hormigón asfáltico, asfalto de matriz pétrea) se ejecuta en caliente: primero se vierte y a continuación se apisona con rodillos. Su temperatura de trabajo es de unos 180 °C. Este tipo de asfaltado también puede realizarse por medios manuales. Se obtiene así una superficie claramente irregular.
En el caso del asfalto vertido, los agentes ligantes crean una sustancia muy poco porosa que puede derramarse sin necesidad de posterior compactación. Se aplica con la ayuda de tableros especiales o de forma manual. La temperatura de trabajo para este proceso está alrededor de los 250 °C. Este sistema resulta especialmente adecuado para áreas difíciles. > **Fig. 1.9.12** También pueden utilizarse moldes para obtener elementos prefabricados de asfalto vertido. Últimamente se están usando cada vez más asfaltos de baja temperatura para reducir los riesgos para la salud asociados a las emanaciones y aerosoles que se liberan durante el proceso de asfaltado. Mediante la adición de determinadas sustancias, se puede reducir la temperatura de trabajo hasta los 130 °C, en el caso del asfalto apisonado, o los 210 °C, para los vertidos.

Cuando se trabaja con asfalto, no siempre se pueden obviar las juntas constructivas. En la construcción de carreteras, esto normalmente implica la aparición de juntas transversales que señalan el final de una jornada de trabajo y el comienzo de la siguiente. En función del ancho de la maquinaria, también pueden ser necesarias juntas longitudinales en el pavimentado de superficies extensas. El uso simultáneo de dos máquinas apisonadoras en dos franjas paralelas optimiza todo el proceso. Si hay que hacer una franja cuando la anterior ya se ha enfriado, es preciso que las superficies de contacto formen un ángulo de 70 a 80°. En cualquier caso, dichas juntas quedarán visibles. Además, hay que prever juntas en todos aquellos puntos en que el asfalto entre en contacto con otros elementos estructurales, como bordillos, canaletas, muros, partes de edificios o superficies de hormigón. Estas juntas se realizan con lechadas o con cintas. Las cintas de junta pueden aplicarse sobre los bordes antes de ejecutar la junta, o con posterioridad. La

Fig. 1.9.9: Hormigón impreso para crear un patrón de pavimento

a | b

Fig. 1.9.10: Señalización de color realizada con plásticos de dos componentes aplicados en frío, con espesores entre 1,6 y 1,8 mm, y tratamiento reflectante, sede de Sulzer en Winterthur, Suiza

a | b

Fig. 1.9.11 a y b): Combinación de hormigón impreso y color aplicado (plástico en caliente) en el diseño de una plaza urbana

Fig. 1.9.12: Asfalto negro vertido sobre un recubrimiento ligero de asfalto apisonado

a
b

Fig. 1.9.13: Pavés:
a) en forma de vidrio-hormigón, sobre el que se puede caminar, para cubrir un aparcamiento subterráneo
b) en un muro sin función estructural

conexión se establece mediante una imprimación o derritiendo parcialmente el material sellante. Por su parte, la lechada se aplica sobre la junta ya ejecutada, que debe haber sido tratada previamente con una imprimación.

VIDRIO

Composición, propiedades y productos

El vidrio es un material no cristalino (amorfo). Su propiedad más característica es la transparencia. La luz visible puede atravesarlo, pero no la radiación ultravioleta. Entre las ventajas del vidrio, se cuentan también su buena resistencia química y su bajo coeficiente de dilatación térmica. Es resistente a los ataques ácidos y alcalinos, con la excepción de los compuestos de flúor, como el ácido fluorhídrico. El vidrio tiende a ser frágil y se rompe fácilmente. Los fallos o las pequeñas fisuras en su superficie pueden provocar la rotura incluso sin intervención de ningún agente externo. En los vidrios de seguridad, esta característica se reduce en la medida de lo posible mediante diversos procesos.
El principal componente del vidrio es la arena de cuarzo (dióxido de silicio, SiO_2), que representa alrededor del 70 u 80%. El vidrio sodicocálcico, con el que habitualmente se fabrican vidrios planos, contiene como ingredientes adicionales óxidos de calcio (CaO) y de sodio (Na_2O).
Los principales ingredientes del vidrio de borosilicato, aparte del dióxido de silicio, son los óxidos de boro y de aluminio. Este vidrio, que soporta muy bien el fuego, se utiliza en arquitectura paisajística principalmente en forma de fibra de vidrio y de plásticos reforzados con esta.

El vidrio plano suele fabricarse mediante el proceso de flotado, que implica el vertido del vidrio a una temperatura de 1100 °C sobre un baño de estaño. El vidrio, más ligero, flota sobre la superficie y se endurece lentamente. Estas planchas de vidrio pueden alcanzar un espesor de entre 2 y 25 mm y unas dimensiones de 3210 x 6000 mm.

El vidrio laminado (*rolled glass*) recibe su forma al pasar por una serie de rodillos. Este sistema permite obtener superficies con patrones o texturas determinados; aunque, por otro lado, este vidrio ofrece una transparencia limitada. Durante el proceso de laminado, se puede introducir una malla de alambre para producir vidrios reforzados o a prueba de fuego.

Mediante el proceso de laminado también se fabrican vidrios acanalados, con o sin malla de refuerzo. Tienen una sección transversal en forma de U con un buen comportamiento estático, por lo que pueden asumir funciones estructurales. Se utilizan a menudo en muros de zonas deportivas, por ejemplo, ya que no se rompen con el impacto de los balonazos. Están disponibles en longitudes entre 4000 y 7000 mm y con anchos normalizados entre 232 y 498 mm.

Los bloques de vidrio (pavés) se obtienen mediante un proceso de prensado. En el caso de los bloques huecos, las dos mitades se sueldan cuando aún están viscosas. Los bloques de pavés se fabrican en formatos que van desde los 11,5 x 11,5 x 8 cm hasta los 30 x 30 x 10 cm, y se fijan con mortero de cemento, con o sin armadura de refuerzo; integrados en elementos de hormigón armado, también pueden desarrollar una función estructural. > **Fig. 1.9.13**

Los vidrios de seguridad presentan una mayor estabilidad que los convencionales y se rompen sin formar esquirlas.

Fig. 1.9.14: Parapeto de vidrio en unas escaleras al aire libre, en la Marie-Elisabeth-Lüders-Haus de Berlín

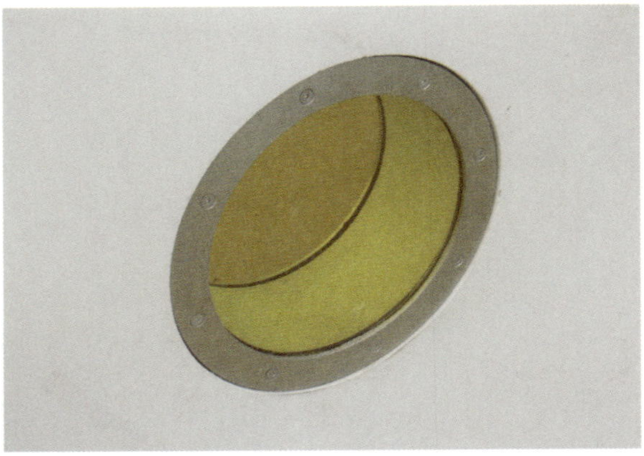

Fig. 1.9.15: Vidrio parcialmente templado (TVG) integrado en un muro

Fig. 1.9.16: Vidrio triturado como capa superficial

Puesto que en la mayoría de usos en exteriores resulta recomendable, si no esencial, minimizar el riesgo asociado a los vidrios rotos, se deberían utilizar preferentemente vidrios de seguridad. En arquitectura paisajística se usan en veladores de vidrio, partes de muros (en pabellones, muros acústicos y circulares) y en parapetos. > **Fig. 1.9.14**
En varios procesos de fabricación, vidrios de partida (p.ej., vidrios flotados) son procesados para obtener vidrios monocapa de seguridad (ESG), vidrios parcialmente templados (TVG), laminados de seguridad (VSG) o reforzados con malla de acero. El templado consiste en calentar la superficie del vidrio para enfriarla rápidamente a continuación; con este proceso se producen tensiones de tracción en el interior y de compresión en la superficie del vidrio, lo que ayuda a prevenir la formación de grietas y la rotura, y permite que el vidrio asuma cargas mecánicas.
Cuando un vidrio monocapa de seguridad (ESG) o vidrio templado se rompe, se desintegra en una multitud de pequeños fragmentos de aristas romas, y pierde en ese momento toda su capacidad portante. El vidrio parcialmente templado (TVG) se enfría más lentamente en el proceso de templado, y por ello adquiere menores tensiones internas; este vidrio se fragmenta en piezas de mayor tamaño que conservan un cierto grado de resistencia portante. Mediante la fijación de dos o más vidrios con láminas intermedias de polivinilo de butiral, se obtiene el vidrio laminado de seguridad (VSG). En caso de rotura, la lámina intermedia mantiene unidos los fragmentos. Dependiendo del espesor del vidrio, se pueden fabricar vidrios estructurales o a prueba de balas. > **Fig. 1.9.15**
Existen otros tipos de vidrio con funciones protectoras específicas, como los aislantes (para la retención de calor) o los laminados resistentes al fuego, que se emplean principalmente en la construcción en altura.
La fabricación de vidrio es un proceso intensivo en energía y costoso en términos ambientales. El sistema de producción permite la reutilización de vidrio reciclado, fundiéndolo junto al material primario. También se puede añadir vidrio triturado al hormigón o al asfalto, o emplearlo como material decorativo. > **Fig. 1.9.16**

Características y tratamientos superficiales

El vidrio puede recibir un acabado mate mediante tratamientos con arena o polvo a presión. Para crear un motivo o patrón, se pueden cubrir determinadas zonas de la superficie con plantillas (capas de barniz, cera o resina), que protejan dichas partes del tratamiento abrasivo. Como alternativa, se utiliza un proceso de grabado mediante ácido fluorhídrico o clorhídrico.

El pulido proporciona una superficie mate clara y cruda o lisa. Su aplicación puede ser mecánica (controlada informáticamente) o manual. Por último, el grabado permite introducir motivos decorativos y textos escritos en relieve. > **Figs. 1.9.17 y 1.9.18**

El vidrio puede colorearse durante el proceso de fabricación mediante la adición de óxidos metálicos. Los óxidos de hierro, por ejemplo, proporcionan una tonalidad verde. Con la arena normal también se obtiene una cierta tonalidad verde, lo que indica la presencia de pequeñas cantidades de óxido de hierro en dicha arena. El vidrio blanco bajo en hierro no cuenta con dichos componentes y es permeable a la radiación ultravioleta. Otros colores que pueden obtenerse

Fig. 1.9.17: Vidrio esmerilado:
a) baldosas de pavimento
b) fachada del Kunsthaus de Bregenz (vidrio grabado)

a | b

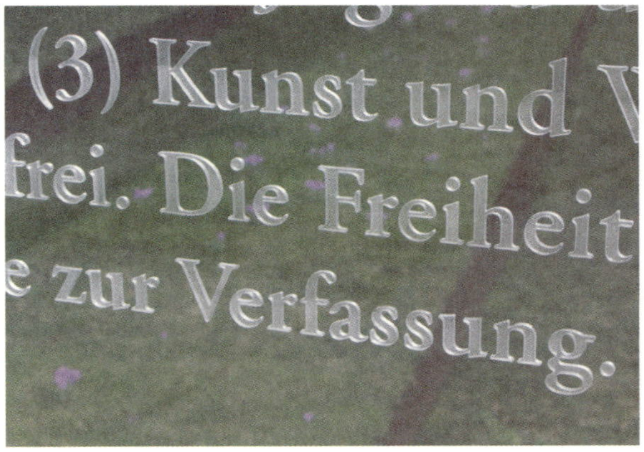

Fig. 1.9.18: Líneas de escritura grabadas con láser, baldosas de vidrio que delimitan los terrenos de la Jakob-Kaiser-Haus de Berlín, Alemania

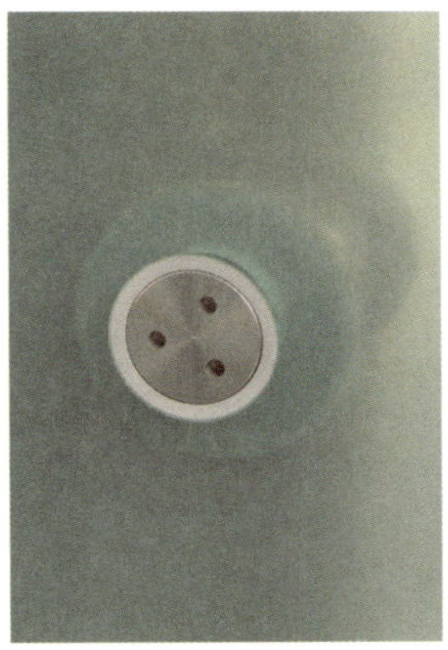

a | b | c | d

Fig. 1.9.19:
a) Fijación lineal encastrada
b) Fijación puntual encastrada
c) Fijación atornillada
d) Conector puntual con cuatro fijaciones encastradas del envejecimiento

mediante la adición de diversos óxidos metálicos van desde el azul, marrón o violeta hasta el amarillo, bronce o rosa. Se pueden aplicar patrones de color sobre la superficie del vidrio con pinturas esmaltadas o con la técnica del serigrafiado. También se fabrican espejos, vidrios antireflectantes y vidrios autolimpiables mediante sistemas de microestructuración o de revestimiento.

Debería evitarse la acumulación de agua en contacto con el vidrio, ya que pueden producirse filtraciones que aumenten su opacidad.

Formas y uniones

Las piezas de vidrio plano de hasta 10 mm de espesor pueden moldearse mediante técnicas de conformación por flexión (vidrio curvado) o por prensado. En estos procesos las piezas se calientan y a continuación se presionan, o se dejan caer por su propio peso sobre el molde preparado.

Es posible aplicar diversos procedimientos de corte sobre el vidrio. Para permitir la perforación, el vidrio se enfría. El vidrio se corta con una sierra de acero o diamante, y a continuación se fractura por el corte. El corte también puede realizarse con un chorro de agua a presión o con láser. Posteriormente, las aristas se tratan para reducir su filo, o para eliminar problemas ópticos o técnicos de la producción.

El vidrio plano puede ser montado sobre fijaciones lineales o puntuales. Los apoyos lineales implican un menor nivel de tensión. En la actualidad, esta solución se suele ejecutar encastrando el vidrio en perfiles de acero o aluminio, y más raramente de madera o plástico. Las fijaciones puntuales se realizan con tornillos o conectores a presión. Para amortiguar las tensiones y ajustar la fijación, se utilizan juntas y sellantes plásticos. > **Figs. 1.9.19 y 1.9.6**

2 PRINCIPIOS ESTRUCTURALES

2.1 ESTRUCTURAS Y SU DIMENSIONADO

Bernd Funke

2.1 ESTRUCTURAS Y SU DIMENSIONADO

FUNDAMENTOS DEL DIMENSIONADO DE COMPONENTES ESTRUCTURALES

La fuerza, el componente clave de la estática

Definición y unidades

Isaac Newton (1643-1727) fue el primero en formular la relación entre los cuerpos y las fuerzas que los afectan.

Primera ley de Newton:
Un cuerpo mantendrá su estado de reposo o movimiento a velocidad constante mientras ninguna fuerza actúe sobre él, o mientras las fuerzas que lo hagan estén en equilibrio.

Por ejemplo, si se mantiene una pelota en la mano, la fuerza que ejerce el músculo y la fuerza que ejerce el peso de la pelota están en equilibrio (esto es, se cancelan la una a la otra). La pelota se encuentra en reposo.

Segunda ley de Newton:
La fuerza neta ejercida sobre un cuerpo provocará que este cambie su velocidad; es decir, que acelere en la dirección de la fuerza.

Fig. 2.1.1: Carga de una persona (*man load*)

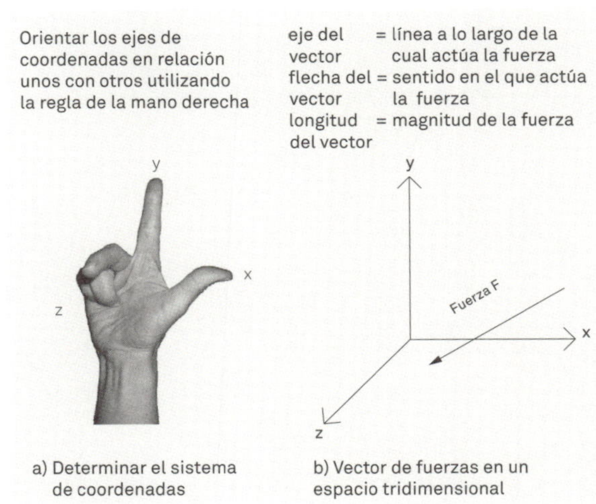

Fig. 2.1.2: Representación de fuerzas

Si se lanza la pelota, la fuerza ejercida por el músculo debe ser mayor que la ejercida por el peso de la pelota. Esto equivale a decir que la aceleración de un cuerpo requiere que la resultante de todas las fuerzas aplicadas sobre él no esté en equilibrio con ninguna otra fuerza. La relación entre la fuerza resultante *F*, la masa *m* y la aceleración *a* puede formularse matemáticamente mediante la siguiente fórmula: «fuerza = masa · aceleración». La unidad de fuerza es el newton (las unidades se escriben entre corchetes en las fórmulas que siguen):

$$F = m \cdot a\,[N] \qquad \left(\left[kg \cdot \frac{m}{s^2}\right] = [N] = \text{Newton}\right)$$

Si se utiliza esta fórmula para calcular la fuerza ejercida por el peso de un cuerpo, entonces su peso viene determinado como el producto de su masa por la aceleración gravitacional que actúa sobre él $g = 9{,}81\frac{m}{s^2}$.

En consecuencia, el peso *G* de una persona de masa 100 kg resulta:

$$G = m \cdot g = 100\,kg \cdot 9{,}81\frac{m}{s^2} = 981\,kg \cdot \frac{m}{s^2} \approx 1000\ N = 1\,kN$$

(1 kilonewton)

La fuerza ejercida por el peso de una persona se denomina en inglés *man load*. > **Fig. 2.1.1**

1 persona = 1kN

Representación de las fuerzas

Las fuerzas pueden representarse de forma muy visual como vectores (flechas). La fuerza tiene una dirección o línea de acción (posición de la flecha en el espacio), un sentido (indicado por la punta de la flecha) y un valor (longitud de la flecha). Para esta representación de las fuerzas mediante vectores se requiere un sistema de coordenadas. > **Fig. 2.1.2**

Descomposición y combinación de fuerzas

Los principios de descomposición y combinación de fuerzas se representan en la **figura 2.1.3**. Las fuerzas se muestran en un único plano (x-y) para mayor claridad.

Momentos (fuerzas de torsión)

Dos fuerzas *F* de la misma magnitud, aplicadas en paralelo, pero opuestas, representan una fuerza de torsión. Se las conoce como un par de fuerzas o un «momento». > **Fig. 2.1.4**

Puesto que las dos fuerzas *F* se anulan mutuamente debido a su misma magnitud y a su sentido opuesto (están en equilibrio), el cuerpo sobre el que actúan no se desplaza. Pero, al existir una distancia entre sus respectivos puntos de aplicación, hacen girar dicho cuerpo alrededor del centro geométrico (efecto hélice). La magnitud del momento se calcula como el producto de la fuerza *F* y la excentricidad *e* (o el brazo de momento, la distancia entre los puntos de aplicación de ambas fuerzas). En resumen: «momento = fuerza · brazo».

$$M = F \cdot e\ [Nm] \quad ([N \cdot m] = [Nm] = \text{newton-metro})$$

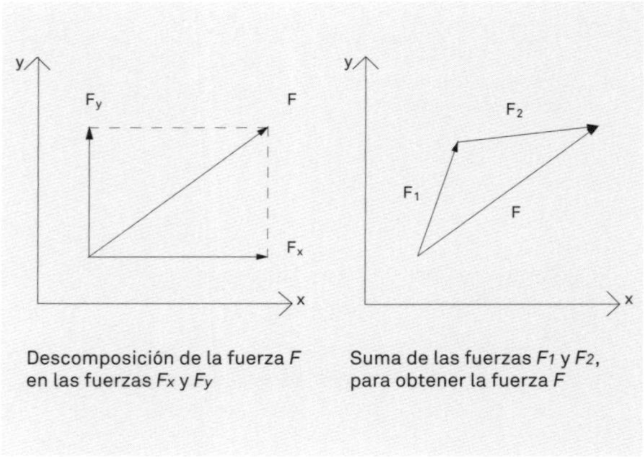

Fig. 2.1.3: Descomposición y combinación de fuerzas

Equilibrio de fuerzas

Desde un punto de vista científico, la estática es la «teoría del equilibrio de fuerzas y del resto de los cuerpos». En este contexto, es posible derivar de la primera ley de Newton la siguiente afirmación: un cuerpo está en reposo si todas las fuerzas que actúan sobre él están en equilibrio; es decir, si se anulan las unas a las otras. > **Fig. 2.1.5**

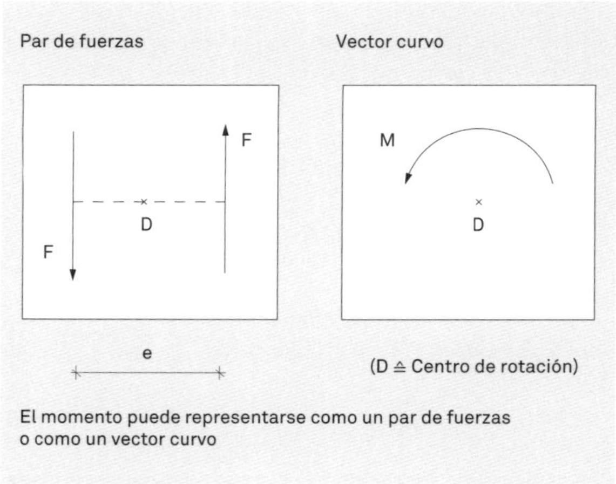

Fig. 2.1.4: Representación de momentos

Condiciones de equilibrio

Puesto que los edificios deben estar en reposo, las cargas y las reacciones deben estar en equilibrio.

cargas = reacciones (acción = reacción)

Las cargas son las fuerzas que actúan sobre el elemento de soporte (acciones externas); también reciben el nombre de acciones. Las cargas de cálculo se determinan teniendo en cuenta el uso proyectado y las fuerzas esperables como resultado.

Las solicitaciones son las fuerzas internas de reacción (fuerzas internas y de soporte) originadas en el elemento estructural y en otros soportes como consecuencia de la transmisión de cargas; también reciben el nombre de esfuerzos. Son estas fuerzas las que mantienen la estructura en su posición a pesar de las cargas que actúan sobre ella. Como regla, las fuerzas internas de reacción varían a lo largo de la longitud de los elementos que conforman la estructura (líneas internas de tensión), lo que implica que sus valores máximos pueden calcularse por la estática. Sin embargo, en casos especiales —por ejemplo, en sistemas estructurales optimizados en forma de vigas parabólicas, populares en la arquitectura del paisaje, como el tipo de vigas más habitual en pequeños puentes— las fuerzas internas deben calcularse en toda la longitud de los elementos de apoyo.

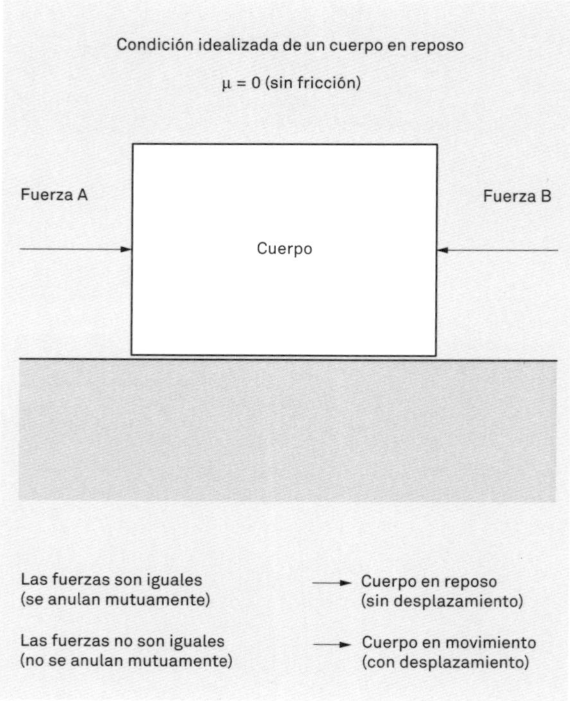

Fig. 2.1.5: Equilibrio de fuerzas

Aplicación de la condición de equilibrio

Si se representa la estructura proyectada y se anotan en ella las cargas previstas (acciones externas), los esfuerzos internos (fuerzas internas de acción) no pueden conocerse de antemano. Para poder calcularlos es preciso hacerlos visibles mediante el *método de los cortes*, por el cual las fuerzas internas de reacción se aíslan (de ahí el nombre de fuerzas internas). El proceso se ilustra en la **figura 2.1.6**, tomando el sencillo caso de la viga biapoyada.

El primer paso consiste en aislar la estructura de sus apoyos (cortes externos). En tal caso, la estructura se caería; para evitarlo habría que aplicar una serie de fuerzas en

Distribución de cargas	Requisitos mecánicos de los elementos estructurales	Solicitaciones en la sección	Descripción de la solicitación	Ilustración de las solicitaciones en una sección del elemento estructural, de acuerdo con las convenciones de representación > Fig. 2.1.7
 Ejemplo: cable traccionado	Tracción	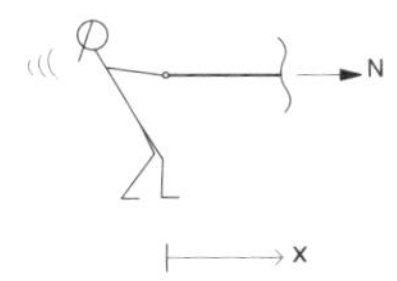	Solicitación normal positiva (esfuerzo de tracción)	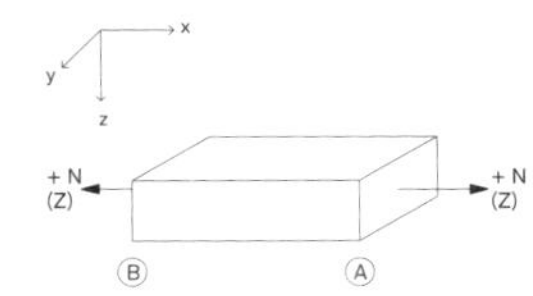
 Ejemplo: barra comprimida	Compresión	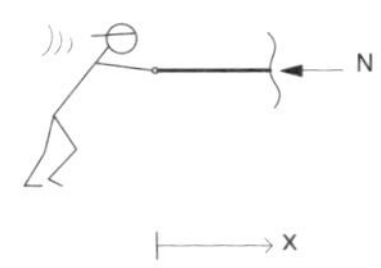	Solicitación normal negativa (esfuerzo de compresión)	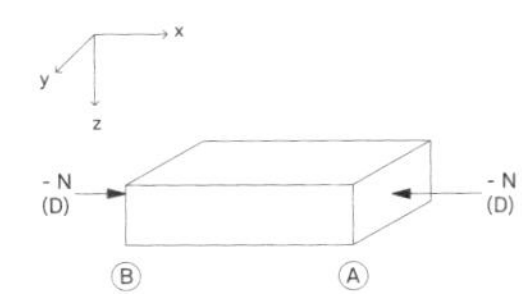
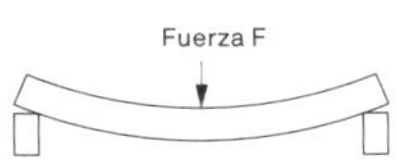 Ejemplo: viga a flexión	Cortante o cizalladura	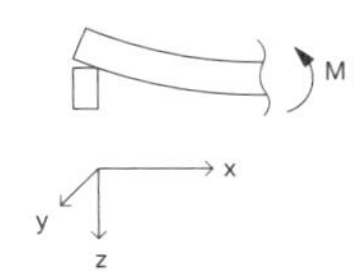	Solicitación tangencial ** (esfuerzo de cortante)	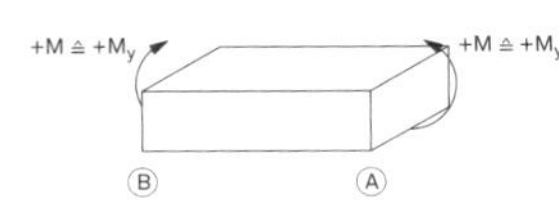
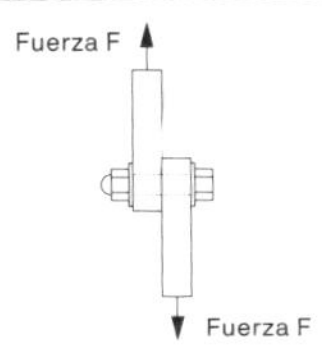 Ejemplo: perno a cortante	Flexión	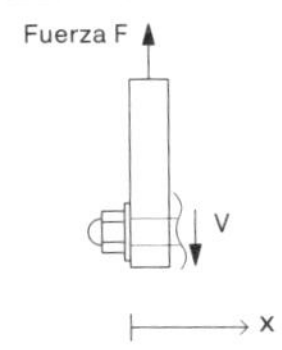 Pernos, eje longitudinal	Momento flector o de flexión	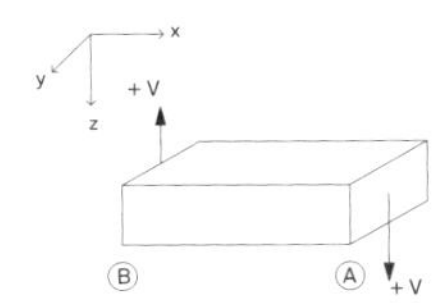
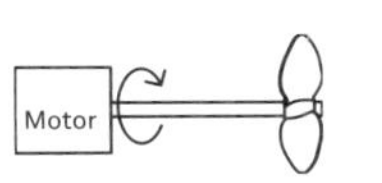 Ejemplo: eje de un rotor	Torsión	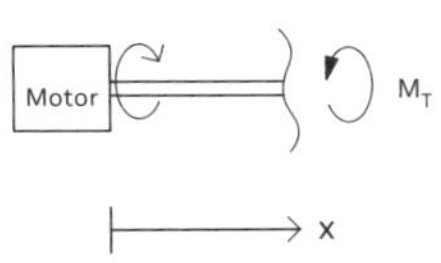	Momento de torsión	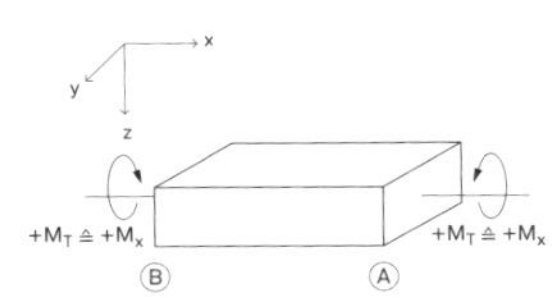

* Las solicitaciones normales actúan a lo largo del eje del elemento estructural. Se utiliza esta denominación porque la dirección longitudinal del elemento estructural se denomina dirección normal
** Las solicitaciones tangenciales actúan perpendicularmente al eje del elemento estructural (en las direcciones *y* y *z*).

Tab. 2.1.1: Tipos de solicitaciones (esfuerzos internos de reacción)

los puntos de apoyo con el fin de recuperar el equilibrio de fuerzas y mantener la estructura en su posición. El estado de equilibrio es el resultado de sumar el conjunto de las cargas (incluyendo el peso propio) y de las reacciones de apoyo (verticales y horizontales). El siguiente paso consiste en plantear tres ecuaciones que cumplan el requisito de que todas las fuerzas y momentos se anulen mutuamente (condición de equilibrio):

- la suma de todas las fuerzas horizontales (eje x) debe ser nula
- la suma de todas las fuerzas verticales (eje y) debe ser nula
- la suma de todos las fuerzas de torsión (momentos) debe ser nula

Finalmente, se utilizan estas tres ecuaciones para calcular las tres reacciones desconocidas (resolución de un sistema de tres ecuaciones y tres incógnitas).

Una vez que se conocen las reacciones de apoyo, la segunda fase consiste en realizar cortes en distintos puntos de la estructura (cortes internos) y calcular las reacciones o fuerzas internas en dichos puntos, *N*, *V* y *M*, > **Tab. 2.1.1 y Fig. 2.1.7** por analogía con la condición de equilibrio. Este proceso se denomina *cálculo de solicitaciones*.

Teoría de resistencia de materiales

Una vez que se ha empleado la condición de equilibrio para calcular las solicitaciones a partir de las cargas externas que actúan sobre la estructura, las primeras pueden

Sistema estructural a resolver

Establecer el sistema estructural y las cargas soportadas

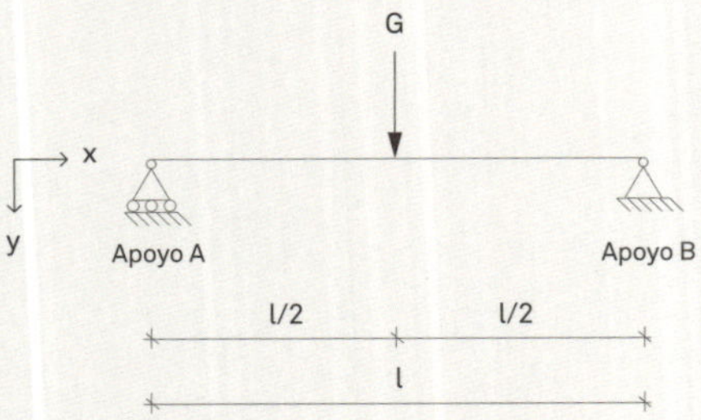

Sistema: viga con doble apoyo
Carga: peso de la niña situada en el centro de la viga

El apoyo *A* puede desplazarse horizontalmente (apoyo simple) con el fin de asumir cambios en la longitud de la viga (por ejemplo, como resultado de las fluctuaciones de temperatura o de humedad) sin restricciones; es decir, transfiriendo solo cargas verticales

Equilibrio global: cálculo de las reacciones

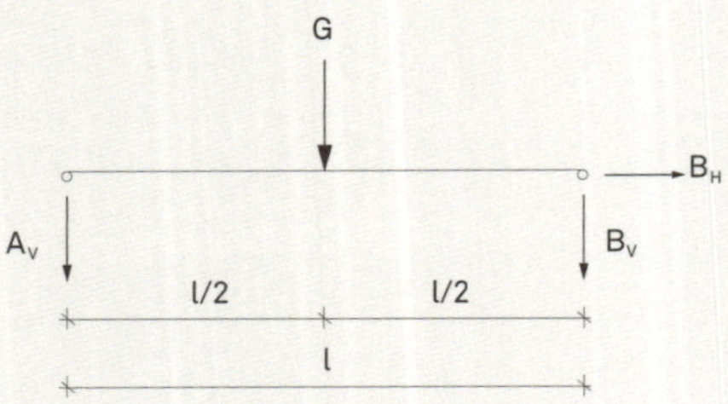

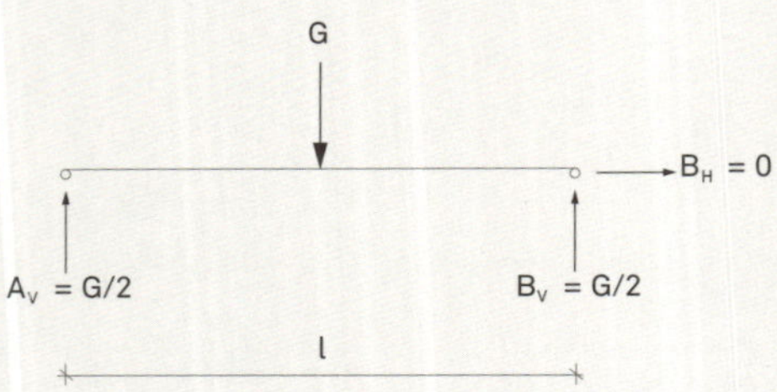

El apoyo *A* solo puede transferir cargas verticales A_V, mientras que el apoyo *B* puede transferir cargas verticales B_V y horizontales B_H.

Cálculo de las tres fuerzas de reacción a través de las tres ecuaciones de equilibrio: la suma de todas las fuerzas horizontales, la suma de todas las fuerzas verticales y la suma de todos los momentos respecto del punto *B* deben ser nulas:

$\sum F_H = 0 = B_H \quad \rightarrow B_H = 0$ ecuación 1

$\sum F_V = 0 = G + A_V + B_V \quad \rightarrow B_V = -G - A_V$ ecuación 2

$\sum M^B = 0 = G \cdot \frac{l}{2} + A_V \cdot l \quad \rightarrow A_V = -G/2$ ecuación 3

Incorporando la ecuación 3 a la ecuación 2:

$$\rightarrow B_V = -G + \frac{G}{2} = -\frac{G}{2}$$

Resultado:

$A_V = -\frac{G}{2} \qquad B_V = -\frac{G}{2} \qquad B_H = 0$

Una fuerza negativa implica que se aplica en sentido opuesto, lo que significa que invertir los vectores A_V y B_V en el diagrama supone también cambiar su signo.

Equilibrio interno: cálculo de las solicitaciones

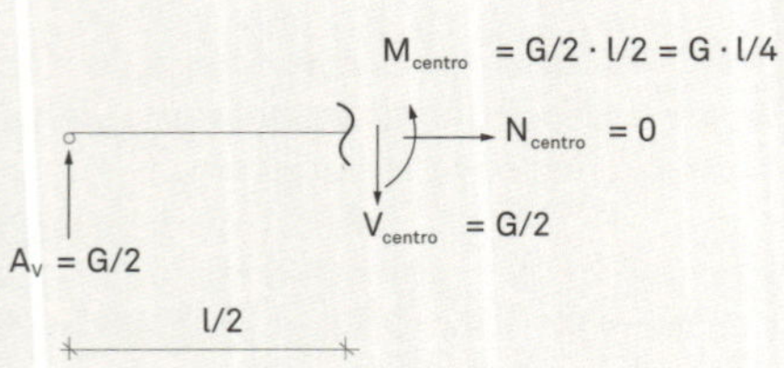

Se calcula como ejemplo la sección del punto medio de la viga porque este es el punto de mayor momento flector. En el caso de elementos estructurales lineales que trabajan a flexión, el momento flector es la variable fundamental para calcular la sección requerida. Para hacerlo, se realiza un corte en la viga justo a la derecha de la carga aplicada, eliminando su mitad derecha, que se sustituye por las solicitaciones correspondientes.

Cálculo de las tres solicitaciones por medio de la condición de equilibrio:

$\sum F_H = 0 = N_{centro} \quad \rightarrow N_{centro} = 0$ ecuación 1

$\sum F_V = 0 = V_{centro} - A_V \quad \rightarrow V_{centro} = A_V$ ecuación 2

$\sum M^{centro} = 0 = M_{centro} - A_V \cdot \frac{l}{2} \quad \rightarrow M_{centro} = A_V \cdot \frac{l}{2}$ ecuación 3

$\sum M_{centro} \triangleq$ suma de todos los momentos respecto del punto central de la viga

Inclusión de las fuerzas de reacción $A_V = \frac{G}{2}$ en las ecuaciones 2 y 3.

Resultado:

$N_{centro} = 0 \qquad V_{centro} = \frac{G}{2} \qquad M_{centro} = G \cdot \frac{l}{4}$

Fig. 2.1.6: Reacciones y solicitaciones en una viga con doble apoyo

a) Orientación de los ejes de coordenadas, con una viga como ejemplo

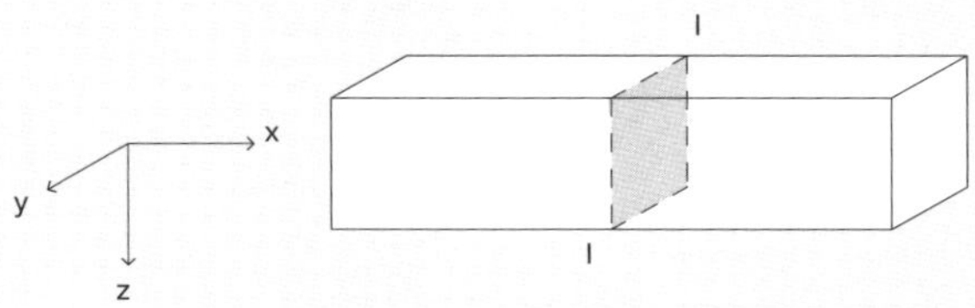

La dirección longitudinal de un elemento estructural se considera la dirección *x*. Las dos direcciones ortogonales (vertical y horizontal) se denominan direcciones *y* y *z*. En la mecánica aplicada a la edificación, su orientación en relación con el eje x se obtiene por medio de la «regla de la mano derecha» > Fig. 2.1.2

b) Orientación de las solicitaciones en las caras de la sección

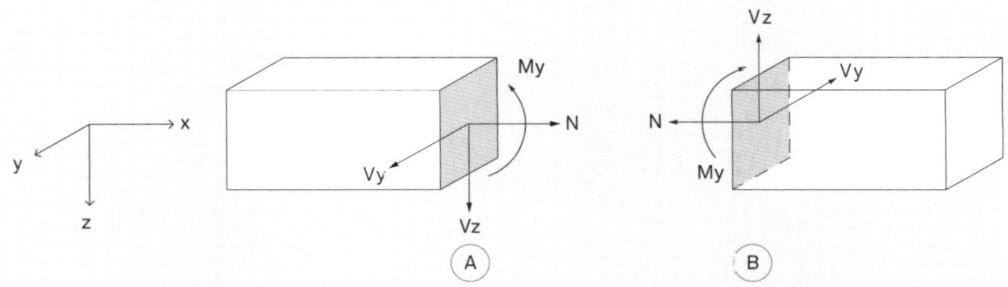

(A) Cara positiva de la sección (la primera cara en el sentido positivo del eje x): en la cara positiva de la sección, todas las solicitaciones tangenciales positivas apuntan en el sentido positivo de los ejes x, y y z

(B) Cara negativa de la sección (segunda cara en el sentido positivo del eje x): en la cara negativa de la sección, todas las solicitaciones tangenciales positivas apuntan en el sentido negativo de los ejes x, y y z, y por tanto se muestran invertidos

c) Regla del pulgar derecho

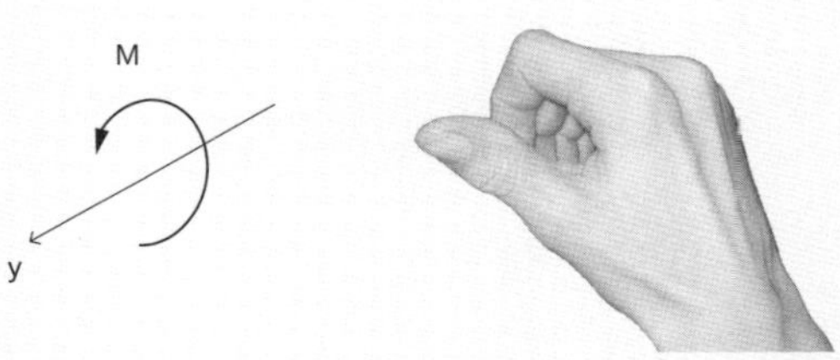

Sentido del momento positivo mediante la «regla de la mano derecha»: el pulgar apunta en el sentido positivo del momento al colocar el resto de los dedos en la dirección del giro alrededor de su eje de rotación

Fig. 2.1.7: Convenciones en las solicitaciones

utilizarse a su vez para calcular la resistencia que ha de presentar el elemento estructural, pues este debe seleccionarse teniendo en cuenta su capacidad para soportar las solicitaciones calculadas sin llegar a fracturarse (capacidad portante).

Tensión

La tensión, *s* (σ), es la relación entre el valor de referencia de la fuerza que debe resistirse, *F* (solicitación interna), y el área disponible en la sección transversal del elemento estructural:

$$\sigma = \frac{F}{A}\left[\frac{N}{m^2}\right].$$

Cualquier fuerza que actúe sobre un cuerpo produce una tensión en él. Por tanto, la tensión representa la carga que soporta realmente el material. Si una fuerza *F* actúa sobre un área reducida $A_{pequeño}$, produce una tensión mayor que si puede repartirse en un área mayor A_{grande}.
Después de determinar las solicitaciones y de dimensionar las secciones estructurales, es posible utilizar ambos datos para calcular las tensiones reales que sufrirá el material. > Tab. 2.1.2

Distribución de cargas	Tipo de esfuerzo	Resistencia necesaria	Descripción de la tensión	Magnitud de la tensión	Esquemas de las tensiones asociadas
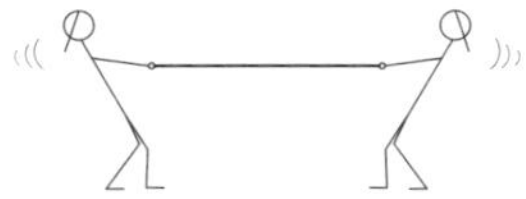	+N = tracción	Resistencia a tracción	Tensión de tracción	σ = N/A (+)	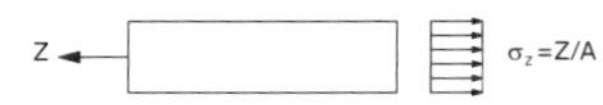
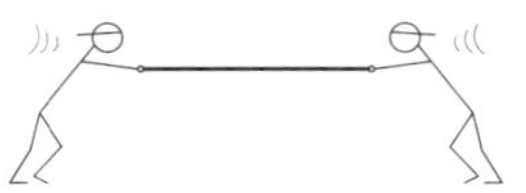	-N = compresión	Resistencia a compresión	Tensión de compresión	σ = N/A (-)	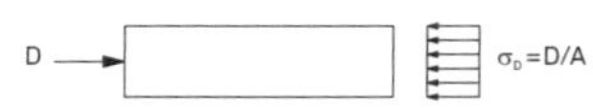
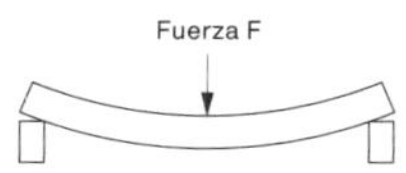	±M = momento de flexión	Resistencia a flexión	Tensión de flexión	σ = M/W (+ o -)	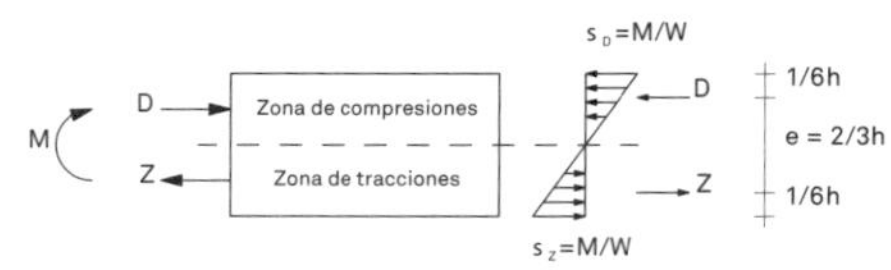
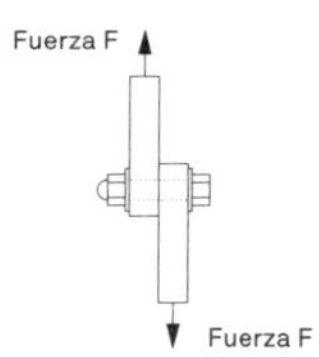	±Q = esfuerzo cortante	Resistencia a cortante o cizalladura	Tensión cortante o de cizalladura	τ = Q/A (+ o -)	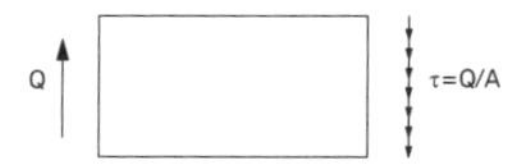
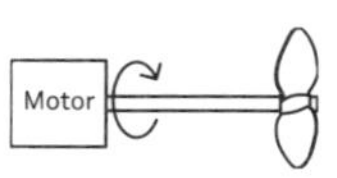	$\pm M_T$ = momento de torsión	Resistencia a torsión	Tensión de torsión	$\tau_T = M_T/W_T$ (+ o -)	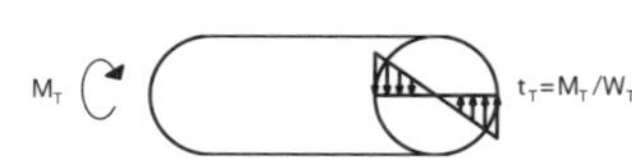

A = área de la sección [cm²]
W = módulo resistente [cm³]. Este valor depende de la forma de la sección
W_T = módulo resistente a torsión [cm³]. Este valor depende de la forma de la sección

Tab. 2.1.2: Tipos de tensiones

Resistencia del material

La resistencia mecánica de un material indica la fuerza o carga que puede soportar sin que su sección transversal se vea deformada. La resistencia se puede definir como la tensión asumible (la relación entre la carga asumible y el área total de la sección). Se trata de una propiedad específica de cada material.

Comparación de tensiones

Finalmente, la tensión real debe compararse con las tensiones admisibles (resistencia del material) de los distintos materiales (madera, acero, hormigón, etc.). Estas se establecen a partir de pruebas de carga realizadas en laboratorio (cargando las piezas hasta su rotura) y pueden consultarse en las correspondientes normas, así como en diversos prontuarios técnicos.

Si la tensión es menor o igual a la tensión admisible, entonces el elemento estructural es capaz de soportar la carga. Por lo tanto, se puede calcular la sección que requiere un elemento estructural a partir de la siguiente ecuación:

$$\sigma_{real} = \frac{F}{A} \leq \sigma_{adm.}$$

Si este procedimiento implica secciones demasiado grandes, inconvenientes por motivos de presupuesto o de diseño, entonces hay que cambiar la resistencia del material (σ admisible) o la solicitación (*F*).

$$A_{req.} \geq \frac{F}{\sigma_{adm.}}$$

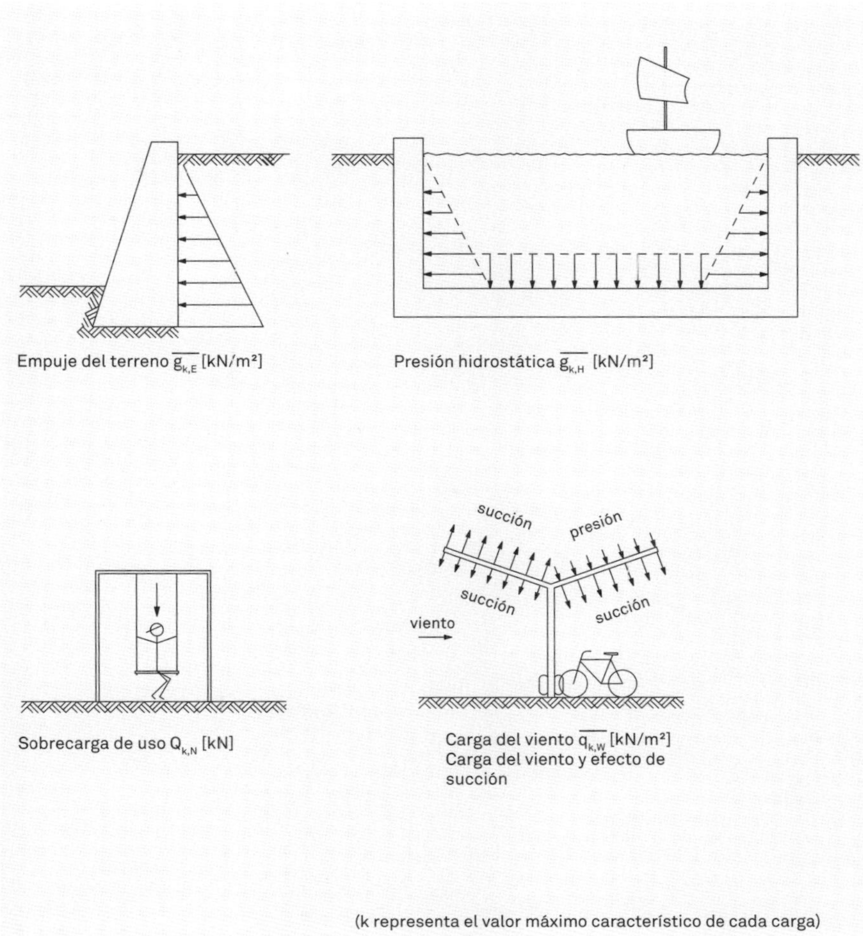

Fig. 2.1.8: Algunas cargas habituales

Puesto que las cargas, las resistencias del material y las dimensiones de los elementos estructurales están sujetas a un cierto margen de variación, deben aplicarse coeficientes de seguridad al realizar la comparación de tensiones. Estos pueden ser coeficientes de mayoración de las cargas aplicadas o de minoración de la resistencia.

Resumen de las distintas fases del dimensionado de una estructura

1. Cargas de cálculo
Las cargas de cálculo (acciones) deben fijarse con anterioridad al cálculo del sistema estructural.

2. Cálculo de las solicitaciones
Las solicitaciones (fuerzas internas de reacción) generadas en la estructura pueden calcularse utilizando la condición de equilibrio.

3. Dimensionado del elemento y elección del material
La sección transversal necesaria para absorber las solicitaciones calculadas puede establecerse mediante la teoría de la resistencia de materiales (la carga debe ser menor o igual a la resistencia).

CARGAS DE CÁLCULO

Las acciones incluyen todas las fuerzas y los valores de deformación que debe soportar una estructura. Estos últimos (de los que no se va a tratar en este apartado) pueden incluir, por ejemplo, cambios dimensionales como resultado de las variaciones de temperatura en la estructura (oscilaciones climáticas entre el verano y el invierno) o asientos de las cimentaciones. > **Fig. 2.1.8**

Tipos de cargas

Las distintas cargas se clasificación en función de los siguientes criterios:

Duración del efecto:
- Permanente (por ejemplo: peso propio, empujes del suelo o el agua)
- Variable (por ejemplo: sobrecargas de uso, por efecto del viento o de la nieve)
- Excepcional: generalmente de corta duración, de ocurrencia muy improbable, pero con un gran potencial destructivo (por ejemplo: explosiones, colisiones de vehículos o embarcaciones)

Efecto de aceleración en la estructura portante:
- Cargas estáticas, que no causan una aceleración significativa en la estructura (por ejemplo: peso propio y sobrecargas de uso)
- Cargas dinámicas o sísmicas (terremotos), que causan una aceleración considerable o un significativo cambio en las solicitaciones (por ejemplo: cargas de tráfico en puente o efecto aerodinámico de las cargas de viento)

Dirección:
- Cargas verticales (por ejemplo: peso propio)
- Cargas horizontales (por ejemplo: cargas de viento)

Naturaleza de la carga:
- Cargas puntuales
- Cargas superficiales

> **Fig. 2.1.9**

Valores del cálculo

Las denominaciones, unidades y valores de las diferentes cargas que se incluyen en el cálculo estático están definidas en las distintas normas sobre acciones en estructuras (DIN 1055, DIN informe especial 101 y DIN EN 1991), así como en diversos prontuarios de construcción. En dichos documentos se incluyen los valores para los pesos propios

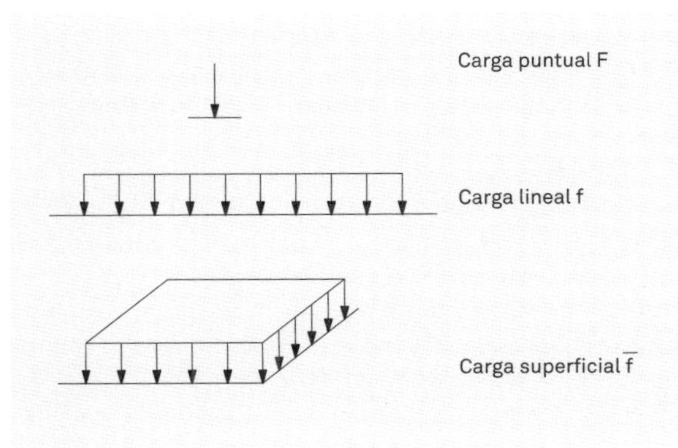

Fig. 2.1.9: Tipos de cargas según su distribución

Duración del efecto	Tipo de carga / Tipo de carga	Carga puntual [kN]	Carga lineal [kN/m]	Carga superficial [kN/m²]
Continua	Peso propio Empuje del terreno * Presión hidrostática *	G_k G_k,E G_k,H	g_k g_k,E g_k,H	$\overline{g_k}$ $\overline{g_k,E}$ $\overline{g_k,H}$
Variable	Sobrecarga de uso Sobrecarga de viento Sobrecarga de nieve	Q_k,N Q_k,W Q_k,S	q_k,N q_k,W q_k,S	$\overline{q_k,N}$ $\overline{q_k,W}$ $\overline{q_k,S}$
* En condiciones de tensión sostenida				

Tab. 2.1.3: Principales cargas en edificación

de los materiales y las unidades de obra, las sobrecargas de uso y las cargas de viento, nieve, hielo, etc. Las cargas más relevantes en edificación pueden encontrarse en la **tabla 2.1.3**.
Para evaluar el orden de magnitud, debe recordarse que una masa de 100 kg tiene un peso propio de 1 kN; por su parte, una masa de 1 T (por ejemplo, 1 m³ de agua) supone una carga por peso propio de 10 kN.

ELECCIÓN DEL SISTEMA ESTRUCTURAL

Los sistemas estructurales se clasifican de acuerdo a una amplia variedad de criterios. La catalogación que se realiza a partir de su naturaleza es la más clara y completa. Esta distingue cuatro tipos de sistemas: los de sección activa (a flexión), los de superficie activa (tensión superficial), los de vector activo (tracción y compresión simultáneas) y los de forma activa (tracción o compresión simples).

Sistemas de sección activa (a flexión)

Los sistemas de sección activa son elementos estructurales lineales o planos con secciones de la suficiente entidad como para transmitir su carga principalmente mediante *esfuerzos de flexión*. **> Figs. 2.1.10 y 2.1.11**
Se trata fundamentalmente de estructuras con superficies planas, como vigas con ala superior o forjados transitables. El método de transferencia de cargas consiste en vigas o losas que soportan cargas perpendiculares a sus ejes longitudinales y, por tanto, tensiones de flexión, que provocan su deformación. Para absorber estas solicitaciones (pares de fuerzas que combinan compresión y tracción **> Fig. 2.1.33**, p. 153) se requiere un espesor mínimo en la sección transversal que proporcione un brazo de momento (*e*) entre las solicitaciones de tracción (*Z*) y de compresión (*D*), de forma que estas tensiones no alcancen valores excesivamente elevados ($Z = D = \frac{M}{e}$).

Por este motivo, en los elementos estructurales que trabajan a flexión se cumple la siguiente regla: una sección con el suficiente brazo de momento supone solicitaciones y tensiones reducidas; por el contrario, secciones de menor dimensión implican mayores solicitaciones y tensiones, y por tanto la necesidad de materiales más resistentes (por ejemplo, acero).

Es importante asegurarse de que los elementos estructurales pueden asumir los esfuerzos de tracción (la presión se produce en la parte comprimida). El acero o la madera, por ejemplo, son lo bastante resistentes como para soportar tracciones, pero no así el hormigón. Por ello es preciso que los elementos estructurales de hormigón se refuercen con acero en las zonas sometidas a tracción.

Sistemas de superficie activa (tensión superficial)

Los sistemas de superficie activa están constituidos por elementos planos rígidos (láminas) conformados, de tal forma que transfieren las cargas mediante esfuerzos de compresión y tracción normales a la superficie de la lámina evitando tensiones de flexión elevadas. **> Figs. 2.1.12 y 2.1.13**
En términos sencillos, es posible imaginar un sistema laminar tal que todas las solicitaciones de tracción y compresión queden dentro de la propia superficie de la lámina (casi un armazón interno). Ello implica que los esfuerzos de flexión sean reducidos y ninguno de los componentes exija un espesor significativo. Estas láminas permiten crear estructuras relativamente complejas (por ejemplo, cubiertas de gran esbeltez), aunque, como elementos estructurales horizontales, requieren un diseño tridimensional (superficies topográficas).

Sistemas de vector activo (tracción y comprensión simultáneas)

Los sistemas de vector activo son elementos estructurales constituidos por barras rígidas y con una forma adaptada para que las cargas se transfieran principalmente por tracción o comprensión de dichas barras. **> Figs. 2.1.14 y 2.1.15**
También los sistemas de superficie activa, anteriormente descritos, se basan en la descomposición de las cargas en tracciones y compresiones. Esto significa que se pueden construir estructuras planas y tridimensionales con un uso mínimo de material. Puesto que las barras esbeltas son sensibles a la flexión, las cargas normalmente solo son aplicables en los nudos, lo que puede requerir la disposición de una estructura secundaria para trasladar las cargas superficiales a los nudos primarios.

Fig. 2.1.10: Sistema estructural de sección activa

Fig. 2.1.12: Sistema estructural de superficie activa

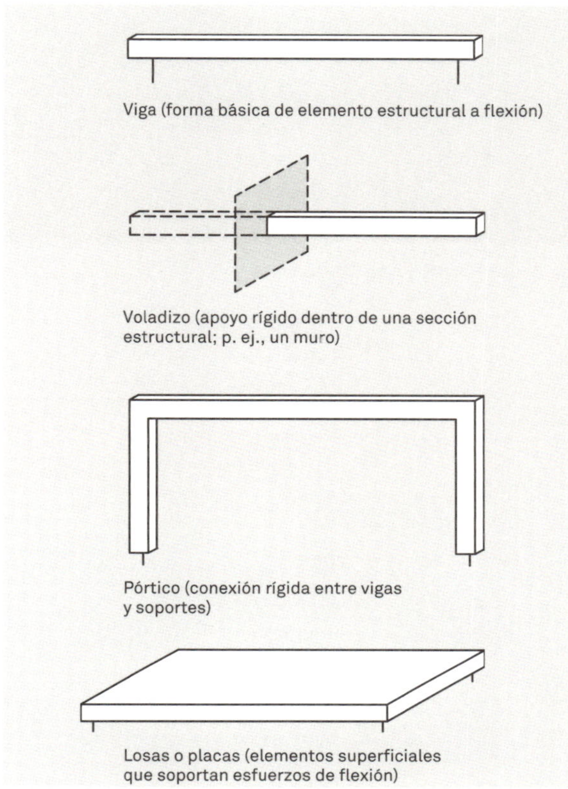

Fig. 2.1.11: Principales sistemas estructurales de sección activa

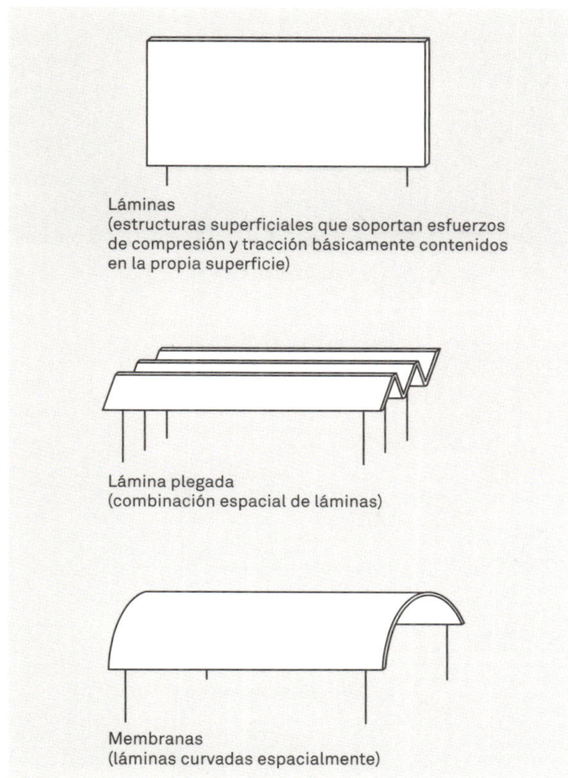

Fig. 2.1.13: Principales sistemas estructurales de superficie activa

Sistemas de forma activa (tracción o compresión simples)

Los sistemas de forma activa están constituidos por elementos que transfieren sus cargas exclusivamente mediante esfuerzos de tracción (cables y membranas) o de compresión (arcos y bóvedas), dada la forma específica en que están distribuidas dichas cargas. > Figs. 2.1.16 y 2.1.17 En este caso, se seleccionan determinadas formas geométricas que se utilizan en experimentos físicos y matemáticos como *formas en equilibrio*, sin esfuerzos cortantes o de flexión, llamadas *curvas funiculares* o *arcos de descarga*. La denominación geométrica *curva funicular* hace referencia a la forma adoptada por un cable suspendido bajo una determinada carga (por ejemplo, su peso propio como carga lineal) entre dos puntos de apoyo. Puesto que un cable solo puede soportar esfuerzos de tracción, la forma que adopta debe permitir soportar la carga exclusivamente con este tipo de esfuerzos.

Si se invierte la curva funicular, como ejercicio teórico, se obtiene un *arco de descarga*: en este, con esfuerzos exclusivamente de compresión, se traslada la misma carga, pero en sentido opuesto. De esta manera se pueden crear estructuras muy eficientes (máxima luz, con el mínimo uso de material) que tienen un interés formal específico, pero que requieren un tipo muy concreto de carga. En este tipo de estructuras, es importante comprobar que los sistemas tensados (cables y carpas) puedan adaptar su forma a los cambios en las cargas (estabilizarse por sí mismos). Por otra parte, hay que tener en cuenta que las estructuras a compresión (arcos y bóvedas) tienden a abrirse y pandearse en caso de cargas variables.

Fig. 2.1.14: Sistema estructural de vector activo

Fig. 2.1.16: Sistema estructural de forma activa

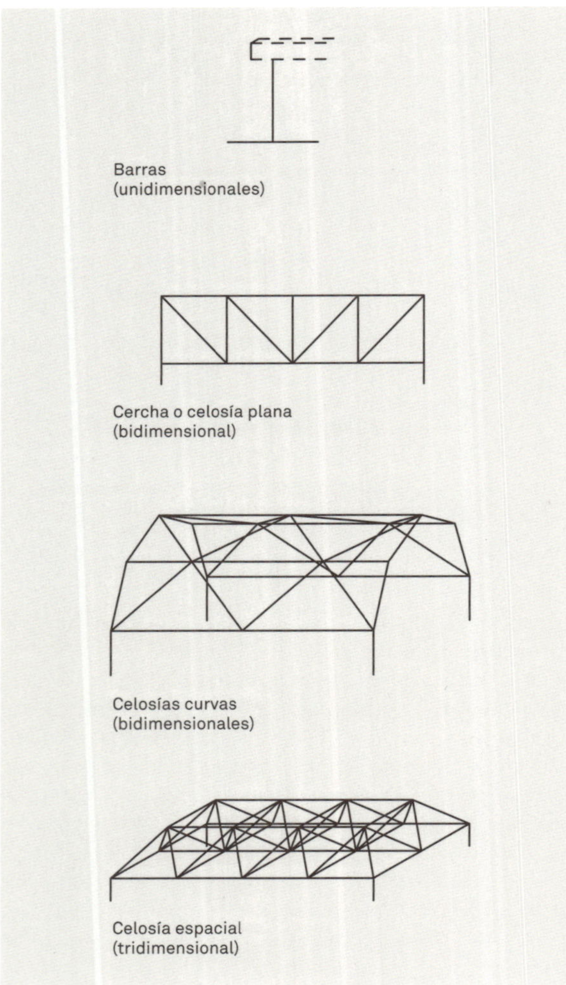

Fig. 2.1.15: Principales sistemas estructurales de vector activo

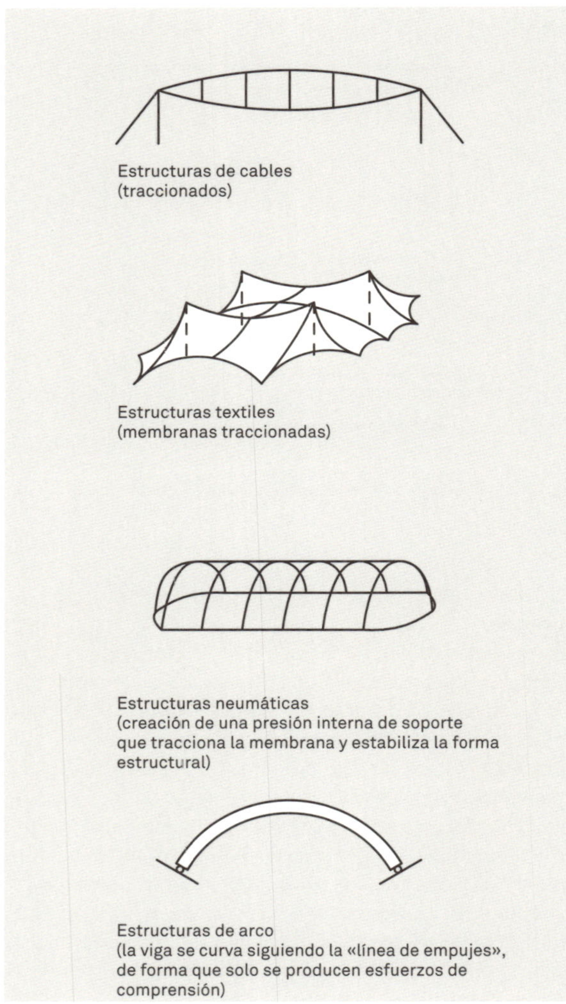

Fig. 2.1.17: Principales sistemas estructurales de forma activa

Material de construcción	Características del material	Propiedades mecánicas	Resistencia	Módulo de elasticidad [MN/m²]
Acero	Isótropo	Resistencia a tracción Resistencia a compresión	$f_{u,k}$ = 360 N/mm² (esistencia a tracción y a compresión)	210.000 MN/m²
Vidrio	Isótropo	Resistencia a tracción Resistencia a compresión	máx.σ^Z = 30–90 N/mm² (resistencia a tracción) máx.σ^D = 700–900 N/mm² (resistencia a compresión)	~ 70.000 MN/m²
Madera	Anisótropo	Resistencia a tracción Resistencia a compresión	$f_{t,0,k}$ = 14 N/mm² (esistencia a tracción en paralelo a las fibras) $f_{t,90,k}$ = 0,4 N/mm² (resistencia a tracción en perpendicular a las fibras) $f_{c,0,k}$ = 21 N/mm² (resistencia a compresión en paralelo a las fibras) $f_{c,90,k}$ = 2,5 N/mm² (esistencia a compresión en perpendicular a las fibras)	10.000 MN/m² (europ. Nadelhölzer) 12.500 MN/m² (europ. Laubhölzer)
Hormigón	Isotropía limitada	Resistencia a compresión	$f_{ck,cyl}$ = 20 N/mm² (resistencia a compresión, probeta cilíndrica) $f_{ck,cube}$ = 25 N/mm² (resistencia a compresión, probeta cúbica)	26.000 MN/m² (C 12/15) 29.000 MN/m² (C 20/25) 35.000 MN/m² (C 40/50)
Fábrica de ladrillo	Anisótropo	Resistencia a compresión	β_R = 6 N/mm² (resistencia a compresión, valor estimado)	1500–10.000 MN/m²
Terreno, p. ej. arena	Isotropía muy limitada	Resistencia a compresión	σ^D adm. ≈ 0,3 N/mm² = 300 kN/m² (tensión admisible)	20–250 MN/m² *
1 N/mm² = 1 MN/m² = 1000 kN/m²				* Módulo de rigidez E_s
El módulo de elasticidad para la madera se corresponde con el paralelo a las fibras. En la dirección perpendicular a las fibras los valores son significativamente más bajos. Eperp.,coníferas ~ 300 MN/m²				

Tab. 2.1.4: Características mecánicas de algunos materiales seleccionados

ELECCIÓN DE LOS MATERIALES

Propiedades de los materiales

Las características mecánicas de cualquier material (resistencia y comportamiento elástico) se determinan principalmente por dos valores: su resistencia y el módulo de elasticidad (*E*).

Resistencia de los materiales

Como se ha descrito antes, la resistencia es la capacidad portante específica de un material y viene expresada en términos de la tensión máxima que puede asumir σ *adm.* o de la resistencia característica f_k. Por lo tanto, la resistencia es el parámetro clave para determinar la capacidad portante de un elemento estructural. > **Tab. 2.1.4**

Módulo de elasticidad

Si un cuerpo es sometido a una tensión mediante la aplicación de una carga, inevitablemente sufrirá una deformación. > **Fig. 2.1.18** El grado de deformación depende de la elasticidad del material. El valor característico de la elasticidad de un material es el módulo de elasticidad (*E*). > **Tab. 2.1.4**

El producto del módulo de elasticidad y el área de la sección transversal *A* (E · A) se conoce como *resistencia elástica*. En el caso de componentes estructurales que trabajen a tracción o compresión, cuanto mayor sea la resistencia de elasticidad, menor será el cambio de longitud. Esto significa que, si se pretende mantener reducida la distorsión, *E*, *A* o ambos deben ser elevados (el material debe ser muy resistente o la sección ha de ser considerable). Algo similar ocurre con los elementos sometidos a flexión. En este caso, el producto del módulo de elasticidad y el momento de inercia (E · I) se denomina *resistencia a flexión* (*I* [m⁴]; se trata de un valor de la sección que está incluido en todos los prontuarios sobre las secciones más habituales). > **Fig. 2.1.19**

Fig: 2.1.18: Elasticidad de los materiales

Fig. 2.1.19: Limitación de las deformaciones (las barras estructurales de acero inoxidable que soportan las láminas de madera de este banco se dimensionaron por separado para evitar flexiones excesivas)

El módulo de elasticidad de cada material se determina mediante pruebas de carga en las que se miden las deformaciones producidas. > Tab. 2.1.4

Elección de los materiales

Los materiales deberían elegirse teniendo en cuenta la necesidad de mantener tanto la capacidad portante ($\sigma \leq \sigma adm$) como la adecuación a la función (evitando las deformaciones excesivas). Por lo tanto, la elección del material depende en gran medida de la magnitud de la carga efectiva σ. En el caso de esfuerzos de tracción y compresión, la tensión puede calcularse mediante la conocida fórmula $\sigma = F/A$. Para calcular las tensiones en el caso de esfuerzos de flexión es preciso utilizar otro parámetro de la sección, el módulo resistente W [m³], que también se encuentra listado en los prontuarios para todas las secciones habituales. Así, el esfuerzo de flexión produce las siguientes tensiones:

$$\sigma = \frac{M}{W}\left[\frac{N}{m^2}\right] \qquad \left(\left[\frac{N \cdot m}{m^3}\right] = \left[\frac{N}{m^2}\right]\right).$$

De este modo, en casos de elevada solicitación de flexión (*M*), la sección también necesitará un mayor módulo resistente *W* para limitar la tensión generada. Las secciones abiertas (perfiles en doble T, perfiles huecos, etc.) resultan adecuadas para proporcionar elevados módulos de inercia. > Tab. 2.1.5 De ello se deduce que debe ser posible crear una forma adaptada a las necesidades estructurales sin excesivos esfuerzos (por ejemplo, acero u hormigón).

La relación entre el módulo resistente y el área se ha convertido en un indicador aceptado de la eficiencia a flexión. Cuanto mayor es la relación W/A, más eficiente es la sección del material para soportar cargas de flexión.
A continuación se discutirán algunas características esenciales y los ámbitos preferentes de aplicación de diversos materiales. > Tab. 2.1.8

Madera

La madera es un material anisótropo y heterogéneo de crecimiento orgánico. > Fig. 2.1.20 Es posible imaginar la estructura interna de la madera como un haz de tubos, cuyas propiedades mecánicas difieren considerablemente en las direcciones paralelas ∥ y perpendiculares ⊥ a la fibra.

Anisotropía: la influencia del ángulo φ entre la dirección de la fibra y la dirección de la solicitación puede observarse en el diagrama de la **figura 2.1.21**.
Heterogeneidad: la naturaleza heterogénea de la madera, por ejemplo, sus nudos, tiene un efecto negativo sobre su capacidad portante. En lo esencial, esta cuestión está contemplada dentro de las tensiones admisibles contenidas en las normas sobre estructuras de madera, pero deberían tomarse especiales precauciones en caso de encontrarse con una madera con deficiencias significativas en su estructura, ya que puede suponer un problema para la resistencia a tracción.

Fig. 2.1.20: La madera como material de construcción

Sección transversal (todas las medidas en cm)	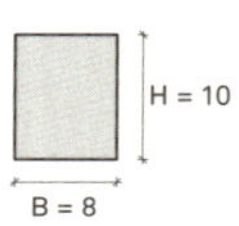	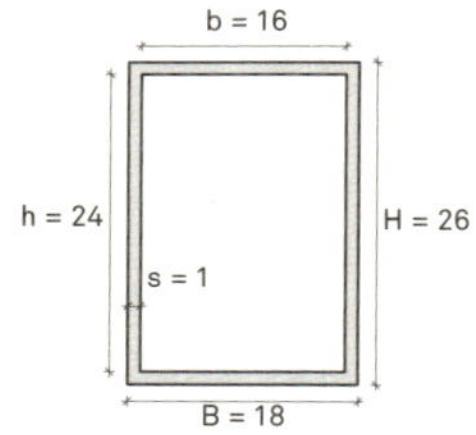	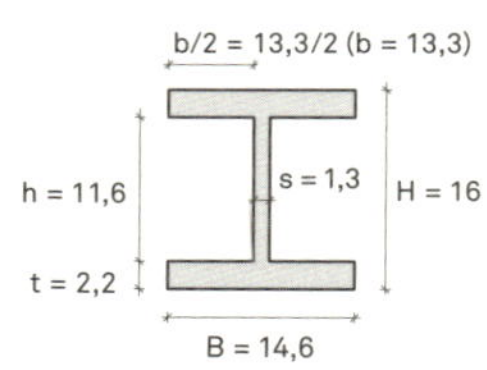	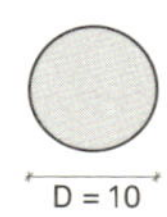	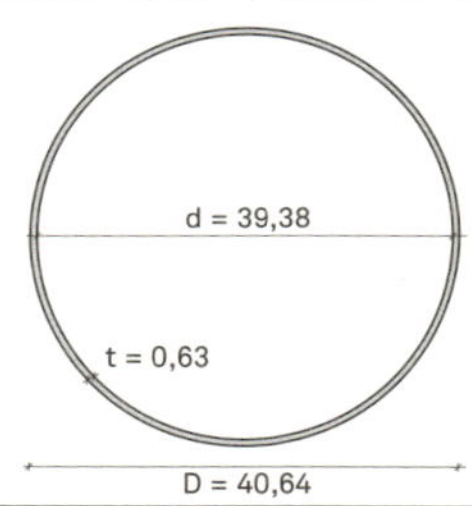
Superficie A [cm²]	B · H	B · H − b · h	2 · B · t + s · h	$\frac{\pi \cdot D^2}{4}$	$\frac{\pi \cdot (D^2 - d^2)}{4}$
	8 · 10 = 80 cm²	18 · 26 − 16 · 24 = 84 cm²	2 · 14,6 · 2,2 + 1,3 · 11,6 = 79,3 cm²	π · 10²/4 = 78,5 cm²	π · (40,64² − 39,38²)/4 = 79,2 cm²
Módulo resistente W [cm³]	$\frac{B \cdot H^2}{6}$	$\frac{(B \cdot H^3 - b \cdot h^3)}{6 \cdot H}$	$\frac{(B \cdot H^3 - b \cdot h^3)}{6 \cdot H}$	$\frac{\pi \cdot D^3}{32}$	$\frac{\pi \cdot (D^4 - d^4)}{32 \cdot D}$
	8 · 10²/6 = 133,3 cm³	(18 · 26³ − 16 · 24³)/6 · 26 = 610,2 cm³ (≈ 4,6 veces este tamaño)	(14,6 · 16³ − 13,3 · 11,6³)/6 · 16 = 406,7 cm³ (≈ 3,1 veces este tamaño)	π · 10³/32 = 98.17 cm³ (≈ 0,7 veces este tamaño)	π · (40,64⁴ − 39,38⁴)/32 · 40,64 = 780 cm³ (≈ 5,9 veces este tamaño)
Aunque las cinco secciones tienen un área similar, sus módulos resistentes varían considerablemente dependiendo de la geometría de la sección. El hecho de que los valores de las secciones del tubo rectangular y del perfil en doble T no coincidan con los correspondientes perfiles 260x180x10 y HEM 140 se debe a que se han calculado con versiones idealizadas que no tienen en cuenta los arcos de los encuentros					

Tab. 2.1.5: Valores característicos de varias secciones tipo

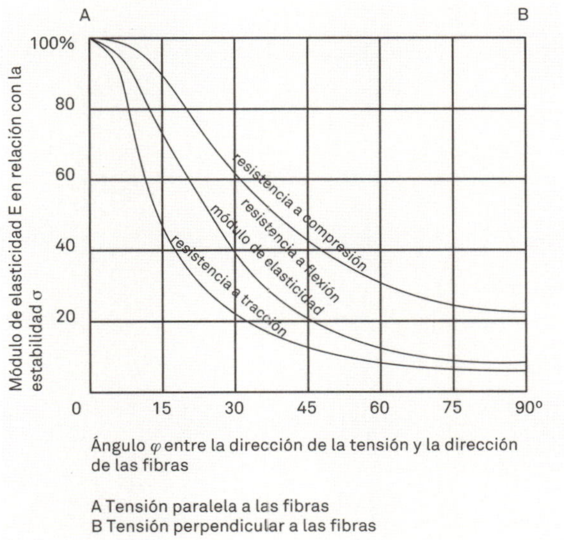

Fig. 2.1.21: Dependencia de las propiedades mecánicas de la madera respecto del ángulo que forman las fibras y las tensiones soportadas

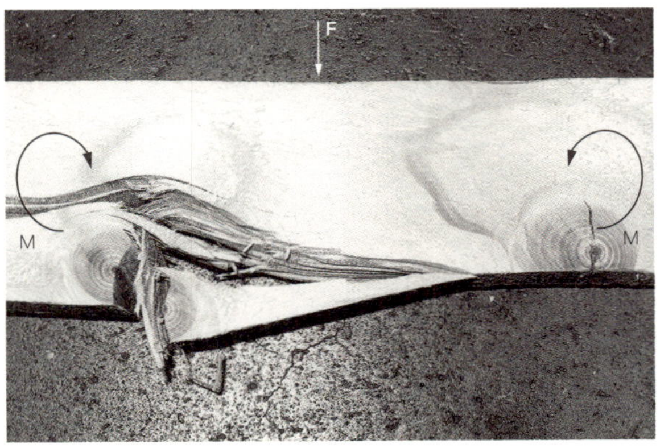

Fig. 2.1.22: Rotura debida a la flexión en una pieza de madera con muchos nudos

Fig. 2.1.23: El acero como material de construcción

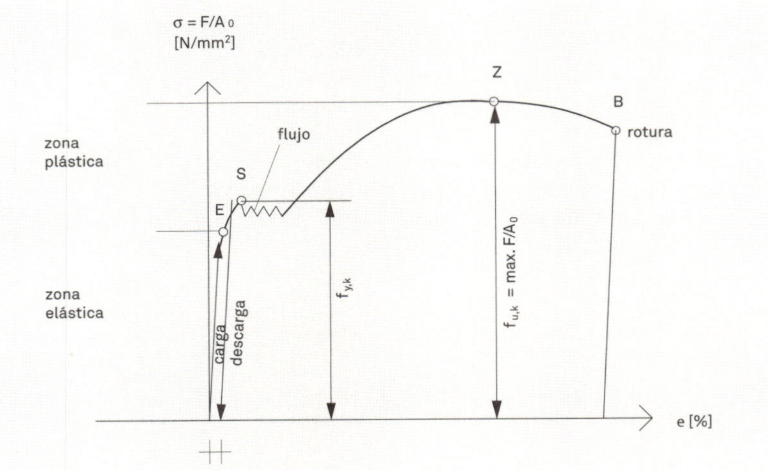

Para representar el proceso con claridad, la fase inicial de la relación tensión-expansión (hasta el límite de resistencia S) se muestra más plana de lo que sería en realidad

E = límite elástico (elongación permanente ε_{pl} = 0,01%)
S = límite de resistencia $f_{y,k}$ (elongación permanente ε_{pl} = 0,2%)
Z = resistencia a tracción $f_{u,k}$ (tensión máxima que puede tolerarse, si se supera se produce la rotura)
B = tensión de rotura (< $f_{u,k}$) (tracción inmediatamente anterior a la rotura)
A_0 = sección inicial (área de la sección sin cargas [mm²])

Fig. 2.1.24: Diagrama de tensión-deformación para el acero estructural S 235

Esta característica es la base de una regla básica de los carpinteros: disponer siempre las vigas de forma que los nudos estén en la zona de compresión. > **Fig. 2.1.22**

Acero

A diferencia de la madera, el acero > **Fig. 2.1.23** es un material de construcción homogéneo e isótropo, que muestra las mismas propiedades en todas las direcciones. Una característica particular del comportamiento mecánico del acero es su transición de una deformación elástica a otra plástica a partir de determinados niveles de tensión (límite elástico). > **Fig. 2.1.24**. Una vez superado dicho límite, se alcanza el punto de *fluidez*, en el cual se produce una elongación sin incremento de la tensión soportada. Cuando se retira la carga, el elemento de acero sometido a deformaciones elásticas vuelve a su forma original. Sin embargo, si ha sufrido una deformación plástica, esta será permanente.

Hormigón

El hormigón > **Fig. 2.1.25** es una piedra artificial obtenida a partir de una mezcla de áridos, cemento (cal cocida hasta el punto de sinterización y después molida finamente) y agua, endurecida gracias al fraguado de la pasta de cemento (agua más cemento). Tiene un buen comportamiento mecánico a compresión, pero transmite esfuerzos de tracción muy limitados (de hecho, no puede garantizarse ninguna resistencia a la tracción). Por ello, para absorber estos esfuerzos, se suele reforzar con armaduras de acero. El hormigón adopta formas muy variadas, lo que permite conseguir secciones con alturas y módulos de inercia muy elevados. Esto lo convierte en un material muy adecuado para sistemas estructurales de sección activa. En cualquier caso, debe prestarse especial atención a la protección de las armaduras contra la corrosión (véanse también las clases de exposición previstas por la norma > **Fig. 1.7.2**). Las dos siguientes reacciones químicas del hormigón son especialmente importantes en este contexto:

Hidratación: la reacción del cemento con el agua (fraguado) se denomina *hidratación*. Durante este proceso, aparecen diversos compuestos hidratados de calcio, que son los que proporcionan la resistencia mecánica al cemento fraguado. También se produce hidróxido de calcio ($Ca(OH)_2$), que dota a la mezcla del hormigón de su carácter alcalino (pH 12).

Carbonatación: la protección natural de la armadura contra la corrosión que proporciona el hidróxido de calcio se va perdiendo con el tiempo como resultado de la carbonatación de este, que reacciona con el dióxido de carbono de la atmósfera para producir carbonato cálcico ($CaCO_3$). Este proceso es muy rápido en ambientes urbanos e industriales.

La carbonatación reduce gradualmente el pH del hormigón. Si el pH es menor a 9, entonces no hay protección real frente a la corrosión y las armaduras de acero comienzan a oxidarse por la presencia tanto de oxígeno como de agua. El progreso de la carbonatación y la pérdida asociada de protección contra la corrosión en las armaduras de acero dependen de una serie de condiciones relacionadas con el ambiente y con el proceso de fabricación. > **Tab. 2.1.6**

	Condición	Grado de carbonatación / modo de acción
Factores ambientales	Bajo el agua o con bajos contenidos de humedad atmosférica (p. ej, en interiores)	Prácticamente nulo
	Exteriores, sin protección	Lento (los poros de hormigón saturados de agua actúan como retardantes del CO_2)
	Exteriores, bajo cubierta	2 o 3 veces más rápido que en exteriores sin protección (los poros no están saturados de agua)
	Ambiente industrial (alto contenido en CO_2)	Acelerado significativamente
Factores de producción	Relación agua-cemento ω reducida	Actúa como retardante de la carbonatación $\omega = \frac{\text{contenido en agua}}{\text{contenido en cemento}} [-]$ preferentemente $\leq 0{,}6 \left(\frac{\left[\frac{kg}{m^3}\right]}{\left[\frac{kg}{m^3}\right]} = [-]\right)$ En obra debería seguirse la siguiente regla: *¡Nunca debe mejorarse la trabajabilidad del hormigón añadiéndole más agua!*
	Recubrimiento suficiente de hormigón	La zona afectada por la carbonatación alcanza a las armadura lo más tarde posible

Tab. 2.1.6: Progreso de la carbonatación en función de las condiciones ambientales y de la puesta en obra

Fig. 2.1.25: El hormigón como material de construcción

Fig. 2.1.26: El ladrillo como material de construcción

La protección contra la corrosión también puede perderse por la presencia de fisuras excesivamente profundas y anchas. Por ello resulta importante restringir la anchura de las fisuras al dimensionar los elementos de hormigón armado. Las fisuras pueden surgir por tensiones debidas a las cargas o a otras acciones indirectas, como retracciones o asientos diferenciales, por ejemplo.

Puesto que es imposible evitar la aparición de fisuras en el hormigón, hay que procurar que estas estén tan distribuidas como sea posible, para evitar la formación de un menor número de fisuras de mayor dimensión. Por este motivo se incorpora un refuerzo mínimo (refuerzo estructural incluso para las cargas más reducidas), y se emplea una malla para la armadura lo más tupida posible (con muchas barras de menor diámetro a intervalos reducidos). Este refuerzo de las armaduras puede provocar un exceso de rigidez que, a su vez, produzca fisuras por acciones indirectas. Para reducir este problema, es preciso disponer juntas de retracción o dilatación a intervalos aproximados de entre 6 y 10 m. Las juntas de retracción constituyen, de hecho, fisuras controladas distribuidas de tal manera que las diferencias dimensionales que puedan producirse sean absorbidas sin dar lugar a mayores problemas. > **Capítulo 2.3 Uniones**

Albañilería

La albañilería está constituida por piedra y mortero. > **Fig. 2.1.26** Es un material de construcción híbrido, heterogéneo y anisótropo, cuya capacidad portante depende de la resistencia del material pétreo empleado y de la calidad del mortero. > **Tab. 2.1.7** Algunos tipos especiales son la albañilería seca (sin mortero, con limitada capacidad portante) y la albañilería armada (con piezas de acero insertadas en sus juntas para absorber los esfuerzos de flexión y tracción, lo que le confiere una mayor capacidad portante; véase DIN 1053-3 y EC 6).

Asignación de resistencias admisibles a los grupos de mortero según las normas DIN (clases de mortero en la norma EN 998-2)			Clases de resistencia de la fábrica de ladrillo	Valores estimados de resistencia a compresión β_R [MN/m²]
IIa/M5	III/M10	IIIa/M20	M	
2	-	-	1,5	1,3
4	-	-	2,5	2,1
6	-	-	3,5	3,0
12	-	-	5	4,3
20	12	-	6	5,1
28	20	-	7	6,0
-	28	20	9	7,7
-	36	28	11	9,0
-	48	36	13	10,5
-	60	48	16	12,5
-	-	60	20	15,0

Tab. 2.1.7: Clases de resistencia de las fábricas de ladrillo

Material estructural	Sección transversal	Relación W/A (módulo resistente-área de la sección)	Resistencia	Aplicación	Normativa de referencia
Madera maciza	Escuadrada, rectangular, redonda	Baja	Resistencia a compresión baja-media, resistencia a tracción menor que la anterior (en paralelo a las fibras, despreciable en la dirección perpendicular)	Sistemas a flexión y triangulados con solicitaciones reducidas	DIN 1052 EN 1995 (EC 5)
Madera laminada (BSH)	Rectangular alargada y secciones especiales	Media		Sistemas a flexión con solicitaciones medias o altas (pero sensibles a cambios en la humedad y relativamente costosos)	
Acero de sección maciza	Redonda, cuadrada y pletinas	Baja	Elevada resistencia a compresión y tracción (en el caso de secciones esbeltas a compresión, hay riesgo de pandeo)	Barras a tracción y elementos comprimidos (p. ej, placas de apoyo) y armaduras del hormigón	DIN 18800 EN 1993 (EC 3)
Otros productos de acero	Gran diversidad	Media-alta		Sistemas a flexión y triangulados y elementos comprimidos con solicitaciones elevadas	
Hormigón	Sección específica en cada caso	Variable	Resistencia a compresión media, resistencia a tracción únicamente en el caso de incorporar armaduras de acero	Sistemas a flexión y estructuras superficiales (solo como soportes en los sistemas que trabajan a flexión y solo en aquellas superficies donde priman los esfuerzos de compresión, p. ej, arcos)	DIN 1045 (nueva) EN 1992 (EC 2)
Fábrica de ladrillo	Variable (ortoédrica, por lo general)	Baja	Resistencia a compresión baja-media, resistencia a tracción únicamente en el caso de incorporar refuerzos de acero (fábricas armadas)	Elementos comprimidos sometidos a solicitaciones reducidas o con secciones relativamente elevadas, y que soporten esfuerzos de tracción o flexión solo en casos excepcionales	DIN 1053 EN 1996 (EC 6)

Tab. 2.1.8: Principales materiales y sus posibles aplicaciones estructurales

DISEÑO DE LA SECCIÓN ESTRUCTURAL

El diseño de la sección estructural depende esencialmente de los esfuerzos que debe soportar. > Tabs. 2.1.1 y 2.1.2 Por lo general, en su dimensionado son relevantes las solicitaciones de tracción, compresión y flexión. Las tensiones procedentes de esfuerzos transversales solo resultan cruciales en los casos de grandes cargas aplicadas en las proximidades de un apoyo o de elementos de conexión (como pernos y juntas soldadas). Los esfuerzos de torsión (un caso especial) no van a ser tratados aquí.

Tracción

La solicitación de tracción es la fuerza normal positiva +*N*. En un elemento traccionado, lo único que hay que hacer es disponer de una sección con suficiente área *A* (capaz de soportar la carga). En este caso la geometría de la sección es irrelevante, de forma que la solución habitual consiste en un perfil compacto de un material muy resistente (por ejemplo, acero o fibra de carbono). Puesto que estos materiales tienen una elevada resistencia, es posible transferir grandes cargas con secciones reducidas. > Fig. 2.1.27

$$\sigma_{Z\ \mathrm{real}} = \frac{F_Z}{A} = \frac{+N}{A} = \frac{\text{tracción}}{\text{área}} \leq \sigma_{Z\ \mathrm{adm.}}$$

Esto significa que se puede elegir cualquier sección para el elemento estructural, pues solo el área total resulta relevante para la capacidad portante.

Compresión

La solicitación de compresión es la fuerza normal negativa -*N*. Puede distinguirse entre dos tipos de elementos a compresión. > Figs. 2.1.28 y 2.1.29

- Elementos comprimidos gruesos
  Lo anteriormente expuesto en relación con la tracción también es aplicable a los elementos comprimidos gruesos. La geometría de la sección transversal no es

Fig. 2.1.27: Cable estructural (que trabaja a tracción) soportando un puente colgante

Fig. 2.1.28: Pilares que soportan una cubierta (trabajando a compresión

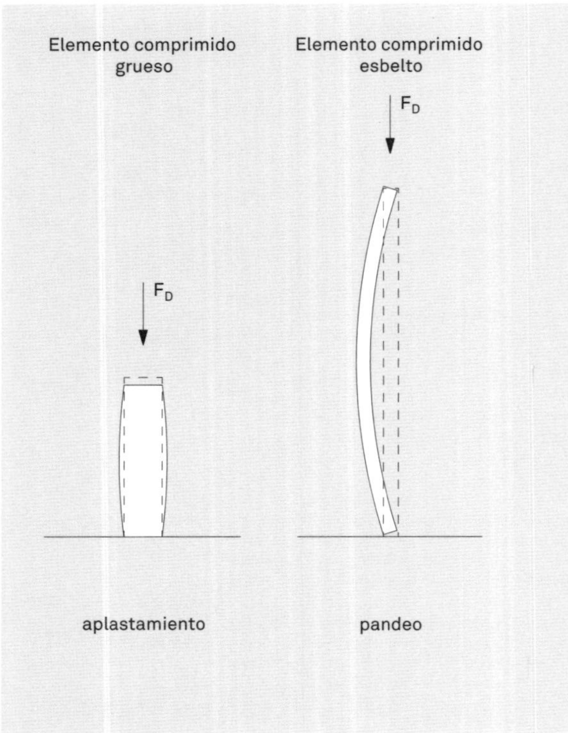

Fig. 2.1.29: Tipos de elementos estructurales a compresión

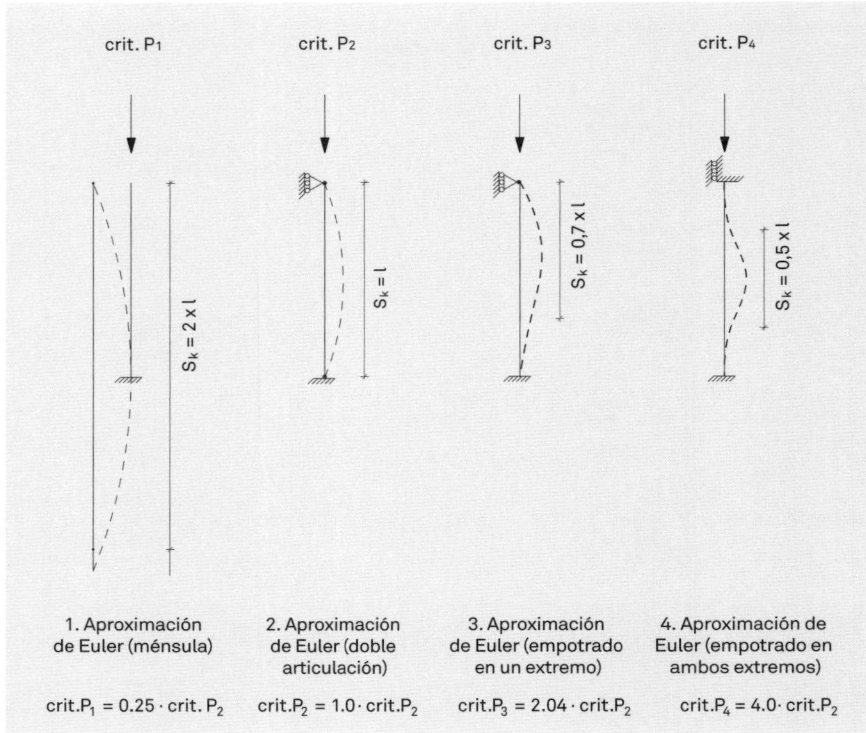

Fig. 2.1.30: Influencia del tipo de apoyo en la intensidad del pandeo

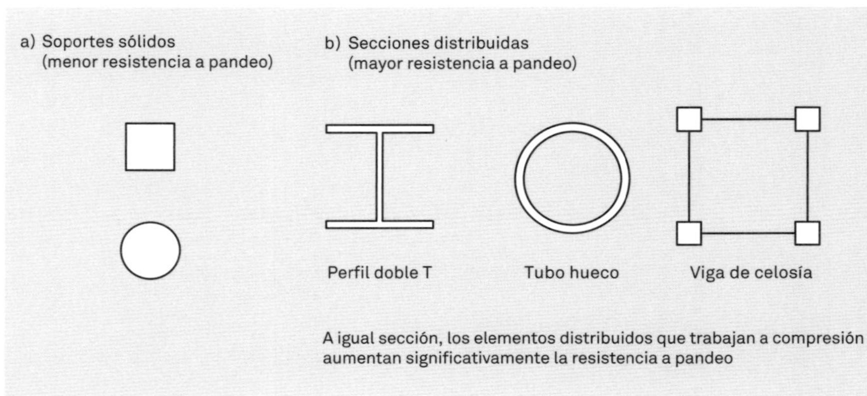

Fig. 2.1.31: Influencia del tipo de sección en la intensidad del pandeo

relevante, ya que basta con que tenga un área suficiente (placas de apoyo, pistones de compresión, pilares de poca altura y sección gruesa, etc.).

$$\sigma_{D\,real} = \frac{F_D}{A} = \frac{-N}{A} = \frac{\text{compresión}}{\text{área}} \leq \sigma_{D\,adm.}$$

Puede elegirse cualquier forma que se desee para la sección, ya que solo es relevante la capacidad portante del área total.

· Elementos comprimidos esbeltos
La geometría de la sección es fundamental en el caso de elementos esbeltos sometidos a compresión (por ejemplo, pilares esbeltos), ya que estos corren el riesgo de sufrir pandeo. Es fácil entender en qué consiste el pandeo con el ejemplo de una regla ordinaria de medir: si se la coloca en vertical y se comprime, la parte central se desplaza en la dirección del eje más débil. Este movimiento lateral denominado *pandeo* es relevante en el dimensionado de elementos comprimidos esbeltos. > **Fig. 2.1.29**
De acuerdo con Leonhard Euler (1707-1783), la carga crítica de pandeo se calcula de la siguiente forma:

$$P_{cr} = \frac{\pi^2 \cdot E \cdot I}{s_k^{\,2}} \quad \text{(fórmula de Euler).}$$

Depende de π (constante matemática), del módulo de elasticidad, de la forma de la sección (momento de inercia *I*) y del modo de pandeo (longitud de pandeo s_k). En cuanto a la longitud de pandeo s_k, se pueden distinguir cuatro casos de Euler. > **Fig. 2.1.30**

Puesto que el momento de inercia *I* (puede consultarse en prontuarios, por ejemplo, para una sección rectangular $I = b \cdot h^3/12$) aumenta si la sección es menos compacta (de forma análoga a como lo hace el módulo resistente *W*), se puede establecer la siguiente relación entre la geometría de la sección y la carga crítica de pandeo:

· las secciones sólidas tienen poca resistencia al pandeo (P_{cr} reducido);
· las secciones abiertas tienen mayor resistencia al pandeo (P_{cr} elevado). > **Fig. 2.1.31**

$$P_{real} = F_D = -N = \frac{\text{esfuerzo de}}{\text{compresión}} \leq P_{cr} = \frac{\text{carga crítica}}{\text{de pandeo}}$$

Esto implica que no se puede elegir cualquier sección, pues su geometría es un factor determinante de la capacidad portante: las secciones abiertas (por ejemplo, perfiles en doble T) tienen mucha mayor resistencia al pandeo que los perfiles sólidos con la misma área.

Flexión

La solicitación de flexión es el momento flector *M*. > **Fig. 2.1.33a** Este momento flector afecta a la sección como un par de fuerzas que actúan longitudinalmente en el elemento de apoyo, combinando un esfuerzo de compresión *D* y un esfuerzo de tracción *Z*. > **Fig. 2.1.33b** Así pues la sección no está sometida a un esfuerzo homogéneo, sino que este va desde una tensión máxima de compresión σ_D (en el borde comprimido) hasta una tensión máxima de tracción σ_Z (en el borde traccionado). Por ello mismo, hay una fibra neutra en la sección donde no existe ninguna tensión (en la zona de transición entre las zonas de compresión y tracción). > **Fig. 2.1.33c**

Como se ha comentado antes, es preciso un módulo resistente *W* para transferir un momento flector *M*. El módulo resistente aumenta al incrementar la altura y la apertura de la sección (perfiles en doble T, perfiles huecos, etc.), en la medida en que también aumenta el brazo de momento e entre las solicitaciones *D* y *Z*. En este caso los esfuerzos se dirigen a disponer la mayor parte del área de la sección a la mayor distancia de su centro de gravedad. Cuanto más abierta es una sección, mayor es el módulo de resistencia *W* y, por lo tanto, su resistencia a flexión.

$$\sigma_{D,Z\,real} = \frac{M}{W} = \frac{\text{tracción}}{\text{área}} \leq \sigma_{D,Z\ adm.}$$

Fig. 2.1.32: Perfiles metálicos que soportan un puente (trabajando a flexión)

Si es posible disponer de elementos estructurales de gran altura, entonces el brazo de momento de las solicitaciones y, por lo tanto, el módulo resistente *W* pueden maximizarse de forma efectiva aumentando la separación de los extremos de la sección (arcos, celosías y cerchas). > **Fig. 2.1.33d-f** Este tipo de soluciones permiten ahorros considerables de material.

Todo lo anterior implica que la geometría de la sección no puede elegirse arbitrariamente, ya que es uno de los factores determinantes de la capacidad portante. Las secciones abiertas con un elevado módulo resistente *W* (por ejemplo, las barras superior e inferior de una cercha) tienen mucha más resistencia a la flexión que las secciones sólidas con la misma área total.

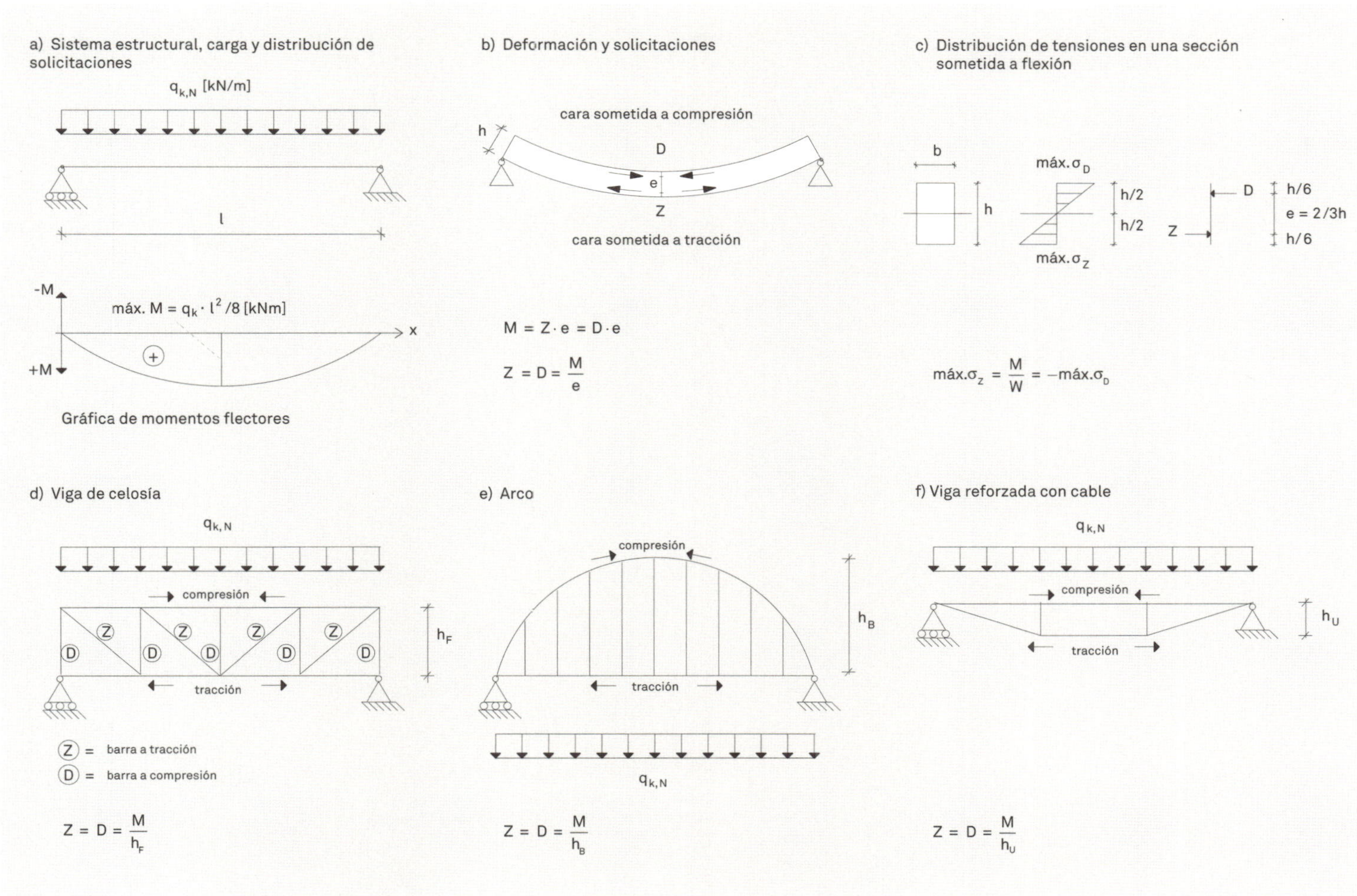

Fig. 2.1.33: Estructuras que trabajan a flexión

ARRIOSTRAMIENTOS

Los edificios deben estar adecuadamente arriostrados, es decir que han de estar en posición de transferir cualquier fuerza horizontal que actúe sobre ellos (viento, desviaciones de la vertical, empujes del terreno, colisión de vehículos, etc.). Para lograrlo, se debe disponer un número suficiente de elementos de arriostramiento verticales y horizontales.

Naturaleza y disposición de los arriostramientos

En un edificio de una planta, al menos tres planos verticales (por ejemplo, los muros) y un plano horizontal (por ejemplo, la cubierta) deben estar arriostrados. Los ejes de los planos verticales no deberían en ningún caso intersecarse en planta. > **Fig. 2.1.34**

Existen diversos elementos estructurales, como láminas o placas, que pueden utilizarse para arriostrar un edificio. > **Fig. 2.1.35**

En la **figura 2.1.36** se observa una carga de viento aplicada sobre una cubierta, que está arriostrada por el muro trasero y los dos muros laterales, y el flujo de fuerzas que se produce en esta estructura. El viento se aplica perpendicularmente sobre el muro trasero, que se apoya en el borde de los planos de cubierta y de cimentación. La cubierta actúa como una lámina y transfiere la carga del viento procedente del muro trasero a los dos muros laterales. Estos también actúan como láminas, dispersando las fuerzas hacia abajo y formando una diagonal de compresiones que transfiere las cargas a la cimentación. Por último, la cimentación transmite las cargas horizontales al terreno por rozamiento. Como puede verse en la figura, dos cuestiones son importantes para la estabilidad global. En primer lugar, las láminas y las conexiones entre ellas deben tener la suficiente capacidad portante para poder transmitir los esfuerzos generados. Por otro lado, la estructura en su conjunto debe tener el peso suficiente para no ser volcada por acción del viento. Este peligro queda perfectamente ilustrado con el *modelo de la silla*. Si se ejerce una presión horizontal en el respaldo de la silla, las patas traseras terminan por separarse del suelo. Si sobre la silla existe una carga vertical suficiente (por ejemplo, alguien está sentado sobre ella), entonces no se levantan. Esto implica que la carga horizontal del viento debe ser compensada con un peso propio o mediante anclajes al terreno.

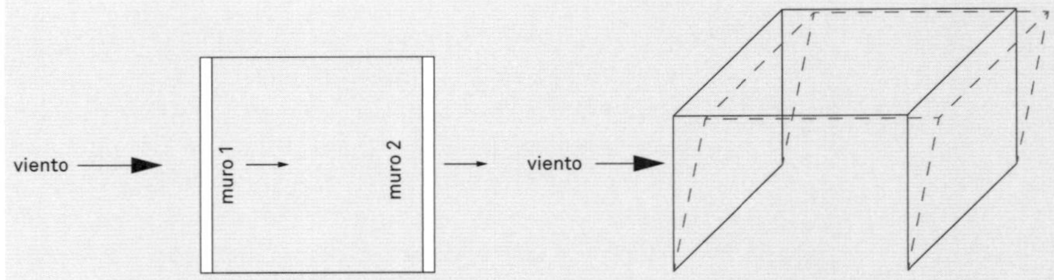

a) Dos muros sin un punto común de intersección; los dos paneles pueden volcar
→ no hay suficiente arriostramiento

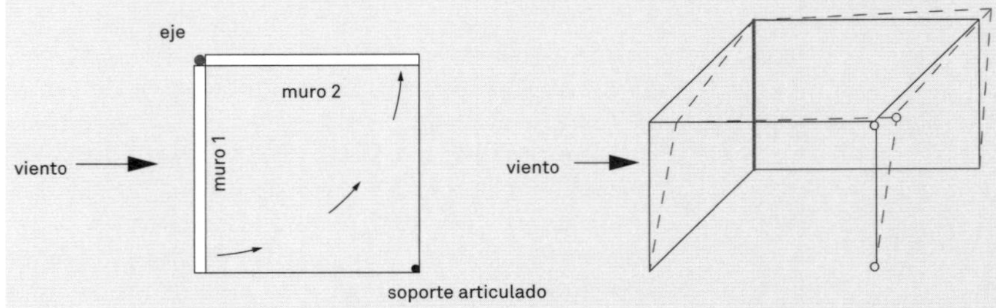

b) Dos muros con un punto común de intersección y un soporte; los dos muros pueden girar alrededor del eje de rotación
→ no hay suficiente arriostramiento

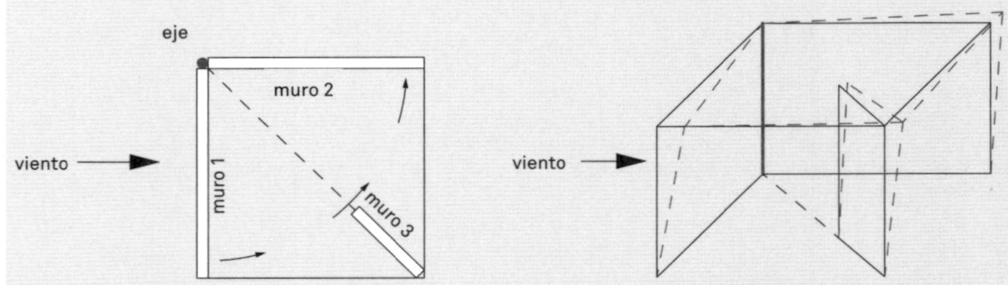

c) Tres muros con un punto común de intersección; los tres muros pueden girar alrededor del eje común de rotación
→ no hay suficiente arriostramiento

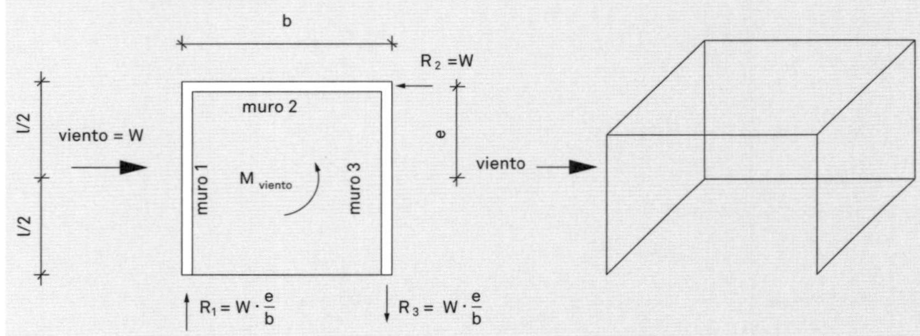

R = reacción

d) Tres muros sin un punto común de intersección; la carga de viento se transfiere desde el muro 2. El par de fuerzas W y R2 generan un momento
$M_{viento} = W \cdot e = R_2 \cdot e$

Para alcanzar el equilibrio, los muros 2 y 3 generan un momento de reacción de sentido opuesto
$M_{arriostramiento} = R_1 \cdot b = R_3 \cdot b = M_{viento}$

De donde se sigue: $R_1 = R_3 = \frac{M_{viento}}{b} = W \cdot \frac{e}{b}$

Se requiere una cubierta capaz de conducir los momentos generados para conectar sólidamente los tres muros de arriostramiento.
→ hay suficiente arriostramiento

Fig. 2.1.34: Disposición de elementos de arriostramiento

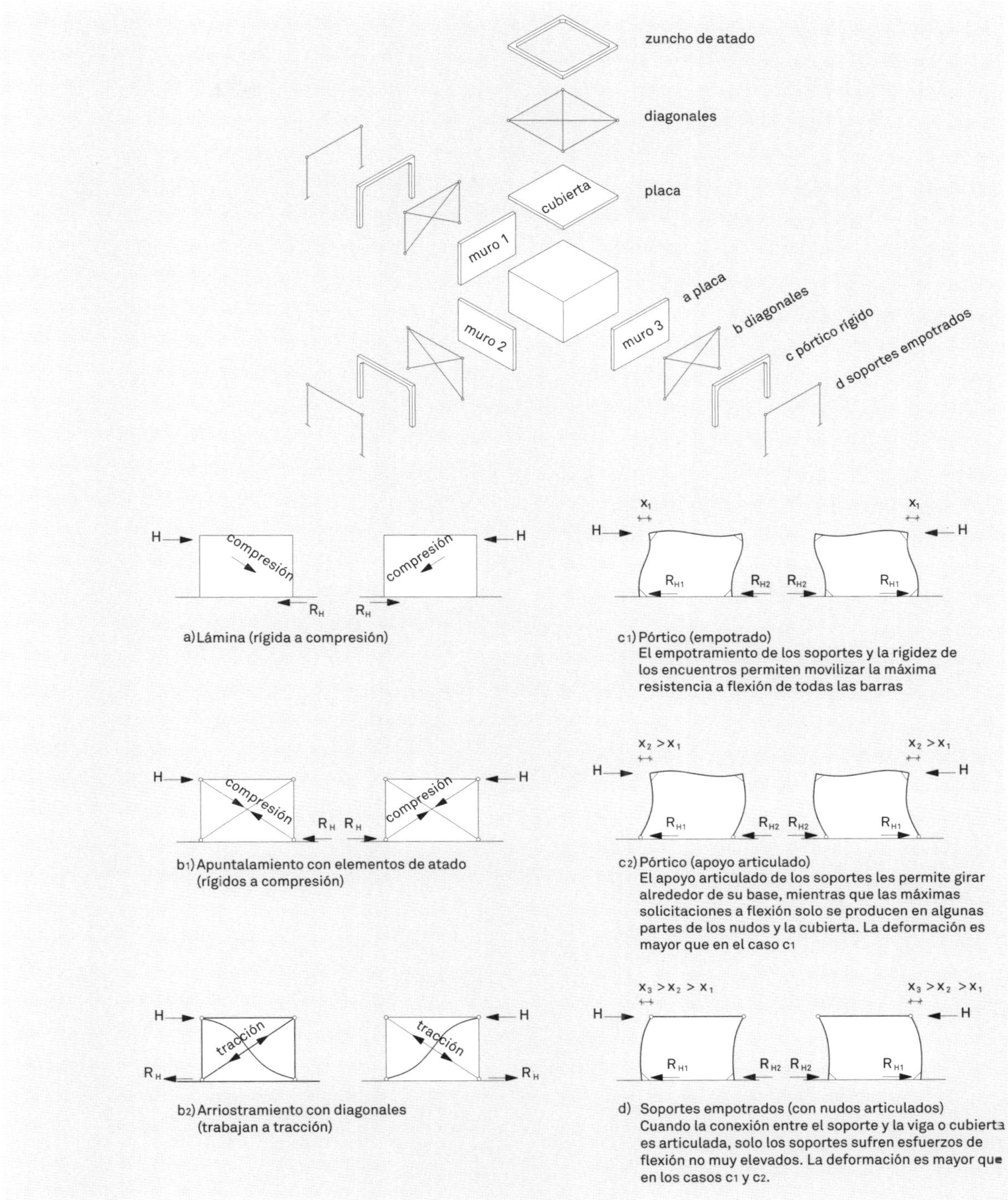

Fig. 2.1.35: Posibles tipos de elementos de arriostramiento

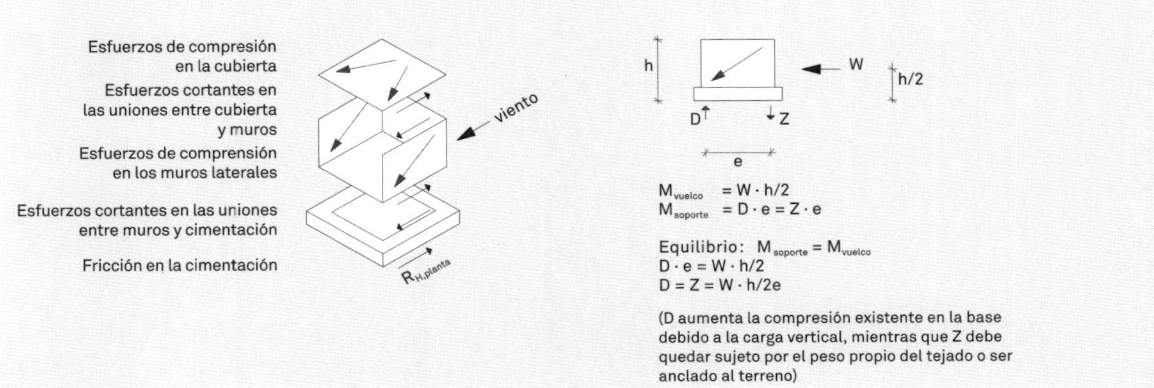

Fig. 2.1.36: Flujo de fuerzas en un tejado arriostrado frente al viento y esfuerzos generados

2.2 CIMENTACIONES

PRINCIPIOS DE MECÁNICA DEL SUELO

- Parámetros importantes para el comportamiento mecánico de los suelos
- Aspectos del diseño de cimentaciones
- Carga admisible del subsuelo
- Hielo en el suelo

PRINCIPALES TIPOS DE CIMENTACIONES

- Cimentaciones superficiales
- Cimentaciones profundas

Bernd Funke

2.2 CIMENTACIONES

PRINCIPIOS DE MECÁNICA DEL SUELO

La mecánica del suelo es la disciplina que estudia las fuerzas y sus efectos en el terreno. En principio, todo trabajo de construcción produce modificaciones en las fuerzas del terreno debido al aumento o la reducción de las cargas asociadas con dichos trabajos (por ejemplo, como resultado de excavaciones). Hay que distinguir en este punto entre cimentaciones (estructuras en el suelo) y movimientos de tierra (estructuras realizadas con el propio suelo). En última instancia, es la interacción entre el suelo y la estructura lo que determina el diseño de una cimentación.

Parámetros importantes para el comportamiento mecánico de los suelos

Como complemento a los principios de clasificación de suelo introducidos en el **Capítulo 1.1**, a continuación se describen una serie de características y parámetros adicionales, dada su importancia para explicar el comportamiento mecánicos de los suelos.

Granulometría

La granulometría es la distribución de los diferentes tamaños de partícula presentes en el suelo. Se trata de un factor primordial para la clasificación de suelos inorgánicos. El coeficiente de uniformidad *U* es una variable utilizada para describir la granulometría, y se define como la relación entre el diámetro de partícula d_{60} y el diámetro de partícula d_{10}.

Estas magnitudes se derivan de una prueba de laboratorio diseñada para determinar el tamaño de partícula del suelo. Dicha prueba consiste en pasar una muestra de suelo por una serie normalizada de tamices de diámetro cada vez menor. El tamaño de la malla del tamiz por el que pasa el 60% de la masa del suelo se denomina d_{60}. Por su parte, el tamiz con el tamaño de malla d_{10} permite pasar tan solo un 10% de la masa del suelo.

$$U = \frac{d_{60}}{d_{10}} [-]$$

$$\frac{(60\% \text{ de la masa formada por partículas con diámetro } d \leq d_{60\,[mm]})}{(10\% \text{ de la masa formada por partículas con diámetro } d \leq d_{10\,[mm]})}$$

Los suelos con *U* menor a 5 son uniformes (sus partículas tienen un tamaño muy similar); aquellos con *U* entre 5 y 15 son suelos heterogéneos con una distribución continua; mientras que los suelos con *U* mayor a 15 son extremadamente heterogéneos, con una distribución discontinua. Estos últimos son suelos más fáciles de compactar que los uniformes, pues las partículas más pequeñas pueden rellenar los huecos entre los granos más gruesos, y también por ello son más susceptibles a los asientos. Así pues, para sostener una misma carga, los suelos heterogéneos generalmente deben ser más compactados que los uniformes.

Densidad

Uno de los parámetros más importantes para determinar la capacidad portante de un suelo es su densidad.

La densidad in situ *D* hace referencia a la relación entre la densidad del suelo en su estado natural, en su estado más disgregado posible (al derramarse de las manos) y en su estado más denso (al compactarlo con un considerable consumo de energía).

Cuanto mayor es la proporción de huecos en un suelo, menor es su densidad in situ *D*, que se calcula mediante las siguientes fórmulas a partir de diversos valores de densidad seca (la d alude a *dry*, seco):

$$D = \frac{\rho_d - \text{mín.}\rho_d}{\text{máx.}\rho_d - \text{mín.}\rho_d} [-] \quad \text{o alternativamente} \quad D = \frac{\text{real } \Delta\rho_d}{\text{máx.}\Delta\rho_d}$$ > **Fig. 2.2.1**

donde:
ρ_d = densidad seca in situ
$\text{mín.}\rho_d$ = densidad seca mínima tras la disgregación
$\text{máx.}\rho_d$ = densidad seca máxima tras la compactación

La densidad seca se mide en masa por volumen $\left[\frac{t}{m^3}\right]$.

La densidad máxima in situ es $D_{máx} = 1$; es decir que es la que se alcanza cuando el suelo in situ llega a la máxima densidad posible. La densidad mínima in situ es $D_{min} = 0$: la que se consigue cuando el suelo in situ adquiere la mínima densidad posible. Por ello las distintas capas de un suelo se describen mediante densidades in situ entre 0 y 1. > **Tab. 2.2.1**

Se puede compactar un suelo para aumentar su capacidad portante, lo que incrementa su densidad in situ. La variable utilizada para medir este incremento es el grado de compactación D_{Pr}, que puede determinarse directamente tomando una muestra del suelo. A continuación se establece en laboratorio la densidad seca r_d del suelo natural; después se coloca la muestra en un contenedor estandarizado con un peso también estandarizado, y se compacta

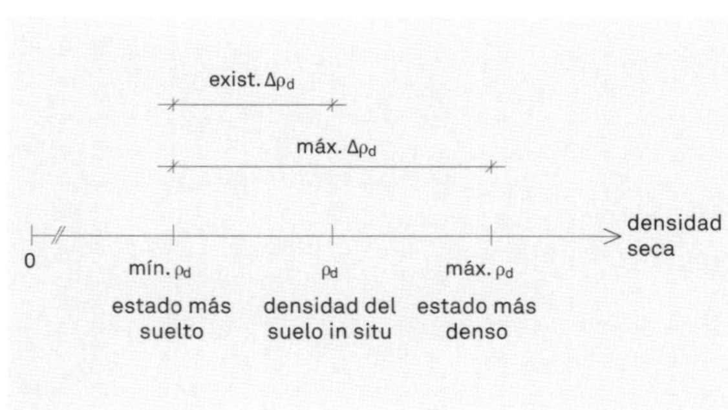

Fig. 2.2.1: Posibles densidades secas

Estado Densidad D in situ	Muy suelto < 0,15	Suelto 0,15–0,30	Medianamente denso 0,30–0,50	Denso > 0,50

Tab. 2.2.1: Valores de referencia para la relación entre el estado in situ y la densidad *D* in situ medida

con un cierto número de golpes de martillo (ensayo Proctor según norma DIN 18127). Los parámetros de esta compactación están definidos de forma que la muestra de suelo es compactada mediante un trabajo normalizado de magnitud A= 0,6 [MNm/m³]. Entonces se calcula la densidad seca, también conocida como densidad Proctor ρ_{Pr}, de la muestra compactada. Finalmente, pueden obtenerse, además, el grado de compactación ρ_{Pr} y el cociente de la densidad seca ρ_d (densidad seca de la muestra de suelo antes de la compactación.

$$D_{Pr} = \frac{\rho_d}{\rho_{Pr}} \cdot 100[\%]$$

Dado que la compactabilidad de un suelo depende en gran medida del contenido de humedad, el ensayo debe realizarse al menos con cinco muestras que contengan diferente contenidos de humedad, las cuales serán compactadas para evaluar su comportamiento en relación con sus densidades secas. La traslación de los resultados de estos ensayos a una gráfica proporciona una curva conocida como la curva de Proctor. El valor máximo de esta curva es la densidad Proctor ρ_{Pr}, que debe introducirse en la fórmula anterior. > **Fig. 2.2.2 y Tab. 2.2.2**

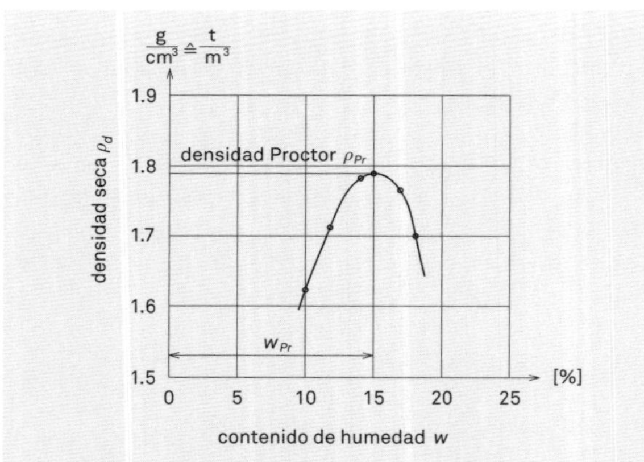

w_{Pr} = contenido óptimo de humedad (para una compactabilidad máxima)

Fig. 2.2.2: Curva Proctor como función de la densidad seca ρ_d requerida tras la compactación, en función del contenido de humedad w_{Pr}

Tipo de suelo	ρ_{Pr} en $\frac{g}{cm^3}$	w_{Pr} [%]
Arcilla, alta plasticidad	1,44	30
Arcilla, baja plasticidad	1,62	22
Arcilla arenosa	1,70	17
Limo arenoso	1,75	14
Arena media	1,85	11
Arena gruesa	1,98	10
Mezcla de grava-arena	2,12	7

Tab. 2.2.2: Valores de referencia para la densidad Proctor ρ_{Pr} y el contenido de humedad asociado w_{Pr} de varios suelos

En las proximidades de las cimentaciones generalmente se requiere un grado de compactación D_{Pr} igual o superior al 95% para suelos uniformes, y un D_{Pr} igual o superior al 98% en suelos heterogéneos. En la práctica, el grado de compactación D_{Pr} puede determinarse siguiendo uno de los cuatro siguientes métodos:

1. Muestra de suelo (determinación directa de acuerdo con las normas DIN 4021, 18125 y 18127, y con la norma EN ISO 22475-1): consiste en tomar una muestra de suelo (por ejemplo, con un tubo de muestras) para determinar ρ_d, ρ_{Pr} y, posteriormente, D_{Pr}. Es un método muy preciso que, en cualquier caso, requiere obtener muestras del terreno y estudiarlas en un laboratorio.

2. Ensayo de placa de carga (determinación indirecta de acuerdo con la norma DIN 18134, que aún no está incluida en la normas europeas, aunque sí está prevista en la norma EN ISO 22476-3): consiste en medir la deformación del suelo sometido a una carga estática aplicada mediante una placa normalizada y determinar el grado de compactación, calculando retroactivamente los módulos elásticos E_{v1} (carga inicial) y E_{v2} (carga posterior). Puesto que este ensayo solo puede utilizarse de forma fiable para capas con un espesor de alrededor de 1 m, se emplea preferentemente para rellenos por capas de cierta extensión.

3. Ensayo de penetración dinámica (determinación indirecta de acuerdo con las normas DIN 4094-3 y EN ISO 22475-2): consiste en contabilizar el número de golpes necesarios para introducir un cono de dimensiones definidas en un terreno, lo que permite obtener conclusiones sobre su grado de compactación. El número de golpes requeridos para una penetración de 10 cm se denomina n_{10}. Por ejemplo, en suelos sueltos $n_{10} \leq 3$, mientras que en suelos densos $n_{10} > 15$ cuando se usa un cono ligero (con profundidades de estudio de unos 10 m). Debido a que exigen una carga de trabajo relativamente escasa, estos ensayos resultan especialmente adecuados para conocer a grosso modo las características de un suelo determinado. También pueden utilizarse para alcanzar profundidades mayores con el fin de localizar los límites de los diversos estratos, así como cualquier otra discontinuidad presente en el terreno. En áreas extensas se suelen utilizar para comprobar la consistencia del suelo en puntos intermedios a aquellos en los que se han tomado muestras.

4. Ensayo de penetración estática (determinación indirecta de acuerdo con las normas DIN 4094-1 y EN ISO 22476-1): consiste en medir la resistencia, la fricción superficial y el exceso de presión del agua de capilaridad, presionando un cono de dimensiones definidas contra el suelo con una determinada fuerza para calcular el grado de compactación. Estos ensayos proporcionan resultados más precisos que los de penetración dinámica, pero también implican más trabajo, ya que debe instalarse una prensa de peso considerable (con, por ejemplo, plataformas ancladas al terreno).

Además, los proyectos de obras públicas y paisajismo también pueden hacer uso de los ensayos tipo *drive-over*, que consisten simplemente en hacer pasar un camión de 5 t de carga por eje sobre el suelo a estudiar. Aunque este método no ofrece más que una mera observación aproximada, puede aceptarse como ensayo válido en la contrata.

Resistencia a cortante τ_f

La resistencia a cortante τ_f de un suelo garantiza que no fluya como un líquido, sino que pueda sostenerse sin ayuda hasta cierta altura, formando, por ejemplo, un talud estable. Si se supera la resistencia a cortante del suelo, se produce un deslizamiento de todo el terreno situado por encima del plano de deslizamiento; el ángulo que forma dicho plano con la horizontal se conoce como ángulo de deslizamiento ϑ. > **Fig. 2.2.3** Este es resultado de la combinación de un componente de adherencia con otro de fricción. El primer componente se presenta solo en el caso de suelos cohesivos, y se corresponde con el valor de la cohesión c'. Debido a que sus partículas relativamente finas presentan forma laminar, estos suelos desarrollan al mojarse fuerzas superficiales que mantienen unidas las láminas. > **Capítulo 1.1 El suelo**

El componente de fricción se produce debido a la presión del propio peso del suelo sobre el plano de deslizamiento, que genera una fuerza de fricción. Si relacionamos la fuerza de fricción resultante con el área del plano cortante, podemos obtener la tensión máxima de cortante que puede transferirse: $\tau_{fricción} = \tan \varphi' \cdot \sigma'$ (φ' = ángulo efectivo de fricción del suelo, cuyo valor puede consultarse en diversos prontuarios; σ' = tensión efectiva de compresión en el plano de deslizamiento).

El esfuerzo cortante τ_f se calcula, por lo tanto, así:

$\tau_f = c' + \tan\varphi' \cdot \sigma'$ (componente de adherencia + componente de fricción). > **Fig. 2.2.4**

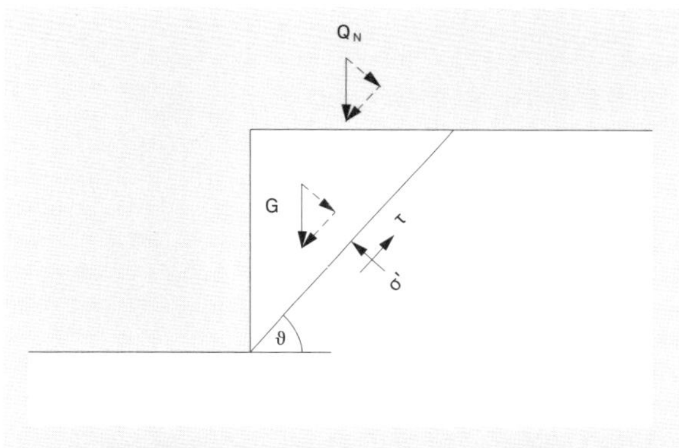

σ' = tensión normal (de compresión) efectiva sobre el plano de deslizamiento, que genera fricción y, en consecuencia, resistencia a cortante
τ = tensión cortante en el plano de deslizamiento. Si es mayor que la resistencia a cortante τ_f, la cuña de suelo se desliza hacia abajo

Fig. 2.2.3: Cuña de terreno con peso propio G y sobrecarga Q_N resbalando sobre el plano de deslizamiento, con un ángulo de deslizamiento θ

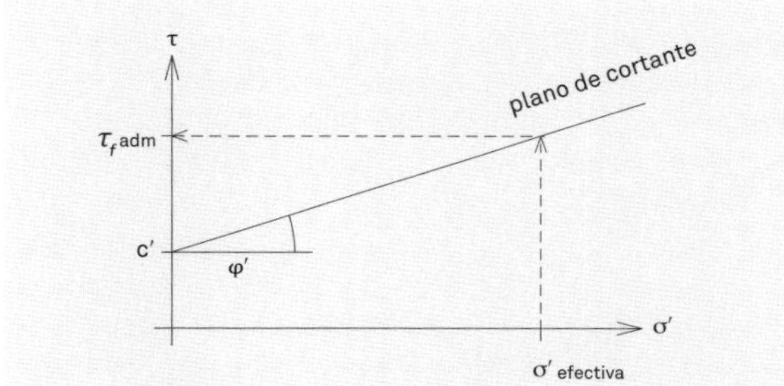

c' = cohesión efectiva del suelo
φ' = ángulo efectivo de fricción del suelo

Fig. 2.2.4: Resistencia a cortante según Coulomb

El esfuerzo cortante es menor en suelos secos no plásticos y más elevado en suelos altamente cohesivos no saturados.

Aspectos del diseño de cimentaciones

A continuación se exponen diversas cuestiones de diseño relevantes para cimentaciones y estructuras de contención de tierras.

Asientos

Un asiento es una deformación vertical del subsuelo que origina un desplazamiento hacia abajo de una estructura o parte de ella. Puede deberse a diversas causas:

- Compresión del subsuelo debida a las cargas (p.ej., como resultado de la carga aplicada por una cimentación o un relleno; en estos casos, la regla es que, cuanto mayor es la carga, mayor es el asiento). En arquitectura paisajística, la importancia de este tipo de asientos es poca, debido a que habitualmente las cimentaciones no deben soportar grandes cargas.
- Compresión del subsuelo provocada por un cambio en la capacidad portante (p.ej., como resultado de una desestabilización lateral del subsuelo por excavaciones próximas).
- Asientos del subsuelo como consecuencia de un descenso del nivel freático. Como todos los materiales, el suelo presenta cierta capacidad para flotar en el agua; el bombeo de agua o el descenso del nivel freático reducen o eliminan este efecto: el peso propio del suelo aumenta, por lo que se incrementan las tensiones mecánicas en el subsuelo, lo que produce un efecto equivalente a un aumento de la carga.
- Asientos del subsuelo debidos al secado de suelos cohesivos (p.ej., bajo grandes losas de cimentación o barreras impermeabilizantes).
- Elevaciones y asientos del subsuelo debidos al hielo. Los cambios en el volumen del agua contenida en el suelo como consecuencia de ciclos de hielo-deshielo también pueden producir transformaciones en el volumen del suelo.
- Asientos del subsuelo como resultado de cambios a grandes profundidades (p.ej., debidos a procesos subterráneos de erosión o de movimientos de tierras en áreas mineras).

El objetivo del proyectista debe ser determinar cualquier asiento previsible y controlar su magnitud a través del diseño de la estructura. Básicamente, se distinguen entre asientos uniformes y diferenciales; estos últimos generalmente resultan críticos porque pueden ocasionar grietas, desplomes y otros daños en la estructura. > **Fig. 2.2.5**

Si se prevén asientos diferenciales de importancia como consecuencia de la heterogeneidad del subsuelo, se puede hacer frente a este problema a través de diversas medidas constructivas:

- Diseñar las cimentaciones de tal forma que se produzca un asiento esencialmente uniforme bajo el conjunto de la estructura (p.ej., reemplazando las capas con menor capacidad portante o utilizando pilotes para transferir las cargas de la estructura a capas más profundas y gruesas, que presenten mejores propiedades mecánicas).
- Diseñar una estructura lo bastante arriostrada como para no deformarse y poder compensar la presencia de zonas de subsuelo con menor capacidad portante. Sin

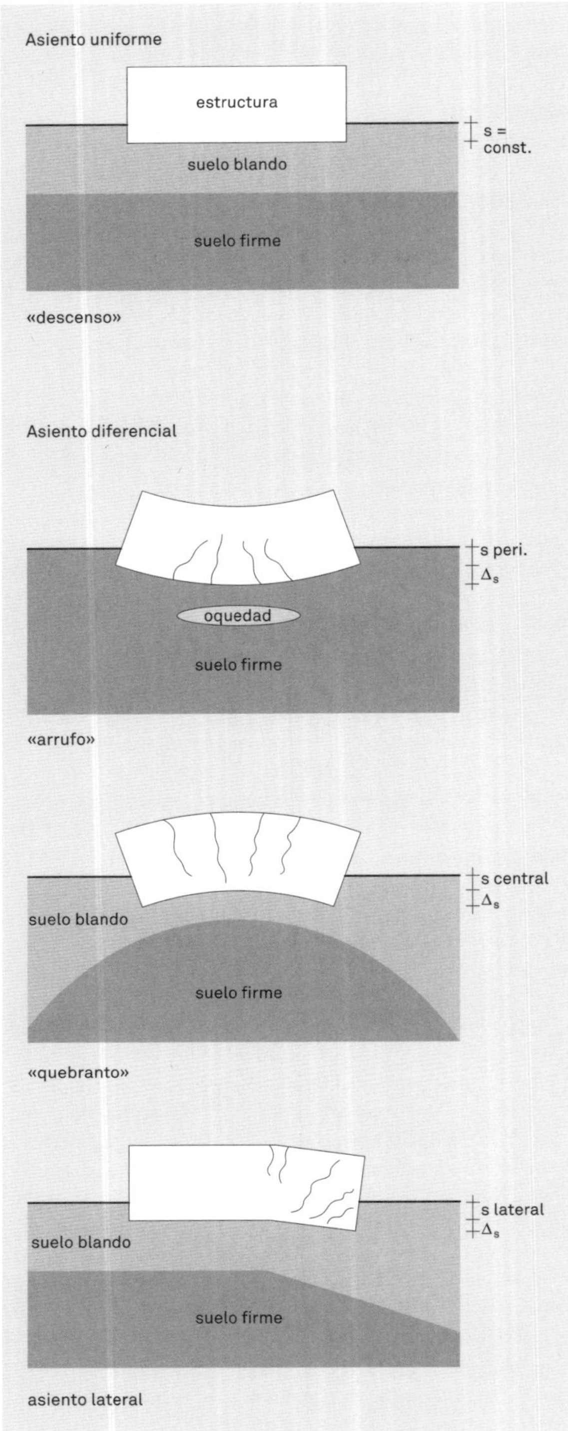

Fig. 2.2.5: Posibles tipos de asiento

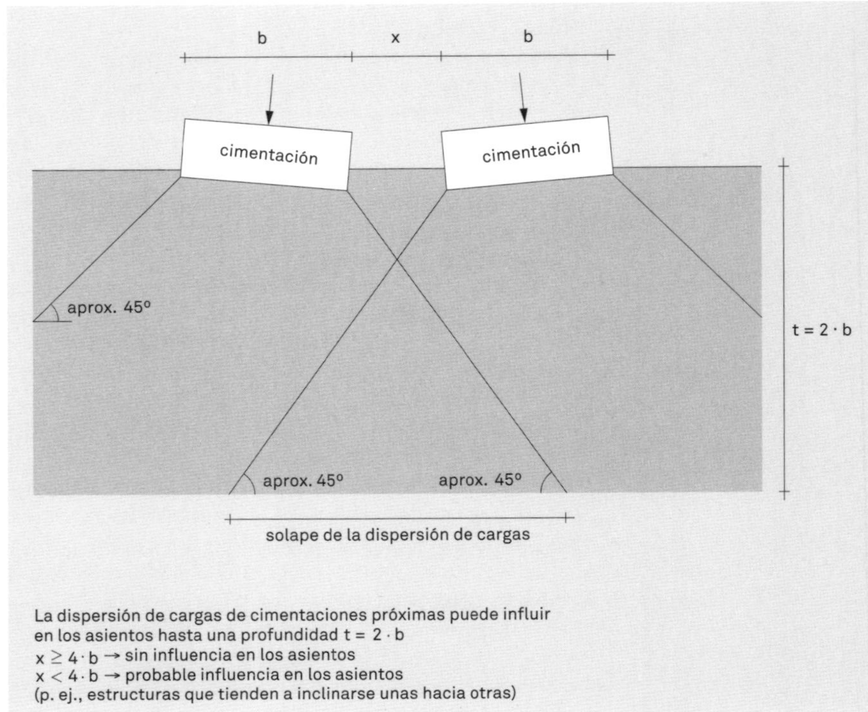

Fig. 2.2.6: Influencia en los asientos debido a cimentaciones próximas

embargo, adoptar una solución de este tipo exige tener en cuenta las deformaciones previsibles para garantizar la verticalidad de los pilares y reducir el riesgo de inestabilidad.

- Diseñar una estructura lo bastante flexible como para acomodarse a las deformaciones previsibles sin sufrir daños. En el caso de puentes, p.ej., el asiento diferencial de los dos extremos puede compensarse disponiendo de articulaciones o bisagras.

Por otro lado, debe recordarse que las cimentaciones pueden verse afectadas por asientos del terreno provocados por otras estructuras próximas. > Fig. 2.2.6

Hundimientos por levantamiento lateral

A medida que aumenta la carga aplicada sobre una cimentación, también lo hace la compactación del suelo bajo esta. Una vez alcanzado el grado máximo de compactación y superada la capacidad portante del terreno, la cimentación comienza a desplazar el terreno lateralmente a lo largo de un plano de deslizamiento (plano en el que se ha superado la resistencia a cortante), hasta que este se eleva alrededor de la cimentación. La carga necesaria en este caso se corresponde con la capacidad portante del suelo. > Fig. 2.2.7 Este comportamiento es fácil de observar mediante pequeños experimentos: si llenamos un plato con azúcar y colocamos un vaso encima, al presionar el vaso de manera creciente llega un punto en que se supera la capacidad portante del azúcar, un granulado homogéneo, y este se eleva alrededor del borde del vaso.

La carga de rotura depende del comportamiento del suelo frente a esfuerzos cortantes, así como del tamaño, la geometría y la profundidad de la cimentación. Las cimentaciones superficiales que soportan cargas elevadas son las que presentan un mayor riesgo de hundimiento. Esta es también la razón por la que las excavaciones junto a las cimentaciones nunca deben llegar hasta más abajo que estas. La profundidad mínima de una cimentación debe ser de 50 cm. Además, el riesgo de hundimiento aumenta en presencia de suelos cohesivos con un alto contenido en humedad o de fuerzas horizontales (por ejemplo, las debidas a la componente horizontal de una fuerza de compresión aplicada en ángulo), ya que se refuerza el desplazamiento lateral a lo largo del plano de deslizamiento.

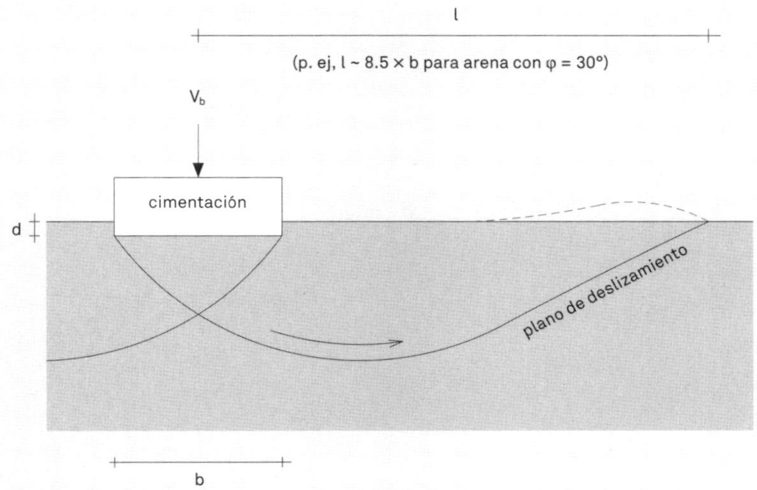

El plano de deslizamiento (rotura) tiene la forma aproximada de una curva logarítmica y su posición depende del ángulo de fricción interna del suelo φ'. La carga última depende de la presión existente bajo la cimentación, de la cohesión del suelo c' (solo en el caso de suelos cohesivos), de la profundidad de la cimentación d y del ancho de la cimentación b

Fig. 2.2.7: Hundimiento por levantamiento lateral

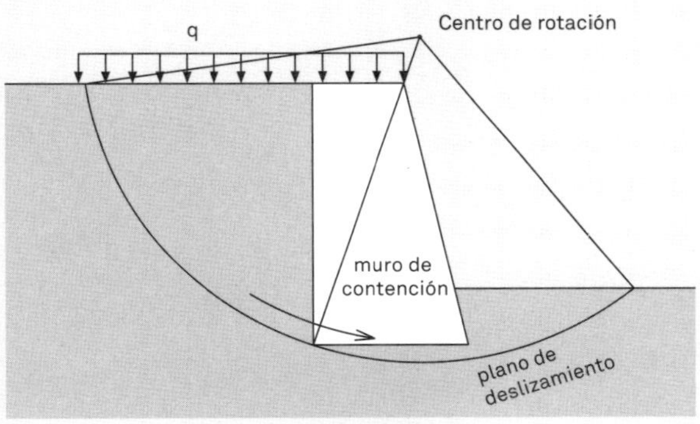

El plano de deslizamiento tiene aproximadamente la forma de un arco de círculo

Fig. 2.2.8: Desplazamiento de muros de contención

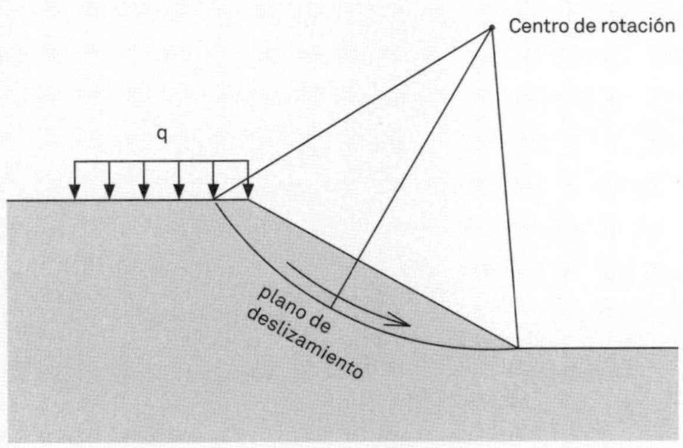

El plano de deslizamiento tiene aproximadamente la forma de un arco de círculo

Fig. 2.2.9: Deslizamiento de taludes

Desplazamiento de muros de contención

Si una estructura de contención (por ejemplo, un muro por gravedad) se desplaza a lo largo de un plano de deslizamiento junto a parte del terreno contiguo, nos encontramos ante una rotura circular. > Fig. 2.2.8

El deslizamiento de un muro de contención puede ser causado por una sobrecarga excesiva *q* tras la estructura, o por una estructura con una geometría inadecuada (profundidad insuficiente, demasiada estrechez, anclajes inadecuados, etc.). En términos de mecánica del suelo, las *fuerzas movilizadoras* (las componentes tangenciales de las cargas verticales) que actúan sobre el plano de deslizamiento son mayores que las *fuerzas de contención* (fuerzas de fricción generadas por las componentes normales). Otros motivos para una rotura del suelo pueden ser la presencia de aguas subterráneas con condiciones desfavorables (por ejemplo, una subida del nivel freático tras un muro de contención) o de capas del suelo con una insuficiente resistencia a cortante.

Deslizamiento de taludes

Si un talud o el terraplén de una presa se desplaza a lo largo de un plano de deslizamiento con parte del terreno subyacente, se habla de un derrumbe por deslizamiento. > Fig. 2.2.9

Estos derrumbes pueden ser causados por un talud con demasiada pendiente, por una sobrecarga excesiva *q* en la parte superior del terraplén o por la presencia de capas desfavorables en el suelo (por ejemplo, capas de arcilla que actúan como planos deslizantes).

Empuje del terreno

La presión lateral del suelo sobre una estructura de contención se denomina *empuje*. Para entender este fenómeno basta también un pequeño experimento: si llenamos una caja de cartón con arena seca, las caras laterales de la caja se abomban hacia fuera como resultado de la presión horizontal. Este empuje horizontal es similar a la presión hidrostática de los líquidos ($p_{líquido} = \gamma_{líquido} \cdot h_{líquido}$), excepto porque su magnitud es menor debido a la resistencia a cortante del suelo (resistencia interna). Para incorporar la influencia de la resistencia a cortante del suelo en el cálculo del empuje, se utiliza un coeficiente de empuje *k*: $p_{terreno} = \gamma_{terreno} \cdot h_{terreno} \cdot k$. En el ejemplo de la caja de cartón, $k < 1$, luego la presión es menor. De forma figurada, podríamos decir que la arena no puede «derramarse» como el agua, y por tanto no ejerce tanta presión sobre las paredes laterales. En consecuencia, las cargas de una estructura sobre el terreno deben calcularse separadamente para las componentes vertical y horizontal (al contrario que los líquidos, que ejercen la misma presión en todas las direcciones). La presión vertical debida a los rellenos efectuados sobre la estructura es conocida como sobrecarga del terreno, y su magnitud es $g_{terreno} = \gamma_{terreno} \cdot h_{terreno}$.

La magnitud del empuje del terreno depende del comportamiento del suelo frente a esfuerzos cortantes (fricción interna φ' y cohesión c'), y del descenso de la estructura sobre el suelo, ya que el coeficiente de empuje *k* no es necesariamente menor a la unidad. Debemos distinguir entre el empuje activo, el empuje en reposo y el empuje pasivo. > Figs. 2.2.10 y 2.2.11

a) Empuje activo del terreno E_a

b) Empuje del terreno en reposo E_0

c) Empuje pasivo del terreno E_p

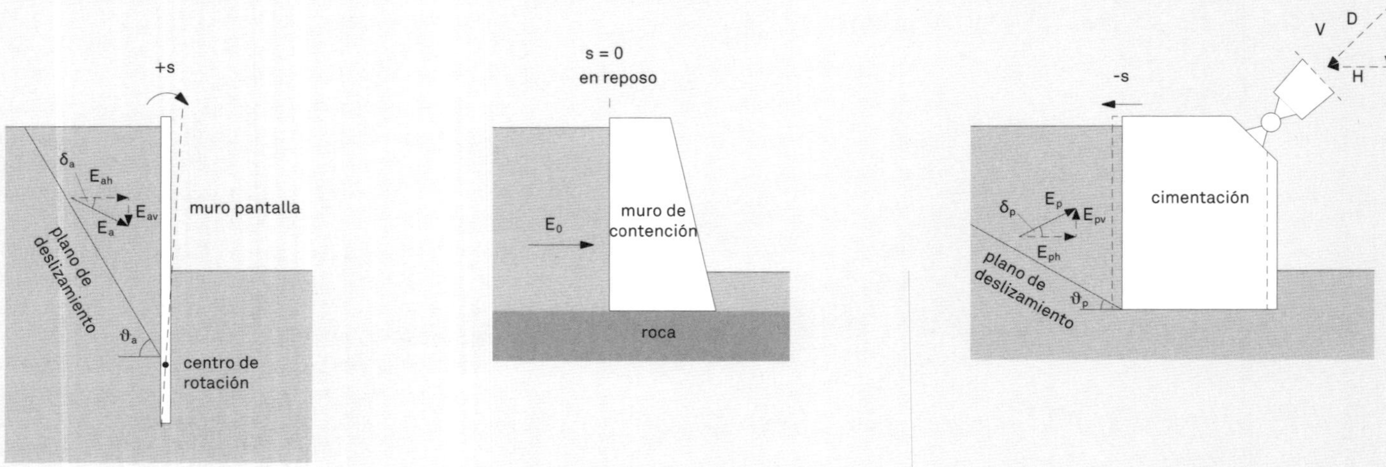

La estructura de contención (p. ej, un muro pantalla) cede levemente bajo la acción del empuje del terreno y se desplaza alejándose del suelo (+s).

ϑ_a = ángulo del plano de deslizamiento con empuje activo
δ_a = ángulo de fricción del muro con empuje activo

La cuña activa de terreno se desliza hacia el muro. Este movimiento genera una fricción en la estructura de contención que empuja el muro hacia abajo. En consecuencia, el componente vertical del empuje activo E_{av} actúa en sentido descendente

La estructura de contención (p. ej, un muro de gravedad apoyado sobre roca) no se desplaza (s=0).

La estructura de contención (p. ej, el estribo de un puente en arco) es presionada contra el terreno por la fuerza horizontal H (empuje horizontal de la articulación) y comprime el suelo (-s). En consecuencia, se moviliza la resistencia del terreno, lo que se conoce como empuje pasivo del terreno

ϑ_p = ángulo de deslizamiento con empuje pasivo
δ_p = ángulo de fricción del muro con empuje pasivo

La cuña pasiva del suelo tras la cimentación se desplaza hacia arriba. Este desplazamiento ascendente provoca una fricción en la estructura de contención de forma que el suelo la arrastra consigo. En consecuencia, el componente vertical del empuje pasivo del terreno E_{pv} actúa en sentido ascendente

Fig. 2.2.10: Tipos de empujes del terreno

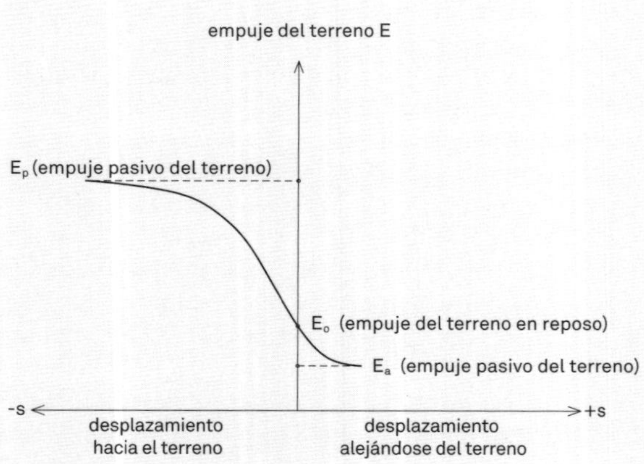

Unos pequeños desplazamientos del muro que lo alejen del suelo son suficientes para reducir el empuje en reposo al nivel del empuje activo (p. ej, $+s_a \approx \frac{h}{1000}$).Sin embargo, para alcanzar el máximo empuje pasivo es preciso que el desplazamiento del muro contra el terreno sea considerable (p. ej, $-s_p$ en el rango de centímetros).

Fig. 2.2.11: Magnitud del empuje del terreno en función de la deformación de la estructura de contención

a) Movimiento del muro respecto del suelo

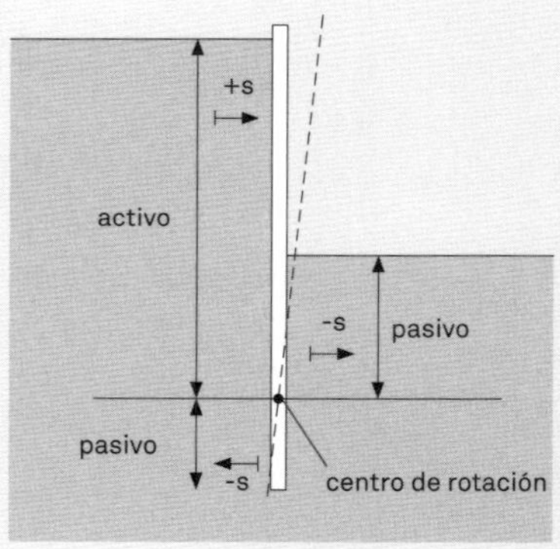

+ s = desplazamiento alejándose del suelo
− s = desplazamiento hacia el suelo

b) Distribución de tensiones en el suelo y cargas horizontales debidas a los empujes del terreno

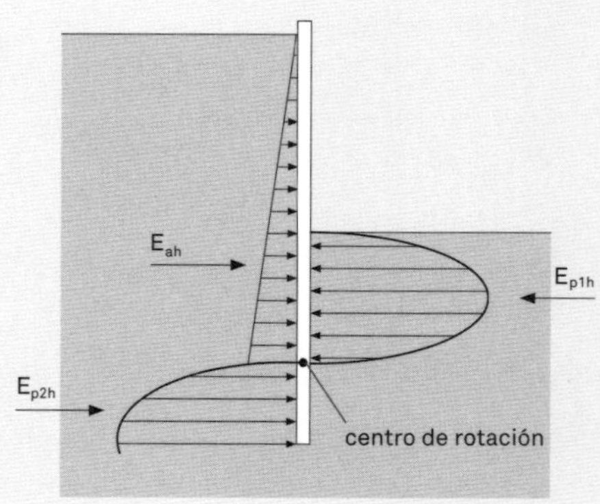

Fig. 2.2.12: Empujes activo y pasivo del terreno en un muro de contención cuya base está completamente fijada en el suelo

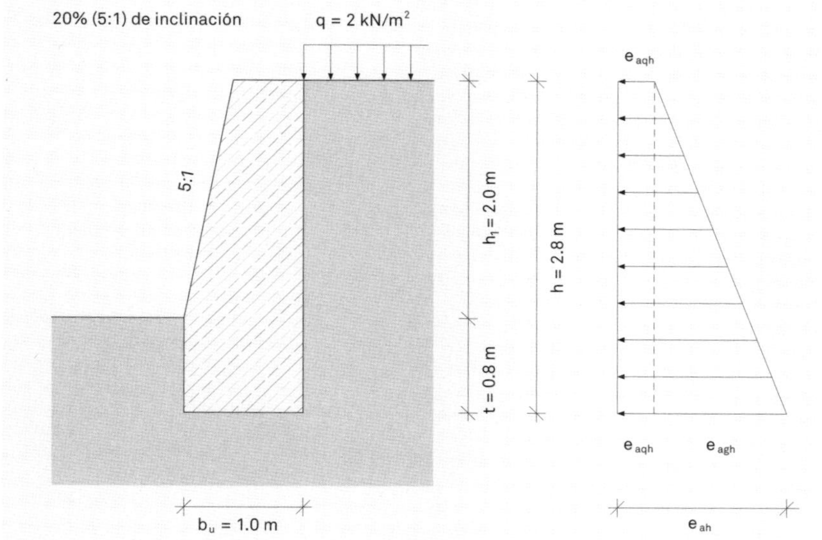

Fig. 2.2.13: Empuje del terreno en un muro por gravedad

Si la estructura se deforma alejándose del terreno soportado (algo habitual en muros de contención convencionales), lo relevante es el empuje activo e_a con un coeficiente $k_a < 1$. En este caso se produce la menor presión del terreno posible debida a su resistencia a cortante (resistencia interna), ya que no puede seguir el movimiento del muro deformado. Si la estructura de contención es tan rígida y tiene un soporte tan adecuado que no se desplaza en absoluto (que sería el caso, por ejemplo, de una estructura con relleno en ambas caras y con un espesor suficiente), lo relevante es el empuje en reposo, donde $k_a < k_0 < 1$. El empuje asociado es, por lo tanto, mayor que en el caso del empuje activo, porque el suelo no tiene que seguir el movimiento del muro y no se relaja la presión transversal que debe soportar. Si la estructura de contención se deforma contra el suelo (por ejemplo, en la base de un contrafuerte o arriostramiento que se apoye contra el terreno para sostener un muro), el empuje pasivo e_p presenta un coeficiente $k_p > 1$. Este es el caso en el que se produce el máximo empuje, ya que el terreno es comprimido y compactado por la deformación del muro. > **Fig. 2.2.12** Además, el movimiento horizontal de una estructura de contención origina un movimiento vertical del terreno que se encuentra a sus espaldas (una cuña del terreno se hunde o se eleva siguiendo el plano de deslizamiento), motivo por el cual el ángulo de fricción del muro δ (rugosidad de la cara posterior del muro) influye en la magnitud del empuje del terreno.

El empuje e debido al peso propio del suelo es el producto del peso específico del suelo γ, de la profundidad h del suelo (la altura del muro de contención medida desde su base > **Fig. 2.2.13**) y del coeficiente de empuje k. En este caso, el coeficiente de empuje k representa el componente transversal de las tensiones verticales del suelo en función del movimiento del muro y de los parámetros de fricción φ y δ. > **Tab. 2.2.3**

$$e = \gamma \cdot h \cdot k \left[\frac{kN}{m^2}\right]$$

Donde las unidades dimensionales relevantes son las siguientes:

$$\gamma\left[\frac{kN}{m^3}\right],\ h[m],\ k[-]$$

En presencia de un suelo cohesivo, el empuje debido a la cohesión se calcula por separado y se suma al resto de los empujes, aunque esta cuestión no se detalla en este capítulo.

Por lo general, las estructuras de contención (muros pantalla, empalizadas, muros en ménsula, etc.) están diseñadas para soportar la componente horizontal del empuje activo con un coeficiente de empuje k_{ah}, debido a que se deforman en la medida en que se alejan del propio terreno. > **Tab. 2.2.3** Si existe una sobrecarga adicional, el empuje asociado resulta de multiplicar dicha sobrecarga q al coeficiente de empuje k_{ah}, de forma que el empuje total se calcula mediante la siguiente fórmula:

$$e_{ah} = e_{agh} + e_{aqh} = (\gamma \cdot h + q) \cdot k_{ah}$$ > **Fig. 2.2.13**

Tipo		δ \ φ	17,5°	20°	22,5°	25°	27,5°	30°	32,5°	35°	37,5°	40°
Activo	k_a	0	0,54	0,49	0,45	0,41	0,37	0,33	0,30	0,27	0,24	0,22
	k_{ah}	+ ⅓φ	0,50	0,46	0,41	0,37	0,34	0,30	0,27	0,25	0,22	0,20
	k_{ah}	+ ⅔φ	0,47	0,43	0,38	0,35	0,31	0,28	0,25	0,22	0,20	0,18
En reposo	k_0	0	0,70	0,66	0,62	0,58	0,54	0,50	0,46	0,43	0,39	0,36
Pasivo	k_p	0	1,86	2,04	2,24	2,46	2,72	3,00	3,32	3,69	4,11	4,60
	k_{ph}	- ⅓φ	2,11	2,37	2,67	3,03	3,45	3,96	4,59	5,36	6,34	7,59
	k_{ph}	- ⅔φ	2,32	2,66	3,06	3,56	4,17	4,94	5,93	7,20	8,89	11,16

φ = ángulo de fricción interna del suelo
δ = ángulo de fricción del muro
δ = 0° muro con cara trasera lisa, por ejemplo sin impermeabilización
δ = ⅓φ muro con cara trasera ligeramente rugosa, por ejemplo hormigón con encofrado de plástico o elementos prefabricados
δ = ⅔φ muro con cara trasera rugosa, por ejemplo acero, hormigón, madera
k_a = coeficiente de empuje activo sin fricción en el muro (actúa horizontalmente porque, sin fricción, no hay componente vertical)
k_{ah} = coeficiente del componente horizontal del empuje con fricción del muro
k_0 = coeficiente del empuje en reposo (necesariamente horizontal, porque sin desplazamiento no puede haber fricción)
k_p = coeficiente del empuje activo sin fricción del muro (actúa en horizontal, porque sin fricción no hay componente vertical)
k_{ph} = coeficiente del componente horizontal del empuje pasivo con fricción del muro

Tab. 2.2.3: Coeficientes de empuje del terreno para estructuras de contención con cara trasera vertical al nivel del suelo

Carga admisible del subsuelo

La carga que puede soportar el subsuelo se determina a partir de la capacidad portante y de las deformaciones previsibles del suelo in situ. Al hacerlo es importante verificar, por un lado, que no se den condiciones de rotura (fallo por cortante, rotura del suelo o derrumbe por deslizamiento), y, por otro, que los asientos previstos no sean de tal magnitud que puedan dañar la estructura.

En los casos más sencillos, las tensiones admisibles $\sigma_{adm.}$ para las capas de rellenos y excavaciones pueden extraerse de las tablas de diseño de la norma DIN 1054 (en función de la susceptibilidad de la estructura a los asientos, del ancho de la cimentación y de su profundidad). Si no se superan estos valores de tensión, entonces no serán obligatorios análisis de cortantes y asientos. Sin embargo, hay que cumplir determinadas condiciones para utilizar dichas tablas (por ejemplo, las cimentaciones deben ser rígidas, con un ancho mínimo de 30 cm, no soportar cargas dinámicas, y los suelos han de ser uniformes). Este método, válido en Alemania, no está actualmente cubierto por el Eurocódigo 7 (DIN EN 1997), que es el que regula esta cuestión. En cualquier caso, su sencillez permite aplicarlo para calcular la capacidad portante grosso modo. > Tab. 2.2.4-2.2.7

El análisis consiste en comprobar si la tensión existente es menor o igual a la admisible. La tensión existente σ_{real} es la relación entre la fuerza vertical en la base de la cimentación (suma total) y el área total de esta.

$$\sigma_{real} = \frac{F}{A} = \frac{V_{\text{cara inferior}}}{A_{\text{cimentación}}} \leq \sigma_{adm.}\left[\frac{kN}{m^2}\right]$$

Las propiedades mecánicas del suelo en el área prevista para la cimentación deberían comprobarse siempre antes de iniciar el trabajo de diseño. También conviene recordar en todo momento que incluso un suelo maduro puede tener una capacidad portante insuficiente, especialmente si se trata de suelos orgánicos y blandos. Además, los suelos poco maduros y los rellenos no compactados suelen presentar una capacidad portante reducida, ya que la falta de coordinación al colocar el suelo produce densidades relativamente sueltas. Si la capacidad portante del suelo es inadecuada, este puede ser compactado o reemplazado, o puede plantearse una cimentación más profunda.

Profundidad mínima de la cimentación (m)	Tensiones admisibles [kN/m²] dependiendo del ancho de la zanja de cimentación			
	0,5 m	1 m	1,5 m	2 m
0,5	200	300	400	500
1	270	370	470	570
1,5	340	440	540	640
2	400	500	600	700
Para estructuras con profundidades de cimentación ≥ 0,3 m y anchos de cimentación ≥ 0,3 m	150			

Tab. 2.2.4: Tensiones admisibles σ_{adm} para suelos no plásticos bajo estructuras no sensibles al asiento* (DIN 1054, Tab. A.1, sin equivalente en ninguna norma europea)

Profundidad mínima de la cimentación (m)	Tensiones admisibles [kN/m²] dependiendo del ancho de la zanja de cimentación					
	0,5 m	1 m	1,5 m	2 m	2,5 m	3 m
0,5	200	300	330	280	250	220
1	270	370	360	310	270	240
1,5	340	440	390	340	290	260
2	400	500	420	360	310	280
Para estructuras con profundidades de cimentación ≥ 0,3 m y anchos de cimentación ≥ 0,3 m	150					
(*) Una estructura es sensible a los asientos cuando estos pueden dañar sus elementos constructivos (por ejemplo, construcciones rígidas continuas sobre numerosos vanos)						

Tab. 2.2.5: Tensiones admisibles σ_{adm} para suelos no plásticos bajo estructuras sensibles al asiento* (DIN 1054, Tab. A.2, sin equivalente en ninguna norma europea)

La norma DIN 1054 establece que, para poder utilizar las tensiones admisibles fijadas en las tablas dedicadas a suelos no plásticos, deben cumplirse las siguientes condiciones, dependiendo del grupo de suelo y del coeficiente de uniformidad:

Grupo de suelo según DIN 18196	Coeficiente de uniformidad U	Densidad in situ D	Grado de compactación D_{Pr}	Resistencia a penetración P_c [MN/m²]
SE, GE, SU GU,GT	≤ 3	≥ 0,3 (≥ 0,5)	≥ 95 % (≥ 98 %)	≥ 7,5 (≥ 15)
SE, SW, SI, GE GW, GT, SU, BV	> 3	≥ 0,45 (≥ 0,65)	≥ 98 % (≥ 100 %)	≥ 7,5 (≥ 15)
U ≤ 3 → suelos uniformes U > 3 → suelos heterogéneos Los valores mínimos expresados corresponden a la densidad media. Los valores entre paréntesis representan una densidad mayor que permite aumentar σ_{adm} en un 50%				

Tab. 2.2.6: Requisitos para la aplicación de las tablas 2.2.4 y 2.2.5

Tipo de suelo	Grupo de suelo	Consistencia	Profundidad de la cimentación [mm]			
			0,5	1	1,5	2
Limo puro	UL	Semifirme	130	180	220	250
Suelo de grano mixto	SU, ST, ST, GU, GT	Rígida Semifirme Firme	150 220 330	180 280 380	220 330 440	250 370 500
Suelo limoso arcilloso	UM, TL, TM	Rígida Semifirme Firme	120 170 280	140 210 320	160 250 360	180 280 400
Arcilla grasa	TA	Rígida Semifirme Firme	90 140 200	110 180 240	130 210 270	150 230 300

Tab. 2.2.7: Tensiones admisibles $\sigma_{adm.}$ [kN/m²] para suelos cohesivos (DIN 1054, Tab. A.3-A.6, sin equivalente en ninguna norma europea)

Hielo en el suelo

Si la temperatura ambiental desciende por debajo de 0 °C por un largo periodo, la helada penetra en el suelo en paralelo a la superficie del terreno, congelando el agua contenida en el suelo e incrementando su volumen en torno al 9%.

Suelos no heladizos

En suelos sin capilaridad (por ejemplo, arenas y gravas) puede asumirse que el hielo no causa ningún cambio significativo en el volumen del suelo. Si el suelo no está saturado, el volumen poroso suele ser suficiente para acomodar el mayor volumen del agua congelada que contiene. En suelos saturados, el agua que se va congelando desplaza a la que aún no se ha congelado. En este proceso de desplazamiento, pueden existir ciertas resistencias que hay que vencer, de forma que en casos desfavorables pueden producirse roturas por hielo aunque apenas haya carga vertical (que es la causa de la resistencia al desplazamiento).

Suelos heladizos

En suelos con capilaridad (por ejemplo, en limos finos y mixtos) el agua del terreno sube a la zona expuesta al hielo, de forma que aumenta considerablemente el contenido de humedad de la parte congelada. Como resultado, se forman con frecuencia cristales de hielo, que pueden ocasionar aumentos considerables del volumen en el rango de centímetros o incluso mayores, en función de la cantidad de agua disponible.Al descongelarse, las áreas donde se habían formado los cristales de hielo suelen estar sobresaturadas y blandas, pierden su capacidad portante y pueden ceder bajo el peso. Como consecuencia de todo esto, los suelos heladizos presentan dos riesgos potenciales: la rotura con flujo plástico lateral debida al congelamiento, y los asientos y deslizamientos debidos al deshielo. Cualquiera de ellos puede ocasionar daños en una edificación asentada sobre dicho terreno. Por ejemplo, la rotura por hielo puede quebrar pavimentos, y una vez descongelado el suelo, pueden llegar a hundirse bajo cualquier carga, debido a que la base sobre la que se apoyan se ha debilitado por la sobresaturación. > **Capítulo 1.1 Suelo, Sensibilidad a las heladas**

Para evitar el peligro de inestabilidad, el hielo no debe poder dañar las cimentaciones de las estructuras. Su profundidad debe ser la suficiente para que el hielo no alcance su base (aproximadamente 80 cm en Europa central), o deben apoyarse en otra base más profunda y adecuada (por ejemplo, de grava o balasto debidamente compactados). En algunos casos también es necesario tomar precauciones en obras que se desarrollen durante el periodo invernal. Por ejemplo, si se congela la superficie de una excavación pendiente de rellenar, se puede desestabilizar la estructura del suelo.

En el caso de elementos constructivos no estructurales, deben ponderarse tanto las consecuencias previsibles de que sus cimentaciones se vean afectadas por las heladas como el mayor coste de las cimentaciones más resistentes al hielo. Aquí no se trata de evaluar exclusivamente los riesgos que puede sufrir la construcción, sino también los peligros para la seguridad asociados a los efectos de las heladas. Los elementos constructivos que han de cumplir requisitos de seguridad (por ejemplo, pavimentos y escaleras en espacios públicos) también deberían contar con unos cimientos adecuados para afrontar situaciones de helada. Estas construcciones pueden protegerse, además, mediante un adecuado drenaje del subsuelo.

PRINCIPALES TIPOS DE CIMENTACIONES

Las cimentaciones se clasifican en superficiales y profundas. > **Fig. 2.2.14**

Cimentaciones superficiales

Las cimentaciones superficiales se utilizan cuando el suelo existente bajo la estructura posee una capacidad portante adecuada y no es preciso que el terreno garantice el empotramiento de la estructura. Esencialmente se distingue entre zapatas, zanjas y losas de cimentación.

Zapatas y zanjas de cimentación

Cuando las cargas de la estructura se transfieren al nivel de la cimentación por medio de columnas y pilares, la solución más obvia es apoyar estos en zapatas individuales. Por el contrario, cuando son muros de hormigón o de fábrica los encargados de trasladar las cargas hasta la cimentación, probablemente se requiera el uso de zanjas de cimentación. En caso de cargas elevadas, las primeras solo son posibles cuando se trata de cimentaciones relativamente pequeñas y el suelo ofrece una adecuada capacidad portante para asumir las tensiones producidas bajo estas, y si la estructura es capaz de acomodarse a cualquier asiento diferencial que pueda surgir sin sufrir daño alguno. Es más, debería tenerse la seguridad de que las fuerzas horizontales (las fuerzas laterales, como las debidas al viento; los empujes del terreno, o las

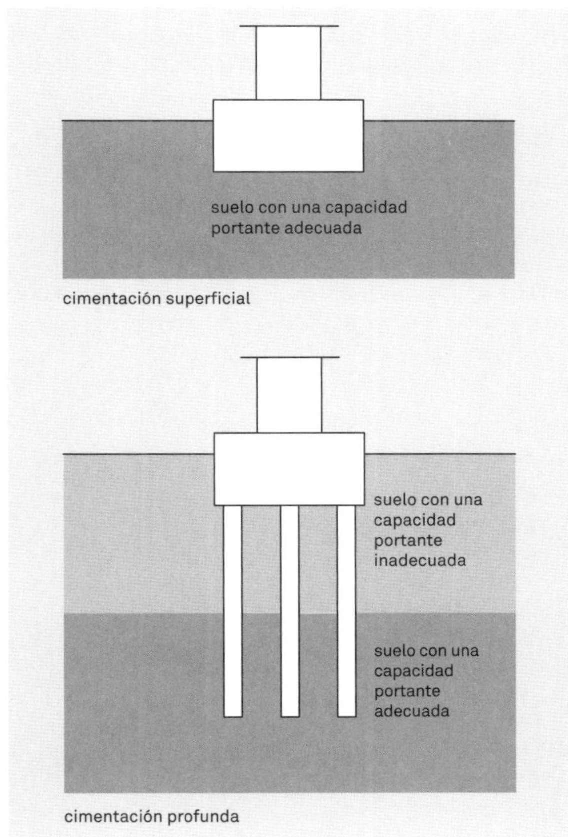

Fig. 2.2.14: Tipos de cimentación

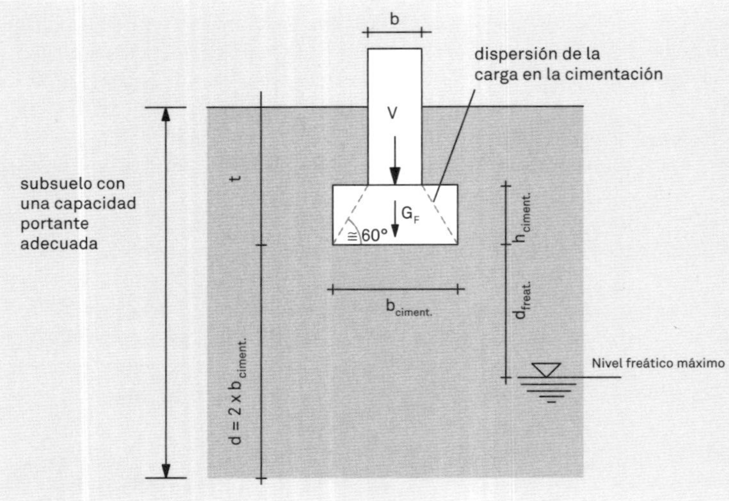

$t \geq 0{,}80$ m en llanuras (1,20 m en zonas montañosas)

$d_{freat.} \geq b$ (suelos no cohesivos)
$d_{freat.} \geq 2 \cdot b$ (suelos cohesivos)

V = carga vertical procedente de la estructura [kN]
G_F = peso de la cimentación [kN]

La geometría requerida para la cimentación se calcula como sigue:

$$b_{ciment.} = \frac{A_{ciment.}}{l_{ciment.}} = \frac{V_{cara\ inferior}}{\sigma_0 \cdot l_{ciment.}} \, [m]$$

$$h_{ciment.} = \frac{(b_{ciment.} - b) \cdot \tan 60^\circ}{2} \, [m]$$

donde

$V_{cara\ inferior} = V + G_{ciment.}$ [kN]

σ_0 adm = tensión admisible según Tab. 2.2.4-2.2.7 $\left[\frac{kN}{m^2}\right]$

$l_{ciment.}$ = longitud de la cimentación [m]

Fig. 2.2.15: Condiciones y cálculos para una cimentación siguiendo el *caso simple normalizado*

excentricidades imprevistas de la estructura) pueden transferirse al terreno de forma segura gracias a la fricción en la base de la cimentación. En efecto, resultan más adecuadas para transmitir cargas horizontales las zanjas de cimentación convenientemente atadas (un entramado de cimentaciones que se soportan mutuamente) que las zapatas.

La distribución de las tensiones entre las distintas zapatas adquiere una forma bulbosa de múltiples capas («bulbos de presión»); en este caso, la presión sobre el terreno desciende relativamente rápido con la profundidad. Por ejemplo, a una profundidad doble del ancho de la cimentación, la presión se ha reducido ya aproximadamente un 20% respecto a la presión existente en la cara inferior de la cimentación. A continuación, se ofrece un procedimiento simplificado para determinar el área total de cimentación en situaciones convencionales:
El área de cimentación necesaria, $A_{ciment.}$,req, es la relación entre la fuerza vertical en la base de la cimentación V_{base} y la tensión admisible $\sigma_{adm.}$. > **Tab. 2.2.4-2.2.7** La fuerza vertical en la base de la cimentación se determina como parte del cálculo de la estructura; en casos simples puede llegarse a una primera aproximación sumando todas las cargas de la estructura (> **Tab. 2.1.3** y prontuarios con tablas de diseño).

$$A_{ciment.}\ req = \frac{V_{base}}{\sigma_{adm}} [m^2] \qquad \left(\left[\frac{kN}{\frac{KN}{m^2}}\right] = [m^2]\right)$$

Para utilizar esta fórmula, deben cumplirse las siguientes condiciones:
- Un subsuelo bajo la cimentación con una capacidad portante consistente, y una capa cuyo espesor sea al menos el doble que el ancho de la cimentación.
- Un nivel de formación libre de heladas.
- Un drenaje adecuado de las aguas subterráneas.

En la **figura 2.2.15** pueden observarse los resultados de aplicar estas fórmulas para el caso de zapatas y zanjas de cimentación.
En la actualidad, por motivos de durabilidad, las cimentaciones se construyen habitualmente con hormigón de clases C12/15 a C20/25. Si la carga puede dispersarse adecuadamente dentro de la propia cimentación (con un ángulo de dispersión aproximado de 60º), la cimentación puede realizarse sin armadura de refuerzo. > **Fig. 2.2.15** Pero en cimentaciones de hormigón en masa de una mayor anchura, las profundidades pueden crecer considerablemente para atender a este requisito de dispersión de la carga. Para ahorrar hormigón, estas cimentaciones pueden hacerse con formas escalonadas o troncopiramidales (lo que permite eliminar el hormigón de las secciones superiores que no trabajan). En todo caso, el ahorro en hormigón debe contrastarse con el mayor gasto en encofrados y juntas constructivas. Si se necesita construir un gran número de zapatas, debería estudiarse la posibilidad de optar por un proceso de prefabricación, ya que puede reducir los costes. > **Fig. 2.2.16**

Si debe alcanzar una gran profundidad, la cimentación puede ser tan ancha que resulte muy cara. En este caso, puede realizarse con hormigón armado. Así que deberá someterse a los mismos cálculos que cualquier otro elemento estructural que trabaje a flexión. > **Fig. 2.2.17**

La disposición en planta de la cimentación debería seguir una distribución simple y regular, preferiblemente simétrica en ambas direcciones, de forma que los asientos sean lo más uniformes posible (y se eviten así inclinaciones de la cimentación). > **Fig. 2.2.18**

Puesto que toda cimentación supone una perturbación en el terreno circundante, que influye en las características y en el comportamiento de un área de mayor o menor extensión, habría que eliminar aquellas que dejan de ser necesarias por la demolición de la estructura que soportaban.

Losas de cimentación

Allí donde la capacidad portante del suelo natural no sea adecuada para transferir las cargas mediante zapatas o zanjas de cimentación, una solución muy generalizada es la construcción de losas de hormigón armado. Este tipo de cimentación permite que las cargas de la estructura se distribuyan por toda la planta, y así se reducen considerablemente las tensiones que debe soportar el terreno. De hecho, el comportamiento respecto a los asientos es mucho mejor en las losas que en cimentaciones

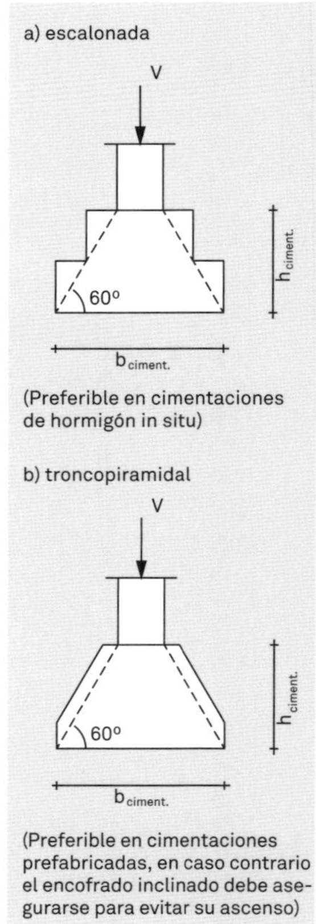

Fig. 2.2.16: Cimentaciones de hormigón en masa

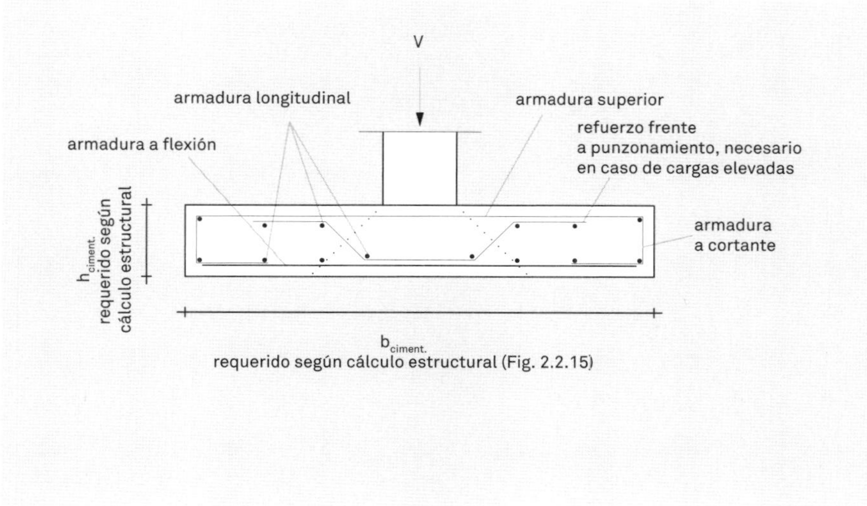

Fig. 2.2.17: Zanja de cimentación de hormigón armado

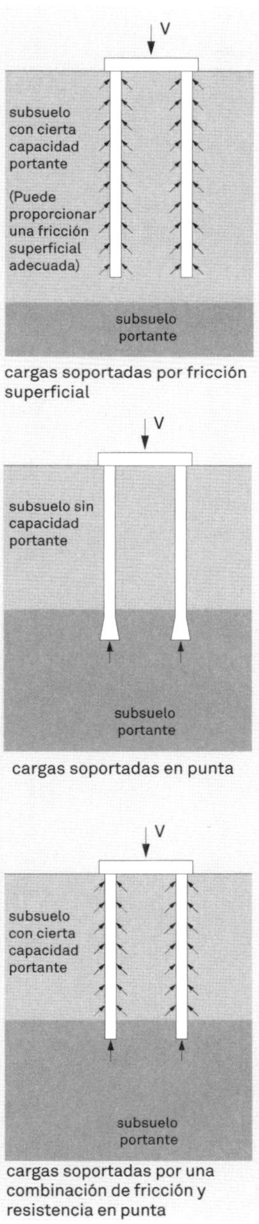

Fig. 2.2.19: Formas en planta para una cimentación

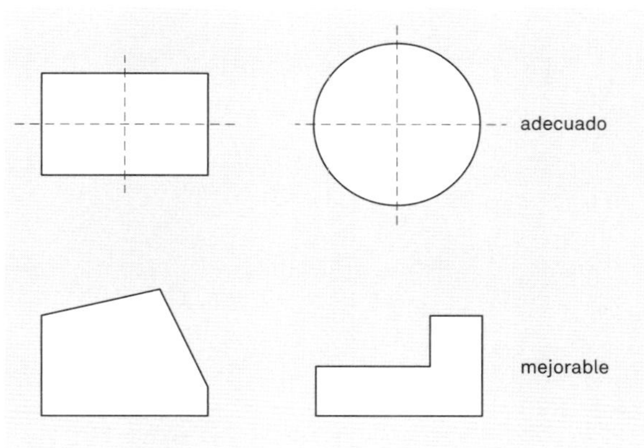

Fig. 2.2.18: Comportamiento estructural de las cimentaciones de pilotes

independientes (zapatas y zanjas), porque tanto el asiento medio como cualquier asiento diferencial es aproximadamente un 30% inferior. Además, resulta más sencillo sortear cualquier heterogeneidad del terreno.

Desde un punto de vista estructural, las losas de cimentación son elementos relativamente complejos porque la estructura y el subsuelo presentan mutuas influencias cuando se producen deformaciones. En este contexto, también puede hablarse de «placas apoyadas elásticamente».

Otra ventaja de las losas reside en su carácter continuo y sin necesidad de juntas, que facilita considerablemente su impermeabilización frente a la humedad del terreno. En presencia de presión hidrostática, una losa de cimentación de hormigón armado y los muros perimetrales que se levantan sobre ella, también de hormigón armado, pueden ser impermeables (hormigón impermeable: se trata de una mezcla suficientemente densa con una armadura diseñada para limitar el ancho de las fisuras y juntas impermeables) **> Fig. 2.3.31, p. 188** sin necesidad de utilizar otros materiales resistentes a la humedad, bituminosos o sintéticos. En el caso hipotético de que se produzcan fisuras que dejen marcas de humedad en la parte interior del muro, no es necesario sellarlas si el defecto es aceptable temporalmente, ya que la fisura tenderá a cerrarse poco a poco.

En cualquier cimentación realizada con hormigón armado, es preciso asegurarse de que el hormigón no se contamine con el terreno circundante, ya sea durante la colocación de las armaduras o durante el vertido. Por este motivo, se dispone en la base una capa de limpieza (con un espesor mínimo de 5 cm, de hormigón en masa u otro material adecuado), mientras que en las paredes se coloca un encofrado (nunca se hormigona directamente sobre el terreno).

Medidas adicionales de mejora del suelo

Si la capacidad portante del suelo en el nivel de base de la cimentación no es suficiente ni para una losa de cimentación, existe la opción de mejorar el suelo. Los siguientes son los principales métodos disponibles:

- Compactación estática (por ejemplo, precargar el suelo con rellenos o hincar estacas de madera muy próximas).
- Compactación dinámica (por ejemplo, vibración y apisonado con rodillo o dejar caer grandes pesos).
- Sustitución del suelo (excavación del suelo con características inadecuadas y sustitución por un material de mayor calidad, compactado en cada capa, por ejemplo, mezclas de grava-arena o materiales reciclados).
- Consolidación del suelo (por ejemplo, inyectar suspensiones con base de cemento o arcilla/cemento).

Si la calidad del subsuelo alcanza sus límites, las medidas anteriores pueden a menudo sortear la necesidad de costosas cimentaciones profundas.

Cimentaciones profundas

En aquellos casos en que solo es posible encontrar capas con una capacidad portante adecuada a grandes profundidades, y las cimentaciones superficiales (incluso en combinación con medidas de mejora del suelo) son inviables por motivos técnicos o económicos, la única solución son las cimentaciones profundas. Entre estas se distinguen las cimentaciones de pilotes y los pozos de cimentación (estos último, empleados solo en circunstancias especiales, no se van a detallar aquí).

Las cimentaciones de pilotes implican la introducción en el terreno de elementos verticales o a veces inclinados («pilotes hincados» para resistir esfuerzos horizontales). Las cargas se transfieren al estrato resistente por rozamiento, por punta o por una combinación de ambos. El comportamiento mecánico es, por ello, una de las características distintivas de los pilotes. **> Fig. 2.2.19**

Los pilotes, por su parte, se clasifican en función del método por el que se colocan:

- Pilotes hincados: principalmente de acero u hormigón armado (antiguamente de madera).
- Pilotes perforados: principalmente de hormigón armado (de hasta 3 m de diámetro).
- Pilotes inyectados: pilotes perforados de hormigón armado de diámetro reducido (0,1- 0,3 m).
- Estos pilotes transmiten las cargas exclusivamente por fricción, que es el motivo por el que el hormigón (o, más bien, la pasta de cemento) debe inyectarse a presión (aprox. 5-20 bar) en el orificio perforado.

2.3 UNIONES

UNIONES EN MADERA
- Juntas de carpintería
- Uniones mecánicas
- Juntas encoladas
- Recomendaciones generales

UNIONES EN ACERO
- Uniones atornilladas
- Uniones soldadas

UNIONES EN HORMIGÓN
- Juntas para hormigón in situ
- Juntas entre elementos prefabricados

UNIONES MIXTAS
- Uniones acero-madera
- Uniones hormigón-acero
- Uniones hormigón-madera

Bernd Funke

2.3 UNIONES

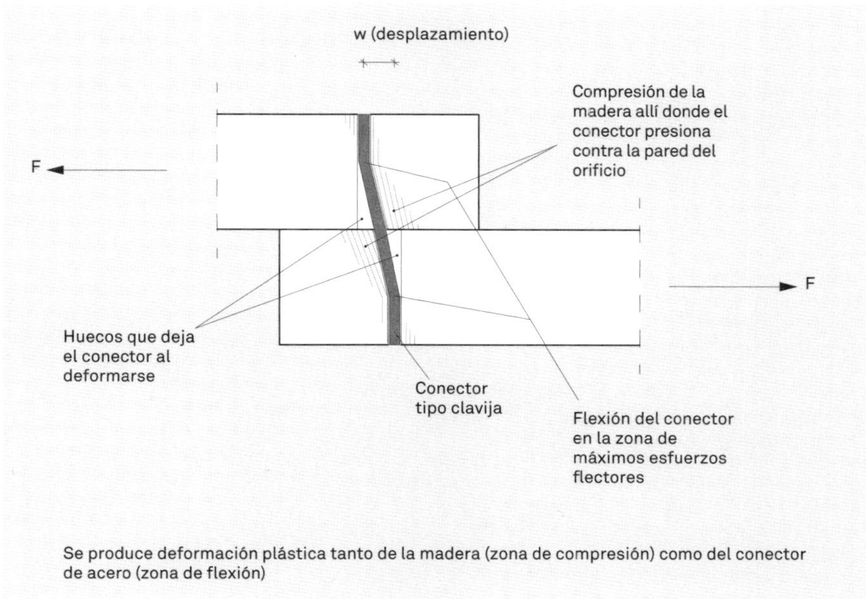

Fig. 2.3.1: Deformación de una unión en madera con un conector tipo pasador

UNIONES EN MADERA

En principio, en la construcción con madera se distingue entre uniones rígidas y no rígidas. Las segundas, que se dividen entre juntas de carpintería y uniones mecánicas, experimentan una cierta deformación (deslizamiento) al entrar en carga. > **Fig. 2.3.1** Por el contrario, las uniones rígidas, que se obtienen encolando las distintas piezas de madera, son mucho más fuertes y las deformaciones que pueden producirse antes de la rotura son comparativamente pequeñas. La **tabla 2.3.1** muestra el diferente comportamiento frente a la deformación de una selección de uniones. En la **figura 2.3.2** se presenta un panorama general de las uniones en madera.

Juntas de carpintería

Básicamente, se distingue entre juntas de madera escuadrada y juntas de muros de madera. > **Fig. 2.3.3** De las primeras, conocidas como *juntas simples de madera*, existen ocho tipos principales. > **Fig. 2.3.4** Por su parte, las juntas de muros de maderas se dividen en construcciones con rollizos y entabladas. Estas últimas son una clara transición entre los dos grandes tipos. > **Figs. 2.3.5 y 2.3.6** Otras características que las diferencian son la posición de la junta (vertical u horizontal), su forma > **Fig. 2.3.7** y la presencia o ausencia de una cámara de aire interior.

Uniones mecánicas

Las uniones mecánicas incluyen básicamente todos los elementos de fijación, que pueden ser tipo perno, conectores especiales o componentes de chapa preformada de acero.

Tipos de uniones	**Uniones flexibles**			**Uniones rígidas**
Conectores	Pernos	Clavos	Espigas	Adhesivos
Vista en planta	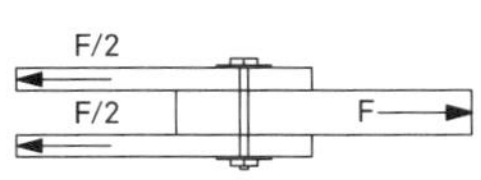 F/2 F/2 F	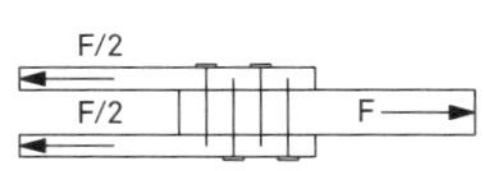 F/2 F/2 F	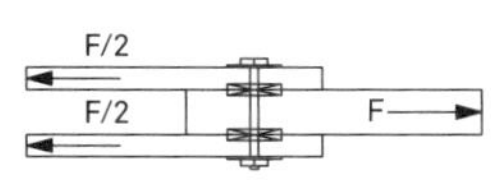 F/2 F/2 F	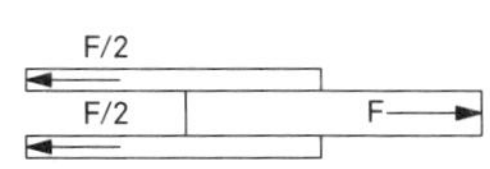 F/2 F/2 F
Alzado	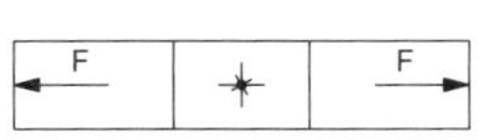 F F	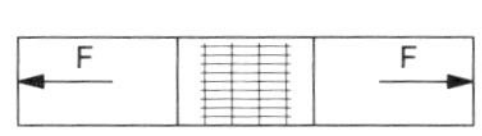 F F	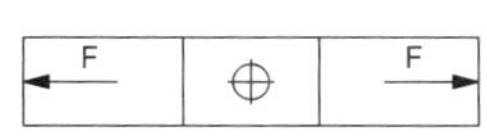 F F	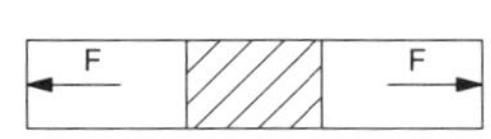 F F
Diagrama carga-deformación	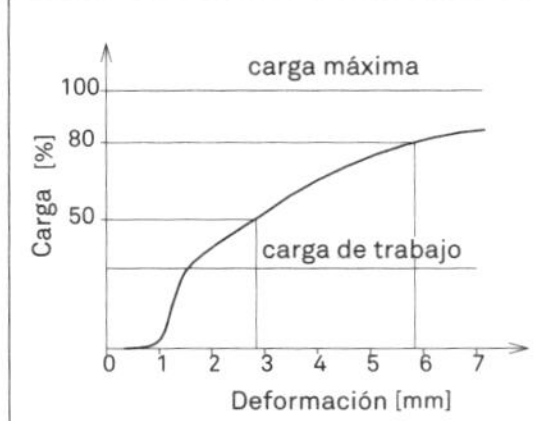 carga máxima; carga de trabajo; Carga [%]; Deformación [mm]	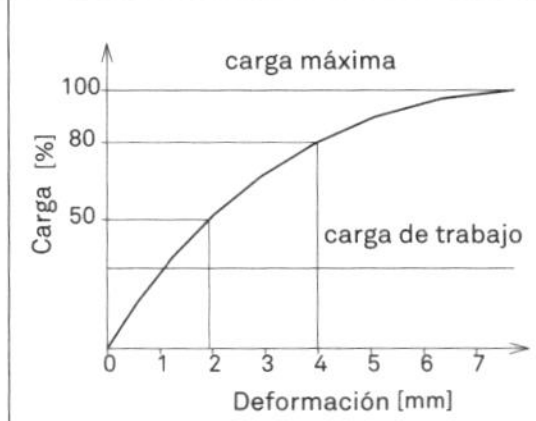 carga máxima; carga de trabajo; Carga [%]; Deformación [mm]	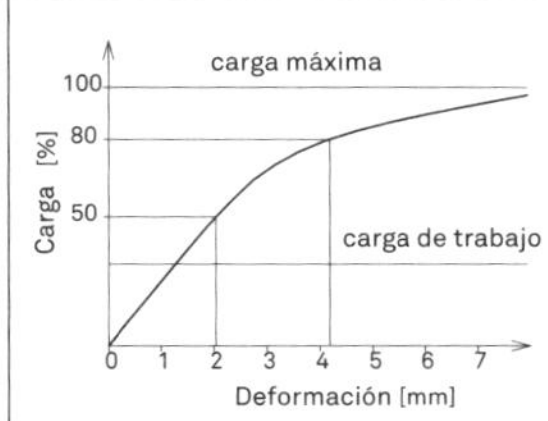 carga máxima; carga de trabajo; Carga [%]; Deformación [mm]	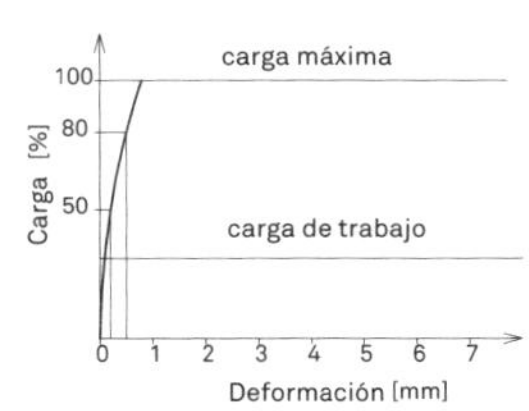 carga máxima; carga de trabajo; Carga [%]; Deformación [mm]

Tab. 2.3.1: Deformaciones de varios conectores, utilizando el ejemplo de una junta solapada de doble cizalladura

Fig. 2.3.2: Visión general de las uniones en madera

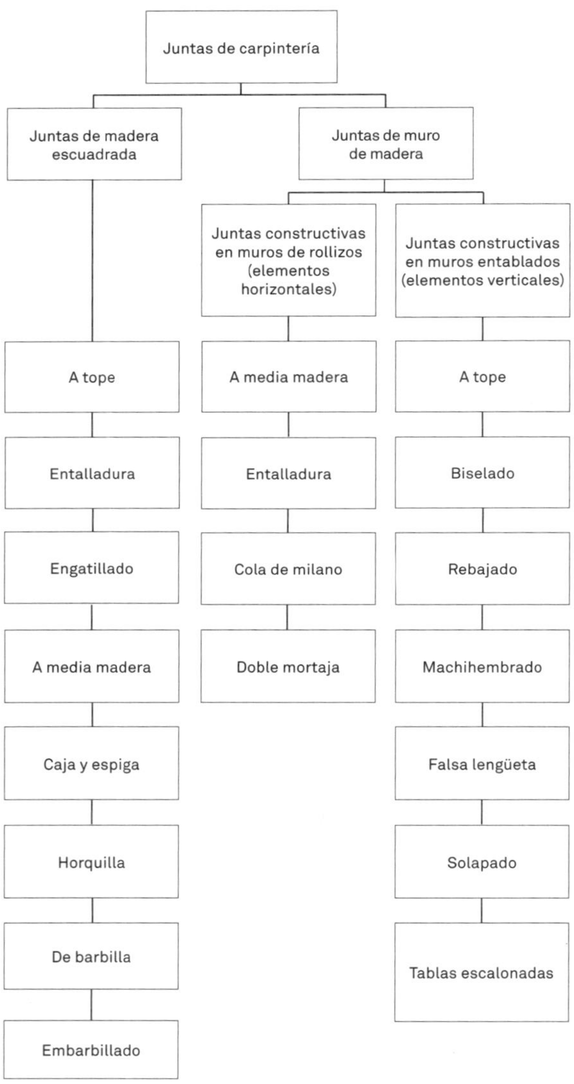

Fig. 2.3.3: Visión general de las juntas de carpintería

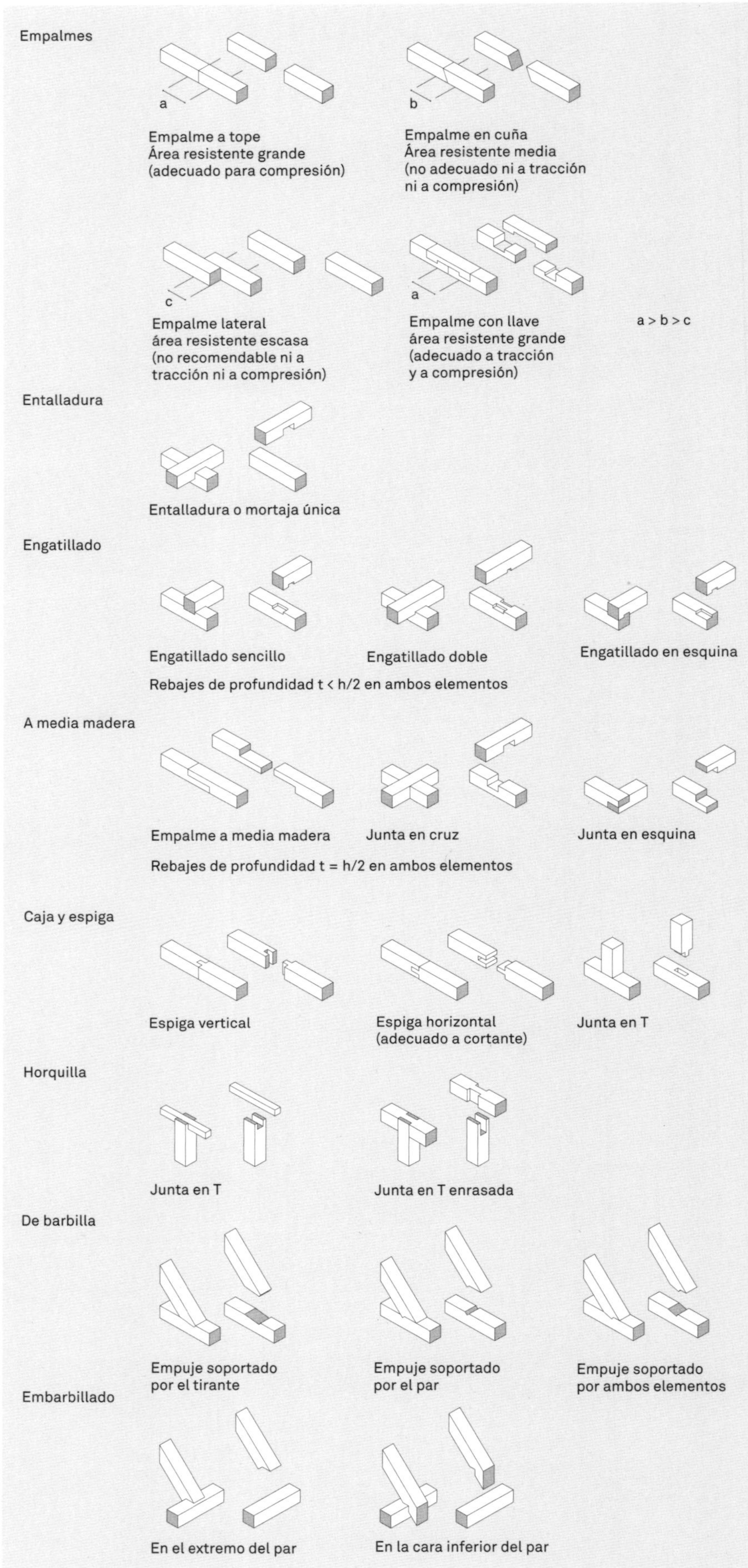

Fig. 2.3.4: Juntas de carpintería de madera escuadrada

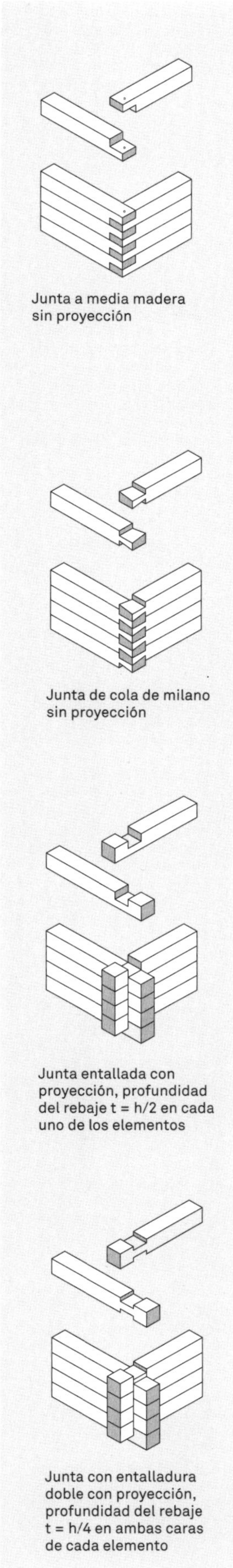

Fig. 2.3.5: Juntas constructivas de muros de rollizos

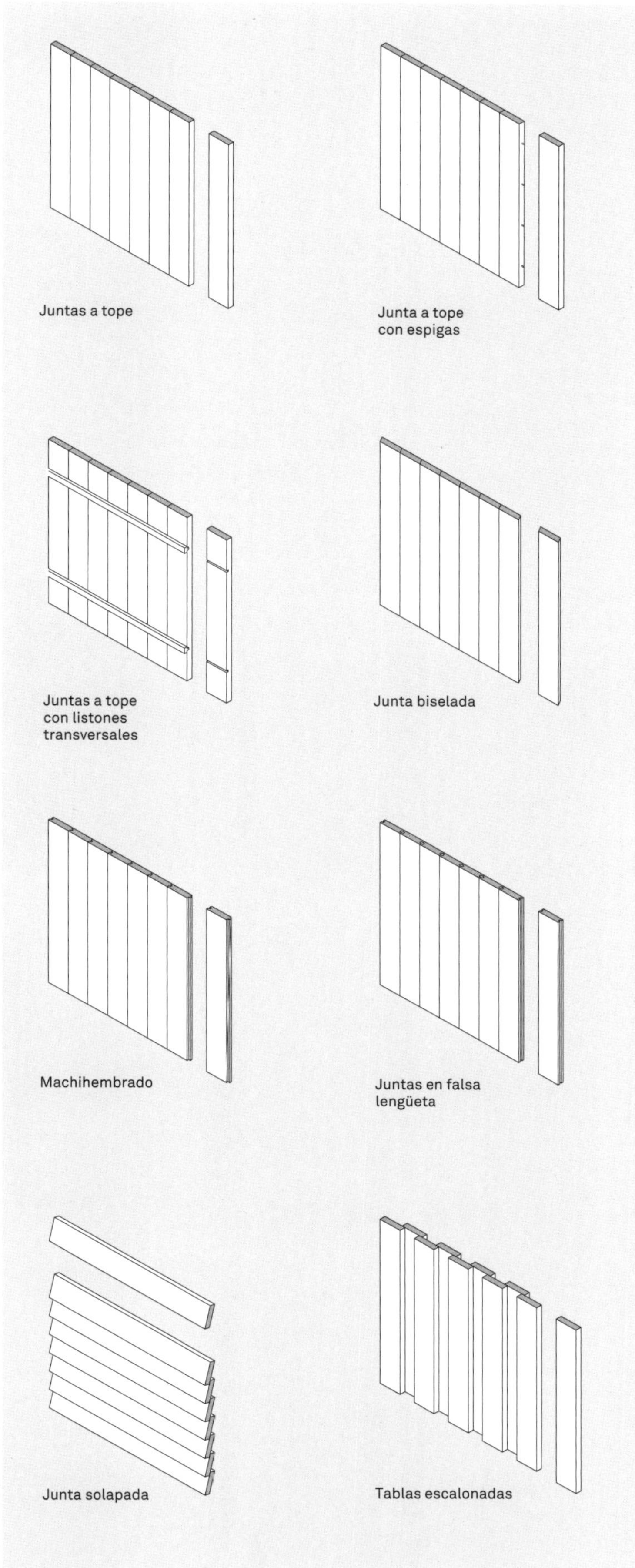

Fig. 2.3.6: Juntas constructivas de muros entablados

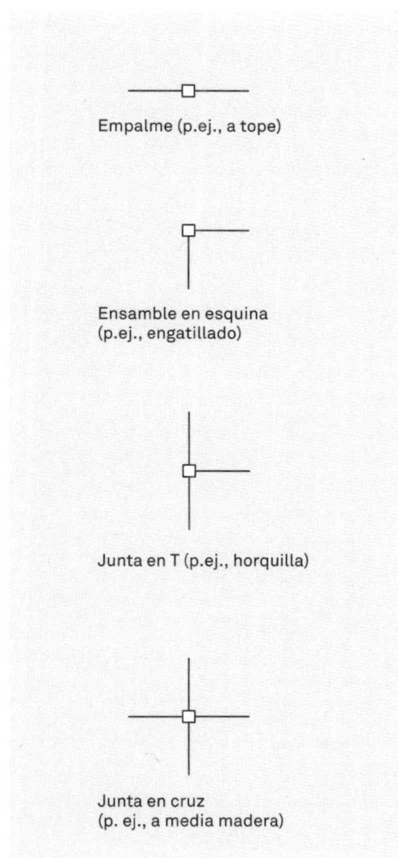

Fig. 2.3.7: Juntas según su forma

Las uniones entre los conectores tipo pasador o espiga se clasifican como uniones de cortante simple, doble o múltiple. > **Fig. 2.3.8** El principio de diseño del cortante múltiple reside en el hecho de que resulta ventajoso distribuir los esfuerzos en más de un plano. Así, además de reducir el esfuerzo que debe resistir cada fijación individual, mediante este sistema también se disminuye la presión en los bordes de los orificios de la madera.

Elementos de fijación tipo perno

Los conectores tipo perno incluyen clavos, grapas, tirafondos, pasadores, pernos convencionales y calibrados, así como barras roscadas. > **Fig. 2.3.9** En el caso de los conectores de vástago plano (clavos, grapas, espigas, etc.), resulta importante, debido a su forma de introducirse en la madera, asegurarse de que no estén permanentemente en carga, aunque sí son admisibles tensiones temporales, como la succión del viento. Puesto que los conectores de este tipo requieren orificios en la madera, es preciso respetar unas distancias mínimas entre cada elemento de fijación. > **Fig. 2.3.10**

Clavos y grapas

Los clavos de alambre redondo se utilizan principalmente cuando solo es necesario transmitir esfuerzos de cortante. Los orificios perforados con un diámetro de $0{,}90d_{clavo}$ mejoran considerablemente la calidad de la unión que proporciona el clavo (aseguran un 25% más de capacidad portante y el riesgo de que se raje la madera es menor), por lo que siempre debería considerarse esta solución, a pesar de su trabajo extra y su mayor precio, si fuesen necesarias uniones de alta calidad.

En aquellos casos en los que también se prevén esfuerzos de tracción en la dirección del conector, se suelen utilizar clavos con un vástago roscado similar al de los pernos. En las fijaciones de chapa metálica preformada se emplean clavos de vástago anulado o helicoidal, o pernos con un perfil laminado, que resultan más difíciles de arrancar.

Un tipo particularmente eficiente de conector es la grapa, debido a que se clava en la madera por procedimientos mecánicos. Para reducir el riesgo de que la madera se raje, el dorso de la grapa debería insertarse formando un ángulo de al menos 30° respecto a la dirección de la fibra de la madera. En tableros manufacturados de madera, las grapas no deberían penetrar más de 2 mm en el material. Su uso se ha generalizado sobre todo en la construcción con paneles para fijar tableros al entramado de madera maciza, aunque las grapas también se emplean en otros procesos de carpintería industrializada.

Pernos para madera

Los pernos para madera están disponibles en versión normal y autorroscante. Los primeros, definidos por las normas DIN (cabeza redondeada u oval con ranura, cabeza hexagonal), necesitan orificios preformados con una profundidad igual a la longitud del vástago y un diámetro igual a $0{,}7d_t$. Los pernos autorroscantes requieren la aprobación de un documento de idoneidad técnica; presentan diferentes tipos de cabeza para ajustarse a destornilladores específicos (por ejemplo, Pozidriv, llave Allen, Torx) y no precisan un orificio roscado.
Los pernos insertados de forma adecuada (girándolos y no amartillándolos) resultan entre dos y tres veces más

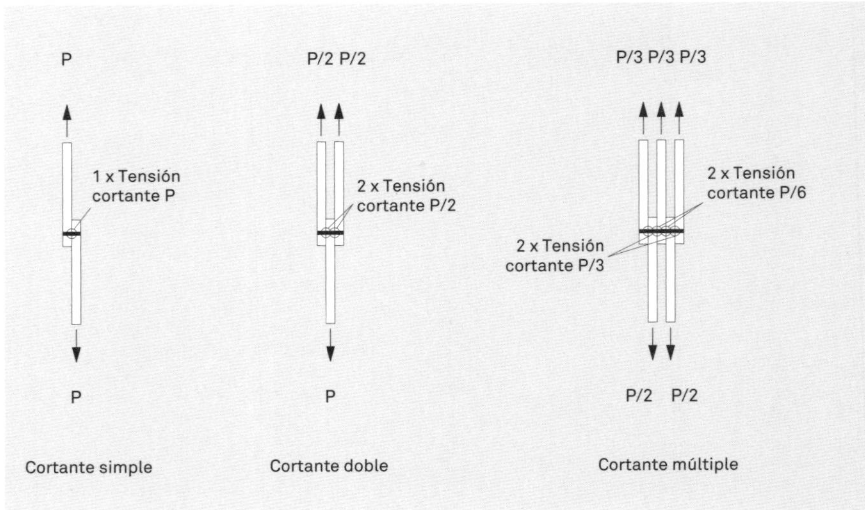

Fig. 2.3.8: Uniones frente a cortante simple, doble y múltiple

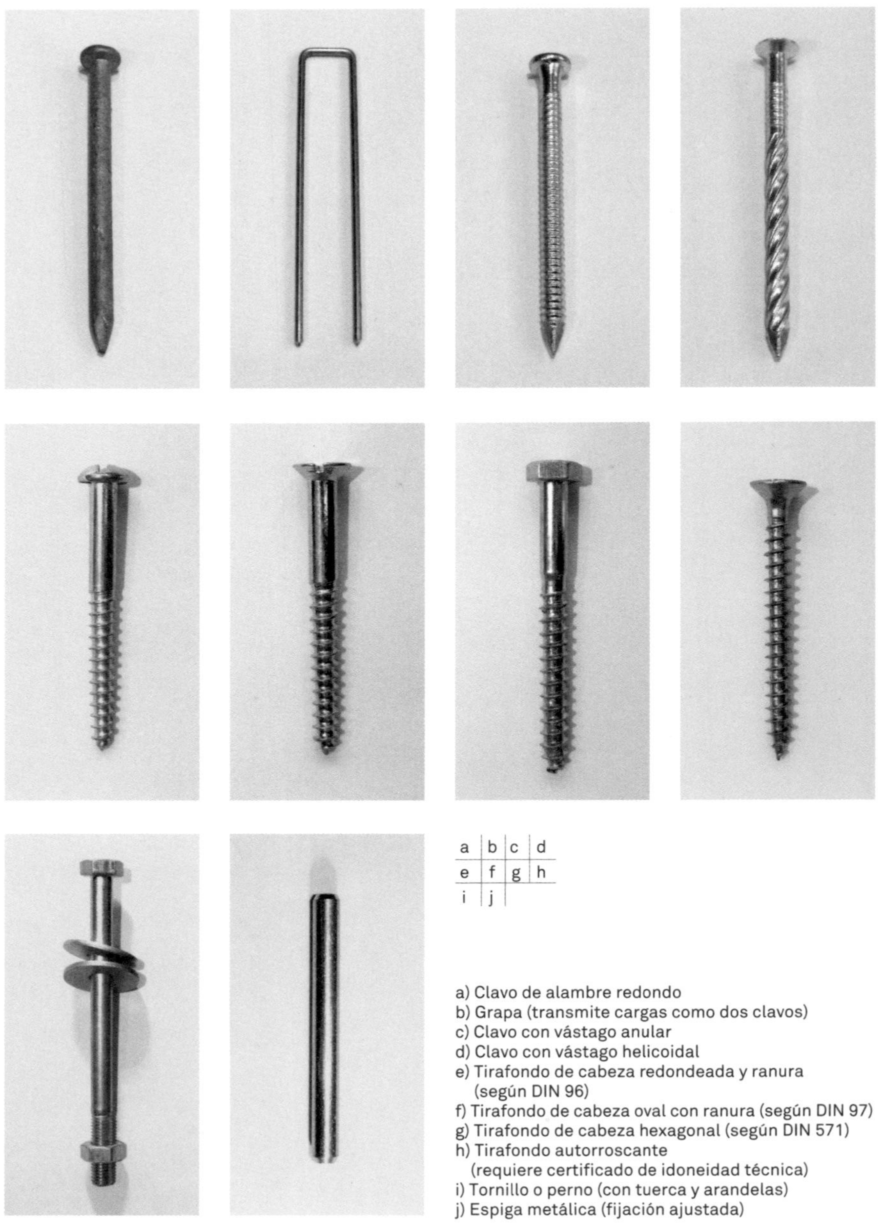

a	b	c	d
e	f	g	h
i	j		

a) Clavo de alambre redondo
b) Grapa (transmite cargas como dos clavos)
c) Clavo con vástago anular
d) Clavo con vástago helicoidal
e) Tirafondo de cabeza redondeada y ranura (según DIN 96)
f) Tirafondo de cabeza oval con ranura (según DIN 97)
g) Tirafondo de cabeza hexagonal (según DIN 571)
h) Tirafondo autorroscante (requiere certificado de idoneidad técnica)
i) Tornillo o perno (con tuerca y arandelas)
j) Espiga metálica (fijación ajustada)

Fig. 2.3.9: Conectores tipo perno

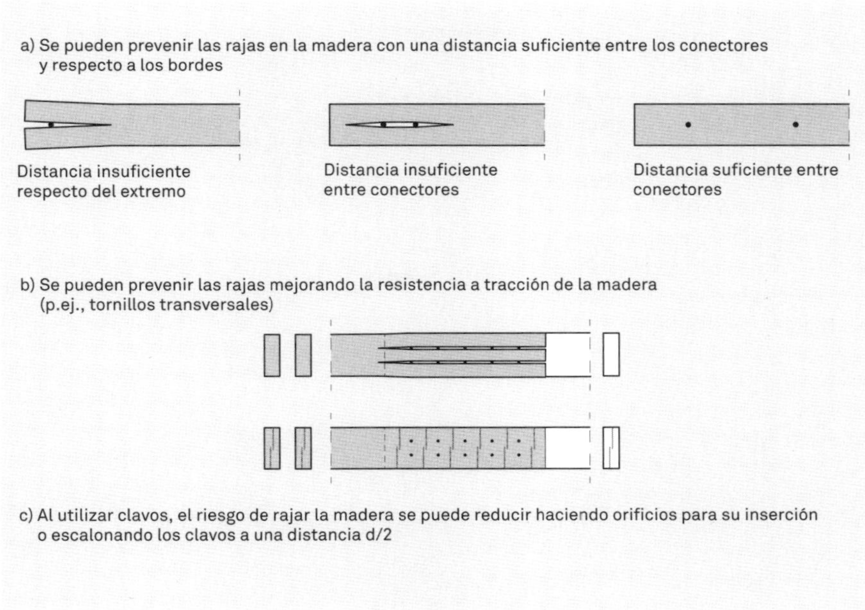

Fig. 2.3.10: Rajaduras en la madera por conectores tipo espiga y posibles soluciones

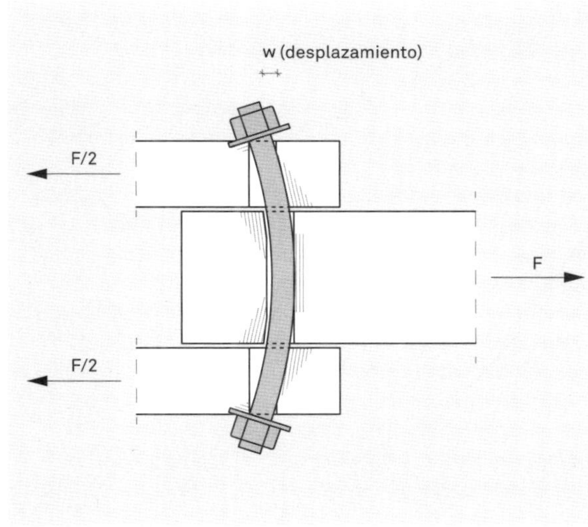

Fig. 2.3.11: Deformación típica de una unión atornillada

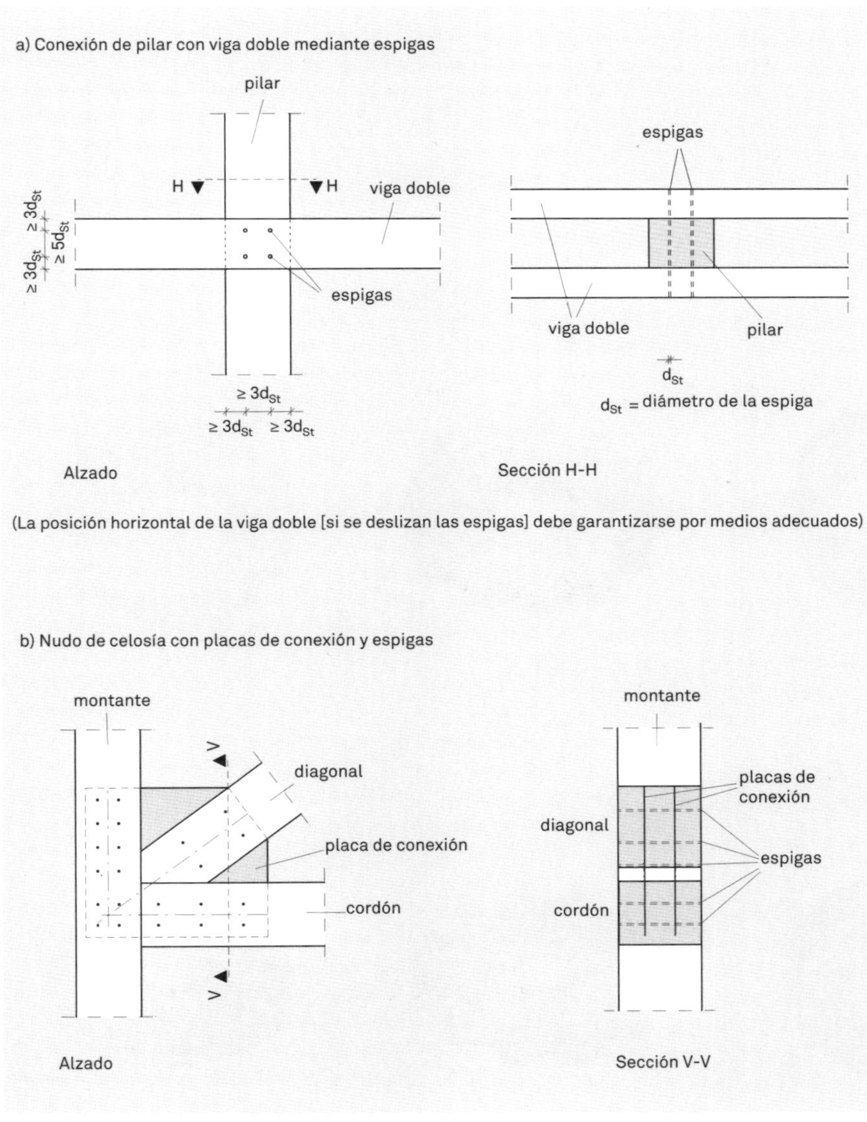

Fig. 2.3.12: Uniones con pasadores

resistentes que los clavos convencionales, motivo por el que se consideran idóneos para resolver uniones que impliquen esfuerzos de tracción en la dirección del conector.

Pernos y barras roscadas

Las uniones atornilladas con función estructural deben comprender al menos dos pernos con un diámetro d ≥12 mm. Debido a sus deslizamientos, que pueden ser elevados, estas uniones presentan un comportamiento de deformación comparativamente desfavorable. > **Fig. 2.3.11** Las tuercas deben apretarse con regularidad debido a que la madera va cediendo lentamente. Por estos motivos las uniones atornilladas no resultan muy adecuadas para estructuras permanentes o sometidas a grandes cargas. Sin embargo, su fácil desmontaje las hace muy apropiadas para las construcciones temporales.

Pasadores

Los pasadores son pernos cilíndricos planos de metal con diámetros entre 8 y 24 mm que se introducen en orificios preformados del mismo diámetro. Gracias a esta unión ajustada, la junta no necesita ningún otro medio de conexión.
En principio, los pasadores transmiten las cargas de la misma forma que los clavos, aunque esta transferencia solo puede producirse a 90º respecto del eje del pasador. Las juntas con pasadores se pueden disponer con cizalladura simple, doble o múltiple, pero al menos debe haber cuatro planos de cortante en una conexión de este tipo. Los pasadores pueden utilizarse en uniones madera-madera y también en uniones madera-chapa de acero. > **Fig. 2.3.12** Debido a su apariencia tecnológica y a la multitud de soluciones disponibles en chapa de acero (cartelas, escuadras, tirantes, bisagras, etc.), los pasadores son especialmente populares en la construcción con madera.

Conectores especiales

Con el objetivo de superar los desplazamientos relativamente grandes asociados a la conexión atornillada directa, los pernos pueden combinarse con conectores especiales que se introducen en la madera y se encargan de transferir los esfuerzos cortantes. Los pernos simplemente garantizan que el conector —es decir, el plano de cizalladura— mantenga su posición. De esta forma actúa como una abrazadera, manteniendo unidas las piezas de madera y permitiendo al mismo tiempo la transferencia de cierta cantidad de tensión en la dirección del perno. > **Fig. 2.3.13**

Se puede distinguir entre conectores de cizalladura (que se ajustan a un rebaje previamente preparado), conectores de placa dentada de acero (que se presionan contra la madera con una herramienta especial) y combinaciones de ambos. > **Fig. 2.3.14** Las normas DIN 1052-2 y EN 912 definen las formas y las dimensiones de estos conectores especiales, que se fabrican con protuberancias en una sola cara (para uniones acero-madera o para conexiones desmontables) o en ambas (para uniones madera-madera). > **Fig. 2.3.15** El conector A1 tipo anillo también puede utilizarse para unir testas en maderas laminadas (por ejemplo, en uniones en T). > **Fig. 2.3.16**

Componentes preformados de chapa de acero

El uso de chapas perforadas y especialmente de chapas conformadas de acero para fabricar anclajes, ganchos para vigas y otros conectores ha ayudado a racionalizar la construcción con madera. Estos componentes preformados se fijan mediante pernos de vástago anular a todas las piezas de madera a unir (el número de clavos utilizados depende de los cálculos estructurales). Puesto que el material empleado es normalmente bastante fino, debe prestarse especial atención para garantizar la protección contra la corrosión. > **Fig. 2.3.17**
Las cartelas (o conectores) son muy habituales en la construcción de cerchas y celosías de madera, especialmente los sistemas de conector oculto (planos unidos mediante pasadores) > **Fig. 2.3.18** y de placa dentada. > **Fig. 2.3.19**

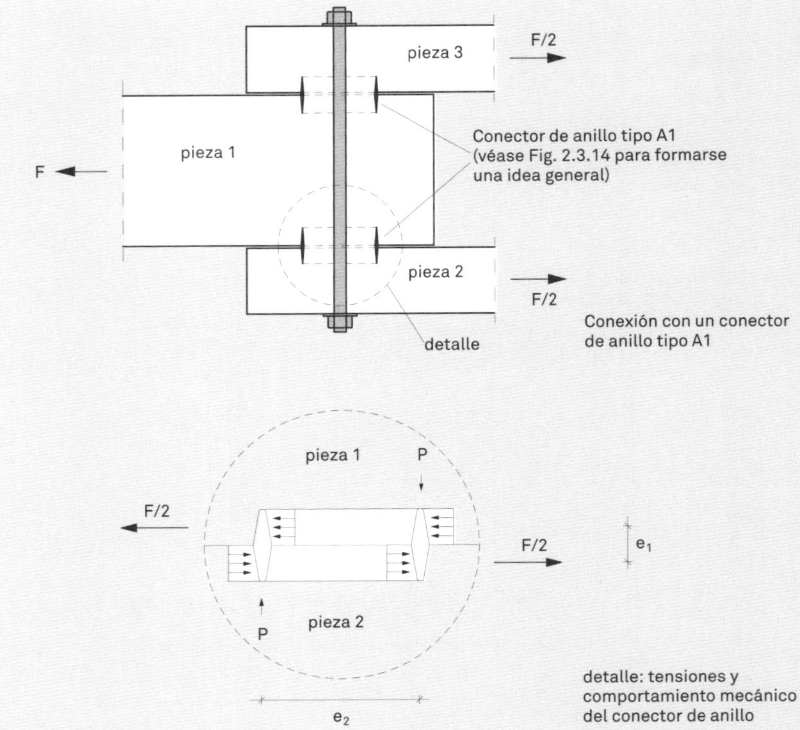

La torsión del conector de anillo debida al momento flector Mvuelco = F/2·e_1, y el hecho de que esta fuerce la separación de las dos secciones de madera (el conector sufre un par de fuerzas que tiende a girarlo), se ve compensada por un momento opuesto Mopuesto = P·e_2 que lo impide. Este momento se genera por el pretensado del tornillo y mantiene unidas las dos piezas de madera

Fig. 2.3.13: Comportamiento mecánico de conectores especiales (utilizando el ejemplo de un conector anular)

a) Conectores especiales (sistema Appel)

Conector de anillo de doble cara, tipo A1

Conector de anillo de cara sencilla, tipo B1

b) Conectores especiales (sistema Bulldog)

Placa dentada de doble cara, tipo C1

Placa dentada de cara sencilla, tipo C2

c) Conectores especiales (sistema Geka)
Placa circular dentada que se presiona sobre la madera

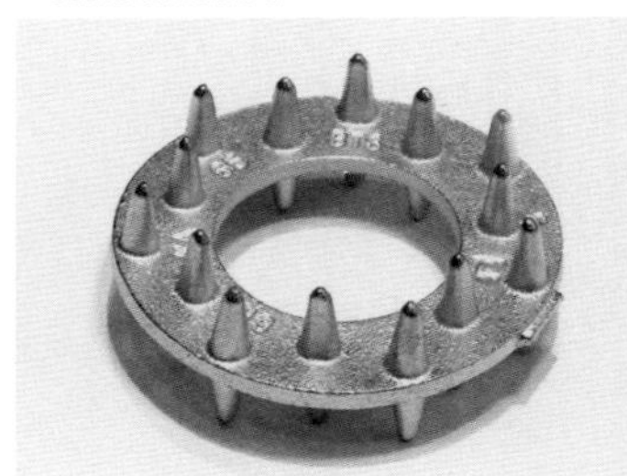

Placa dentada de doble cara, tipo C10

Placa dentada de cara sencilla, tipo C20

(Los conectores de una sola cara tienen una apertura en el medio con un tamaño definido y un reborde, con el fin de crear una conexión estructural con el tornillo pasante y, por tanto, con la placa de acero)

Fig. 2.3.14: Visión general de conectores especiales

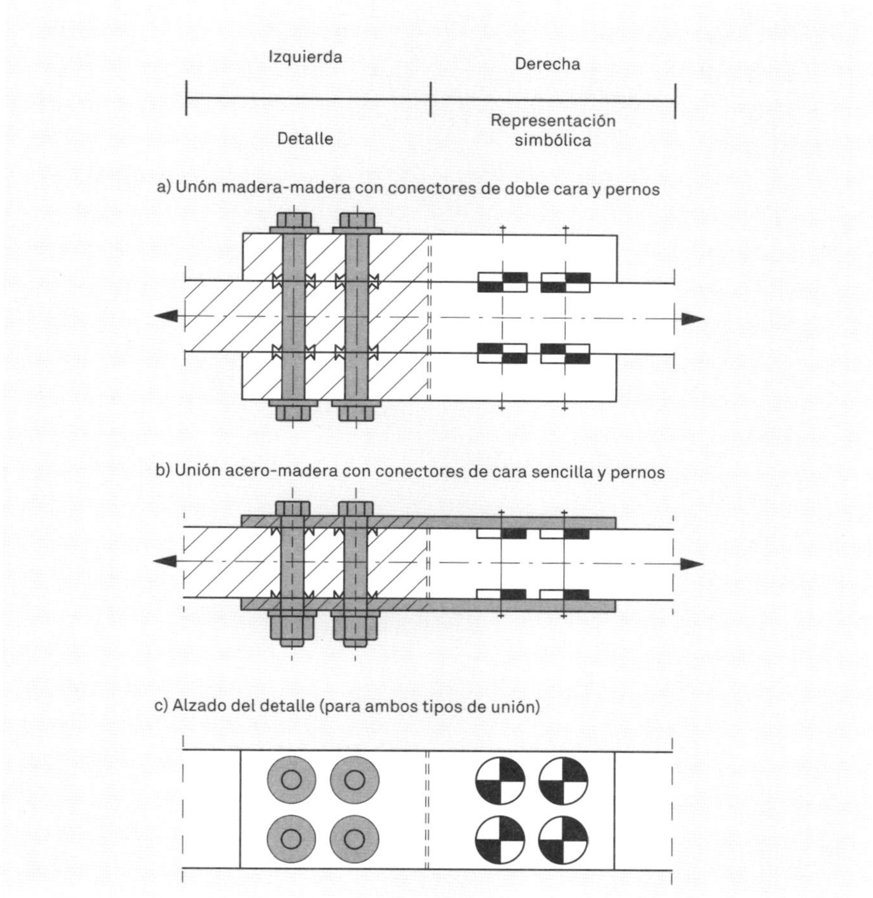

Fig. 2.3.15: Conectores especiales de una y doble cara

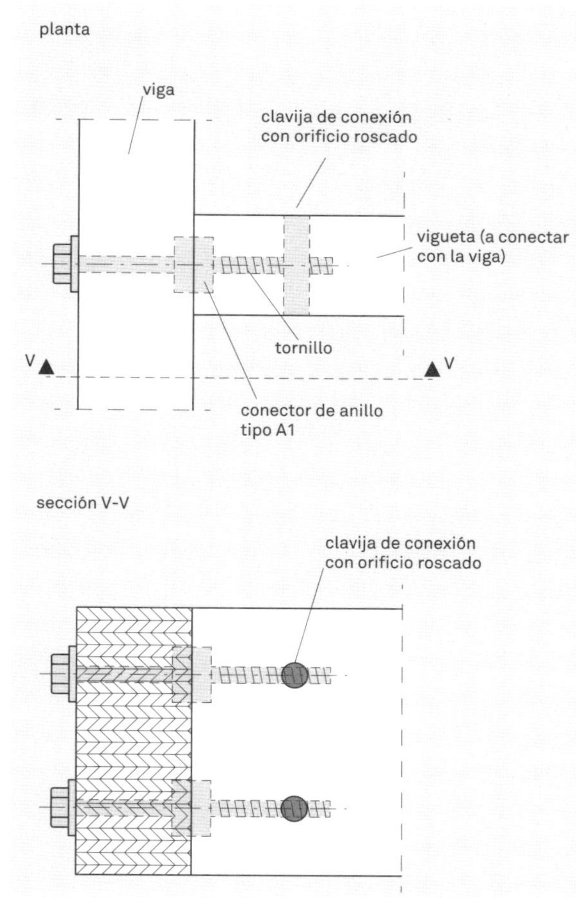

Fig. 2.3.16: Conexión entre piezas de madera laminada encolada utilizando conectores anulares tipo A1 en las testas

Chapa perforada

Conector par-correa

Escuadra

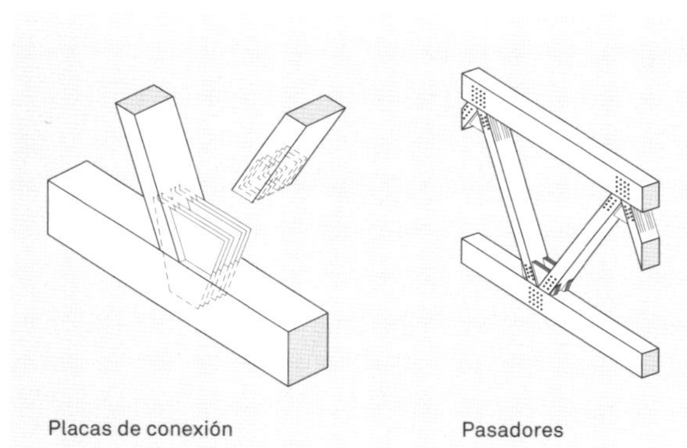

Fig. 2.3.18: Conexión en una celosía de madera con el sistema de conector oculto

a | b

Fig. 2.3.17: Conectores de chapa preformada:
a) apoyo de viga,
b) escuadra angular

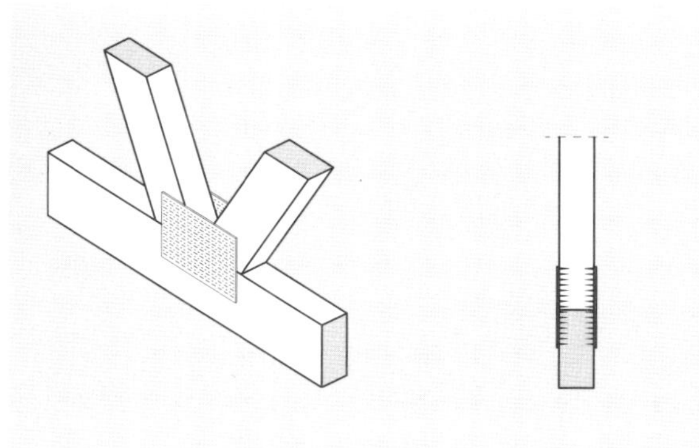

Fig. 2.3.19: Conexión en una celosía de madera con el sistema de chapa dentada

Juntas encoladas

Las juntas encoladas se distinguen de las demás uniones en madera por su considerable rigidez, que da lugar a desplazamientos mínimos. Los adhesivos modernos con base de resinas sintéticas, que ofrecen una alta resistencia tanto mecánica como a la humedad y a los mohos, han sustituido por lo general a las colas naturales que tradicionalmente se utilizaban para unir piezas de madera. Solo ciertas empresas autorizadas con una licencia especial —regularmente sometidas a inspecciones de las autoridades competentes— pueden realizar juntas encoladas. Este tipo de obra requiere una mano de obra muy especializada y con larga experiencia, y unas condiciones muy precisas (un contenido de humedad de la madera no superior al 15%, condiciones ambientales normalizadas, sujeciones con una presión constante, etc.), ya que los defectos de la junta encolada no suelen ser visibles.

En la fabricación de determinados productos manufacturados con madera, como maderas laminadas o tableros contrachapados, se utilizan materiales ligantes, al igual que en juntas de cerchas, entramados y vigas de celosía realizados con madera. > **Fig. 2.3.20** Los ensambles de piezas alargadas se realizan a menudo con juntas de dientes triangulares. > **Fig. 2.3.21**

Entre los sistemas de construcción más novedosos, se cuenta el uso conjunto de hormigón y madera para levantar forjados suspendidos de madera. En este caso, se introducen pasadores de acero en orificios preparados al efecto en la madera y se encolan; a continuación, se vierte la capa superior de hormigón sobre los bordes sobresalientes de los pasadores, para lograr una unión resistente a cortante entre la madera y el hormigón.

Recomendaciones generales

Para concluir esta sección, he aquí unas pocas recomendaciones generales para la ejecución de uniones en madera. No se deben permitir los clavos aislados (un clavo solo es como no tener ninguno) ni los clavados en la testa. Si se van a utilizar varios tipos de conectores, la rigidez de las uniones debería ser lo más coherente posible; las uniones encoladas, por ejemplo, no deben combinarse con clavos, tirafondos o espigas (uniones no rígidas). A la hora de elegir el tipo concreto de conector, conviene tener en cuenta cualquier tracción perpendicular al eje de las piezas a unir. En maderas nobles con una densidad $\sigma_K \geq 500 \frac{kg}{m^3}$, hay que realizar previamente los orificios para los conectores tipo espiga (esto también es recomendable para maderas blandas). Hay que contar también con los posibles esfuerzos de flexión en las uniones por una sola cara de piezas que trabajen a tracción o compresión. > **Fig. 2.3.22**

UNIONES EN ACERO

Las construcciones en acero generalmente se ejecutan en dos fases: la producción en fábrica de elementos de fácil transporte es seguida del montaje en la obra. Este sistema permite que la gran mayoría de las uniones realizadas en fábrica sean soldadas en un ambiente definido y fácilmente controlable. La soldadura ahorra material y peso (no son necesarias placas, abrazaderas ni otros elementos de conexión). Para aquellas uniones realizadas en obra, es preferible el uso de pernos, debido a su simplicidad y a que su ejecución no depende del clima.

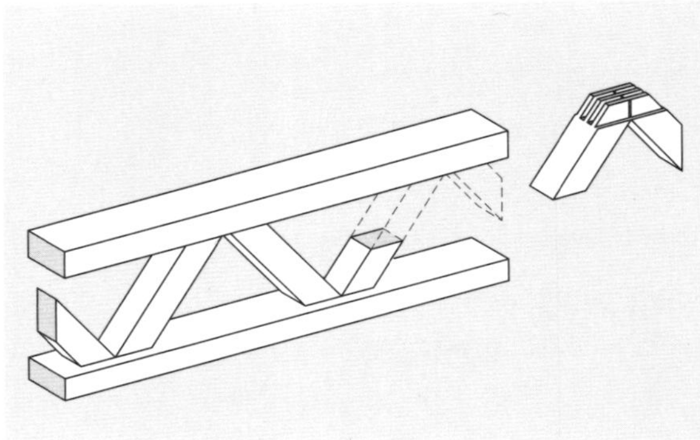

Fig. 2.3.20: Viga de celosía de madera encolada

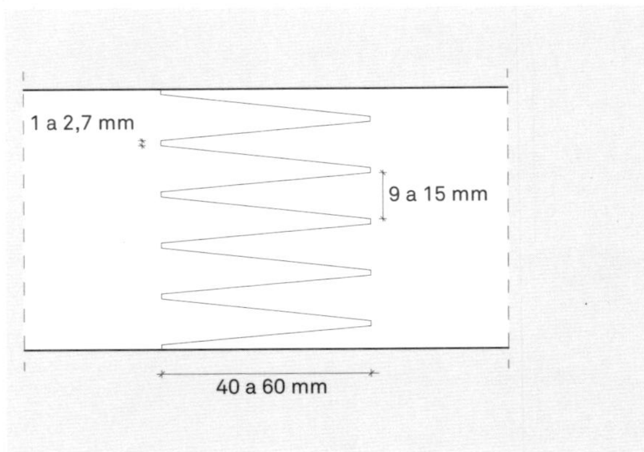

Fig. 2.3.21: Junta triangular con los requisitos dimensionales

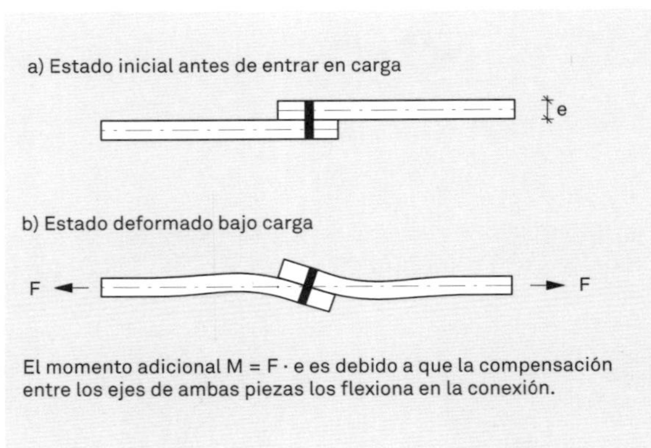

Fig. 2.3.22: Esfuerzo de flexión en una conexión tracción-compresión sencilla

Uniones atornilladas

Tipos de pernos

En las estructuras de acero se usan pernos de cabeza hexagonal con arandelas y tuercas también hexagonales. > **Fig. 2.3.23 y Tab. 2.3.2** Son pernos con una rosca métrica, que se clasifican en función del diámetro de esta (con designaciones M12 a M36). En su fabricación se emplean cuatro tipos de acero. > **Tab. 2.3.3** Los pernos de alta resistencia, que funcionan por fricción, son de acero de grado 8.8 a 10.9 y cuentan con una mayor distancia *AF* (entre caras planas del hexágono), de forma que se pueden apretar con una llave dinamométrica (mayor distancia *AF* = mayor brazo de palanca = mayor momento). La holgura del orificio Δd (Δd = diámetro del orificio d_L – diámetro del perno d_S) sirve para distinguir entre los pernos convencionales, con una holgura aceptable de Δd = 0,3 - 2 mm, y los calibrados, con una holgura $\Delta d \leq 0{,}3$ mm. Cuando se emplean pernos calibrados, primero se perforan orificios de diámetro menor, y posteriormente se ensanchan hasta las dimensiones requeridas (con una tolerancia mínima) durante el montaje, justo antes de introducirse los pernos. Estos han

Tamaño de perno	$d = d_s$ [mm]	D [mm]	e_{min} [mm]	s [mm]	k [mm]	m [mm]
M12	12	24	19,85	18	8	10
M16	16	30	26,17	24	10	13
M20	20	37	32,95	30	13	16
M22	22	39	37,29	34	14	18
M24	24	44	39,55	36	15	19
M27	27	50	45,20	41	17	22
M30	30	56	50,85	46	19	24
M36	36	60	60,79	55	23	29

Tab. 2.3.2: Dimensiones de los pernos de cabeza hexagonal > **Fig. 2.3.23**

4.6	400	240	Pernos para acero S235 (el antiguo St 37)
5.6	500	300	Pernos para acero S335 (el antiguo St 52)
8.8	800	640	Pernos de alta resistencia para aceros S235 y S355
10.9	1.000	900	

* Explicación del grado de resistencia x.y utilizando como ejemplo el grado 5.6
x = 5, y = 6
x = primera cifra del grado de resistencia
y = segunda cifra del grado de resistencia

Resistencia a tracción = x·100 = 5·100 = 500 [N/mm²]
(Tensión máxima admisible antes de rotura)

Resistencia a conformación = resistencia a tracción · 0.y = 500·0,6 = 300 [N/mm²]
(Tensión admisible antes de sufrir deformaciones considerables: «conformación»)

Tab. 2.3.3: Grados de resistencia de los pernos (según EN 20898-1)

Tipo de perno	Perno *	Arandela *	Tuerca *	Grados de resistencia empleados	Holgura admisible del orificio	Geometría y dimensiones
Perno (cabeza hexagonal)	DIN 7990	DIN 7989, A	DIN EN 24032 DIN EN 24034	4.6 y 5.6	$0{,}3 < \Delta d \leq 2$	> Fig. 2.3.23
Perno calibrado (cabeza hexagonal)	DIN 7968	DIN 7989, B	DIN EN 24032 DIN EN 24034	4.6 y 5.6	$\Delta d \leq 0{,}3$	**
Perno de tamaño grande AF (cabeza hexagonal)	DIN 6914	DIN 6916 6917 6918	DIN 6915	8.8 y 10.9	$0{,}3 \leq \Delta d \leq 2$	**
Perno calibrado de tamaño grande AF (cabeza hexagonal)	DIN 7999	DIN 6916 6917 6918	DIN 6915	8.8 y 10.9	$\Delta d \leq 0{,}3$	**

* Pernos y tuercas de grados de resistencia 4.6, 5.6, 8.8 y 10.9 de acuerdo con la norma EN 20898 y arandelas con una resistencia al menos igual a la del perno
** Consúltense prontuarios comerciales y norma EN 20225

Tab. 2.3.4: Tipos de pernos en construcción de acero

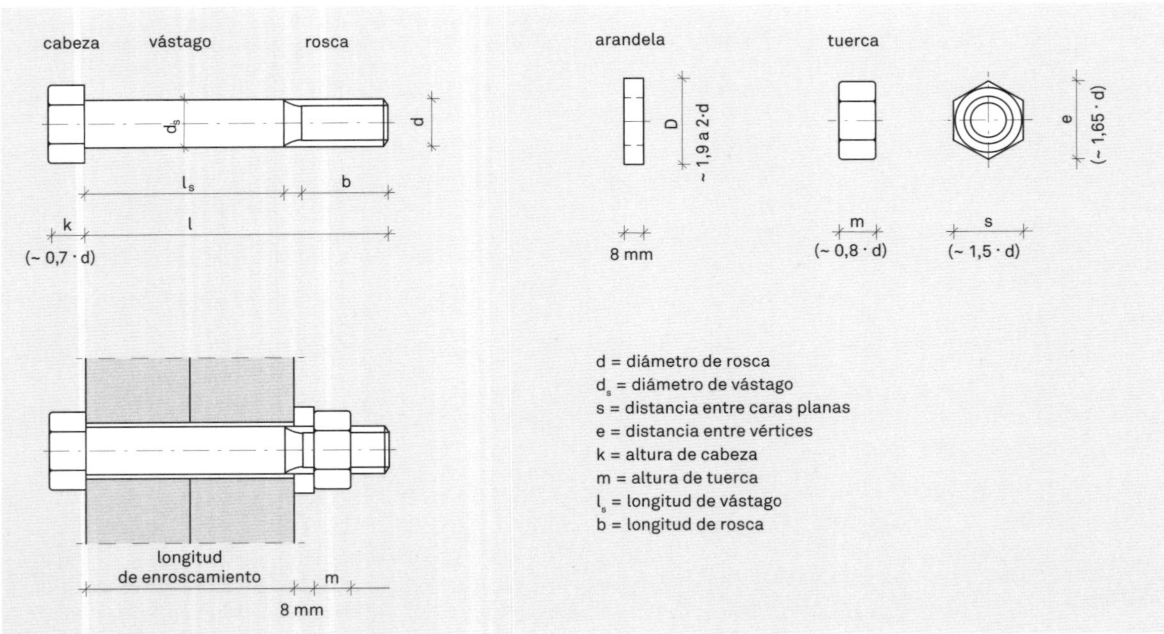

Fig. 2.3.23: Perno de cabeza hexagonal

de ser necesariamente calibrados cuando incluso el más mínimo desplazamiento dentro de una conexión podría causar problemas: por ejemplo, en las combinaciones de uniones soldadas y atornilladas. Una mayor holgura en los orificios de los pernos significaría que las uniones soldadas, que no aceptan ningún desplazamiento, tendrían que hacerse cargo de todos los esfuerzos.

Existen, pues, cuatro tipos de pernos, cada uno de ellos disponible en acero con dos clases de resistencia; es decir, ocho tipos en total. > **Tab. 2.3.4**

Tipos de uniones

Básicamente, hay dos clases de uniones atornilladas: las que trabajan a cortante (SL) y las que lo hacen por fricción (GV). Cuando la carga actúa en perpendicular al eje del perno, este está sometido a cortante, mientras que las piezas unidas soportan la compresión producida en las paredes de los orificios. Si la unión atornillada tiene que transferir, además del cortante, fuerzas de fricción perpendiculares al eje del perno, se requiere entonces de una conexión por fricción (no deslizante). En este tipo de conexiones, las caras en contacto de las piezas unidas son rugosas, mientras que los pernos de alta resistencia se encargan de proporcionar una adecuada compresión preestablecida. La **figura 2.3.24** ilustra los dos sistemas fundamentales, SL y GV.

La utilización de pernos calibrados (con escasa holgura en el orificio) permite minimizar la deformación debida al cortante en ambos tipos de unión; estas conexiones son del tipo SLP y GVP.

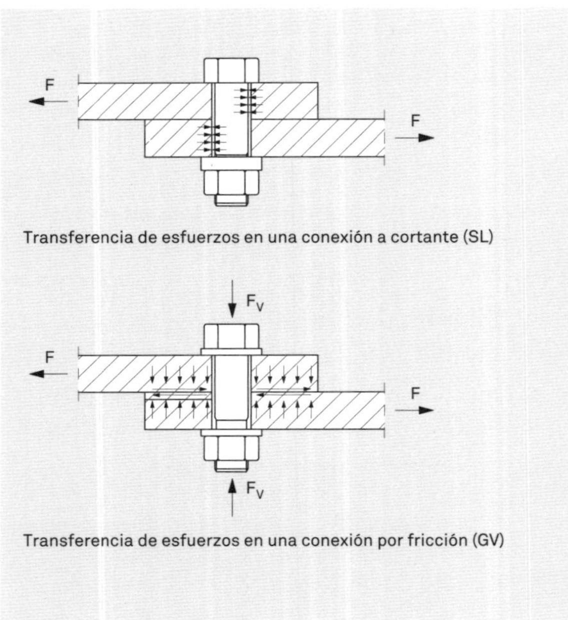

Fig. 2.3.24: Comportamiento mecánico de las uniones SL y GV

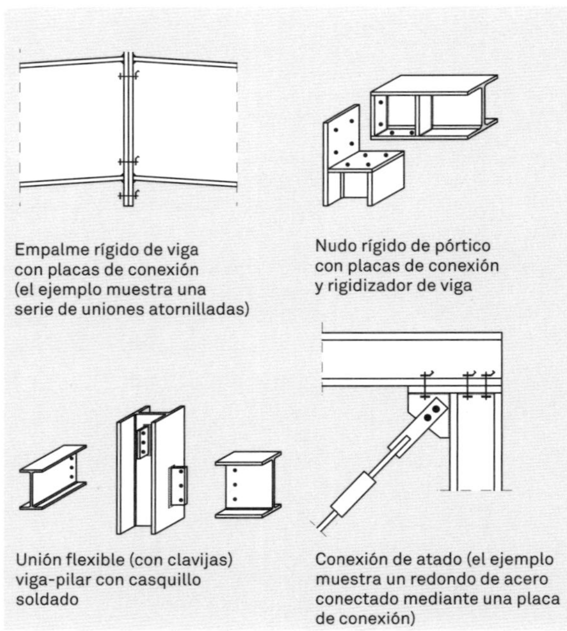

Fig. 2.3.25: Ejemplos de uniones atornilladas en construcción de acero

Tipo de unión	Abreviatura	Tipos de pernos utilizados	Pretensado	Holgura admisible del orificio
Unión a cortante	SL	Pernos 4.6/5.6 Pernos de alta resistencia 8.8/10.9 (sin tensiones de tracción elevadas)	No	0,3 < Δd ≤ 2
Unión a cortante calibrada	SLP	Pernos 4.6/5.6 Pernos de alta resistencia 8.8/10.9 (sin tensiones de tracción elevadas)	No	Δd ≤ 0,3 (deformación mínima a cortante)
Unión a cortante pretensada	SLV	Pernos de alta resistencia 8.8/10.9 (con tensiones de tracción elevadas)	Sí	0,3 < Δd ≤ 2
Unión a cortante pretensada y calibrada	SLVP	Alta resistencia (abrazaderas con tensiones de tracción elevadas)	Sí	Δd ≤ 0,3 (deformación mínima a cortante)
Unión por fricción pretensada	GV	Pernos de alta resistencia 8.8/10.9	Sí	0,3 < Δd ≤ 2
Unión por fricción pretensada y calibrada	GVP	Pernos de alta resistencia 8.8/10.9	Sí	Δd ≤ 0,3 (deformación mínima a cortante)

Tab. 2.3.5: Uniones atornilladas en construcciones de acero

Cuando se utilizan pernos de alta resistencia en conexión SL o SLP para transferir mayores esfuerzos de tracción en la dirección del eje del perno, estos también deben ser apretados con un par de torsión definido, así se obtienen conexiones de tipo SLV y SLVP. > **Tab. 2.3.5**

Debido a su montaje simple y barato, las conexiones SL se utilizan en la mayor parte de los casos. En aquellas situaciones en que hay implicados mayores esfuerzos de tracción, generalmente se emplean conexiones SLV pretensadas. Y cuando resulta necesario limitar la deformación por cortante, se recurre a conexiones SLP. Las conexiones SLVP, GV y GVP se reservan, por lo general, para aplicaciones especiales (por ejemplo, construcción de puentes). La **figura 2.3.25** muestra ejemplos de conexiones atornilladas.

Uniones soldadas

Las soldaduras pueden ser de fusión (las caras en contacto se funden y son unidas en un estado fluido; pueden incluir metal de aporte) o de presión (las caras en contacto se calientan para hacerlas maleables, y entonces se unen por presión mediante una compresión mecánica).

La soldadura de fusión proporciona juntas lineales (cordones de soldadura). Los métodos más importantes son la soldadura manual por arco (que puede emplearse en obra), la soldadura por arco con electrodos revestidos (que se emplea en fábrica, por ejemplo, en soldaduras con dióxido de carbono) y la soldadura por arco sumergido (método automático de fabricación de largas secciones soldadas, utilizado exclusivamente en fábricas).

En cambio, la presión proporciona soldaduras individuales no continuas. Las técnicas más importantes son la soldadura por resistencia (para unir materiales delgados, por ejemplo, las chapas metálicas soldadas por puntos) y la soldadura por presión caliente (para unir materiales más gruesos, por ejemplo, para fijar refuerzos a cortante a las alas de una viga).

Tipos de uniones soldadas

Se distinguen seis tipos básicos de junta en función de su posición geométrica y de las piezas a unir. > **Tab. 2.3.6** Estas uniones se forman como soldaduras a tope (cordón de soldadura entre los bordes de las piezas a conectar) o soldaduras en ángulo (cordón de soldadura en el ángulo que forman las piezas a conectar). Las soldaduras a tope se dividen, a su vez, en aquellas con o sin penetración completa (bordes completamente soldados o no), mientras que las soldaduras en ángulo pueden ser normales o de penetración profunda. Además, los bordes de las piezas unidas con soldadura a tope se preparan de diversas formas en función del espesor del material. > **Tabs. 2.3.7 y 2.3.8**

Procedimiento de soldadura

Las juntas soldadas de mayor dimensión deben realizarse en capas sucesivas (cordones). > **Fig. 2.3.26** El espesor máximo de cada cordón en la soldadura manual por arco es aproximadamente de 4 mm, de 5 mm en la soldadura por arco con electrodos revestidos y de unos 7 mm en la por arco sumergido.

Tipo de junta		Posibles soldaduras		
Nombre	Geometría	Tipo de soldadura	Ejemplo	
Junta a tope		Soldadura a tope	A tope cuadrada	
Junta por solape *	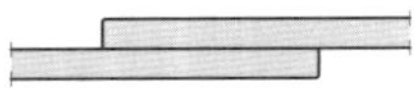	Soldadura en ángulo	Ángulo doble	
Junta en T	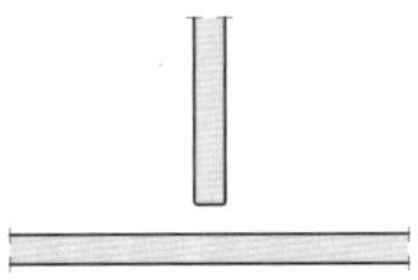	Soldadura a tope o en ángulo	Ángulo doble	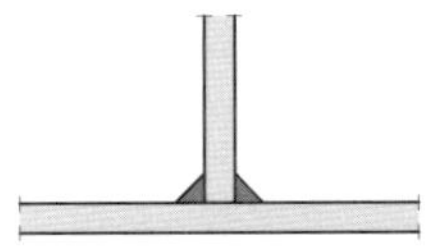
Junta en esquina	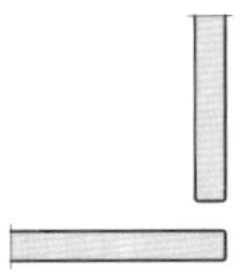	Soldadura a tope o en ángulo	Bisel a tope en L	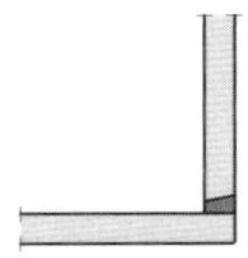
Junta en cruz	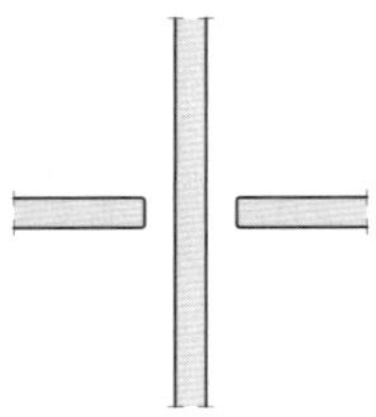	Soldadura a tope o en ángulo	A tope en Y, doble	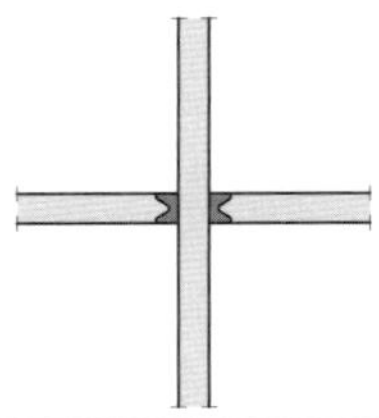
Junta en T oblicua	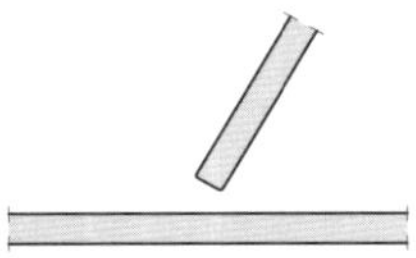	Soldadura a tope o en ángulo	A tope en el borde	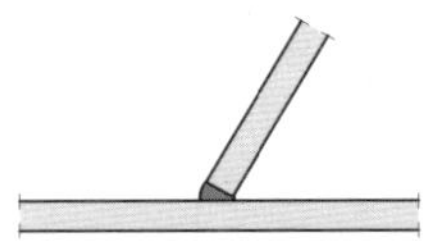

* Dos chapas de acero dispuestas una sobre otra no presentan las condiciones requeridas de protección contra la corrosión, por lo que deben evitarse en exteriores siempre que sea posible.

Tab. 2.3.6: Juntas soldadas

Un enfriamiento demasiado rápido del acero tras el proceso de soldadura supone un riesgo de rotura frágil, por lo que estas tareas deben evitarse en épocas de frío intenso; cuanto menos es recomendable que las piezas a unir sean calentadas previamente. Además, los cordones de soldadura deben recibir un acabado adecuado (las transiciones entre el material de la soldadura y el metal de la pieza soldada deberían ser suaves para evitar la concentración de tensiones), y conviene proteger las conexiones contra la corrosión aplicando un recubrimiento protector apropiado.

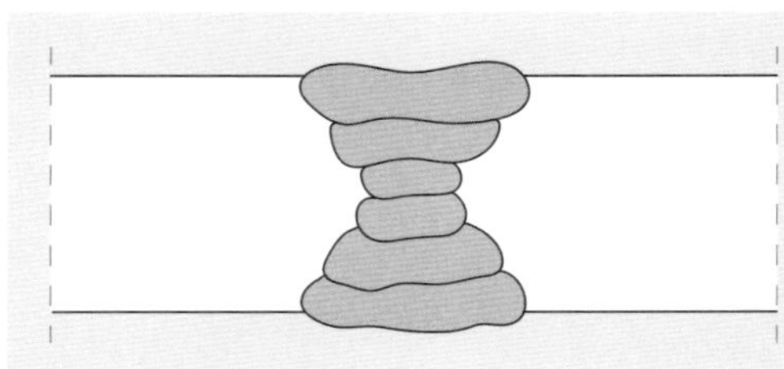

Fig. 2.3.26: Junta a tope con bordes en V ejecutada con sucesivas capas de metal fundido.

Más allá de la elección adecuada de los materiales, el equipo, el tipo de juntas y la planificación de la ejecución (por ejemplo, elegir el orden de ejecución de cada soldadura particular para reducir el riesgo de distorsiones por el calor), la calidad de una junta soldada depende esencialmente de la habilidad de quien la ejecuta. Las empresas especializadas en soldaduras, en fábrica o en obra, deben disponer de una licencia al efecto (adecuada a la complejidad del trabajo de soldadura). Además, únicamente los operarios que tengan un diploma de soldador de acuerdo con la norma EN 287 puede hacer estos trabajos. La **figura 2.3.27** muestra ejemplos de conexiones soldadas.

UNIONES EN HORMIGÓN

Existen tres formas básicas de construir estructuras de hormigón en masa o armado: construcción in situ, con elementos prefabricados o sistemas parcialmente prefabricados.

La construcción de hormigón in situ implica moldear cada componente en su ubicación definitiva vertiendo el hormigón fresco en unos moldes o encofrados al efecto. Este procedimiento incluye diversas fases: preparación de los encofrados, colocación de las armaduras, vertido del cemento, retirada de los encofrados y curado (es decir, mantener el nivel de humedad del hormigón para su correcta hidratación). Puesto que normalmente resulta imposible hacer la estructura completa en una sola operación, se necesitan ***juntas de tongada***. Esto significa que la estructura final de hormigón, monolítica, debe dividirse en numerosos segmentos llamados tongadas (por ejemplo, fase 1: losa de cimentación, fase 2: muros y pilares, fase 3: losa de cubierta). Por otro lado, deben incorporarse allí donde sea necesario juntas de dilatación y juntas de retracción (inductoras de fisuras controladas).

Espesor de la placa	Tipo de soldadura	Forma
t ≤ 4 mm	A tope cuadrada	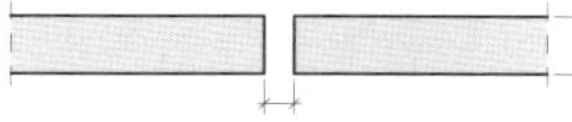 t; ~ 0,5·t a t
3 ≤ t ≤ 10 mm	A tope en V	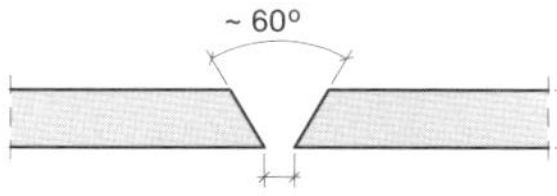 ~ 60º; t; 0 a 4 mm
6 ≤ t ≤ 40 mm	A tope en Y (con una cara más profunda que en V)	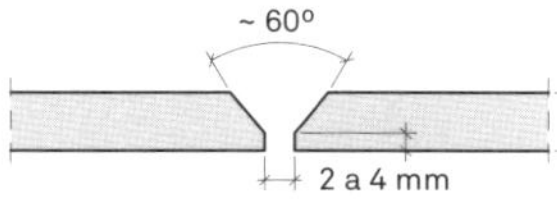 ~ 60º; t; 2 a 4 mm; 1 a 4 mm
t > 10 mm	A tope en U	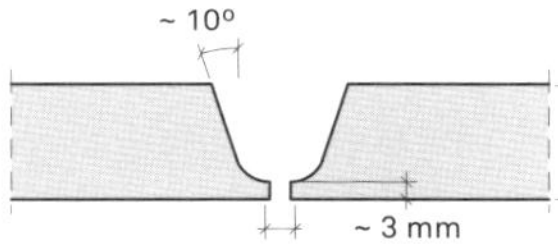 ~ 10º; t; ~ 3 mm; 1 a 4 mm
t > 15 mm	A tope con doble bisel y chapa de apoyo	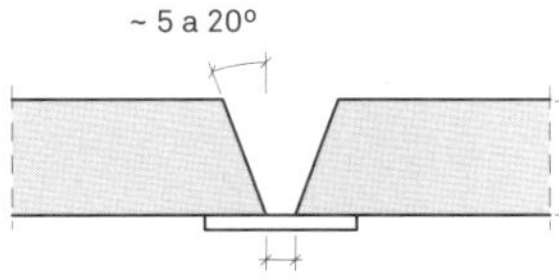 ~ 5 a 20º; t; 5 a 15 mm

Las formas de junta asociadas con el respectivo espesor de la placa son válidas para soldadura por una sola cara. Estas soldaduras también pueden realizarse por ambas caras en el caso de piezas más gruesas; entonces se las denomina soldaduras dobles (p. ej., soldadura doble en V). En ocasiones solo se preparan los bordes de una de las caras (p. ej., soldaduras en J o con bisel)

Tab. 2.3.7: Preparación de los bordes para una soldadura a tope

Tipo de soldadura			Símbolo	Geometría
Soldaduras a tope	Con penetración total	Cuadrada		
		En V		
		En Y		
		En U		
		Doble en V		
		Doble en Y		
		Doble en U		
		Con bisel		
		En J		
		Con doble bisel		
		Con doble J		
	Sin penetración total	Soldadura de tres placas		
		Con bisel		
		Con doble bisel		
Soldaduras de filete	Normal	Ángulo		
		Doble ángulo		
	Con penetración	Ángulo		
		Doble ángulo		

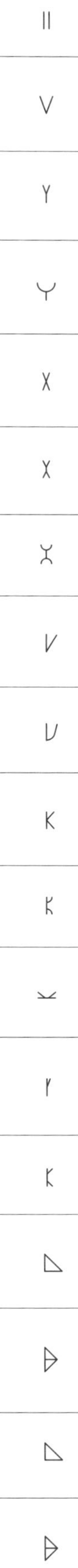

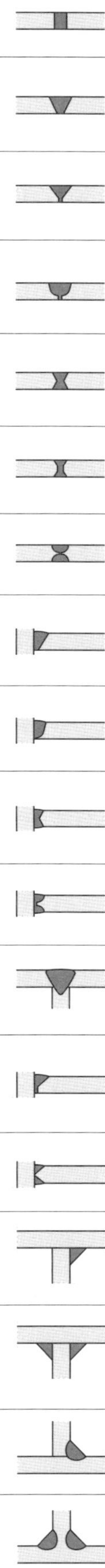

Tab. 2.3.8: Tipos de soldaduras

a) Juntas en vigas de celosía de perfiles huecos

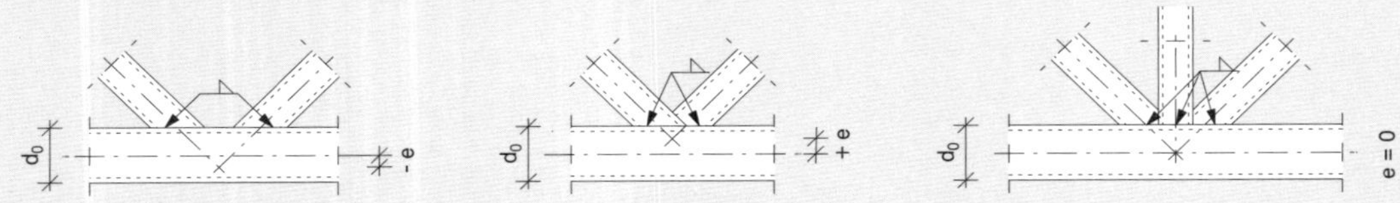

Junta de cordón inferior y diagonales con separación

Junta de cordón inferior con diagonales solapadas

Junta de cordón inferior, montante y diagonales

La excentricidad e de la junta puede variar exclusivamente en el rango: e $-0{,}55 \geq e/d_0 \geq +0{,}25$.

b) Empalme de tubos huecos

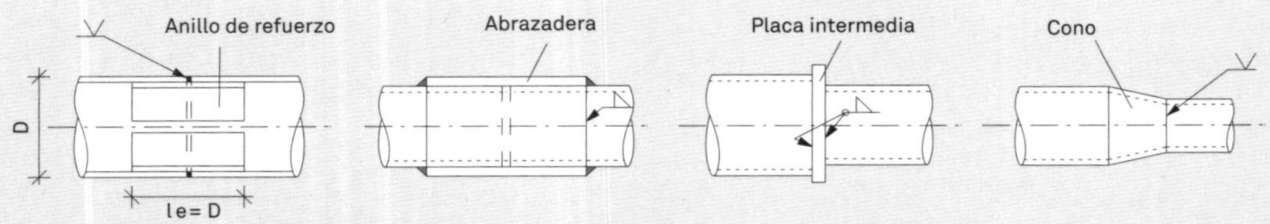

c) Nudo rígido de pórtico con rigidizadores y viga de sección variable

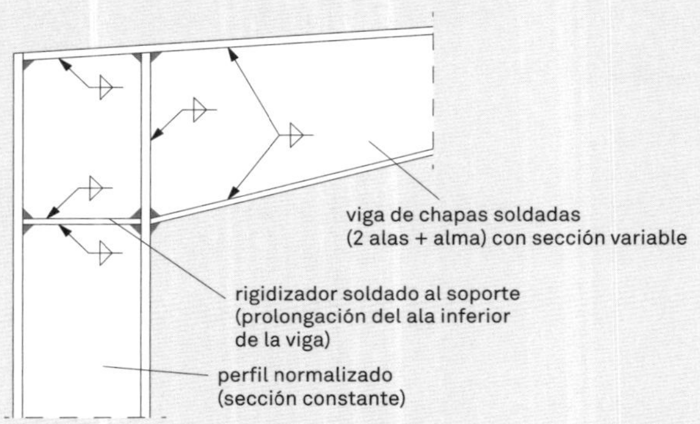

d) Junta de cumbrera con placa de conexión

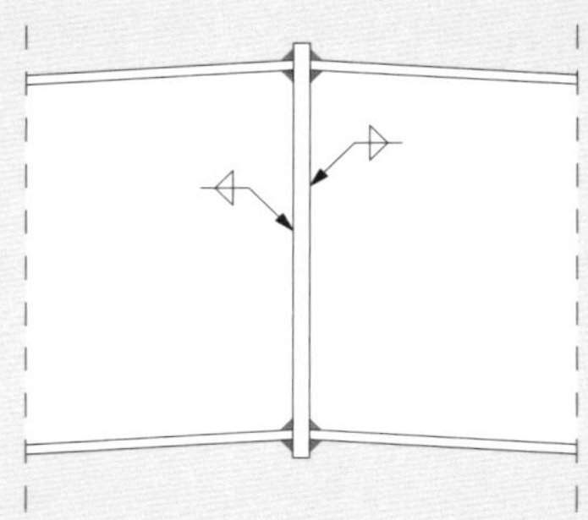

e) Juntas en viga de celosía con perfiles en doble T

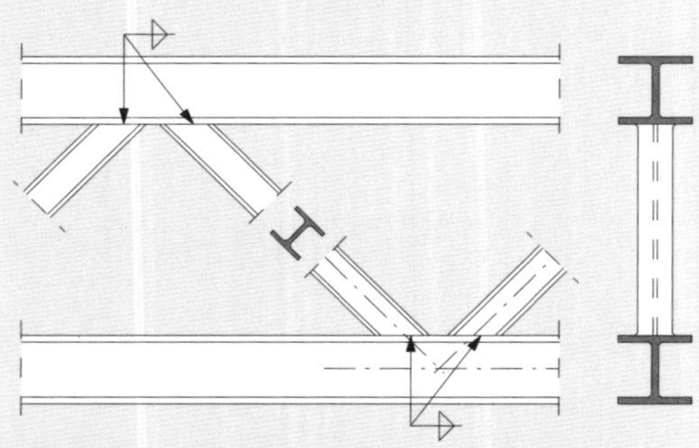

Diagonales conectadas directamente a los cordones

(Este tipo de junta puede trasladar grandes cargas, pero es más costosa, ya que las diagonales deben cortarse con el ángulo exacto)

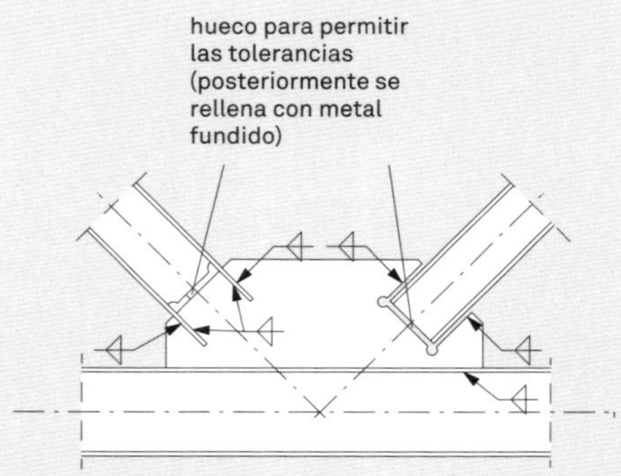

Diagonales conectadas mediante cartela

(Este tipo de junta no puede trasladar cargas tan pesadas como aquella cuyas diagones descansan directamente en los cordones, pero es menos costosa)

Simbología de las soldaduras > **Tab 2.3.8**

Fig. 2.3.27: Ejemplos de uniones soldadas

En el caso de estructuras que puedan descomponerse en partes estandarizadas, el empleo de elementos prefabricados puede representar una solución más económica (por ejemplo, muros de contención realizados con elementos con sección en L).

Si el hormigón in situ se combina con elementos prefabricados de hormigón, tenemos un sistema parcialmente prefabricado de hormigón. En este tipo de construcción, se preparan en fábrica elementos prefabricados con un espesor reducido, que se complementan ya en obra con hormigón in situ para obtener la sección completa necesaria para los requisitos estructurales. > **Fig. 2.3.28** En consecuencia, los elementos parcialmente prefabricados sirven como encofrado permanente para el hormigón in situ, al tiempo que contienen una parte significativa del armado. En casos en los que la estructura incluya muchos elementos idénticos estandarizados, este sistema permite reducir considerablemente los costes y los plazos de ejecución que requeriría una solución basada exclusivamente en hormigón in situ, con todos los trabajos asociados de montaje de los encofrados y colocación de las armaduras. Al mismo tiempo, estos elementos son mucho más ligeros que los prefabricados por completo, lo que implica que el peso a manejar durante el transporte y el montaje es menor. En la actualidad también se consiguen tiras impermeables para sellar las juntas contra el agua y la humedad. A pesar de sus muchas ventajas, los sistemas parcialmente prefabricados en la práctica se utilizan exclusivamente en edificación (estructuras con cerramientos y cubierta). La razón es que las juntas entre los elementos permanecen a la vista, incluso en la parte superior de los muros, donde queda visible la estructura tipo sándwich que forma el hormigón in situ con los elementos prefabricados (por lo que se requiere el empleo de piezas especiales de coronación).

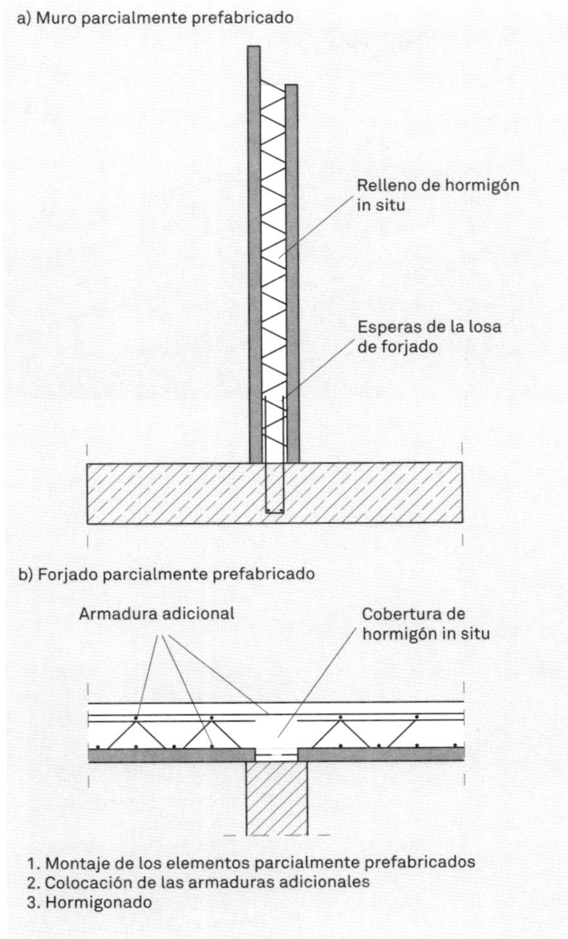

Fig. 2.3.28: Secuencia de operaciones en un sistema de construcción parcialmente prefabricada de hormigón

Juntas para hormigón in situ

Juntas de tongada (conexiones monolíticas)

Siempre que sea preciso ejecutar una sección de hormigón sobre otra sección ya endurecida, se requerirá una junta de tongada. Si el objetivo es obtener un elemento monolítico, es preciso unir adecuadamente tanto el hormigón como la armadura de ambas secciones. Para garantizar la calidad del hormigón, solo las juntas horizontales de tongada pueden curarse al aire; las juntas verticales o biseladas deben formarse siempre contra un encofrado (por ejemplo, el hormigón no debería verterse directamente sobre una pendiente sin control alguno).

Las juntas horizontales de tongada suelen disponerse justo encima y debajo de cada forjado. Las armaduras verticales deben proyectarse por encima de dichas juntas, formando las *esperas*. Estas esperas han de tener al menos la longitud del solape necesario para que las barras de la sección superior puedan transmitirles adecuadamente las cargas. La junta por solape entre las barras del armado se consigue disponiéndolas una junto a la otra (normalmente atadas con un alambre para evitar desplazamientos durante la ejecución), de forma que, gracias a su ligazón con el hormigón, transfieren las cargas (del acero al hormigón, y de nuevo al acero).

Los encofrados de metal expandido (conocido como *deployé*) resultan muy adecuados para la ejecución de juntas verticales de tongada de poca altura (por ejemplo, juntas de tongada en losas de cimentación). Por una parte, se obtiene una superficie rugosa que proporciona un buen agarre para las secciones contiguas de hormigón; por otra, las esperas pueden alojarse fácilmente en las perforaciones del metal expandido. > **Fig. 2.3.29**

En el caso de secciones de mayor altura y, por consiguiente, con mayores empujes debidos al hormigón fresco (por ejemplo, juntas verticales en muros de 3 m de altura), la junta de tongada debe realizarse con un encofrado completo. Si este no puede perforarse para introducir las esperas, las posibles soluciones consisten en doblar las barras (de espera) o emplear conectores mecánicos especiales. Al doblarse, las esperas pueden quedar alojadas en el hormigón dentro de una funda, una opción más económica que la utilización de conectores mecánicos, al tiempo que los huecos que dejan en el hormigón mejoran la resistencia a cortante de la junta de tongada. Sin embargo, solo es posible torcer en obra barras con un diámetro menor a 14 mm, mientras que los conectores pueden utilizarse en posiciones del encofrado muy diversas y también en secciones con armaduras de gran diámetro (bastante excepcionales en arquitectura paisajística), en las que siempre falta espacio para el solape necesario. > **Fig. 2.3.30**

Si las juntas de tongada deben estar impermeabilizadas, como en depósitos de agua o estructuras subterráneas por debajo del nivel freático, existen varias soluciones, como el empleo de tiras impermeabilizantes internas y

Junta de hormigonado (en la imagen, con la armadura de la siguiente sección ya colocada)

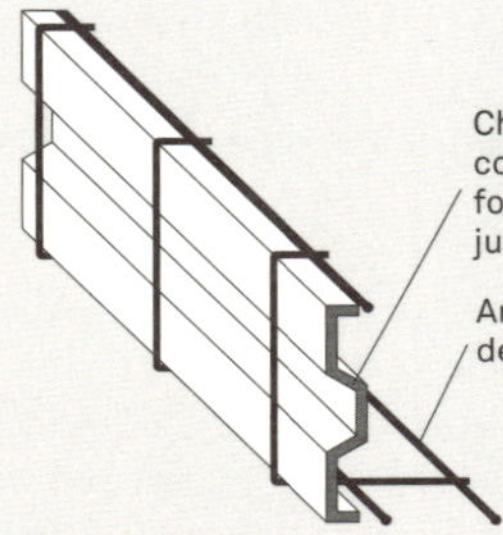

Formación de junta

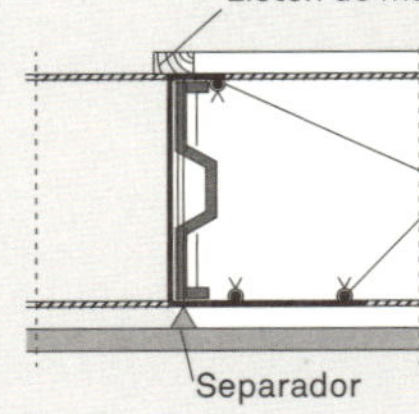

Sección por la junta

Fig. 2.3.29: Uso de metal expandido como encofrado para juntas verticales de hormigonado

a) Esperas

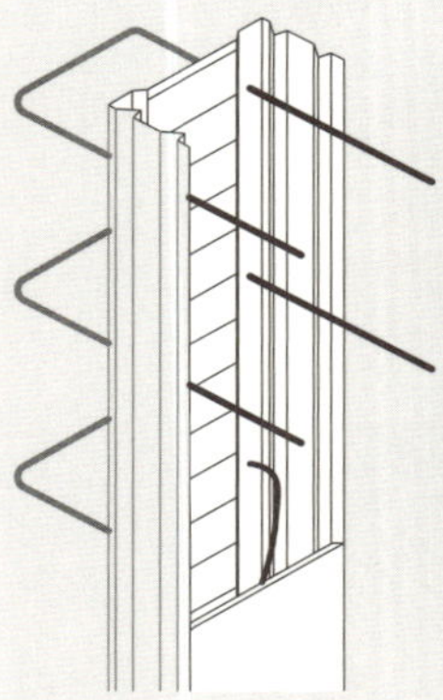

Caja perfilada para alojar las esperas dobladas (hacia arriba o hacia abajo)

Caja fijada al interior del encofrado (antes del hormigonado)

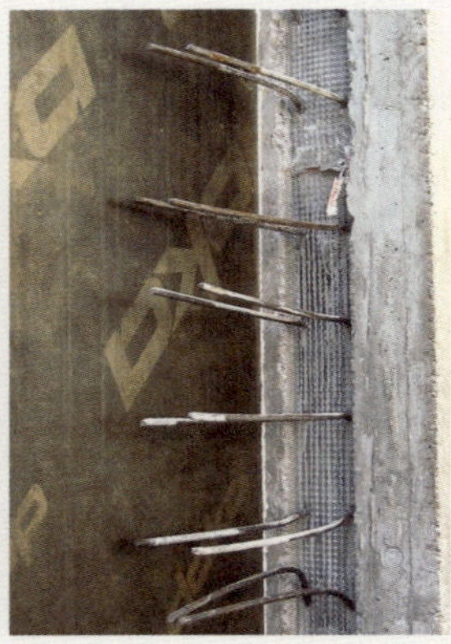

Esperas de nuevo en su posición para la siguiente sección del muro (tras hormigonar la primera sección)

b) Acopladores para armaduras

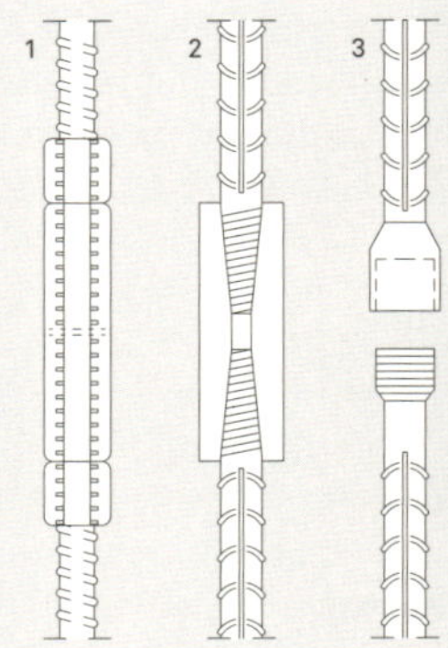

1. Sistema GEWI
2. Sistema LENTON
3. Sistema HALFEN

Sistemas de distintos fabricantes

Armado para empotrar un pilar en la losa de cimentación, con acopladores en el extremo de las barras principales (protegidos con fundas para evitar la entrada de polvo, suciedad u hormigón)

Fig. 2.3.30: Detalles del armado en juntas de hormigonado y en secciones con armado intensivo

a) Junta impermeabilizante dentro del muro

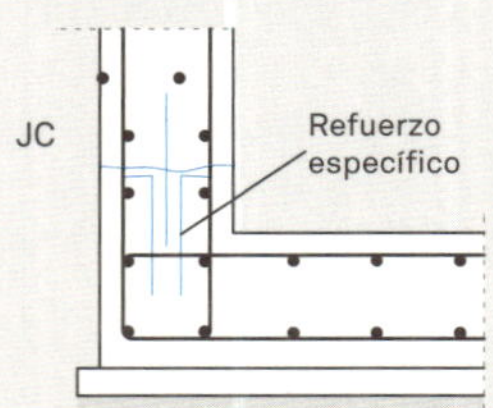

b) Junta impermeabilizante exterior

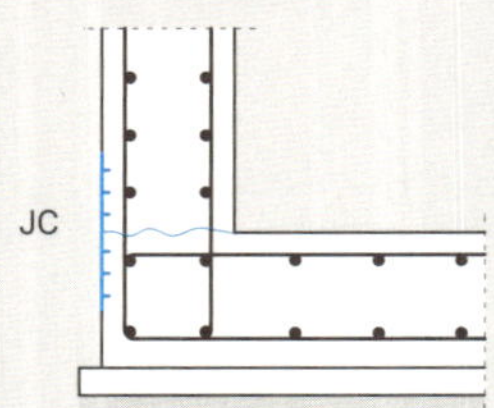

c) Manguera de inyección

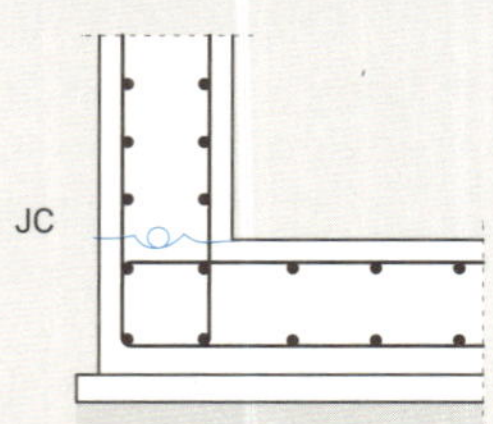

d) Junta expansiva

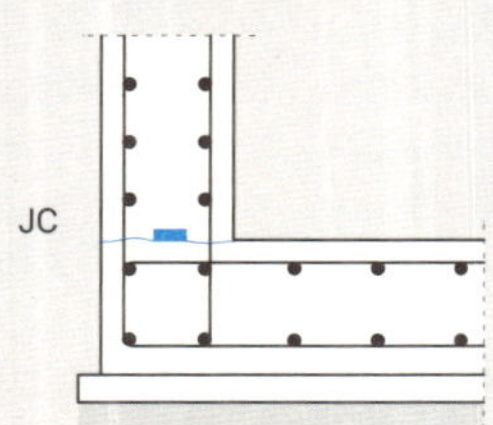

El detalle a) muestra una impermeabilización situada sobre la armadura superior de una losa de cimentación. Para llevarla a cabo, es necesario elevar el nivel de la junta de hormigonado (aproximadamente 15-20 cm, dependiendo del ancho del elemento impermeabilizante); esto implica que se debe incluir un refuerzo específico para mantener la posición del impermeabilizante, así como un encofrado para la cara interior. Sin embargo, en términos de calidad, esta es la mejor solución, y es especialmente recomendable para casos de alta presión hidrostática.

El detalle b) muestra una impermeabilización externa, solución menos costosa que la que se introduce en el espesor del muro. Sin embargo, debido a la profundidad limitada de su conexión, es mucho más vulnerable a los errores durante la ejecución (p. ej., puede no ajustarse adecuadamente a la cara interior del encofrado).

En los casos más difíciles, la manguera de inyección que muestra el detalle c) debería ser del tipo múltiple, para que pueda reinyectarse con posterioridad (p. ej., cuando la estructura se haya asentado completamente).

La junta expansiva que se muestra en el detalle d) no debería utilizarse en entornos alternativamente secos y húmedos, ya que reacciona de forma relativamente lenta a los cambios de humedad y solo se sella satisfactoriamente tras un periodo relativamente largo de humedad.

JC= Junta constructiva

Fig. 2.3.31: Juntas de hormigonado con impermeabilización: ejemplo de encuentro entre muro y losa de cimentación externas, sellados inyectados o tapajuntas de sección expandible. > Fig. 2.3.31

Juntas de dilatación

Cuando una estructura está sometida a grandes deformaciones (por ejemplo, como resultado de asientos diferenciales o fluctuaciones anuales de temperatura), resulta recomendable disponer juntas de dilatación para evitar tensiones excesivas. Es importante garantizar que dichas juntas proporcionen una separación completa de los componentes (incluidos, por ejemplo, los acabados de muros y forjados). Las juntas de dilatación deberían dimensionarse de forma que las variaciones previstas puedan acomodarse sin restricciones. Por lo tanto, deben rellenarse con materiales suficientemente resilientes (por ejemplo, tableros de fibra mineral o tableros bituminosos corrugados, en caso de exposición a la humedad) y, si fuese necesario, proporcionar impermeabilización mediante tapajuntas de sección expandible. > Fig. 2.3.32 Como protección frente a la acumulación de suciedad, polvo, arena u otros materiales extraños, conviene sellas las juntas de dilatación con algún material elástico (por ejemplo, juntas preformadas).

Juntas de retracción

Con el fin de evitar que las tensiones de retracción produzcan fisuras de un ancho excesivo que dañen la armadura, conviene disponer una malla relativamente densa de juntas que induzcan fisuras controladas de menor anchura. De esta forma se disipan las tensiones de retracción. > Fig. 2.3.33 El principio básico de los diversos tipos de junta de retracción consiste en debilitar la sección transversal en torno a un 30% y reducir la cantidad de armadura hasta que la resistencia a tracción en la junta disminuya significativamente.

Juntas entre elementos prefabricados

Los elementos prefabricados de hormigón normalmente incorporan conectores diseñados para facilitar su montaje. El objetivo en este caso consiste en transferir las cargas por contacto directo (hormigón-hormigón) siempre que se pueda. Para compensar cualquier irregularidad en las caras en contacto del hormigón, se emplea una lechada o una almohadilla plástica (por ejemplo, con base de elastómero). Por otro lado, la forma de fijar las posiciones de los distintos elementos debe ser simple (como con elementos de traba, o pernos y pasadores de acero). > Fig. 2.3.34

Los elementos prefabricados planos (por ejemplo, losas de pavimento o unidades de muros de contención) a menudo requieren juntas que impidan los desplazamientos relativos horizontales o verticales sin transmitir esfuerzos (compensando las dilataciones y las contracciones). Los bordes de estos elementos suelen contar con pasadores y perforaciones dispuestos de tal forma que solo transfieren cargas transversales a sus ejes, pero no en la dirección longitudinal (junta de pasadores). Los pasadores normales se emplean en el caso de cargas reducidas > Fig. 2.3.35, mientras que para cargas mayores se requieren pasadores especiales, capaces de transferir los esfuerzos y de reducir la compresión del hormigón en la zona de la junta.

UNIONES MIXTAS

Uniones acero-madera

Las cargas y las luces de mayor entidad generalmente requieren acero como material para la estructura primaria (por ejemplo, vigas de acero) y madera para las secundarias (por ejemplo, viguetas y tableros de madera).

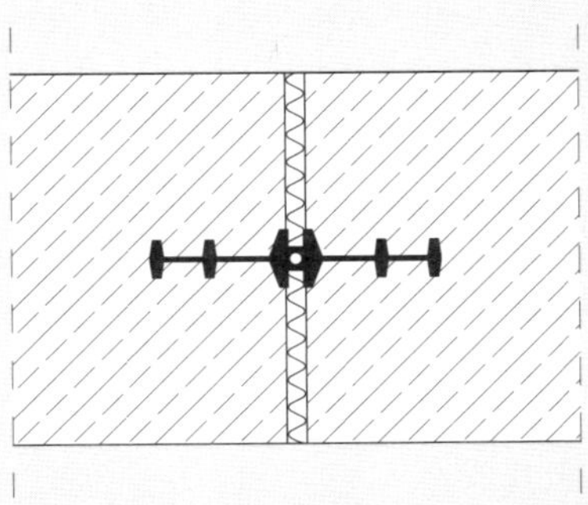

Junta de dilatación en un muro (sección horizontal)

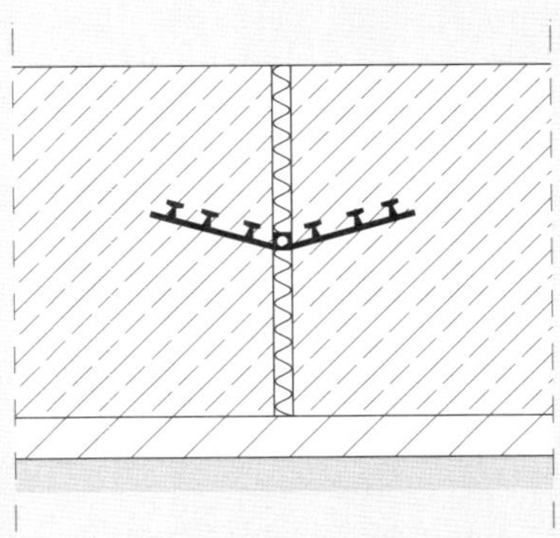

Junta de dilatación en una losa de cimentación (sección vertical, impermeabilización colocada en forma de V para permitir que las burbujas de aire puedan escapar durante el hormigonado)

Fig. 2.3.32: Juntas de dilatación impermeables

Muro

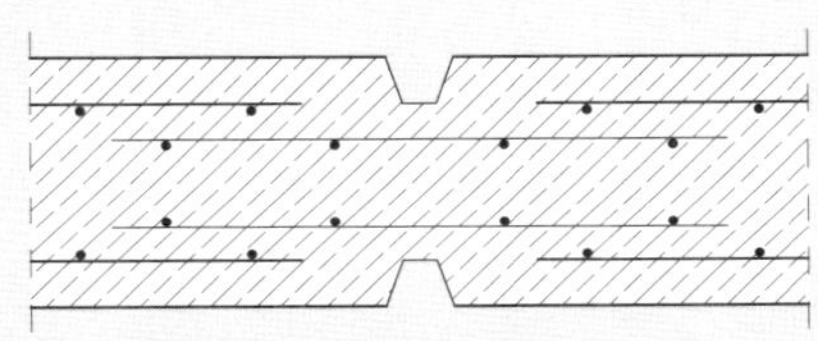

Sin impermeabilización, con filetes trapezoidales (inductores de fisuras) y reducción de la armadura (sección horizontal)

Muro

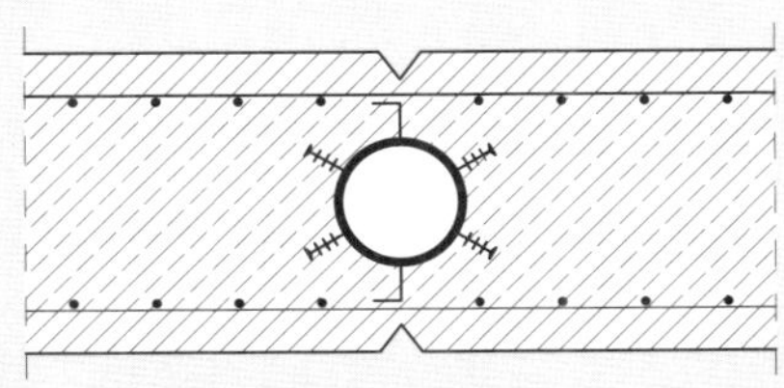

Con impermeabilización, con tubo de retracción y filetes triangulares (inductores de fisuras) (sección horizontal)

Losa de cimentación

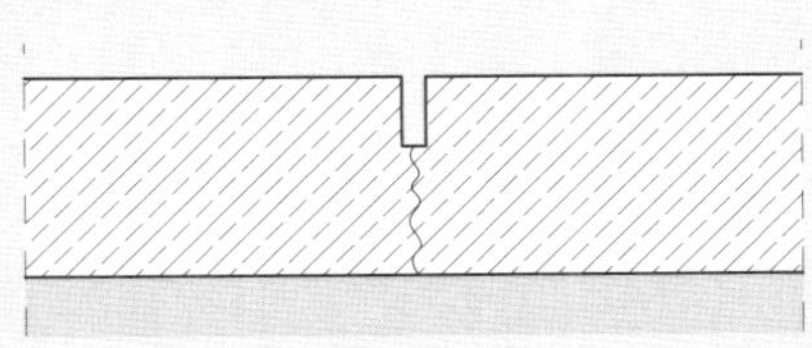

Sin impermeabilización, con junta aserrada (sección vertical)

Fig. 2.3.33: Juntas de retracción para la inducción de fisuras

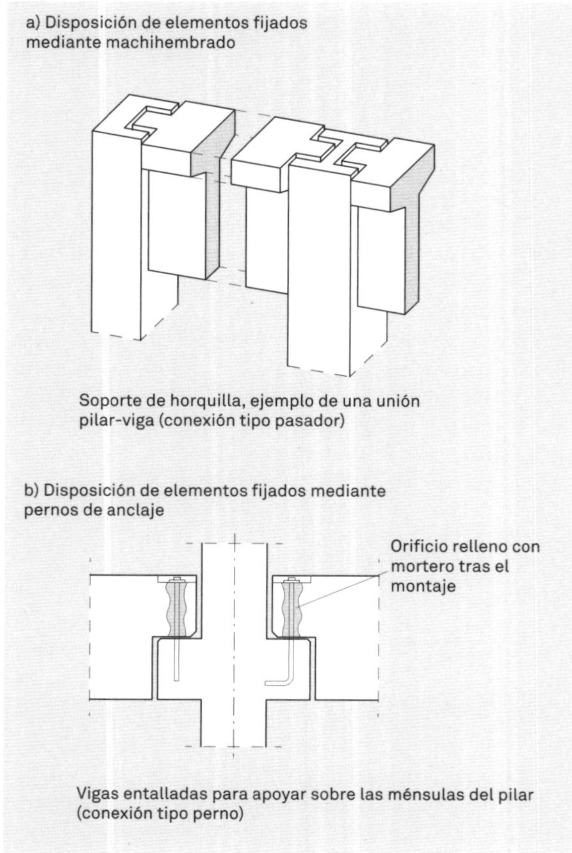

Fig. 2.3.34: Fijación de la posición de elementos prefabricados de hormigón

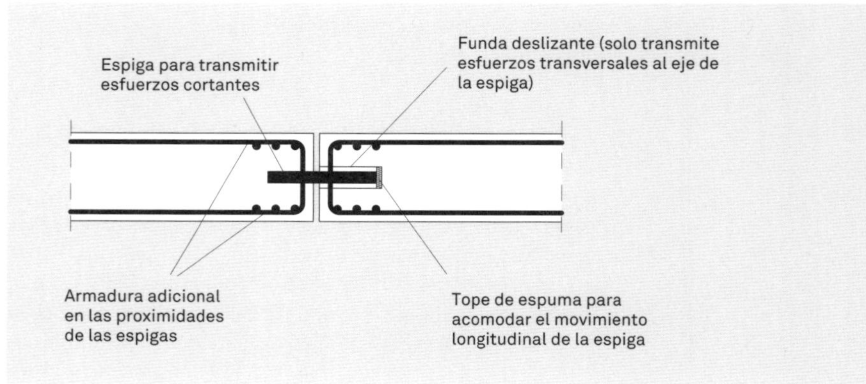

Fig. 2.3.35: Junta con pasador en una losa

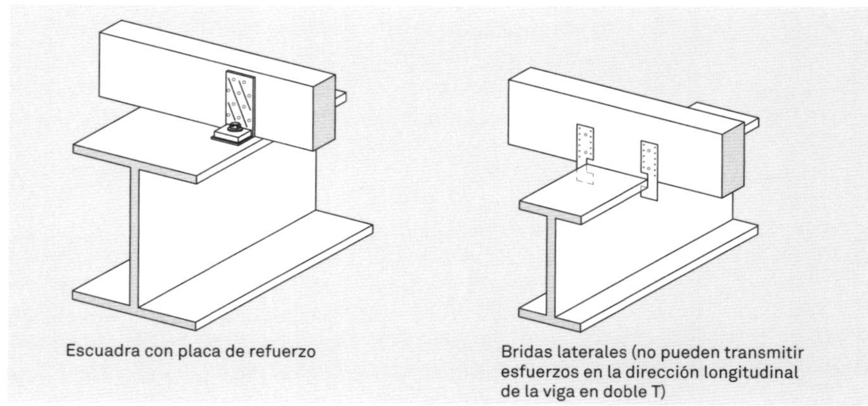

Fig. 2.3.36: Uniones acero-madera con elementos de chapa preformada

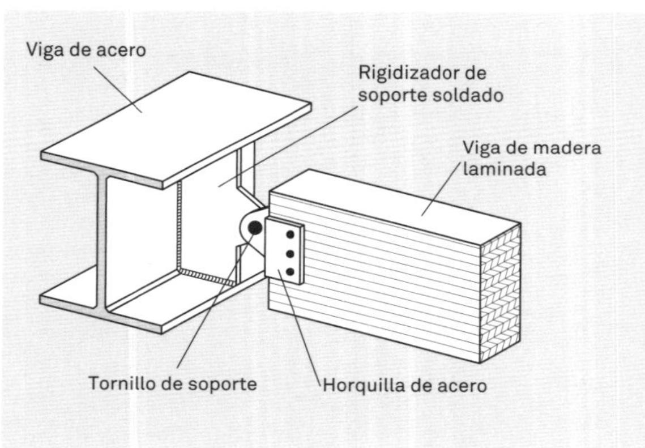

Fig. 2.3.38: Conexión articulada entre vigas de acero y madera

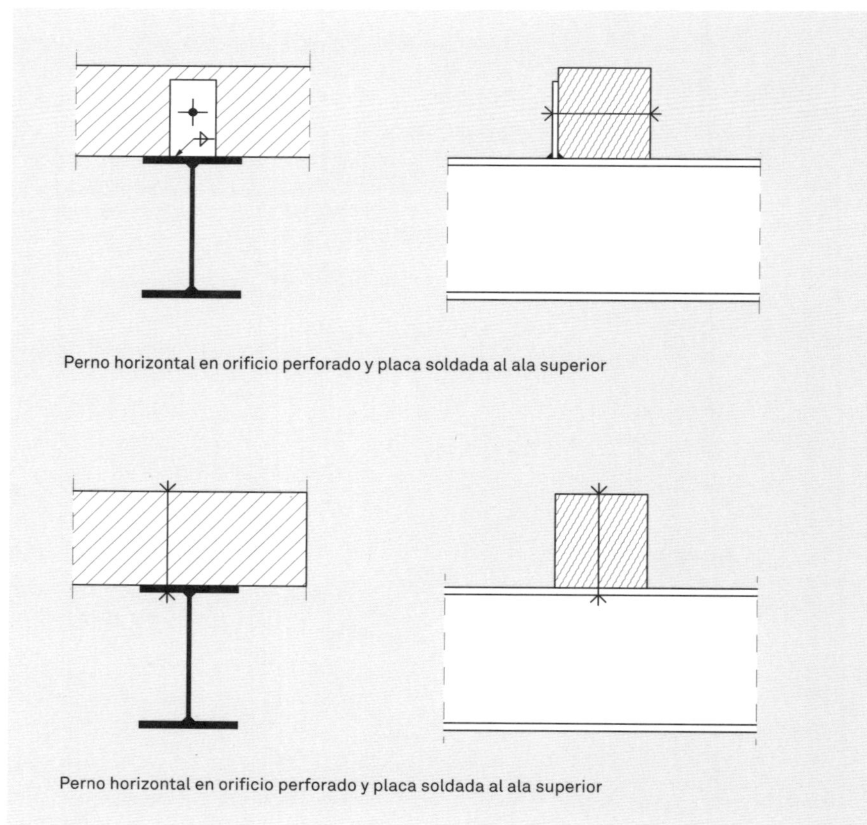

Fig. 2.3.37: Uniones acero-madera atornilladas

En las uniones acero-madera se emplean con frecuencia elementos de chapa preformada de acero, que se fijan mediante ganchos o pernos al acero y mediante clavos a la madera. > **Fig. 2.3.36** Cuando las uniones quedan a la vista, un método muy común consiste en soldar placas o tacos al acero, y conectar los elementos de madera mediante pernos horizontales. Estas uniones también se pueden disimular introduciendo las placas dentro de la madera y utilizando pernos. Son menos comunes las uniones con pernos en vertical que atraviesan la madera por perforaciones realizadas desde la cara superior (los pernos sobresalen por arriba y además causan importantes tensiones de compresión en la dirección perpendicular de las fibras en caso de que se produzcan esfuerzos de flexión). > **Fig. 2.3.37**

Las horquillas con placa de anclaje resultan adecuadas para conexiones articuladas con grandes ángulos de rotación. > **Fig. 2.3.38** Para la fijación de estos elementos de conexión, se pueden consultar los apartados dedicados a las uniones en acero y en madera (por ejemplo, juntas soldadas y atornilladas en el caso del acero, y pasadores o clavos para la madera).

Uniones hormigón-acero

Las conexiones con componentes de hormigón pueden realizarse mediante elementos embutidos en él, rebajes o anclajes perforados.

Conexiones mediante elementos embutidos

Con este sistema, los elementos de anclaje simplemente quedan incorporados al hormigón estructural. Hay dos tipos principales de elementos embutidos para obtener conexiones permanentes:

Canales embutidos: Son perfiles de acero con sección en forma de C que se anclan al hormigón mediante pernos en su parte trasera (por ejemplo, pernos con cabeza o anclajes en T). > **Fig. 2.3.39** Para evitar que la lechada de cemento los ocupe, estos canales vienen de fábrica con un relleno de espuma rígida que se desprende fácilmente una vez retirado el encofrado. Los componentes de acero se fijan a los canales con pernos especiales de cabeza de martillo que se insertan en el canal, se giran 90° y después se aprietan. Cuando es preciso transferir esfuerzos en la dirección longitudinal del canal, se pueden emplear canales dentados especiales y pernos adaptados a estos.

Para lograr una adecuada protección contra la corrosión en estos canales embutidos, se utilizan procedimientos de galvanizado en caliente (en espacios interiores) y aceros inoxidables (en espacios exteriores). Se trata de un método muy difundido cuando se quiere fijar componentes diseñados para transmitir cargas bajas y moderadas. > **Fig. 2.3.40**

Placas de anclaje: Son placas de acero con pernos de cabeza, redondos o *anclajes en cola de pez* soldados en su cara trasera, es decir, que quedan en contacto con el hormigón para transmitir los esfuerzos. Una vez que se ha retirado el encofrado y el hormigón ha alcanzado su resistencia característica, los elementos de acero pueden soldarse sobre la cara exterior de la placa. Este método permite, por ejemplo, fijar con seguridad soportes para pasamanos y estribos, o abrazaderas para apoyar vigas de acero. > **Fig. 2.3.41**

Puesto que el calor producido durante la soldadura puede distorsionar las placas más delgadas, se recomienda

a) Perfil laminado en caliente con anclajes en T y perno con cabeza de martillo

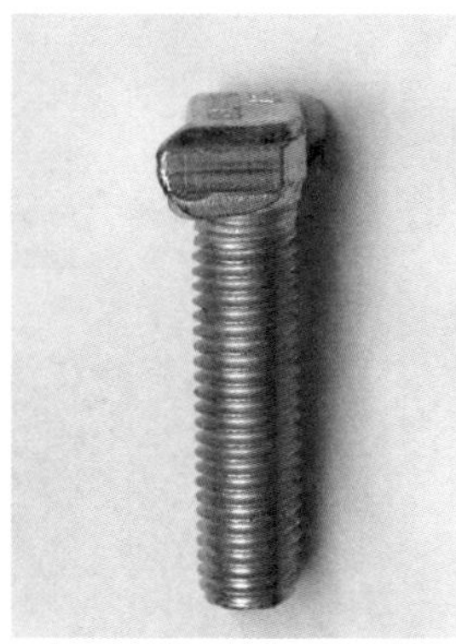

La cabeza se coloca longitudinalmente para introducirse en el canal

La cabeza se coloca transversalmente para apretarse en el canal

b) Perfil laminado en frío con anclajes en T y llaves de atado para uniones entre fábricas y hormigón

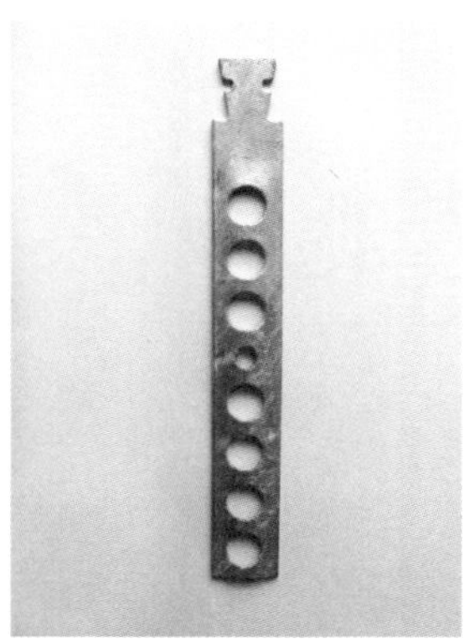

Para juntas convencionales de mortero

Para juntas delgadas de mortero

Fig. 2.3.39: Canales embutidos

un espesor mínimo d → 8 mm. También debe aplicarse una protección adecuada contra la corrosión una vez completados los trabajos de soldadura (el galvanizado en fábrica queda descartado, ya que se soldará después). La resistencia a la corrosión de estos elementos embutidos queda limitada en espacios exteriores; en tales casos resulta preferible el empleo, siempre que sea posible, de anclajes perforados. Las placas de anclaje son aptas para fijar grandes cargas, ya que se trata de elementos realizados a medida en función de las cargas exactas que van a intervenir.

Conexiones mediante rebajes

Este sistema consiste en formar rebajes, orificios o agujeros (con poliestireno, por ejemplo) en el hormigón estructural para alojar los anclajes pertinentes, que son instalados con posterioridad. El espacio sobrante se rellena con lechada. Es fundamental que el personal que realice este trabajo esté debidamente cualificado, especialmente cuando se trata de exteriores. Los rebajes deben estar completamente limpios, pues todos los materiales de relleno (el poliestireno, por ejemplo) deben eliminarse previamente. Hay que evitar los huecos y debe garantizarse un buen agarre entre la lechada y el hormigón circundante, ya que de otra forma no se podrá asegurar la durabilidad del anclaje en condiciones adecuadas. Si se introduce humedad en la junta entre la lechada y el hormigón, puede aparecer hielo, lo que provocaría la corrosión de los anclajes. Por este motivo, solo se emplea este tipo de fijación en zonas húmedas cuando deben transferirse grandes cargas (los anclajes perforados de acero inoxidable se utilizan para cargas más pequeñas). Los anclajes utilizados más habitualmente son:

- Pernos de sujeción con arandelas, tuercas y cierre de seguridad (para fijar la posición de las placas).
- Pernos de sujeción en fundas perfiladas o en conjunción con barras de anclaje (para transmitir esfuerzos de tracción).
- Conectores de cortante (para transferir esfuerzos cortantes).
- Placas suficientemente grandes y gruesas en conjunción con pernos de sujeción resistentes a tracción o cimentaciones en cáliz (para resistir los momentos de empotramiento). > **Figs. 2.3.42 y 2.3.43**

Conexiones mediante anclajes perforados

Las principales ventajas de estas conexiones son su excelente flexibilidad, el amplio rango de aplicaciones y su bajo coste. Los anclajes de alta resistencia se utilizan en la conexión de elementos estructurales. Existen tres sistemas de anclaje de uso común:

Anclaje químico: Una barra corrugada se inserta en un orificio perforado y se fija con un mortero de resina —normalmente una resina orgánica, con base de epoxi o poliéster, por ejemplo—, el correspondiente endurecedor y un árido fino —por ejemplo, arena fina de cuarzo—. Para garantizar la durabilidad de la fijación, no debe haber ninguna fisura en el hormigón. En caso contrario, el orificio perforado podría agrandarse y se perdería el agarre del compuesto a las paredes de hormigón. Por ello, los anclajes químicos convencionales solo pueden utilizarse en la zona comprimida del hormigón (por ejemplo, en soportes o en el ala superior de vigas de un tramo).
Existen anclajes químicos especiales que pueden utilizarse en la zona sometida a tracción (con riesgo de fisuras). > **Fig. 2.3.44** Los anclajes químicos también se usan con elementos de fábrica. Para poder emplearlos en fábricas de ladrillo perforado, existen fundas especiales que permiten que el compuesto de agarre se aplique correctamente.

Anclaje de expansión: Una camisa expansiva de acero se inserta en el orificio perforado. Al apretar el perno o la barra roscada, se presiona un cono contra dicha camisa forzando su expansión. La expansión genera fuerzas de fricción entre la camisa y las paredes del orificio, por lo que estos anclajes son capaces de soportar esfuerzos de tracción. Se distinguen dos tipos de anclajes de expansión: expansión controlada por par de torsión (apretar el perno con un par definido) y expansión controlada por desplazamiento (introducir el perno hasta una determinada profundidad). El primer tipo puede compensar pequeñas irregularidades del orificio y, además, muestra una cierta reserva de seguridad, ya que aumenta su expansión cuando debe resistir tensiones mayores. El segundo tipo (anclaje amartillado) es más rápido de instalar y puede generar mayores fuerzas de expansión. > **Fig. 2.3.45** Puesto que las fuerzas de expansión trasladan tensiones transversales adicionales al hormigón, resulta especialmente importante respectar unas adecuadas distancias de separación entre los anclajes. Las fisuras del hormigón pueden causar un ensanchamiento del orificio perforado, con la consecuente reducción de la fuerza de expansión y de los esfuerzos que pueden soportar los anclajes. Para superar este problema, se han diseñado anclajes metálicos para su empleo en la zona sometida a tracción del hormigón: los anclajes rebajados.

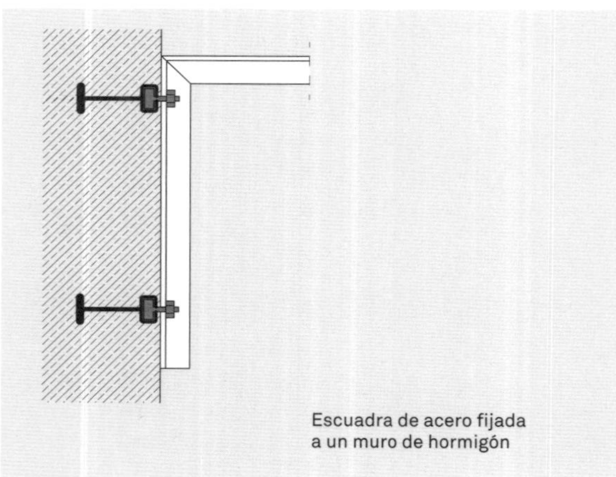

Fig. 2.3.40: Unión hormigón-acero con canales embutidos

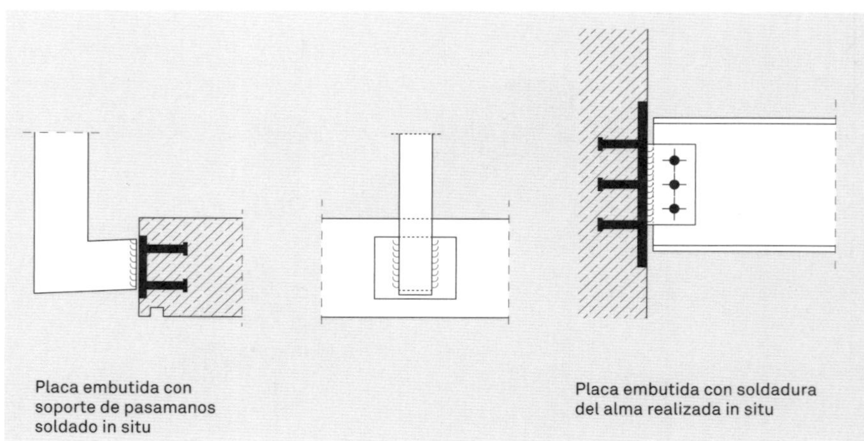

Fig. 2.3.41: Uniones hormigón-acero con placas de anclaje

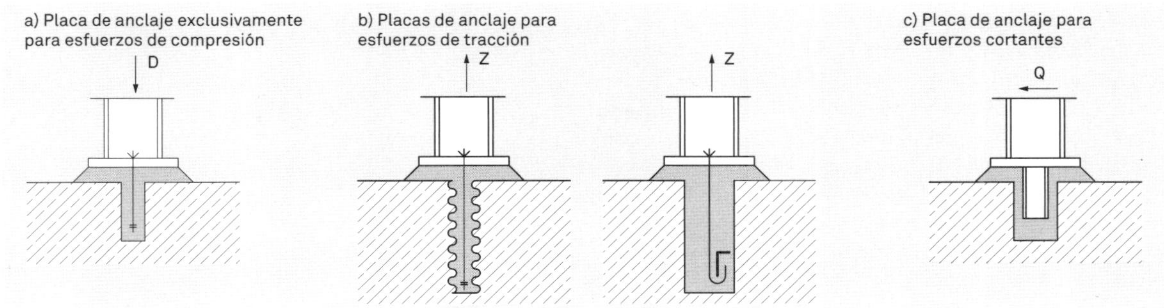

Fig. 2.3.42: Uniones hormigón-acero con orificios para esfuerzos axiales y cortantes

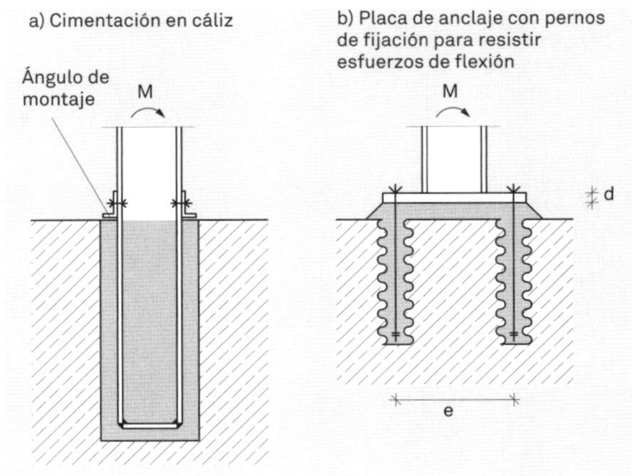

Fig. 2.3.43: Uniones hormigón-acero en cimentaciones en cáliz para soportar momentos fijos

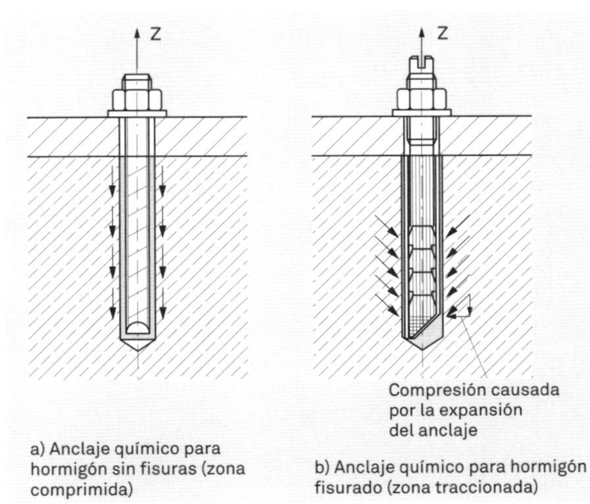

Fig. 2.3.44: Anclajes químicos

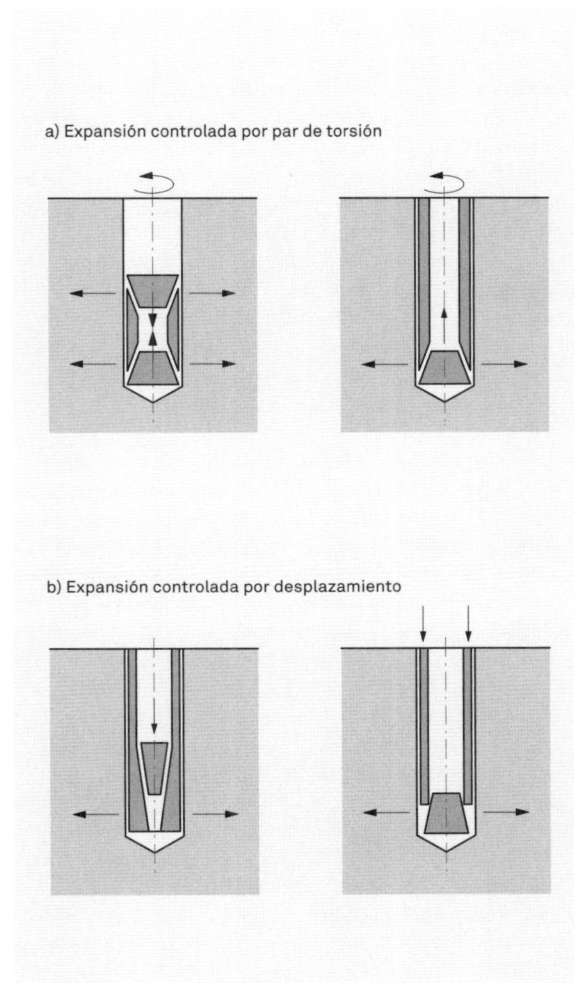

Fig. 2.3.45: Anclajes de expansión

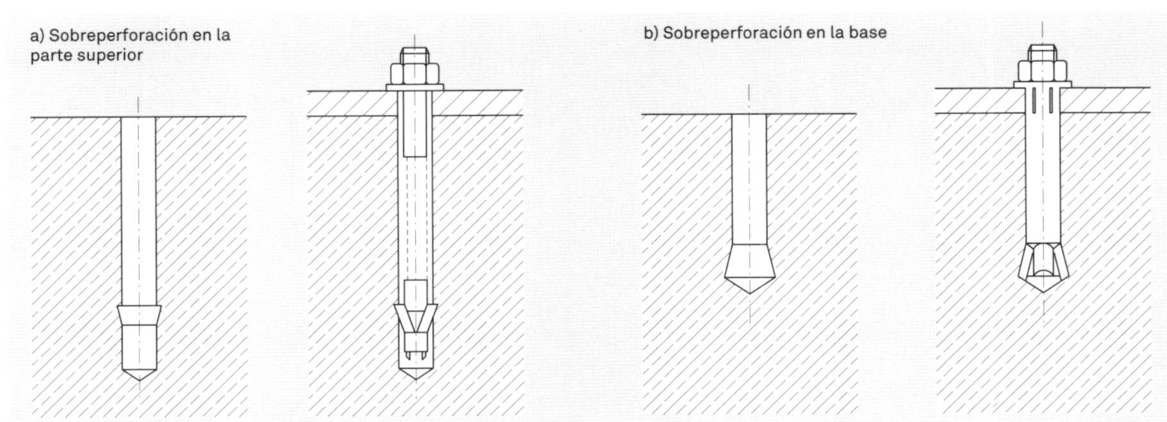

Fig. 2.3.46: Anclajes con sobreperforación

Anclaje con sobreperforación: Su instalación comienza con la perforación de un orificio cilíndrico. El segundo paso consiste en cortar una sección cónica en la base de dicho orificio (con una herramienta especial o con un anclaje autocortante). Finalmente, se inserta una camisa especial cuyo cono se expande en la parte ensanchada del orificio, formando una unión mecánica entre las paredes de este y el anclaje. > **Fig. 2.3.46** Gracias a esta trabazón, no se requieren fuerzas de expansión tan elevadas como en el caso de los anclajes convencionales de expansión. Otra ventaja es la reducción de las tensiones adicionales que debe soportar el hormigón a causa del anclaje.

El diseño de una conexión mediante anclajes perforados con una determinada capacidad portante (tipo, número y posición de los anclajes) se realiza dentro del ámbito del cálculo de estructuras, y depende tanto de las cargas que deben soportar los anclajes como de la carga que soporta el elemento estructural de hormigón y su geometría (zonas comprimidas o sometidas a tracción, profundidad máxima del anclaje según el espesor del elemento, distancia entre ejes y entre anclajes, etc.). > **Fig. 2.3.47** Todos los anclajes perforados deben contar con un certificado de idoneidad técnica. Para garantizar una adecuada protección frente a la corrosión, todos los tipos disponibles de anclaje se ofrecen en acero galvanizado (para usos en interiores) y en acero inoxidable (para usos en exteriores).

Puesto que la unión hormigón-acero está expuesta a un especial riesgo de corrosión debido al potencial efecto de capilaridad, es preciso tomar las correspondientes medidas activas y pasivas para evitarla. > **Fig. 2.3.48** Aparte de asegurar que el acero cuenta con una adecuada protección (por ejemplo, doble revestimiento o galvanizado por inmersión en caliente), debería evitarse la acumulación de humedad en la zona próxima a la conexión; la superficie del hormigón ha de contar con la pendiente necesaria para evacuar el agua hacia otras zonas menos conflictivas.

Uniones hormigón-madera

Las uniones entre elementos de madera y de hormigón presentan características esencialmente iguales a las que se realizan entre hormigón y acero, por lo que solo se mencionan a continuación algunas cuestiones específicas.
Si hay que conectar un número significativo de elementos idénticos de madera (por ejemplo, postes), una solución muy habitual consiste en utilizar una solera o durmiente, lo que simplifica el alineamiento y el montaje. > **Fig. 2.3.49** Sin embargo, es importante asegurarse de que los elementos que se apoyan no soporten cargas excesivas, ya que la placa presiona la madera en dirección perpendicular a la fibra. Por este motivo, los pies derechos de madera que deban soportar grandes cargas deben apoyarse directamente (es decir, con su testa) en el hormigón o en un componente de acero (por ejemplo, apoyos de chapa preformada, placas, conectores a cortante o cualquier otro anclaje de acero). > **Fig. 2.3.50**
Otro detalle estándar es la fijación de una viga o vigueta de madera a una estructura de hormigón. También en este caso pueden utilizarse los conectores descritos anteriormente (como los canales embutidos), y su elección depende de la situación constructiva concreta. > **Fig. 2.3.51**
La superficie del hormigón puede acumular humedad de condensación incluso en zonas cubiertas (debido a la menor temperatura de la superficie de hormigón en comparación con el ambiente). Para evitar un incremento de la humedad de la madera, siempre debe colocarse una película protectora entre el hormigón y esta (por ejemplo, fieltro bituminoso en el caso de cargas reducidas).
Los pies derechos de madera en exteriores deberían apoyarse sobre conectores de chapa preformada de acero para protegerlos de las salpicaduras y los posibles charcos. Estos componentes están disponibles en varias formas, adecuadas para las diferentes cargas a soportar. > **Fig. 2.3.52** En áreas expuestas directamente a las salpicaduras, la distancia entre el hormigón y la madera expuesta debería ser lo mayor posible con el fin de mejorar la durabilidad (lo recomendable es $h_A \geq 15$ cm).

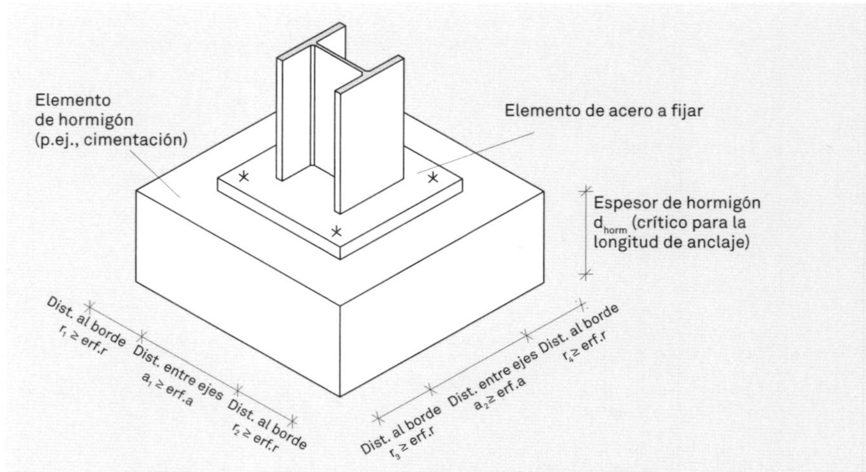

Mantener la distancia necesaria respecto del borde y entre los conectores resulta indispensable para asegurar la capacidad mecánica de los anclajes. Si no se pueden respetar estas distancias, hay que minorar la capacidad mecánica de los anclajes según lo que estipule la normativa técnica de referencia en cada país

Fig. 2.3.47 Distancias respecto del borde y entre ejes necesarias para anclajes perforados

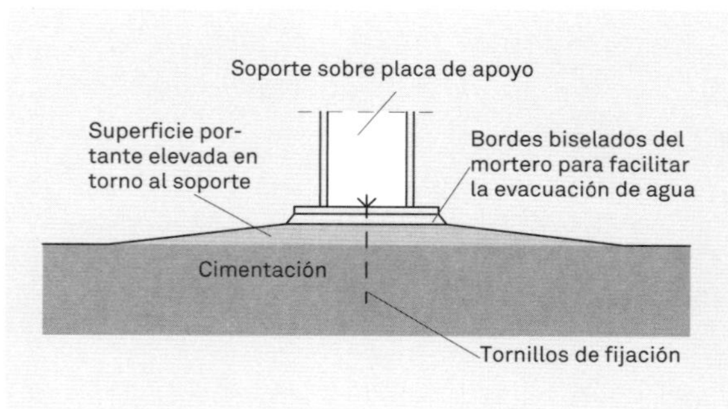

Fig. 2.3.48 Detalle del apoyo de un soporte de acero sobre una placa fijada con tornillos a la cimentación

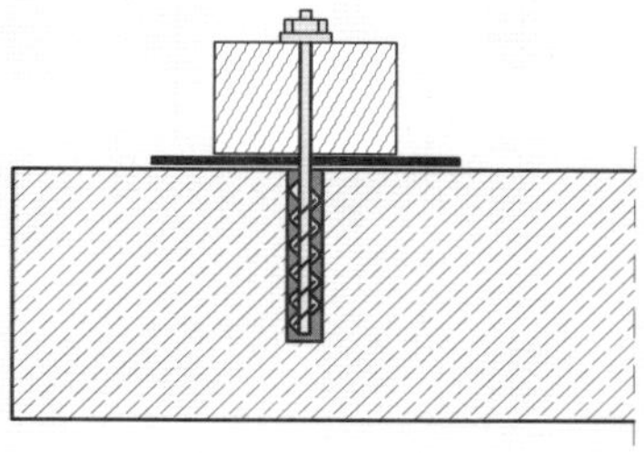

Unión por medio de anclajes químicos (la posición de las fijaciones puede modificarse para ajustarse con exactitud, pero es preciso tomar en consideración las distancias entre fijaciones y respecto de los bordes); es adecuada para esfuerzos reducidos de tracción y cortante

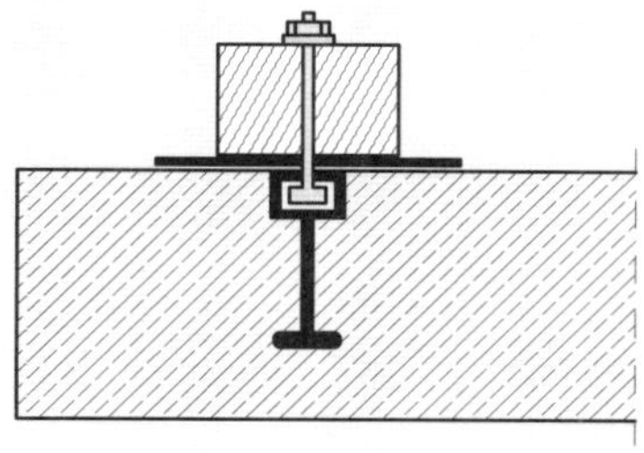

Unión por medio de un canal embutido (la posición de los puntos de fijación es variable en la dirección longitudinal del canal, pero estable en la dirección transversal); es adecuada para esfuerzos reducidos y moderados de tracción y cortante

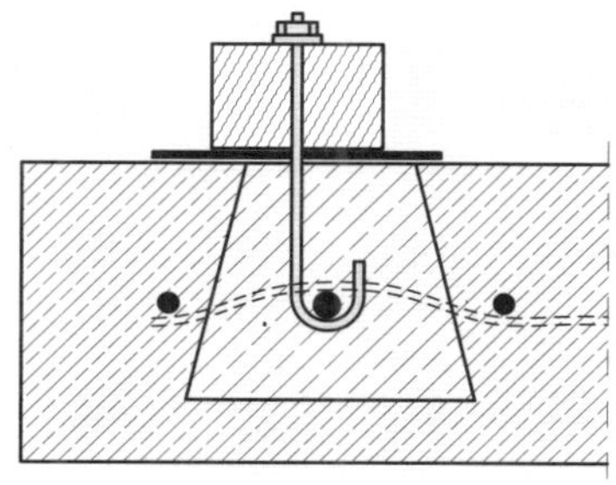

Unión por medio de pernos de fijación alojados en un rebaje (la posición de las fijaciones debe estar definida); puede diseñarse para esfuerzos intermedios y elevados de tracción y cortante, en función del tipo y la disposición de los pernos de fijación

Fig. 2.3.49: Unión entre la placa de asiento de madera y la losa de hormigón

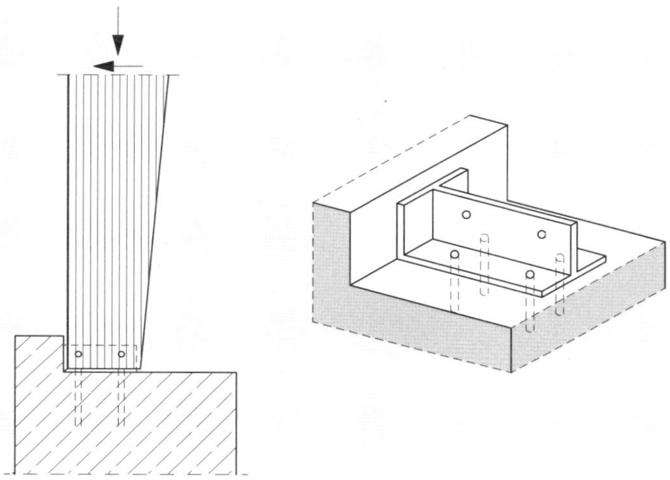

Fig. 2.3.50: Detalle del apoyo de un soporte de madera laminada sobre una placa soldada de acero embutida en la cimentación

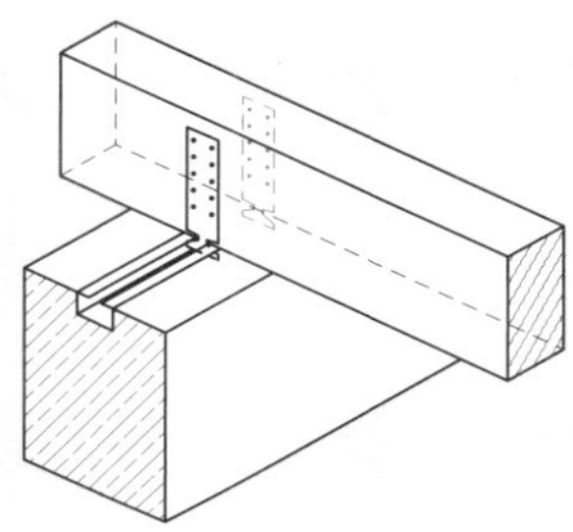

Viga de hormigón con canal embutido

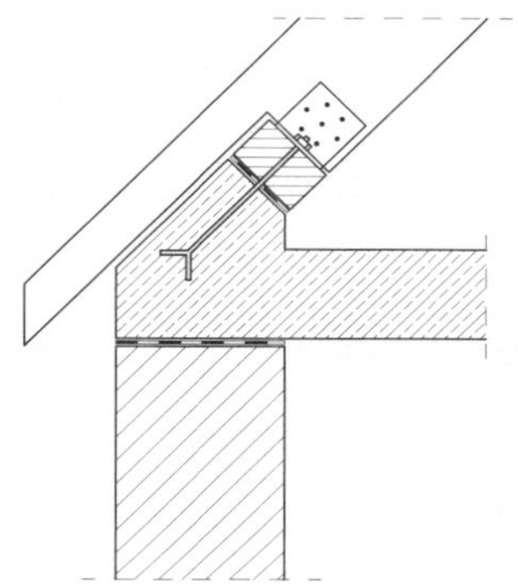

Par fijado a durmiente de hormigón con pernos embutidos (no deben colocarse los pernos directamente en la zona de transmisión de esfuerzos de los pares)

Fig. 2.3.51: Unión de viga y vigueta de madera sobre un apoyo de hormigón

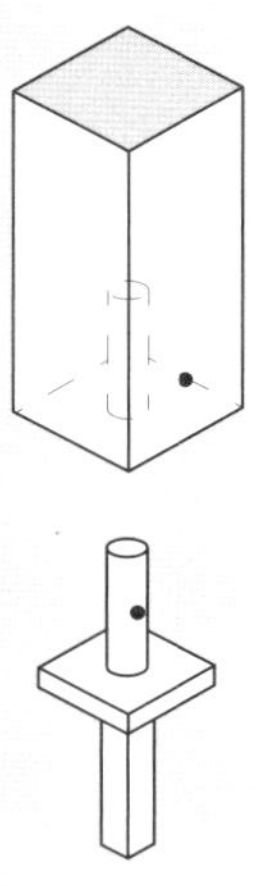

Pasador introducido en el soporte con placa de anclaje y apoyo de acero (para grandes esfuerzos de compresión y pequeños esfuerzos horizontales y de tracción)

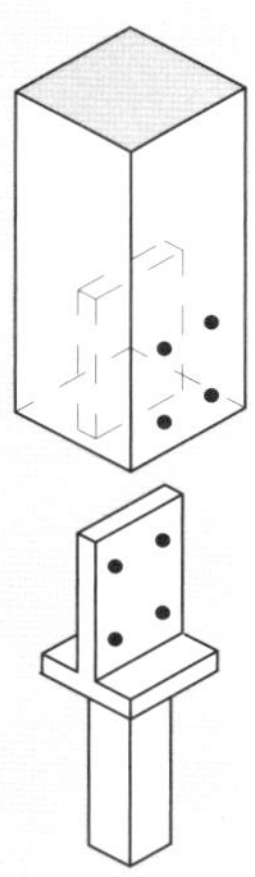

Placa introducida en el soporte, con placa de anclaje y apoyo de acero (para grandes esfuerzos de compresión y esfuerzos moderados horizontales y de tracción)

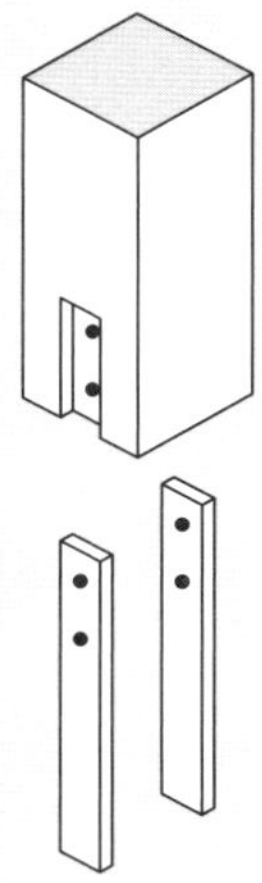

Bridas introducidas en rebajes laterales, fijadas con pernos (para esfuerzos reducidos de compresión, tracción y horizontales)

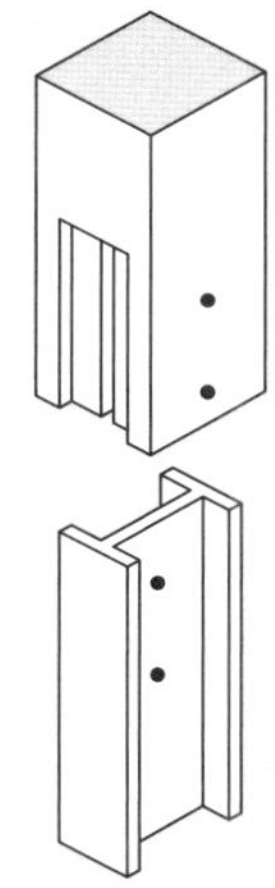

Perfil en doble T introducido en el pie derecho, fijado con pernos calibrados (para uniones rígidas)

Fig. 2.3.52: Detalles del apoyo para pies derechos de madera en exteriores

3 ELEMENTOS ESTRUCTURALES Y SISTEMAS CONSTRUCTIVOS

3.1 MODELADO DEL TERRENO Y MOVIMIENTO DE TIERRAS

Astrid Zimmermann, Bernd Funke

3.1 MODELADO DEL TERRENO Y MOVIMIENTO DE TIERRAS

A excepción de las construcciones llevadas a cabo en localizaciones singulares, como las cubiertas ajardinadas, todo proyecto al aire libre implica movimientos de tierras. El terreno proporciona la base para la construcción, (> **Capítulo 2.2, Cimentaciones**) y es además el material utilizado en el modelado de la nueva superficie. Toda intervención en el terreno supone un cambio en la estructura del suelo, que puede convertirlo en un suelo menos estable, así como influir en su adecuación como hábitat para las plantas. Durante la aportación de tierras (también denominada terraplenado o relleno) y el subsiguiente acabado del modelado del terreno, es necesaria la aplicación de medidas de seguridad o plantaciones para reforzarlo. Dichas medidas dependen del tipo de suelo de que se trate, de la pendiente resultante y del tipo de refuerzo superficial planeado.

MODELADO DEL TERRENO

La forma de las masas de tierra se configura, bien mediante la excavación, bien por el aporte de capas de tierra, también denominado terraplenado. > **Fig. 3.1.1** La capa superficial de suelo, rica en humus, debe tratarse siempre separadamente de las capas situadas bajo ella. Hay que retirarla antes de iniciar cualquier modelado del terreno. Después se excavan las capas de suelo inferiores desde los lados o por estratos. Una vez consideradas las ventajas y desventajas de ambos sistemas, en la mayoría de los casos suele ser recomendable una combinación de excavación lateral y aportación por capas. > **Tab. 3.1.1**

Antes de añadir nuevo suelo, por lo general el material base debe compactarse, > **Capítulo 2.2, Cimentaciones**

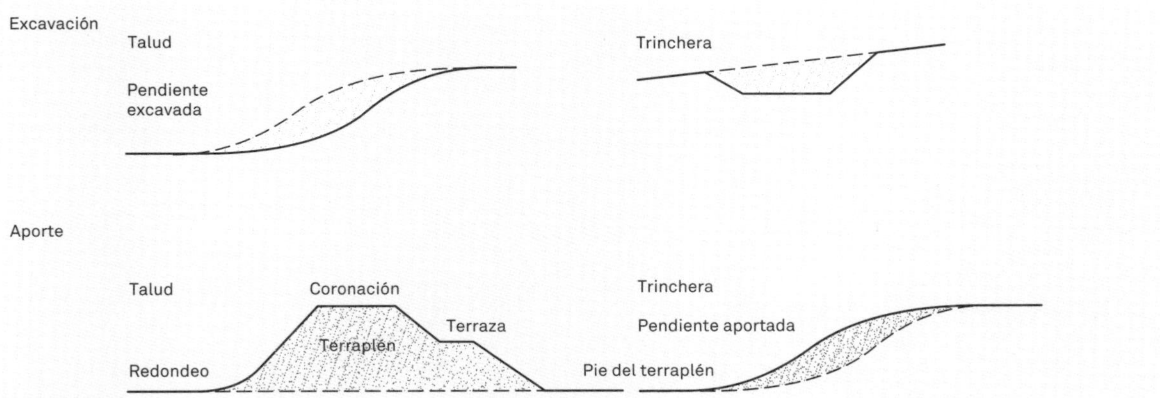

Fig. 3.1.1: Términos del modelado de terrenos

<table>
<tr><th></th><th colspan="2">Características / exigencias</th><th>Ventajas</th><th>Desventajas</th></tr>
<tr><td colspan="5"></td></tr>
<tr><td>Excavación por capas</td><td rowspan="2">Espesor de capas 0,2-1 m</td><td>Cambia la dirección de la excavación</td><td rowspan="2">Posibilidad de excavar por estratos suelos cambiantes</td><td rowspan="2">Posibilidad de erosión, por la mayor área expuesta</td></tr>
<tr><td>Excavación por escalones</td><td>No cambia la dirección de la excavación, la pendiente corta la pendiente</td></tr>
<tr><td>Excavación lateral</td><td rowspan="2">Cubre la altura total de las tierras a excavar</td><td>Dirección de la excavación paralela a la pendiente</td><td rowspan="2">Menos sensible a la erosión debido a la menor cantidad de suelo expuesto</td><td rowspan="2">Tipos de suelos mixtos</td></tr>
<tr><td>Excavación desde arriba</td><td>Dirección de la excavación frontal a la pendiente</td></tr>
<tr><td colspan="5"></td></tr>
<tr><td>Aportación por capas</td><td rowspan="2">Si se aporta sobre pendientes > 1:5 es necesario aterrazar la capa base > Fig. 3.1.2</td><td>La aportación por capas, generalmente ≤ 0,5 m, debe nivelarse para añadir otras nuevas</td><td>Posibilidad de una buena compactación individual de capas, menor probabilidad de asientos posteriores</td><td>Posibilidad de erosión, por la mayor área expuesta</td></tr>
<tr><td>Aportación lateral</td><td>Al verterse sobre una pendiente, el material se acumula según su ángulo de pendiente natural > Tab. 3.1.3</td><td>-</td><td>La compactación solo es posible en el borde superior; los granos se reparten según su grosor: los más gruesos se depositan al pie del talud, y se generan huecos interiores</td></tr>
</table>

Tabla 3.1.1: Comparación entre excavación y aportación de tierras lateral y por capas

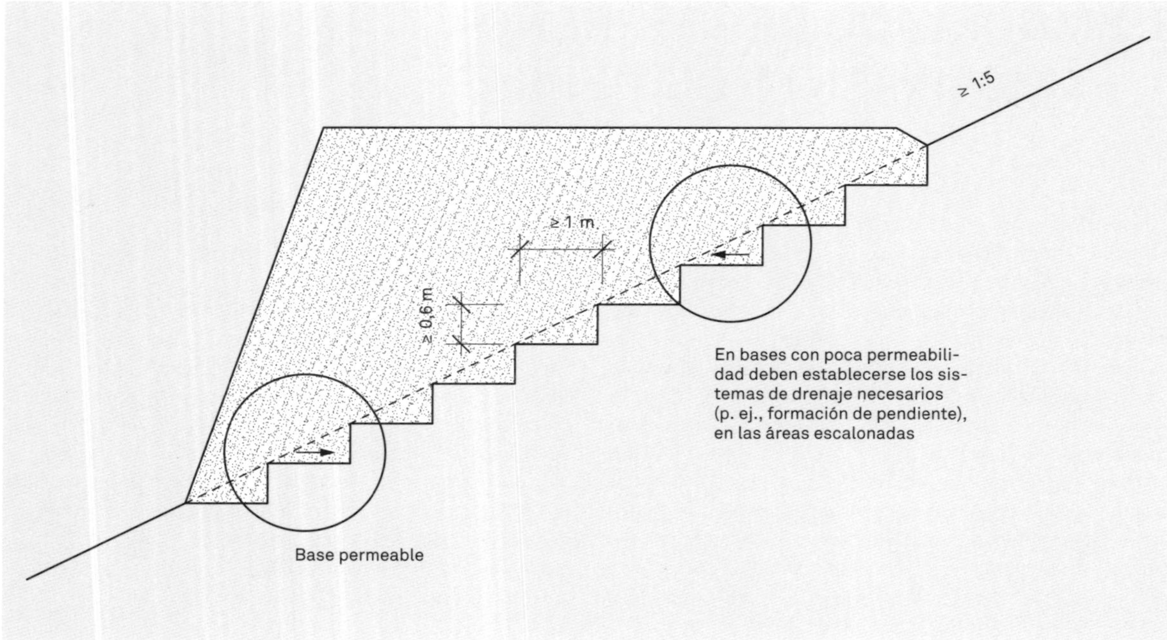

Fig. 3.1.2: Escalonado (con pendiente) de la capa base en áreas de inclinación ≥ 1:5

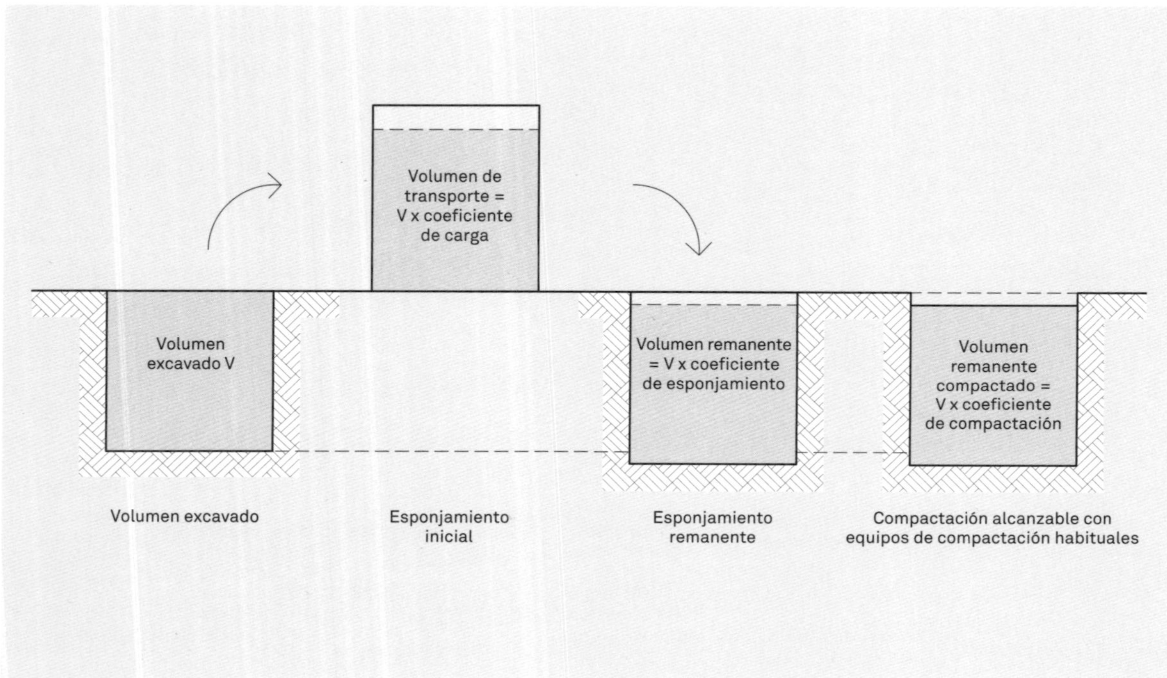

Fig. 3.1.3: Variabilidad del volumen de tierras

Tipo de suelo	Coeficiente de carga (esponjamiento inicial)	Coeficiente de esponjamiento (esponjamiento resultante tras el asentamiento del terreno por su propio peso)	Coeficiente de compactación (esponjamiento resultante tras la compactación)
Arena	1,15–1,25	1,01–1,02	0,95–0,85
Grava-arena	1,20–1,25	1,01–1,02	0,95–0,85
Grava	1,25–1,30	1,01–1,02	1,00–0,92
Limo grueso	1,05–1,20	1,03–1,05	0,95–0,75
Limo	1,15–1,25	1,04–1,06	0,95–0,85
Arcilla	1,20–1,30	1,05–1,08	1,02–0,90

Tabla 3.1.2: Valores de referencia de esponjamiento de suelos (según Floss)

con la excepción de las áreas destinadas a que arraiguen las plantas posteriormente. Si el nivel del agua en el terreno está alto, hay que disponer capas anticapilaridad. Cuando se aporten suelos de distintos tipos, los componentes cohesivos de los estratos inferiores deben incorporarse a las capas superiores.
El esponjamiento y la aportación de suelo producen un aumento del volumen, que debe ser tenido en cuenta en el cálculo de las cantidades que deben transportarse y de las que se aportarán posteriormente. > **Tab. 3.1.2 y Fig. 3.1.3**
Es importante hacer lo posible por equilibrar las cantidades de tierra excavadas y aportadas en todo proyecto de edificación, ya que tanto la retirada como el transporte de tierras hasta la obra generan gastos adicionales.

Inclinación de las pendientes

Dependiendo del tipo de suelo, durante la excavación o el terraplenado se produce un ángulo de talud natural. > **Tab. 3.1.3** El área de excavación puede estar más inclinada que el área de relleno o terraplenado si este se produce en un suelo con vegetación, ya que estos tienen una mayor cohesión y son, por lo tanto, más estables. Si se pretende que el terreno final tenga más pendiente que la natural, puede necesitarse la aplicación de medidas de seguridad adicionales, basadas en cálculos estáticos del terreno si es preciso. En particular, los ángulos en la construcción de terraplenes están bastante limitados. > **Tab. 3.1.4**
Las pendientes muy inclinadas son más estables si se construyen aterrazadas que si se opta por una pendiente continua sin terrazas o bancales.

Las condiciones de la vegetación cambian en función de la pendiente del talud. Así, las praderas que requieren bastante mantenimiento (riego abundante y siegas regulares) no deben llegar al 15% de pendiente si quieren usarse cortacéspedes. Las praderas secas, naturales, o las tapizantes robustas, requieren menos cuidados y, por tanto, son mejores para pendientes elevadas. Así, en función de la inclinación se decidirán las plantaciones a realizar, pues si es mayor de 1:1 deben tomarse las medidas necesarias para estabilizar el talud. > **Figs. 3.1.4 y 3.1.5.**
Cuanto mayor es la pendiente, más angulosas quedan las transiciones entre el talud y su pie, y entre el talud y las terrazas. En ese caso, las aristas quedan muy expuestas a

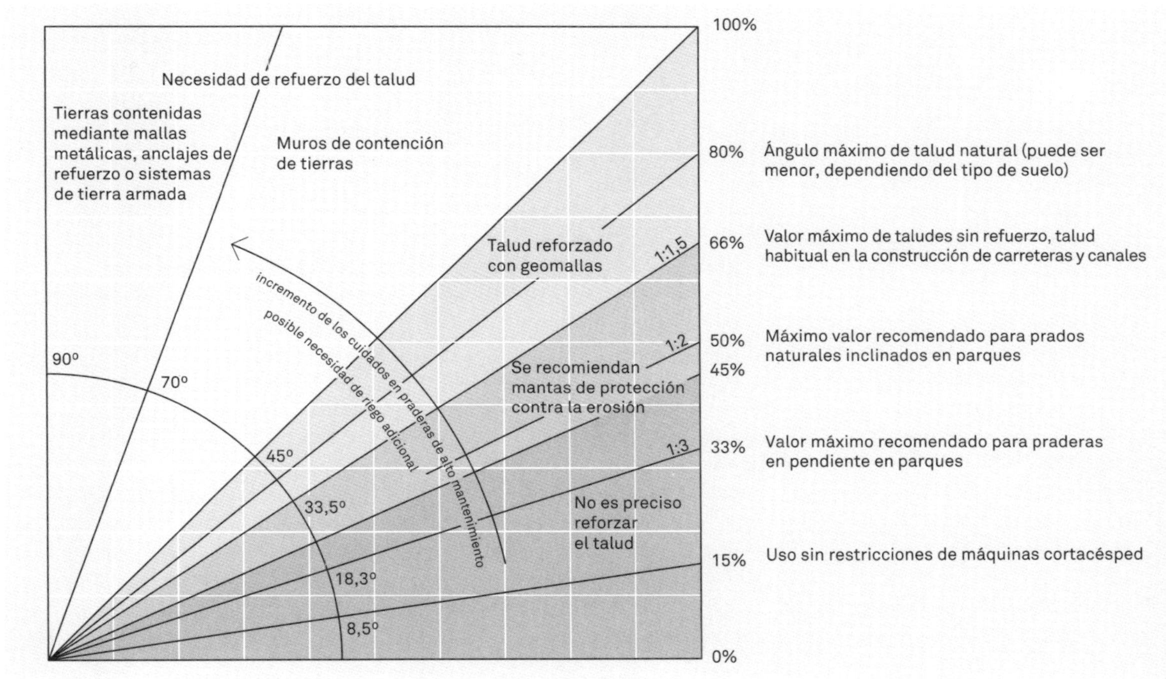

Fig. 3.1.4: Posibilidades de plantaciones y otras medidas de estabilización de taludes, según la pendiente (valores redondeados)

Tipo de suelo	Altura del talud	Excavado	Aportado
Grava y grava arenosa		1 : 1,5	1 : 1,5
Arena gruesa		1 : 1,7	1 : 1,7
Arena fina		1 : 2	1 : 2
Suelos cohesivos	< 3 m	1 : 1,25	1 : 1,25 Limo (l_p > 10) : 1 : 1,6
	3-6 m	1 : 1,25 Limo (l_p > 10) : 1 : 1,6	1 : 2 Limo (l_p 10-20) 1 : 1,16
	6-9 m	Limo (l_p 10-20) 1 : 1,4 Limo (l_p <10) 1 : 1,75 Arcilla 1 : 1,25	Limo (l_p 10-20) 1 : 1,18 Limo (l_p <10) 1 : 2,2 Arcilla 1 : 1,25
	9-12 m	Limo (l_p 10-20) 1 : 1,6 Limo (l_p <10) 1 : 1,9 Arcilla (l_p 20-30) 1 : 1,7 Arcilla (l_p 10-20) 1 : 1,5	Limo (l_p 10-20) 1 : 1,9 Limo (l_p <10) 1 : 2,3 Arcilla (l_p 20-30) 1 : 1,7 Arcilla (l_p 10-20) 1 : 1,5
	12-15 m	1:2 Limo (l_p 10-20) 1 : 1,7	1:2 Limo (l_p < 10) 1 : 2,4

Tabla 3.1.3: Ángulos de talud natural según el tipo de suelo (sin garantía de estabilidad)

Fig. 3.1.5: Pradera plana con altos requerimientos de mantenimiento, combinada con vegetación en el talud tipo prado natural, que requiere cuidado menos intensivo

Fig. 3.1.6: Taludes reforzados con piedra natural

la erosión, y la siega con cortacésped se hace más difícil. Para evitarlo, los cantos pueden redondearse o reforzarse. Las praderas en pendiente tienden a erosionarse si se utilizan intensivamente. Por tanto, conviene siempre considerar si la plantación de estas áreas tiene sentido en espacios públicos y qué tipo de medidas de protección deben tomarse contra la erosión o para reforzar las pendientes muy inclinadas. > **Fig. 3.1.6**

ESTABILIZACIÓN DE PENDIENTES

Mejora del suelo

Las principales medidas de mejora del subsuelo se describen en los capítulos 2.2 Cimentaciones y 3.2 Caminos y plazas.
Para estabilizar o mejorar la estructura de los suelos sin cohesión disponibles para el modelado del terreno existen dos métodos básicos. Uno es la mejora mecánica del suelo mediante la adición de las fracciones granulométricas ausentes, que se incorporan al suelo existente. Sin embargo, no suele resultar posible mezclar los granos homogéneamente, en especial en el caso de suelos cohesivos. De ahí que en tales casos se adopte con frecuencia un planteamiento menos problemático: la mejora del suelo mediante agentes ligantes. La adición de limo aumenta las posibilidades de trabajar y compactar el suelo. También puede utilizarse el cemento como agente ligante.

Drenaje superficial y en profundidad

Un buen sistema de drenaje resulta particularmente efectivo contra la erosión producida por las aguas de escorrentía y las subterráneas, como también el refuerzo de la superficie o su plantación. Junto a la formación de pendientes en el terreno y la captación y drenaje del agua de escorrentía mediante canales, con frecuencia es necesario adoptar medidas adicionales, especialmente en suelos relativamente impermeables o cuando el terreno alberga aguas subterráneas (nivel freático, agua de infiltración o de manantial). En ese caso, deben instalarse drenajes longitudinales y capas drenantes. > **Fig. 3.1.7**

Protección de taludes sencilla

La protección más natural de los taludes contra la erosión es la plantación, de modo que las raíces fijen el terreno (> **Capítulo 3.9 Técnicas de plantación y mantenimiento de superficies ajardinadas y Capítulo 3.10 Praderas y prados: instalación y mantenimiento**). Una combinación de raíces extensivas e intensivas ejerce un efecto positivo, como por ejemplo la mezcla de herbáceas y gramíneas, o de raíces superficiales y profundas en el caso de plantas leñosas, para conseguir así una distribución homogénea de las raíces por todo el suelo.
Una plantación convencional con vegetación de pradera no suele ser muy efectiva en las fases iniciales, debido a su escasa cobertura y al débil arraigo, por lo que se recomienda preferir los rollos de tepe, que ofrecen una protección más rápida contra la erosión > **Capítulo 3.9** En cualquier caso, es posible que deban adoptarse medidas adicionales de estabilización de taludes, especialmente si son muy inclinados. Las pendientes ligeras pueden protegerse con una simple cubierta de agregados minerales, para evitar problemas de erosión superficial. > **Proyecto modelo Mobile Life Campus, Wolfsburg**

Mantas para el control de la erosión

La eficacia de la plantación convencional puede optimizarse mediante el uso de mantas de protección. Se utilizan geotextiles, generalmente realizados a base de fibra de coco, yute, paja, o una combinación de todos ellos. Las mantas proporcionan protección temporal, cubriendo el suelo hasta que la vegetación se desarrolla, y acaban descomponiéndose a los pocos años (1 o 2 en el caso del yute, 3 o 4 en el del coco). Si se requiere protección adicional, las mantas pueden combinarse con geomembranas de plástico o con mallazos metálicos. En este caso, la protección frente a la erosión durará más tiempo, e incluso permitirá detener la caída de piedras.

Las mantas de protección contra la erosión se tienden sobre el talud después de sembrar, con un solape entre piezas de al menos 10 cm. Al final del rollo, el inicio del siguiente debe colocarse con un solape de entre 20 y 50 cm bajo el extremo final. En el remate y el pie del talud, los extremos deben fijarse o enterrarse a una profundidad de 20 cm. También puede ser preciso fijar las piezas clavando los solapes, y quizá también en el medio de la pieza. Para la fijación se utilizan estacas de madera o grapas metálicas (en forma de U o de L). La distribución de las fijaciones a lo largo de los solapes debería ser de unas 3 grapas por metro o de 5 a 8 por metro cuadrado. El procedimiento de instalación puede variar según el tipo de manta y el fabricante. > **Fig. 3.1.8**
Las mantas sembradas se comercializan con las semillas incorporadas; en el caso de mantas con vegetación, los geotextiles sirven de soporte para plantas precultivadas (por ejemplo, mantas de sédum). > **Capítulo 3.14, Cubiertas ajardinadas**

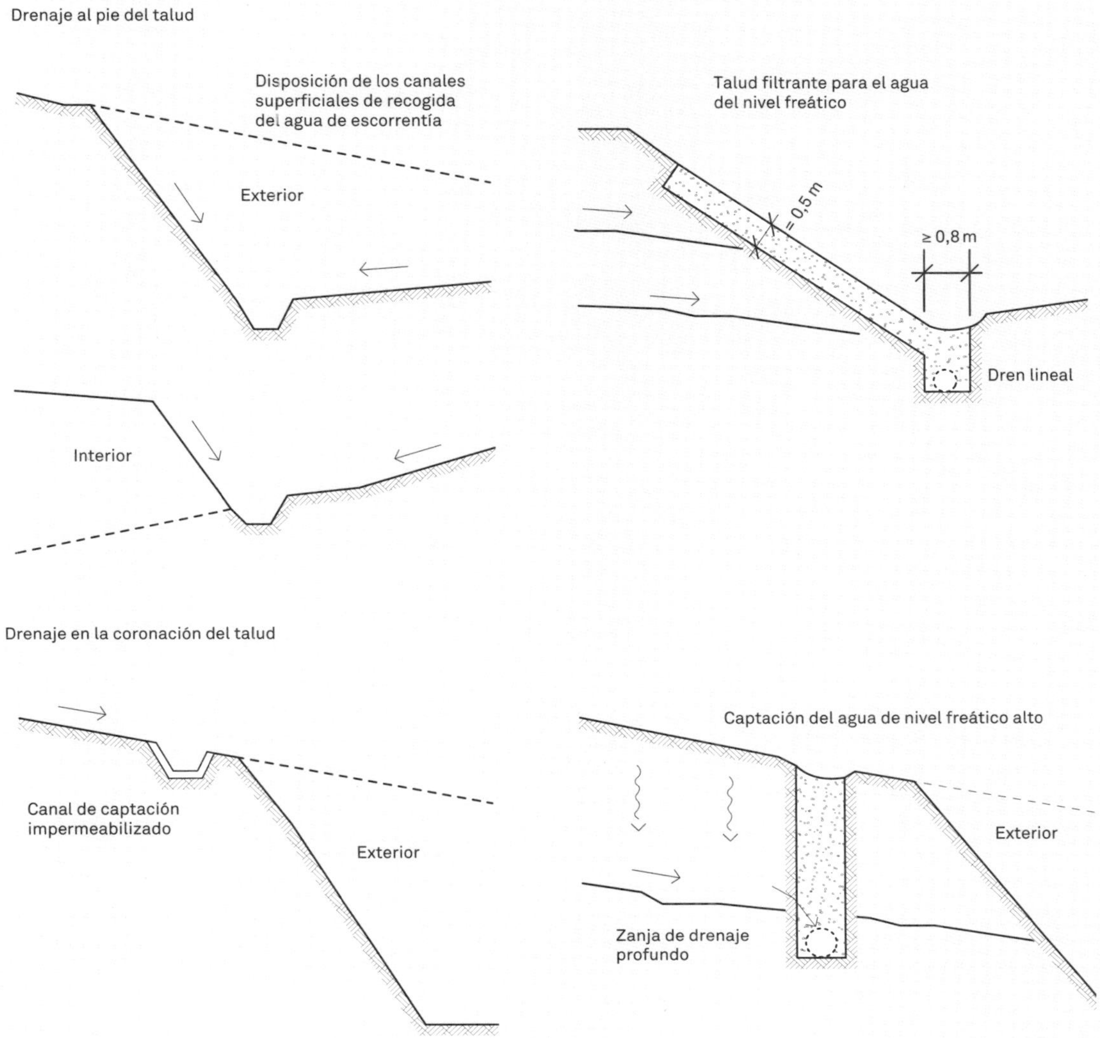

a) Medidas que garantizan la estabilidad de terraplenes y taludes

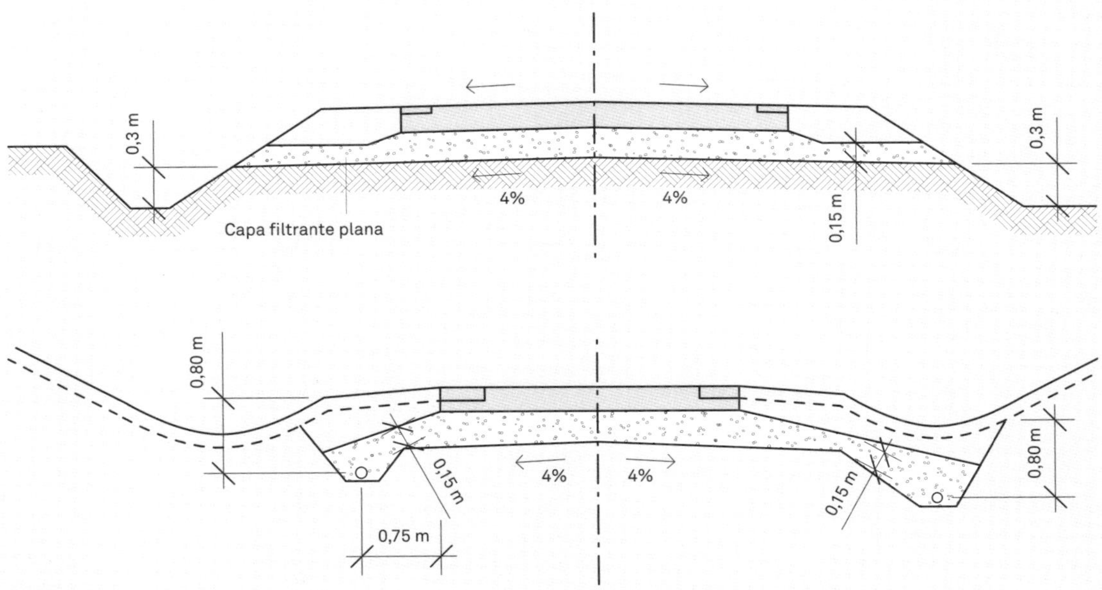

b) Drenaje de explanadas

Fig. 3.1.7: Medidas para el drenaje de taludes

Refuerzo de taludes

En los casos de pendientes elevadas y de suelos con escasa resistencia a cortante, los terraplenes requieren de estabilización adicional. Las medidas a adoptar van desde refuerzos sencillos a base de geomallas hasta taludes reforzados con aspecto de muros de contención. > **Capítulo 3.5 Muros**

Taludes de poca inclinación

Para taludes de nueva creación con una inclinación de hasta 45º suele ser suficiente con un simple refuerzo con geomallas. Las geomallas se tienden entre las capas de tierra utilizada para crear el talud, y tanto la profundidad a la que se fijan como el espesor entre capas se calculan en función de las necesidades estructurales. La superficie exterior del talud se cubre finalmente con una manta de protección frente a la erosión.
Mediante este sistema constructivo, es posible reutilizar terrenos con poca resistencia a cortante, de modo que no haga falta sustituirlos por otros. > **Fig. 3.1.9**
Las técnicas de bioingeniería —como las fajinas de ladera, las empalizadas trenzadas o los lechos de setos vivos— pueden utilizarse para estabilizar taludes, especialmente en áreas rurales, sirviéndose de plantas leñosas vivas o muertas. > **Fig. 3.1.10**

Suelo reforzado con anclajes y tierra armada

En pendientes mayores de 45º, se utilizan otras técnicas de estabilización. De modo similar a la formación de masas portantes mediante relleno (por ejemplo, los gaviones), > **Capítulo 3.5 Muros** estos procedimientos crean una masa «monolítica» de suelo que tiene la capacidad portante de un muro de gran espesor. El terreno se «arma» —al igual que el hormigón armado— para poder resistir además cargas a tracción, creando un volumen compuesto. Para compactar el suelo y proteger la superficie de cargas mecánicas, se cubre por delante (con una suerte de encofrado), y esta protección queda unida firmemente a los refuerzos o armaduras. En este caso, la naturaleza de la protección depende del sistema utilizado para crear los diferentes niveles del terreno.

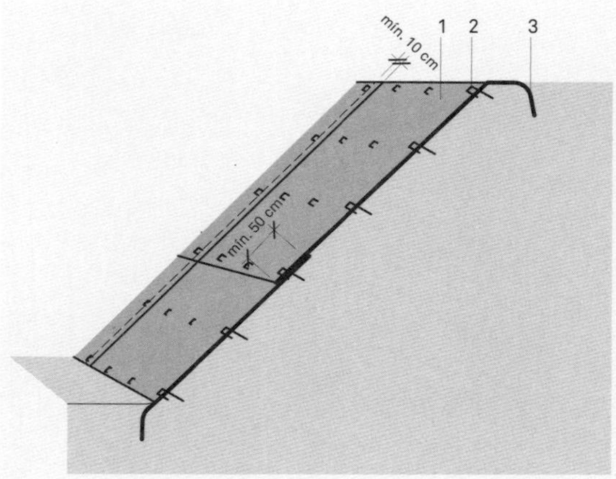

1 Manta de protección contra la erosión
2 Grapas metálicas
3 Anclaje de la manta en el suelo

Fig. 3.1.8: Ejemplo de instalación de mantas de protección contra la erosión o de vegetación

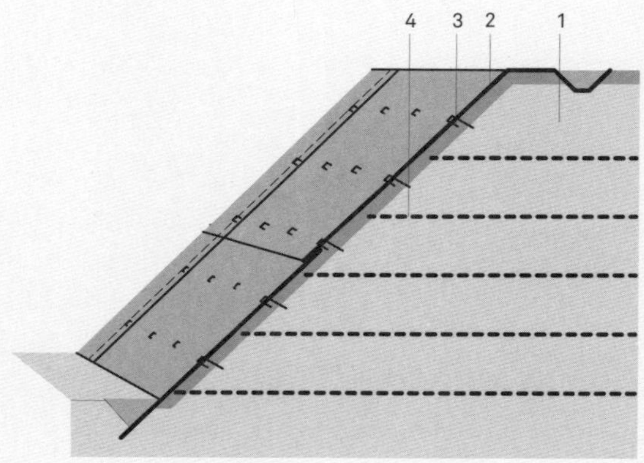

1 Material de relleno
2 Manta de protección contra la erosión
3 Elementos de fijación / grapas
4 Geomalla

Fig. 3.1.9: Ejemplo de talud de poca pendiente con plantación

Si los distintos niveles del terreno se obtienen por excavación, el talud (de terreno natural) así obtenido queda reforzado con los anclajes. Este proceso se denomina también *soil nailing* (literalmente «suelo clavado»). Si, por el contrario, se obtienen por apilado de tierras, entonces se dice que el suelo añadido está reforzado, procedimiento que también se conoce como tierra armada.

Cuando el terreno natural queda reforzado mediante barras o anclajes, estos se cubren en su extremo exterior con una capa de hormigón gunitado. Este procedimiento se utiliza tanto para contenciones temporales (por ejemplo, alrededor de pozos de excavación) como para estabilizar terrenos de forma permanente. Por regla general, las barras son de acero corrugado GEWI o tubos perforados de acero. Las barras, con sus correspondientes separadores, se insertan en los huecos taladrados en el terreno, al mismo tiempo que se inyecta mortero para rellenar las cavidades entre las barras y el terreno. Si se quiere que el talud dure mucho tiempo, se le debe proporcionar una adecuada protección contra la corrosión (por ejemplo, inyectando a las barras mortero de cemento y entubándolas). La capa de hormigón gunitado suele reforzarse con mallazo metálico; adquiere un espesor de entre 10 y 35 cm, dependiendo de las cargas (resistencia a tracción de las barras) y de la durabilidad deseada.

Las barras de anclaje se disponen según una malla determinada por cálculos estructurales (de 1 x 1 m a 2,5 x 2,5 m), y deben tener entre 0,6 y 0,9 veces la altura del talud así construido.
El procedimiento del suelo reforzado con anclajes requiere excavaciones escalonadas y trabajo por fases. Para que la secuencia de trabajo sea viable, el talud natural debe ser capaz de mantenerse sin apoyos hasta una altura de 1,5 m (por lo que los suelos de grava y aquellos en los que pueda haber corrientes de agua no son adecuados). Paso a paso y de arriba abajo, se excava cada vez hasta aproximadamente 1,5 m de profundidad. Se disponen los mallazos y se proyecta el hormigón. Después se introducen las barras y se anclan al hormigón gunitado. > **Fig. 3.1.11**

En el caso de la tierra armada, los elementos de revestimiento se colocan uno sobre otro por fases, las bandas de refuerzo a tracción se disponen tendidas y el material de relleno se echa encima, compactándose capa a capa.

a) Fajinas de ladera

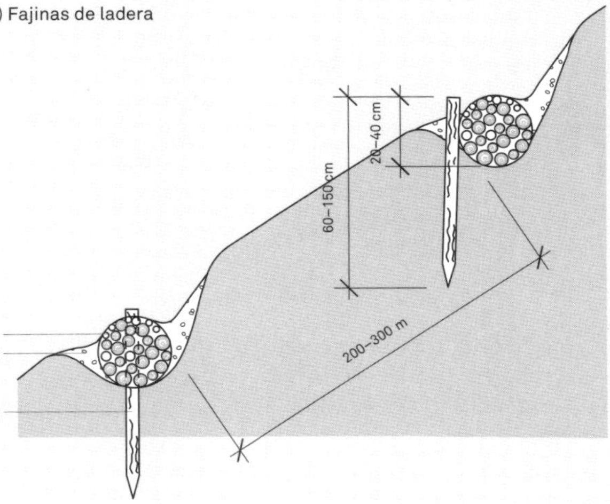

1 Haz de ramas de sauce (también pueden ser ramas cortadas), d = 2-4 cm, l = 200-600 cm, atadas con alambre
2 Estacas de madera, d = 5-15 cm, o barras de acero, d = 1-2 cm, separadas entre sí 1 m
3 Tierra añadida

b) Lecho de setos vivos
en un talud de aportación / en un talud excavado

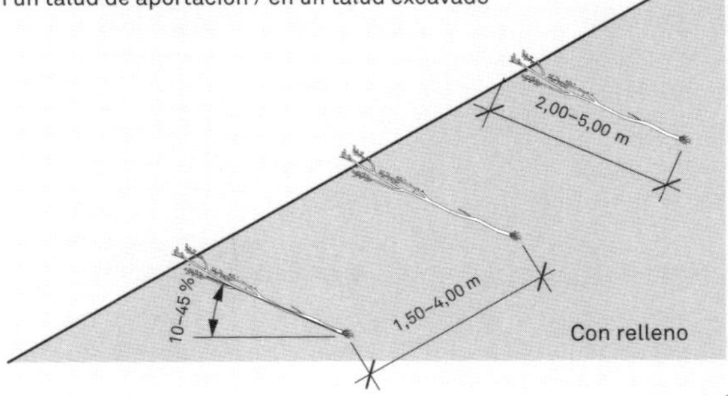

1 Tierra añadida (suelta)
2 Rollizo de madera, d = 18-25 cm
3 Ramas de árboles que puedan brotar (sauces); en suelos húmedos, l = 60 cm aprox.; en suelos sin cohesión, l = 200-400 cm
4 Ramas de frondosa con raíces

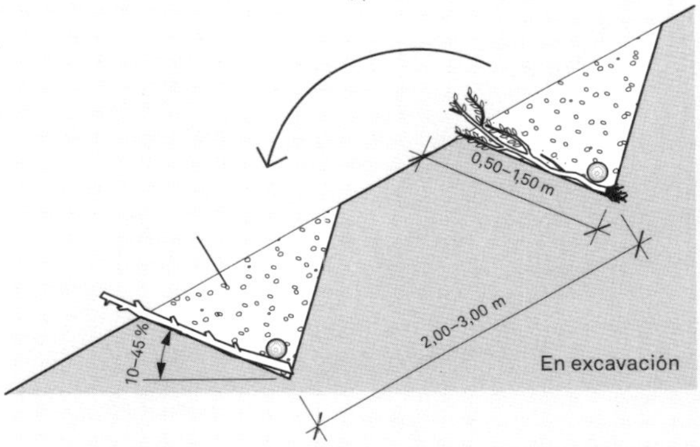

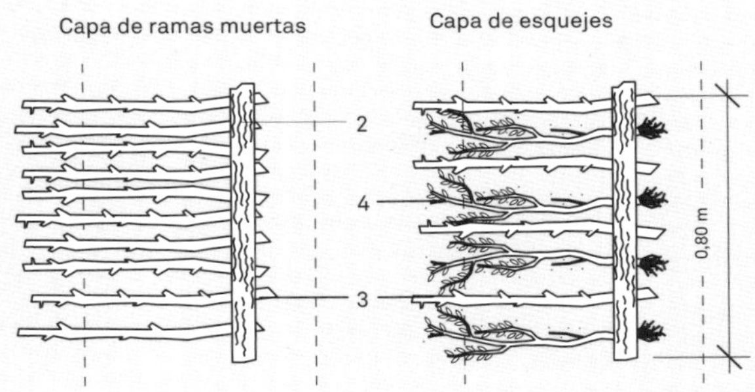

c) Empalizadas trenzadas

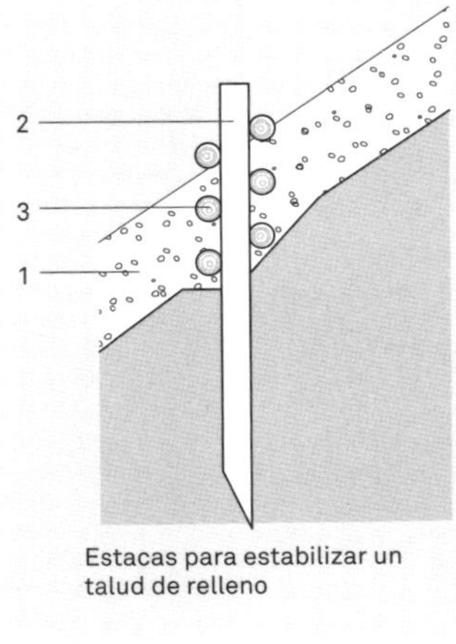

Estacas para estabilizar un talud de relleno

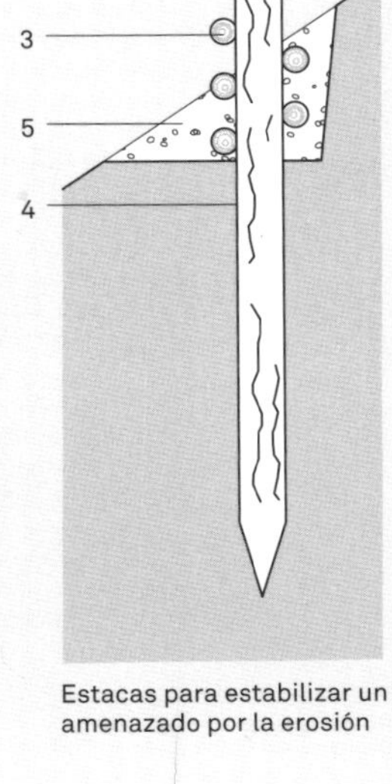

Estacas para estabilizar un terreno amenazado por la erosión

1 Tierra añadida
2 Barra metálica
3 Tejido de mimbre
4 Estaca de madera, l = 100 cm
5 Corte relleno
6 Estaquitas de madera, l = 30-80 cm
7 Dirección del avance de la obra

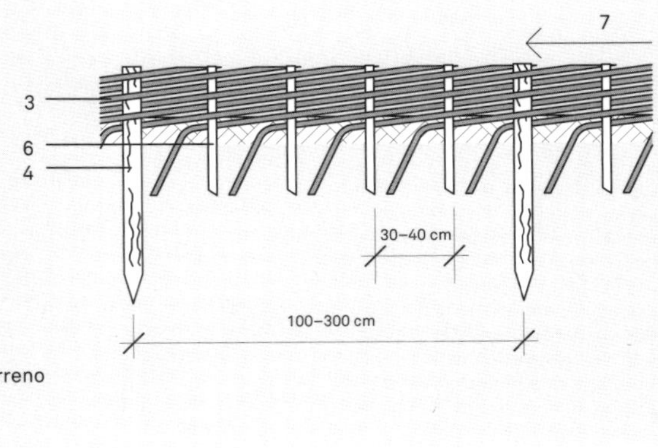

Fig. 3.1.10: Estabilización de taludes mediante técnicas de bioingeniería (selección)

Los elementos de revestimiento pueden ser piezas de hormigón armado prefabricado o paneles metálicos. Las bandas de refuerzo suelen ser, bien de chapa galvanizada, bien de plástico. La altura de las capas se corresponde con la diferencia en altura de las piezas de revestimiento y, según el sistema, oscila entre 30 y 75 cm.
La pared se suele apoyar sobre una zapata corrida. En ese punto, el muro de tierra armada debe penetrar en el terreno original hasta una profundidad equivalente a 0,1 o 0,2 veces la altura del muro, profundidad a la que debe excavarse la base de la cimentación. El largo de las bandas de refuerzo es aproximadamente el mismo que el de las barras del sistema de refuerzo por anclajes (es decir, entre 0,6 y 0,9 veces la altura del muro). > **Fig. 3.1.12**

Una variante del refuerzo de taludes es la retención con geomallas; es decir, cuando la masa del suelo se arma primero con geomallas, para reforzarse posteriormente. Éstas se tienden como láminas, sobre las que se echa la tierra y se compacta. Finalmente, la lámina se dobla hacia el interior desde el frente que queda a la vista. Se trata de una secuencia de trabajo que supone el apilamiento sucesivo de capas acolchadas. Este tipo de retenciones no necesitan cimentación. Debido a su resiliencia, las deformaciones (ocasionadas por los asientos, por ejemplo) pueden ser absorbidas sin producir daños al conjunto de la estructura. Sobre las retenciones con geomallas se puede plantar; también es posible revestirlas con piedra. > **Fig. 3.1.13** El refuerzo con anclajes puede combinarse con una retención con geomallas para obtener una superficie ajardinada.

Los muros de geomallas pueden utilizarse para crear taludes con una inclinación de hasta 90°. Si las pendientes tienen más de 70°, debe evaluarse la necesidad de utilizar mallas metálicas adicionales para conferir a la superficie mayor estabilidad. > **Fig. 3.1.14** Los taludes de mucha inclinación pueden reforzarse directamente mediante plantaciones, procedimiento conocido como «tierra armada viva». > **Fig. 3.1.15** Si los muros de geomalla, también reforzados con geotextiles, se combinan con capas de seto, pueden crearse taludes de mayor inclinación que los logrados con el procedimiento de apilar capas.

Pozos de excavación y zanjas de servicio

En la ejecución de pozos y zanjas de servicio, el volumen de la excavación debe reducirse al máximo por razones económicas, pero también por la limitación del espacio de trabajo. Dependiendo de la profundidad del pozo y del tipo de suelo, se usan diferentes métodos de estabilización.

En suelos naturales estables, la excavación puede hacerse formando paredes verticales de hasta 1,25 m de altura (cifra de aplicación en Alemania y Austria; en Suiza iguala o supera 1,5 m). Las excavaciones más profundas precisan contención, o deben crearse taludes inclinados. Los muros de los pozos de excavación inclinados deben contar con un aterrazamiento de al menos 1,5 m de ancho para una altura de 3 m. Los ángulos del talud mostrados en la **Tab. 3.1.4** no requieren certificado de estabilidad. En estos casos, a lo largo del borde superior del talud debe respetarse una banda sin carga de al menos 0,6 m de ancho. > **Fig. 3.1.16**
Los tipos de suelo y la profundidad de excavación precisa deben especificarse en la oferta del pozo de excavación. Sobre este tema, cada país tiene su propia normativa detallada, como por ejemplo las normas alemanas DIN 4124, ÖNORM 2205 y SIA 318.

Tipo de suelo	Ángulo de inclinación max. ß
Suelos no cohesivos y ligeramente cohesivos	45°
Suelos cohesivos, de duros a semifirmes	60°
Rocas ligeras	80°
Rocas pesadas	90°

Tabla 3.1.4: Ángulos de inclinación para un pozo de excavación de profundidad > 1,25 m

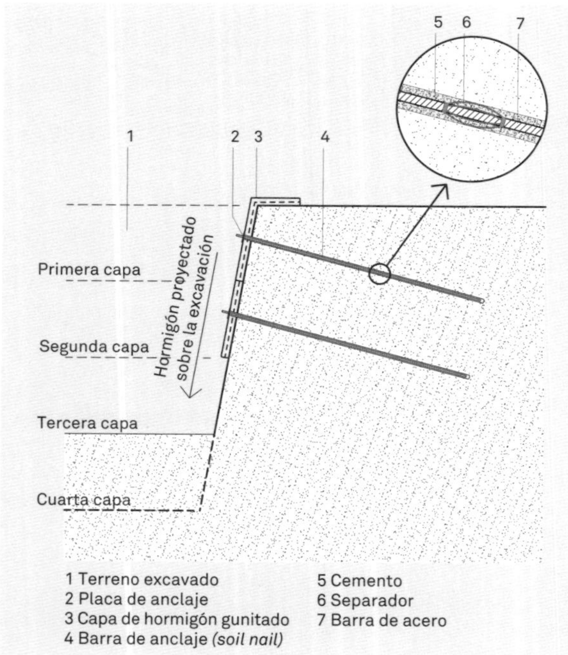

Fig. 3.1.11: Refuerzo del terreno con barras ancladas *(soil nailing)*, para excavaciones

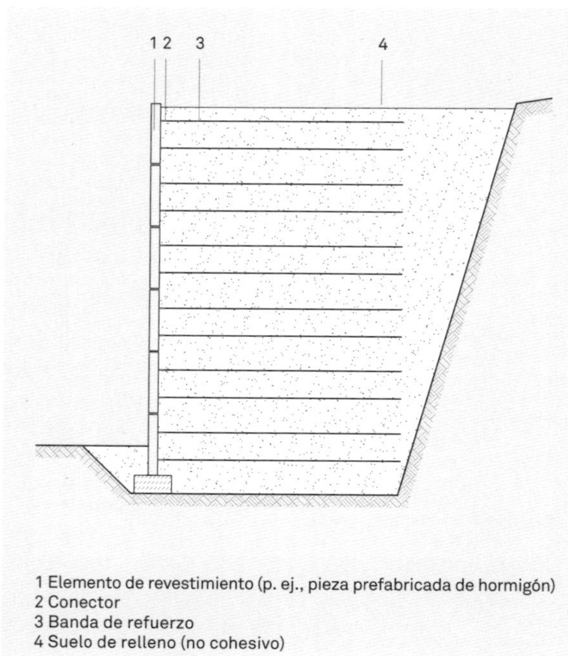

Fig. 3.1.12: Tierra armada, para rellenos

1 Manta de protección contra la erosión
2 Geomalla
3 Barra de anclaje
4 Tierra de relleno
5 Suelo superficial
6 Drenaje
7 Dren lineal, cubierto de filtro de fieltro
8 Sacos de arena
9 Revestimiento

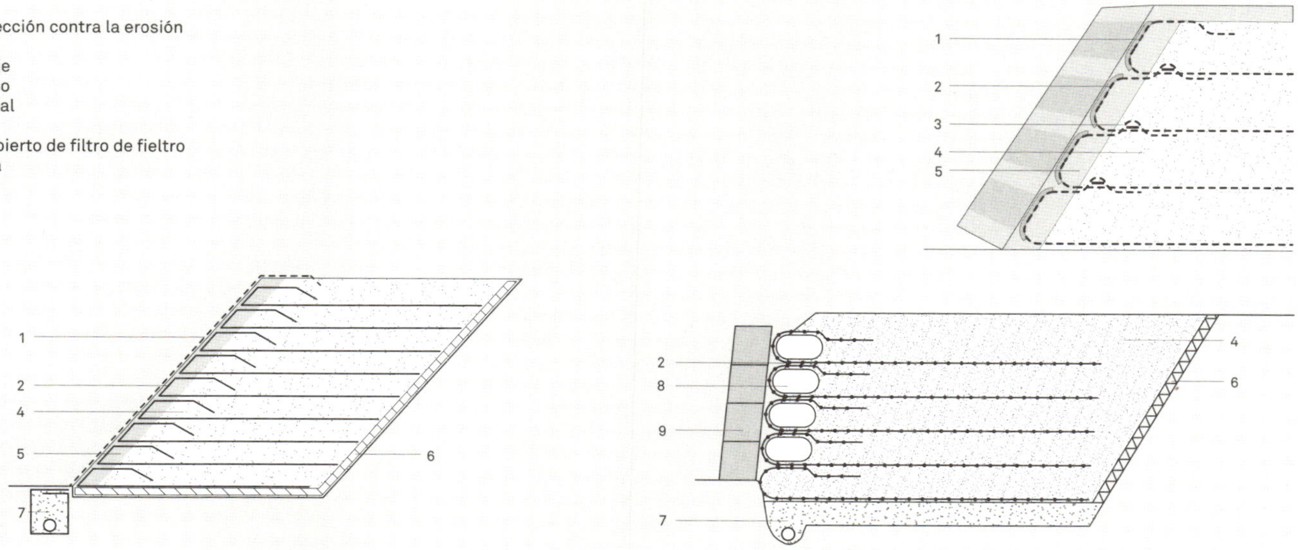

Fig. 3.1.13: Ejemplo de métodos de construcción de muros de geomalla

1 Protección contra la erosión
2 Tierra de relleno
3 Suelo superficial
4 Geomalla
5 Mallazo metálico
6 Separador
7 Malla estructural de acero

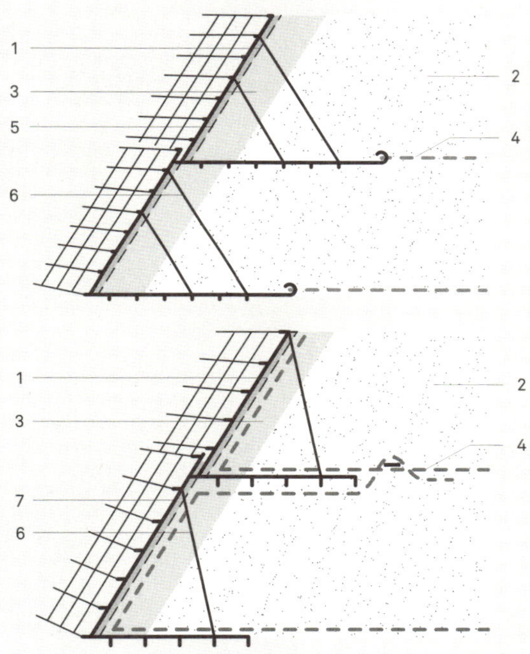

Fig. 3.1.14: Geomalla con elementos adicionales metálicos

a) Dibujo esquemático

1 Tierra de relleno
2 Ramas de sauce / ramas de frondosa con raíces
3 Esqueje
4 Malla de refuerzo
5 Manta geotextil, geomalla

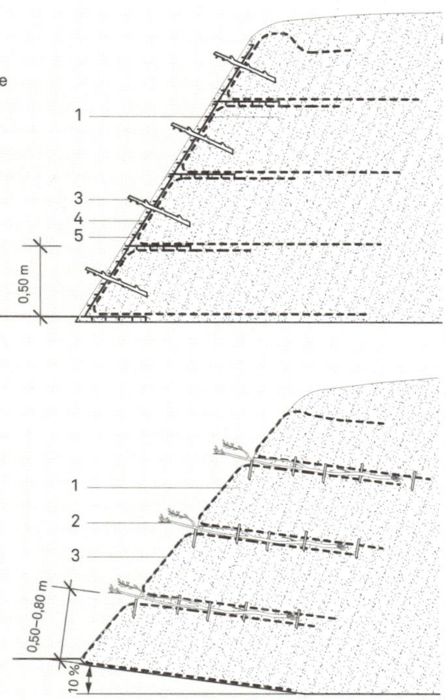

b) Pantalla de protección acústica: se reconocen los esquejes de sauce, utilizados como refuerzo vivo del talud

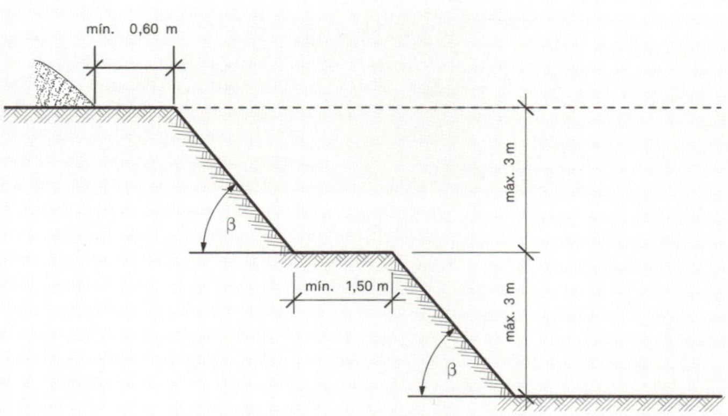

Fig. 3.1.15: Aterrazamiento de pozos de excavación

Fig. 3.1.16: Tierra armada viva

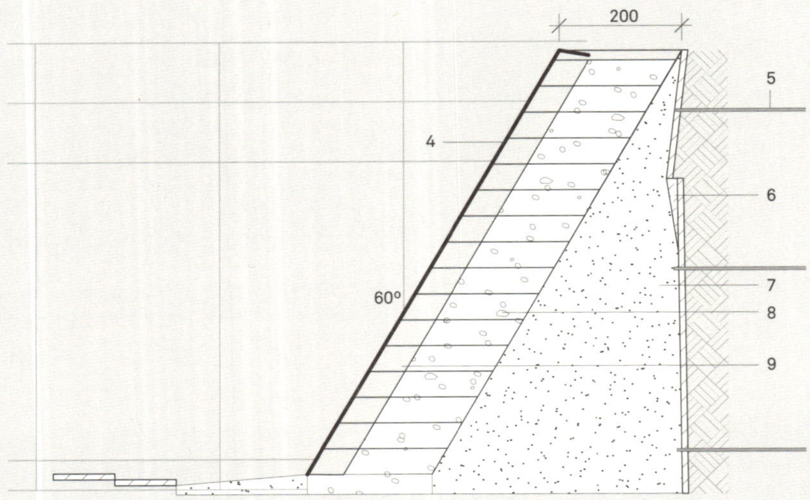

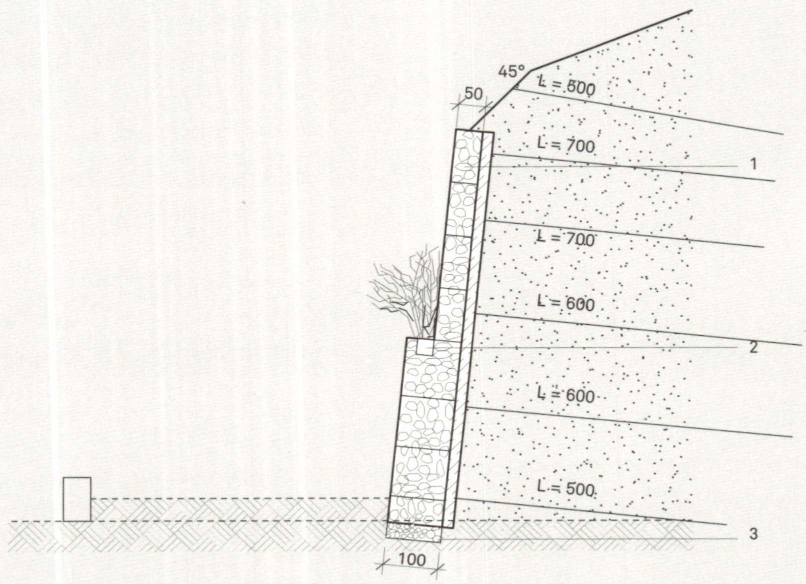

1 Muro de gaviones con suelo reforzado con barras de anclaje: barras de acero GEWI 500/550, 28 mm de diámetro, espaciado horizontal entre ellas de 1,5 m, placa frontal de 20 x 20 cm, membrana de refuerzo Q388 en contacto con el relleno, cara exterior de hormigón gunitado
2 Suelo superficial
3 Dren lineal con tubería
4 Muro de geomalla con mallazo metálico de refuerzo y plantación de hiedra
5 Barras de anclaje del talud existentes con muro de hormigón proyectado, b = 20 cm
6 Resalte del relleno con hormigón sin áridos
7 Tierra de relleno
8 Material de relleno, b = 1,0 m
9 Cama de apoyo de la vegetación, b = 0,50 m

TALUD CASI VERTICAL EN LA KURMITTELHAUS, LOBENSTEIN, ALEMANIA

Arquitecta paisajista: Birgit Hammer
Finalización: 2003

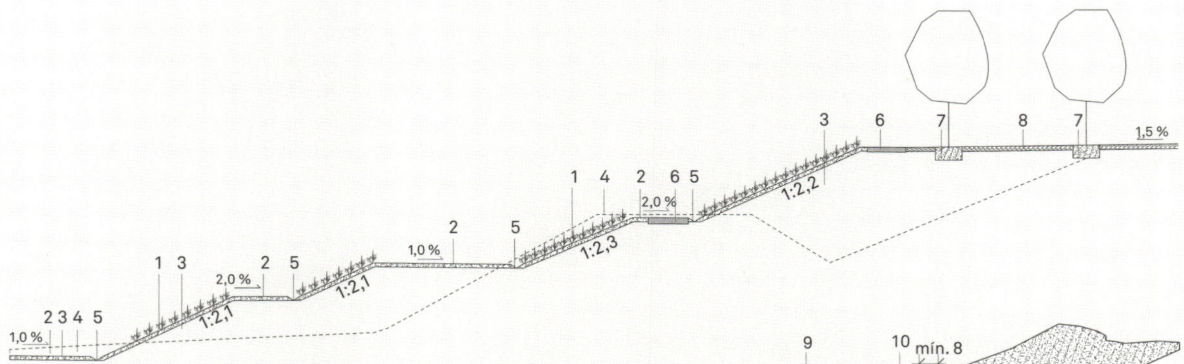

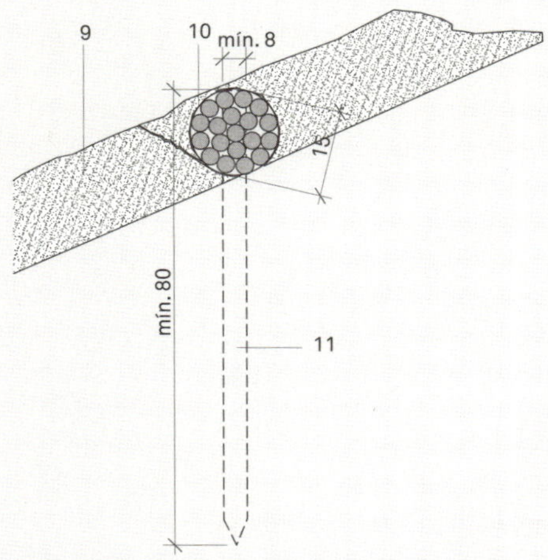

1 Plantación
2 Pradera natural
3 Tierra de relleno, cubierta con 30 cm de suelo superficial en las áreas plantadas
4 Terreno excavado
5 Canal de drenaje (anchura/profundidad = 0,9/0,3 m) con adición de suelo superficial
6 Camino
7 Zanja para plantación de árboles L/B/H 2/2/1
8 Capa filtrante de grava
9 15 o 30 cm de tierra desde el pie del talud
10 Fajinas de ramas secas, piezas de al menos 4 m de largo
11 Estacas / barras de acero de al menos 80 cm de largo, con una pendiente de al menos el 10% en canales como en DIN 18918, separadas entre sí 80 cm; fajinas atadas cada 50 cm con alambre de al menos 2 mm

SECUENCIA DE ATERRAZAMIENTO PAISAJÍSTICO EN RONNEBURG, ALEMANIA

Arquitectos paisajistas: Fagus GmbH, Markkleeberg, Alemania
Especialista en geología: G.U.B. Ingenieurgesellschaft mbH, Zwickau, Alemania, Jörg Friedrich
Finalización: 2007

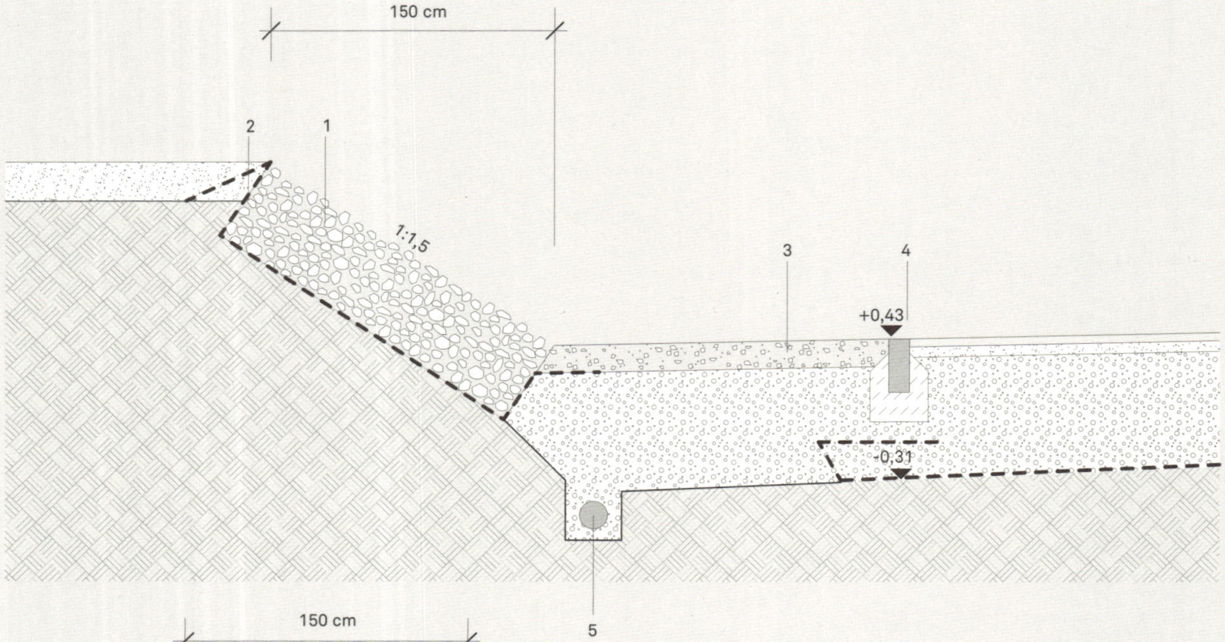

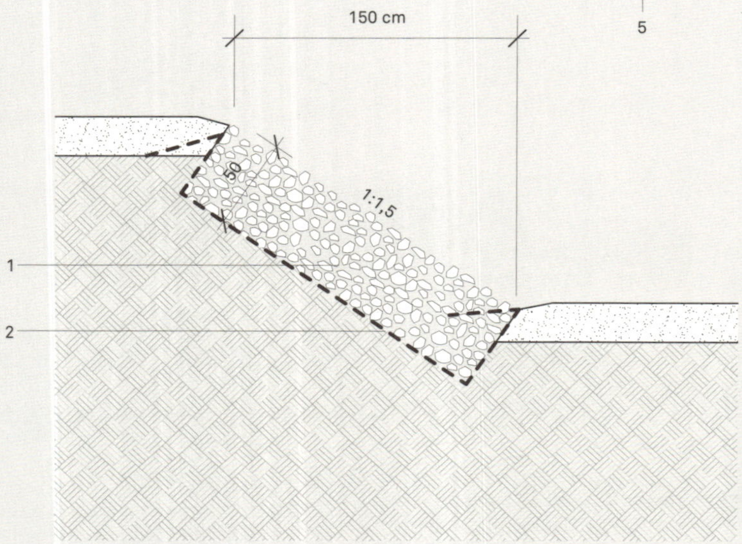

1 Talud de piedra de machaqueo
2 Manta filtrante
3 15 cm de piedra de machaqueo 32/45 con un 25% de suelo superficial y adición de macadán reciclado 0/32 (como en B2) como subsuelo compactado
4 Bordillo del camino de piedra artificial 10/30/100
5 Dren lineal

BANCALES DE PIEDRA: MOBILE LIFE CAMPUS, WOLFSBURG, ALEMANIA

Arquitectos paisajistas: Topotek 1, Berlín
Arquitecto: Henn Architekten, Múnich/Berlín, Alemania
Finalización: 2004

1 Bordillo prefabricado de hormigón 10/15/100
2 Hierba resistente
60 cm de suelo superficial
40 cm de tierra
Grava de vidrio expandido 0/56
Manta filtrante 340 g/m2
3 Hierba resistente
20 cm de suelo superficial
30 cm de tierra
Grava de vidrio expandido 0/56
Manta filtrante 340 g/m2
4 10 cm de grava filtrante 16/32
Manta de protección
Impermeabilización
Pavimento
5 Solera de hormigón c12/15
6 Subsuelo compactado
7 10 cm de gravilla 11/22
Grava 0/32
Manta filtrante 340 g/m²
Capa drenante

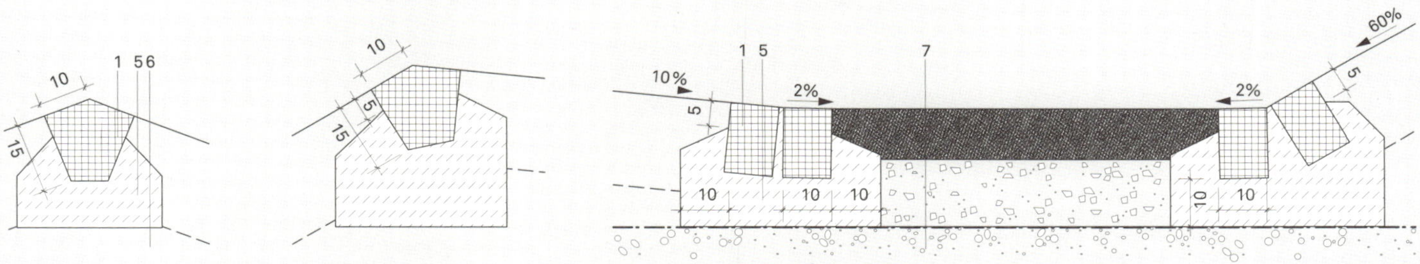

MONTÍCULOS VERDES, CUBIERTA DEL APARCAMIENTO
DE LA TERMINAL 2, AEROPUERTO DE MÚNICH, ALEMANIA

Arquitectos paisajistas: Rainer Schmidt Landschaftsarchitekten, Múnich, Alemania
Arquitectos: Koch und Partner, Múnich/Dresde, Alemania
Finalización: 2003

3.2 CAMINOS Y PLAZAS

SUPERFICIES PAVIMENTADAS — TERMINOLOGÍA

FIRMES

PAVIMENTOS

- Capa antiheladas y capa base
- Valoración del espesor requerido por cargas

SISTEMAS CONSTRUCTIVOS PARA CAPAS DE ACABADO

- Superficies de hormigón
- Superficies asfaltadas
- Superficies pavimentadas, construcción discontinua
- Superficies embaldosadas, construcción discontinua
- Adoquinados y embaldosados, construcción continua
- Pavimentos de zahorras, revestimientos compactados
- Capas filtrantes
- Acabados en superficies sintéticas

BORDILLOS

EJEMPLOS

Axel Klapka

3.2 CAMINOS Y PLAZAS

Los caminos y las plazas constituyen una parte importante de los espacios públicos. Por tanto, su acabado contribuye de manera significativa a la imagen de un lugar. Además de la calidad de la superficie, otro parámetro a considerar en su construcción son las cargas que deberán soportar, que pueden ir desde el paso peatonal hasta el tráfico de camiones y vehículos pesados.

SUPERFICIES PAVIMENTADAS —TERMINOLOGÍA

Los pavimentos se clasifican, según el sistema de construcción, en continuos y discontinuos. > **Fig. 3.2.2** Los adoquinados, embaldosados y superficies de zahorras construidos sobre bases compactadas se agrupan bajo la denominación de pavimentos discontinuos. Por su parte, se llaman pavimentos continuos aquellos en los que las capas de base y de acabado conforman una estructura rígida, debido a la presencia de un agente ligante, que puede ser asfalto, cemento o resinas. Este grupo incluye principalmente los acabados asfaltados y de hormigón, así como las superficies ligadas mediante polímeros. Algunos sistemas constructivos singulares combinan materiales continuos y discontinuos. Debe recordarse que, si bien los pavimentos continuos son considerablemente más rígidos y por tanto capaces de soportar mayores cargas, carecen de la elasticidad que permite a los pavimentos discontinuos compensar mediante deformación las cargas a cortante. Por ello los pavimentos discontinuos son habituales en superficies donde quieren evitarse parcheados.

En la construcción de superficies y caminos pavimentados, el grosor total de la estructura se calcula en función de las propiedades del firme, de la superficie de acabado elegida y de las cargas previstas. A partir de ahí pueden determinarse las excavaciones o rellenos necesarios sobre la topografía del terreno. La construcción de pavimentos supone, generalmente, la compactación del firme y el acabado mediante la colocación del pavimento propiamente dicho. > **Fig. 3.2.3**

Los datos de grosor de capa indicados en este capítulo se refieren a cargas de paso de vehículos de mercancías y emergencias sobre suelos no resistentes a las heladas, como suelen ser las zonas de aparcamiento, las vías de acceso y de servicio. > **Pavimentos, Valoración del espesor requerido por cargas**

FIRMES

Se define como firme el terreno in situ, que puede ser natural (explanada) o aportado (subbase). Su capacidad portante y su compactabilidad, así como sus posibilidades de drenaje, deben valorarse en un estudio geotécnico previo al proyecto.

Sobre el firme debe disponerse una capa nivelada cuya pendiente corresponderá a la de la capa superior, y nunca será menor del 2,5%. Dicha capa garantiza la homogeneidad de la resistencia de la capa superior, así como el drenaje de la plataforma. En suelos de tipo cohesivo debe tenderse una manta geotextil o una capa de arena para evitar el paso de las partículas finas del suelo existente hacia la capa de protección contra las heladas situada inmediatamente sobre él, pues pueden afectar negativamente a la estabilidad estructural y a la capacidad drenante. Es más, en caso de suelos no resistentes a las heladas con coeficiente de permeabilidad k_f menor a 1×10^{-6} y en lugares con nivel freático alto, debe garantizarse el desagüe de la plataforma.

Para que el firme nivelado (o explanada) pueda funcionar como base para el pavimento, es preciso que su capacidad portante sea de al menos 45 MN/m². Si el suelo no alcanza

Fig. 3.2.1: Vía pavimentada en Cnosos, aprox. 1800 a. C.

a) Pavimento discontinuo de adoquines de clínker

b) Pavimento continuo de asfalto

1 Adoquines de clínker sobre cama de asiento de arena de machaqueo 0/5
2 Mezcla mineral 0/32
3 Capa de protección contra heladas 0/45
4 Firme – explanada o subbase

1 Acabado de asfalto
2 Capa ligante de asfalto
3 Capa base de asfalto
4 Capa de protección contra heladas 0/45
5 Firme – explanada o subbase

Fig. 3.2.2

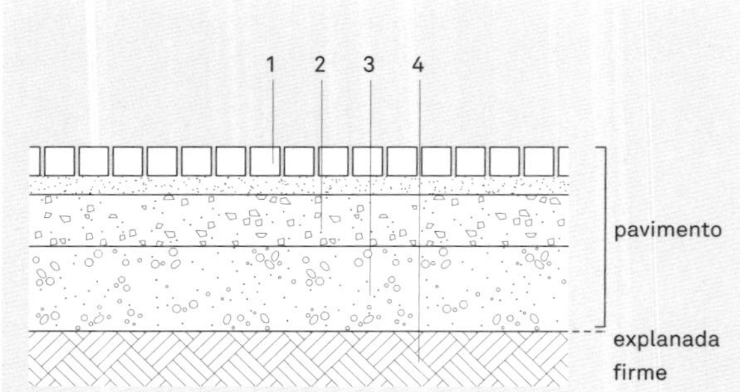

Fig. 3.2.3: Construcción de plazas y caminos

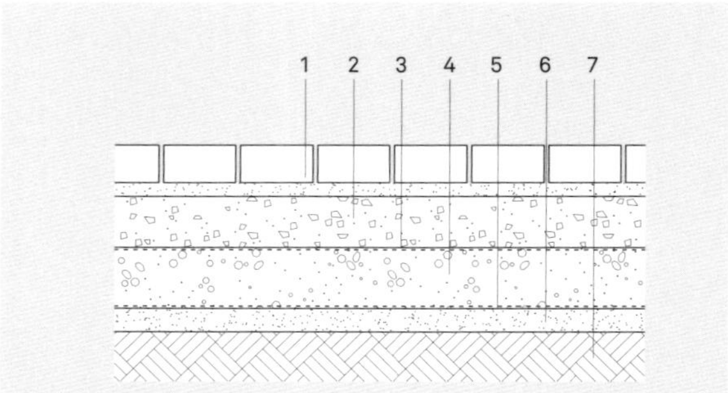

Fig. 3.2.4: Ejemplo de medidas de acondicionamiento del suelo

esa resistencia, deben aplicarse medidas correctoras. También puede reemplazarse el suelo por materiales de mejor funcionamiento resistente, endurecerse mediante la adición de cemento, o mejorar su capacidad portante mediante el drenaje o la instalación de geomallas. > **Fig. 3.2.4**

PAVIMENTOS

El pavimento consta de tres capas: la de protección contra heladas, la base y la superficial, que es la superficie funcional y visible. Si un pavimento ha sido correctamente dimensionado, se evitan daños ocasionados por las cargas o por la acción del hielo. Para las capas base se recomiendan agregados minerales gradados de granulometría de los grupos 0/22 a 0/45 (capas base de balasto), pues proporcionan una estabilidad mayor que la de las bases de grava. En caso de usarse capas de grava, el espesor de la capa base debe ser 5 cm mayor que el de las capas de balasto. El material de la capa base debe tener buena resistencia a compresión y a cortante, así como a las heladas, y carecer de elementos orgánicos. Hay que ajustar la distribución granular de las capas sucesivas, de modo que sus curvas de gradación se parezcan lo más posible. De este modo se logra que la capacidad filtrante se mantenga desde la capa antiheladas hasta el relleno de las juntas de los adoquines o baldosas.

Capa antiheladas y capa base

Además de proteger contra las inclemencias del tiempo, la capa antiheladas previene daños por deformación en la estructura de los caminos durante los periodos de heladas y el deshielo. Esta capa es necesaria en lugares donde el suelo es poco resistente a heladas (limos y arcillas), y cuando el riesgo de heladas es alto, dada la localización del área del proyecto (zona de heladas) y las elevadas precipitaciones. > **Tab. 3.2.1**
La capacidad portante está determinada por el grado de compactabilidad de la mezcla de materiales de construcción, y se expresa como el coeficiente E_{v2} en meganewtons por metro cuadrado (MN/m²). Las capas de protección contra las heladas pueden estar construidas de suelo natural resistente al hielo, balasto, grava, mezclas de grava y arena, o materiales de construcción reciclados.

La capa base es la que sirve para estabilizar la capa superficial del pavimento. Si el firme resiste heladas y es suficientemente compactable, la base se dispone sin una capa de protección. La bases consisten en mezclas de balastos, gravas y arenas o en materiales de construcción reciclados, de los grupos 0/22 a 0/45.
El espesor total de la base de protección contra heladas y de la capa base debería ser al menos tres veces el del mayor grano usado, por ejemplo al menos 10 cm de espesor para una granulometría del grupo 0/32.
Si la superficie de acabado está formada por piezas pequeñas, como por ejemplos los mosaicos portugueses, o si debe soportar cargas dinámicas, la granulometría elegida deberá ser menor que en acabados rígidos o de gran formato. > **Tabs. 3.2.2 y 3.2.3**
Si el pavimento no cuenta con bordillos, la capa base se extiende a lo ancho al menos 20 cm a cada lado sobre la capa de acabado. Para la comprobación de los áridos de las capas base o de las mezclas de arenas puestas como cama, al encargar los materiales debe exigirse una certificación de que se han respetado las mezclas estipuladas.

Clase	Heladicidad	Grupo de suelo según DIN 18196
F1	No heladizos	Suelos de grano grueso de los grupos: GW, GI, GE SW, SI, SE
F2	De ligera a moderadamente heladizos	Suelos de granulometría mixta y suelos con materia orgánica de los grupos: TA, OT, OH, OK ST[1], GT[1] SU[1], GU[1]
F3	Muy heladizos	Suelos de granulometría fina y mixta de los grupos: TL, TM UL, UM, UA OU ST*, GT* SU*, GU*

[1] Nota: estos suelos son F1 si la fracción de granos de tamaño menor de 0,063 mm es del 5% del peso para U>15,0 o del 15% del peso para U<6,0.
* En la zona 6,0 < U < 15,0 la fracción de granos menores de 0,063 mm requerida para incluir el suelo en la clase F1 puede interpolarse linealmente (véase ejemplo en ZTV-StB).

Tabla 3.2.1: Heladicidad de los suelos por grupos (según RStO)

Valoración del espesor requerido por cargas

Existen cálculos tipo del grosor requerido por las capas según las cargas que se vayan a soportar, equivalentes a la «Richtlinie zur Standardisierung des Oberbaues von Verkehrsflächen (RStO)» (las directrices para la estandarización de los pavimentos de superficies de tráfico), de aplicación en Alemania. Además del tipo de acabado superficial, durante el proyecto deben estudiarse tres factores:

- El uso previsto para la superficie y la carga del paso de vehículos.
- La resistencia a las heladas del firme.
- Las condiciones climáticas locales.

En primer lugar, el tipo de construcción se determina mediante las **Tabs. 3.2.4, 3.2.5 y 3.2.6**. Posteriormente, según el gráfico de la **Fig. 3.2.5**, se establece en qué zona de heladas se sitúa. Una vez valorada la resistencia a las heladas, la sección necesaria puede extrapolarse de la **Tab. 3.2.7**. El grosor de sección resistente a heladas que figura en esta tabla se refiere a las capas base y de acabado, e incluye cualquier capa de protección antiheladas. El rango de especificaciones resulta de los factores variables que influyen en la resistencia a las heladas en cada caso. Para las superficies pavimentadas de clase de construcción VI, el espesor mínimo de la capa antiheladas se calcula a partir de un grosor total de la sección de 35 cm, de lo que se deduce un grosor estructural de la capa base y de acabado de unos 26 cm. Para un tipo de suelo F2, el grosor de la capa de protección contra heladas es de 9 cm.

Fig. 3.2.5: Zonas de heladas (según RStO)

E_{v2} – valores dados sobre la explanada para	≥ 45 (MN/m²)		≥ 80 (MN/m²)	
Mezcla para la capa base a construirse	Balasto, gravilla-arena	Grava-arena	Balasto, gravilla-arena	Grava-arena
Valores E_{v2} previstos sobre la capa base a construirse como				
Capa de protección contra heladas con resistencia				
≥ 100 (MN/m²)	20 cm	25 cm	15 cm	20 cm
≥ 120 (MN/m²)	30 cm	35 cm	20 cm	25 cm
Capa base de balasto o grava				
≥ 120 (MN/m²)	25 cm	30 cm	-	-
≥ 150 (MN/m²)	30 cm	40 cm	-	-

Tab. 3.2.2: Valores de referencia del espesor de la capa de protección contra heladas en función del firme compactado (según RStO)

E_{v2} – valores dados sobre la capa de protección contra heladas para	≥ 100 (MN/m²)		≥ 120 (MN/m²)	
Mezcla para la capa base a construirse	Balasto, gravilla-arena	Grava-arena	Balasto, gravilla-arena	Grava-arena
Valores E_{v2} recomendables sobre la capa base de grava o mezcla de áridos				
≥ 120 (MN/m²)	15 cm	20 cm	-	-
≥ 150 (MN/m²)	20 cm	30 cm	15 cm	20 cm

Tab. 3.2.3: Valores de referencia para el espesor de la capa base correlativos a la capa de protección contra heladas compactada (según RstO)

Solicitaciones relevantes para el cálculo B, equivalente a una transmisión axial 10-t por millón	Clase de construcción
Más de 32	SV
De 10 a 32	I
De 3 a 10	II
De 0,8 a 3	III
De 0,3 a 0,8	IV
De 0,1 a 0,3	V
Hasta 0,1	VI

Tab. 3.2.4: Cálculo por transmisión axial (según RStO)

Tipo de vía	Clase de construcción
Autopista, vía de distribución industrial	SV / I / II
Viario principal, viario industrial, calles en áreas industriales	II / III
Viario de distribución residencial, zonas peatonales con paso de carga y descarga	III / IV
Vías de servicio, vías residenciales con uso rodado, zonas peatonales (sin paso de autobuses)	V / VI

Tab. 3.2.5: Cálculo por tipo de vía (según RStO)

Tipo de tráfico	Clase de construcción
Superficies de aparcamiento en uso continuo	
Tráfico pesado	III / IV
Tráfico rodado con bajo porcentaje de vehículos pesados	V
Tráfico de turismos	VI
Superficies de aparcamiento de uso ocasional	
Tráfico pesado	IV / V
Tráfico rodado con bajo porcentaje de vehículos pesados	V / VI
Tráfico de turismos	Según necesidad

Tab. 3.2.6: Cálculo para superficies de tráfico estacionado (según RStO)

Clase según heladicidad	Grosor en cm según clase de construcción		
	SV / I / II	III / IV	V / VI
F2	55	50	40
F3	65	60	50

Tab. 3.2.7: Método de construcción sobre subbases o explanadas F2 y F3 (según RStO)

Condiciones del lugar		A	B	C	D
Efecto del hielo	Zona I	± 0 cm			
	Zona II	+ 5 cm			
	Zona III	+ 15 cm			
Gradiente	Corte, cala, terraplén ≤ 2,0 m		+ 5 cm		
	En áreas no permeables, a la misma altura del terreno		± 0 cm		
	Terraplén > 2,0 m		- 5 cm		
Situación respecto al agua	Favorable			± 0 cm	
	Desfavorable según lo indicado en ZTV E-StB			+ 5 cm	
Ejecución de los bordes (p. ej., arcenes, carriles bici, senderos)	Áreas impermeables exteriores y áreas impermeables con bordes permeables				± 0 cm
	Áreas impermeables con bordes parcialmente permeables, así como con instalaciones de drenaje				- 5 cm
	Áreas impermeables con bordes permeables o con instalaciones de drenaje y construcciones laterales impermeables				- 10 cm

Tab. 3.2.8: Factores que influyen en la heladicidad (según RStO)

Capa de acabado	Uso	Cualidades superficiales
Superficies de hormigón	Desde vías y caminos con tráfico pesado hasta senderos en parques con poco mantenimiento	Coloración restringida al gris y a los colores aplicables al hormigón Acabados: de raspado liso a rugoso, y en general cualquier labra de cantería
Superficies de asfalto	Desde vías de tráfico pesado hasta senderos en parques, de poco mantenimiento	Gran amplitud, desde la «cubierta negra» hasta aplicación de colores, pasando por diversos tratamientos superficiales
Adoquinado de hormigón	Senderos y vías residenciales	Desde gris hormigón hasta incrustaciones de piedras naturales de gran valor
Adoquinado de piedra	Senderos y vías residenciales, áreas estanciales	Admite los mismos tratamientos que la piedra natural de la que procede
Adoquinado de clínker	Senderos y vías residenciales, áreas estanciales	La gama de color depende de la arcilla utilizada y de los posibles agregados metálicos
Baldosas de hormigón	Áreas estanciales y senderos	Desde gris hormigón hasta incrustaciones de piedras naturales de gran valor
Baldosas de piedra	Áreas estanciales y senderos	Admite los mismos tratamientos que la piedra natural de la que procede
Superficie de zahorras	Senderos y áreas sin paso de vehículos	Gran variedad de tonos, desde blanco hasta antracita; apariencia blanda y natural
Superficies de polímeros modificados	Pistas deportivas y áreas de juego	Amplia gama de colores; apariencia blanda
Construcciones especiales	Senderos y áreas con tráfico ligero	Alternancia con céspedes o plantas; apariencia natural

Tab. 3.2.9: Uso y cualidades superficiales de diversas capas de acabado

Debe tenerse en cuenta cualquier efecto adicional respecto a la resistencia a las heladas, como puede verse en la Tab. 3.2.8. Si el suelo las soporta bien, puede prescindirse de esa capa, siempre que se garantice que el firme es suficientemente compactable. Si no se alcanza la compactibilidad necesaria, el espesor de la capa base debe incrementarse en 9 cm para compensar la ausencia de capa antiheladas. > **Figs. 3.2.2 y 3.2.3**

SISTEMAS CONSTRUCTIVOS PARA CAPAS DE ACABADO

En todas las capas de acabado que se mencionan en las páginas siguientes, el espesor estructural necesario depende de la capacidad portante del firme, la sección de la capa base y el uso previsto. Todos los ejemplos se refieren a clases de construcción VI, según queda definida en las RStO. > **Tab. 3.2.9**

Superficies de hormigón

Las superficies de hormigón constituyen estructuras rígidas y muy resistentes. Su construcción permite al proyectista una gran cantidad de posibilidades de textura y color del acabado. > **Fig. 3.2.8**

Sistemas constructivos

Para la construcción de caminos en parques, se suele disponer una capa de acabado de hormigón sin armar, de unos 14 a 18 cm de espesor, sobre una capa base de balasto 0/32. > **Fig. 3.2.6** Una membrana o geofieltro evita que el *slurry* de cemento se filtre hasta la capa base. Para la correcta ejecución de una superficie acabada en hormigón, es esencial cumplir con la normativa de transporte y procesado de cemento, en especial la EN 206. Desde el punto de vista constructivo, las superficies acabadas en hormigón no requieren bordillos.

Estas superficies de hormigón se construyen necesariamente entre encofrados. En las muy extensas pueden usarse encofrados deslizantes. El hormigón se distribuye uniformemente por los paneles, se compacta de forma homogénea con vibradores y se moldea.

Hormigón

Cuando las superficies acabadas en hormigón se tienden manualmente, al hormigón se le añaden superplastificantes. Si la instalación es complicada o requiere entrar en carga inmediatamente, se utilizan hormigones que endurecen

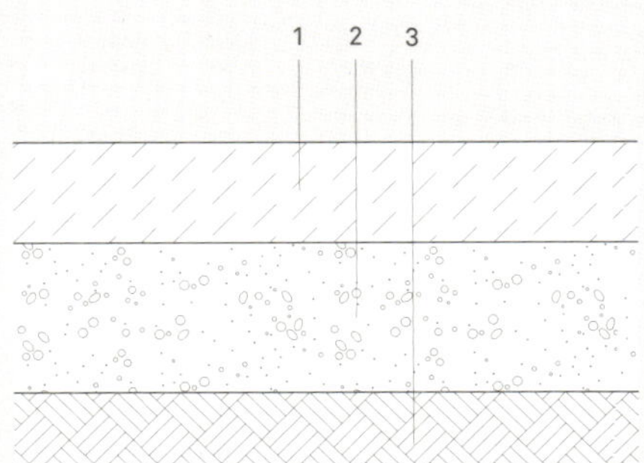

1 Acabado de hormigón
2 Capa antiheladas 0/32, 27 cm
3 Firme – explanada o subbase

Fig. 3.2.6: Ejemplo de superficie de hormigón estándar

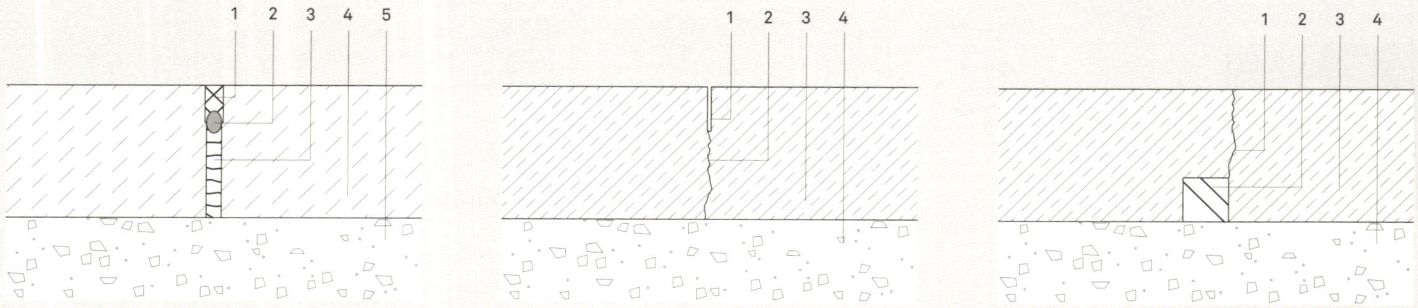

a) Junta espacial

1 Relleno de la junta
2 Junta de 2,2 cm con cordón de neopreno bajo el relleno de la junta
3 Relleno de lana mineral
4 Superficie de hormigón, 18 cm
5 Capa base de balasto 0/32

b) Falsa junta

1 Corte de 0,3 x 6 cm como falsa junta sin relleno
2 Grieta controlada
3 Superficie de hormigón, 18 cm
4 Capa base de balasto 0/32

c) Formación controlada de grietas

1 Grieta de separación guiada
2 Moldura de 6 x 6 cm para la formación de falsas juntas; en este caso, cemento reforzado con fibra de vidrio
3 Superficie de hormigón, 18 cm
4 Capa base de balasto 0/32

Fig. 3.2.7: Tipos de juntas

a	b	c
d	e	f
g		

Fig. 3.2.8: Acabados superficiales del hormigón
a) Cepillado basto
b) Cepillado fino
c) Serrado
d) Pulido
e) Lavado
f) Al chorro de arena
g) Granallado

a | b

Fig. 3.2.9: Losas prefabricadas de gran formato:
a) Bundesgartenschau, Potsdam
b) Boat landing Plaza, Berlín

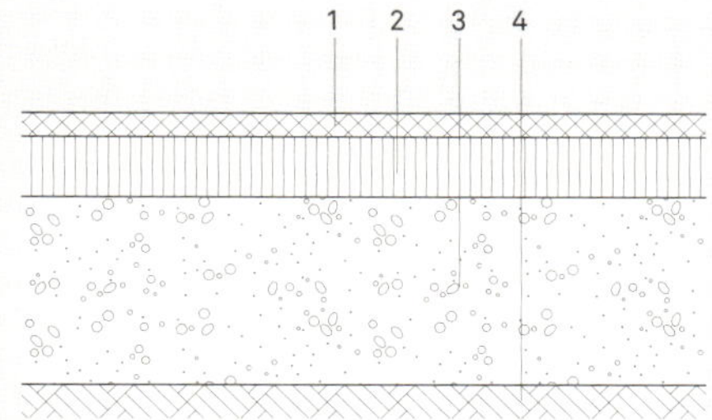

1 Capa superficial de asfalto, 4 cm
2 Capa base de asfalto, 10 cm
3 Capa de protección contra heladas 0/45, 31 cm
4 Firme – explanada o subbase

Fig. 3.2.10: Sección constructiva estándar de una superficie asfaltada

muy rápido. En los demás casos se emplean hormigones de solera (en Alemania, hormigón TL-StB 2006). Los agentes superplastificantes (FM) se añaden al hormigón in situ. Este se puede trabajar durante 30 minutos.

La calidad del hormigón debería satisfacer los siguientes requisitos:
Resistencia a compresión: C30/37; Clase de exposición: XF4; Clase de consistencia: F3, consistencia fluida 42-48 cm (FM); Clase de humedad: WF

Durante el curado, el hormigón debe protegerse de la evaporación, la lluvia y las heladas. Dependiendo de las temperaturas, la duración de este proceso puede ser:
- A 15 °C de temperatura, un mínimo de 6 días.
- A 5 °C de temperatura, un mínimo de 10 días.

Juntas
En las superficies de hormigón es necesario disponer juntas para evitar grietas y absorber las dilataciones longitudinales. Las juntas controladas que se crean en la superficie se denominan juntas testigo. Cuando se cambia de material, se hacen juntas especiales o juntas de final de jornada. En la ejecución de las juntas es decisiva la relación entre el tamaño de la losa y su espesor. > **Capítulo 2.3 Uniones, Juntas para hormigón in situ**
Las juntas dividen la superficie en losas. La longitud de la losa no debería exceder 25 veces su grosor en formatos rectangulares, o 30 veces su grosor en formatos cuadrados. Como medidas estándar, pueden fabricarse losas de un máximo de 5 x 5 m y tramos de camino de 4 m de largo. Cuanto más homogéneas sean las dimensiones de largo y ancho de una losa, menor será su tendencia a la aparición de grietas. En una losa no deben haber ángulos convexos. Las juntas transversales y longitudinales deben cruzarse y no hay que ubicarlas en extremos opuestos; se disponen en moldes planos de forma libre, con la menor sección transversal posible. > **Fig. 3.2.7**

Creación de superficies
Al igual que en otras superficies de hormigón, las de hormigón in situ pueden recibir un tratamiento posterior para aumentar su capacidad antideslizante o con fines estéticos. Tras el alisado, pero antes del endurecimiento total, se puede crear una textura en la superficie mediante procedimientos diversos. > **Fig. 3.2.8 y Capítulo 1.7 Hormigón**

Losas prefabricadas
Las losas prefabricadas son piezas de hormigón de un tamaño intermedio entre las superficies de hormigón in situ y las baldosas de hormigón prefabricadas disponibles en el mercado. Las piezas acabadas van armadas, ya que durante su transporte deben soportar esfuerzos de tracción. Dependiendo de sus dimensiones, este tipo de losas pueden soportar grandes cargas de tráfico. También se fabrican por encargo piezas especiales; por ejemplo, de ángulos agudos. > **Fig. 3.2.9**

Superficies asfaltadas

Composición
Una ventaja de las superficies asfaltadas es su sencillez de ejecución en áreas amplias, lo que las convierte en una opción económica para la cobertura de plazas y caminos. El asfalto es una mezcla de agregados pétreos que combina granos naturales y de machaqueo, en ocasiones con adición de granulados de asfalto reciclado, y con betún como agente ligante. Al cambiar las proporciones de los componentes, se modifican las propiedades del asfalto. Los componentes minerales conforman la estructura portante y se mezclan en función de la carga prevista y de la textura superficial deseada (véase EN 13108).

El funcionamiento de los sistemas constructivos de pavimentos de asfalto se basa en las propiedades termoviscosas del betún. El asfalto de las calzadas se clasifica en diferentes tipos, según las tensiones que soportan. En caso de tratarse de cargas ligeras de tráfico y de una ejecución flexible se usan agentes ligantes blandos (160/220, por ejemplo), mientras que en vías de mucho tráfico se utilizan agentes ligantes duros (como 50/70).

Sistemas constructivos
Según la carga de tráfico prevista, se recurre a sistemas constructivos de una, dos o tres capas. > **Fig. 3.2.10**
Las capas base de asfalto crean una base estable y uniforme para la construcción posterior. También se utilizan para estabilizar superficies enlosadas, que podrán soportar grandes cargas. > **Adoquinados y embaldosados, construcción continua**
Las capas ligantes de asfalto se disponen entre las capas base y superficial en caso de que la vía soporte grandes cargas dinámicas, lo que solo ocurre en las de uso intensivo con tráfico de vehículos pesados.

Desde el punto de vista funcional, las capas superficiales de asfalto soportan tensiones especialmente altas. Se clasifican en tres tipos: hormigón de asfalto, asfalto de matriz pétrea y asfalto vertido, cada uno de los cuales responde a distintos usos y texturas superficiales. > **Tab. 3.2.10** La cohesión entre las capas se logra espolvoreando la capa inferior (la base de asfalto) con agentes ligantes que contienen betún antes de tender la capa superficial de asfalto.

El hormigón de asfalto proporciona una superficie lisa y compacta. Se ejecuta en caliente utilizando *pavers* y apisonadoras. También puede aplicarse y compactarse manualmente en obras de nivelación.

El asfalto de matriz pétrea, que se desarrolló para cargas singularmente altas, contiene un alto porcentaje de gravillas de grano grueso y granulometría de escasa diversidad de tamaños; las cavidades entre granos se rellenan de mástic asfáltico. Dependiendo del tamaño de los áridos, su aspecto puede presentar una textura rugosa. Al igual que el hormigón de asfalto, en su ejecución se utilizan *pavers* y apisonadoras.

En el caso del asfalto vertido, el agente ligante y los áridos se ajustan entre sí de tal modo que todos los poros quedan rellenos. Mediante un exceso de agentes ligantes, que confieren al asfalto vertido su característica fluidez, se crea una masa viscosa impermeable al agua que no requiere compactado tras su colocación. Con el fin de obtener un mínimo de agarre superficial, la capa superficial debe espolvorearse de gravilla mientras está aún caliente. El asfalto vertido puede instalarse igual de bien manualmente o con maquinaria, y resulta especialmente adecuado para superficies pequeñas o con muchas esquinas.

Cuando la capa superficial de asfalto funciona también como capa portante, la capa base y la superficial coinciden. Este sistema de construcción se utiliza principalmente en la ejecución de caminos rurales, en los que los requerimientos de calidad superficial y estabilidad contra la deformación no son muy exigentes, y se ejecuta con una granulometría 0/16, con un grosor de 5-10 cm. > **Tab. 3.2.11**

El asfalto permeable permite que parte del agua de lluvia se filtre por el pavimento. El drenaje queda garantizado por las mezclas de granos que dejan un alto porcentaje de poros y por el uso de la mezcla bituminosa adecuada en las capas base y superficial. Este sistema constructivo no debería utilizarse en áreas muy contaminadas ni en zonas de protección de aguas o donde el agua drenada pueda ir a parar a zonas verdes.

Proceso de creación de la superficie

La estructura y la coloración de la capa superficial de superficies asfaltadas de nueva creación o preexistentes pueden modificarse mediante procedimientos específicos. La elección de la técnica depende de la función y del aspecto que se les quiera dar:

- Emulsiones especiales de betún sobre hormigón de asfalto espolvoreado con gravilla.
- Aplicación de resinas epoxi de colores sobre hormigón de asfalto espolvoreado con arena o gravilla.
- Asfalto vertido como capa de acabado con gravilla o grava incrustada mientras el material está caliente (el material espolvoreado debe utilizarse libre de polvo y calentado).
- Tratamiento con chorro de granalla para dejar a la vista los componentes minerales.
- Asfaltos coloreados. > **Fig. 3.2.11**

Construcción de la capa de acabado (o rodadura)	Sistema constructivo	Principales características
	Hormigón de asfalto	Distribución uniforme de la mezcla bituminosa y mineral, superficie lisa, puede utilizarse para cualquier carga
	Partículas de piedra en matriz asfáltica (*Stone Matrix Asphalt* o SMA)	Alto contenido en gravillas gruesas y de sustancias bituminosas con aditivos estabilizantes, utilizada para grandes cargas
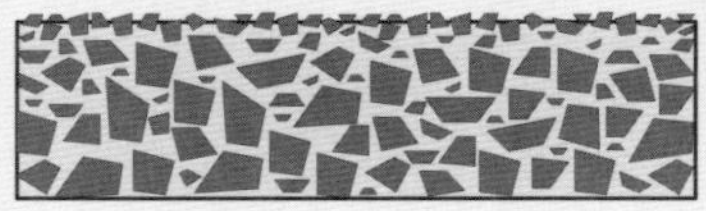	Asfalto vertido	Alto contenido en sustancia bituminosas y contenido extra de agentes ligantes, viscosa, impermeable, utilizada en tramos difíciles

Tab. 3.2.10: Capas de acabado de asfalto

Capa	Clase de mezcla / tipo de mezcla	Espesor recomendable de la capa, en cm
Capas de acabado en asfalto	Hormigón de asfalto 0/5	2,0
	Hormigón de asfalto 0/8	3,0
	Hormigón de asfalto 0/11	4,0
	Hormigón de asfalto 0/11S	4,0
	Hormigón de asfalto 0/16S	5,0
	Partículas de piedra en matriz asfáltica 0/5	2,0
	Partículas de piedra en matriz asfáltica 0/8	3,0
	Partículas de piedra en matriz asfáltica 0/8S	3,5
	Partículas de piedra en matriz asfáltica 0/11S	4,0
	Asfalto vertido 0/5	2,0
	Asfalto vertido 0/8	2,5
	Asfalto vertido 0/11	3,5
	Asfalto vertido 0/11S	3,5
Capas base de asfalto	Mezcla tipo 0/16	5,0-8,0
	Mezcla tipo 0/22	8,0-10,0
	Mezcla tipo 0/32	8,0-14,0
Capas de acabado de base asfáltica	Mezcla tipo 0/16	8,0
	Mezcla tipo 0/22	8,0-10,0
	Mezcla tipo 0/32	8,0-10,0

Tab. 3.2.11: Grosores constructivos recomendados para asfaltos

a	b	c
d	e	f
g	h	

Fig. 3.2.11: Superficies de asfalto:
a) Hormigón de asfalto
b) Asfalto en matriz de piedra
c) Asfalto vertido
d) Emulsión bituminosa con gravilla espolvoreada
e) Resina epoxi con gravilla espolvoreada
f) Asfalto vertido con gravilla espolvoreada
g) Hormigón de asfalto tratado con granalla
h) Asfalto coloreado

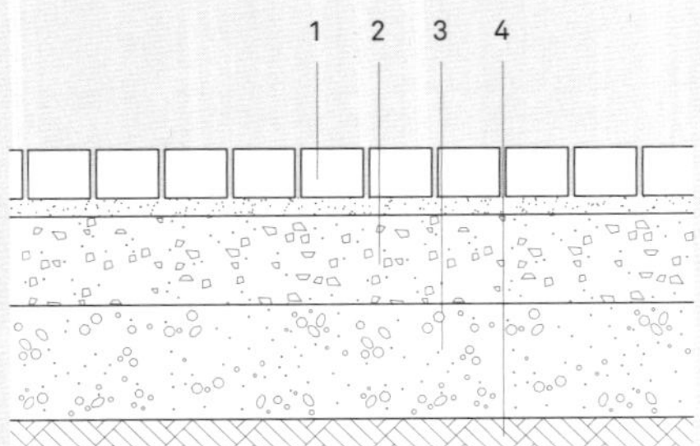

1 Adoquines de 8 cm sobre capa de arena de machaqueo 0/5, 3 cm
2 Capa base de balasto 0/32, 15 cm
3 Capa de protección contra heladas 0/45, 19 cm
4 Firme – explanada o subbase

Fig. 3.2.12: Sección constructiva estándar de superficie adoquinada

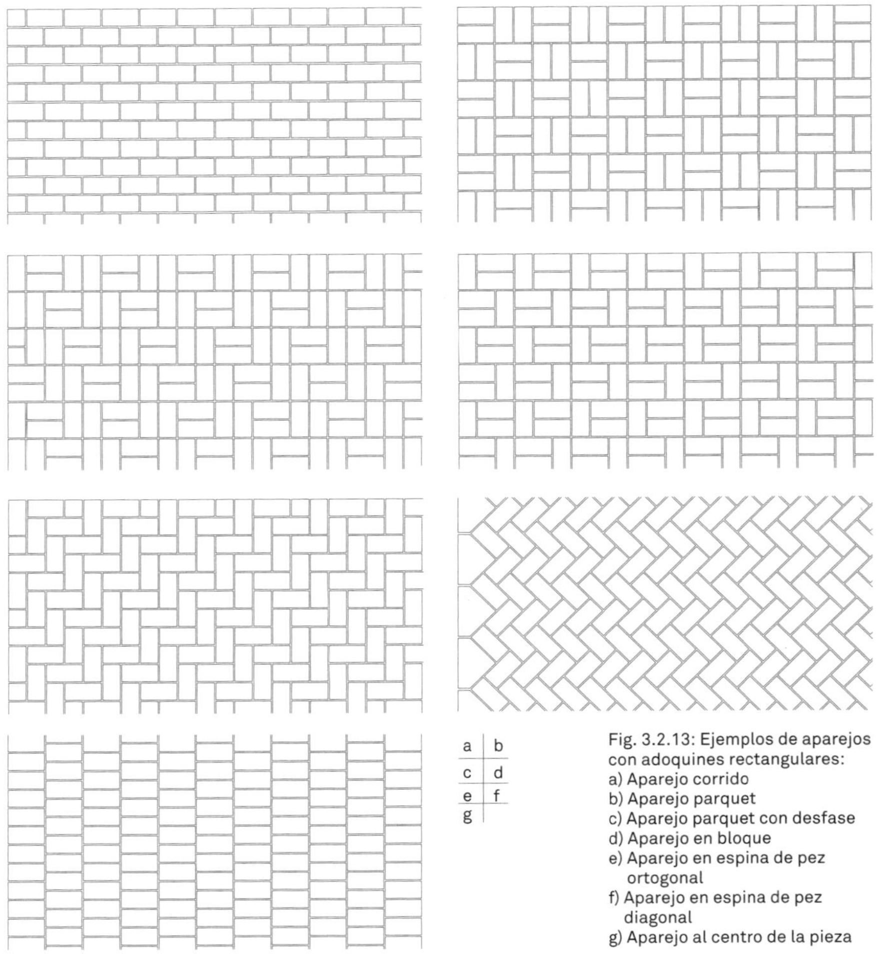

Fig. 3.2.13: Ejemplos de aparejos con adoquines rectangulares:
a) Aparejo corrido
b) Aparejo parquet
c) Aparejo parquet con desfase
d) Aparejo en bloque
e) Aparejo en espina de pez ortogonal
f) Aparejo en espina de pez diagonal
g) Aparejo al centro de la pieza

Superficies pavimentadas, construcción discontinua

Las superficies pavimentadas o adoquinadas permiten una elevada versatilidad en su diseño. Su ejecución y su mantenimiento son sencillos. La gama de materiales y aparejos posibles es muy amplia, por lo que en esta publicación solo podrá mostrarse una pequeña parte. > Fig. 3.2.12

Sistemas constructivos

Las superficies pavimentadas pueden ejecutarse utilizando sistemas constructivos continuos o discontinuos. Los más habituales son los discontinuos, debido a su capacidad de soportar cargas dinámicas y a su fácil mantenimiento. La superficie pavimentada consta de las piezas de pavimento, la cama y el relleno de las juntas. Las piezas pueden ser adoquines de piedra natural, clínkeres o piezas de hormigón. El grosor de las piedras depende de la resistencia a compresión del material y de las cargas que está previsto que soporte. El paso de vehículos crea fuerzas dinámicas que trabajan en varias direcciones. Los adoquines transmiten las cargas verticales a la cama de asiento y a la capa base. Las cargas horizontales, creadas por los vehículos al maniobrar, tienen un efecto de torsión y giro sobre el pavimento. Estas fuerzas actúan con más intensidad en las caras de los adoquines y pueden crear presiones de borde, que se reducen en las piezas de menor tamaño (véanse los requerimientos para piedras de pavimentación en EN 1338, EN 1344, EN 1342). Los adoquines se aparejan para dar estabilidad a la construcción, especialmente frente a las cargas a cortante. > **Figs. 3.2.13 y 3.2.14**

Cama de asiento

La cama de asiento sirve de apoyo a los adoquines y piezas pétreas de pavimentación, y debe además compensar las diferencias de altura de las piedras. El grosor de ejecución debe ser uniforme y alcanzar al menos 3 cm, pero no más de 5 cm, una vez construida sobre la capa base. El grosor mínimo garantiza el correcto asiento de los adoquines, mientras que el máximo evita la aparición de surcos en la superficie. Como material para la cama de asiento se utilizan mezclas de arena de machaqueo y gravilla con granulometrías de 0/4, 0/5 o 0/8 bien gradadas y con una elevada resistencia a la disgregación. Además, la mezcla de material debe ser resistente a las heladas y filtrante hacia la capa base o las juntas de relleno. Una vez tendida

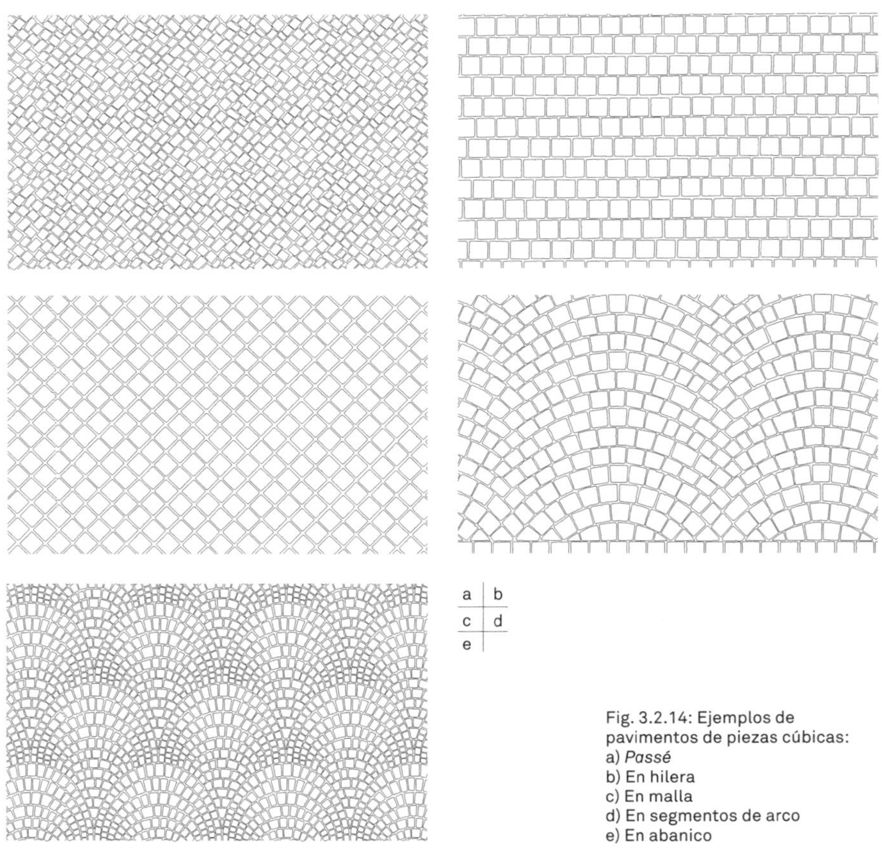

Fig. 3.2.14: Ejemplos de pavimentos de piezas cúbicas:
a) *Passé*
b) En hilera
c) En malla
d) En segmentos de arco
e) En abanico

y compactada, la cama debe garantizar una permeabilidad de al menos k_f 1 x 10^{-6}.

Juntas

Las juntas equilibran las tolerancias dimensionales y las dilataciones debidas a los cambios de temperatura, además de evitar la rotura de aristas. El ancho de junta correcto depende del tamaño del adoquín o de la pieza y de la superficie de sus caras. El material de rejuntado debe coordinarse con el de la cama de asiento. Se utilizan arenas de granolumetría entre 0/2 y 0/4, con mezclas de arena y gravilla de machaqueo gradadas y granolumetría mayor de 0/4 en las juntas de mayor holgura.
La regla fundamental en la formación de juntas es que el pavimento dispuesto en diagonal respecto a la dirección de tráfico es el que mayor resistencia ofrece frente a las fuerzas horizontales, ya que la presión en los bordes se reparte en un mayor número de superficies. En caso de disponer el pavimento perpendicularmente a la dirección del tráfico, debe evitarse la formación de juntas continuas en paralelo.

Compactado

Una vez colocados los adoquines con ayuda de un mazo y tras haber recebado las juntas y eliminado por barrido la arena sobrante, el pavimento y la cama de asiento se compactan mediante placas, procediendo desde los extremos hacia el centro. Tras el compactado, se vuelven a recebar las juntas y se retira de nuevo el material sobrante. Por lo general es necesario arenar varias veces para conseguir un asiento completo del material de rejuntado.

Adoquines de hormigón

Los adoquines de hormigón están disponibles en diversos formatos y modelos. Además de piezas que se encajan, utilizadas con frecuencia en superficies con paso de tráfico pesado, existen sistemas especiales de pavimentación que ofrecen tanto diferentes formas de combinar las piezas como soluciones para remates, esquinas redondeadas y piezas singulares. Para la colocación industrializada de adoquines de hormigón, pueden usarse sistemas sencillos que se tienden mecánicamente; por ejemplo, se producen adoquines con separadores incorporados que facilitan la puesta en obra con juntas regulares. En la fase de diseño deben considerarse las dimensiones modulares del patrón elegido, teniendo en cuenta el tamaño tanto de las piezas como de las juntas entre ellas. > **Fig. 3.2.15**
Si el área a pavimentar es lo suficientemente amplia, es posible desarrollar sistemas de pavimentación individualizados. Las fábricas de adoquines de hormigón crean moldes especiales que pueden utilizarse posteriormente en otros proyectos. > **Fig. 3.2.16**

Pavimentos de piedra natural

Hay adoquines de piedra natural de dos tipos: los que tienen las aristas y caras partidas y los que las tienen labradas. Los adoquines labrados se caracterizan por haber pasado por uno o más proceso técnicos para satisfacer altos requerimientos de forma y apariencia, mientras que las caras partidas crean un mayor rozamiento con la arena del relleno de juntas. Según la EN 1342 (especificaciones para pavimentos de piedra natural), estos adoquines permiten una mayor tolerancia dimensional. Para lograr superficies regularmente pavimentadas debe tomarse como base la cifra más alta de las tolerancias dimensionales

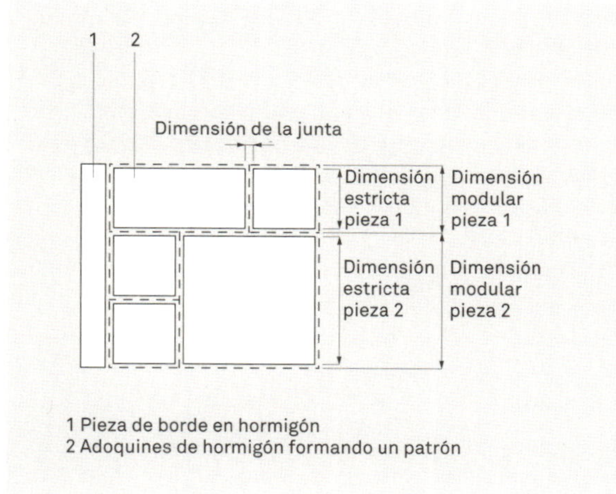

Fig. 3.2.15: Esquema de dimensiones modulares y estrictas

Fig. 3.2.16: Sistema de adoquinado Schmetterling (mariposa), diseño de Keller Landschaftsarchitekten

recomendadas, que se aconsejan establecer y especificar personalmente y con sus dimensiones exactas en aquellos casos en los que el aspecto del pavimento sea de singular importancia.
Las normativas describen los adoquines por sus dimensiones, por ejemplo 100/100/100. En Alemania, los de piedra natural se clasifican así:

- Adoquín mosaico, hasta 50-60 mm.
- Adoquín pequeño, entre 70-100 mm.
- Adoquín grande, desde 110-300 mm.

El adoquín mosaico resulta especialmente adecuado para pavimentos en segmento de arco, y para patrones y ornamentos singulares en áreas sin paso de vehículos. Los pequeños se usan en áreas de tráfico restringido con velocidad moderada, y se colocan en malla, en *passé* o en segmento de arco. Los adoquines grandes suelen estar disponibles como piezas serradas, colocadas en hilera o en espina de pez.
Los de piedra natural pueden labrarse con diversas técnicas de cantería para adecuarse a exigencias estéticas o de seguridad (rugosidad antideslizante). > **Capítulo 1.5 Piedra natural, Tratamientos posibles y Tab. 1.5.2 Características técnicas**

La resistencia a compresión, a las heladas y a la sal para deshielo de los adoquines de piedra natural debe confirmarse mediante el correspondiente certificado de

adecuación. > **Capítulo 1.5 Piedra natural, Calidades y propiedades**
Para verificar el color, la técnica de labrado y el patrón de colocación, se recomienda preparar superficies de muestra, que deben conservarse como referencia hasta finalizar el proyecto.

Adoquines de clínker y de ladrillo

En áreas con paso de tráfico motorizado se utilizan adoquines de clínker y de ladrillo de grosor entre 60 y 80 mm, mientras que los de 45 mm se destinan a superficies sin paso de vehículos. Para áreas de tráfico rodado, la resistencia a flexión de las piezas debe superar los 80 N/mm^2. Y para aquellas sin paso de vehículos, deben superarse los 30 N/mm^2. Las piezas de clínker o ladrillo pueden colocarse planas o de canto, con juntas de entre 3 y 5 mm (junta estrecha) o de 8 a10 mm (junta ancha, en áreas con poca carga y con cama de mortero).

Pavimentos de guijarros

Se trata de una de las formas más antiguas de pavimentar. Los guijarros se incrustan de canto en la cama de arena. Una variante de este pavimento son los cantos de río partidos y colocados horizontalmente. Este tipo de pavimento se usaba ya en la Antigüedad como solado decorativo en jardines y patios, y más tarde en la construcción de vías. Su naturaleza resbaladiza y su escasa resistencia portante, así como los altos costes de su ejecución, son las causas de que actualmente apenas se utilice. Su presencia se limita a áreas de protección del patrimonio histórico o a jardines privados. > **Fig. 3.2.17**

Superficies embaldosadas, construcción discontinua

Los embaldosados, de piedra natural, clínker o ladrillo u hormigón, son especialmente adecuados para cubrir superficies extensas. Debido a la limitada estabilidad de las piezas, resultado de su desfavorable relación longitud/grosor, estas solo resisten el paso de vehículos si se fabrican con grosores especiales. En principio, los sistemas constructivos y las reglas técnicas para cubiertas embaldosadas no difieren de los de adoquinado. Por este motivo, a continuación solo se hará referencia a aspectos específicos de los embaldosados. > **Fig. 3.2.18**

Sistemas constructivos

Los requerimientos de estabilidad dimensional de las baldosas son altos, pues estas tienen un área superficial mucho mayor que su grosor, diferencia que solo parcialmente puede compensarse mediante la compactación. Además, existe riesgo de rotura si la capa base o la cama de apoyo no es uniforme. En superficies que deban soportar paso de vehículos, la capacidad portante de la capa base tiene que superar los 180 MN/m^2. La cama de apoyo debe tener un espesor de unos 2 a 4 cm. Para lograr una separación

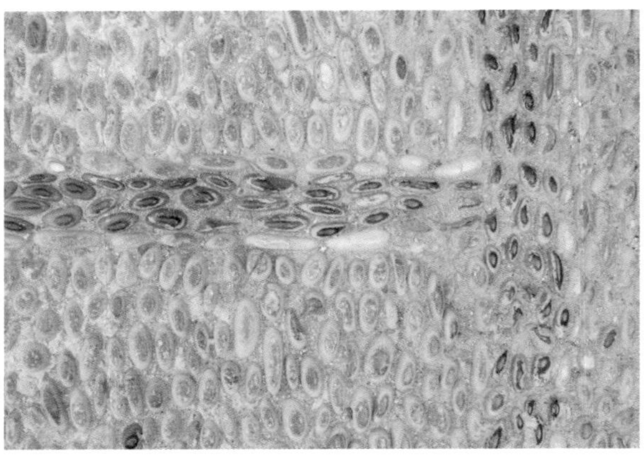

Fig. 3.2.17: Pavimento de guijarros

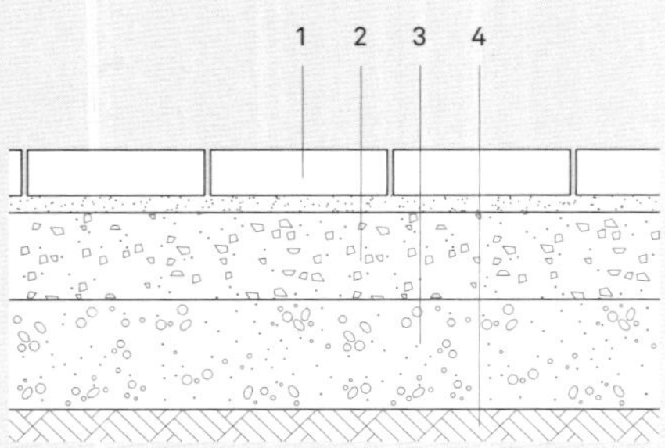

1 Baldosas de cemento de 30 x 30 cm de 8 cm, sobre 3 cm de arena de machaqueo 0/5
2 Capa base de balasto 0/32, 15 cm
3 Capa de protección contra heladas 0/45
4 Firme – subbase o explanada

Fig. 3.2.18: Sección constructiva tipo de embaldosado

Fig. 3.2.19: Ejemplos de aparejos de baldosas:
a) Aparejo cuadrado, ortogonal
b) Aparejo en bandas
c) Aparejo cuadrado, diagonal
d) Aparejo en bandas de largo variable
e) Aparejo romano
f) Aparejo poligonal

a	b
c	d
e	f

constante entre las piezas, se utilizan separadores o guías de juntas (véanse EN 1341 y EN 1339). Los enlosados de piedra natural están disponibles en formatos regulares, serrados, o en formas libres (losas poligonales), con superficies partidas o cantos irregulares. > **Fig. 3.2.19**

Adoquinados y embaldosados, construcción continua

Los adoquinados y embaldosados continuos se usan cuando se requieren determinadas propiedades superficiales o de resistencia (por ejemplo, impermeabilidad) que no pueden lograrse con los discontinuos. La capa base, el material de la cama de apoyo y el de relleno de juntas son mezclas de áridos con agentes ligantes como cemento, resinas artificiales o bases bituminosas. Con todo ello se crea una estructura rígida cuyas propiedades resistentes dependen de las fuerzas de tracción entre la capa de acabado y la cama de apoyo, así como de las propiedades físicas de las propias capas. La aparición de fisuras en las juntas y en la cama de apoyo resulta inevitable desde el punto de vista constructivo; como consecuencia de ello, el agua puede filtrarse. Es necesario, pues, que la cama de apoyo y la capa base sean suficientemente permeables, para asegurar un correcto desagüe.

Capa base

Las capas bases permeables pueden construirse utilizando hormigón filtrante o asfalto permeable. Las bases se dimensionan en función de la carga de tráfico prevista, como se ha indicado para este tipo de construcción. En ambos tipos (continua y discontinua), se omiten los finos (gradación con ausencia de las fracciones 2/4 y 4/8), lo que provoca la aparición de poros. La capacidad portante es menor que la de las capas base estándares. El coeficiente de permeabilidad K_f debe ser de al menos 5,4 x 10^{-5} m/s. Para facilitar el desagüe, bajo la capa base se tiende una capa de protección contra heladas permeable o un drenaje de la explanada a pavimentar. Con el fin de evitar la aparición de grietas en la capa de acabado, la capa de hormigón filtrante presenta muescas para permitir la manifestación de grietas controladas que se correspondan con la trama de juntas de la capa superficial. En cuanto a la disposición de juntas, pueden aplicarse las dimensiones dadas en el Capítulo Sistemas constructivos para capas superficiales, Superficies de hormigón y Fig. 3.2.20.

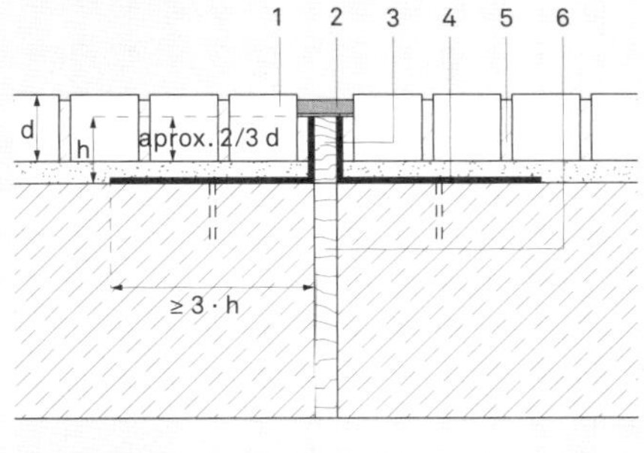

1 Adoquín de mosaico sobre cama de mortero
2 Relleno de la junta según ZTV Fug-StB (elástico, resistente al combustible), con capa separadora
3 Banda como relleno previo
4 Angular metálico en L, perforado o partido, fijado a la superficie de hormigón
5 Mortero de relleno
6 Junta de dilatación existente en la capa de hormigón

Fig. 3.2.20: Sección constructiva tipo de junta de dilatación

Cama de apoyo

Para la cama de apoyo de estos pavimentos, de unos 4 a 6 cm de espesor, se utilizan morteros mezclados de fábrica, pues la mezcla en obra podría sufrir importantes variaciones. También en este caso la permeabilidad debe ser de al menos 1 x 10^{-6}. Además, conviene garantizar su resistencia a la alternancia hielo-deshielo, una resistencia a tracción de al menos 1,5 N/mm^2 y una resistencia a compresión de 30 N/mm^2. Para evitar la aparición de eflorescencias debidas a la reacción alcalina que se produce durante el fraguado del cemento, particularmente cuando se utilizan rocas sedimentarias, se recomienda utilizar mortero de cemento de Pórtland puzolánico (*trass*), con un 40-50% de cenizas puzolánicas.

Relleno de juntas

A diferencia de la cama de apoyo, el mortero de relleno de las juntas debe ser prácticamente impermeable, pero por lo demás sus propiedades físicas han de ser similares a las del material de la cama de apoyo; además, debe rellenar por completo el espacio entre las piezas, sin dejar huecos. En lo fundamental, los requerimientos son los mismos que para el mortero de cama de apoyo, si bien su resistencia a compresión tiene que ser mayor, al menos de 45 N/mm^2, y debe ser más fluido. Dado que la compactación mecánica puede cambiar la estructura de la mezcla, se recomienda el uso de morteros autocompactantes.

Adoquinado

Deben utilizarse adoquines de un grosor nominal mínimo de 45 mm. Para áreas con paso de vehículos, el grosor debe alcanzar entre 60 y 80 mm, y para áreas de tráfico pesado, de 100 a 120 mm. Con el fin de mejorar la resistencia a tracción en relación con los morteros de la cama de apoyo y el relleno de juntas, las superficies laterales e inferior deben presentarse bastas y limpias. Las piezas serradas pueden, además, recibir una lechada adherente. El ancho de las juntas debe ser de 6 a 10 mm como mínimo; en piezas cerámicas, de 10 mm, y en piedras naturales no labradas, de hasta 15 mm.

Enlosado

Para el pavimentado con losas son aplicables tanto las indicaciones dadas para el adoquinado como los estándares de la sección «Superficies embaldosadas, construcción discontinua». No hay que recurrir a la cubrición con baldosas como pavimento continuo en áreas de paso de vehículos. Por otra parte, si se colocan baldosas de piedra natural, la decoloración causada por la reacción con el mortero de cemento de agarre es inevitable.

Juntas de dilatación

Con el fin de evitar las tensiones de dilatación por cambios de temperatura entre las piezas de la capa de acabado y entre estas y otros elementos empotrados, así como en los encuentros con edificios, deben disponerse juntas de dilatación. Primero hay que ejecutarlas en la capa base, conforme a la localización de la futura junta en la capa superficial; si se trata de una zona de paso de vehículos, además debe colocarse un refuerzo. > **Fig. 3.2.20**
Como material de relleno de juntas, pueden utilizarse polietileno expandido, bandas termoelásticas o lechadas.

Sistemas constructivos especiales

En superficies adoquinadas con mucho paso de tráfico, por ejemplo en cascos antiguos, puede lograrse una mayor estabilidad mediante el uso de una combinación de bases continuas permeables con capas de acabado o de rodadura discontinuas. En este caso debe disponerse un filtro geotextil bajo la cama de apoyo, con un espesor uniforme de 4 cm, para garantizar la permeabilidad de la capa base. Debido a las fuerzas que han de soportar las superficies rodadas, las rocas duras son las más indicadas para adoquines, camas de apoyo y relleno de juntas.

Pavimentos de zahorra, revestimientos compactados

Los pavimentos de zahorra son un sistema de construcción tradicional y económico, apto para la realización de senderos y vías ciclistas (con posibilidad de paso ocasional de vehículos en seco). Su bajo coste de realización queda equilibrado a la larga por un mayor coste de mantenimiento y gestión.

Este sistema de construcción, realizado en una única capa, es adecuado para caminos y áreas sencillas, a veces temporales; si se hace en dos capas sirve para superficies mayores que no deban soportar grandes esfuerzos a cortante; en tres capas suele emplearse para el acabado de pistas de deporte y superficies de uso intensivo. Como materiales de la capa de acabado se utilizan zahorras (mezcla de áridos no triturados y suelos con granos de diferentes tamaños), sin agregar agentes ligantes ni estabilizadores. La capa superficial queda trabada por la adición de cierta cantidad de agua. Suele distinguirse entre las mezclas de varias rocas madre, generalmente compuestas de materiales disponibles en la zona, y las mezclas de los granos de diferentes tamaños de una misma roca madre. > **Fig. 3.2.21**

Sistema de construcción

Para lograr este tipo de pavimento, la capa de acabado se realiza con mezclas de granolumetrías 0/5 o 0/8. Entre el 8 y el 21% de granos de diámetro menor de 0,063 mm garantiza la capacidad necesaria de retención de agua, además de una permeabilidad de al menos 1 x 10^{-6} m/s.

Para la capa base se usan mezclas de roca machacada con una granulometría de 0/32 y una permeabilidad de al menos 10^{-4}. Esta base debe superar siempre los 80MN/m^2 de capacidad portante. En caminos y sendas ciclistas sin requerimientos especiales, la sección completa de un pavimento de zahorras no debería superar los 20 cm de

Fig. 3.2.21: Ejemplos de colores en pavimentos de zahorras

espesor. En caminos con paso ocasional de vehículos sobre suelo heladizo, la profundidad total del pavimento no tiene que ser menor a 40 o 50 cm.

Sistema de construcción de una sola capa

La construcción con una sola capa consiste en una base de balasto espolvoreada de materiales de granulometría 0/4 o con granulados de arena o gravilla de 2/5 mm a 8/16 mm. Así se logra una superficie portante sencilla con una capa superficial de 0/4 (el grosor recomendado son 2 cm). Mediante el esparcido con palas de una capa delgada de arena o gravilla sobre la capa base, se preparan sitios históricos, terrazas al aire libre (*biergärten*), senderos o áreas de aparcamiento temporal. Debido a la delgadez de la capa de material suelto sobre la capa base, se logra una alta capacidad portante. Hay que cuidar que, tras el desgaste de la capa superficial, la capa base no cree un impacto negativo en el lugar. > **Fig. 3.2.22a**

Sistema de construcción de dos capas

Para la construcción de un pavimento en dos capas, se aplica una capa de zahorra sobre la capa base. > **Fig. 3.2.22b**

Fig. 3.2.22

a) Sección constructiva estándar de un pavimento de una sola capa

1 Gravilla 0/4
2 Capa base de balasto 0/32, 12 cm
3 Firme – subbase o explanada

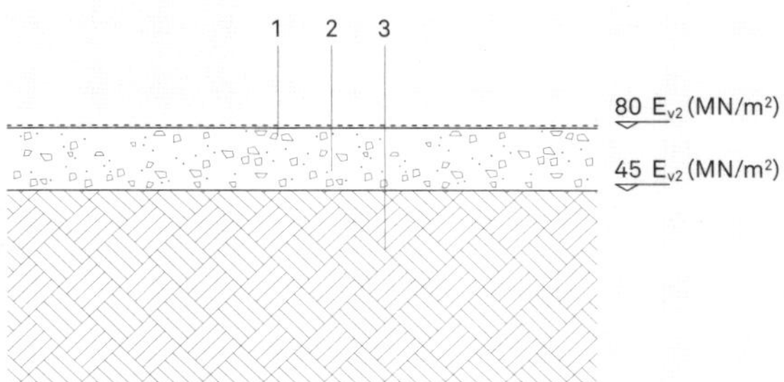

b) Sección constructiva estándar de un pavimento de dos capas

1 Capa de acabado, 4 cm
2 Capa base de balasto 0/32, 12 cm
3 Firme – subbase o explanada

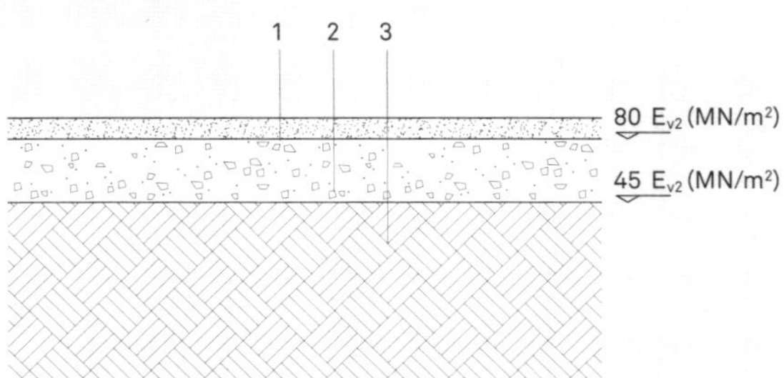

c) Sección constructiva estándar de un pavimento de tres capas

1 Capa de acabado, 4 cm
2 Capa dinámica, 6-8 cm
3 Capa base de balasto 0/32, 12 cm
4 Firme – subbase o explanada

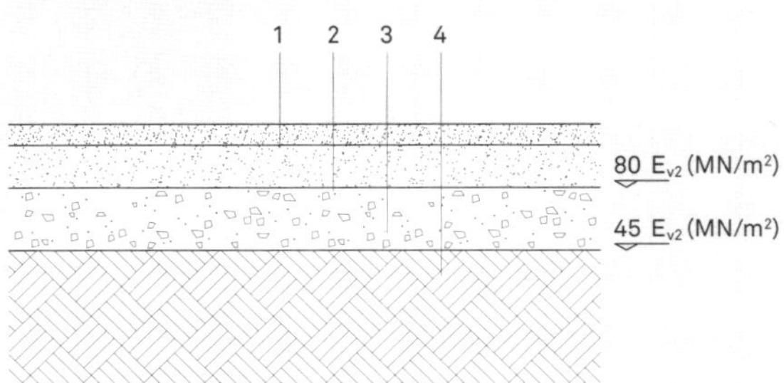

Sistema de construcción de tres capas

La construcción de un pavimento en tres capas puede incorporar una capa dinámica adicional para resistir y compensar las tensiones de cortante ocasionadas por la práctica de deportes o por el uso intensivo en áreas públicas. Esta capa dinámica suele tener una granulometría de 0/11, 0/16 o 0/22, y debe presentar la misma coloración que la capa de acabado. Su grosor constructivo es de 6 a 8 cm; su permeabilidad debe ser de al menos 1 x 10^{-5} m/s, y tiene que ofrecer una capacidad de retención de agua de al menos el 15% de su volumen. > **Fig. 3.2.22c**

Tendido

El tendido tiene lugar con el suelo en su grado de humedad normal. La compactación de las capas dinámica y de acabado debe realizarse utilizando equipos estáticamente efectivos para evitar la descomposición. Una vez compactada, la capa superficial debe contar con un espesor de al menos 3 cm, preferiblemente 4 cm. Asimismo, conviene evitar la formación de pendientes mayores del 5%, pues la capa de acabado no resiste la fuerza erosiva del agua de escorrentía.

Mantenimiento

Después del invierno, los pavimentos de zahorra deben revisarse para detectar baches y surcos de escorrentía, así como para realizar trabajos de nivelado. Tras los periodos de heladas y deshielo, se precisa una compactación con apisonadora, pues las heladas descomponen y dejan suelto el material.

Capas filtrantes

En áreas con escasa carga de tráfico, como parques de bomberos o áreas de aparcamiento de uso ocasional, las capas filtrantes permiten contar con una capa de acabado portante en la que además puede crecer vegetación. Para ello se utilizan superficies adoquinadas o embaldosadas con juntas más anchas mediante sistemas de piezas de hormigón cerámicas o de plástico, que conforman una malla donde crece el césped, o superficies de grava y césped. Los huecos se rellenan con gravilla o, en el caso de juntas «verdes», con una mezcla de tierra y gravilla. También existen coberturas filtrantes de asfalto, de hormigón y adoquinadas, que permiten desaguar las capas base a través de una red de poros conectados.

Sistema de construcción

Dependiendo de la carga a soportar y del acabado superficial deseado, existen tres sistemas constructivos posibles: refuerzo de superficies de rodadura filtrante, refuerzo de superficies con césped y praderas de grava. La permeabilidad de las juntas rellenas de gravilla es mayor que la de las juntas con césped. La subbase o explanada debe tener un coeficiente de permeabilidad k_f de al menos 1 x 10^{-6} m/s, mientras que el de la capa base debe ser k_f 1 x 10^{-5}m/s. Independientemente del tipo de capa filtrante que se utilice, para el drenaje del agua de escorrentía hay que prever sistemas adicionales.

Para el refuerzo de superficies de rodadura filtrantes pueden utilizarse sistemas de adoquinado o embaldosado con mayor ancho de juntas o con aberturas filtrantes. Las juntas o las aberturas prefabricadas, de entre 10 y 35 mm de ancho, se rellenan con gravilla filtrante, de granulometría 1/3 o 2/5. Y la cama de apoyo ha de ser del mismo material.

Clase de carga[1]	Peso total admitido (tipo de vehículo)	Uso a lo largo del año	Alternancia de vehículos	Pradera de grava	Cubierta ajardinable
1	≤ 3,5 t (turismo)[2]	Ocasional	1-2 x semana	+	+
2[4]	≤ 3,5 t (turismo)[2]	Continuo	1-3 x día	-	o
	≤ 11,5 t (camión)[3]	Ocasional	1-2 x semana	-	o
3[4]	≤ 3,5 t (turismo)[2]	Periódico	1 x día	+	+
	≤ 11,5 t (camión)[3]	Ocasional	1-3 x día	-	+
4	Vehículos ≥ 11,5 t (camión)[3]	Casos particulares		+	+

+ = adecuado, o = posiblemente adecuado, - = inadecuado

[1] Según RStO
[2] Peso total permitido
[3] Carga axial
[4] Dependiendo de la carga, son previsibles daños en la capa de vegetación y en la capa soporte de la vegetación

Tab. 3.2.12: Clases de carga para praderas de grava y cubiertas ajardinables

También se encuentran en el mercado adoquines y piezas prefabricadas de hormigón poroso. Debido a que los poros se pueden ocluir fácilmente, su funcionamiento a largo plazo solo está garantizado con una limpieza regular.

Las superficies de adoquines, losas o mallas discontinuas en las que puede crecer el césped representan un punto intermedio entre la carga de tráfico previsible y la apariencia ajardinada. Los refuerzos de superficies con césped se clasifican según el tipo de carga, el tráfico y la intensidad de uso admisible. > **Tab. 3.2.12**

Para la cama de apoyo y el relleno de juntas se usa una mezcla con un 10 o 20% de suelo orgánico, un 10 o 20% de lava y un 60 o 80% de mezcla de arena de machaqueo y gravilla. Esta composición garantiza la capacidad portante y el espacio suficiente para que la vegetación pueda crecer. > **Fig. 3.2.23a**

Las praderas de grava se utilizan en superficies sin cargas excesivas. Son lo más parecido a una densa capa de césped. Consisten en una capa base vegetal que se refuerza con una capa portante de grava, en caso de tener que soportar cargas de tráfico. La capa base vegetal o de grava se tiende sobre el firme compactado y raspado, cuya capacidad portante será de entre 25 y 45 MN/m². La capa base vegetal está formada por una mezcla de grava 0/32 (alrededor del 65%), suelo superficial del grupo 2 (sobre un 20%) y grava (alrededor del 15%). Las condiciones de crecimiento del césped pueden mejorarse mediante la adición de compost, aunque su contenido de sustancias orgánicas no debe superar el 3% del peso total. Es necesario que la capa base vegetal sea suficientemente permeable y que tenga capacidad de retención de agua. Para proteger la mezcla, se efectúa una compactación estática, hasta alcanzar una capacidad portante de al menos 45 MN/m². En el caso de las praderas de grava, pueden aplicarse las cargas indicadas en la **Fig. 3.2.23.**

Acabados en superficies sintéticas

Las capas superficiales de materiales plásticos, desarrolladas originalmente para pistas deportivas, se utilizan también para minimizar los efectos de las caídas en áreas de juegos infantiles. También ofrecen posibilidades para el diseño de áreas variadas y acabados en colores vivos. Son habituales en pistas de atletismo, tenis y campos de deporte, y su composición se ajusta para lograr mayores propiedades elásticas, amortiguadoras o dinámicas, en función de su uso. Los acabados plásticos se dividen en varios tipos específicos para cada deporte o función (EN 14877). Los fabricantes ofrecen diversos sistemas certificados para cada uso.

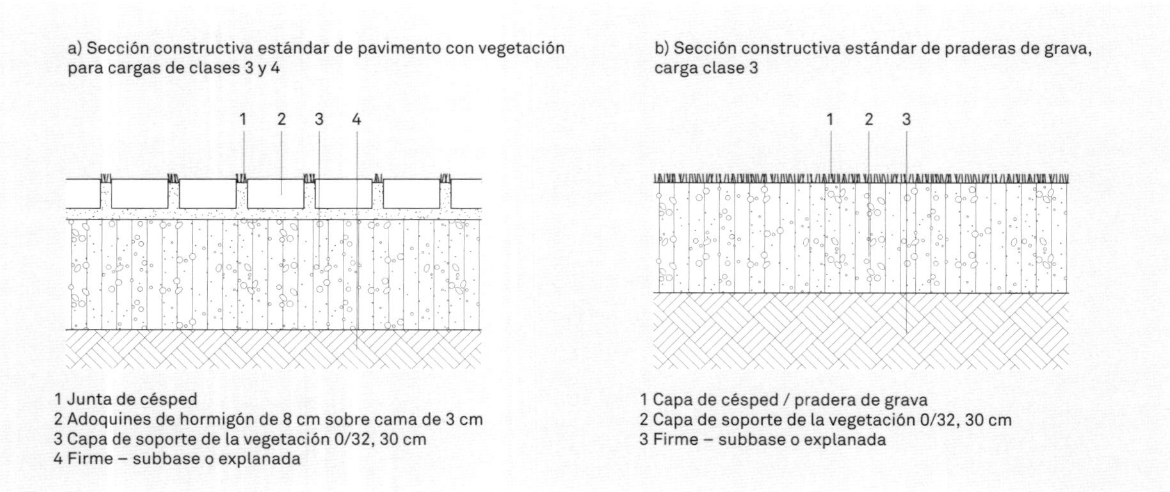

Fig. 3.2.23

Sistema de construcción

Los acabados en superficies sintéticas pueden ejecutarse como pavimentos permeables o impermeables, de una única capa o de dos. Los sistemas impermeables requieren pendientes suficientes para garantizar un drenado rápido del agua de escorrentía. En ambos casos hay que instalar sistemas de drenaje. Las superficies con dos capas consisten en una capa base de granulado de caucho con poliuretano como agente ligante y otra superior o funcional de EPDM (etileno propileno dieno monómero o caucho sintético) granulado ligado con poliuretano. Las superficies de una sola capa solo cuentan con un estrato funcional de acabado. Los granulados de caucho se vierten sobre una base con ligante bituminoso. La base de asfalto y la subbase de balasto situada bajo ella garantizan la estabilidad. En los sistemas de construcción permeable, estas capas se encargan de dar salida al agua de precipitación. > **Fig. 3.2.24 y Tab. 3.2.13**

BORDILLOS

Los bordillos cumplen simultáneamente funciones estéticas y prácticas. Sirven como límite de la capa superior durante la colocación del pavimento y además la protegen de daños. En lugares donde los límites de la capa de acabado soportan cargas particularmente elevadas, los bordillos previenen los asientos y la formación de grietas en las áreas de borde. Los dispositivos de drenaje pueden estar construidos como bordillos, o como rejillas vistas u ocultas. En los bordillos debe prestarse especial atención al drenaje, pues es allí donde suele acumularse el agua de lluvia. Por este motivo, la superficie pavimentada delimitada por un bordillo debe quedar al menos 3 mm por encima de él. > **Fig. 3.2.25**

En caminos de asfalto con capas base lo suficientemente extensas, los bordes pueden rematarse una vez ejecutada la superficie utilizando maquinaria extendedora adecuada, para evitar así la necesidad de bordillos.

Sección básica	Sistema constructivo	Propiedades superficiales
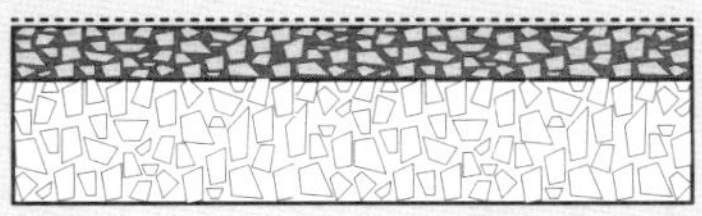	Cubierta estructurada	Permeable. El granulado de caucho y los agentes ligantes se rocían sobre la superficie, integrándose en ella. Usada en pistas de atletismo
	Cubierta permeable	Permeable, plana. El granulado de caucho y los agentes ligantes se rocían o vienen de fábrica. Usada en pistas de deporte escolar, pistas polideportivas y canchas de tenis
	Cubierta permeable unicapa	Permeable, plana. El granulado de caucho y los agentes ligantes se rocían o vienen de fábrica. Sin uso específico
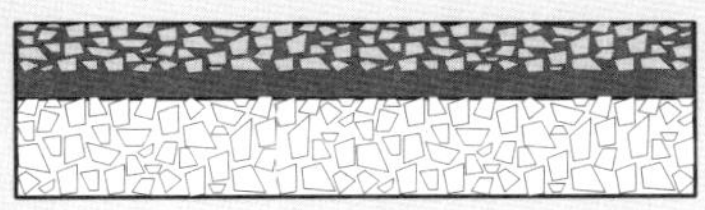	Superficie de caucho vertido	Impermeable. El granulado de caucho se deja visto, rociado sobre el agente ligante vertido. Usada en pistas de atletismo
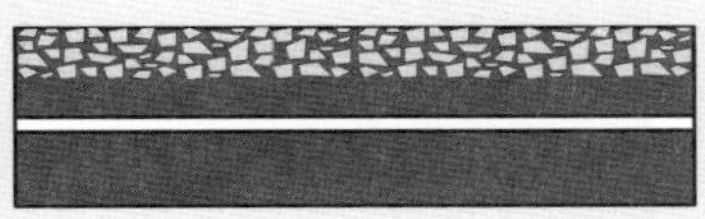	Superficie de caucho vertido multicapa (cubierta plástica sólida)	Impermeable. El granulado de caucho se deja visto, rociado sobre el agente ligante vertido. Usada en pistas de atletismo

Tab. 3.2.13: Tipos de cubierta y áreas de uso

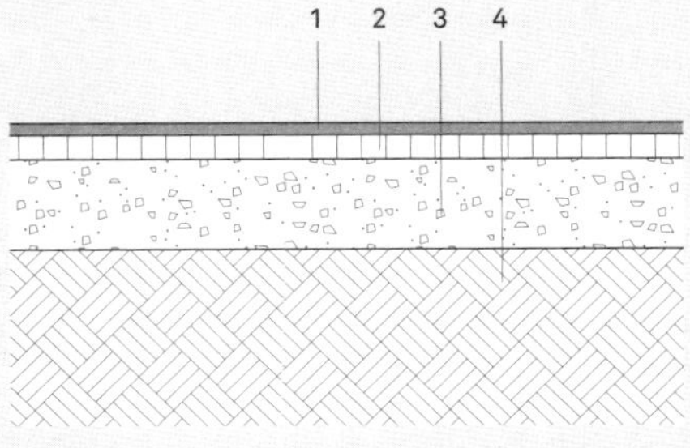

1 Capa de acabado de caucho, 2 cm
2 Capa base bituminosa permeable, 4 cm
3 Mezcla mineral 0/32, 15 cm
4 Firme – subbase o explanada

Fig. 3.2.24: Sección constructiva estándar de pavimento de caucho

Junto a los bordillos, altos o rebajados, habituales en las vías, en la construcción del paisaje se utilizan piedras y perfiles metálicos de borde. En los lugares con cargas vehiculares, la línea de bordillo se coloca sobre una cimentación de hormigón de 20 cm de espesor que absorbe las cargas verticales de compresión. Las cargas horizontales son absorbidas por un soporte-respaldo a una sola capa que debe medir unos 15 cm de anchura. En caminos exclusivamente peatonales, tanto la cimentación de hormigón como el respaldo pueden reducirse hasta 10 cm. En caso de duda, pueden tomarse como referencia las especificaciones del fabricante, y en caso de cargas excepcionales, los propios cálculos estáticos. La cimentación de hormigón y el respaldo se fabrican con hormigón C12/15 y requieren encofrados para su correcta ejecución.

a) Bordillo alto con canaleta

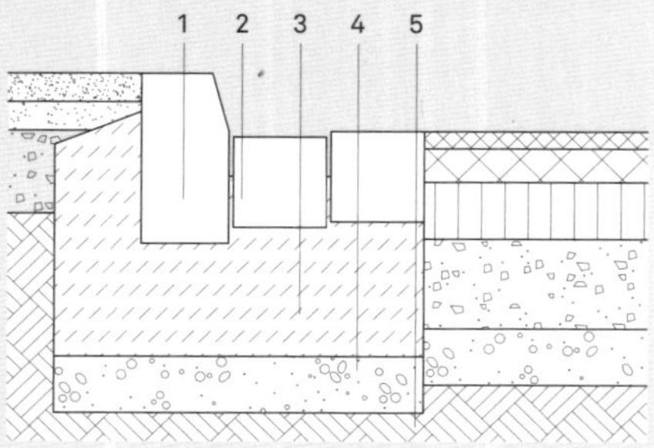

1 Bordillo alto de hormigón, 15 x 30 cm
2 Canaleta de 16 x 16 x14
3 Hormigón C12/15
4 Capa de protección contra heladas 0/32
5 Firme – subbase o explanada

b) Losa de hormigón o de piedra natural

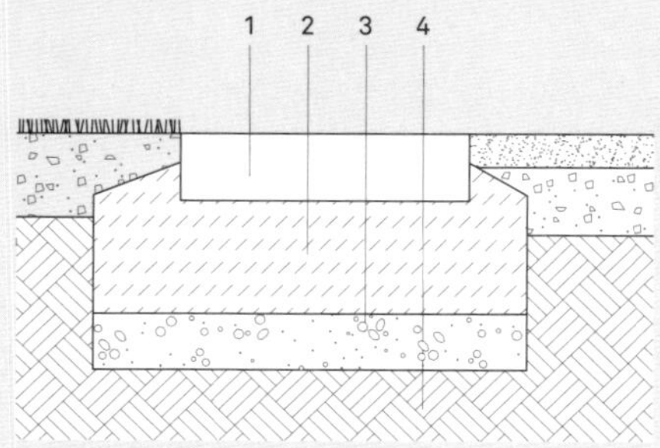

1 Losa de hormigón o de piedra natural
2 Hormigón C12/15
3 Capa de protección contra heladas 0/32
4 Firme – subbase o explanada

c) Losa de hormigón rehundida

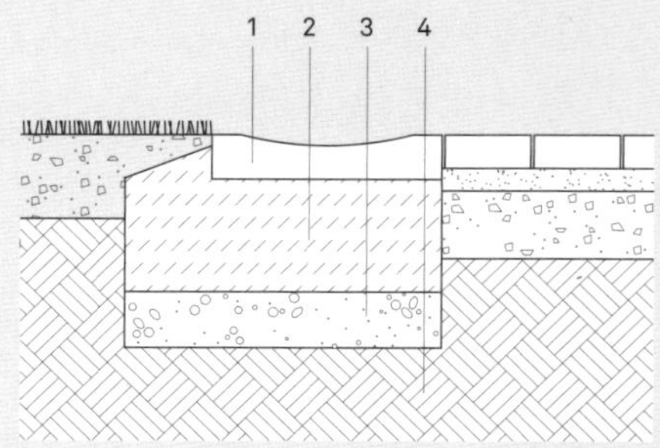

1 Hormigón rehundido
2 Hormigón C12/15
3 Capa de protección contra heladas 0/32
4 Firme – subbase o explanada

d) Adoquín grande

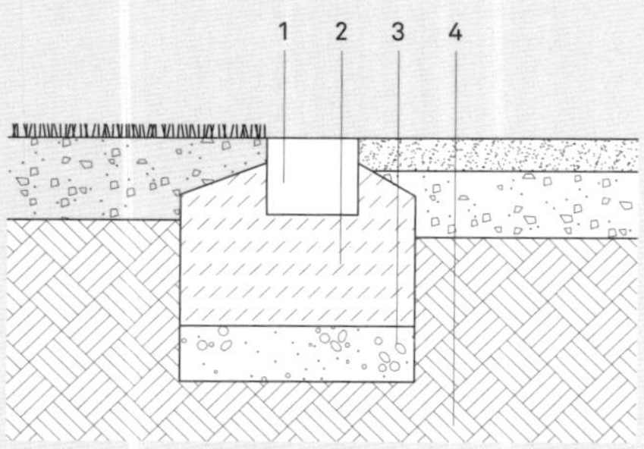

1 Adoquín de gran tamaño
2 Hormigón C12/15
3 Capa de protección contra heladas 0/32
4 Firme – subbase o explanada

e) Adoquines pequeños formando canal

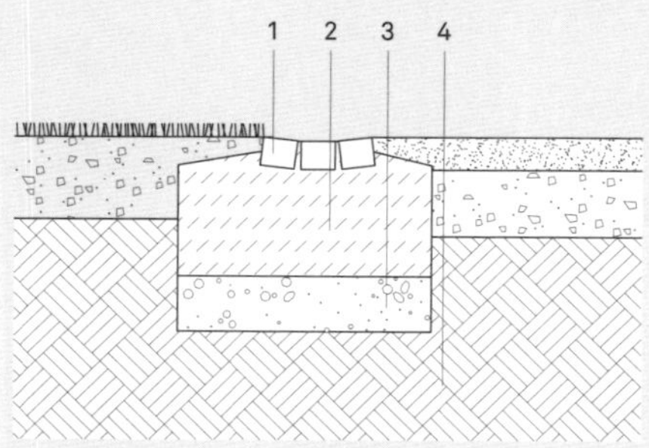

1 Adoquines pequeños formando canal
2 Hormigón C12/15
3 Capa de protección contra heladas 0/32
4 Firme – subbase o explanada

f) Pletina metálica con anclaje

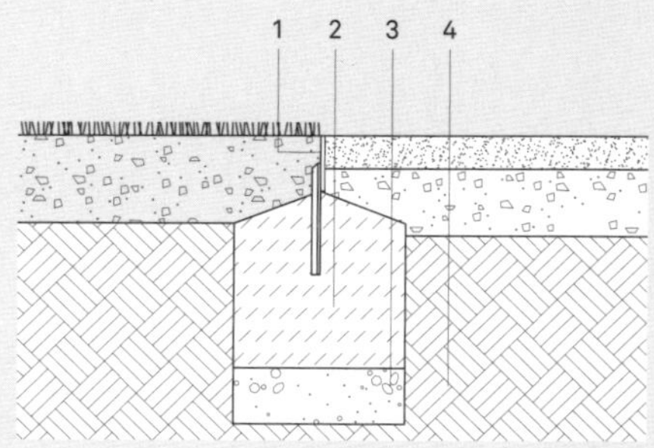

1 Pletina metálica de 3-15 mm, con anclaje al suelo
2 Hormigón C12/15
3 Capa de protección contra heladas 0/32
4 Firme – subbase o explanada

g) Pieza de piedra de borde

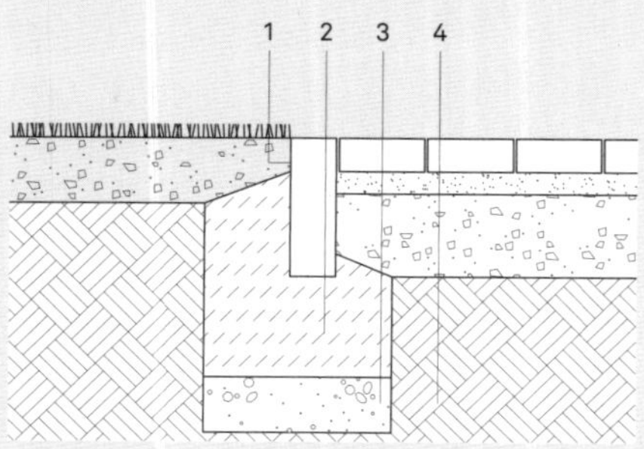

1 Piedra de borde, p. ej, 8/25/100
2 Hormigón C12/15
3 Capa de protección contra heladas 0/32
4 Firme – subbase o explanada

h) Pieza de piedra de borde oculta

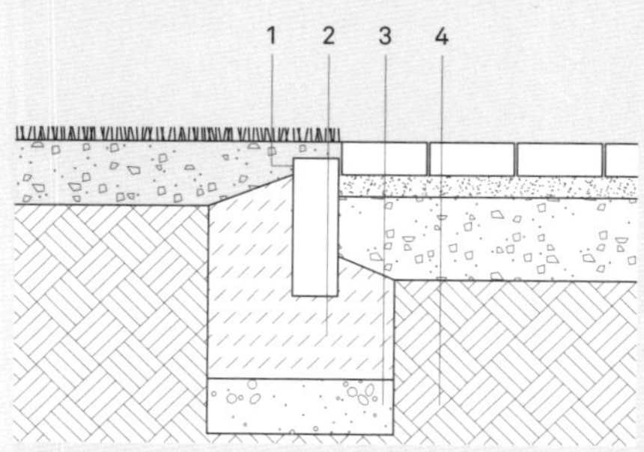

1 Piedra de borde soterrada
2 Hormigón C12/15
3 Capa de protección contra heladas 0/32
4 Firme – subbase o explanada

Fig. 3.2.25: Bordillos

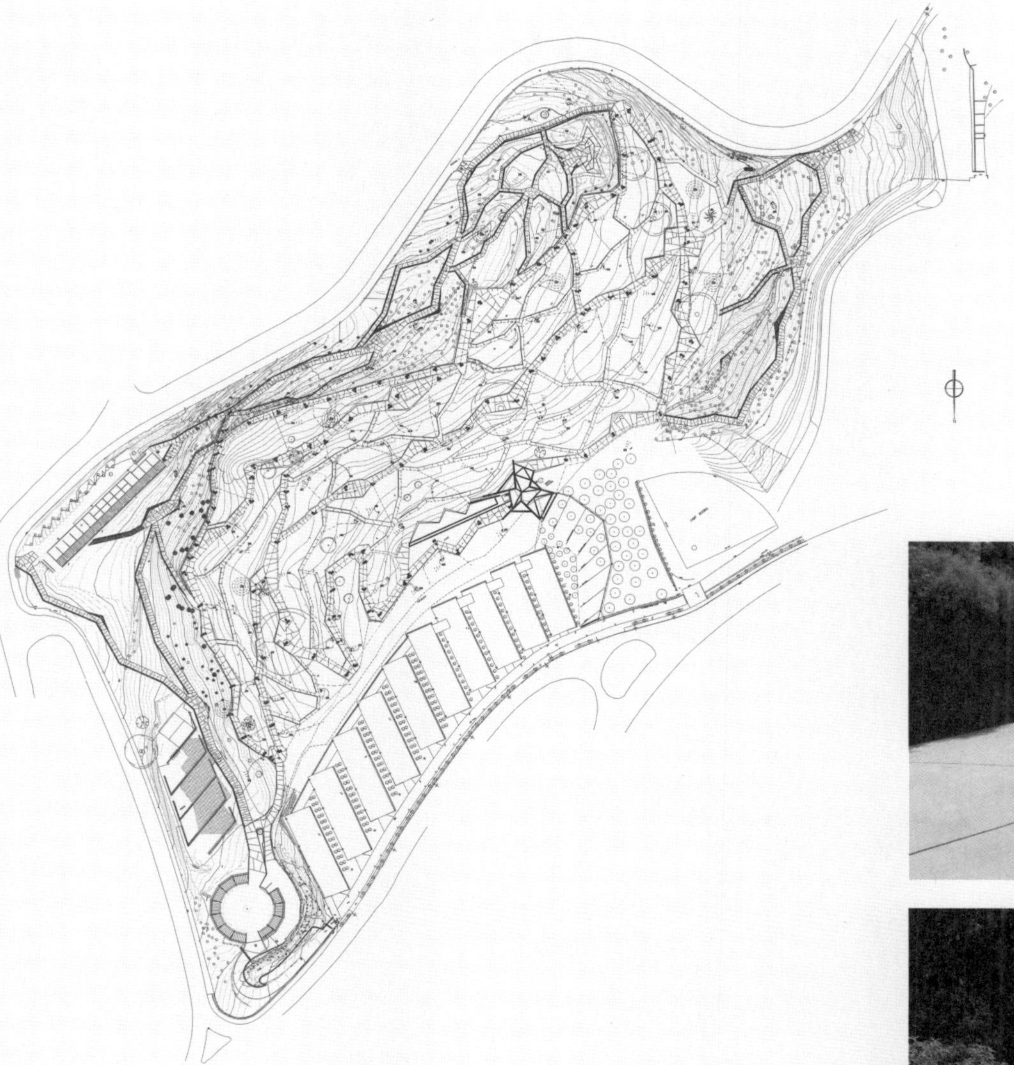

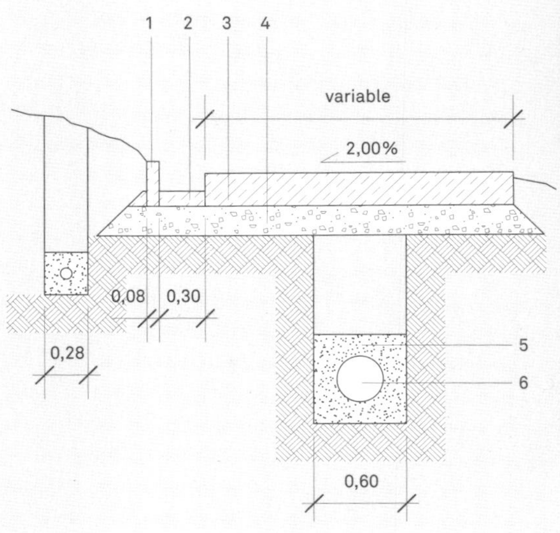

1 Bordillo
2 Cimiento de hormigón
3 Remate de hormigón
4 Capa portante de 20 cm de zahorra
5 Arena
6 Dren de diámetro variable

JARDÍN BOTÁNICO, BARCELONA, ESPAÑA

Arquitectos: Carlos Ferrater, José Luis Canosa
Paisajista: Isabel Figueras
Finalización: 1999

La disposición geométrica de las superficies de hormigón in situ se basa en una malla triangular que se ajusta a los cambios de altura del terreno. Las senderos principales se diferencian de los secundarios en que aquellos se han pulido con máquina y estos están solo raspados.

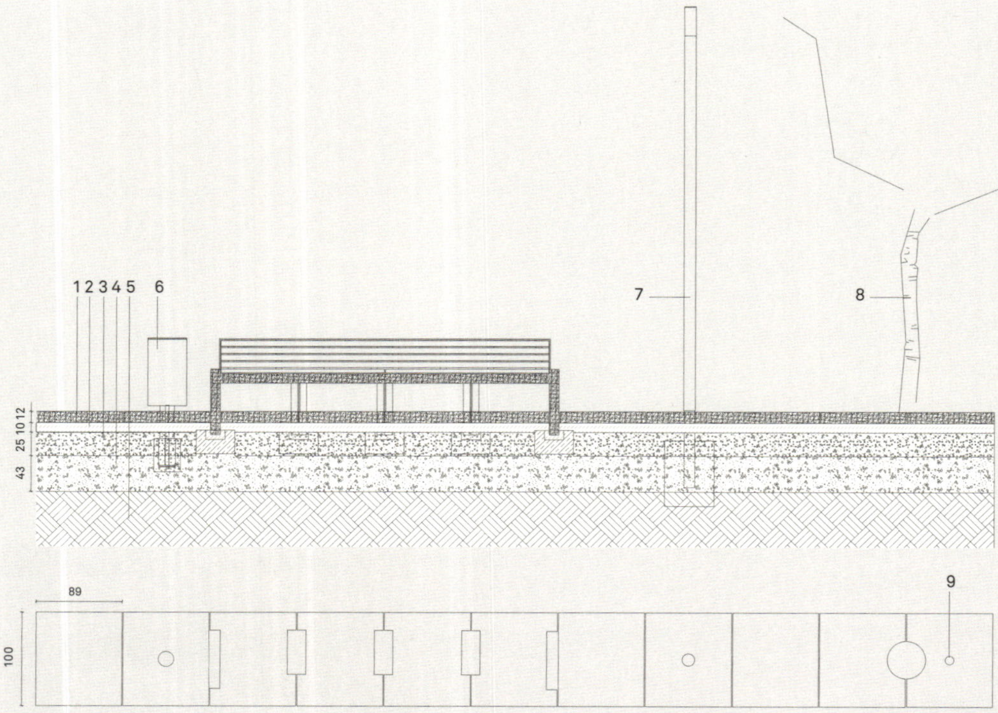

1 Adoquines de basanita natural gris-negro, serrados y bastamente labrados; todas las superficies laterales están serradas
2 Cama de apoyo, cemento de Pórtland C8/10, d = 10 cm
3 Capa base de balasto 0/32 (E_{v2} min 150 MN/m \ U+00B2)
4 Capa de protección contra heladas 0/56 (E_{v2} min 120 MN/m \ U+00B2)
5 Explanada (E_{v2} min 45 MN/m \ U+00B2)
6 Papelera
7 Báculo de iluminación
8 *Crataegus lavallei* Carrierei o acerolo
9 Hueco perforado para el sistema de riego del árbol

Como parte de la rehabilitación del centro histórico, todas las superficies se ejecutaron como clase de construcción III. Se han utilizado adoquines de granito de gran tamaño con cierta variedad de dimensiones, disponiéndolos con aparejo rectangular al azar y aparejo poligonal. Las superficies con paso de tráfico pesado recibieron una capa base de asfalto.

CENTRO HISTÓRICO, SCHMALKALDEN, ALEMANIA

Paisajistas: terra.nova, Múnich, Alemania
Finalización: 2005

1 Losa de borde Altmarkt (dimensiones estándares: L: 24-40 cm, A: 25 cm, H: 12 cm) de granito marrón rojizo claro, de grano medio; todas las caras laterales y la inferior están fracturadas; la cara superior, con su corte natural
2 Adoquín grande Altmarkt (dimensiones estándares: L/A: 12-22 cm, H: 16 cm) de granito marrón rojizo oscuro, grano medio, aprox. 50% del total; granito marrón rojizo oscuro, grano fino, aprox. 30% del total; granito marrón rojizo claro, grano medio, aprox. 20% del total; todas las caras laterales y la inferior están fracturadas; la cara superior está serrada y flameada
3 Adoquín de piedra natural (d = 16 cm)
4 Cama de gravilla 2/5
5 Capa base de asfalto drenante 0/22 (E_{v2} min 180 MN/m^2)
6 Capa de protección contra heladas 0/56 (E_{v2} min 120 MN/m^2)
7 Explanada (E_{v2} min 45 MN/m^2)
8 Suelo sustituido por capa de protección contra heladas 0/56
9 Suelo existente
10 Losa bajo el alero Kirche (dimensiones estándares: L: 60-190 cm, A: 80 cm, H: 12 cm) de cuarcita marrón rojizo, grano medio; todas las caras laterales y la inferior están fracturadas; la cara superior está serrada y flameada
11 Adoquín Kirchhof (dimensiones estándares: L/A: 8-16 cm, H: 12 cm) de granito y antracita, grano medio, aprox. 50% del total; granito marrón rojizo oscuro, grano medio, aprox. 30% del total; basalto negro antracita, grano medio, aprox. 20% del total; todas las caras laterales y la inferior están fracturadas; la cara superior, con su corte natural
12 Adoquín de piedra natural (d = 12 cm)
13 Cama de gravilla 2/5
14 Capa base de asfalto drenante 0/22 (E_{v2} min 180 MN/m^2)
15 Capa de protección contra heladas 0/56 (E_{v2} min 120 MN/m^2)
16 Explanada (E_{v2} min 45 MN/m^2)
17 Suelo sustituido por capa de protección contra heladas 0/56
18 Suelo existente
19 Losa de borde Hinter der Kirche (dimensiones estándares: L: 100 cm, A: 90 cm, H: 12 cm), de basanita gris-negro, grano medio; todas las caras laterales y la inferior están fracturadas; la cara superior está serrada y bastamente labrada
20 Pavimento Kirchhof a base de restos de adoquines, granito, basalto, diabasa (reinstalado en la plaza Hinter der Kirche)
21 Adoquines de piedra natural (d = 12-18 cm)
22 Cama de gravilla 2/5
23 Capa base de balasto 0/32 (E_{v2} min 150 MN/m^2)
24 Capa de protección contra heladas 0/56 (E_{v2} min 120 MN/m^2)
25 Explanada (E_{v2} min 45 MN/m^2)
26 Suelo sustituido por capa de protección contra heladas 0/56
27 Suelo existente

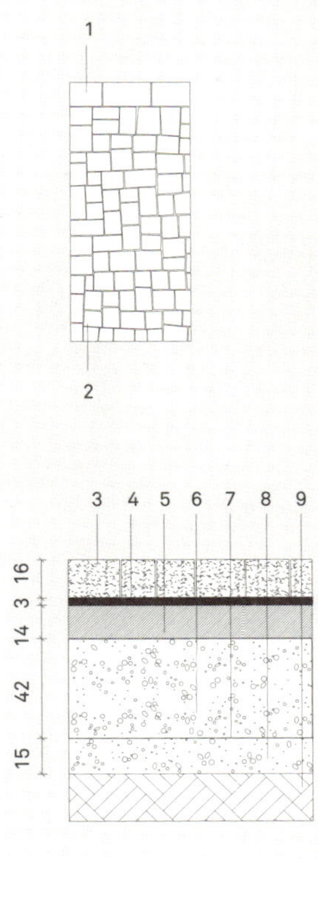

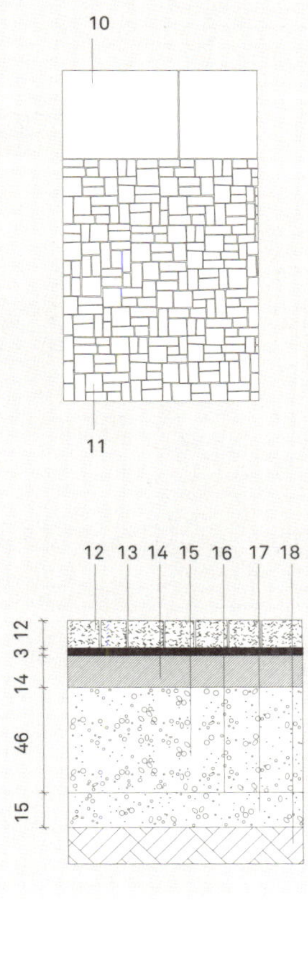

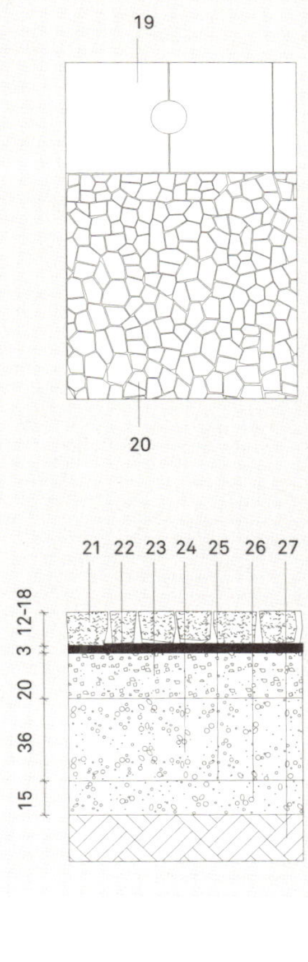

MORE LONDON – THE SCOOP, LONDRES, REINO UNIDO

Arquitecto y autor del plan director: Foster + Partners
Arquitectos paisajistas: Townshend Landscape Architects
Diseño de la iluminación: Equation Lighting
Ingeniería: Ove Arup and Partners
Finalización: 2007

Una alfombra de adoquines de piedra configura una superficie uniforme como plataforma para actividades y eventos. Los adoquines, fabricados en formato especial, se colocan siempre en la misma dirección, y para delimitar áreas singulares presentan texturas diversas.

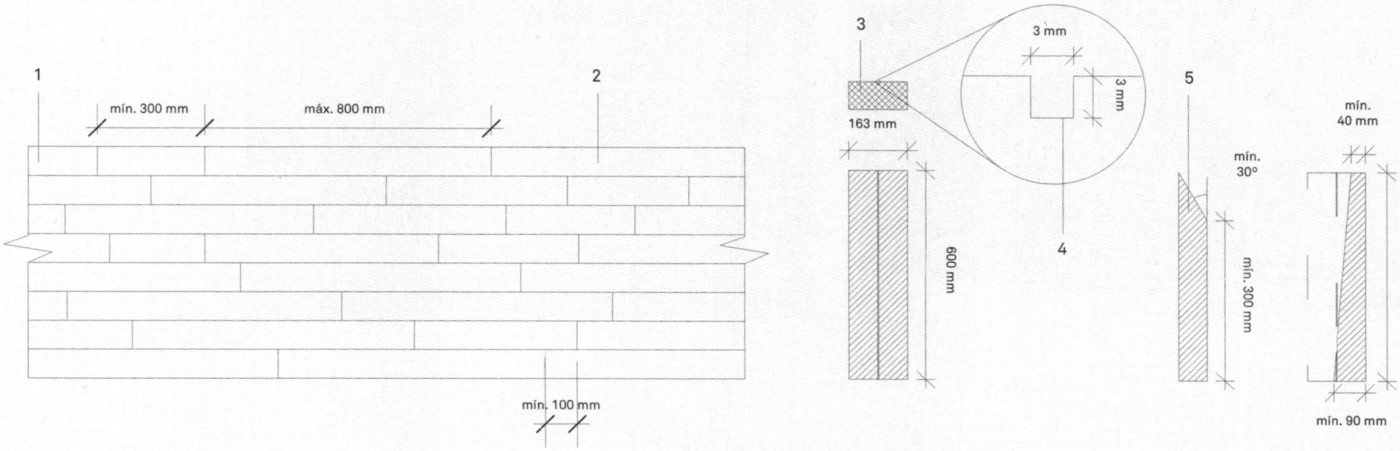

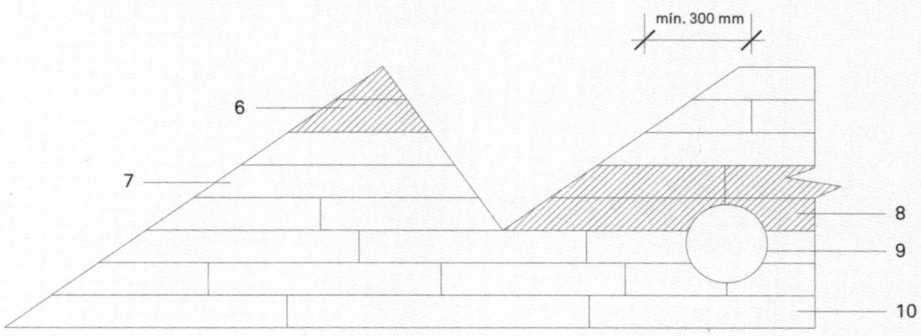

1 Pavimento colocado en la misma dirección, a base de piezas de largo variable, 300-800 mm, de arenisca irlandesa azul flameada
2 Junta de 3 mm de arena coloreada para igualar el pavimento
3 Detalle de pieza especial de anchura doble
4 Rehundido de 3 x 3 mm imitando la junta entre piezas
5 Criterios de corte para piezas singulares y especiales
6 Piezas dobles especiales para su uso en rincones angostos, para evitar el corte de piezas demasiado pequeñas
7 Corte estándar de borde recto
8 Corte especial
9 Corte estándar de borde curvo
10 Corte estándar de las piezas de arenisca irlandesa azul

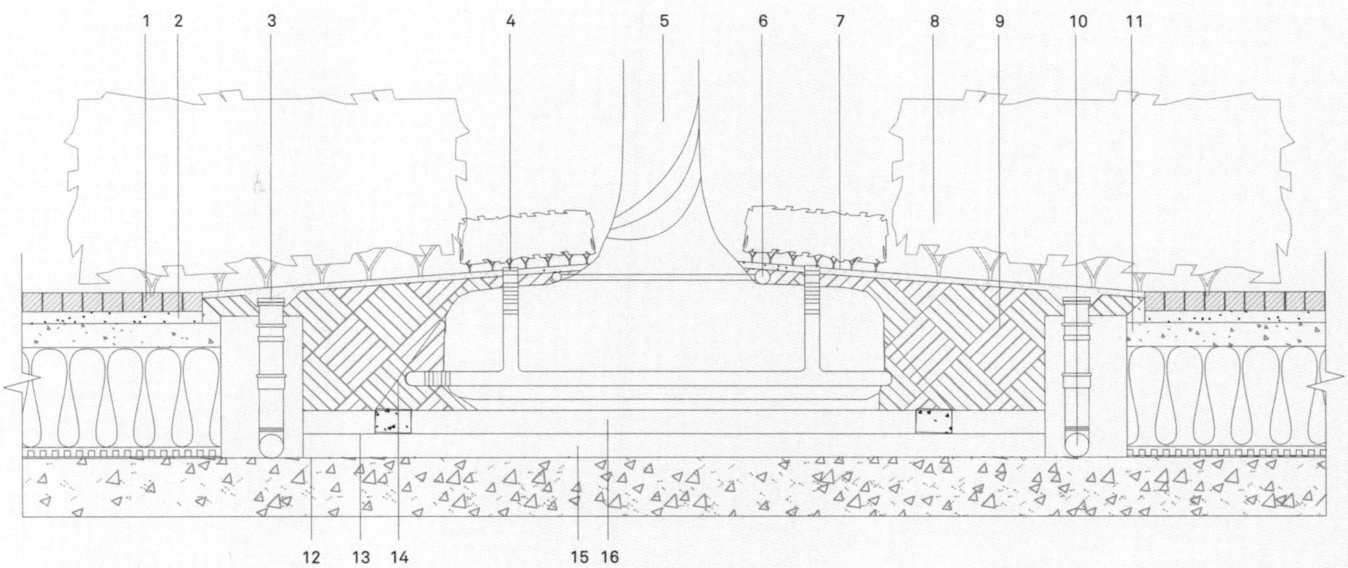

1 Piezas de arenisca azul de 80 x 80 mm x largo variable
2 Cama de mortero de 1ª clase semiseco
3 Sifón registrable
4 Tubo de riego y aireación con tapa
5 Árbol
6 Riego por goteo
7 25 mm de gravilla de arenisca azul
8 Arbusto
9 450-500 mm de suelo natural
10 Drenaje del terreno
11 Base de hormigón
12 Membrana impermeable
13 Membrana antirraíces
14 Tensado soterrado
15 100 mm de cantos de río lavados
16 100 mm de grava gradada (55% mínimo-60%) lavada

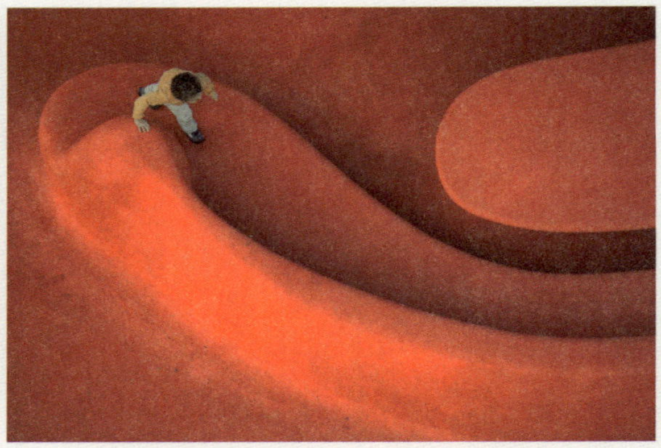

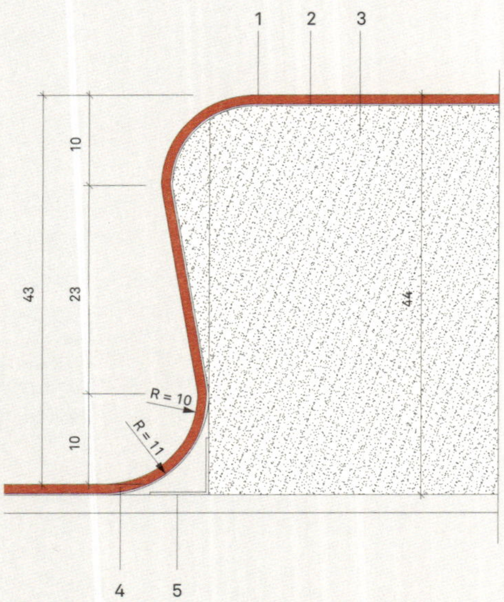

1 Revestimiento de caucho granulado de aprox. 15-20 mm sobre la superficie de asiento
2 Superficie del mobiliario raspada o tratada al chorro de arena
3 Mobiliario ejecutado en hormigón o en poliestireno expandido con una piel de GRC; raspado en ambos casos
4 Base del mobiliario
5 Angulares metálicos de anclajes del mobiliario, cuatro piezas por elemento

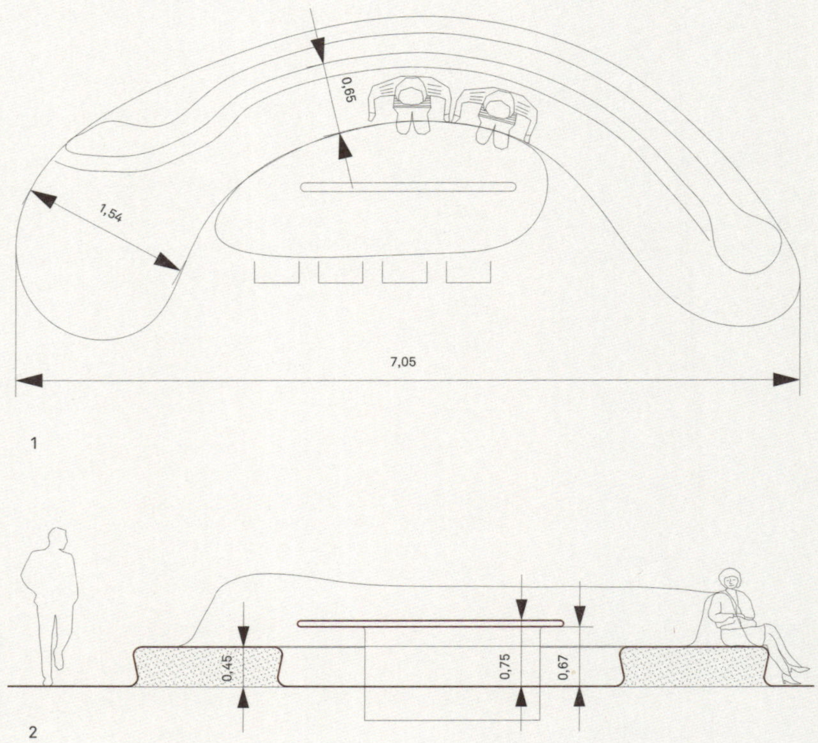

1

2

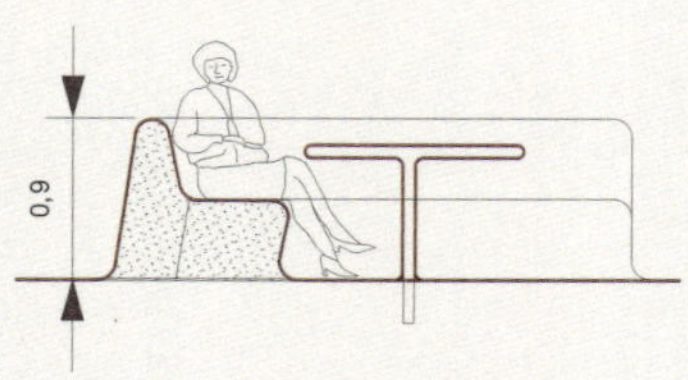

3

1 Planta del mueble: banco con mesa
2 Sección transversal
3 Sección longitudinal

CITY LOUNGE ST. GALLEN, SUIZA

Colaboración entre Pipilotti Rist y Carlos Martínez (arquitecto)
Finalización: 2005

El objetivo principal era crear un *lounge* abierto al público, un «salón de la ciudad»; para su ejecución se utilizó un revestimiento de caucho granulado sobre una capa base de asfalto filtrante. El revestimiento coloreado cubre la totalidad del mobiliario y de las construcciones como una tela. El pavimento resiste el paso de vehículos, las heladas y la sal para deshacer el hielo, y puede limpiarse mecánicamente.

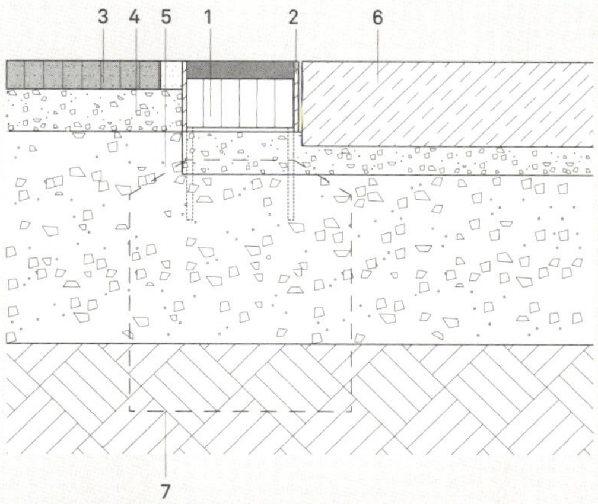

El área con enlosado de hormigón o trámex admite el paso de vehículos

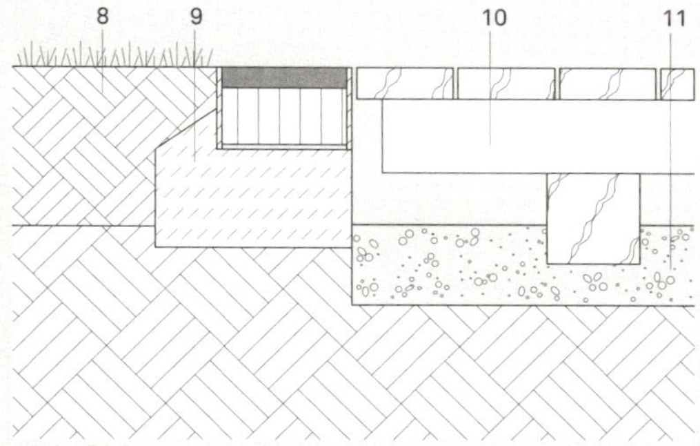

El área ajardinada no admite el paso de vehículos

1 2,5 cm de tartán EPDM rojo sobre una capa base asfáltica
2 Pletina metálica
3 Trámex relleno con tierra y arena filtrante
4 Balasto de borde 0/22
5 Capa base
6 Baldosa de hormigón de aprox. 100 x 100 x 12 cm
7 Zapata
8 Suelo superficial
9 Apoyo corrido
10 Terraza de madera
11 Gravilla plana

BEATLINE – JARDÍN DE BARCODE, MÚNICH, ALEMANIA

Arquitectos paisajistas: Keller Landschaftsarchitekten
Arquitectos: MVRDV y Stadler Onischke
Finalización: 2005

La denominada Beatline —una línea materializada mediante un perfil metálico con relleno de material plástico color rojo— articula el ámbito exterior y establece una relación entre los distintos espacios.

Aplicación de la última capa

Relleno del «curso»

Estampado de los títulos mediante plantillas de madera

Para este pavimento en relieve en memoria de la obra de Rainer Werner Fassbinder se prepararon 60 t de asfalto vertido. Se instaló sobre un área de 400 m^2 en cinco capas, una sobre otra. El «flujo y reflujo» del lago de asfalto se enrasa con las áreas asfaltadas colindantes, de color beige claro. Mediante plantillas de madera se estamparon sobre el asfalto aún blando los títulos de las películas, las obras de teatro y las emisiones de radio de Fassbinder.

LAGO DE ASFALTO, RAINER WERNER FASSBINDER PLATZ, MÚNICH, ALEMANIA

Artista: Wilhelm Koch, Amberg
Planificación técnica: realgrün landschaftsarchitekten, Múnich, Alemania
Finalización: 2007

3.3 ESCALERAS

ESCALERAS AL AIRE LIBRE
- Proporción y dimensiones de los escalones
- Barandillas
- Superficies antideslizantes y protección frente a la acumulación de agua

SISTEMAS CONSTRUCTIVOS
- Formas de escaleras
- Elementos portantes
- Cimientos
- Tipos de escalones
- Pendientes transversales y escalones inclinados

RAMPAS

EJEMPLOS

Astrid Zimmermann

3.3 ESCALERAS

ESCALERAS AL AIRE LIBRE

Las escaleras son elementos espaciales de los caminos. Facilitan el paseo en lugares en los que una elevada pendiente longitudinal hace difícil el ascenso, y crean una conexión peatonal entre áreas situadas a diferentes alturas. Además, al articular el trazado de caminos y áreas, proporcionan un eficaz recurso de diseño para la definición de relieves, así como para la delimitación y acentuación de superficies.

Proporción y dimensiones de los escalones

A partir de una pendiente del 18% o de una inclinación de 10°, los caminos pasan a ser sustituidos por escaleras. Debido a la dificultad de caminar cómodamente por pendientes de más del 12%, existe una alternativa intermedia que son las rampas italianas (caminos escalonados), caracterizadas por la alternancia de escalones y plataformas. > **Figs. 3.3.1 y 3.3.4**

Dado que los escalones o peldaños situados al aire libre suelen construirse con cierta pendiente, debe distinguirse entre su altura y su subida (altura más inclinación). En efecto, la subida es igual a la altura solo en caso de que los peldaños no tengan pendiente (por ejemplo, en el interior de los edificio o cuando los escalones están construidos con trama metálica, de modo que no necesitan inclinación). La proporción de un peldaño viene dada por la relación entre la contrahuella (*c*) y la huella (*h*), y se expresa como c/h (por ejemplo, 15/33). Esta relación c/h entre las dimensiones constructivas reales de un escalón puede ser diferente a la pendiente, pues se obtiene de la contrahuella o tabica (*t*) y la huella (*a*) de cada pieza. > **Fig. 3.3.2**
Una sucesión de tres o más peldaños se denomina tramo de escalera. Dos tramos de escalera se unen mediante un descansillo. > **Fig. 3.3.3**

La dimensión de los escalones viene determinada por el tamaño del paso humano y varía según la pendiente a salvar. Dependiendo de la longitud del paso individual de cada persona, y de si sube o baja, el tamaño de los escalones puede experimentarse de maneras muy diversas. Ya en 1683 el arquitecto François Blondel formuló la regla del paso para el cálculo de la proporción huella/contrahuella, regla que sigue utilizándose hoy en día y que está en la base de varias normas. Por ejemplo, la norma DIN 18065 establece la siguiente fórmula: 2c + h = 59-65 cm [N. del T.: en España el CTE SUA determina la siguiente relación: 54 cm ≤ 2C + H ≤ 70 cm. En el interior de los edificios, la

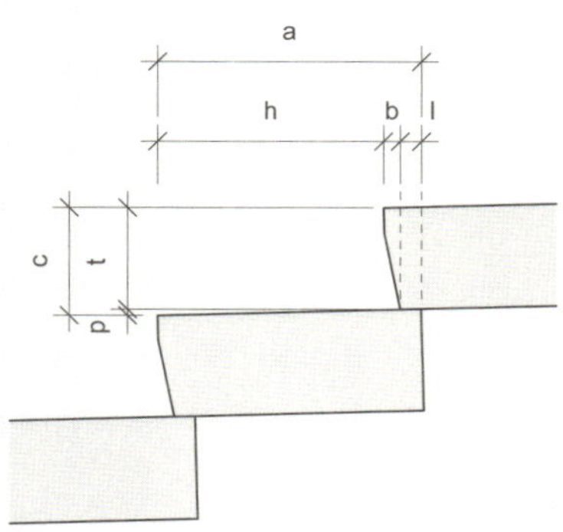

t = altura del escalón
p = pendiente
c = contrahuella /tabica
a = ancho del escalón
h = huella
b = bocel
l = apoyo

Fig. 3.3.2: Terminología de los escalones o peldaños

Fig. 3.3.1: Camino escalonado hacia el Campidoglio en Roma, Italia

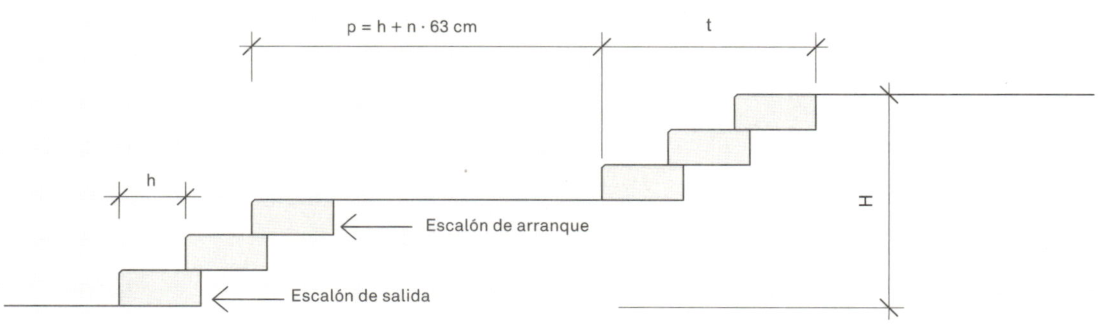

h = huella
t = tramo de escalera
p = longitud del descansillo
n = número de escalones
H = altura de la escalera

Fig. 3.3.3: Terminología de los tramos de escalera

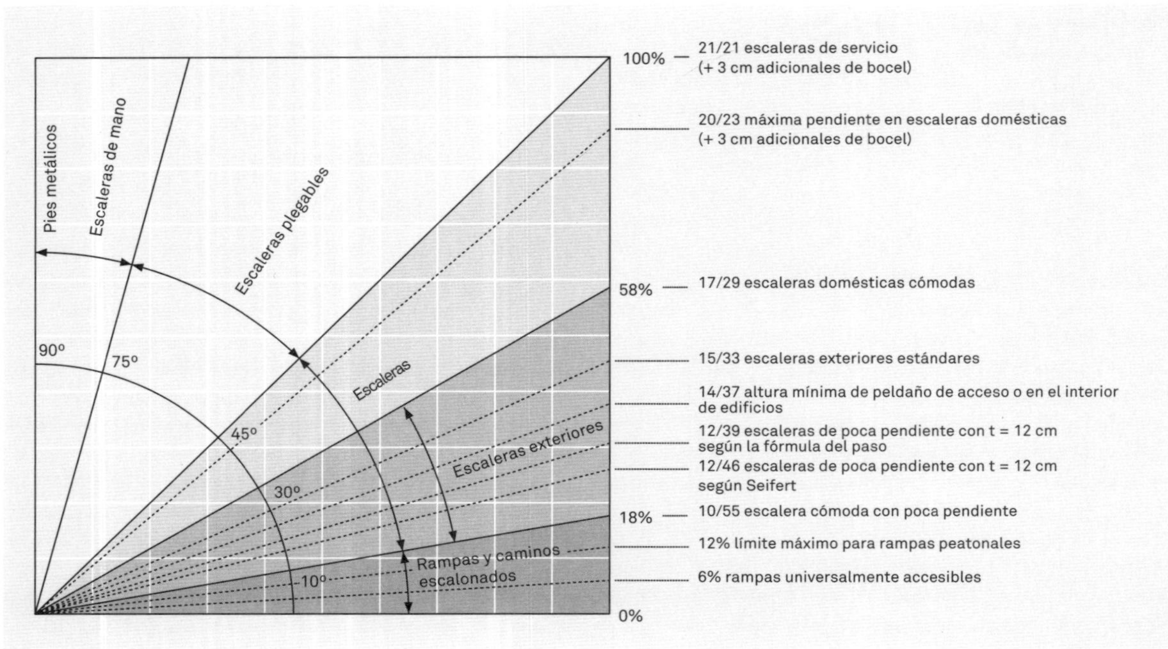

Fig. 3.3.4: Pendientes para escaleras, rampas y escaleras de mano

	Según la regla del paso de aplicación en escaleras de edificios		Según Alwin Seifert para t > 17	
t (tabica)	h (huella) h = 63 – 2t	Longitud del paso 2t + h	h (huella) h = 94 – 4t	Longitud del paso 2t + h
9	45	63	58	76
10	43	63	54	74
11	41	63	50	72
12	39	63	46	70
13	37	63	42	68
14	35	63	38	66
15	33	63	34	64
16	31	63	30	62

Tabla 3.3.1: Comparación del cálculo de peldaños de escaleras al aire libre de altura t < 17 cm, según la regla del paso (paso = 63 cm) y según Seifert (largo del paso variable)

dimensión estándar para escalones, considerada ideal para peldaños de viviendas, es 17/29 (dada una longitud media del paso de 63 cm), pero resulta excesivamente inclinada e incómoda para su uso al aire libre, donde son adecuadas pendientes algo menores]. > **Fig. 3.3.4**
Sin embargo, a menor contrahuella, mayor huella, de modo que la fórmula citada produce resultados insatisfactorios para pendientes bajas, como han demostrado los estudios de Mielke, Seifert o Mader. Alwin Seifert obtuvo unas dimensiones de peldaños para el «paseo relajado» con una longitud de huella considerablemente mayor (Niesel 2003, p. 291). Estos valores pueden consultarse para proyectar escaleras con una contrahuella menor a 17 cm. > **Tab. 3.3.1**
En cualquier caso, los escalones de acceso a un edificio deben superar los 14 cm (según la norma DIN 18065-1; menos de 14 cm no se permiten en ningún caso) [N. del T.: en España, según el CTE SUA, en tramos rectos la huella debe medir 28 cm como mínimo, mientras que la contrahuella oscilará entre 13 y 17,5 cm en zonas de uso público].

Los descansillos se sitúan entre los tramos de escaleras para articularlos, cambiar de dirección o facilitar el tránsito. Cada 18 peldaños como mucho debe situarse un descansillo [N. del T.: el CTE, en España, determina como altura máxima de cada tramo 2,25 m, sin especificar el número de peldaños]. La longitud del descansillo resulta de la de la huella y del múltiplo de la longitud de paso establecida (p = h + n · 63 cm). > **Fig. 3.3.3**

Barandillas

En tramos de escalera de más de tres peldaños o que salven más de 55 cm, debe disponerse un pasamanos. En escaleras de más de 3 m de ancho [N. del T.: 4 en el caso de España] situadas en espacios públicos, se requieren barandillas adicionales. Si existe riesgo de caída lateral, las barandillas deben estar bien fijadas. > **Capítulo 3.5 Barandillas y vallas** En caso contrario, pueden situarse en el medio de los escalones, si estos son lo suficientemente anchos.

Superficies antideslizantes y protección frente a la acumulación de agua

Debido a las inclemencias del tiempo, las escaleras al aire libre deben satisfacer ciertos requerimientos específicos. Para aumentar la seguridad deben elegirse materiales de acabado antideslizantes. También conviene tomar medidas para drenar el agua de precipitaciones, lo que se hace habitualmente inclinando el peldaño hacia delante. La pendiente debe ser del 1 al 3%, y de al menos 0,5 cm por escalón. Así no solo se evita la acumulación de agua o hielo, sino que se impide que el agua penetre en la cimentación, con lo que se reducen los daños debidos al agua congelada.

Con el fin de captar el agua de escorrentía de superficies situadas por encima de las escaleras, debe disponerse una rejilla de desagüe antes del primer escalón y por debajo de cada peldaño en el caso de caminos escalonados. > **Capítulo 3.11 Drenaje superficial**

En los tramos de escaleras situados en lugares permanentemente a la sombra, hay que seleccionar especialmente el material de cobertura, debido al previsible estado de humedad continuo. Los peldaños de madera, metal y piedra con superficies pulidas se pueden utilizar únicamente con tratamientos antideslizantes. Se exceptúan las escaleras a cubierto o en condiciones climáticas que admiten sistemas constructivos diferentes.

SISTEMAS CONSTRUCTIVOS

Formas de escaleras

La escalera recta de uno o más tramos es una de las muchas formas de escalera posibles, ya que los cambios de dirección de los tramos pueden originar gran diversidad formal. Dichos cambios pueden producirse con un descansillo (escaleras en ángulo) o mediante la disposición de los peldaños en espiral. > **Fig. 3.3.5**

Las escaleras también pueden distinguirse por su posición respecto a la directriz de los muros o sobre el terreno. Además, hay escaleras con protecciones laterales y sin ellas. > **Figs. 3.3.6-3.3.9** Las que carecen de protecciones laterales y están situadas sobre un talud son muy adecuadas para escalones que pueden encajarse lateralmente en el terreno (por ejemplo, peldaños macizos).

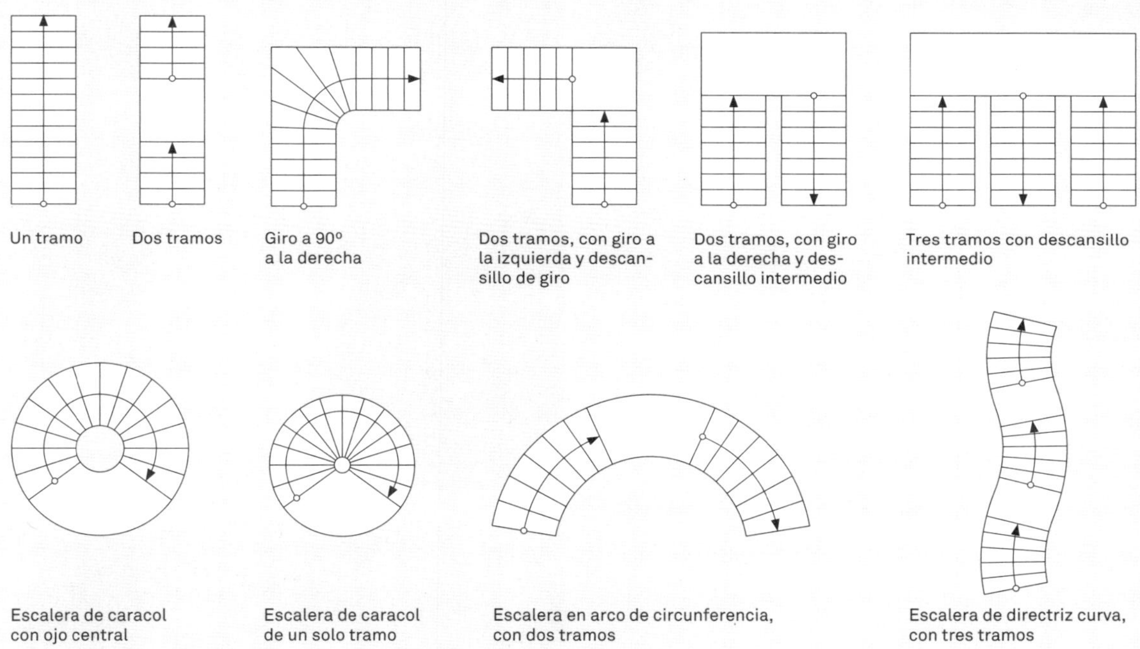

Fig. 3.3.5: Escaleras con tramos rectos y curvos

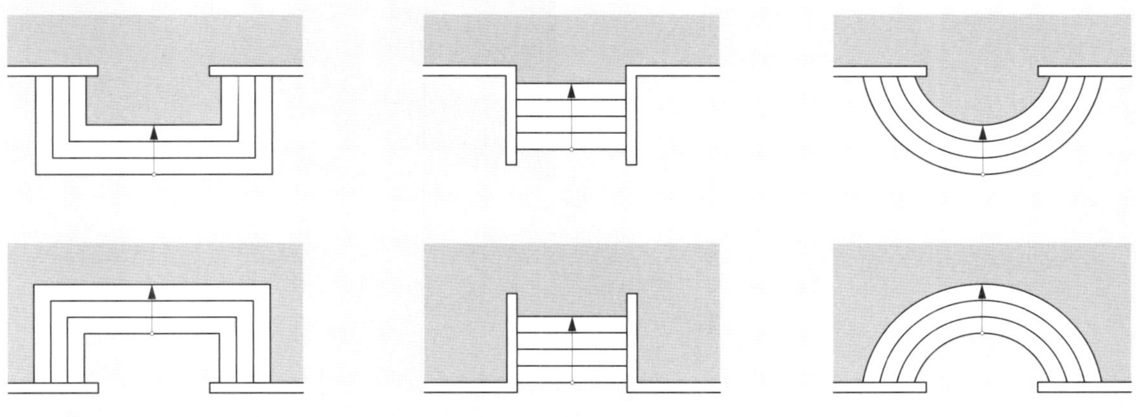

Fig. 3.3.6: Escaleras prominentes y retranqueadas respecto a un edificio

a | b / c

Fig. 3.3.7:
a) Escalera en un talud
b) Escalera apoyada sobre un talud
c) Escalera exenta

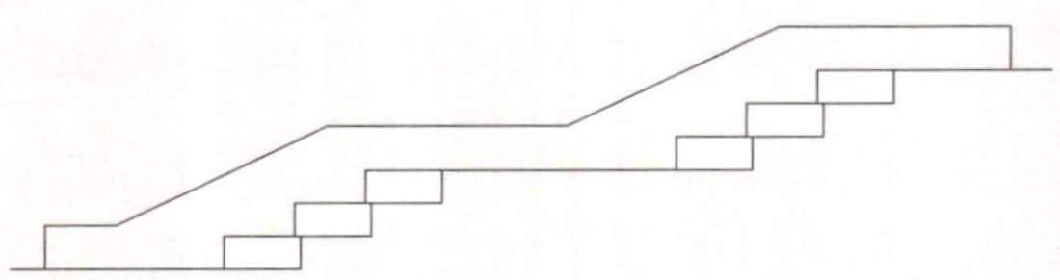

Lateral inclinado

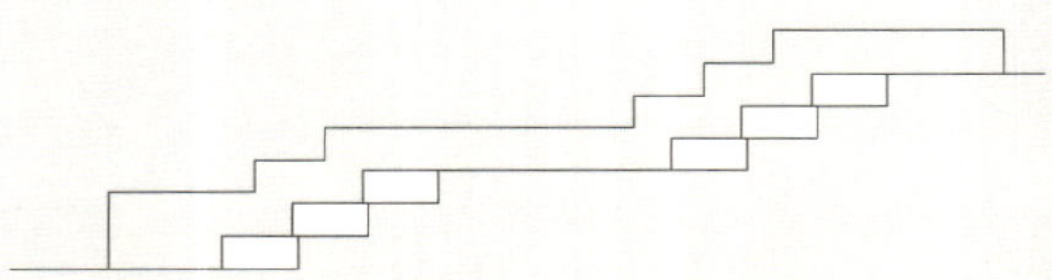

Lateral escalonado

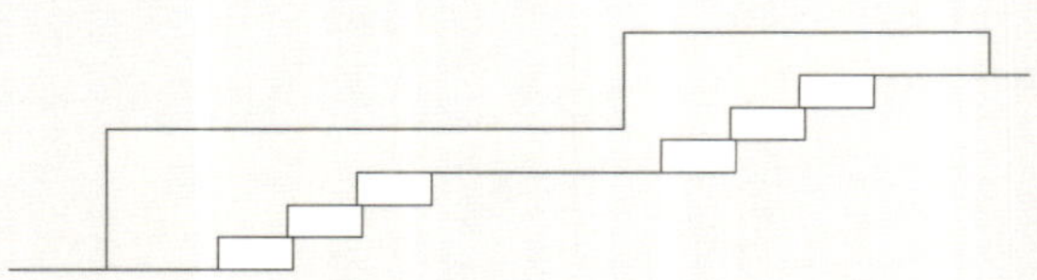

Lateral en podio

Fig. 3.3.8: Tipos de muretes laterales

a / b

Fig. 3.3.9: Muretes laterales construidos en
a) hormigón
b) fábrica de mampuesto de piedra

Fig. 3.3.10: Esquema de los posibles sistemas de transmisión de cargas

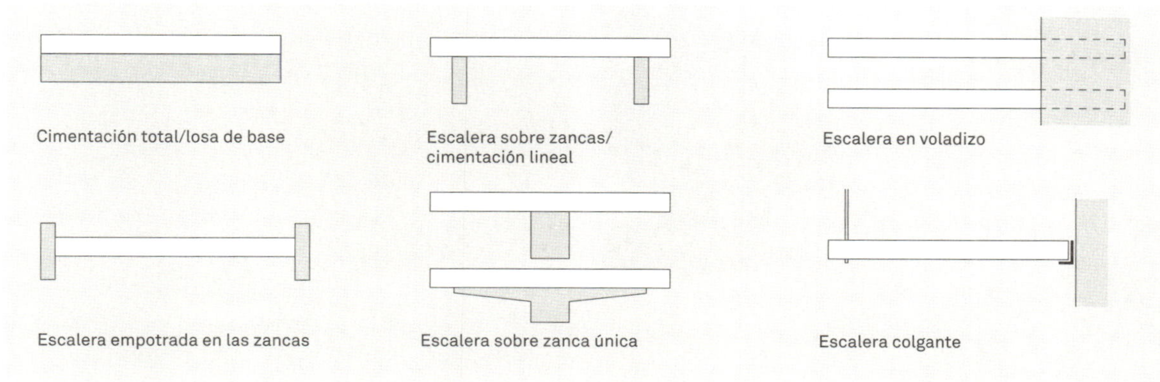

a | b

Fig. 3.3.11: Escaleras sobre zancas:
a) Peldaño de rejilla metálica sobre zanca de perfil en I soldada a cada peldaño
b) Peldaño sobre apoyo metálico

a | b
| c

Fig. 3.3.12: Escaleras con peldaños empotrados:
a) Peldaños en bloques de piedra natural, empotrados en los muros laterales
b) Zancas metálicas con peldaños soldados a los lados
c) Peldaños de madera insertos en las zancas; el primer escalón, de piedra, protege la escalera de la humedad del suelo

Fig. 3.3.13: Escalera en espiral apoyada en zancas en la torre mirador de Killesberg, Stuttgart, Alemania: la escalera se sujeta por un lado mediante cables tensados; la zanca exterior consiste en un tubo de acero que contrarresta las fuerzas de torsión generadas, la zanca interior es de placa metálica.

Fig. 3.3.14: Peldaños en voladizo en una escalera de piedra

a
b

Fig. 3.3.15: Construcción monolítica de la losa de apoyo y los peldaños en escaleras de hormigón:
a) Disposición de varios tramos de escalera seguidos, en la superficie se aprecia el encofrado de tablas de madera
b) Superficie obtenida con encofrado liso

Fig. 3.3.16: Escalera monolítica tallada en la roca

Elementos portantes

Las escaleras al aire libre suelen construirse directamente sobre el firme. La carga se transmite en ese caso sobre toda el área mediante zapatas corridas escalonadas o, si los tramos son estrechos o cortos, mediante losas de cimentación. Los escalones macizos también pueden apoyarse sobre zapatas corridas, donde la carga de los peldaños individuales se transmite mediante apoyos puntuales, de modo similar a las escaleras apoyadas sobre zancas. > **Fig. 3.3.10**

En las escaleras autoportantes, los escalones apoyan toda su cara inferior sobre una losa de hormigón armado, o puntualmente sobre una, dos o más zancas (también llamadas largueros). Tanto las losas de apoyo como las zancas pueden construirse escalonadas en hormigón armado. En la construcción en madera o metal, los apoyos para los peldaños pueden lograrse mediante ménsulas colocadas sobre las zancas o escalonando las propias zancas. > **Figs. 3.3.10, 3.3.11 y 3.3.22** Los peldaños pueden situarse alternativamente entre las zancas, dispuestas a ambos lados. > **Figs. 3.3.10 y 3.3.12.** Habitualmente, las zancas son de perfiles de acero. La construcción de escaleras en madera es poco frecuente en áreas al aire libre, debido al deterioro que sufren a la intemperie, por lo que su uso más común se da en el interior de los edificios; por ejemplo, es frecuente como acceso a altillos.
En la construcción de zancas se utilizan prácticamente todos los perfiles de acero. Pueden encontrarse zancas de placa metálica (de espesor mínimo de 10 mm), de tubo o de perfiles en U y en I, especialmente cuando los peldaños se apoyan sobre la zanca. > **Fig. 3.3.13**
En las escaleras en voladizo, los peldaños están empotrados en uno de sus extremos o, dependiendo del material utilizado, atornillados, sujetos mediante pernos o soldados a una pared o a la propia zanca. Si los peldaños se empotran en la pared, la capacidad portante depende de un adecuado grosor del escalón y de la profundidad del empotramiento. Las piedras duras, como el granito, pueden tener un vuelo de hasta 1,50 m. > **Fig. 3.3.14** En las escaleras de caracol, los peldaños van empotrados en el eje central o cuentan con piezas especiales cilíndricas. Las escaleras colgadas penden de cables o tirantes del techo o de un elemento portante lateral. Además, suelen estar ancladas a la pared o a la zanca lateral mediante una ménsula. > **Fig. 3.3.10**

Se denominan escaleras monolíticas aquellas en las que tanto los peldaños como la estructura portante se construyen en una única pieza. > **Figs. 3.3.15 y 3.3.16**

Cimientos

Los cimientos de las escaleras, que consisten en una losa de cimentación sobre el firme (terreno asentado o explanada compactada), deben estar protegidos contra las heladas y, en casos excepcionales, ser resistentes a estas. El tipo de cimentación dependerá de la localización y de la carga prevista.
Así, si se preven cargas pesadas, la escalera está situada en un espacio público o se trata de largos tramos de escaleras, debe disponerse siempre de una cimentación rígida de hormigón armado y protegida de las heladas. > **Capítulo 2.2 Cimentaciones** Para reducir los trabajos de excavación y los costes materiales de las cimentaciones, las escaleras de gran tamaño suelen apoyarse sobre losas de cimentación o sobre zapatas lineales. Las primeras se protegen contra las heladas mediante zapatas corridas bajo los escalones primero y último de cada tramo.
En las escaleras exentas, la losa de cimentación o las zancas se apoyan a través del primer escalón del tramo sobre zapatas lineales o puntuales. El escalón más alto suele descansar sobre un muro o sobre una ménsula fijada a la edificación. Si esta solución no resulta posible (por ejemplo, en tramos de escalera muy largos), hay que disponer apoyos intermedios. En escaleras de madera, el primer escalón puede ser de piedra, como medida de protección. > **Fig. 3.3.17**
Las cimentaciones que abarcan toda la escalera pueden construirse escalonadas para reducir los costes de material, pero debe tenerse en cuenta la posibilidad de asientos diferenciales, que pueden producir grietas en los cimientos. Por tanto, las cimentaciones escalonadas solo deben utilizarse sobre terrenos firmes, no siendo adecuadas en los suelos sin cohesión. > **Fig. 3.3.18**

Debido a que las cargas se reparten entre las zancas y los peldaños, la cimentación de unos y otros suele ejecutarse por separado. > **Fig. 3.3.19**

Los sistemas constructivos flexibles son particularmente adecuados para peldaños sueltos y tramos cortos de escaleras de peldaños monolíticos cuyo uso no sea intensivo. Si el firme no ha recibido un tratamiento antiheladas, la cimentación flexible (por ejemplo, arena grava 0/32) debe protegerse convenientemente. > **Fig. 3.3.20**
Sobre terrenos asentados y permeables, es posible una cimentación superficial de los escalones en forma de losas de hormigón bajo cada uno de ellos solo en caso de tramos cortos y con poca intensidad de uso. En estas circunstancias, la cimentación, bajo todo el escalón o como zapata corrida, se colocará sobre una capa de protección contra las heladas de unos 15 a 20 cm de espesor. También se puede poner solamente el peldaño de arranque sobre una zapata corrida, protegida contra las heladas. > **Fig. 3.3.21**

Los peldaños de madera se deben apoyar sobre una base de piedra o metal. También en estos casos deben contar con cimentaciones estables y protegidas contra las heladas. > **Fig. 3.3.22 y Capítulo 2.3 Uniones**

Tipos de escalones

El tipo de peldaño que se utilice depende de la estructura portante y del material. Prácticamente todas las clases de peldaños pueden realizarse en piedra. Los de madera o metal se utilizan principalmente como peldaños-placa y sus variantes. > **Fig. 3.3.23** En los escalones macizos conviene realizar algún tipo de bocel o rebaje; el retranqueo de

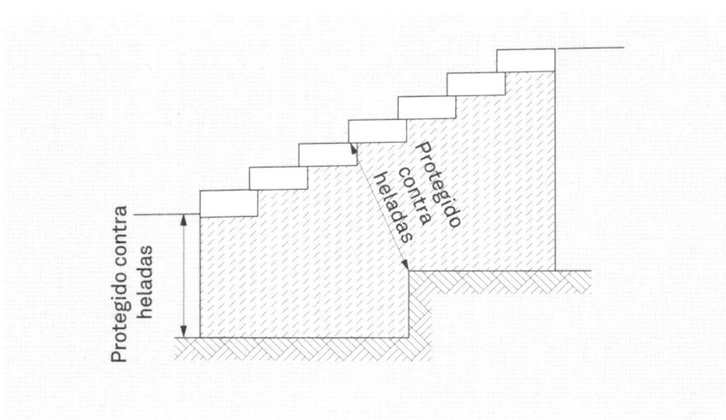

Fig. 3.3.18: Cimientos escalonados (¡solamente sobre terrenos asentados!)

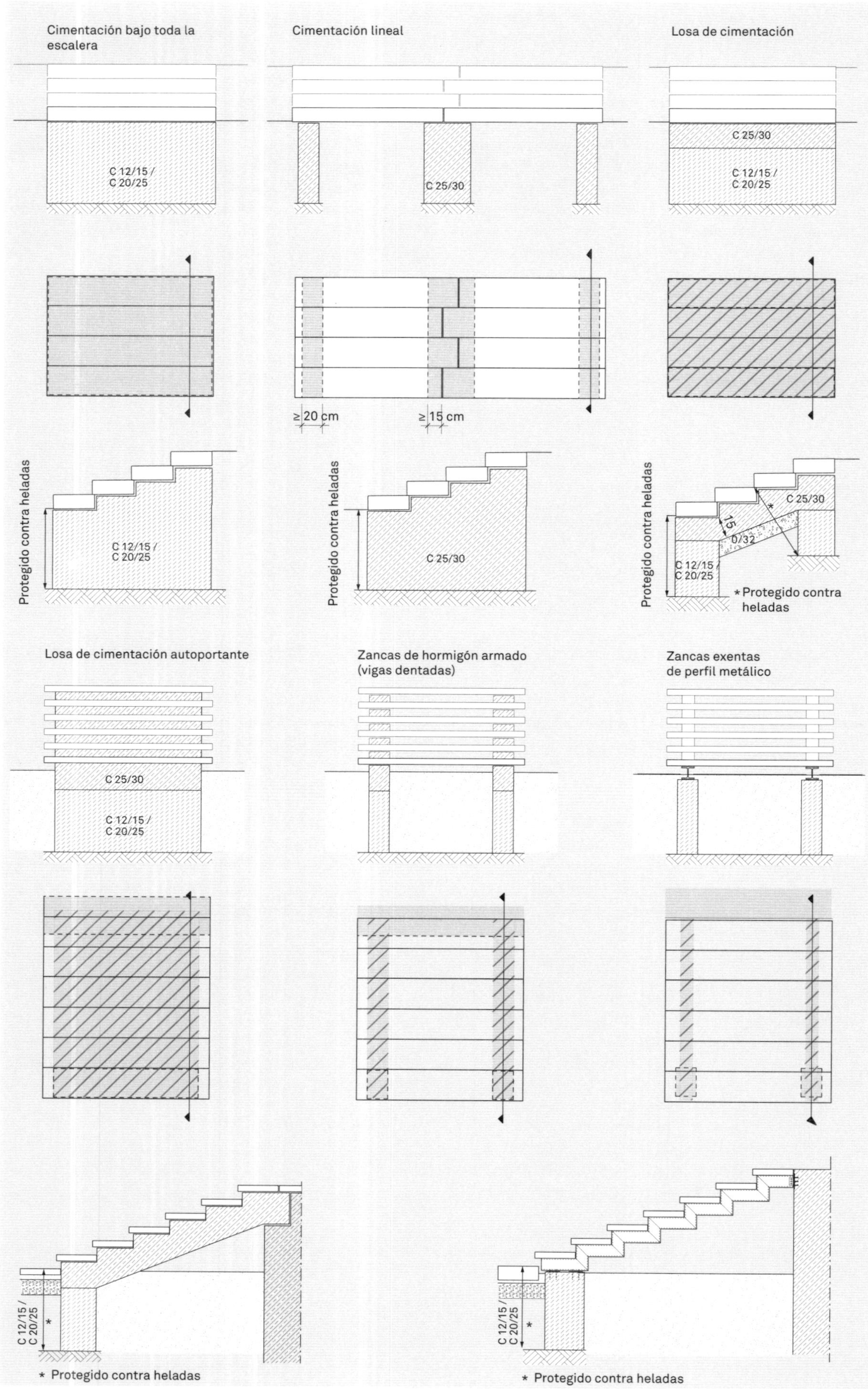

Fig. 3.3.17: Posibles cimentaciones de escaleras

Fig. 3.3.22: Escalera de madera: tanto las zancas como los soportes intermedios se apoyan sobre plintos de piedra arenisca

Fig. 3.3.24: Peldaños macizos con losa y rebaje

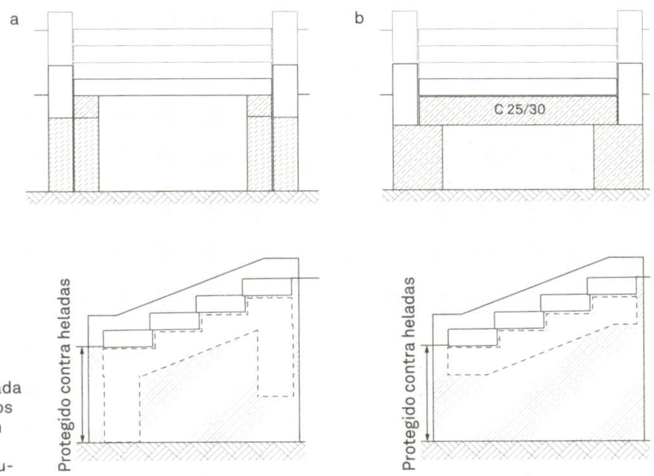

a) Cimentación separada de zancas y peldaños
b) Cimentación común de ambos (requiere certificado del calculista de estructuras)

Fig. 3.3.19: Zancas de escaleras:

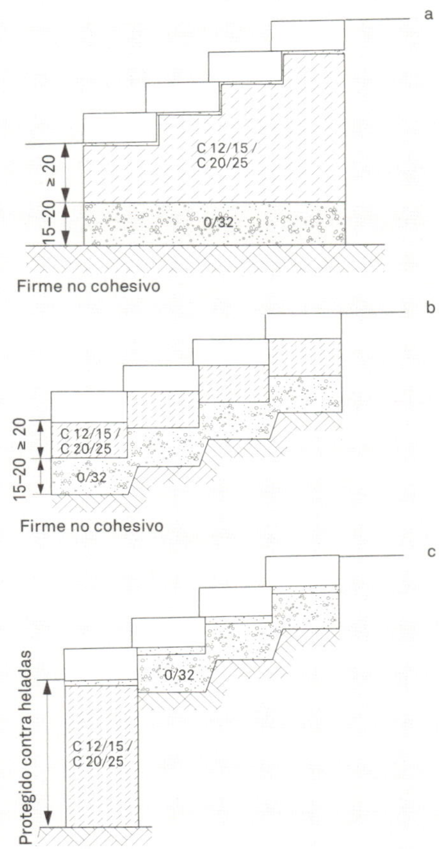

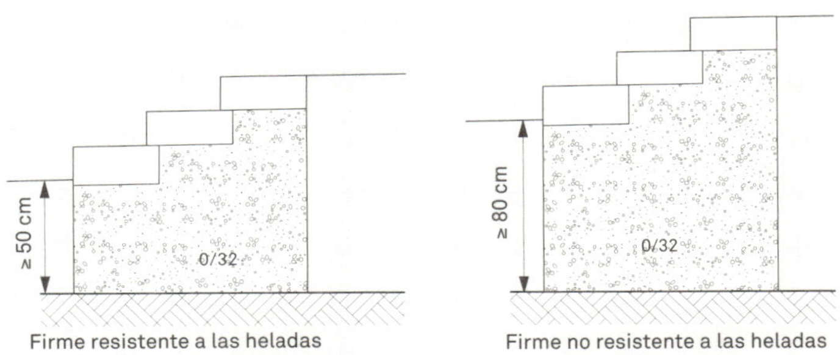

Fig. 3.3.20: Cimentaciones flexibles para peldaños macizos

Fig. 3.3.21: Cimentaciones que reducen el uso de material

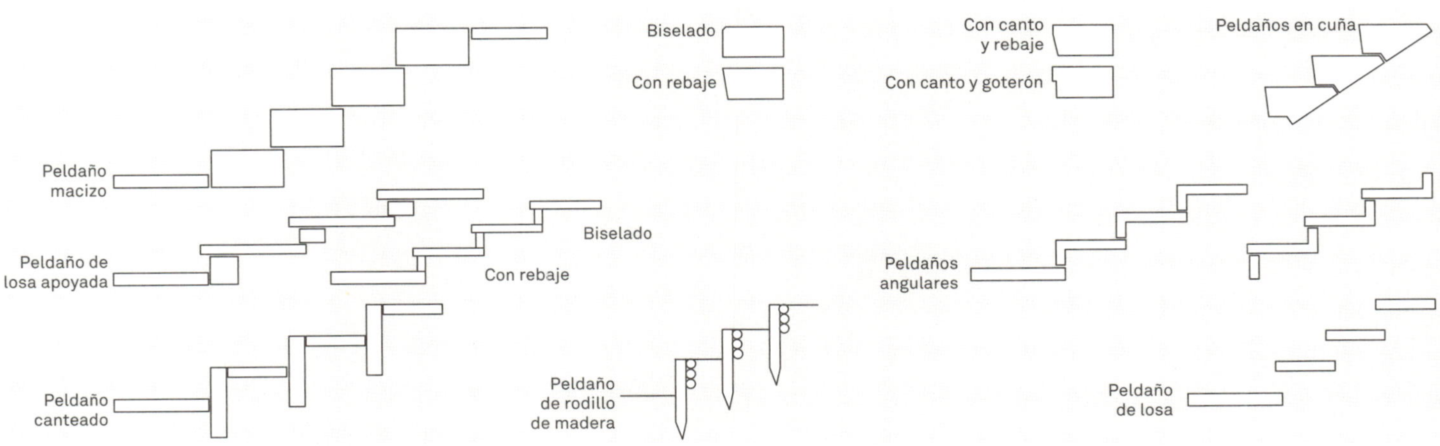

Fig. 3.3.23: Tipos de peldaños

parte de su cara frontal crea una falsa junta, que aligera visualmente la apariencia de la escalera y facilita su uso. > **Fig. 3.3.24**

Peldaños en hormigón y en piedra

Debido a su resistencia a la intemperie, los peldaños de piedra son especialmente adecuados para las escaleras al aire libre, muchas veces situadas directamente sobre el terreno.
Por lo general se colocan apoyados en la capa base sobre una cama de nivelación de mortero (por ejemplo, M 20) de unos 2 a 3 cm de espesor. Si se emplea hormigón in situ, los peldaños pueden tenderse directamente sobre el hormigón aún fresco. Si se apoyan sobre una zanca única, los escalones macizos deben asegurarse mediante pernos o con una pieza conectora. > **Capítulo 2.3 Uniones**
Las piezas pétreas de menor tamaño (como los peldaños de clínker) se colocan como una fábrica. Los peldaños de losa o los angulares pueden también ser pegados. Para la formación de esquinas las piezas de piedra no deben cortarse a bisel, y los ángulos agudos deben evitarse a toda costa. > **Fig. 3.3.25**

Los peldaños macizos son particularmente estables, incluso sobre cimentaciones flexibles. Estos escalones labrados en un único bloque de piedra o en piedra artificial se comercializan con anchos de hasta 2 m (en piedra) y 4 m (en piedra artificial). Las juntas de asiento se ejecutan en seco. El primer escalón puede situarse sobre la capa superficial del camino adyacente o de 3 a 5 cm bajo el acabado del pavimento. Esto último es más recomendable, pues el acabado es más limpio (especialmente si se considera la posibilidad de que el camino sufra asentamientos a largo plazo), y además proporciona un tope que impide el deslizamiento del escalón. Dicho encaje en el terreno implica que este escalón tendrá una altura diferente, lo que debe ser tenido en cuenta. > **Fig. 3.3.26** La misma consideración debe aplicarse también a la pieza en la que se apoyan los escalones de losa. Los peldaños en cuña son también escalones macizos cuya cara inferior está cortada en diagonal, por lo que se deben apoyar sobre una cimentación dispuesta también en diagonal.
Los peldaños de losa en piedra natural o artificial siempre deben descansar sobre una estructura rígida. Si el sistema constructivo es el de escalera abierta (estructura exenta sobre zancas portantes), por razones de seguridad las losas deben volar sobre el elemento de apoyo al menos 3 cm; también se recomienda ese vuelo en escaleras apoyadas sobre losas de asiento, aunque en este caso por razones visuales. > **Fig. 3.3.27**
Los peldaños de losa también pueden empotrarse por los extremos en muros de fábrica; en ese caso, la profundidad del empotramiento debe ser de al menos un cuarto o, mejor, un tercio de su longitud. > **Fig. 3.3.12a**

Si la losa que conforma la huella de un peldaño va apoyada sobre una tabica también maciza, se trata de un peldaño de losa apoyada. El grosor recomendado para la losa es de entre 5 y 9 cm para piedra artificial; si se trata de piedra natural puede ser menor, dependiendo del tipo de piedra. La tabica maciza es más ancha en las cimentaciones no rígidas o flexibles, en las que la anchura debe igualar o superar 1/3 de la huella. Para las escaleras en espacios públicos o con un gran número de escalones, debe preferirse siempre un sistema constructivo rígido. > **Fig. 3.3.28** La losa del peldaño tiene que apoyarse a hueso sobre la tabica. Si se utilizan piezas relativamente pequeñas o de materiales ligeros y disgregables, puede

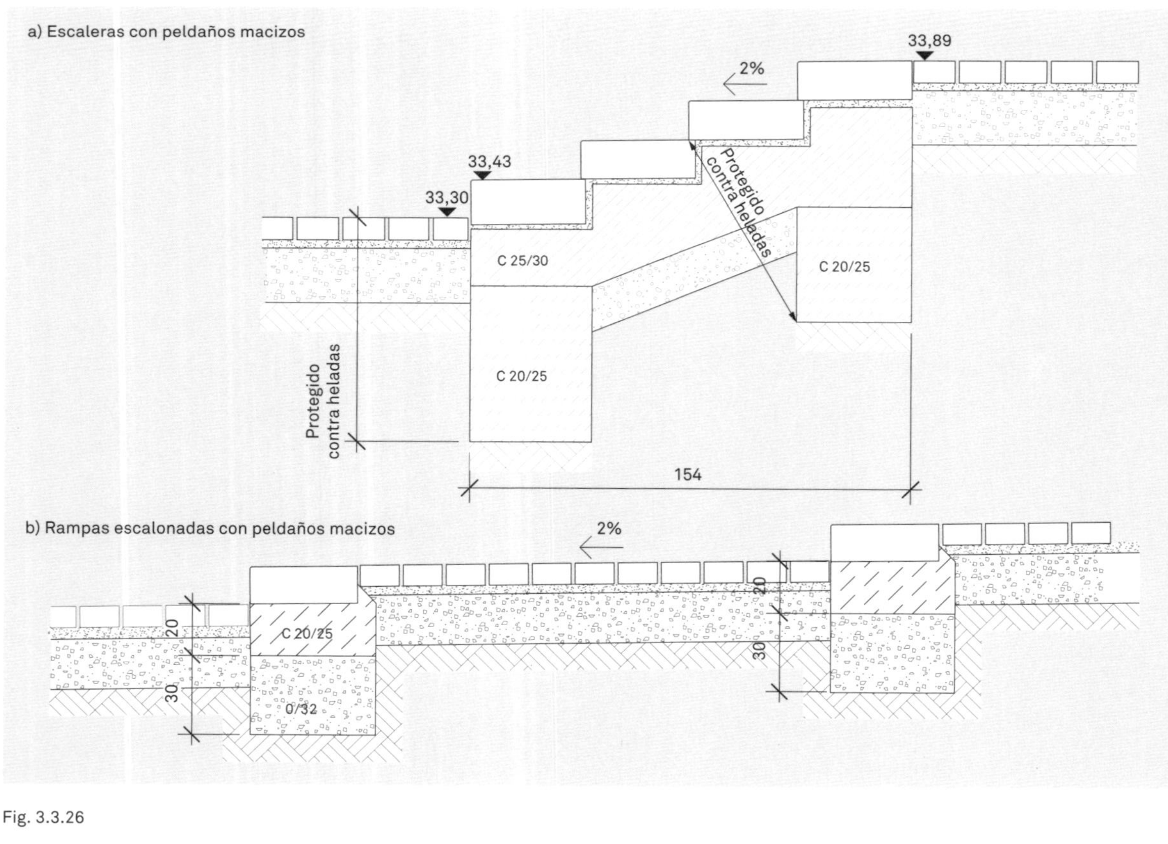

Fig. 3.3.26

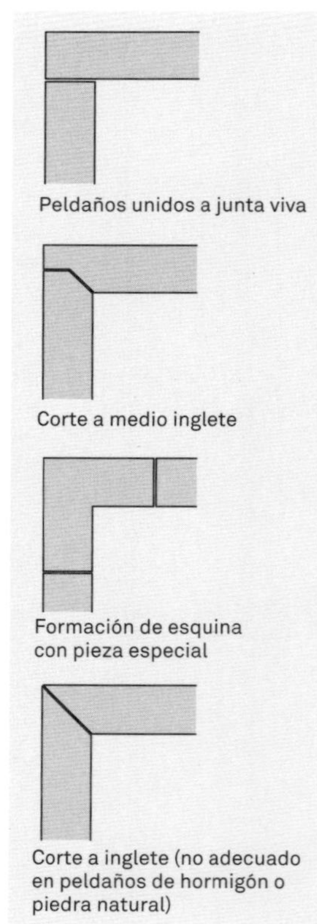

Fig. 3.3.25: Formación de esquinas

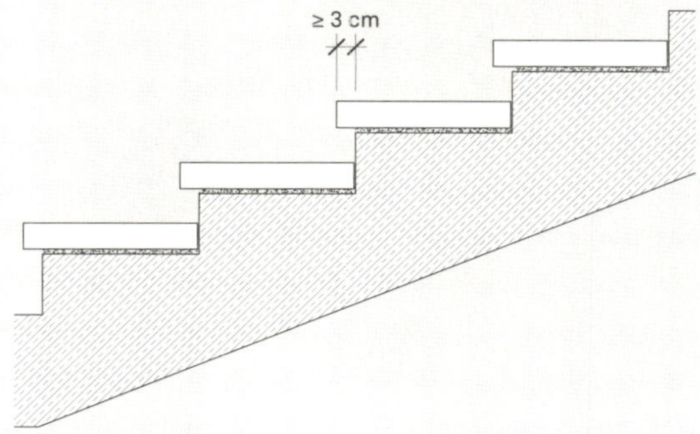

Fig. 3.3.27: Peldaño de losa sobre losa de apoyo o zanca

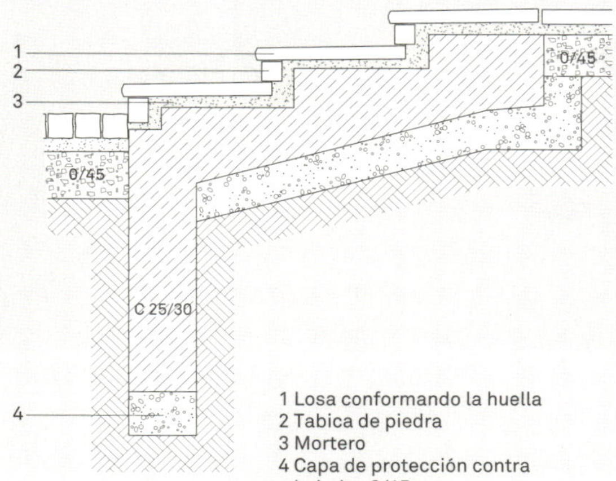

Fig. 3.3.28: Peldaño con tabica

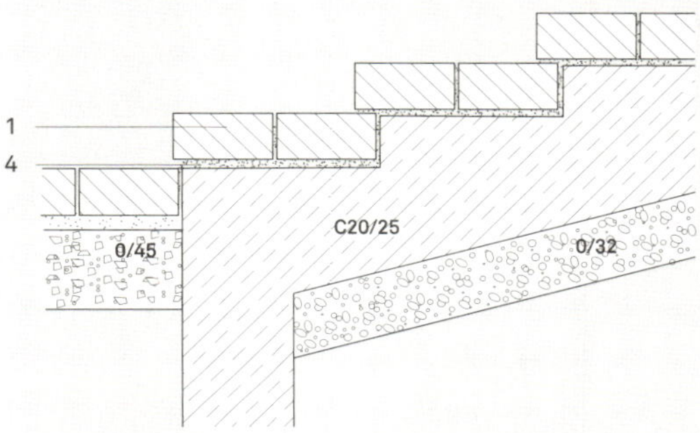

1 Clínker/ladrillo colocado a sardinel
2 Clínker/ladrillo colocado plano a tizón
3 Clínker/ladrillo colocado plano a soga antes del colocado a sardinel
4 Cama de mortero
5 Relleno con mortero y piedra de machaqueo
6 Pieza tabica con formato especial

Fig. 3.3.29: Peldaños de fábrica

Variantes

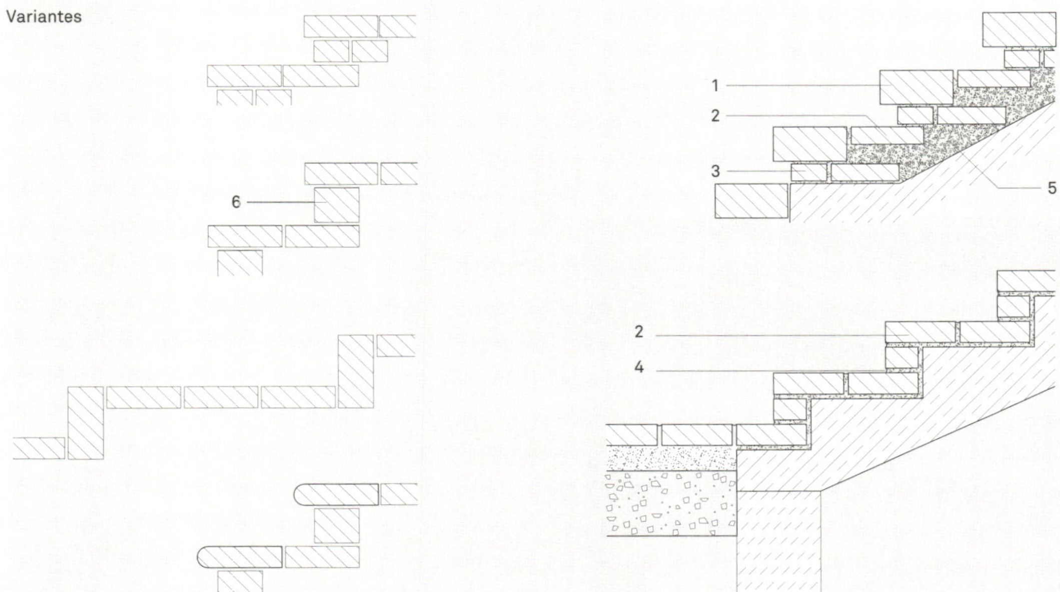

Fig. 3.3.30: Sistema de construcción de peldaños como fábrica de clínker

Fig. 3.3.31:
a) Chapa grecada como material de acabado de peldaños
b) Rejilla de seguridad con acabado dentado

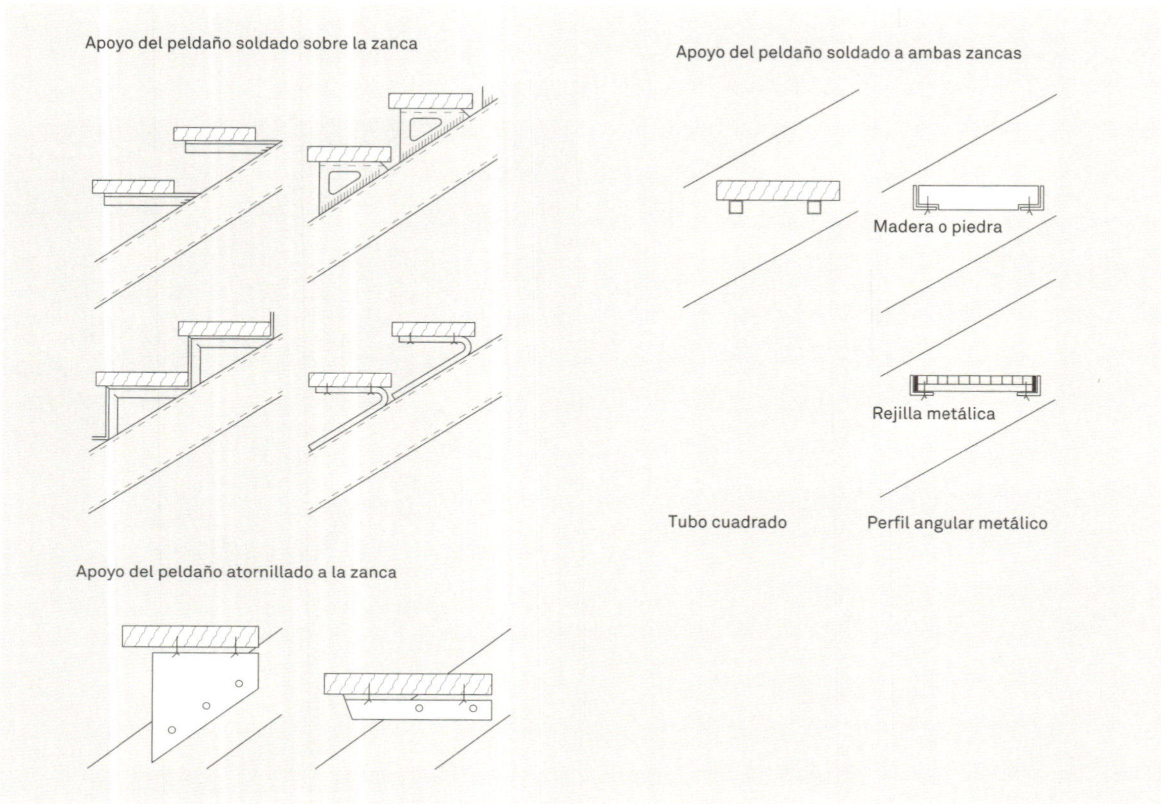

Fig. 3.3.32: Peldaños de acero y madera sobre zancas metálicas

Fig. 3.3.33: Chapa plegada (8 mm) en acero resistente a las inclemencias del tiempo, soldada a montantes de acero como subestructura; pasamanos en acero inoxidable

disponerse una capa de nivelación de 8 a 10 mm de mortero para que la losa del peldaño descanse con seguridad sobre la tabica.
En el mercado se encuentran peldaños en ángulo de piedra artificial que se colocan sobre una cimentación de hormigón armado o una losa base con una superficie convenientemente escalonada. Para la construcción de gradas existen piezas de dimensiones especiales. > Fig. 3.3.23

Los escalones de clínker o ladrillo se ejecutan como obras de fábrica. La construcción del frente del escalón como una hilada a sardinel contribuirá a su mayor durabilidad. > Figs. 3.3.29 y 3.3.30 También pueden construirse este tipo de escaleras de fábrica con piezas de piedra natural de dimensiones similares a los ladrillos.

Fig. 3.3.34: Huella hecha de dos tablones de madera

Fig. 3.3.36: Escalera de maderos enterizos

Peldaños metálicos

Los peldaños en acero o en otros metales más habituales son los de rejilla metálica o de chapa plegada. Para garantizar que la superficie resultante no sea resbaladiza, se utilizan chapas grecadas con estrías u otras marcas en relieve, rejillas metálicas de seguridad con hendiduras, rejillas especiales antideslizantes o incluso, si es necesario, pletinas dentadas. > Fig. 3.3.31

Por regla general, los peldaños se unen a una estructura portante del mismo material, una zanca o viga a la que se atornillan o sueldan. > Fig. 3.3.32 También es posible fabricar todo un tramo de escaleras de una sola pieza de chapa metálica grecada. > Fig. 3.3.33

Peldaños de madera

Los peldaños de madera más habituales son planos. La huella puede consistir en una tabla o tablón, o en varias piezas de madera unidas. > Fig. 3.3.34 Los peldaños planos se empotran lateralmente en las zancas, o se atornillan sobre piezas de apoyo metálicas o de hormigón. Si la estructura portante consiste en zancas, los peldaños se atornillan o se fijan mediante espigas de madera (si las zancas son también de madera). > Fig. 3.3.35 Para estos escalones deben elegirse piezas de más de 50 mm de espesor.

Los de madera maciza se usan como peldaños en cuña, colocados sobre una zanca con la misma pendiente que la cuña. Las piezas enterizas de madera se utilizan como

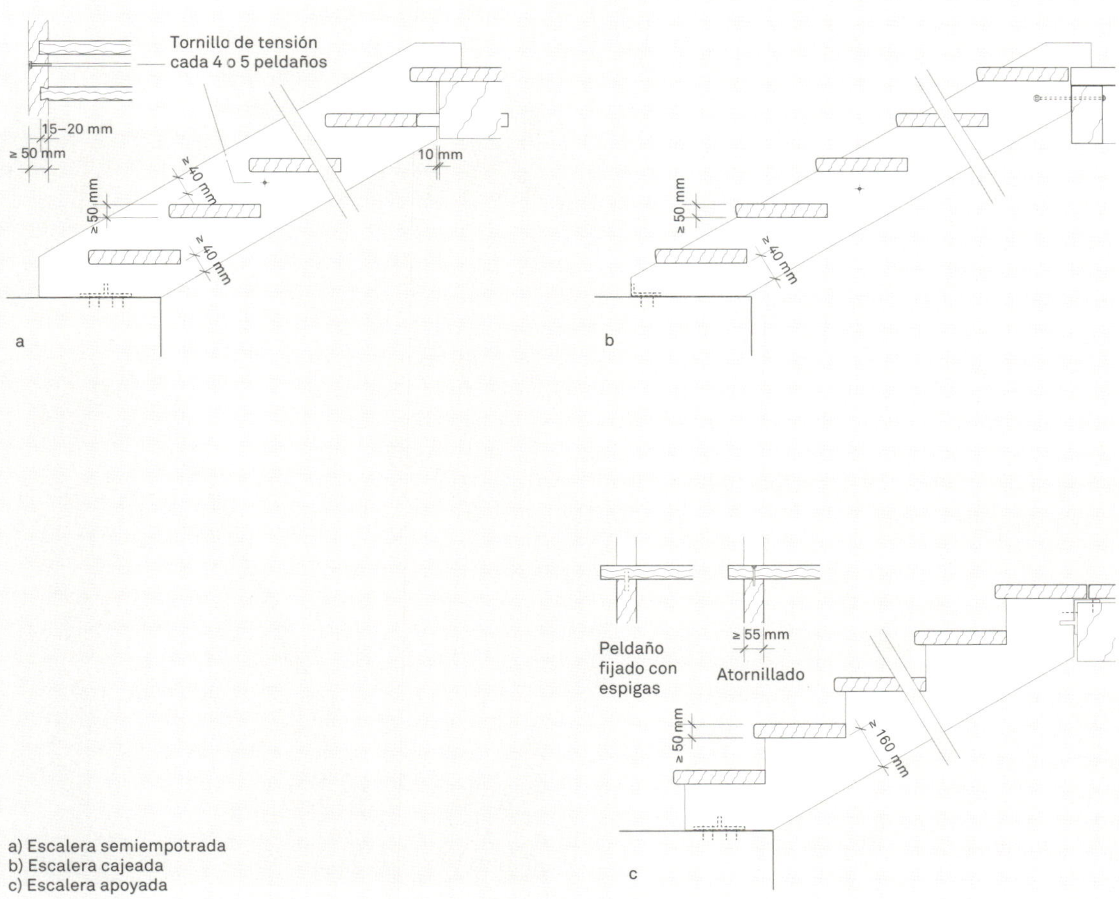

a) Escalera semiempotrada
b) Escalera cajeada
c) Escalera apoyada

Fig. 3.3.35: Estructuras de madera

a | b

Fig. 3.3.37: Peldaños canteados: a) borde de piedra natural y contrahuella de pavimento de guijarros; b) borde de raíles de tren

peldaños macizos en jardines o caminos secundarios. Su durabilidad es limitada, pues están en contacto con el suelo. > Fig. 3.3.36

Peldaños canteados

La ventaja ofrecida por un tramo de peldaños canteados es la posibilidad de crear una capa permeable por detrás del canto de borde. Es habitual encontrar diferentes materiales en el borde (por ejemplo, piedra de cantear o canto metálico) y en la huella del escalón (como adoquines o pavimento de zahorras). > **Fig. 3.3.37** Al igual que en las piezas de bordillo, las piezas de borde se colocan sobre una cimentación corrida de hormigón con un refuerzo lateral o respaldo. Cuando la huella es estrecha, la cimentación corrida marca el escaso espacio filtrante entre los peldaños, por lo que el uso de peldaños canteados se reserva generalmente para huellas lo más largas posible. Para garantizar el drenaje del terreno bajo los escalones, se puede colocar un tubo de drenaje vertical en la cimentación. > Fig. 3.3.38

Una variación de los peldaños canteados son los escalones de rodillo de madera: se trata de unas estacas de madera (de unos 50 cm de largo y entre 6 y 12 cm de diámetro) que se hincan en el suelo y sujetan a su vez unos rodillos o una tabla de madera, conformando el canto relleno con material suelto. Es un sistema constructivo sencillo y económico, adecuado únicamente para usos temporales y poca intensidad de paso. > Fig. 3.3.23

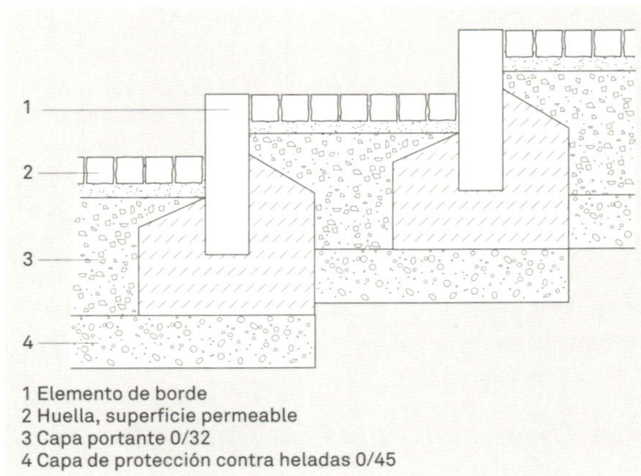

Fig. 3.3.38: Sistema constructivo de peldaños canteados

Pendientes transversales y peldaños inclinados

Los peldaños deben ser siempre horizontales, pues la pendiente transversal dificulta caminar con seguridad. Si se necesita salvar diferencias de nivel, es preferible usar escalones inclinados que permitir que tengan pendiente transversal. El mejor lugar para compensar una pendiente transversal es al pie de la escalera, especialmente si la pendiente del ámbito al que sirve dicha escalera es continua. > **Figs. 3.3.39 y 3.3** Sin embargo, si se construyen escaleras delante de edificios preexistentes, la pendiente transversal es inevitable, y debe situarse en los lados menos transitados de estas. > **Fig. 3.3.41**

Fig. 3.3.39: Escalones inclinados en la parte superior de la escalera

Fig. 3.3.40: Terreno con pendiente transversal al pie de la escalera

Fig. 3.3.41: Escalera construida delante de un edificio existente e inclinada hacia delante

RAMPAS

Si, por razones funcionales o estéticas, resulta imposible construir escaleras, las diferencias de altura deben resolverse mediante rampas. A las zonas verdes de uso público y a los edificios públicos se les suele exigir accesibilidad universal (eliminación de barreras arquitectónicas).

Aunque teóricamente las pendientes de entre el 10 y el 15% son adecuadas en los caminos, a las personas con movilidad reducida una pendiente superior al 8% les supone dificultades. Por tanto se recomienda que la eliminación de barreras se aplique no solo a los edificios públicos. En Alemania, la normativa DIN 18024 limita al 6% la pendiente de rampas de accesibilidad universal. Estas deben presentar rellanos o mesetas cada 6 m como máximo. Pero en Austria, por ejemplo, las mesetas deben estar cada 10 m [N. del T.: en España, el CTE limita en 15 metros la longitud de aquellas que alcancen ese 6% de pendiente]. Dado que las normativas varían de un lugar a otro, siempre hay que tener en cuenta la legislación local.
Las rampas requieren bandas de protección lateral y pasamanos. > **Figs. 3.3.42 y 3.3.43** Pero no deben tener pendiente transversal, pues restringiría la movilidad de una silla de ruedas. El drenaje de las rampas debe producirse mediante canales transversales a la dirección del itinerario.

En esencia, las reglas para la construcción de rampas son las mismas que para los caminos. Si se usan adoquines, las tres o cuatro últimas hiladas deben ejecutarse en hormigón con el fin de contrarrestar las fuerzas de cortante que puedan generarse.

Fig. 3.3.42: Rampa a contramano con pasamanos y bandas de borde

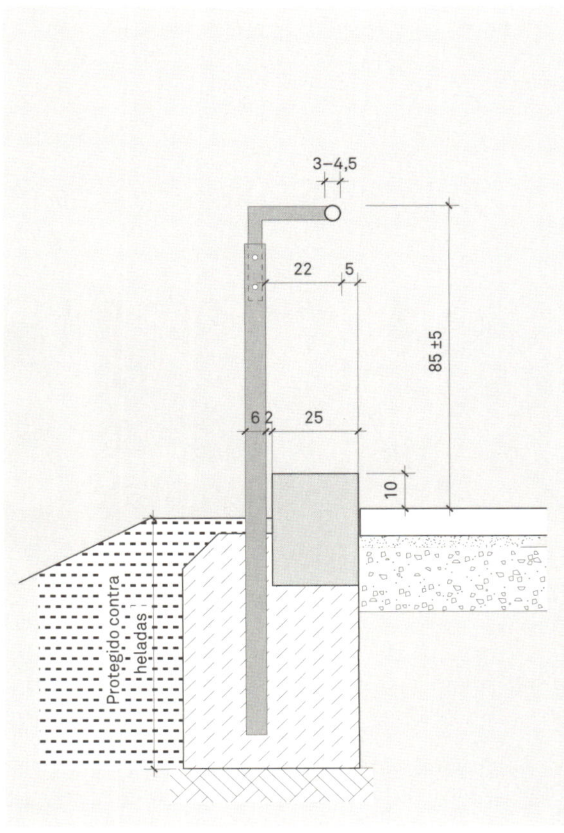

Fig. 3.3.43: Ejemplo de instalación de bordillo de rampa y pasamanos

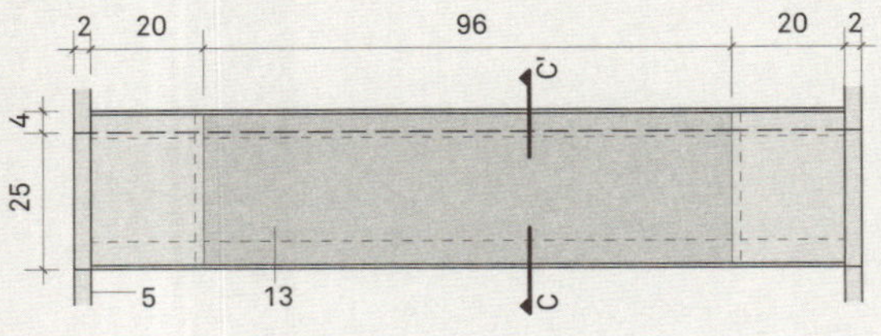

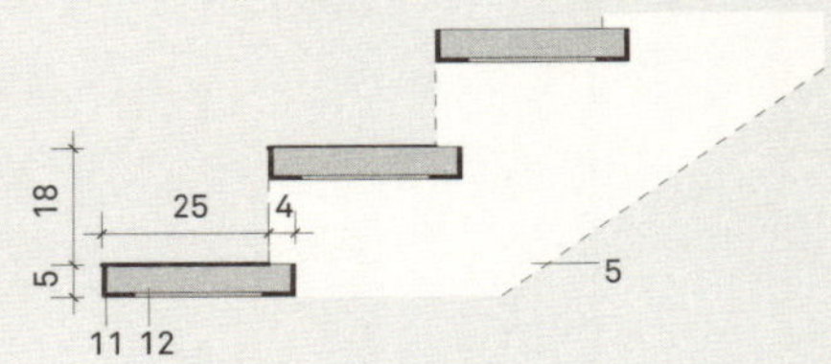

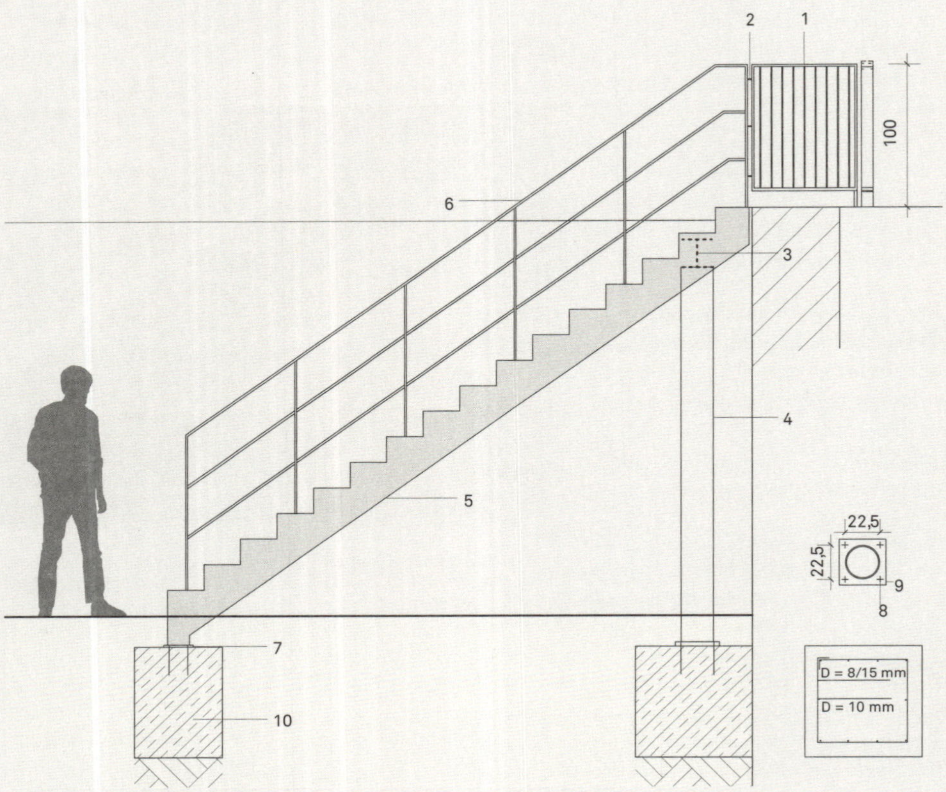

1 Barandilla intermedia
2 Barandilla intermedia fijada con pletinas de acero soldadas, 6/60 mm
3 Perfil HE-A 240 soldado a la zanca portante
4 Soporte de tubo de acero de sección circular: 219.1 x 8 mm
5 Zanca dentada portante: placa de acero d = 20 mm, soldada con perfiles de acero doble T, 16 peldaños 18/29 cm (incluidos 4 cm de vuelo)
6 Barandilla: pletina de acero, 15 x 80 mm, montantes intermedios: pletina de acero, 15 x 70 mm
7 Placa de acero 15 x 200 x 200, 4 pernos M12, FZA 18 x 80 M12
8 4 FZA 22 x 150 M16/60
9 Placa de acero de 20 x 300 x 300 mm soldada al tubo (cordón de soldadura a = 6 mm)
10 Cimentación C20/25
11 Rejilla metálica, ancho 30/30 mm
12 Bastidor de perfil angular L 50 x 7, soldado a zanca de escalera, como soporte de la rejilla y la placa metálica (situado a ambos extremos de cada escalón)

Todos los elementos de acero están galvanizados y lacados
Color: Eisenglimmer DB 703 antracita
Rejillas: solo galvanizadas

ESCALERA METÁLICA EN EL SCHLOSS GROSSENHAIN, SAJONIA, ALEMANIA

Arquitectos paisajistas: Weidinger Landschafts-architekten, Berlín, Alemania
Finalización: 2002

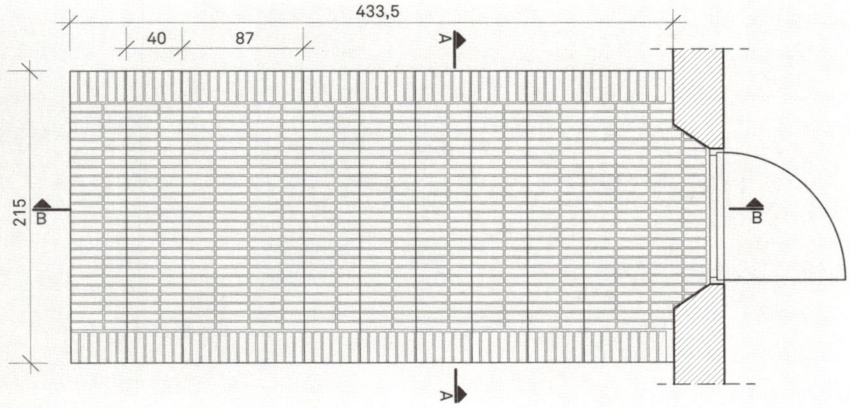

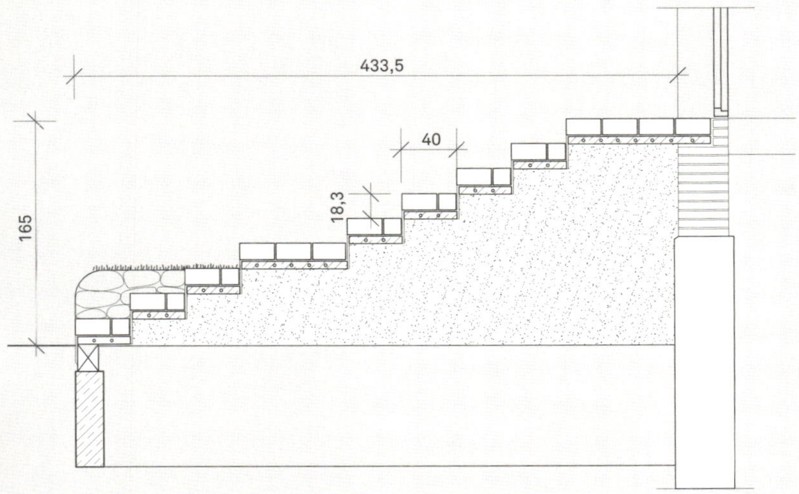

1 Ladrillos de Petersen Tegl: PM antracita, 250 x 120 x 52 mm
2 Mortero
3 Ladrillos cocidos con carbón, de Petersen Tegl: D48 (mod. Wasserstrich recocido, mezcla de colores oscuros), D38 (mod. Wasserstrich, *alt rosé*), D32 (mod. Wasserstrich, amarillo), formato estándar danés (DNF): 228 x 108 x 54 mm
4 Hormigón armado in situ
5 Enfoscado de cemento
6 Bloque hueco de hormigón
7 Arena
8 Cimentación de hormigón in situ
9 Muro ciclópeo

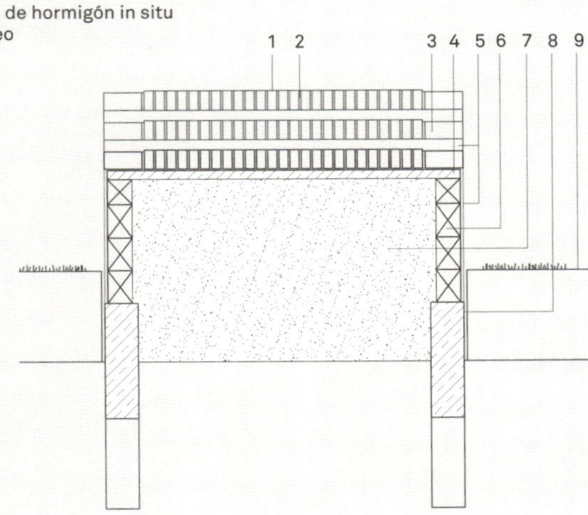

ESCALERA DE CLÍNKER, VIVIENDA EN CHARLOTTENLUND, DINAMARCA

Arquitecto: Alexander Damsbo, Copenhague, Dinamarca
Finalización: 2006

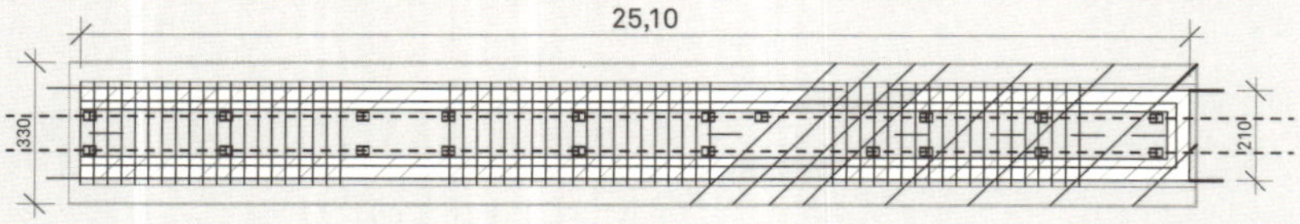

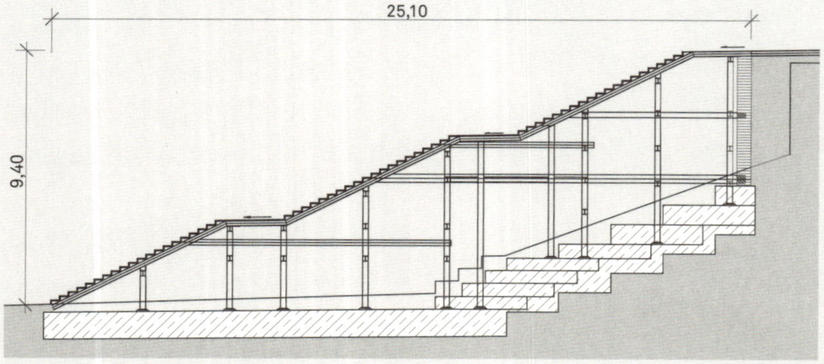

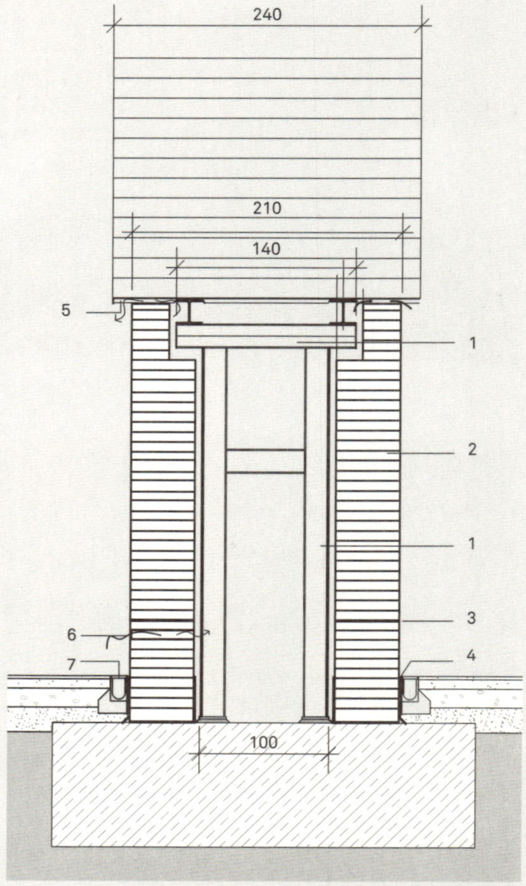

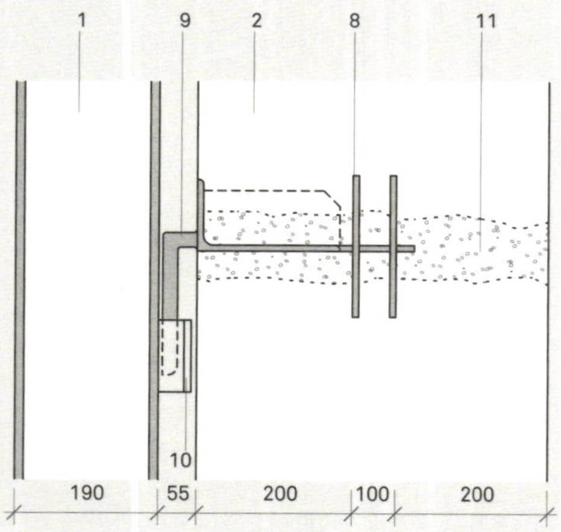

El anclaje móvil que conecta lateralmente los muros de tapial con la estructura de acero permite el movimiento vertical del muro (asiento).

1 Estructura portante de zancas de acero HEA200 galvanizadas
2 Muros de tapial, espesor 50 cm
3 Impermeabilización horizontal de cemento
4 Impermeabilización bituminosa del muro
5 Malla antiinsectos
6 Tubo de ventilación
7 Rejilla DN 100
8 Anclaje vertical del muro
9 Anclaje en L de acero de 200 x 200 x 10 con perfil en L 200 x 20, l = 100, soldado
10 Cajetín de enganche en placa de acero de 35 x 10 y 100 x 20, soldado al HEA 200
11 Capa de mortero

Cada tramo está compuesto por 20 escalones 15/31, peldaños de chapa de acero

LESSERSTIEGE EN NORDHAUSEN, ALEMANIA

Arquitectos: Atelier Worschech, Erfurt, Alemania
Construcción en tierra: Jörg Zimmer, Wernigshausen
Finalización: 2004

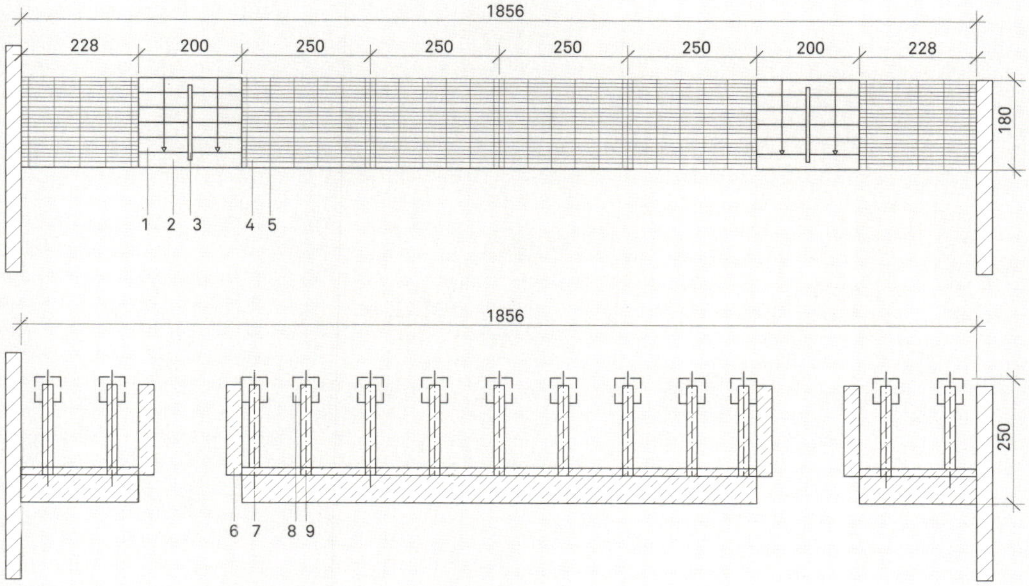

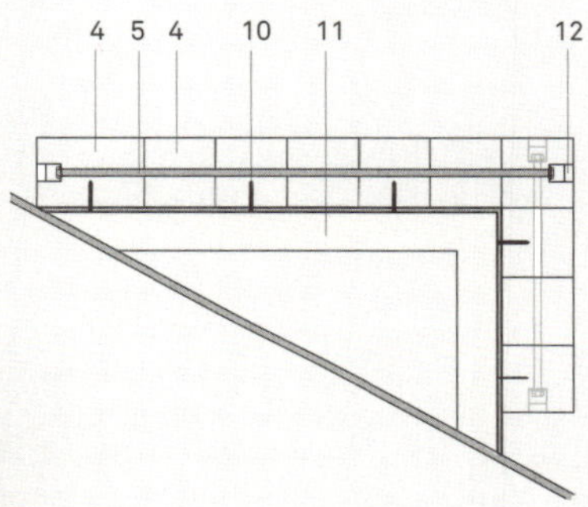

1 Peldaños macizos de hormigón 16/35 sobre 3 cm de cama de mortero, cimentación lineal, C20/25, 30 cm de ancho, 10 cm de cama de apoyo 0/45
2 Peldaño macizo de hormigón 16/30
3 Pasamanos
4 Maderos escuadrados de 80 x 120 o 80 x 80 mm
5 Barra de rosca (distancia a ejes 50 cm) atornillada a ambos lados
6 Cimentación lineal
7 Elemento de apoyo en L, h = 105 cm, largo de la L = 70 cm
8 Cimentación puntual de 25 cm C20/25, 50 x 50 x 85 cm
9 Viga de acero IPE 200
10 Tornillo de madera, cincado
11 Perfil en T de 50 x 50 x 6 mm
12 Tapas de madera
13 Baldosa de hormigón prefabricado d = 8 cm, sobre 5 cm de gravilla y arena de machaqueo, 27 cm de base de macadán
14 Canalón de ranura
15 Pletina de acero como retención (SB20)
16 Perno de anclaje pegado M16
17 Angular en L a base de dos perfiles planos soldados, d = 15 mm
18 Placa de base, d = 16 mm

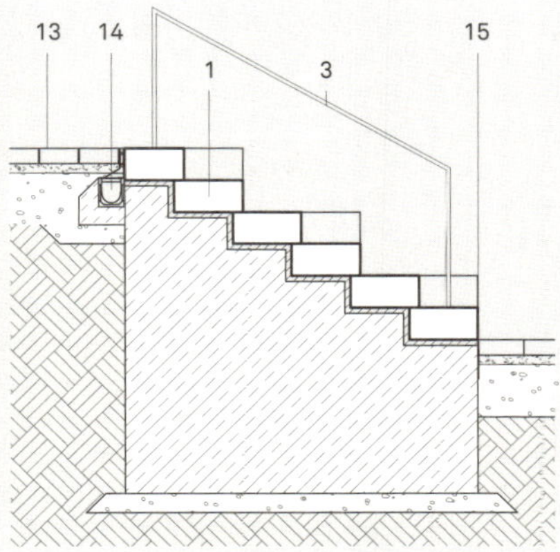

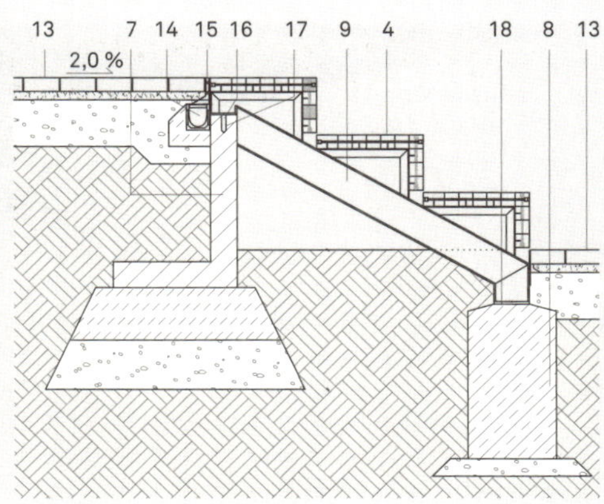

DOS ESCALERAS CUBIERTAS DE MADERA EN EL LAGO DE MARKLEEBERG, ALEMANIA

Arquitecto paisajista: Till Rehwaldt, Dresde, Alemania
Finalización: 2006

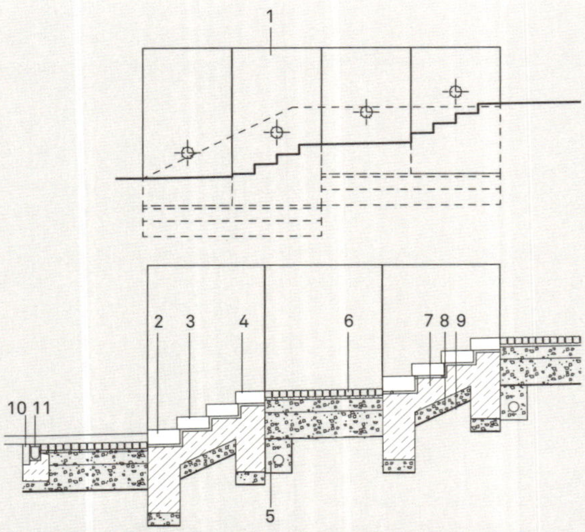

1 Piezas de hormigón armado, h = 200 y 250 cm, cada una con un hueco para empotrar una luminaria, d = 18 cm, t = 15,5 cm; luminaria empotrada del lado del edificio
2 Peldaño macizo prismático 211/38/18 cm de piedra natural sobre 3 cm de cama de mortero
3 Peldaño macizo prismático 211/38/14,5 cm de piedra natural
4 Peldaño macizo prismático 211/34,75/14,5 cm de piedra natural
5 Grava 8/16 con dren lineal, tubo de drenaje completo DN100
6 Adoquinado de piezas pequeñas, en hilera, arenisca dura
7 Hormigón C25/30
8 Base de macadán 0/45
9 Manta filtrante
10 Bordillo preexistente, soterrado
11 Canaleta de drenaje NW100

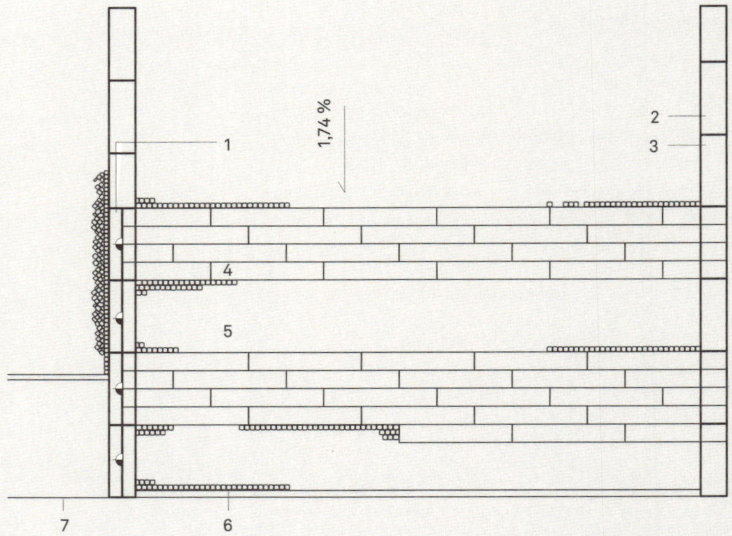

1 Muro de carga / elemento de hormigón prefabricado
2 Pieza de borde / elemento de hormigón prefabricado, l = 138,5 cm
3 Pasamanos de acero pavonado, lacado con pintura de forja (Oxiro n)
4 Peldaño macizo de piedra natural
5 Adoquines de piedra de pequeño tamaño, en hilera
6 Canaleta de desagüe
7 Bordillo preexistente

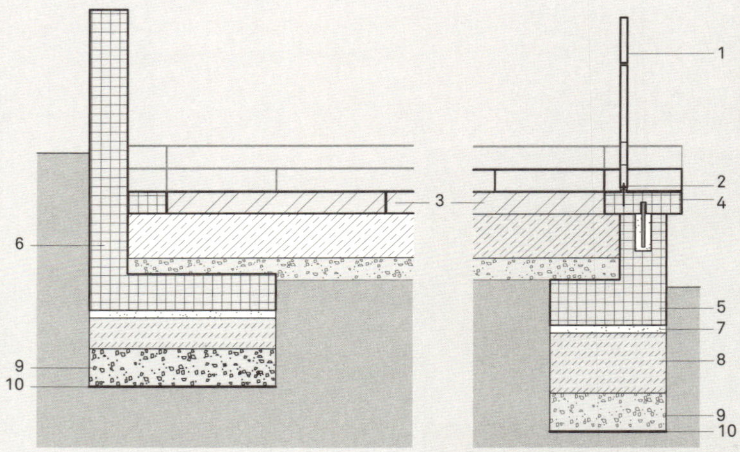

1 Pasamanos de acero pavonado, lacado con pintura de forja
2 Anclaje con tornillos Allen, perno V2A con resina inyectada
3 Peldaño macizo de piedra natural
4 Pieza de borde de la cara norte / pieza de hormigón armado con anclaje
5 Muro de carga / pieza de hormigón prefabricado, l = 138,5 cm, altura variable 45-115 cm, con rebaje en la cara superior para recibir el anclaje de la pieza de borde
6 Muro de carga / pieza de hormigón prefabricado, l = 138,5 cm
7 Capa de 5 cm de mortero
8 Cimentación lineal C12/15
9 Base de macadán 0/45
10 Manta filtrante

ESCALINATA, STRUDELBACHHALLE, WEISSACH, ALEMANIA

Arquitectos paisajistas: Relais Landschaftsarchitekten, Berlín, Alemania
Arquitecto: Peter W. Schmidt, Pforzheim/Berlín, Alemania
Finalización: 2005

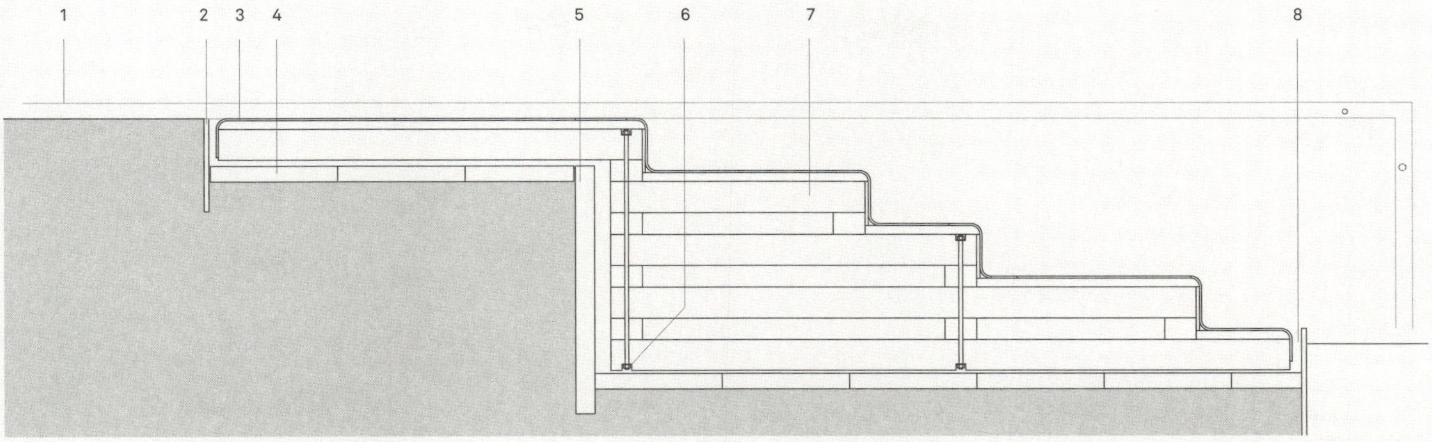

1 Asfalto
2 Pletina de acero de 15 mm
3 Acabado de goma antideslizante azul, fijada a la base con clavos /grapas
4 Baldosas de hormigón de 40 x 40 x 5 cm, colocadas con inclinación
5 Baldosas de hormigón de 190 x 80 x 6 cm
6 Barra de rosca, atornillada
7 Estructura de apoyo en paneles huecos impermeables (de pino tratado en autoclave) pegados, 28 mm y 10 mm, también bandas cóncavas y convexas; altura del escalón: 17 cm
8 Junta de 30 mm
9 Muro de carga de piezas de hormigón prefabricado
10 Desagüe

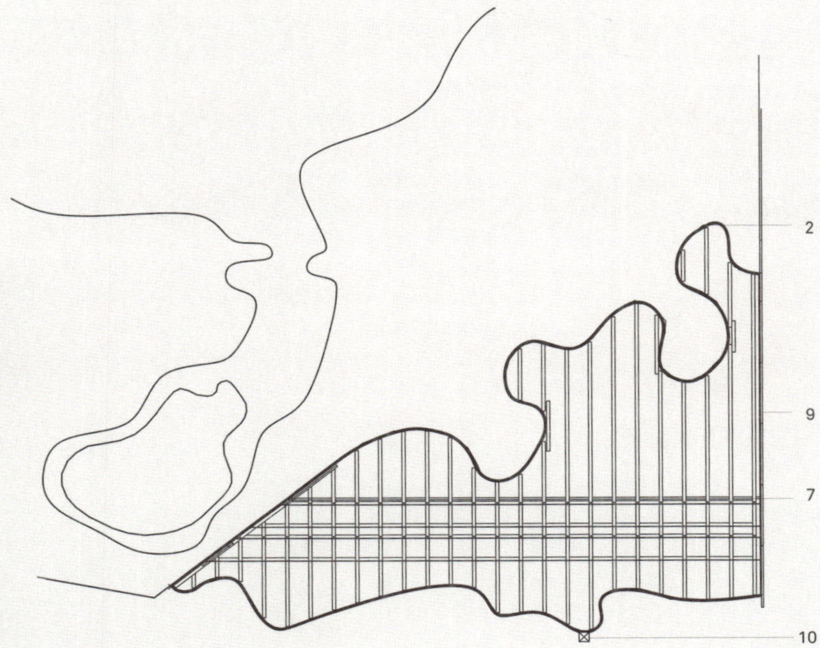

ESCALERA CON ACABADO DE GOMA, JARDINES MUNICIPALES DE BRYGGEN, NØRRESUNDBY, DINAMARCA

Arquitectos paisajistas: SLA A/S, Copenhague, Dinamarca
Stig L. Andersson
Finalización: 2005

3.4 BARANDILLAS Y VALLAS

REQUISITOS GENERALES

- Alturas y dimensiones mínimas
- Requisitos mecánicos

SISTEMAS CONSTRUCTIVOS

- Elección de materiales
- Soluciones en madera y acero
- Anclaje y cimentación
- Pasamanos
- Puertas

EJEMPLOS

Astrid Zimmermann

3.4 BARANDILLAS Y VALLAS

Las barandillas en exteriores sirven principalmente para evitar caídas en aquellas zonas donde hay cambios de cota, escaleras, puentes o pasarelas. Las vallas, por otro lado, se utilizan para delimitar parcelas, para retener pelotas, como barrera visual o como protección frente a las inclemencias atmosféricas. La mayoría de las barandillas y vallas se construyen mediante sistemas de postes o barras, y en todos los casos resulta fundamental un anclaje adecuado.
Sin embargo, los distintos requisitos funcionales implican una serie de diferencias en los detalles. En este sentido, las barandillas casi siempre están coronadas con un pasamanos u otro elemento similar, como una repisa amplia donde apoyarse. Las vallas, sin embargo, no requieren este tipo de apoyos; por el contrario, a veces precisan una coronación que impida que alguien pueda escalarlas.

REQUISITOS GENERALES

Alturas y dimensiones mínimas

Los requisitos en cuanto a alturas y dimensiones mínimas no están fijados por ninguna norma internacional. A la hora de desarrollar un proyecto concreto, es preciso consultar las normas técnicas nacionales. En el caso de usos especiales (como escuelas o lugares de trabajo), pueden existir normativas específicas. Los límites que se indican a continuación deben, por tanto, tomarse como ejemplos. En cualquier caso, están basados en los requisitos más comunes de las distintas normas técnicas.
Cualquier desnivel superior a 1 m debería protegerse con un parapeto. Si el desnivel es menor a 12 m, la altura mínima de la barandilla debería fijarse en 1 m. Existen excepciones en el caso de escaleras, ya que en algunos

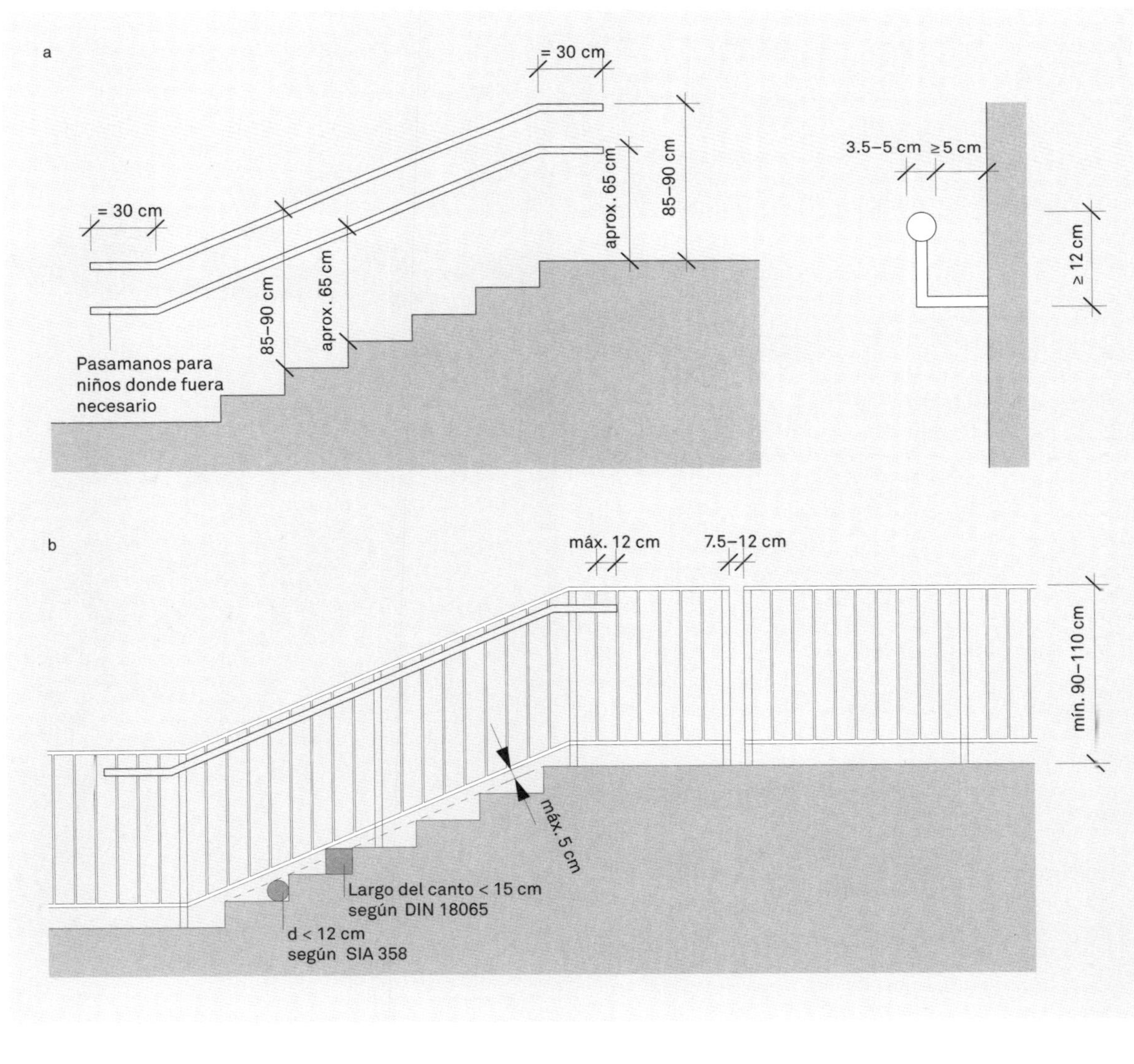

Fig. 3.4.1: Requisitos dimensionales:
a) Pasamanos
b) Barandillas

Fig. 3.4.2: Barandillas con pasamanos proyectado. En la base se incorpora una malla para dificultar más aún el ascenso.

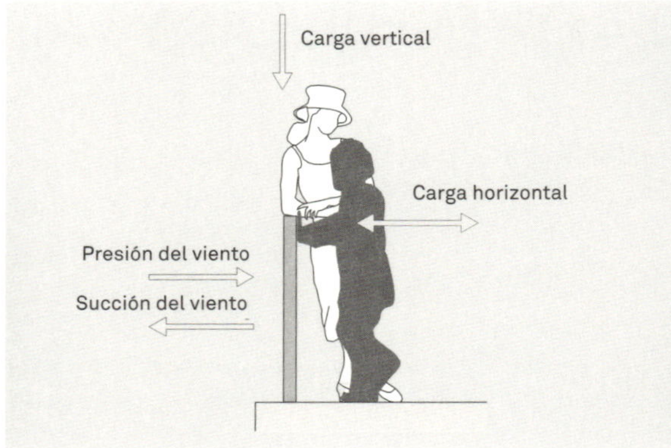

Fig. 3.4.3: Cargas en barandillas y vallas

Fig. 3.4.4: Pasamanos en escaleras donde no existe el riesgo de caídas

países se admiten barandillas de 0,90 m. Los desniveles superiores a 12 m exigen barandillas de 1,10 m de altura [N. del T.: En España, por ejemplo, el CTE hace variar la altura dependiendo de la distancia del parapeto al suelo: 90 cm, si la altura es inferior a 6 m, y 1,1, si es mayor; en edificios de uso escolar, puede aumentar hasta 1,2 m. Nuevamente, son requisitos que dependen de la legislación local].

Las directrices contra las barreras arquitectónicas exigen que el pasamanos se sitúe a una altura de 85 cm (véase DIN 18024) o 90 cm [N. del T.: el CTE marca este mínimo, frente a 110cm de altura máxima, salvo centros infantiles en los que fija entre 65 y 75 cm]. En las barandillas de mayor altura, el pasamanos debe independizarse de la coronación. > **Fig. 3.4.1** Idealmente, los pasamanos deberían ser cilíndricos, y contar con un diámetro de 3,5 a 4,5 (5) cm (es decir, con una circunferencia de 11 a 15 cm). Esta cuestión es particularmente relevante en escaleras y rampas situadas en espacios públicos, donde la ausencia de barreras arquitectónicas es un requisito indispensable.

Para la protección de los niños, deben tomarse, además, otras medidas de seguridad. La distancia entre barras verticales y diagonales no debería ser mayor de 12 cm (en Francia, por ejemplo, para áreas de juego es igual o inferior a 11 cm [N. del T.: en España el CTE fija 10 cm]. Allí donde no hay riesgo de caída, se permiten separaciones mayores, aunque entonces conviene que superen los 23 cm para evitar que las extremidades puedan quedar atrapadas. Las redes y mallas con una dimensión de malla inferior o igual a 40 mm proporcionan la mejor protección. Las barandillas con barras horizontales deberían disponer de un pasamanos proyectado sobre la vertical para evitar que puedan utilizarse para escalar [N. del T: el CTE recomienda que no existan puntos de apoyo en el tramo comprendido entre los 20 y los 70 cm desde el suelo]. > **Fig. 3.4.2**

Si no hay peligro de caídas, como por ejemplo en escaleras que ascienden por laderas, basta con un simple pasamanos. > **Fig. 3.4.4**

Requisitos mecánicos

Sobre las barandillas y vallas actúan varias cargas, lo que condiciona el dimensionado de los componentes individuales y el sistema de anclaje a utilizar. Se trata principalmente de cargas horizontales, causadas sobre todo por personas que se apoyan sobre ellas o que las golpean.

Las cargas de viento juegan un papel significativo en localizaciones expuestas, especialmente si las barandillas o vallas presentan superficies amplias. Deberían tenerse en cuenta las diferencias regionales en cuanto a la intensidad del viento.
También es preciso atender las cargas verticales en aquellos casos en que los anclajes sean laterales o cuando la estructura esté reforzada desde abajo. Además del peso propio, hay que contar con las sobrecargas impuestas por las personas y por los pesos que puedan colgarse (cargas originadas por la vegetación potencial de jardineras). > **Fig. 3.4.3** El hecho de que los mayores esfuerzos se produzcan

Fig. 3.4.5: Los postes de esta barandilla tienen una sección variable en función de los esfuerzos mecánicos. La base es más gruesa que la parte superior.

en la parte inferior de los postes se refleja a menudo en su sección variable. > Fig. 3.4.5
Las cargas aplicadas producen un efecto de palanca que deben soportar los anclajes. Cuando se emplean anclajes atornillados, hay que tener en cuenta tanto la resistencia de los tornillos y de la placa de anclaje como la longitud del brazo de palanca que forman los distintos puntos de agarre. Si el anclaje se realiza mediante una cimentación de hormigón, la profundidad del mismo resulta crucial para proporcionar un brazo de palanca adecuado; por supuesto, la resistencia de la cimentación afecta la capacidad portante de la barandilla o valla. > Fig. 3.4.6

En el caso de barandillas, normalmente se asume una carga horizontal en el pasamanos de 100 kg por metro (1 kN/m). En zonas privadas, suele calcularse una carga de 0,5 kN/m. Estos valores pueden utilizarse para dimensionar componentes y elementos de fijación cuando no existan requisitos especiales, siempre de acuerdo con los fabricantes y el contratista encargado de la ejecución. Si es preciso un cálculo estructural detallado de las cargas, debe ser realizado por un experto, que también se encargará de determinar el tipo de anclaje y las dimensiones de cada componente.

Diversos fabricantes ofrecen barandillas y vallas estandarizadas (por ejemplo, vallas de protección para campos deportivos realizadas con elementos mallados) con el espesor necesario para cada uso. Estos mismos fabricantes proporcionan, además, recomendaciones relativas al anclaje y la cimentación de estos elementos.

SISTEMAS CONSTRUCTIVOS

Elección de materiales

Los principales materiales empleados en vallas y barandillas son la madera y el acero. El acero permite el diseño de elementos de filigrana; además, con una protección adecuada frente a la corrosión, ofrece mayor durabilidad que la madera. Por todo ello el acero resulta especialmente adecuado para los elementos estructurales. Las vallas y barandillas de este material se suelen montar por secciones en fábrica (mediante soldadura, por ejemplo), de forma que se minimice la soldadura en obra o que los distintos elementos puedan montarse mediante tornillos o pasadores. > Fig. 3.4.7

En el caso de las vallas de madera, los listones presentan una superficie expuesta relativamente continua. Las piezas individuales pueden atornillarse o clavarse fácilmente in situ. La coronación de los elementos de madera tiene que realizarse de acuerdo con la normativa de protección de este material. > Figs. 3.4.8 y 3.4.9 y Capítulo 1.4 Madera Estas barandillas suelen formar parte de puentes o pasarelas de madera. > Fig. 3.4.10

Los postes también pueden ser de albañilería u hormigón, a menudo combinados con un pedestal de albañilería.

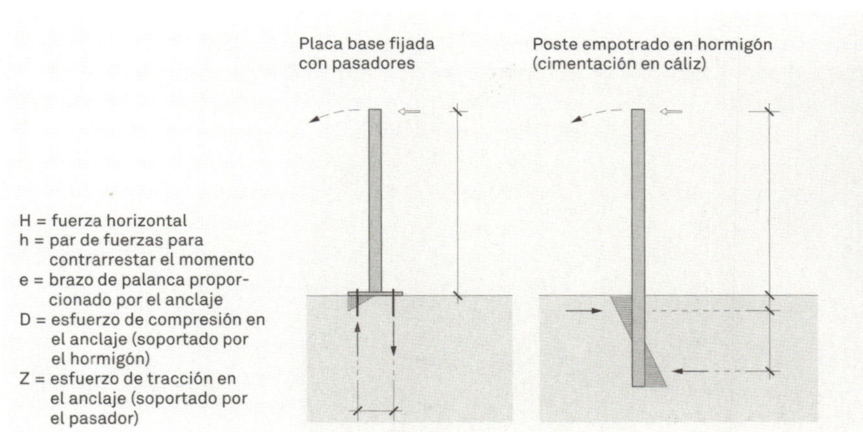

Fig. 3.4.6: Brazo de palanca necesario para contrarrestar los empujes horizontales, en función de la solución constructiva adoptada

Fig. 3.4.7: Rejas soldadas en fábrica y atornillas a postes de ladrillo clínker

Fig. 3.4.8: Valla de listones: postes y listones con superficie inclinada

Fig. 3.4.9: Valla realizada con rollizos de madera. Las coronaciones metálicas sirven de protección contra la lluvia

Fig. 3.4.10: Puente de madera con barandillas de madera

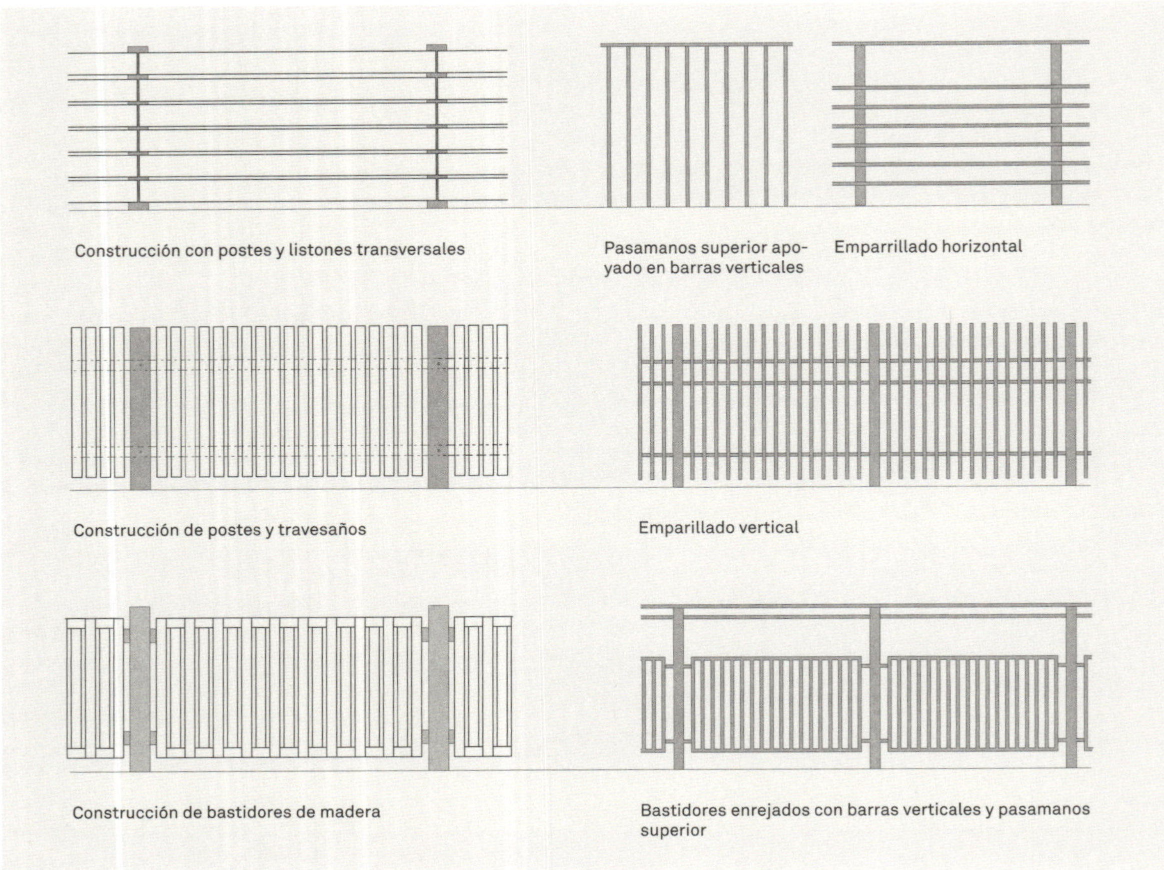

Fig. 3.4.11: Tipos básicos de vallas y barandillas según su método constructivo (selección)

Fig. 3.4.12: Construcción de postes y travesaños con tableros atornillados a tres travesaños

Fig. 3.4.13: Cercado bajo con un único travesaño

Fig. 3.4.14: Construcción de postes y bastidores coronada con un pasamanos

También es posible utilizar otros materiales, aunque conviene comprobar su idoneidad (por ejemplo, barandillas con paneles de vidrio o plástico).

Soluciones en madera y acero

El método más sencillo para construir barandillas y vallas consiste en disponer elementos horizontales de cerramiento entre los postes verticales. > **Fig. 3.4.11** Si se trata de vallas de madera, estos cerramientos son tableros, listones o medios rollizos. En construcciones de acero, se emplean por lo general elementos menos voluminosos, como barras y cables de acero. En cualquier caso, también pueden utilizarse elementos moldeados de acero de diversas dimensiones.

Una solución constructiva consiste en disponer travesaños entre los postes con tablillas o elementos verticales apoyados sobre ellos. > **Figs. 3.4.11 y 3.4.12** Las molduras estrechas y las barras de acero se denominan tirantes superiores e inferiores. También pueden disponerse barras o travesaños intermedios adicionales por motivos estéticos o constructivos. En el caso de las barandillas, el travesaño superior puede desdoblarse para servir de pasamanos. En ocasiones no hay ninguna otra barra horizontal. Las vallas y cercados de poca altura también pueden construirse con un único travesaño. > **Fig. 3.4.13**

En los sistemas constructivos de postes y bastidor, este último cumple la función de transmitir las cargas de las barras, rejillas o listones que contiene. > **Fig. 3.4.14** Con este sistema se pueden emplear paneles de menor espesor que en el caso de las construcciones con postes y travesaños. Excepcionalmente se emplean soluciones en las que los bastidores se conectan entre sí y se apoyan en el suelo directamente, de tal modo que las barras externas verticales de estos bastidores asumen la función de los postes. > **Fig. 3.4.15**

Si no hay ningún tipo de barra horizontal, travesaño o panel y los postes simplemente están uno junto a otro, nos encontramos ante una valla de estacas o una empalizada. En este caso, en función del material empleado y de su espesor, será necesaria una determinada distancia entre cada poste. > **Figs. 3.4.16 y 3.4.17** Los postes asumen las cargas principales de la construcción y las transfieren al terreno. Y están dimensionados de acuerdo con el peso que se pretende dar al elemento constructivo, las distancias de separación y los esfuerzos mecánicos previsibles. > **Tab. 3.4.1** Si se pretende utilizar perfiles delgados de acero, conviene recurrir a tirantes horizontales para estabilizar los postes. También pueden emplearse componentes con una sección creciente, según se aproximen al apoyo. Las barras y pletinas de acero también pueden reforzarse mediante una espiga en la parte inferior. > **Fig. 3.4.18**
En las vallas de madera se utilizan piezas escuadradas y rollizos enteros o medios. Y en las construcciones con acero, los componentes disponibles van desde los tubos redondos y cuadrados hasta diversos tipos de perfiles, incluso los de chapa soldada y los laminados en T o doble T. También pueden formarse postes compuestos de varios elementos, por ejemplo, con dos o cuatro perfiles angulares o con dos pletinas de acero.

Fig. 3.4.17: Valla realizada con pletinas de acero. En la parte superior se disponen separadores soldados a los postes

Fig. 3.4.15: Bastidor atornillado a una placa base

Fig. 3.4.16: Barandilla tipo empalizada realizada con tubos de acero inoxidable

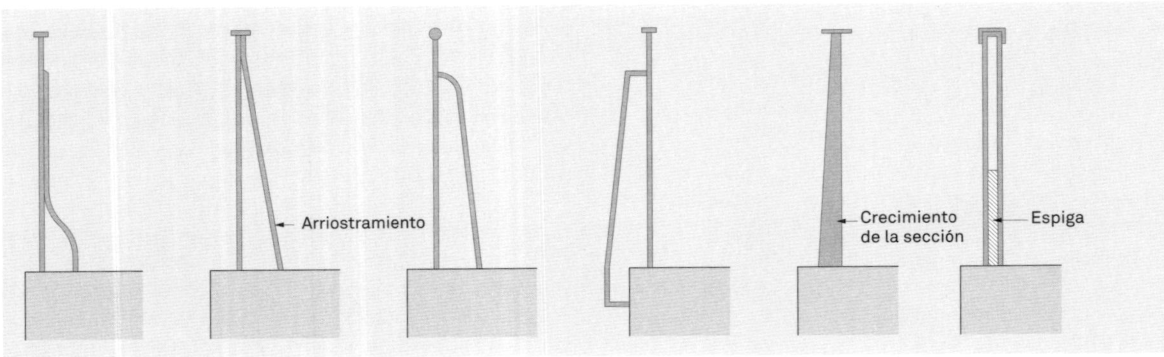

Fig. 3.4.18: Rigidización de postes

Componente	Perfil/tipo	Altura de la valla o barandilla	Dimensiones *
Postes de madera	Madera escuadrada	≤ 800 mm	Aprox. 100/100 mm
		≤ 1000 mm	Aprox. 110/110 mm
		> 1000 ≤ 1500 mm	Aprox. 120/120 mm
		> 1500 ≤ 2000 mm	Aprox. 140/140 mm
	Rollizos		100/100-140/140 mm
	Medios rollizos	≤ 800 mm	70-90 mm
		≤ 1200 mm	80-100 mm
		≤ 1200-1500 mm	90-110 mm
Postes de acero	Tubo cuadrado	≤ 1200 mm ≤ 2000 mm	Mín. 40/40/3 mm Mín. 60/60/4 mm
	Tubo rectangular	≤ 1200 mm ≤ 2000 mm	Mín. 20/40/2.5 mm Mín. 40/60/4 mm
	Tubo redondo	≤ 1200 mm ≤ 2000 mm	Mín. 60/4 mm Mín. 76/4 mm
	Redondo	≤ 1200 mm	Mín. d = 30 mm (menor si la separación entre postes es menor)
	Cuadrado	≤ 1200 mm	Mín. 25/25 mm
	Pletina	≤ 1200 mm	Mín. d = 10 mm (dispuestas por pares)
	Perfil en doble T	≤ 1200 mm	Mín. HEB 100/IPE 80
	Perfil en T	≤ 600 mm	Mín. 40/40/5 mm
		≤ 1200 mm	Mín. 60/60/7 mm
Postes de fábrica (aparejados)	Fábricas	≤ 1500 mm ≤ 2500 mm	Mín. 240/240 mm Mín. 365(240)/365 mm (con núcleo de hormigón armado si es necesario)
	Aparejos de piedra natural		Mín. 300/300 mm
Postes de acero y hormigón	Partes acabadas	≤ 2000 mm **	Mín. 100/100 mm
		≤ 2500 mm **	Mín. 150/150 mm
	Hormigón in situ		Mín. 250/250 mm
Postes realizados con piedra natural (monolíticos) (varían en función del tipo de piedra)	Ejemplo: granito	≤ 1500 mm ** ≤ 2500 mm **	Mín. 120/120 mm Mín. 100/250 mm
	Ejemplo: arenisca	≤ 1500 mm ** ≤ 2500 mm **	Mín. 120/120 mm y 100/250 mm a partir de aprox. 160/160 mm

* No aplicable a postes de puertas. El espesor también depende de la distancia entre postes
** Altura total. La parte enterrada del poste no debe contabilizarse

Tab. 3.4.1: Ejemplos de distintos estándares para el dimensionado de postes de vallas y barandillas

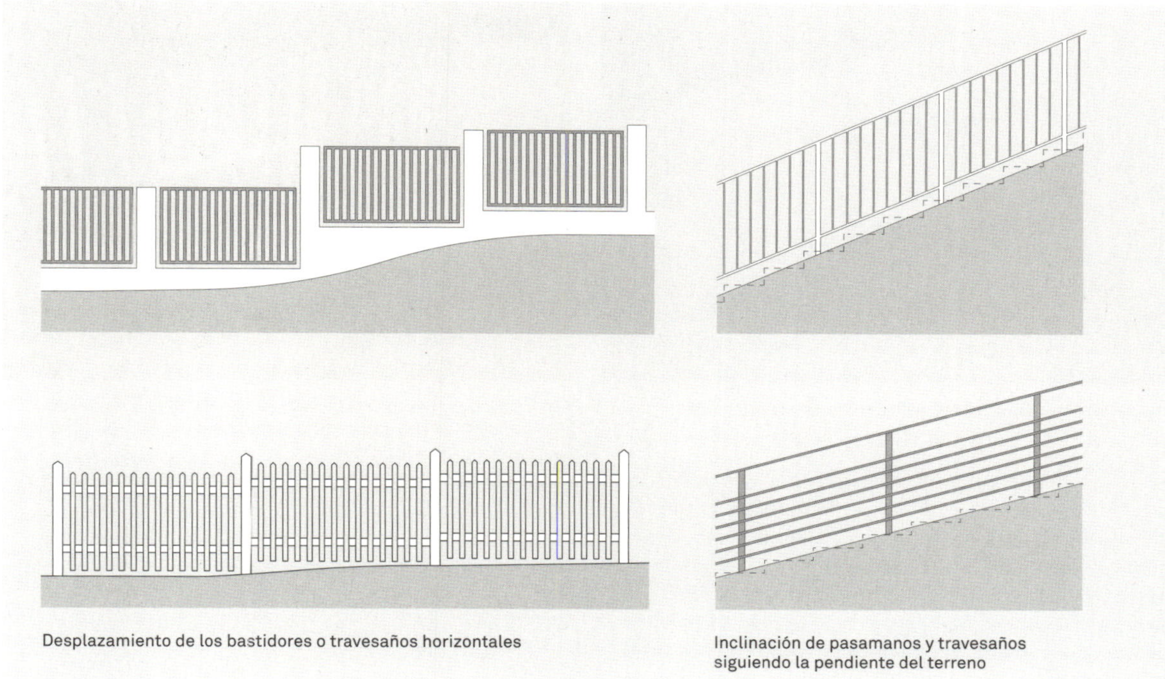

Fig. 3.4.19: Nivelación de vallas y barandillas en laderas y escaleras

Fig. 3.4.20: Valla de protección visual realizada con rollizos con los elementos horizontales fijados a los postes en diagonal

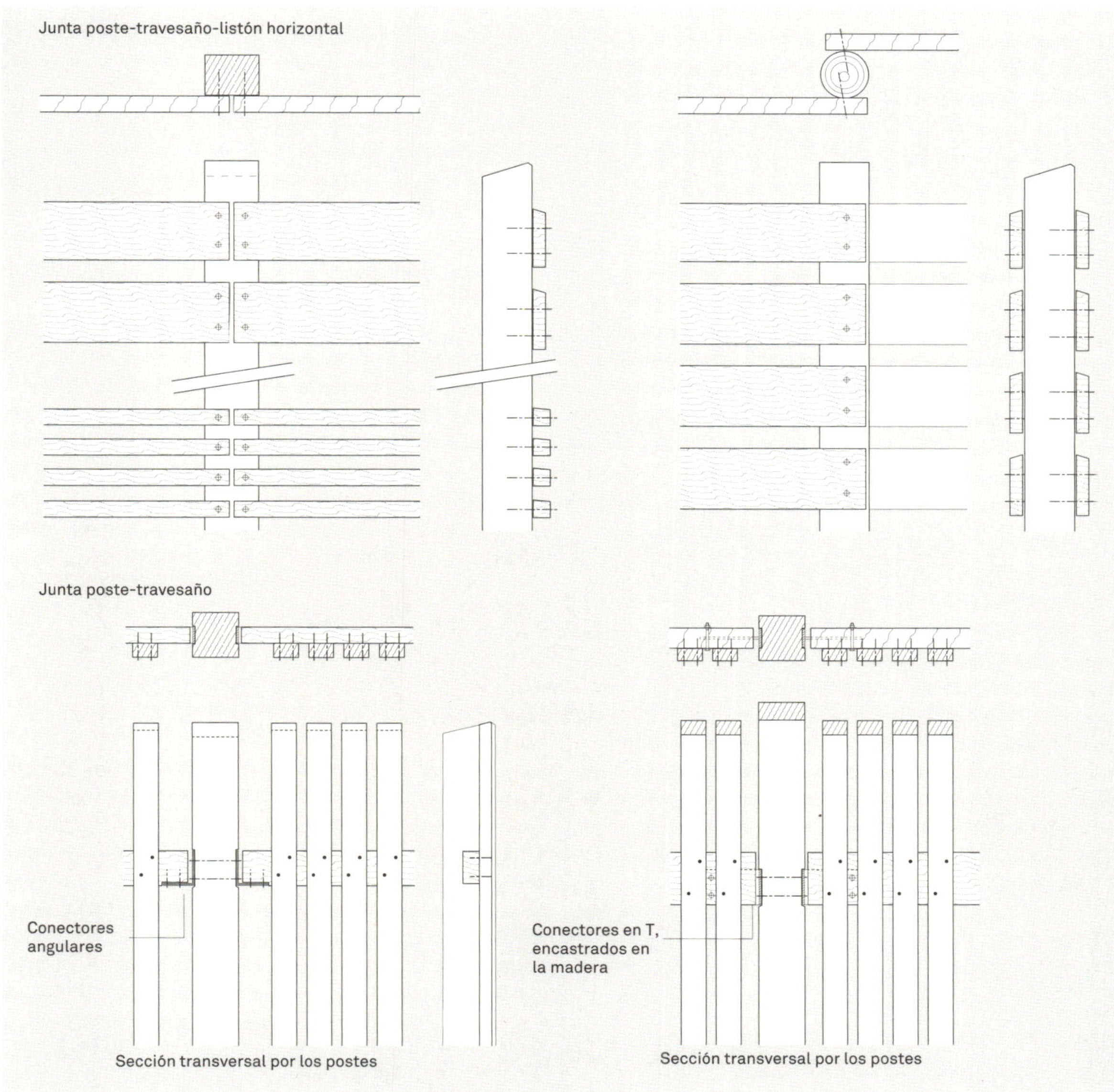

Fig. 3.4.21: Fijación de listones y travesaños a postes

Fig. 3.4.22: Valla de cañas que delimita una parcela de terreno

Fig. 3.4.23: Valla realizada con tubos de acero soldados a travesaños (pletina) y una placa base atornillada en obra

La alineación de barandillas y vallas en lugares con pendiente requiere consideraciones específicas. Las pendientes moderadas normalmente pueden compensarse mediante una simple inclinación de los componentes horizontales. En pendientes uniformes (y en escaleras) resulta posible disponer los travesaños y tirantes en paralelo al terreno. En cambio, en terrenos no uniformes los pedestales de fábrica pueden resultar útiles para regularizar los cambios de nivel. > **Fig. 3.4.19**

En las soluciones constructivas con madera, los distintos componentes se conectan con clavos o tornillos (estos últimos crean una junta más estable). Los travesaños deberían fijarse siempre a los postes mediante tornillos, ya que están sometidos a esfuerzos más intensos que los listones. Si los travesaños cuentan con una sección importante o si van a disponerse entre los postes y los listones, es recomendable fijarlos mediante pernos o pasadores. > **Capítulo 2.3 Uniones, Uniones en madera**

Al fijar listones horizontales o dos travesaños a la misma altura de un poste, a menudo surge el problema de que la superficie de contacto puede ser insuficiente. Si es así, es preciso utilizar postes con una sección rectangular relativamente grande. Como alternativa, se pueden fijar los listones y los travesaños con un desplazamiento lateral. Esta solución es particularmente adecuada en el caso de postes de rollizos, en los que la superficie de contacto se ve seriamente limitada por la propia sección del poste. Otra posibilidad consiste en utilizar conectores de acero. > **Figs. 3.4.20 y 3.4.21**
Las dimensiones requeridas de los travesaños de madera dependen de las distancias entre los postes y de la carga soportada, por lo que varían considerablemente. Las medidas mínimas se sitúan, por ejemplo, en torno a 35 x 55 mm y 40 x 40 mm, y las medias oscilan entre 40 x 60 mm, 40 x 100 mm y hasta 60 x 160 mm. Pueden utilizarse perfiles o pletinas de acero como alternativa a los travesaños de madera, pues requieren secciones relativamente menores, aunque pueden perturbar la estética de la valla si ambas caras resultan importantes visualmente.
En el caso de las vallas a base de cañas, los listones son reemplazados por ramillas flexibles de cualquier tipo de madera adecuada que forman una trama directamente sobre los postes o los travesaños, fijándose con clavos solo en sus extremos. > **Fig. 3.4.22** El material procede generalmente de brotes de varios años de edad y puede ser de sauce, avellano, abedul, álamo o fresno, en función de la disponibilidad local.

Fig. 3.4.24: Segmentos prefabricados de barandilla con pletinas de acero soldadas

Si se desean obtener brotes de las ramillas de sauce, el material debe colocarse inmediatamente después de ser cortado y en contacto directo con la tierra (con el entramado en dirección vertical o diagonal). > **Fig. 3.1.9c**
En construcciones con acero, los enrejados de barandillas y vallas suelen consistir en rejillas con apoyos verticales u horizontales soldados a los tirantes superiores o inferiores, a los travesaños o al bastidor mediante barras redondas o chapas de acero. En el caso de las barras con función estructural, incluyendo travesaños y bastidores, se suelen utilizar perfiles en L, en U y en T, así como tubos rectangulares. > **Fig. 3.4.23** Los bastidores de acero también pueden rellenarse con mallas, rejillas o chapas metálicas.
Normalmente, las rejillas y los bastidores prefabricados se atornillan a los postes en obra, aunque como alternativa se pueden soldar directamente (sobre los postes). > **Fig. 3.4.24** También se fabrican tramos más extensos con varios postes, aunque esto requiere una instalación de galvanizado lo bastante grande. > **Capítulo 1.8 Metales, Hierro y acero**
Los distintos segmentos de valla se aseguran normalmente con placas soldadas a los postes. > **Fig. 3.4.25** Las barras pueden atornillarse directamente sobre postes de hormigón. > **Fig. 3.4.26** En caso de emplear barras de acero tipo Hespeneisen (utilizadas principalmente como travesaños), también se usan juntas remachadas.

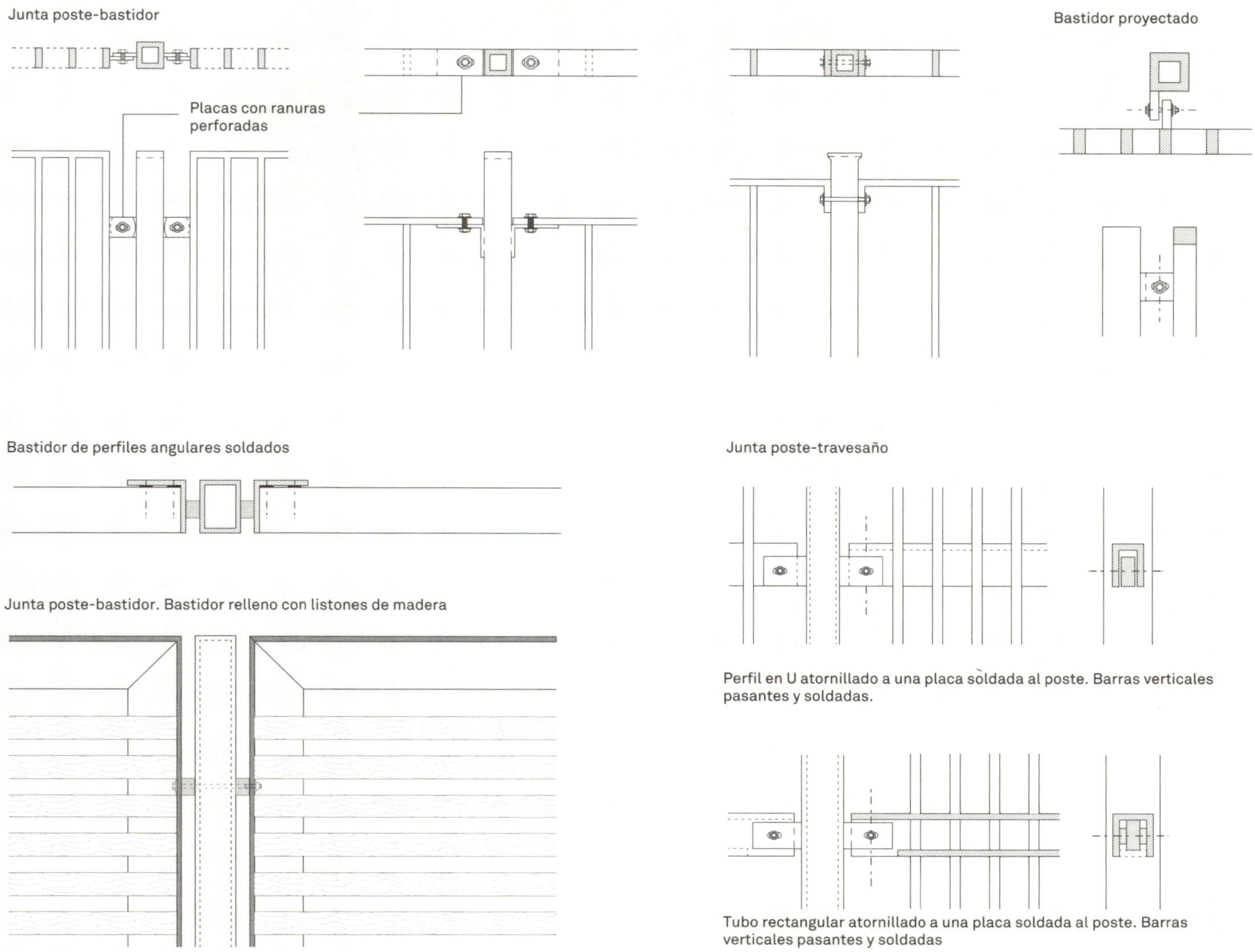

Fig. 3.4.25: Bastidores y travesaños conectados a postes

Fig. 3.4.26: Tubo cuadrado atornillado a un poste de hormigón

Fig. 3.4.27: Malla de cables de acero suspendida

Fig. 3.4.28: Cables anclados a un tornillo soldado a una barandilla

a | b
c

Fig. 3.4.29: Armazón de acero con listones de madera:
a y b) Vista frontal y trasera de la barandilla a la altura de los ojos
c) Parte trasera de una valla

Fig. 3.4.30: Valla de retención con malla de acero

Fig. 3.4.31: Valla de malla de acero

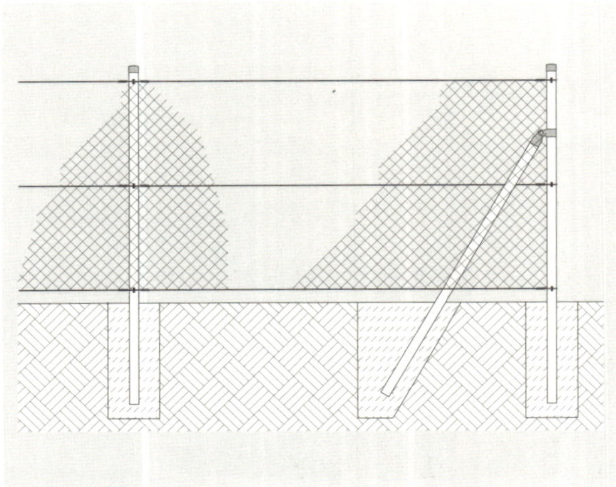

Fig. 3.4.32: Arriostramiento de poste extremo o de esquina utilizando barras adicionales

Asimismo, pueden emplearse como paneles de barandilla mallas de cable de acero que se apoyen sobre los tirantes superior e inferior y se fijen in situ con conectores especiales. > **Fig. 3.4.27**

Los cerramientos horizontales realizados con cable de acero (d = 4–6 mm) deberían anclarse en cada poste o fijarse mediante un tope (en cada poste) si los atraviesan mediante orificios o abrazaderas, ya que esta es la única forma de repartir las cargas entre todas las verticales. El pretensado de estos cables origina esfuerzos adicionales en los postes (especialmente en los de los extremos), que hay que tener en cuenta al realizar el dimensionado y diseñar los anclajes. > **Fig. 3.4.28**

Las construcciones con acero proporcionan una estructura portante adecuada para barandillas y vallas realizadas con otros materiales. Por ejemplo, es habitual encontrar construcciones de barras y travesaños de acero que soportan listones de madera. > **Fig. 3.4.29**
Las vallas de malla de acero son soluciones prefabricadas que comercializan diversos proveedores. Dependiendo del sistema, estas se fabrican a partir de barras de acero de diámetros de 5 a 8 mm. Esta opción permite, por ejemplo, cercar parcelas o espacios deportivos sin impedir su visibilidad.
La medida estandarizada de estas mallas es de 50 x 200 mm. Para vallas de más de 2000 mm de altura, como las de retención en campos deportivos, se utilizan dimensiones de 100 x 200 mm. > **Fig. 3.4.30** También existen sistemas especiales con tratamientos acústicos. La distancia entre postes es habitualmente de 2,52 m.
El dimensionado de los postes se calcula de acuerdo con los requerimientos estáticos, a partir de la altura de la valla y de su función y emplazamiento.

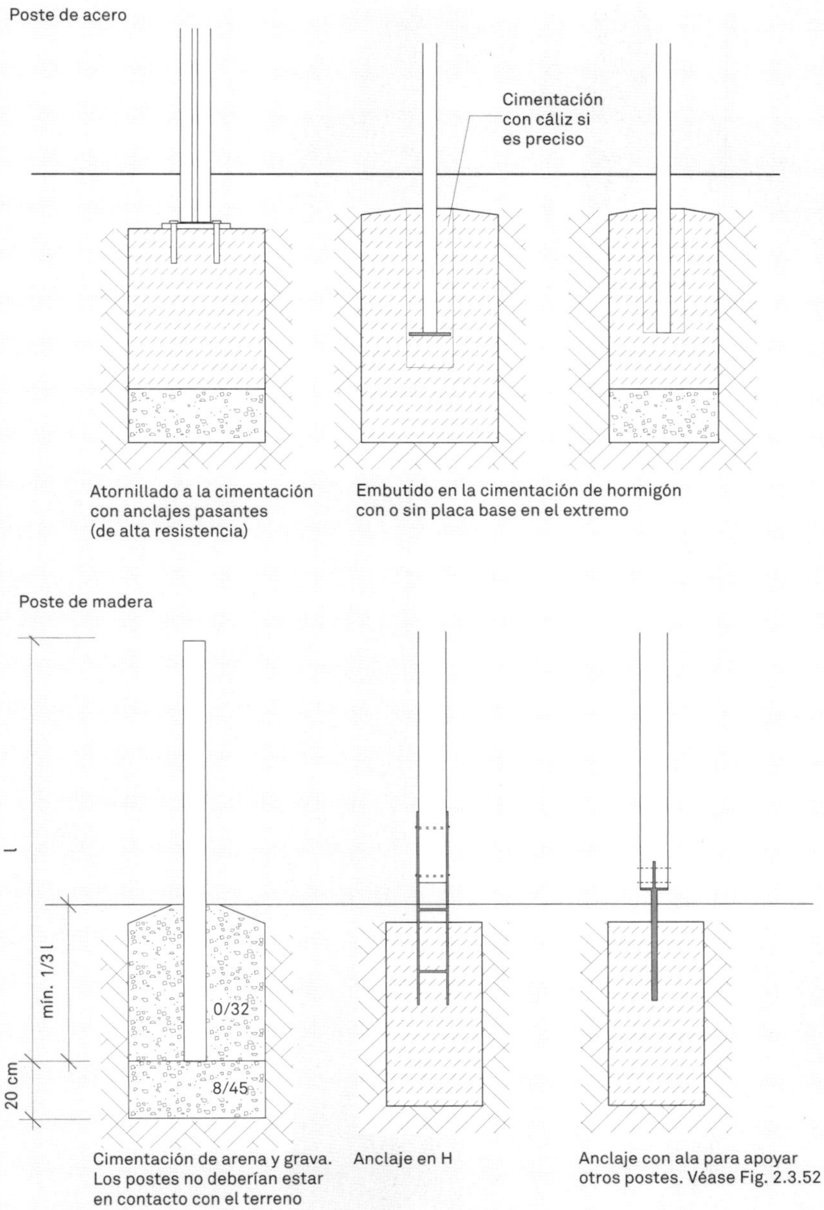

Fig. 3.4.33: Fijación de postes en cimentaciones de hormigón

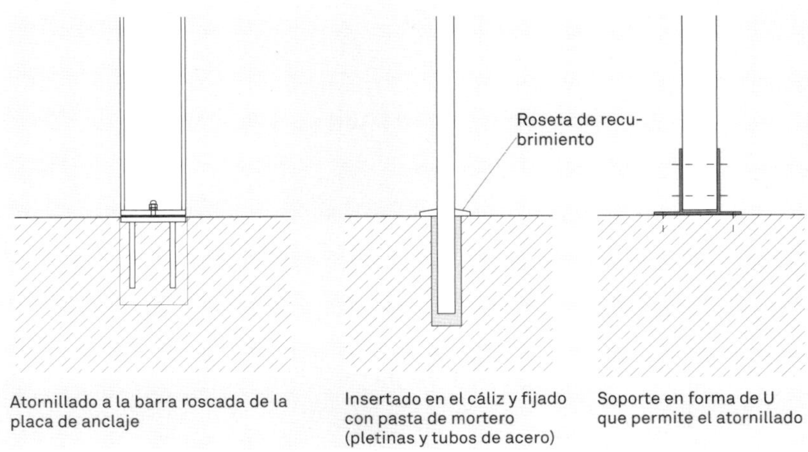

Fig. 3.4.34: Fijación de postes en superficies de hormigón, roca natural y albañilería

Para la construcción de una valla de malla de acero, se disponen tres cables fijados a los postes a distintas alturas que hacen de travesaños, a los que se fija la malla, que ha sido tratada con un revestimiento plástico. Los postes extremos e intermedios deben apuntalarse con barras inclinadas. > **Figs. 3.4.31 y 3.4.32**

Anclaje y cimentación

La rigidez requerida en vallas y barandillas se obtiene principalmente mediante un adecuado dimensionado de los postes y de sus cimentaciones o anclajes.

Anclaje en una cimentación de hormigón

Los postes de madera requieren un pie de acero anclado a la cimentación de hormigón. La distancia entre los postes y el terreno puede reducirse hasta 5 o 10 cm según el método constructivo de regulación, ya que una distancia excesiva podría afectar los aspectos funcionales de la valla. Los pies de acero se incrustan directamente en el hormigón o se atornillan. En casos excepcionales —como los métodos constructivos simples y las pantallas acústicas—, en que se quieren evitar los huecos entre la valla y el terreno, los postes de madera pueden apoyarse directamente en el terreno, pero solo sirven las maderas especialmente resistentes o tratadas con impregnaciones, instaladas sobre una capa drenada en una mezcla de grava y arena. > **Fig. 3.4.33**

Los postes metálicos se apoyan directamente en el cemento. Desde un punto de vista constructivo, es recomendable utilizar cimentaciones con cáliz, donde pueda insertarse y acomodarse posteriormente el poste, que será fijado definitivamente rellenando el hueco con pasta de mortero.

Los postes metálicos consistentes en chapas y tubos de acero pueden llevar soldada una placa base para ganar estabilidad si es necesario, de modo que quede incrustada dentro de la cimentación. La unión de poste y cimentación se realiza entre 5 y 30 cm por debajo de la superficie del terreno; así la cimentación no queda a la vista y se puede aplicar a los postes cualquier tipo de recubrimiento. > **Fig. 3.4.33 y Capítulo 2.3 Uniones**

Dependiendo de la altura de la construcción, la cimentación debe alcanzar una profundidad de entre 80 y 100 cm. Por ejemplo, 50 cm de profundidad son suficientes para vallas simples de hasta 1 m de altura. Su ejecución debe realizarse en un suelo sin hielo. Se puede colocar una barrera antiheladas sobre la capa libre de hielo.
La resistencia del hormigón debería ser C 20/25. En casos de solicitaciones reducidas, también puede utilizarse C 12/15. Las cargas elevadas requieren una cimentación de hormigón armado (C 25/30).

Métodos de anclaje a superficies

Existen diversos tipos de anclajes atornillados para fijar postes a superficies preexistentes de hormigón, piedra natural o albañilería. > **Capítulo 2.3 Uniones** En el caso de postes metálicos, se suelda una placa base para acomodar los pasadores (anclajes de alta resistencia). El muro también puede perforarse después de su ejecución, de forma que el poste se inserte y se fije con mortero. > **Figs. 3.4.34 y 3.4.35** Los postes de madera se apoyan sobre soportes adecuados a los que son atornillados.

a | b

Fig. 3.4.35: Recubrimiento del orificio perforado:
a) Con roseta
b) Con gravilla

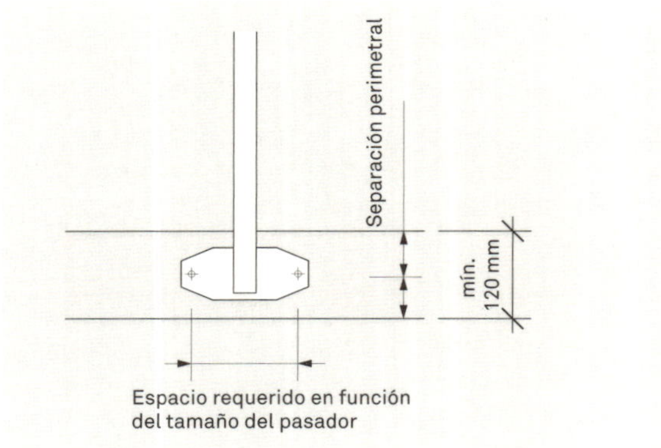

Fig. 3.4.36: Disposición de los orificios en las fijaciones atornilladas para evitar roturas y desconchones en los anclajes laterales

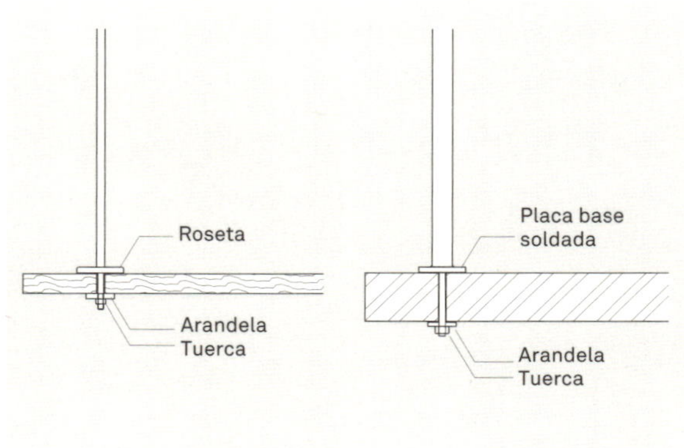

Fig. 3.4.37: Barras de apoyo fijadas mediante atornillado a un escalón de madera o una losa pétrea

a | b

Fig. 3.4.38 (a y b): Fijación de una barandilla a un puente: las barras verticales de acero inoxidable (d = 16 mm) atraviesan las losas de piedra natural y se atornillan por la cara inferior. El pasamanos se suelda sobre el extremo superior

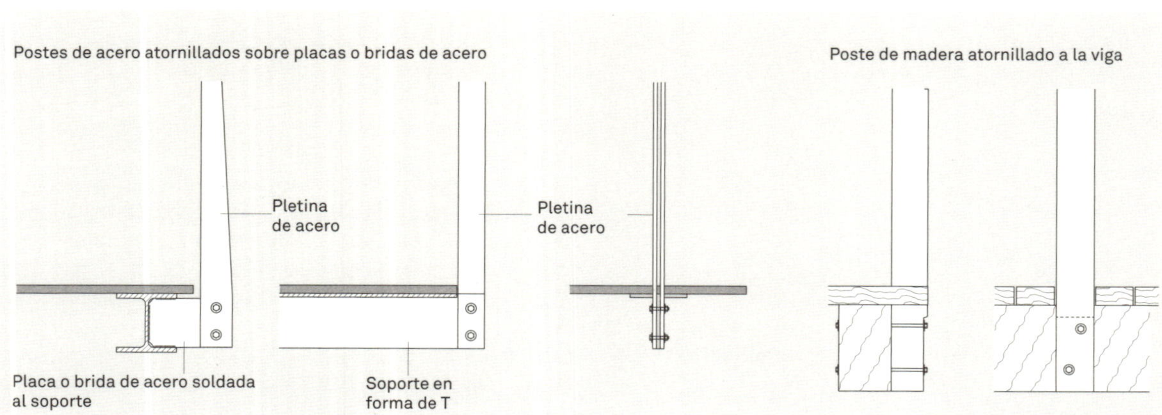

Fig. 3.4.39: Fijación de postes en construcciones exentas

Los anclajes atornillados fijados en los bordes o con fijaciones laterales a una placa que sobresale a veces provocan desconchones o roturas (cono de rotura del hormigón). También hay que tener en cuenta las distancias a los bordes y entre ejes requeridas por los distintos anclajes atornillados en función de su tamaño. En principio, el tamaño del anclaje y, en consecuencia, las distancias a los bordes y entre ejes pueden reducirse disminuyendo a su vez la distancia entre postes y, por tanto, los esfuerzos que debe soportar cada uno de ellos. > **Fig. 3.4.36 y Capítulo 2.3 Uniones** Los postes pueden fijarse a menudo sobre losas delgadas o escalones simplemente con tornillos. Para ello, se suelda una varilla roscada en el extremo inferior del poste, que se ha introducido previamente en un orificio perforado, y se asegura mediante una tuerca en la parte inferior. Una roseta o una placa de cubrición en la cara superior dispersa las cargas. > **Figs. 3.4.37 y 3.4.38**
En el caso de construcciones exentas, los postes de las barandillas se aseguran atornillándolos a una placa o a un soporte soldado. En construcciones de madera, el pasamanos puede atornillarse al travesaño. > **Fig. 3.4.39**

Pasamanos

Los pasamanos deberían ser continuos siempre que sea posible. Si es necesario unir varios segmentos, es importante que la transición entre todos ellos sea suave. Los tubos de acero se pueden extender utilizando, por ejemplo, conectores de tubo. Las pletinas de acero se empalman mediante el solape de dos placas. > **Fig. 3.4.40** Los pasamanos de acero inoxidable también pueden soldarse en

Fig. 3.4.40: Empalme de un pasamanos de sección rectangular mediante solape y atornillado

Fig. 3.4.42: Pasamanos de acero inoxidable. El pasamanos, la barra de soporte y el poste de sección rectangular están unidos mediante soldadura. El tubo de acero está cerrado en sus extremos por una chapa.

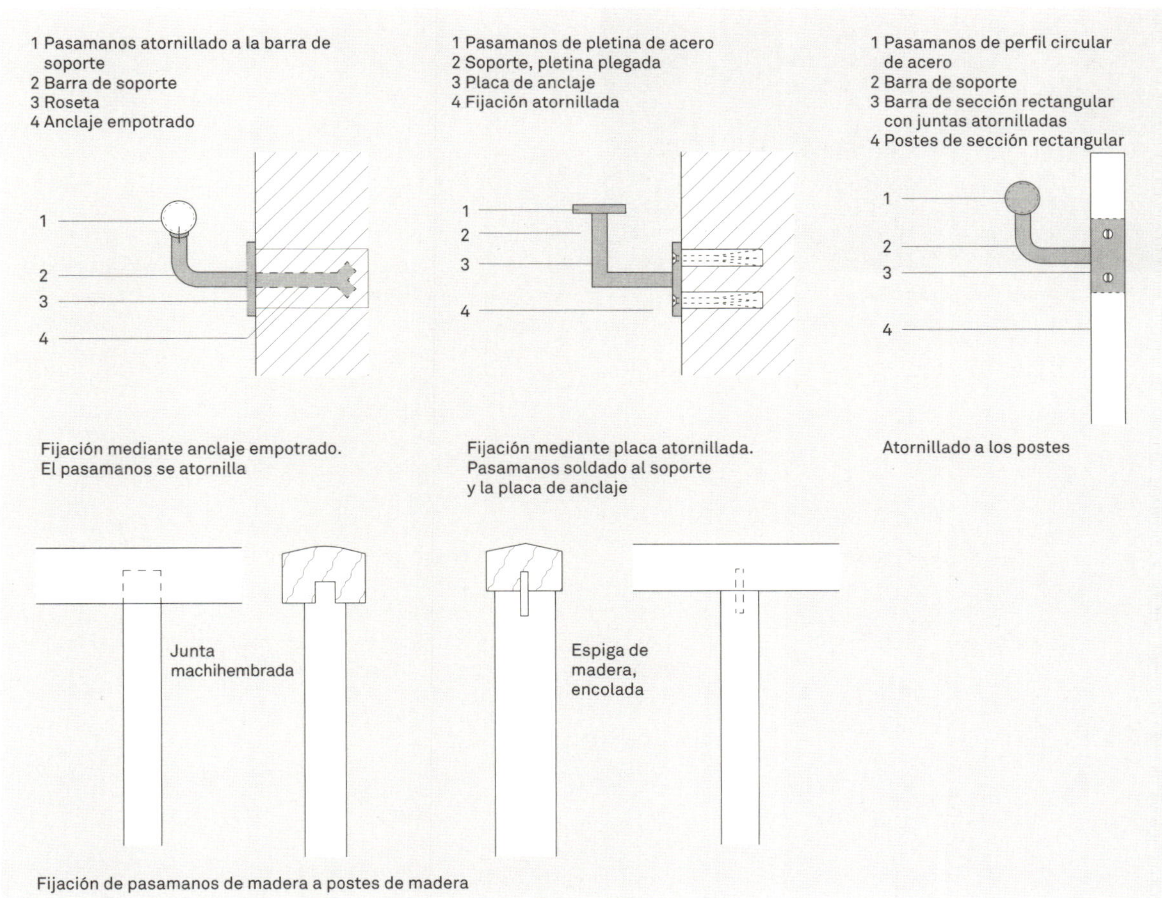

Fig. 3.4.41: Posibilidades de fijación de pasamanos

Fig. 3.4.44: Puerta de acero en forma de reja

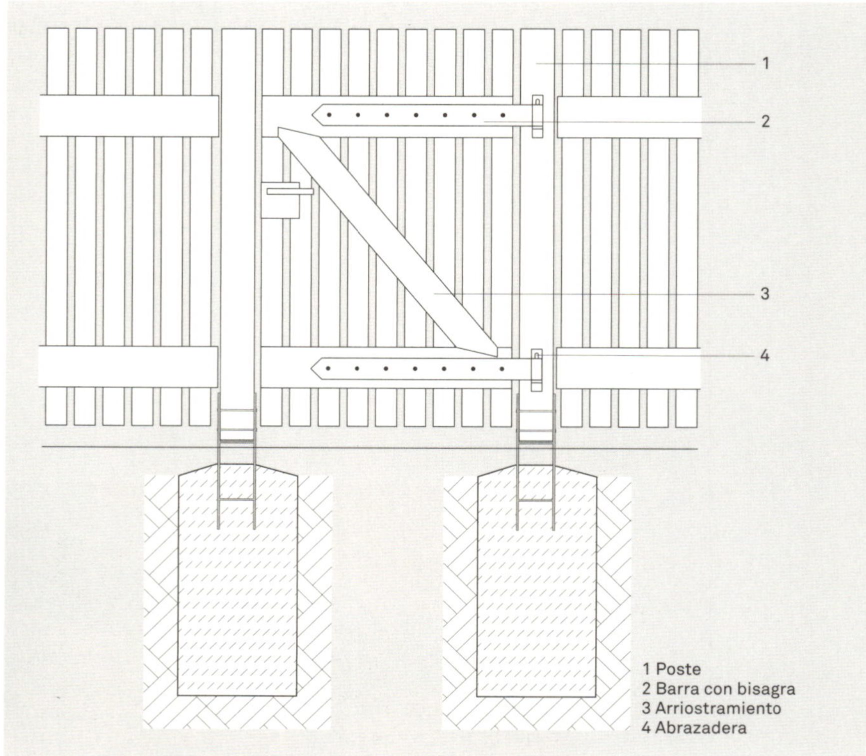

Fig. 3.4.43: Ejemplo de diseño de una puerta de madera

Fig. 3.4.45: Bisagra en una puerta de acero, soldada al poste

obra, sin riesgo de ocasionar daños en la protección contra la corrosión.
Un pasamanos se puede fijar lateralmente a un muro utilizando uniones atornilladas. La barra de apoyo (del pasamanos) también puede soldarse a una placa incrustada en el hormigón o fijarse al elemento de apoyo mediante tornillos o conectores a presión. > **Fig. 3.4.41** A menudo una barandilla se conecta al poste mediante una pletina soldada a este. > **Fig. 3.4.42** Los pasamanos de madera se atornillan al soporte o se conectan a la estructura secundaria mediante una junta machihembrada o un pasador.

Puertas

En función de la altura y la anchura previstas, las puertas de madera se diseñan como bastidores o, en el caso de vallas simples de madera, como sistemas de listones con travesaños adicionales para asegurar su estabilidad. > **Fig. 3.4.43** Las puertas de acero también se construyen a partir de bastidores, o bien en forma de rejas si el espesor del material es el apropiado. > **Fig. 3.4.44**
Existen distintos tipos de fijaciones para asegurar los componentes de madera a los postes, como abrazaderas o bisagras. > **Fig. 3.4.45** Para cerrar la puerta, se pueden utilizar diversas clases de cerraduras o pestillos.
Conviene que los postes de la puerta sean más gruesos que el resto de los postes de la valla; en caso contrario, hay que estabilizarlos con barras adicionales y hacer cimentaciones de al menos 90 cm.

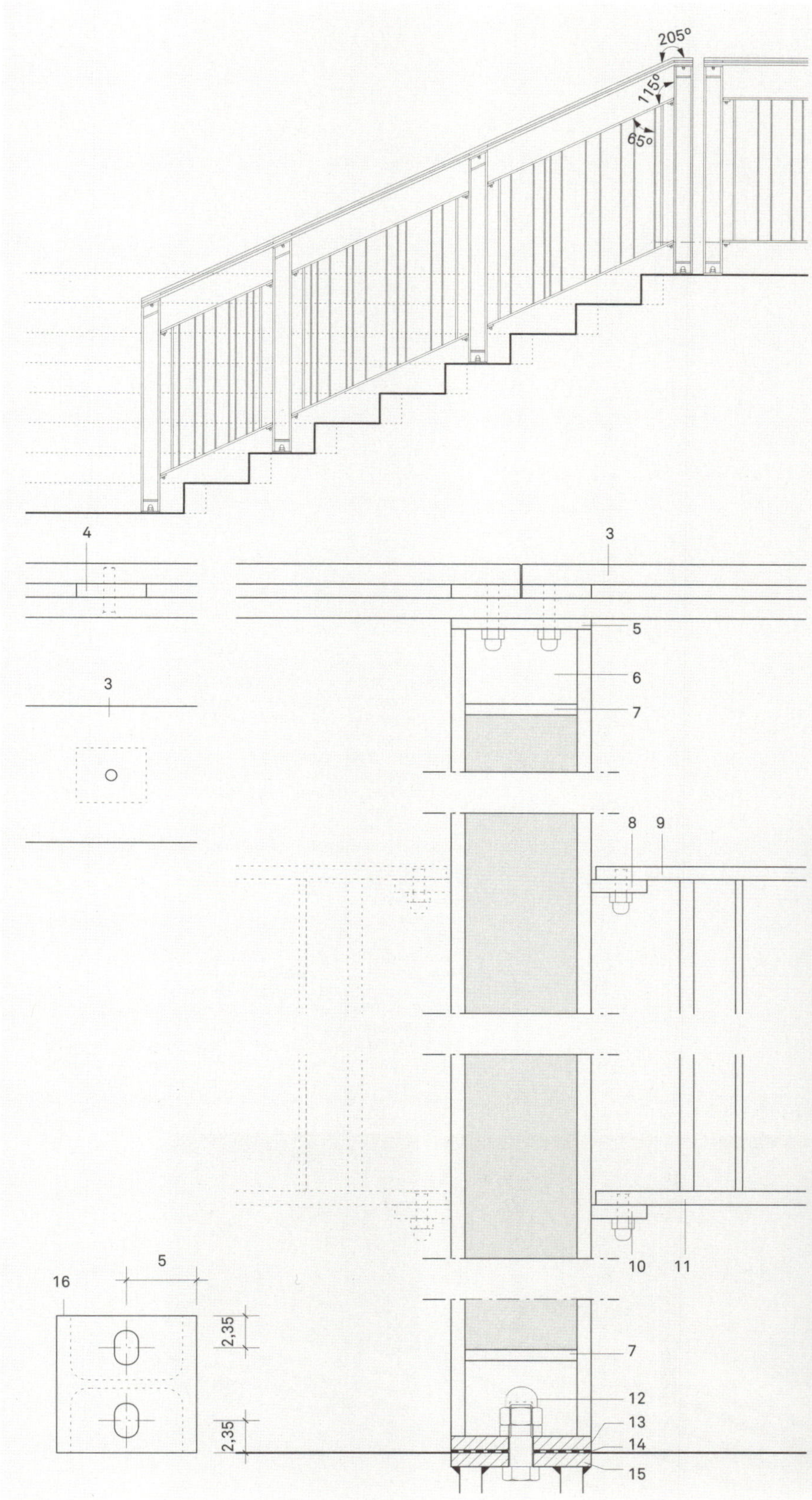

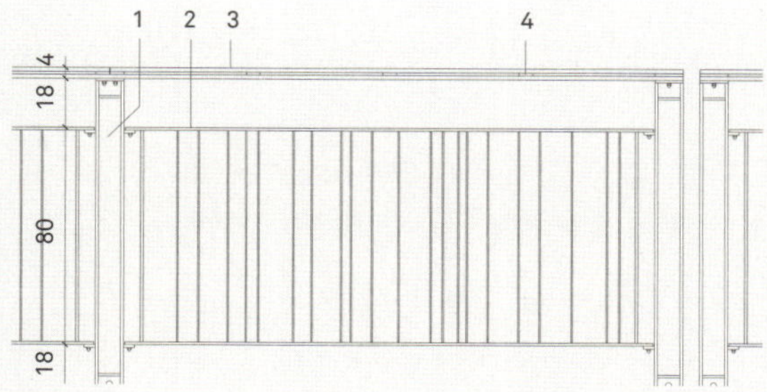

1 Postes, perfiles IPB 100, l = 1160 mm, atornillados mediante tuercas ciegas a placas de anclaje sobre cada viga de atado
2 Reja de acero, travesaños horizontales: pletinas 50/10, barras verticales: pletinas 50/5, separación entre barras: 30-130 mm
3 Pasamanos: 2 pletinas de acero 100/15, junta de dilatación de 1 o 2 mm
4 Separador: pletina de acero 50/40/10. Distancia aproximada de 50 cm, soldada en todo su perímetro a la pletina superior
5 Placa de remate 100/100/8 con orificios perforados para el atornillado
6 Recorte del perfil IPB
7 Placa de 8 mm, soldada, alineada a ambas alas del perfil
8 Placa de soporte: pletina de acero 40/50/10, soldada al perfil IPB y con orificios roscados
9 Travesaño de la reja con orificio roscado para ser atornillada a la placa de soporte con tuerca ciega
10 Placa de soporte: pletina de acero 40/50/10, soldada al perfil IPB y con orificios roscados
11 Travesaño de la reja con orificio roscado para ser atornillado a la placa de soporte con tuerca ciega
12 Tuerca ciega con arandela
13 Placa base 100/100/10, soldada al perfil IPB, con orificios perforados para insertar un pasador roscado, ranura perforada para alinear cada poste con el resto
14 Capa de nivelación: lámina de betún o neopreno para alinear verticalmente los postes
15 Placa de anclaje embebida en la viga de atado del muro pantalla

BARANDILLAS EN TEXTIMA GROUNDS, GROSSENHAIN, SAJONIA, ALEMANIA

Arquitectos paisajistas: Weidinger Landschaftsarchitekten, Berlín, Alemania
Finalización: 2002

La pletina superior del pasamanos y los separadores han recibido un tratamiento de galvanizado en caliente, al igual que todas las tuercas ciegas y los tornillos de cabeza plana que quedan a la vista; los demás componentes metálicos tienen un revestimiento de protección contra la corrosión.

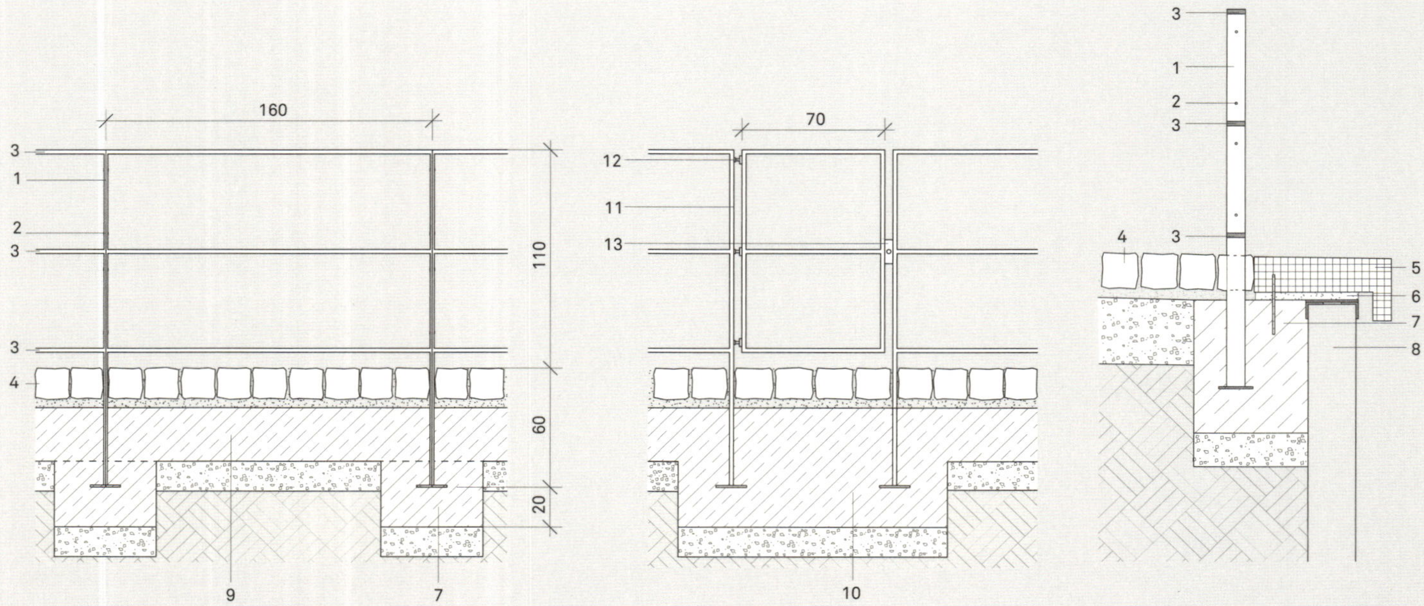

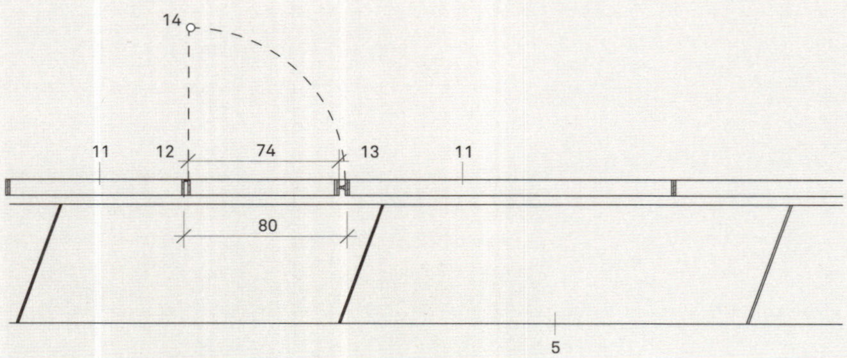

1 Postes, pletina de acero de 80/10 mm, óxido férrico DB 703, con placa de anclaje a la cimentación corrida
2 Junta atornillada con 5 puntos de fijación con tornillos de cabeza plana y tuerca de seguridad, V2A
3 Travesaños superior, central e inferior: pletina de acero de 80/20 mm, óxido férrico DB 703
4 Pavimento de piedra natural con piezas de gran formato
5 Pieza de borde con goterón, acabado de hormigón, saliente de 8 a 23 cm, cara expuesta de 28 cm, esperas de 200/20 mm, recubrimiento de hormigón con un mínimo de 8 cm
6 Capa de nivelación, mortero de 2 a 4 cm, sobre el muro pantalla
7 Cimentación aislada de hormigón C 25/30 armado 50/50-60 cm, cimentación con cáliz sobre grava 0/45
8 Muro pantalla
9 Cimentación continua del pavimento, hormigón C25/30 armado 20/27 cm
10 Cimentación de hormigón C 25/30 armado 132/50/60 cm, cimentación con cáliz sobre grava 0/45
11 Elemento de remate de barandilla, l = 161 cm, con postes: pletinas 80/20 mm, óxido férrico DB 703, con placa base sobre la cimentación continua
12 Elementos de montaje de la puerta dimensionados de acuerdo con los requisitos mecánicos, barra roscada en los postes de la barandilla y placa de soldadura en el bastidor de la puerta
13 Bisagra y cerradura de la puerta con llave triangular

BARANDILLA EN MASELAKEPARK, BERLÍN, ALEMANIA

Arquitectos paisajistas: Relais Landschaftsarchitekten, Berlín, Alemania
Finalización: 2007

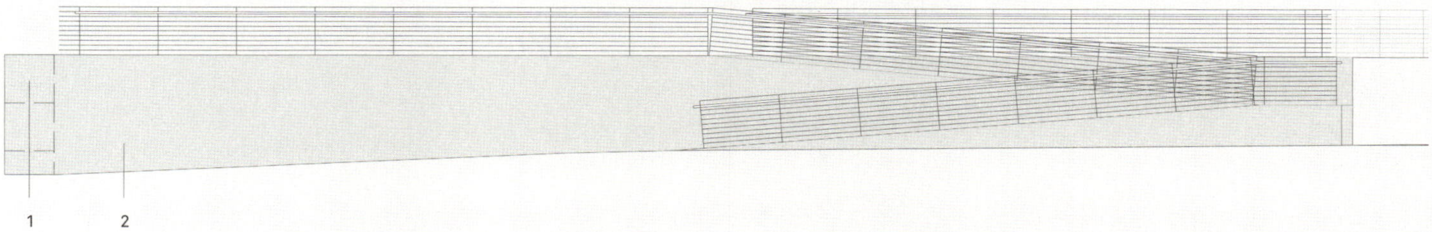

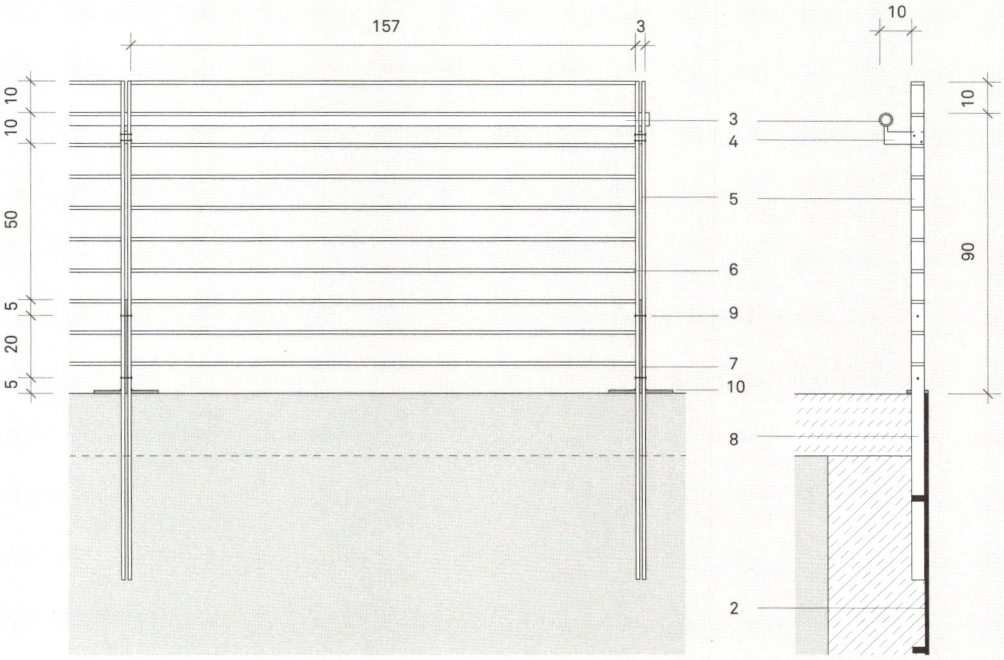

1 Gaviones
2 Muro de acero, acero estructural no aleado, d = 10 mm, fijado al muro de contención en las esquinas mediante pernos de casquete
3 Pasamanos de acero inoxidable, d = 42 mm, soldado al extremo de una pletina (4)
4 Pletina de acero, d = 10 mm, soldada a los postes
5 Postes de pletina de acero, d = 10 mm, b = 40 mm, acero estructural no aleado
6 Travesaños de pletina de acero 10/40/1570 soldados a los postes, acero no aleado
7 Separador, pletina de acero 10/40/300 mm o 500 mm
8 Postes de barandilla soldados al muro de acero por su cara trasera antes del hormigonado
9 Atornillado a la pletina de separación de acero 10/40/300 mm
10 Placa de cubrición realizada con acero no aleado, 200/40/20 mm, con rebaje, soldada a los postes de pletina de acero

BARANDILLA CON PASAMANOS, WERNIGERODE, ALEMANIA

Arquitectos paisajistas: hutterreimann + cejka landschaftsarchitektur, Berlín, Alemania, y Viena, Austria
Finalización: 2006

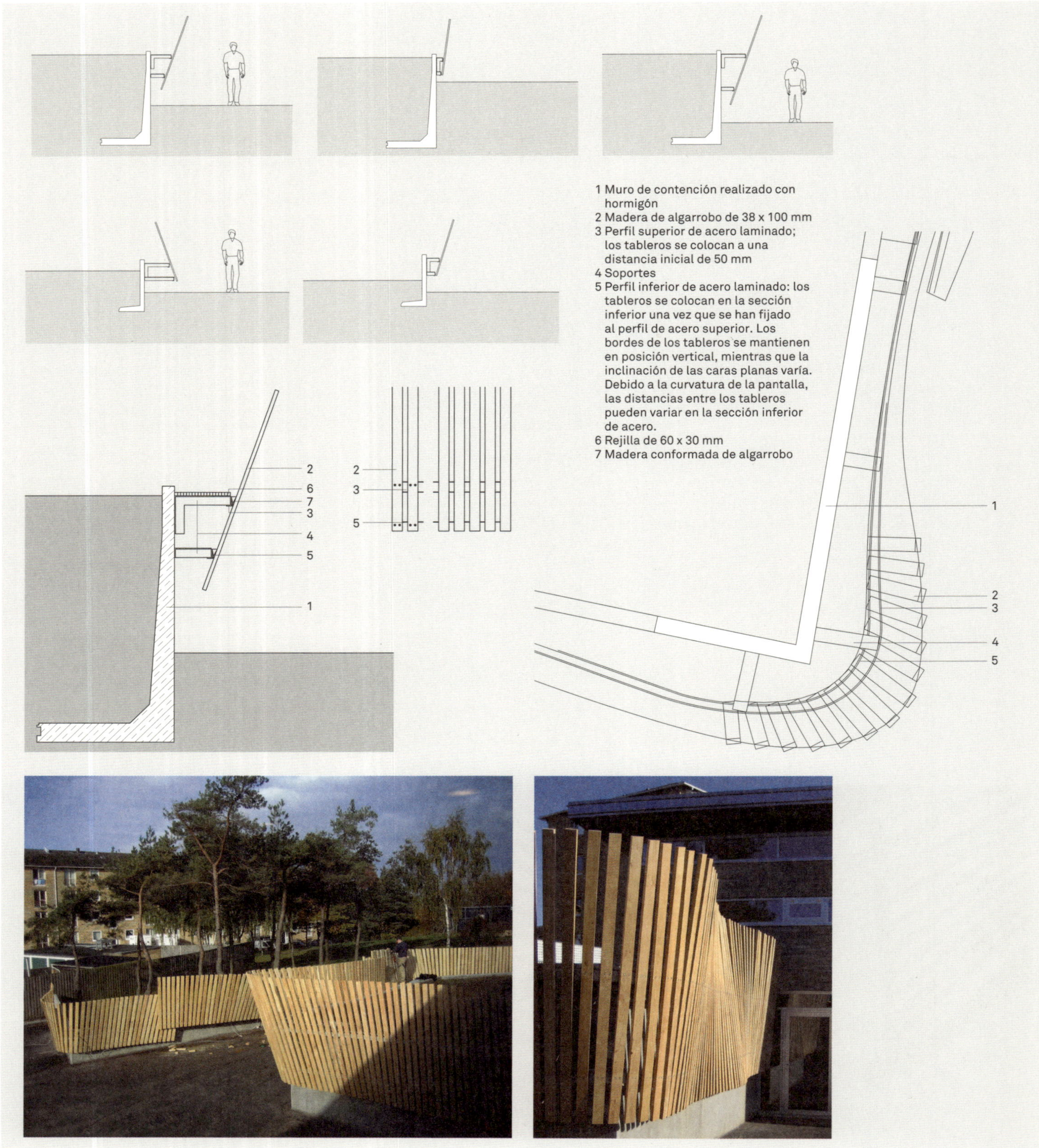

VALLA DE MADERA, MOTALAVEJ (CALLE MOTALA), KORSØR, DINAMARCA

Arquitectos paisajistas: SLA A/S, Stig L. Andersson, Copenhague, Dinamarca
Finalización: 2007

Las pantallas ondulantes que cubren la rampa de asfalto en el nuevo edificio comunitario son una reinterpretación de la valla clásica de madera. Están construidas con tableros de madera montados sobre muros de hormigón mediante perfiles de acero laminado, al tiempo que una reja de acero cubre el espacio existente entre los muros y las pantallas.

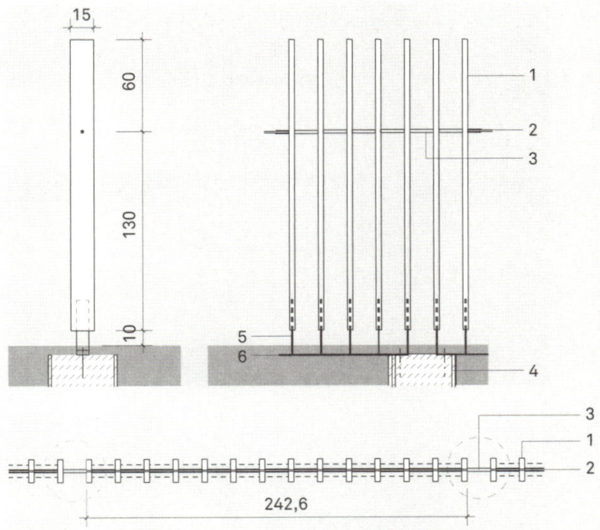

1 Planchas de alerce, 1900 x 150 x 34 mm o 1300 x 150 x 34 mm, clases I/II, corte abierto y semiabierto, sin marcas, biseladas en la parte superior, con un corte en la parte inferior, perforación para barra roscada, distancia iL 150 mm
2 Barra roscada galvanizada
3 Separadores y fundas de acero cromado
4 Cimentación de hormigón
5 Hoja metálica plana de hierro galvanizado
6 Armazón metálico de soporte de hierro galvanizado

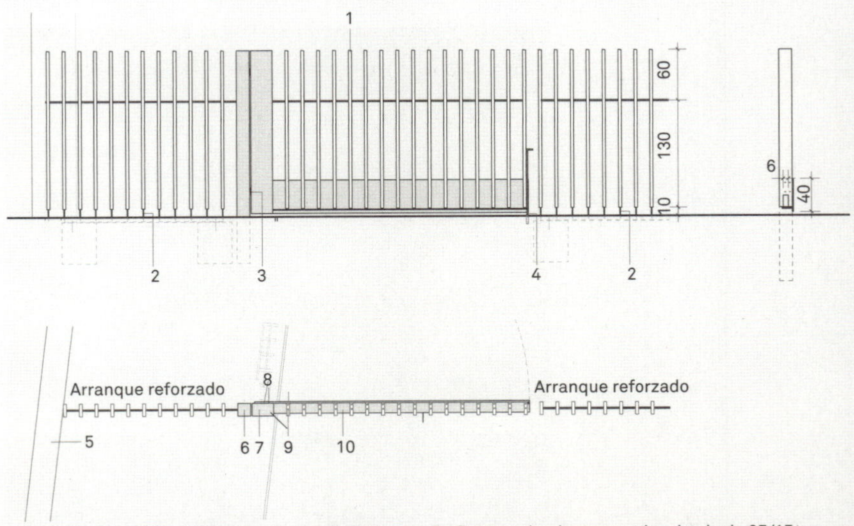

1 Listones: 34 x 150 x 1900 mm, alerce aplanado, a intervalos de 150 mm, sobre hojas metálicas
2 Hojas metálicas soldadas a perfiles en la cimentación aislada
3 2 dispositivos robustos de rodamiento sobre correas con transferencia de empujes
4 Cierre, pasador móvil que sirve de pestillo, redondo de acero galvanizado, altura aprox. de 80 cm, con dos perforaciones en el suelo
5 Cerramiento preexistente
6 Postes de la puerta: tubos rectangulares de 15/15 cm de acero galvanizado, rellenos al menos hasta la profundidad de helada, con tapa superior
7 Poste: tubo de acero galvanizado de 25/15 cm, con revestimiento y tapa superior
8 Poste soldado a pletina de hierro
9 Planchas de madera fijadas con tornillos de cabeza plana por su cara trasera
10 Pletina de hierro galvanizado con revestimiento montado sobre elementos prefabricados. Longitud de cada elemento: unos 240 cm. La valla se dispone a lo largo de la pendiente natural, con las barras roscadas paralelas a ella y las planchas en vertical

VALLA DE MADERA CON PUERTA, WEIACH, SUIZA

Arquitectos paisajistas: Kuhn Truninger Landschaftsarchitekten, Zúrich, Suiza
Finalización: 2004

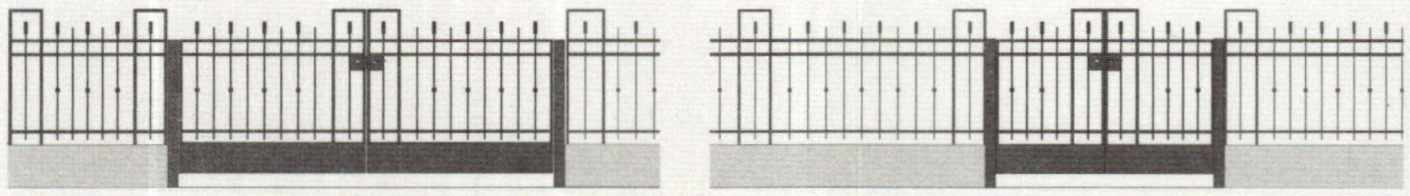

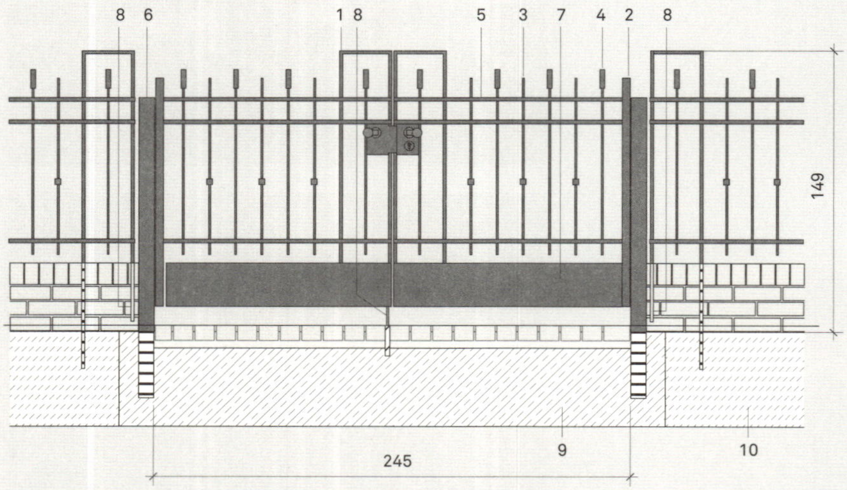

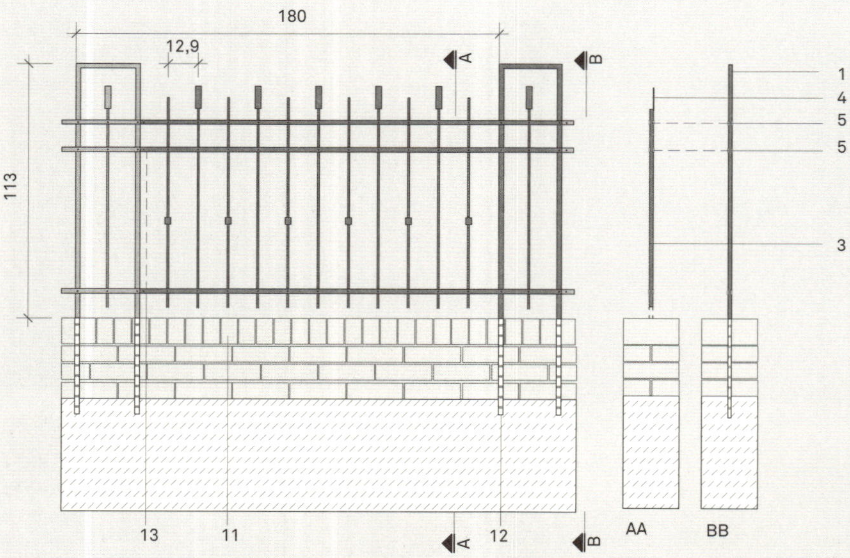

1 Tubo cuadrado de 16/16 mm
2 Riel vertical de la puerta, tubo cuadrado de 40/40/3 mm
3 Tubo rectangular de 10/16 mm
4 Tubo rectangular de 10/16 mm con pletina de 100/25/5 mm
5 Perfil Hespen de 25/8/4 mm
6 Tubo cuadrado de 1240/80/80 mm
7 Chapa protectora de metal de 1175/23 mm, d = 1,5 mm, a ambas caras del tubo cuadrado de 16/16 mm
8 Cierre de la puerta
9 Hormigón en masa C 20/25 2810/500/250 mm
10 Hormigón en masa C 20/25
11 Muro de ladrillo clínker coronado por una hilera a sardinel
12 Redondo de acero, d = 20 mm
13 Punto de conexión: reja atornillada a los postes. Todos los elementos de acero son del tipo S235 galvanizado en caliente y con revestimiento DB 702 de óxido férrico

VALLA Y PUERTA DE ACERO, LUTHERSTIFT,
BERLÍN, ALEMANIA

Arquitectos paisajistas: LA.BAR Landschaftsarchitekten,
Berlín, Alemania
Finalización: 2006

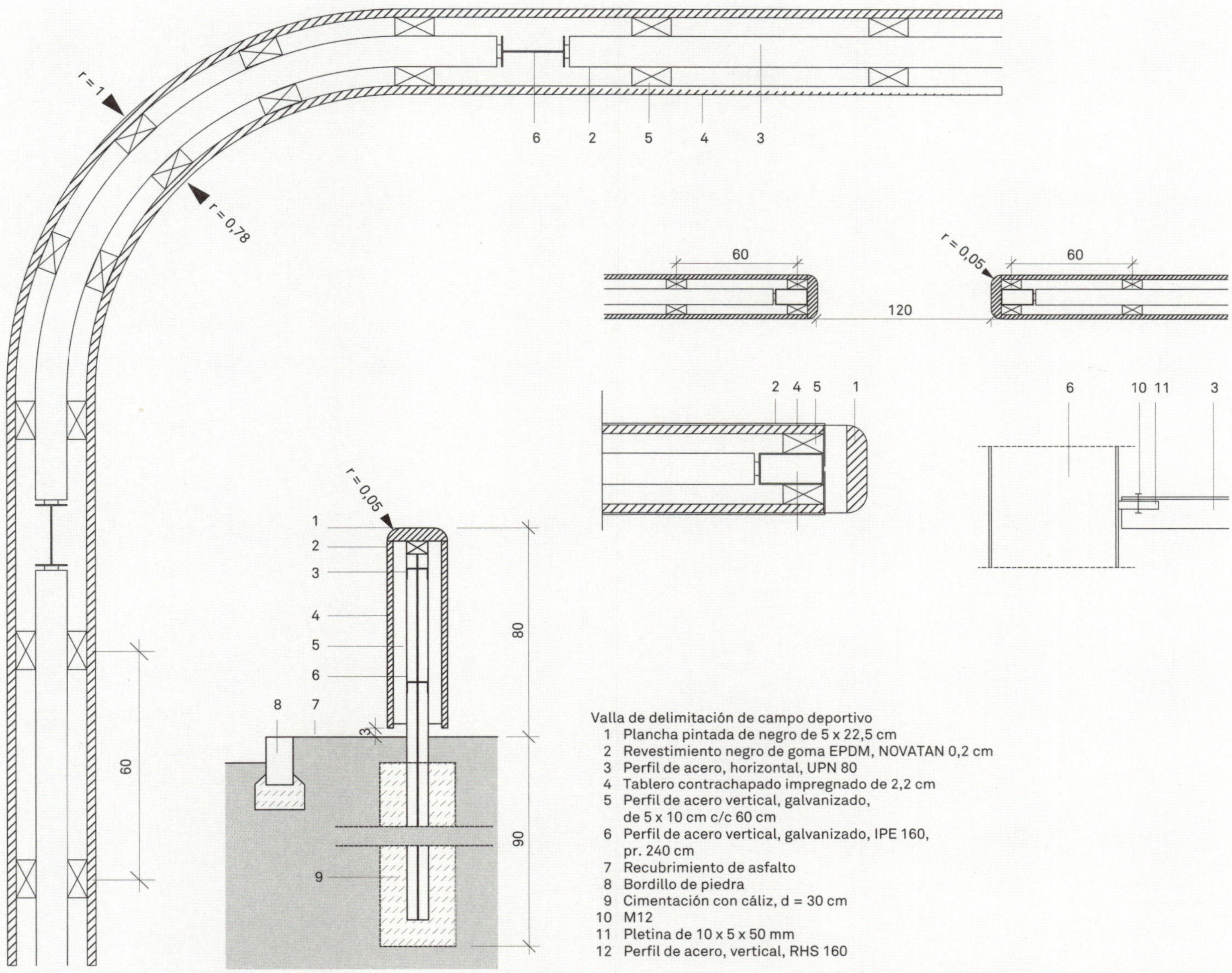

Valla de delimitación de campo deportivo
1 Plancha pintada de negro de 5 x 22,5 cm
2 Revestimiento negro de goma EPDM, NOVATAN 0,2 cm
3 Perfil de acero, horizontal, UPN 80
4 Tablero contrachapado impregnado de 2,2 cm
5 Perfil de acero vertical, galvanizado, de 5 x 10 cm c/c 60 cm
6 Perfil de acero vertical, galvanizado, IPE 160, pr. 240 cm
7 Recubrimiento de asfalto
8 Bordillo de piedra
9 Cimentación con cáliz, d = 30 cm
10 M12
11 Pletina de 10 x 5 x 50 mm
12 Perfil de acero, vertical, RHS 160

VALLA DE DELIMITACIÓN DE CAMPO DEPORTIVO, PRAGS BOULEVARD, COPENHAGUE, DINAMARCA

Arquitecto: Kristine Jensens Tegnestue, Århus, Dinamarca
Finalización: 2005

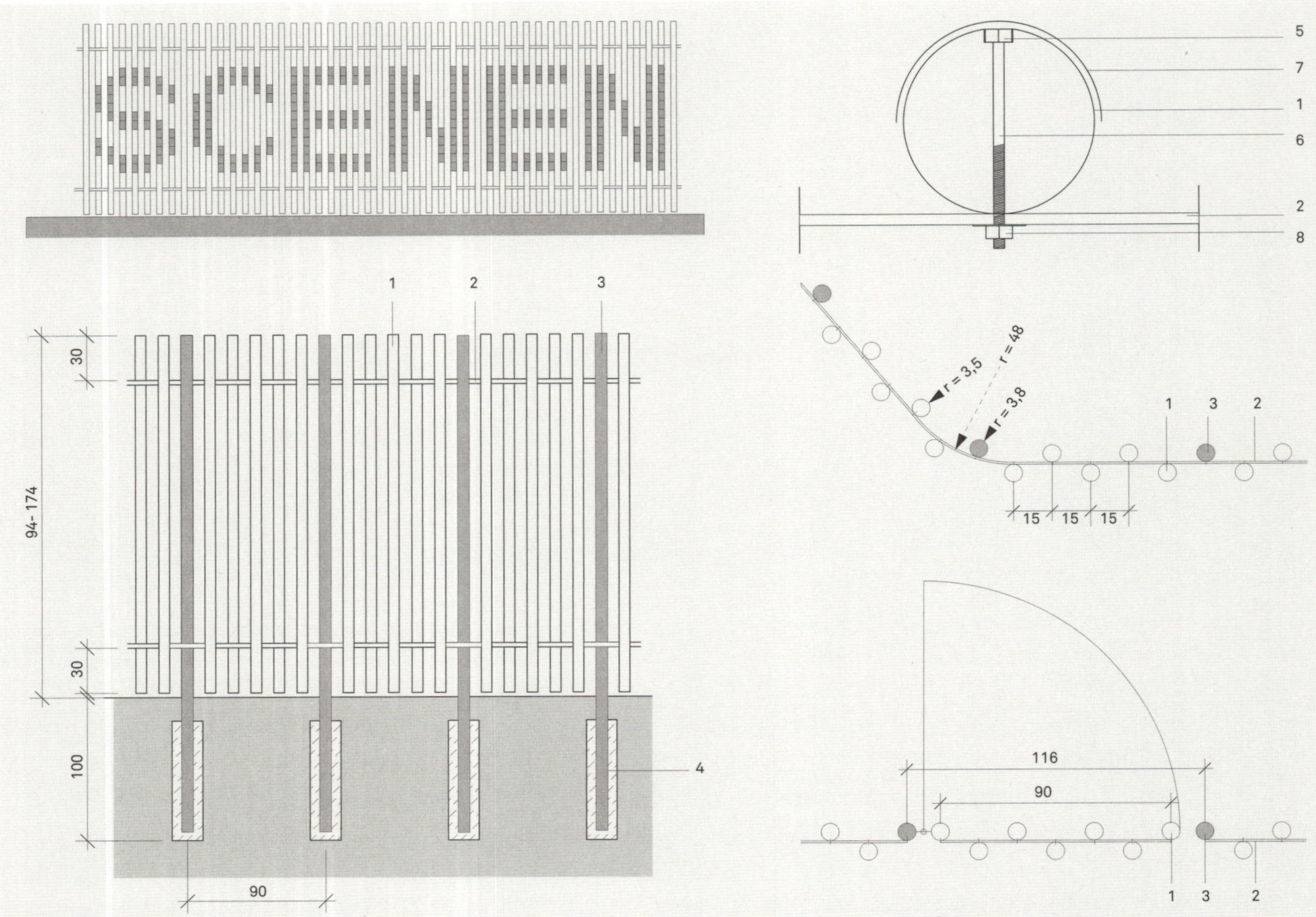

1 Rollizo, d = 70 mm
2 Correa de acero, 8 x 30 mm
3 Tubo de acero galvanizado, 76,1 mm x 4,5 mm
4 Cimentación aislada, d = 200 mm
5 Tornillos de cabeza plana insertados en orificios perforados
6 Tornillo de montaje M8
7 Revestimiento de pintura en los rollizos
8 Tuerca y arandela de resorte

VALLA, PRAGS BOULEVARD, COPENHAGUE, DINAMARCA

Arquitecto: Kristine Jensens Tegnestue, Århus, Dinamarca
Finalización: 2005

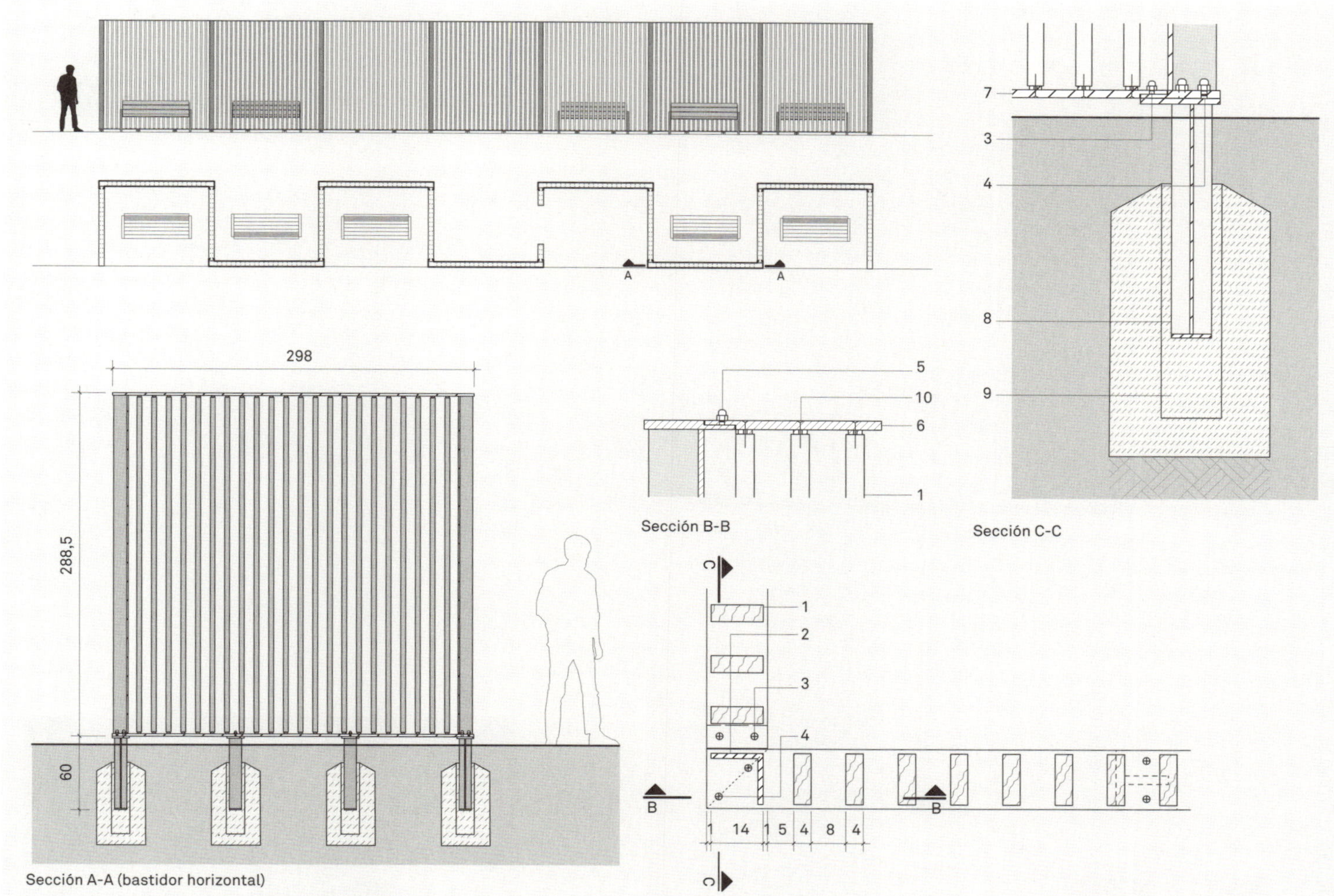

1 Listones de madera: alerce siberiano, clase 10, humedad de la madera ≤ 18%
Formato: 4/14 cm, longitud: 280 cm, aristas afiladas, nivel plano
2 Barras: perfiles angulares, 140 x 14
3 Junta barra-bastidor inferior: pasador roscado, d = 12 mm, soldado a la placa de anclaje. Arriba: orificio perforado fijado con tuerca ciega
4 Junta poste-base: barra roscada, d = 14 mm, soldada a la placa de anclaje. Arriba: orificio perforado fijado con tuerca ciega
5 Junta poste-bastidor superior: barra roscada, d = 12 mm, soldada a la placa de anclaje. Arriba: orificio perforado fijado con tuerca ciega
6 Bastidor superior: pletina de acero de 160/20 mm. En las esquinas: solape del bastidor de acero
7 Bastidor inferior: pletina de acero de 160/20 mm. En las esquinas: solape del bastidor de acero
8 Pie de los soportes de esquina: perfil en cruz, 100/100/10 mm. Arriba: placa de acero de 15/160/195 mm, abajo: placa de acero de 15/100/100 mm
9 Cimentación en cáliz, DN150
10 Junta bastidor de acero-madera: M 8 x 100, de cabeza plana, separadores realizados con arandelas redondas, galvanizadas en caliente DB 702, d = 3 cm. Altura por encima: 20 mm. Altura por debajo: 30 mm, orificio, d = 1,5 cm

RECINTO PARA SENTARSE EN OSCHATZ, ALEMANIA

Arquitectos paisajistas: Weidinger Landschaftsarchitekten, Berlín, Alemania
Finalización: 2006

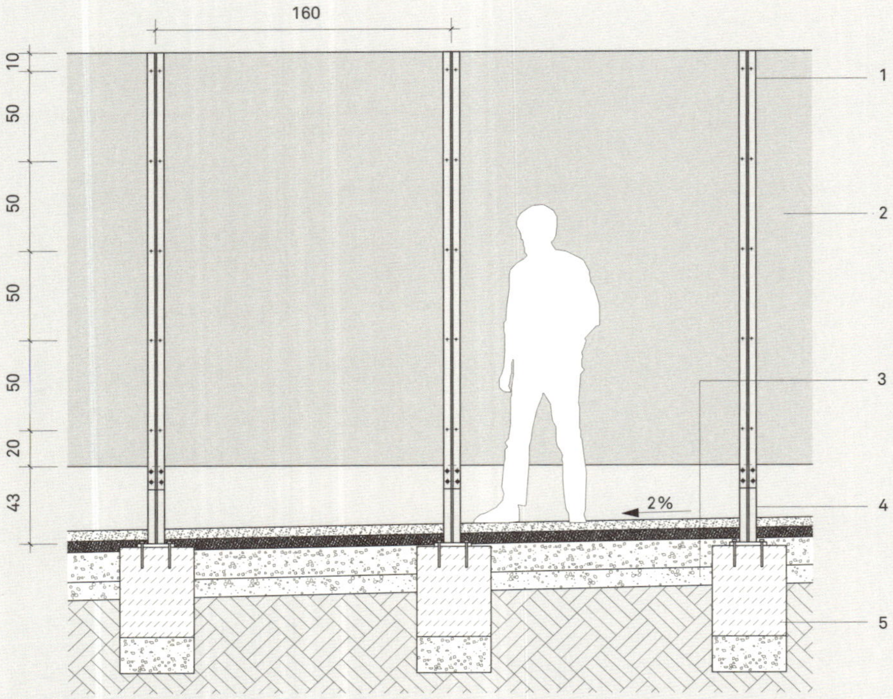

1 Postes: 4 perfiles angulares de aristas marcadas, 45 x 5 x 2430 mm, galvanizados en caliente y DB 702, incluyendo perforaciones para fijar el plexiglás y la base
2 Muro del laberinto: plexiglás GS, rojo 500, 230 x 158 x 1 cm, con perforaciones
3 Revestimiento impermeable: capa superficial de 4 cm (0/5), 6 cm de capa de nivelación (gravilla 0/16 de roca dura), 15 cm de base de grava (0/45), capa de protección contra heladas de 10 cm (0/32)
4 Base: perfil en cruz de acero, 430 x 90 x 10 mm, soldado a una pletina de 20 x 250 x 250 mm mediante pasadores M 20, 15 cm, electroplateado en cinc y atornillado a la cimentación de hormigón
5 Cimentación: 60 x 40 x 40 cm, C 20/25, base de 20 cm de grava 0/45
6 Fijación de la base al poste con 8 tuercas hexagonales M 12 cada uno
7 Fijación de la base a la cimentación: pasadores M 20 de 15 cm de longitud, con arandela y tuerca hexagonal, electroplateado en cinc
8 Pasador
9 Placa de anclaje de acero

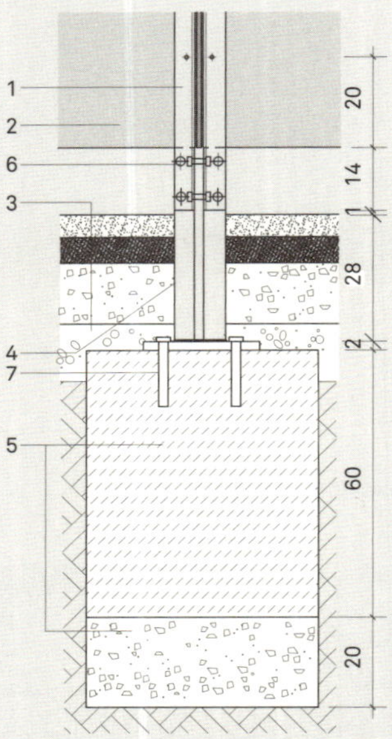

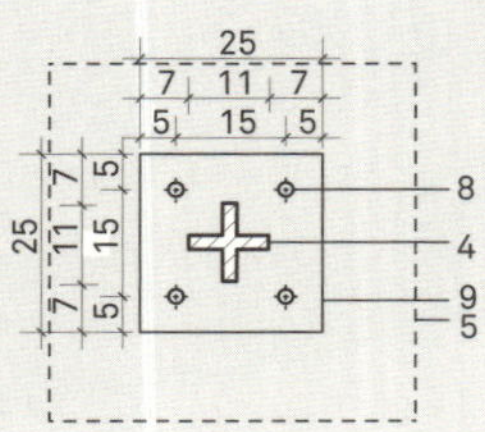

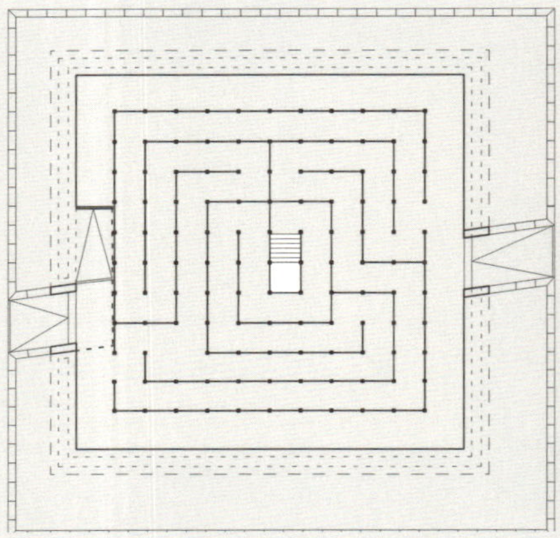

LABERINTO, OSCHATZ, ALEMANIA

Arquitectos paisajistas: Weidinger Landschaftsarchitekten, Berlín, Alemania
Finalización: 2006

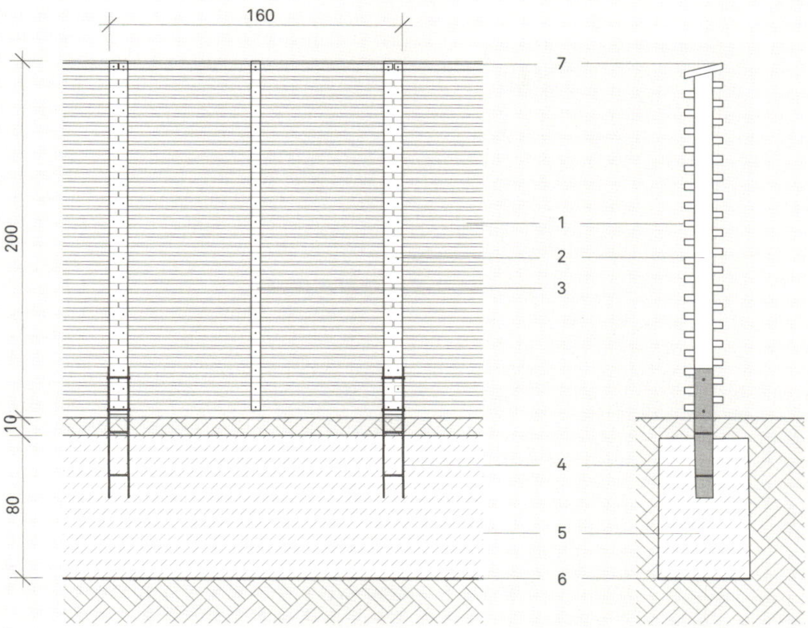

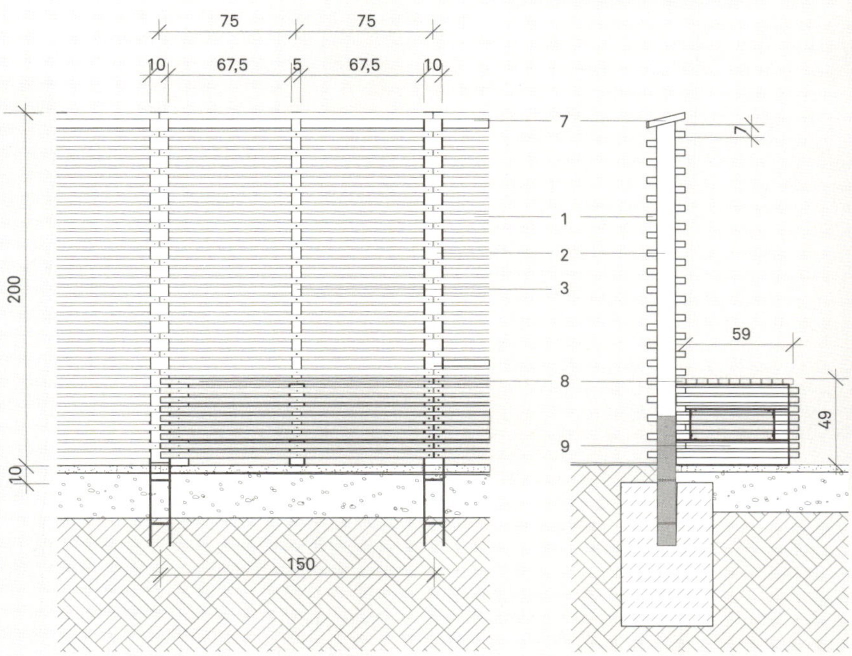

1 Alerce, formato 5,4/3,4/149,5 cm
2 Alerce, formato 10/10/198 cm
3 Alerce, formato 5,4/10/196 cm como barra de sujeción
4 Conector (acero galvanizado en caliente) del poste a la cimentación de hormigón
5 Zanja de cimentación de hormigón
6 Membrana de poliestireno o capa protectora alternativa
7 Alerce, formato 22/34/149,5 cm, con aristas biseladas, alineado con los listones de madera del revestimiento lateral
8 Alerce, formato 5,4/3,4/149,5 cm, con juntas de 5 mm de anchura
9 Revestimiento lateral de los asientos: alerce en formato 5,4/3,4/62 cm, conectado a los listones del revestimiento frontal mediante unión a inglete

VALLA DE TABLILLAS DE MADERA, TULLN, AUSTRIA

Arquitectos paisajistas: hutterreimann + cejka landschaftsarchitekten, Berlín, Alemania
Finalización: 2008

3.5 MURUS

PRINCIPIOS

MUROS EXENTOS

MUROS DE CONTENCIÓN
- Muros de gravedad
- Muros en ménsula
- Drenaje de muros de contención
- Tipos especiales de muros de contención

SISTEMAS CONSTRUCTIVOS NO ESTABLES
- Muros de mampostería seca
- Gaviones de piedra y tierra

SISTEMAS CONSTRUCTIVOS ESTABLES
- Muros de una hoja
- Muros de doble hoja
- Juntas
- Coronación de muros

EJEMPLOS

Maik Böhmer

3.5 MUROS

Fig. 3.5.2: Muro exento de hormigón, Geschichtspark Ehemaliges Zellengefängnis, Berlín-Moabit

Debido al gran número de métodos y materiales constructivos disponibles, los muros utilizados en estructuras exteriores pueden asumir funciones muy diversas. La distinción entre dos tipos de muros en alemán (*Mauern* y *Wände*) probablemente tiene su origen en los materiales empleados. El muro clásico es una fábrica aparejada (*Mauerwerk*), un elemento constructivo realizado a partir de piedras naturales o artificiales. El otro tipo de muros (*Wand*) consistía originalmente en un tejido o entramado estructural con plementería de arcilla. Se trata, pues, de muros compuestos por paneles, es decir, de paneles dispuestos en vertical. La función de estos muros es la de delimitar y definir el espacio. La construcción de entramados de madera evolucionó a partir de estos muros tejidos. Sin embargo, también pueden construirse aparejados, de forma que, en el lenguaje moderno, las denominaciones de las dos clases de muros son sinónimas.
Aparte de la ingente normativa y documentación técnica existente, no debe olvidarse la importancia de los muros exteriores en términos de diseño. Los muros otorgan al espacio un carácter inconfundible e influyen significativamente en su atmósfera.

PRINCIPIOS

Dependiendo de los materiales empleados, los muros pueden ser sólidos, aparejados, de hormigón armado, madera o tierra, sin olvidar otros materiales especiales como los bloques de vidrio. Pero también pueden clasificarse según su función. Así, se distingue entre muros exentos y estructurales, con una función portante. > **Fig. 3.5.1** En Alemania, la construcción de fábricas aparejadas está normalizada y regulada en primera instancia por la norma DIN 1053: Albañilería. En el caso de otros países, es necesario consultar la legislación local; en España, por ejemplo, esta ejecución viene determinada por el CTE DB SE-F (Documento Básico de Seguridad Estructural: Fábrica). Además de los métodos constructivos clásicos para muros de materiales sólidos como la piedra o el hormigón, otros materiales más ligeros como el acero o la madera amplían el abanico de diseños posibles. De igual modo, pueden aplicarse técnicas procedentes de la construcción en altura como los muros cortina, que abren un vasto espectro de posibilidades en el uso de los materiales y en el diseño de superficies.

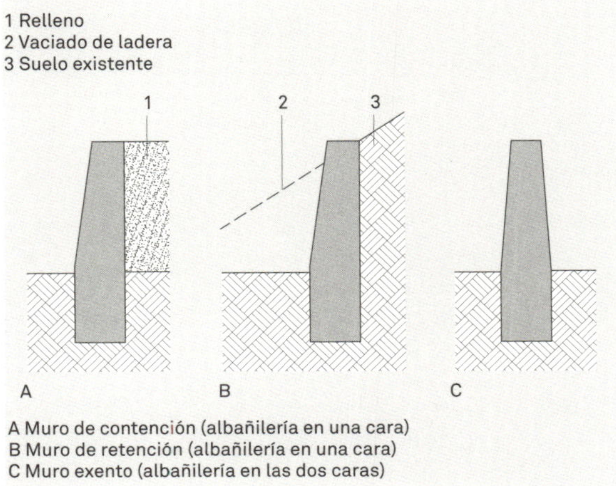

Fig. 3.5.1: Funciones de los muros en exteriores

MUROS EXENTOS

Los muros exentos se construyen sin el refuerzo de otros muros transversales y sin arriostramientos. Suelen ser de fábrica masiva. Por regla general, solo pueden absorber su propio peso y cargas horizontales como las debidas al viento. > **Capítulo 2.1 Estructuras y su dimensionado**

Los métodos constructivos dependen de la altura máxima del muro, relacionada a su vez con su espesor. De acuerdo con la normativa alemana, en una fábrica con mortero de cemento de altura inferior a 8 m, y con una densidad del material de 2,0 t/m^3, se puede calcular la altura y el espesor según la siguiente fórmula:

Espesor mínimo del muro: $[m]=\sqrt{h\,[m]\,/\,22}$
o:
Altura máxima del muro: $h\,[m] = 22 \cdot d^2\,[m]$

Sin embargo, en el caso de la normativa española los valores varían, y se considera (según el apartado 5.2.7 de la CTE DB SE-F) que 27 es el valor máximo de la esbeltez geométrica de un muro (λ=h/d). La altura, asimismo, dependerá de si dicho muro se encuentra arriostrado o completamente exento (consultar la normativa para ampliar detalles).
El resultado del cálculo proporciona un valor de referencia, y en determinados casos debe obtenerse con precisión por ordenador. Pueden producirse desviaciones como resultado de las cargas de viento y de tráfico aplicadas, así como para dar un mayor o menor margen de seguridad. La fórmula puede aplicarse igualmente como valor aproximado para muros de hormigón (el hormigón normal pesa de media 2,4 t/m^3).

Espesor de muro d (cm)	17,5	24,0	30,0	36,5
Peso de cálculo (t/m^3)	Altura del muro (cm) (h = $22 \cdot d^2$)			
2,4 (h = +20%)	80	152	238	352
2,0 (Fórmula de relación h = 100%)	67	127	198	293
1,8 (h = -10%)	60	114	178	264
1,4 (h = -30%)	47	89	139	205
Base para el cálculo: junta entre la fábrica y la cimentación: cara superior del terreno				

Tab. 3.5.1: Espesores y alturas admisibles en muros exentos de ladrillo sin arriostramiento

El resultado de la fórmula debe reducirse en aprox. un 5% por cada kN menos de peso de piedra. Para muros de altura total mayor a 8 m los valores deben reducirse en un 25%.

Definición de términos
Densidad de la piedra = densidad en seco = peso de cálculo: kN/m^3; kg/dm^3
Resistencia a compresión de la piedra = resistencia de la piedra N/mm^2

La densidad de la piedra natural se encuentra normalmente en el rango 2,4-2,9 t/m^3. Los aparejos de piedra natural tienen mayor estabilidad que la asumida por la fórmula anterior. Siempre que el muro se encuentra arriostrado con pilastras o con vigas de atado en los extremos (por ejemplo, de hormigón armado), las alturas calculadas (con dicha fórmula) pueden ser mayores o los espesores, menores. En estos casos, la norma DIN 1053 fija la superficie total del muro, la distancia entre pilares y la cantidad de armado necesario en función de las clases de resistencia de la piedra utilizada. > **Fig. 3.5.3 y Tabs. 3.5.2 y 3.5.6**

Las normas alemanas obligan a coronar los muros con una viga de atado. Sin embargo, si solo necesitan arriostramiento lateral, la fábrica debería reforzarse con armaduras de acero. En este caso, dichas armaduras se disponen en las juntas horizontales de forma que la distancia máxima entre barras sea de 25 cm, es decir, al menos cuatro barras por metro de altura del muro. Las juntas horizontales armadas no deberían tener un grosor de más de 2 cm, aunque han de recubrir el acero un mínimo de 5 mm. > **Fig. 3.5.4 y Tab. 3.5.4** En el caso de España, y siempre según el CTE BD SE-F, dicho recubrimiento aumenta hasta los 15 mm desde la cara exterior y 2 mm de mortero en el tendel, tanto por arriba como por abajo.
El armado debe estar anclado a los pilares, cuya resistencia hay que verificar. Los muros exentos también pueden ser estabilizados mediante tramos que sigan distintas direcciones en planta (muros que tengan forma de L, T o U), o si su directriz es circular o curva. Por supuesto, estos muros también pueden construirse en hormigón. > **Sistemas constructivos estables** Asimismo, es posible recurrir a construcciones con entramados de acero o madera (con cerramientos o revestimientos especiales, si fuese necesario), dependiendo de la intenciones del proyectista. En este caso, la ejecución debe cumplir básicamente los requisitos constructivos propios de estos materiales.

MUROS DE CONTENCIÓN

Se trata de una de las estructuras de contención habituales para regular el nivel del terreno allí donde quieren evitarse los taludes por motivos de diseño o restricciones en la edificación. Entre los muros de contención destacan los muros por gravedad y los muros en ménsula. Existen otros métodos más modernos para construir muros de contención, como los de gaviones y los muros jardinera, así como sistemas para reforzar el terreno, como los muros de tierra armada o los realizados con geotextiles. > **Capítulo 3.1 Modelado del terreno y movimiento de tierras** Lo que todos estos métodos tienen en común es que la construcción comienza por la base, asumiendo que hay suficiente espacio para trabajar.

Muros de gravedad

Este sistema, que ya existía antes de la invención del hormigón armado y puede verse en muchos castillos fortificados, consiste en oponer al empuje lateral y oblicuo del

Espesor del muro [cm]	Área superficial del muro [m²]		
	$\varepsilon = 1{,}0$	$1{,}0 < \varepsilon < 2{,}0$	$\varepsilon \geq 2{,}0$
11,5	16 (24*)	A interpolar	10,6 (16*)
17,5	20 (40*)		14 (28*)
24	36 (72*)		25 (50*)

Relación de aspecto $\varepsilon = h/l$, si $h \geq l$ o $\varepsilon = l/h$, si $l \geq h$
* Relación de aspecto $\varepsilon = h/l \geq 2{,}0$ y resistencia a compresión ≥ 20 (p. ej, piedra natural)

Tab. 3.5.2: Área superficial admisible en función de la altura del muro. Relación de aspecto $\varepsilon = l/h$

Espesor del muro [cm]	Altura del muro [m]	Separación de pilastras [m]	Pilastras	
			Perfil de acero S235JR, galvanizado en caliente	Hormigón armado* b/d [cm]
11,5	0-2,00	5,00	IPE 140	12/24
	2,00-3,00	4,00		
17,5	0,70-2,00	6,00	IPE 200	24/18
	2,00-3,00	5,00		
24,0	1,30-2,00	8,00	IPE 260	24/24
	2,00-3,00	6,00		

* De acuerdo con cálculos estadísticos

Tab. 3.5.3: Valores normalizados para la separación de pilastras en muros apilastrados

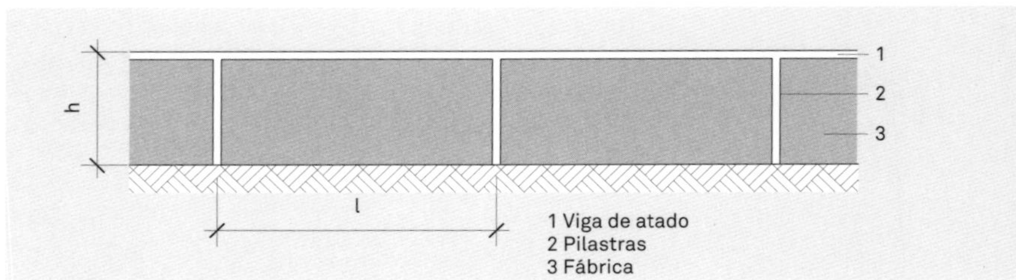

Fig. 3.5.3: Muro apilastrado con viga de atado

Espesor del muro d [cm]	Distancia entre pilastras* [m]
11,5	3,00
17,5	5,00
24,0	6,00

* Armado con redondos de acero de 4 m de longitud, Bst III/ Ø 6 mm

Tab. 3.5.4: Distancias normalizadas entre pilastras en muros exentos de hormigón armado

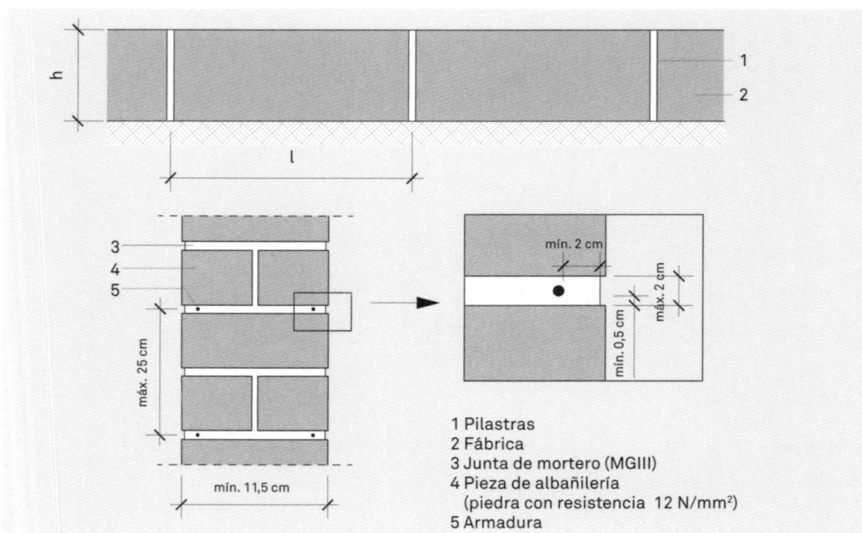

Fig. 3.5.4: Fábrica armada, disposición de la armadura

Fig. 3.5.5: Muros de gravedad en el castillo Hohenzoller, Hechingen

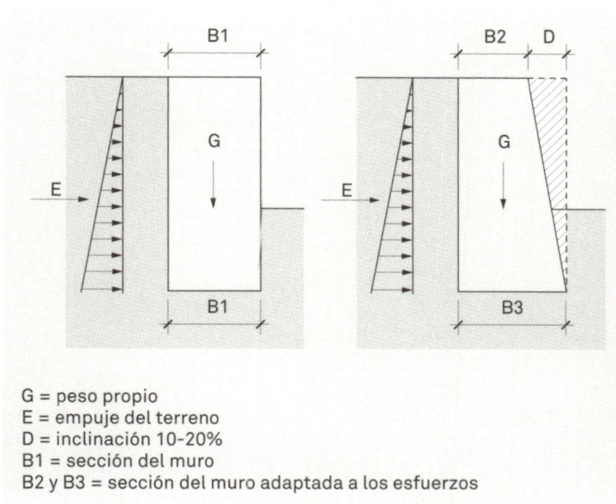

Fig. 3.5.6: Principio de funcionamiento de los muros de gravedad

Fig. 3.5.8: Muro de contención en ménsula, realizado con elementos prefabricados de hormigón

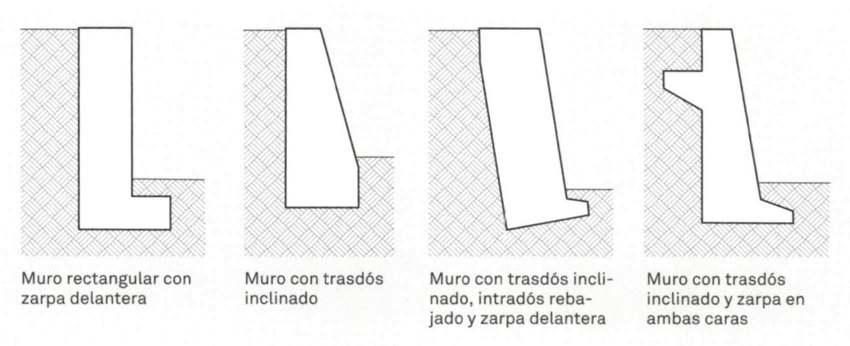

Fig. 3.5.7: Diversos tipos de muros de gravedad según su forma

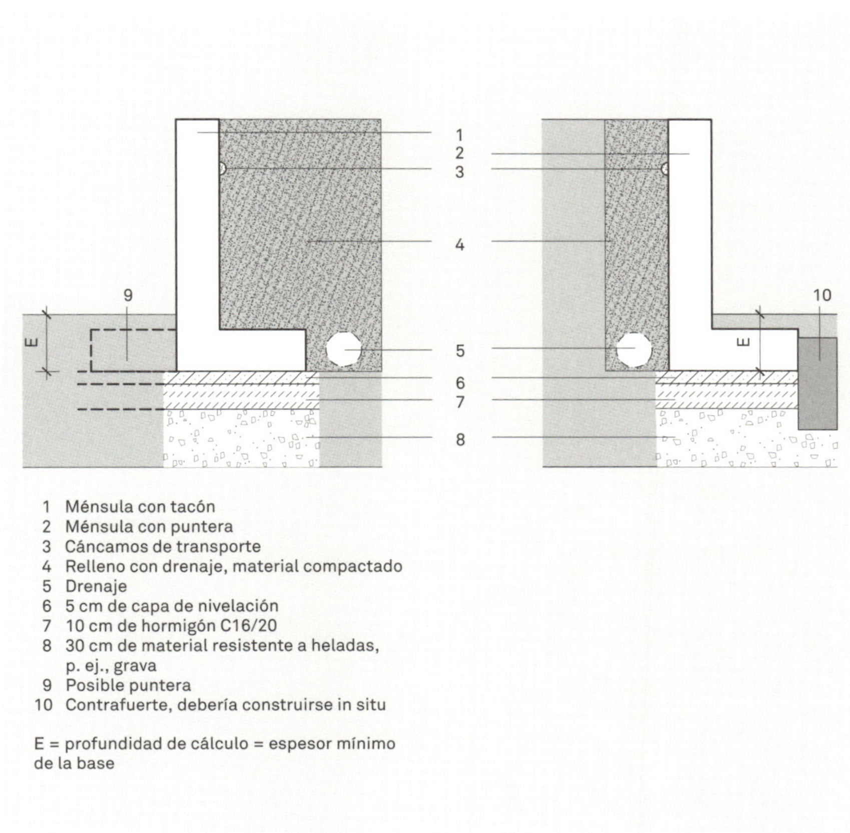

Fig. 3.5.9: Ejecución de muros en ménsula

terreno el peso propio del muro. > **Fig. 3.5.5** En la actualidad, los muros de gravedad se suelen hacer de hormigón en masa o armado, mediante métodos de construcción estable. En el caso de los muros de escasa altura, se puede recurrir a una sección rectangular; mientras que, a medida que esta aumenta, conviene dotar a la cara externa de cierta inclinación (entre un 10 y un 20%) para adaptar la sección del muro a los esfuerzos que deba soportar, siempre más intensos en su base. En cuanto al efecto visual, se recomienda inclinar el muro por encima de la altura de los ojos para reducir la apariencia de solidez. Por otra parte, se puede reducir el empuje del terreno vaciando la cara trasera del muro o añadiendo un talón. > **Figs. 3.5.6 y 3.5.7**

Muros en ménsula

En el caso de los muros en ménsula, el talón permite añadir el peso del terreno al peso propio del muro. > **Figs. 3.5.8 y 3.5.9** Por ello se requiere menos material que en el muro de gravedad. Sin embargo, el espacio necesario para la construcción es más ancho y el talón implica un aumento considerable del movimiento de tierras, por lo que se emplea principalmente en el caso de rellenos. Para reducir en algo el volumen del terreno a extraer, la zarpa también puede disponerse en la cara exterior del muro. La colocación de una zarpa adicional en este caso sería opcional y queda determinada en función de las necesidades estáticas y funcionales, calculándose a su vez por separado (reducción de la incisión). > **Capítulo 1.7 Hormigón** Debido a la superficie de apoyo con la que cuentan, los muros en ménsula pueden construirse sobre terrenos de menor capacidad portante. Suelen realizarse con elementos prefabricados de hormigón armado > DIN 1045 y CTE DB SE-C o Documento Básico de Seguridad Estructural: Cimentaciones, apartado 6, para España, y los acabados superficiales suelen ser de hormigón visto liso, por lo que su apariencia es adaptable a cada situación utilizando las diversas técnicas de tratamiento superficial disponibles para el hormigón. También pueden construirse con hormigón in situ, aunque para esta solución se requiere de espesores mayores que en el caso de los muros prefabricados. Para alturas de hasta 2 m existe un gran número de elementos prefabricados según las distintas alturas, bases, longitudes y espesores, todos ellos calculados para una carga normalizada de p = 5 kN/m². > **Fig. 3.5.10 y Tab. 3.5.5** Si la altura del muro supera los 2 m, es necesario un cálculo estructural específico. En todo caso, los de altura

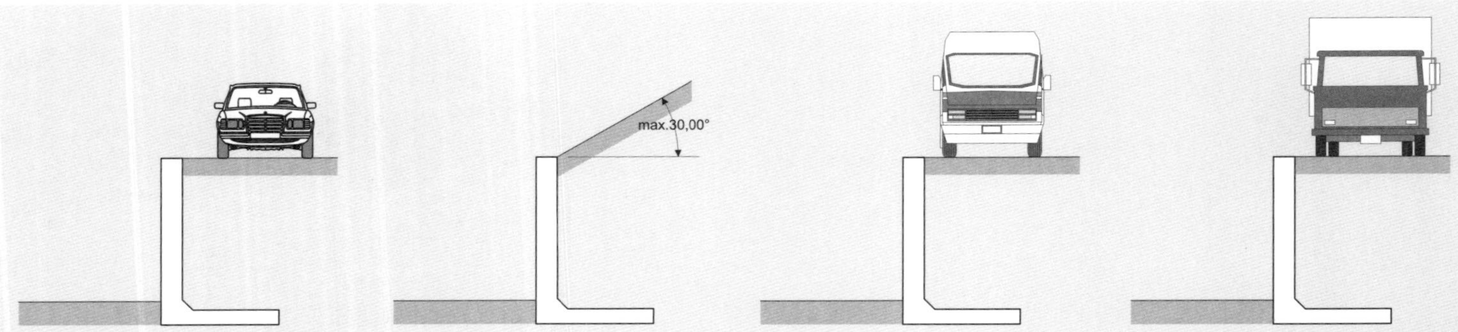

Ejemplo 1 > Tab. 3.5.5
Carga distribuida uniformemente, vehículos con un peso total admisible de hasta 2,5 t (vehículos particulares, minibuses, etc.) o terraza, carga de tráfico: 5,00 kN/m²

Ejemplo 2
Talud
Inclinación del terreno hasta 30º

Ejemplo 3
Carga de tráfico: 21,33 kN/m²
(para cumplir la antigua SLW 60 con 16,70 kN/m²)
p. ej., viario público con tráfico de acceso

Ejemplo 4
Carga de tráfico: 32,00 kN/m²
(para cumplir la antigua SLW 60 con 33,3 kN/m²)

Fig. 3.5.10: Condiciones de carga

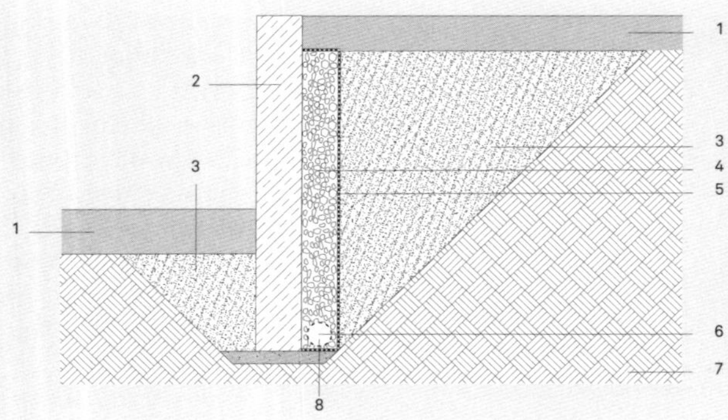

1 Estructura de recubrimiento
2 Muro
3 Relleno de material drenante compactado
4 Zanja de drenaje, p. ej., grava 8/16
5 Lámina filtrante
6 Dren
7 Suelo natural
8 Hormigón impermeable

Fig. 3.5.11: Principio de drenaje de muros de contención

inferior también pueden suponer un peligro si no se tienen en cuenta los principios de la mecánica: conviene construir los muros en ménsula en terrenos con una capacidad portante suficiente y sobre una cimentación apoyada, preferiblemente sobre una capa libre de hielo, de grava o gravilla, con el fin de evitar cualquier tipo de asentamiento o desplazamiento diferencial de los elementos.
Para alturas de construcción que superen los 5 m, hay que anclar los componentes al terreno posterior tanto para facilitar el proceso de ejecución como para evitar posteriores deformaciones.

Drenaje de muros de contención

El drenaje es una cuestión de gran importancia en los muros de contención, ya que la acumulación de agua de escorrentía puede poner en peligro todo el muro, al modificar la estructura del suelo en su base o aumentar los empujes horizontales del terreno contenido por la cara trasera del muro. Para evitarlo, el suelo tras el muro debe estar adecuadamente drenado, lo que implica sellar la base de la excavación con hormigón impermeable. En la parte superior es preciso disponer conductos de drenaje con una capa filtrante de 30 a 80 cm (dependiendo del suelo y del material de relleno), y para garantizar su eficacia a largo plazo se debe colocar una lámina de protección que impida la penetración de las partículas más finas del suelo en el elemento filtrante. En la cara trasera del muro y por debajo de la pieza de coronación también debe aplicarse un material drenante que garantice una rápida evacuación del agua de escorrentía y evite su acumulación. Todo el agua acumulada debe drenarse.> Fig. 3.5.11

H	F	B	D	kg
Longitud de construcción 50				
Condición de carga 1				
40	25	50	10	72
50	30	50	10	90
60	35	50	10	110
70	50	50	10	138
80	50	50	10	150
90	50	50	10	162

H	F	B	D	kg
Longitud de construcción 100				
Condición de carga 1				
40	25	100	10	144
50	30	100	10	180
60	35	100	10	216
70	50	100	10	276
80	50	100	10	300
90	50	100	10	324
100	60	100	10	372

Tab. 3.5.5: Dimensionado normalizado de muros en ménsula realizados con elementos prefabricados

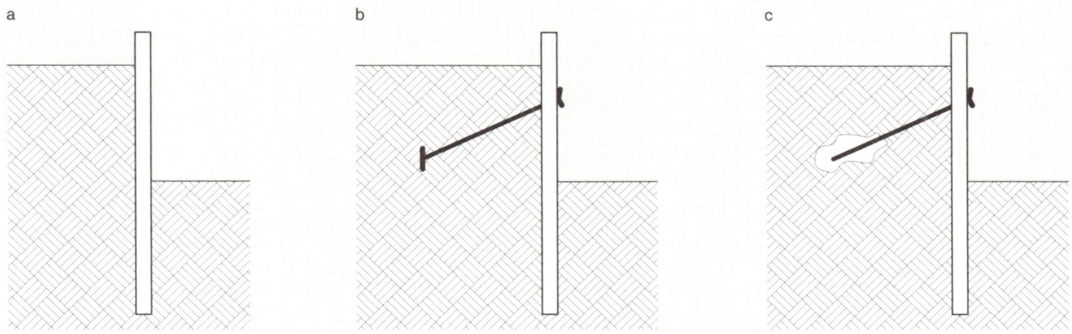

a) Muro pantalla o de pilotes
b) Fijación mediante anclaje mecánico al terreno
c) Fijación mediante anclaje con bulbo de hormigón

Fig. 3.5.12: Principios de funcionamiento y anclaje al terreno de muros pantalla o de pilotes

Fig. 3.5.13: a-c) Ejecución de un muro de pilotes con revestimiento de hormigón

Tipos especiales de muros de contención

A diferencia de los muros de gravedad, los muros en ménsula o los muros jardinera, la estabilidad de las empalizadas y los muros de pilotes no depende de su propio peso, sino de su empotramiento en el terreno.

Muros de pilotes

Los muros de pilotes consisten en barras individuales introducidas en el terreno mediante diversos métodos para crear una estructura segura e impermeable. El método de ejecución depende tanto de las condiciones del terreno como de los niveles admisibles de ruido y vibraciones. La profundidad de empotramiento de los muros de pilotes aumenta con la altura de estos. Los pilotes prefabricados suelen ser perfiles de acero de distinta sección, aunque en algunos casos también son de madera, de hormigón armado o de plástico. Si se quiere alcanzar mayores alturas, la parte superior de los muros de pilotes debe anclarse al terreno. > **Fig. 3.5.12** Así se reducen los esfuerzos de flexión y, por lo tanto, también la profundidad de empotramiento. La coronación de los pilotes además puede ser arriostrada con una viga de atado de hormigón armado o mediante un perfil de acero.

Empalizadas

Las empalizadas normalmente se clavan en el terreno. Están disponibles en gran diversidad de tamaños y materiales, como la madera, el hormigón o el plástico. Las de madera ofrecen una capacidad limitada como estructuras portantes, por lo que solo deberían utilizarse con materiales permeables y compactados para reducir la acumulación de agua y la pudrición. Por el mismo motivo, tampoco resulta adecuado apoyarlas sobre una cimentación de hormigón. En el diseño de empalizadas pueden aplicarse las dimensiones normalizadas incluidas en las tablas. > **Tab. 3.5.6**

Material	**Dimensiones en cm**				
	Altura por encima del nivel del terreno (hasta aprox.)	Profundidad de empotramiento	Longitud total	Diámetro	Sección
Rollizos y traviesas de madera	50 105 160 180 210	50 75 100 120 140	100 180 260 300 350	8 8 - 12 15	- - 16/26 - -
Losas de hormigón	40 70 100 130	20 30 50 70	60 100 150 200	12-17 20 20 20	12/12 12/12 14/18 14/18
Empalizadas de piedra natural	30 50 70 100 170	20 25 30 50 80	50 75 100 150 250	- - - - -	12/12 12/12 12/12, 7/20 12/12, 7/20 10/25
Piedra natural	120-200	80	~200-300		Espesor: ~7-20 Ancho: ~80-100

Fuentes: Informationsdienst Holz, Fa. CreaBeton, Fa. Kann, Fa. Jonastone, Fa. Hubert Killing

Tab. 3.5.6: Dimensiones de empalizadas y losas de hormigón en muros de contención, medidas normalizadas

SISTEMAS CONSTRUCTIVOS NO ESTABLES

Además de por sus propiedades básicas como elementos exentos o portantes, los muros pueden clasificarse en estructuras estables y no estables.

La característica esencial de un sistema constructivo no estable es que sus cimentaciones son simples y poco costosas, sin ninguna función mecánica ni materiales de ligazón. Las cimentaciones suelen consistir en zanjas de grava o gravilla (de 10 a 20 cm, dependiendo de la granulometría, o hasta 40 cm, en muros de mampostería seca) de resistencia reducida y capaz únicamente de evitar el ascenso de las aguas subterráneas (cimentación libre de hielo); y el terreno debe ser capaz de soportar los esfuerzos de compresión. Por este motivo, los sistemas constructivos no estables solo son viables en suelos con vegetación. A pequeña escala una construcción no estable es más flexible que una estable,

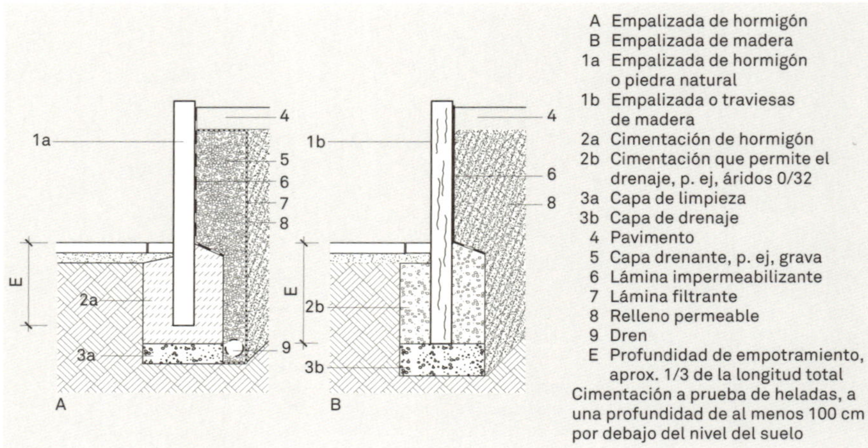

Fig. 3.5.14: Principios constructivos para las empalizadas de contención de tierras

Fig. 3.5.15: Muro de mampostería seca realizado con lajas alineadas de piedra

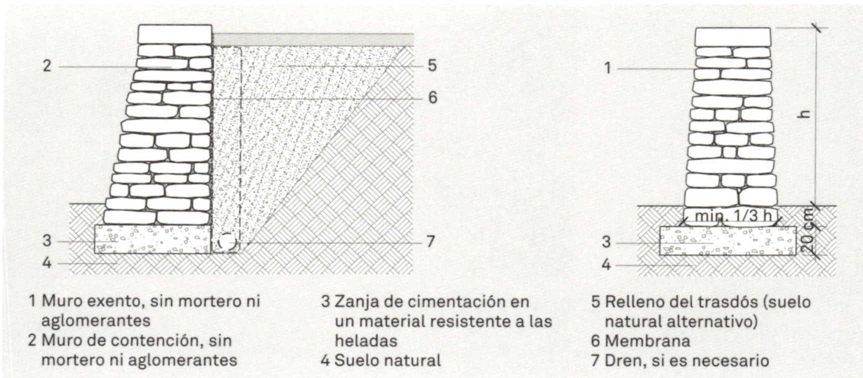

Fig. 3.5.16: Principios básicos de los sistemas constructivos no estables

Fig. 3.5.17: Gaviones de tierra en BUGA Gera y Ronneburg

Fig. 3.5.18: Gaviones de piedra en BUGA Gera y Ronneburg

Fig. 3.5.19: Detalle de las canastas de acero con el relleno de piedras

Fig. 3.5.20: Muro de gaviones de piedra

pues puede adaptarse a los asentamientos del terreno tras su ejecución sin perder sus propiedades constructivas. Los muros de mampostería seca, como las empalizadas y los muros en ménsula realizados con elementos prefabricados hasta una cierta altura, ya descritos en el apartado inmediatamente anterior dedicado a las estructuras de contención, son todos ejemplos de sistemas constructivos no estables. Además, en el mercado existen diversos sistemas de piezas prefabricadas especiales para levantar muros jardinera. Los elementos de soporte con relleno, como los gaviones de piedra y tierra, pueden construirse como sistemas estables o no estables, en función de su altura.

Muros de mampostería seca

Los muros de mampostería seca de piedra natural pueden realizarse con piezas de cantera sin trabajar o con piedras recogidas de las proximidades, incluso con piezas labradas, como se describe en la sección dedicada a «Sistemas constructivos estables».
Las principales diferencias en el diseño de los muros de mampostería derivan del tipo de piedra disponible en cada localidad y de sus características. > **Capítulo 1.5 Piedra natural** Los huecos entre las piedras deben ser lo más pequeños posibles. A veces se emplean pequeñas cuñas de piedra como sustituto del mortero para mantener unidas las piezas. La mampostería seca solo sirve para construir muros exentos o sencillos muros de gravedad. También se puede añadir tierra a las juntas para permitir el crecimiento de plantas herbáceas para rocalla. Las fábricas de rocas irregulares sin mortero no están cubiertas por la norma DIN 1053: Albañilería (o el CTE DB SE-F, indicado anteriormente para el caso de España). Sin embargo, todavía se hacen este tipo de construcciones, siguiendo la experiencia y las reglas tradicionales, aunque no pueden hacerse cálculos estructurales ya que no se utilizan piezas normalizadas. > **Figs. 3.5.15 y 3.5.16**

Gaviones de piedra y tierra

Los gaviones son elementos de soporte con relleno que funcionan como muros de gravedad. El peso necesario se consigue con materiales de relleno como piedras, tierra o vidrio triturado, encerrados en un contenedor. Para que los contenedores (normalmente formados mediante una malla de alambre) no se deformen por la presión del relleno, se incorporan barras de refuerzo dentro de ellos. Debido a su elevado peso propio, el relleno con piedras permite reducir el volumen necesario del elemento de soporte más

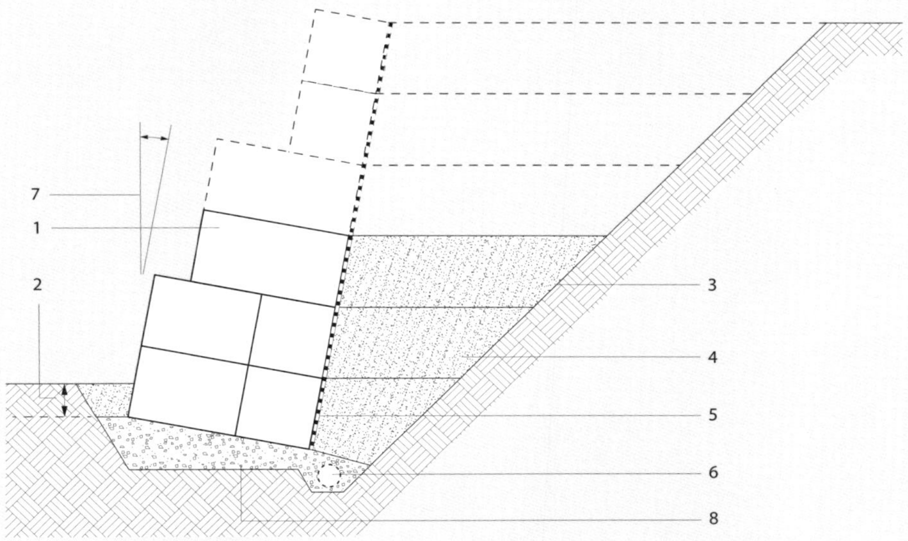

1 Entramado de canastas de alambre con relleno de tierra, piedra u otro material especial
2 Empotramiento en el terreno
3 Excavación de talud
4 Relleno, drenante e impermeabilizado
5 Membrana para separar los materiales del relleno del suelo natural, donde sea necesario
6 Dren
7 Pendiente, conseguida inclinando o retranqueando las canastas (hasta 6º o 10,5%)
8 Cimentación a prueba de heladas, de hormigón donde sea necesario

Fig. 3.5.21: Principios constructivos de los gaviones tipo caja

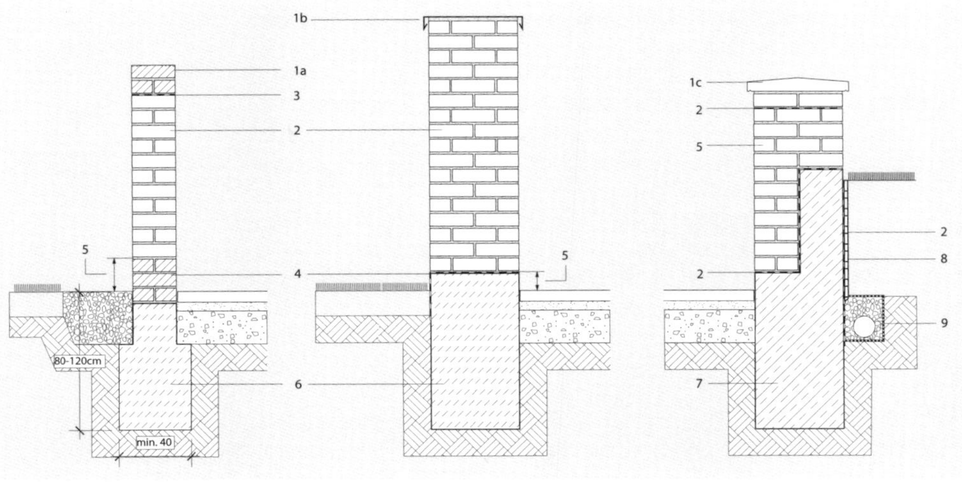

1 Coronación del muro, a) pieza cerámica con pendiente proporcionada por la junta de mortero o por la propia pieza, b) chapa metálica, c) albardilla de hormigón o piedra natural con goterón
2 Fábrica de ladrillo exenta, no armada, fijada con mortero M II o M IIa (p. ej, M 2.5 o M 5, tal como define la norma EN 998-2) y fábrica armada con M III (p. ej, M 10, como define la norma EN 998-2)
3 Barrera impermeabilizante (p. ej, lámina bituminosa)
4 Mortero impermeable en las proximidades de la coronación y de la base del muro
5 Zona de salpicaduras protegida por el mortero impermeable o por la construcción de una cimentación de hormigón; al menos 10 cm por encima del nivel del suelo
6 Cimentaciones de hormigón, a prueba de heladas (C12/15-C20/25)
7 Cimentaciones de hormigón armado, a prueba de heladas
8 Lámina drenante / grava de drenaje
9 Dren protegido por lámina geotextil

Fig. 3.5.22: Principios básicos de los sistemas constructivos estables

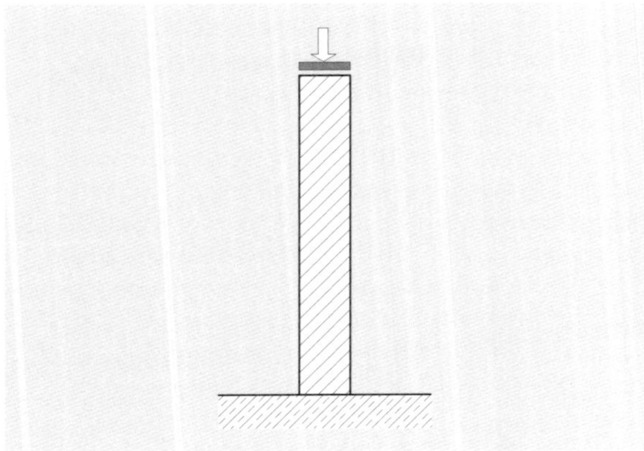

Fig. 3.5.23: Funcionamiento de los muros de una hoja

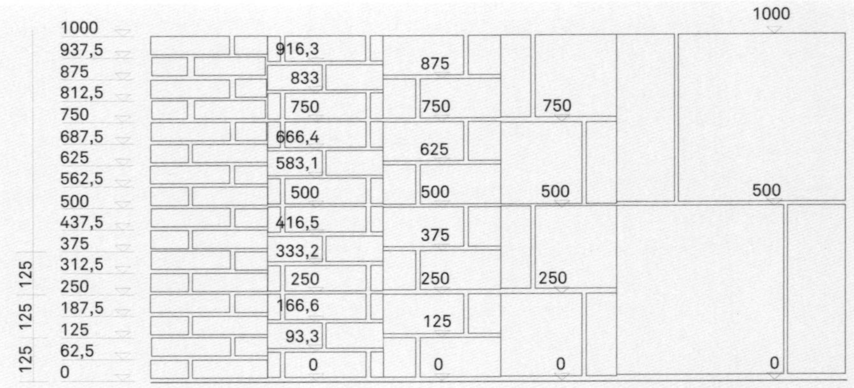

	NM	NM	NM	DM	NM	DM	DM
Altura de pieza (mm)	52	71	113	123	238	248	499
Espesor de la junta horizontal (mm)	10,5	12,3	12	1-3	12	1-3	1-3
Altura de la hilada	62,5	83,3	125	125	250	250	500
Ejemplos de formatos	DF	NF	1,5 NF	2 DF	4 DF	Elementos planificados	
NM = mortero normal, DM = mortero delgado							

Fig. 3.5.24: Altura de piezas e hilada

que el relleno con tierra. En el caso de gaviones de tierra, el material se mantiene dentro del contenedor por medio de un geotextil. Su ventaja es que en ellos se puede plantar. > **Fig. 3.5.17** Los gaviones suelen fabricarse en bloques, utilizando cajas prefabricadas de malla que se rellenan y apilan unas sobre otras. > **Figs. 3.5.18-3.5.20** Una alternativa es construir dos muros iniciales y luego conectarlos, añadiendo al final el material de relleno. Como los muros de contención, los gaviones deben protegerse con un drenaje adecuado. También resulta recomendable, a partir de cierta altura, dotar las caras del muro de una ligera inclinación (de hasta 10º). Con el método de construcción por bloques, esta se puede crear con facilidad retranqueando los elementos individuales. Normalmente, un muro de gaviones se apoya sobre una cimentación por debajo de la capa de heladas. > **Fig. 3.5.21** Pero, si se trata de suelos con escasa capacidad portante, se requiere una cimentación estable de hormigón.

SISTEMAS CONSTRUCTIVOS ESTABLES

Los sistemas constructivos estables cuentan con cimentaciones a prueba de heladas y se mantienen unidos mediante agentes ligantes endurecidos (morteros). > **Fig. 3.5.27 y Capítulo 2.3 Cimentaciones** Este tipo de construcción rígida es necesaria para evitar los movimientos causados por el hielo o por los asientos del terreno, que podrían provocar la aparición de grietas en la construcción. Los requisitos mínimos imprescindibles para un sistema constructivo estable son el uso de un agente ligante resistente a las heladas, juntas de dilatación adecuadas a lo largo de todo el muro, un elemento de coronación que evite la penetración del agua de lluvia, así como una cimentación de hormigón de al menos 80 cm de profundidad (que abarque hasta la capa vegetal del suelo, si fuese preciso). Aparte del hormigón, los materiales más utilizados son el ladrillo y la piedra natural. Sin embargo, también se emplean materiales tradicionales, como la tierra o la madera, y otros más modernos, como el acero, el vidrio o los plásticos.

Muros de una hoja

En el caso de los muros de una sola hoja, toda la sección está implicada en la transferencia de cargas mecánicas, formando una única estructura, aun cuando el núcleo del muro y las caras exteriores estén compuestos de materiales distintos. > **Fig. 3.5.23**

Albañilería

En este sistema —en el que pueden emplearse ladrillos cerámicos, sílico-calcáreos o piedra natural— las piezas

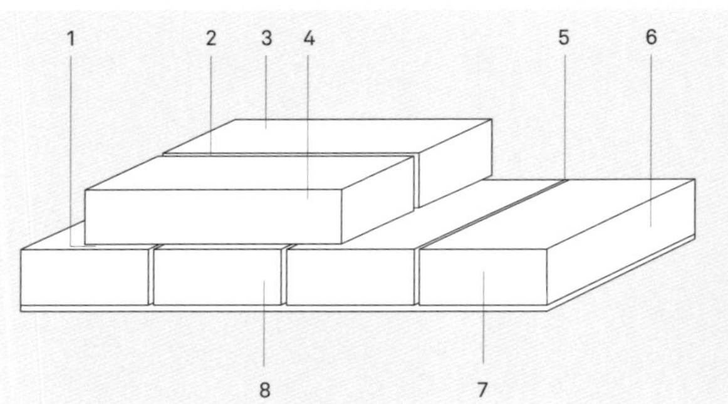

1 Junta horizontal (tendel)
2 Junta longitudinal
3 Soga
4 Soga cara vista
5 Junta vertical (llaga)
6 Canto
7 Tizón
8 Hilada a tizón

Fig. 3.5.25: Terminología de albañilería

que quedan a la vista están trabadas con las que forman el núcleo del muro siguiendo un aparejo regular, y se ligan mediante mortero.

El espesor de los muros exentos puede calcularse según la fórmula descrita en el apartado de «Muros exentos».

También pueden calcularse los espesores de muro para los formatos normalizados de ladrillo. Para ello, resultan preferibles los formatos normal (NF) de 240 x 115 x 71 y delgado (DF) de 240 x 115 x 52 mm, siempre que utilicemos el ladrillo castellano, ya que pueden variar según la región. Existe un gran número de formatos intermedios a partir de estos dos, lo que permite al proyectista disponer de una gran variedad de secciones de muro. > **Fig. 3.5.24 y Capítulo 1.6 Ladrillos y clínkeres**

A las dimensiones nominales de estos formatos de ladrillo es preciso añadir 10 mm para la formación de juntas horizontales o tendeles y 12 mm para las verticales (en España, la normativa establece un intervalo de 8 a 15 mm),

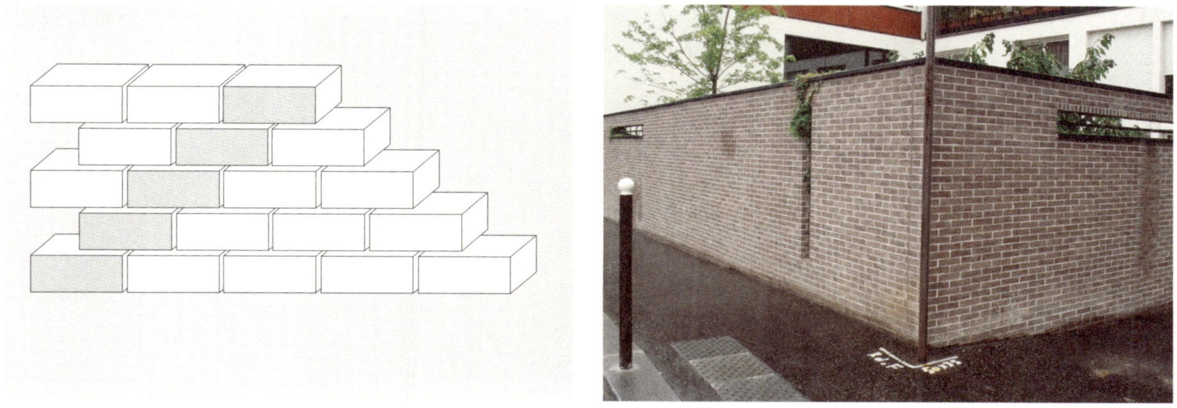

Fig. 3.5.26 a+b): Aparejo a tizón

Fig. 3.5.27 a+b): Aparejo a soga

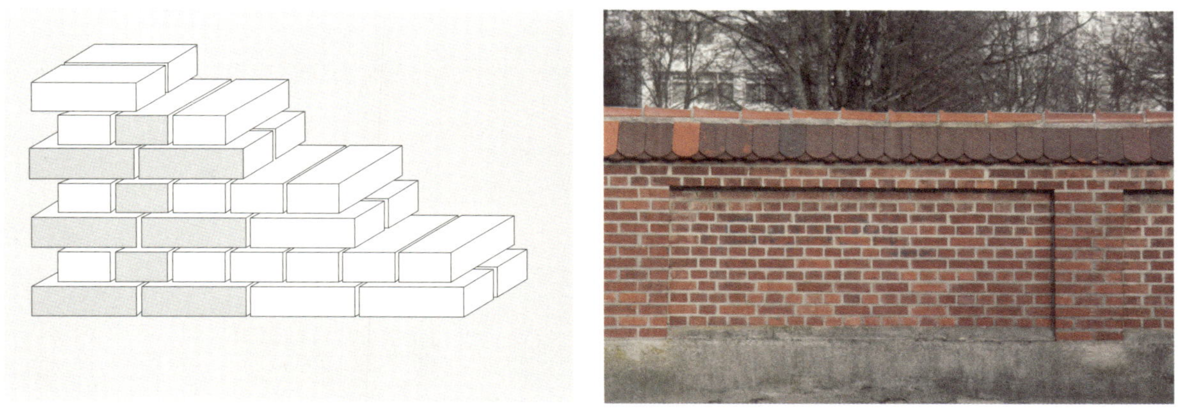

Fig. 3.5.28 a+b): Aparejo inglés

Fig. 3.5.29 a+b): Aparejo inglés en cruz

en función de la capacidad de absorción de las piezas y del mortero empleado. De acuerdo con este sistema, una soga (largo del ladrillo) es igual a dos tizones (ancho) más una llaga (junta vertical). > **Fig. 3.5.25** La normalización de los formatos permite utilizar con precisión una gran diversidad de aparejos. Los formatos también se conforman a partir de una altura de un metro.

En caso de que los muros no vayan revestidos, la anchura mínima debe ser de 30 cm para que sean resistentes a la lluvia. El muro debería diseñarse siempre de tal forma que mantuviese fuera la humedad, ya que de lo contrario se pone en riesgo su estabilidad. Además de tomar medidas contra el agua de escorrentía en el terreno circundante, conviene disponer unos 15 o 20 cm por encima de la base una barrera contra el ascenso del agua por capilaridad. En España, debe consultarse el CTE en su epígrafe HS (salubridad) para establecer las condiciones de diseño de las impermeabilizaciones. Si la humedad se acumula en el muro, el resultado será la aparición de indeseables eflorescencias en el mortero de cemento, así como el crecimiento de mohos y algas. > **Capítulo 2.3 Cimentaciones**

Aparejos de albañilería

Los aparejos resultan necesarios para distribuir uniformemente las cargas y transferirlas. En el caso de los muros de una hoja, es esencial garantizar que tanto los ladrillos de la cara vista como los del interior del muro presenten la misma capacidad de absorción de la humedad, así como la misma capilaridad y resistencia. En general, se distinguen una serie de hiladas en función de la disposición de los ladrillos: la hilada a soga deja visto el canto (cara longitudinal del ladrillo); la hilada a tizón, la testa (cara transversal), y, por su parte, la hilada a sardinel, la testa, pero en posición vertical, mientras que la hilada a sardinel vertical hace lo propio con el canto. También existen hiladas especiales, como las denominadas diagonales, en las que los ladrillos, colocados con la cara hacia abajo o de lado, se aparejan formando un ángulo.

Al ejecutar un aparejo las piezas se colocan alineadas y formando una junta horizontal continua. Para garantizar la estabilidad, las juntas verticales deben estar desplazadas unas respecto de otras, lo que se consigue normalmente colocando piezas cortadas o transversales. El desplazamiento debe ser de al menos 0,4 veces el grueso del ladrillo (al menos de 4,5 cm). Todas las juntas tienen que estar cerradas completamente con un mortero adecuado, de forma que las piezas estén apoyadas en toda su superficie y cualquier irregularidad pueda quedar compensada.

A partir de estas hiladas se pueden formar cuatro aparejos básicos y otros muchos decorativos. > **Figs. 3.5.26-3.5.29** El uso de aparejos decorativos para el acabado de muros, incluyendo el empleo de ladrillos coloreados, es otro ámbito donde existen diferencias regionales considerables.

Entre los aparejos decorativos más conocidos están el gótico, el flamenco u holandés, el belga y el de Tannenburg. > **Figs. 3.5.30-3.5.34** Normalmente no tienen función estructural, y quedan conectados con la trasera del muro mediante tizones individuales o formando un muro de doble hoja. Otros aparejos muy utilizados en diversas regiones a menudo no cumplen de forma estricta los estándares, pero pueden ser ejecutados por operarios conocedores de las tradiciones locales. En cualquier caso, estos sistemas constructivos requieren que los maestros albañiles respeten una serie de reglas y requisitos mínimos tradicionales.

Fig. 3.5.30: Aparejo gótico

Fig. 3.5.31: Aparejo flamenco u holandés

Fig. 3.5.32-3.5.34: Varios aparejos decorativos

Fig. 3.5.35 a+b): Muro de mampostería en el cementerio de Chur, Suiza

Fig. 3.5.36 a+b): Mampostería ciclópea

Fig. 3.5.37 a+b): Mampostería aparejada o mampostería ordinaria escuadrada

Aparejos de piedra natural

Además de la mampostería seca, se pueden construir muros de piedra natural con piezas más regulares, siguiendo reglas de traba y utilizando mortero. La diversa regularidad y el amplio rango de tamaño de las piedras empleadas permiten disponer de una gran variedad formal. Las distintas formas de aparejar muros de piedra pueden resumirse en los siguientes casos:

Mampostería común: la gran variedad de formas y tamaños, con piezas poco trabajadas que normalmente han sido extraídas de las proximidades, confieren a este tipo de aparejo una apariencia heterogénea. Debido a esta característica, estos muros solo admiten cargas de compresión muy limitadas. El espesor total debe equilibrar las fuerzas perpendiculares, mientras que la altura está restringida a un máximo de 1,50 m. Los tamaños de las piedras que se emplean van desde los 200 x 100 x 50 mm hasta los 900 x 450 x 450 mm, mientras que el ancho de las juntas se sitúa entre 10 y 15 cm, y el espesor mínimo del muro es de 450 mm, aunque puede incrementarse a intervalos de 250 mm.

Mampostería ciclópea: es una variante de la anterior, con juntas diagonales y piedras básicamente redondeadas o poligonales. No incorpora mortero, pues en caso de hacerlo se denominaría «mampostería concertada».

Mampostería aparejada o mampostería ordinaria escuadrada: este aparejo tiene una apariencia más regular que los anteriores, ya que en las caras visibles del muro predominan las juntas horizontales y verticales, con una profundidad mínima de 12 cm. La anchura de las hiladas puede ser variable, incluso puede cambiar a lo largo de la misma hilada. Las dimensiones de las piezas, así como el espesor y la anchura del muro, son las mismas que en el caso de la mampostería común. En este aparejo también resulta recomendable lograr un equilibrio en la dirección de las cargas.

Mampostería de hiladas irregulares: las juntas deben ser estrictamente horizontales y verticales, con una profundidad de 15 cm y un espesor máximo de 3 cm en las caras visibles. Las hiladas y sus respectivas anchuras siguen siendo variables.

Fig. 3.5.38 a+b): Mampostería de hiladas irregulares

Fig. 3.5.39 a+b): Mampostería de hiladas regulares

Fig. 3.5.40 a+b): Sillería

Fig. 3.5.41: Aparejo mixto

1 Aparejo mixto de piedra natural
2 Núcleo de hormigón
3 Zanja de drenaje con membrana filtrante
4 Drenaje lateral y longitudinal
5 Pieza de conexión
6 Cimentación de hormigón C20/25 (armado o en masa); a prueba de heladas

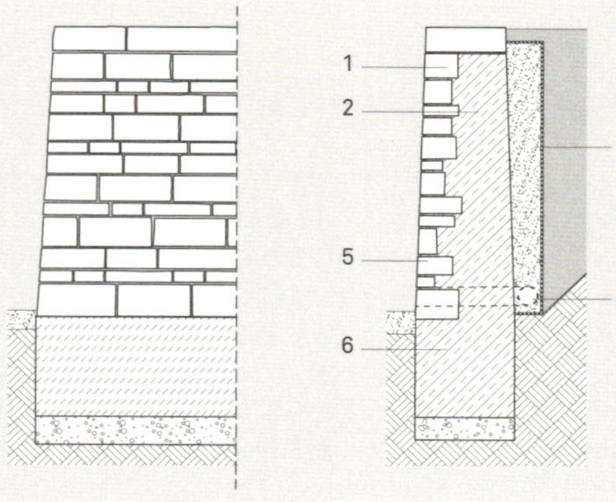

Fig. 3.5.42: Principios básicos de los muros con núcleo de hormigón

Mampostería de hiladas regulares: las especificaciones son las mismas que en el caso de la mampostería de hiladas irregulares. Sin embargo, ya no se permiten alteraciones en la anchura de una hilada, sino que las piedras deben estar labradas para ajustarse a las juntas horizontales en todo el espesor del muro, que es de un mínimo de 240 mm, siguiendo los formatos normalizados de piedra natural. El ancho de las juntas verticales está entre 8 y 22 cm, mientras que las horizontales tienen una anchura comprendida entre 10 y 15 cm.

Sillería: la piedra natural debe trabajarse con precisión, con unas dimensiones que dependen del espesor del muro. Esto afecta a todas las juntas verticales y horizontales. Todas las piedras de una hilada deben ser de la misma altura. El espesor del muro se deriva de los formatos normalizados.

Albañilería mixta

Con el fin de reducir costes, los materiales caros como la piedra natural o los ladrillos clínker solo se emplean en la cara exterior del muro, pero deben integrarse con el núcleo para conformar una sección solidaria a efectos estructurales. Este sistema se denomina albañilería cara vista antepuesta. Para asegurar la unidad estructural, las piezas cara vista deben quedar trabadas con las interiores; la capa superficial tiene que contener al menos un 30% de piezas a tizón con una longitud mínima de 24 cm, y estar embutidas al menos a 10 cm de profundidad en el núcleo del muro; los tizones superiores e inferiores han de tener una longitud de al menos 1/3 de su altura expuesta, a partir de un mínimo de 11,5 cm. Para integrar piezas de piedra natural en el núcleo del muro, una de cada tres hiladas debe disponerse a tizón.
Los muros de albañilería mixta normalmente tienen una trasera de hormigón, es decir que el núcleo del muro está construido con hormigón. > **Fig. 3.5.42**

Fig. 3.5.44: Muro de hormigón in situ, escuela infantil Griechische Allee, Berlín-Treptow, Alemania

Muros de hormigón in situ y hormigón visto

Los muros de hormigón in situ y visto se levantan en obra sirviéndose de hormigón in situ o elementos prefabricados de hormigón sobre una cimentación a salvo de heladas. Para ello, conviene tener en cuenta los diversos requisitos técnicos de la construcción de estructuras de hormigón en relación con las condiciones del emplazamiento, la función del muro, sus dimensiones y el acabado superficial deseado. > **Capítulo 1.7 Hormigón** Además de la composición precisa del hormigón, también resultan relevantes el tipo de armado y la distribución de las juntas. Hay que tener en cuenta la diferencia fundamental entre la arquitectura y, por ejemplo, la ingeniería civil en la calidad del diseño de los elementos prefabricados de hormigón, ya que en cada caso se aplica una normativa técnica diferente.
Al margen de los requisitos estructurales, el espesor del muro de hormigón armado deriva principalmente del recubrimiento exigido para las armaduras y de la distancia entre sus barras, así como (especialmente en el caso de los edificios en altura) de los estándares de protección contra

Fig. 3.5.43: Muro de hormigón in situ, parque en la sede de ULAP, Berlín-Mitte, Alemania

Fig. 3.5.45: Estelas esbeltas de hormigón (628 x 70 x 12 cm), planta de cogeneración, Darmstadt, Alemania

Fig. 3.5.46: Detalle del acabado de un muro de tapial

Fig. 3.5.47: Muro de tapial, Bundesgartenschau Schwerin

Fig. 3.5.48: Muro de tapial con hiladas horizontales de ladrillo, Gärten der Welt, Berlín-Marzahn, Alemania

Fig. 3.5.49: Muro de hormigón compactado, Erzbischöfliches Diözesanmuseum, Colonia, Alemania

Fig. 3.5.50: Detalle del acabado de una fábrica encalada

Fig. 3.5.52: Fábrica encalada, Sammlung Bastian, Berlín-Mitte

Fig. 3.5.51: Muro con revestimiento de color, Bundesgartenschau, Múnich, Alemania

incendios. Normalmente, el espesor del muro está entre los 15 y los 20 cm. > **Figs. 3.5.43-3.5.45 y Capítulo 1.7 Hormigón**

Muros de tapial

Los muros de tapial son uno de los sistemas constructivos más antiguos, una tradición que en muchas regiones se ha olvidado. Sin embargo, los métodos de construcción con tierra, que en el mundo occidental se han combinado desde tiempos remotos con entramados de madera, han disfrutado recientemente de un pequeño renacimiento. Entre otros factores, incuestionablemente se debe a las propiedades que ofrece la tierra como material flexible de construcción con una gran capacidad portante. Si se respetan una serie de reglas, la tierra puede ser una solución duradera en exteriores. Desde el punto de vista del diseño, sus principales características son su aspecto natural, su color y su textura superficial. Los cambios de humedad causan la retracción y la expansión de la tierra. Pero, mediante la adición de componentes minerales y vegetales puede reducirse su retracción por sequedad y la consiguiente formación de fisuras, al tiempo aumenta su resistencia a tracción y compresión, así como a la abrasión, y se reduce su sensibilidad frente a la humedad. Los muros monolíticos de tapial deben apoyarse siempre sobre un cimiento y un basamento sólidos y sobresalir al menos 50 cm por encima del nivel del terreno. De lo contrario, la humedad continuada destruirá el muro. También debe evitarse el ascenso de la humedad por capilaridad mediante una lámina impermeabilizadora. El tapial se construye sobre el basamento utilizando un encofrado, como en el hormigón, por capas de 10 a 15 cm de tierra humedecida que se van compactando y quedarán visibles. Es importante evitar que la tierra se moje durante la ejecución del muro, por lo que la estructura debe estar protegida de la lluvia hasta que se seque por completo, y posteriormente durante toda la vida útil. Así pues, resulta imprescindible un elemento de coronación del muro. Con algunas modificaciones, se puede obtener un efecto similar sustituyendo la tierra por hormigón. > **Figs. 3.5.46-3.5.49**

Fábricas revestidas y encaladas

Los muros suelen revestirse por motivos estéticos, como, por ejemplo, para darles color. Pero el revestimiento también puede ser importante en términos constructivos, ya que, entre otras ventajas, repele el agua y la suciedad. En general, los distintos revestimientos, denominados comúnmente revestimientos continuos, se clasifican en función del tipo de conglomerante, ya sea mineral u orgánico. Se aplican en una o varias capas, y solo adquieren su aspecto definitivo una vez que se han endurecido. Los revestimientos suelen realizarse con morteros especiales; antes de aplicarse, la base debe prepararse con la rugosidad y humedad suficientes para asegurar la ligazón del revestimiento con la estructura. El espesor de la capa, incluyendo la imprimación, suele ser de unos 20 mm. Si la albañilería va a contar con barrera de vapor para prevenir la humedad de condensación, debe añadirse un enlucido inferior y otro superior, continuándose más allá de la capa de barrera. El refuerzo del enlucido se adhiere firmemente a la obra de fábrica. Los distintos tipos de revestimiento también pueden clasificarse en función del tratamiento superficial. Así, se distingue entre revestimientos lisos o bruñidos (al pasar una llana sobre el mortero fresco), rugosos (pueden obtenerse diversidad de texturas en función de la herramienta utilizada), a la tirolesa (con una textura gruesa conseguida arrojando el mortero contra el muro), proyectados (mediante maquinaria específica), raspados (cuya textura se logra con una martillina) o lavados (con un cepillo húmedo antes de endurecer). > **Figs. 3.5.50-3.5.52**

Fig. 3.5.53: Muro antirruido realizado con chapas plegadas de acero autoportantes

Fig. 3.5.54: Muros de acero inoxidable como elementos estructurales

Fig. 3.5.55: Detalle de un muro de mimbre

Fig. 3.5.56: Muros de seto de endrino, Landesgartenschau Wolfsburgo, Alemania

Fig. 3.5.57: Muros de mimbre como elementos estructurales, castillo La Roche-Jagu, Ploëzal, Francia

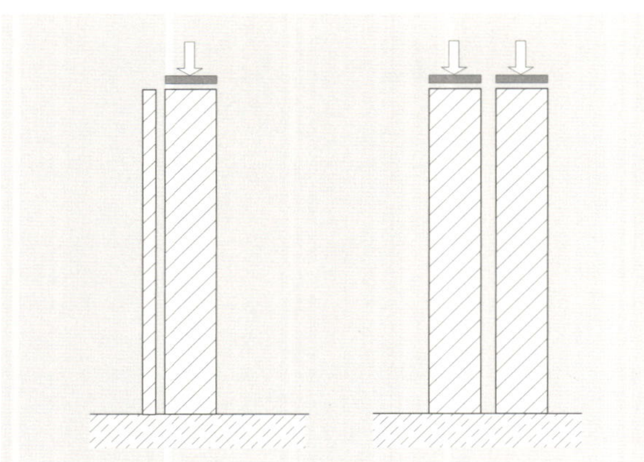

Fig. 3.5.58: Funcionamiento de un muro de doble hoja

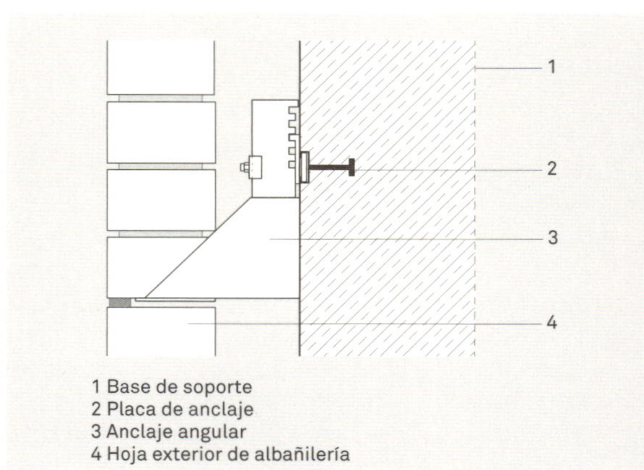

Fig. 3.5.60: Fijación de hoja exterior de albañilería

Fig. 3.5.59: Hoja exterior con aparejo irregular de piedra de basalto

Un tipo de revestimiento con mucha historia, el revoco, implica el uso de cal hidráulica, y difiere de los modernos morteros de cemento por su agente conglomerante (el cemento de Pórtland fue inventado y comercializado en la primera mitad del siglo XIX). La cal era utilizada con frecuencia por sus propiedades desinfectantes o por motivos constructivos —por ejemplo, por su tendencia a calentarse menos dado que su blancura refleja la luz solar—, especialmente en los países meridionales. Este tipo de revestimiento ha sido redescubierto también recientemente. Para su correcta aplicación, la base debe estar previamente humedecida; la cal hidráulica puede entonces aplicarse con cepillos pequeños o grandes, con espátula, o bien proyectarse.

Muros simples de acero

Por motivos de diseño también pueden emplearse chapas metálicas para delimitar pequeños cambios en el nivel del terreno. Para presentar una sección apropiada deben trabajarse adecuadamente y arriostrarse por la cara trasera para evitar la flexión. Conviene utilizar un perfil angular que permita transmitir estáticamente las cargas adicionales en el tramo horizontal. Siempre es necesario tomar en consideración el comportamiento de los metales frente a la corrosión, pues es un factor que limita su durabilidad. Pero este problema puede superarse empleando metales resistentes a la corrosión con el suficiente espesor, o aplicando en su cara trasera un revestimiento anticorrosivo. > **Capítulo 1.8 Metales** En conjunto, sin embargo, los metales son muy poco adecuados para disponerlos en contacto directo con el suelo. Es mucho más razonable, en cambio, utilizarlos en un sistema de doble hoja con cámara de aire. > **Figs. 3.5.53 y 3.5.54**

Muros de mimbre

En particular en los jardines ingleses y franceses, los soportes realizados con mimbre eran utilizados tradicionalmente para limitar parterres elevados; esta solución fue muy habitual en el pasado y vuelve a serlo hoy en día. Sin olvidar su durabilidad limitada, se pueden crear interesantes soluciones para los pequeños cambios de nivel en el terreno. > **Figs. 3.5.55-3.5.57** Esto implica la creación de una trama horizontal similar a una cesta entre las barras verticales de madera. > **Fig. 3.1.9c** En cualquier caso, debe colocarse un geotextil en la parte inferior con el fin de aumentar su durabilidad y retener el suelo.

Muros de doble hoja

A diferencia de los muros de una hoja, los de doble hoja cuentan con una segunda capa sin función estructural. Ofrecen una gran libertad a la hora de diseñar la superficie visible del muro, en la medida en que no es necesario ningún enlace estructural entre las dos hojas. Sin embargo, es preciso utilizar un sistema seguro y duradero de fijación. > **Fig. 3.5.58**

Hoja exterior de fábrica

La expresión ladrillo a cara vista se utiliza si la capa de ladrillo es > 90 mm; si es menor, se habla de revestimiento exterior de paredes de albañilería (55-90 mm). Dicho revestimiento puede aplicarse sobre las paredes mediante piezas delgadas (por ejemplo, azulejos) fijadas con yeso más o menos espeso o mortero. Los acabados entre los 90 y los 115 mm de espesor pueden sobresalir respecto del apoyo hasta una altura máxima de 15 mm. Las fábricas tradicionales de albañilería, ladrillo, piedra natural u otros tipos de

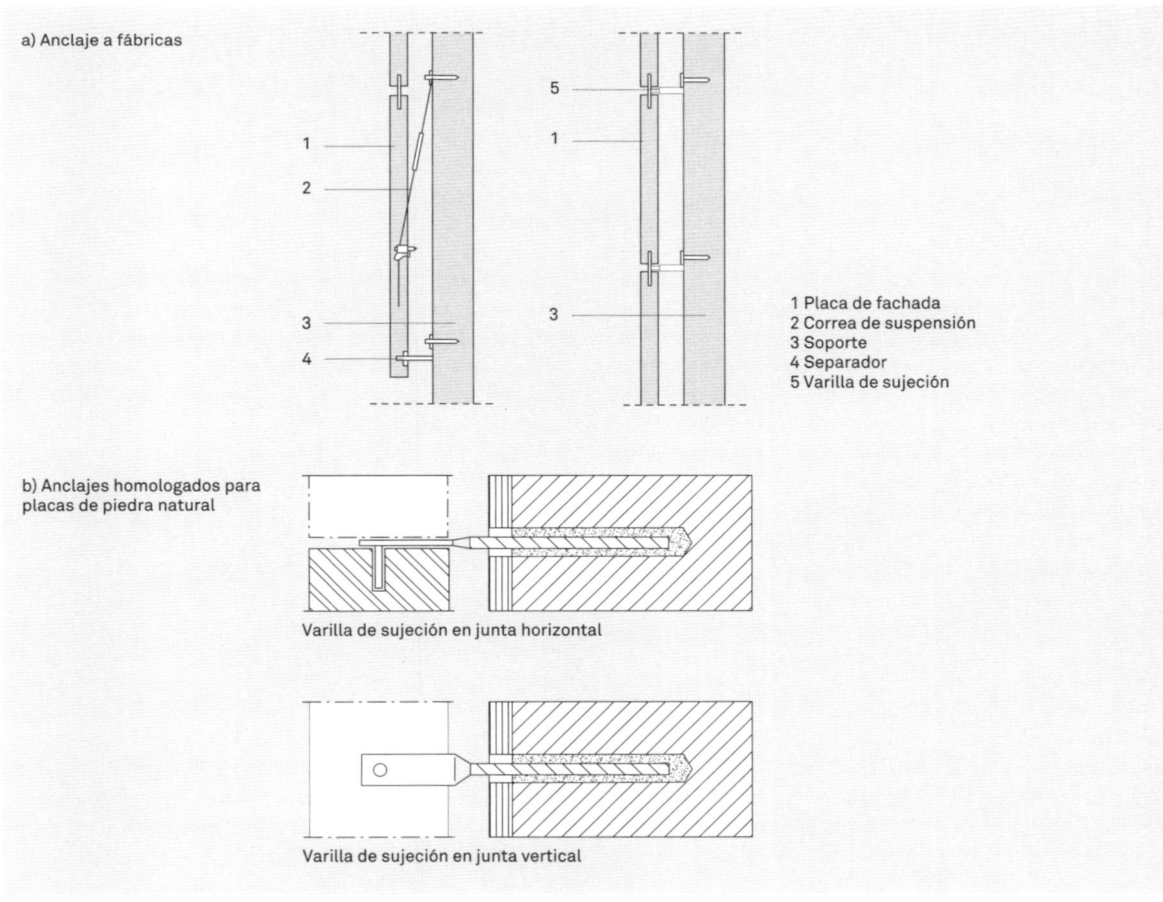

Fig. 3.5.61: Algunos sistemas de fijación

Fig. 3.5.62: Detalle de anclaje de placa de piedra natural

Fig. 3.5.63: Estructura secundaria de acero

Fig. 3.5.64: Montaje de placas de piedra natural mediante anclajes

Fig. 3.5.65: Construcción de acero con revestimiento de piedra natural, Berlín-Mitte

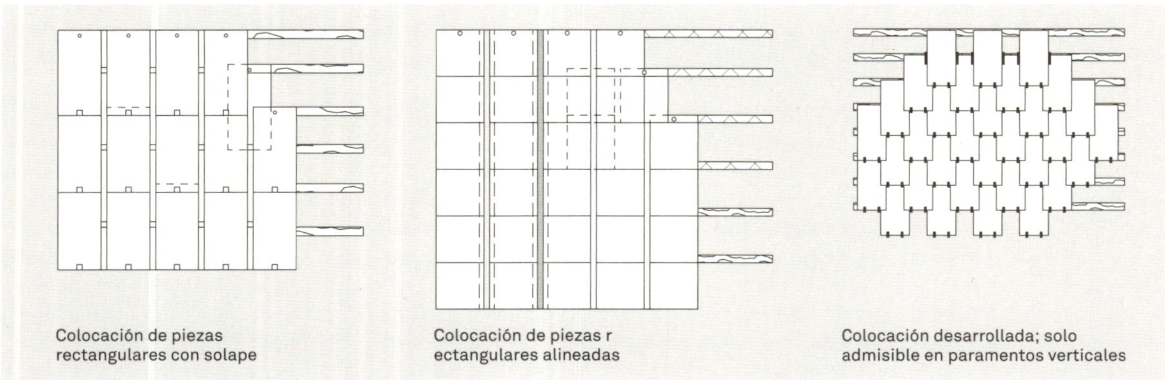

Fig. 3.5.66: Revestimiento de fachada con lajas de pizarra

pieza > **Fig. 3.5.59** son soluciones económicas para construir hojas separadas del elemento portante. El núcleo del muro, con función estructural, es por lo general de hormigón armado. En una cara o en ambas, debe dejarse un saliente para apoyar la hoja exterior, que puede estar ventilada por su cara trasera o tener una fijación con mortero sin ningún tipo de cavidad. Es una buena idea unir la hoja exterior de albañilería con el núcleo del muro mediante anclajes metálicos resistentes a la corrosión (por ejemplo, de acero inoxidable). Dichos anclajes pueden estar embutidos en el propio hormigón (mediante placas de anclaje) o fijarse a posteriori por medios mecánicos. Como alternativa, puede utilizarse una fijación de alambre; el número de fijaciones por unidad de superficie y la resistencia de cada una de ellas vienen determinados por la distancia entre las hojas y la altura del muro. Los anclajes contribuyen hasta cierto punto a distribuir las cargas por la estructura; una vez completado el muro, suelen quedar ocultos. > **Fig. 3.5.60**

Muros cortina

Diversos materiales, como placas de piedra natural u hormigón, paneles o chapas de acero, hojas de vidrio o tableros de madera o plástico, pueden colgarse por delante del elemento estructural siguiendo el principio de los muros cortina. El elemento estructural suele consistir en un muro de hormigón o un entramado de acero o madera. La ejecución requiere de una planificación precisa, de forma que se pueda mantener en todo momento la consistencia de la malla de anclajes que deben sostener los elementos del revestimiento exterior, respetando tanto sus dimensiones como los espesores de la juntas. En el caso de los sistemas colgados, es preciso tener en cuenta también las cargas de viento durante la ejecución. > **Figs. 3.5.61-3.6.65**

Otros materiales entrelazados, como las mallas metálicas o las membranas plásticas, suelen fijarse y ajustarse a un bastidor especialmente diseñado. Las tablillas de madera o las lajas de pizarra se fijan a una subestructura de madera de forma similar a como se realiza en cubiertas. > **Fig. 3.5.66**

Juntas

Debido a las retracciones (reducción del volumen del mortero y del hormigón en el proceso de endurecimiento) y a las diferencias de temperatura (entre el verano y el invierno), las dimensiones de los muros estructurales se modifican. Para evitar que estos cambios en los muros puedan originar fisuras y grietas imprevistas, se deben disponer juntas de dilatación a intervalos aproximados de 6 a 8 m (la normativa española, por ejemplo, aconseja no superar 3 veces la altura del muro). Las juntas deberían diseñarse para compensar cambios dimensionales desde los 2 hasta los 8 mm. Para absorber las variaciones en la presión ejercida por el terreno, las juntas de dilatación pueden construirse con quiebros que eviten las diferencias en la inclinación del muro. Además de las necesarias juntas constructivas y de dilatación, las superficies vistas de hormigón pueden disponer de juntas de retracción como un elemento decorativo más, lo que se consigue mediante un

Fig. 3.5.67: Juntas constructivas esenciales como elemento de diseño en un muro de hormigón visto, Bundesgartenschau, Potsdam, Alemania

Fig. 3.5.68: Juntas del revestimiento como elementos decorativos y estructurales, Schloss Köpenick, Berlín, Alemania

Fig. 3.5.69: Juntas proyectadas, Friedrichswerter Kirche, Berlín, Alemania

Fig. 3.5.70: Fábrica con revestimiento, Sollbrüggenpark Krefeld, Alemania

Fig. 3.5.73: Coronación de muro con ladrillos clínker, a sardinel, inclinados

Fig. 3.5.74: Tejas cerámicas como revestimiento

Fig. 3.5.71: Albardilla metálica

Fig. 3.5.72: Coronación de muro con bloques de piedra natural, del mismo material que el resto del muro, Isola Bella, Italia

encofrado adecuado. En el caso de elementos prefabricados de hormigón, las juntas no siempre tienen que ser verticales y uniformes > **Figs. 3.5.67 y 3.5.68**, sino que, por medio de una distribución y de un diseño inteligentes, se puede obtener un interesante efecto decorativo. En cualquier caso, es preciso tener siempre en cuenta los requisitos mínimos de las juntas en hormigón. > **Capítulo 2.3 Uniones** En los muros cortina, las juntas entre los elementos individuales de revestimiento pueden dejarse abiertas o cerradas de forma permanente utilizando un material elástico de relleno (por ejemplo, silicona).

Particularmente en la albañilería las juntas son un mecanismo muy importante para estructurar las superficies. Además de la elección del mortero, muchos otros factores permiten conseguir una amplia variedad de diseños de las juntas individuales. > **Fig. 3.5.69** Además, existe una gran diversidad de tipos de juntas tradicionales que cambian de una región a otra y según el tipo de aparejo. También son muy significativas las sombras arrojadas en las juntas.

Coronación de muros

La parte superior del muro debe protegerse de forma efectiva contra la penetración del agua de lluvia, ya que, al igual que sucede con la humedad por capilaridad, puede acabar dañando la estructura. Para poder evacuar el agua de lluvia de forma inmediata, la superficie superior debe tener una pendiente de al menos un 0,5%. En la coronación solo se admiten juntas transversales para minimizar el número de puntos potenciales de penetración de agua. Y para evitar que el agua resbale por la cara del muro, resulta conveniente que la pieza de coronación tenga un vuelo de al menos 3 cm, preferiblemente con goterón. Como pieza de coronación o albardilla se pueden utilizar elementos prefabricados de hormigón con la pendiente adecuada; otra alternativa es un recubrimiento metálico. En el caso de muros de piedra natural, las albardillas también pueden ser del mismo material; en fábricas de ladrillo se suele recurrir a una hilada a sardinel de ladrillos clínker inclinados. El uso de un mortero adecuado y la eliminación de cualquier oquedad son esenciales para obtener un resultado satisfactorio. > **Figs. 3.5.70-3.5.73**

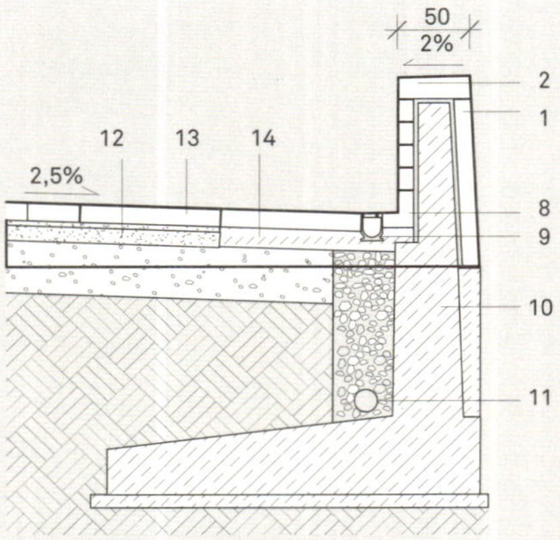

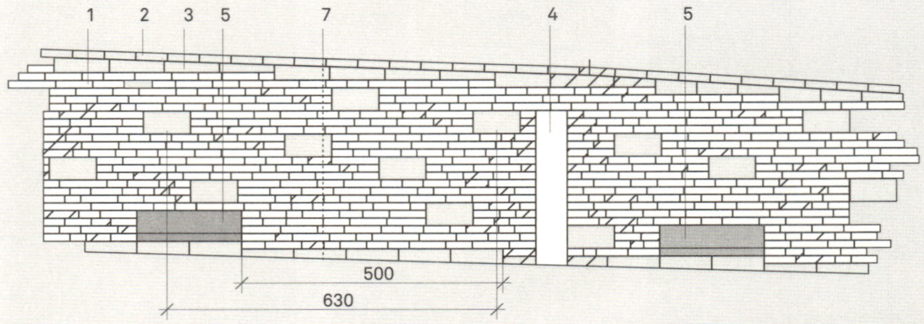

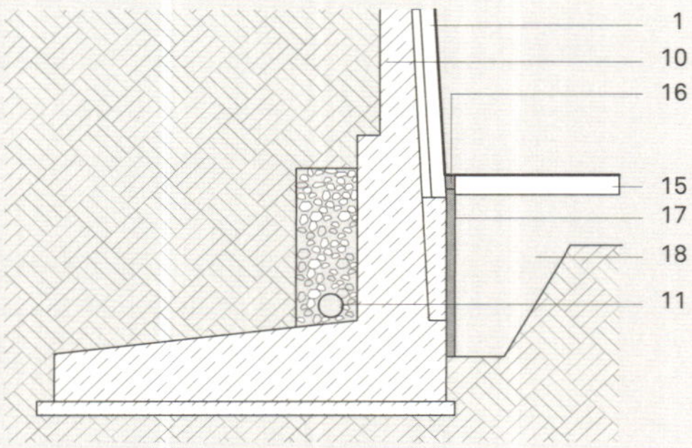

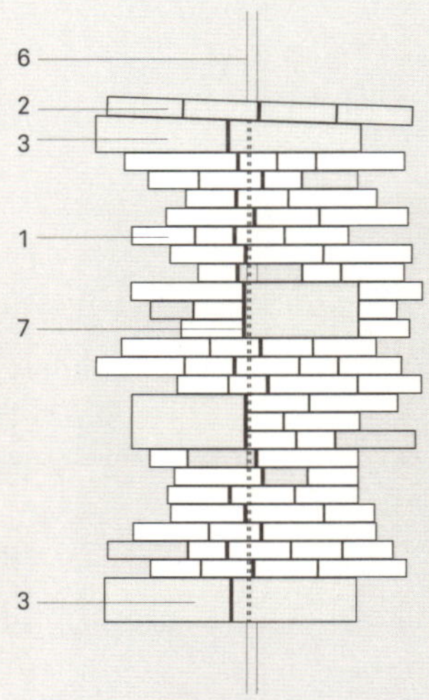

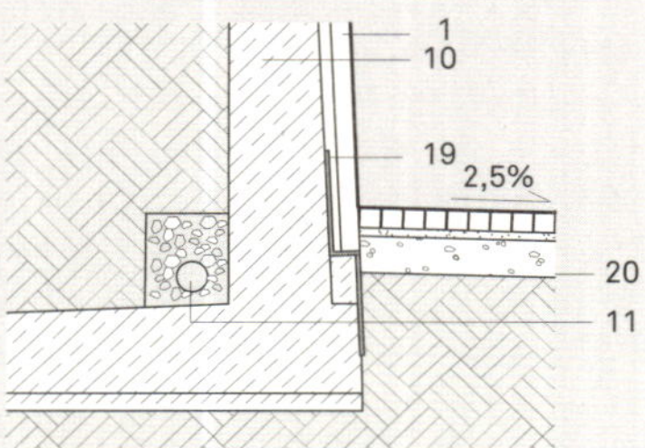

1 Revestimiento del muro: lajas de caliza (espesor: 10 cm, altura: 14,4 cm), en diferentes longitudes: 30-90 cm, arenisca picada de 44,4 x 89,4 x 10 cm, piezas de arenisca con corte irregular para las hiladas a tizón; juntas de 6 mm, 5% de inclinación, barras y perfiles en T para fijar la hoja exterior
2 Coronación del muro: arenisca de 60 x 50 x 15 cm, juntas de 6 cm
3 Piezas intermedias: arenisca picada de 10 cm de espesor, altura de 29-14 cm arriba y 45-50 cm abajo
4 Estructura de drenaje del muro, b = 60 cm, el extremo superior se ajusta con precisión a las juntas horizontales
5 Banco adosado al muro, de arenisca (199 x 53,6 x 15-12 cm) con respaldo incorporado, superficie estriada, altura del asiento: 34-40 cm, con 1% de pendiente
6 Junta de dilatación del núcleo de hormigón
7 Junta de dilatación quebrada en la hoja exterior, sobre la junta de dilatación del núcleo: juntas horizontales de 6 mm y juntas verticales de 2 cm. Fijación de las piezas de revestimiento en la zona de la junta: al menos el 70% de las piezas están fijadas a una de las dos piezas en forma de L; las demás quedan libremente solapadas sobre la junta de dilatación. Las juntas están rellenas de un material elástico permanente del mismo color que el relleno del resto de las juntas
8 Pieza especial en forma de L, con pendiente hacia el canal de drenaje
9 Canal de drenaje
10 Núcleo de hormigón con inclinación del 5%
11 Dren DN 150 en cama de grava 16/32 de 40 cm de ancho en lámina geotextil
12 Capa asfaltada (Baustraße) de 10 cm de espesor
13 aldosas magnum 90+45/60/12 cm sobre 4 cm de gravilla 4/8, juntas rellenas de arena triturada 0/3
14 Hormigón C12/15
15 Peldaño de lava de basalto, 10 cm de espesor
16 Relleno de junta de elasticidad permanente, 10/5
17 Fieltro drenante
18 Conexión a los peldaños
19 Película de betún líquido
20 Adoquines 8/10 sobre 5 cm de gravilla 2/5

MURO DE PIEDRA NATURAL EN BONIFATIUSPARK,
FRANCFORT DEL MENO, ALEMANIA

Arquitectos paisajistas: Bernard und Sattler, Berlín, Alemania
Finalización: 2006

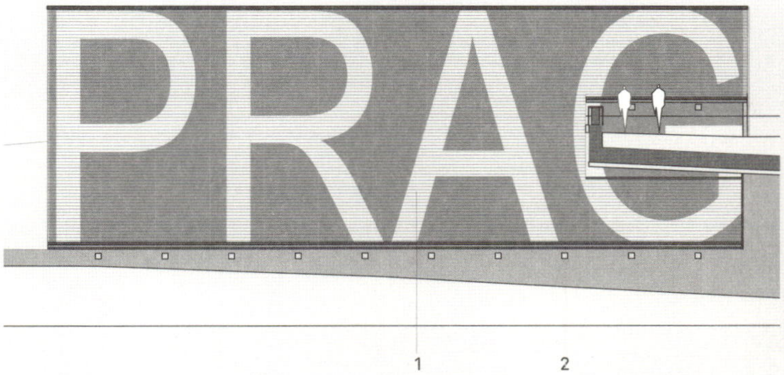

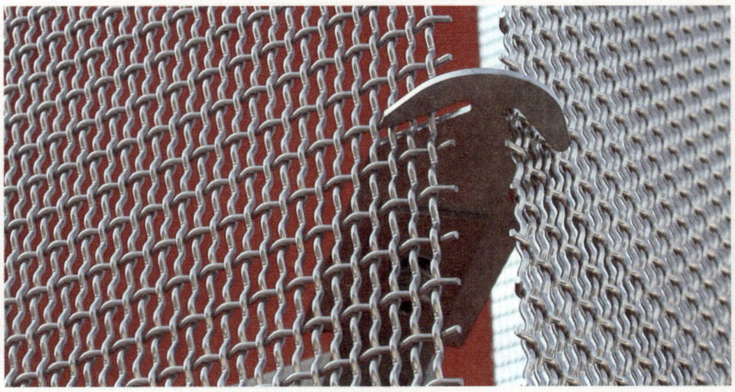

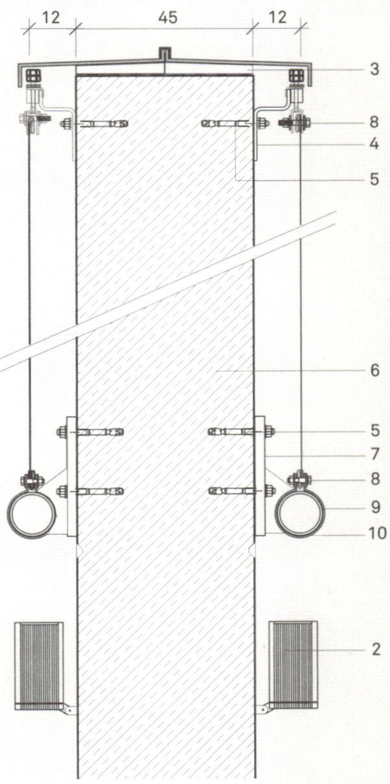

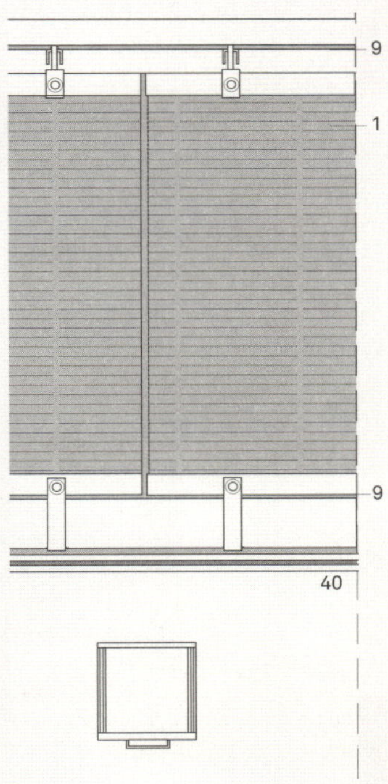

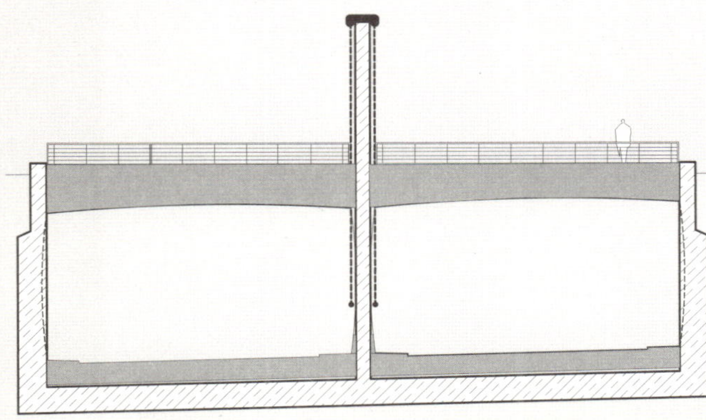

1 Malla de acero inoxidable
2 Luces e iluminación
3 Revestimiento de acero inoxidable atornillado al muro de hormigón con tornillos de retención, planchas de 220 x 35 mm, con un ángulo de 2º y cámara de separación
4 Elementos de fijación de acero inoxidable
5 Anclaje al hormigón
6 Muro de hormigón revestido
7 Placa de anclaje de 310 x 220 x 25 mm y soporte de acero
8 Bastidor
9 Abrazadera de tubo
10 Tubo d = 114, 3 mm

MURO DE HORMIGÓN IN SITU CON CORTINA DE METAL: PROYECTO DEL TÚNEL PRAGSATTEL-LÖWENTOR, STUTTGART, ALEMANIA

Arquitectos: SCALA, Esefeld & Prof. Nagler, Stuttgart, Alemania
Finalización: 2007

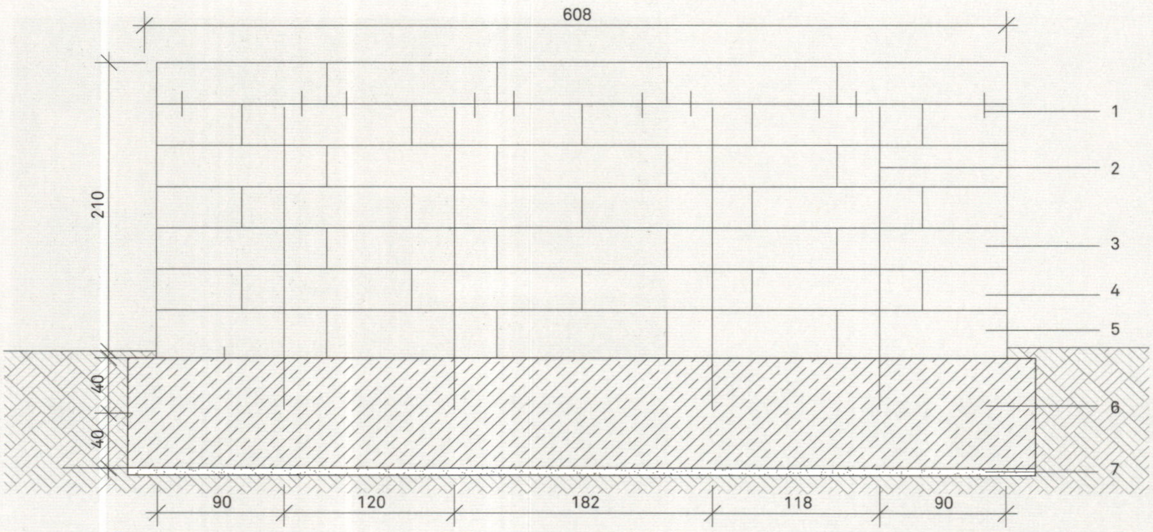

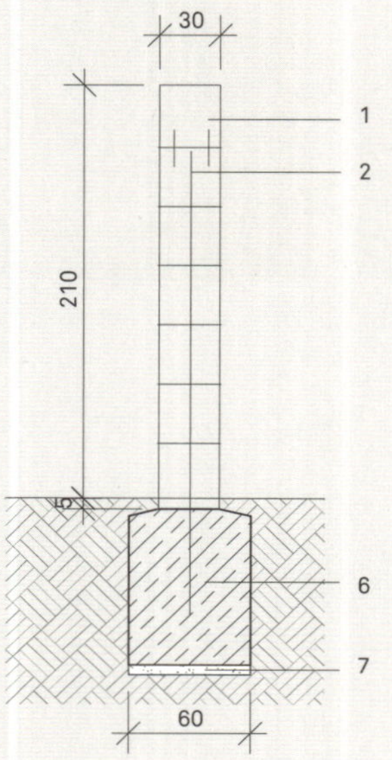

1 Pasador de acero 4VA, d = 16 mm, l = 180 mm
2 Varilla roscada de acero pretensado 4VA, d = 16 mm, profundidad en terreno = 400 mm
3 Bloques de travertino L/B/H 120/30/30 cm con perforaciones
4 Bloques de travertino L/B/H 60/30/30 cm con perforaciones
5 Bloques de travertino L/B/H 120/30/35 cm con perforaciones
6 Cimentación de hormigón armado C20/15, b = 60 cm, t = 80 cm, cimentación = 5 cm
7 Capa de nivelación, hormigón triturado 0/32, de 5 cm de espesor

MURO DE TRAVERTINO, JARDÍN PRIVADO, BERLÍN, ALEMANIA

Arquitectos paisajistas: LA.BAR Landschaftsarchitekten, Berlín, Alemania
Finalización: 2001

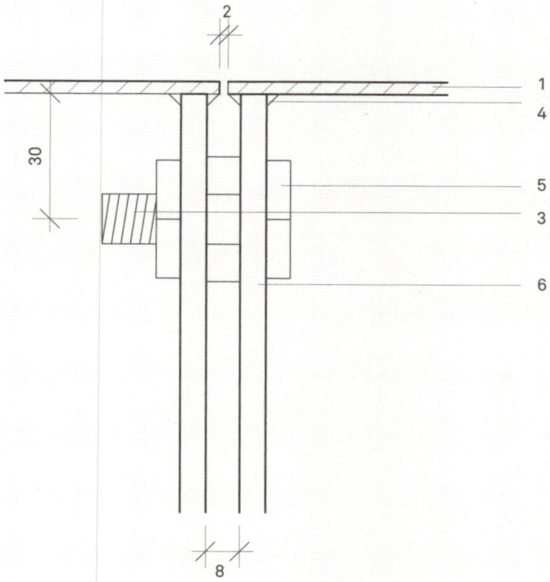

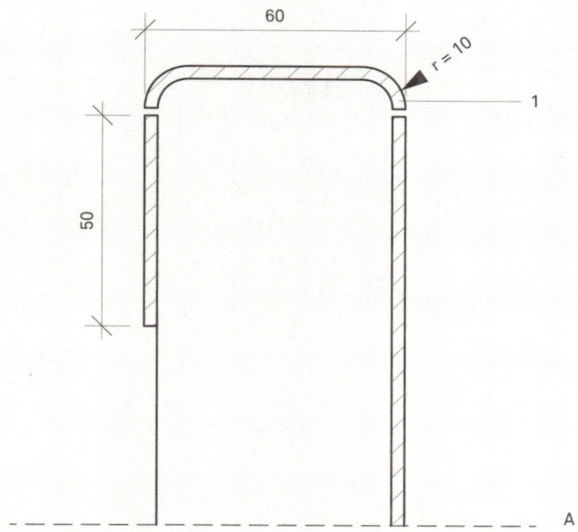

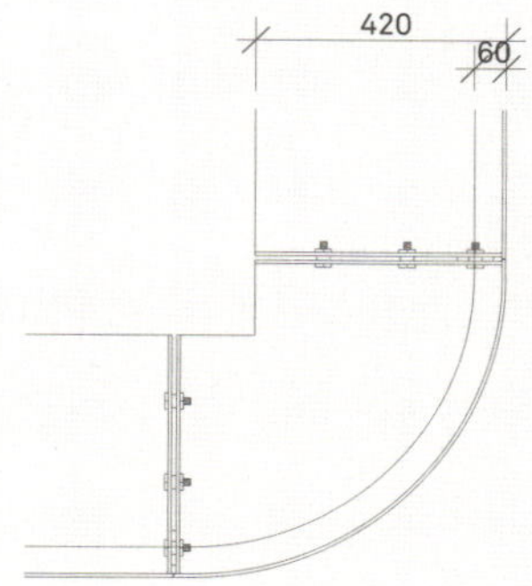

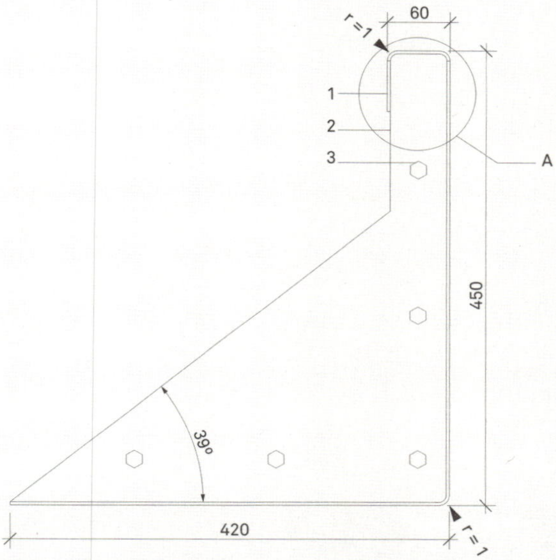

1 Chapa de acero de 3 mm, acero inoxidable resistente al ácido AISI 316L con superficie pulida
2 Chapa de rigidización de 6 mm, acero PL6
3 Tornillos de montaje M12
4 Cordones de soldadura
5 Arandela de resorte PL 8/30/30 mm
6 Chapa de acero de refuerzo, 6 mm, c/c 1,5 m

BORDILLO DE CHAPA DE ACERO, PRAGS BOULEVARD, COPENHAGUE, DINAMARCA

Arquitecto: Arkitekt Kristine Jensens Tegnestue, Århus, Dinamarca
Finalización: 2005

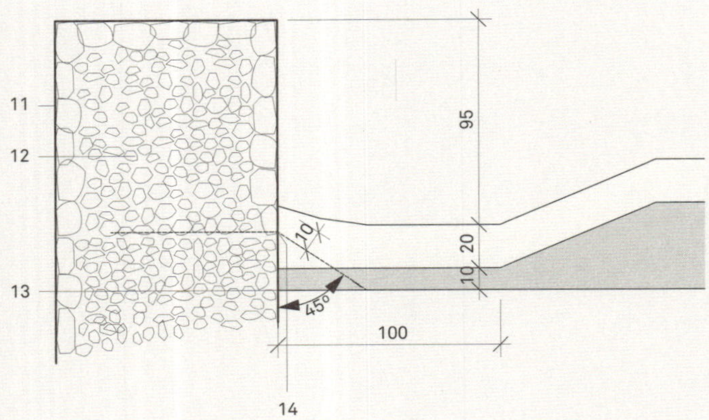

1 Canastas de gaviones de 200 x 100 x 100 cm, alambre de 4,5 mm, malla de 10 x 10 cm (sistema MONOTEC)
2 Membrana filtrante GRK III
3 Pavimento de hormigón in situ
4 Apoyo en cimentación de hormigón (zanja corrida) C12/15 con pasadores antideslizamiento d = 25 mm, s = 0,5 mm, a = 0,5 mm, no galvanizados
5 Capa de mantillo
6 Talud trasero cubierto con geomalla
7 Relleno compactado por capas
8 Interrupciones del talud cada 3 m
9 Relleno de acuerdo con la norma ZTVE-StB 94/97
10 Dren DN 100 TS, protegido con grava filtrante 0/32 y lámina filtrante
11 Canastas de gaviones de 200 x 100 x 100 cm, con malla de 10 x 10 cm
12 Superficie visible de caliza de Harz (Devonian Massenkalk), piedras de río de 100-300 mm, colocadas en capas como en un muro de mampostería seca
13 Relleno de grava de caliza de Harz, de 32-80 mm, apilada
14 Doble geomalla fijada mediante anclajes

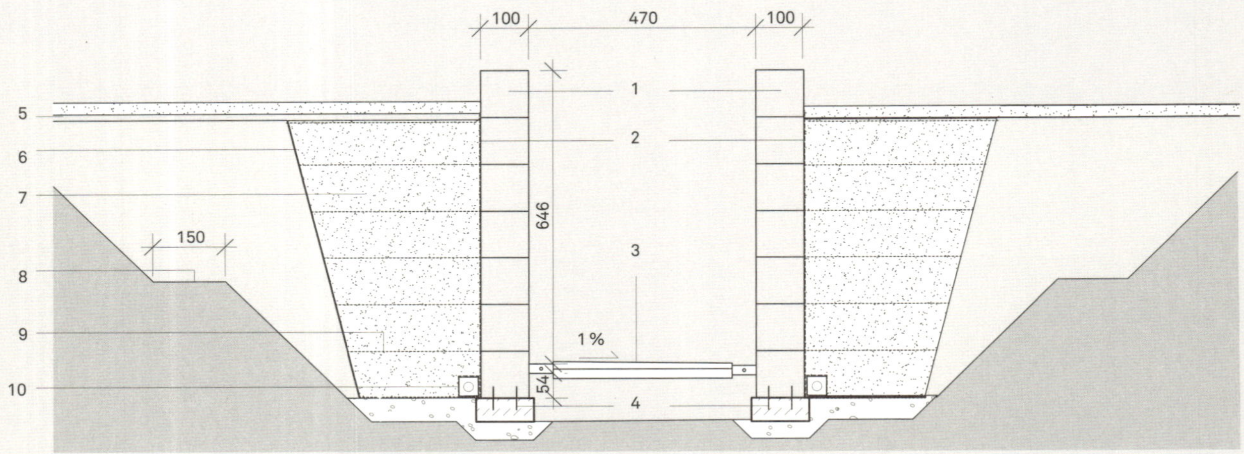

MURO DE GAVIONES, WERNIGERODE, ALEMANIA

Arquitectos paisajistas: hutterreimann + cejka Landschaftsarchitektur, Berlín, Alemania, Viena, Austria
Finalización: 2006

1 Elemento prefabricado de hormigón de 3 m x 3 m entre los niveles de la marea alta y baja del muelle, colgado mediante perfiles de anclaje Halfen
2 Elemento prefabricado de hormigón de 2 m x 0,60 m de remate del muro del muelle

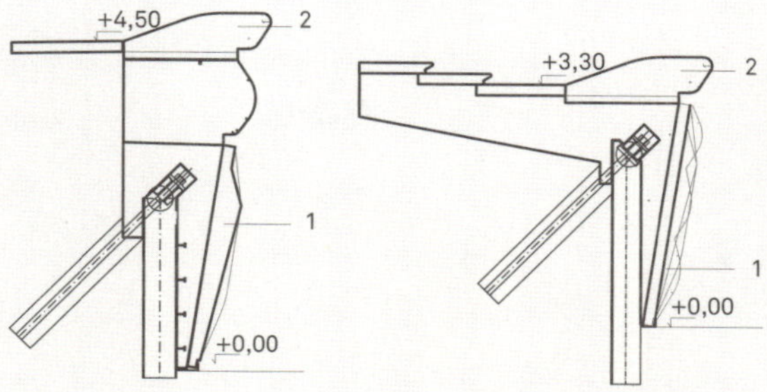

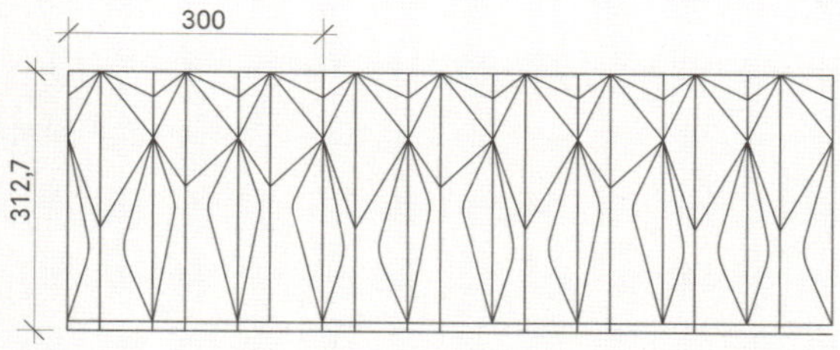

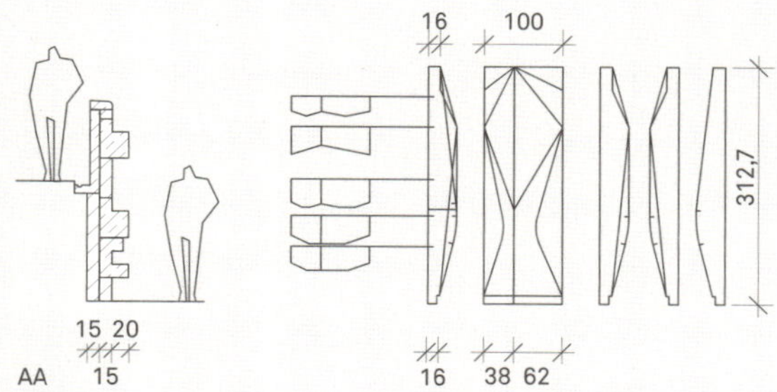

Clínker de fachada conforme a la norma DIN 105, *Vollklinker ungelocht* ('clínker no perforado'), especialmente adecuado para la construcción en el agua, DF 240 x 115 x 52 mm, colocado sobre prefabricado de hormigón
1 Alt berlin fo: azul plateado antracita, estructurado
2 Speyer fo: color arena con matices rojizos, estructurado
3 Heide fo: rojo flameado, estructurado

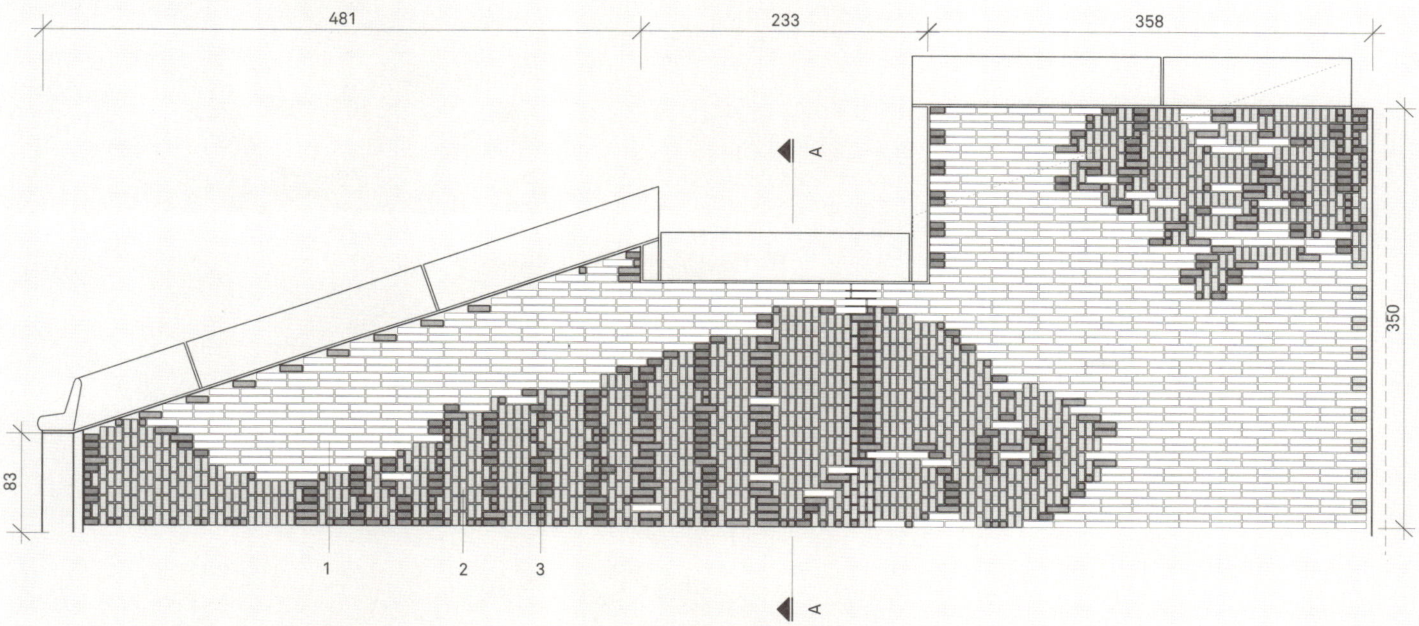

PLAZA MARCO POLO, HAFENCITY, HAMBURGO, ALEMANIA

Arquitectos: Benedetta Tagliabue, Miralles Tagliabue EMBT
Coordinación general: Karl Unglaub
Dirección de obra: Stefan Geenen, Elena Nedelcu
Finalización: 2007

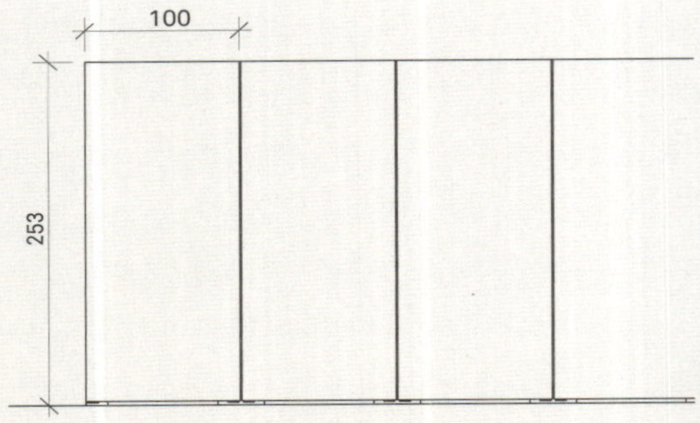

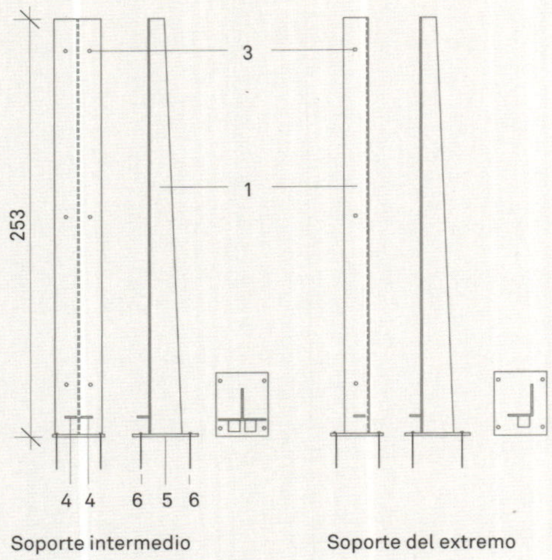

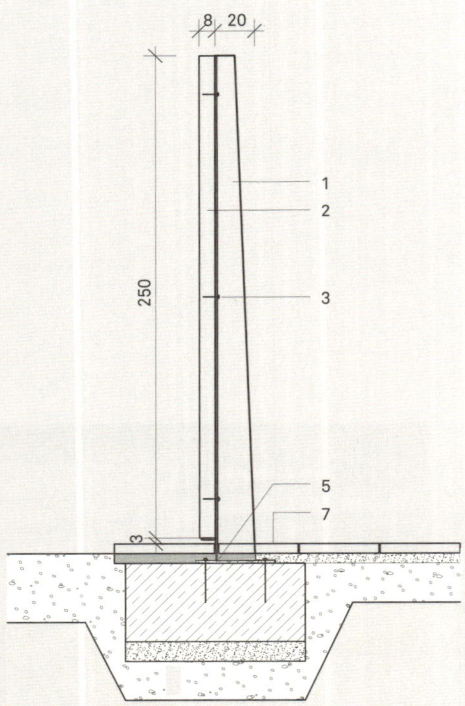

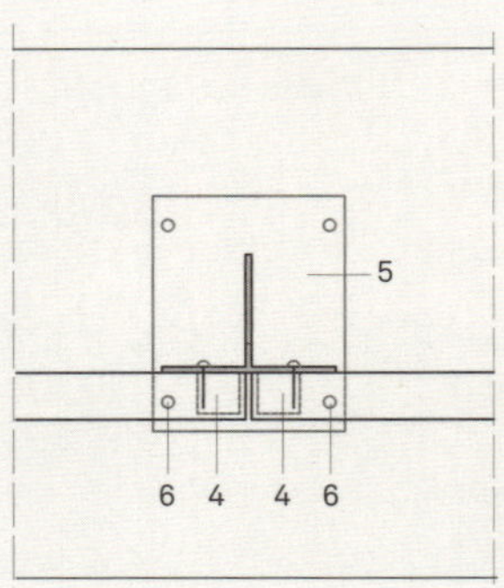

1 Viga de ala ancha IPBI-HEA 300
2 Losas de nagelfluh con incrustaciones de oro barnizadas a mano
3 Orificios perforados
4 Cartelas de soporte
5 Placa de anclaje
6 Pasador M 16
7 Baldosas de pavimento sobre gravilla

MURO DE PIEDRA CON INCRUSTACIONES DE ORO
EN STADTPARK BURGHAUSEN, ALEMANIA

Arquitectos paisajistas: Rehwaldt Landschaftsarchitekten, Dresde, Alemania
Finalización: 2004

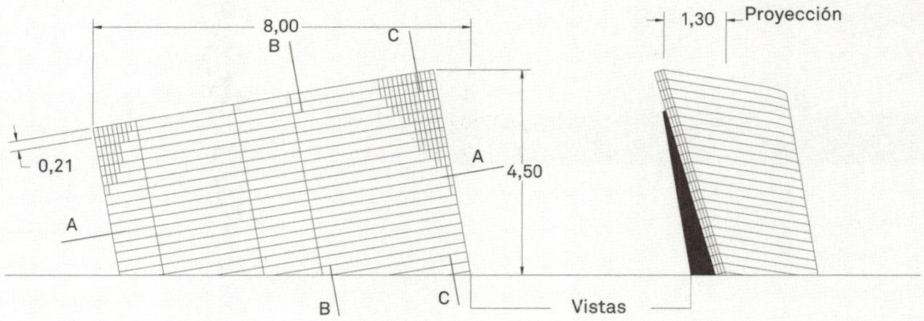

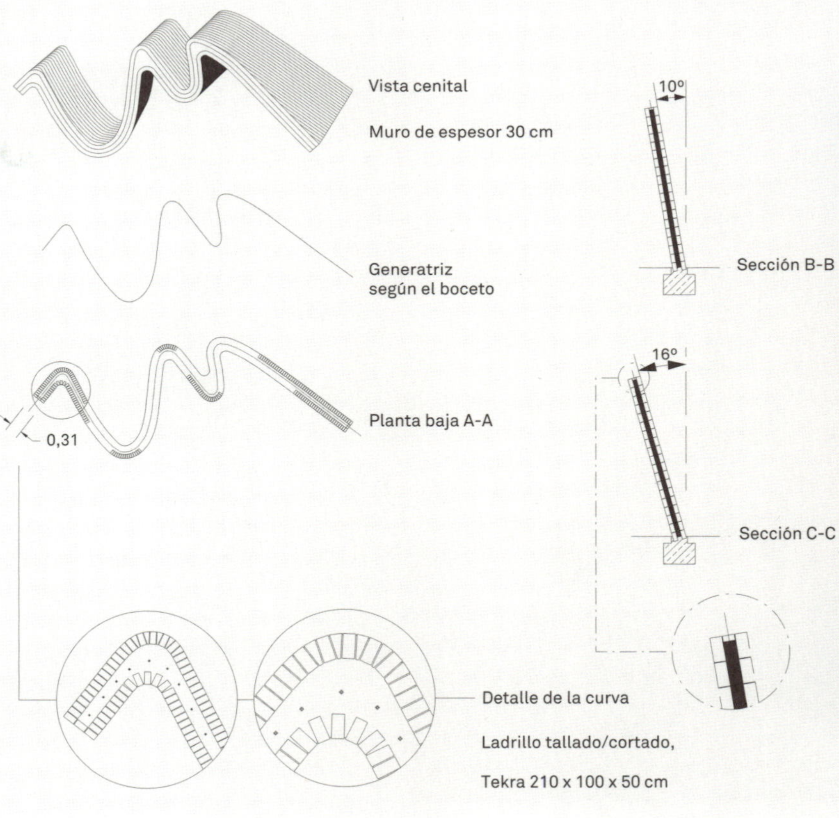

ESCULTURA DE LADRILLO, INNSBRUCK, AUSTRIA

Studio 3 – Estudiantes de la Universidad de Innsbruck bajo la dirección del profesor Volker Gienke y el profesor ayudante Walter Prenner
Finalización: 2006

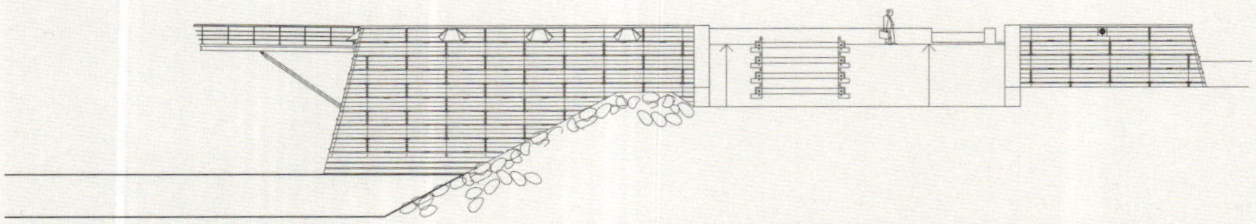

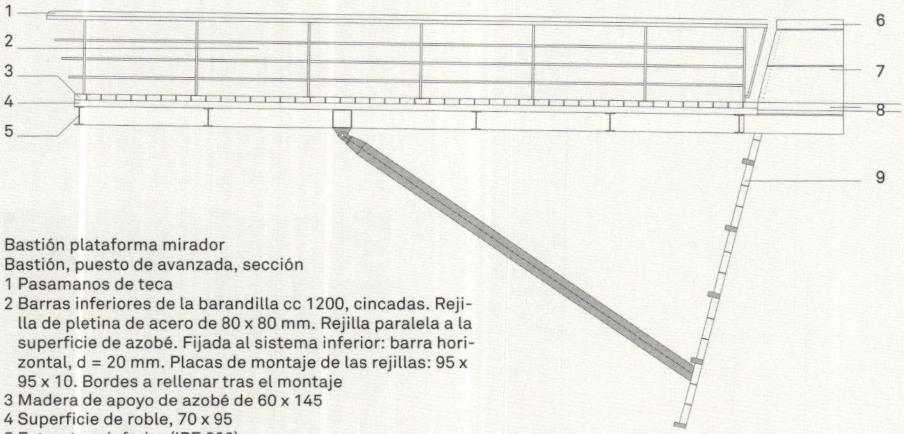

Bastión plataforma mirador
Bastión, puesto de avanzada, sección
1 Pasamanos de teca
2 Barras inferiores de la barandilla cc 1200, cincadas. Rejilla de pletina de acero de 80 x 80 mm. Rejilla paralela a la superficie de azobé. Fijada al sistema inferior: barra horizontal, d = 20 mm. Placas de montaje de las rejillas: 95 x 95 x 10. Bordes a rellenar tras el montaje
3 Madera de apoyo de azobé de 60 x 145
4 Superficie de roble, 70 x 95
5 Estructura inferior (IPE 200)
6 Revestimiento de granito gris, T = 100 mm
7 Revestimiento de granito de 40 mm de espesor y 400 mm de altura
8 Losas de hormigón de 500 x 500 x 70
9 Tableros de madera de alerce, 225 x 75, alquitranado grueso

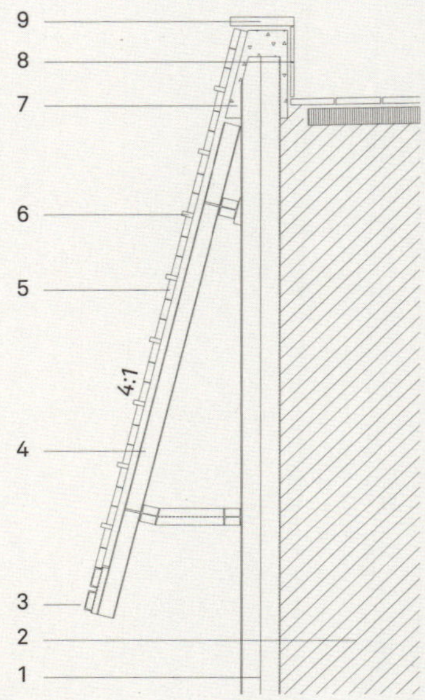

Bastión
1 Muro de pilotes
2 Terreno de relleno, permeable al agua
3 Perfil de acero en U
4 Subestructura de acero
5 Revestimiento de madera de alerce alquitranada, 225 x 75 mm
6 Chapas de acero inoxidable, 250 x 155 x 50 mm
7 Viga de atado de hormigón
8 Revestimiento de placas de granito, 400 x 40 mm
9 Coronación de piedra, granito gris, 100 mm

MUROS EN DANIA-PARK, MALMÖ, SUECIA

Arquitectos paisajistas: SLA A/S, Copenhague, Dinamarca
Stig L. Andersson
Finalización: 2002

Bastiones pequeños con tablillas de madera
1 Revestimiento de teca, frente a la chapa de acero a proteger de la luz circundante
2 Vigas de acero galvanizado con pasamanos de teca
3 Revestimiento interno, planchas de madera de 38 x 25
4 Superficie transitable con tableros de 50 x 50 sobre tableros estructurales de 45 x 70
5 Tablillas de madera sin tratar
6 Estructura de madera: tableros de 45 x 120, encajados en postes sobre cimentación de hormigón

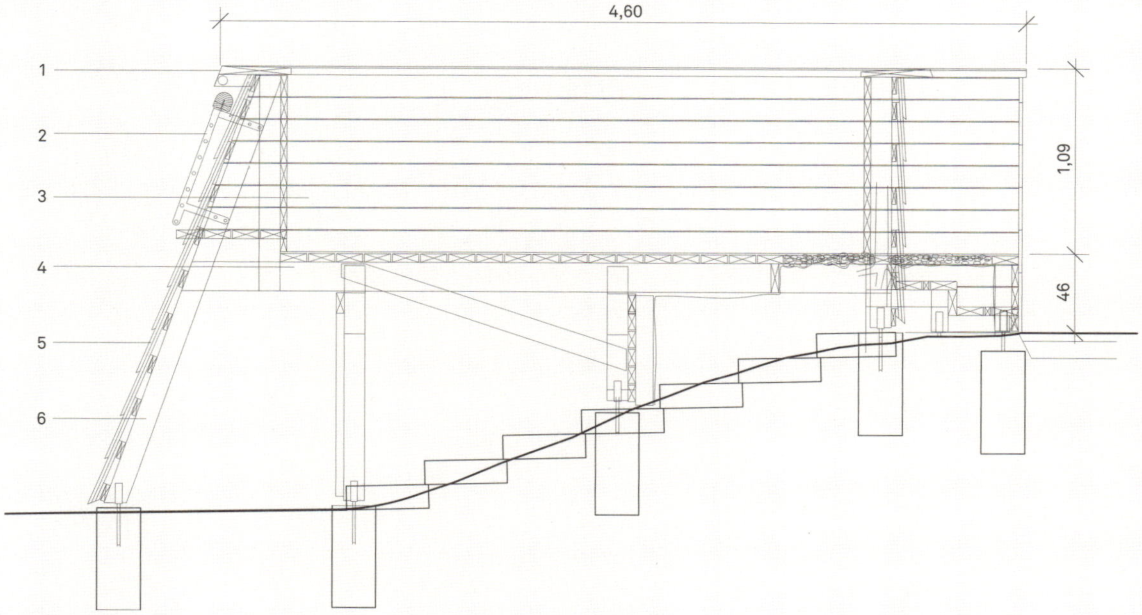

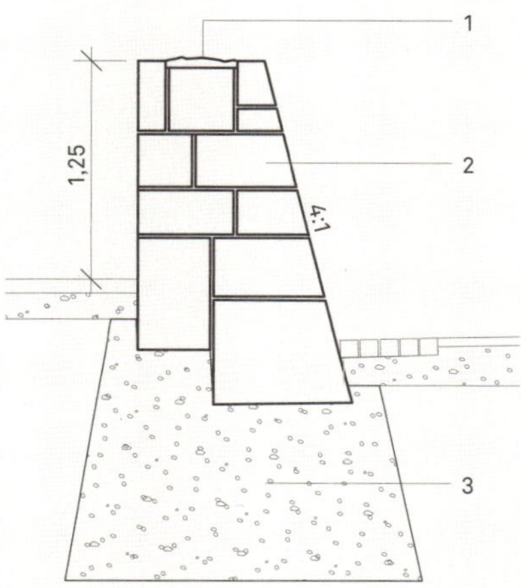

Muro de mampostería seca
1 Siembra de sédum sobre sustrato
2 Mampostería de granito
3 Cimentación libre de hielo

3.6 PEQUEÑAS CONSTRUCCIONES Y PÉRGOLAS

CONSTRUCCIÓN Y USO DE MATERIALES PARA PEQUEÑAS OBRAS

- Generalidades sobre la construcción de pabellones
- Cimentación
- Cuerpo
- Cubierta

CONSTRUCCIÓN Y USO DE MATERIALES PARA PÉRGOLAS

- Generalidades sobre la construcción de pérgolas
- Componentes verticales
- Componentes horizontales

EJEMPLOS

Caroline Rolka

3.6 PEQUEÑAS CONSTRUCCIONES Y PÉRGOLAS

Las pérgolas y otras construcciones de reducido tamaño se relacionan muy directamente con su entorno. Por lo general tienen un carácter único y están concebidas para una localización particular.
El diseño de estas piezas implica la definición de un ámbito interior y otro exterior a las mismas, percibidos por el usuario como espacios. Estas construcciones, con sus paredes —y, en el caso de los pabellones, con su cubierta—, satisfacen la necesidad humana fundamental de protección.
Como queda mostrado en las figuras 3.6.1 y 3.6.2, la pequeñez es una percepción subjetiva que resulta difícil asimilar a un tamaño definido con precisión. > **Figs. 3.6.1 y 3.6.2**

CONSTRUCCIÓN Y USO DE MATERIALES PARA PEQUEÑAS OBRAS

La característica tipológica básica de este tipo de obras es, junto a la creación de un espacio único cubierto, siguiendo generalmente un patrón simétrico, la inexistencia o escasez de tecnologías integradas, como el aislamiento térmico y acústico o la electricidad, dado que estas pequeñas construcciones se utilizan únicamente con buen tiempo.
Los cobertizos y techumbres para los aparcamientos de bicicletas o cobertizos para los contenedores de desechos, por ejemplo, no son muy diferentes en términos constructivos, por lo que los sistemas descritos a continuación también son aplicables en estos casos.

Generalidades sobre la construcción de pabellones

La base de cualquier pabellón es un pequeño cuerpo edificado con paredes abiertas o cerradas, y una cubierta.
La planta de las pequeñas construcciones generalmente tiene una forma geométrica simple. Sin embargo, las posibilidades de cubicación son muchas. Más allá de estas características constructivas, una pequeña edificación se caracteriza por la variedad de detalles, como los añadidos y vuelos de la cubierta, los elementos decorativos de las fachadas, el diseño de puertas y ventanas, el pavimento y el mobiliario. > **Fig. 3.6.3**

Fig. 3.6.1: Pabellón similar a un invernadero, que llena el espacio entre dos edificios residenciales: Glasbubbla en Malmö, Suecia, de Monika Gora

Fig. 3.6.2: Pabellón de vidrio con «el cielo como cubierta», Louisiana Museum of Modern Art, Dinamarca

Fig. 3.6.3: Pabellón consistente en un cuerpo con un único lado cerrado y un tejado

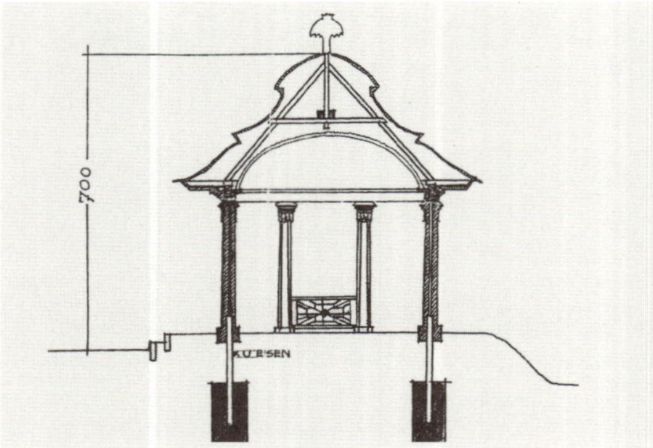

Fig. 3.6.4: Vista en sección de un pabellón, dibujo histórico de 1916

Fig. 3.6.5: Cimentación puntual elevada en un pabellón reinterpretado, en Eubabrunn/Vogtland, Alemania

Un plano de construcción de un pabellón para un jardín del año 1916 resulta un buen ejemplo de lo expuesto. Está concebido como una construcción ortogonal, coronada por un tejado tipo pagoda, siguiendo una tradición del siglo XIX. La construcción de las paredes se basa en el cierre del espacio entre las ocho columnas mediante plementería. La sección constructiva muestra las columnas del pabellón apoyadas sobre cimientos puntuales. Unos perfiles de hierro en forma de U funcionan como anclajes entre los cimientos y las columnas. > **Fig. 3.6.4**
La estructura de la cubierta es de par y nudillo. Siguiendo la forma del cuerpo construido, los nudillos se entrecruzan y se conectan entre sí mediante los pares. El sistema de conexión no está descrito; tradicionalmente, los pares se conectaban a caja y espiga o se ensamblaban. > **Capítulo 2.3 Uniones, Uniones en madera** El techado interior del

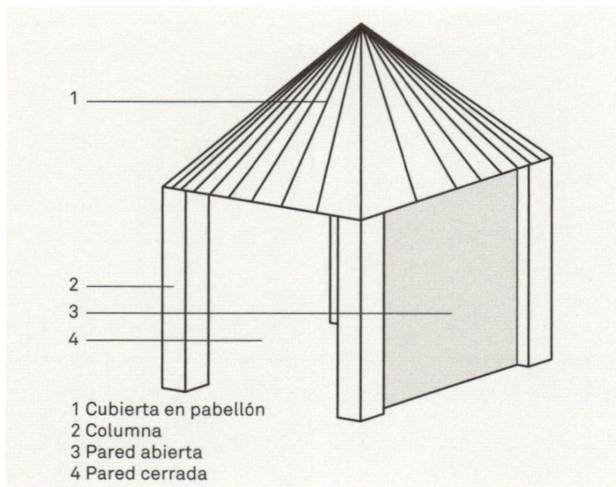

Fig. 3.6.6: Estructura básica de un pabellón

Fig. 3.6.7: Pabellón abierto con estructura de pilares de hormigón armado

Fig. 3.6.9: Pabellón de jardín en madera con diseño cerrado, en Krusenstiernska, Garden en Kalmar, Suecia

Fig. 3.6.8: Pabellón de jardín en madera con estructura de entramado tradicional, en Dresde-Blasewitz, Alemania

pabellón se diseñó como una cúpula plana. Como elementos decorativos se representan la coronación del tejado y varios capiteles ornamentales.

Cimentación

Para construcciones de pequeño tamaño, suelen emplearse como cimentación simples rellenos o cimientos lineales o puntuales. En obras más sólidas, se usan también losas de cimentación. > **Fig. 3.6.5 y Capítulo 2.3 Uniones** Así que, aunque los cimientos de hormigón no son imprescindibles (hay ejemplos de construcciones históricas que por toda cimentación tienen tierra apisonada), sí son lo más habitual para los estándares constructivos modernos.

Cuerpo

El cuerpo de una pequeña edificación cuenta con al menos tres pilares de esquina, aunque generalmente son cuatro. En este caso se denominaría edificación de paredes abiertas, y sus únicos componentes, los pilares de esquina, son portantes. Por el contrario, se denomina construcción de paredes cerradas a aquella compuesta al menos por cuatro pilares en esquina como elementos portantes, construida como un espacio cerrado con paredes (componentes rigidizadores), revestimientos o acabados (componentes no portantes). > **Fig. 3.6.6**

Sistemas de paredes cerradas: la peculiaridad de las pequeñas construcciones en piedra viene dada por las características individuales de los distintos tipos de este material. Ya sea artificial (en forma de bloque o de hormigón) o piedra natural (arenisca, pizarra o rocas), crea un impacto visual que enfatiza el espíritu y la atmósfera del lugar de manera singular, según el modo en que se resalte su materialidad.
Las pequeñas construcciones cerradas ejecutadas en fábrica ofrecen por lo general una impresión muy compacta, incluso parecen habitables. > **Fig. 3.6.9** Sin embargo, pocas veces se utiliza la piedra como material principal en este tipo de obras debido a su pesadez visual. > **Fig. 3.6.9** Por otro lado, las propiedades específicas de materiales que, como el hormigón, pueden usarse de modo monolítico, pueden desplegarse para crear las características tipológicas de un pabellón abierto. > **Fig. 3.6.7 y el ejemplo de la cochera en Egg** > **p. 341** Por este motivo, suelen preferirse como elementos portantes en sistemas de paredes abiertas.

Sistemas de muros portantes de madera: un esqueleto constructivo consistente en soportes individuales, también descrito como armazón constructivo, funciona particularmente bien para pequeñas construcciones de madera. > **Fig. 3.6.8 y 3.6.15** Los componentes de la estructura son fundamentalmente portantes y no suelen desempeñar función de paramento. Otros sistemas constructivos, por ejemplo con bloques, se usan muy raramente, pues la facilidad de construcción no es en este caso un aspecto relevante.

Fig. 3.6.10: Pabellón metálico en un huerto reinterpretado, Laklö Slott, Suecia. El pabellón circular al final de una pérgola (*point de vue*) se corona con una cubierta abierta en forma de campana. Los perfiles de acero están soldados entre sí.

Fig. 3.6.11: Pabellón con soportes de acero y sistema de cerramiento de madera

Sistemas de muros portantes de metal: los materiales metálicos, especialmente el acero y el hierro, presentan una gran resistencia a tracción y a compresión, incluso en secciones muy delgadas. Las estructuras metálicas permiten una óptima combinación de atractivo estético y funcionalidad en una construcción de pequeño tamaño. Debido a la esbeltez del sistema portante, un pabellón de estructura metálica se acerca mucho a la primera acepción de pabellón: una construcción ligera, tipo carpa. > **Figs. 3.6.10 y 3.6.11**

Plementería y revestimiento de las paredes: la estructura portante, en madera, metal, piedra u otros materiales, puede cerrarse mediante revestimientos o plementería. El revestimiento de las paredes tiene una función decorativa y puede además servir como protección de la pared. La plementería (también denominada luz entre soportes > **Fig. 3.6.13**, por su parte, no es únicamente un elemento decorativo, sino que rellena el espacio libre entre cada uno de los soportes del entramado, cumpliendo así una función rigidizadora. > **Fig. 3.6.15**

El abanico de posibilidades en el diseño de pabellones es hoy casi interminable. Además de los materiales de construcción clásicos —madera, piedra, ladrillo o adobe—, actualmente puede usarse hormigón, vidrio, plásticos e incluso varas de sauce o asfalto. Como plementería se admiten cables, chapa metálica o finas láminas de piedra. > **Figs. 3.6.12 y 3.6.14 y los ejemplos de la capilla de asfalto y de la cochera en Egg**

Cubierta

El diseño de la cubierta —su forma y los materiales usados para el revestimiento— tiene una importancia fundamental en la apariencia general de las pequeñas

Fig. 3.6.12: Planchas de cinc engatilladas con junta alzada, revestimiento de pared en un pabellón en Christianshavn, Copenhague, Dinamarca

Fig. 3.6.13: Revestimiento de paredes de planchas metálicas perforadas irregularmente; cobertizo para contenedores con forma de pabellón en Copenhague, Dinamarca

Fig. 3.6.14: Pabellón de ramas vivas de sauce, que conformarán un muro verde. La cubierta consiste en una estructura tensada a base de membranas de poliéster superpuestas y resistentes a la intemperie

a | b

Fig. 3.6.15: Cierres verticales a) de caña de bambú, b) de listones de madera en una construcción tipo bastidor

Fig. 3.6.16: Pabellón en Miami, Florida, con cubierta plana curva

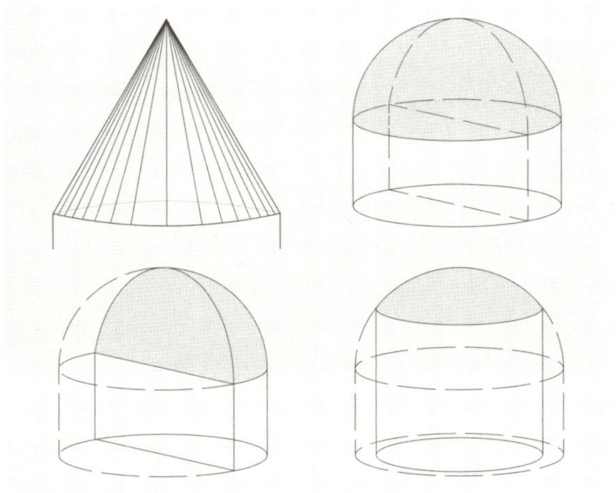

Fig. 6.3.18: Esquemas de una cubierta cónica, una cúpula plana y una semicúpula

Fig. 3.6.17: Cubierta tipo tienda sobre un pabellón de madera

Fig. 6.3.19: La cúpula cubre un templo monóptero en Leipzig

construcciones. Al mismo tiempo que sirve como cierre superior de la construcción, la cubierta conforma, según su apariencia, la propia tipología del pabellón.

En construcciones pequeñas es muy frecuente el recurso a espacios de volumetría sencilla, a partir de una planta cuadrada, rectangular o circular.

Junto a las clásicas cubiertas de pabellón o en forma de campana > **Fig. 3.6.10**, en los pabellones que simulan estilos históricos también aparecen cubiertas con forma de bulbo o amansardadas, así como cubiertas plegadas. Debido a sus formas limpias y sencillas, en el paisajismo contemporáneo ha aumentado el uso de cubiertas de pabellón con forma de cúpula, cónicas, planas y a una sola agua.

La cubierta de pabellón se erige sobre un cuerpo cúbico o paralelepipédico, y se define por varios, al menos tres, faldones de cubierta que se inclinan hacia el interior y convergen para formar la cúspide o coronación. > **Fig. 3.6.17**

Las cubiertas en forma de cúpula y las cónicas se usan en pabellones de planta circular o curva. Si la curva de la cúpula consiste solo en una sección esférica o *calotte* se denomina cúpula plana. La semicúpula es la que se levanta sobre una planta semicircular (exedra). > **Figs. 3.6.18 y 3.6. 19**

Formas singulares, como la de la cubierta del pabellón situado en Miami y fechado en los años 1930, experimentan con la idea de ligereza típica del estilo constructivo de la época > **Fig. 3.6.16**

Las cubiertas planas, por su lado, se distinguen por el hecho de que apenas aparecen como elementos de diseño. > **Fig. 3.6.20** No están acabadas con tejas, sino que se revisten con paneles o planchas metálicas. En su mayoría, las cubiertas planas se construyen como cubiertas frías. > **Capítulo 3.14 Cubiertas ajardinadas** En este caso, la membrana de cubierta se tiende directamente encima de la estructura portante. Aunque plana, la cubierta debe

Fig. 3.6.20: Sencillísimo método de construcción de un pabellón en el Parc du 26ème Centenaire, Marsella, Francia: una estructura abierta con un techado que logra crear un espacio utilizable

a | b

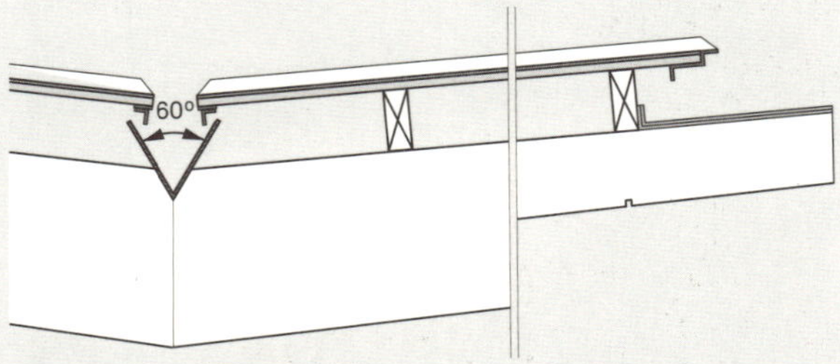

Fig. 3.6.21 a+b): Pabellón en Kaivopuisto, Helsinki: cubierta plana con canalón interior de desagüe

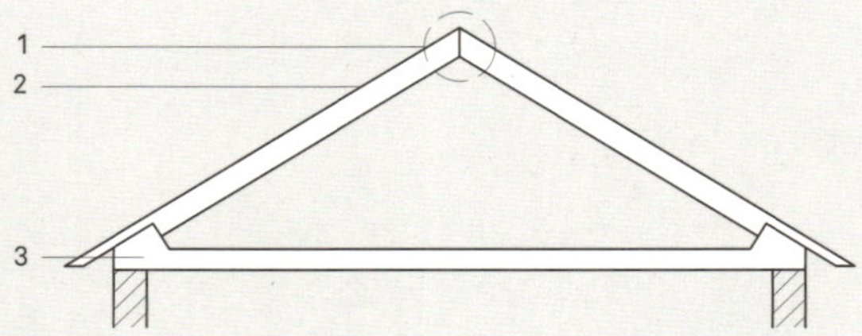

1 Caballete
2 Par
3 Refuerzo para transmitir las cargas de los pares a la viga de cubierta

Fig. 3.6.22: Esquema de una cubierta de par e hilera

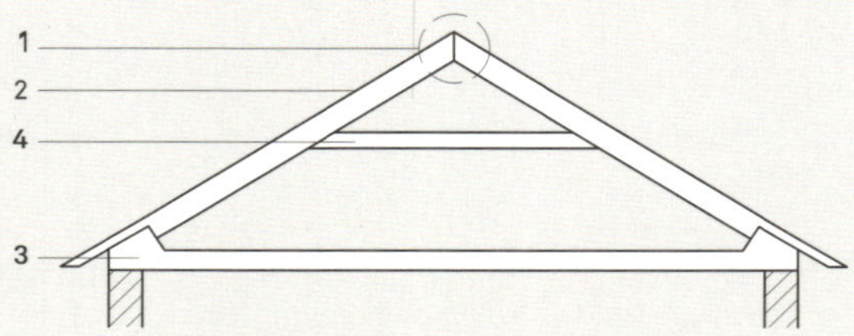

1 Caballete
2 Par
3 Refuerzo para transmitir las cargas de los pares a la viga de cubierta
4 Nudillo

Fig. 3.6.23: Esquema de una cubierta de par y nudillo

tener una pendiente mínima del 3% para evacuar el agua de lluvia a un desagüe o canalón. > **Fig. 3.6.21**

Si se tratase de una cubierta única, con una inclinación notablemente mayor a la de una cubierta plana y de pendiente superior al 3%, sería una cubierta a un agua, construida como media cubierta de par e hilera. > **Fig. 3.6.22**

Para lograr el 3% de inclinación requerida, se aplica una capa de hormigón de pendiente o se colocan paneles aislantes con formación de pendiente. En la construcción de cubiertas revestidas con madera o metal, la pendiente también puede lograrse inclinando la subestructura cuanto se desee.

Con el fin de evitar la entrada de agua en los componentes portantes, las juntas de la cubierta deben ser completamente estancas. Además, toda cubierta plana requiere de al menos dos sumideros de desagüe. Una capa de grava de 5 a 10 cm de espesor, una cubierta ajardinada y una capa de gravilla de pizarra o de ladrillos machacados pueden proteger la cubierta de la radiación solar directa, la succión del viento o los daños mecánicos.

Entramados de cubierta para pequeñas construcciones: el entramado portante de la cubierta, de madera o metal, que absorbe todas las cargas que actúan sobre esta y las transmite a los muros del edificio, recibe el nombre de armazón de cubierta. Debido a que en los pabellones la forma de construcción de la cara interior de la cubierta suele ser abierta, los pares, las correas y el entablado de la cubierta generalmente quedan vistos, lo que debe tenerse en cuenta durante el proceso de diseño.

Además de a sí mismo, el armazón de cubierta debe soportar el entablado y el revestimiento exterior, así como las cargas de viento y nieve. Con el fin de absorber las cargas que actúan sobre él, el armazón de cubierta está anclado directamente al cuerpo del edificio, y los pares se conectan con las viguetas y correas. Las dos clases de estructuras de cubierta más importantes para las construcciones de pequeño tamaño son las de par e hilera y las de par y nudillo. Este tipo de construcciones requieren por lo general de un análisis estructural en lo referente a las cargas finales.

La cubierta de par e hilera consiste en una serie de vigas inclinadas, unidas entre sí dos a dos (sistema de pares). En el caballete, los pares están sólidamente unidos. Junto con el techo, situado bajo la cubierta, o con una viga del mismo se forma un triángulo indeformable, lo que permite que los pares transmitan hacia abajo las cargas de viento y otras superpuestas, como las gravitatorias. Estas son recibidas por un refuerzo, llamado muro bajo o muro jamba, y transferidas directamente a las vigas de cubierta del edificio. La gran ventaja de este tipo de cubiertas es que no hay vigas que interrumpan visualmente el espacio. > **Fig. 3.6.22**

La cubierta de par y nudillo es el resultado de una evolución de la de par e hilera. Los pares no solo están unidos

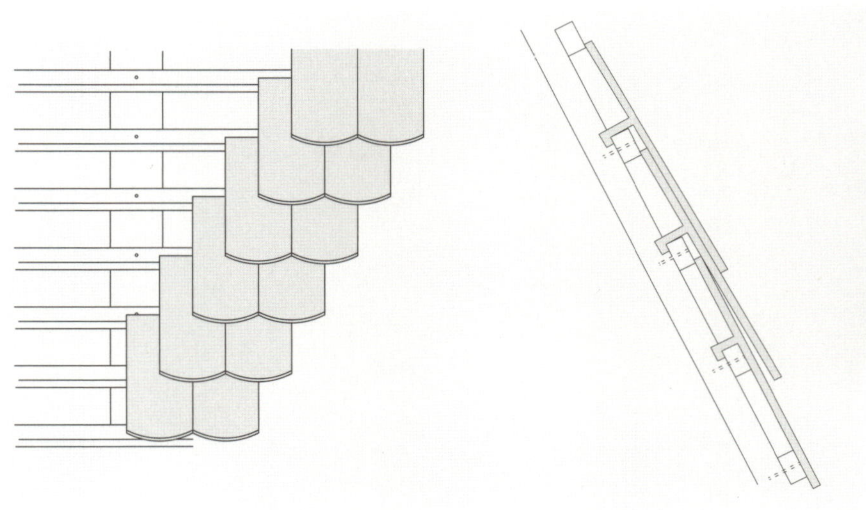

Fig. 3.6.24: Placas transparentes de cubierta sobre una estructura portante de entramado metálico

Fig. 3.6.25: Ejemplo de colocación de tejas planas de cubierta

en el caballete, sino también a cierta altura de los mismos mediante una pieza llamada nudillo, que sirve para acortar la luz a salvar por los pares, y evitar así que un exceso de tensión doble o combe las piezas. De esta forma, los pares pueden tener menor sección transversal y salvar luces mayores. Los nudillos, visibles como parte del espacio de la cubierta, deben integrarse en el diseño. > **Fig. 3.6.23**
Acabado de la cubierta: se trata de una de las características estéticas más importantes de un pabellón, ya que determina tanto el *tono* del cuerpo estructural unificado como la imagen general del lugar.
El acabado de la cubierta, colocado sobre el armazón, es la capa final e impermeabilizada del edificio. Generalmente consiste en tejas planas o curvas, o en algún material en forma de placas solapadas como si fuesen escamas. Además de las placas y tejas habituales, se fabrican placas de aluminio, cinc, acero inoxidable y cobre, para su uso en construcciones de pequeño tamaño. Otros materiales comunes son las tejas de GRC (hormigón reforzado con fibra de vidrio), las celulares acrílicas y las celulares de policarbonato. Para las cubiertas planas y a una sola agua, las telas asfálticas son especialmente adecuadas.
Más raro es el uso de la pizarra o de materiales orgánicos como la paja o la anea. La elección del material depende básicamente de la pendiente de la cubierta, de su función y de la situación del edificio, así como del aspecto que se le desee dar.
Las piezas planas se fijan sobre rastreles de los que cuelgan, mediante un enganche situado en su cara inferior. > **Fig. 3.6.24** Las placas metálicas o de fibrocemento se clavan a el armazón de la cubierta. Las metálicas se unen entre sí mediante el solape y engatillado de sus bordes, mientras que los bordes de las piezas de plástico lo fijan mediante adhesivos específicos. Las lajas de piedra (por ejemplo, de pizarra) suelen clavarse directamente al entablado de la cubierta.
El modo en que se colocan las piezas con solape es importante para la imagen de la cubierta; así, se distingue entre la dirección perpendicular y la diagonal al alero del tejado. > **Fig. 3.6.27**

Fig. 3.6.26: Piezas decorativas especiales que forman limatesa en una esquina de un pabellón de estilo chinesco en Radebeul, Alemania

Fig. 3.6.27: Colocación en diagonal de placas de pizarra en un pabellón de jardín en Hartenstein, Alemania

CONSTRUCCIÓN Y USO DE MATERIALES PARA PÉRGOLAS

Generalidades sobre la construcción de pérgolas

A diferencia de un pabellón, una pérgola es un pasaje de columnas o soportes que define un espacio, y se alza exento o bien anexo a una o más paredes. Lo más habitual es que se construya semicubierto. Las pérgolas suelen usarse como protección frente al sol o al viento, como soporte para plantas trepadoras o simplemente como decoración. Hay dos tipos básicos de pérgolas: las de lamas y las de entramado, que también se conocen como pérgolas de entramado y panel.

Componentes verticales

Los componentes portantes de una pérgola son los soportes o postes que, asentados en la base —generalmente sobre cimentaciones puntuales que transmiten la carga hasta el suelo—, funcionan como elementos rígidos a torsión. Los postes suelen estar construidos de fábrica, de piedra natural o artificial, de madera o de perfiles de acero, aunque también puede usarse plástico y vidrio como material. Si el poste consiste en un soporte de una sola pieza alargada y de piedra, se la denomina pérgola monolítica.

Componentes horizontales

Los componentes horizontales de una pérgola se dividen en portantes y no portantes. En las pérgolas de lamas los elementos portantes son las vigas, mientras que en las de *cassette* esa función la ejerce el entramado. En las pérgolas de lamas, las viguetas son los elementos portantes, mientras que en las de entramado lo es el propio armazón. Los elementos de cubrición, estáticamente no portantes, se llaman en las pérgolas de lamas viguetas de remate superiores o estructura del techo; en las pérgolas de entramado esta función la cumplen los paneles de relleno entre las vigas del armazón. A diferencia de lo que ocurre en las pérgolas de lamas, en las de entramado los elementos estructurales portantes y no portantes se sitúan en el mismo nivel. > **Figs. 3.6.22 y 3.6.31**En las pérgolas de lamas, cuyo nombre deriva del término en latín *lamella* (que significa 'laminilla'), los elementos de cubrición, láminas largas y delgadas o maderos, se disponen normalmente con los cantos laterales en paralelo. > **Fig. 3.6.29 y ejemplos de la p. 337 y p. 340**

En las pérgolas de *cassette*, el entramado se integra solidariamente con los componentes portantes verticales, de manera que lo que se forma habitualmente es un recinto cuadrangular, una «cajita». > **Figs. 3.6.30-3.6.32**

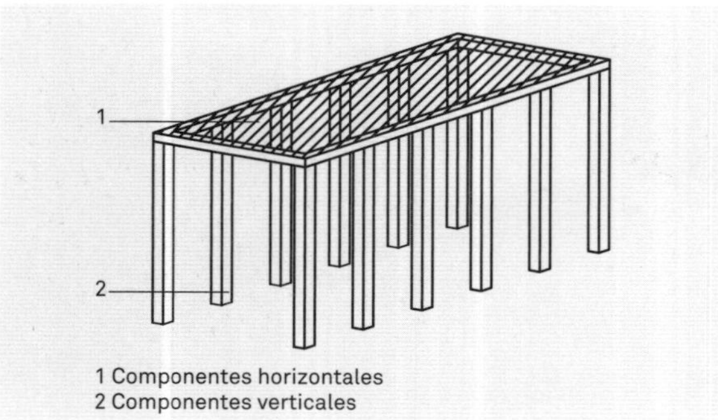

Fig. 3.6.28: Esquema de una pérgola

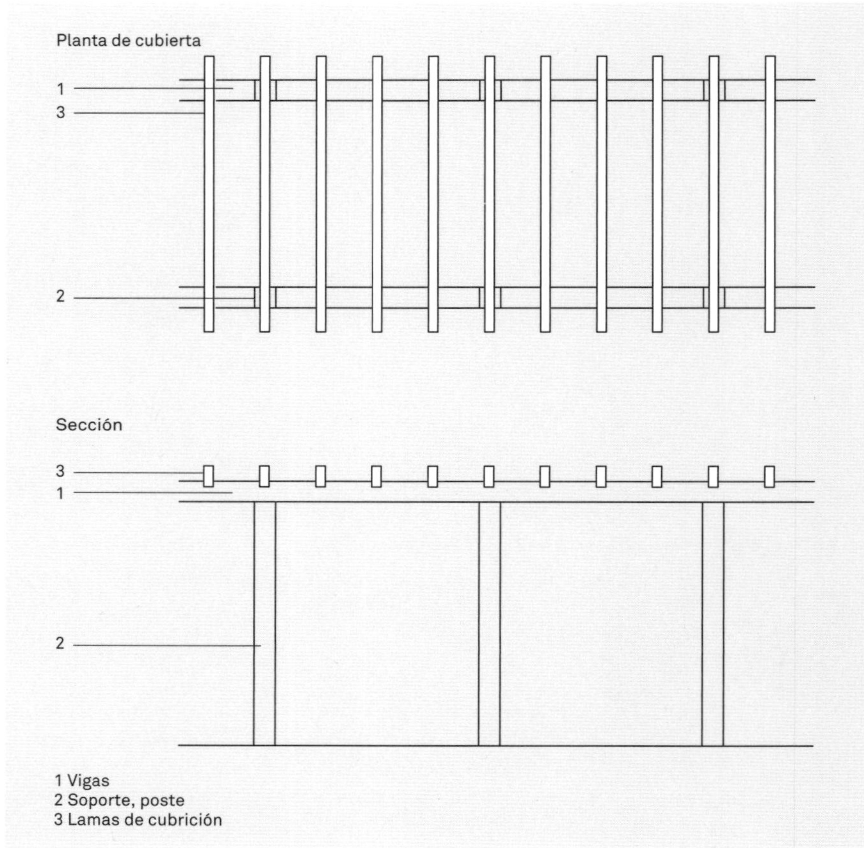

Fig. 3.6.29: Esquema de una pérgola de lamas

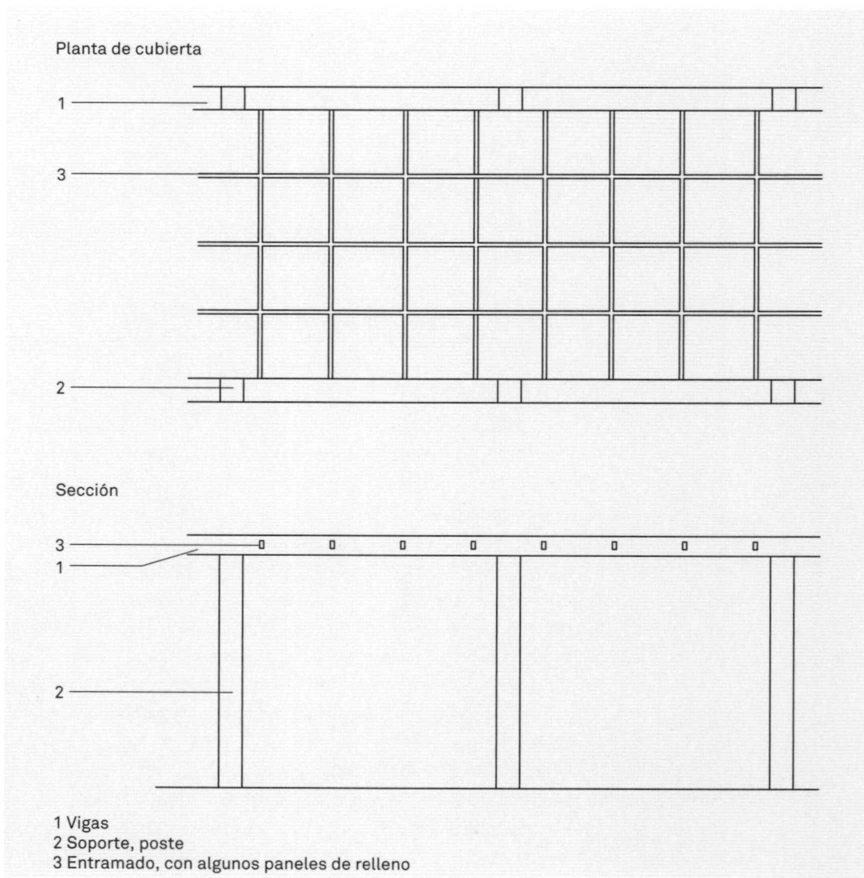

Fig. 3.6.30: Esquema estructural de una pérgola de entramado

Si la caja presenta paneles en los entrepaños también se denomina pérgola de *cassette*. La cubrición superior determina el aspecto de la cubierta, que a su vez tiene un impacto decisivo en la imagen de la pérgola.
La pérgola puede estabilizarse de forma adicional si se conecta con una construcción estructuralmente estable, es decir, un edificio o un muro. La ejecución de las conexiones de las esquinas como triángulos rígidos puede contribuir a aumentar la estabilidad. Como alternativa, los entrepaños entre los soportes o postes pueden rigidizarse mediante tensores, barras en aspa o paneles, situados generalmente en los tramos inicial y final de la construcción. > **Fig. 3.6.33**
El uso de materiales hasta ahora inéditos y el cambio en el abanico de funciones de los pabellones y las pérgolas están llevando a cierta relajación de las reglas de construcción de ambas tipologías. Las formas se han ido suavizando, lo que ha conducido a la fusión entre los componentes verticales y horizontales en elementos únicos, alejados por tanto de los ejemplos descritos como estandares. > **Figs. 3.6.34-3.6.36**

a | b

Fig. 3.6.31:
a) Pérgola de entramado en el huerto reinterpretado de Laklö Slott, Suecia
b) Detalle: madera laminada en curva con un ensamblaje en espiga

Fig. 3.6.32: Pérgola en el parque municipal de Exjö, Suecia. Los postes conforman con las vigas pórticos rígidos transversales. En este sistema las lamas simplemente se apoyan sobre ellos. Mediante la disposición de las lamas como correas y la conexión de los extremos de todas ellas a una pieza de remate unida a los postes en esquina, se configura una combinación de pérgola de lamas y entramado.

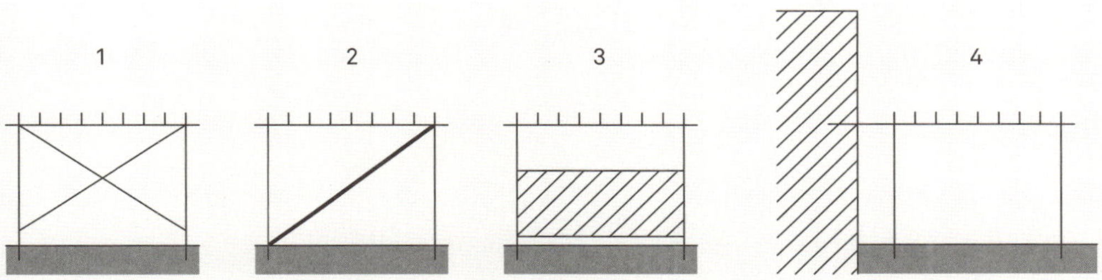

Fig. 3.6.33: Diversas posibilidades de rigidización de pérgolas para estabilizar la estructura

1 Rigidización mediante dos cables de acero
2 Rigidización con una barra
3 Rigidización con un panel de relleno
4 Conexión a una estructura rígida

Fig. 3.6.34: Construcción similar a una pérgola diseñada como estructura para trepadoras a base de perfiles de acero soldados

Fig. 3.6.35: Pérgola a base de piezas de madera laminada conformada en curva

Fig. 3.6.36: Pabellón realizado con dobles biondas de protección vial, Künstlergruppe Observatorium

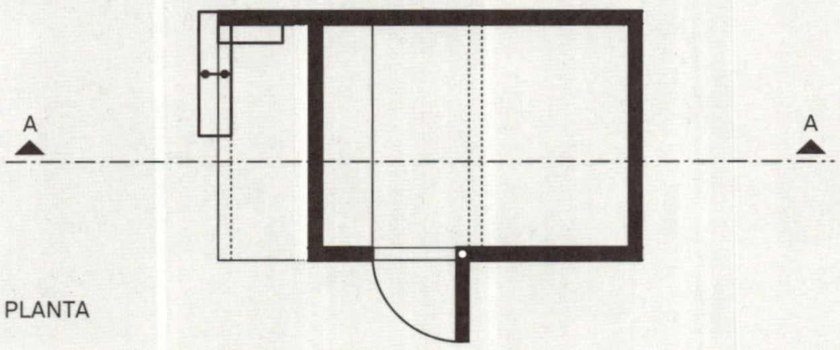

PLANTA

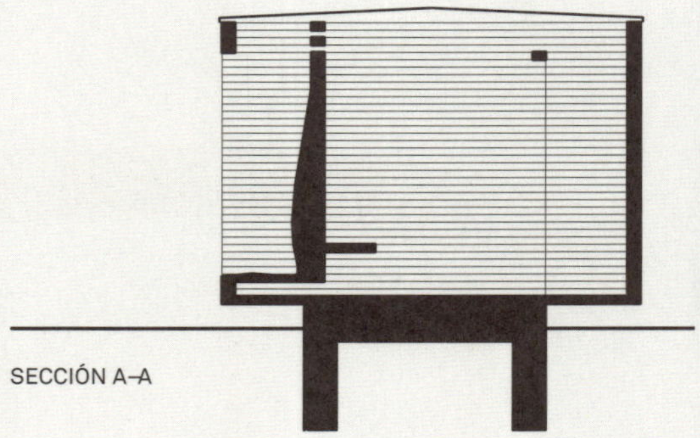

SECCIÓN A–A

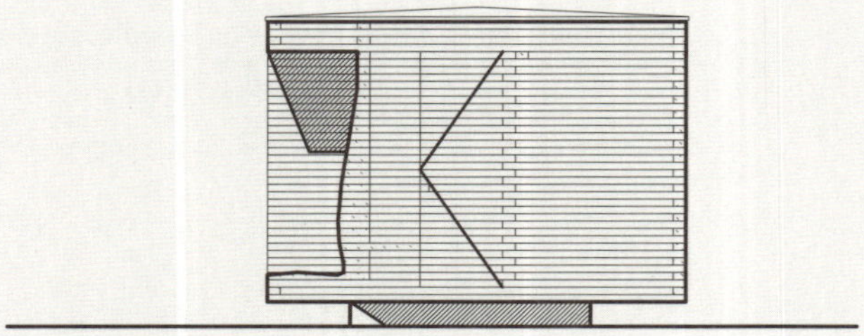

ALZADO NORTE

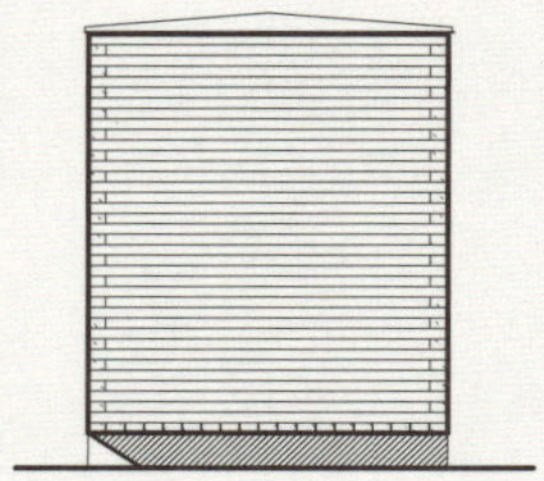

ALZADO OESTE

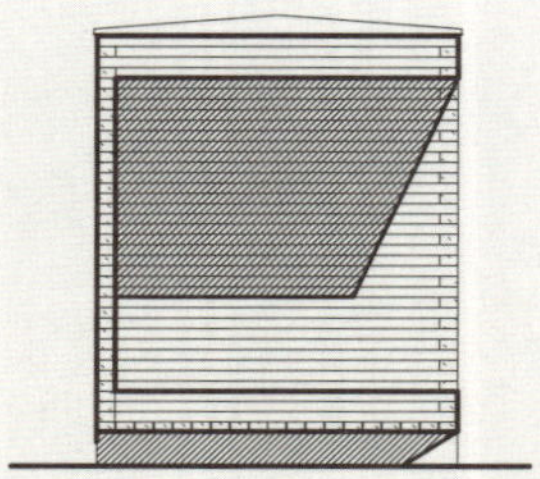

ALZADO ESTE

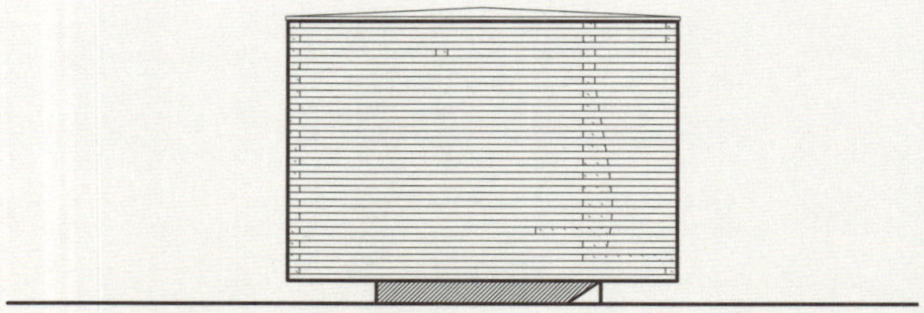

ALZADO SUR

Esta caseta de baño combina un pabellón de verano con un vestuario, y proporciona, además, un lugar para sentarse con vistas hacia el lago.
Se trata de una construcción en madera apoyada sobre una cimentación monolítica a prueba de crecidas, edificada para resistir el lavado del agua.
La disposición horizontal de las tablas permite que la construcción vuele respecto a la cimentación. Al mismo tiempo, la modulación de las tablas (6 x 12 cm) define las dimensiones del resto de la obra.
Las tablas de madera de alerce están atornilladas y unidas mediante adhesivos.
El tirador de la puerta y la tabla de lectura son de madera de roble para resistir mejor las cargas mecánicas y la intemperie; la bisagra de la puerta cuenta con topes para reducir el ángulo de giro.
La cubierta consiste en planchas de acero de 3 mm de espesor, soldadas para lograr la estanqueidad interior, galvanizadas y pintadas.

CASETA DE BAÑO, ISLA DE LINDAU, ALEMANIA

Arquitecto: Philip Lutz, Lochau, Austria
Finalización: 2000

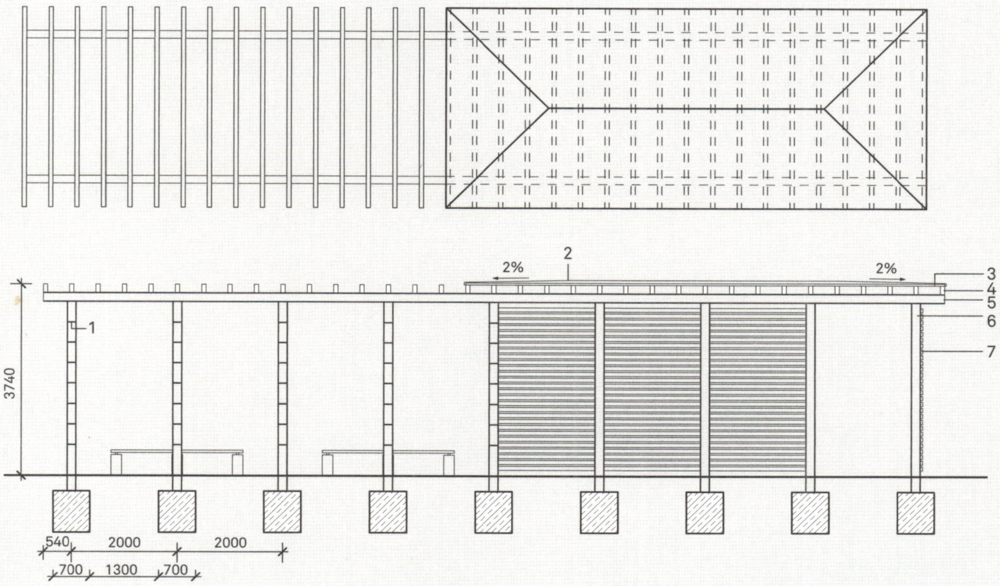

1 Ménsula de apoyo de la viga
2 Pendiente hacia el borde con resalte
3 Cubierta: tablero de dos capas, sin tratar
4 Correas: tablas escuadradas de alerce, sin tratamiento, 8/16 cm
5 IPE 160 lacado DB 703
6 IPE 160 lacado DB 703
7 Lamas de cerramiento vertical y revestimiento: tablas de alerce, 40/80 mm con junta de 3,5 cm
8 Correas fijadas solo en el canto interior
9 Cuña para formar pendiente
10 Tela asfáltica, pegada con 15 cm de solape
11 Pletina de borde de titanio cincado con goterón
12 Remate de correa: placa de alerce de 2 cm
13 Tablero de madera laminada impermeable, d = 2 x 2 cm
14 Correas: tablas escuadradas de alerce, sin tratamiento, 8/16 cm
15 Conexión poste-viga mediante 4 tornillos
16 IPE 160 lacado DB 703
17 Placa de apoyo, 120/200/10 mm
18 Cubierta
19 Correas: tablas escuadradas de alerce, sin tratamiento, 8/16 cm
20 Viga: perfil IPE 160 lacado DB 703
21 Soporte: perfil IPE 160 lacado DB 703
22 Lamas de cerramiento
23 Fijación mediante tornillos

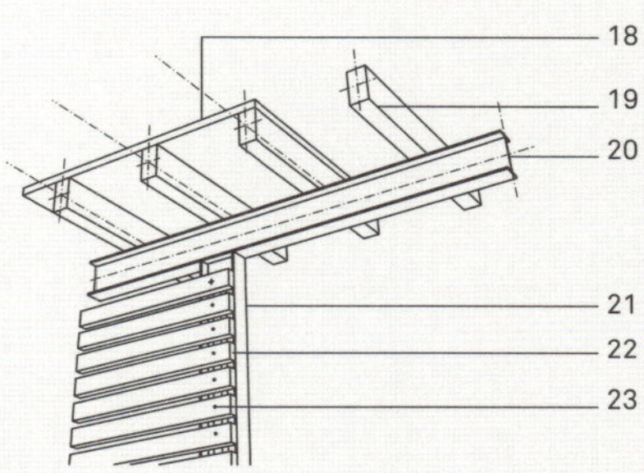

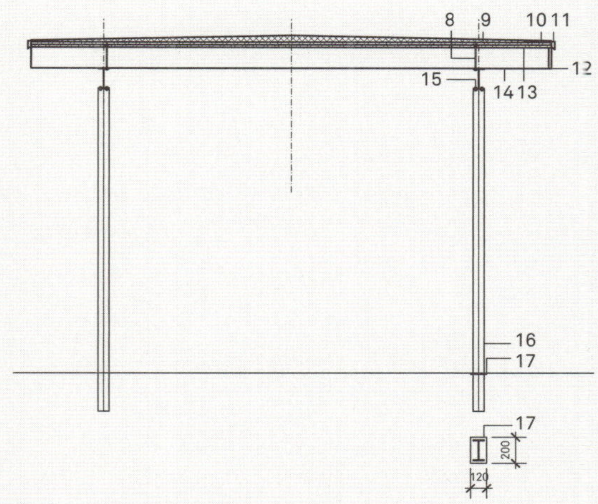

PÉRGOLA, GROSSENHAIN (SAJONIA), ALEMANIA

Arquitectos: Sauerzapfe Architects, Berlín, Alemania
Arquitectos paisajistas: Weidinger Landschaftsarchitekten, Berlín, Alemania
Finalización: 2002

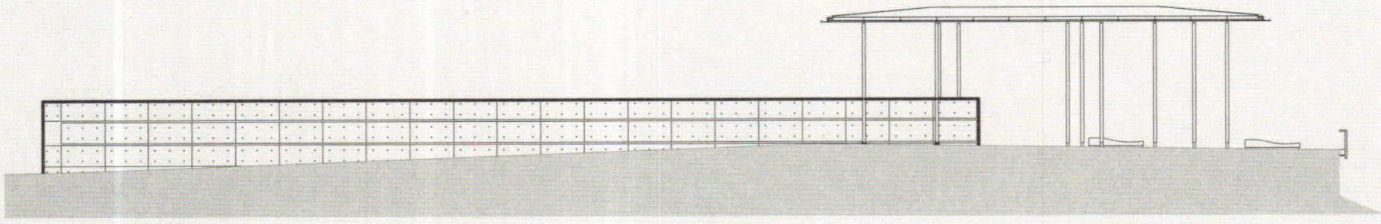

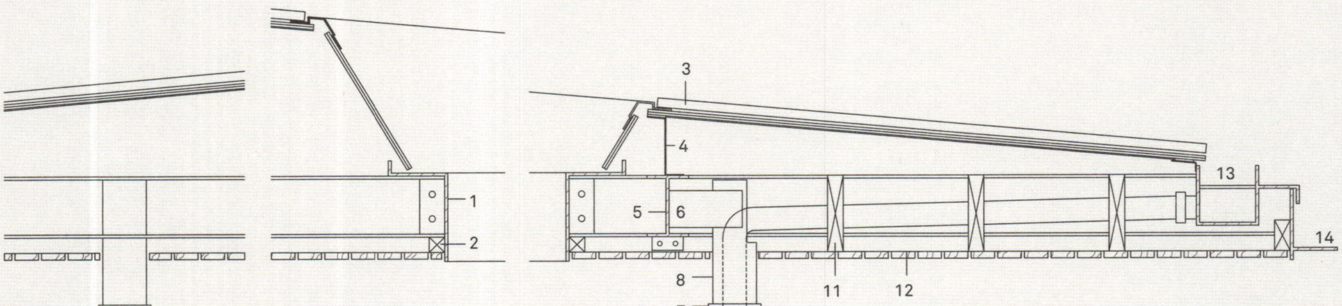

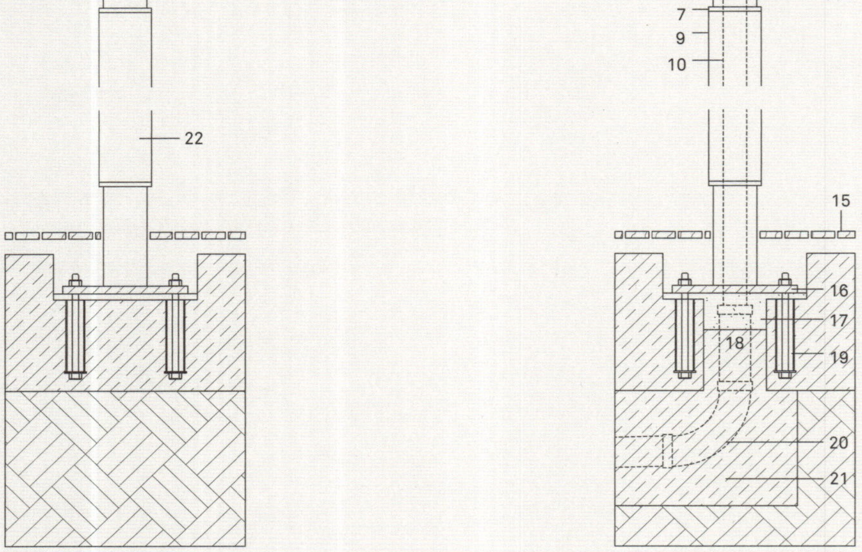

1 Luminaria de cubierta forrada de chapa de acero
2 Listón de madera, 50 x 50 mm
3 Cubrición con paneles de policarbonato translúcido de 16 mm sobre perfilería de aluminio
4 Separador en Z
5 Marco de entramado de sección 203 x 133 mm espaciado cada 2 m
6 Placa de conexión en acero
7 Placa de acero de 15 mm, Ø 169
8 Tubo de acero, Ø 139 x 10 mm
9 Tubo no portante de acero, Ø 169 x 10 mm
10 Bajante de PVC, Ø 75 mm
11 Viga de 200 x 50 mm, perforada para paso de la bajante
12 Tablas de madera tratada, de 75 x 22 mm con 10 mm de junta, atornilladas al entramado
13 Canalón de plancha de acero
14 Canto visto del canalón
15 Revestimiento de suelo a base de tablas de madera de 75 x 22 mm con separadores sobre la losa de hormigón
16 Placa de anclaje de acero de 400 x 400 x 25 mm
17 Lechada de cemento
18 Nivel del relleno
19 Tubo de acero fundido, Ø 60 x 3,2 mm, soldado a la placa de anclaje y a los pernos
20 Tubo de desagüe, Ø 100 mm
21 Hormigón de limpieza alrededor del tubo
22 Tubo, Ø 169 x 10 mm
23 Muro de hormigón in situ, 200 mm
24 Placa de granito de 96 x 23 x 900 mm, sobre 3 mm de mortero
25 Cobertura de hormigón con un espesor mínimo de 40 mm para permitir la incrustación de granito

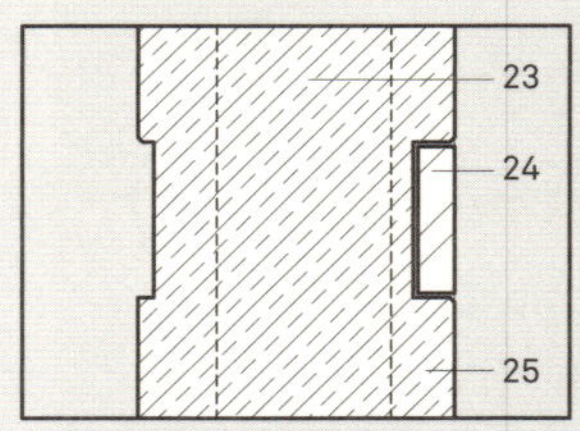

Incrustación de granito

PABELLÓN DEL RECUERDO, THAMES BARRIER PARK, LONDRES, REINO UNIDO

Diseño: Groupe Signes y Patel Taylor
Ingeniería: Arup
Finalización: 2000

1 Placa de cubrición de plancha de acero sin tratar, 3100/3100/15 mm
2 Perfil en L, 100/12 mm, l = 2900 mm
3 Entramado de roble escuadrado de 10/10/350 cm, con tornillos de acero V2A atornillados desde arriba
4 Tubo cuadrado de acero galvanizado en caliente, 100/100/6,3 mm, l = 4160 mm, relleno de hormigón C12/15
5 Cimentación de hormigón protegida contra heladas, 60/60/110 cm

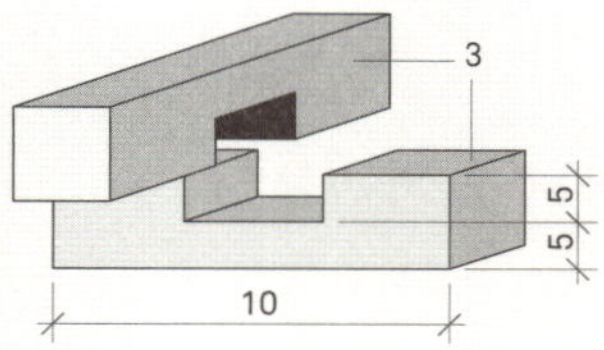

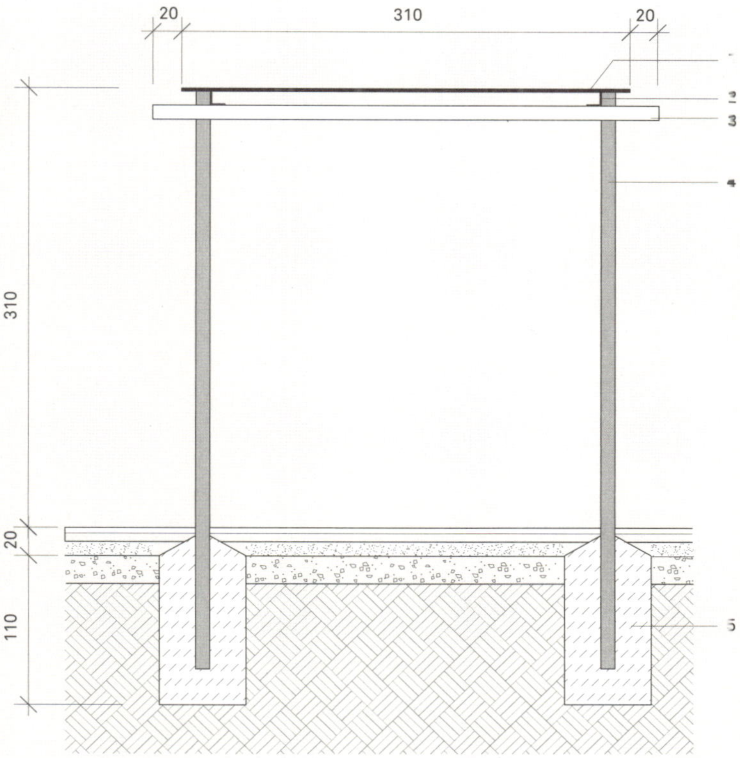

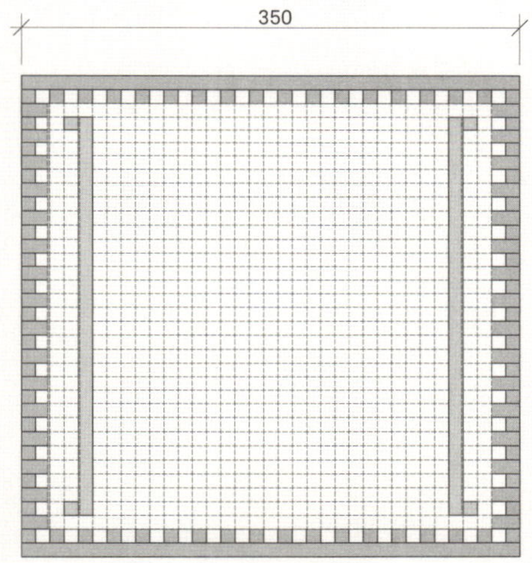

PABELLÓN EN EL PASEO DE LA RIBERA EN LA PENÍNSULA STRALAU, BERLÍN, ALEMANIA

Arquitectos paisajistas: hutterreimann + cejka, Berlín/Viena, Alemania/Austria
En colaboración con la ingeniería Witting, Berlín, Alemania
Finalización: 2005

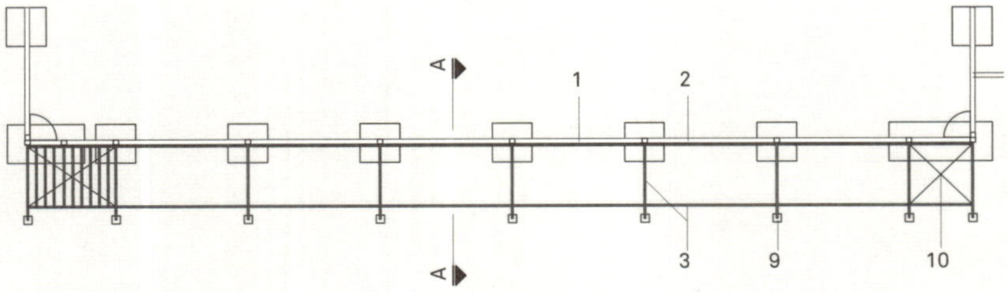

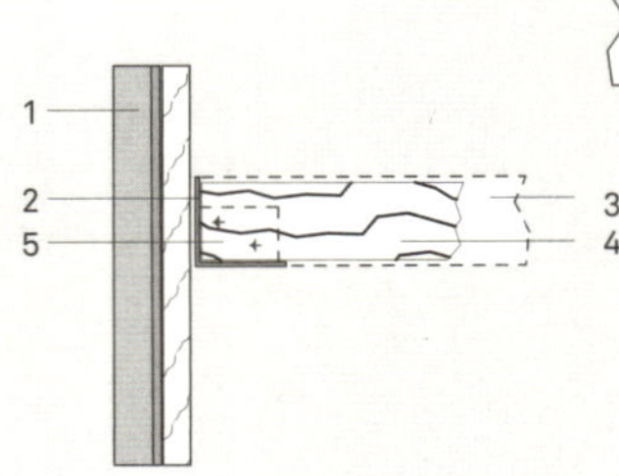

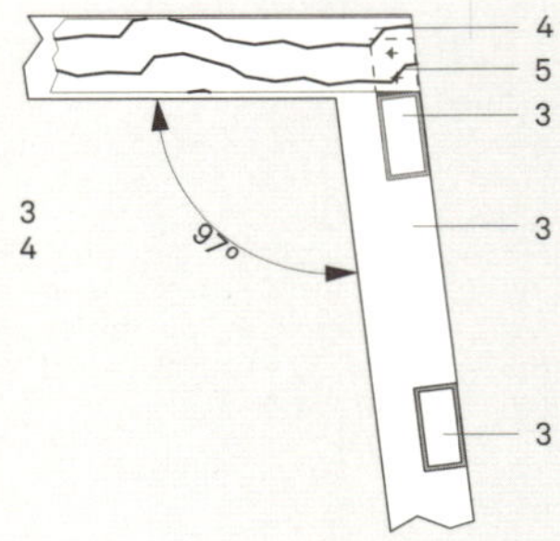

AA

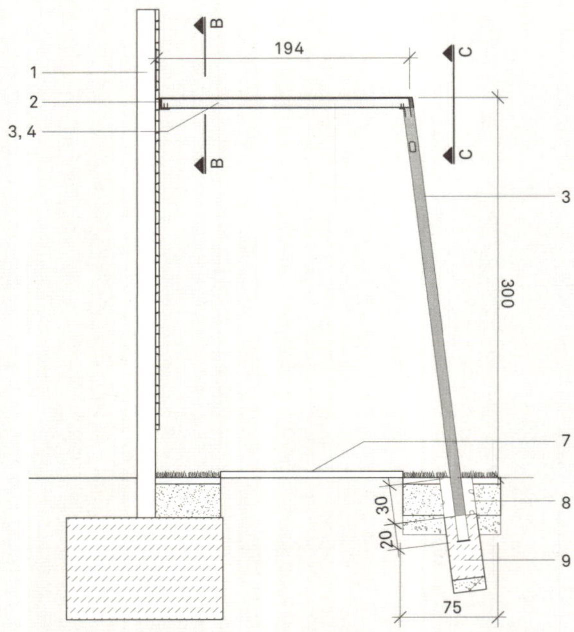

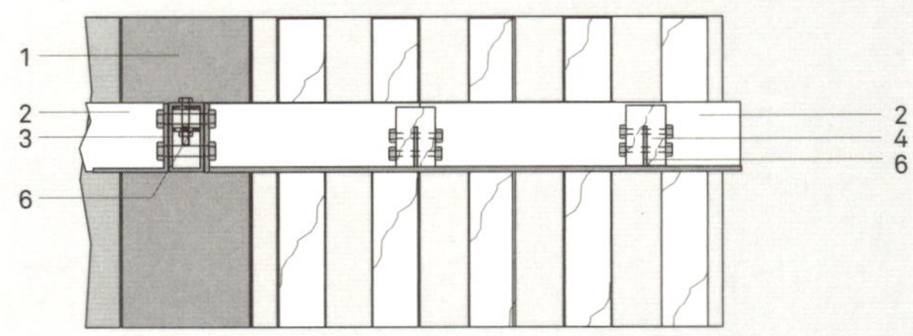

BB

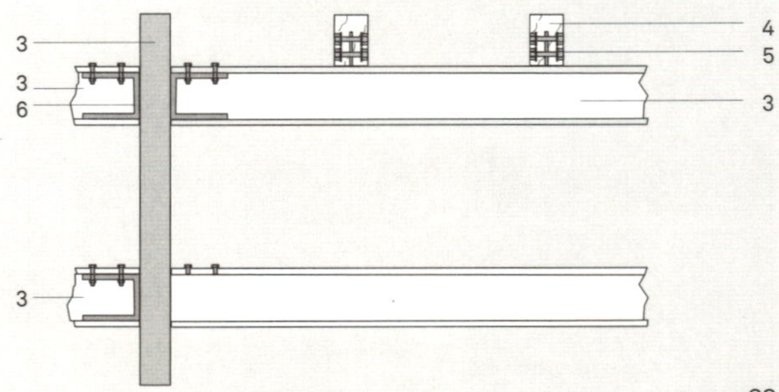

CC

1. Muro de protección acústica con vigas de perfiles IPB 160 (disponible in situ)
2. Angular de acero 80/80 con placa de remate 80/80 atornillada al muro de protección acústica
3. Soportes y vigas: tubo rectangular, 80/40/4
4. Tablas de madera de 70/45 mm, cepilladas, de abeto de crecimiento lento de primera calidad, con bisel de 5 mm en todas las aristas e impregnación de sales, de color verde
5. Placa de anclaje de 70/50/8 mm, soldada al angular o al tubo rectangular para fijar las tablas de madera
6. Perfil en U soldado
7. Paseo embaldosado
8. Grava
9. Cimientos, 25/25/50 cm, de hormigón en masa C20/25
10. Cable de acero inoxidable, d = 0,8 cm, para aumentar la rigidez

Todas las áreas a la vista son de acero S235JR, galvanizadas en caliente y lacadas con óxido férrico DB 702

PÉRGOLA EN EL JARDÍN EVANGELISCHER LUTHERSTIFT
STEGLITZ, BERLÍN, ALEMANIA

Arquitectos paisajistas: LA.BAR, Berlín, Alemania
Finalización: 2006

1 Perno de acero M16
2 Barras de refuerzo, d = 10 mm
3 Junta elástica, aprox. 5 mm

COCHERA EN EGG, AUSTRIA

Arquitecto: Georg Bechter, Stuttgart, Alemania
Calculista de estructuras: Eric Leitner, Schröcken, Austria
Finalización: 2006

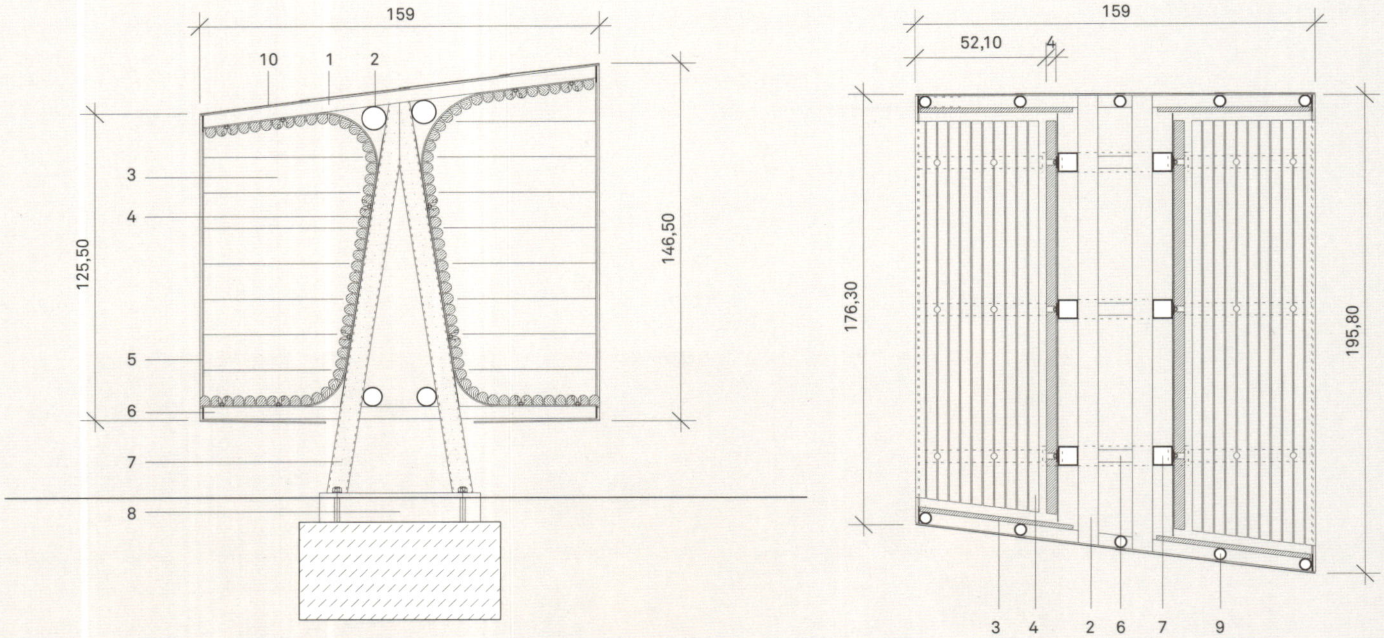

1 Perfil de acero de 50 x 50 x 5 mm
2 Tubo circular de 101,6 x 6,3 mm
3 Tablero de roble, cepillado por todas las caras, de 145 x 18 mm
4 Listón de roble de 40 x 40 mm
5 Placa de acero de 70 x 5
6 Tubo circular de 50 x 50 x 5
7 Tubo circular de 80 x 80 x 5
8 Cimentación prefabricada de hormigón
9 Tubo circular de 51 x 4 mm
10 Plancha de cobre

REFUGIOS EN SNEFJORD, FINNMARK, NORUEGA

Arquitectos: Pushak, Oslo, Noruega
Finalización: 2005

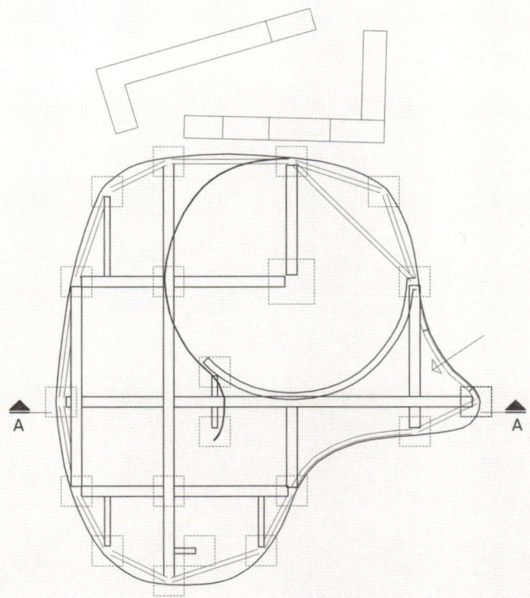

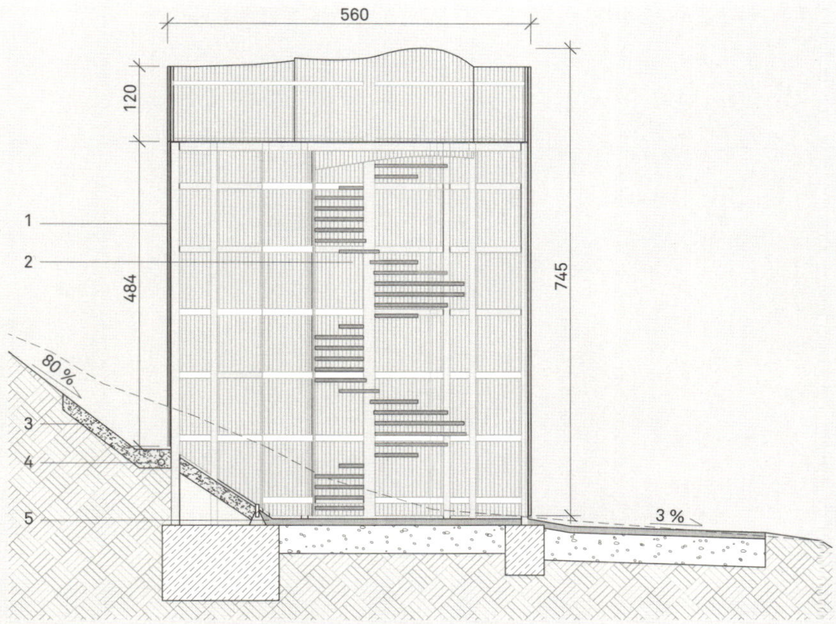

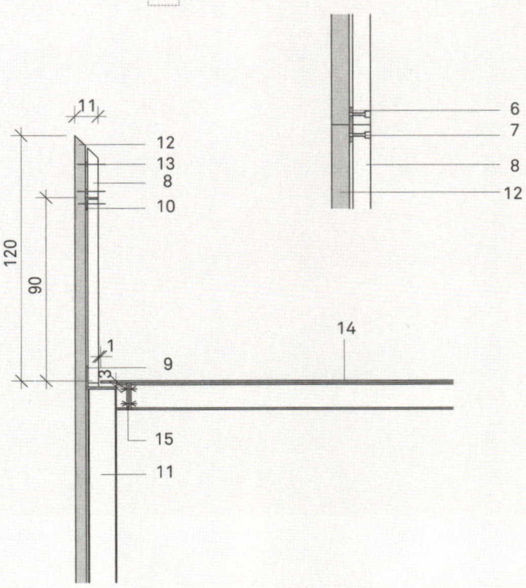

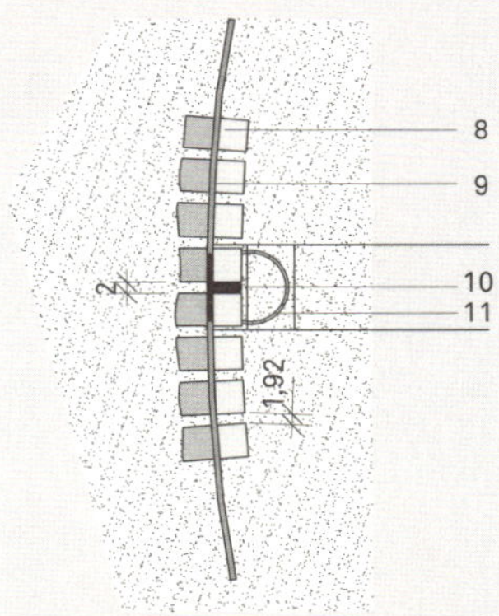

1 Lamas de acero en el lado de la jaula
2 Escalera de caracol de 35 peldaños de 17,1/27, con 22 divisiones (cada 5 peldaños); representación esque-mática de la escalera, peldaños 14 y 22 como rellanos a 82º aprox.
3 Estabilización del talud mediante balasto
4 Drenaje DN100
5 Asfalto
6 Tornillos hundidos 1,5 cm en la madera, cabeza del tornillo en negro
7 Pletina de 100 x 10 mm
8 Empalizada de tablas de madera de 60 x 50 mm, cara interior
9 Pletina de 100 x 10 mm
10 Placa de anclaje L de 60 x 7 mm con soporte 2 x L 60 x 7 mm
11 Soporte RO, 133,4 x 5 mm
12 Empalizada de tablas de madera de 60 x 50 mm, cara exterior
13 Tornillo con separador
14 Viga de perfil HEA 140 con revestimiento de acero de 6 mm, acabado granular, negro
15 Placa de remate

TORRE MIRADOR BAOBAB EN EL ZOO DE WUPPERTAL, ALEMANIA

Arquitectos paisajistas: Rehwaldt Landschaftsarchitekten, Dresde, Alemania
Finalización: 2007

CAPILLA DE ASFALTO, ETSDORF, CERCA DE AMBERG, ALEMANIA

Diseño: Wilhelm Koch
Estructura: Thomas Beck, a.k.a. Ingenieros, Múnich
Finalización: 2001 en Altötting; trasladada en 2002

Esta construcción/obra de arte, a cuyo espacio interior se puede acceder, fue diseñada y construida en Altötting por el diseñador de comunicación Wilhelm Koch con motivo del festival Oberbayerische Kulturtage.
Las paredes, de 10 cm de espesor, se vertieron en un encofrado con refuerzos de acero en su interior. Las partes prefabricadas se unieron in situ tras la retirada del encofrado, y se conectaron mediante perfilería metálica.

3.7 PUENTES PEQUEÑOS

ESTRUCTURA GENERAL DE UN PUENTE

ESTRUCTURAS DE SOPORTE DE PUENTES

EJEMPLOS

Astrid Zimmermann, Bernd Funke

3.7 PUENTES PEQUEÑOS

Los puentes no solo permiten cruzar rápida y fácilmente canales o salvar otros obstáculos. También pueden ser elementos visualmente atractivos o el soporte de un recorrido de interés paisajístico, así como mejorar el aspecto recreativo de una zona de juegos. Los puentes para peatones y ciclistas situados dentro o en los alrededores de un espacio público al aire libre influyen significativamente en su apariencia, ya sea para integrase espacialmente en el entorno inmediato, para contrastar con este o para convertirse en un elemento singular y valioso por sí mismo, ya que el carácter de un puente está en manos del proyectista. Estas decisiones no pueden separarse del material y el sistema estructural adoptados, cuya elección se realiza, por lo general, en colaboración con el estructurista. > **Fig. 3.7.1**

El texto que sigue es una breve introducción a este tema. Las pasarelas peatonales, un caso especial de construcción de puentes viga, se describen con mayor detalle en el **Capítulo 3.8 Pasarelas y plataformas**.

Fig. 3.7.1: Puente en arco en Wörlitz Park: un elemento visual y un recorrido pintoresco

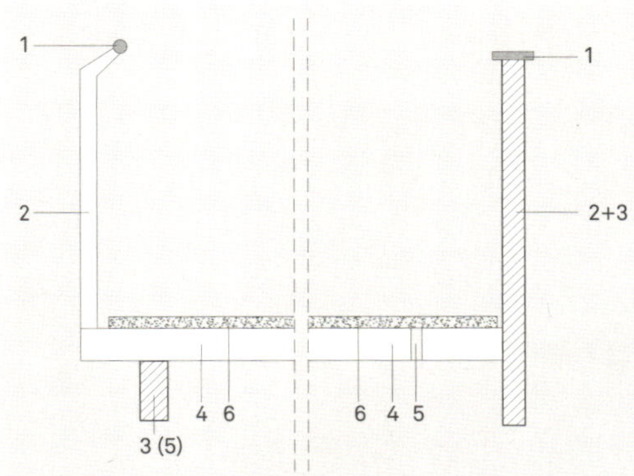

1 Barandilla
2 Poste de la barandilla
3 Estructura de soporte
4 Viga transversal
5 Vigueta longitudinal
6 Tablero del puente

Fig. 3.7.2: Esquema de la sección transversal de un puente

ESTRUCTURA GENERAL DE UN PUENTE

Por lo general, los puentes muestran en su sección transversal el siguiente funcionamiento estructural esquematizado: la estructura consiste en vigas longitudinales unidas mediante viguetas transversales, sobre las que se apoya el material del tablero del puente. Si este material debe disponerse de forma transversal, entonces es necesario otro orden de barras longitudinales en función de la luz del puente. A ambos lados del puente deberían disponerse barandillas para evitar las caídas. > **Fig. 3.7.2** Algunos de los anteriores componentes pueden unirse en uno solo; por ejemplo, las vigas laterales de apoyo pueden servir también como barandillas, o puede unificarse la subestructura de barras longitudinales y transversales en una malla.

ESTRUCTURAS DE SOPORTE DE PUENTES

Existen tres formas básicas para soportar un puente: vigas, arcos y estructuras suspendidas. Mediante variaciones y combinaciones de estas formas básicas, se puede obtener una gran diversidad de sistemas constructivos. > **Fig. 3.7.3**
La viga simple (colocada atravesando un canal) puede considerarse como la idea original de puente. Se trata de la variación más simple del puente como estructura, ya que los esfuerzos son transferidos a los estribos de ambos extremos por una o más vigas > **Fig. 3.7.4**, que soportan esfuerzos tanto de tracción como de compresión. También existen otros tipos constructivos que cuentan con dos o más vigas como elementos estructurales longitudinales, y con una serie de viguetas transversales que se apoyan sobre las primeras para soportar, a su vez, el tablero del puente. La estructura puede colocarse bajo el tablero del puente o en sus laterales. En los puentes con una sola viga, las viguetas transversales o el material del tablero deben proyectarse lateralmente respecto de la viga, formando sendos voladizos. En este caso, las vigas están sometidas a esfuerzos de torsión en su eje longitudinal (flexiones causadas por cargas asimétricas), además de esfuerzos de flexión. Este método constructivo se emplea a menudo en pequeños puentes de hormigón armado con vigas en forma de T, o en puentes de acero con un tubo rígido central que trabaja como viga principal. > **Fig. 3.7.5**
Los puentes tipo viga resultan fáciles de ejecutar, pero tienen un coste en materiales relativamente alto. Una estrategia para afrontar este problema consiste en distribuir el material de la sección estructural para obtener el mayor brazo de palanca posible, por ejemplo, con un armazón o una viga de celosía. > **Figs. 3.7.6-3.7.8**
Una serie de varias vigas apoyadas en soportes intermedios permite salvar mayores distancias. En este caso, se puede reducir la cantidad necesaria de material construyendo un soporte continuo con varios pedestales. La construcción de pasarelas también está basada en este principio. > **Capítulo 3.8 Pasarelas y plataformas** Cuando se puede utilizar únicamente un soporte, la estructura del puente debe realizarse como un voladizo (puente en ménsula).

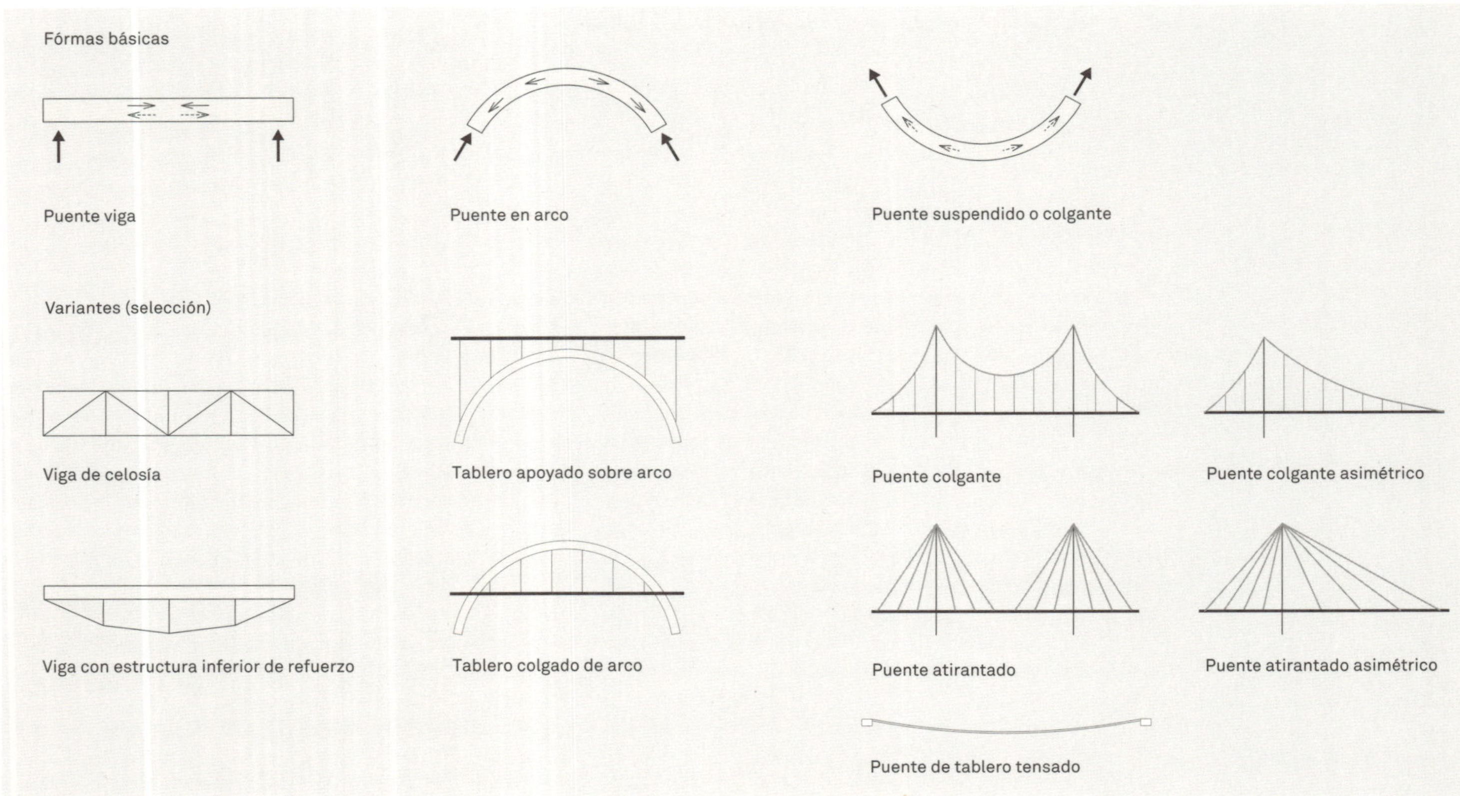

Fig. 3.7.3: Formas básicas de estructura de soporte con algunas variantes

Fig. 3.7.4: Principio básico del puente viga

Fig. 3.7.5 a+b): Puente peatonal en la sede de BUGA en Potsdam, Alemania: las vigas laterales forman una caja junto al tablero, creando una sección en forma de U

a | b

Fig. 3.7.6: Puente viga de madera

Fig. 3.7.7: Puente viga con subestructura inferior

Fig. 3.7.8: Puente realizado con viga de celosía (perfiles en T soldados), Ámsterdam, Países Bajos

Los puentes en arco permiten el uso de materiales que carezcan de resistencia a tracción (por ejemplo, la albañilería), así como una significativa reducción de la sección estructural necesaria (mayores luces con el mismo consumo de material), ya que el arco convierte todas las cargas externas en esfuerzos de compresión que se trasladan hasta los estribos. Tradicionalmente, los puentes en arco se realizan sobre todo en piedra natural, aunque las construcciones de madera también son muy habituales en puentes de parques y jardines. > **Fig. 3.7.1** Las distintas variantes del puente en arco (el tablero puede colocarse encima, debajo o en mitad del arco) suelen implicar el uso de hormigón y acero. En estos casos, la carga se transfiere del tablero al arco por medio de montantes (normalmente verticales) o cables tensados, que por lo general se disponen en vertical. > **Fig. 3.7.9**
El principio del puente suspendido es similar al del puente en arco: los esfuerzos de compresión se sustituyen por esfuerzos de tracción. Aquí, el tablero del puente cuelga de los tirantes que se conectan con los cables principales, adoptando la forma de un arco invertido (arco funicular).
Los cables principales normalmente se conectan con los pilones o los mástiles, y se anclan en los extremos del puente, aunque también pueden anclarse directamente en los estribos. En el caso particular de los puentes pequeños, pueden utilizarse cadenas o cables de fibra natural en lugar de los de acero. Es fácil encontrar puentes suspendidos en áreas de juego o de cursos de escalada con cuerda. > **Fig. 3.7.11**
En los puentes atirantados, la carga se conduce directamente a los pilones a través de los cables.
Los puentes de tablero postesado son un tipo especial de puente suspendido. Solo se utilizan si las cargas son reducidas, y por esta razón resultan muy adecuados para pasarelas peatonales. El tablero se coloca directamente sobre los cables, que están anclados a los extremos del puente. > **Fig. 3.7.12**

Fig. 3.7.9: Puente en arco con el tablero situado a una altura intermedia, sobre el muelle de góndolas en Grossenhain, Sajonia, Alemania

a | b

Fig. 3.7.10: Nueva pasarela peatonal Traversina para atravesar el desfiladero de Viamala, Suiza
a) Contrafuertes para anclar los cables
b) Puente suspendido de cables con tablero escalonado

a | b

Fig. 3.7.11:
a) Puente suspendido de cables como parte de un área de juegos
b) Puente suspendido de cadenas

a | b

Fig. 3.7.12 a+b): Puente de tablero tensado que atraviesa el desfiladero de Viamala, Suiza: losas de gneis de los Andes apoyadas sobre un cable plano de acero inoxidable

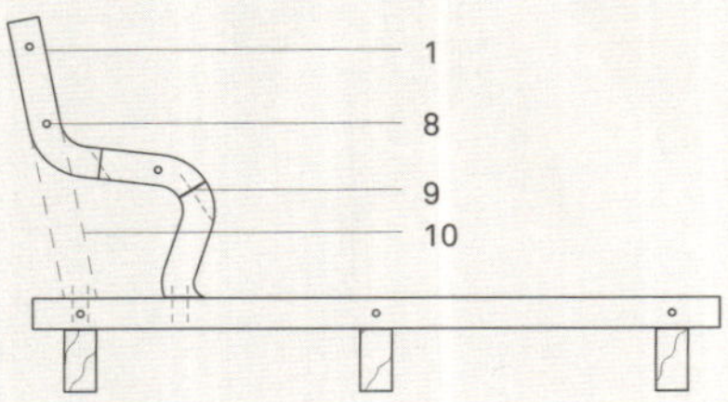

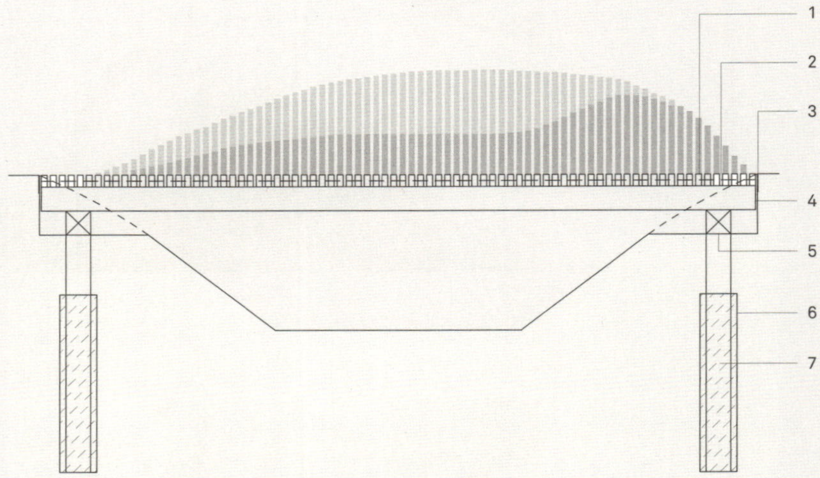

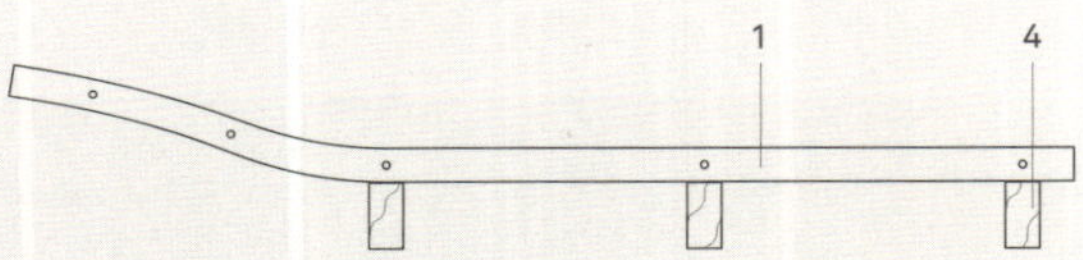

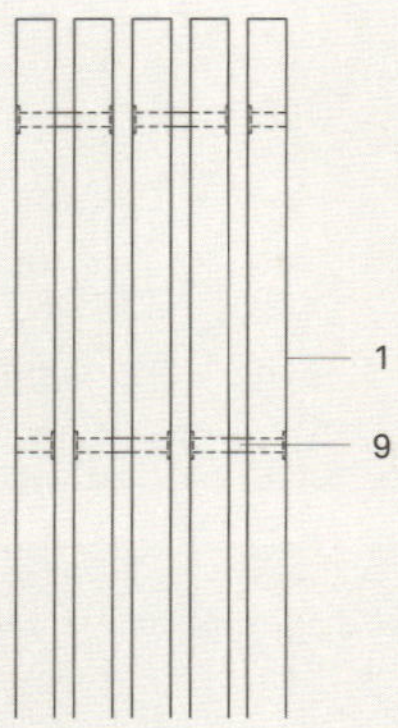

1 Revestimiento de madera de roble sin tratar, de unos 50/100 mm, aplanado y biselado en todas sus caras
2 Juntas de aproximadamente 24 mm sobre los separadores, conexión transversal mediante varillas roscadas de acero inoxidable
3 Perfil de borde de acero sin tratar S235, 150/5 mm
4 Viga de soporte de madera de roble, de aproximadamente 100/200 mm, longitud: 5,8 m
5 Viga transversal de madera de roble, de aproximadamente 200/200 mm, longitud: 3,0 m
6 Orificio para cimentación, d = 30 cm, relleno lateral con hormigón
7 Viga de cimentación de madera de roble, de unos 200/200 mm, longitud: 2,0 m
8 Conexiones laterales con tornillos de acero inoxidable
9 Conexiones atornilladas para segmentos individuales
10 Rigidización cada 10 tablas

PUENTE VIGA EN LENNÉPARK, BARUTH/MARK, ALEMANIA

Arquitectos: Britta Aumüller y Tobias Hamm, Stuttgart, Alemania
Construcción en madera, cálculo estructural: kernholz GmbH, Ulrich Link, Berlín, Alemania
Finalización: 2004

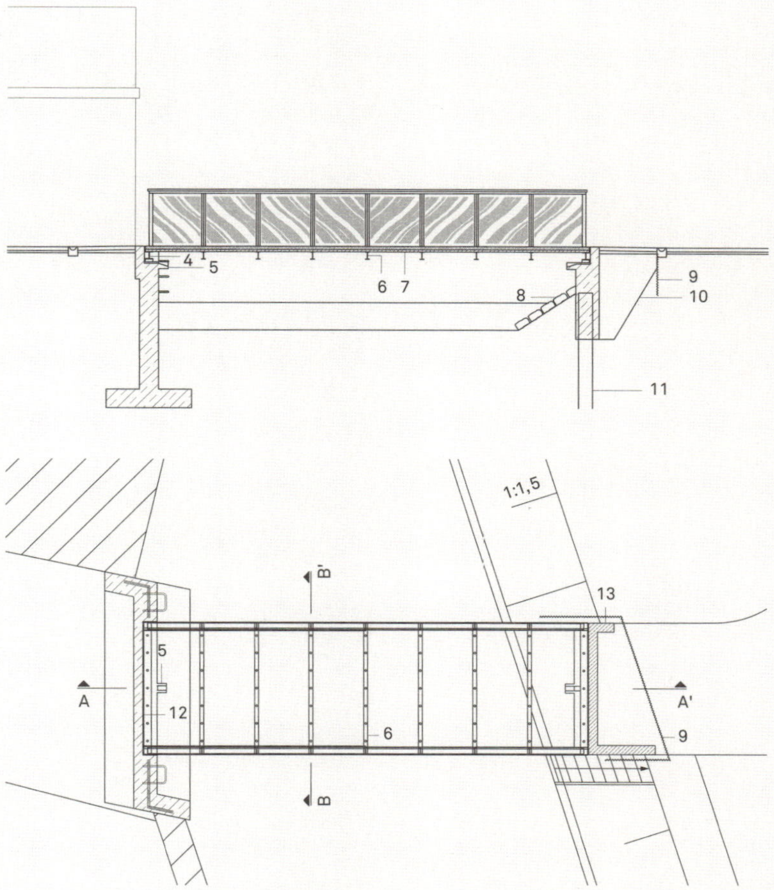

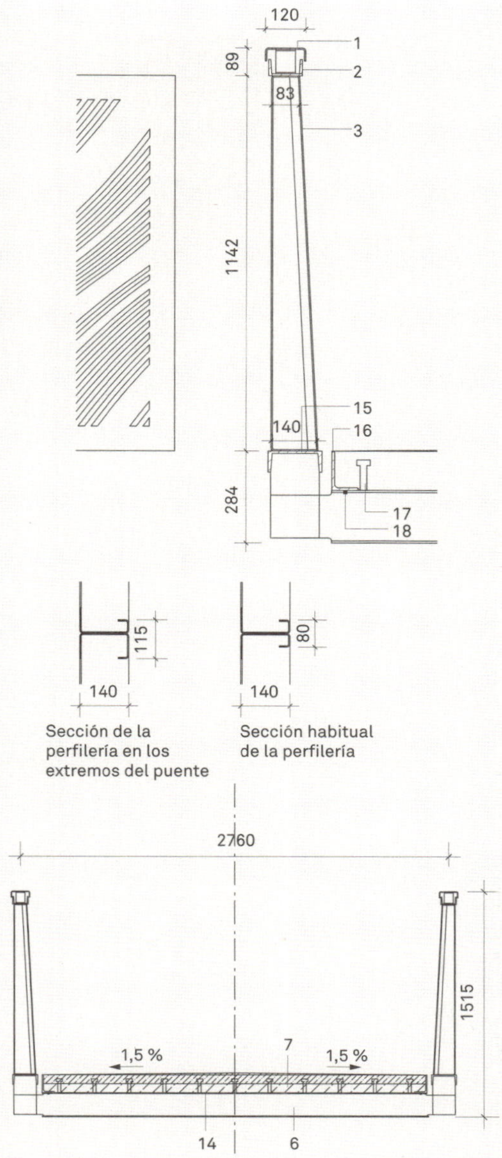

1 Pasamanos de roble 150/30, placa de remate de 4 mm, conexiones atornilladas ocultas
2 Perfil de acero en U, 100/50
3 Chapa de acero con perforaciones ornamentales
4 HEB 160
5 Caños de evacuación de agua
6 IPE 160 con pernos de agarre
7 Plancha compuesta con filigrana más capa de compresión de hormigón de 12 cm, más hormigón de pendiente
8 Pavimento de piedra triturada
9 Protección antirraíces pegada al muro de retorno
10 Muro de retorno de 60º
11 Cimentación de 2 pilotes HEB 300
12 Junta de dilatación del tablero del puente, 2 cm
13 Estribo de hormigón visto
14 Lámina Kompriband
15 Perfil de acero en U 160/65
16 Perfil de acero en L 120/80/8
17 Pernos de agarre, número y dimensiones según cálculo estructural
18 Dren 10/10

KATHARINENBRÜCKE, GROSSENHAIN (SAJONIA), ALEMANIA

Arquitecto: Sauerzapfe Architekten, Berlín
Arquitecto paisajista: Weidinger Landschaftsarchitekten, Berlín
Diseño estructural: ifb frohloff staffa kühl ecker, Berlín, Alemania
Finalización: 2001

Los paneles de este puente viga de chapa metálica dentro de un bastidor están atornillados a una viga de celosía, que forma parte del sistema estructural y, al mismo tiempo, sirve como barandilla. Los bordes verticales toman la apariencia de montantes, mientras que la ornamentación realizada con láser simula las diagonales, más gruesas en la parte central, lo que tiene sentido estructural. Aunque el espesor de la chapa es solo de 4 mm, la obra tiene una resistencia estructural de al menos 5 t.

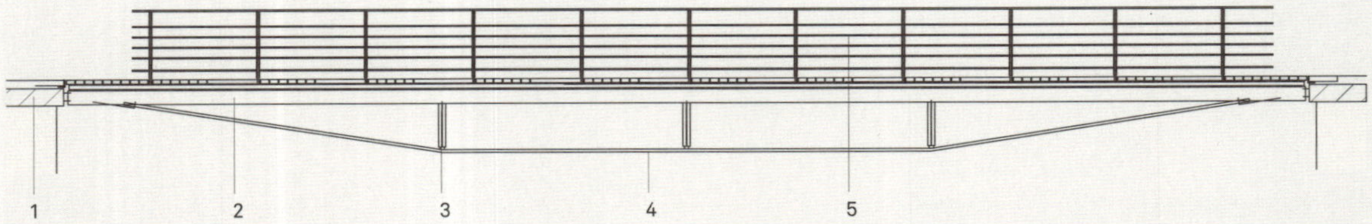

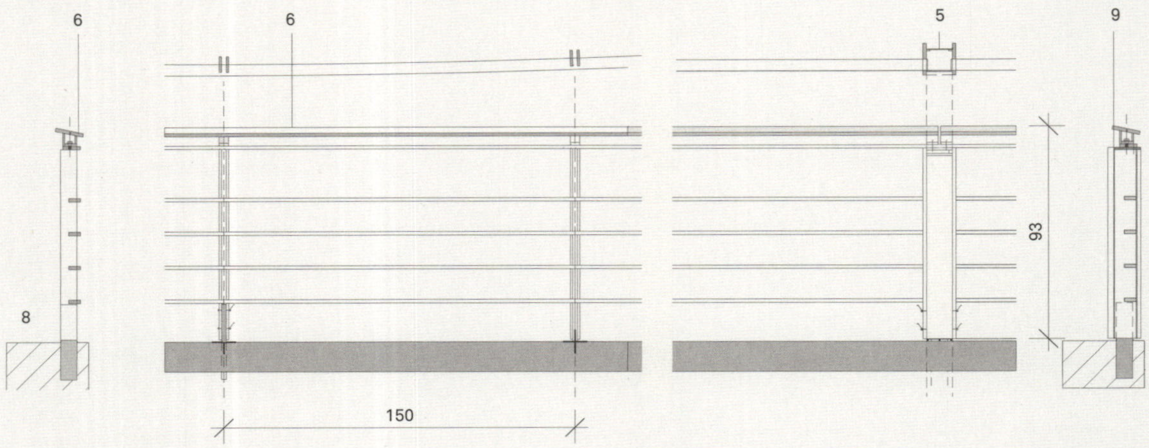

1 Vigas de soporte, elementos prefabricados de hormigón
2 Perfiles de acero HEB 220, cubiertos en ambas caras con pletinas de acero de 15 x 240
3 Subestructura de acero. Montantes: perfiles HEA 100 y tubos 70/5,6
4 Cables tensados, d = 30 mm, soldados a cartelas de acero
5 Módulo de barandilla consistente en postes de pletina de acero 10/70, pasamanos de pletina de acero 20/70, 4 travesaños de pletina de acero 15/50 y redondo de acero d = 20 mm como travesaño inferior
6 Módulo de barandilla igual al descrito en 5, pero con un bisel continuo de acero inoxidable para el sistema de iluminación LED
7 Viga de madera 60/115 con perfil antideslizante apoyado sobre la subestructura de acero
8 Parte superior del muelle, de hormigón armado
9 Postes más anchos, aproximadamente cada 9 m, con cable de conexión para el sistema de iluminación

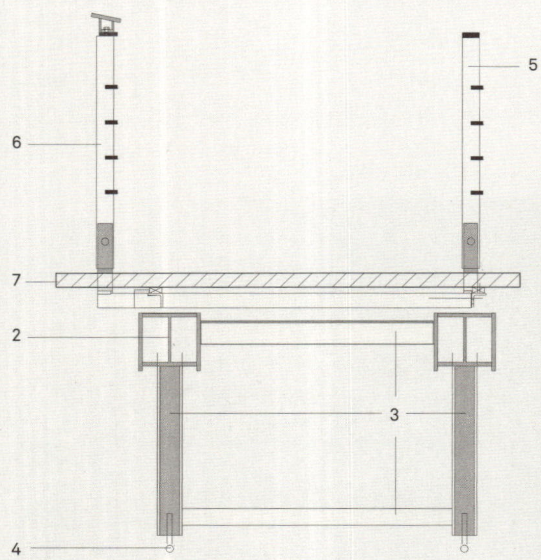

PUENTE VIGA CON REFUERZOS INFERIORES, MUELLE EN EL DANUBIO, NEUBURG AN DER DONAU, ALEMANIA

Arquitectos: Herle & Herrle, Neuburg
Arquitectos paisajistas: keller landschaftsarchitekten, Múnich, Alemania
Finalización: 2001

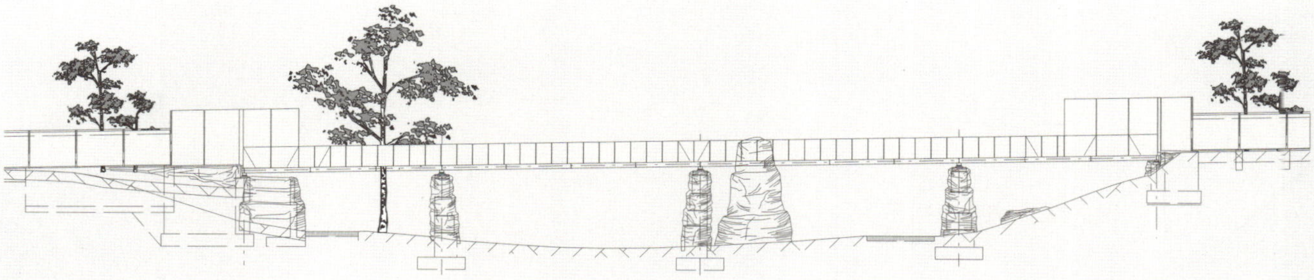

1 Viga de roble de 200/180 mm, cara superior con estrías longitudinales
2 Barandillas
3 HE-B 360
4 HE-M 240
5 IPE 240
6 IPE 270
7 Orificios de drenaje con goterón, d = 10 mm, separación = 1,50 m
8 Cimentación de hormigón C25/30
9 Placa de empalme de 260/135 mm, t = 15 mm, soldada en todo el perímetro a = 4 mm
10 Placa de empalme de 200/140 mm, t = 15 mm
11 Pasamanos: pletina de acero
12 Cable tensado
13 Postes de barandilla: pletina de acero a = 1 m
14 Placa de anclaje de 80/110 mm, t = 15 mm, 4 M12 (4,6)

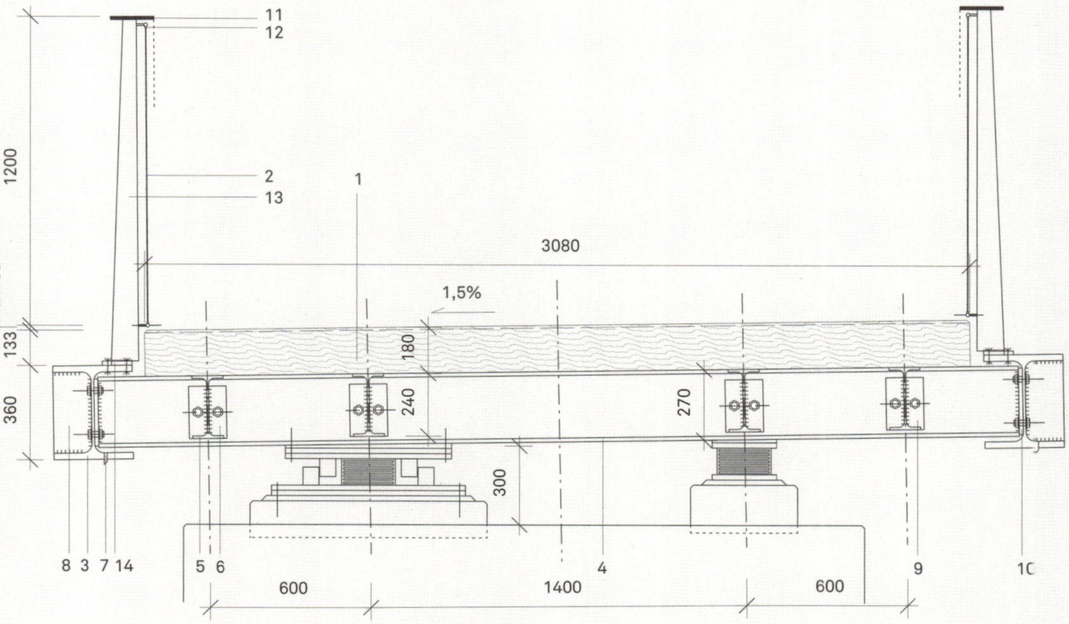

PUENTE PEATONAL Y CICLÍSTICO EN EL ZOO DE WUPPERTAL, ALEMANIA

Arquitectos paisajistas: Rehwaldt Landschaftsarchitekten
Empresa de ingeniería: Kling Consult, Krumbach, Alemania
Finalización: 2007

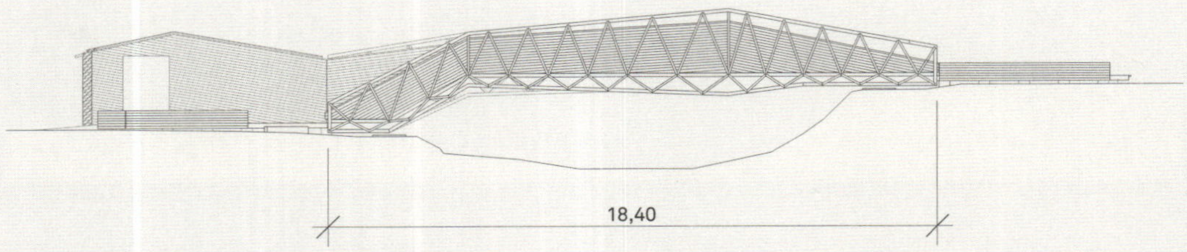

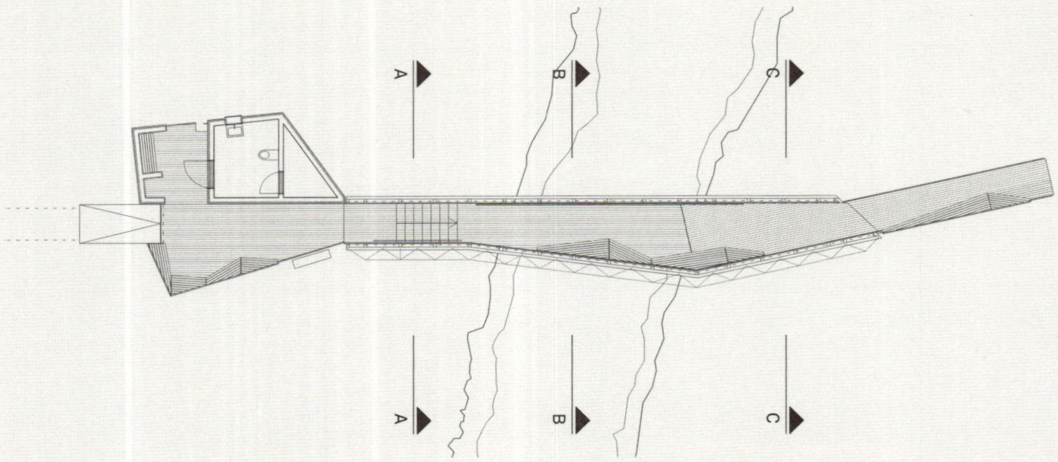

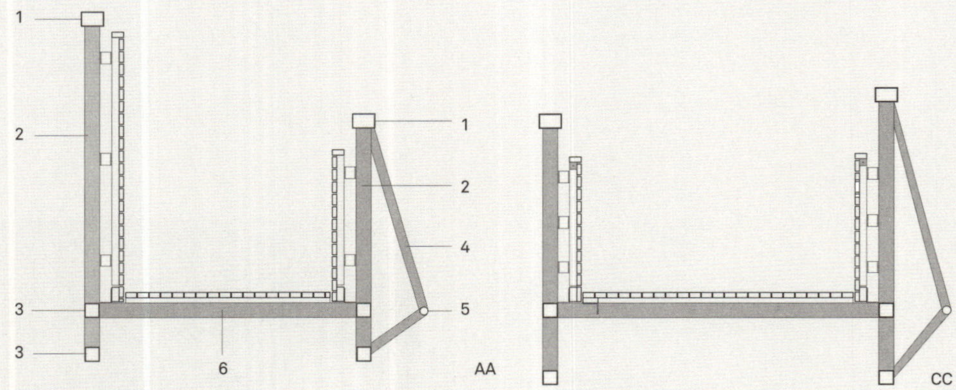

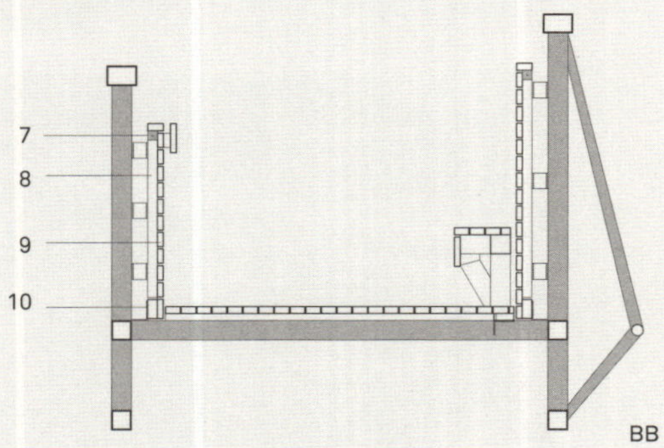

1 Perfil rectangular de acero de 150 x 100 x 5
2 Perfil rectangular de acero de 100 x 60 x 4
3 Perfil cuadrado de acero de 100 x 100 x 5
4 Perfil redondo de acero de 60,3 x 5
5 Perfil redondo de acero de 60,3 x 5
6 Perfil cuadrado de acero de 100 x 100 x 5
7 Conector angular
8 Barras diagonales: madera escuadrada de 48 x 98 mm
9 Listones de madera de 29 x 73 mm, planos en todas sus caras, con impregnación Royal
10 Base: madera escuadrada de 48 x 98 mm

PUENTE EN LILLEFJORD, NORUEGA

Arquitecto: Pushak, Oslo, Noruega
Finalización: 2006

3.8 PASARELAS Y PLATAFORMAS

Marianne Mommsen

3.8 PASARELAS Y PLATAFORMAS

Las pasarelas y plataformas se cuentan entre los elementos tradicionales de diseño en espacios al aire libre públicos o privados: como pantalanes conectan la tierra con el mar, en áreas pantanosas o con dunas permiten atravesar terrenos intransitables, en los parques públicos se ofrecen como soláriums y en las casas se asocian a terrazas. > Figs. 3.8.1-3.8.3
Tanto las pasarelas como las plataformas suelen alzarse por encima del terreno que las rodea, para acentuar su función como lugar de paseo y estancia. Usarlas es un recurso muy atractivo, pues el hecho de dejar atrás la tierra firme siempre tiene un componente lúdico y audaz. Transitar por una pasarela o una plataforma es una experiencia sensorial muy variada, y en muchas ocasiones su situación elevada ofrece perspectivas nuevas y más amplias del lugar.
Las pasarelas y plataformas descritas en este capítulo son construcciones que se levantan sobre la tierra o sobre el agua, salvando luces modestas. Las cargas que actúan sobre la superestructura se transmiten al suelo a través de cimentaciones amplias o mediante una trama de cimientos lineales o puntuales. Por lo general, las pasarelas y plataformas están formadas por soportes verticales o postes, vigas horizontales, riostras de rigidización y elementos de cubrición. Las pasarelas tienen una orientación lineal y conectiva, pues funcionan como caminos; las plataformas, por el contrario, se extienden en varias direcciones y conforman lugares estanciales.

Fig. 3.8.2: Pasarela de madera, Palais de Tokio, París, Francia

GENERALIDADES

Deben consultarse con las autoridades urbanísticas locales cuestiones como si, según la normativa, la pasarela o la plataforma a diseñar requieren licencia de obras o un certificado de estabilidad (desde el punto de vista estructural) de todos los elementos portantes. Las inspecciones de obras suelen exigir las prestaciones más elevadas de los elementos portantes o de rigidización. En general, cuanto más complejo sea el plan de construcción de una pasarela o plataforma, mayor será el impacto ambiental y más alto el riesgo potencial para las personas y propie-

Fig. 3.8.1: Pantalán/embarcadero en el parque de Krienicke en Spandau, Berlín, Alemania

Fig. 3.8.3: Plataforma de madera, Köpenick, Alemania

dades, y por tanto, más necesaria será la asesoría de una inspección de obras.
Lo más importante es lograr que la construcción sea adecuada para el uso previsto; así, por ejemplo, deben evitarse las juntas anchas en la dirección del desplazamiento si se prevé tránsito de bicicletas o de sillas de ruedas, y también el uso de rejillas metálicas como pavimento si en esa zona es frecuente el paso con zapatos de tacón.
En los equipamientos al aire libre, hay que garantizar la accesibilidad. Si las pasarelas o plataformas están planteadas como parte de una zona de recreo infantil, deben observase los requisitos de seguridad exigidos para los aparatos de juego. En particular, hay que evitar que puedan quedar enganchadas partes del cuerpo o de la ropa de los niños.
Si la diferencia de nivel a ambos lados de la pasarela es de más de 1 m, se tiene que instalar un peto de seguridad, tal y como especifica la normativa. > **Capítulo 3.4 Barandillas y vallas**
A la hora de elegir el acabado adecuado, debe garantizarse que las pasarelas y las plataformas sean antideslizantes incluso con lluvia o hielo, para lo que los materiales empleados han de ser suficientemente rugosos o contar con estrías. El modo en que se dispongan el material de revestimiento y, por tanto, las juntas resultantes también influirá en la condición antideslizante de un pavimento; así, resulta favorable la disposición de las tablas de madera en perpendicular a la dirección de la marcha.
Con el fin de conservar la seguridad del tránsito, es necesario un mantenimiento constante de las pasarelas y plataformas, para neutralizar peligros potenciales debido a astillamientos, cantos vivos, clavos y tornillos salientes, alabeos en las tablas y elementos defectuosos o ausentes.
Al aire libre, las pasarelas y plataformas están expuestas a las inclemencias del tiempo y en contacto con el agua o el suelo. Esto hace previsible la acumulación de hojas, suciedad y tierra que impidan el secado de la superficie. Por ello, al elegir materiales debe tenerse muy en cuenta su durabilidad en estas condiciones. En las construcciones en madera se usan especies con una alta durabilidad natural (por ejemplo, la robinia, el roble, y en ocasiones el alerce o el abeto), o piezas protegidas con sustancias químicas, generalmente maderas provenientes de coníferas tratadas por impregnación en autoclave. > **Capítulo 1.4 Madera**
En estructuras y conexiones de acero también debe garantizarse una resistencia adecuada a la corrosión, bien mediante el uso de aceros inoxidables, bien mediante la protección de las partes metálicas con un baño de cinc. Para evitar las manchas de óxido en la construcción, en las uniones suele emplearse acero inoxidable, a pesar de su alto coste. También se usa para prevenir la corrosión debida a los taninos de ciertas especies de madera (por ejemplo, el roble), o a los agentes químicos de las sustancias protectoras de este material. Si se van a utilizar metales diversos, debe eludirse en lo posible la corrosión por contacto (par galvánico). > **Capítulo 1.8 Metales**
Además de una adecuada elección de los materiales, la adecuación de los detalles constructivos es esencial para la durabilidad de las pasarelas y plataformas. En principio, es posible proteger de las inclemencias del tiempo toda construcción mediante un tejado, y todos los componentes individuales mediante la impermeabilización. También se debe impedir la acumulación de agua incluyendo pendientes y sistemas de drenaje. El objetivo que hay que perseguir es la escorrentía controlada y rápida de todo el agua, así como una buena circulación del aire en todos los componentes, pues esto es lo que garantiza un secado rápido. Los depósitos de suciedad —que acumulan humedad, sobre todo si se trata de grandes cantidades— deben minimizarse mediante una construcción adecuada y retirarse como parte del mantenimiento habitual.

CIMENTACIONES

El tipo de cimentación usado en pasarelas y plataformas depende tanto de las cargas previstas como de la estructura y la capacidad portante del terreno. > **Capítulo 2.3 Uniones**
La profundidad de empotramiento depende de la composición del terreno. En lugares donde la cimentación con hormigón es difícil, como por ejemplo en pantalanes, la formación de entramados a partir de postes es especialmente apropiada. Si no es este el caso, la cimentación por zapatas aisladas de hormigón, a través de las cuales los postes transmiten las cargas al terreno, es la habitual en pasarelas y plataformas elevadas. En las estructuras de madera, las cimentaciones de hormigón y los postes quedan unidos mediante conectores de acero. Si la capacidad portante de las zapatas aisladas es insuficiente, se construyen cimentaciones lineales o losas de cimentación. Y si las pasarelas o plataformas se disponen niveladas con el terreno, pues no es necesario levantarlas mediante soportes, se pueden tender los elementos horizontales portantes directamente sobre las cimentaciones lineales o sobre la losa de cimentación. Asimismo, las losas de cimentación pueden plantearse como losas rígidas de hormigón o como capas flexibles de grava o balasto. > **Fig. 3.8.4**

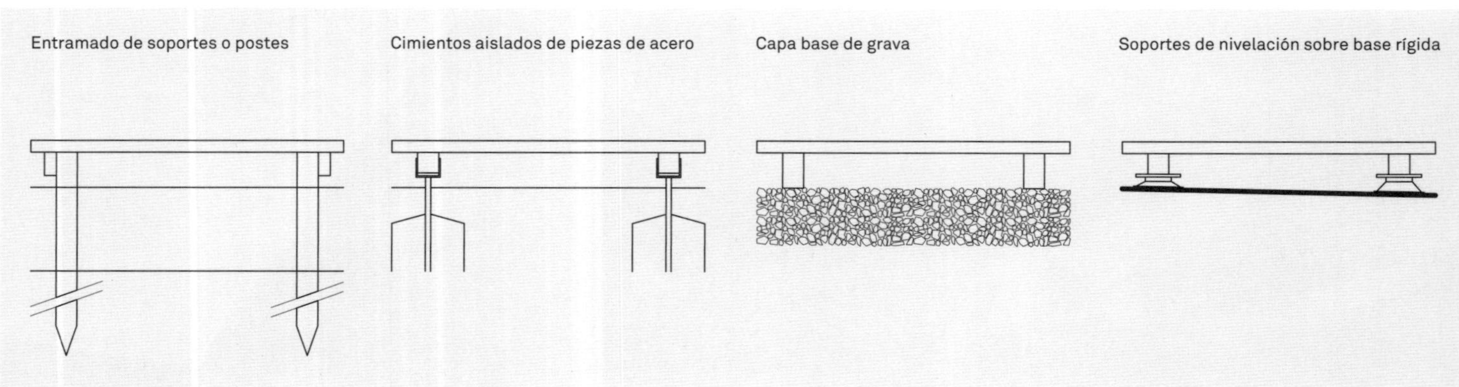

Fig. 3.8.4: Diferentes tipos de cimentaciones para pasarelas y plataformas

SUBESTRUCTURA / ESTRUCTURA DE APOYO

La estructura de soporte o subestructura absorbe las cargas que actúan sobre el recubrimiento y las transmite a los cimientos; su diseño, por tanto, debe decidirse en relación con la elección de los materiales y depende de las demandas estáticas.

La estructura portante tiene que contar con una buena protección contra la intemperie, pues su mantenimiento suele ser difícil, dado que se encuentra oculta, y su reposición resulta complicada. Las pasarelas y plataformas que «flotan» sobre el terreno suelen soportar mejor la intemperie que las estructuras situadas a la altura del terreno, en contacto directo con la tierra o el agua. Las superficies de contacto entre los componentes superiores y la subestructura deben ser lo más pequeñas posibles, pues así se garantiza un secado rápido. En una plataforma o pasarela de madera bien construida lo ideal es disponer una banda de goma dura o una delgada lámina de roble entre el tablero de cubrición y las vigas portantes de madera. Además, la protección mediante cubrición de las caras superiores de las vigas de madera prolonga la vida útil de este tipo de construcción. Los puntos en los que los conectores penetran en estas cubriciones deben sellarse para impermeabilizarlos todo lo posible, por ejemplo, con bandas continuas de neopreno. > **Fig. 3.8.5**

Las subestructuras de acero son más duraderas y, además, permiten luces mayores, siempre que estén protegidas contra la corrosión. > **Fig. 3.8.6**

RECUBRIMIENTOS

El recubrimiento es la parte superior de las pasarelas y plataformas, y por tanto es decisivo para su comodidad funcional y su apariencia visual. Los recubrimientos de tablas o tableros de madera y de rejilla metálica son los más habituales en condiciones normales de uso. Las pasarelas y plataformas realizadas con perfiles de acero, paneles metálicos, hormigón, plástico o vidrio armado son menos frecuentes. > **Figs. 3.8.7 y 3.8.8**

Por lo general, las piezas de recubrimiento se disponen en perpendicular a la dirección del tránsito; sin embargo, tanto la dirección de dichas piezas como la disposición de las juntas pueden modificarse por exigencias del diseño. En superficies de gran tamaño existen dos posibilidades básicas: escalonar las juntas a intervalos regulares o alinearlas en una fila, de modo que se creen recintos cerrados. > **Fig. 3.8.9**

Las tablas de madera pueden anclarse directamente a la subestructura como elementos separados o formar parte de entramados prefabricados de madera, que tienen la ventaja de ser fáciles de quitar y reponer. El anclaje de los entramados a la subestructura debe hacerse de modo que las cargas horizontales se redireccionen, para evitar los repiqueteos. En el mercado se encuentran entramados de madera como elementos estandarizados. En caso de que se realicen por encargo, debe garantizarse que puedan manejarse entre dos operarios (< 2,5 m^2).
La sección transversal de los tableros se determina según los requerimientos estructurales. Para evitar que las

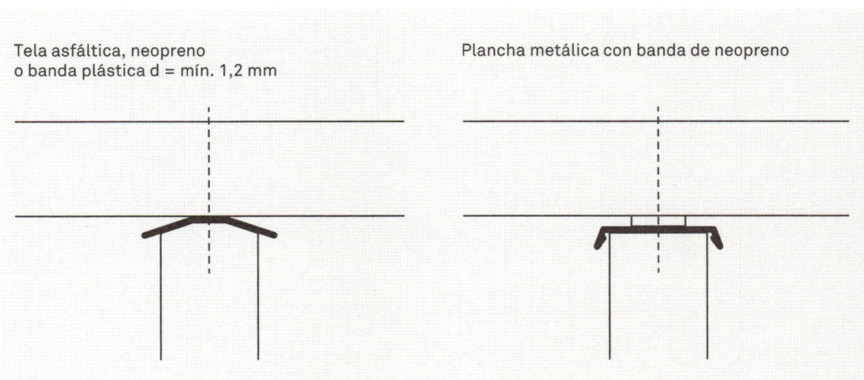

Fig. 3.8.5: Protección de soportes de madera

Fig. 3.8.6: Pasarela de acero con recubrimiento de madera, vigas de perfiles en I y tubos circulares de acero como soportes

Fig. 3.8.7: Plataforma a nivel de calle realizada en vidrio, Oberbaum City, Berlín, Alemania

Fig. 3.8.8: Pasarela metálica en voladizo

Fig. 3.8.9: Efectos de las juntas y encuentros entre extremos de tablas en una plataforma de madera

tablas se comben, la distancia entre las vigas de carga debe ser la correcta (de 50 a 80 cm); en plataformas con luces más amplias, hay que disponer separadores de madera en las caras inferiores de las tablas de madera sin función portante. Dichas tablas se fijan mediante dos clavos especiales o tornillos (para madera) en cada apoyo. Los tornillos son preferibles a los clavos, ya que facilitan la retirada de las tablas dañadas. En las plataformas de tablas está comprobado que las juntas de 6 a 8 mm funcionan correctamente. En cualquier caso, como las tablas habitualmente se colocan con un contenido de humedad > 20%, se recomienda disponerlas con una junta menor (de unos 3 mm), pues esta se expandirá con la contracción de la madera.

Las rejillas, también llamadas *tramex*, consisten en un entramado formado por pletinas dispuestas paralelamente y de canto (pletina portante), sobre las que se cruzan otras pletinas de relleno (denominadas pletinas separadoras). En las rejillas estándares, fabricadas a presión, las de relleno se encajan con fuerza en las muescas realizadas en las pletinas de apoyo. Las rejillas en las que las pletinas de apoyo y las de relleno tienen la misma altura se denominan rejillas dobles encastadas. El entramado de pletinas está enmarcado por placas o perfiles metálicos en U. Las rejillas se fabrican con un espaciado cuadrado o rectangular, sus tamaños son muy variados y pueden ser de acero, acero inoxidable o aluminio. > Fig. 3.8.10

La superficie de contacto lateral con la subestructura debe ser de al menos 30 mm. Las rejillas se fijan a esta superficie mediante elementos conectores. También pueden incluirse en el entramado estructural (con un marco de perfiles en L) para evitar el deslizamiento.

Fig. 3.8.10: Diferentes tipos de rejillas: rejilla a presión con marco de pletina, rejilla a presión con marco de perfil en U y rejilla entera

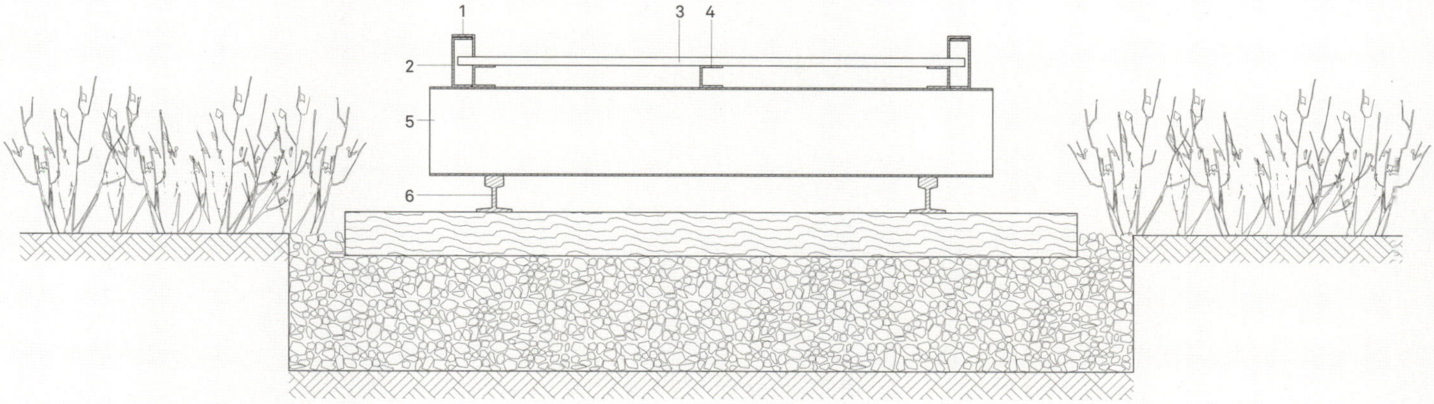

1 Marco angular, no aleado, de 80 x 80 x 7 mm
2 Perfil en U, no aleado, de 180 mm
3 Rejilla galvanizada, MW 31/9 mm, 1000 x 1800 mm
4 Perfil en U, no aleado, de 80 mm
5 Tubo de acero, no aleado, de 323,9 x 6,3 mm, largo: 200 cm
6 Raíles preexistentes

PARQUE NATURAL SCHÖNEBERGER SÜDGELÄNDE, BERLÍN, ALEMANIA

Artistas: Gruppe Odious: Klaus Duschat, Klaus H. Hartmann, David Lee Thompson
Finalización: 1998

El frágil biotopo formado por los terrenos pantanosos del antiguo aeropuerto de Tempelhof se hace accesible al público de forma no destructiva mediante la instalación de una pasarela metálica de 600 m que flota 50 cm del suelo.
Sobre los raíles preexistentes se apoyan tubos metálicos a los que se sueldan los soportes metálicos de apoyo. Y sobre esta subestructura se fija un recubrimiento de rejillas enmarcadas por perfiles de acero cortén.

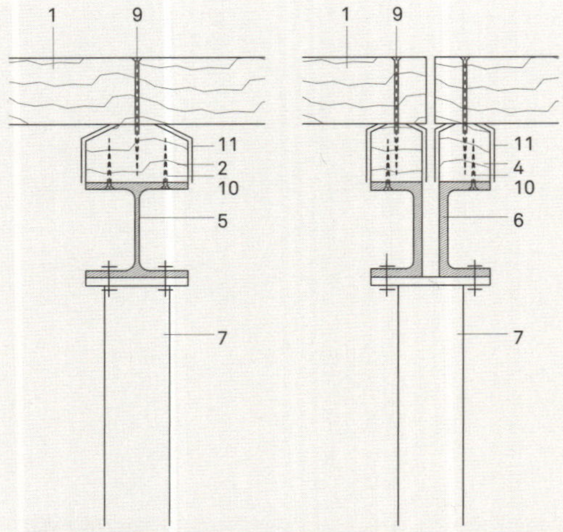

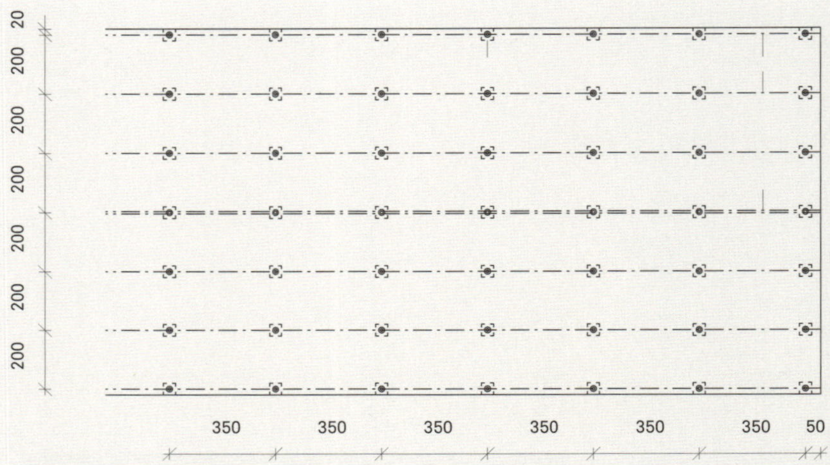

1 Tablones de 8/14 cm, de abeto, cepillados y estriados, longitud de 620 cm, juntas de 1 cm
2 Tablón de 7/12 cm, de bongossi
3 Tablón de 7/12 cm, de bongossi, para evitar descuadres debidos a nudos y pandeos de las tablas
4 Tablón de 7/6 cm, de bongossi, 2 piezas
5 Perfil HEA 120 mm
6 Perfil UPE 120 mm, 2 piezas
7 Tubo circular de 76/2,9 mm, longitud de 75 cm; con placa base de 100/100/8 mm, con placa de tapa de 160/120/8 mm
8 Pilote, d = 50 cm, relleno de hormigón, altura: 75 cm
9 Spax Würth Assy de 6/140 mm, V4A, 2 piezas/montadas
10 Spax Würth Assy de 6/60 mm, V4A, rehundido
11 Chapa metálica o fieltro

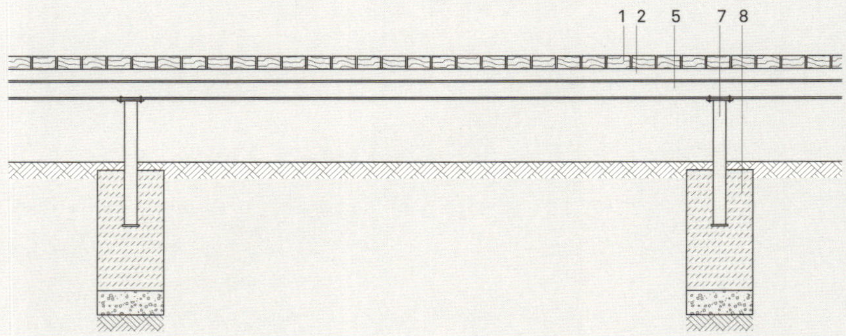

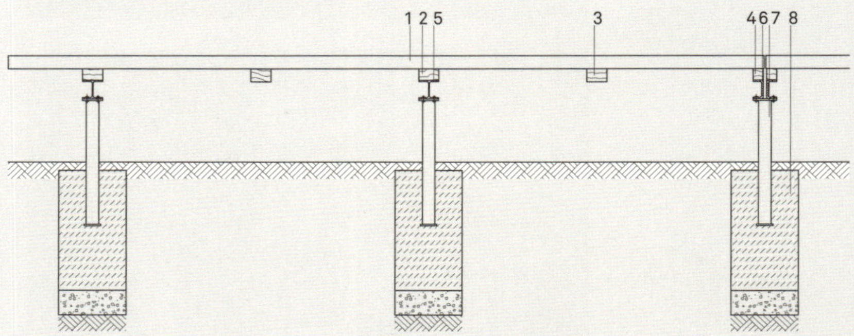

VIERECKREMISE, POTSDAM, ALEMANIA

UTE Remisenpark Potsdam: AG Freiraum Jochen Dittus y Andreas Böringer Pit Müller Freier Landschaftsarchitekt
Dirección de obra: Stötzer und Neher GmbH
Estructuras: Harald Albrecht
Finalización: 2001

La subestructura portante de la plataforma de madera consiste en tubos y perfiles de acero. Gracias a que los perfiles actúan como vigas, se ha podido disponer un segundo orden de soportes verticales que permite dejar espacio libre para las raíces de los árboles. Para ajustar las piezas de madera del recubrimiento a la subestructura, se han colocado entre ellas listones de bongossi. En el encuentro entre las tablas, el perfil metálico situado debajo se divide en dos perfiles en U, lo que permite que el agua se escurra rápidamente.

1 Tabla, 3,5/14,5 cm, de alerce, cepillada
2 Tabla, 3,5/14,5 cm, de alerce, cepillada, con pendiente en el canto
3 Tabla, 3,5/14,5 cm, de alerce, cepillada y estriada
4 Tabla, 3,5/12,5 cm, de alerce, cepillada
5 Tablón, 9/9 cm, de alerce, como subestructura con angulares de chapa
6 Tablón, 9/9 cm, de alerce
7 Pernos con arandelas
8 Manta de drenaje
9 Arenero
10 Apoyos de altura ajustable
11 Calzada asfaltada (preexistente)

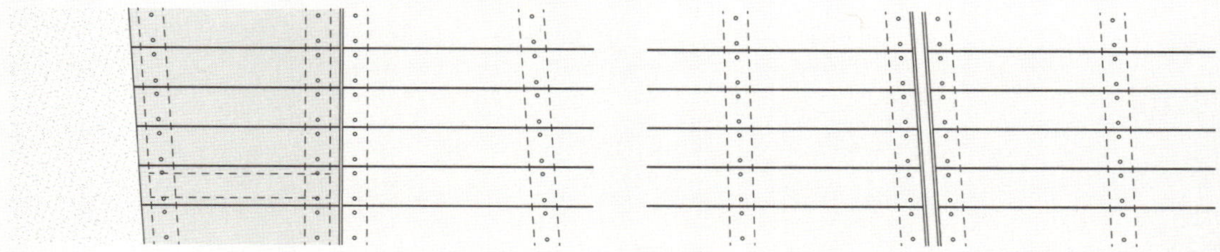

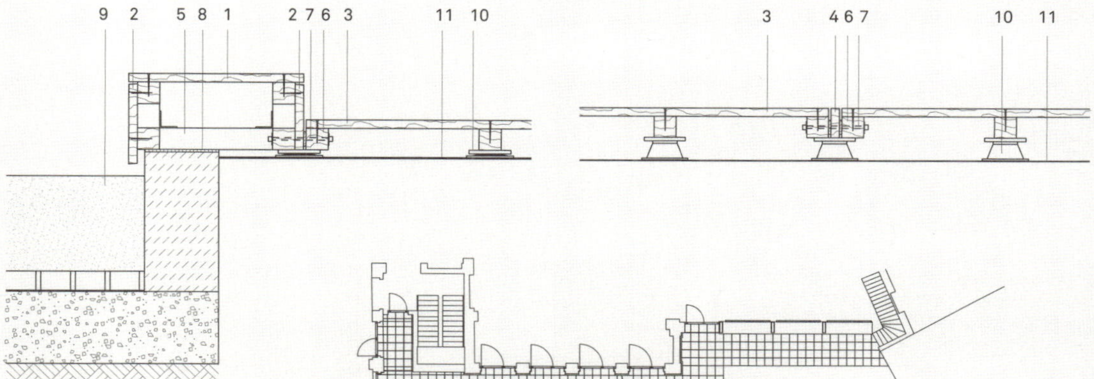

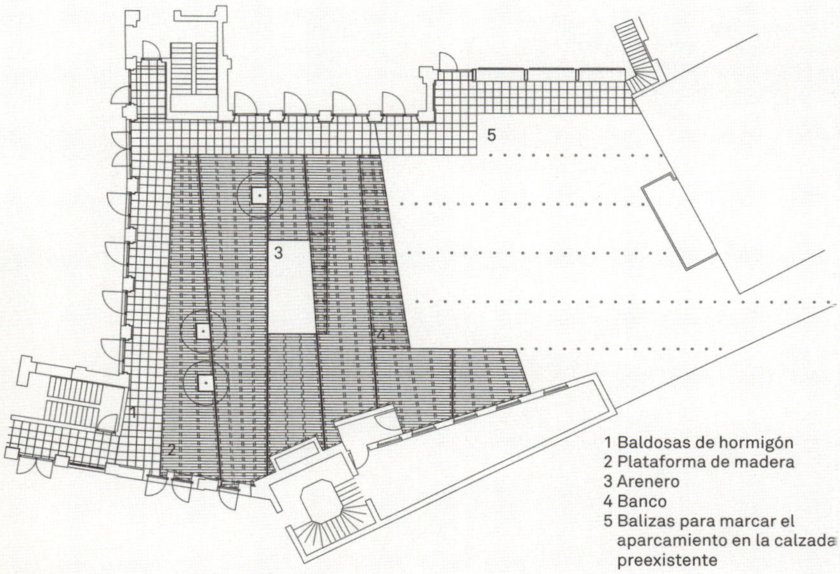

1 Baldosas de hormigón
2 Plataforma de madera
3 Arenero
4 Banco
5 Balizas para marcar el aparcamiento en la calzada preexistente

PLATAFORMA DE MADERA EN UN PATIO DE MANZANA EN ALTE DRUCKEREI, HANOVER, ALEMANIA

relais Landschaftsarchitekten
Finalización: 2005

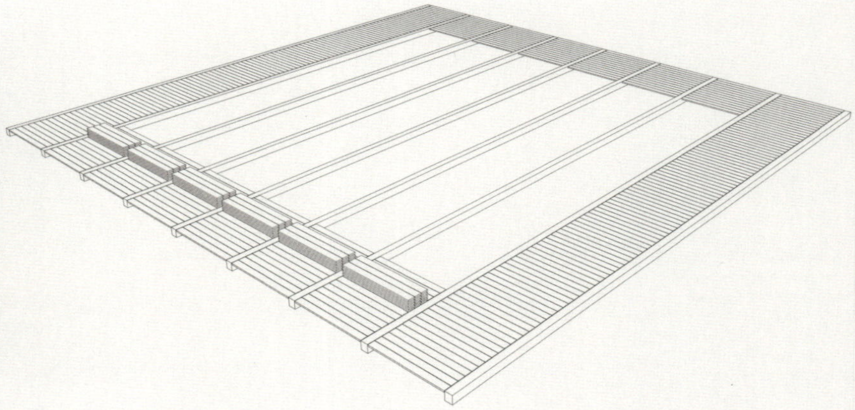

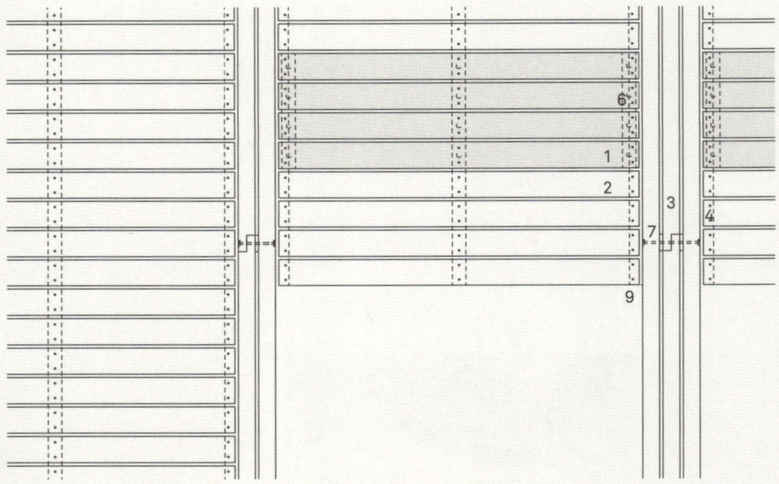

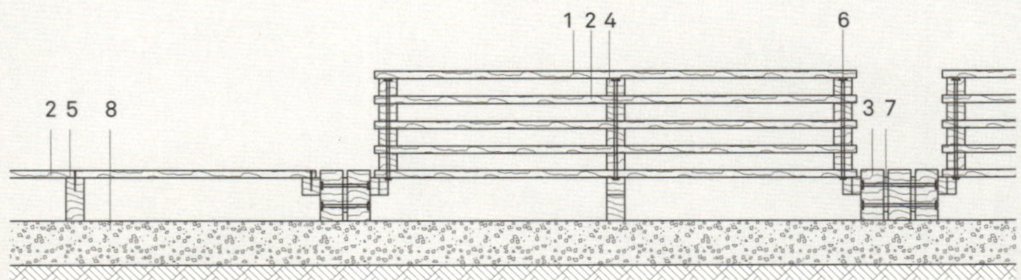

1 Tablones de 3,4/16 cm, de abeto, cepillados, longitud de 218 cm, juntas de 2 cm, estriados por la cara inferior
2 Tablones de 3,4/16 cm, de abeto, aserrados, longitud de 218 cm, juntas de 2 cm, estriados por la cara inferior
3 Tablón de 10/23,4 cm, de abeto, longitud de 520 cm, con empalme recto
4 Tablón de 8/8 cm, de abeto
5 Tablón de 8/20 cm, de abeto
6 Pernos
7 Pernos con separadores de 2/10/16,6 cm, de abeto
8 Capa base de balasto de 0/45 mm
9 Parterre

MUELLE DE CARGA DE MADERA, ZENTRUM FÜR GARTENKUNST SCHLOSS DYCK, JÜCHEN, ALEMANIA

relais Landschaftsarchitekten
Finalización: 2002

Este jardín temático de una exposición regional de jardinería está diseñado para durar cinco años. Nueve costillas de madera, cada una de ellas realizada con tres listones paralelos atornillados con ranuras entre ellos, articulan el jardín. Sobre esas costillas se apoya una banda continua de tablones de madera, separados por amplias juntas, que evocan los *pallets* industriales. Una capa base de balasto soporta el marco o bastidor continuo de madera. En los parterres, las costillas de madera descansan sobre pilares de robinia, que funcionan como cimientos.

1 Muro de apoyo, piezas prefabricadas de hormigón armado
2 Tabla de 4,5/14,5 cm, de alerce, aserrada, longitud de 249,5 cm, juntas de 1 cm
3 Tabla de 9/9 cm, de alerce
4 Fieltro de cubierta
5 Placa de hormigón de 25/25/4 cm
6 Capa base de balasto de 0/45 mm
7 Muro de entibación recortado, de directriz irregular (preexistente)
8 Perfil HEB 120 como separador con perfil TB 60 de protección inferior
9 Perfil en U de 280 mm como marco de borde
10 Agua

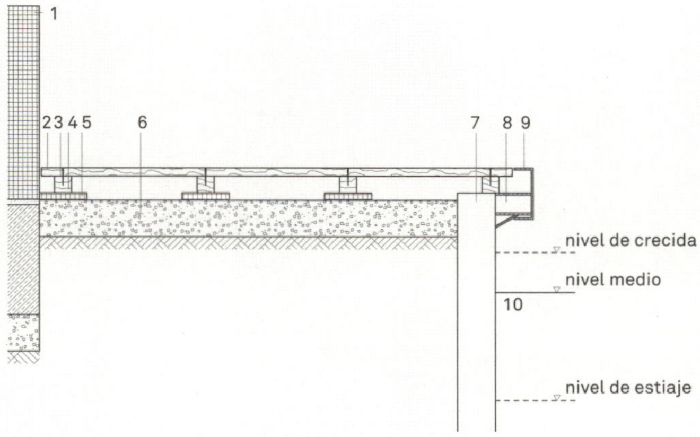

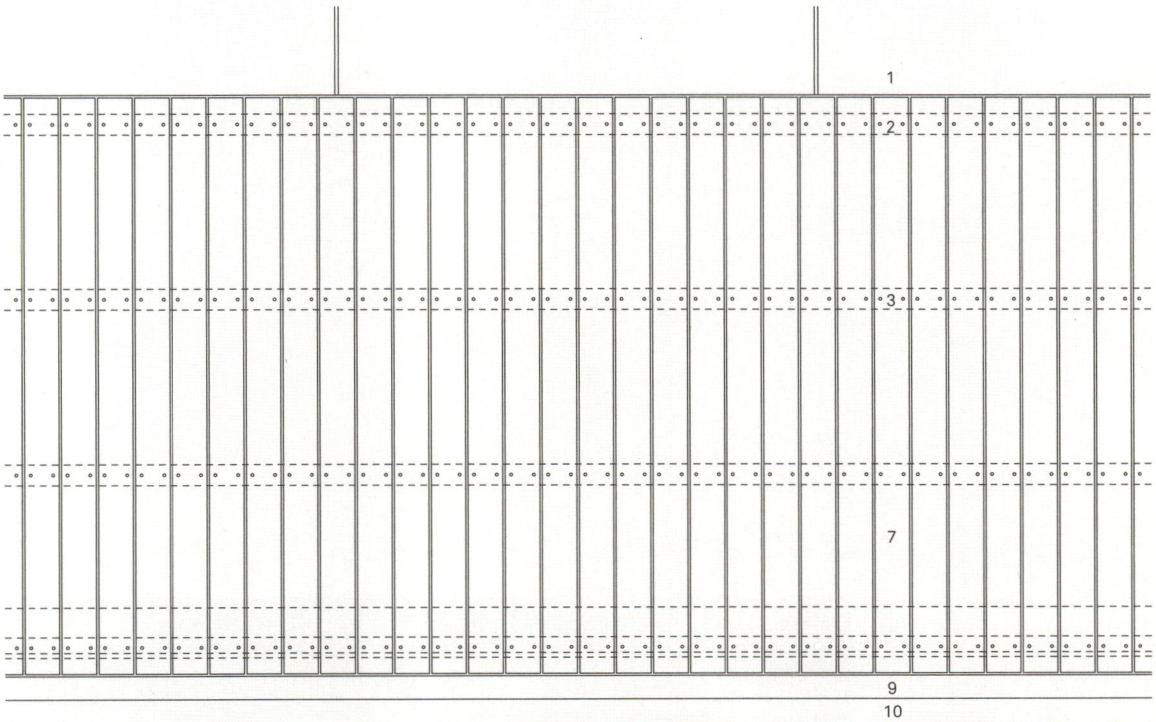

PASARELA EN EL PUERTO, MASELAKEPARK, SPANDAU, BERLÍN, ALEMANIA

relais Landschaftsarchitekten
Finalización: 2007

La diferencia de nivel entre la pasarela de madera y el paseo continuo elevado se resuelve mediante un muro que combina funciones de soporte y asiento realizado con piezas prefabricadas de hormigón armado visto. Hacia el lado del agua un perfil de acero en U enmarca la pasarela de madera. El muro de entibación existente fue recortado 1 m. Su línea irregular se equilibra visualmente mediante la pasarela de madera que sobresale de él, creando un límite recto.

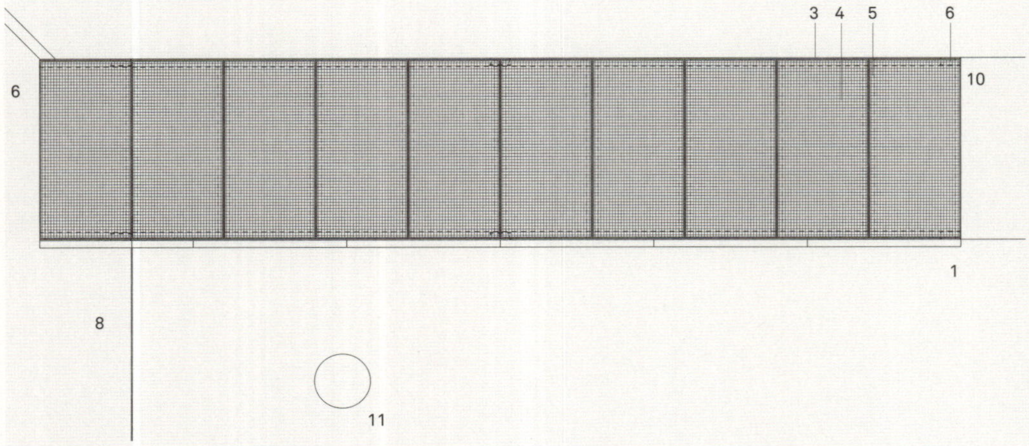

1 Pasamanos, pletina de acero de 80/20 o 80/10 mm
2 Pletina de acero de 80/10 mm, soldada a la viga para poder atornillar los soportes del pasamanos
3 Viga de perfil en L 180/90/10 mm
4 Rejilla metálica, MW 31/9 mm, pletinas de soporte de 40/3 mm, pletinas de relleno dentadas para evitar deslizamientos, marco de perfil en L 985/1966 mm
5 Viga transversal HEB 120 mm, con perfiles en U 120 en los extremos
6 Soporte de perfil en U 220 mm, con placa de base
7 Tubo circular hincado
8 Pared de chapa metálica de 10 mm
9 Paseo del puerto en adoquín de piedra
10 Camino de zahorra
11 Árbol preexistente (tronco)

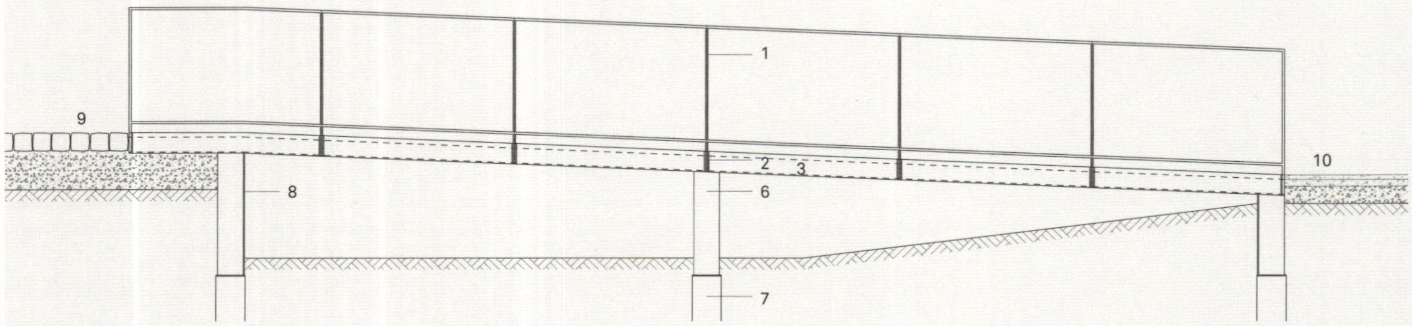

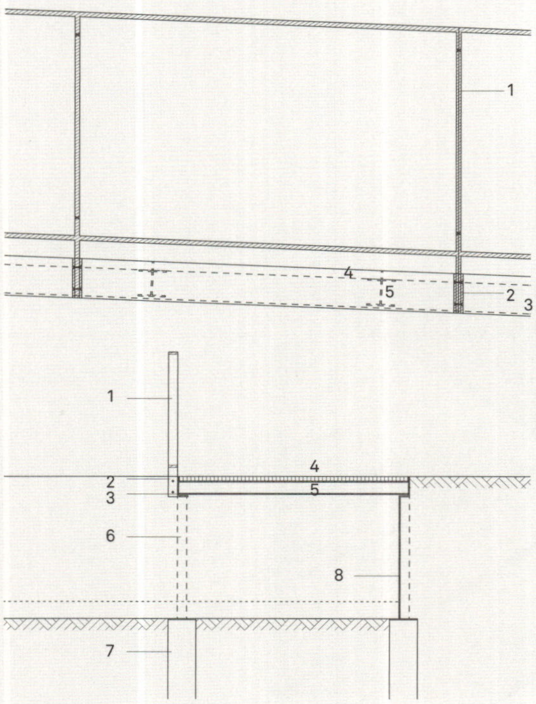

PASARELA METÁLICA, MASELAKEPARK, BERLÍN-SPANDAU, ALEMANIA

relais Landschaftsarchitekten
Finalización: 2007

Para conectar el área del puerto, más elevada, con un paseo continuo peatonal y ciclístico, situado a cota inferior, se construyó una pasarela metálica sobre perfiles. Así se evitó rellenar el terreno y se protegió una singular agrupación de alisos.

3.9 TÉCNICAS DE PLANTACIÓN Y MANTENIMIENTO DE SUPERFICIES AJARDINADAS

Ute Rieper

3.9 TÉCNICAS DE PLANTACIÓN Y MANTENIMIENTO DE SUPERFICIES AJARDINADAS

PRINCIPIOS DEL CRECIMIENTO DE LAS PLANTAS

Condiciones fundamentales del terreno

La salud de las plantas se ve afectada por muy diversos factores. Entre los más importantes se encuentran la disponibilidad de nutrientes, las condiciones del suelo, el clima y la presión ejercida por la competencia entre las diferentes especies vegetales.

El suelo les sirve a las plantas para anclar sus raíces y como depósito de nutrientes y de agua. Para crecer, las raíces necesitan un suelo bien aireado, lo que se consigue mediante un adecuado porcentaje de poros que dejen pasar el aire, un buen drenaje, ausencia de humedad acumulada y un grosor adecuado de la capa de tierra. Los suelos limosos y arcillosos suelen tener una alta capacidad de almacenamiento de agua y nutrientes, pero tienden a la compactación y a la escasa aireación. Por esta razón, los mejores suelos son los mixtos, como las arenas arcillosas o las arcillas arenosas.

Los nutrientes más importantes son N (nitrógeno, para la masa foliar), P (fósforo, para la floración) y K (potasio, para la formación de tejidos fuertes, resistentes a las heladas). Estos generalmente se encuentran almacenados en partículas de humus o en los minerales arcillosos. Su incorporación al suelo mediante la adición de fertilizantes o de compost es necesaria sobre todo en suelos muy arenosos, pero también si los nutrientes son eliminados con regularidad (por ejemplo, mediante podas) o si se trata de cultivos con alta demanda de nutrientes, como las rosas cultivadas. Siempre que sea posible, las hojas o la hierba cortadas deben dejarse sobre el terreno para mantener el ciclo de los nutrientes. Los árboles aprovechan sustancias alimenticias situadas a gran profundidad gracias a que sus raíces penetran profundamente en el terreno. > **Tab. 3.9.1**

El clima ejerce también una gran influencia en el crecimiento de las plantas. Los factores que más limitan la elección de las plantas idóneas son el rigor y la duración de la época de heladas. El mapa de la **figura 3.9.1** ofrece una visión general de la zonificación de Europa según la crudeza del invierno.

Las indicaciones sobre la resistencia a las heladas de determinadas especies y variedades pueden encontrarse en los libros de referencia y en los catálogos de viveros. El clima

Tipo de planta	Abonado durante la plantación (o fase de establecimiento)	Abonado durante la fase de conservación
Planta leñosa aislada en suelo virgen	Abonado controlado en caso de suelos muy arenosos	Compost o humus de hojas; dosis controladas de nutrientes específicos en caso de que aparezcan deficiencias
Árbol de alineación en zanja de plantación	-	Posiblemente abonado controlado, rico en potasio K
Seto	Abonado controlado en caso de suelos muy arenosos	Compost o bajas dosis de abono completo
Rosas cultivadas o trepadoras	Abonado completo al principio del periodo de vegetación	Abono completo bajo en cloro, 2 veces al año
Plantas herbáceas ornamentales y para parterres	Abonado de mínimo a moderado en la primera primavera	Compost o abono completo cada año
Arbustos grandes en suelos ricos	Igual que las herbáceas ornamentales	Posiblemente abono completo, compost y *mulch* del material cortado, cada año
Plantaciones en suelos pobres y secos	-	-
Arbustos de bosque	Posiblemente igual que las herbáceas ornamentales	*Mulch* de humus de hojas o compost para asegurar la provisión anual de humus
Geófitas resistentes a las heladas	-	Para tulipanes e híbridos de narcisos, pequeñas dosis de abono completo cuando brotan las hojas
Geófitas no resistentes a las heladas	Abonado controlado o compost durante la plantación, si es necesario	En caso de que aparezcan deficiencias, abonado suplementario
Flores de primavera y verano para parterres	Abonado controlado durante la plantación	Si es necesario, abonos ricos en fósforo. Ocasionalmente el contenido en nutrientes debería comprobarse mediante el análisis del suelo para evitar la eutrofización
Plantas en maceta	Abonado controlado, compost, mantillo	Posiblemente abono completo adicional

Tab. 3.9.1: Demandas de nutrientes de diversos tipos de plantas

Zonas de inviernos crudos y su rango de temperaturas, temperatura mínima media anual ($t_{min J}$)

Zona	°F	°C
1	< -50	< -45,5
2	-50 a -40	-45,5 a -40,1
3	-40 a -30	-40,0 a -34,5
4	-30 a -20	-34,4 a -28,9
5	-20 a -10	-28,8 a -23,4
6	-10 a 0	-23,2 a -17,8
7	0 a 10	-17,7 a -12,3
8	10 a 20	-12,2 a -6,7
9	20 a 30	-6,6 a -1,2
10	30 a 40	-1,1 a 4,4
11	> 40	> 4,4

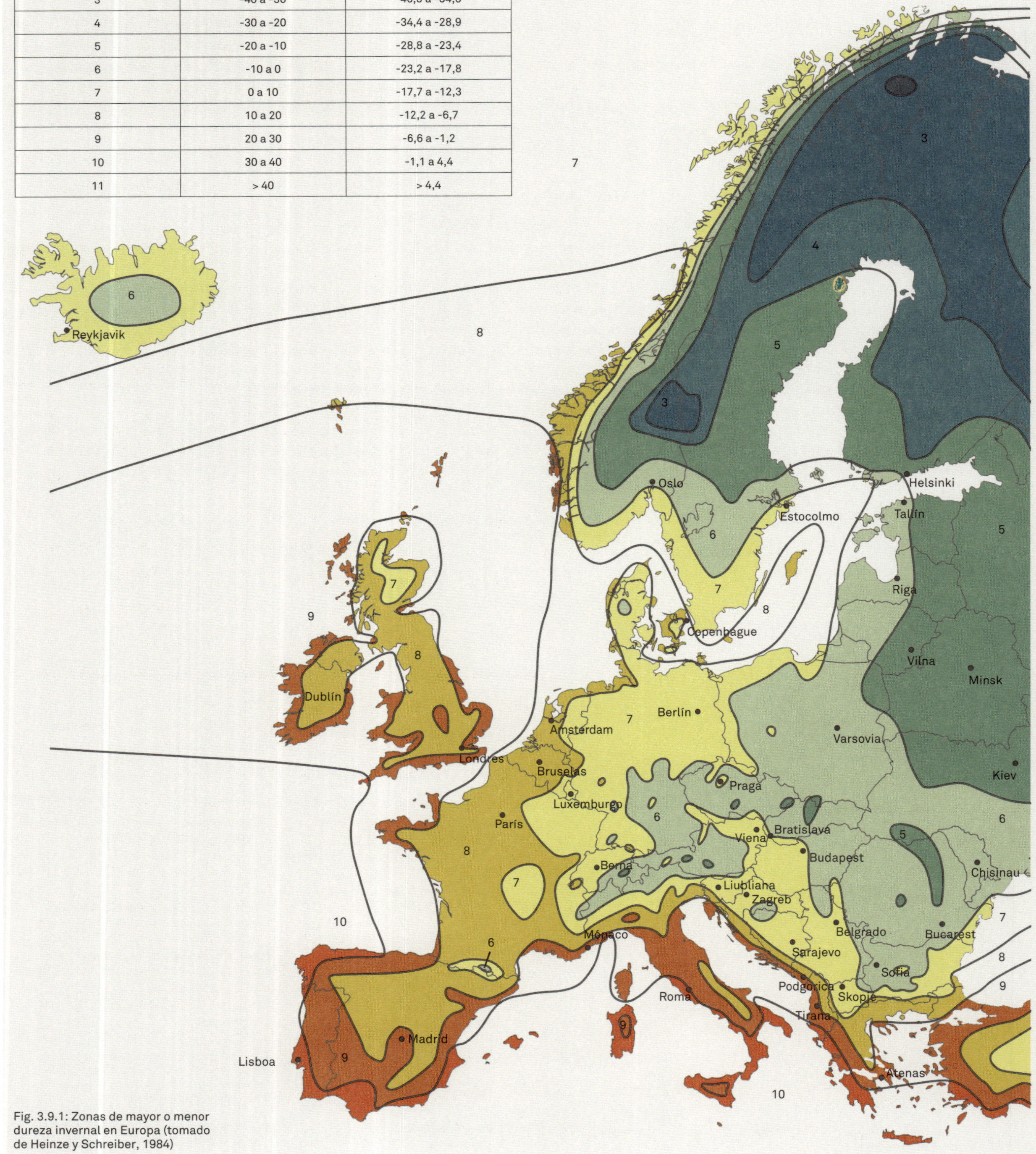

Fig. 3.9.1: Zonas de mayor o menor dureza invernal en Europa (tomado de Heinze y Schreiber, 1984)

regional y el microclima determinan el efecto real de las heladas. Los suelos húmedos y pesados y la exposición al sol y al viento agravan los perjuicios de las heladas: el hielo daña directamente las células, que se congelan y estallan si su contenido en agua es alto. Las plantas de hoja perenne son particularmente vulnerables a las heladas en seco: cuando el sol brilla sobre su fronda durante una helada, evapora el agua de las hojas sin que las raíces puedan aprovecharla. Por otra parte, tampoco pueden beneficiarse del agua del suelo, que está congelada, lo que ocasiona que las plantas se sequen y, en ocasiones, mueran. Algunas medidas de protección eficaces pueden ser la cobertura con *mulch* del área de las raíces (para aislarlas del frío), la incorporación de nutrientes bajos en nitrógeno y ricos en potasio para que las células resistan las heladas y la protección contra el sol de las leñosas de hoja perenne. > Fig. 3.9.2

El modo en que la geografía afecta al clima resulta también significativo. Las áreas cercanas al mar cuentan con un clima marítimo, con menores diferencias entre las temperaturas de verano e invierno, altos niveles de precipitaciones, veranos frescos e inviernos suaves y lluviosos. Según aumenta la distancia al mar, las masas de tierra conforman un clima continental. Los veranos son más cálidos, mientras que los inviernos traen fortísimas heladas con escasas precipitaciones (helada negra, o sin escarcha). Cuando las plantas están adaptadas al clima de su localización original, trasladarlas a un lugar con otro diferente suele ocasionar problemas. Las especies adaptadas a un clima continental tienden a desarrollas enfermedades debidas a hongos y pudrición invernal de las raíces si se exponen a un ambiente marítimo, mientras que las especies marítimas desplazadas a un área continental tienden a presentar daños por heladas y sufren por la escasa humedad ambiental del verano.

Las plantas compiten —las de una misma especie (por ejemplo, en un abedular) y los organismos diferentes (por ejemplo, los árboles y las herbáceas en un bosque mixto de hoja caduca)— por recursos como la luz, el agua, el espacio para las raíces y la superficie. Las especies con demandas similares entran en competencia directa, lo que suele conducir a la dominancia de una de ellas. Por tanto, es mejor combinar especies con requerimientos complementarios.

Fases de desarrollo y cuidado

La sucesión ecológica —el establecimiento y desarrollo de comunidades vegetales— puede tener lugar en cualquier parte donde haya suelo libre; en el clima templado centroeuropeo suele dar como resultado bosques mixtos de hoja caduca. > Fig. 3.9.3

Fig. 3.9.2: Colocación de sombra después del trasplante

Las plantaciones de jardín también pueden experimentar esa dinámica que ocasiona cambios en la composición general de las plantas. Por tanto, para conservar una plantación hay tomar medidas de mantenimiento a largo plazo.

El término *mantenimiento* describe la suma de todas las medidas e intervenciones que contribuyen a conservar y promover la forma y la función deseadas para una plantación a largo plazo. En términos de sociología vegetal, el mantenimiento supone detener o retrasar el proceso de sucesión natural, interviniendo en los procesos de competición entre especies y, en ocasiones, evitándolos.

Según el grado de desarrollo de una plantación, pueden reconocerse diversas fases de mantenimiento.

A la nueva plantación le sigue el mantenimiento de establecimiento, cuya finalidad es garantizar el crecimiento de las plantas hasta que alcanzan un estado aceptable, e incluye el riego, la eliminación de malas hierbas, en ocasiones el abonado, así como la toma de medidas de protección si es necesario. Esta fase dura por lo general un periodo completo de vegetación a partir de la instalación.

Luego viene el mantenimiento de desarrollo, que culmina cuando se consigue la forma y la función deseadas, por ejemplo, cuando se obtiene un seto tupido de leñosas o cuando una alineación de árboles alcanza la altura de coronación deseada. Esta fase requiere mucha mano de obra, por lo que se intenta acortarla mediante una planificación estratégica y la elección de materiales adecuados.

Ya desde el primer o el segundo año, puede crearse una capa uniforme de vegetación, sembrando una capa de herbáceas entre grupos de leñosas o usando especies

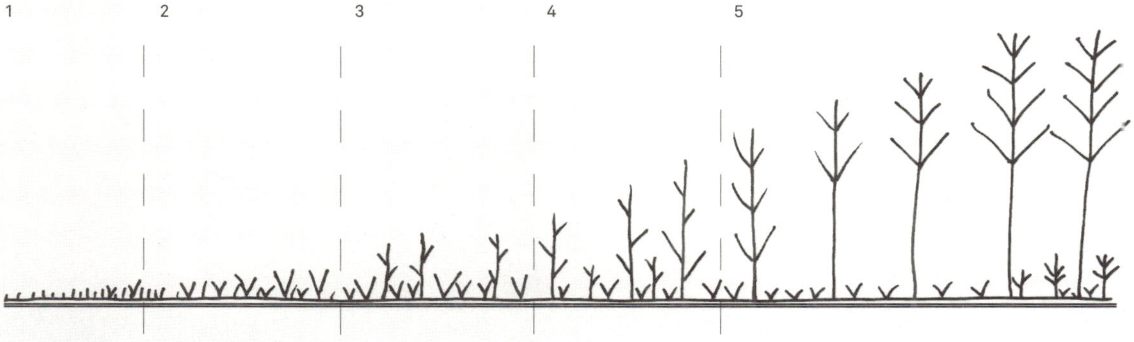

1) Estado pionero, 2) estado de hierbas y matojos, 3) estado de transición, 4) estado arbustivo, 5) estado boscoso. El desarrollo y la maduración del suelo se produce de 1) a 5); las especies van siendo cada vez más longevas, competitivas y tolerantes a la sombra

Fig. 3.9.3: Proceso de sucesión esquematizado

pioneras de crecimiento rápido en plantaciones de herbáceas. En caso de usar ejemplares de más edad, la primera poda de formación puede hacerse en el vivero, lo que resulta una buena opción si no puede garantizarse el mantenimiento por parte de expertos. También es posible cubrir el suelo libre de *mulch*, usando para ello materiales orgánicos o pétreos. El *mulch* mejora la conservación de la humedad y, si se usa material orgánico, también el contenido en humus y nutrientes. Si es de madera, el *mulch* capta nitrógeno, por lo que debe ponerse en combinación con un proceso de abonado que lo complemente. Debido a que la capa de *mulch* se reduce con el tiempo por dispersión y descomposición, debe renovarse cada 2 o 4 años. > Tab. 3.9.2
El mantenimiento de desarrollo implica la eliminación de malas hierbas, el riego y el abonado, la poda de formación de las plantas leñosas y posibles medidas de protección de las plantas. Suele durar entre 2 y 3 años para las plantas herbáceas, de 5 a 8 años para los grupos de leñosas y entre 10 y15 si se trata de árboles de alineación.
El mantenimiento de conservación tiene como objetivo el cuidado y la mejora de la forma y la función alcanzadas, e incluye la reposición y el relleno de calvas en plantaciones de herbáceas, así como la poda regular.

Material	Uso	Notas
Gravilla, diversos minerales (duros)	Plantas vivaces: lugares soleados/lugares al aire libre, árboles de alineación	No afecta al nitrógeno, decoración para huecos entre las plantas
Toba volcánica	Plantas vivaces: lugares soleados, árboles de alineación	No afecta al nitrógeno, decoración para huecos entre las plantas
Grava de ladrillo	Plantas vivaces: suelo libre, jardines de piedra, ocasionalmente árboles de alineación	No afecta al nitrógeno, su color suele ser difícil de combinar con las plantas
Mulch de corteza	Plantas vivaces: arbustos de bosque, suelo libre, arbustos en parterres, leñosas	Capta nitrógeno, requiere abono complementario; debe renovarse a los 2 o 3 años
Fibra de madera	Plantas vivaces: lugares de soleados a sombríos; no es adecuado para jardines de piedra	Capta nitrógeno (véase arriba)
Astillas de madera	Plantas leñosas y vivaces, excepto en zonas secas, jardines de piedra y similares	Capta nitrógeno (véase arriba) Leñosas: pueden ser vector de enfermedades si son de origen desconocido. Los restos de podas de mantenimiento no dan problemas. No aplicar en exceso. Considerar la aplicación de la capa de hierba existente
Granos de cacao	Como mezcla para proporcionar nitrógeno	Debido a su alto contenido en N, P y K, si se aplican sin mezclar pueden ocasionar daños a las vivaces por exceso de sales; también pueden contaminar el agua freática por exceso de nutrientes
El grosor del estrato debe ser de 5 a 7 cm para plantas vivaces y de 7 a 10 cm para las leñosas		

Tab. 3.9.2: Materiales de cobertura (*mulch*)

Protección de las plantas

Los daños y las enfermedades pueden ser provocados por insectos, roedores, virus, bacterias y hongos. Por lo general, las plantas débiles son las que se infectan con más facilidad; y las infecciones masivas frecuentes suelen señalar un problema de localización. La aplicación de aerosoles sintéticos solo es eficaz a corto plazo. El concepto de «protección integral de plantas» describe una estrategia más sensible y sostenible. En términos de planificación, supone una descripción precisa del lugar y un especial cuidado al elegir las plantas apropiadas para este. Otra posibilidad es usar especies o variedades muy robustas o resistentes a enfermedades.
Un buen mantenimiento de conservación requiere garantizar las condiciones óptimas de cada especie; así, se ha de tener en cuenta que algunas necesitan ambientes secos y terrenos con pocos nutrientes. A largo plazo, esto puede suponer adaptar y relocalizar ejemplares antiguos, por ejemplo si el crecimiento de los árboles sombrea en exceso lugares antes soleados.
Un problema particular, relacionado con el transporte global de mercancías, es la introducción de plagas. Dado que las nuevas plantas anfitrionas no pueden desarrollar mecanismos de defensa ni resistencias, las plagas son capaces de ocasionar daños gravísimos. Por este motivo, para plantar especies importadas de países no europeos es obligatorio un certificado sanitario o, en su lugar, la observación de un periodo de cuarentena.

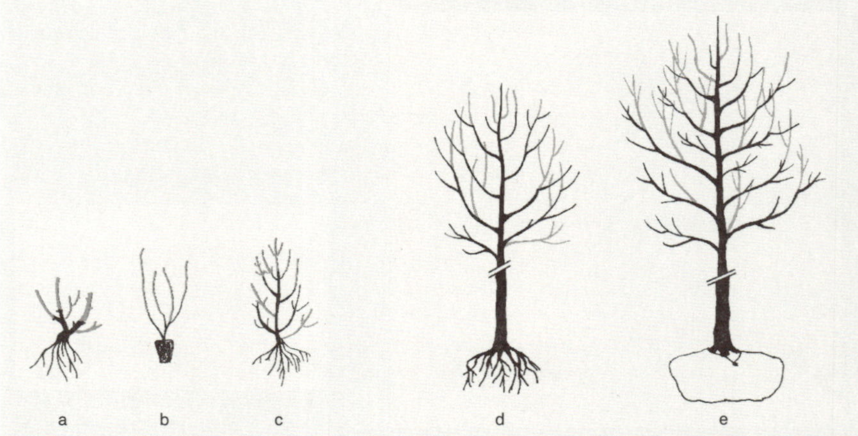

a) Reducir los rosales a raíz desnuda a 3 o 5 yemas (brotes); b) reducir las trepadoras, como las *Clematis*, a unos 30 cm; c+d) otras plantas a raíz desnuda: eliminar las ramas concurrentes, dañadas, que crezcan hacia dentro o atravesadas. Las podas severas de la copa favorecen el crecimiento de ciertas especies, entre ellas las robinias y los sauces. e) Por lo general, las plantas en recipiente se venden simplemente aligeradas y corregidas en función de su patrón de crecimiento

Fig. 3.9.4: Poda de plantas

Fig. 3.9.5: Poda de un árbol estándar en horizontal

PLANTACIÓN DE LEÑOSAS

Plantación de leñosas en terrenos preexistentes

Preparación del lugar

Es necesario mejorar los suelos inadecuados. Los arenosos pueden hacerse más cohesivos, aumentando su capacidad de retención de agua en la zona de las raíces mediante la adición de suplementos como la bentonita (un tipo de arcilla). Para aligerar los suelos demasiado pesados y arcillosos, se les agrega, por ejemplo, arena o toba. Cuando hace falta, la capa superficial del suelo

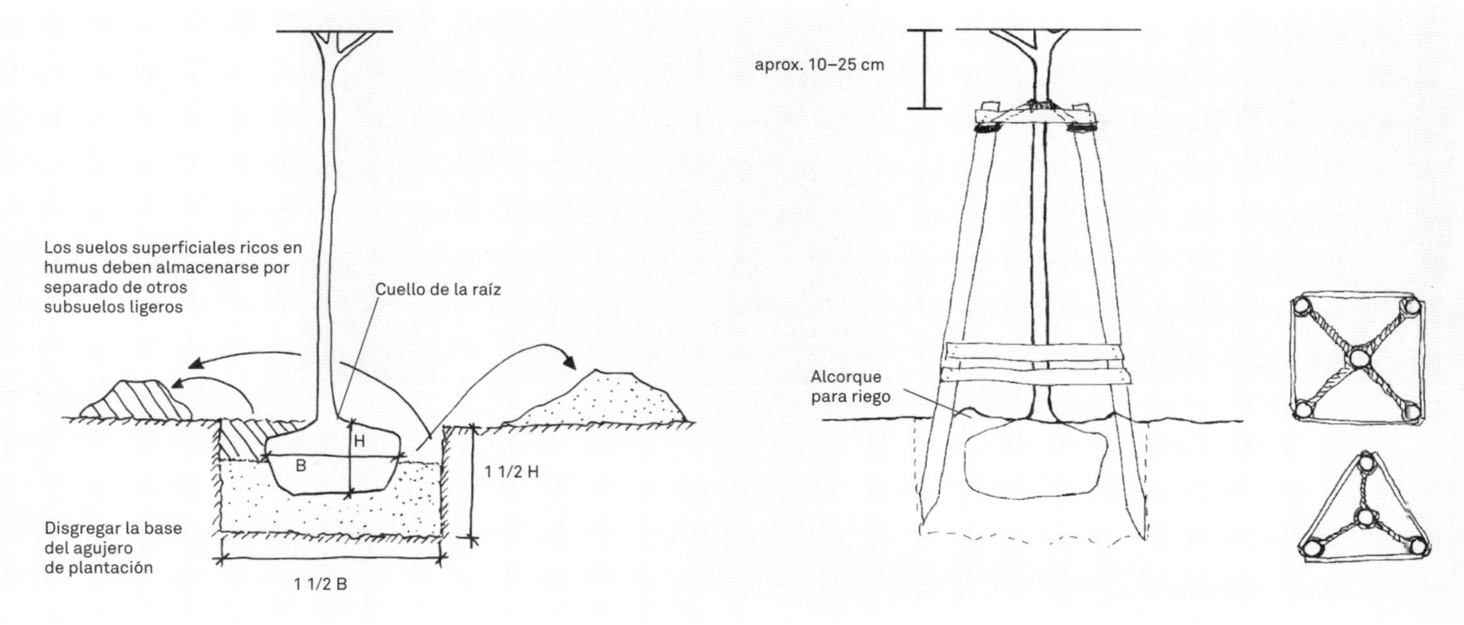

Fig. 3.9.6: Plantación y anclaje de árboles

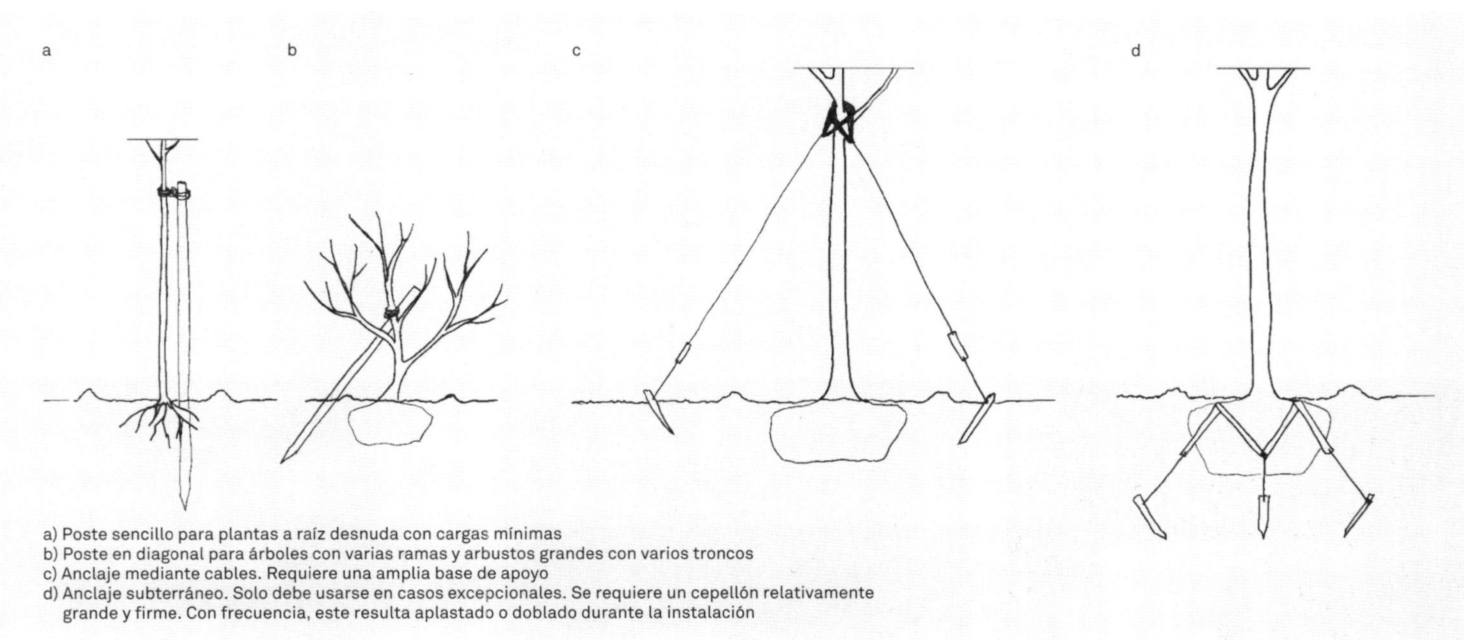

Fig. 3.9.7: Técnicas de anclaje ligero y anclaje subterráneo

puede mejorarse añadiéndole humus. Si los huecos para las plantaciones se excavan en suelos muy cohesivos y se rellenan con sustrato permeable, puede ocurrir que el agua se acumule en ellos. La mayoría de las plantas leñosas mueren si se encharcan, por lo que es mejor renunciar a ellas si no puede garantizarse el drenaje.

Poda de las plantas

Las podas se llevan a cabo con el fin de restaurar el equilibrio entre el volumen de las raíces y la masa de las ramas. De este modo se favorece una vigorosa formación de estas, así como un buen enraizamiento. La poda se realiza por lo general antes de la plantación. Cuando se trata de plantas a raíz desnuda, suelen recortarse en otoño cerca de 1/3 y alrededor de otro 1/2 o 1/3 en primavera, mientras que las plantas con cepellón se corrigen in situ (a, c, d). > **Fig. 3.9.4**

Para plantar una leñosa, se la introduce en el agujero de plantación. Las raíces deben enterrarse a la misma profundidad que estaban en el vivero. Al rellenarlo, el suelo debe compactarse con cuidado para evitar asientos. Se riega a conciencia, para mejorar el contacto de las raíces con la tierra, y se dispone un alcorque del tamaño del cepellón. > **Fig. 3.9.6**

Anclaje de plantas leñosas

El amarre o anclado tiene como objetivo permitir el crecimiento sin obstrucciones de las raíces más finas, cuya función es alimentar a la planta. El anclaje debe permanecer al menos durante tres periodos de vegetación; luego puede retirarse. Los árboles de alineación requieren tutores de tres o cuatro apoyos. Para cargas y calidades menores, pueden usarse sistemas de anclaje más ligeros. > **Fig. 3.9.7**

Fig. 3.9.8: Fijación de fibra de coco

Fig. 3.9.9: Un tronco joven estrangulado por una fijación de plástico excesivamente tensa

La fijación debe tener una amplia superficie de contacto y no tiene que rozar ni constreñir. La soga de fibra de coco es un material garantizado. > **Fig. 3.9.8** Existe una gran variedad de materiales sintéticos que pueden ser adecuados solo en determinadas circunstancias (véase Schneidewind 2003). Dado que el diámetro del tronco de los árboles jóvenes y vigorosos puede aumentar considerablemente, hay que comprobar la fijación regularmente (una vez al año) y aflojarla en caso necesario, ya que puede ocurrir que el tronco crezca sobre ella o que esta llegue a estrangularlo. > **Fig. 3.9.9**

Los troncos más tiernos, sin corteza previa, a veces necesitan una pantalla que los proteja de las quemaduras solares; las de caña y las de bambú son particularmente efectivas. > **Fig. 3.9.10a**

Plantación de árboles de alineación en áreas selladas

Si el terreno no es adecuado para la plantación de árboles, puede abrirse una zanja de plantación con un volumen mínimo de 12 m^3 y una profundidad de al menos 1,5 m. En áreas sin excesiva presión de uso, un simple sustrato para árboles será suficiente. Si la presión de uso es moderada, puede disponerse una rejilla autoportante sobre el alcorque. Las rejillas o baldosas amortiguan las cargas mecánicas y evitan que el terreno se compacte. > **Fig. 3.9.11**

En caso de cargas elevadas debidas al tráfico peatonal, ciclístico o al paso ocasional de vehículos, se puede usar un sustrato portante capaz de funcionar como subsuelo. Se trata de un sustrato suficientemente compactado como para soportar cargas, pero que aún posee capacidad de almacenar aire y agua en cantidad suficiente como para permitir el buen crecimiento de las raíces. En áreas reducidas, el espacio para las raíces puede ampliarse con medidas constructivas como la aireación profunda o las zanjas de raíces, que permiten dirigirlas hacia áreas cercanas de suelo natural. > **Fig. 3.9.12**

a | b | c

Fig. 3.9.10:
a) Tutor de tres apoyos para árbol de alineación con una cinta de fijación y una protección del tronco de cañizo
b) Tutor diagonal con una fijación sintética para un roble rojo joven en un parque
c) Tutor de tres apoyos con un cinturón de fijación y una protección contra los posibles daños provocados por animales

Fig. 3.9.11: Rejas de alcorques metálicos autoportantes:
a) De varias piezas, con protección permanente del tronco
b) Con aberturas relativamente pequeñas; puede ser necesario cambiarlas antes de que la base del tronco crezca demasiado

a | b

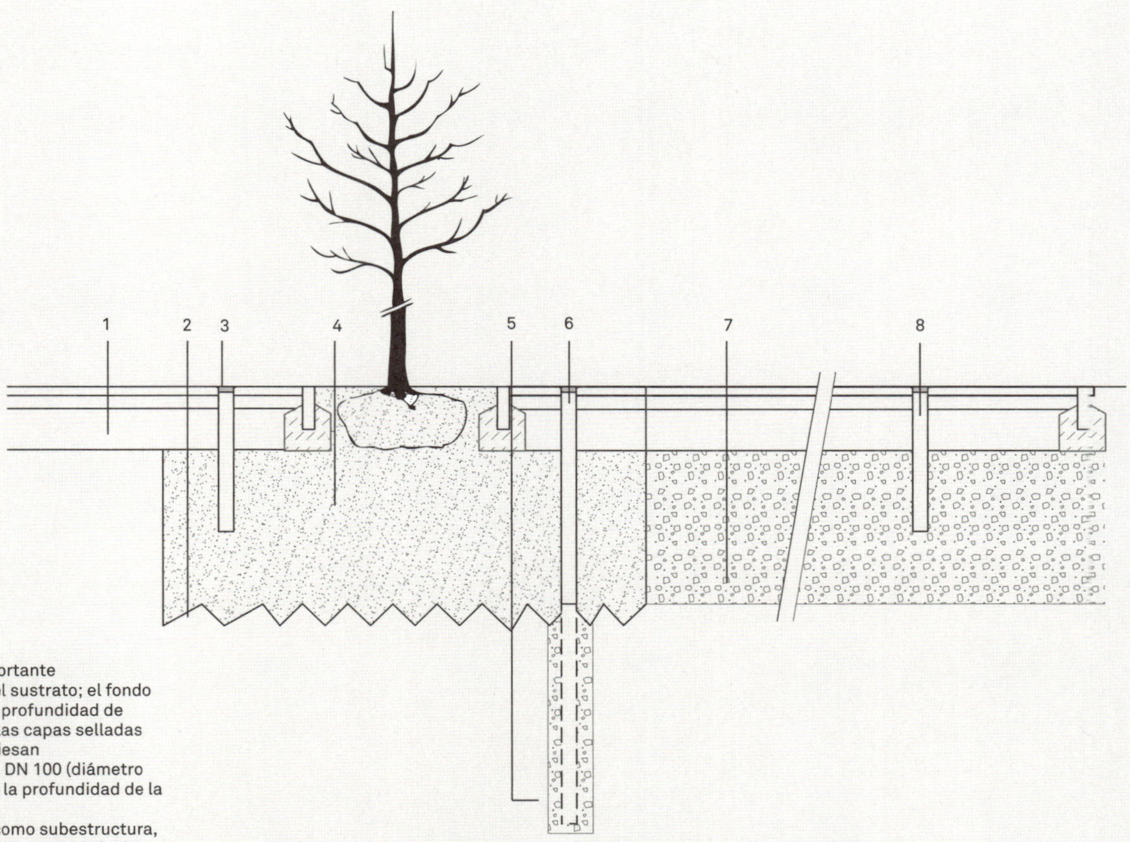

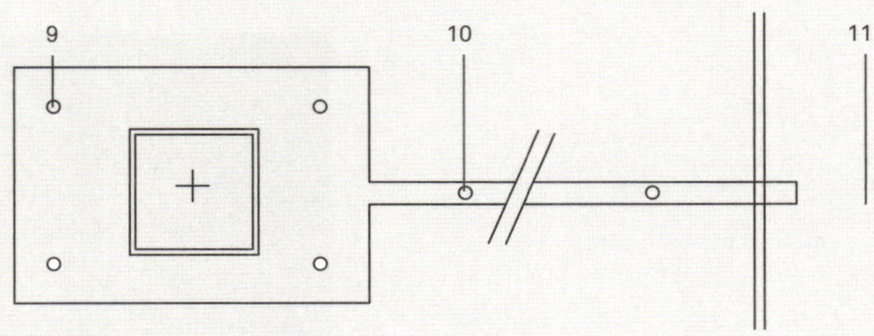

1 Superficie del camino con capa portante
2 Suelo preexistente integrado en el sustrato; el fondo de la zanja se disgrega hasta una profundidad de 15 cm; en caso de ser necesario, las capas selladas inferiores se disgregan o se atraviesan
3 Tubo de aireación de pared ciega, DN 100 (diámetro interior: 100 mm), longitud de 2/3 la profundidad de la zanja, tapa de desagüe
4 Sustrato bajo el árbol adecuado como subestructura, de granolumetría definida según las recomendaciones de la FLL
5 Ventilación profunda, > 1,5 m desde el fondo de la zanja; tubo de aireación perforado, DN 100, en agujero perforado, D > 30 cm, relleno con materiales gruesos, p. ej, 8/22, 8/45
6 Continuación en el alcorque del árbol con tubo de aireación de pared ciega como 3
7 Zanja de raíces, de altura similar a la zanja del árbol, ancho > 30 cm, relleno con materiales gruesos, p. ej, 8/22, 8/45
8 Aireación como 3
9 En terrenos sellados/impermeabilizados, al menos 3 tubos de ventilación como 3 por alcorque
10 Distancia entre tubos de ventilación en zanjas de raíces > 5 m
11 Suelo libre adyacente, p. ej, área ajardinada, como espacio ampliado para raíces

Fig. 3.9.12: Sección de alcorque con sustrato portante; aireación estándar y profunda, y zanja de raíces

Mantenimiento

El mantenimiento de instalación se ha descrito más arriba, en este mismo capítulo. > **Capítulo Principios del crecimiento de las plantas, Fases de desarrollo y cuidado**

La primera poda y la de formación se llevan a cabo durante la fase de desarrollo. > **Figs. 3.9.13 y 3.9.14** Ambas son importantes, pues establecen la base de la forma del árbol, la forma de la copa y cómo evolucionarán durante las siguientes décadas, especialmente en los árboles de alineación.

Un nuevo planteamiento para la planificación de plantaciones de leñosas de bajo mantenimiento se basa en las diferentes características específicas y en la competencia de las especies utilizadas. Este concepto pretende crear agrupaciones de árboles que envejezcan bien y que se regulen entre ellas durante la fase de desarrollo. Para ello, las plantas que se prevén más longevas y están cumpliendo actualmente las funciones de las leñosas (protección contra el deslumbramiento y el viento, creación de espacios, hábitats, etc.) se combinan con otras de relleno, poco competitivas y de vida corta. La función de estas leñosas «subordinadas» es crear una cubierta regular y reservar el espacio de crecimiento de los árboles de más larga vida durante aproximadamente 15 años, los que necesitan para completar su crecimiento. El mantenimiento de desarrollo se limita a la eliminación de las malas hierbas y de cualquier árbol brotado del suelo. > **Tab. 3.9.3** Además, resulta fundamental reemplazar todas las plantas longevas que se vayan perdiendo. El clareo regular, tan necesario en las plantaciones tradicionales, no lo es en este caso, pues las

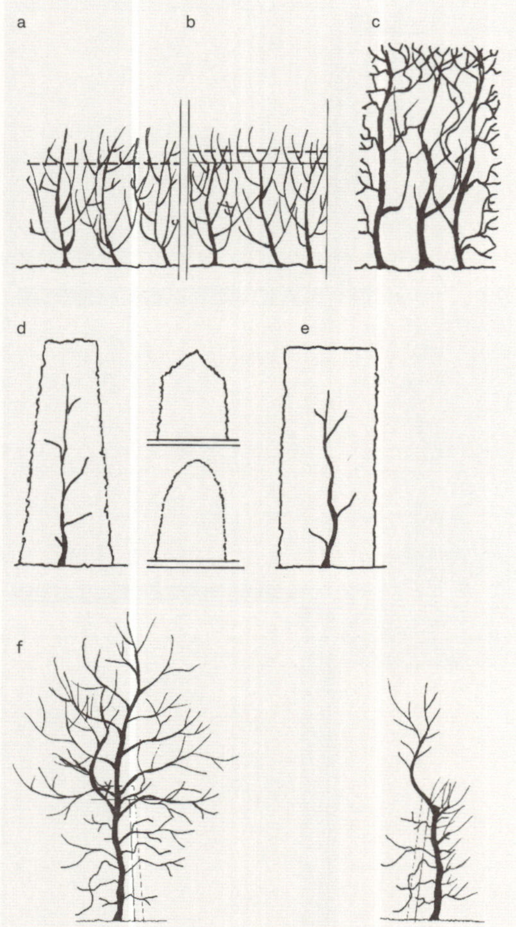

a) Poda a una altura de 60 cm en la plantación
b) Nuevos brotes y poda en el primer periodo de vegetación
c) Altura final de unos 1,5 m lograda tras unos 5 años; las podas frecuentes garantizan mayor densidad de ramas
d) Perfil estándar de un seto: el seto se afina hacia arriba, para que la parte inferior reciba suficiente luz y no presente calvas
e) Solo las variedades de sombra, como el tejo o el haya, se adecúan a cortes verticales del seto
f) Los setos descuidados pueden recobrar su forma si la especie es capaz de crecer en anchura —por ejemplo, el tejo, el carpe o el arce común—. El primer paso consiste en reducir la altura en uno de los lados. La línea de corte se calcula unos 15 cm por debajo de la altura deseada. Cuando se ha logrado un nuevo crecimiento a lo ancho, puede cortarse el otro lado. Es importante mantener un buen suministro de agua y nutrientes para favorecer el nuevo crecimiento

Fig. 3.9.13: Podas de formación y de rejuvenecimiento

Nº	Tipo de plantación de leñosas	Mantenimiento de establecimiento	Mantenimiento de desarrollo	Mantenimiento de conservación
1	Leñosa, arbusto o árbol exento	Riego, eliminación de malas hierbas, control de tutores	Control de las fijaciones a los tutores (riesgo de estrangulamiento), riego en verano cada 2 o 3 años, poda de formación de copa, protección de las heladas hasta que la planta se estabilice	Eliminación de ramas muertas, limpieza de matas (rejuvenecimiento continuo); en lugares secos, riego durante la fase de brotado
2	Arbolado de alineación	Como 1	Como en 1, poda de ramas según el criterio de clareo	Control periódico, poda de ramas muertas, tratamiento de heridas, abonado si se observan deficiencias
3	Setos para topiaria	Riego, eliminación de malas hierbas, poda	1 o 2 podas anuales, riego si el suelo es arenoso, fertilización en caso necesario	Poda 1 o 2 veces al año, eliminación de malas hierbas y matas, abonado con compost si el suelo es pobre. Protección de las plantas en caso de necesidad
4	Leñosas para topiaria	Como 1	Como los setos; posibilidad de crear formas inusuales usando alambre	De 1 a 3 podas anuales; por lo demás, como los setos. Protección en invierno en situaciones expuestas
5	Árboles de gran porte	Como 1	Riego, abonado si es necesario, protección de plantas, control de los anclajes de larga duración	Debido a su lento crecimiento, suelen requerir un largo mantenimiento de desarrollo. Por lo demás, como 1
6	Agrupaciones de leñosas	Como 1	Dependiendo de la planta, clareo, eliminación de malas hierba, riego	Clareo a intervalos para favorecer el rejuvenecimiento, poda de matas
7	Plantas trepadoras y rastreras	Riego, eliminación de malas hierbas	Riego; según es caso, dar forma o apoyar en espaldares (p. ej, glicinias)	Poda severa anual o cada 3 años, según la especie; medidas contra la invasión a partes de edificios o plantas vecinas vulnerables
8	Rosales (de parterres y trepadores)	Como 7, abonado	Dirigir los rosales trepadores hacia espaldares, crear pérgolas de apoyo, abonar, podar	Abonado 2 veces al año, poda en primavera, eliminación de flores muertas, protección de la planta, poda en otoño
9	Coníferas	Como 1	Proteger las especies más jóvenes y sensibles durante el invierno, cubrir con *mulch* la zona de las raíces	Riego adicional en localizaciones inadecuadas. Abonado complementario si es necesario, protección contra heladas en caso de especies no resistentes a ellas, medidas contra las roturas por acumulación de nieve (árboles en parques)

Tab. 3.9.3: Comparación entre el mantenimiento requerido por diversas plantas leñosas

Fig. 3.9.14: a) Seto de formas libres (*Prunus laurocerasus*)
b) *P. laurocerasus* brotado tras una poda de rejuvenecimiento

a | b

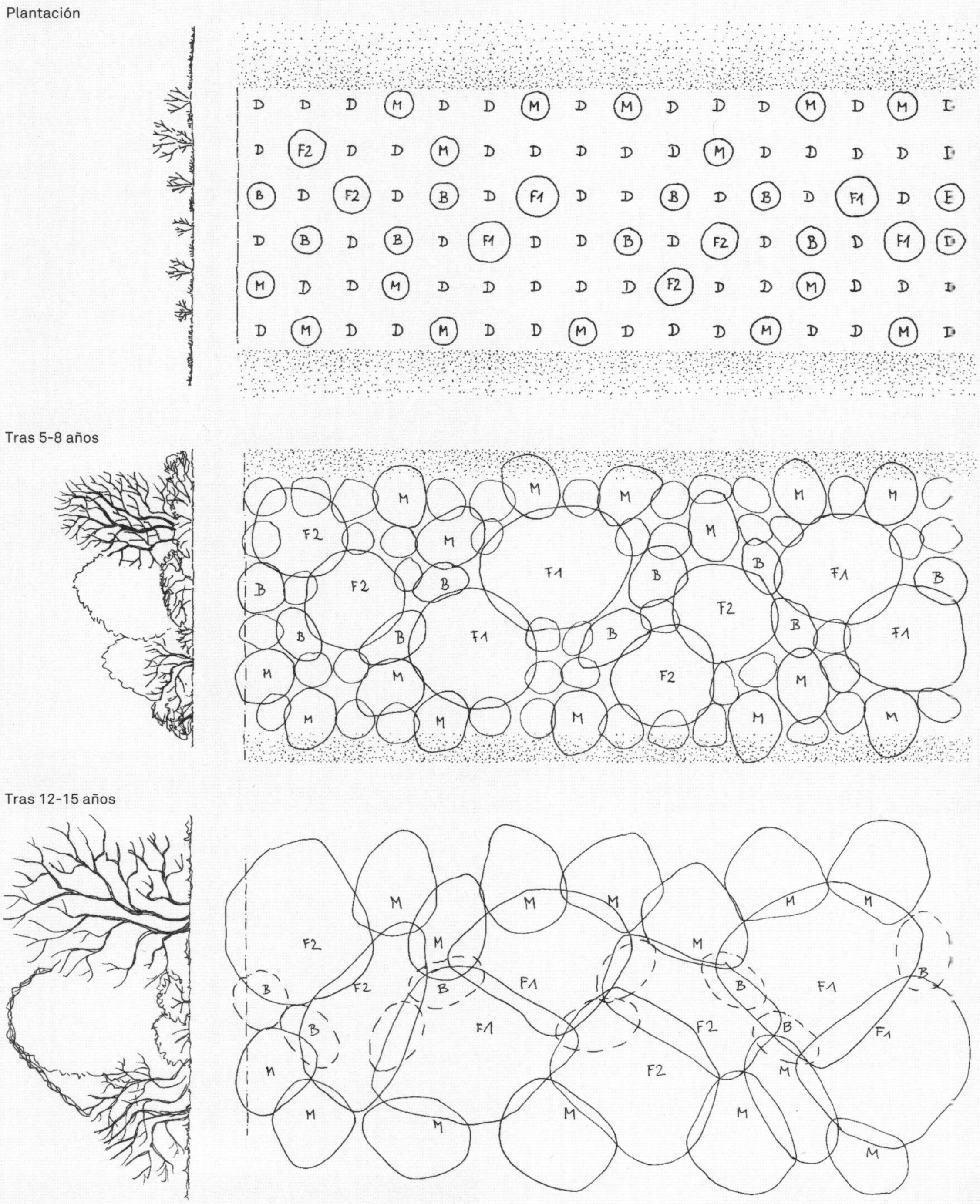

Símbolo	Descripción	Porcentaje del total
F1, F2	Plantas leñosas principales (F1 de mayor tamaño que F2) Parte funcional de la plantación De crecimiento en altura, longevas, fuertes competidoras, tolerantes a la sombra	Aprox. 8%
M	Plantas leñosas tapizantes Similares a F1 y F2, pero de menor altura Localización: en los bordes	Aprox. 15%
B	Plantas leñosas acompañantes Para la capa más baja Muy resistentes a la sombra, de poco desarrollo en altura	Aprox. 8%
D	Plantas de relleno temporal, únicamente para la fase de desarrollo: ávidas de luz, de poco desarrollo en altura, de corta duración, competidoras débiles Como alternativa para mantener el espacio abierto puede cubrirse con hierba (sembrada/plantada)	Aprox. 70%

Fig. 3.9.15: Esquema de desarrollo de una plantación de leñosas (tomado de Brahe, 2000)

leñosas longevas simplemente crecerán sobre las plantas de relleno. Mediante este concepto pueden diseñarse desde prados a la altura de la rodilla hasta plantaciones semejantes a bosquetes. Una guía FLL ofrece información detallada. > **Anexos, Bibliografía**

PLANTACIÓN Y MANTENIMIENTO DE HERBÁCEAS

Plantación

Las herbáceas se plantan en primavera (de marzo a mayo) u otoño (de septiembre a noviembre), siempre que no haya heladas. Aunque la plantación en otoño suele ser más favorable para el crecimiento, debe elegirse la primavera si el suelo es pesado, retiene agua y las heladas son severas. Como preparación, se remueve todo el terreno y se eliminan las especies preexistentes, incluso los rizomas. Los suelos poco aptos deben mejorarse. > **Plantación de leñosas en terrenos preexistentes**

Antes de separar las plantas, sacarlas de las macetas y plantarlas, hay que sumergir en agua los cepellones secos hasta la saturación. Si el sol y el viento son fuertes, no debe permitirse que las plantas se sequen. Finalmente, se riega la plantación y se airea el terreno, cubriéndolo de *mulch* si es necesario. La densidad de la plantación depende en gran medida de su propio tipo y de su función. > **Tab. 3.9.4**

Mantenimiento

El mantenimiento de instalación consiste por lo general en el riego y la eliminación de malas hierbas. El suelo aportado suele ser muy rico en nutrientes, por lo que ofrece condiciones favorables para que broten semillas de plantas ruderales (es decir, las que suelen crecer en terrenos incultos o en aquellos donde se vierten desperdicios o escombros) y arvenses. Es fundamental eliminar las malas hierbas por completo antes de su germinación. El mantenimiento de desarrollo subsiguiente debe reducirse al mínimo, mediante el uso de *mulch* o de especies pioneras.

El mantenimiento de desarrollo consiste básicamente en la eliminación de malas hierbas, hasta que se establezca una capa uniforme de vegetación, y en el riego. Las especies pioneras de crecimiento rápido también deben eliminarse a favor de las de crecimiento más lento.

Mantenimiento de conservación (de herbáceas)

Para alcanzar todo el potencial previsto en la planificación, las plantaciones requieren un mantenimiento a largo plazo. Si este es inadecuado, no se alcanzarán en absoluto los objetivos previstos por el diseñador. Las tareas de mantenimiento pueden reducirse de manera significativa sin que esto afecte la calidad estética, si el cuidado a largo plazo se centra en los patrones de crecimiento de los diferentes tipos de plantas. > **Tab. 3.9.5**

Una planificación cuidadosa reduce las tareas de mantenimiento. Pero, cuanto más formalizado sea el diseño, más exigente será la conservación, pues debe lucharse continuamente contra la dinámica vegetal. En cambio, los diseños más naturales, en los que se tiene en cuenta dicha dinámica, requieren un mantenimiento mucho menor. Las plantaciones de vivaces deben adaptarse muy bien a su localización. Además, a veces hay que mejorar dicha localización en función de las necesidades y del patrón de crecimiento de las plantaciones. > **Tab. 3.9.4**

Plantas/m²	Situación
8	Media, p. ej, plantaciones mixtas
5	Especies de porte alto en plantaciones longevas
10-15	Especies de menor tamaño
15-25	Exposiciones de jardinería, solo a corto plazo

Tab. 3.9.4: Densidad de matas para diferentes plantaciones de herbáceas

Nivel 1	**Mantenimiento mínimo** (regular) Solo eliminación de malas hierbas	Calidad formal creciente ↓
Nivel 2	**Mantenimiento básico** (1 o 2 veces al año) Incluye poda de invierno y poda tras la floración	
Nivel 3	**Mantenimiento completo** (no regular) Incluye cubrición con *mulch*, abonado, protección en invierno, transplante, eliminación de matas	
Nivel 4	**Mantenimiento óptimo** (según las necesidades y requerimientos) Incluye medidas cosméticas (retirada de flores muertas, tutores y anclajes)	
Nivel 5	**Mantenimiento de sustitución** Poco frecuente, renovación de la plantación	

Tab. 3.9.5: Niveles de mantenimiento para plantaciones de vivaces en espacios verdes públicos (tomado de Schmidt, 2005)

a | b | c

Fig. 3.9.16: Ejemplos de especies:
a) c-estratega: *Eupatorium fistulosum*
b) s-estratega: *Rosmarinus officinalis* (romero)
c) r-estratega: *Digitalis purpurea* (dedalera)

C-estrategas	R-estrategas	S-estrategas
Eupatorium fistulosum	*Aquilegia spec.*	*Asarum europaeum*
Leucanthemella serotinum	*Digitalis purpurea*	*Avenella flexuosa*
Lythrum salicaria	*Iris barbata* híbrida	*Rosmarinus officinalis*
Sylphium laciniatum	*Rudbeckia hirta*	*Sempervivum spp.*
Symphyotrichum novae-angliae (también llamada *Aster novae-angliae*)	*Verbascum spp.*	*Thymus spp.*

Tab. 3.9.6: Especies que ejemplifican los diferentes tipos de competencia

Plan de mantenimiento R para plantas resistentes a las perturbaciones	Plan de mantenimiento C para plantas muy competitivas	Plan de mantenimiento S para plantas resistentes al estrés
Típico de: · Áreas de floración temporal, bordes de parterres, praderas anuales y nuevas plantaciones durante la fase inicial	Típico de: · Áreas periféricas de bosques, espacios abiertos, prados naturales altos, plantaciones tipo pradera, vivaces de parterre norteamericanas sobre suelos de frescos a húmedos	Típico de: · Estepas y landas, estepas rocosas, roquedos, praderas de hierba baja, áreas boscosas, marismas, cuerpos de agua
Características: · Plantas de rápido crecimiento y vida efímera en diferentes momentos vitales (pioneras, ruderales, anuales, perennes) · Buenas condiciones del lugar, sin deficiencias (sin estrés ni restricciones al crecimiento)	Características: · Plantas longevas de rápido crecimiento, algunas con chupones, algunas de crecimiento lento en áreas sin grandes perturbaciones · Crecimiento denso, de medio a alto, de especies muy competitivas con gran producción de biomasa · Condiciones del lugar ± buenas, sin deficiencias (pocas restricciones al crecimiento)	Características: · Plantas longevas de crecimiento lento localizadas en lugares aislados con restricciones al crecimiento · Especies de poco crecimiento o tapizantes con baja producción de biomasa · Adaptadas a los inconvenientes del lugar, muy especializadas y por tanto débiles competidoras
Mantenimiento: · Requieren suelos libres y superficies abiertas (lugares sin competencia) · El desarrollo se ve favorecido por perturbaciones (p. ej, arado o labrado)	Mantenimiento: · Evitar el suelo libre, perturbar lo menos posible (cubrir de *mulch*, fomentar el crecimiento denso de especies de cubrición) · Reciclar nutrientes vía cierre de ciclos (dejar los restos de la siega) · ¡No cavar nunca!	Mantenimiento: · Las condiciones extremas deben preservarse y fomentarse mediante el mantenimiento (p. ej, conservar el suelo con pocos nutrientes retirando los restos de siega, usando sustratos minerales o *mulches*; aprovechar los lugares con falta de luz y presión de raíces, como bajo los troncos, etc.)
Coste de mantenimiento: · Relativamente alto de forma constante (aunque depende del porcentaje de especies de vida efímera) · Más favorable en superficies con una siega anual	Coste de mantenimiento: · De bajo a moderado	Coste de mantenimiento: · De bajo a muy bajo en lugares favorables (¡de alto a muy alto en lugares desfavorables!)

Tab. 3.9.7: Plan de mantenimiento según el tipo de planta, tomado de Schmidt, 2005

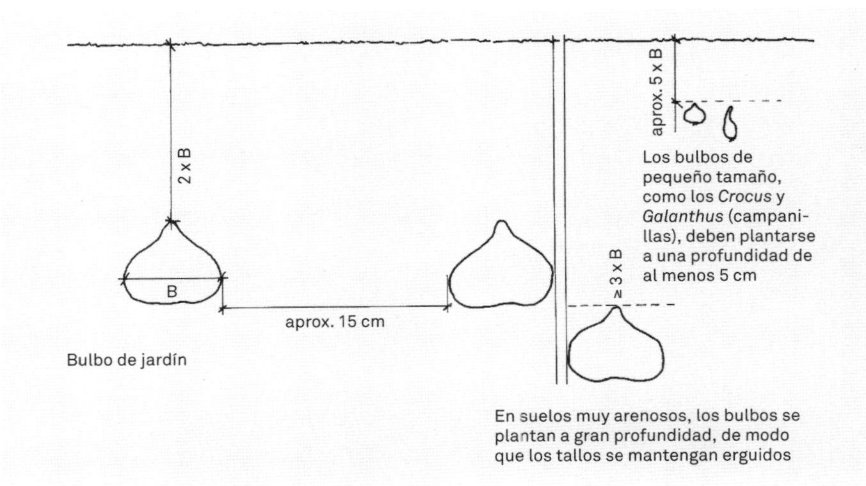

Fig. 3.9.17: Profundidad de plantación de las geófitas

Un modelo tomado de la *Sociología vegetal* de J. P. Grime distingue entre tres tipos principales de especies: aquellas cuya estrategia es la competencia (c-estrategas), aquellas con una estrategia ruderal (r-estrategas) y aquellas cuya estrategia es resistir en condiciones de estrés ambiental (s-estrategas). > **Tab. 3.9.6** y **Fig. 3.9.16** Las especies c-estrategas son muy competitivas y saben aprovechar de manera uniforme la luz, el espacio, los nutrientes y el agua; suelen ser relativamente longevas, pero no se adaptan bien a condiciones de escasez ni a las perturbaciones. Las especies r-estrategas son de crecimiento rápido y viven entre 1 y 2 años. Se reproducen masivamente mediante semillas pero son competidoras débiles. Pueden tolerar perturbaciones y se asientan rápidamente en hábitats de creación reciente (plantas pioneras). Las especies s-estrategas, por su parte, suelen ser longevas, su crecimiento es lento y se dan en localizaciones desfavorables (suelos pobres, lugares secos, sin luz, con pH ácido, etc.), ya que sobre suelos fértiles son rápidamente desplazadas. > **Tab. 3.9.7**

Con un buen conocimiento de las especies, el modelo de Grime es útil para planificar plantaciones adaptadas a distintas localizaciones y optimizar las tareas de mantenimiento.

PLANTACIÓN Y MANTENIMIENTO DE GEÓFITAS

Las geófitas que florecen en primavera se plantan desde mediados de agosto hasta mediados de noviembre, aproximadamente. Cuanto antes se planten, más tiempo tienen los bulbos para desarrollarse. Un retraso en la plantación suele traducirse en un retraso de la floración en la primavera siguiente. La profundidad de plantación depende de las especies; como regla práctica, los bulbos deben plantarse a una profundidad equivalente a tres veces su grosor. > **Fig. 3.9.17**

Conviene armonizar la distribución de los bulbos con el estilo de la plantación. En jardines formales y en parterres de temporada, lo habitual es colocarlos a intervalos regulares. En plantaciones de estilo natural se distribuyen irregularmente, a intervalos variables y en grupos de tamaños diversos. En caso de plantar bulbos como acompañamiento de vivaces, se sugiere una proporción de entre 15 y 25 plantas por metro cuadrado. Si se trata de bulbos muy pequeños, como los *Crocus*, la cantidad debe ser más bien de unas 50 a 100 plantas por metro cuadrado.

PLANTAS ORNAMENTALES DE TEMPORADA

La preparación del suelo es la misma para una plantación nueva que para las herbáceas vivaces. Con el cambio de floración, el terreno suele removerse y airearse (ararse, cavarse) después de eliminar las raíces, y a veces se aplica un abono de efecto lento. A continuación, las plantas se disponen según el patrón de plantación: para jardines formales, por ejemplo, deben colocarse siguiendo una trama regular. Las flores de primavera pueden plantarse durante los meses de octubre y noviembre. Si la plantación incluye bulbos, primero se colocan las plantas y luego los bulbos; finalmente, el terreno se airea y se riega. Las flores de verano se plantan entre primeros y mediados de mayo, cuando ya no hay heladas, dependiendo del tiempo que haga.
Su mantenimiento consiste básicamente en riego y eliminación de malas hierbas y flores muertas. Pero, en plantaciones muy destacadas, debe planificarse un mantenimiento semanal durante los meses de verano.

a | b
c | d

a) Plantación inicial 1997
b) 1999, dos años después de la plantación
c) 1999, vista desde el edificio
d) 2002, coloración otoñal

En un patio interior, sobre un edificio (cubierta ajardinada intensiva), se ha plantado un bosquete de álamos temblones (*Populus tremula* 'Erecta'), con hiedra a pie de árbol. La elección de estas especies apunta a evitar problemas de espacio a largo plazo. El desarrollo de los árboles es muy bueno, pues está favorecido por la potente composición del suelo natural utilizado, ligeramente arcilloso y con una alta capacidad de almacenamiento de nutrientes. Un maestro jardinero, capaz de reaccionar con profesionalidad y rápidamente ante problemas como las plagas o la sequía, ha sido contratado para su mantenimiento.

Composición del sustrato: capa de 3 cm de *mulch*, 0/8 toba de lava, 30 cm de suelo orgánico, 70 cm de subsuelo no cohesivo, 10 cm de capa de drenaje (lava)
Plantación de 5000 *Hedera helix* (hiedra) (10 plantas/m^2) y 62 *Populus tremula* 'Erecta', exentos, transplantados 3 veces, con cepellón, H 3,0-3,50 m

Tareas de mantenimiento: básicamente consisten en el control sanitario y en el suministro de recursos para los árboles, abonado (8 g N, 2 g P, 8 g K, 1 g Mg/a/m^2) y riego en verano (150 l/ejemplar)

PAPPELHOF, ENBW ZENTRALE, KARLSRUHE, ALEMANIA

Arquitectos paisajistas: Klahn + Singer + Partner, Karlsruhe, Alemania
Finalización: 1997, 2005 contrato del plan de mantenimiento

a) Vista del Parco Nord desde el norte, unos 10 años después de su finalización
b) Plantación circular centra de árboles y plantaciones circundantes unos 15 años después de su colocación
c) Anillo arbolado, formado por una doble alineación de *Carpinus betulus* 'Fastigiata' y *Quercus robur*, atravesado por una avenida de *Tilia platiphyllos*, unos 15 años después de su finalización
d) Alineaciones de *Carpinus betulus* 'Fastigiata' formando el anillo arbolado, unos 15 años después de su plantación
e) Praderas y áreeas boscosas plantadas sobre las antiguas escombreras

a | b
c | d
e

La construcción empezó en 1997; en 2005 se terminaron 400 ha, pero el trabajo continúa.
Localización: precipitación anual aproximada de 1050 ml, sequía estival, suelo de grava y arena con poca capacidad de almacenamiento. Parte del terreno se usó anteriormente como campo de cultivo.
Plantación: unas 250.000 plantas leñosas, a raíz desnuda, gestión forestal durante 1 año para el área plantada, árboles jóvenes, H 1,8-2 m y H 3,5-4 m, con cepellón, de los utilizados como alineación: *Acer platanoides, Alnus incana, Gleditsia triacanthos, Populus alba, Quercus robur, Tilia cordata, Tilia platiphyllos, Ulmus carpinifolia.*
Una antigua área industrial se ha transformado gradualmente en una zona verde. Junto a áreas boscosas naturales existen espacios de parque claramente estructurados, de mantenimiento intensivo. Los árboles de alineación recibieron podas de formación durante 2 años; en los primeros años se dispuso riego subterráneo por goteo. Las leñosas distribuidas por las praderas se riegan mediante aspersores situados en las áreas en pendiente. El mantenimiento de conservación consiste básicamente en la siega de las praderas y el control de las leñosas.

PARCO NORD, MILÁN, ITALIA

Proyecto: arquitecto Francesco Botella, Milán, Italia con el arquitecto paisajista Andreas Kipar, KLA kiparlandschaftsarchitekten milano_duisburg, www.kiparland.com
Superficie: 600 ha

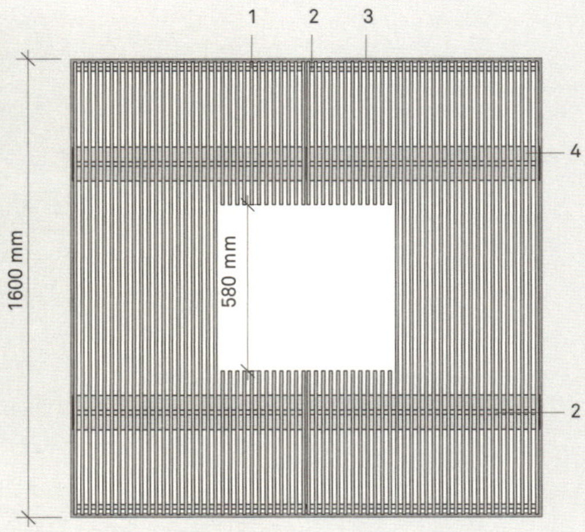

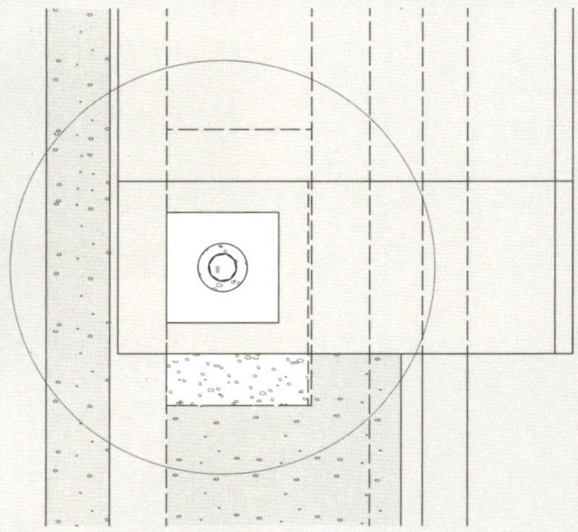

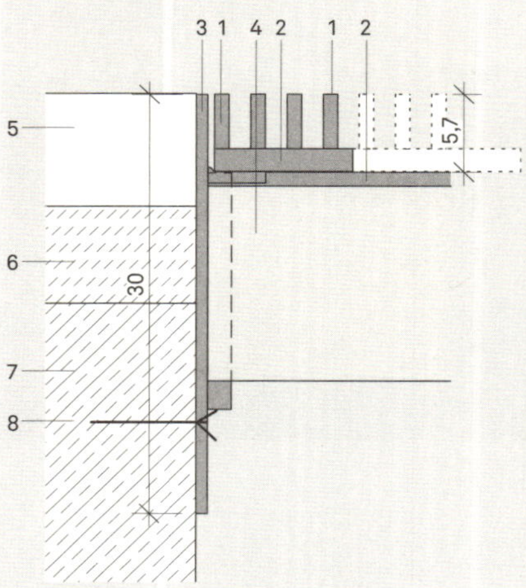

1 Reja de alcorque, revestimiento de acero inoxidable tratado con cuentas de vidrio, barras de 10/40 mm
2 Barra cuadrada, 16/16, soldada a la reja
3 Bastidor de acero inoxidable de 300/8 mm, longitud del borde: 1600 mm, con perfil angular de acero 30/8 soldado en todo su largo como ménsula de montaje
4 Perfil en T 120 inserto en la funda metálica en forma de U soldada al bastidor
5 Pavimento de baldosas
6 Hormigón de limpieza
7 Hormigón armado
8 Tornillos de fijación a la losa de pavimento
9 Viga cadena sobre pilote
10 Cepellón
11 Sustrato para el árbol estructuralmente estable
12 Suelo existente
13 Muro de contención

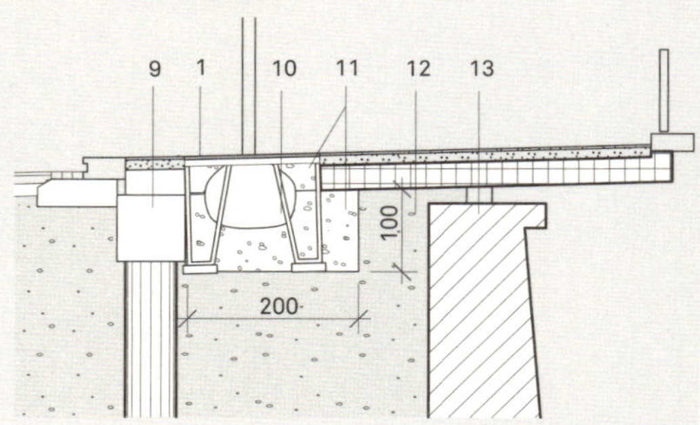

Como ampliación del camino de ribera, se ha instalado junto a él un paseo de losas de hormigón de 50 cm de grosor, que vuela sobre el río. En la base (losa) se dejaron huecos para los árboles de alineación existentes. La tierra del alcorque queda protegida de la compactación mediante una reja de fundición transitable, atornillada a las losas de pavimento.

REJA DE ALCORQUE, AUTOPORTANTE, NEUBURG AN DER DONAU, ALEMANIA

Arquitectos paisajistas: keller landschaftsarchitekten, Múnich, Alemania
Arquitectos: Herle & Herrle, Neuburg an der Donau, Alemania
Finalización: 2001

a | b
c |
d | e

La rosaleda original se plantó en 1909, pero en 1974 fue modificada y se redujo su tamaño. Debido a los problemas crecientes de agotamiento del suelo y enfermedades, la plantación perdió atractivo. En 2004 se decidió renovarla con un proyecto que requiriera un menor mantenimiento. Se plantaron alrededor de 1000 rosales de unas 80 variedades (rosas ornamentales modernas e históricas; rosas inglesas y *old garden* —antiguas—, y también rosales trepadores). A la hora de seleccionar las variedades, la resistencia a las enfermedades fue un factor decisivo. También se plantaron unas 5000 plantas herbáceas, matas y *Clematis viticella*, así como unas 17000 geófitas, con el fin de ofrecer combinaciones atractivas fuera de la temporada de floración de los rosales. De este modo, desde finales del invierno hasta el otoño se logra una gran variedad de combinaciones florales. Debido al agotamiento del suelo, que a veces provocan las *Rosaceae* (familia de las rosas), este se sustituyó hasta una profundidad de 70 cm antes de establecer la nueva plantación. El mantenimiento consiste en podas de primavera y otoño, eliminación de malas hierbas y retirada de flores muertas durante la época de floración, así como en la protección de las plantas en caso de necesidad.

a) Tulipanes a principios de mayo
b) Rosal trepador joven combinado en la pérgola con un híbrido de *Clematis viticella*
c) Rosal inglés, rodeado de *Alchemilla epipsila*, combinado con *Salvia nemorosa* 'Blauhügel' y *Geranium psilotsemon* 'Patricia'
d) Parterre circular central con rosas cultivadas 'Gruss an Achen' en su primera floración, *Allium* 'Globemaster' e *Hydrangea petiolaris*
e) Parterre circular central con rosas cultivadas 'Gruss an Achen' en su segunda floración, *Aster pyrenaeus* 'Lutetia' y el híbrido de *Sedum telephium* 'Matrona'

RECREACIÓN DE ROSALEDA EN TIERGARTEN, BERLÍN, ALEMANIA

Arquitecto paisajista: Christian Meyer, Berlín, Alemania
Finalización: 2006
Superficie: 1400 m²

a) Salvia nemorosa ‚Tänzerin' und *Allium* ‚Globemaster' im Frühsommer
b) Massenblüte von *Achillea filipendulina*-Hybr. ‚Coronation Gold'
c) Rotlaubiger *Foeniculum vulgare* ‚Atropurpureum' kontrastiert mit den kompakten Polsterpflanzen
d) Salvia in 2. Blüte und *Agastache* aspektbildend im August
e) Astern, *Stipa gigantea* und *Sedum telephium* prägen den Farbaspekt im Herbst

Esta área localizada en una isleta de tráfico iba a remodelarse al finalizar las obras en la zona. En cooperación con el Departamento de Parques y Jardines, Marc Köppler inició la plantación con herbáceas vivaces. Los criterios de selección fueron la capacidad competitiva, la tolerancia a la sequía y la reproducción autónoma mediante semillas o espolones. También se consideró favorablemente la imagen atractiva desde cierta distancia, con abundancia de flores de colores vivos.
Localización: suelo urbano transformado, ligeramente arcilloso, con una precipitación anual de unos 650 ml y pronunciada sequía estival.
Tratamiento del suelo: tras la retirada del suelo superficial, se añadieron unos 15 cm de mezcla de suelos arenosos y minerales, con unos 15 cm de gravilla de basalto.
Plantación: 1800 vivaces y semiarbustos en grupos, así como unos 3400 *Crocus*, Allium (ajos) ornamentales y tulipanes botánicos.

Selección de especies: *Artemisia pontica*, *Buddleja* 'Nanho Blue', *Echinacea pallida*, *Euphorbia cyparissias*, *Foeniculum vulgare*, *Gaura lindheimeri*, *Perovskia abrotanoides*, *Salvia sklarea* 'Turkestanica', *Stipa gigantea*.
Variaciones estacionales: los bulbos traen las primeras flores en la primavera. La floración más importante se da desde principios hasta pleno verano; en otoño destacan las hierbas y algunas variedades de floración tardía; en invierno permanecen las umbelas y los soportes de las semillas de las herbáceas vivaces.
Mantenimiento: la plantación no recibe riego. El mantenimiento básico consiste en una siega anual de clareado a finales del invierno; la eliminación de las escasas malas hierbas; la recogida de basuras y excrementos caninos, y la supresión selectiva de algunas plantas para refinar la imagen general.

XEROJARDINERÍA (JARDÍN DE VIVACES DE SECANO) EN BERSARINPLATZ, FRIEDRICHSHAIN, BERLÍN, ALEMANIA

Arquitectos paisajistas: Marc-Rajan Köppler, Christian Meyer, Berlín, Alemania
Finalización: 2006
Superficie: unos 500 m^2

a	b
c	d
e	

a) Flores de narciso en abril
b) Híbridos de tulipanes, *Brunnera macrophylla* y *Primula elatior* en mayo
c) Lirios, *Geranium sanguineum* 'Album', *Allium* 'Globemaster' y *Allium* 'Mount Everest' a principios de junio
d) Diversos híbridos de *Alchemilla mollis*, *Salvia nemorosa* 'Rügen y *Delphinium elatior* en junio
e) Floración de pleno verano, con ejemplares de *Achillea filipendulina*, *Rudbeckia fulgida*, *Rudbeckia nitida*, *Phlox paniculata*, *Veronicastrum virginicum* y la gramínea *Pennisetum alopecuroides*

Plantación: unas 3500 herbáceas y gramíneas, más geófitas. Los arriates ornamentales de Savignyplatz en Charlottenburg, Berlín, datan de finales del siglo XIX; en 1926 fueron rediseñados por Edwin Barth, y se los restauró en los años ochenta. Hacia 2004 requerían una renovación, ya que la plantación presentaba calvas y quedaba poco vistosa. Se estableció entonces una plantación decorativa clásica a base de herbáceas vivaces. Las vivaces ornamentales de tallos altos, como los híbridos de *Delphinium* y *Phlox paniculada*, configuran la imagen floral principal. Mediante la combinación de bulbos, flores de principios de verano y gramíneas se crean diferentes escenas florales en primavera y a finales de otoño. Los tallos y las espigas perennes de las herbáceas conforman la imagen invernal. El mantenimiento, realizado una vez al mes, consiste en podas de otoño y primavera, abonado, eliminación de malas hierbas, riego, retirada de anclajes y podas para fomentar una segunda floración. El aspecto de la plantación puede mejorarse si el planificador instruye al jardinero encargado del mantenimiento.

NUEVA PLANTACIÓN DE LOS ARRIATES DE SAVIGNYPLATZ, CHARLOTTENBURG, BERLÍN, ALEMANIA

Arquitecto paisajista: Christian Meyer, Berlín, Alemania
Finalización: 2005
Superficie: unos 720 m²

3.10 PRADERAS Y PRADOS: INSTALACIÓN Y MANTENIMIENTO

PRADERAS
- Requisitos del lugar
- Siembra de praderas
- Praderas prefabricadas
- Mantenimiento de praderas

PRADOS
- Instalación
- Mantenimiento de prados (siega)

SIEMBRA DE PLANTAS ANUALES ORNAMENTALES

EJEMPLOS

Ute Rieper, Alexander von Birgelen

3.10 PRADERAS Y PRADOS: INSTALACIÓN Y MANTENIMIENTO

PRADERAS

Requisitos del lugar

Los lugares más adecuados para la instalación de praderas de césped son zonas soleadas de suelos arcillosos-arenosos y bien drenadas, con un pH de entre 5,5 y 6,5. Si el suelo no cumple estas condiciones, deben tomarse medidas para mejorarlo. La tendencia a la formación de charcos puede corregirse mediante el esponjamiento profundo del suelo. Esta técnica resulta especialmente eficaz si la superficie tiene altas exigencias de uso, por ejemplo en campos de deporte. > Fig. 3.10.1

Para preparar el suelo, la capa superficial debe esponjarse y nivelarse hasta una profundidad de unos 10 a 15 cm. El lecho de siembra tiene que ser una superficie uniforme, sin depresiones ni hoyos, y con capacidad de retener la humedad. Si se va a modelar el terreno, la tierra de la superficie debe depositarse aparte y aportarse como capa final. Conviene que la pendiente sea al menos del 1% para permitir que la superficie drene rápidamente. Cuanto mayor sea la pendiente, más exigente será el mantenimiento. El uso de maquinaria será prácticamente indispensable en pendientes de hasta el 15%. > Fig. 3.10.1 y 3.10.2

Hay que retirar las piedras grandes, la basura y las raíces de las malas hierbas presentes en el terreno. Después, para prevenir futuros asientos, debe explanarse o compactarse el lecho de siembra y nivelarse de manera precisa. En pistas de deporte y campos de golf suele disponerse una capa base especial para responder a las elevadas exigencias del juego o de la práctica deportiva.

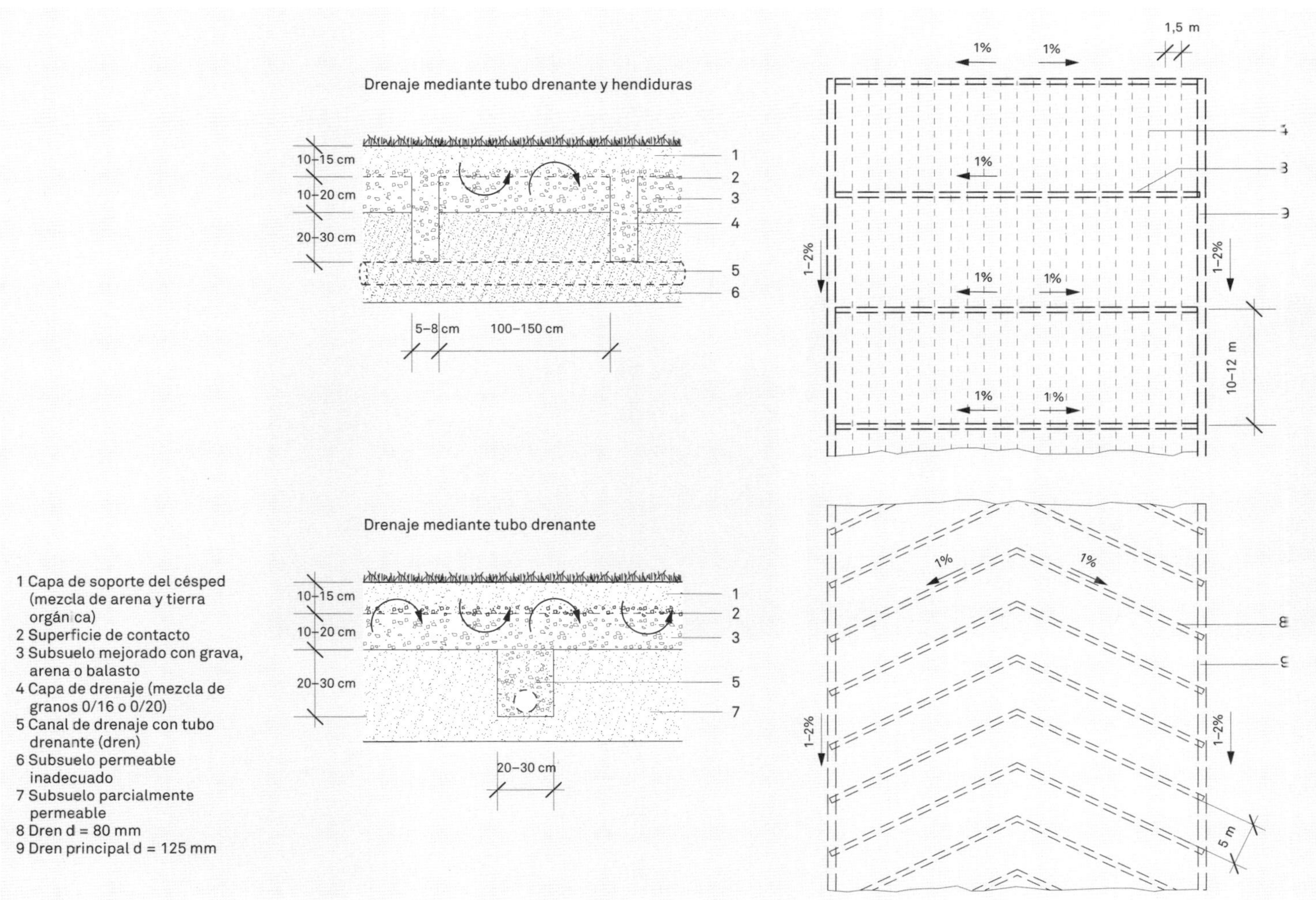

Fig. 3.10.1: Drenaje de campos de deporte en los que la pendiente no es suficiente para desaguar por gravedad

Fig. 3.10.2: Bandas de siega como consecuencia de una pendiente demasiado inclinada

Siembra de praderas

El otoño es una buena época para la siembra, siempre que el suelo conserve aún algo de calor (en septiembre y octubre). En primavera el suelo suele estar templado a partir de abril, si bien entonces aumenta la necesidad de riego debido al incremento de las temperaturas. La temperatura mínima para la germinación es de 5 °C, y la óptima está entre 16 y 21 °C. Dependiendo de la mezcla de semillas, suelen aplicarse entre 12 y 20 g/m^2. Una siembra demasiado densa aumenta la vulnerabilidad a enfermedades debidas a hongos y no es adecuada para los céspedes finos y de germinación lenta. Las semillas, que deben estar en suelo húmedo hasta el desarrollo de las raíces definitivas, se laborean solo en la superficie, que finalmente se explana o compacta.

Los 3 o 4 cm superiores del suelo deben humedecerse cada 1-5 días en función del clima. La primera siega se hará cuando la pradera haya alcanzado una altura de 6 a 8 cm. En el caso de mezclas de crecimiento lento para praderas ornamentales sin *Lolium*, puede ser preciso realizar una siega previa de clareo para eliminar las malas hierbas de crecimiento más rápido. La altura de la siega, que fomenta la creación de una densa capa de césped, depende del tipo de pradera; suele estar alrededor de los 1,5 y 4 cm. Tras la primera siega puede aplicarse un abono de inicio (entre 4 y 6 g N/m^2). Una pradera de siembra puede usarse unos entre 3 y 4 meses después de su instalación.

Praderas prefabricadas

La preparación del suelo es igual que para una pradera de siembra. El césped en tepes o rollos puede instalarse prácticamente en cualquier época del año, excepto en periodos de heladas o de calor intenso. Sobre el terreno soporte bien nivelado se tiende el tepe a mano o mecánicamente. Las bandas se disponen escalonadas. Deben evitarse los solapes, los empalmen en cruz y las juntas demasiado anchas. Finalmente, se aplana la superficie. > Fig. 3.10.3 y Tab. 3.10.1

Las praderas prefabricadas deben mantenerse húmedas entre 2 y 3 semanas, hasta la formación de raíces. En caso de calor extremo, puede ser necesario regar varias veces al día. Un abono con alto contenido en fósforo favorecerá el desarrollo de las raíces. La primera siega se hará a los 6-10 días, y el primer abonado después de 4 o 6 semanas. Las praderas de tepe de césped pueden usarse después de 3 o 5 semanas.

Mantenimiento de praderas

Las praderas necesitan un mantenimiento periódico, cuyo tipo y exigencia dependen principalmente del uso al que se la destine y de su intensidad. Cuanto mayores sean las exigencias estéticas o funcionales, más intensivo será el mantenimiento, que alcanza un nivel muy alto en los campos de fútbol, los *greens* de golf o las praderas ornamentales, por ejemplo, y es mucho menor en las praderas naturales. Si se espacian las siegas y se limita la aplicación de abonos, se crean praderas con una mayor variedad de especies. Debido a su menor porcentaje de gramíneas,

Fig. 3.10.3: Tendido mecánico de tepes de césped:
a) Maquinaria para rollos o tepes grandes;
b) Tendido mecánico de rollos extragrandes

Descripción	Formatos	Instalación
Tepe en rollos	0,40 x 2,50 (1 m^2)	Colocación manual, aprox. 20 kg/m^2
Tepe en rollos grandes	0,6 m x 15-20 m, aprox. 1,5 cm de espesor	Colocación con máquina
Tepe en rollos grandes, grueso	0,6-2,20 m x 15-20 m, 2,5-3 cm de espesor	Colocación con maquinaria especial, aprox. 40 kg/m^2, de uso inmediato (p. ej, reparación del área de la portería en un campo de fútbol)

Tab. 3.10.1: Formatos habituales de tepes de césped

Fig. 3.10.4: El enrasado de caminos y praderas facilita el corte del césped

Fig. 3.10.5: Aireado del césped

Fig. 3.10.6: Arenado de un campo de deporte

estas necesitan menos siegas y cuentan con un mayor porcentaje de plantas con flor.

Siega o corte del césped

Las siegas favorecen la creación de una capa densa de césped, mantienen a raya las plantas silvestres y facilitan el tránsito por la pradera. Para crear una espesa cubierta, el corte debe eliminar aproximadamente 1/3 de la altura del césped. Si se llega a segar la mitad, la regeneración es más lenta y la capa de hierba resulta más áspera. El primer corte debe hacerse hacia marzo, cuando el césped ha empezado a crecer, y el último se realiza entre finales de octubre y principios de noviembre, cuando el crecimiento ya haya cesado, pues el césped alto es más vulnerable a infecciones invernales por hongos.

Riego

Para el desarrollo de raíces profundas, una pradera debe regarse pocas veces, pero de forma abundante, con unos 20 o 25 l/m^2. También hay que regarla ante los primeros signos de agostamiento (como la permanencia de las pisadas, debida a que el césped queda aplastado, sin erguirse). La primera hora de la mañana es la más adecuada, pues en el curso del día la superficie se seca (y así se evitan las enfermedades por hongos). De hecho, si las temperaturas son elevadas no hay que regar en las horas centrales del día, para evitar pérdidas por evaporación.

Abonado

Las praderas suelen abonarse con fertilizantes completos con un alto contenido en nitrógeno, para favorecer el crecimiento de las hojas. Este tipo de abonado permite que incluso las praderas de uso más intenso tengan capacidad de regeneración. Además, las plantas silvestres no son lo suficientemente competitivas para establecerse en una pradera bien cuidada y con siegas frecuentes. Un abonado es homogéneo si combina nutrientes de liberación rápida y lenta. Los fertilizantes deben aplicarse en varias dosis pequeñas para prevenir la contaminación de las aguas subterráneas con un exceso de nitratos. En invierno suelen usarse abonos con alto contenido en potasio para aumentar la resistencia del césped a las enfermedades y las heladas.

Escarificación

El objetivo de la escarificación es proporcionar oxígeno al césped y favorecer su crecimiento formando una capa tupida. La capa de césped se hiende mediante rejas o rastrillos especiales, para eliminar musgos y hierbas muertas. Así se debilitan las malas hierbas de crecimiento lento como la *Bellis perennis* o la *Prunilla vulgaris*.

Aireación

La aireación o el esponjamiento y la ventilación de la capa superior del suelo hasta una profundidad de unos 10 cm permite que el terreno drene mejor y contenga más aire, favoreciendo el enraizamiento y la aparición de brotes. Para ello, se horada el suelo mediante punzones (entre 250 y 400 hoyos por m^2) y posteriormente los huecos se rellenan con arena. > **Fig. 3.10.5**

Arenado

El aporte de arena 0/2 nivela las pequeñas irregularidades del terreno y mejora la permeabilidad, especialmente si se combina con labores de aireado. > **Fig. 3.10.6**

Eliminación de malas hierbas y protección de las plantas

Con el fin de mantener la funcionalidad y calidad necesarias para el juego en praderas de césped de uso intensivo resulta fundamental combatir el crecimiento de las vivaces silvestres a ras de suelo y de las llamadas malas hierbas. Existen diversos herbicidas eficaces para las diferentes especies. Sin embargo, en una pradera normal de uso intensivo no hay necesidad de eliminar estas herbáceas. Las praderas con especies silvestres son más resistentes a la sequía y ofrecen atractivas floraciones. > **Figs. 3.10.7 y 3.10.8**

En ocasiones se producen plagas masivas, como por ejemplo larvas de mosquito, que pueden llegar a comerse

Fig. 3.10.7: *Primula vulgaris* en una pradera con bajo contenido en nutrientes, parcialmente sombreada en verano

Fig. 3.10.8: Pradera transitable de mantenimiento extensivo con *Bellis perennis* y *Ranunculus repens*, en abril

las raíces del césped. Conviene combatir la plaga con pesticidas desde los primeros signos de infestación. La mayoría de las enfermedades del césped están ocasionadas por hongos. Las praderas recientes, excesivamente húmedas y muy abonadas, son especialmente vulnerables. Los inviernos templados y los veranos muy cálidos también favorecen la multiplicación de agentes infecciosos. El uso de fungicidas especiales puede ser una solución, pero debe ir de la mano de un plan para optimizar los factores críticos del lugar. Los campos de hierba de uso intensivo y los de golf son los más afectados por hongos. Los agentes infecciosos se difunden también por la globalización del transporte de materiales y por el turismo del golf.

PRADOS

Instalación

En zonas urbanas, la plantación de prados mediante el uso de semillas comerciales es el método más común. Las mezclas pueden contener también semillas exóticas si su función es únicamente decorativa. Los prados situados en el límite de áreas urbanas o en paisajes naturales deben crearse usando semillas de plantas nativas, especialmente si se persigue la conservación de áreas naturales. Lo ideal es que el suelo tenga un bajo contenido en nutrientes, pues si es elevando los prados presentan con el tiempo solo unas pocas especies dominantes. Para lograrlo puede retirarse la capa superior de suelo, rica en humus (horizonte A_h), de modo que la siembra tenga lugar sobre el subsuelo mineral (horizonte B).

Sobre un lecho de siembra arenoso se esparcen entre 2 y 5 g/m^2 de semillas. Tanto la primavera (entre febrero y mayo) como el otoño (desde finales de agosto hasta noviembre) son épocas adecuadas.

Algunas características desfavorables del lugar, como el encharcamiento, la compactación o la pobreza de nutrientes, crean prados singulares, especializados, por lo que no tienen que mejorarse necesariamente. Debido a que las herbáceas silvestres se desarrollan con relativa lentitud, a veces se necesita una siega de clareo para eliminar malas hierbas. Muchas herbáceas silvestres no florecen hasta su segundo año de vida.

En caso de tener que usarse semillas nativas, propias del lugar, existen varios métodos para obtenerlas en un entorno rural. La llamada transferencia de heno (*Mähgutübertragung*) consiste en segar una pradera donante cuando las especies deseadas están maduras, y transferir inmediatamente ese heno segado a la superficie receptora. La proporción entre la superficie donante y la receptora será aproximadamente de 1:2. En el sistema de «heno trillado», el heno segado es trillado mecánicamente; el secado adicional proporciona a las semillas una vida útil algo más larga, y la cantidad de semillas es de 50-1000 g/m^2. El sistema de «flor de heno» consiste en dispersar las semillas y los restos de heno sobre un lecho. En este caso, tanto la composición de especies como la capacidad de germinación son una incógnita, y la cantidad utilizada es de 100-2000 g/m^2.

Otra posibilidad es la transformación de prados frecuentemente segados. Si se reduce la frecuencia de la siega a

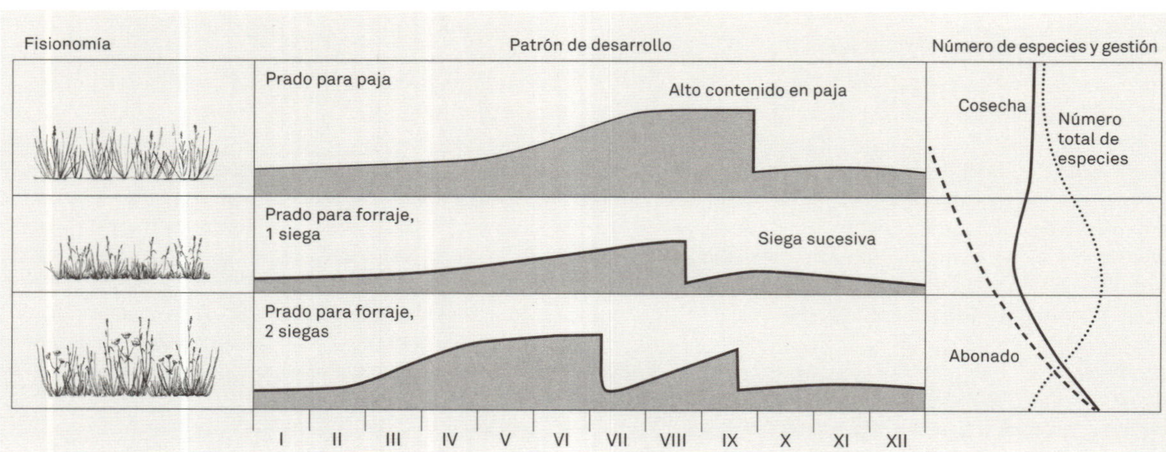

Fig. 3.10.9: Influencia de la siega en la composición de especies (según Ellenberg, 1996)

Medidas de mantenimiento	Praderas ornamentales	Praderas de mucho uso, tránsito (fútbol)	Praderas de uso intensivo	Praderas naturales	Prados de 1 siega	Prados de 2-3 siegas
Frecuencia anual de siegas	30-60	25-40	6-15	0-3	1	2-3
Altura de crecimiento	2-3 cm	6-9 cm	5-10 cm	6-20 cm	Aprox. 80-120 cm	Aprox. 60-100 cm
Altura de corte	1,5-3 cm	3-5 cm	4-6cm	Aprox. 8 cm	Aprox. 10-15 cm	Aprox. 10-15 cm
Riego (frecuencia)	Cada 3-7 días	Cada 3-7 días	Según necesidad (0,5-1 x semana)	-	-	-
Cantidad de abono N-P-K g/m²/a	N 15-20 P 0-8 k 0-8	N 15-25 P 0-8 k 0-16	N 6-10 P 0-8 k 0-16	-	Mantillo, mantillo líquido si es para producción de heno	Mantillo, mantillo líquido si es para producción de heno
Escarificaciones anuales	Mín. 1 x	1-3	0-1	-	-	-
Aireación	-	1-3	Si es necesario para reparación	-	-	-
Arenado	-	1-5	-	-	-	-
Protección de las plantas	Según necesidad	Según necesidad	-	-	-	-
Eliminación de malas hierbas	Rutinaria, química y manual	Rutinaria, química	Manual en caso de necesidad, puntual	-	Puntual en caso de producción de heno (plantas venenosas)	Puntual en caso de producción de heno (plantas venenosas)

Tab. 3.10.2: Resumen del mantenimiento de conservación

2 o 3 al año y se retira la materia cortada, la pérdida de nutrientes que haga competitivas a las herbáceas silvestres frente a las gramíneas puede tardar más de diez años, dependiendo de las condiciones originales.

Mantenimiento de prados (siega)

Los prados deben segarse al menos una vez al año, pues de otro modo acaban invadidos por matorrales. Muchos factores influyen en la determinación de la época de siega; algunos de ellos son la función de los prados, el momento de maduración de las semillas, cuestiones relacionadas con la protección de especies o su valor como forraje para ganado. Los prados de una sola siega anual son los que más especies acumulan, mientras que los que se siegan 2 o 3 veces conservan una riqueza en especies considerable. A partir de 4 siegas al año, el número de especies desciende drásticamente. > **Figs. 3.10.9 y 3.10.10, Tab. 3.10.2**

Fig. 3.10.10: Prado en contraste con una pradera en un espacio verde público

SIEMBRA DE PLANTAS ANUALES ORNAMENTALES

Las plantas anuales son las más adecuadas para ajardinamientos temporales. Si bien pueden crearse mezclas de especies incluso para suelos secos, pobres o pedregosos, tras un verano seco su aspecto puede ser poco atractivo. La siembra repetida se asemeja al cultivo de cereales de secano, pues el suelo debe ararse y prepararse todos los años. Debido a que la mayoría de las especies necesitan altas temperaturas para su germinación, el lecho de siembra debe estar libre de malas hierbas, pues en caso contrario las semillas pueden acabar ahogadas por hierbas silvestres muy competitivas y capaces de germinar a menor temperatura. Para eliminarlas pueden usarse maquinaria o herbicidas totales que contengan glufosinatos. La siembra suele hacerse de principios a mediados de mayo. Pocas especies pueden sembrarse directamente antes, en marzo o abril. Dependiendo de la mezcla de especies y del lugar, se siembran entre 1 y 5 g/m², siempre en la superficie. Durante la germinación, tanto la falta de agua como las heladas tardías o las babosas pueden ocasionar mermas. La floración suele empezar en julio o más adelante, aunque para ciertas combinaciones de especies puede durar hasta las primeras heladas. El mantenimiento consiste básicamente en riego y abonado, si es necesario. La eliminación de malas hierbas en estas plantaciones es una tarea que consume mucho tiempo, generalmente excesivo para los responsables de su mantenimiento. Además, y aunque el objetivo es conseguir una superficie similar a un prado, hay que tener en cuenta que el tránsito daña estas plantas.

Esta *landform* ('forma en tierra') está concebida como una escultura transitable, capaz de ofrecer constantemente nuevos puntos de vista a los usuarios gracias a su gran variedad de formas curvas. Debido a las restricciones de seguridad de los espacios verdes públicos, la escultura se construyó más sólida (las bases de los taludes se aseguraron con acero y hormigón, en lugar de con tablones de madera de olmo) y con menores pendientes.

Desde Pascua hasta finales de septiembre se realiza un mantenimiento de conservación intensivo y la escultura se recorta aproximadamente una vez a la semana. En las zonas en pendiente se utilizan cortacéspedes aerostáticos (*hover*) o de hilo de nailon. Los taludes se riegan diariamente, pues se secan con rapidez. Las superficies horizontales se abonan en primavera y en otoño con fertilizante de *kelp* (algas) de tipo granulado (50 g/m^2), y las pendientes, cada dos meses con *kelp* líquido. Las laderas del área norte reciben un tratamiento anual antimusgo. En cuanto a las malas hierbas, se eliminan de forma puntual con herbicidas, en caso necesario.

Localización: precipitaciones anuales aproximadas de 670 ml
Composición del suelo: en su mayor parte, se trata de escorias de pizarras bituminosas compactadas, 5 cm de subsuelo arcilloso y 5 cm de suelo orgánico
Semillas: mezcla de semillas resistentes al uso y al tránsito

a
b
c

a) Vista de la escultura desde el museo
b) Asientos escalonados junto al museo
c) Vista hacia el museo

UEDA LANDFORM, NATIONAL GALLERY, EDIMBURGO, REINO UNIDO

Proyecto: Charles Jencks, Londres, con Terry Farell & Partners e Ian White Associates
Finalización: 2002
Superficie: aprox. 3000 m^2

a | b
c | d

Localización:
El suelo en el área central es de gravas bastas, mientras que en las zonas de borde se aportaron unos 40 cm de suelo orgánico. En cumplimiento de un plan de usos del suelo con ordenanzas para las áreas verdes, la zona debía desarrollarse permanentemente como prado de secano, al ser parte de un sistema de hábitats conectados para una fauna endémica de prados oligotróficos.

Semillas:
Transferencia de heno de unos 9 prados oligotróficos, más «especies de aceptación» compatibles con las plantas locales nativas.

Mantenimiento:
Una única siega en septiembre; aproximadamente el 20% de la superficie se deja crecida en invierno como cobijo para la fauna.

a) En el primer año tras la siembra, el crecimiento es aún escaso; se aprecian algunas flores de plantas adaptadas, como *Papaver rhoeas* (amapola silvestre) y *Anthemis tinctoria* (camomila amarilla), verano de 2000
b) Floración de *Rhinanthus alectorolophus* (cresta de gallo), *Anthemis tinctoria* (camomila amarilla) y la ocasional *Linux perenne* (lino perenne), verano de 2004
c) Floración de *Rhinanthus alectorolophus* (cresta de gallo), amarillo pálido en fase madura, verano de 2007
d) Flores rosa pálido de *Securigera varia* (coronilla rosa), verano de 2008

PRADO DE SECANO EN RIEMER PARK, MÚNICH, ALEMANIA

Arquitectos paisajistas: Haase & Söhmisch Büro für Landschaftarchitektur und Planung, Freising, Alemania
Finalización: 1999
Superficie: aprox. 1,3 ha

a) *Papaver rhoeas* (amapola silvestre) como especie de aceptación, en el primer año tras la plantación
b) Coloración azul y amarilla con *Echium vulgare* (viborera) y *Anthemis tinctoria* (camomila amarilla)
c) *Dianthus carthusianorum* (clavelinas silvestres) y *Lotus corniculatus* (cuernecillo), a partir del segundo año tras la siembra
d) *Leucanthemum vulgare* (margarita mayor) y *Salvia pratensis* (salvia de los prados), a partir del segundo año tras la siembra
e) *Onobrychis viciifolia* (esparceta), *Galium mollugo* (amor de hortelano) y *Rhinanthus minur* (cresta de gallo), a partir del segundo año tras la siembra

PRADO DE SALVIA Y AVENA ALTA EN RIEMER PARK, MÚNICH, ALEMANIA

Arquitecto paisajista: Heiner Luz, Múnich
Años de siembra: 2001-2004
Superficie: aproximadamente 70 ha

Localización: Suelo en su mayoría modelado, con una capa base de vegetación creada específicamente con semillas ecotipo de 2,5 g/m^2 y aportación de las llamadas «especies de aceptación» (las que florecen en el primer año), mezcladas.
Mantenimiento: Alternancia de siegas anuales y bianuales. Parte de la superficie se deja sin segar como cobijo para la fauna en invierno.

3.11 DRENAJE SUPERFICIAL

CREACIÓN DE PENDIENTES
- Determinación de la pendiente
- Tipos de pendiente

MÉTODOS CONSTRUCTIVOS PARA LOS SISTEMAS DE DRENAJE
- Instalaciones de drenaje
- Conducciones y pozos de registro
- Sistemas de infiltración de aguas pluviales

CÁLCULO Y PARÁMETROS BÁSICOS
- Establecimiento de la pluviosidad
- Dimensionado de las instalaciones de drenaje

EJEMPLOS

Astrid Zimmermann

3.11 DRENAJE SUPERFICIAL

Con el fin de garantizar un uso seguro y prolongado, sean cuales sean las condiciones atmosféricas, la lluvia debe dirigirse fuera de las superficies duras (caminos, plazas, escaleras) mediante una cierta pendiente. En principio, puede aplicarse la misma idea a las áreas de césped, especialmente cuando se les quiere dar un uso intensivo, como en zonas deportivas o de juego. En las superficies duras, también se debe evitar que el pavimento resulte dañado por la penetración o la permanencia de agua (a causa de las heladas, por ejemplo) mediante el uso de drenajes superficiales o perimetrales que dirijan el agua hacia las áreas ajardinadas más próximas. En el caso de pavimentos permeables, el drenaje se combina con la infiltración directa en el suelo. > **Fig. 3.11.1**

Para reducir la presión sobre la red de alcantarillado, evitar las inundaciones producidas por las lluvias intensas y retornar las precipitaciones al ciclo natural del agua, es preferible la infiltración directa in situ que dirigir el agua hacia cursos superficiales, ya sean naturales o artificiales, o hacia plantas depuradoras. La infiltración se produce en la superficie del suelo o en profundidad a través de zanjas y pozos. Las ordenanzas de muchos municipios establecen la obligatoriedad de la infiltración in situ.
También hay que prever el agua evacuada desde tejados y cubiertas, pues una zona verde puede reducir significativamente la cantidad de agua evacuada. > **Capítulo 3.14 Cubiertas ajardinadas**
Las decisiones en torno al diseño y a las soluciones funcionales de la infiltración in situ deberían incorporarse a la fase de proyecto, teniendo en cuenta el nivel y la pendiente del terreno.
Los elementos esenciales del drenaje en exteriores están regulados por el conjunto de normas EN 752, que recomiendan diversas fuentes de información según las regiones.

CREACIÓN DE PENDIENTES

Determinación de la pendiente

El agua es evacuada gracias a la pendiente de una superficie, cuya composición también afecta a la velocidad de fluencia. Dependiendo de su función, deben calcularse unos valores mínimos y máximos para dicha pendiente. > **Tab. 3.11.1**

Tipos de pendiente

En el caso de calzadas (calles, carreteras) y caminos (espacios peatonales en general), debe hacerse una distinción entre la pendiente longitudinal (*l*), que sigue la dirección del camino, y la pendiente transversal (*q*), perpendicular. La pendiente diagonal (una combinación de

a
b | c

Fig. 3.11.1: Posibilidades para redirigir el agua:
a) Drenaje lineal
b) Drenaje puntual
c) Pavimento drenante con juntas permeables y áreas plantadas adyacentes

<table>
<tr><th>Construcción de la superficie</th><th>Pendiente recomendada</th><th>Limitaciones debidas a requisitos funcionales específicos</th></tr>
<tr><td>Acabado de hormigón y asfalto</td><td>≥ 1,5%</td><td rowspan="5">Vías públicas (pendiente transversal) ≥ 2,5%
Áreas deportivas * con tierra comprimida o césped artificial 0,8%, pistas de tenis ≤ 0,5%
Áreas de asiento, especialmente aquellas con mesas (p. ej., terrazas) 1-2%
Pendientes transversales en escaleras y rampas solo en casos excepcionales > Capítulo 3.3 Escaleras</td></tr>
<tr><td>Baldosas de hormigón y piedra natural</td><td>≥ 2,0%</td></tr>
<tr><td>Pavimento de hormigón y clínker</td><td>≥ 2,5%</td></tr>
<tr><td>Pavimento de piedra natural</td><td>≥ 3,0%</td></tr>
<tr><td>Pavimento de zahorra y otras superficies sin conglomerante</td><td>3,0%–6,0%</td></tr>
<tr><td>Césped</td><td>≥ 1,0%</td><td>Áreas deportivas ≥ 0,5% y ≤1,0%</td></tr>
<tr><td colspan="3">* Son aplicables las indicaciones incluidas en guías y normas en vigor</td></tr>
</table>

Tab. 3.11.1: Formación de pendiente dependiendo del tipo de pavimentación y de los requisitos funcionales

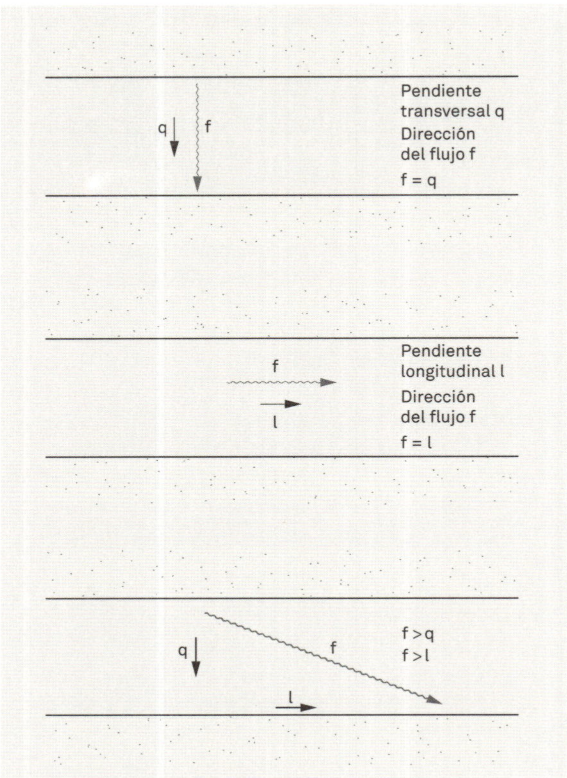

Fig. 3.11.2: Dirección del flujo en función de las pendientes longitudinal y transversal

Fig. 3.11.4: Canaleta al pie de un escalón aislado

Fig. 3.11.5: Disposición con caces o cunetas laterales

Fig. 3.11.6: Caz transversal

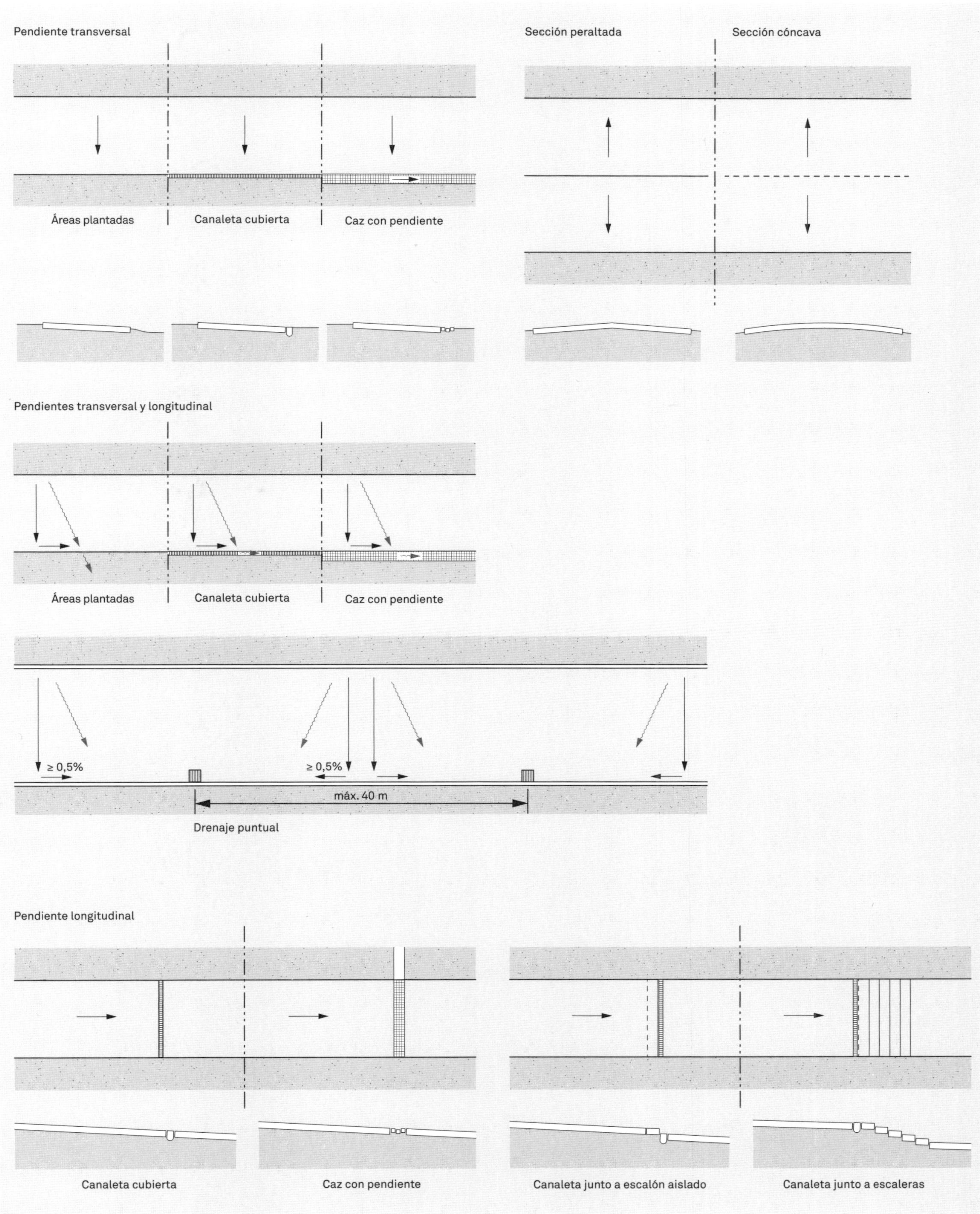

Fig. 3.11.3: Ejemplos de drenaje de superficies lineales

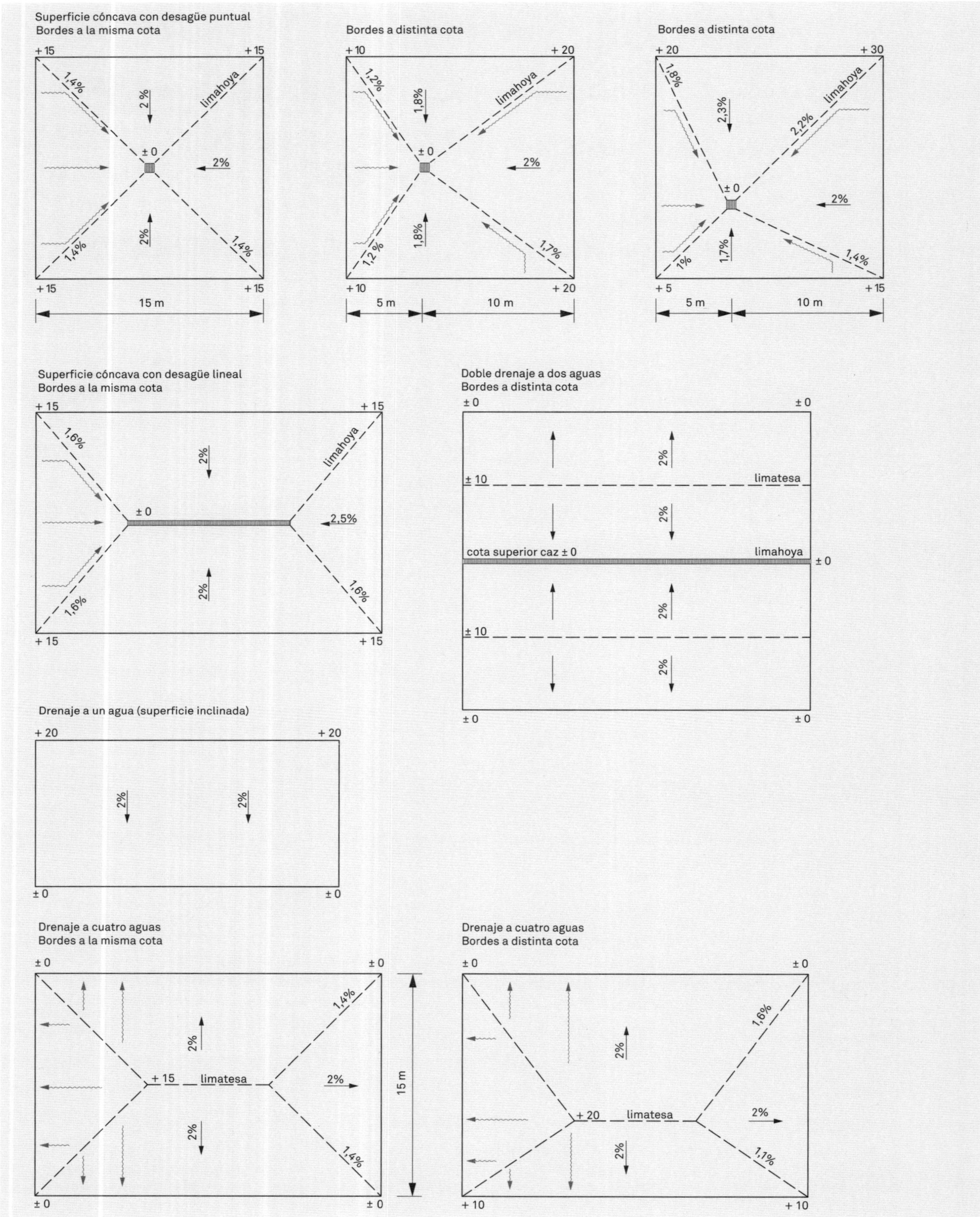

Fig. 3.11.7: Ejemplos de drenaje de superficies

Fig. 3.11.8: Superficie cóncava de asfalto

Fig. 3.11.9: Superficie cóncava de planta circular, sin limahoyas

las anteriores) es la dirección de mayor pendiente de la superficie, por lo que determina la dirección del flujo real del agua (*f*). Se calcula con la fórmula $f = \sqrt{q^2 + L^2}$. > Fig. 3.11.2

Los caminos normalmente se drenan mediante una pendiente transversal hacia las áreas plantadas de sus márgenes, o mediante un caz o una canaleta. Si el agua es evacuada hacia ambos lados, se trata de una sección peraltada.
La combinación de pendiente longitudinal y transversal también se utiliza en las calzadas, que se mantienen libres de agua mediante un drenaje puntual en los bordes inferiores de su sección. En este caso, se emplea un bordillo alto para dirigir el agua hacia el drenaje.
La pendiente longitudinal cobra protagonismo tanto en caminos en ladera como en rampas o escaleras, en los que solo se recurre de manera excepcional a la pendiente transversal. Para recoger el agua que corre en la dirección longitudinal del camino se instalan caces transversales. > **Figs. 3.11.3-3.11.6**
En cuanto al drenaje de superficies, se distingue entre pendientes cóncavas y convexas. > **Fig. 3.11.7** En las primeras, el agua es dirigida hacia el punto más bajo de la superficie, donde se dispone un drenaje puntual. El nivel de los bordes exteriores puede ser igual o no, y en función de ello el punto de recogida de aguas no se situará en el centro, sino más próximo a los lados menos elevados del perímetro. En las superficies menos extensas o con pendientes más acusadas, la forma cóncava tiende a crear aristas angulosas (pliegues) en los bordes elevados. Esta especie de «valle» donde el agua se recoge resulta difícil de construir con pavimentos de losas o piezas grandes, sobre todo si son alargadas. Los formatos más pequeños y cuadrados resultan más adecuados, como también los pavimentos de asfalto y de hormigón. > **Figs. 3.11.8 y 3.11.9**

Una superficie convexa resulta más agradable a la vista. El agua es evacuada de la parte central más elevada hacia las áreas ajardinadas o los elementos de drenaje (normalmente un caz). Su drenaje puede ser a un agua, a dos aguas o a cuatro.
En el caso de drenajes a una y a dos aguas, los bordes de la superficie nunca se encuentran al mismo nivel, por lo que debe adaptarse el terreno circundante o resolverse de otra manera el cambio de plano. El drenaje a cuatro aguas resulta especialmente apropiado para áreas que presenten un perímetro continuo a una cota constante, así como donde resulte imposible o inconveniente plantear un pavimento permeable, como en las pistas deportivas. Las áreas deportivas pequeñas se puede drenar con un simple plano inclinado, pero si la superficie es superior a 40 m de ancho se ha de recurrir necesariamente a soluciones a 2 o 4 aguas. Se puede encontrar información precisa sobre las pendientes admisibles en la normativa aplicable, así como en diversos documentos técnicos.

Los caminos para peatones y personas en silla de ruedas solo admiten una pendiente longitudinal superior al 6% en casos excepcionales, pero en áreas superficiales se pueden alcanzar pendientes superiores en alguna de las direcciones. La pendiente longitudinal máxima para calzadas es del 10%, con la excepción de tramos en ladera y otros casos especiales. Una pendiente mayor, y el correspondiente aumento de la velocidad del flujo, dificulta el drenaje de la superficie, por lo que exige caces de recogida del agua significativamente más anchos (valores nominales de 150-300 mm) y cubiertos por una rejilla.
La pendiente transversal tiene que ser del 2,5% en los caminos peatonales, del 4% en carrilles bici y no mayor del 6 u 8% en calzadas.

MÉTODOS CONSTRUCTIVOS PARA LOS SISTEMAS DE DRENAJE

Instalaciones de drenaje

Los sumideros son instalaciones de drenaje diseñadas para asumir mayor o menor cantidad de agua y soportar diferentes cargas mecánicas en función de su localización en áreas peatonales o calzadas de tráfico rodado. > **Tab. 3.11.2** Cuentan con una tapa o rejilla, un cuerpo y una base; en los de mayor tamaño, el cuerpo puede estar dividido en una pieza cónica y otra cilíndrica de conexión.

Clase	Áreas de uso
A 15	Áreas utilizadas exclusivamente por peatones y ciclistas
B 125	Aceras y áreas peatonales, áreas de aparcamiento para vehículos de pasajeros
C 250	Arcenes y cunetas no accesibles al tráfico
D 400	Calzadas y áreas peatonales utilizadas por automóviles, arcenes y áreas de aparcamiento para todo tipo de vehículos
E 600	Superficies con elevadas cargas, por ejemplo, muelles de descarga
F 900	Superficies con cargas aún más elevadas, por ejemplo, pistas aeroportuarias

Tab. 3.11.2: Clases de carga para sistemas de drenaje y sus áreas de aplicación (según EN 1433 y EN 124)

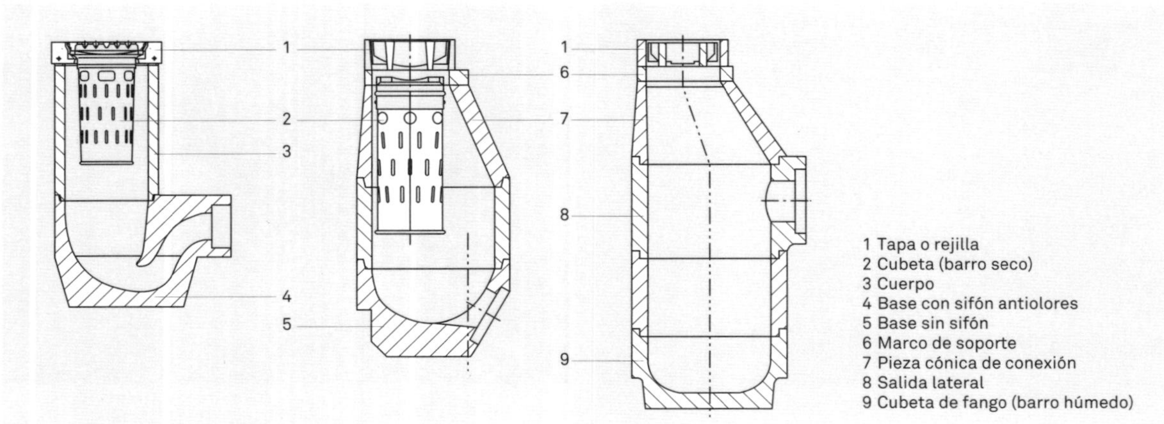

Fig. 3.11.10: Sección de un sumidero

Si la salida del sumidero se encuentra en la base, las impurezas contenidas en el agua son retenidas por una cubeta (recogida de barro seco). Los sumideros más grandes tienen una entrada específica para el barro, que queda acumulado en la parte inferior (recogida de barro húmedo); en este caso, la evacuación del agua se realiza por una salida lateral, en la «manga», situada justo por encima. En sistemas mixtos de saneamiento, si el sumidero está a menos de 2 m del espacio habitable de los edificios próximos, debe colocarse un sifón. > **Fig. 3.11.10**
En áreas especiales también se incluyen separadores, por ejemplo, de líquidos ligeros, para tratar residuos de aceites y gasolinas.
Los caces (abiertos) o las canaletas (cerradas) son formas de drenaje lineal. Los primeros dirigen el agua en superficie a un punto de drenaje, para lo que deben contar con una profundidad y una pendiente suficientes. > **Figs. 3.11.11 y 3.11.12, y Capítulo 3.2 Caminos y plazas**
Por su parte, las canaletas conducen el agua de lluvia por debajo de la superficie. Constan de un cuerpo (que puede ser de hormigón polimérico, plástico o acero) y una tapa o rejilla. Las ranuras de drenaje son un método constructivo de carácter más particular. > **Fig. 3.11.13** Las anchuras nominales son de 100 mm, 150 mm, 200 mm o mayores, de hasta 1000 mm. Los caces pueden tener una base en pendiente o escalonada o carecer de pendiente propia, en cuyo caso el flujo queda regulado por el propio nivel del agua, o bien colocando el caz en pendiente. También se pueden combinar elementos constructivos con y sin pendiente propia, con el objetivo de reducir la profundidad de la excavación, por ejemplo. Para evacuar el agua debe incluirse en el extremo del caz un depósito o una conexión a una tubería de desagüe. > **Fig. 3.11.14**
Los sumideros y los caces de drenaje se suelen apoyar sobre cimentaciones de hormigón. > **Figs. 3.11.15 y 3.11.16**
En cubiertas, balcones y terrazas con superestructuras que permitan la infiltración es posible recurrir a piezas especiales que se instalan directamente sobre la base. > **Capítulo 3.14 Cubiertas ajardinadas** Los caminos peatonales y ciclísticos también se pueden drenar mediante sencillas canaletas transversales de madera. > **Fig. 3.11.17**
La elección del tipo de cubrición viene determinada por la localización (calzadas, áreas peatonales) y los requisitos de diseño. En teoría, las tapas de fundición ofrecen más resistencia mecánica. Y las rejillas y las tramas de barras longitudinales y transversales tienen una sección de entrada mayor que las chapas perforadas, que además presentan una menor resistencia mecánica. También pueden emplearse piezas especiales de hormigón o piedra natural. > **Figs. 3.11.18 y 3.11.19**
La carga prevista es un criterio clave a la hora de elegir sistemas de drenaje; dicha carga viene dada por el volumen de tráfico. > **Tab. 3.11.2**

Aunque la sección efectiva de entrada de las rejillas normalizadas suele tener capacidad para cubrir mayores extensiones, el área de drenaje debería situarse en torno a los 400 m² en el caso de calzadas y 200 m² si se trata de patios o jardines.
Para un cálculo aproximado de la capacidad, se puede aplicar el valor de 1 cm² de sección efectiva de entrada por cada m² de superficie a drenar.
Las dimensiones de los caces de drenaje suelen estar determinadas por su sección transversal y por el tamaño de la tubería de salida. Sin embargo, puede hacer falta una sección de entrada mayor para agilizar la eliminación del agua superficial, especialmente en las calzadas.

Conducciones y pozos de registro

Desde las instalaciones de drenaje el agua es dirigida hacia las conducciones de saneamiento o hacia sistemas de infiltración. Para el drenaje de parcelas de terreno se suelen utilizar tuberías de plástico, también denominadas tuberías básicas de saneamiento (KG), que por lo común son de PVC, aunque también se pueden encontrar de poliestireno de alta densidad (HDPE) o prefabricadas de hormigón.
En las conducciones subterráneas se utilizan anchos nominales de 100 mm en adelante. El diámetro necesario viene determinado por la cantidad de agua acumulada, la pendiente de la conducción y las posibilidades de conexión con caces, canaletas y sumideros. También se puede recurrir a ramales (con un máximo de 45º) para conectar dos tuberías, así como a abrazaderas y a boquillas (incluso algunos tipos para conductos prefabricados de hormigón o de piedra) para realizar toda clase de conexiones. Por su parte, los adaptadores y reductores permiten resolver las transiciones entre conductos de distinto diámetro, mientras que los codos (15º, 30º y 45º) sirven para hacer cambios de dirección.
Las conducciones siempre deben estar excavadas con cierta pendiente para asegurar una rápida evacuación y evitar la acumulación de sedimentos. La pendiente requerida depende del caudal y del diámetro de la tubería. > **Dimensionado de las instalaciones de drenaje** Hay que situar las

a | b

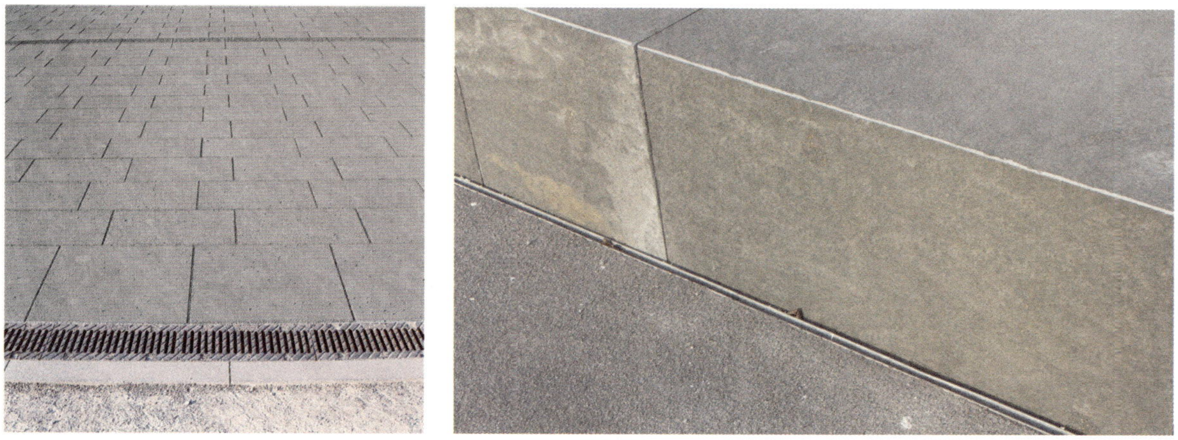

Fig. 3.11.13: Canaletas:
a) Canaleta con rejilla
b) Ranura de drenaje

Fig. 3.11.11: Caz de piedra natural con sumidero

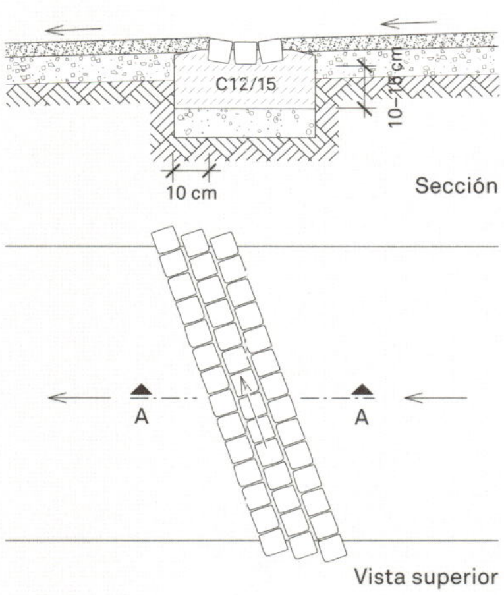

Fig. 3.11.12: Ejemplo de diseño de caz pavimentado

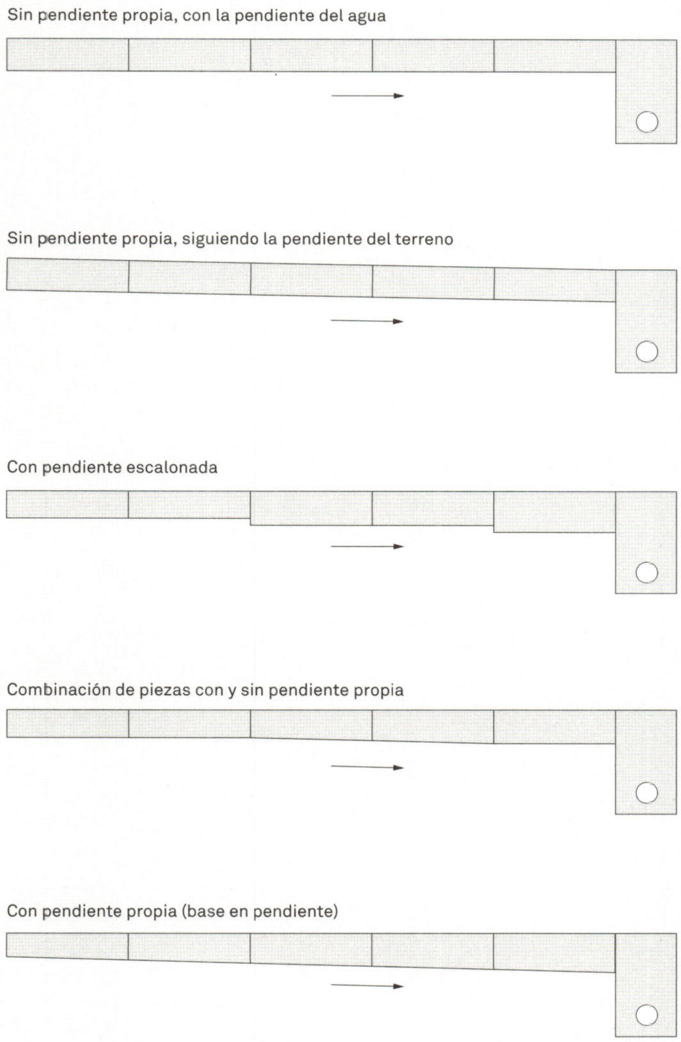

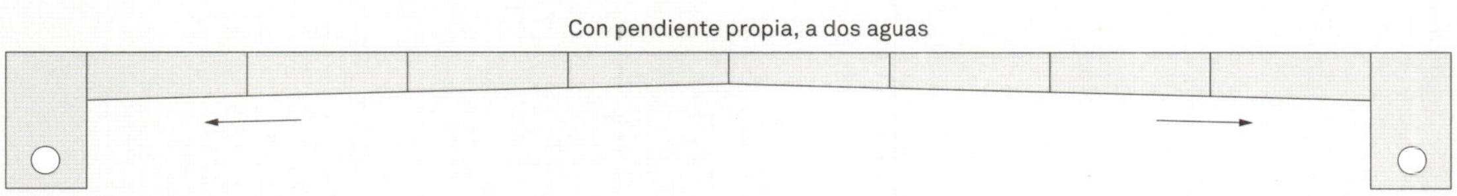

Abb. 3.11.14: Canaletas con diferentes pendientes, que muestran la posición del pozo de recogida

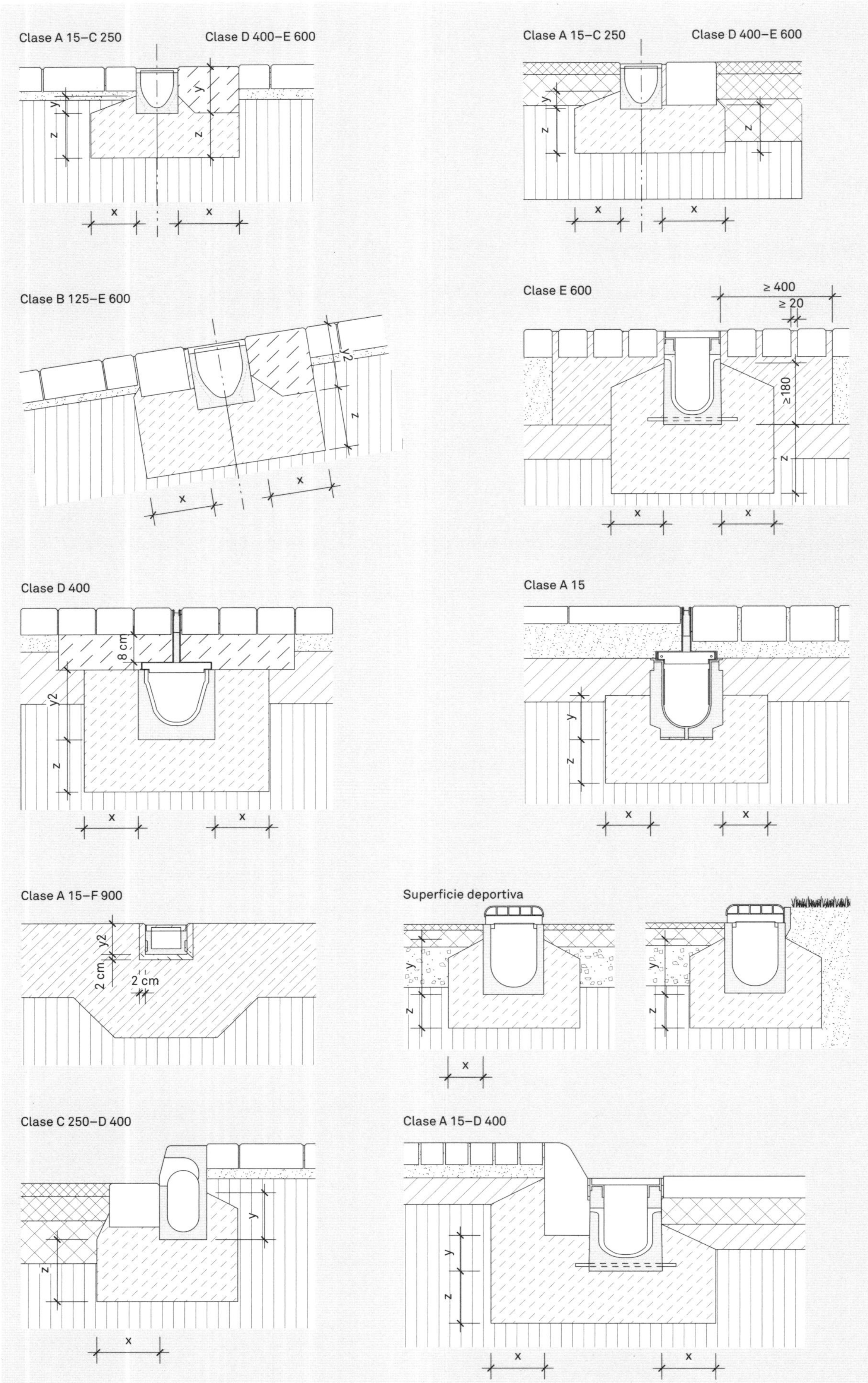

Fig. 3.11.15: Ejemplos de instalaciones de drenaje en las distintas clases de superficie según su uso. El tipo y el espesor del pavimento pueden variar según la situación. > **Capítulo 3.2 Caminos y plazas**

Fig. 3.11.16: Ejemplos de instalaciones de drenaje (continuación)

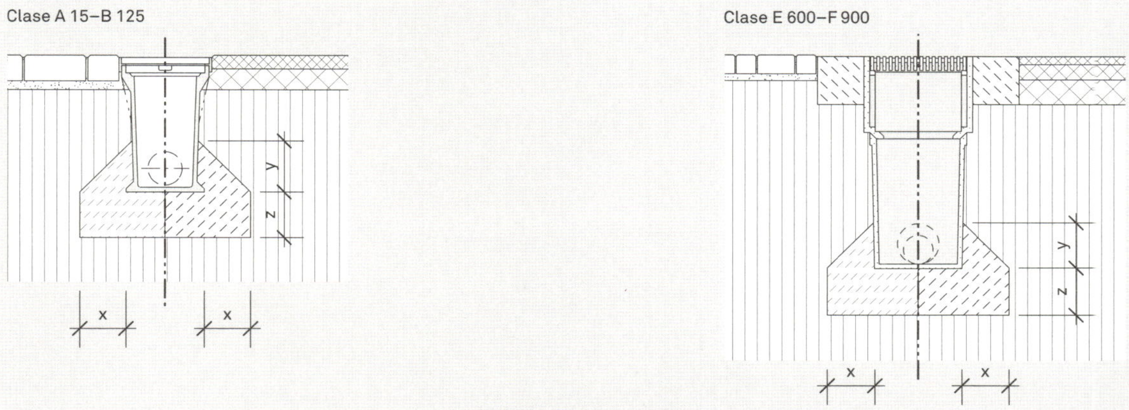

Dimensiones de la cimentación:
Drenaje de patios x/y/z = 10 cm
Drenaje de calzadas x/y/z = 20 cm
Para cargas más elevadas, aumentar *y* hasta el nivel de encamado

Dimensiones medias de la cimentación			**Calidad del hormigón**	
			Con riesgo de heladas	**Sin riesgo de heladas**
x	≥ 10-20 cm	En función del ancho nominal, clase de carga, altura del canal y tipo de instalación[1]	C 25/30[2]	C 20/25[2]
y	≥ 10-25 cm			
y[2]	= altura del canal			
z	≥ 25-20 (25) cm			
[1] Deben seguirse las instrucciones del fabricante			[2] También puede utilizarse C 12/15 en el caso de una clase de carga A15, y solo donde los requisitos de resistencia sean muy reducidos	

a | b

Fig. 3.11.17 a+b): Acabado de canaleta transversal

Fig. 3.11.18: Diferentes rejillas y tapas

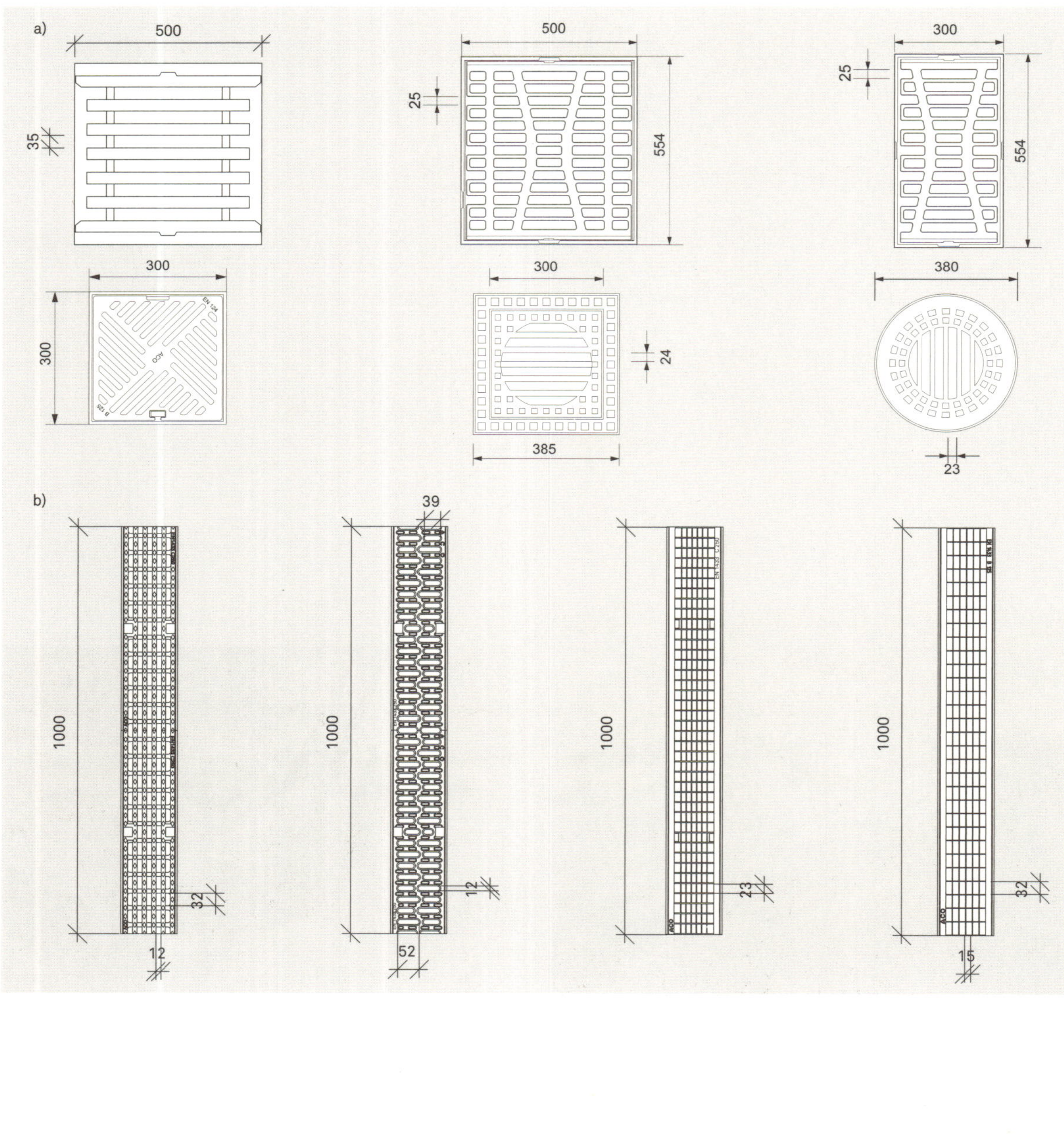

Fig. 3.11.19: Dimensiones de rejillas normalizadas (mm):
a) Sumideros
b) Canales

conducciones de agua a una profundidad suficiente en exteriores para que no estén expuestas a las heladas.
Las zanjas para colocar las conducciones pueden tener paredes inclinadas o verticales. Las primeras requieren más espacio y suponen mayor carga sobre las tuberías, debido a la mayor cantidad de relleno. En el caso de paredes verticales, se distingue entre las zanjas de hasta 1,25 m, de hasta 1,75 m y de más de 1,75 m de profundidad. > **Capítulo 3.1 Modelado del terreno y movimiento de tierras**
La base de la zanja tiene que estar nivelada y ser estable. Si el suelo no está lo bastante suelto o fino, conviene aplicar una cama de apoyo (por ejemplo, de arena) de al menos 10 cm de espesor. Si el suelo es rocoso y firme, la cama ha de tener un espesor de al menos 15 cm (según EN 1610).

También deben habilitarse una serie de pozos de registro a lo largo de todo el sistema para la adecuada supervisión y mantenimiento de las conducciones. Hay que colocar un pozo siempre que dos o más conducciones se encuentren o que cambie la dirección del flujo o la pendiente (EN 476). Su diámetro interior debe ser al menos de 1000 mm (sección circular) o de 750 x 1200 mm (sección rectangular); además, tiene que disponer de una escalera en la cara interior. > **Fig. 3.11.20** Los pozos suelen realizarse con elementos prefabricados de hormigón, de fábrica de ladrillo (al menos parcialmente) o de plástico. Dado su reducido peso, estos últimos resultan especialmente adecuados en áreas en las que no sea accesible la maquinaria pesada. Las tapas de los pozos suelen ser de fundición. Con el fin de que no desentonen con el pavimento de los alrededores, también se fabrican con muescas o hendiduras, de forma que puedan revestirse con un pavimento o una superficie de hormigón. > **Fig. 3.11.21**

Sistemas de infiltración de aguas pluviales

Si se plantean sistemas de infiltración, ya sean superficiales o subterráneos, hay que asegurarse de que el subsuelo tenga la capacidad suficiente. La superficie de infiltración (ya sea una laguna de retención o una zanja de infiltración) debe situarse al menos 1 m por encima de la cota media más alta del nivel freático. En casos excepcionales y siempre que la lluvia arrastre pocas sustancias contaminantes, esta distancia mínima puede reducirse, y también se puede contar con el propio terreno para filtrarlas. El agua que contenga contaminantes, como en carreteras con un tráfico intenso, nunca podrá evacuarse a través de sistemas subterráneos de infiltración. En cambio, cuando el agua de lluvia esté poco contaminada (por ejemplo, en calzadas con poco tráfico o en áreas de aparcamiento), se podrá acudir excepcionalmente a los sistemas subterráneos de infiltración. En estos casos, conviene que el espacio de infiltración sea lo más amplio posible para aprovechar al máximo la capacidad filtrante del suelo. En cuanto a la instalación de sistemas de infiltración u otros tipos de drenajes próximos a las zonas protegidas, siempre requerirán la obtención de una licencia legal.
En función de las características de la localización, habrá que seleccionar un sistema de infiltración, o una combinación de varios.

Infiltración superficial

En la infiltración superficial, la lluvia se cuela directamente hacia las capas permeables del suelo. Si solo hay que drenar superficies pequeñas, basta con derivar el agua hacia las áreas plantadas próximas. Si el espacio resulta insuficiente, se pueden disponer zanjas con una base horizontal para que almacenen el agua el tiempo necesario hasta su completa infiltración. Con el fin de evitar la compactación de la superficie o la acumulación de barro, así como daños a la vegetación, el periodo de retención debe ser limitado, lo que se traduce en una altura máxima de acumulación de 30 cm y una permeabilidad mínima del suelo de al menos k_f = 5 x 10^{-6} m/s. El flujo de entrada debería estar repartido por toda la superficie de la forma más uniforme posible. A menudo, la superficie de infiltración se dispone como una laguna o depresión con vegetación, donde es posible plantar céspedes y herbáceas de tallo alto. > **Figs. 3.11.22-3.11.24 y Tab. 3.11.1c+d** La utilización de pavimentos permeables en áreas peatonales permite que se filtre una parte de la lluvia directamente a través de las superficies duras. > **Capítulo 3.2 Caminos y plazas**

Fig. 3.11.20: Pozo de registro en una calzada

Fig. 3.11.21: Pozos de registro con tapas de fundición

Drenes filtrantes o franceses

Los drenes filtrantes son zanjas de drenaje rellenas con un material muy poroso (por ejemplo, grava). El resultado es un depósito subterráneo que retarda la infiltración al subsuelo. El agua de lluvia llega a un caz o a una canaleta en superficie, y de ahí pasa a la zanja.

Los drenes filtrantes también pueden disponer de un conducto de drenaje en su interior para aumentar su capacidad. Esta solución se emplea cuando no existe una superficie lo bastante grande o no es fácil de alcanzar (por su altura, por ejemplo). El agua llega al tubo de drenaje por un sistema de conducción o por medio de un pozo de infiltración, y de ahí se filtra al terreno por las perforaciones que el conducto presenta en su superficie. Como relleno, hay que utilizar un material poroso (por ejemplo, grava 16/32). El tamaño típico del conducto coincide con el estándar Dn (diámetro nominal) 300. Conviene proteger las caras de la zanja de la penetración de partículas más finas del terreno mediante una membrana. > **Fig. 3.11.25** También se pueden usar materiales plásticos de alta porosidad, que se caracterizan por su reducido peso propio y su elevada capacidad de almacenamiento. > **Fig. 3.11.26** Las zanjas de drenaje se construyen sin pendiente y tienen que contar con un desagüe a una determinada altura para evitar que las lluvias intensas provoquen un reflujo de las aguas.

Sistemas mixtos de zanjas de infiltración y drenes subterráneos

Para formar un sistema mixto de infiltración, es posible combinar una depresión o zanja superficial con un dren filtrante subterráneo. > **Fig. 3.11.27** La zanja también puede contar con una acometida u otros sistemas de rebosadero para recibir el agua de episodios intensos de lluvia. > **Fig. 3.11.28** Además, el rebosadero sirve para regular el nivel del agua si se lo mantiene por debajo del nivel máximo de 30 cm. Se trata de sistemas de infiltración utilizables siempre que la permeabilidad del suelo k_f sea superior a 10^{-6} m/s. Si la permeabilidad fuese menor, debe colocarse un control de salida, ya que no existe garantía de que pueda filtrarse toda el agua acumulada. En estos casos se precisa recurrir a sistemas mixtos que combinen zanjas superficiales con drenes filtrantes, para que el agua que no es absorbida por el terreno sea desviada hacia un sistema de conducciones o a un pozo. > **Fig. 3.11.29** De ahí que los pozos de infiltración representen una alternativa cuando no hay suficiente espacio para los drenes filtrantes subterráneos o cuando las capas superiores del suelo no son lo bastante permeables. Su ancho nominal es de al menos 1000 mm, y se construyen en hormigón o en plástico. > **Fig. 3.11.30**

Por su parte, las depresiones o lagunas de infiltración son embalses centrales con una construcción similar a las zanjas de infiltración. Sin embargo, debido a la mayor entrada de agua, requieren una permeabilidad del suelo más elevada: $k_f \geq 10^{-5}$ m/s. Para evitar la sedimentación y la colmatación del fondo, el agua debería pasar previamente por cuencas de sedimentación y, en el caso de áreas próximas a carreteras, por separadores de líquidos ligeros.

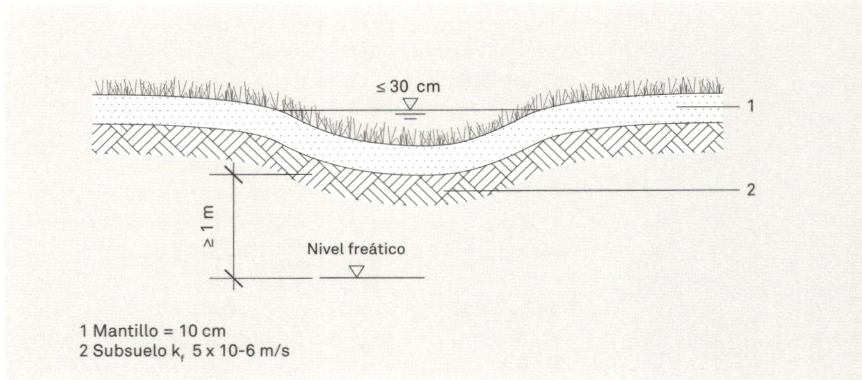

Fig. 3.11.22: Zanja de infiltración, método constructivo

Fig. 3.11.23: Zanja de infiltración con acometida procedente de la calzada

Fig. 3.11.24: Zanja de infiltración. Las chapas de acero dividen la zanja en depósitos independientes. Altura de rebosadero = 30 cm

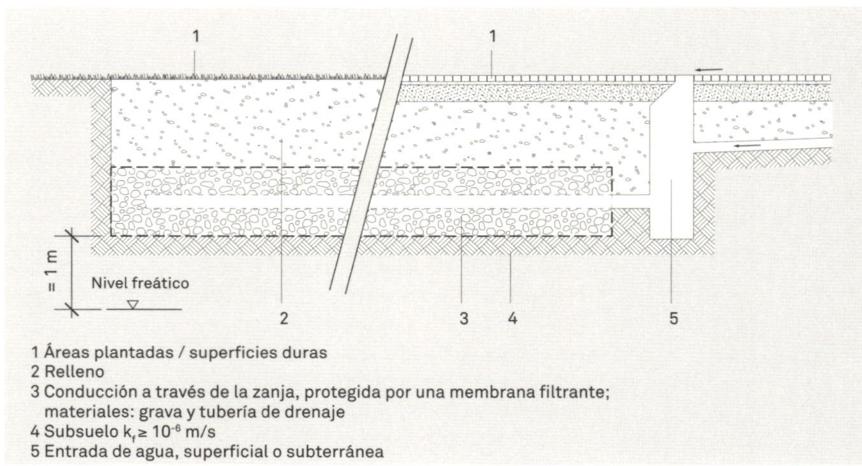

Fig. 3.11.25: Sección longitudinal de conducción a través de una zanja

Fig. 3.11.26: Drenes filtrantes: relleno modular fabricado con plásticos

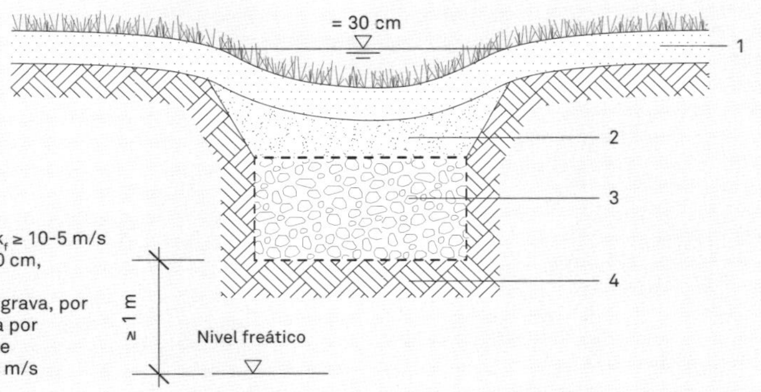

Fig. 3.11.27: Franja de infiltración sobre dren filtrante sin conducto de drenaje

CÁLCULO Y PARÁMETROS BÁSICOS

Establecimiento de la pluviosidad

Dependiendo de la frecuencia y la duración de las lluvias, habrá que lidiar con distintos volúmenes de agua. Para este cálculo deben aplicarse diferentes niveles de precipitación. La información acerca de los valores medios de una localización concreta pueden proporcionarla las autoridades locales o los servicios meteorológicos.
Puesto que parte de la precipitación se infiltra directamente en la superficie sobre la que cae, la cantidad de cálculo debe reducirse mediante un «coeficiente de escorrentía» A_u, que indica precisamente la cantidad de agua de escorrentía que genera una determinada superficie. > Tab. 3.11.3

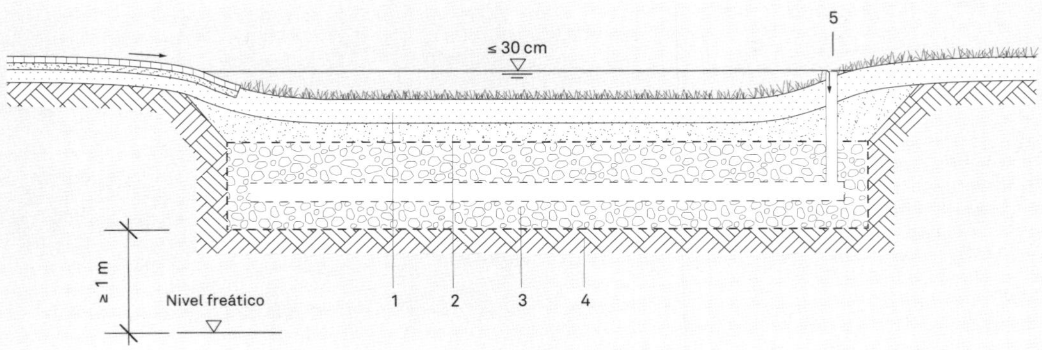

Fig. 3.11.28: Franja de infiltración sobre dren filtrante con conducto de drenaje

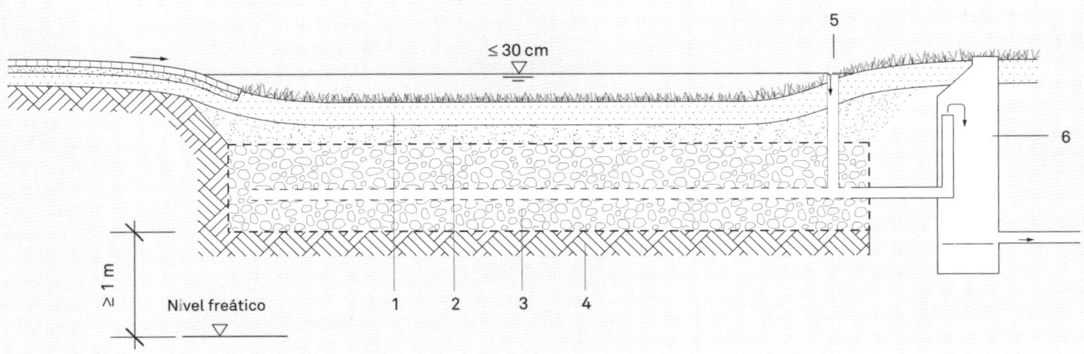

Fig. 3.11.29: Franja de infiltración sobre dren filtrante con control de salida

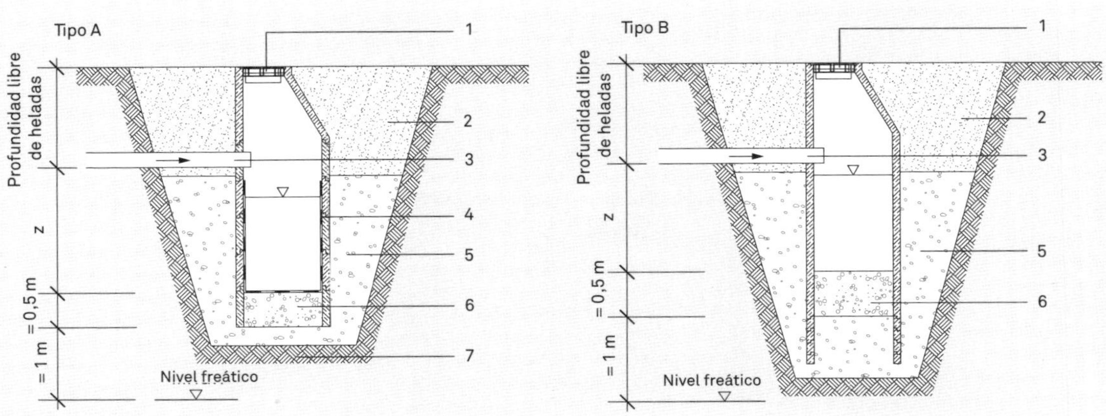

Fig. 3.11.30: Variantes de pozos de infiltración (según DWA-A 138)

En términos generales, se puede usar la siguiente fórmula para obtener el agua de escorrentía:

$$Q_r = r_{(D,T)} \cdot \psi \cdot A$$

Q_r = agua de escorrentía [l/s]
$r_{(D,T)}$ = nivel de precipitación de cálculo [l/(s · ha)], donde D indica la duración y T, el periodo de retorno
ψ = coeficiente de escorrentía > **Tab. 3.11.3**
A = área de la superficie [m²] que genera la escorrentía (proyección horizontal)

Dimensionado de las instalaciones de drenaje

Conducciones

Para calcular las dimensiones de las conducciones en una parcela de terreno, por lo general se toman los datos de una precipitación de 5 minutos de duración y un periodo de retorno de 2 años (de 5 años en los centros urbanos, según EN 752-4). A partir de estos datos se calcula el agua de escorrentía según la siguiente fórmula:

$$Q_r = r_{(5,2)} \cdot \psi \cdot A / 10\,000 \text{ [l/s]}$$

Q_r = agua de escorrentía [l/s]
$r_{(5,2)}$ = nivel de precipitación de cálculo [l/(s · ha)]
ψ = coeficiente de escorrentía > **Tab. 3.11.3**
A = área de la superficie [m²] que genera la escorrentía

Las conducciones subterráneas no deben ser menores al estándar DN 100. La pendiente debe ser al menos 1:DN y el nivel máximo de llenado debería ser $h/d_i = 0,7$. Todo ello, junto al caudal calculado de agua de escorrentía Q_r, determina el diámetro de la conducción, según la tabla 3.11.4.

Sistemas de infiltración

Los cálculos básicos que se muestran a continuación son aplicables a sistemas con un área máxima de drenaje de 200 ha y vienen especificados en la norma alemana DWA-A 138 (Planificación, construcción y gestión de instalaciones de infiltración de aguas pluviales), en cuyos anexos pueden consultarse otras fórmulas adicionales de cálculo.

Superficie de infiltración

$$A_S = \frac{A_u}{\left(k_f \cdot 10^{-7} / 2 \cdot r_{D(5)}\right) - 1}$$

A_S = superficie de infiltración (proyección horizontal)
A_u = superficie a drenar $(A_E) \cdot \psi, \psi$ > **Tab. 3.11.3**
k_f = coeficiente de permeabilidad (> **Tab. 1.1.3**) $\geq 2 \cdot r_{D(0,2)} \cdot 10^7$
$r_{D(0,2)}$ = periodo de retorno T = 5 años
D = 10-15 minutos

Zanja de infiltración (cálculo del volumen requerido)

$$V_M = \left[(A_u + \text{req.}A_S)\, 10^{-7} \cdot r_{D(0,2)} - \text{req.}A_S \cdot \frac{k_f}{2}\right] \cdot D \cdot 60 \cdot f_z$$

V_M = volumen de la zanja en m³
req. A_S = $0,1 \cdot A_u$ (tipo de suelo: MSa, FSa),
$0,2 \cdot A_u$ (tipo de suelo: siSa, saSi, Si)
$r_{D(0,2)}$ = periodo de retorno T = 5 años
D = variable*
k_f = coeficiente de permeabilidad > **Tab. 1.1.3**
f_z = coeficiente de seguridad (generalmente 1,2)

Comprobar que el tiempo de vaciado t_E es menor a 24 horas para el volumen V:

$$t_E = 2 \cdot (V / A_S) / k_f = t_E \text{ (en segundos)}, t_E/3600 = t_E \text{ h}$$

Calcular la altura de acumulación $z_M = V / A_S$

Dren filtrante o francés (cálculo de la longitud necesaria de la zanja para conductos con paredes delgadas de plástico)

$$S_{RR} = \frac{S_R}{b_R \cdot h}\left[b_R \cdot h + \frac{\pi \cdot d^2}{4}\left(\frac{1}{S_R - 1}\right)\right]$$

S_R = coeficiente de almacenamiento del material de relleno > porcentaje de poros en el material de relleno (p. ej, grava 8/32 > S_R = 0,35)
d = diámetro del conducto (en el caso de tuberías de paredes delgadas)

Tipo de revestimiento	Coeficiente de escorrentía, según DIN 1986-100	
		** Según DWA-A 117*
Superficies duras		
– Superficies de asfalto u hormigón	1,0	*(0,9*)*
– Pavimentos con juntas de mortero	1,0	
– Pavimentos discontinuos sobre cama de arena o gravilla	0,7	*(0,75*)*
– Pavimentos con > 15% de juntas	0,6	*(0,5*)*
– Superficie artificial/césped	0,6	
– Tierra comprimida en pistas deportivas	0,4	
– Pavimento de zahorras sin mortero	0,3	
– Rejilla pétrea con césped	0,0 [en superficies pequeñas, p. ej, plazas individuales de aparcamiento y sus accesos]	*(0,15*)*
– Senderos con revestimiento de pavimento de zahorras sin mortero	0,0	
Cubiertas		
Cubiertas convencionales	1,0	*(0,9-1,0*)*
Cubiertas de grava	0,5	*(0,7*)*
Cubiertas verdes extensivas, espesor de estructura < 10 cm	0,5	*(0,5*)*
Cubiertas verdes extensivas, espesor de estructura ≥ 10 cm	0,3	*(0,3*)*
Cubiertas verdes intensivas	0,3	*(0,3*)*
Superficies no duras		
Césped en pistas deportivas	0,3	
Praderas y áreas plantadas en parques y jardines	0,0	*(0,0-0,3*) [en función de la pendiente]*
Superficies de grava y gravilla compactada	0,0	*(0,3*)*

Tab. 3.11.3: Coeficientes de escorrentía

Pendiente	Capacidad de evacuación en l/s en función de su ancho nominal (DN)						
% (cm/m)	DN 100 d_i = 96 mm	DN 125 d_i = 113 mm	DN 150 d_i = 146 mm	DN 200 d_i = 184 mm	DN 225 d_i = 207 mm	DN 250 d_i = 230 mm	DN 300 d_i = 290 mm
5,0	9,4	14,6	28,8	-	-	-	-
4,5	8,9	13,8	27,3	50,5	-	-	-
4,0	8,4	13,0	25,8	47,6	-	-	-
3,5	7,9	12,2	24,1	44,5	60,9	-	-
3,0	7,3	11,3	22,3	41,2	56,3	74,4	-
2,5	6,7	10,3	20,3	37,6	51,4	67,9	125,4
2,0	5,9	9,2	18,2	33,6	45,9	60,7	112,1
1,5	5,1	7,9	15,7	29,1	39,7	52,5	97,0
1,4	5,0	7,7	15,2	28,1	38,4	50,8	93,7
1,3	4,8	7,4	14,6	27,1	37,0	48,9	90,3
1,2	4,6	7,1	14,1	26,0	35,5	47,0	86,7
1,1	4,4	6,8	13,5	24,9	34,0	45,0	83,0
1,0	4,2	6,5	12,8	23,7	32,4	42,8	79,1
0,9		6,1	12,2	22,5	30,7	40,6	75,0
0,8		5,8	11,5	21,2	29,0	38,3	70,7
0,7			10,7	19,8	27,1	35,8	66,1
0,6		Pendiente ≤ 1:DN		18,3	25,0	33,1	61,2
0,5				16,7	22,8	30,2	55,8
0,4					20,4	27,0	49,9

Tab. 3.11.4: Capacidad del sistema de drenaje en zonas no edificadas con una cantidad de relleno h/d_i = 0,7 (según normas EN 752-2 y DIN 1986-100)

$$L_R = \frac{A_u \cdot 10^{-7} \cdot r_{D(0,2)}}{\frac{b_R \cdot h \cdot S_{RR}}{D \cdot 60 \cdot f_Z} + \left(b_R + \frac{h}{2}\right) \cdot \frac{k_f}{2}}$$

$r_{D(n)}$ = frecuencia de la precipitación, donde n = 0,2
b_R = ancho de la zanja de drenaje, h = altura de la zanja de drenaje
D = variable*
S_{RR} = coeficiente de almacenamiento total > zanjas sin conducto de drenaje: $A \cdot S_R$, con conducto > fórmula para S_{RR}

Zanja de infiltración (longitud total de la zanja)

$$L = \frac{(A_u + A_{s,M}) \cdot 10^{-7} \cdot r_{D(0,2)} - \frac{Q_{dr} - V_M}{D \cdot 60 \cdot f_Z}}{\frac{b_R \cdot h \cdot S_{RR}}{D \cdot 60 \cdot f_Z} + \left(b_R + \frac{h}{2}\right) \cdot \frac{k_f}{2}}$$

$A_{s,M}$ = superficie de infiltración de la zanja (estimada) = $0{,}1 \cdot A_u$
r_{DT} = precipitación con periodo de retorno T ≤ 5 años
Q_{dr} = control de salida en m³/s (en zanjas de drenaje = 0)
V_M = volumen de la zanja, cálculo especificado más arriba

El resultado de L debe corresponderse con la siguiente ecuación:

$$A_{s,M}\ \text{real} = L \cdot b_R < A_{s,M}\ (0{,}1 \cdot A_u)$$

Pozo de infiltración (cálculo de la altura de acumulación z necesaria > **Fig. 3.11.27**

$$z = \frac{A_u \cdot 10^{-7} \cdot r_{D;n} - \left(\frac{\pi \cdot d^2}{4^a} \cdot \frac{k_f}{2}\right)}{\frac{d_i^2 \cdot \pi}{4 \cdot D \cdot 60 \cdot f_Z} + \frac{d_a \cdot \pi \cdot k_f}{4}}$$

z = altura de acumulación en el pozo
$r_{D(0,2)}$ = precipitación con periodo de retorno T = 5 años
d_a = diámetro exterior del pozo
d_i = diámetro interior del pozo

* Cálculo del valor máximo en función de la duración de la precipitación (> cambios en la velocidad de escorrentía con el aumento de la duración)

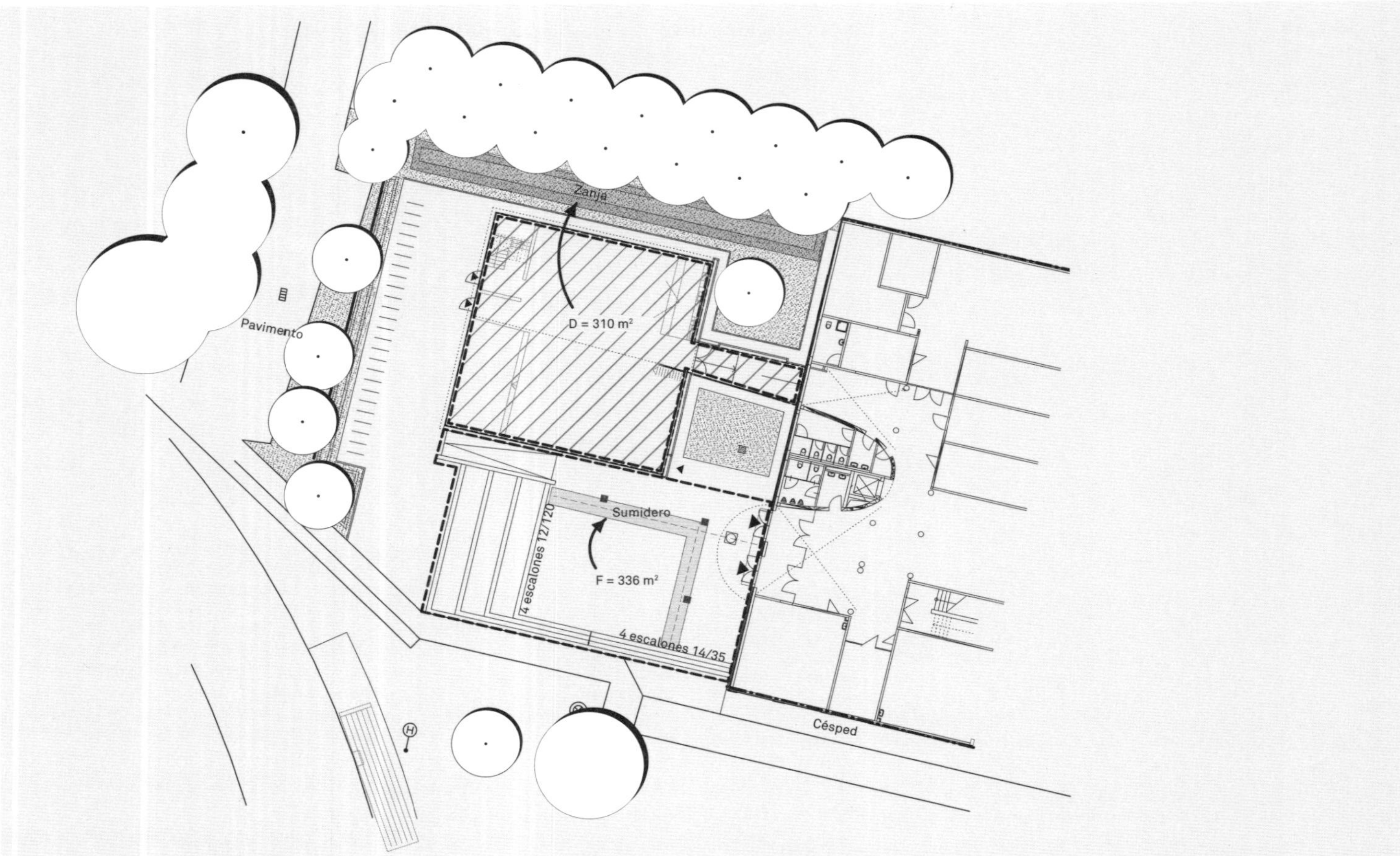

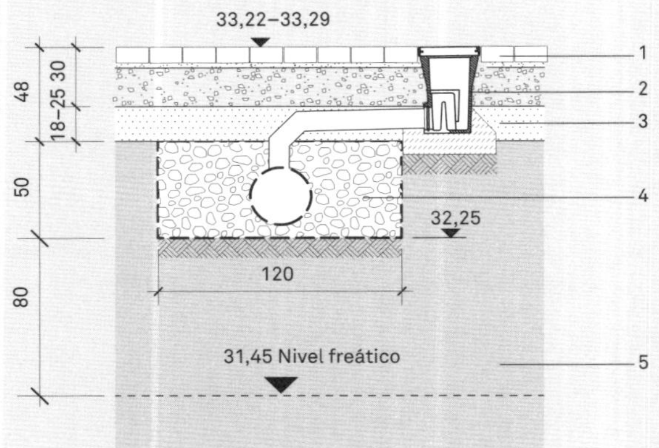

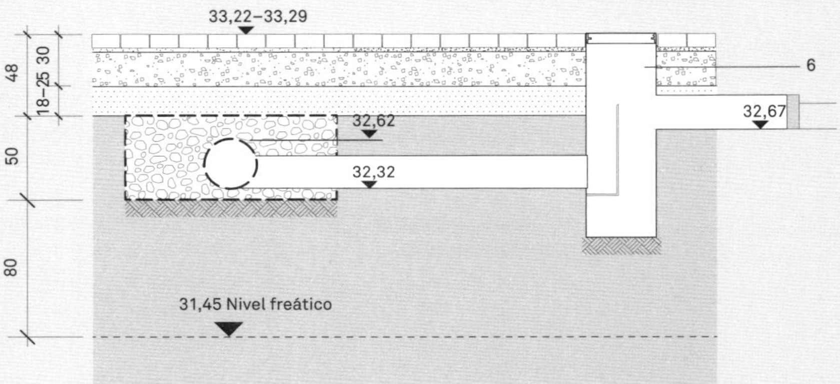

1 Pavimento
2 Sumidero
3 Relleno resistente a las heladas
4 Dren filtrante, grava gruesa con membrana geotextil, conducto de plástico perforado d = 0,3 m
5 Suelo natural $k_f = 10^{-5}$ m/s
6 Pozo con control de salida y rebosadero de emergencia

ESCUELA AN DEN HAVELAUEN, HENNIGSDORF, CERCA DE BERLÍN, ALEMANIA

Arquitectos: Fromme und Linsenhoff, Berlín, Alemania
Arquitecto paisajista: Norbert Müggenburg, Berlín, Alemania
Finalización: 2003

Una vez que la escuela se había renovado y ampliado, la lluvia debía infiltrarse en el propio sitio. Como ejemplo se presentan los cálculos realizados para las cubiertas del nuevo edificio (pozo de infiltración junto al volumen) y para las áreas pavimentadas del patio delantero (dren filtrante con conducto de drenaje). Puesto que el patio delantero estaba por debajo del terreno adyacente, no se pudo evacuar el agua hacia las zonas plantadas adyacentes.

Datos de partida:
Nivel freático 31,45 m (DHHN 92)

Tipo de suelo en los alrededores del sistema de infiltración de acuerdo con el estudio de campo: arena fina, $k_f = 10^{-5}$

Precipitación localizada para un periodo de retorno de 5 años (n = 0,2) y duración variable. Cálculos basados en los valores KOSTRA (niveles de lluvia intensa en Alemania), publicado por el Deutscher Wetterdienst, en 1997:

Duración (D)	$r_{D(0.2)}$ l/(s·ha)
5 min	363,2
10	231,5
15	177,6
20	147,7
30	114,8
45	87,5
60	72,8
90	52,9
120	42,4
180	31
240	24,6
360	17,8

Cálculo de las precipitaciones

Descripción del área / superficie de cobertura	Área en m²	Coeficiente de escorrentía según DWA-A 138	A_u	Tipo de drenaje	Precipitación = caudal previsto de escorrentía en l/s*
F área pavimentada	336	0,75	= 252	Drenaje francés	4,9 l/s
D cubierta plana con recubrimiento de grava	310	0,7	= 217	Canaleta	4,2 l/s
* Nivel de precipitación con D = 15 min., T = 2 más 10%, tolerancia = 195 l/(s·ha)					

Ejemplo de cálculo para la superficie *D* en el caso de drenaje mediante canaletas

$$V_M = \left[(A_u + req.A_S)\cdot 10^{-7}\cdot r_{D(0,2)} - req.A_S\cdot\frac{k}{2}\right]\cdot D\cdot 60\cdot f_Z$$

donde: A_u = 217 m², A_S = 33 m², f_Z = 1,2

$$V_M = \left[(217+33)\cdot 10^{-7}\cdot r_{D(0,2)} - 33\cdot\frac{5\cdot 10^{-5}}{2}\right]\cdot D\cdot 60\cdot 1{,}2$$

$$V_M = \left[0{,}000025\cdot r_{D(0,2)} - 0{,}000825\right]\cdot D\cdot 72$$

Se calcula el valor máximo utilizando los valores de *D* y $r_{D(0,2)}$ de la siguiente tabla:

Duración (D)	$r_{D(0,2)}$	V en m³
15	177,6	3,9
20	147,7	4,1
30	114,8	4,42
45	87,5	4,41
60	72,8	4,3
90	52,9	3,2
120	42,4	2,0

El volumen máximo a acumular es
V = 4,42 m³
z_M = 4,42 m³ / 33 m² = 0,14 m

Altura de acumulación para un área de 33 m² = 0,14 m
Longitud y anchura de la zanja proyectada = 29 m · 1,20 m
La base de la zanja se encuentra a una altura de 33,55 m (DHHN 92). Teniendo en cuenta el nivel freático, hay una diferencia de cota de 2,10 m para la infiltración.

Ejemplo de cálculo para dren filtrante con conducto de drenaje de la superficie *F*:

$$S_{RR} = \frac{S_R}{b_R\cdot h}\left[b_R\cdot h + \frac{\pi\cdot d^2}{4}\left(\frac{1}{S_R - 1}\right)\right]$$

$$L_R = \frac{A_u\cdot 10^{-7}\cdot r_{D(0,2)}}{\frac{b_R\cdot h\cdot S_{RR}}{D\cdot 60\cdot f_Z} + \left(b_R + \frac{h}{2}\right)\cdot\frac{k_f}{2}}$$

Estimación de la anchura y altura de las zanjas de infiltración:
b_R = 1,2 m, h = 0,5 m
Utilización de tuberías de plástico con d = 0,3 m
S_R = coeficiente de almacenamiento del material de relleno = 0,35
k_f = 10^{-5}
f_Z = coeficiente de seguridad = 1,2
A_u = 217 m²

De forma que calculamos S_{RR}:

$$S_{RR} = \frac{0{,}35}{1{,}2\cdot 0{,}5}\cdot\left[1{,}2\cdot 0{,}5 + \frac{3{,}1416\cdot 0{,}3^2}{4}\left(\frac{1}{35} - 1\right)\right]$$

$$S_{RR} = 0{,}583\cdot[0{,}6 + 0{,}071 \quad 1{,}857] = 0{,}726$$

y *L*:

$$L = \frac{252\cdot 10^{-7}\cdot r_{D(0,2)}}{\frac{1{,}2\cdot 0{,}5\cdot 0{,}726}{D\cdot 60\cdot 1{,}2} + \left(1{,}2 + \frac{0{,}5}{2}\right)\cdot\frac{0{,}00001}{2}}$$

$$L = \frac{0{,}0000252\cdot r_{D(0,2)}}{\frac{0{,}436}{D\cdot 72} + 0{,}00000725}$$

Obteniendo la longitud máxima necesaria para el dren filtrante, con b = 1,2 m y h = 0,5 m a partir de los datos de *D* y $r_{D(0,2)}$ de la siguiente tabla:

Duración (D)	$r_{D(0,2)}$	L en m
15	177,6	10,9
20	147,7	12
30	114,8	13,8
45	87,5	15,8
60	72,8	17
90	52,9	17,8
120	42,4	18,5
180	31	18,5
240	24,6	19,1
360	17,8	18,7

La longitud máxima necesaria del dren filtrante proyectado resulta 19,2, que se redondea a 20 m.
La base de la zanja se encuentra a una altura de 32,25 m (DHHN 92), dejando un margen de 0,8 m sobre el nivel freático. El incumplimiento de la distancia mínima de 1 m fue autorizado por una licencia legal. Con el fin de evitar la inundación de la entrada, se colocó un rebosadero de emergencia para evacuar el exceso de agua en caso de necesidad.

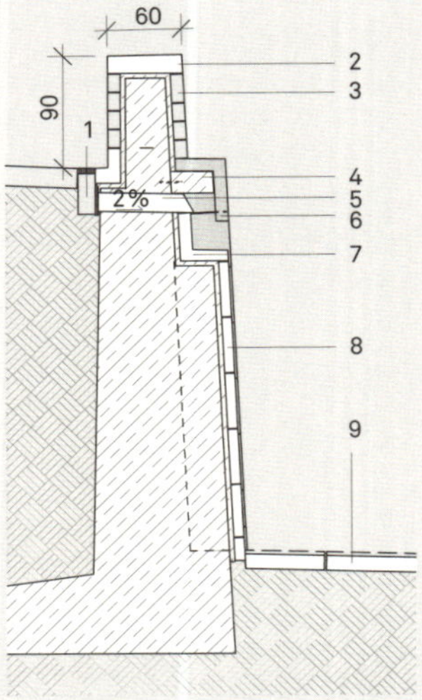

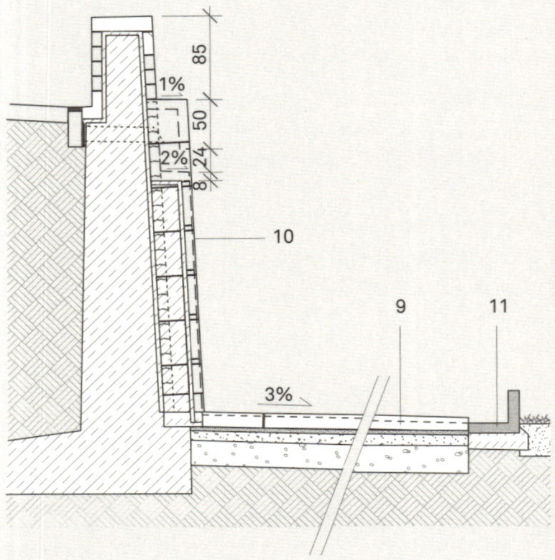

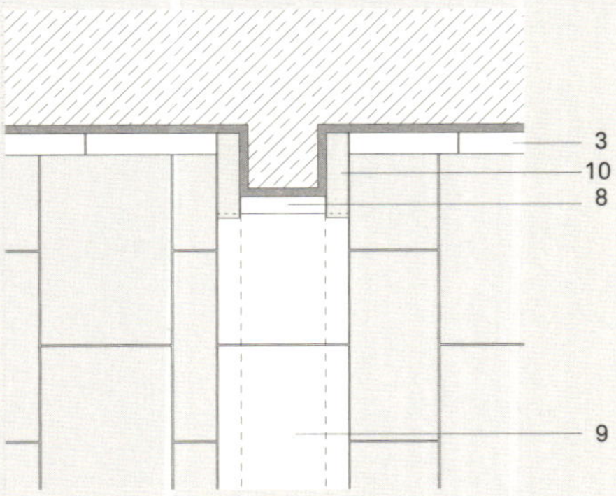

Vista superior

1 Canaleta de entrada DN 100
2 Albardilla
3 Revestimiento del muro, caliza. h = 14,4 cm, espesor 10 cm, longitud variable con juntas de 0,6 cm
4 Repisa de apoyo
5 Tubo de polietileno DN 150
6 Pieza especial de arenisca
7 Pieza especial de caliza
8 Placa de caliza
9 Losa de hormigón, L/B/H 90/60/15 cm con rebaje de 5 cm, recibida en mortero MIII, 4 cm, árido de basalto de alta calidad, superficie granallada
10 Aplacado de arenisca
11 Pieza en ángulo para frenar el agua: hormigón con color integral de basalto, L/H (interior) 40/30 cm, L/H (exterior) 50/40 cm, ancho: 60 cm

Los canalones a lo largo del muro de contención dirigen el agua de lluvia desde las superficies pavimentadas de la parte alta (a través del propio muro) hacia las zanjas de infiltración.

INSTALACIONES DE DRENAJE EN BONIFATIUSPARK, FRÁNCFORT DEL MENO, ALEMANIA

Arquitectos paisajistas: Bernard und Sattler con Norbert Müggenburg, Berlín, Alemania
Finalización: 2006

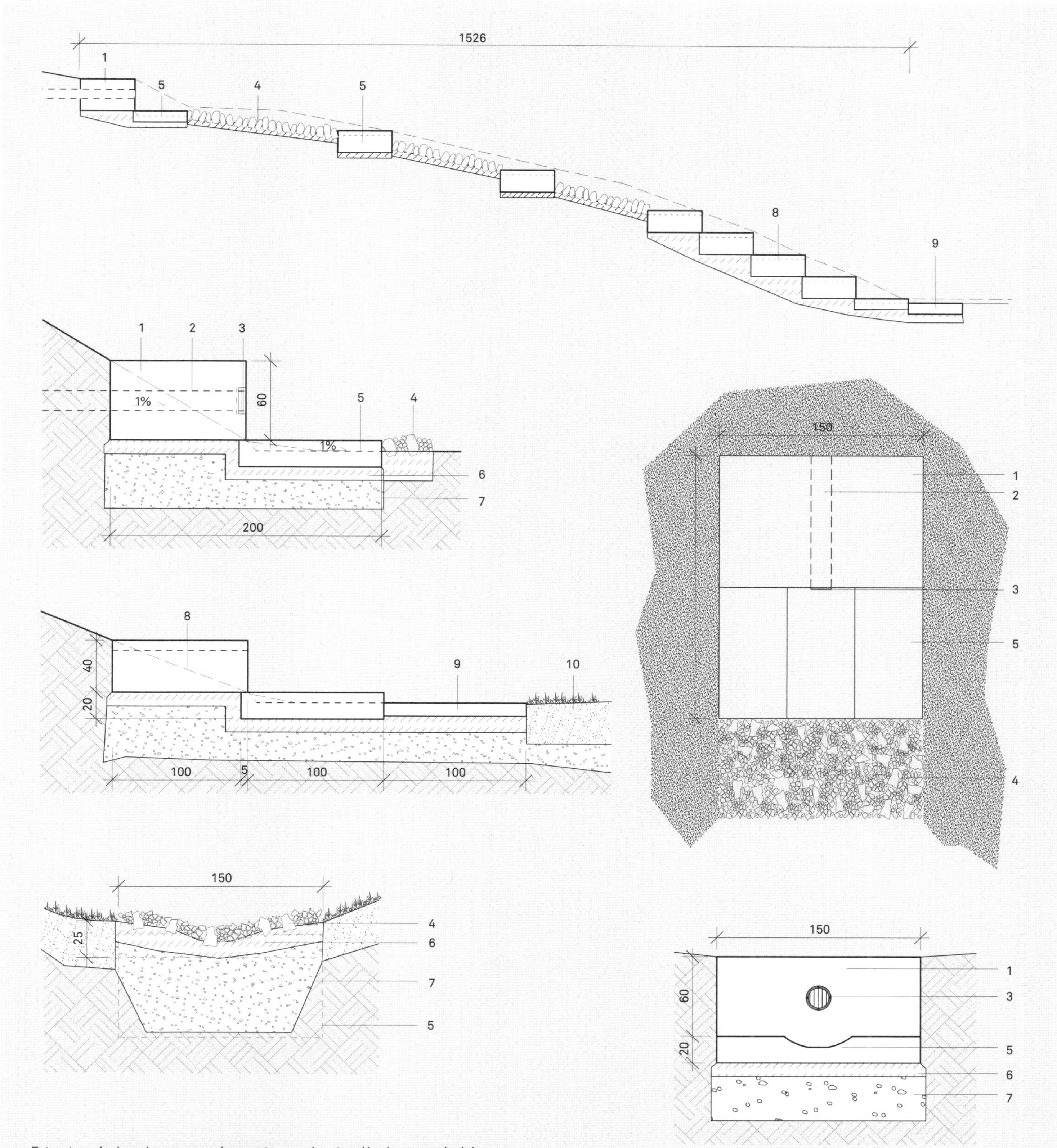

Estructura de drenaje con cascada en estanque de retención de aguas pluviales
1 Estructura de drenaje, elemento prefabricado de hormigón, color basalto, con biseles y tratamiento con chorro de arena
2 Conducto de drenaje de poliestireno DIN 150
3 Rejilla de acero inoxidable, 6-8 cm de separación entre barras
4 Piedras de río y grava 10/15 sobre hormigón C25/30
5 Losa prefabricada de hormigón con rebaje de 8 cm
6 Cimentación de hormigón C25/30, 15 cm
7 Capa de protección frente a heladas, 0/32, 65 cm
8 Salto de cascada, elemento prefabricado de hormigón con rebaje de 8 cm
9 Losa final de hormigón (sin rebaje) al mismo nivel que la base del estanque de retención, pendiente 0%
10 Base del estanque de retención

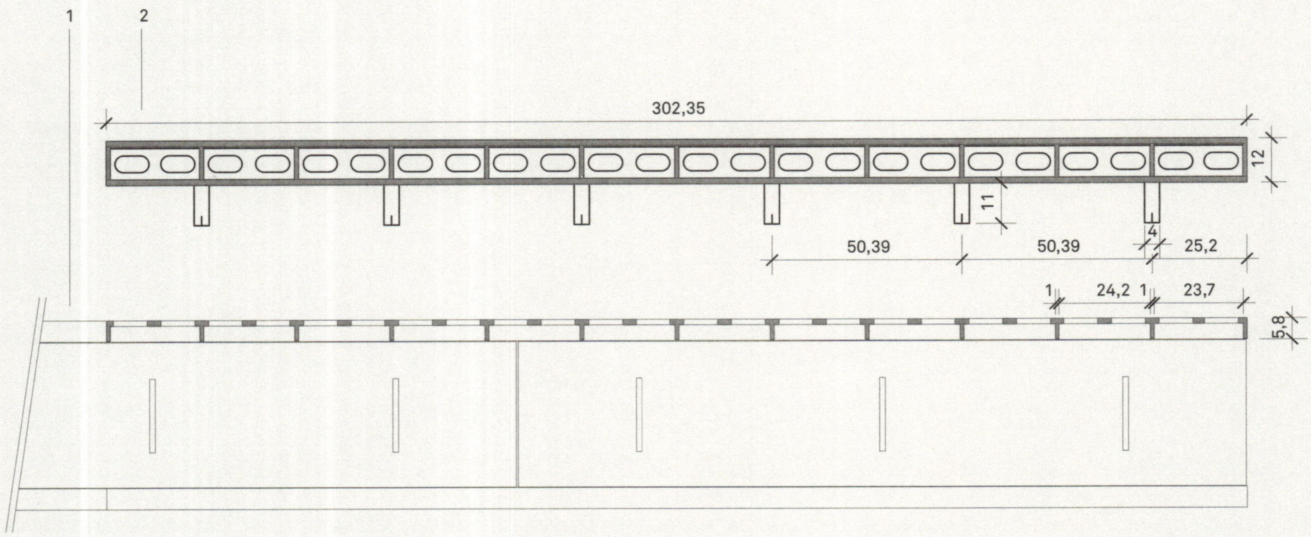

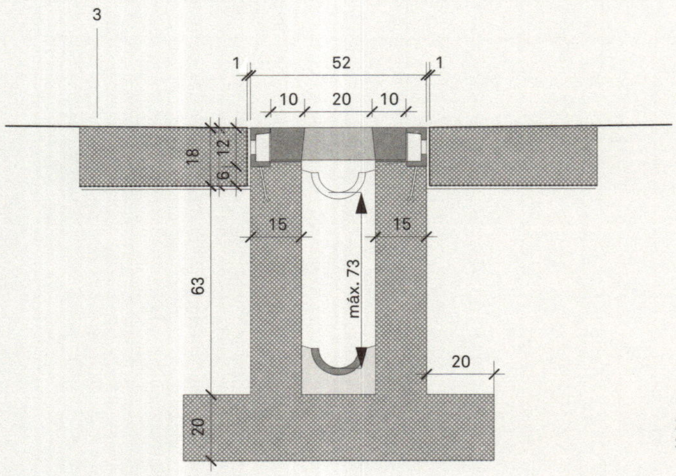

1 Sección de la tapa de la canaleta vista desde arriba
2 Sección longitudinal del soporte de fundición
3 Sección transversal de la canaleta con la fijación de la tapa

TURBINENPLATZ, ZÚRICH, SUIZA

Arquitectos: ADR Sarl, Julien Descombes y Marco Rampini, Ginebra, Suiza
En colaboración con Tobias Eugster, Zúrich, Suiza
Finalización: 2002

Se ha recurrido a amplias superficies de pavimento de zahorras al agua y de hormigón in situ granallado para enfatizar la dimensión del área de turbinas. Un sistema de canaletas recoge el agua de lluvia y la vierte al estanque de infiltración, al tiempo que estructura la pavimentación del espacio público con su armazón de acero.

3.12 ELEMENTOS DE AGUA

SISTEMAS CONSTRUCTIVOS GENERALES Y ELECCIÓN DEL LUGAR

SISTEMAS CONSTRUCTIVOS

- Perfilado
- Estanques
- Piscinas de carácter arquitectónico
- Tomas de agua y penetración
- Instalaciones

VEGETACIÓN EN ESTANQUES Y PISCINAS

- Plantas acuáticas
- Sustratos y áreas plantadas

EJEMPLOS

Astrid Zimmermann

3.12 ELEMENTOS DE AGUA

El agua no solo enriquece los espacios al aire libre mediante sus reflejos y otros efectos que la luz provoca sobre su superficie; como hábitat para las plantas acuáticas y cuando se trata de agua en movimiento, ofrece además otros atractivos visuales, acústicos y táctiles. Y también ejerce una influencia positiva en el microclima.
El efecto o el uso deseados determinan tanto las exigencias constructivas como la profundidad del elemento de agua y su sección o perfil. Las diversas posibilidades abarcan desde estanques de aspecto natural, con las orillas en pendiente, hasta diseños arquitectónicos, con los bordes del vaso rectos. > **Fig. 3.12.1**

a
b

Fig. 3.12.1: a) Estanque de aspecto natural, b) piscina arquitectónica

SISTEMAS CONSTRUCTIVOS GENERALES Y ELECCIÓN DEL LUGAR

Los elementos de agua pueden construirse como sistemas rígidos o no. Los primeros implican una estructura de hormigón armado, plástico reforzado con fibra de vidrio, piedra natural o incluso fábrica de ladrillo. En cambio, no son rígidos los sistemas que conllevan movimientos de tierras con impermeabilización, especialmente apropiados para estanques de aspecto natural. En estos casos se usan sobre todo láminas impermeabilizantes o sellados de arcilla.

El diseño de estanques de aspecto natural debe ser coherente con la forma y posición del emplazamiento. Así las geometrías curvas u orgánicas generalmente derivan de la topografía existente. Su posición en áreas bajas del terreno es la que más se asemeja a su localización en la naturaleza. Esto permite conseguir el efecto que se persigue: el de un estanque no construido por el hombre.
Las piscinas arquitectónicas, por el contrario, hacen uso de sistemas rígidos y pueden situarse con mayor libertad. Cuando las dimensiones son generosas, es posible disponer bordes elevados y otros salientes. Y su localización deriva más de necesidades formales. Son típicas las formas marcadamente geométricas, y las orillas y bordes bien delimitados. A su vez, los sistemas rígidos y no rígidos pueden combinarse; por ejemplo, una piscina de carácter arquitectónico puede estar delimitada por un muro de borde y contar, al tiempo, con un fondo no rígido.

Resulta fundamental garantizar la estabilidad del subsuelo, así como de las masas de tierra laterales adyacentes a estructuras no rígidas impermeabilizadas con membranas.

Los lugares con alternancia de sol y sombra a lo largo del día ofrecen las mejores condiciones para el equilibrio biológico de un estanque, que debe recibir entre 5 y 7 horas de sol directo, a ser posible distribuidas entre la mañana y el mediodía. También pueden lograrse sombras parciales mediante el uso de plantas con hojas flotantes. Sin embargo, no debe introducirse materia orgánica en cantidad excesiva, ni tampoco deben plantarse árboles ni arbustos de hoja caduca demasiado cerca —especialmente en la línea del viento predominante— debido a la caída de hojas.
Cuanto mayor y más profundo sea el estanque, más posibilidades hay de lograr el equilibrio biológico; además, en estas condiciones un estanque requiere menos cuidados y atención.

También los estanques sin plantas deben protegerse de la introducción de sustancias orgánicas. Cuando no es posible alcanzar el equilibrio ecológico o la contaminación se convierte en un problema, se requiere un mantenimiento periódico. La calidad del agua en instalaciones en las que se mueve o circula (por ejemplo, en juegos de agua o fuentes) es mejor que en aguas estancadas.

Con el fin de evitar los daños ocasionados por el hielo, las piscinas que cuenten con amplia superficie de paredes verticales y estén situadas en zonas propicias a heladas deben vaciarse durante los meses de invierno. En cambio, en los estanques, la formación de una zona de aguas poco profundas suele ofrecer suficiente protección contra los daños ocasionados por el hielo. Durante el invierno es recomendable reducir el nivel del agua del estanque de 10 a 20 cm para proteger los bordes más delicados.

Todos los estanques y piscinas deben contar con una toma de agua cercana, para llenarlos y recargarlos. Si es posible, hay que usar aguas blandas con bajos niveles de nutrientes. Un desagüe en el fondo del estanque facilita su vaciado completo. Y un aliviadero permite que el agua se desborde en caso necesario, y así se regula su nivel. En Alemania, por ejemplo, debe pedirse un permiso para construir grandes elementos de agua. Para conocer los requerimientos específicos y el tamaño a partir del cual es obligatorio, debe consultarse la normativa local.

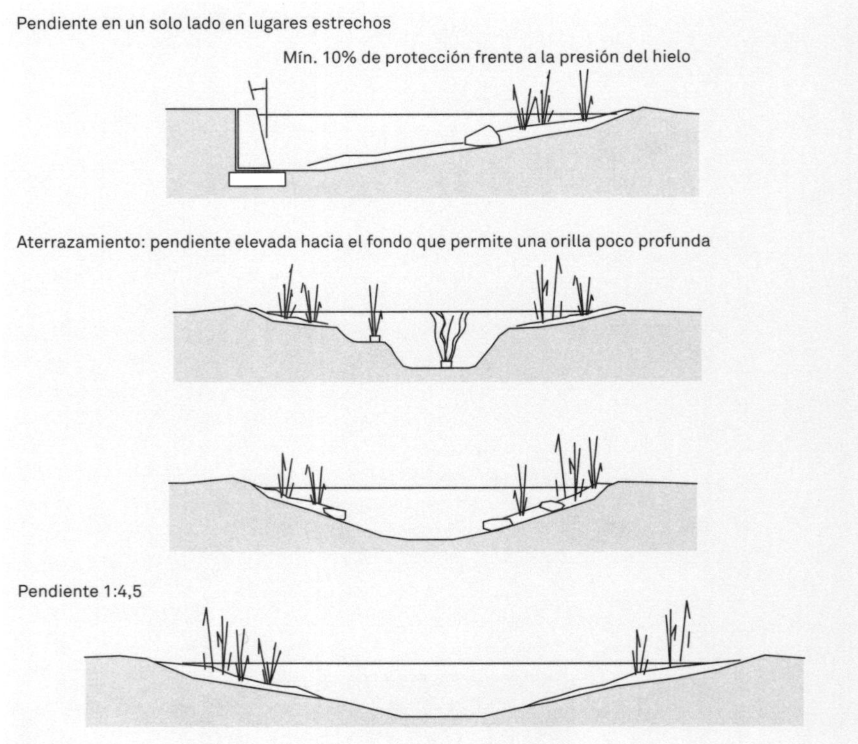

Fig. 3.12.2: Perfiles de estanques

SISTEMAS CONSTRUCTIVOS

Perfilado

El perfil de la sección transversal de un estanque o piscina depende de la naturaleza de la instalación, del espacio necesario y de la posible presencia de plantas. Si la instalación va a tener plantas, hay que planificar las zonas de aguas para que sean adecuadas para las especies elegidas. > **Vegetación en estanques y piscinas** En instalaciones de aspecto natural, suelen establecerse diferentes zonas de agua mediante la creación de pendientes suaves combinadas con aterrazamientos. En los estanques, dichas pendientes no deben exceder la proporción 1:2. Siempre serán preferibles las pendientes bajas, pues previenen el desplazamiento del suelo hacia el fondo. Para evitar que los sustratos y guijarros se deslicen, pueden disponerse terraplenes de piedra o muretes, o instalarse «sacos de estanque» (sacos de geotextil rellenos de grava).

Incluso si las dimensiones son limitadas, los estanques deben tener una zona perimetral menos honda y otra con suficiente profundidad: un aterrazamiento puede unir la primera con el fondo mediante una pendiente más elevada; también es posible configurar uno de los bordes como pared en pendiente. > **Fig. 3.12.2**
En las piscinas arquitectónicas, la profundidad del agua o la altura de la construcción vienen dictadas directamente por las necesidades del diseño. En caso de tener plantas, la profundidad del vaso debe ser la adecuada para estas. > **Fig. 3.12.3**

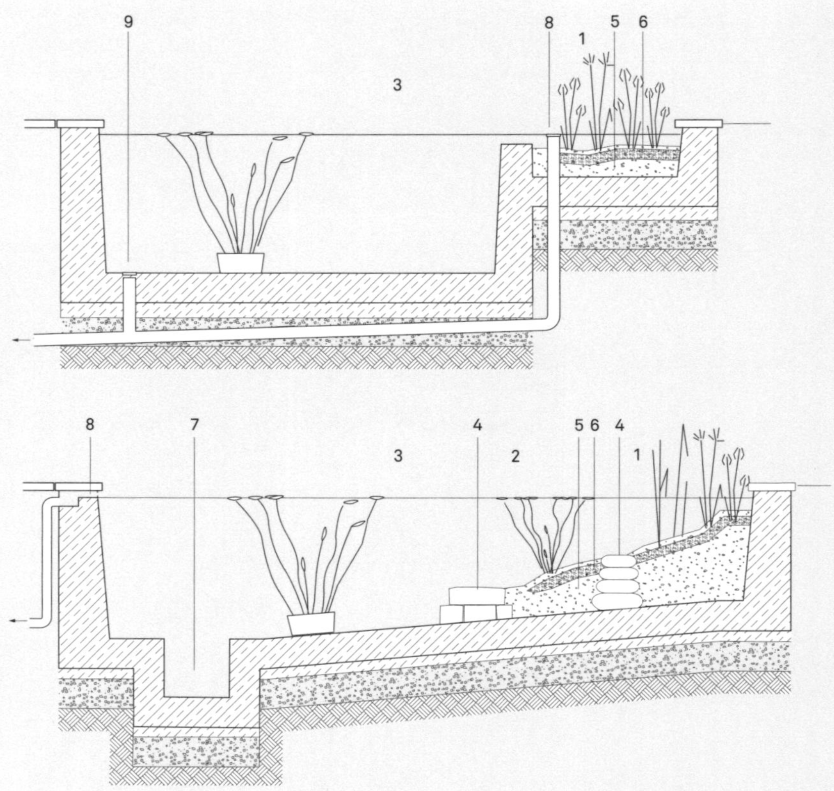

1 Zona de aguas poco profundas
2 Zona de profundidad media
3 Zona profunda
4 Aterrazamiento mediante piedras/sacos
5 Grava
6 Sustrato del vaso
7 Sumidero donde sea necesario
8 Aliviadero
9 Desagüe

Fig. 3.12.3: Perfiles de piscinas con plantas

Estanques

El agua en los estanques debe cubrir al menos 30 m^2 para que se establezca el equilibrio ecológico. Si no existe mucho espacio disponible, se pueden crear estanques menores (pero nunca inferiores a los 10 m^2).
Una profundidad superior a 1 m evita el sobrecalentamiento del estanque en verano y asegura una buena circulación en el agua. Y si supera la capa de penetración de

hielo, se crea un espacio de supervivencia para los organismos acuáticos durante los meses de invierno.

En construcciones flexibles, la impermeabilización de los estanques se logra mediante membranas de plástico o sellantes minerales (a base de arcillas), de modo que la capa de terreno situada bajo el material de sellado los proteja de posibles daños. Si el subsuelo es pedregoso, es recomendable instalar una manta de fieltro sobre una capa nivelante de arena. Además, conviene disponer de una capa de protección superior cuando se prevé que el acabado exterior del fondo del estanque va a soportar cargas, por ejemplo, de grava. Para cargas mayores (piedras de gran tamaño o cimientos de otros elementos constructivos), se utilizan las denominadas mantas de protección. Asimismo, en los bordes hay que poner grava, arena u otros materiales que proporcionen la necesaria protección contra la radiación UV y otros peligros. En estanques de cierta profundidad, las membranas sintéticas no exigen estas medidas; pero si el nivel freático es muy alto, el lastre de materiales sueltos puede impedir que dichas membranas floten. > **Fig. 3.12.4**

Las membranas de impermeabilización son muy flexibles y pueden usarse en estanques de prácticamente cualquier forma. Los materiales usados suelen ser el PVC, el EPDM, la poliolefina flexible (FPO) y el polietileno (PE). Tanto sus propiedades como el respecto del medioambiente durante su fabricación y su capacidad de reciclaje varían en algunos casos considerablemente, así que estos factores deben tenerse en cuenta a la hora de elegir el material. > **Tab. 3.12.1**. En general, para un estanque con cargas normales, el grosor adecuado está entre 1,2 y 1,5 mm. En todo caso, hay que seguir siempre las indicaciones del fabricante.

Al colocar la membrana, en lo posible hay que evitar los pliegues, si bien la formación de arrugas es inevitable al adaptarla in situ a la forma orgánica que tenga el estanque. Sin embargo, pueden confeccionarse membranas a medida del diseño del estanque que proporcionen un revestimiento ajustado exactamente al mismo. De hecho, las membranas de EPDM suelen ejecutarse a medida (los bordes deben superar siempre en unos 5 cm el nivel del agua). En las membranas sintéticas, son recomendables los acabados de los bordes en vertical para que el agua no se traslade a las áreas adyacentes. Por otra parte, así es más difícil que la membrana quede al descubierto. > **Figs. 3.12.5 y 3.12.6**
Para garantizar que la membrana sea antirraíces (y, por tanto, estanca), solo deben usarse membranas certificadas.

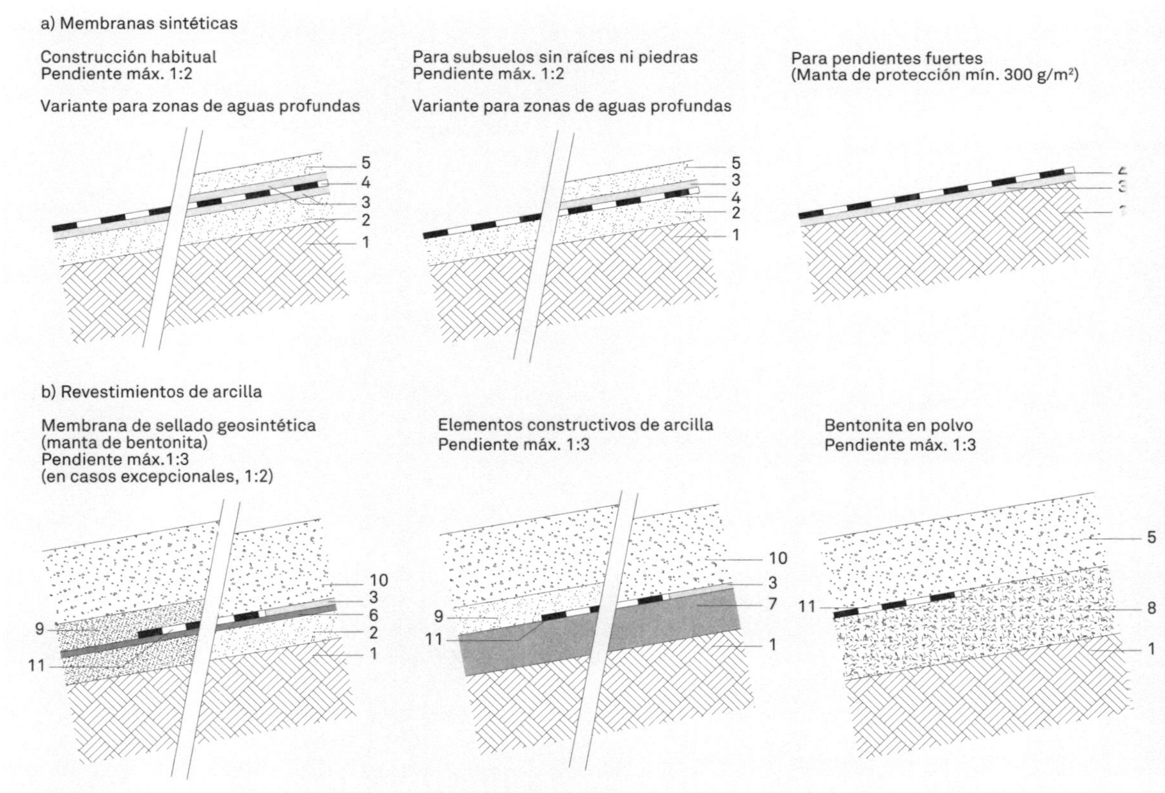

1 Suelo original o subsuelo compactado, D_{PR} ≥ 95%, EV2 45 MN/m²
2 Capa nivelante y de protección de arena 0/2, d ≥ 5cm
3 Fieltro de protección (geotextil), espesor según necesidad
4 Membrana sintética
5 Capa protectora de arena, 0/2, d ≥ 5cm
6 Revestimiento geosintético (manta de bentonita)
7 Elementos constructivos de arcilla
8 Suelo excavado, mejorado con bentonita en polvo (alternativa: mezcla optimizada de tierra y bentonita) y compactado tras la instalación
9 Capa protectora de arena o grava arenosa, d ≥ 10 cm
10 Lastre de sustrato de fondo de estanque (sin humus) o áridos sueltos
11 Membrana sintética antirraíces en zonas donde se prevean plantaciones

Fig. 3.12.4: Superposición de capas en sistemas de construcción flexibles: a) membranas sintéticas, b) revestimientos de arcilla

Material	Flexibilidad y maleabilidad	Durabilidad, resistencia a la intemperie	Técnicas de sellado e impermeabilización	Grado de respeto al medioambiente (fabricación y posibilidad de reciclaje*)	Rango de color	Otras observaciones
Membranas sintéticas						
PVC-P	Muy flexible, quebradizo sometido a presión	No resiste el frío tanto como el EPDM (depende también del color) ni la radiación UV a largo plazo (> plastificantes)	Soldadura térmica y sintética, juntas pegadas en los puntos de penetración	Cuestionable en términos sanitarios debido a los plastificantes que intervienen en el proceso de fabricación; reciclable	Se puede teñir; además de verde oliva o negro, hay de color beis y turquesa	Comparativamente económico y fácil de trabajar
EPDM	Muy elástico, se estira en caso de asentamiento	Muy flexible en frío, trabajable incluso a bajas temperaturas; evitar la instalación en condiciones de humedad; resistente a radiación UV y a la intemperie; de dimensiones muy estables	Instalación solo a medida; posibilidad de penetración con juntas pegadas in situ	Respetuoso con el medioambiente en la fase de fabricación; reutilizable como granulado reciclado	Solo en negro	
FPO	Algo más duro que el PVC	Muy duradero	Soldadura térmica	Mas respetuoso con el medioambiente que el PVC en la fabricación	Puede teñirse de muchos colores	Costoso de trabajar
PE-LD	Muy flexible y adaptable	Trabajable únicamente en seco y a una temperatura mínima	No disponible a medida	Reciclable	Negro	
Revestimientos a base de arcillas						
Piezas estructurales de arcilla	Cuestas no empinadas, máx.: 1:3 (más recomendable: 1:5), áreas más extensas, mejor para modelar	Muy resistente al envejecimiento, requiere protección para no secarse	No se garantiza la estanquidad al 100%	Ecológicamente seguras	Tono «natural», que puede modificarse por la capa de acabado	
Bentonita en polvo (mezclada en obra)		Requiere protección para no secarse				Económica de trabajar, especialmente en superficies de gran tamaño
Bentonita en polvo (mezclada en fábrica)						
Manta de bentonita	Comparable a las membranas sintéticas	Durante el almacenamiento y la instalación, proteger de la humedad	Si se instala con solapes es muy estanca, pero el control de estanquidad solo puede hacerse una vez instalada	Material portante de geotextiles		Más económica que otros revestimientos a base de arcillas

* No es posible reciclar materiales desconocidos, de modo que resulta imprescindible saber cuáles son sus propiedades a la hora de deshacerse de él; para ello lo mejor es consultar la información que acompaña al propio material

Tab. 3.12.1: Resumen de los acabados de impermeabilización posibles y sus características para sistemas de construcción flexible

Los revestimientos de arcilla posibilitan la creación de estanques de aspecto natural. Además, el depósito de todo tipo de residuos sobre el suelo no creará problemas medioambientales. Si el suelo existente es suficientemente cohesivo, puede sellarse directamente; pero, por lo general, para garantizar un sellado seguro y homogéneo se usan otros métodos. El revestimiento con elementos cerámicos, como baldosas de arcilla, es comparativamente más complejo, ya que el peso propio de este material para espesores de 10-30 cm se traduce en un incremento en los costes de transporte.

Como alternativa puede usarse la bentonita: un mineral arcilloso con gran capacidad expansiva que cierra los poros del suelo e incrementa, por lo tanto, su impermeabilidad.

La bentonita puede trabajarse in situ con el suelo existente (procedimiento *mixed-in-place*) o adquirirse de fábrica, premezclada con el suelo en proporciones fijas (*mixed-in plant*). El procedimiento in situ es más económico, pero con el «de fábrica» se obtiene la mezcla óptima.

Las membranas geosintéticas de arcilla (mantas de bentonita) son geotextiles y están compuestas de capas de fieltro con bentonita interpuesta, fijadas mecánicamente entre sí. Se instalan in situ y se cubren con una capa protectora de mezcla de grava y arena 0/32, además de otra adicional de sustrato de estanque, en caso de ser necesario. Las mantas de bentonita son una variante práctica y relativamente económica de la impermeabilización con arcilla. Ofrecen bajos costes de transporte y una instalación sencilla, casi totalmente independiente del tiempo atmosférico. > Fig. 3.12.4

Para evitar que los revestimientos en arcilla se sequen, en los bordes del estanque deben disponerse materiales sueltos que rompan la capilaridad, de modo que el espesor de las capas sea al menos de 20 cm. > Fig. 3.12.6

Fig. 3.12.5: Membrana sintética parcialmente descubierta, colocada en vertical y protegida con grava por los lados

Remates de láminas sintéticas

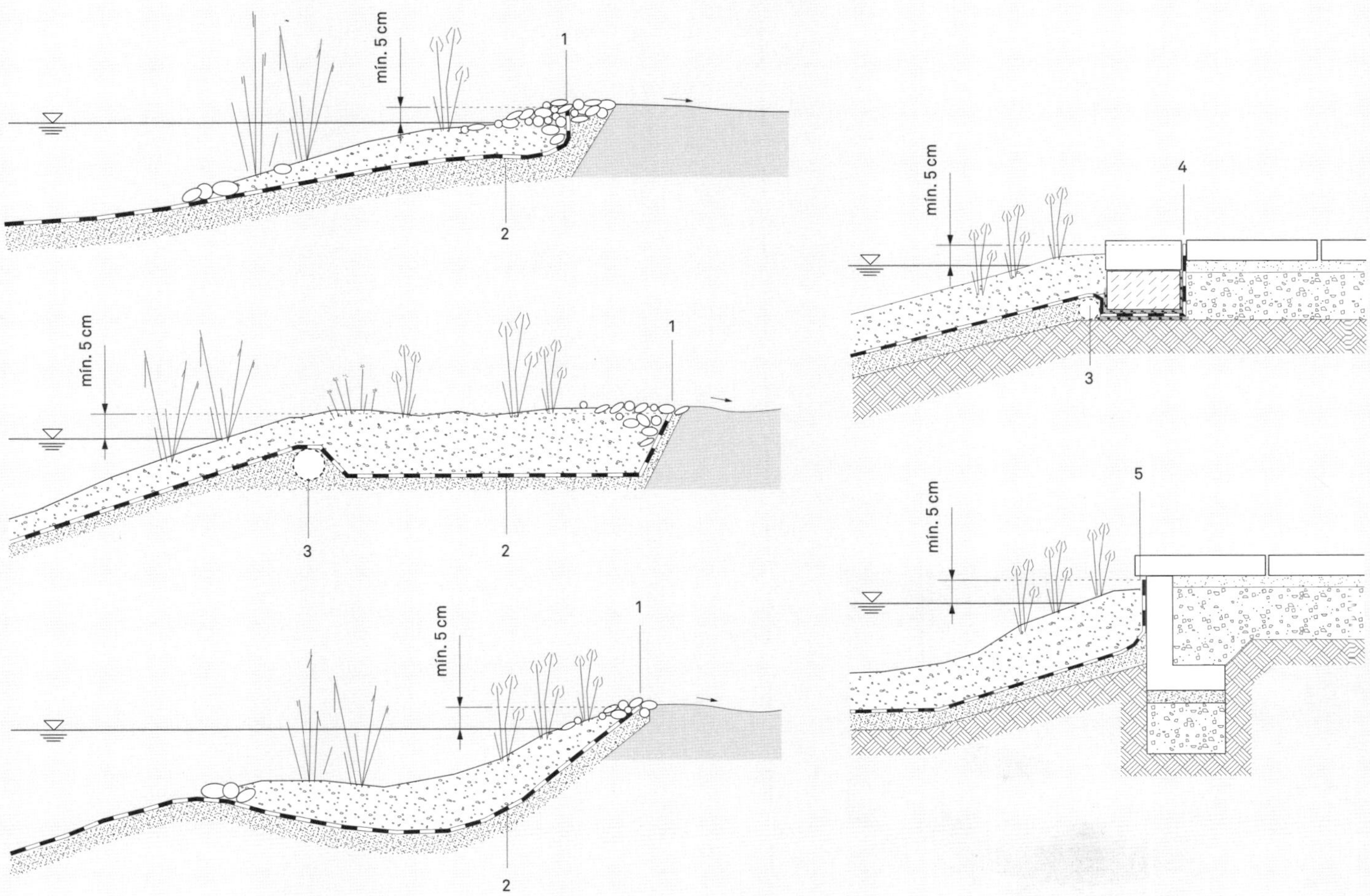

Remates de revestimientos de arcilla

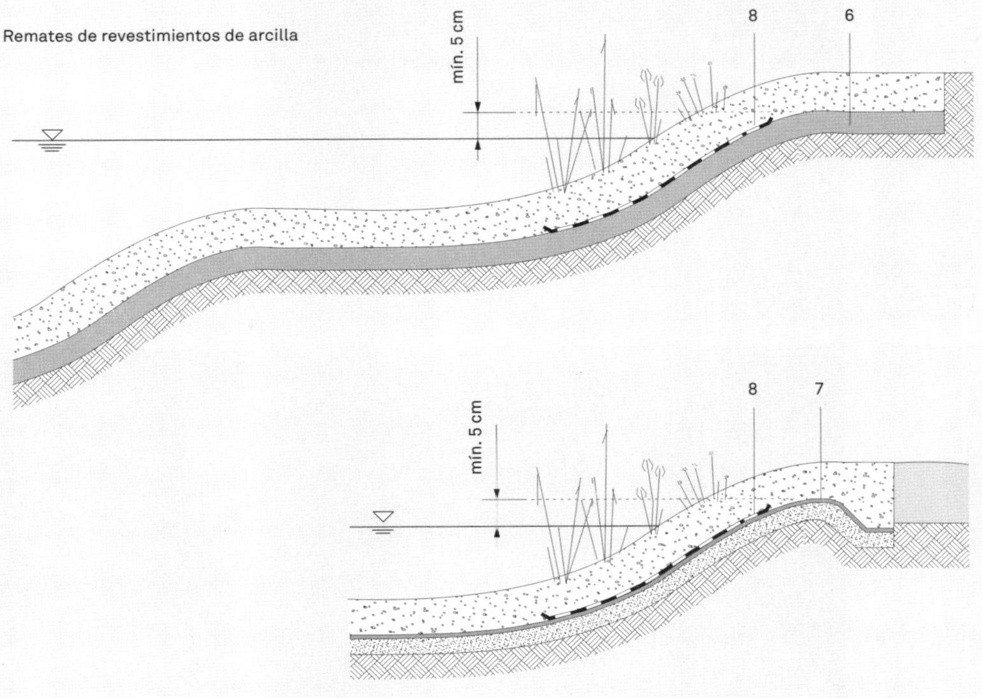

1 Rotura de capilaridad creada por el remate sobreelevado en una capa de grava gruesa
2 Impermeabilización sintética con fieltro de protección **> Fig. 3.12.4**
3 Estabilización de la membrana sintética, p. ej, con la tubería de drenaje
4 Membrana sintética llevada más allá del borde; cimentación revestida con fieltro de protección
5 Membrana sintética levantada en el borde con fijación a la pared donde sea necesaria **> Fig. 3.12.9**
6 Revestimiento de arcilla
7 Manta de bentonita
8 Membrana antirraíces

Fig. 3.12.6: Bordes de estanques

También pueden construirse estanques usando hormigón impermeable o asfalto. Pero estos materiales solo se recomiendan en grandes construcciones; comparativamente son más caros y, además, no permiten un modelado fino.

En el mercado también existen estanques prefabricados de plástico reforzado con fibra de vidrio, pero solo en tamaños pequeños. También puede encargarse la fabricación de estanques o piscinas con cualquier forma en empresas especializadas. Este es un procedimiento significativamente más caro, pero, a cambio, se consigue un producto de alta durabilidad y sin arrugas.

Piscinas de carácter arquitectónico

Los vasos de piscina y elementos de agua de carácter arquitectónico pueden ser de una gran variedad de materiales. > **Fig. 3.12.7** En todos los casos, su estanquidad es muy importante. Son muy frecuentes, por ejemplo, los sistemas de construcción en hormigón impermeable > **Capítulo 1.7 Hormigón**, que también puede servir como estructura de base para superficies que vayan a ser revestidas en acero, piedra o con baldosas. > **Fig. 3.12.8** Las juntas de hormigonado y de dilatación también tienen que ser impermeables > **Capítulo 2.3 Uniones, Uniones en hormigón**. Si el vaso de la piscina no es de hormigón impermeable, sobre su superficie debe instalarse una membrana sintética; y también en construcciones de fábrica o mampostería. Las membranas deben protegerse contra posibles daños e instalarse de modo que queden sobreelevadas respecto al máximo nivel del agua en los puntos de contacto con los bordes o con otras construcciones. Para conseguirlo, conviene fijarlas mediante platabandas o perfiles de chapa. > **Fig. 3.12.9** Por lo general, un vaso de piscina de hormigón debe apoyarse sobre una capa de hormigón de limpieza (C 12/15) y tener apoyos lineales donde sea necesario.

Para el cálculo del espesor mínimo de los muros, se tiene en cuenta la presión horizontal tanto del agua de la piscina como —en el caso de vasos incrustados— del terreno.

Las fuentes y los pequeños estanques también pueden construirse en un solo bloque de piedra, de forma monolítica.

Tomas de agua y penetración

Los puntos de penetración a un vaso impermeabilizado de piscina o al fondo de un estanque son siempre potencialmente débiles. Si bien es posible disponer las tomas de entrada de agua por fuera, no siempre puede hacerse lo mismo con los aliviaderos, y con los desagües resulta imposible.

En los sistemas de construcción flexible, las tomas de agua exteriores al vaso de la piscina deben apoyarse sobre una cimentación de hormigón que las estabilice. Para asegurar el comportamiento de la penetración estanca de tuberías existen las correspondientes juntas y conexiones a presión. Asimismo, deben tenerse en cuenta las posibles incompatibilidades entre materiales sintéticos y

Fig. 3.12.7: Estanques y fuentes arquitectónicas

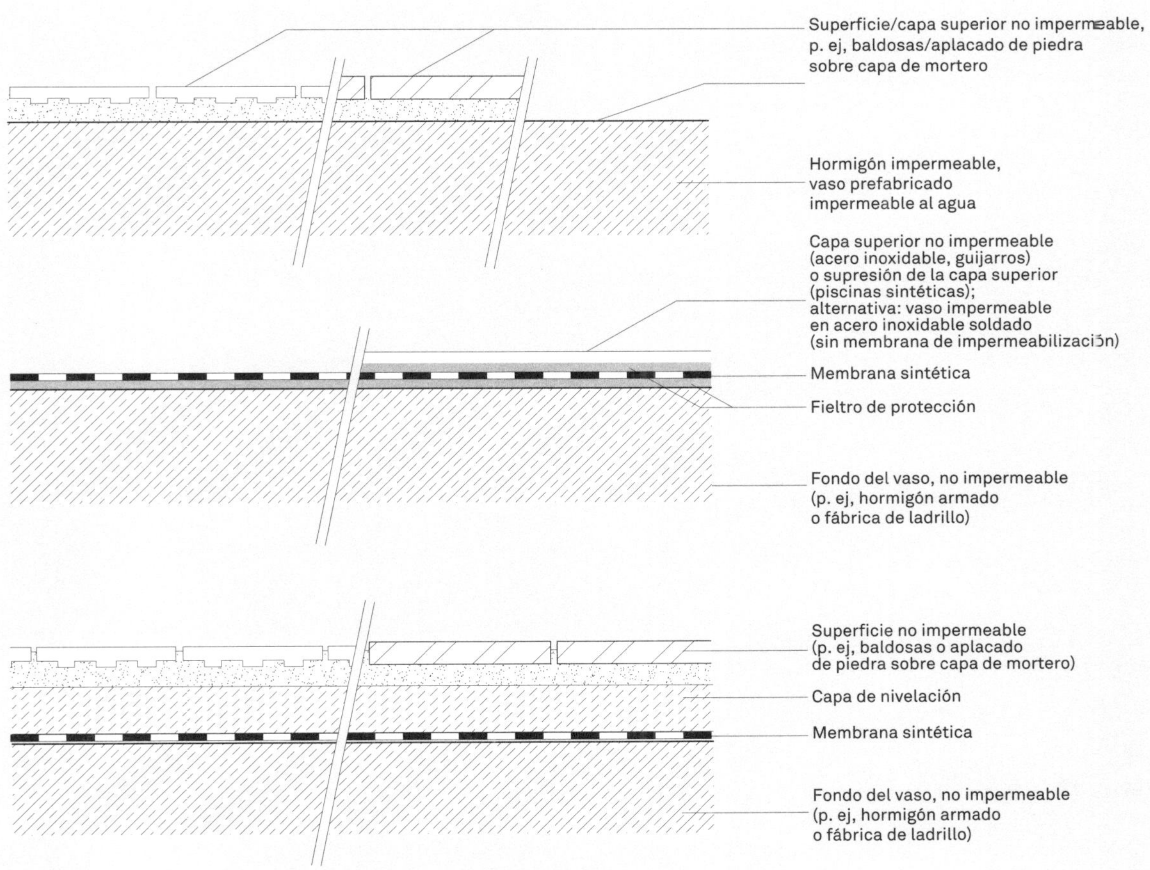

Fig. 3.12.8: Estructura de capas en piscinas arquitectónicas

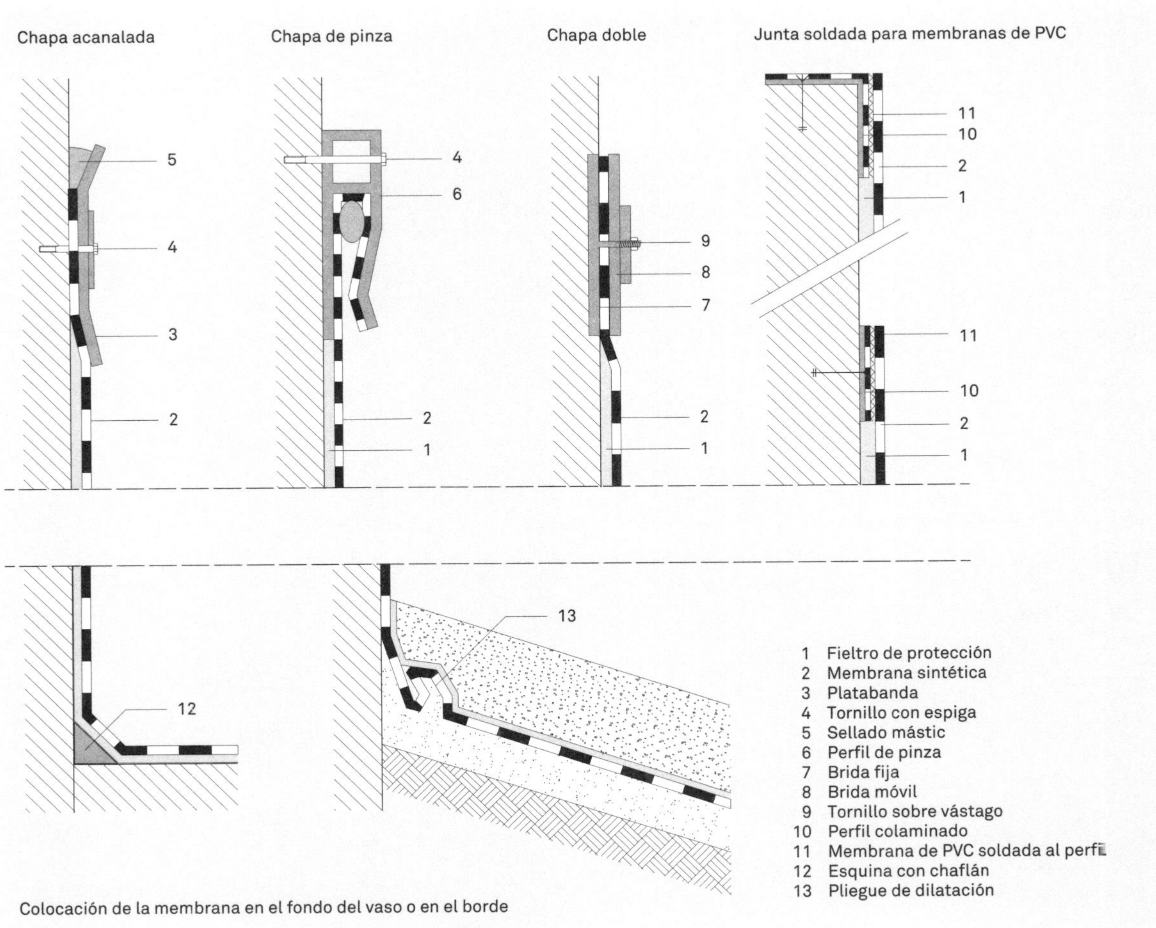

Fig. 3.12.9: Remate de membranas sintéticas

usarse las piezas de conexión adecuadas. En los vasos impermeabilizados con arcilla, la membrana sintética se aplica directamente al objeto que penetra, y en el área alrededor de la tubería, se emplea bentonita en polvo. > Fig. 3.12.10

En el caso de tubos que penetran en vasos de hormigón impermeable se usan collarines o huecos perforados sellados, o bien tubos de bridas con juntas por doble chapa. La entrada de las tuberías debe hacerse siempre en dirección perpendicular a los muros o al fondo del vaso.

Instalaciones

Los estanques de aspecto natural no suelen necesitar tecnología de piscinas si pueden alcanzar el equilibrio biológico por su propio tamaño. En cambio, los pequeños sí pueden requerir fuentes, cascadas o sistemas de aireación para aumentar el contenido de oxígeno.

En las piscinas arquitectónicas, la renovación del agua es fundamental por cuestiones de limpieza. Esta tarea se realiza con una bomba de agua móvil o, como en los elementos de agua, mediante el flujo de agua permanente conseguido con un sistema de bombeo. La instalación de los sistemas técnicos suele hacerse en cooperación con especialistas en fuentes y sistemas de bombeo o consultando a su fabricante.
Para el vaciado de la piscina debe colocarse en el fondo del vaso un sumidero o cámara de bombeo donde el agua pueda acumularse y, desde allí, bombearse hacia el exterior. La instalación de otros elementos técnicos de agua, en especial las bombas de circulación, requiere de un adecuado sistema de fosos.

VEGETACIÓN EN ESTANQUES Y PISCINAS

Plantas acuáticas

Los hábitats de las plantas acuáticas se caracterizan por su profundidad. Existen zonas cenagosas en las orillas; zonas de aguas superficiales, con una profundidad máxima de 30 cm; otra de profundidad media, entre 30 y 50 cm, y, finalmente, el área de aguas profundas. > Figs. 3.12.11-3.12.13
Además de la profundidad, en la elección de las especies acuáticas influyen otros aspectos. Las plantas con capacidad para oxigenar el agua son muy interesantes, pues mejoran considerablemente su calidad. Entre ellas, se encuentran, por ejemplo, la totora (*Schoenoplectus*), la hierba del maná (*Glyceria*) y plantas acuáticas sumergidas como el ceratófilo, también llamado cola de zorro (*Ceratophyllum demersum*).
Las plantas con hojas flotantes también contribuyen a regular el equilibrio biológico, ya que, al sombrear la superficie del agua, impiden que se caliente en exceso, lo que limita la proliferación de algas.
Debe tenerse cuidado de no usar plantas con un crecimiento agresivo de raíces ni especies invasoras como los carrizos (*Phragmites*), dominantes en áreas de tratamiento de aguas residuales con plantas.
Como complemento de los aspectos ya mencionados, la estética también desempeña un papel importante en la selección de las plantas. En estanques de aspecto natural conviene combinar una gran variedad de especies, mientras que en las piscinas y estanques arquitectónicos una menor diversidad produce un efecto más intenso.

a) Conexión con la membrana sintética

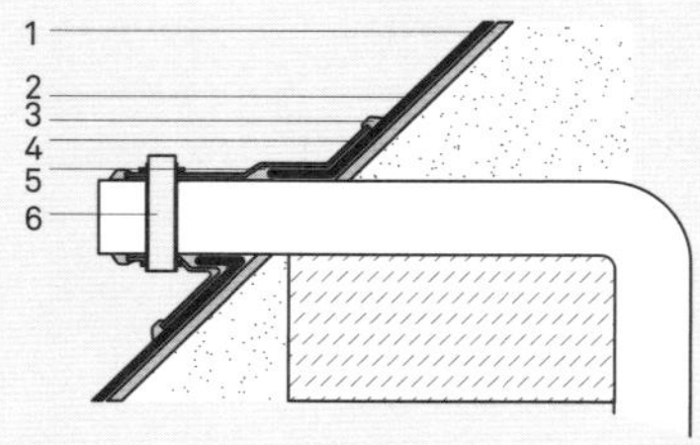

Entrada de tubería con junta pegada (p. ej, película de EPDM)
1 Fieltro de protección
2 Membrana sintética
3 Sellante
4 Manguito de conexión
5 Junta pegada
6 Abrazadera

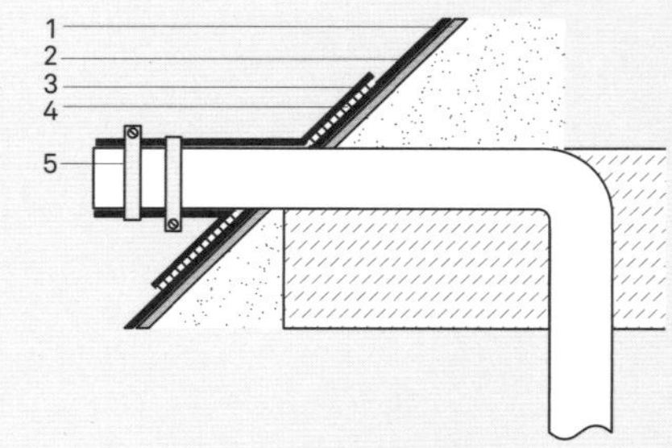

Entrada de tubería con junta soldada (p. ej, membranas de PVC)
1 Fieltro de protección
2 Membrana sintética
3 Manguito de conexión
4 Soldadura sintética
5 Abrazadera

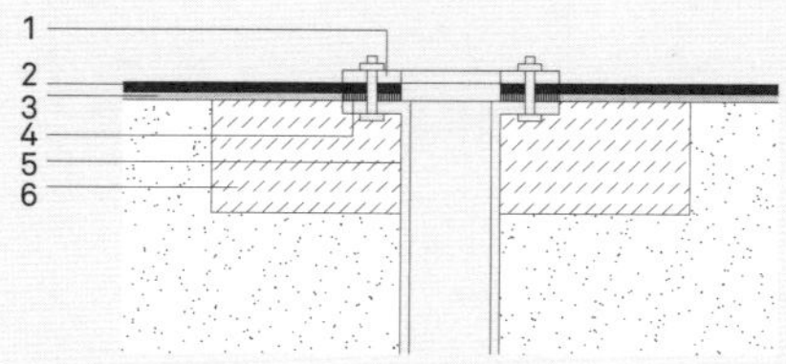

Desagüe de fondo con abrazadera
1 Abrazadera (brida móvil)
2 Membrana sintética
3 Fieltro de protección
4 Sellante
5 Brida fija (tubería)
6 Hormigón

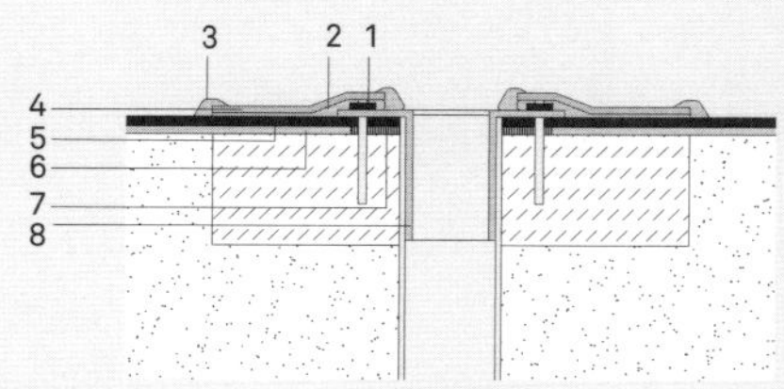

Desagüe de fondo con manguito empotrado
1 Abrazadera
2 Junta pegada
3 Fieltro de protección
4 Anillo de sellado
5 Membrana sintética
6 Fieltro de protección
7 Sellado
8 Manguito

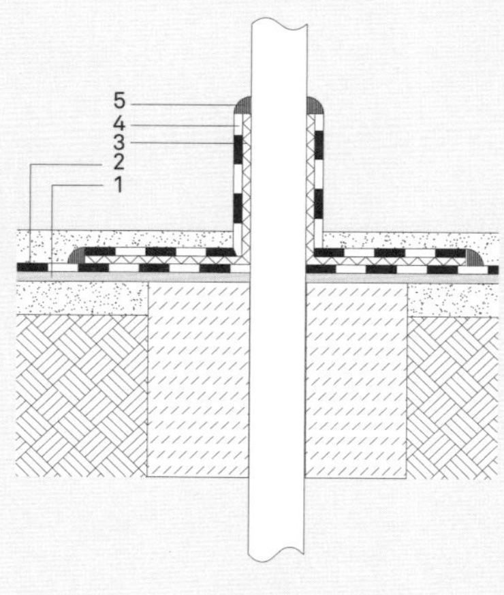

Rebosadero con junta soldada (membrana de PVC)
1 Fieltro de protección
2 Membrana sintética (PVC)
3 Collarín de conexión
4 Soldadura sintética
5 PVC líquido

b) Conexión con mantas de bentonita

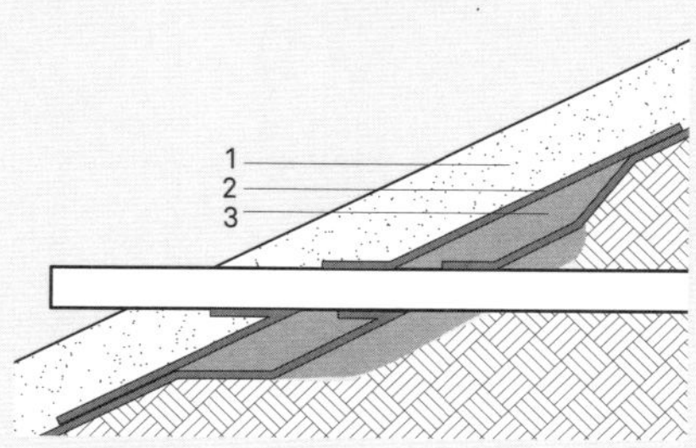

1 Capa superior
2 Manta de bentonita
3 Bentonita

c) Penetración en hormigón

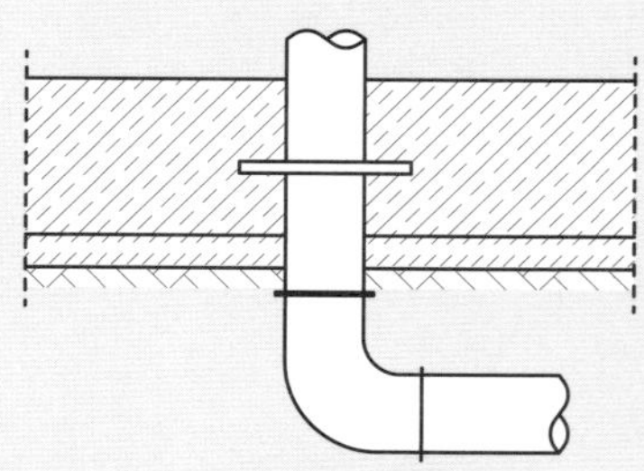

Tubería con collarín, hormigonada

Fig. 3.12.10: Entradas de tuberías

Sustratos y áreas plantadas

Como en todas las superficies de agua debe evitarse el aporte excesivo de nutrientes, siempre son preferibles los suelos no orgánicos. Los mejores sustratos para piscinas son las arenas arcillosas con bajo contenido en nutrientes; una capa de solo 5 a 10 cm suele ser suficiente. El sustrato puede cubrirse a su vez con grava para evitar que flote en la superficie. Con el fin de prevenir la proliferación excesiva de plantas acuáticas o controlar su expansión, pueden plantarse en contenedores o cestas especiales de material sintético, que también se emplean para poder sacar las plantas del agua, por ejemplo durante los meses de invierno, o bien cuando deba limpiarse el vaso. > Fig. 3.12.13

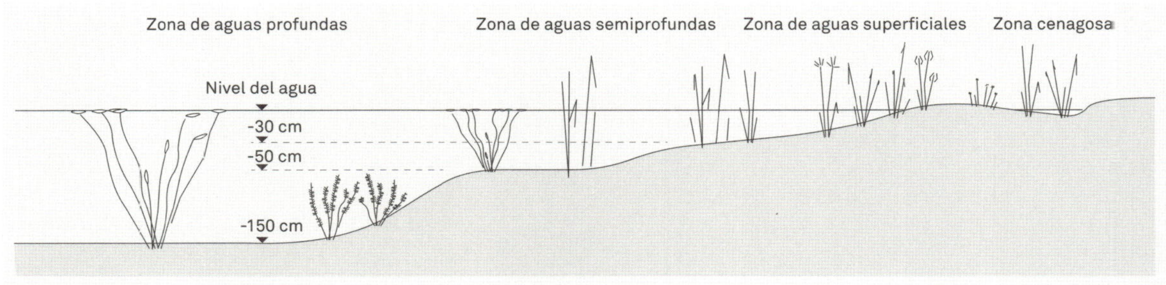

Fig. 3.12.11: Hábitats de plantas acuáticas

Fig. 3.12.12: Plantas acuáticas:
a) Junco florido: *Butomus umbellatus* (aguas superficiales)
b) Lirio amarillo: *Iris pseudacorus*, y totora: *Scirpus* (aguas superficiales)
c) Nenúfar blanco: *Nymphaea alba* (aguas profundas)

a | b | c

Fig. 3.12.13:
a) Plantación en un foso rehundido respecto al fondo del vaso
b) Nenúfares en cestas de plantas para una instalación temporal

a | b

		Plantas subacuáticas				Plantas con hojas flotantes						Plantas flotantes				Plantas de marismas y riberas				
Género, especie, nombre en castellano		*Elodea canadensis*, peste de agua	*Ranunculus aquatilis*, ranúnculo acuático	*Hottonia palustris*, violeta de agua	*Callitriche palustris*, estrella de agua	*Nuphar lutea*, nenúfar amarillo	*Nymphaea alba*, nenúfar blanco	*Potamogeton natans*, espiga de agua	*Híbridos y variedades de nenúfares*	*Nymphoides peltata*, ninfoides, genciana acuática	*Polygonum amphibium*, polígono anfibio	*Stratiotes aloides*, pita acuática	*Hydrocharis morsus-ranae*, mordisco de rana	*Trapa natans*, castaña de agua	*Ceratophyllum demersum*, ceratofilo, cola de zorro	*Schoenoplectus (Scirpus) lacustris*, junco de agua	*Phragmites australis*, carrizo, cañavera	*Typha angustifolia*, enea, espadaña, totora	*Hippuris vulgaris*, corregüela hembra	*Sagittaria sagittifolia*, sagitaria, cola de golondrina
Localización, profundidad del agua en cm	Riberas húmedas																			
	0–10 (Aguas superficiales)										■					■	■	■		
	10–20 (Aguas superficiales)				■					■	■					■	■	■	■	■
	20–30 (Aguas superficiales)	■		■	■					■	■		■	■		■	■	■	■	■
	30–40 (Aguas semiprofundas)	■	■	■	■				▌	■	■		■	■		■	■	■	■	■
	40–50 (Aguas semiprofundas)	■	■	■	■				▌	■	■		■	■	■	■	■	■		
	50–60 (Aguas profundas)	■	■	■	■	■	■	■	▌	■	■	■	■	■	■	■				
	60–70 (Aguas profundas)	■	■			■	■	■	▐	■	■	■	■	■	■	■				
	70–80 (Aguas profundas)	■	■			■	■	■	▐	■	■	■	■	■	■	■				
	80–90 (Aguas profundas)	■	■			■	■	■	▐	■		■	■	■	■	■				
	90–100 (Aguas profundas)	■	■			■	■	■	▐	■		■	■	■	■	■				
	100–110 (Aguas profundas)	■				■	■	■				■	■	■						
	110–120 (Aguas profundas)	■				■	■	■				■	■	■						
	120–130 (Aguas profundas)	■				■	■	■				■	■	■						
	130–140 (Aguas profundas)	■				■	■	■				■	■	■						
	140–150 (Aguas profundas)	■				■	■	■				■	■	■						
Altura de desarrollo (sobre el nivel del agua)		-	10–20	30		-	-	Inflorescencia: 5–10	-	-	-	Inflorescencia: 20	Inflorescencia: 5	-	-	200	60–250	200	20–30	40–70
Necesidad de luz		○-◑	○	○-◑	○-◑	○-◑	○	○-◑	○	○-◑	○-◑	○-◑	○-◑	○	○-◑	○-◑	○-◑	○	○-◑	○-◑
Floración		V-VIII	VI-VIII	V-VI	VI-VII	VI-VIII	VI-IX	VII-VIII	VI-IX	VII-VIII	VI-VIII	V-VIII	VII-VIII	VI-VIII	VI-IX	VI-VIII	VII-XI	VI-VIII	V-VIII	VI-VIII
Efecto purificador			x			x	x	x		x	x	x			x	x	x	x		x
Oxigenación			x	x	x							x	x		x					
Comentarios		Verde en invierno, crecimiento muy vigoroso		Sobre largos tallos, flota bajo el agua		La variedad 'Mínima', de rizomas rastreros, crece a una profundidad de 30-50 cm		Tiende a proliferar y a tapizar extensivamente el área bajo la superficie del agua; buena para dar sombra, excepto en lagos pequeños	Con rizomas rastreros; el color de la flor y la localización pueden cambiar mucho de una variedad a otra	Prolifera en localizaciones favorables; con tallos rastreros	Prolifera considerablemente	Sobresale de la superficie solo durante la floración, el resto del tiempo es subacuática	Los brotes hibernan en el fondo del agua	Enraíza en el barro	Prospera si cuenta con espacio libre para flotar	Produce muchas semillas	Prolifera considerablemente, tiende al monocultivo, adecuada solo en lagos grandes o en áreas delimitadas, puede dañar las membranas del fondo	Produce espolones	Produce rizomas y prolifera	

Tab. 3.12.2: Plantas acuáticas y su uso (selección)

Plantas de marismas y riberas

Planta	Altura	Luz	Floración	x	Observaciones
Typha latifolia, enea o espadaña de hoja ancha	100–200	○	VI-VIII	x	Apta únicamente para estanques grandes, prolifera considerablemente
Pontederia cordata, pontederia, espiga de agua	50	○	VI-VIII		Con rizomas rastreros, no muy resistente al invierno, por lo que conviene que hiberne protegida (mín. 50 cm de profundidad)
Butomus umbellatus, junco florido	80–100	○-◑	VI-VIII	x	
Sparganium erectum, platanaria	30–60	○-◑	VII-VIII		Crecimiento vigoroso, produce estolones
Acorus calamus, cálamo aromático	60–100	○-◑	VI-VII	x	Produce rizomas, es rastrera
Alisma plantago-aquatica, llantén de agua	30–80	○-◑	VII-IX	x	Con rizomas tuberosos, se autosiembra, adecuada incluso para estanques pequeños
Ranunculus lingua, duela mayor	60–100	○	VI-VIII		Crecimiento vigoroso, produce estolones
Typha minima, enea, espadaña, totora enana	60	○	V-VII		Adecuada para estanques pequeños, (no prolifera tanto como otros juncos), delicada, produce estolones
Veronica beccabunga, verónica acuática, becabunga	20–30	○-◑	V-VIII	x	
Iris laevigata, iris de agua	70	○	VII-VIII		
Caltha palustris, centella de agua	30	○-◑	IV-V	x	
Calla palustris, cala de pantano	20–30	○-◑	VI-VIII	x	Produce rizomas, es rastrera
Iris pseudacorus, lirio amarillo	50–90	○-◑	V-VII	x	Con rizomas rastreros
Eriophorum angustifolium, junco lanudo	15–30	○	VI-VII		Planta de pantanos
Glyceria maxima 'Variegata', hierba del maná	60	○	VII-VIII	x	Prolifera menos que otras variedades
Iris versicolor, lirio azul	60	○-◑	VI-VII		
Juncus effusus, junco de esteras, junco fino	70–80	○-◑	VII-VIII	x	Tiende a proliferar
Juncus ensifolius, junco ensiforme (hoja en forma de espada)	30	○	VI-VIII		Crece densamente
Lysimachia nummularia, planta del dinero	5–10	○-◑	VI-VII		Tapizante, los brotes enraízan sobre el suelo, adecuada para bordes de estanques
Lysimachia vulgaris, lisimaquia	60–120	○	VII-VIII	x	Estolones subterráneos, adecuada para orillas secas
Lythrum salicaria, arroyuela, salicaria	60–100	○-◑	VII-IX	x	
Myosotis palustris, nomeolvides de agua	20–40	○-◑	V-VIII	x	Grana con facilidad en localizaciones favorables

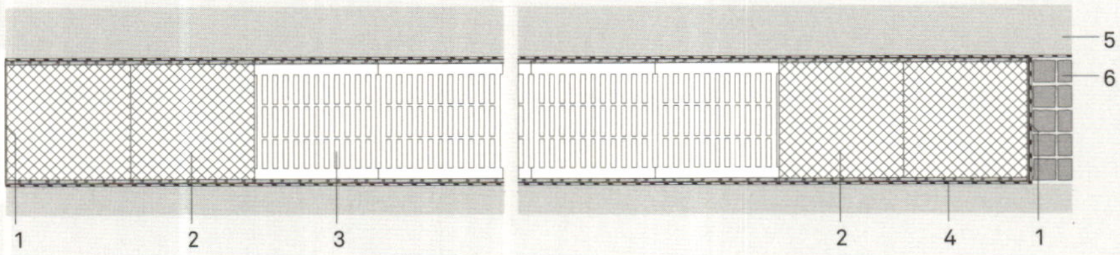

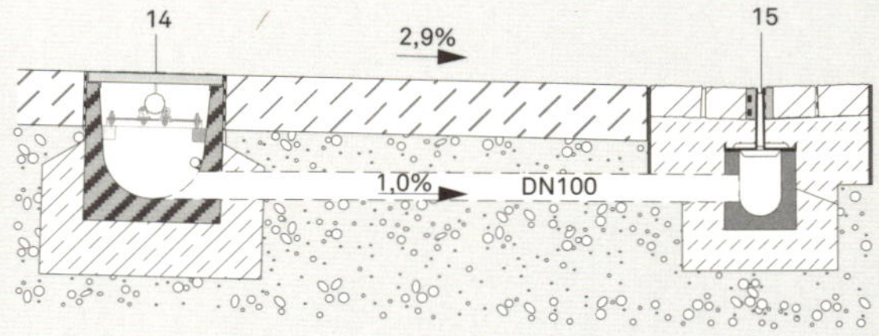

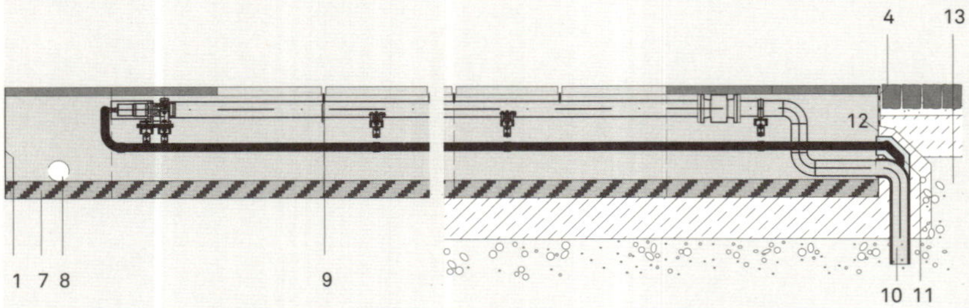

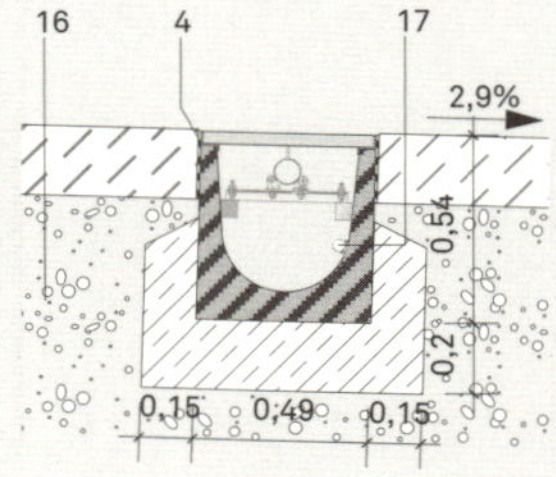

1 Testero
2 Cubrición cerrada de fundición, 50 x 47, 7 x 4 cm
3 Cubrición de reja de fundición, 50 x 47, 7 x 4 cm
4 Junta de dilatación continua, 8 mm
5 Cubrición de hormigón in situ
6 Bandas de adoquines pequeños de basalto, 0,50 m, con junta de dilatación a un lado
7 Fondo de la canaleta, sin pendiente, impermeabilizada mediante la junta de seguridad entre el fondo y el testero de la canaleta con impermeabilizante sobre la cimentación de hormigón C20/25, con respaldo
8 Drenaje lateral
9 Surtidor
10 Conducción de agua DN 65
11 Cable eléctrico y de control
12 Testero perforado
13 Adoquines pequeños de basalto, 8 x 8 x 12 cm (5 cm más altos que la cubrición de la rejilla), 3 cm de cama de mortero, 20 cm de capa base de hormigón drenante, capa de protección antiheladas: mín. 24 cm
14 Canaleta del juego de agua
15 Hendidura de desagüe
16 Losa de hormigón en masa in situ de 20 cm como banda de hormigón C20/25, capa de protección antiheladas: mín. 35 cm
17 Cable eléctrico y de control en tuberías vacías

JUEGOS DE AGUA, HAUPTTORPLATZ LEUNA, ALEMANIA

Arquitectos paisajistas: Weidinger Landschaftsarchitekten, Berlín, Alemania
Finalización: 2005

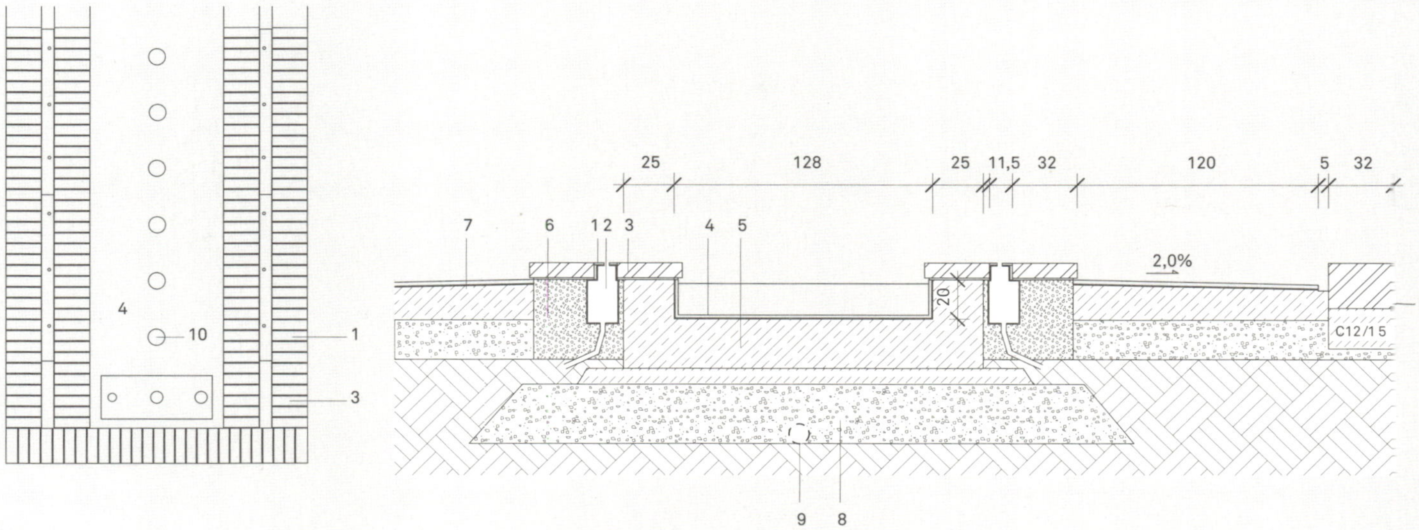

1 Placa de cubrición en bronce, perforada, sobre neopreno
2 Foso del surtidor
3 Albardilla de arenisca a sardinel con junta de mortero, arenisca de Polonia Hockenau
4 Azulejos marroquíes repelentes al agua, pegados con mortero de resina epoxi de dos componentes, dejando junta
5 Vaso del estanque en hormigón impermeable sobre capa de limpieza C12/15
6 Hormigón con agregados de un solo tamaño
7 Azulejos marroquíes sobre losa de hormigón armado
8 Capa de apoyo del hormigón reciclado 0/32
9 Tubería de drenaje DN 160
10 Luminaria UV

ESTANQUE ALARGADO EN EL JARDÍN ORIENTAL DE LOS CUATRO RÍOS, ERHOLUNGSPARK MARZAHN, BERLÍN, ALEMANIA

Arquitecto paisajista: Kamel Louafi, Berlín, Alemania
Empresa constructora: Andalous Design, Marruecos
Hidráulica: Joachim Kudlek
Finalización: 2005

Mesa de agua, vista superior

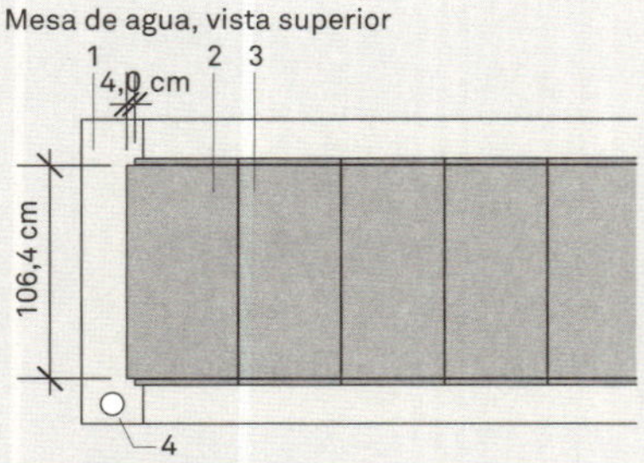

Mesa de agua, sección

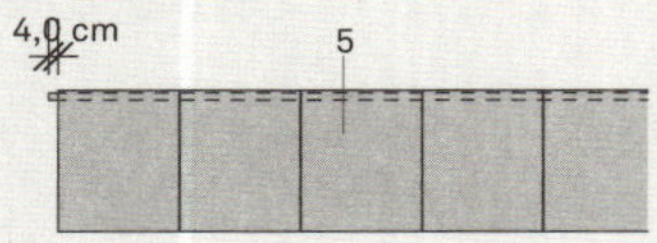

1 Canal de captación
2 Cubrición en caliza conchífera Oberdorla, 106,5 x 54 x 3 cm
3 Cubrición en caliza conchífera Oberdorla, 106,5 x 50 x 3 cm
4 Desagüe DN 100
5 Cubrición lateral en conchífera Oberdorla, 50 x 60 x 3 cm

Mesa de agua, vista superior

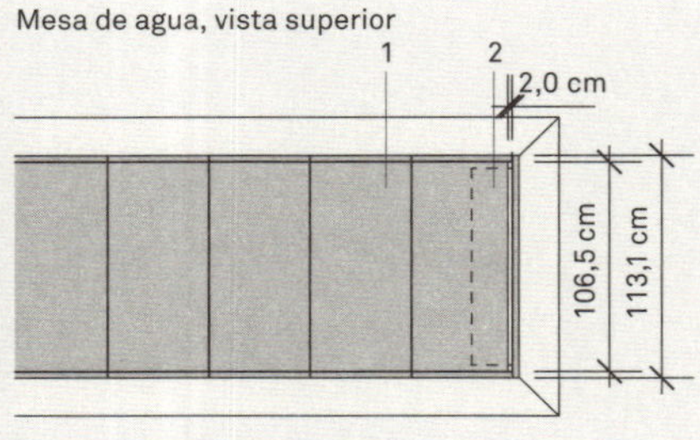

Mesa de agua, sección

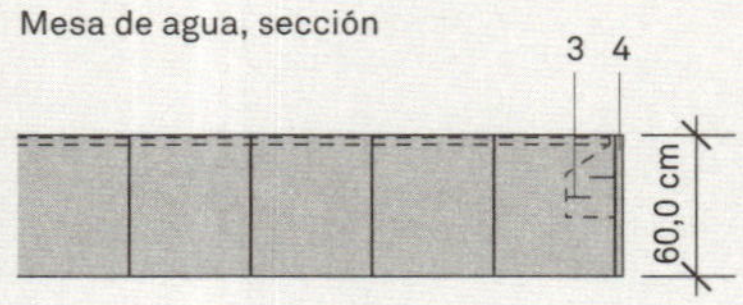

1 Cubrición en caliza conchífera Oberdorla, 106,5 x 50 x 3 cm
2 Caja de entrada de agua
3 Placa deflectora
4 Remate del testero, caliza conchífera Oberdorla, 113,1 x 60 x 3 cm

Caja de entrada de agua

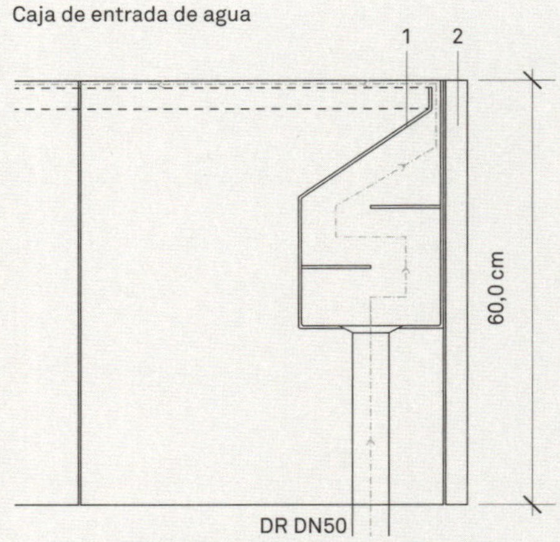

1 Caja de entrada de agua con placa deflectora, conexión de tubo de presión DN 50
2 Remate del testero, caliza conchífera Oberdorla, 113,1 x 60 x 3 cm

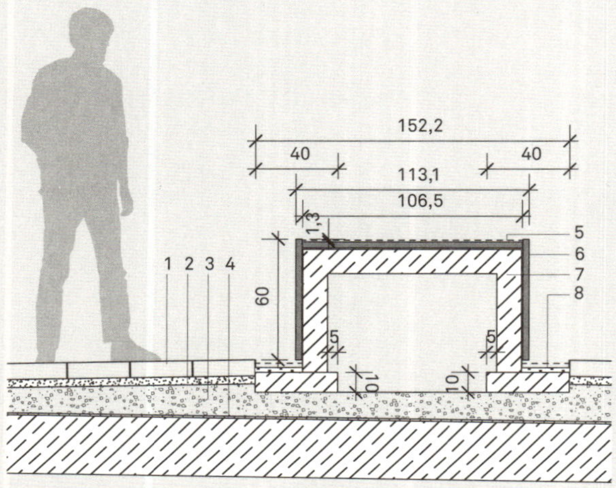

Sección A-A'

1 Losas de hormigón prefabricado, grosor: 8 cm
2 Cama de arena, 4 cm
3 Capa base de grava
4 Membrana drenante sobre la cara superior del forjado del garaje subterráneo
5 Nivel del agua: 0,5 cm
6 Cubrición de caliza conchífera Oberdorla, 3 cm, fijada con mortero de resina epoxi para la zona bajo el agua
7 Estructura base en hormigón armado C25
8 Canaleta de acero inoxidable, 23 cm, sobre cama de mortero, nivel del agua: 2 cm

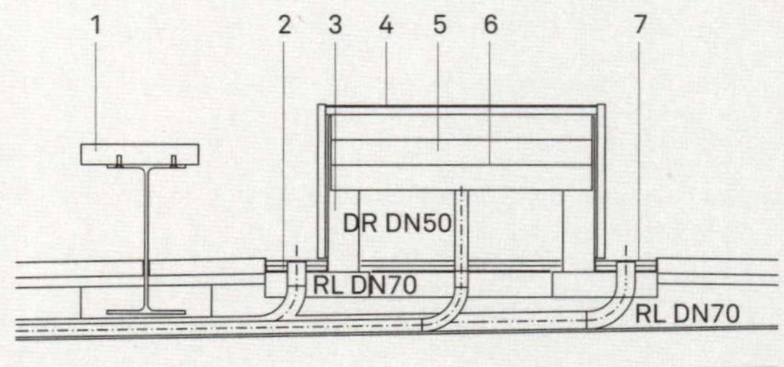

SECCIÓN TRANSVERSAL A-A'

1 Banco
2 Canal de retorno, acero inoxidable V4A, 200 x 200 cm, con pieza de piedra incrustada
3 Mesa de agua con cubrición de 3 cm de caliza conchífera, sobre estructura de hormigón armado C25
4 Nivel del agua sobre la mesa: 0,5 cm
5 Caja de entrada de agua en acero inoxidable V4A, 1000 x 300 x 200 mm
6 Placa deflectora
7 Canal de retorno, nivel del agua 2 cm

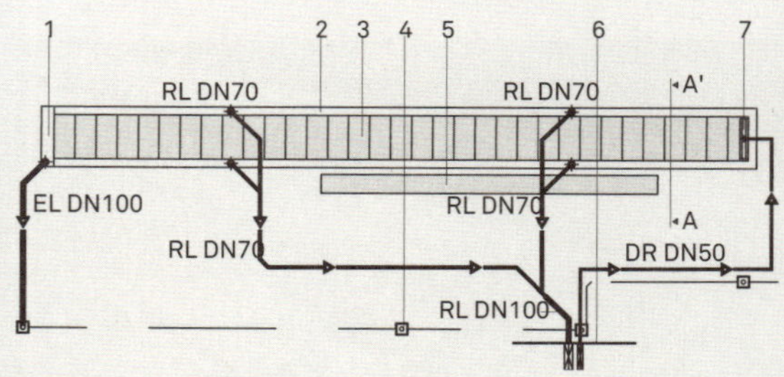

1 Canal de captación, 1500 x 300 x 150 mm
2 Canal de retorno, 200 x 200 cm
3 Mesa de agua
4 Conexión con red de pluviales
5 Banco
6 Conexión con pozo de bombeo, cuarto de instalaciones
7 Caja de entrada de agua, 1000 x 300 x 200 mm

MESA DE AGUA EN UN PATIO DE MANZANA,
17 SCHUMANNSTRASSE, BERLÍN, ALEMANIA

Arquitectos paisajistas: K1 Landschaftsarchitekten, Berlín, Alemania
Finalización: 2003

Sección longitudinal

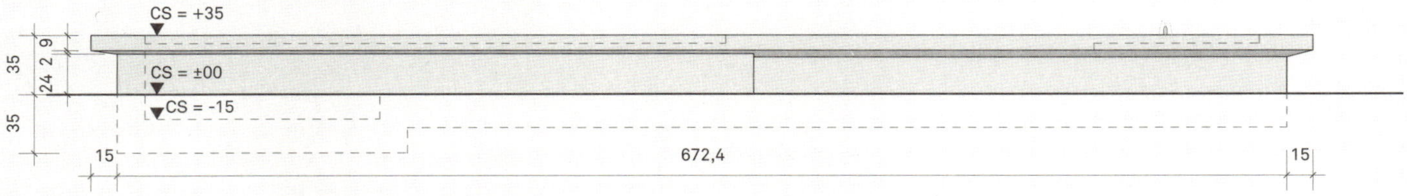

Planta

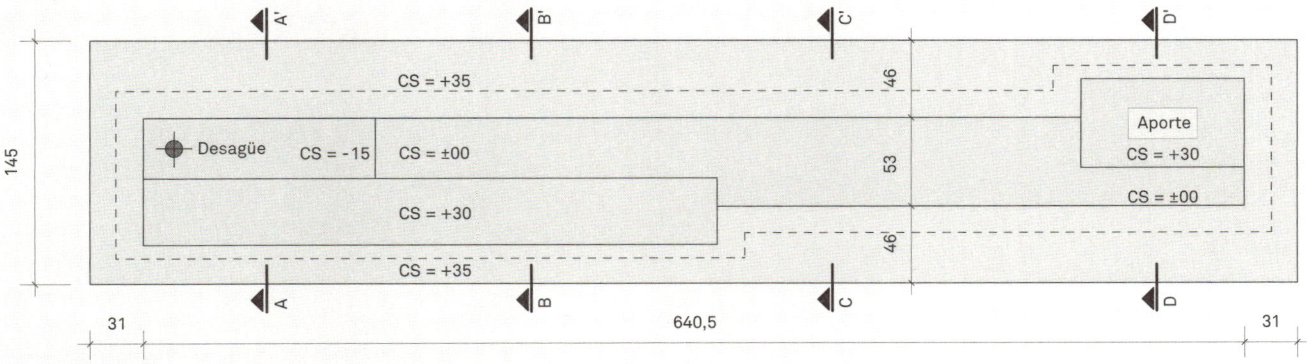

CS = Cota superior

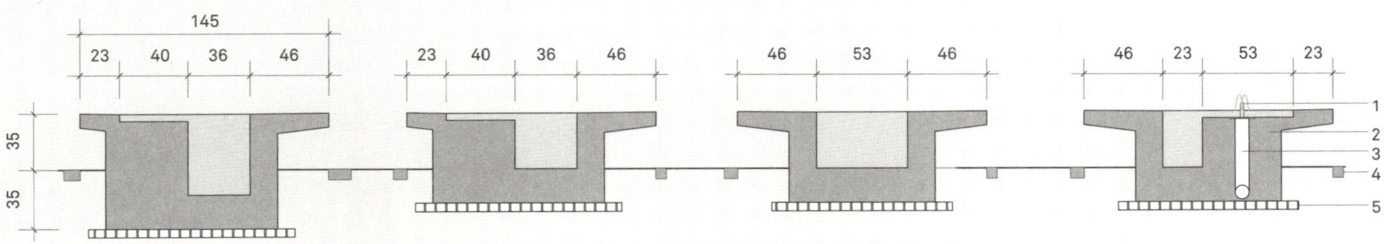

1 Surtidor, acero inoxidable
2 Hormigón in situ
3 Desagüe, acero inoxidable
4 Borde de hormigón
5 Capa de limpieza, hormigón de limpieza

ELEMENTO DE AGUA, RESIDENCIA BACHWIESEN, ZÚRICH, SUIZA

Arquitectos paisajistas: Kuhn Truninger Landschaftsarchitekten, Zúrich, Suiza
Finalización: 2004

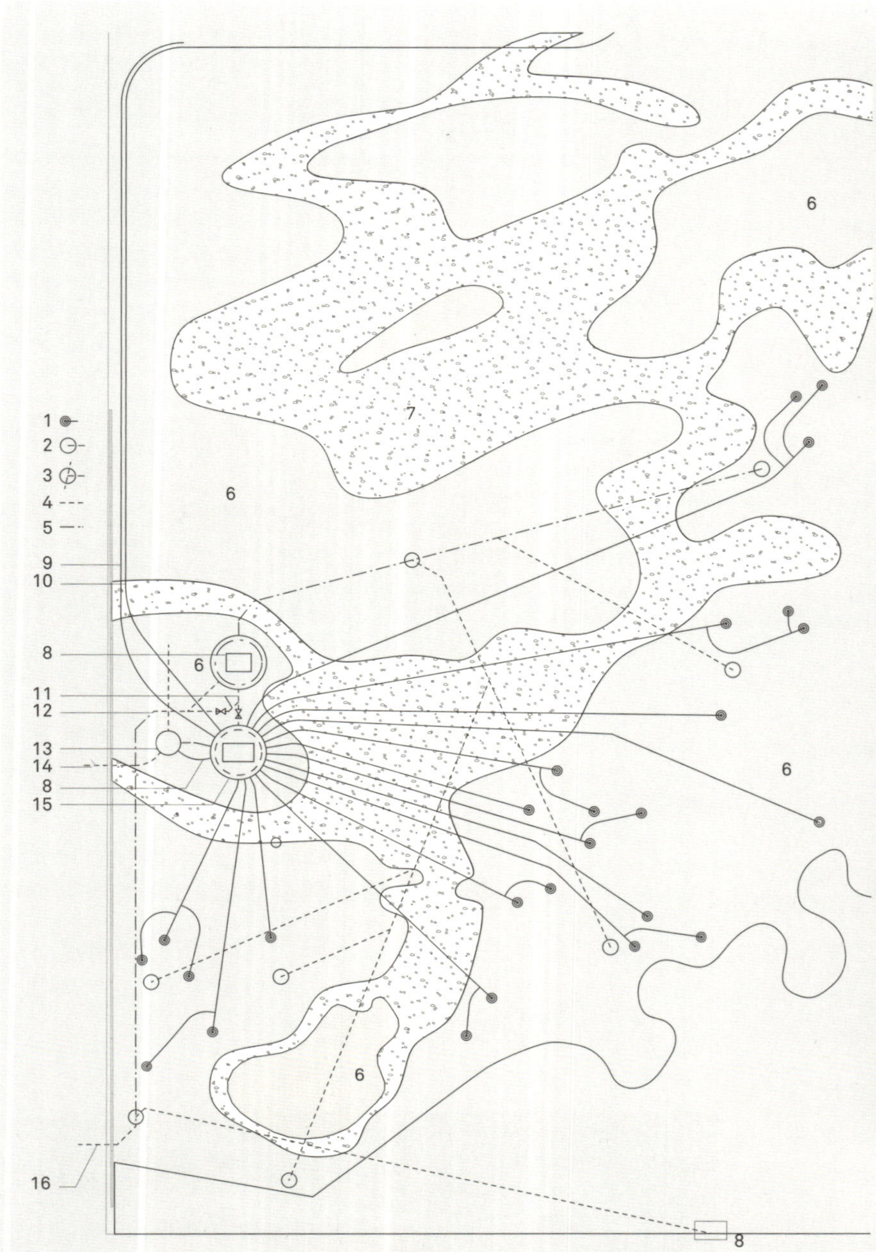

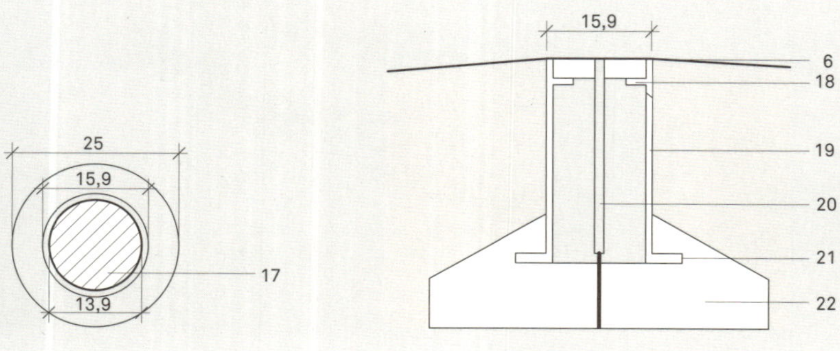

1 Surtidor
2 Foso con luz
3 Hueco de limpieza
4 6110 PP, pendiente 16-19%
5 6160 PP, pendiente 27%
6 Asfalto
7 Conchas machacadas
8 Tapa de arenero
9+10 Conducción de cable para electricidad y cable de señal
11 Válvula DN 150
12 Rebosadero 6160 PP
13 Pozo de amortiguado
14 Tubo de derivación de agua
15 Pozo de bombeo
16 Punto de desagüe preexistente
17 Botones de caucho aprox. 30 mm, ø: sobredimensionado
18 Brida soldada
19 Tubo de acero, ø 159 x 300 x 10 (exterior), negro
20 Surtidor, ø 14 (exterior)
21 Placa base, ø 250 x 15
22 Cimientos de mezcla rígida

JUEGO DE AGUA EN EL JARDÍN URBANO, NØRRESUNDBY, DINAMARCA

Arquitectos paisajistas: SLA A/S, Copenhague, Dinamarca
Finalización: 2005

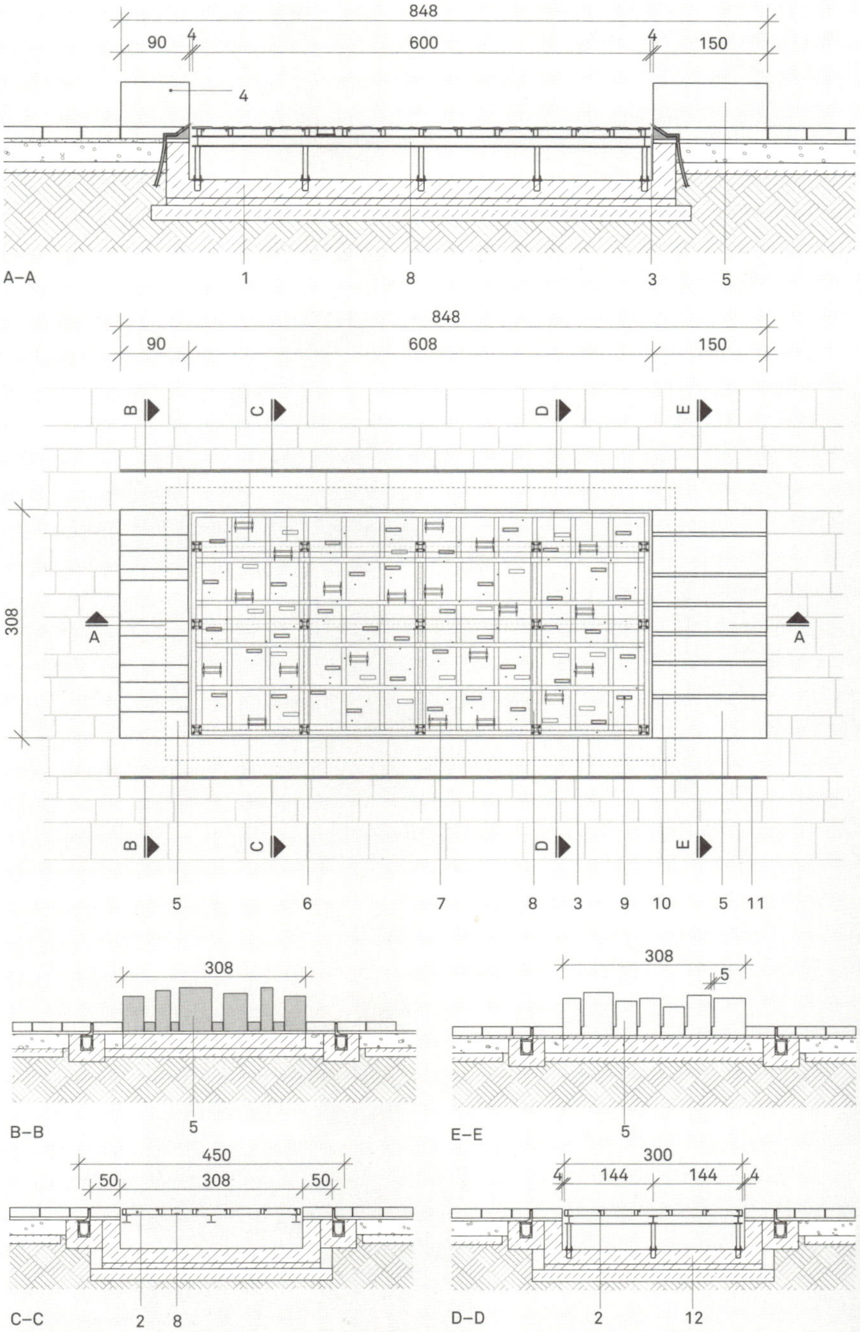

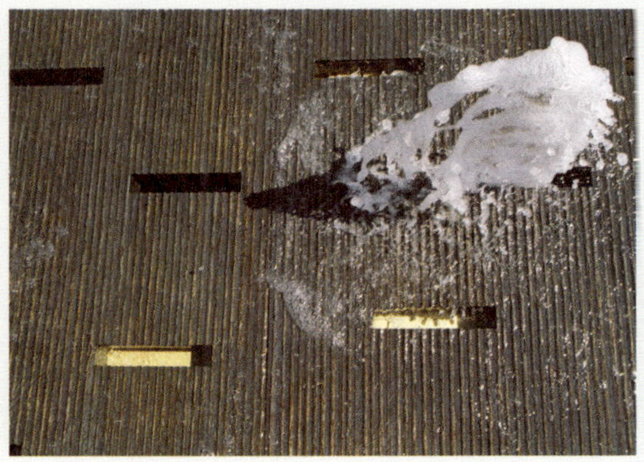

1 Vaso de hormigón prefabricado impermeable, 25 cm, C35/45, sobre 2 capas de polietileno como membrana antideslizante, 10 cm de hormigón de limpieza B10, 20 cm de capa de grava de apoyo 0/32, grosor del muro: 300 mm, grosor del suelo: 250 mm
2 Placa de bronce para forrar la estructura de acero
3 Junta continua para desagüe
4 Botón de accionado
5 Bloques de cuarzodiorita, cara inferior sobre adhesivo de contacto, 5 cm de mortero de cemento drenante, 25 cm de hormigón C8/10 como capa de limpieza, 15 cm de cama de zahorras, fieltro: 300 g
6 Placas de contacto, 130 x 130 x 12, estructura metálica anclada al vaso de hormigón
7 Chapa de aluminio anodizado en oro con categoría de corrosión C5-M y perfilería de plástico reforzado con fibra de vidrio
8 Elementos longitudinales y laterales (construcción de la mesa), perfiles HEA 140
9 Ranuras en la placa de bronce, 20 x 5 cm
10 Surtidor individual
11 Ranura de desagüe

JUEGO DE AGUA *GOLDSOLE*, PLAZA DEL MERCADO EN HALLE AN DER SAALE, ALEMANIA

Arquitectos paisajistas: Rehwaldt Landschaftsarchitekten, Dresde, Alemania
Finalización: 2006

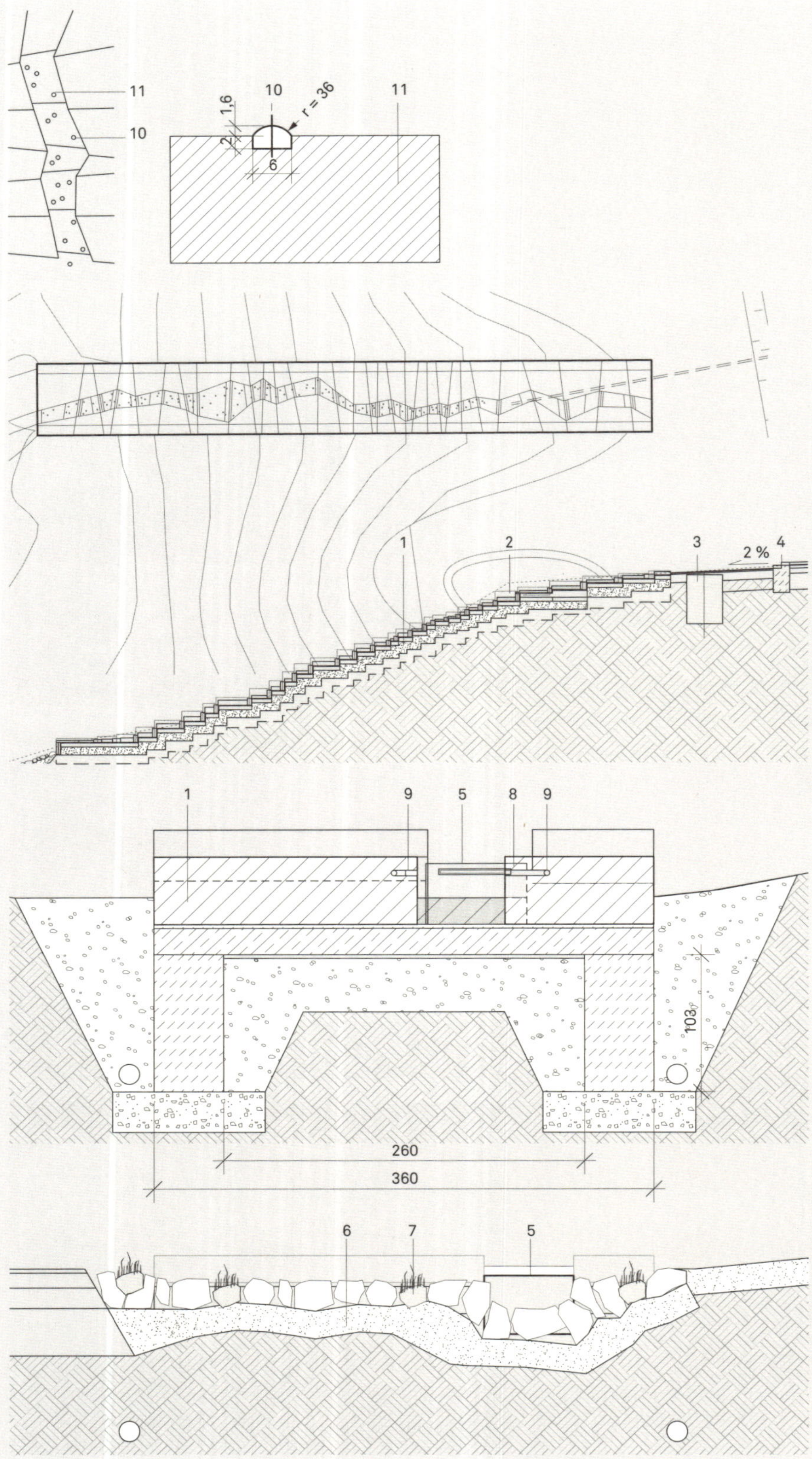

ESCALERA DE AGUA, PARQUE MUNICIPAL WALDKIRCHEN, ALEMANIA

Arquitectos paisajistas: Rehwaldt Landschaftsarchitekten, Dresde, Alemania
Finalización: 2007

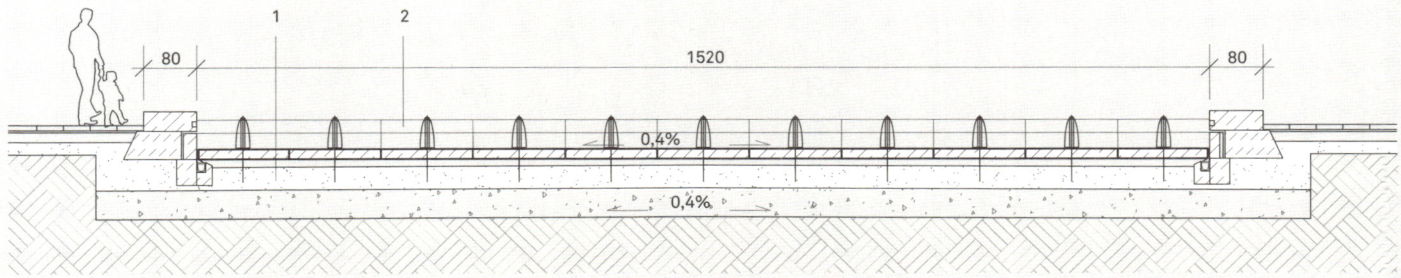

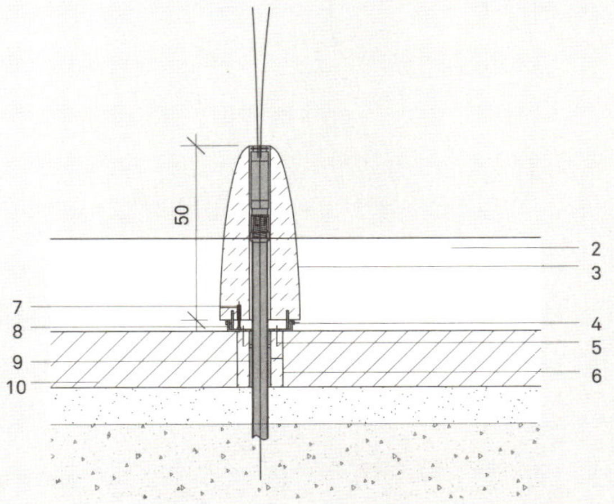

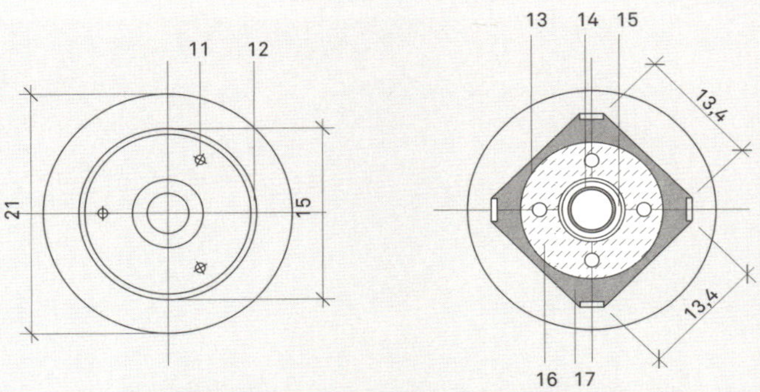

1 Fondo del vaso, losa de hormigón armado acabado en terrazo pulido, gruesas juntas de impermeabilización, 10 cm de capa de nivelación a base de gravilla 0/8, 35 cm de mezcla mineral 0/32, mezcla mineral 0/54: mín. 35 cm
2 Nivel del agua
3 Joroba de hormigón, Ø máx. 21 cm, revestimiento de color con partículas brillantes
4 Anclaje ajustable con tornillo interior hexagonal DIN 912-A2
5 4 pernos de anclaje M10 x 50
6 Lechada de mortero
7 Casquillo de rosca M5 x 40, tornillo hexagonal interior M5 x 65
8 Arandela de acero A2 50 x 5 mm, incrustada de fábrica
9 Junta de sellado continua, 8 mm
10 Placa base de chapa de acero inoxidable A2 134 x 1134 mm, con 4 cubrejuntas, 20 x 20 x 5 mm, soldadas con rosca M5 y taladro 50 mm

Joroba de hormigón
11 3 casquillos de rosca M5 x 40
12 Arandela de acero A2, Ø 15 cm, 50 x 5 mm, incrustada de fábrica

Anclaje
13 Taladro en losa de hormigón de fondo del vaso, Ø 12 cm
14 Conducción DN40
15 Sellado de junta
16 Lechada de mortero
17 Placa base de pletina metálica A2, 134 x 134 x 5 mm, con 4 cubrejuntas de 20 x 20 x 5 mm soldadas, rosca M5, 4 taladros de 12 mm y 1 taladro de 50 mm

JUEGO DE AGUA *AQUASONUM*, WALDKIRCHEN, ALEMANIA

Arquitectos paisajistas: Rehwaldt Landschaftsarchitekten, Dresde, Alemania
Finalización: 2007

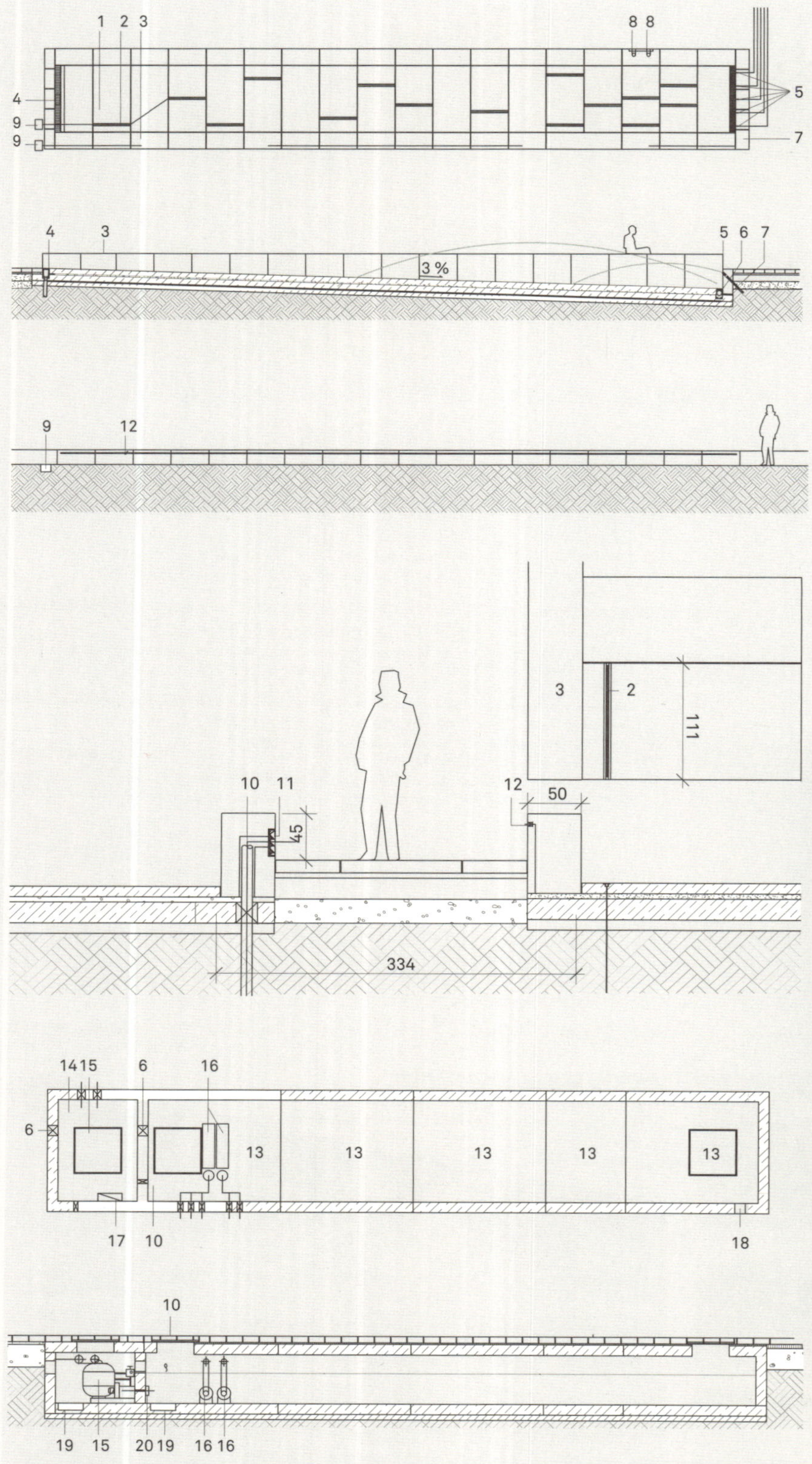

Depósito de agua

1 Panel (prefabricado), 1,12 x 2,02 x 0,15 m, todas las juntas impermeabilizadas, mástic: 3 cm, hueco para banda de luz/pletina decorativa de chapa de cobre, subestructura: mortero de drenaje, 20 cm C25/30; membrana de PE, 0,5 mm; capa de limpieza, 10 cm; hormigón de limpieza C8/10
2 Pletina decorativa de cobre, chapa de cobre con luminaria (LED)
3 Bordillo: sillar de granito, B/T 1,12 x 0,5 m, H = 0,6-1,22 m, bordillo de 0,45 m sobre cara superior G, instalado sobre la losa de hormigón en pendiente, subsuelo como 1
4 Canaleta de desagüe DN 150, reja de cubrición, rejilla de barras inclinada sobre bastidor para coincidir con el borde superior del vaso, acero inoxidable con rebosadero, retorno 2, siempre abierto, conexión DN 150
5 Surtidores con chorros a diferentes alturas, conducciones de alimentación en los taladros a 45° en bloque de granito, surtidores distantes 0,41 m, 10 cm bajo la cara superior de la losa de piedra de acabado
6 Retorno, canaleta DN 150 con cubrición de reja
7 Sillar de borde HBT, 0,75 x 0,60 x 0,30 m, 5 piezas en total
8 Foso de instalaciones para el sistema de ventilación, 2 x 200 mm; cada tapa está revestida lateral y frontalmente en chapado de piedra enrasada, revestimiento de chapa de acero, rejilla de barras: aprox. 0,7 x 0,25 m
9 Transformador
10 Entrada y salida de aire de la cámara de la fuente KG 100, abertura DN 200
11 Rejilla de ventilación, acero inoxidable lacado DB 703, aprox. 25 x 70 mm
12 Hueco para banda de iluminación con luminarias LED, HBT 2,5 x 2,5 x 2,5 cm conducción del cable por el taladro practicado en la piedra
13 Panel de hormigón prefabricado LBH 2,5 o 1,5/2/0,9 m de luz
14 Cámara de la fuente
15 Dispositivo de filtrado de arena
16 Bomba
17 Interruptores
18 Rebosadero de emergencia DN 100
19 Bomba móvil de achique para el vaciado del vaso y la cámara de la fuente
20 Conexión con red RW, rejilla del filtro de succión

JUEGO DE AGUA *STEINSCHWÄRZE*, PLAZA DEL MERCADO, EBERSWALDE, ALEMANIA

Arquitectos paisajistas: Rehwaldt Landschaftsarchitekten, Dresde, Alemania
Finalización: 2007

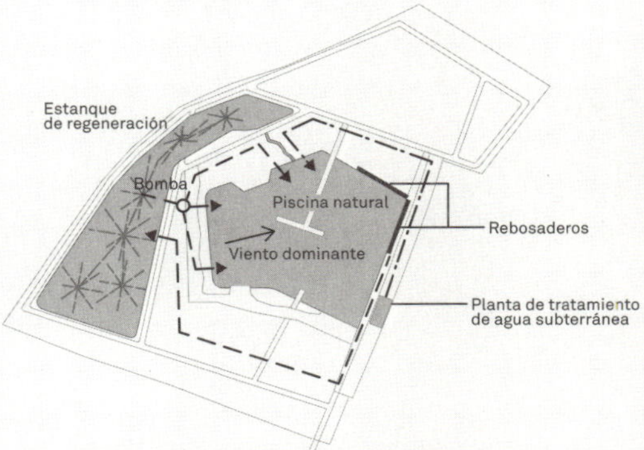

Esquema del sistema de circulación del agua

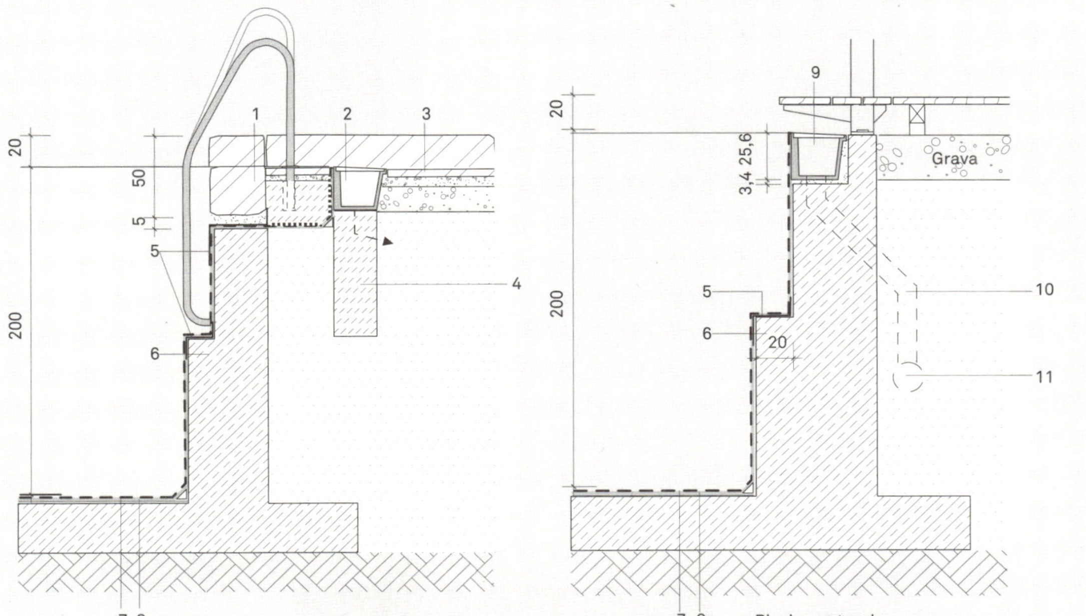

Piscina natural
pared del vaso de la piscina

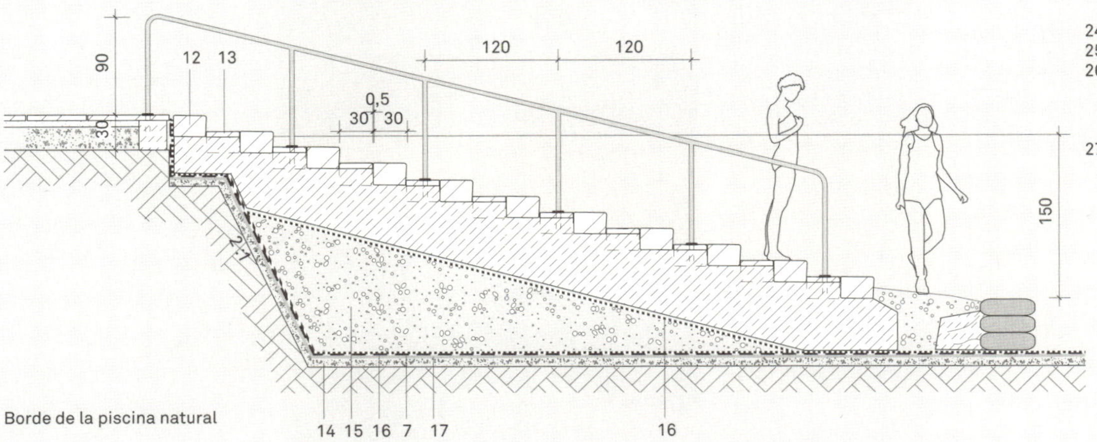
Borde de la piscina natural

1 Peldaño macizo, aprox. 30 x 30 cm
2 Canaleta del rebosadero
3 Baldosas poligonales
4 Cimentación corrida
5 Chapa revestida de PVC
6 Escalón de asiento
7 Membrana para estanques, 1,5 mm
8 Fieltro de protección, 200 g/m²
9 Canaleta del rebosadero sobre una cama de mortero
10 Tubería DN 100
11 Tubería DN 150
12 Peldaños macizos, 30 x 20 cm
13 Peldaños de hormigón, 20 x 20 x 5 cm
14 Capa de limpieza, arena 0/2
15 Grava 16/32, contenido en calizas: 62%
16 Capa de protección
17 Fieltro de protección, 300 g/m²
18 Baldosas de hormigón, 40 x 40 x 8(5) cm sobre 3 cm de cama de mortero y 20 cm de capa de balasto
19 Piedra en L, 55 cm de altura, sobre 5 cm de mortero y una capa de 20 cm de espesor, rotura de capilaridad
20 Borde del estanque de regeneración: 8 cm de grava 16/32, color gris/blanco, 15 cm de sustrato de estanque, fieltro: 170 g/m²
21 Zeolita (silicato alumínico)
22 Tubería DN 100
23 Tubo en PVC de entrada de agua a presión DN 63
24 Capa de reparto, 60 x 120 cm
25 Suelo orgánico
26 Banda continua de grava sin plantación, ancho aprox. 80 cm; capa en esta zona a base de gravas 16/32 y 32/64
27 Tubería de desagüe

PISCINA NATURAL EN GROSSENHAIN, SAJONIA, ALEMANIA
Arquitectos paisajistas: Weidinger Landschaftsarchitekten, Berlín, Alemania
Arquitectos: Springer Architekten, Berlín, Alemania
Consultores para el estanque: R. Grafinger, Bionova Badeteiche, Bergkirchen, Alemania
Finalización: 2001

El principio de esta piscina natural se basa en un sistema de dos compartimentos según el cual el estanque de baño y el de regeneración se disponen por separado. El agua del primer estanque se bombea directamente hacia el filtro del segundo para su purificación mediante un sistema de circulación del agua. El agua tratada se toma de la superficie del estanque de regeneración y se reenvía al de baño.

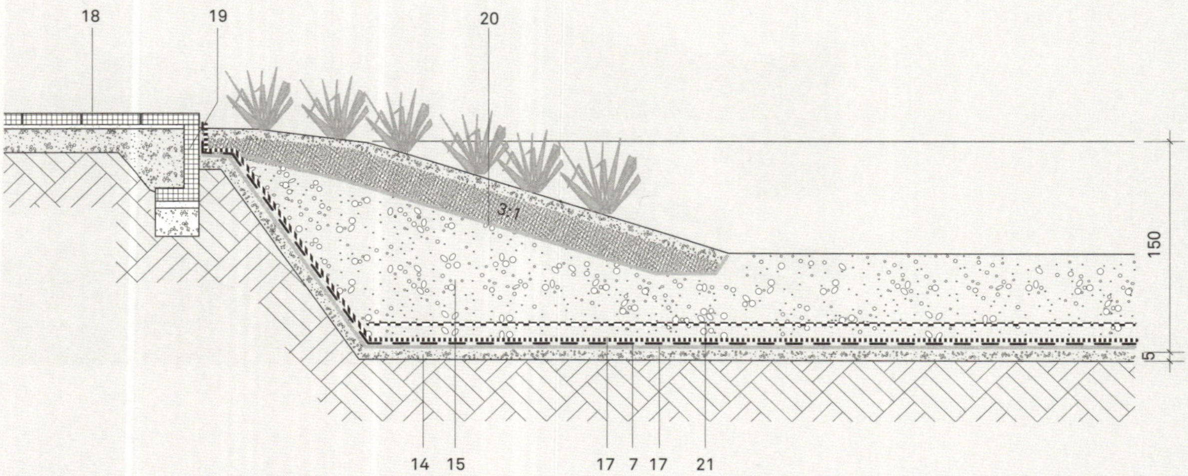

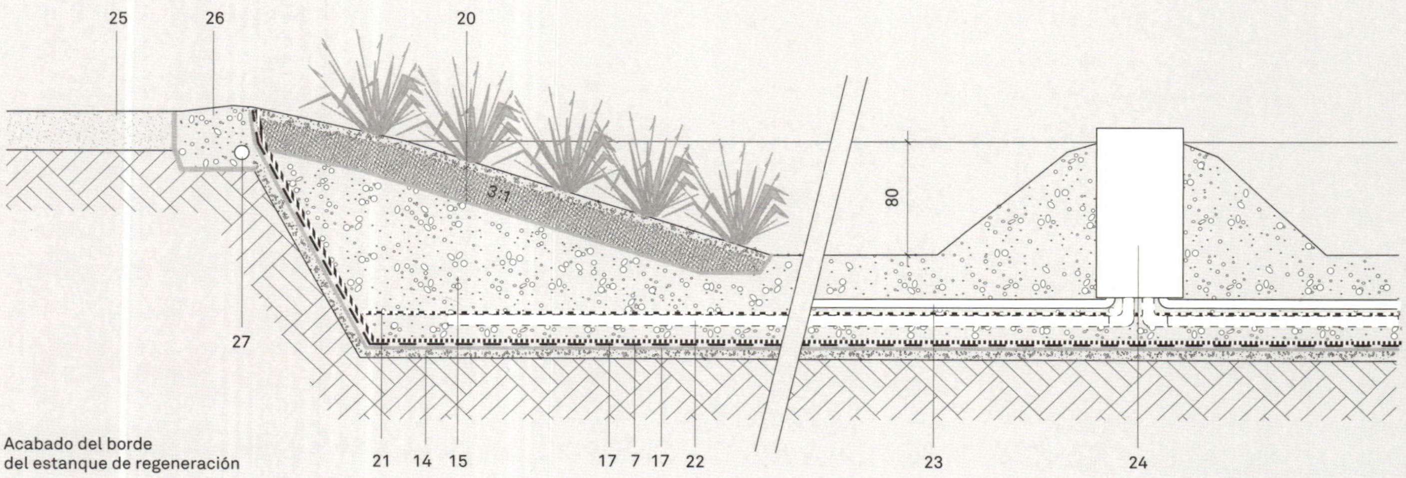

Acabado del borde
del estanque de regeneración

1 Peldaño macizo, aprox. 30 x 30 cm
2 Canaleta del rebosadero
3 Baldosas poligonales
4 Cimentación corrida
5 Chapa revestida de PVC
6 Escalón de asiento
7 Membrana para estanques, 1,5 mm
8 Fieltro de protección, 200 g/m²
9 Canaleta del rebosadero sobre una cama de mortero
10 Tubería DN 100
11 Tubería DN 150
12 Peldaños macizos, 30 x 20 cm
13 Peldaños de hormigón, 20 x 20 x 5 cm
14 Capa de limpieza, arena 0/2
15 Grava 16/32, contenido en calizas: 62%
16 Capa de protección
17 Fieltro de protección, 300 g/m²
18 Baldosas de hormigón 40 x 40 x 8(5) cm, sobre 3 cm de cama de mortero y 20 cm de capa de balasto
19 Piedra en L, 55 cm de altura, sobre 5 cm de mortero y una capa de 20 cm de espesor, rotura de capilaridad
20 Borde del estanque de regeneración: 8 cm de grava 16/32, color gris/blanco, 15 cm de sustrato de estanque, fieltro: 170 g/m²
21 Zeolita (silicato alumínico)
22 Tubería DN 100
23 Tubo en PVC de entrada de agua a presión DN 63
24 Capa de reparto, 60 x 120 cm
25 Suelo orgánico
26 Banda continua de grava sin plantación, ancho aprox. 80 cm; capa en esta zona a base de gravas 16/32 y 32/64
27 Tubería de desagüe

3.13 JARDINES VERTICALES

OBJETIVOS CREATIVOS

- Aspecto típico
- Trepadoras autónomas
- Trepadoras volubles
- Enredaderas
- Plantas autoportantes para jardines verticales

ESTRUCTURAS Y MODOS DE AGARRE
PARA PLANTAS TREPADORAS

REQUISITOS CONSTRUCTIVOS

CARGAS

PROBLEMAS CON PLANTAS TREPADORAS

MANTENIMIENTO Y SUPERVISIÓN

EJEMPLOS

Cordula Loidl-Reisch

3.13 JARDINES VERTICALES

Los jardines verticales implican el crecimiento de plantas trepadoras en elementos constructivos más o menos verticales o en espacios entre dichos elementos. Este concepto engloba las plantaciones tradicionales en pérgolas y cenadores, así como en muros, naves industriales, edificios de aparcamientos y pantallas de protección acústica.

Las plantas trepadoras crecen en vertical hacia la luz. Su estrategia de supervivencia consiste en un crecimiento longitudinal rápido sin el correspondiente espesor, derivado de las condiciones de su hábitat original: bosques densos con luz escasa. La desventaja reside, precisamente, en su dependencia del elemento de soporte.

Aunque el crecimiento vertical predomina en las fases iniciales, algunas plantas trepadoras de hoja perenne también crecen a lo ancho (aumentando su diámetro) de forma notable.
Se puede distinguir entre dos estrategias típicas de trepado: mientras que las plantas de zarcillos cuentan con estos órganos u otros similares para fijarse a la superficie de soporte, las especies «autónomas» se soportan a sí mismas mientras trepan. > Fig. 3.13.2
Existe una alternativa de jardín vertical patentada: la desarrolló hace unos años el botánico Patrick Blanc y se la conoce como *le mur végétal*. En este sistema no se utilizan plantas trepadoras y tampoco suelo convencional; en su

Fig. 3.13.1: Alturas de crecimiento para distintas plantas trepadoras

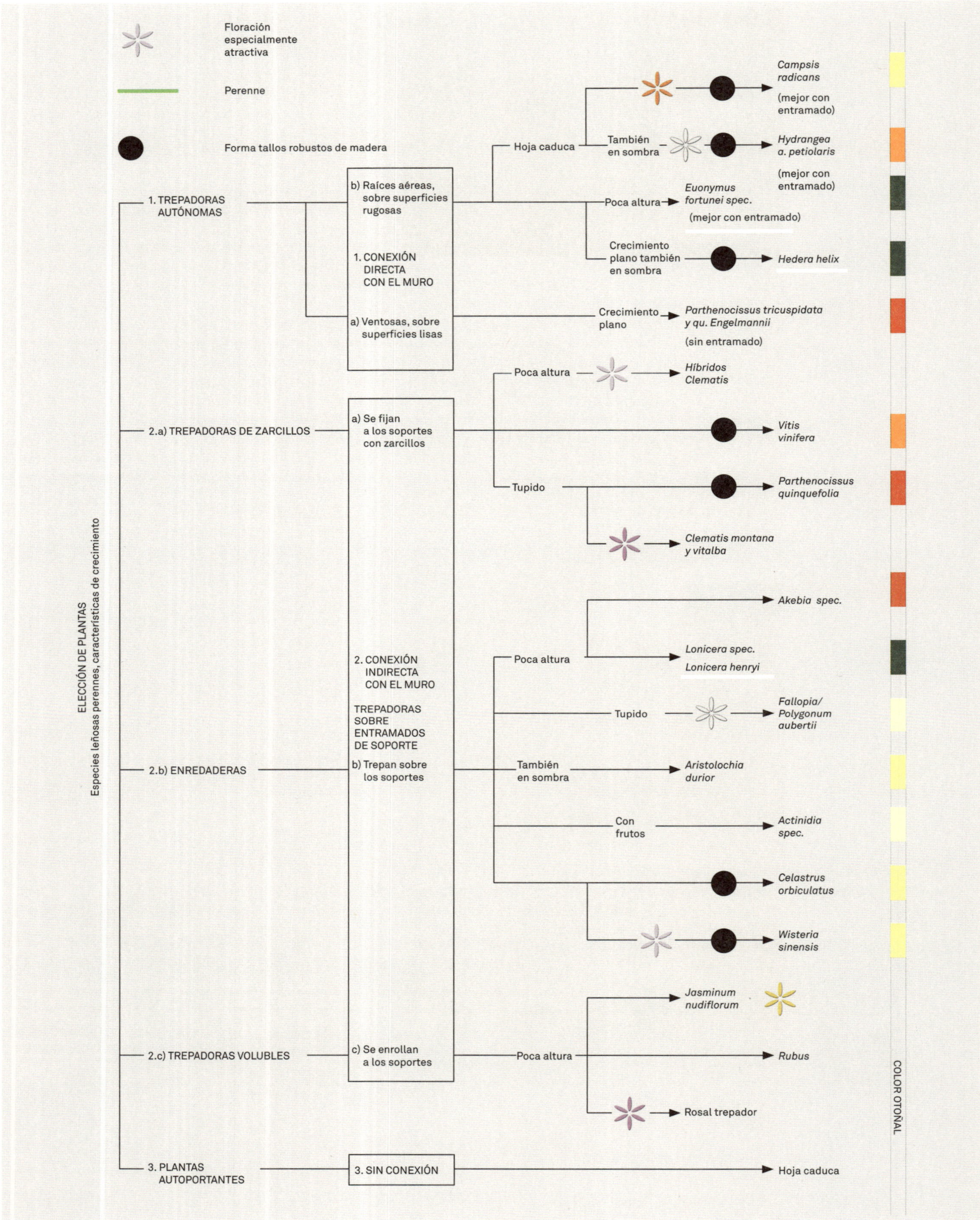

Fig. 3.13.2: Elección de plantas

Fig. 3.13.3: Jardín vertical soportado por una malla de cable que cubre toda la fachada

Fig. 3.13.4: Cables de acero inoxidable con topes de retención, Nordspangenpark, Graz, Austria

Fig. 3.13.5: *Mur végétal*

lugar, elementos ligeros de plástico, montados en un bastidor sobre la fachada, asumen la función del suelo en sus aspectos mecánicos. De esta forma, se crea un «muro vegetal» opaco que cuenta con una variedad de plantas de poco porte adaptadas a sobrevivir en laderas empinadas. El agua y los fertilizantes necesarios se aportan de forma automatizada. > **Fig. 3.13.5**

Pueden citarse un gran número de argumentos a favor de los jardines verticales: razones estéticas y microclimáticas, protección de los muros frente a las lluvias intensas, búsqueda de sombra y efectos psícuicos beneficiosos de las fachadas verdes y ajardinadas.

La existencia de productos industriales de alta calidad para la fijación de los zarcillos, combinada con las cualidades ideales de estos «conquistadores del espacio vacío», hace que el uso de las plantas trepadoras perennes sea más atractivo que nunca en el entorno urbano. Los jardines verticales ofrecen una excelente manera de compensar la ausencia de zonas verdes en las áreas densamente edificadas. Esto es particularmente cierto en las grandes ciudades, donde los espacios abiertos cuentan con un carácter cada vez más artificial como consecuencia de la escasez de suelo y la presencia de aparcamientos subterráneos bajo los edificios en altura.

OBJETIVOS CREATIVOS

Las fachadas ajardinadas modifican la apariencia que el edificio ofrece a su entorno, lo que implica preguntarse por los objetivos creativos perseguidos. En el caso de los jardines verticales, esta es una cuestión muy vinculada a las cualidades de las especies vegetales a emplear. ¿Deberían las plantas crecer de forma uniforme? ¿Se trata de crear una filigrana con «líneas verdes»? ¿Se pretende crear una estructura tridimensional aparentemente sólida? ¿Cuál es la idea: «un verde ligero y claro» o «un verde compacto y oscuro»? ¿La vegetación tiene que cubrir el edificio entero, o solo una parte (por ejemplo, la planta baja)? ¿Estamos ante un emplazamiento soleado o en sombra? Consideraciones de este tipo condicionan en gran medida la elección de las plantas. > **Fig. 3.13.1**

El crecimiento sobre un área completa se consigue más fácilmente mediante plantas trepadoras autónomas. Tanto la hiedra perenne (*Hedera*), de color verde oscuro, como la hiedra de Boston (*Parthenocissus tricuspidata* 'Veitchii'), de un verde más fresco, son capaces de cubrir un edificio entero por sí mismas. Por el contrario, si se ha de conseguir cubrir por completo un muro únicamente mediante trepadoras con zarcillos, toda la fachada debe prepararse con un enrejado o una subestructura de cables. > **Fig. 3.13.3**

También se puede obtener una plantación lineal con unos pocos cables o barras en paralelo. En este caso, las estructuras no tienen por qué disponerse siempre en vertical: los cables diagonales a modo de «palillos chinos», por ejemplo, crean un efecto interesante. Pero lo cierto es que las plantas tienen menor disposición a trepar por ángulos inferiores a 45º. Para estas plantaciones lineales, resultan especialmente adecuadas las enredaderas (*Actinidia, Akebia, Aristolochia, Celastrus, Wisteria*) y las plantas rastreras, como la *Parthenocissus quinquefolia*. Si el cable cuenta con topes de retención, se reduce el riesgo de que las plantas resbalen. > **Fig. 3.13.4**

La plasticidad arquitectónica de un edificio puede resaltarse enfatizando los vuelos del edificio mediante elementos o mallas de acero que soporten plantas, mientras que los entrantes pueden opacarse con hiedra oscura.

Para crear jardines más complejos se combinan elementos lineales con otros más expansivos; así se logra una textura más variada. Un amplio abanico de combinaciones permite conseguirlo: estructuras de cable de acero, mallas de acero al carbón, chapas metálicas perforadas o expandidas, rejillas estables (nótese que las plantas que crecen hasta alcanzar grandes grosores necesitarán aperturas de un determinado tamaño) y elementos lineales, verticales o diagonales, como barras de acero o de fibra de vidrio

Fig. 3.13.6: Efecto pintoresco de las plantas en un patio interior

Fig. 3.13.7: Hojas de color burdeos de una enredadera de Virginia

Fig. 3.13.8: Hiedra

resistente a la intemperie. Debe recordarse que, cuando los soportes están alejados, las plantas trepadoras no pueden saltar de uno a otro si la distancia es excesiva, por lo que hay que prever una separación máxima entre los elementos de soporte de 30 a 50 cm.

También pueden emplearse plantas de escasa altura para cubrir parcialmente fachadas altas, siempre que se dispongan jardineras adecuadas a distintos niveles.

De igual modo, se obtienen efectos pintorescos mediante jardines verticales apoyados en cables de acero, situados entre edificios o pilares. Su «volumen», prácticamente invisible al principio, va materializándose conforme avanza el crecimiento de las plantas. > **Fig. 3.13.6**

Otro motivo relevante de diseño puede ser el color de las plantas trepadoras cuando muestran distintos matices de verde en el follaje, las tonalidades de la floración o el muy marcado colorido del otoño (granates, rojizos, amarillos). > **Fig. 3.13.7**

Aspecto típico

La estrategia de trepado característica de cada planta combinada con la estructura del muro o del entramado confiere una imagen peculiar a cada jardín vertical. Por lo general, pueden podarse hasta adoptar la forma deseada.

Trepadoras autónomas

La hiedra (*Hedera helix*) es una planta trepadora con raíces aéreas, particularmente robusta, amante de la sombra y con follaje verde oscuro, que puede generar jardines verticales perennes enormes (hasta 30 m), siempre que se la deje crecer con libertad. Su abundancia de frutos resulta atractiva, aunque estos solo aparecen cuando la planta ya tiene varios años de edad y la vuelven, además, más vulnerable a las tormentas. > **Fig. 3.13.8**

En cualquier caso, es necesario tomar precauciones: la hiedra es una de las plantas más peligrosas para la edificación (Althaus, 1987). Los muros con pequeños daños previos son sus «víctimas» ideales.

La enredadera de trompeta (*Campsis radicans*) también trepa mediante raíces aéreas y tiende a desarrollarse como una suerte de copa extendida. La planta produce flores de un naranja muy llamativo en su parte superior soleada. Sus raíces pueden penetrar en las fisuras y juntas de los muros, causando su deterioro. Para evitar que las tormentas arranquen del muro partes de la planta, debería disponerse una estructura ligera.

La hortensia trepadora (*Hydrangea petiolaris*) se fija por sí misma a los muros rugosos y a sus fisuras y juntas con sus raíces aéreas. Es una especie de sombra, de crecimiento lento, con una apariencia rebosante, llena de ramas colgantes con cimas corimbosas sobresalientes y muy atractivas. Estas, sin embargo, la hacen muy vulnerable frente a las tormentas y la nieve, que pueden arrancarla del muro si no se coloca una protección estructural para evitarlo.

La hiedra de Boston (*Parthenocissus tricuspidata* 'Veitchii') resulta llamativa por su forma peculiar: ninguna otra planta trepadora crece tan pegada al plano, de una forma que recuerda a una cubierta de tejas. > **Fig. 3.13.9**

Minúsculos discos de agarre permiten a esta especie cubrir muros enteros con su follaje trilobulado, incluso sin contar con un entramado de apoyo. Trepa sin problemas hasta alturas de 15 o 20 m, ya que su sombra acelera aún más su crecimiento hasta desarrollar rápidamente auténticos leños. En las zonas más oscuras las ramas pierden sus hojas, de forma que el muro o la estructura de soporte vuelve a quedar a la vista. > **Fig. 3.13.10**

Fig. 3.13.9: *Parthenocissus tricuspidata* 'Veitchii'

Fig. 3.13.10: Reja protectora para *Parthenocissus tricuspidata* 'Veitchii'

Fig. 3.13.11: Rosal trepador sobre un entramado horizontal de madera

Trepadoras volubles

Las plantas trepadoras volubles (que se enroscan al soporte), como las rosas trepadoras, el jazmín o las zarzamoras, resultan atractivas por su floración abundante y agradable. Puesto que crecen hasta una altura de 5 m, solo pueden utilizarse en una plantación parcial, normalmente de una única planta. Tienden a presentar un aspecto enredado y descuidado, debido a que las ramas individuales se extienden más allá del entramado de soporte. En cualquier caso, resulta necesaria una estructura de soporte de barras o cables horizontales o una reja de malla amplia para evitar que se deslicen las espinas o los brotes laterales más sobresalientes. > **Fig. 3.13.11**

El jazmín amarillo o de invierno (*Jasminum nudiflorum* 'Oleaceae') tiende a descolgarse, con brotes que descienden en curvas de hasta 2 m de longitud.

Enredaderas

Las enredaderas tienden a mostrar un aspecto muy tupido si se les permite crecer con libertad, pero también se les puede dar una forma más disciplinada mediante la poda, siempre que sean accesibles, lo que puede ser un factor limitador en términos de altura. La aristoloquia de sombra (*Aristolochia macrophylla* 'Aristolochiaceae') irradia la refinada elegancia de las clásicas plantas de pérgola y, al mismo tiempo, crea una imagen de selva tropical gracias a sus enormes hojas verde claro. > **Fig. 3.13.12**

El celastro (*Celastrus orbiculatus* 'Celastraceae') es una enredadera verde de verano, que cuenta con una perturbadora denominación en su acepción alemana: *Baumwürger*, o estrangulador de árboles. Precisamente, si se lo va a plantar cerca de árboles, debe tenerse cuidado, ya que llegará rápidamente a la copa y muy pronto solo dejará ver sus propias hojas. Esta «falsa copa» tiene un aspecto muy agradable cuando amarillea en otoño, si bien el árbol anfitrión sufre muy pronto la carencia de luz. Los árboles jóvenes pueden ser literalmente estrangulados por la planta en el área del tronco, motivo por el que su plantación puede resultar contraproducente.

Las plantas de los géneros *Celastrus*, *Campsis* y *Wisteria* son una buena elección cuando el objetivo consiste en crear «arbolitos falsos» sobre una estructura. > **Fig. 3.13.13**

Las especies hortícolas de clemátides híbridas ('Ranunculaceae') atraen la atención por sus grandes flores, pero crecen con lentitud, por lo que no suelen alcanzar tamaños considerables.

La mucho más vigorosa *Clematis montana* ofrece abundantes flores más pequeñas y se entrelaza graciosamente alrededor de los entramados de soporte.

La clemátide o hierba de los pordioseros (*Clematis vitalba*) forma una bola verde su agreste enredo de ramas; constantemente nacen nuevos brotes que quedan situados en la parte soleada, de forma que la planta no deja de expandirse. También resulta llamativa en invierno, a pesar de

Fig. 3.13.12: *Aristolochia macrophyta*

Fig. 3.13.13: *Wisteria* como un «falso arbolito» sobre una estructura de soporte

que carece de hojas, pues sus flores azules y blanquecinas destacan y brillan bajo el sol. De hecho, la vitalidad de las variedades silvestres es aún mayor, ya que se enroscan a la más mínima rama o elemento que sobresalga.

Aunque emplee distintas técnicas de trepado, este comportamiento también es aplicable a la vid rusa o *Fallopia aubertii* 'Polygonaceae'. Trepa enrollándose, y hay que tener especial cuidado, pues tiende a invadir canalones o bajantes, y crece considerablemente más rápido que el resto. > **Fig. 3.13.14** La vid rusa alcanza cualquier pequeña cosa que le ofrezca asidero e incrementa su frondosidad de año en año; de este modo surgen topiarios inusuales, cuya forma en ocasiones se opone a la de la propia arquitectura. Si no es el caso, requiere podas regulares. Sus panojas blancas son muy decorativas.

Si lo que se requiere es algún tipo de protección de la miradas indiscretas incluso en invierno, la mejor elección en zonas urbanas de alta densidad es una madreselva perenne (*Lonicera henryii* 'Caprifoliaceae'). Esta planta solo crece unos metros de altura, pero resulta muy adecuada para plantaciones parciales en localizaciones de semisombra. Su crecimiento arbustivo puede controlarse mediante podas. Los soportes más adecuados son rejillas, alambres tensados o entramados tipo pérgola.

La parra virgen o enredadera de Virginia (*Parthenocissus quinquefolia* 'Vitaceae') es una perfecta funámbula y una de las trepadoras más vigorosas de clima templado, pues alcanza alturas de hasta 25 m y sus zarcillos le permiten trepar por cables verticales, diagonales y horizontales. A la enredadera de Virginia se le suele permitir que las ramas individuales con follaje cuelguen a modo de trenzas, de forma que se conviertan en una especie de cortinas que se descuelgan hasta varios metros. > **Fig. 3.13.15**

En zonas vitivinícolas, la planta de hoja caduca más extendida es la viña (*Vitis* 'Vitaceae'). > **Fig. 3.13.16**

Si se planta la viña común (*Vitis vinifera*) por sus uvas, debe podarse cada año para que produzca frutos. Tras la poda quedarán a la vista la estructura y el muro sobre los que se apoya la planta durante varios meses. De lo contrario, la viña podría crecer hasta una altura de 10 o 12 m utilizando sus zarcillos serpenteantes, que refuerzan un aspecto romántico y tupido.

Lo mismo es aplicable a otros tipos de vid, como la *river bank grape* (*Vitis riparia*), la labrusca o parra brava (*Vitis labrusca*) o la vid ornamental (*Vitis coignetiae*). En cualquier caso, hay que recordar que todos los tipos de vid tienen tallos de madera que crecen con el tiempo hasta alcanzar un grosor nada despreciable.

La *Wisteria* 'Leguminosae' es una de las trepadoras leñosas con flores más atractivas para espacios cálidos y soleados gracias a sus magníficos racimos blancos y azules. El verde claro de sus pínnulas irradia una impresión serena al área circundante. Como se enrosca al soporte, este tiene que ser especialmente robusto, ya que puede crecer por encima de los 15 m de altura.

Fig. 3.13.15: Una enredadera de Virginia se descuelga en «trenzas»

Fig. 3.13.14: *Fallopia aubertii* sobre una malla de alambre

Fig. 3.13.16: Viña común

Plantas autoportantes para jardines verticales

Los muros también pueden plantarse con especies de tronco leñoso que puedan podarse, ya sean frutales —como manzanos o perales—, arces silvestres (*Acer campestre*), carpes blancos (*Carpinus betulus*), espinos de fuego (*Pyracantha*), tejos (*Taxus*) o tilos (*Tilia*). Si se podan de forma constante, pueden mantenerse tan estrechos como el propio muro. Para obtener otras formas se pueden emplear alambres, aunque las plantas no dejan de sostenerse a sí mismas. En cualquier caso, este tipo de fachada exige mucho trabajo de mantenimiento. Aunque a principios del siglo XX era muy común, actualmente se ha convertido en una rareza.

ESTRUCTURAS Y MODOS DE AGARRE PARA PLANTAS TREPADORAS

Gracias al enorme desarrollo de los elementos estructurales sólidos, los jardines verticales han podido emanciparse en décadas recientes como un tipo independiente de estructuras de exteriores, lo que ha despertado un considerable interés.

Puesto que en todo momento están expuestos a las inclemencias climáticas, solo se pueden emplear materiales robustos que funcionen a lo largo de dilatados periodos de tiempo. Esto se traduce, básicamente, en estructuras de acero inoxidable que guían el crecimiento de las plantas trepadoras hasta localizaciones que no alcanzarían de otra manera. En el caso de grandes alturas y localizaciones más expuestas, debe realizarse un seguimiento regular de las estructuras de soporte y de las propias plantas trepadoras.

Para fijar las estructuras de soporte, se puede recurrir a diversos sistemas, incluyendo su fijación al muro mediante abrazaderas, enganches o tornillos, así como estructuras de barras fijadas por delante del muro, una idea aplicable a los diversos elementos que puedan emplearse: barra delgadas de acero (con diámetros de solo unos pocos centímetros), secciones aligeradas de acero o materiales compuestos, como las barras de fibra de vidrio para exteriores (GFK) y las piezas de madera de alta calidad. En cualquier caso, para facilitar su mantenimiento solo deberían utilizarse en plantaciones de altura no superior a una planta o en áticos.

Todas las fijaciones al muro —como pernos de anclaje, varillas roscadas, manguitos o anclajes perforados— deben cumplir con la norma DIN 18515-1 en caso de fijaciones a muros portantes, además de ser compatibles con su estructura (por ejemplo, muros con aislamiento térmico, muros cortina, etc.).

Para los soportes lineales y cruzados, es importante utilizar mallas de cables de acero inoxidable resistente al ácido (conforme a la norma EN 10264-4) y estirados en frío, con refuerzos de acero y diámetros de 4 a 8 mm, combinados con diversas fijaciones en los extremos.

Las modernas mallas de acero inoxidable son lo bastante resistentes para soportar especies de gran extensión cue ocupen la superficie de varias plantas de una fachada, con la ayuda de barras de refuerzo.

También existe una amplia y refinada gama de elementos de fijación en acero inoxidable resistente al ácido, como cabezales de fijación, articulaciones de horquilla, fijaciones angulares, tornillos de ojo y de cáncamo, presillas, grilletes, separadores y soportes de cables, estribos, repisas, abrazaderas en cruz, tensores de cable, etcétera.

REQUISITOS CONSTRUCTIVOS

Los distintos requisitos constructivos se derivan de las diferentes estrategias de trepado de las plantas. Las de los géneros *Campsis*, *Celastrus*, *Hedera*, *Hydrangea*, *Parthenocissus*, *Vitis* y *Wisteria* tienen que mantenerse suficientemente alejadas de los muros (unos 20 cm), dado el grosor de sus tallos, mientras que las zonas de raíces deberían rodearse con una malla protectora.

Las construcciones tipo malla (de acero o estructuras de cable) han demostrado su utilidad para las plantas trepadoras de entramados. Mientras que las vides (*Vitis*), que tienen zarcillos de tipo caulinar, necesitan estar a cierta distancia del muro (de 15 a 20 cm), las plantas con zarcillos de tipo foliar, como las clemátides, requieren distancias menores (desde 10 x 10 cm hasta un máximo de 15 x 15 cm). El diámetro recomendado para las guías de los zarcillos es de 1,1 a 1,9 cm para los caulinares (en el caso de la enredadera de Virginia, 1,3 cm como máximo) y de 0,4 a 1,2 cm para los foliares.

Los entramados estructurales verticales de barras de sección circular (cables, tubos, barras, cuyos diámetros deben estar entre 0,6 y 5 cm) resultan ventajosos para las trepadoras, porque tienen la suficiente resistencia para evitar ser aplastados por el crecimiento (en grosor) de las plantas. La tendencia a la autoestrangulación de las plantas que se enroscan con cierta fuerza puede reducirse fijando un solo tallo a cada barra de soporte. > **Fig. 3.13.17**

La separación entre elementos verticales debería ser aprox. de 30 a 80 cm para las trepadoras, o de hasta 150 cm en el caso de plantas cuyos tallos aumenten de grosor significativamente (p. ej., la *Wisteria*). A su vez, conviene colocar dispositivos antideslizamiento cada 0,5-2 m.

Las barras o pletinas horizontales resultan muy adecuadas para que las plantas trepen hasta los 40 cm, o bien hasta una distancia comprendida entre los 30 y los 50 cm en el caso de las rejillas a modo de mallas que estén dispuestas a unos 5 cm del muro.

Fig. 3.13.17: Tendencia al autoestrangulamiento de una *Wisteria* que se enrolla apretadamente

CARGAS

La estructura que soporta las plantas también debe ser capaz de absorber las cargas adicionales. A su vez, todos los elementos de ayuda al trepado han de ser estables y capaces de soportar dichas cargas.
Se denomina cargas verticales al peso de todas las partes del jardín vertical, incluyendo el peso propio de las plantas (de 1 a 50 kg/m^2; corresponde al peso de la madera más el follaje), el de los elementos de ayuda al trepado y las sobrecargas por acumulación de lluvia o de nieve en la estructura o en las plantas —por lo que el peso total puede duplicarse o triplicarse en las plantas perennes durante el invierno—.
Las fuerzas de presión y succión generadas por el viento originan unas cargas horizontales que pueden ser superiores al peso invernal de las plantas.

Fig. 3.13.18: Restos de discos adhesivos en una fachada revestida

PROBLEMAS CON PLANTAS TREPADORAS

El crecimiento fototrópico negativo (o crecimiento de las plantas en dirección contraria a la luz, típico de las raíces, pero también de los brotes de plantas trepadoras como la *Aristolochia* o la *Fallopia*) provoca problemas si se eligen especies inadecuadas, ya que ocasionan daños al introducirse, por ejemplo, en las juntas abiertas de fachadas ventiladas.
Precisamente, los daños en los muros producidos por plantas trepadoras de raíces aéreas se agravan si existen problemas estructurales previos, y apenas es posible evitarlos a largo plazo. Pero lo que sí es posible es prevenir el desprendimiento de aquellas partes de la planta que pueden ser arrancadas por las tormentas, mediante la poda o colocando una malla de protección.
Si hay que retirar de un muro una planta con zarcillos de disco, como una hiedra de Boston, los discos adhesivos lignificados quedarán fijados a la fachada, lo que resulta especialmente problemático si el muro debe repintarse con regularidad. > **Fig. 3.13.18**
Cuando las distancias entre los elementos del entramado y el muro son demasiado pequeñas, las plantas que forman tallos gruesos pueden forzar la separación de ambos elementos o aplastarlos. > **Fig. 3.13.19**
Las trepadoras situadas a menos de 50 cm del edificio y resguardadas de la lluvia pueden secarse por falta de agua; lo mismo puede ocurrir en plantaciones en macetas muy pequeñas que no cuenten con un sistema de riego.

MANTENIMIENTO Y SUPERVISIÓN

Los trabajos esenciales de mantenimiento de los jardines verticales incluyen garantizar un suministro suficiente de agua y nutrientes, supervisar el estado de la estructura y los anclajes, así como realizar podas regulares. Es necesario aclarar y podar hasta conseguir la forma deseada; evitar su crecimiento excesivo y su penetración en cajas de persianas, desagües, bajantes o tejados, y eliminar la madera seca y las partes muertas de la planta. > **Fig. 3.13.20**

Fig. 3.13.19: *Wisteria* aplastada por una rejilla excesivamente ceñida

Fig. 3.13.20: Ramas enredadas de *Fallopia aubertii*

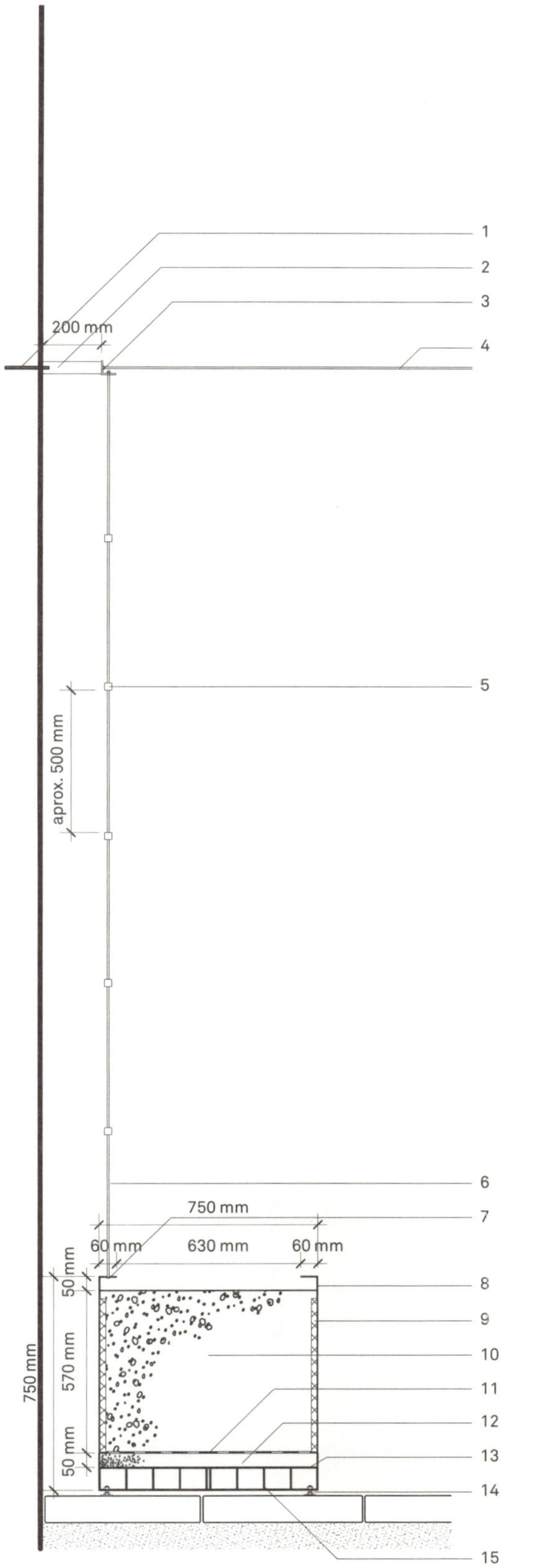

1 Fijación al muro conforme a los requisitos mecánicos
2 Separador
3 Perfil angular 50/50/5 de acero inoxidable según EN 10056-1: 1998, con perforaciones
4 Cable de acero inoxidable, 6 mm
5 Tope de retención
6 Cable de acero inoxidable según norma EN 10088-32005, 6 mm, tensado
7 Orificio perforado, d = 6 mm (5 por jardinera)
8 Chapa de acero inoxidable según norma EN 10088-2: 2005 (placas antideslizantes) de aprox. 3 mm, plegado: aprox. 60 mm en los extremos superior e inferior
9 Capa impermeable de aislamiento, d = 2 cm
10 Cuerpo de vegetación de aprox. 0,3 m^3 (sustrato de jardinería con capacidad de almacenamiento)
11 Lámina filtrante
12 Capa de arcilla expansiva, 5 cm de espesor
13 Chapa plegada de acero inoxidable con perforaciones, 2 unidades
14 Pie ajustable, p. ej, con tornillos hexagonales, arandelas y tuercas, de acero inoxidable
15 Pletina de acero, soldada por el borde con la jardinera, 10 x 80/740/3

PLANTACIÓN EN UN PATIO INTERIOR CON JARDINERAS Y CABLES INTEGRADOS DE SOPORTE, VIENA, AUSTRIA

Arquitecto paisajista: C. Loidl-Reisch

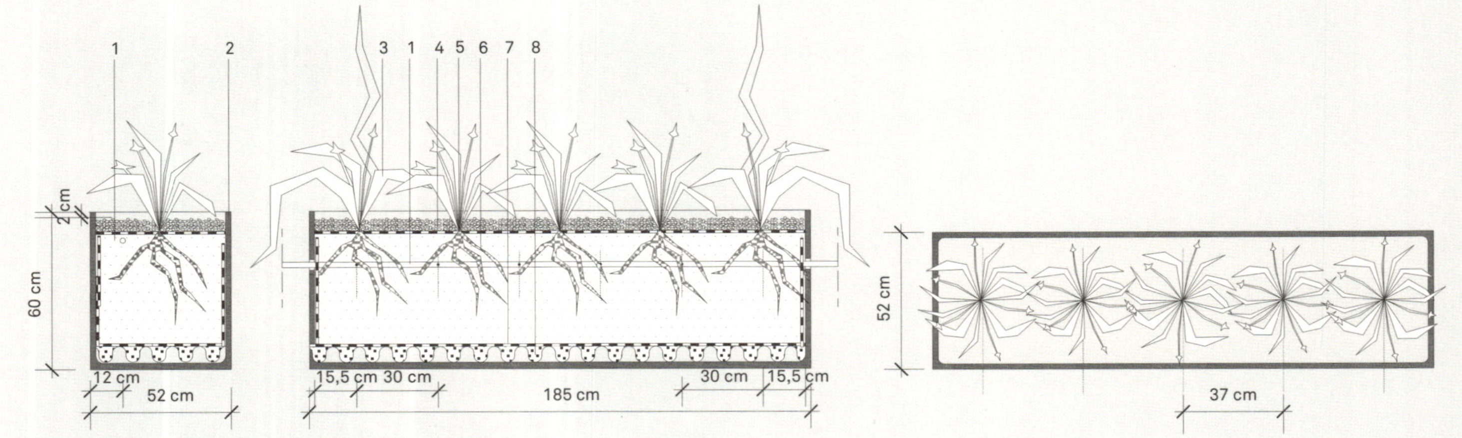

1 Riego por goteo
2 Hormigón reforzado con fibras
3 Especies vegetales, según el proyecto de plantación
4 Capa de gravilla 8/11, 5 cm
5 Membrana no tejida de separación
6 Capa vegetal de soporte 1/8, según norma FLL, aprox. 4,5 cm
7 Sistema de filtración no tejido, 100 g
8 Elementos de drenaje de polietileno, 60 x 1000 x 2000, rellenos con materiales minerales en bruto

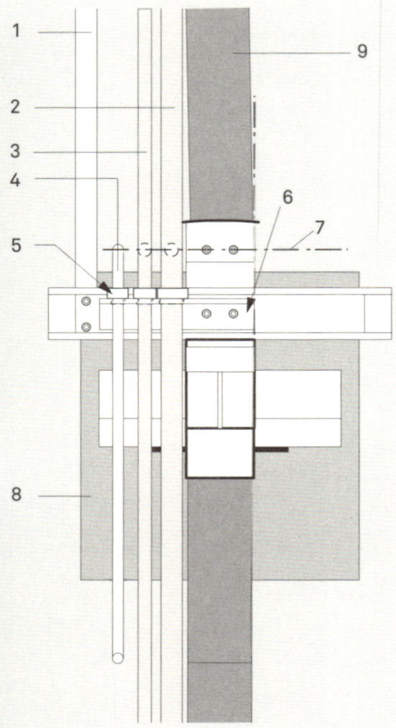

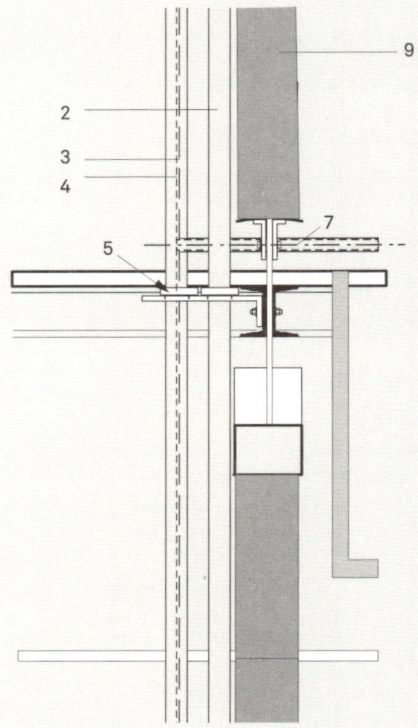

1 Barandilla en el lado construido
2 Dos tubos de cableado vacíos
3 Acometida principal de agua
4 Conducto de distribución
5 Abrazaderas para fijar la altura máxima del borde superior del marco de acero
6 Perfil angular, de acero galvanizado, aprox. 289 x 225 x 10, atornillado al entramado estructural, con orificios para pasar los cables, etc.
7 Tubos de desagüe de la jardinera, atornillados al eje central
8 Jardineras de hormigón reforzado con fibras, con aislamiento térmico incorporado
9 Bambú

PROYECTO MODELO DE ECOLOGÍA URBANA EN BERLÍN, ÁREAS EXTERIORES Y JARDINES DE FACHADA DEPARTAMENTO DE FÍSICA, HUMBOLDT-UNIVERSITÄT DE BERLÍN, ALEMANIA

Arquitectos: Augustin und Frank Architekten, Berlín
Arquitecto paisajista: S. Tischer, con Joerg T. Coqui

Dirección de obra de las fases 1-3: Ippolita Nicotera
Experto en gestión de pluviales y supervisión del proceso de construcción ecológica: Marco Schmidt, TU Berlín
Finalización: 2003

3.14 CUBIERTAS AJARDINADAS

FORMAS DE LAS CUBIERTAS AJARDINADAS

REQUISITOS TÉCNICOS
Y ELEMENTOS CONSTRUCTIVOS

- Tipos de cubiertas y capacidad portante
- Pendiente e inclinación de la cubierta
- Sistemas de riego y drenaje
- Formación de bordes, protección contra incendios y vientos

SISTEMAS CONSTRUCTIVOS Y COMPOSICIÓN DE CAPAS EN LAS CUBIERTAS AJARDINADAS

SISTEMAS DE AJARDINAMIENTO

- Tipos de ajardinamiento
- Formas de vegetación

EJECUCIÓN DE UNA CUBIERTA AJARDINADA

EJEMPLOS

Eike Richter

3.14 CUBIERTAS AJARDINADAS

El ajardinamiento de cubiertas y fachadas forma parte del tratamiento vegetal de las edificaciones. Sus predecesores históricos son las cubiertas de tierra y césped de los países escandinavos y las ajardinadas de Oriente Medio, como los jardines colgantes de Babilonia. Con la generalización del empleo de las membranas impermeabilizantes y antirraíces para cubiertas y el resurgimiento del movimiento ecologista que nació en la década de los sesenta, el uso de las cubiertas ajardinadas o verdes se ha extendido definitivamente. > **Fig. 3.14.1**
Las cubiertas ajardinadas compensan, además, las pérdidas de superficie natural, y ofrecen a animales y plantas un nuevo espacio vital en entornos urbanos. Constituyen un aspecto importante dentro de la planificación urbana sostenible, ya que, en comparación con la construcción convencional de tejados y cubiertas, mejoran la protección y el aislamiento de los edificios. > **Fig. 3.14.2**
De hecho, mediante el tratamiento de ámbitos edificados como las terrazas, los patios interiores y las cubiertas, se pueden crear nuevos espacios exteriores. La capacidad de almacenamiento de las cubiertas verdes permite también una mejor gestión del agua: como el flujo de escorrentía ve reducida su velocidad y volumen, se evita la acumulación del agua de lluvia y, por tanto, se reduce la presión sobre los sistemas de drenaje y alcantarillado. Las cubiertas ajardinadas extensivas pueden retener hasta el 40 o 60% del agua de lluvia caída en un año y las intensivas, hasta el 60 o 90%. Como consecuencia, se produce una mejora del microclima, pues el aumento del vapor de agua equilibra las temperaturas extremas, al tiempo que la superficie vegetal capta las partículas de polvo y metales pesados del aire.

FORMAS DE LAS CUBIERTAS AJARDINADAS

El tipo de cubierta verde está determinado por los requisitos técnicos (su capacidad portante y su inclinación), por las condiciones climáticas del lugar (precipitaciones anuales, exposición y dirección del viento, etc.), así como por el uso y la apariencia deseados. Puede distinguirse entre cubiertas verdes extensivas, cubiertas verdes intensivas sencillas, cubiertas verdes intensivas y superficies pavimentadas. > **Figs. 3.14.3 -3.14.5**
Se recomienda el uso de una cubierta verde extensiva cuando esta solo soporta un mínimo de cargas y construcciones superpuestas, y no es transitable. Tanto la

Fig. 3.14.1: Cubierta ajardinada con inclinación, en la tradición de las cubiertas de hierba

Fig. 3.14.2: Intervención en un paisaje sensible con una construcción, compensada con una cubierta ajardinada

Fig. 3.14.3: Ajardinamiento extensivo con una estructura mínima («cubierta ligera»)

Fig. 3.14.4: Pequeño ajardinamiento intensivo de una cochera con superficies de agua

Fig. 3.14.5: Ajardinamiento intensivo de una cubierta en un patio interior

instalación como el mantenimiento de este tipo de cubiertas son comparativamente económicos. Excepto en la fase de crecimiento, el mantenimiento es extensivo. Y su construcción se compone de capas o estratos de un espesor comprendido entre los 5 y los 15 cm. Una cubierta verde extensiva transmite a su propia estructura una carga de uso de entre 60 y 240 kg/m². Debido a lo escueto de la construcción y al escaso mantenimiento, solo se usan plantas muy resistentes y tolerantes a la sequía, como vivaces, gramíneas, líquenes y musgos, o más raramente leñosas; en muchos casos, se trata de plantas originarias de lugares a gran altura de los Alpes. > **Figs. 3.14.6 y 3.14.7**

Las cubiertas ajardinadas intensivas sencillas presentan una situación intermedia entre las extensivas y las intensivas. Resultan adecuadas si la cubierta ha de soportar cargas importantes (entre 180 y 300 kg/m²) y se desea una mayor variedad de plantas. Además de las especies empleadas en las cubiertas verdes extensivas, en estas también puede recurrirse a leñosas de poco porte y a vivaces algo más exigentes. Frente a las anteriores, los ajardinamientos intensivos sencillos tienen una sección de entre 15 y 25 cm. A la hora de diseñar una cubierta de este tipo, debe tenerse en cuenta que son más exigentes en cuanto a la mano de obra, sobre todo en tareas de riego y abonado. > **Fig. 3.14.8**

En las cubiertas ajardinadas intensivas prácticamente no hay límites en cuanto al uso y al tipo de plantas. Sin embargo, se requiere de una capacidad portante de la estructura de cubierta de más de 300 kg/m², que, dependiendo de la construcción, puede incrementarse hasta los 1500 kg/m². Además de las plantas ya mencionadas, pueden incluirse arbustos, árboles de porte pequeño y zonas de pradera. Para su buen funcionamiento, es indispensable un sistema de riego adecuado, generalmente a base del agua recogida. El espesor de la sección puede variar desde los 25 cm hasta los 150 cm, en algunos casos. > **Fig. 3.14.9** Aunque para praderas «puede ser suficiente un grosor de 15-20 cm en casos excepcionales, siempre que se esté dispuesto a contar con un grado de mantenimiento más alto» (Kolb y Schwarz 1999, p. 52).
Las áreas pavimentadas y las terrazas suelen crearse conjuntamente con cubiertas ajardinadas intensivas. > **Fig. 3.14.10** Su capacidad portante permite acabados en asfalto, adoquines, baldosas y plataformas de madera, así como la construcción de muretes, que, por lo general, se apoyan sobre la misma subestructura que la propia cubierta ajardinada intensiva.

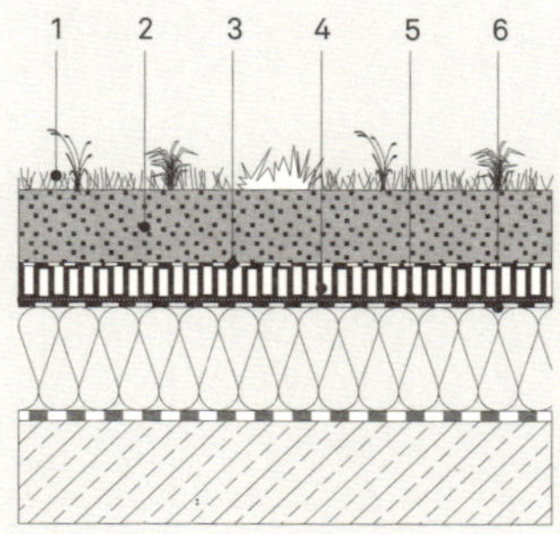

1 Plantación
2 Aprox. 7 cm de sustrato en una sola capa
3 Capa/manta drenante
4 Depósito de retención, 2,5 cm
5 Capa de protección
6 Composición de forjado (cubierta caliente):
Membrana impermeabilizante (antirraíces)
Aislamiento térmico
Barrera de vapor
Hormigón armado

Fig. 3.14.6: Sección constructiva estándar de cubierta ajardinada extensiva

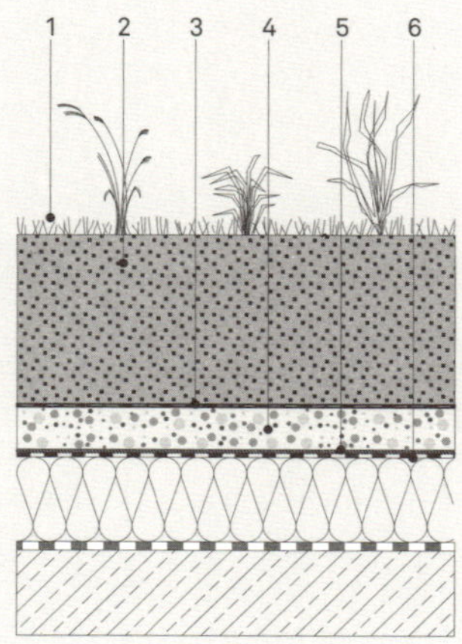

1 Plantación
2 Aprox. 20 cm de sustrato en una sola capa
3 Capa/manta filtrante
4 Aprox. 2,5 cm de capa drenante
5 Capa de protección
6 Composición de forjado (cubierta caliente):
Membrana impermeabilizante (antirraíces)
Aislamiento térmico
Barrera de vapor
Hormigón armado

Fig. 3.14.8: Sección constructiva estándar de cubierta ajardinada intensiva sencilla

Fig. 3.14.7: Cubierta ajardinada extensiva con un gran número de especies en un conjunto residencial ecológico

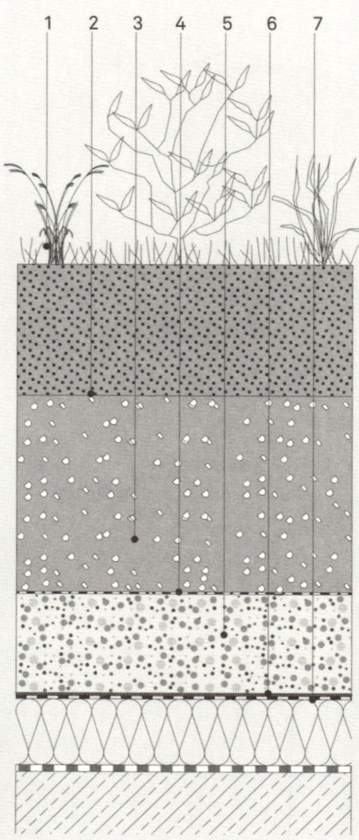

1 Plantación
2 Aprox. 25 cm de sustrato en una sola capa
3 Aprox. 30 cm de sustrato mineral
4 Capa/manta drenante
5 Aprox. 15 cm de capa drenante
6 Capa de protección
7 Composición de forjado (cubierta caliente):
Membrana impermeabilizante (antirraíces)
Aislamiento térmico
Barrera de vapor
Hormigón armado

Fig. 3.14.9: Sección constructiva estándar de cubierta ajardinada intensiva

Fig. 3.14.10: Variedad de tipos de cubiertas ajardinadas en los diferentes niveles de un edificio

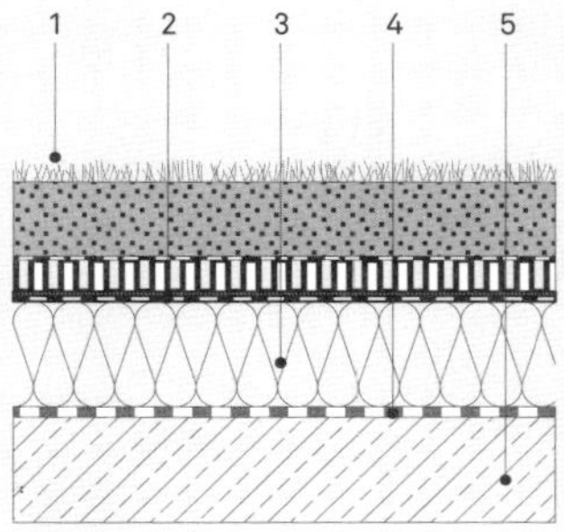

1 Composición del ajardinamiento (extensivo):
Plantación
Sustrato de plantación
Capa/manta filtrante
Capa drenante
Capa de protección

Composición del forjado:
2 Membrana impermeabilizante (antirraíces)
3 Aislamiento térmico
4 Barrera de vapor
5 Losa de hormigón armado

Fig. 3.14.11: Sección constructiva estándar de cubierta caliente

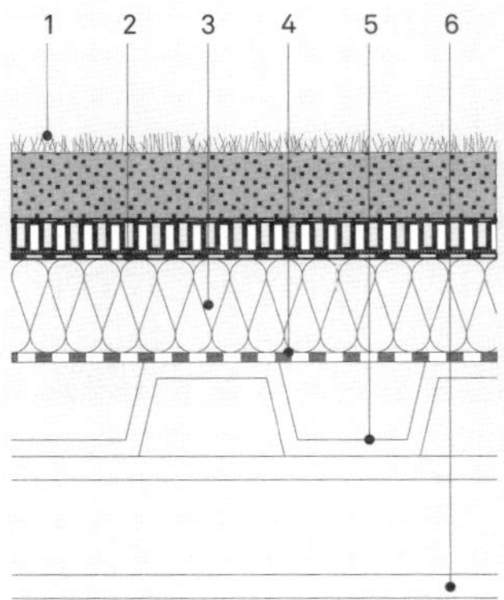

1 Composición del ajardinamiento (extensivo):
Plantación
Sustrato de plantación
Capa/manta filtrante
Capa drenante
Capa de protección

Composición del forjado:
2 Membrana impermeabilizante (antirraíces)
3 Aislamiento térmico
4 Barrera de vapor
5 Chapa plegada
6 Perfil metálico

Fig. 3.14.12: Sección constructiva estándar de cubierta caliente (forjado aligerado)

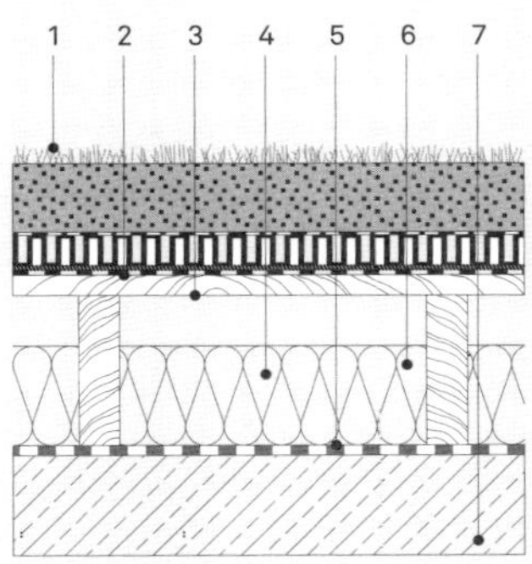

1 Composición del ajardinamiento (extensivo):
Plantación
Sustrato de plantación (ligero)
Capa/manta filtrante
Capa drenante
Capa de protección

Composición del forjado:
2 Membrana impermeabilizante (antirraíces)
3 Subestructura de madera
4 Aislamiento térmico
5 Barrera de vapor
6 Vigueta de madera
7 Losa de hormigón armado

Fig. 3.14.13: Sección constructiva estándar de cubierta fría

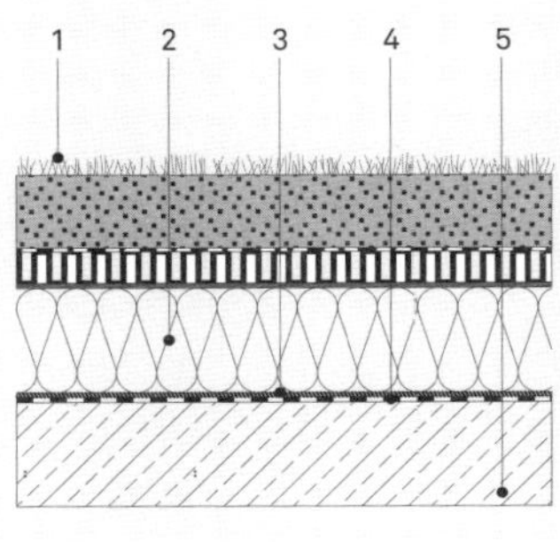

1 Composición del ajardinamiento (extensivo):
Plantación
Sustrato de plantación
Capa/manta filtrante
Capa drenante
Membrana antidesgarro/fieltro de separación
Construcción abierta al paso del agua

Composición del forjado:
2 Aislamiento térmico
3 Capa de protección
4 Membrana impermeabilizante (antirraíces)
5 Losa de hormigón armado

Fig. 3.14.14: Sección constructiva estándar de cubierta invertida

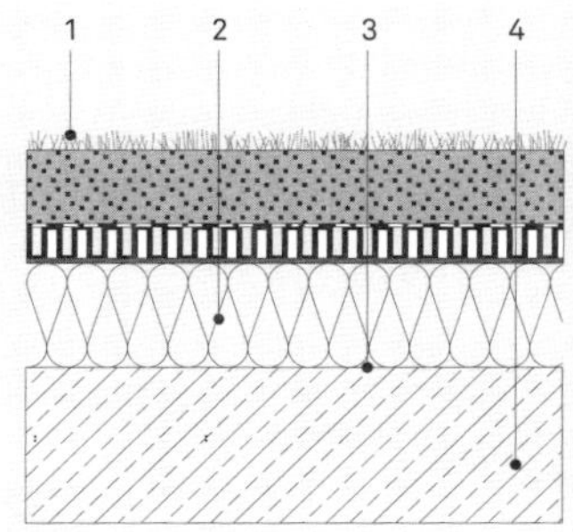

1 Composición del ajardinamiento (extensivo):
Plantación
Sustrato de plantación
Capa/manta filtrante
Capa drenante
Membrana antidesgarro/fieltro de separación
Construcción abierta al paso del agua

Composición del forjado:
2 Aislamiento térmico
3 Membrana impermeabilizante (antirraíces; solo en puntos de penetración)
4 Hormigón impermeable (White Tub)

Fig. 3.14.15: Sección constructiva estándar de cubierta de hormigón impermeable

REQUISITOS TÉCNICOS Y ELEMENTOS CONSTRUCTIVOS

Tipos de cubiertas y capacidad portante

A la hora de diseñar una cubierta ajardinada, el primer paso es evaluar la construcción y su capacidad portante. En edificaciones de nueva planta, el tipo de cubierta verde deseada debe determinarse desde el primer momento, de modo que se proyecte en consecuencia. También debe garantizarse que la impermeabilización sea antirraíces.

En el caso de cubiertas calientes, la membrana de impermeabilización se sitúa por encima del aislamiento térmico, que a su vez se apoya sobre la estructura portante. Esta solución está muy generalizada, y suele ser apta como cubierta ajardinada sin especiales requerimientos. A su vez, el aislante térmico debe poder soportar las cargas. Por último, en la superficie de la cubierta conviene instalar una barrera de vapor sobre las zonas expuestas, de modo que el agua de condensación no pueda penetrar en el edificio. > Fig. 3.14.11

Un simple forjado de cubierta (sin aislamiento) se diferencia de una cubierta caliente precisamente en que esta cuenta con aislamiento y barrera de vapor. Ese tipo de cubiertas simples se usa, por ejemplo, en garajes subterráneos y edificaciones auxiliares no calefaccionados. Si cuentan con suficiente capacidad portante, no hay ningún problema para la instalación de cubiertas verdes. Pero, dado que pueden sufrir heladas, no conviene incluir plantas sensibles al hielo. > Fig. 3.14.12

En las cubiertas frías (o multicapa), la condensación se evita mediante rendijas de ventilación que quedan situadas por encima del aislamiento. Como capa adicional, bajo la impermeabilización suele contarse con una estructura ligera de madera, por lo que generalmente solo son aptas para instalar cubiertas verdes extensivas. > Fig. 3.14.13

La cubierta invertida es un caso particular en el que el aislamiento térmico se coloca sobre la impermeabilización. Esto implica que la capa de drenaje del agua se sitúa por debajo del aislamiento, y que, por tanto, todos los materiales de la cubierta verde deben permitir el paso del agua. > Fig. 3.14.14

En las cubiertas de hormigón impermeable, en caso de haber aislamiento, se sitúa sobre su capa exterior. El hormigón impermeable proporciona la mejor protección frente a la condensación y los daños ocasionados por las raíces, lo que supone que puede prescindirse de las membranas de impermeabilización y antirraíces, así como de la barrera de vapor. Estas cubiertas también suelen ser adecuadas para todo tipo de ajardinamientos. Cualquier abertura o junta, eso sí, debe contar puntualmente con un sellado de impermeabilización antirraíces. > Fig. 3.14.15

a | b

Fig. 3.14.16: Reforma de una cubierta plana:
a) Estado antes de la reforma
b) Estado tras la instalación de una cubierta ajardinada

Fig. 3.14.17: Cubierta verde inclinada

Fig. 3.14.20: Cubierta verde intensiva y en pendiente con césped y canalón integrado

Fig. 3.14.21: Instalación de una malla de agarre para prevenir el deslizamiento

Pendiente e inclinación de la cubierta

La inclinación es un dato relevante a la hora de elegir una cubierta ajardinada. Una pendiente del 0 al 2% es especialmente adecuada para cubiertas ajardinadas intensivas con riego por acumulación de agua. Las tolerancias en la construcción no pueden evitar del todo la formación de charcos en la capa de drenaje. Por ello, la membrana impermeabilizante debe instalarse con especial cuidado y siempre hay que disponer una capa drenante, incluso en las cubiertas ajardinadas extensivas. Las que cuentan con una inclinación del 2 al 5% son ideales para la construcción de cubiertas ajardinadas, y también apropiadas para la captación de agua. Si se pretende aprovechar el agua acumulada para regar, debe preverse una capa de depósito de retención. En caso de lluvias, la pendiente de la cubierta conduce el exceso de agua fuera del sistema de drenaje. Debe evitarse que las tolerancias constructivas den lugar a la formación de pendientes poco inclinadas o contrapendientes.

En cubiertas con pendientes comprendidas entre el 5 y el 58%, deben tomarse medidas respecto a la retención y escorrentía del agua, así como para evitar el deslizamiento de elementos: desde la capa de drenaje, en donde hay que disponer barreras de contención de los empujes, hasta la capa superior de vegetación, con mantas antierosión u otros sistemas similares. Un diseño cuidadoso permite realizar una amplia variedad de cubiertas ajardinadas. > **Figs. 3.14.17-3.14.21**

Sistemas de riego y drenaje

El número y la localización de los elementos de drenaje, tales como sumideros, canalones, gárgolas o rebosaderos de emergencia, dependen de la pendiente de la cubierta y de su tipo de ajardinamiento. Los sumideros en la superficie de la cubierta deben diseñarse con arquetas de registro para ser visibles; la colocación de rejillas es fundamental para evitar que queden obstruidos. En cubiertas inclinadas, el canalón puede estar dentro o fuera de la cubierta. Y en caso de que la inclinación presente curvas, es necesaria la instalación de capas drenantes especiales. > **Figs. 3.14.22-3.14.24**

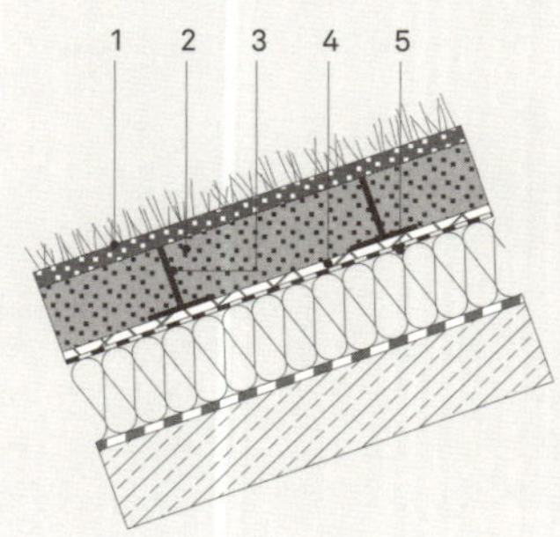

Composición del ajardinamiento (extensivo):
1 Capa de vegetación
2 Aprox. 8 cm de sustrato extensivo
3 Sistema antideslizamiento
4 Manta drenante
5 Composición del forjado (cubierta caliente)
Membrana impermeabilizante (antirraíces)
Aislamiento térmico
Barrera de vapor
Hormigón armado

Fig. 3.14.18: Sección constructiva estándar de cubierta extensiva inclinada

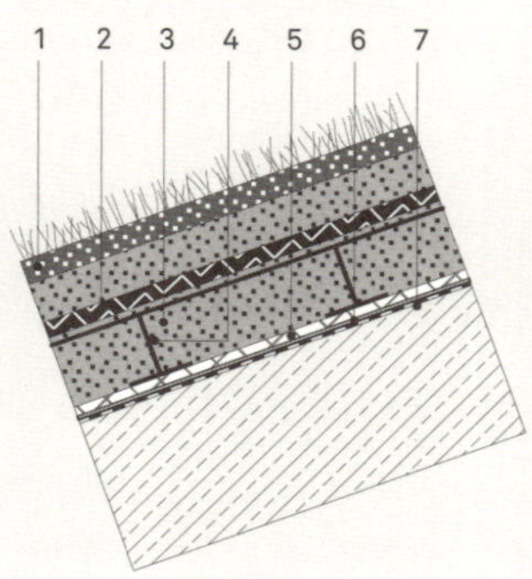

Composición del ajardinamiento (intensivo):
1 Césped precultivado
2 Malla de enraizamiento
3 Aprox. 17 cm de sustrato para césped
4 Sistema antideslizamiento
5 Manta drenante de protección de la construcción
6 Membrana de separación y nivelación
7 Composición del forjado (cubierta de hormigón impermeable):
Tela asfáltica pegada
Hormigón impermeable

Fig. 3.14.19: Sección constructiva estándar de cubierta de césped inclinada

a | b

Fig. 3.14.22: Drenaje del agua de una pendiente inclinada a un canalón exterior
a) Fase de construcción con barreras antiempuje
b) Cubierta verde terminada

Fig. 3.14.23: Perfil de conducción de agua

Fig. 3.14.24: Arqueta de drenaje y registro

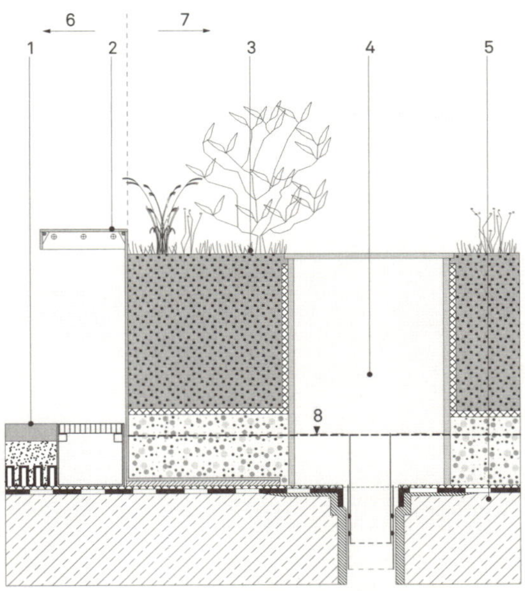

1 Composición de la losa:
Baldosa de hormigón (60 x 30 x 3,5 cm)
Gravilla de piedra natural
Depósito de retención
Canalón
Manta de protección de la construcción
2 Delimitación del lecho de plantación mediante pared de acero, impermeable, atornillada a una cimentación lineal de mortero
3 Plantación intensiva con riego de agua captada:
Manta filtrante (fibra sintética)
Capa drenante
Depósito de retención
Manta de protección de la construcción
4 Arqueta de registro (30/30)
5 Composición del forjado (cubierta de hormigón impermeable):
Membrana impermeabilizante (antirraíces)
Hormigón armado
6 Zona sin retención de agua
7 Zona con retención de agua
8 Cota superior del agua acumulada: 5 cm por debajo de la cara inferior del sustrato de ajardinamiento intensivo

Fig. 3.14.25: Retención de agua en una cubierta con 0% de pendiente

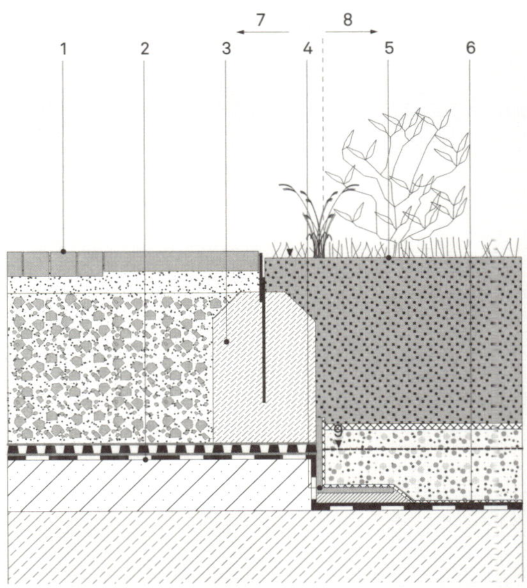

1 Pavimento de adoquines en el área sin retención de agua:
Aprox. 3 cm de gravilla 2/5
Balasto 2/32
Manta drenante y de protección de la construcción (tipo alfombrilla)
2 Composición del forjado (cubierta de hormigón impermeable):
Membrana impermeabilizante (antirraíces)
Solera (fuera de la zona de retención de agua)
Hormigón armado
3 Pletina incrustada en zapata de cimentación (C12/15)
4 Angular de hormigón con fibra de vidrio (15/15), sobre cama de mortero (C12/15)
Banda antirraíces pegada al angular
5 Plantación intensiva en zona de retención de agua: Lecho de plantación de aprox. 37-41 cm
Sustrato intensivo
Manta filtrante (fibra sintética), de aprox. 15 cm de capa drenante
Manta de protección de la construcción/manta de protección
6 Composición del forjado (hormigón impermeable):
Membrana impermeabilizante (antirraíces)
Hormigón armado
7 Zona sin retención de agua
8 Zona con retención de agua
9 Cota superior del agua acumulada: 5 cm por debajo de la cara inferior del sustrato de ajardinamiento

Fig. 3.14.26: Retención de agua con reborde en el lado de la edificación

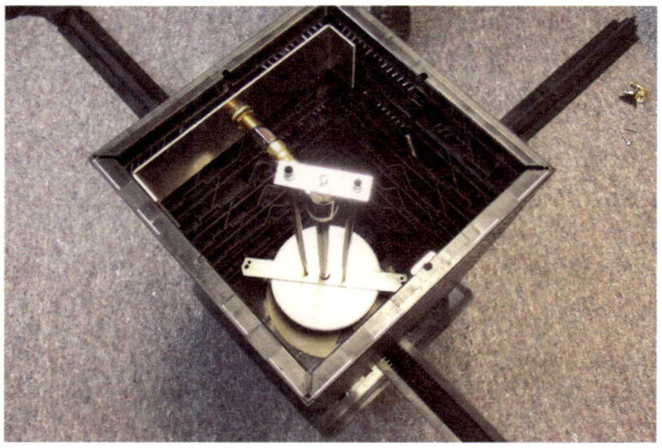

Fig. 3.14.27: Arqueta de dispositivo de riego

Fig. 3.14.28: Arqueta registrable de un sencillo dispositivo de acumulación de agua para riego

El sistema de riego también debe ser adecuado al tipo de ajardinamiento y a la propia construcción. Contra el estancamiento de agua, pueden utilizarse depósitos de retención, en parte integrados en la obra del ajardinamiento, pero también dispositivos para su acumulación automática, aspersores o sistemas de riego por goteo. El suministro de agua y electricidad se asegura mediante conducciones tanto en la cubierta como en el edificio. En los ajardinamientos extensivos se requiere al menos una toma de agua para riego manual. > **Figs. 3.14.25 y 3.14.28**

Formación de bordes, protección contra incendios y vientos

En la formación de bordes de las cubiertas ajardinadas, debe distinguirse entre los encuentros y las terminaciones. Los primeros se dan alrededor de los elementos salientes o de los que penetran en la cubierta, como por ejemplo las chimeneas. En esos puntos, deben colocarse membrana impermeabilizante y protección antirraíces —de al menos 10 cm, aunque, en casos de pendientes bajas, pueden requerirse hasta 15 cm— por encima del borde de la capa superior de plantación. Para evitar la hinchazón debida a la acumulación de agua, la capa drenante puede situarse por debajo de la superficie mediante la colocación de rejillas. > **Fig. 3.14.29**

Las terminaciones (o cornisas) son los bordes laterales de la cubierta. En estas áreas hay que colocar membrana de impermeabilización antirraíces —que supere en 5 o 10 cm el nivel de la capa impermeable, dependiendo de la pendiente de la cubierta— y bandas sin vegetación, por lo general de más de 30 cm de anchura. > **Fig. 3.14.30**

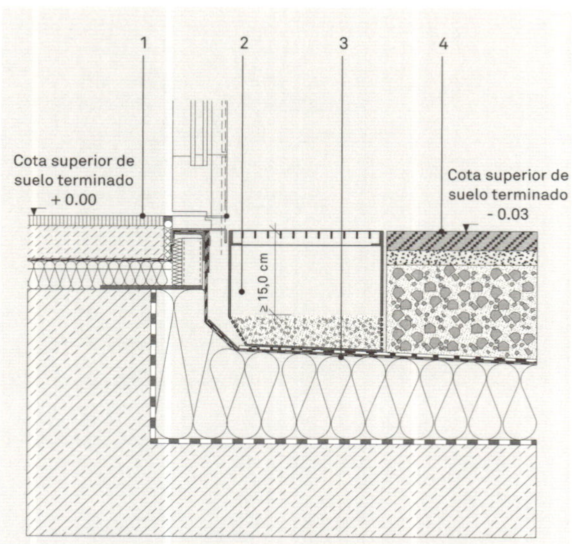

1 Espacio interior con resalte de puerta
2 Canaleta metálica con fondo de grava:
Capa de paso del agua rehundida 15 cm
3 Composición del forjado (cubierta caliente):
Membrana impermeabilizante (antirraíces)
Aislamiento con formación de pendiente (planchas de vidrio celular Foamglas)
Barrera de vapor
4 Pavimento de baldosas de piedra
Arena de machaqueo 0/5
Balasto 2/32
Manta drenante
Capa de protección

Fig. 3.14.29: Encuentro con puerta de terraza enrasada

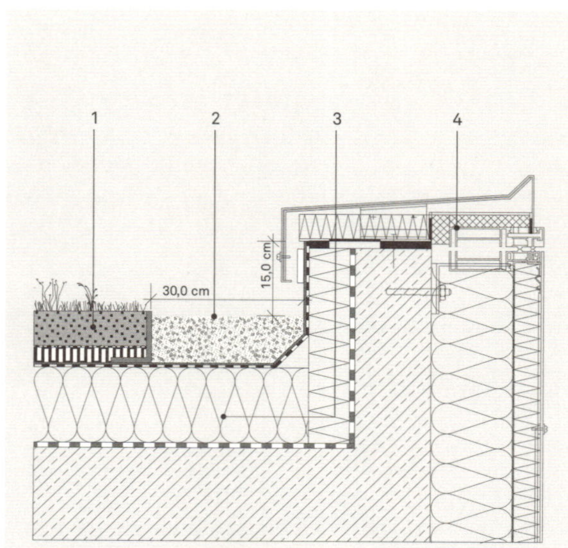

1 Plantación extensiva en área de la cornisa:
Aprox. 7 cm de plantación extensiva
Una capa de sustrato
Manta/capa filtrante
Depósito de retención, 2,5 cm
Capa de protección
2 Banda de remate de cornisa:
Banda de grava (80 x 5 cm)
Grava 8/32
Capa de protección
3 Composición del forjado (cubierta caliente):
Membrana impermeabilizante (antirraíces)
Aislamiento
Barrera de vapor
Hormigón armado
4 Cornisa revestida de chapa con impermeabilización elevada, 15 cm

Fig. 3.14.30: Encuentro con cornisa

Fig. 3.14.33: Borde de cornisa con pavimento sobre grava para resistir la succión por viento

Fig. 3.14.31: Banda de encuentro con un elemento estructural saliente bordeado con una banda de grava y baldosas

Fig. 3.14.32: Daños causados por la succión del viento

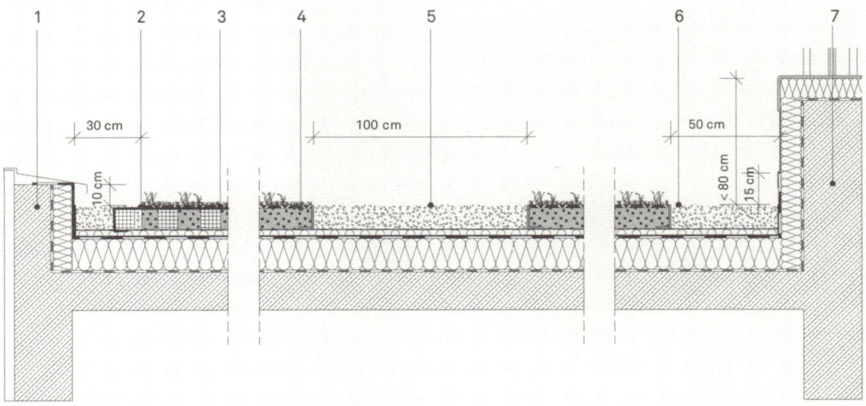

1 Edificación:
Cornisa cubierta con chapa metálica con membrana impermeabilizante hasta una altura de 30 cm
2 Banda de remate de la cornisa:
Grava (8/32)
Capa/manta filtrante
Elemento drenante (sin llenar)
Capa de protección
3 Banda de remate para resistir la acción del viento
Membrana de protección contra la erosión
Adoquines para césped, 40 x 60 x 11
4 Ajardinamiento extensivo:
Plantación sobre depósito de retención
Aprox. 10 cm de sustrato extensivo
Capa/manta filtrante
Elemento drenante (sin llenar)
Capa de protección
5 Bandas de protección contra incendios (donde lo demande la sectorización contra incendios)
6 Banda de remate de la fachada (ancho: 50 cm):
Grava (8/32)
Banda de grava
Capa/manta filtrante
Elemento drenante (sin llenar)
Capa de protección
7 Fachada con impermeabilización, hasta 15 cm de altura y peto/ventana (< 80 cm)

Fig. 3.14.34: Cubierta ajardinada extensiva: prevención contra los incendios, contra la succión del viento, los encuentros con cornisas y los elementos salientes

Fig. 3.14.35: Sistema de anclaje de seguridad fijado al sistema de depósito de retención

Fig. 3.14.36: Sistema de cables anclados para la seguridad de los operarios

En relación con la protección contra incendios y debido al riego, las cubiertas ajardinadas intensivas se consideran superficies duras, y por tanto su diseño no requiere tomar medidas especiales a este respecto. Los ajardinamientos extensivos cuentan con intervalos de mantenimiento mayores y una construcción más elemental, y por tanto están más expuestos a la propagación del fuego por acción del viento. Por este motivo, los encuentros deben contar con bandas de protección sin vegetación de unos 50 a 100 cm acabadas en grava o baldosas. > **Fig. 3.14.31**

En cubiertas de instalación sencilla, especialmente en las invertidas, debe tenerse especial cuidado en que toda la construcción sea resistente a la succión del viento. Las cubiertas a más de 20 m de altura de cornisa, especialmente en sus esquinas y laterales, tienen que protegerse del empuje del viento mediante bandas libres de vegetación (por ejemplo, baldosas pesadas) o con bandas de tepes. En áreas expuestas, la necesidad de incrementar el peso de la sobrecubierta (como protección contra la succión del viento) debe equilibrarse con la carga estática que la propia cubierta puede soportar. > **Figs. 3.14.32-3.14.34**

Todas las cubiertas ajardinadas han de contar con protección contra las caídas durante las tareas de mantenimiento, ya se trate de barandillas o de otros sistemas de seguridad, como cabezas y anclajes para cables. > **Figs. 3.14.35 y 3.14.36**

SISTEMAS CONSTRUCTIVOS Y COMPOSICIÓN DE CAPAS EN LAS CUBIERTAS AJARDINADAS

La diferenciación más elemental entre los sistemas constructivos es la que se establece entre los de una sola capa y los que cuentan con varias. Los primeros consisten en una capa de sustrato de la vegetación que resuelve las funciones de drenaje y filtración, en ocasiones acompañada con fieltros de protección y filtrantes específicos.

Dependiendo del tipo de construcción elegido, un sistema multicapa puede contar con los siguientes elementos. En primer lugar, se encuentra la capa que protege la membrana impermeabilizante contra daños mecánicos, especialmente durante la fase de obras. Generalmente se trata de membranas sintéticas o pastas vertidas. Si no es antirraíces, esta capa de protección debe incluir una membrana antirraíces. > **Fig. 3.14.37**

En segundo lugar, la capa drenante cumple la función de conducir el agua de precipitación hacia fuera de manera uniforme, para que no se produzcan acumulaciones. Así, se controla el almacenamiento de agua para su uso posterior y, al mismo tiempo, se aumenta el espacio para el crecimiento de las raíces. Esta capa drenante está compuesta de sustancias minerales, que pueden ser naturales, como arenas, gravas o lava, o sintéticas, como arcillas y pizarras expandidas o materiales reciclados. Las capas drenantes a base de materiales artificiales, como las placas de plástico duro o de espuma sintética rígida, también son muy utilizadas. Es posible combinar estos materiales,

Fig. 3.14.37: Fieltro de protección y separación

Fig. 3.14.38: Mantas drenantes para su uso en cubiertas inclinadas

Fig. 3.14.39: Capa drenante rígida con conos o depósitos de retención, de 2,5 cm de espesor, con fieltros de protección y de drenaje

Fig. 3.14.40: Capa drenante rígida para zonas con paso de vehículos (1,2 cm) con fieltro filtrante incorporado

Fig. 3.14.41: Pizarra expandida 8/16 para capas drenantes

Fig. 3.14.42: Sustrato predominantemente mineral para el ajardinamiento extensivo con una sola capa

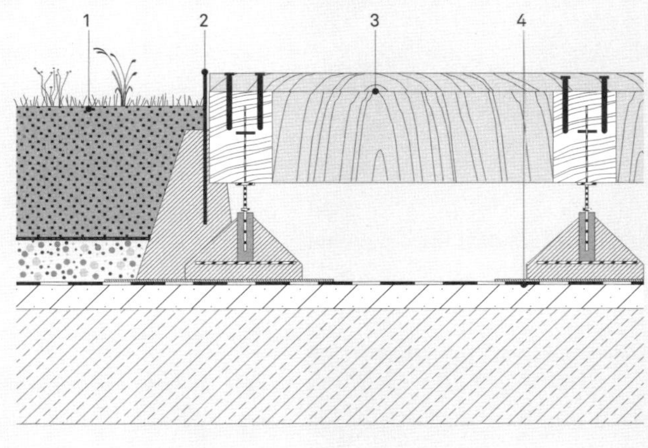

1 Composición de la cubierta ajardinada (intensiva):
Aprox. 20 cm de sustrato para plantación intensiva
Capa/manta filtrante
Aprox. 6 cm de capa drenante
2 Pletina metálica sobre cimentación puntual (C12/15)
3 Composición de la plataforma de madera:
Tablones de madera fijados con tornillos Torx V2/A
Vigueta de madera
Placa de rigidización
Cimentación puntual con soportes
Base del soporte (cincado en caliente)
Capa de protección bajo la cimentación puntual
4 Composición del forjado (hormigón impermeable):
Membrana impermeabilizante (antirraíces)
Pasta de formación de pendiente
Hormigón armado

Fig. 3.14.43: Encuentro entre plataforma de madera y área de césped

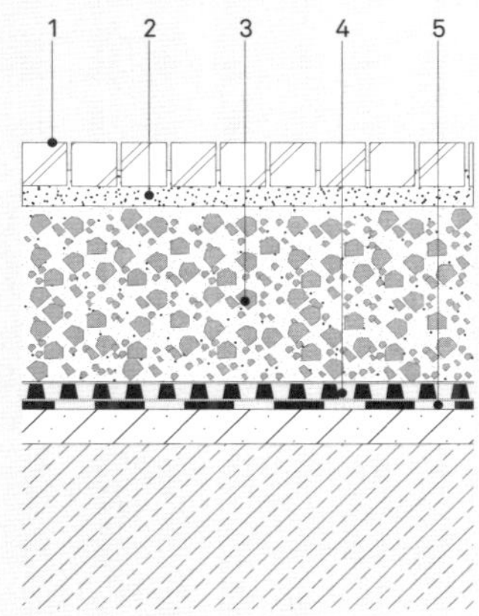

1 Adoquines
2 Aprox. 3 cm de gravilla 2/5
3 Aprox. 20 cm de balasto 2/32
4 Manta drenante y de protección de la construcción (tipo alfombrilla)
5 Composición del forjado (hormigón impermeable):
Membrana impermeabilizante (antirraíces)
Pasta de formación de pendiente
Hormigón armado

Fig. 3.14.44: Superficie ajardinada transitable

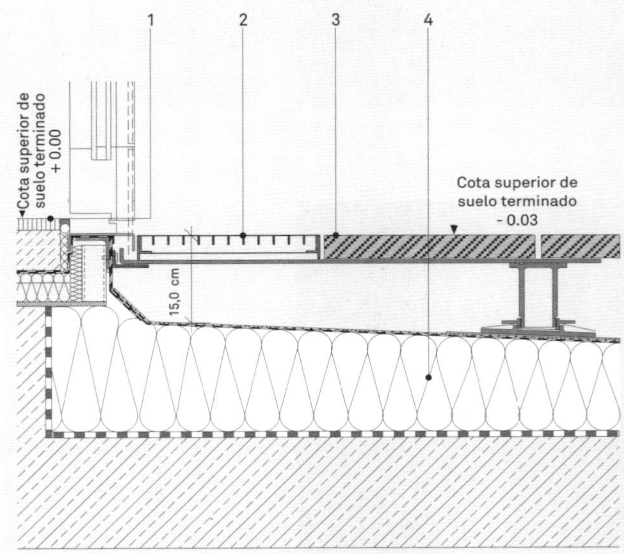

1 Interior con resalte
2 Reja de acero como canalón de fachada
3 Composición de la terraza:
Baldosas de piedra natural
Angular metálico como apoyo para voladizo de acero galvanizado, grosor aprox.: 2 mm
Soportes de altura ajustable con división de junta
Capa de protección bajo los soportes
Manta de protección de la construcción
4 Composición del forjado (cubierta caliente)
Membrana impermeabilizante (antirraíces)
Aislamiento térmico con pendiente (placas de espuma rígida)
Barrera de vapor
Hormigón armado

Fig. 3.14.45: Acabado de terraza sobre soportes de altura ajustable, encuentro con puerta

por ejemplo, rellenando los huecos de los depósitos de retención con áridos naturales. > **Fig. 3.14.38** y **Fig. 3.14.42**

En los sistemas multicapa, la capa filtrante es la que separa los sedimentos, por ejemplo el humus, con el fin de preservar la durabilidad de la capa drenante. Generalmente se usan geotextiles. > **Fig. 3.14.41** y **Fig. 3.14.42**

Las plantas se sitúan en el sustrato vegetal, que debe ser estructuralmente estable (por ejemplo, no debe hundirse), lo que se consigue con un bajo contenido en humus. La *Guía FLL* (de la sociedad alemana de estudios para el desarrollo y diseño del paisaje) recomienda un contenido en materia orgánica menor al 4% para cubiertas ajardinadas extensivas de una sola capa. Este valor puede elevarse hasta el 6-12% en construcciones multicapa, dependiendo del sistema constructivo y de la densidad bruta. Respecto a la distribución de los tamaños de grano, el porcentaje permitido de arenas finas y arcillas es mayor en las cubiertas ajardinadas intensivas (máximo: 20%) que en las extensivas (máximo: 7%). El objetivo es lograr una buena permeabilidad, así como una óptima retención del agua. Las mezclas de suelo orgánico en las que se cumplen estas indicaciones respecto a la distribución de tamaños de los granos y al contenido en humus (por ejemplo, con una proporción alta de suelo arenoso) pueden usarse también como sustrato vegetal. El empleo de áridos naturales machacados, como la lava o la piedra pómez, así como de pizarras expancidas o materiales reciclados, como los ladrillos machacados con adición de materia orgánica y arcillas, también está muy extendido. > **Fig. 3.14.42**

Con mucha frecuencia, sobre todo en las cubiertas verdes intensivas, las áreas pavimentadas o las plataformas de madera se alternan con las áreas ajardinadas. Esto implica que la capa de protección y, en general, también la de drenaje y la filtrante deban tener continuidad bajo las superficies pavimentadas para permitir el flujo del agua sin obstáculos. Por el contrario, en los sistemas en los que el agua se acumula para riego, la capa de drenaje se interrumpe en los resaltes. > **Fig. 3.14.43** y **Fig. 3.14.45**

Los pavimentos de adoquines o baldosas pueden colocarse sobre una capa de gravilla, o directamente sobre un fieltro de protección o una capa filtrante. Como alternativa, se usan sistemas de suelos elevados sobre soportes de altura ajustable. Este sistema permite una reducción del peso, pero también disminuye la capacidad portante de la superficie, lo que puede compensarse mediante el uso de baldosas más gruesas. > **Fig. 3.14.44**

SISTEMAS DE AJARDINAMIENTO

Tipos de ajardinamiento

Para llevar a cabo la plantación propiamente dicha, existen varias posibilidades. La siembra en seco se usa habitualmente para crear zonas de gramíneas y hierbas similares a prados o pastizales de secano, estableciendo cubiertas verdes extensivas o semiintensivas con un bajo nivel de exigencia contra la acción del viento y la erosión. En la hidrosiembra, las semillas se aplican sobre el sustrato vegetal mezcladas con componentes adhesivos, un método empleado sobre todo en cubiertas verdes extensivas de gran tamaño. Este sistema garantiza a su vez la distribución uniforme de las semillas y la protección inmediata frente a la erosión del viento o de la lluvia. En un año, tanto la siembra en seco como la hidrosiembra pueden crear una cobertura del 60 al 80%.

La colocación de plantones, particularmente de sédum, puede hacerse sola o en combinación con los dos métodos anteriores. > **Figs. 3.14.47 y 3.14.48**

El ajardinamiento con vegetación en tepes es adecuado en caso de que sea necesaria una mayor protección frente a la erosión, y siempre que se requiera un mayor e inmediato grado de cubrición. Los tepes de vegetación precultivada se presentan en una gran variedad de composiciones, con gramíneas, herbáceas o sédum, y sus materiales de base son biodegradables o permanentes. > **Fig. 3.14.49**

En cubiertas verdes intensivas, las praderas se realizan habitualmente a base de tepes de césped. Y en caso de pendientes especialmente problemáticas, se recomienda reforzar el material base o la fijación de los tepes con cuñas de madera (¡atención al espesor de la capa de ajardinamiento!). Las plantas vivaces y los arbustos se incorporan como macetas o con cepellones planos. Generalmente se encuentran como bandejas precultivadas con conos de plantación. > **Figs. 3.14.46 y 3.14.51**

Las leñosas para cubiertas ajardinadas intensivas se suelen plantar con cepellón o en maceta, mientras que los árboles y las plantas leñosas exentas deben anclarse a la cubierta para asegurar su estabilidad. Con este objetivo se usan anclajes de cepellón o de raíces, de modo que no dañen la superficie de la cubierta, para lo cual deben disponerse planos sobre el sistema de drenaje para distribuir así los esfuerzos, aunque también pueden asegurarse mediante arandelas.

Formas de vegetación

Si bien para los ajardinamientos intensivos la variedad de plantas y composiciones vegetales es casi infinita, para cubiertas verdes intensivas sencillas la FLL distingue entre las siguientes categorías de vegetación:

- Ajardinamientos con gramíneas y herbáceas > **Fig. 3.14.54**
- Ajardinamientos con vivaces y leñosas silvestres > **Fig. 3.14.53**
- Ajardinamientos con vivaces y leñosas > **Fig. 3.14.52**
- Ajardinamientos con leñosas

En el caso de las cubiertas verdes extensivas, son adecuadas las siguientes categorías de vegetación:

- Ajardinamientos de musgos y sédum
- Ajardinamientos de musgos, sédum y herbáceas > **Fig. 3.14.55**
- Ajardinamientos de sédum, herbáceas y gramíneas > **Fig. 3.14.56**
- Ajardinamientos de herbáceas y gramíneas. > **Fig. 3.14.57**

En el dibujo que se reproduce a continuación puede verse un ejemplo de plantación con una selección de especies para una cubierta verde, en fase de transición de ajardinamiento extensivo a semiintensivo. > **Figs. 3.14.59-3.14.61**

Fig. 3.14.46: Plantación de vivaces con cepellones planos

Fig. 3.14.47: Siembra de plantones de sédum

Fig. 3.14.48: Hidrosiembra

Fig. 3.14.49: Colocación de tepes de sédum

Fig. 3.14.50: Ajardinamiento intensivo: cubierta arbolada sobre garaje subterráneo

Fig. 3.14.51: Plancha de sédum con cepellón plano

Fig. 3.14.52: Cubierta verde intensiva sencilla: ajardinamiento ccn vivaces y leñosas

Fig. 3.14.53: Cubierta verde con ajardinamiento de vivaces y leñosas silvestres

Fig. 3.14.54: Cubierta verde de herbáceas y gramíneas

Fig. 3.14.55: Cubierta verde extensiva: ajardinamiento con musgo, sédum y herbáceas

Fig. 3.14.56: Ajardinamiento con sédum, herbáceas y gramíneas

Fig. 3.14.57: Ajardinamiento con herbáceas y gramíneas (*Sempervivum tectorum*, siempreviva mayor)

Fig. 3.14.58: Cubierta con sédum

Fig. 3.14.59: Ejemplo de cubierta verde extensiva: Bundesministerium für Verkehr, Bau und Stadtentwicklung (Ministerio Federal de Transporte), Berlín, Alemania

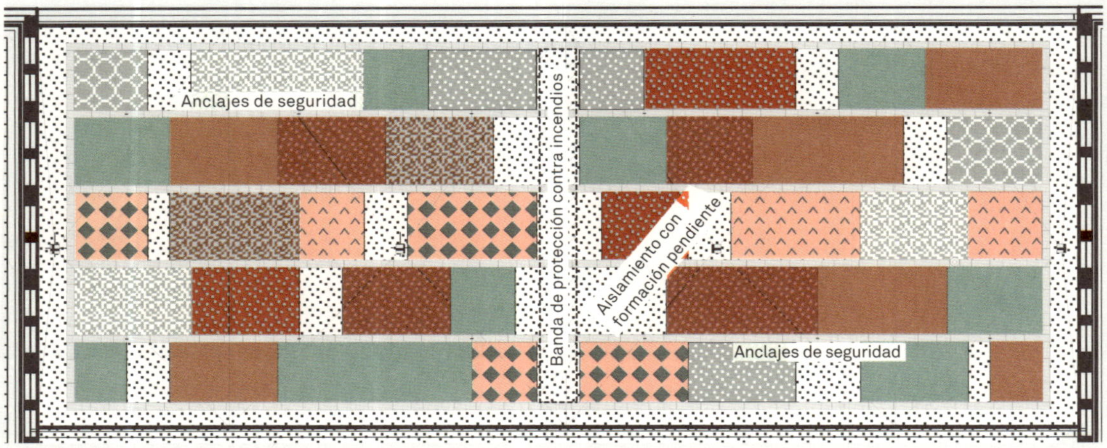

Fig. 3.14.60: Plano de plantación

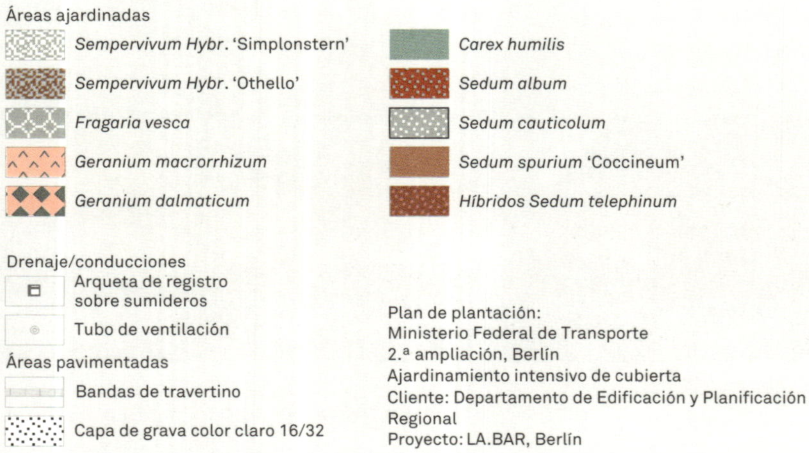

Fig. 3.14.61: Plano de plantación

EJECUCIÓN DE UNA CUBIERTA AJARDINADA

Apenas se inicia la construcción de la cubierta ajardinada, debe realizarse un control de la impermeabilidad, por ejemplo, inundándola. Si se presentaran necesidades especiales respecto a la preservación del forjado de cubierta, conviene colocar una capa de protección en todas las áreas expuestas. En cualquier caso, debe garantizarse que tanto el forjado como el ajardinamiento pueden funcionar de manera independiente.
También debe decidirse previamente si los áridos podrán transportarse hasta la cubierta en *big bags* (sacos de material sintético muy resistente), con ayuda de una grúa, o si se hará mediante sistema neumático, contando con los vehículos y tubos necesarios para ello. > **Fig. 3.14.62**
En las figuras 3.14.63-3.14.65 se muestra gráficamente el progreso de creación de diversas cubiertas ajardinadas.

Por lo general, se pueden instalar las capas del ajardinamiento en cualquier época del año en que no haya heladas. Sin embargo, la colocación de la membrana impermeabilizante y de las telas asfálticas requiere una temperatura mínima. La vegetación propiamente dicha (plantación, siembra en seco o hidrosiembra) debe realizarse solo entre abril y junio o entre septiembre y noviembre, mientras que las plantas leñosas pueden incorporarse en maceta en cualquier momento, y los tepes de césped y otras especies, a ser posible entre finales de la primavera y principios del otoño. La plantación de arbustos en otoño en zonas urbanas provoca el riesgo de atraer a aves en busca de alimento.

La recepción de las áreas sembradas tendrá lugar entre los 12 y los 15 meses después de su instalación, una vez que se ha alcanzado el 60% de la cobertura deseada. Hasta ese momento deben recibir un mantenimiento de establecimiento, que será distinto según se trate de un ajardinamiento intensivo o extensivo. En las cubiertas verdes extensivas el mantenimiento consiste básicamente en eliminar las malas hierbas; preservar los bordes despejados así como cualquier elemento constructivo; resembrar si es necesario, y abonar y regar la superficie durante la fase de desarrollo. En las intensivas, el mantenimiento requerido por un jardín convencional se complementa con algunas exigencias específicas de los ajardinamientos en cubierta. Además, deben controlarse especialmente los sistemas de riego y drenaje. También conviene recortar periódicamente las praderas para garantizar un buen enraizamiento en el sustrato.> **Figs. 3.14.67 y 3.14.69**
Tanto en las cubiertas de ajardinamiento intensivo como en las extensivas, a la recepción le sigue el mantenimiento de desarrollo y el de conservación. > **Capítulo 3.9 Técnicas de plantación y mantenimiento de superficies ajardinadas** Las medidas a tomar en ambos dependen del tipo de cubierta ajardinada, y pueden asimilarse al mantenimiento complementario. Si se recurre a cubiertas intensivas en localizaciones con condiciones climáticas extremas, debe garantizarse un mantenimiento adecuado, pues su ausencia puede suponer un riesgo para el edificio. > **Figs. 3.14.66 y 3.14.68**

Fig. 3.14.62: Transporte neumático de áridos hasta una cubierta

Fig. 3.14.63: Cubierta ajardinada con tramos planos e inclinados:
a) Impermeabilización de todo el forjado
b) Instalación de fieltros, de protecciones frente a empujes, modelado de las conducciones de agua
c) Aplicación del sustrato
d) Aspecto de la cubierta tras la instalación de tepes de césped

a | b
c | d

Fig. 3.14.64: Cubierta ajardinada con pendiente
a) Tras la impermeabilización, instalación de capa drenante y de protección contra empujes
b) Transporte de sustrato en *big bag*
c) Distribución del sustrato
d) Instalación de tepes vegetales

a | b
c | d

a | b
c | d

Fig. 3.14.65: Ajardinamiento extensivo de un cobertizo:
a) Instalación de fieltros y de bandas de grava
b) Aplicación del sustrato y del fieltro de protección
c) Instalación de plantones
d) Cubierta terminada

Fig. 3.14.66: Proliferación de leñosas por ausencia de mantenimiento

Fig. 3.14.67: Cobertura de > 90% en una cubierta extensiva: objetivo de vegetación conseguido tras la fase de desarrollo

Fig. 3.14.68: Proliferación no deseada de plantas en banda de borde

	Plantación		
Mantenimiento de instalación	12-15 meses	Requisitos mínimos para la recepción:	
		· Siembra	60% de la superficie cubierta 60% de las especies sembradas identificables
		· Brotado	75% de los brotes desarrollados 60% de la superficie cubierta
		· Tepes de césped	95% de la superficie cubierta
		· Tepes de vegetación	80% de la superficie cubierta
		-> Aceptable para recepción	
Mantenimiento de desarrollo	Generalmente unos 2 años	1-2 inspecciones al año Medidas: · Suministrar nutrientes · Recortar y mantener despejadas las bandas de seguridad · Eliminar las plantas no deseadas · Replantar y regar en caso de necesidad Objetivo de vegetación alcanzado: cobertura del 90% de la superficie	
Mantenimiento de conservación		Mantener los cuidados Mantener la vegetación lograda como objetivo Ver las medidas de más arriba	

Fig. 3.14.69: Esquema de recepción y mantenimiento (según FLL 2002)

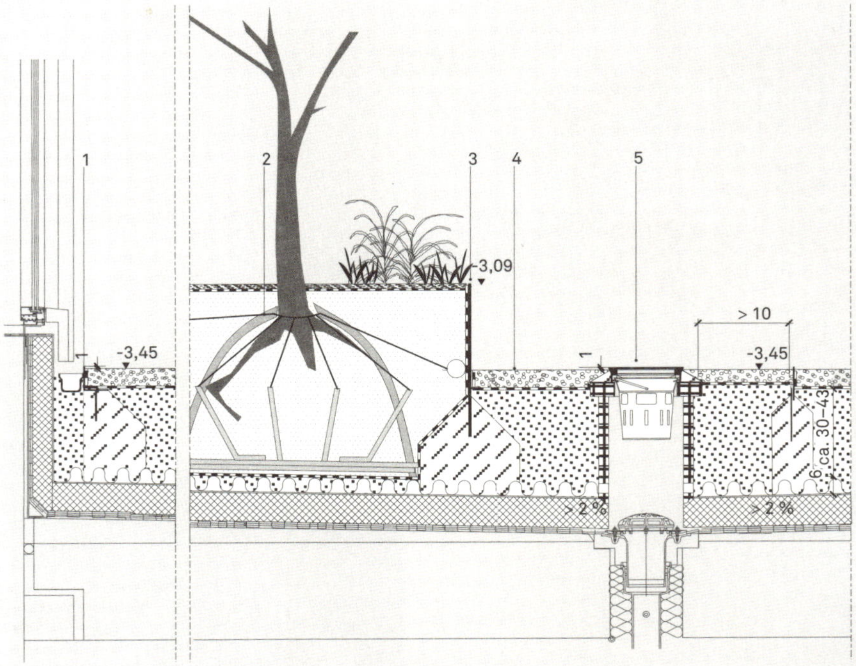

1 Canaleta de seguridad de 10 x 7,5 cm sobre balasto 4/16, sobre pellada de mortero cada 1 m
2 Anclaje de cepellón:
Placa base premontada
Cable de retención con camisa de goma negra
Anclaje del cepellón
Arandelas para anclaje del árbol
3 Pared de acero cortén
4 Composición de la capa de grava:
Balasto 32/56, p. ej, vidrio marrón machacado
Fieltro de separación, 100% polipropileno, 68 g/m²
Áridos 4/16
Elemento drenante, polipropileno de 60 x 1000 x 2000, relleno de áridos 4/16
Fieltro filtrante, 100 g
5 Elemento de desagüe compuesto por:
Tapa de mortero reforzado con plástico, clase A
Anillo de apoyo
Filtro acoplado a la capa de aislamiento y al canalón
Cubo galvanizado
Un mín. 10 cm de áridos alrededor de los desagües

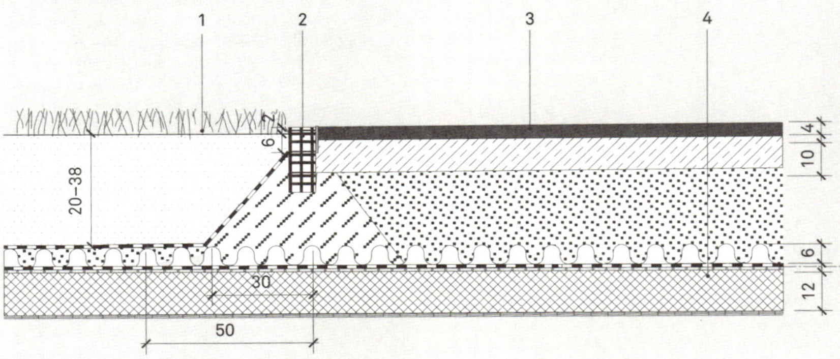

1 Composición del ajardinamiento:
Césped
Sustrato de vegetación 1/8 según FLL
Fieltro filtrante, 100 g
Elemento drenante, polipropileno, 60 x 1000 x 2000 cm
Relleno de áridos 4/16 según FLL
Fieltro de separación y nivelación, polipropileno, 80 g/m²
2 Bordillo soterrado en hormigón, 8 x 20 x 100 cm:
Cimentación lineal, 20-50 cm
Junta asfáltica vertida de 1 cm junto a recubrimiento asfáltico del camino
3 Composición del camino:
Vertido asfáltico, 4 cm, refuerzo 500/550 Q 131, con juntas de dilatación cada 5 m
Capa base de hormigón, aprox. 10 cm
Elemento drenante, polipropileno, 60 x 1000 x 2000 cm
Relleno de áridos 4/16 según FLL, 0-34 cm, en la mitad: 17 cm
Fieltro de separación y nivelación, polipropileno, 80 g/m²
4 Cubierta invertida

BIBLIOTECA REGIONAL, UNIVERSITARIA Y MUNICIPAL DE SAJONIA (SLUB), DRESDE, ALEMANIA

Arquitecto paisajista: Stefan Tischer y Joerg T. Coqui, Berlín, Alemania; Dirección de obra: Krüger Landschaftsarchitekten, Dresde, Alemania
Arquitectura: Ortner + Ortner, Berlín, Viena, Austria
Finalización: 2004

Con unos 10.000 m² de superficie, la cubierta de la biblioteca se funde con el campus sin interrupciones. Se divide en áreas con diferentes diseños, todos construidos como cubierta ajardinada sobre una cubierta invertida. El sustrato vegetal es una mezcla especial enriquecida con zeolita. Los caminos, de asfalto vertido sobre la base de hormigón, son especialmente interesantes. El agua de precipitación se filtra a través de la capa drenante hasta una zanja de retención desde la que es conducida hacia rígolas de desagüe.

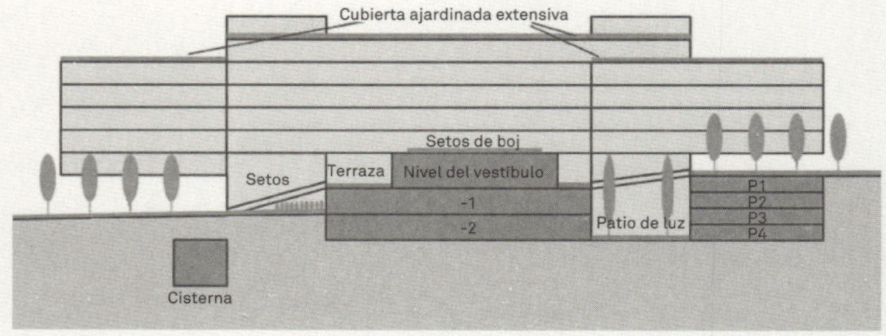

Leyenda	Símbolo	Especie vegetal
Setos de boj		*Buxus sempervirens* 'Arborescens'
Rosales	RoS RoB	*Rosa* 'Schneewittchen' *Rosa* 'Boule de Neige'
Plantación de herbáceas 1		*Allium tuberosum* *Erremus himalaicus* *Scila siberica* 'Alba' *Tulipa-Hybride* 'White Triumphator'
Plantación de herbáceas 2		*Allium rosenbachianum* 'Album' *Hyacinthoides hispanica* 'La Grandesse' *Lilium-Hybride* 'Olivia' *Muscari azureum* 'Album'

1 Seto de boj
2 Plantación de rosales
3 Remate metálico
Cara superior de la gravilla, 1 cm por debajo del remate metálico
4 Lucernario
5 Composición de la cubierta:
2 cm de gravilla 2/5
32 cm de sustrato vegetal
Manta filtrante
6 Composición del forjado:
Manta de protección de la construcción
Membrana impermeabilizante
Aislamiento térmico
Membrana impermeabilizante
Capa de formación de pendiente
Hormigón armado

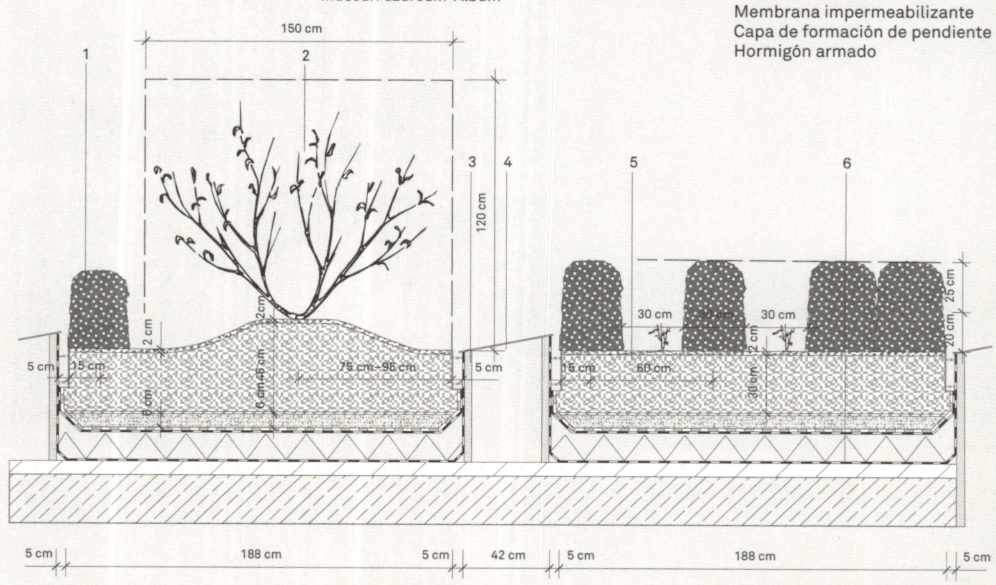

1 Seto de boj
2 Composición de la cubierta:
2 cm de gravilla de 1ª calidad
30 cm de Zeoflor 1/8
Fieltro filtrante
8 cm de capa drenante 2/12
3 Composición del forjado (cubierta caliente):
Manta de protección de la construcción
Membrana impermeabilizante
Aislamiento térmico
4 Pletina de acero 80/5 en cimentación puntual B10
5 Baldosas de pavimento, 5 cm:
Aprox. 25 cm de capa base
Fieltro filtrante
8 cm de capa drenante 2/12

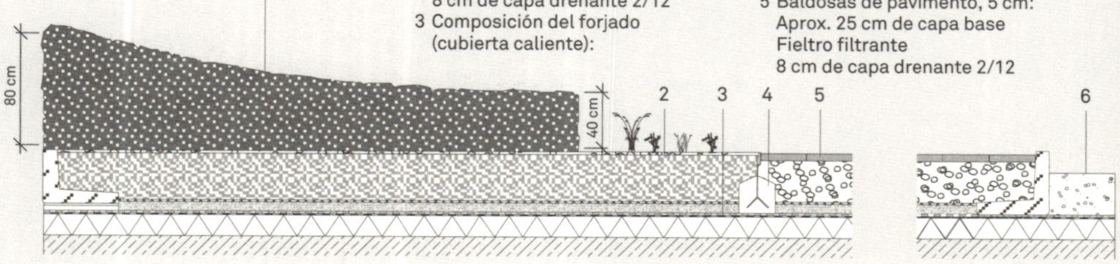

SEDE DE SOKA-BAU (FONDO DE PENSIONES PARA EL SECTOR DE LA CONSTRUCCIÓN), WIESBADEN, ALEMANIA
Arquitectos paisajistas: Latz und Partner, Kranzberg, Alemania
Dirección de obra: Latz Riehl Partner, Kassel, Alemania
Arquitectos: Herzog und Partner, Múnich, Alemania
Finalización: 2003

La interacción del edificio y las áreas al aire libre crea espacios de trabajo y de esparcimiento óptimos en términos de luz y energía.
En los patios semienterrados entre el garaje subterráneo y las nuevas oficinas se han creado elementos vegetales y pétreos regados por aspersión que influyen en la climatización de las estancias. Las amplias superficies ajardinadas de las cubiertas ejercen un efecto positivo en el clima urbano.

Composición de la capa de ajardinamiento extensivo:
Plantones: 16 uds./m²
Sustrato vegetal: 80 l/m²
Fieltro filtrante
Elemento drenante y de retención de agua, 25 mm
Capa de separación y protección
Membrana antirraíces
Membrana impermeabilizante sobre capa superior del forjado

1 Bandas de borde:
Bandas de borde en grava de granito 16/32, ancho mín.: 50 cm
Borde metálico
Fieltro filtrante
Elemento drenante y de retención de agua, 25 mm, relleno de áridos
Manta de protección del aislamiento
Manta de separación y protección
Membrana impermeabilizante sobre capa superior del forjado

2 Ajardinamiento intensivo:
Plantación
Sustrato vegetal, 240 l/m²; espesor aprox.: 25 cm
Subsustrato, 160 l/m²: espesor aprox.: 0,15 cm
Fieltro filtrante
Elemento drenante y de retención de agua, 60 mm, relleno de áridos
Manta de protección del aislamiento
Membrana antirraíces color marrón
Manta de separación y protección
Membrana impermeabilizante sobre capa superior del forjado

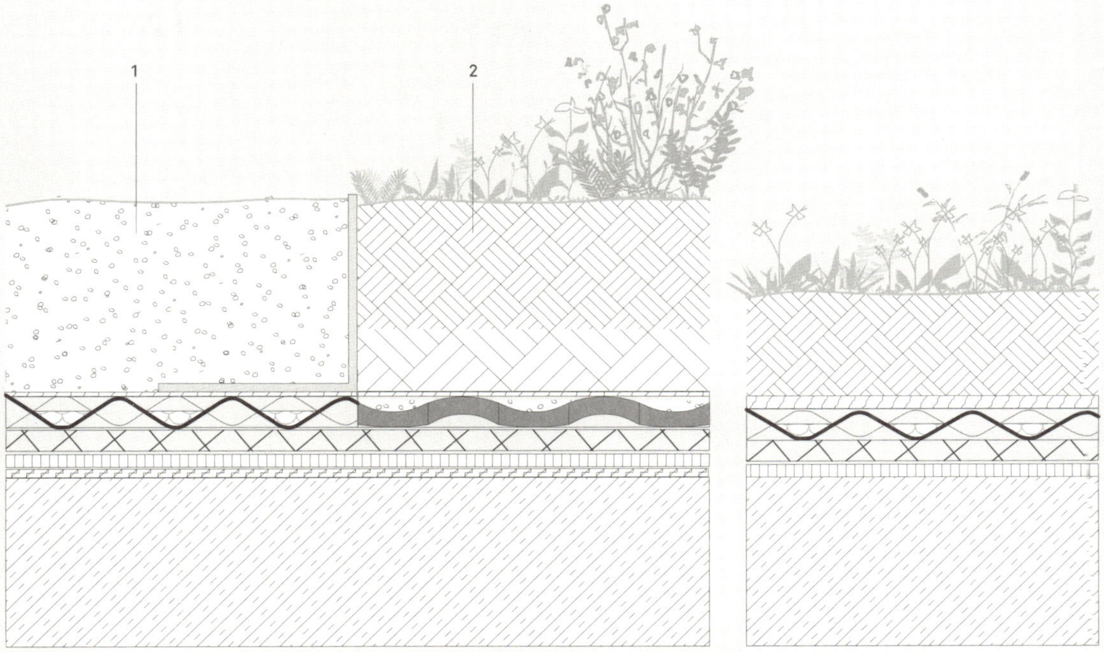

AMPLIACIÓN DEL LANDESAMT (OFICINA FEDERAL), FRIEDRICHSTRASSE, KREUZBERG, BERLÍN, ALEMANIA

Equipamiento exterior: ST raum a, Berlín, Alemania
Arquitectos: KSP Engel und Zimmermann Architekten
Finalización: 2005

Las seis cubiertas de la ampliación de la Oficina Federal de Empleo se encuentran a ambos lados del edificio. Un bordillo de pletina de acero separa las bandas ajardinadas y con grava de los caminos, cubiertos también de grava. Las superficies ajardinadas se componen de una mezcla de sédum y plantas de jardines de roca. Las áreas se han construido según este orden: capa de vegetación, capa de sustrato, fieltro, capa drenante, capa de retención y protección de la cubierta. El espesor de la construcción depende de las plantas usadas en las cubiertas.

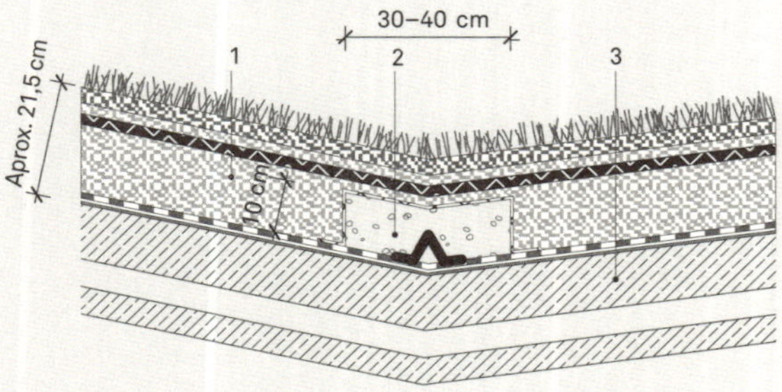

1 Composición del ajardinamiento:
Tepe precultivado
Sustrato para césped, espesor: 17 cm
Manta drenante y de protección de la construcción, fibra sintética
Membrana separadora y de nivelación, espesor aprox.: 0,2 mm
2 Canal de drenaje:
Perfil de conducción de agua, h = 50 mm
Bloque drenante, 16/32, lavado
Fieltro filtrante, d = aprox. 3 mm, fibra sintética
3 Composición del forjado:
Tela asfáltica sobre hormigón impermeable, antirraíces
Losa de hormigón impermeable

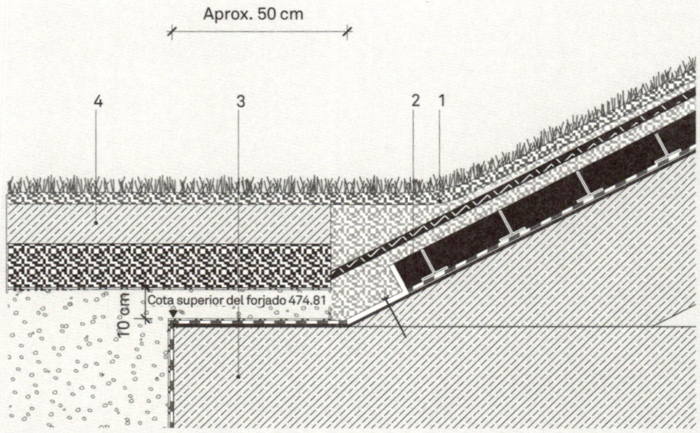

1 Composición de la cubierta:
Tepe precultivado
Malla de enraizamiento, espesor: 20 mm
Sustrato para césped, espesor: 17 cm
Manta drenante y de protección de la construcción, fibra sintética
Membrana separadora y de nivelación, espesor aprox.: 0,2 mm
2 Medidas antiempuje:
Sistema antiempuje de perfiles en T, h = 8 cm, adecuado hasta los 45º
Resalte antiempuje
Viguetas antiempuje
Perfil en L, acero cincado en caliente, 200 x 100 x 16 mm, longitud 200 mm, anclado con una espiga adherida en el medio
3 Construcción del forjado:
Tela asfáltica sobre hormigón armado, antirraíces
Losa de hormigón impermeable
Cimentación de la cubierta de la estación de metro
4 Pradera con bloque drenante:
Estructura de la pradera del parque, 2 capas:
15 cm de suelo orgánico enriquecido con lava y compost (capa superior)
15 cm de suelo orgánico (capa inferior)
Fieltro filtrante, d = aprox. 3 mm, fibra sintética
Grava, 16/32, lavada

1 Composición de la cubierta:
Tepe precultivado
Malla de enraizamiento, espesor: 20 mm
Sustrato para césped, espesor: 17 cm, menor bajo el canal
Manta drenante y de protección de la construcción, fibra sintética
Membrana separadora y de nivelación, espesor: aprox. 0,2 mm
Perfil de conducción de agua, h = 50 mm
Bloque drenante, 16/32, lavado
2 Arqueta triangular registrable como desagüe

Composición de forjado:
3 Bajante de tubo de acero DN 100
4 Cajeado para bajante
5 Tela asfáltica sobre hormigón armado, antirraíces, y losa de hormigón impermeable
6 Elemento de conexión con la pared en aluminio
7 Sección de arqueta registrable por delante del perfil de conducción de agua
8 Sección de arqueta registrable que corta el perfil de conducción de agua

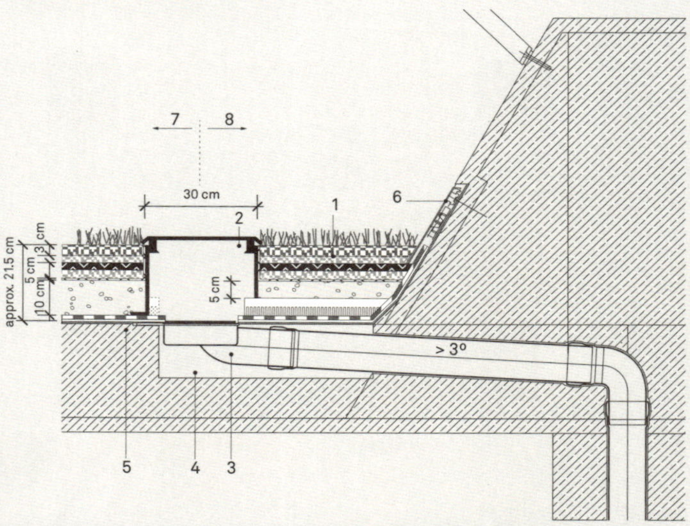

ESTACIÓN DE METRO ZENTRALE MITTE EN GARCHING, ALEMANIA
Arquitectos paisajistas: LA.BAR, Berlín, Alemania; Dirección de obra: Mutter Landschaftsarchitekten, Schrobenhausen; Arquitectos del conjunto: Léon Wohlhage Wernik Architekten, Berlín; Estructura de cubierta de la estación: WTM ENGINEERS, Múnich, Alemania
Finalización: 2007

El nuevo parque sobre la estación de metro del campus Garching-Forschungszentrum se ha diseñado como una zona verde urbana. Tres entradas al metro se integran en el ritmo tectónico de las superficies de césped plegadas, y se conectan con el sistema peatonal. Las cubiertas transitables de la estación, construidas en hormigón armado, son ajardinadas intensivas, con praderas, y cuentan con un parapeto continuo de hormigón armado con barandillas. Para proteger la plantación del deslizamiento se han usado tepes de césped con una mezcla especial de semillas, mallas de enraizamiento, un sustrato de estructura estable y un sistema de protección contra empujes.

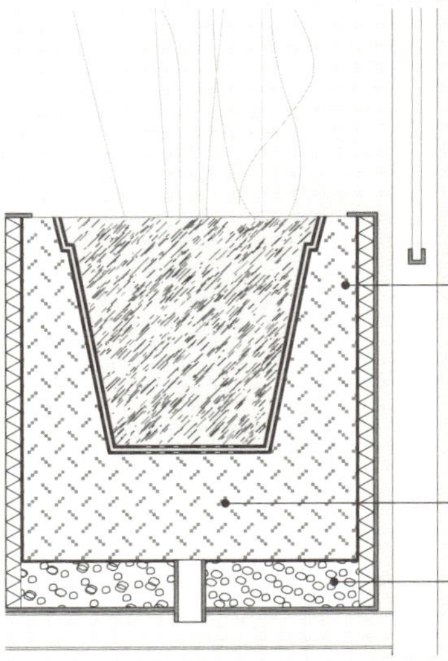

1 Contenedor-macetero
Acero inoxidable 1.4404, 2 mm, grano 250 pulido
Aislamiento, 2 cm, XPS (poliestireno extruido)
Fieltro
Macetero doble (contenedor de vivero)
Sustrato de vivero
2 Sustrato para cubiertas de ajardinamiento intensivo (para las perennes, entre los contenedores)
3 Drenaje/desagüe:
Leca (arcilla expandida para drenaje)
Tubo de remanso DN 30 mm, soldado, estanco
Saliente del tubo de remanso como goterón

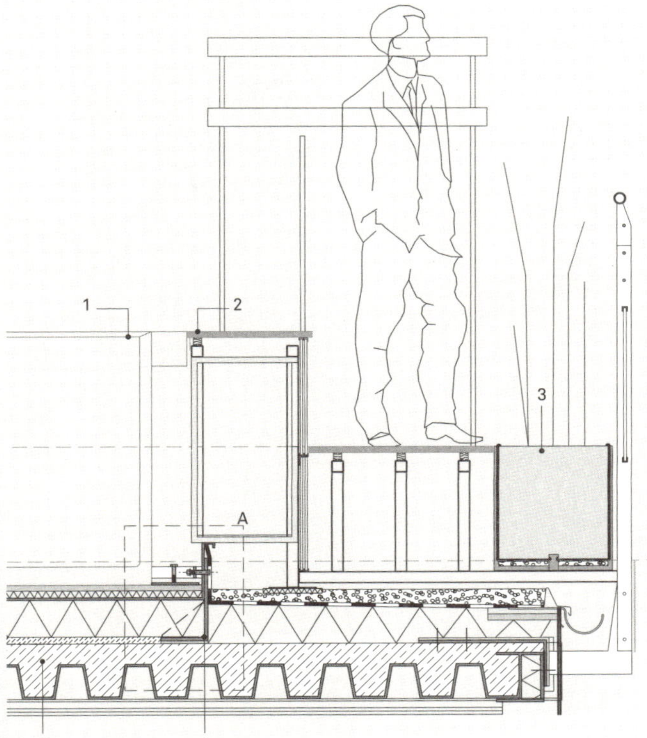

1 Piscina:
Acero inoxidable; con asiento; dimensiones interiores: 260 x 600 x 100 cm; 5 m³ de volumen de agua; peso aprox.: 17 t, incluidas instalaciones; transmisión de la carga mediante 16 tornillos regulables
Contenedor:
2,5 cm de Sylomer (elastómero de poliuretano)
4 cm de poliestireno extruido XPS
Vaso de acero, 2 mm
16 cm de espuma rígida incrustada en tela asfáltica
Losa de hormigón armado
2 Pavimento de la terraza:
Tablones de Thermobuche, 2,5 cm
Correas de alerce, 4 cm (ventiladas mediante fresado irregular)
Subestructura en tubo cuadrado de acero inoxidable 1.4301
3 Contenedor de plantas:
Acero inoxidable con tubo de remanso, 40 mm, 2 piezas por m lineal
Aislamiento con 2 cm de poliestireno extruido XPS
Capa de Leca hasta la cara superior del tubo de remanso
Fieltro
4 Angular para anclaje de la piscina según plano de detalle de estructuras, Sylomer T12 para rotura térmica
5 Composición del forjado: cubierta caliente
Forjado de chapa entre vigas metálicas
Aprox. 16 cm de aislamiento térmico
Triple aislamiento frente a la humedad
Manta de protección de la construcción
Gravilla 8/16

CUBIERTA AJARDINADA EN VIENA, AUSTRIA

Arquitectos paisajistas: stalzer lutz | gartenarchitektur, Weidling, Austria
Finalización: 2006

La cubierta ajardinada cuenta con una piscina en acero inoxidable, pavimento de madera de haya ahumada y plantaciones en contenedores de acero. Una piscina sobre una cubierta debe responder a numerosas exigencias: aislamiento de la humedad, eliminación de la transmisión acústica a través de la cubierta y consideración de los empujes horizontales sobre las paredes. La plantación combina vivaces y leñosas resistentes al invierno con algunas especies exóticas, instaladas en maceteros dobles que pueden trasladarse al invernadero en otoño. Los contenedores de acero desaguan directamente sobre la capa de grava de la cubierta o al canalón mediante conducciones.

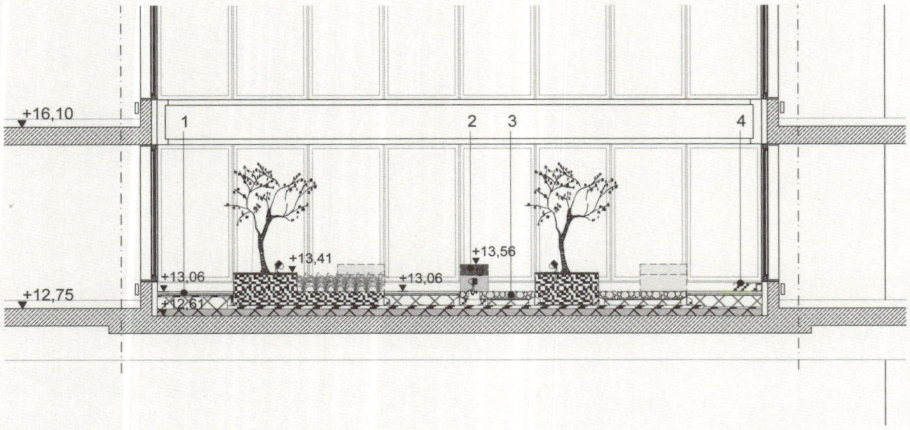

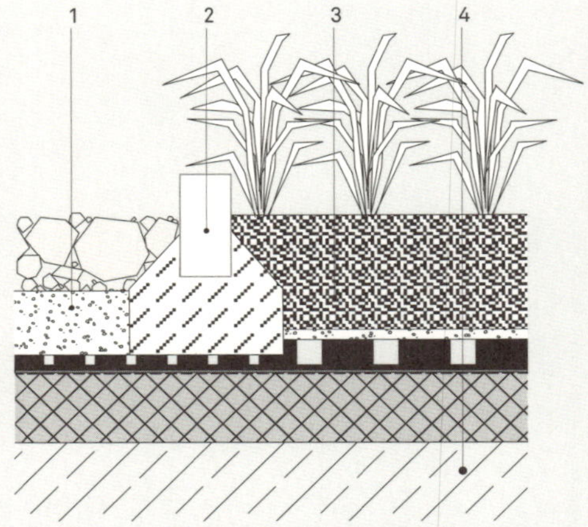

1 Composición de los caminos:
Baldosas de travertino, 4 cm
Cama de gravilla 2/5, 4 cm
Capa drenante rellena con gravilla 2/5, 3 cm
Manta de protección y aislamiento
Aislamiento con membrana antirraíces, 13 cm
Forjado
2 Asiento ST 37 según detalle
3 Composición de las bandas de guijarros
15 cm de travertino machacado, 5/15 cm
10 cm de espuma rígida extruida con fieltro filtrante incorporado
6 cm de capa drenante rellena con áridos
13 cm de aislamiento con membrana antirraíces
4 Plinto de travertino

1 Composición de las bandas de guijarros:
15 cm de travertino machacado
13 cm de arcilla expandida, machacada
3 cm de elemento drenante con fieltro filtrante
2 Elemento de hormigón prefabricado B/H: 10/20 cm, cara superior: 8 cm por encima del sustrato, cimentación de hormigón C12/15
3 Composición del ajardinamiento:
Carex variegata
23 cm de sustrato ligero
2 cm de arcilla expandida, machacada
Fieltro filtrante
6 cm de elemento drenante relleno con áridos
Fieltro de separación
4 Forjado:
14 cm de aislamiento
Forjado de hormigón impermeable

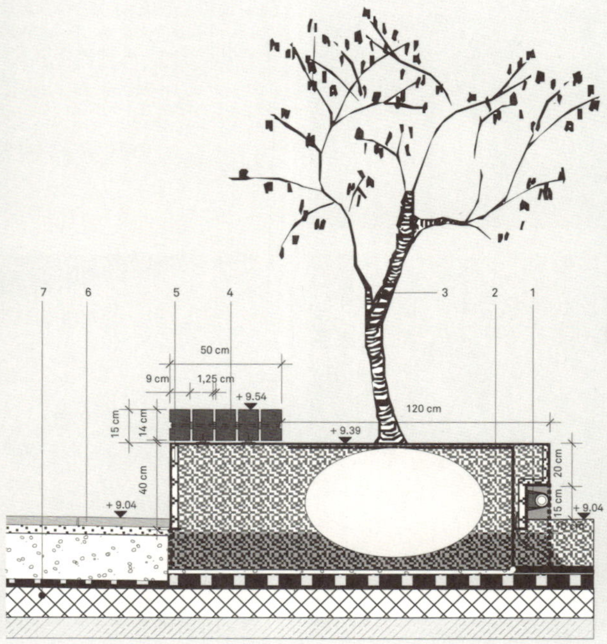

1 Tubo fluorescente
2 Composición de los maceteros:
Riego por goteo
Sustrato ligero
Subsustrato mineral
2 cm de arcilla expandida, machacada
6 cm de elemento drenante relleno con áridos y fieltro filtrante incorporado
Fieltro de separación
3 *Malus sargentii*
4 Asiento: Thermoholz atornillado con barras roscadas y perfiles metálicos
5 Montaje del macetero:
Macetero, acero St37 cincado, lacado
3 cm de espuma rígida extruida
6 Composición del pavimento de piedra:
4 cm de placas de travertino,
4 cm de cama de gravilla 2/5
Fieltro filtrante
20 cm de arcilla expandida, machacada
3 cm de elemento drenante
Fieltro de separación
7 Forjado:
Aislamiento térmico
Membrana impermeabilizante en juntas y aberturas
Forjado de hormigón impermeable

PATIO INTERIOR DE EDIFICIO COMERCIAL EN TAUENTZIENSTRASSE, BERLÍN, ALEMANIA

Arquitectos paisajistas: LA.BAR, Berlín
Arquitectura: Weinmiller Architekten, Berlín, Alemania
Finalización: 2006

El patio se sitúa sobre un tercer piso. Las baldosas de travertino (de ancho fijo y longitud variable) continúan el material de las fachadas que lo conforman. Los parterres están plantados principalmente con *Carex* y *Festuca,* y se articulan mediante bandas de grava de travertino y elementos de hormigón Carrara. Los maceteros de acero contienen manzanos ornamentales (*Malus toringo sargentii)* podados con forma de paraguas. Las superficies ajardinadas se mantienen mediante un sistema de riego automático.

3.15 ELEMENTOS ESPECIALES

ELEMENTOS DE ILUMINACIÓN
- Principios técnicos
- Lámparas

ZONAS DEPORTIVAS Y DE JUEGOS
- Requisitos técnicos
- Materiales
- Protección contra caídas
- Elementos artificiales de escalada
- Instalaciones de patinaje

EJEMPLOS

ELEMENTOS DE ASIENTO

EJEMPLOS

Katja Heimanns

3.15 ELEMENTOS ESPECIALES

El mobiliario de exteriores puede estar constituido tanto de elementos estandarizados como de diseños específicos para cada proyecto. A continuación se describen brevemente los principios técnicos básicos para realizar un proyecto de iluminación, así como los requisitos que deben cumplir las zonas deportivas y de juegos y los elementos de asiento.

ELEMENTOS DE ILUMINACIÓN

La luz modifica el aspecto que ofrece un espacio. Por lo tanto, en exteriores, el uso de iluminación artificial es importante no solo por cuestiones de seguridad, sino también por la percepción de la arquitectura y del paisaje. La luz puede iluminar un espacio de forma homogénea (luz ambiental) o dotarlo de dramatismo mediante fuertes contrastes, enfatizando materiales y objetos, intensificando o modificando los colores y borrando o redibujando las fronteras espaciales a través de la combinación de luz y oscuridad.

Principios técnicos

Nuestra percepción del color y de la luminosidad está basada en las ondas electromagnéticas, cuya frecuencia entra dentro del área visible del espectro de la luz, que se sitúa entre una onda de 370 nm (onda corta, violeta) y 750 nm (onda larga, rojo). La luz del sol, que se distribuye de forma uniforme a lo largo de todo este espectro, ofrece un rendimiento óptimo de los colores.
Para que los colores que percibimos bajo la luz solar se vean igual bajo una iluminación artificial, el espectro de esta última debe ser similar al de la primera. Al elegir un iluminante juegan un papel importante el índice de reproducción cromática R_a y la temperatura de color K, así como otros factores técnicos y económicos, como el rendimiento (lm/W) y la vida útil (horas). > **Tab. 3.15.1**

Lámparas

Las lámparas radiantes (lámparas incandescentes y halógenas incandescentes) generan luz a partir, precisamente, de un filamento metálico incandescente. En el caso de las halógenas, la adición de gases halógenos (normalmente yodo) como relleno de la bombilla provoca que el tungsteno liberado por el filamento se combine dentro de la bombilla relativamente fría para formar un halogenuro metálico, por lo que se genera una luz blanca brillante. En general, las lámparas radiantes disipan hasta el 95% de su energía en forma de calor, lo que acorta su vida útil y hace problemática su utilización en exteriores debido a la cantidad de calor emitido. > **Tab. 3.15.2**

Las lámparas de descarga son aquellas en que las que gases o vapores metálicos producen luz debido a las descargas eléctricas que se producen entre dos electrodos. Para hacerlas funcionar, es necesario un balasto eléctrico adecuado. Un cebador hace posible el inicio de la descarga. Mientras que el cebador suele estar integrado en la propia lámpara, el balasto a menudo es exterior, debido a su tamaño. Hay dos tipos de lámparas de descarga: las de alta presión (vapores de sodio, mercurio y halógenos metálicos) y las de baja presión. Las segundas incluyen las lámparas de vapor de sodio y las fluorescentes. En el caso de estas últimas, se aplica una capa de pigmento fluorescente en la cara interna del tubo que, con la ayuda

Concepto	Unidad	Descripción
Flujo luminoso	*lm (lumen)*	Totalidad de la luz emitida por una lámpara, teniendo en cuenta la sensibilidad variable del ojo humano a las distintas áreas del espectro. Un flujo radiante de 1 W en el punto máximo del espectro (555 nm) crea un flujo luminoso de 683 lm.
Intensidad luminosa	*cd (candela)*	Flujo luminoso (lm) radiado en una dirección concreta, en relación con el ángulo sólido (radián estéreo).
Luminancia	*cd/m^2*	Medida de la claridad. La luminancia se obtiene a partir de la relación entre la intensidad luminosa y el área superficial. El ojo humano percibe diferencias en la luminancia como diferencias en la claridad.
Iluminancia	*lx (lux)*	Medida del flujo luminoso sobre una superficie. Si un flujo luminoso de 1 lm impacta de manera uniforme sobre una superficie de 1 m^2, la luminancia será de 1 lx.
Rendimiento de iluminación (eficiencia)	*lm/W (lumen/vatio)*	El rendimiento o eficiencia lumínica es una medida de conversión de la energía eléctrica *W* en luz visible (flujo luminoso en lm). El rendimiento de iluminación mide cómo funciona una lámpara en términos económicos. Cuanto mayor es el valor, mejor es el funcionamiento.
Color de luz		El color de luz se refiere al color de la luz emitida por una fuente luminosa, y se expresa en coordenadas *x* e *y* de la tabla normalizada de colores, CIE.
Temperatura del color	*K (kelvin)*	La temperatura del color clasifica la temperatura que un cuerpo negro debe alcanzar para que la luz que emite cree la misma impresión que la de una fuente luminosa dada. A 800 K el cuerpo empieza a brillar (luz de color rojo oscuro). Un mayor calentamiento puede provocar la aparición de amarillo, blanco e incluso azul (fórmula de la radiación de Planck). Las luces de color blanco se dividen en tres categorías: blanco cálido < 3300 K, blanco neutro 3300-5300 K y blanco día > 5300 K.
Rendimiento del color	*Índice de reproducción cromática R_a*	El índice de reproducción cromática R_a describe la capacidad de una lámpara para hacer visible la totalidad del espectro de color de la luz solar (R_a = 100). La calidad del rendimiento del color en un objeto irradiado se obtiene a partir de la composición espectral del foco luminoso; p. ej.: algunos objetos pierden su color bajo la luz amarilla de las lámparas de sodio debido a que estas radian muy poca luz verde y roja.

Tab. 3.15.1: Unidades físicas utilizadas en luminotecnia

	Lámparas	Intensidad de la luz *W* Todos los valores de acuerdo con los datos suministrados por los fabricantes	Rendimiento de iluminación *lm/W*	Dispositivo adicional de funcionamiento	Temperatura de color *K*	Índice de reproducción cromática de R_a (máx. 100)	Vida útil (horas)	Aplicación en exteriores	Características especiales
Radiadores térmicos	Lámparas incandescentes	25–150	< 15	No	Aprox. 2800	> 90	1000	Aún se utilizan a veces en luminarias empotradas, aunque están siendo reemplazadas cada vez más por otros tipos de lámparas	Rendimiento de luz de solo el 5% aprox., frente a un 95% de emisiones en forma de calor, con los consiguientes costes económicos
	Lámparas incandescentes halógenas de bajo voltaje	20–100	20–28	Sí	3000	> 90	4000	Iluminación para obtener efectos especiales	Lámparas de tamaño muy reducido, costosas de instalar
	Lámparas incandescentes halógenas de alto voltaje	40–500	20	No	3200	> 90	2000	Muy poco frecuentes en la actualidad	Luz especialmente brillante
Lámparas de descarga de baja presión	Lámparas fluorescentes	8–70	< 100	Sí	3000–4000	60–69	18000	P. ej.: iluminación lineal en puentes, barandillas, etc. Iluminación de suelos	Larga vida útil, relativamente económicas en términos de consumo energético. No son especialmente populares
	Lámparas fluorescentes compactas (lámparas de ahorro energético)	5–55	60–70	Sí	2300–7000	80–89 (a 2700 K)	15000	Luces de orientación, faros de vehículos, iluminación de bolardos y jardines	Una versión más pequeña de las lámparas fluorescentes
	Lámparas de vapor de sodio a baja presión	18–185	100–200	Sí	< 2500	25	16000	Iluminación viaria para señalizar pasarelas peatonales, túneles y puntos peligrosos	Luz amarilla, con bajo rendimiento de color, adecuada para iluminar superficies solo en casos excepcionales (p. ej., en pavimentos de arenisca)
Lámparas de descarga de alta presión	Lámparas de vapor de sodio a alta presión (HSE, HST)	50–250	70–150	Sí	< 2500	25–40	25000	Iluminación estándar de calles e instalaciones industriales. También se utiliza en invernaderos	Luz de un color entre rosa y naranja claro
	Lámparas de vapor de mercurio (HME)	50–400	60	Sí	4000	40–59	10000	P. ej., iluminación de calles	Luz de color blanco neutro o frío. La elevada emisión de UV del radiante atrae a los insectos. Baja eficiencia
	Lámparas de halógenos metálicos (HIT, HIE, HIR)	20–400	60–100	Sí	> 3000	70	12000	P. ej., canchas deportivas	Utilizadas cada vez más en sistemas de iluminación de exteriores. Debido a su color claro, están sustituyendo a las más costosas lámparas de vapor de mercurio. Altos costes
	Xenón	35	30–50 (hasta 150)	Sí	4000–5000	Sin datos	< 6000	Utilizadas principalmente en faros de automóviles	Luz muy brillante
Electroluminiscencia	Diodos emisores de luz o LED (blanca)	0,1–5	40–90	Sí	3000–5500	80	> 50000	Realzado decorativo, luces de orientación, no adecuados para iluminación a gran escala. Sistemas de señalización	Tamaño reducido, cambios dinámicos de color (RGB)

Tab. 3.15.2: Distintos tipos de lámparas y su aplicación en exteriores

de fotoluminiscencia, convierte la descarga en radiación visible (luz). Las lámparas fluorescentes se fabrican con forma de tubos lineales y de bombillas compactas (lámparas de ahorro energético). Puesto que contienen mercurio, plomo y estroncio, una vez gastadas deben tratarse como residuos peligrosos. > **Tab. 3.15.2**

Los LED (*Light Emitting Diodes*, o diodos emisores de luz) son un tipo de radiadores luminiscentes basados en conexiones de semiconductores que convierten directamente la corriente eléctrica en luz. Existen LED en una gran variedad de colores, formas y tamaños. Mientras que los distintos colores se generan mediante diferentes cristales semiconductores, los hilos y las láminas luminosas están formados por células electroluminiscentes, cuyo diámetro aproximado es de 3 mm, para dar lugar a lámparas flexibles y plegables que pueden asumir geometrías curvas. > **Tab. 3.15.2**
Los cables de fibra óptica son flexibles, ya que utilizan fibras transparentes y translúcidas de vidrio, plástico u otros materiales, y son capaces de transportar radiación visible o infrarroja. Los rayos luminosos que se aplican sobre uno de los extremos de dichos cables (procedentes de un LED o de una lámpara incandescente enfocada, por ejemplo) se reflejan en la capa de separación entre el núcleo y la envoltura del cable. Las lámparas de fibra óptica no emiten calor y utilizan poca electricidad; son particularmente adecuadas para la iluminación decorativa o para la fabricación de hormigón translúcido. > **Tab. 3.15.2** y **Capítulo 1.7 Hormigón**

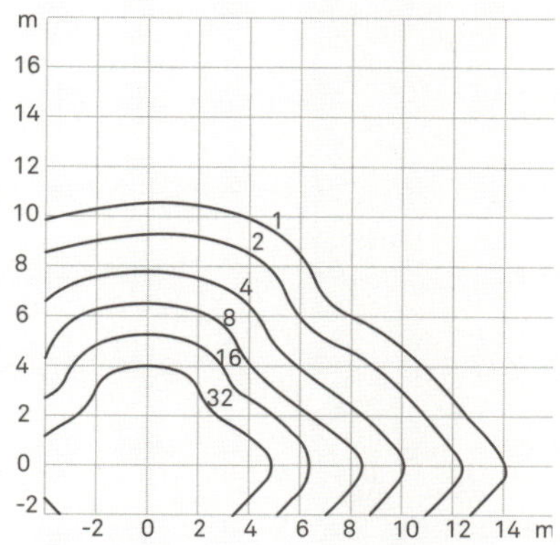

Fig. 3.15.1: Curvas Isolux

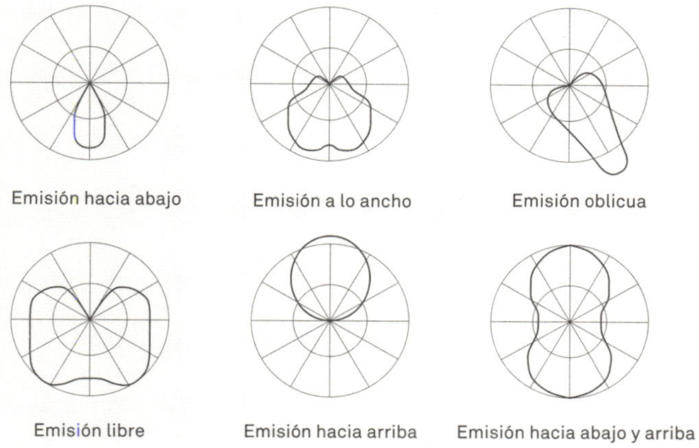

Fig. 3.15.2: Representación polar de la distribución de intensidad lumínica

Fig. 3.15.3: Iluminación de calles con farolas o luminarias de mástil a | b

Fig. 3.15.5: Luces de orientación: piezas de pavimento con lámparas LED

Fig. 3.15.4: Pasamanos de barandilla iluminado con lámparas fluorescentes (arco luminoso). Donaukai, Neuburg, Alemania

Fig. 3.15.6: Lámparas de suelo dirigidas

Los diagramas Isolux y las curvas de distribución de intensidad de luz que proporcionan los fabricantes ofrecen información sobre la dirección de la luz y su intensidad. En definitiva, los diagramas muestran la distribución de la luminancia sobre un plano, ya que las curvas Isolux unen los puntos con la misma densidad lumínica. Cuando se trata de sistemas de iluminación en que los puntos de emisión están fijados por motivos constructivos (como, por ejemplo, las farolas, cuya altura de mástil es obligatoria), pueden calcularse directamente los intervalos entre lámparas para garantizar la iluminancia requerida a partir de estos diagramas. > **Fig. 3.15.1**

Las curvas de distribución (de intensidad lumínica) muestran específicamente la dirección y la intensidad con las que una lámpara emite su luz. > **Fig. 3.15.2**

Fig. 3.15.7: Luces de orientación como elementos de diseño

ZONAS DEPORTIVAS Y DE JUEGOS

Junto a la fabricación de elementos en cadena, el diseño personalizado está haciéndose cada vez más relevante, y está cubriendo un abanico que va desde los aparatos de juego más simples hasta situaciones más complejas, como «paisajes» de juego e instalaciones de patinaje. En cualquier caso, es preciso observar toda una serie de normas técnicas y de seguridad que, dependiendo de la legislación nacional, puede requerir de una aprobación y certificación final (en Alemania, por ejemplo, es preciso el certificado GS otorgado por la entidad certificadora TÜV).

Requisitos técnicos

Los aparatos deportivos y de juego están sujetos a la normativa europea y a las respectivas regulaciones nacionales. Las normas EN 1176 y EN 1177 determinan los requisitos técnicos para la instalación, la composición de la base y las distancias de seguridad que son aplicables a todas las áreas públicas de juego. Los aparatos e instalaciones que se dispongan en un área lúdica también deberán cumplir dichas regulaciones, aunque no hayan sido fabricados con tales fines. Las «zonas de aventura» (zonas de juego valladas o protegidas, a menudo con aparatos construidos por el propietario) y algunos otros casos están exentos del cumplimiento de la norma EN 1176, así como los aparatos de juego fabricados e instalados antes de su entrada en vigor en 1998, siempre y cuando no representen un riesgo serio de accidente.

Materiales

La elección de los materiales influye significativamente en la estabilidad y la durabilidad de un aparato de juego, así como en su diseño y en sus posibilidades de uso.
Como material de construcción natural, la madera es más susceptible que otros materiales a sufrir deterioro con el paso del tiempo, así como grietas, lo que afecta su vida útil. Por otra parte, se trata de un material muy adecuado para fabricar aparatos de juego precisamente por sus propiedades naturales: flexibilidad, trabajabilidad, evolución característica, relativa ligereza y calidez al tacto.

La robinia, el tipo más durable de madera europea, resulta especialmente adecuada para la construcción de aparatos de juego. Incluso en contacto con el terreno y sin ningún tipo de impregnación, la robinia puede permanecer en uso 20 años o más. Sin embargo, por su forma de crecimiento, esta madera solo se encuentra disponible en un rango limitado de dimensiones. Normalmente solo se usan rollizos sin corteza en su forma característica, natural e irregular, que los hace tan llamativos. > **Fig. 3.15.8**

Para evitar grietas es común la utilización de maderas escuadradas y de colas impermeables en la construcción de aparatos de juego. > **Fig. 3.15.9**
La aplicación de diversas protecciones a la madera a nivel de suelo garantiza la estabilidad y la durabilidad del aparato de juego a largo plazo. > **Fig. 3.15.10**
El uso de los plásticos resulta interesante en los aparatos de juego debido a su alta durabilidad y a su elevada

Fig. 3.15.8: Aparatos de juego construidos con madera de robinia

Fig. 3.15.10: Instalación de escalada en forma de «puente jorobado»: las bases de las maderas cilíndricas están fijadas a unas largas fundas de acero que proporcionan una protección óptima contra el agua

Fig. 3.15.9: Diversos elementos realizados en madera sólida y en madera compuesta. Allerpark, Wolfsburg, Alemania

Fig. 3.15.13: Torre de juego de metal, con una base de mantillo como protección de caídas

Fig. 3.15.11: Aparato de juego con elementos plásticos flexibles

Fig. 3.15.12: Toboganes realizados con tubos de acero inoxidable

Fig. 3.15.14: Columpio con mantillo de corteza para amortiguar caídas

a | b

Fig. 3.15.15: Muro de escalada realizado con hormigón rojo proyectado: a) en construcción, b) una vez terminado

resistencia a tracción y a rotura, así como por la ausencia de esquirlas o astillas. De hecho, los elastómeros > **Capítulo 1.9** son la solución ideal cuando se requieren propiedades elásticas. > **Fig. 3.15.11**
El acero ofrece la mejor durabilidad y resistencia frente al vandalismo y no existe riesgo de pudrición en las partes que estén en contacto con el suelo, siempre que se aplique un tratamiento anticorrosivo adecuado. > **Capítulo 1.8**

La luz solar directa puede causar que la superficie se caliente considerablemente, lo que constituye una desventaja, sobre todo en el caso de los toboganes. Sin embargo, los niños y los adolescentes prefieren los de acero a los de plástico, pues los primeros funcionan considerablemente mejor. > **Fig. 3.15.12**

El hormigón proyectado permite dotar de formas muy variadas a los elementos de juego y a los muros de escalada, ya que suelen construirse a partir de una malla de acero sobre la que primero se proyecta el hormigón (en seco) y posteriormente un mortero aplicado en varias capas. > **Fig. 3.15.15**

Protección contra caídas

Para evitar lesiones en el caso de caídas, el espacio de caída previsto y la superficie de impacto deben estar libres de obstáculos y ser capaces de absorber el golpe. Para una altura de caída de hasta 1,50 m, el espacio de caída, es decir, el espacio alrededor del aparato de juego debe tener al menos 1,50 m. Por su parte, la altura de caída libre nunca debería superar los 3,00 m. El espacio mínimo requerido para la superficie de impacto depende de la altura de caída libre. Como regla general, el espacio debería ir creciendo conforme lo haga la altura del aparato de juego. Para alturas de caída libre de más de 1,50 m, la longitud de la superficie de impacto puede calcularse mediante la siguiente fórmula:

Longitud de la superficie de impacto (m) =
= [(2/3 de la altura de caída libre) + 0,5] m

Con la excepción de los columpios y los juegos giratorios, las superficies de impacto de los demás aparatos de juego pueden solaparse.

En principio, toda la superficie de las áreas de juegos infantiles está sujeta a una serie de requisitos. En aquellas zonas que cuenten con aparatos cuya alturas de caída libre sea de hasta 60 cm, no se requiere de un estudio específico de seguridad, siempre y cuando la base tenga cierta capacidad para absorber impactos. Si existen aparatos con alturas de caída libre superiores a los 60 cm, entonces la base deberá contar con una determinada capacidad de absorción de impactos en toda la zona de caída. Por tanto, la elección de la base del área de juegos dependerá de la altura de caída libre de los aparatos instalados. > **Figs. 3.15.13 y 3.15.14, Tab. 3.15.3**

Elementos artificiales de escalada

Un muro de escalada puede estar constituido por módulos individuales (de dimensiones aproximadas de 1 x 1 m) de madera, plástico reforzado con fibras (GRP) u otros materiales, o bien por elementos tipo roca, generalmente construidos con hormigón proyectado. Para aumentar

Material de pavimento	Requisitos del subsuelo	Espesor mínimo de la capa (cm)	Altura máx. de caída (cm)
Piedra/hormigón	-		≤ 60
Pavimentos con base de betún			
Pavimentos con base de agua	-		≤ 100
Mantillo			
Césped	-		≤ 150
Serrín [1,2]	Serrín de madera natural, con corteza y hojas. Tamaño de grano: 5-30 mm	20	≤ 300
Corteza [1,2]	Corteza cortada de conífera. Tamaño de grano: 20-80 mm	20	
Arena [1]	Sin componentes limosos o arcillosos. Tamaño de grano: 0,2-2 mm	20	
Grava [1]	Tamaño de grano: 2-8 mm	20	
Material sintético	Evaluación según EN 1177		

[1] Los materiales sueltos deben aplicarse en una capa de espesor mínimo de 20 cm, dada su tendencia a desplazarse
[2] El serrín y la corteza deberían disponerse sobre un subsuelo que no permita su arrastre por el agua

Tab. 3.15.3: Subsuelo en el área de caídas de la zona de aparatos de juegos de acuerdo a la EN 1177

la fricción, las superficies suelen recibir un revestimiento con contenido de arena. Los asideros individuales se fijan al muro a intervalos de entre 20 y 30 cm mediante tornillos. En un muro de escalada se puede practicar esta actividad con o sin cuerda. > **Fig. 3.15.15** Aquellos cuya altura de caída libre supere los 2 m forman una categoría aparte.

Instalaciones de patinaje

Además de los monopatines, las instalaciones de patinaje también son utilizadas por los usuarios de bicicletas de *cross* y de patines en línea.

Tanto la composición de las superficies de patinaje como las áreas de seguridad deben respetar la normativa nacional (en Alemania, por ejemplo, DIN 33943), y estar separadas en términos espaciales y constructivos de las áreas deportivas y de juego, de los parques de recreo y de otras instalaciones similares. Además, tienen que contar con protección para alturas de caída superiores a los 100 cm. Por último, conviene distinguir entre elementos individuales, instalaciones compuestas de varios elementos individuales y parques de patinaje.

En contraste con la instalación de elementos individuales, los parques de patinaje se diseñan para integrarse en el terreno. > **Fig. 3.15.16**

Estos elementos se fabrican en hormigón armado con un revestimiento plástico o sintético. El hormigón presenta varias ventajas: una vida útil más larga —lo que reduce los costos de mantenimiento—, propiedades óptimas para el patinaje y capacidad de absorción del ruido de las ruedas.

Conviene rellenar las juntas con materiales duros (preferentemente con un mortero de resina sintética), ya que son más fáciles de mantener que las juntas blandas de silicona, que pueden desprenderse por la presión de las ruedas. Los bordes de las superficies de patinaje deberían protegerse con goma dura o con perfiles de acero inoxidable o galvanizado en caliente. Para los remates de elementos de patinaje realizados con tubos metálicos (con diámetros comprendidos entre los 5 y los 7 cm), los mejores materiales son los que tienen un bajo coste de mantenimiento y una larga vida útil, como el acero inoxidable o el acero galvanizado en caliente. En las rampas, las características de deslizamiento del acero galvanizado resultan significativamente mejores. Una de las desventajas es la aparición ocasional de manchas de óxido. En los bordes y los remates, son preferibles los sistemas de unión que no incluyan tornillos, con el fin de evitar lesiones causadas por las puntas sobresalientes. > **Fig. 3.15.17**

a
b

Fig. 3.15.16: Instalaciones de patinaje:
a) Parque de patinaje en Oschatz, Alemania
b) Elementos individuales en el BUGA de Múnich, Alemania

a | b

Fig. 3.15.17: Remates y protección de bordes

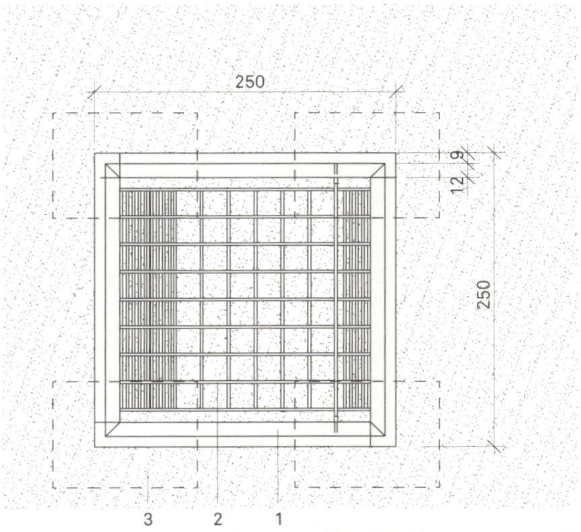

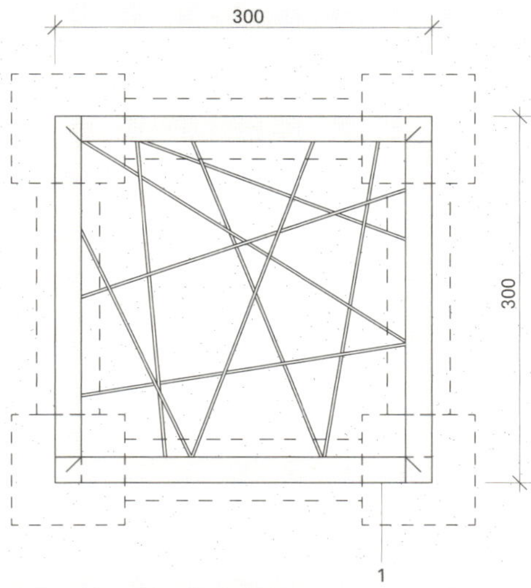

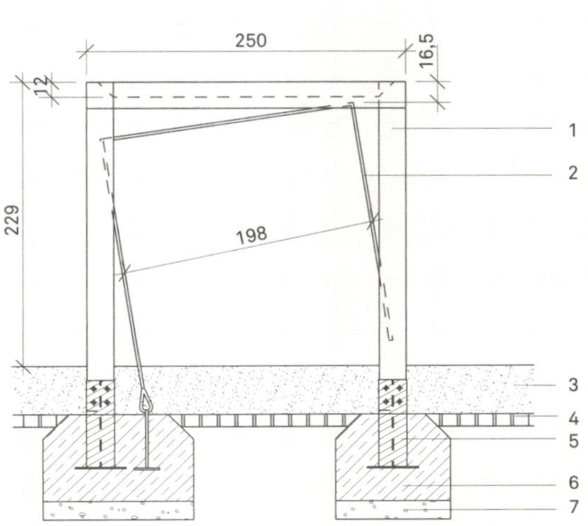

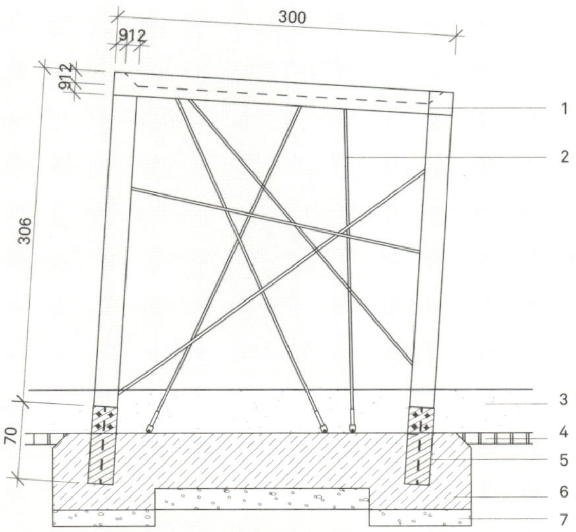

1 Bastidor de vigas de roble, 21/21 cm, cara superior biselada con juntas a 45°, chapas de refuerzo de acero de 10 mm, uniones atornilladas
2 Cuerda de escalada de 6 cables trenzados de acero con recubrimiento de poliamida, d = 19 mm, color = cáñamo. Puntos de cruce formados por abrazaderas en S de acero inoxidable, d = 8 mm; fijación al bastidor de madera: presillas de acero inoxidable fijadas a las cuerdas, ajustables; anclaje a la cimentación: anclajes de acero, cuerdas con tensores y abrazaderas en U adaptadas a las cuerdas
3 Arena de juego, 40 cm
4 Pavimento de rejilla para césped
5 Soporte de acero inoxidable, perfil HEB 220, l = 70 cm, con placa de apoyo soldada y atornillado en 4 puntos
6 Cimentaciones de hormigón armado C25/30, según cálculo estructural; cimentación de postes: 90/90/70 cm aprox.; zanja de cimentación: 50/50 cm aprox.
7 Grava 0/45, 15 cm
8 Anclaje a la cimentación

JUEGO DE ESCALADA, MASELAKEPARK, BERLÍN, ALEMANIA

Arquitectos paisajistas: relais Landschaftsarchitekten, Berlín, Alemania
Finalización: 2007

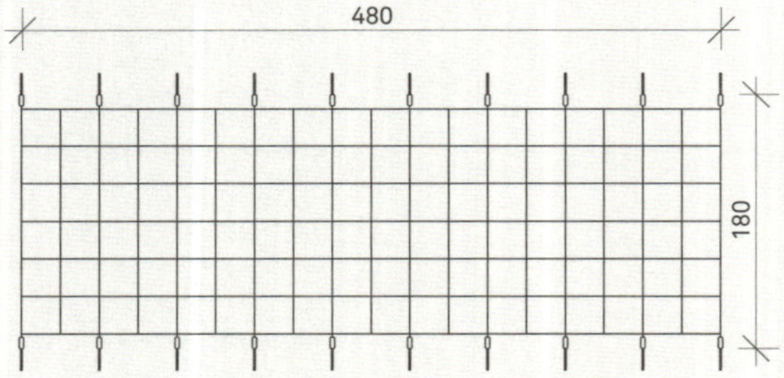

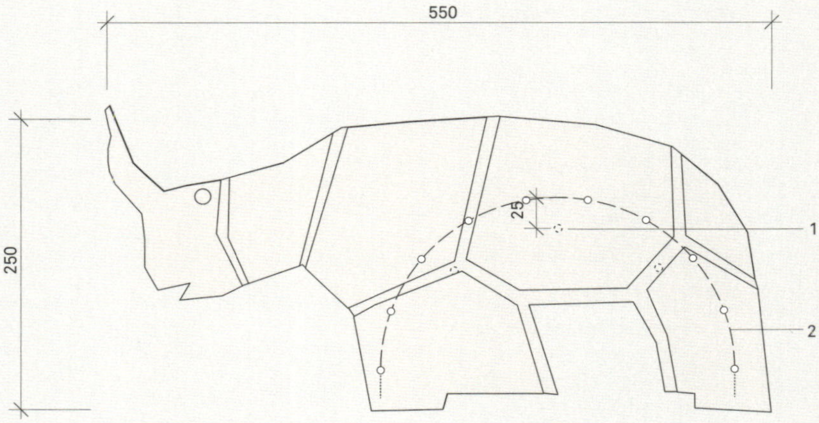

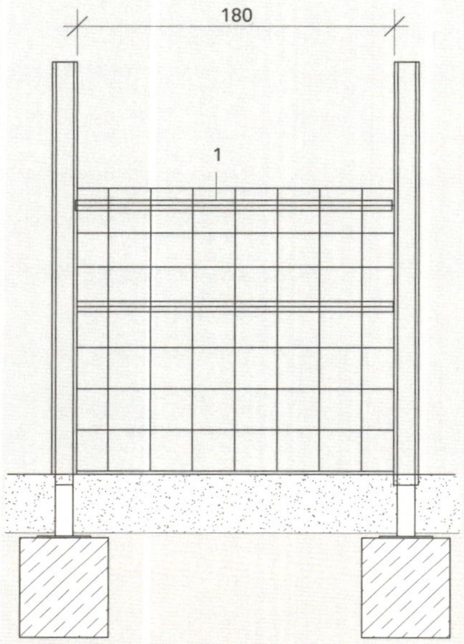

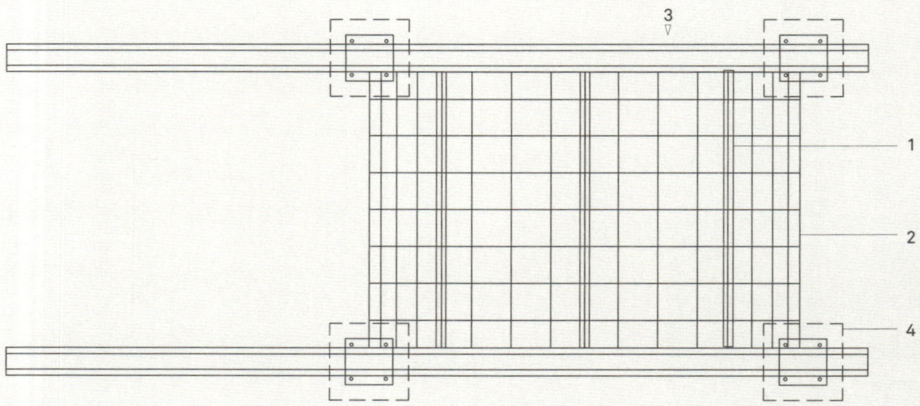

1 Tubo de separación; distancia cuerda-tubo: 25 cm aprox.
2 Red de escalada Corocord, 480 x 180 cm, malla de 24/24 cm, cuerda roja: 16 mm
3 Espacio de gateo
4 Cimentación 50/50/50

JUEGOS DE ANIMALES EN EL ÁREA DE JUEGOS «ARCA DE NOÉ», PELZMÜHLE, CHEMNITZ, ALEMANIA

Arquitectos paisajistas: Rehwaldt Landschaftsarchitekten, Dresde, Alemania
Finalización: 2004

1 Base de granulado plástico de EPDM, 15 mm
2 Malla de acero de refuerzo, doble capa, adaptada al relieve y colocada tras la primera capa de hormigón proyectado
3 Montículo con mortero cosmético PCC, 3 mm
4 Capa de hormigón proyectado C25/30, XF1, 12 mm
5 Capa de hormigón proyectado C25/30, XC4, XF1b armado, multicapa, 14 cm
6 Subsuelo estabilizado con arena 04 con un 3% (en peso) de cemento, 70 cm
7 Conducto de drenaje DN80, envuelto en fibra de coco
8 Tubo KG de PVC 100
9 Mezcla de mantillo y arena (pendiente < 1:2), sembrada de césped, 20 cm
10 Capa de drenaje con 5% de pendiente relativa al terreno, gravilla 4/8 sobre membrana filtrante, 20 cm
11 Asiento giratorio
12 Abrazadera soldada al soporte, galvanizada y lacada, con paso para 4 tornillos
13 Mástil, d = 100 mm, l = 3500 mm, lacado, con placa base galvanizada en caliente
14 Tubo acústico
15 Funda enrasada con la cimentación, unida a esta por medio de 6 fijaciones M12 de alta resistencia
16 Codo de 45°, tubo KG de PVC DN100
17 Cimentación, hormigón C25/35, XF1
18 Tubo KG de PVC DN100
19 Remate de chapa de 100,5 mm, d = 4 mm, 1 por mástil, soldado herméticamente
20 Mástil, tubo de acero de 108 x 3,6 mm, galvanizado en caliente, con 3 alturas distintas: 3, 4 y 5 m, sobre la protección anticaídas del borde superior
21 Cojín de asiento, resina artificial reforzada con fibra de vidrio, atornillada al soporte por la parte trasera
22 Abrazadera con soporte, tubo de acero de 114,3 x 3,2 mm, l = 110 mm, círculo inscrito en el diámetro interior: 110 mm, diámetro exterior: 190 mm, espesor: 10 mm, 4 orificios perforados de 12 mm (1 por cada punto de fijación del asiento)
23 Apoyos para la escalada
24 Diámetro interior: 110 mm, diámetro exterior: 190 mm

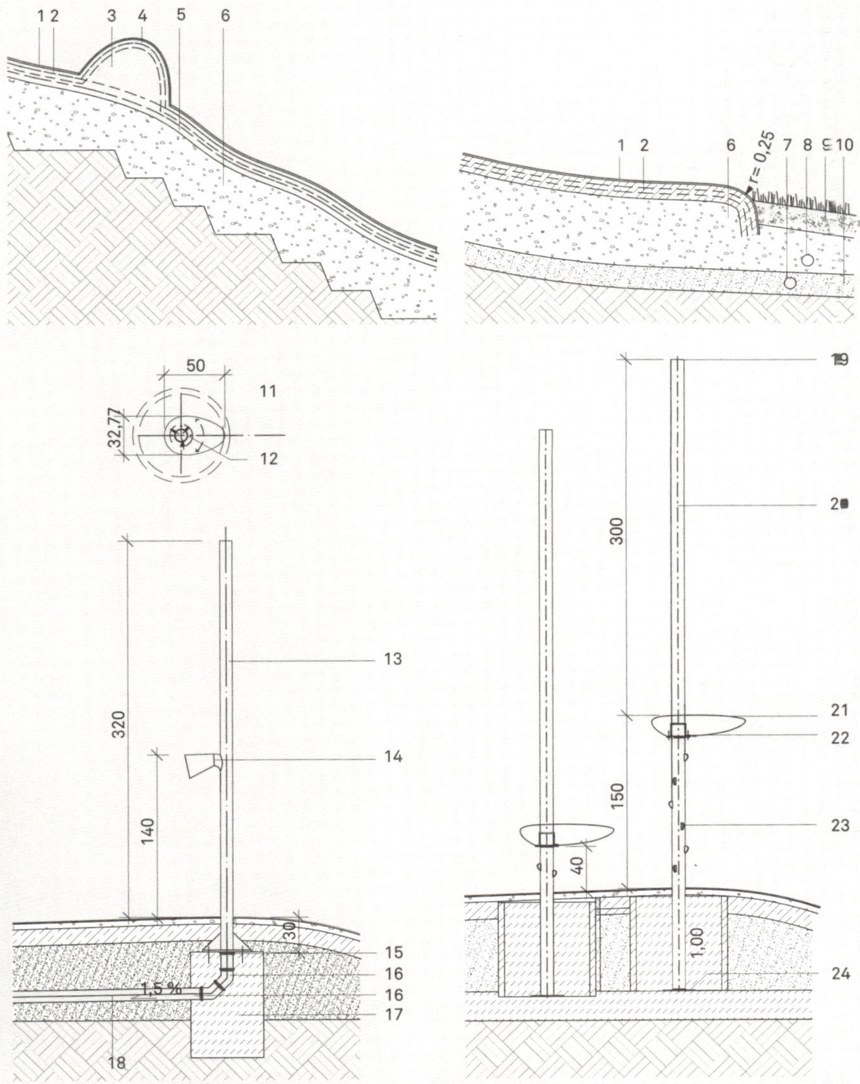

HANGRUTSCHE, PARQUE MUNICIPAL EN WALDKIRCHEN, ALEMANIA

Arquitectos paisajistas: Rehwaldt Landschaftsarchitekten, Dresde, Alemania
Finalización: 2007

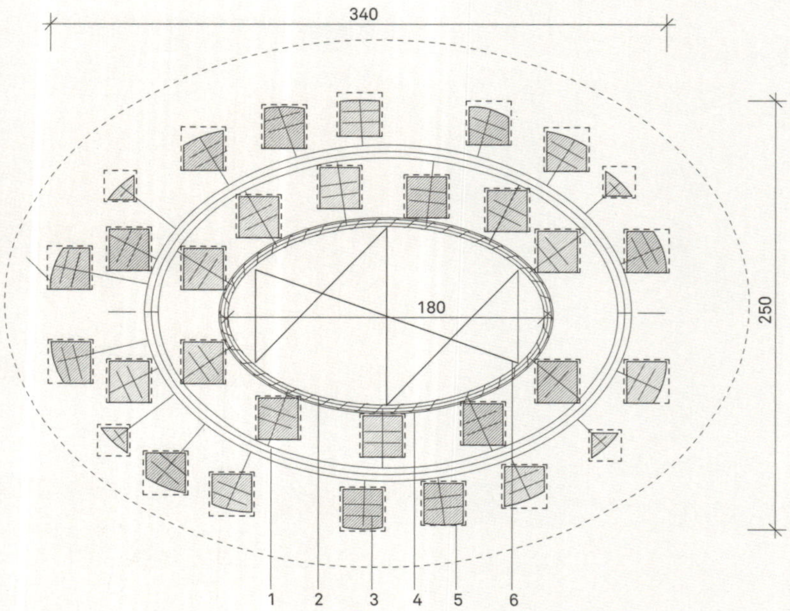

1 Anillo exterior de tubo de acero inoxidable, 76,1 x 3,6 mm, S235
2 Anillo interior de tubo de acero inoxidable, 40 x 4 mm, S235
3 Rigidizador de chapa de acero, e = 10 mm, S355, soldado a los anillos y atornillado a las piezas de madera
4 Red continua de acero inoxidable como protección frente a caídas, con malla de 7 x 7 cm, cables de espesor de 2 mm, circunferencia de aprox. 4,8 mm, alturas de 0,5, 3,5 y 2,75 m
5 Madera escuadrada, 220 x 238 mm, hasta 10,5 m de longitud
6 Escalera de mano, sistema Corocord reforzado según especificaciones del fabricante
7 Rejilla fijada a placa de anclaje con tornillos M12, 45 pletinas de acero inoxidable de 100 x 50 x 10 mm, soldadas a tubo de acero
8 Pletina de acero inoxidable, 40 x 3 mm, plegada y soldada a las barras de la rejilla
9 Tubo de acero inoxidable S235, 80 x 4 mm, como soporte para la rejilla
10 Chapa S235, e = 10 mm, con 9 pasadores Ø16 mm
11 Banda de madera encolada para cubrir la chapa
12 Rejilla de acero inoxidable, V2A, decapado, malla de 5 x 5 cm, altura de la base: 4 cm con aristas romas, de acuerdo con la normativa aplicable a aparatos de juego
13 Subestructura de tubo de acero lacado, 80 x 40 x 4 mm
14 Pletina de acero, 40 x 3 mm, plegada y soldada a la rejilla
15 Chapa de soporte, e = 10 mm, soldada al tubo de acero, a = 5 mm

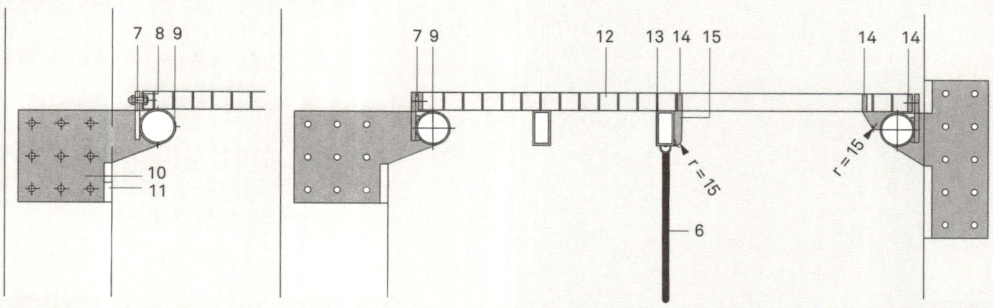

TORRE DE ESCALADA «TRAXINGTANNE», PARQUE MUNICIPAL EN WALDKIRCHEN, ALEMANIA

Arquitectos paisajistas: Rehwaldt Landschaftsarchitekten, Dresde, Alemania
Cálculo estructural: Büchting und Streit, Waldkirchen
Finalización: 2007

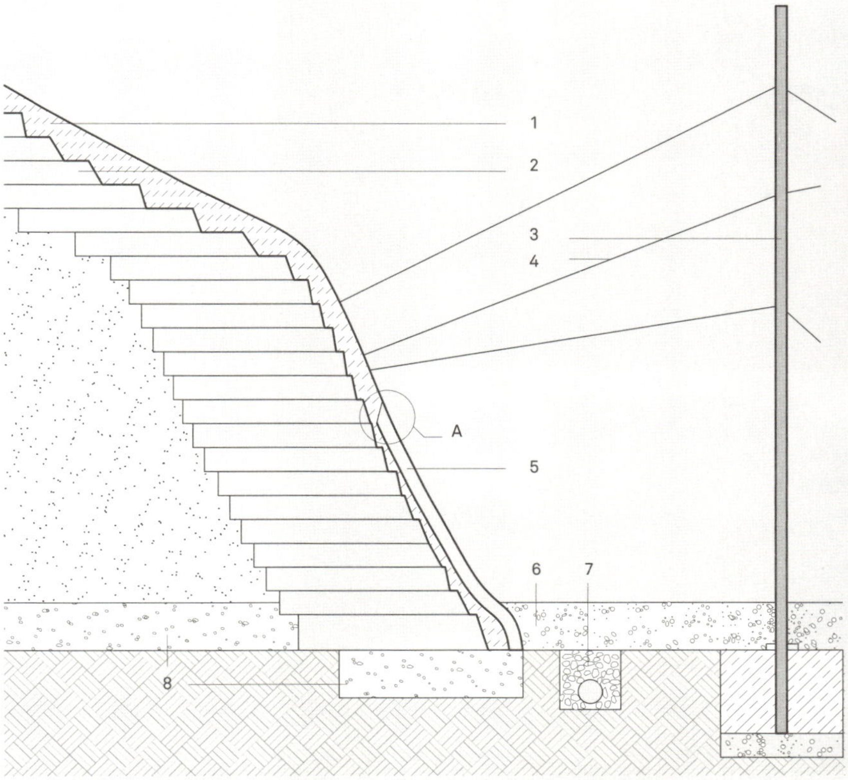

1 Hormigón vertido en capas finas
2 Baldosas de hormigón poroso RC
3 Mástil de escalada, altura: 5 m
4 Cuerdas de escalada fijadas con tuercas de cáncamo
5 Revestimiento de protección contra caídas (plástico EPDM), 11 cm; capa superficial de granulado plástico, 10 mm
6 Gravilla 2/5 de protección contra caídas
7 Zanja de drenaje, 50 x 50 cm
8 Grava 0/45 de protección contra heladas
9 Capa de 12 mm de hormigón proyectado C25/30
10 Hormigón proyectado C8/10 multicapa, 10 cm
11 Capa de limpieza, hormigón proyectado C8/10, 4-5 cm
12 Acabado superficial de granulado plástico de EPDM, 10 mm
13 Revestimiento de protección contra caídas, EPDM, 11 cm
14 Pieza de madera con soporte para poste (para la plataforma de madera)
15 Varilla roscada M16 con contratuerca
16 Cimentación, 50 x 50 x 80 cm

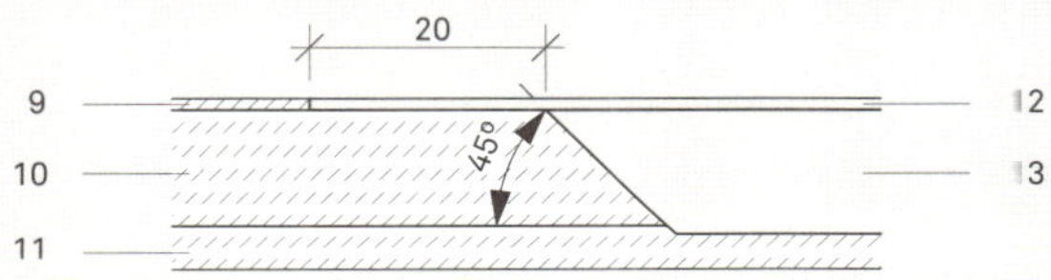

A

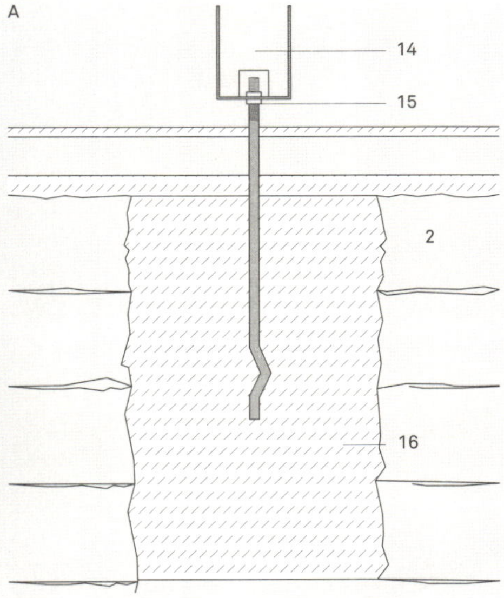

MONTÍCULOS DE JUEGO, PARQUE MUNICIPAL
EN BURGHAUSEN, ALEMANIA

Arquitectos paisajistas: Rehwaldt Landschaftsarchitekten, Dresde, Alemania
Finalización: 2004

ELEMENTOS DE ASIENTO

Los asientos están construidos de muy diversos materiales, que también pueden combinarse. A la hora de elegir un material, además de los aspectos de diseño, son importantes cuestiones como su resistencia a las inclemencias del tiempo o al vandalismo. En lugar de madera, también se utilizan muy frecuentemente los revestimientos plásticos, por su mayor durabilidad. Pero lo más relevante es su comodidad, y las superficies de madera son, por lo general, las más confortables. > **Fig. 3.15.18** y **Fig. 3.15.19**

En general, debe cuidarse que las tablas no sean demasiado estrechas para garantizar la comodidad en el asiento. > **Fig. 3.15.21** Los bancos normalmente son elementos prefabricados de hormigón o bien se realizan mediante hormigón in situ, dada su gran estabilidad y variedad de diseños. > **Fig. 3.15.20**

Para el buen funcionamiento de cualquier elemento de asiento, hay que tener en cuenta dos cuestiones: evitar la acumulación del agua en su superficie, y garantizar la estabilidad y una fijación firme. Además, las superficies deberían ser fáciles de limpiar. Los anchos de las juntas deben diseñarse de forma que la suciedad no pueda acumularse, pero, en caso de que así ocurra, su limpieza tiene que ser fácil. No se debe olvidar que, si los patinadores tienen la oportunidad, aprovecharán los bordes de los bancos como rampas, por lo que conviene reforzarlos con perfiles de acero. Una alternativa es que todo el banco sea de metal. Aunque los bancos metálicos tienen como ventaja una durabilidad elevada y un fácil mantenimiento, incluso con uso intensivo, lo cierto es que no suelen resultar cómodos.

a / b

Fig. 3.15.18: Asientos de madera

Fig. 3.15.19: Bancos y mesa de metal con revestimiento de madera

Fig. 3.15.20: Conjunto de mesa y asientos de hormigón prefabricado

a | b | c

Fig. 3.15.21: Elementos de hormigón con distintas superficies de asiento: a) tablas de plástico, b) revestimiento de madera, c) revestimiento de EPDM

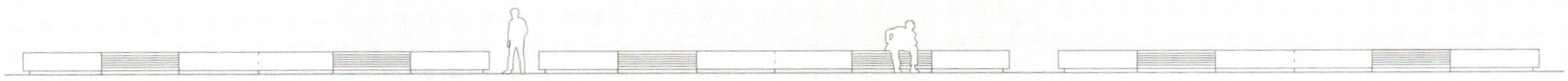

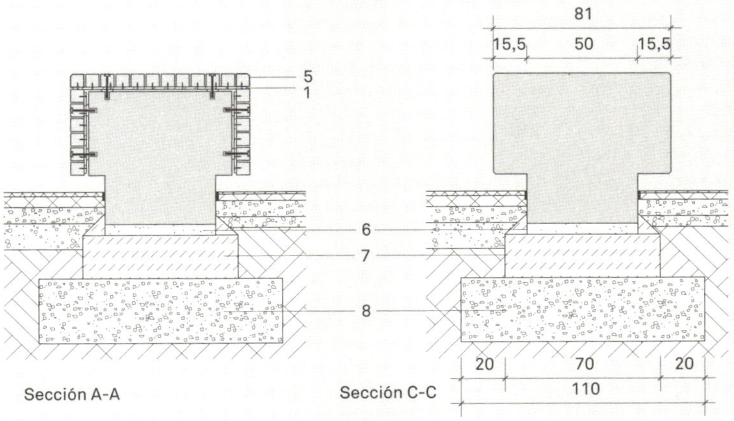

Sección A-A

Sección C-C

1 Elementos de unión: pletinas, 60/10 mm, de acero galvanizado en caliente (superiores y laterales)
2 Puntos de fijación del revestimiento de madera
3 Juntas siempre sin biselar
4a Elemento prefabricado de hormigón con acabado pétreo sin revestimiento de madera, con bisel de 1 cm
4b Elemento prefabricado de hormigón con acabado pétreo y revestimiento de madera
4c Elemento prefabricado de hormigón con acabado pétreo sin revestimiento de madera, con bisel de 1 cm en las aristas longitudinales
5 Listones biselados de madera, 1 cm
6 MK III, 5 cm
7 B15, 20 cm
8 Base de grava 0/45, 30 cm
9 Superficie de asiento: listones de madera, 187 x 6 x 6 cm, esmalte incoloro Kambala, aristas romas sin bisel, cepilladas y lijadas
10 Tornillos de madera de cabeza plana con contratuerca, 40 x 30 mm
11 Calzos y arandelas de ajuste, 4 x 4 x aprox. 1 mm
12 Fijación de alta resistencia con tornillo de cabeza hexagonal M8, longitud del vástago: 130 mm
13 Elementos prefabricados de hormigón con cemento blanco, acabado pétreo liso con protección antigrafitis

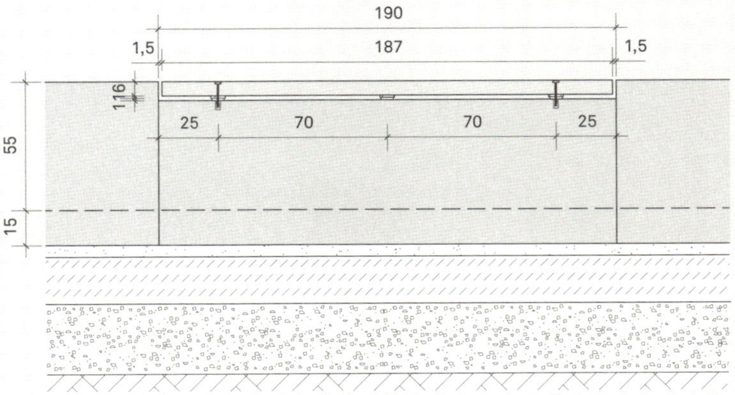

Sección B-B

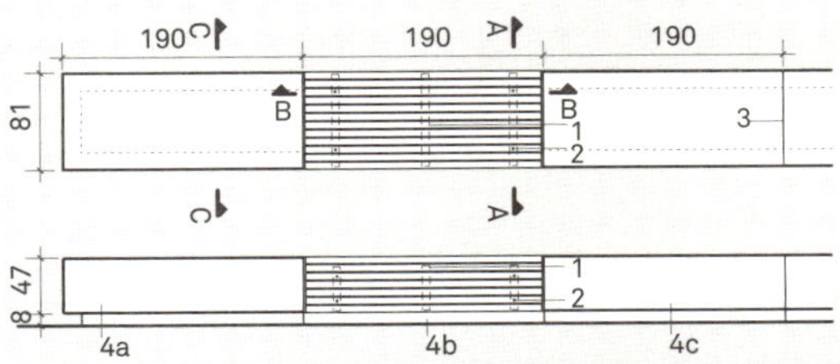

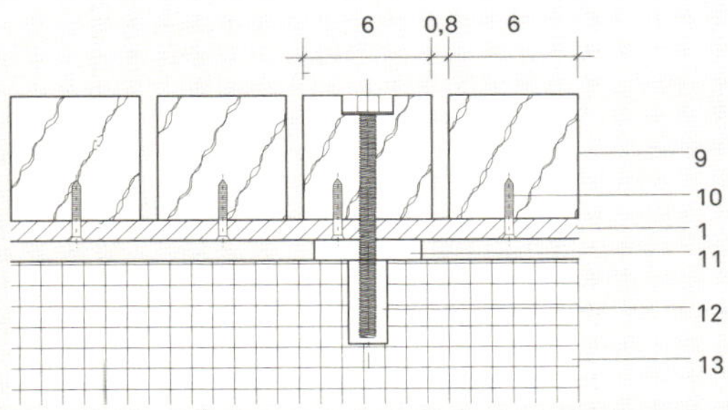

BANCO DE HORMIGÓN CON REVESTIMIENTO DE MADERA, OSCHATZ, ALEMANIA

Arquitectos paisajistas: Weidinger Landschaftsarchitekten
Finalización: 2006

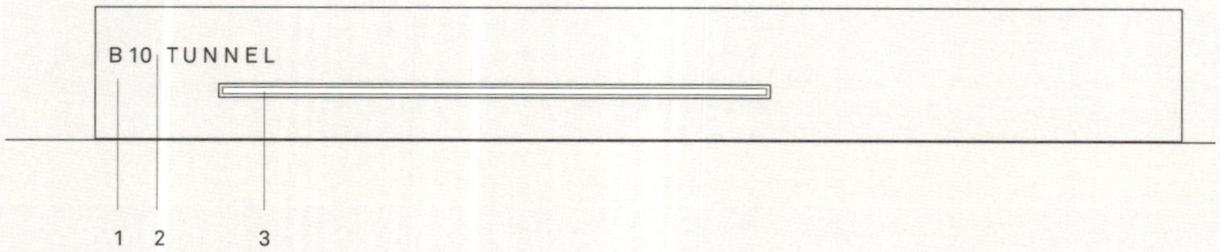

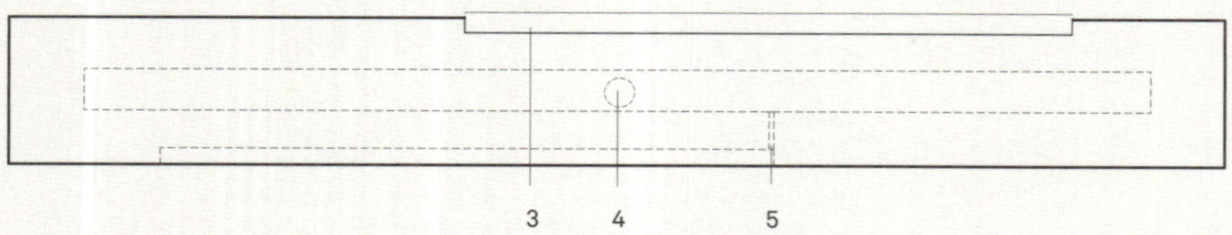

1 Elemento prefabricado, 400 x 50 x 50 cm, de hormigón C30/37 con clase de exposición 4, barniz rojo (RAL 3020) de brillo intenso
2 Leyenda «B 10 TUNNEL» en Arial, 40 mm de altura y grabada en el hormigón con 5 mm de profundidad; matriz incorporada al encofrado y silicona para los trazos más cortos; aristas sin biselar
3 Caja para la luminaria, l = 2000 mm, altura de instalación: h = 160 mm
4 Salida al terreno, d = 100 mm
5 Conducto vacío, d = 20 mm
6 Espesor del hormigón de acuerdo con el cálculo estructural
7 Tapa de hormigón, 560 x 520 mm
8 Luminaria con dispositivos LED lineales, alimentados con un transformador 30V/24 DC
9 Suministro eléctrico de 230 V
10 Bastidor, d = 15 mm, h = 600 mm
11 Cinta de sellado

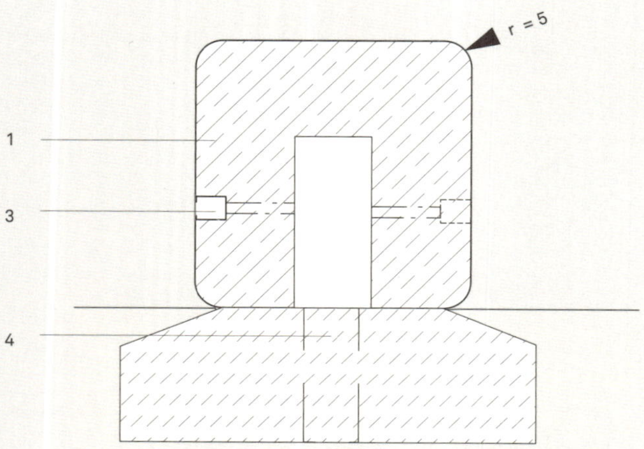

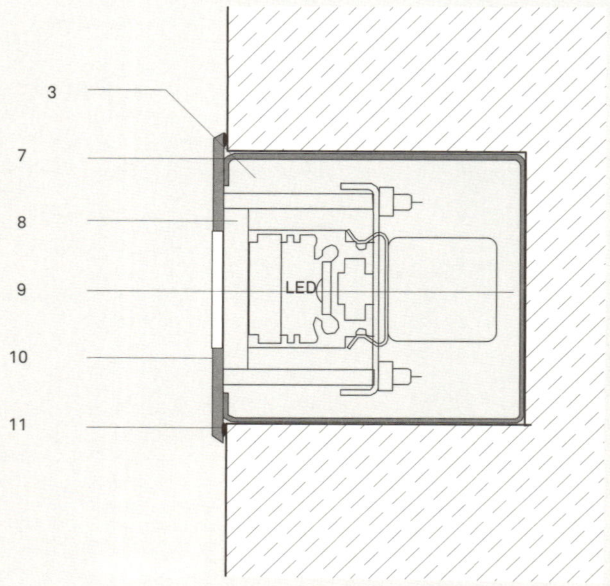

«ROTER BALKEN» [BARRAS ROJAS]: PROYECTO DE TÚNEL PRAGSATTEL-LÖWENTOR, STUTTGART, ALEMANIA

Arquitectos: SCALA, Esefeld & Prof. Nagler, Stuttgart, Alemania
Finalización: 2000

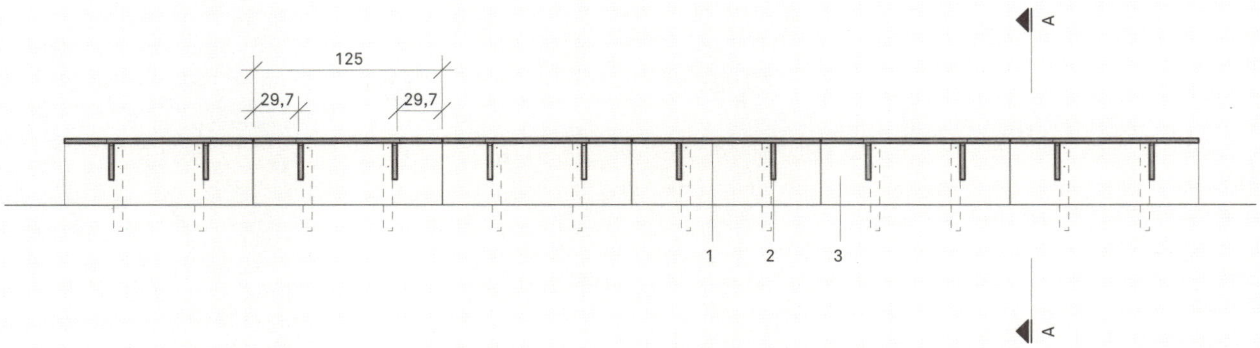

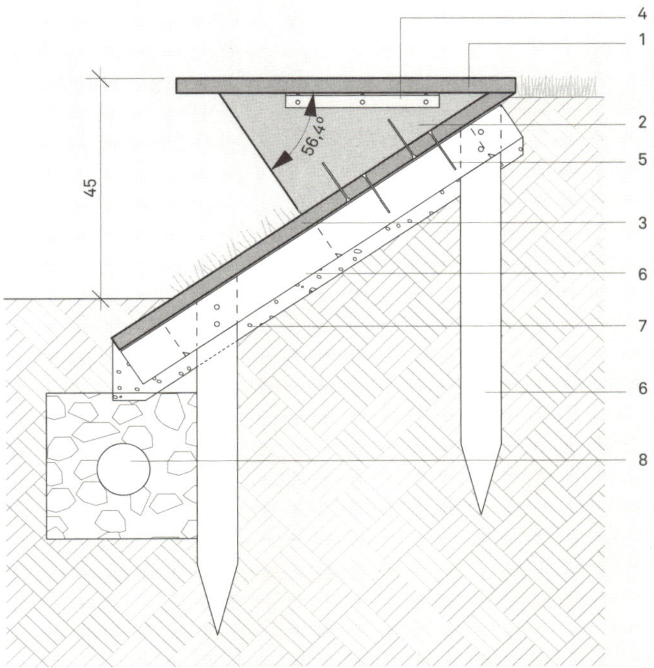

AA

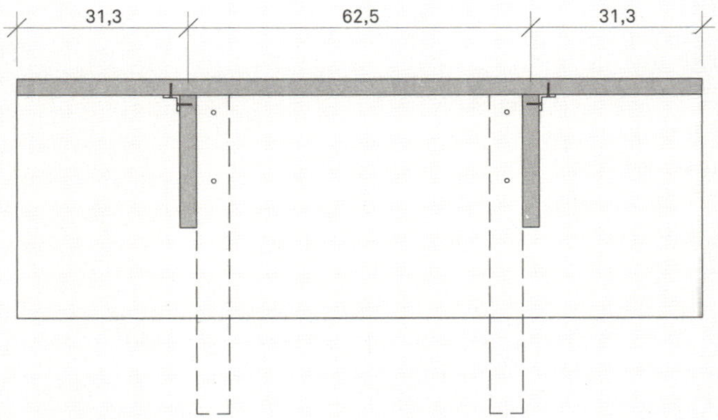

1 Asiento, tablero contrachapado, 125 x 67,5 x 3 cm
2 Cuña de tablero contrachapado, 29,8 x 44,8 cm
3 Apoyo de tablero contrachapado, 125 x 95 x 3 cm
4 Perfil angular atornillado a las planchas
5 Atornillado
6 Subestructura con estacas de madera de roble
7 Grava
8 Zanja de infiltración

Los bancos y los montículos de césped estaban planteados para un uso temporal de cuatro años mientras se urbanizaba la parcela adyacente a la Representación del Estado de Hesse.

ASIENTOS EN MONTÍCULOS DE TIERRA: HESSISCHE LANDES-VERTRETUNG [REPRESENTACIÓN DEL ESTADO DE HESSE] EN BERLÍN, ALEMANIA

Arquitectos paisajistas: Bernard und Sattler
Finalización: 2007

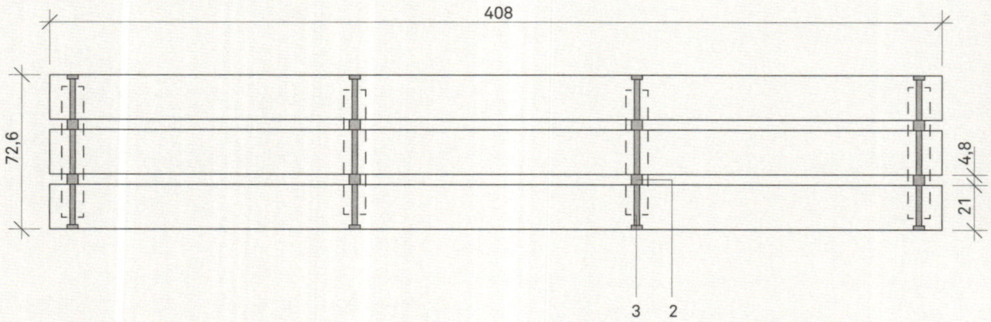

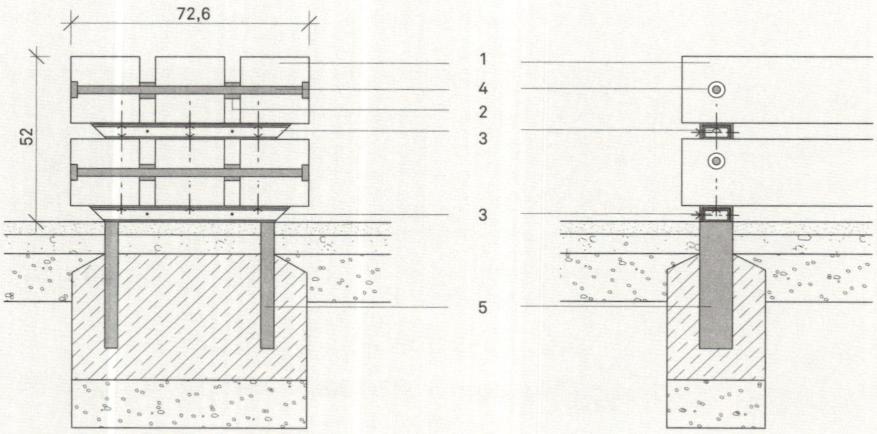

1 Viga de alerce siberiano, 21/21/408 cm, aristas redondeadas de 3 mm
2 Tubo redondo de separación, d = 30 mm, l = 48 mm
3 Perfil U, 100/50/616 mm, atornillado a tubo rectangular de 90/40/616 mm, con franja de neopreno para separar ambos perfiles
4 Varillas roscadas M18, con arandela d = 50 mm y tuerca ciega V2A, enrasada con la pieza de madera
5 Tubo rectangular de 90/40/400 mm sobre zanja de cimentación de hormigón armado C25/30

BANCO EN EL UFERPARK MASELAKE ZENTRUM, BERLÍN, ALEMANIA

Arquitectos paisajistas: relais Landschaftsarchitekten, Berlín, Alemania
Finalización: 2006

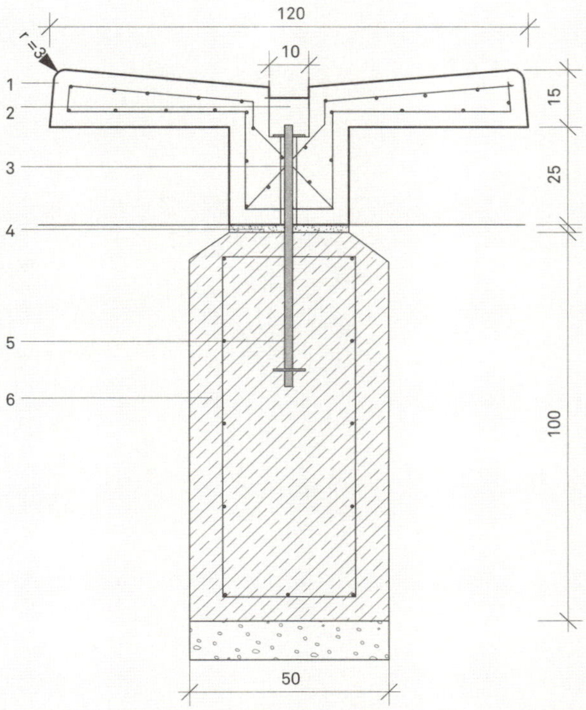

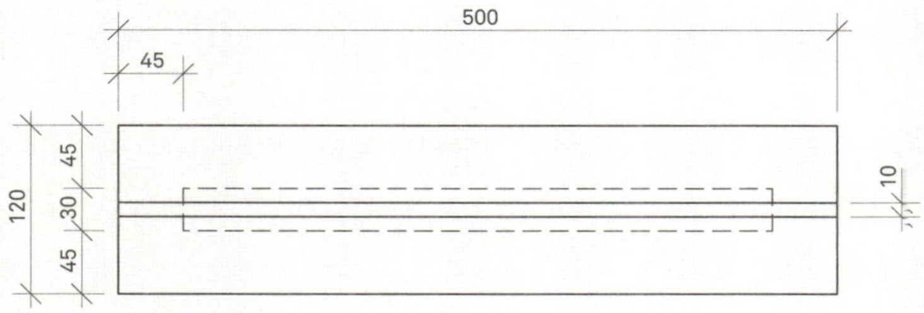

1 Prefabricado de hormigón, superficie pulida
2 Baldosa 80/80/5
3 Redondo corrugado fijado con resina epoxi
4 Mortero MGIII, 2 cm
5 Varilla roscada M20
6 Hormigón C20/25 con grava 0/32

BANCO EN LA SEDE DE AXEL SPRINGER, BERLÍN, ALEMANIA

Arquitectos paisajistas: Birgit Hammer Landschaftsarchitektur, Berlín, Alemania
Finalización: 2000

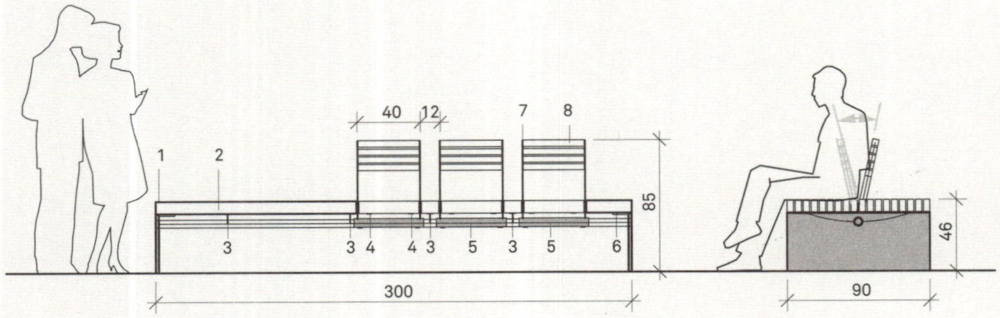

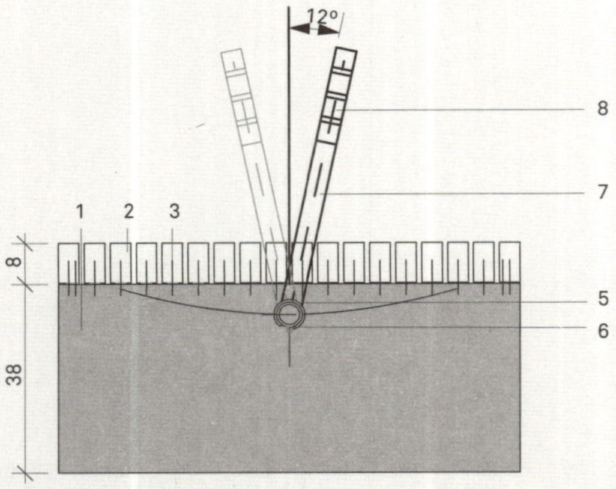

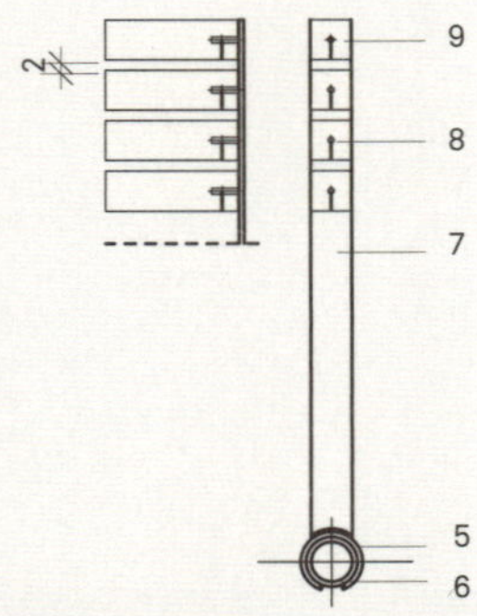

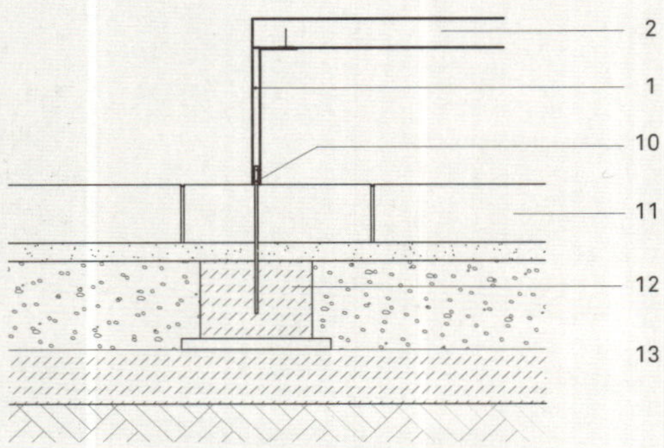

1 Lateral de acero, 20 mm
2 Madera escuadrada, 80 x 40 mm
3 Refuerzo, 1 pletina de acero, 40 x 5 mm, l = 870 mm
4 Refuerzo, 2 pletinas de acero, 30 x 5 mm, l = 870 mm
5 Tubo de acero inoxidable sellado con rendijas, Ø interior = 50 mm, d = 5 mm
6 Rótula de acero inoxidable V2A, Ø = 5 mm
7 Pletina de acero de soporte del respaldo, 40 x 5 mm, l = 520 mm
8 Listones de madera, respaldo 40 x 40 mm, l = 378 mm
9 Tornillo M6 estriado de cabeza hexagonal, bloqueado con espárrago de punta cónica
10 Fijación mediante varilla estriada de acero M8, tornillo M5 de cabeza hexagonal y pasador DIN 914
11 Pavimento de losas de gabro, 16 cm
12 Cimentación prefabricada 30/22
13 Subbase: 5 cm de cama de mortero, 25 cm de base de grava, 15 cm de HGT sobre membrana, 300 g

BANCO PLEGADO, MARKTPLATZ HALLE/SAALE, ALEMANIA

Arquitectos paisajistas: Rehwaldt Landschaftsarchitekten, Dresde, Alemania
Finalización: 2006

1 Hormigón visto sin tratamiento, negro antracita
2 Hormigón visto de color claro

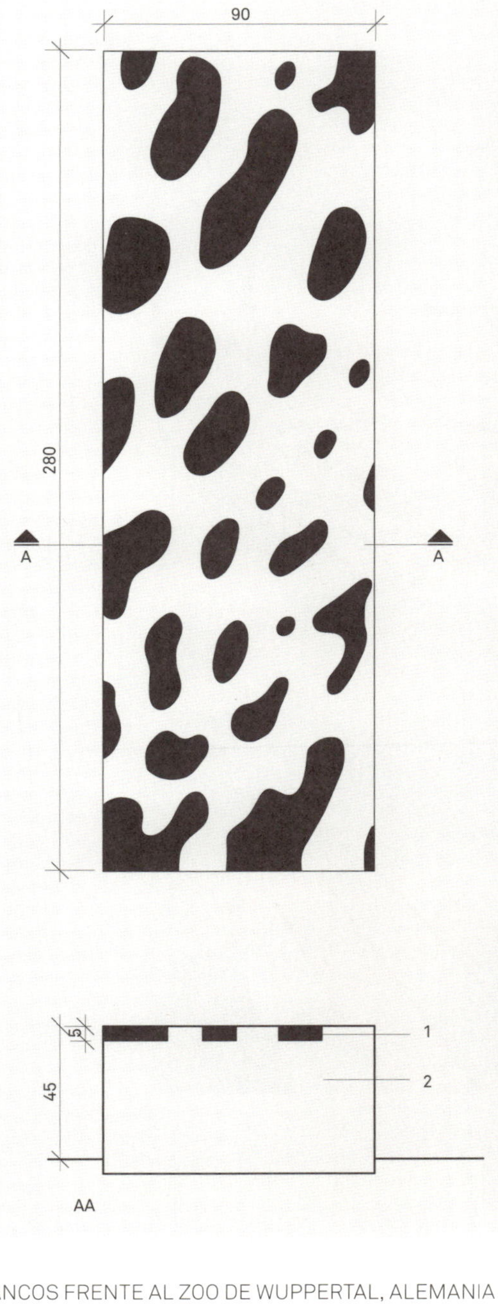

BANCOS FRENTE AL ZOO DE WUPPERTAL, ALEMANIA

Arquitectos paisajistas: Rehwaldt Landschaftsarchitekten, Dresde, Alemania
Finalización: 2007

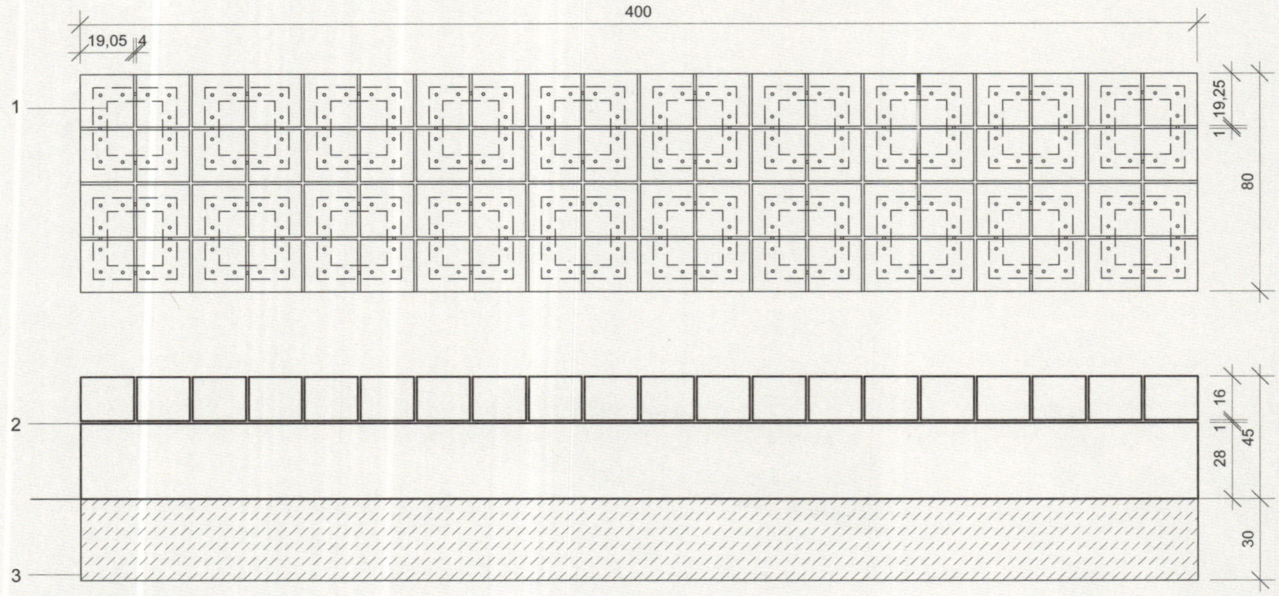

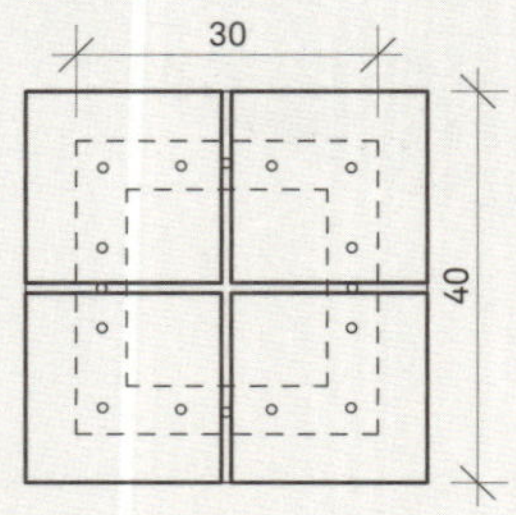

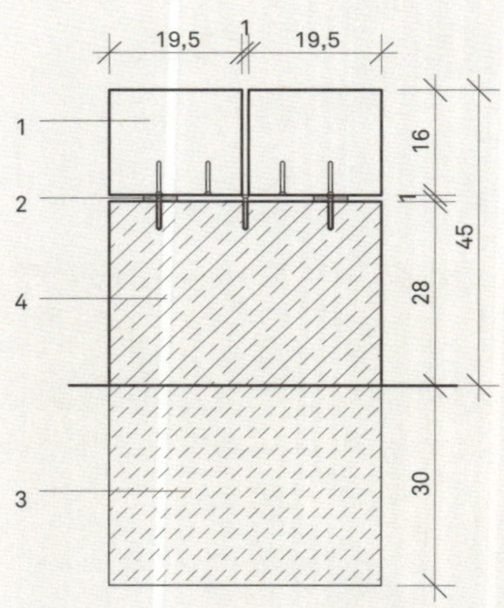

1 Bloque de madera de alerce
2 Pletina de acero con cubos de madera atornillados con arandelas a elementos prefabricados de hormigón
3 Cimentación de hormigón C12/15

BANCO EN EL CENTRO DE TEORÍA MÉDICA, UNIVERSIDAD POLITÉCNICA DE DRESDE, ALEMANIA

Arquitectos paisajistas: Rehwaldt Landschaftsarchitekten, Dresde, Alemania
Finalización: 2006

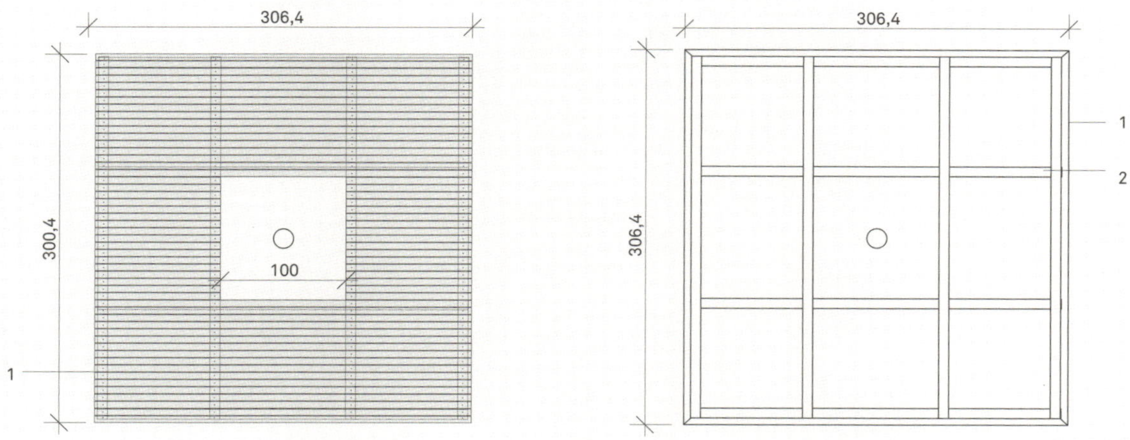

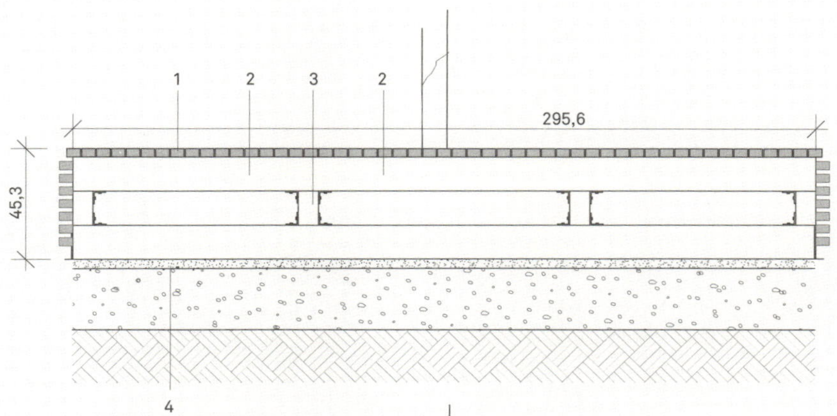

1 Piezas de alerce, 5,4/3,4 cm, fijadas con tornillos de acero inoxidable, ancho de junta de 0,5 cm, junta en ángulo para el revestimiento lateral de las esquinas
2 Vigas de acero, 14/8/295,6 cm, realizadas con perfiles angulares de 0/50 mm
3 Vigas como en 2, apoyadas sobre una cama de grava
4 Cama de grava: 4 cm de arena dura triturada 2/5, 25 cm de grava angulosa 0/32

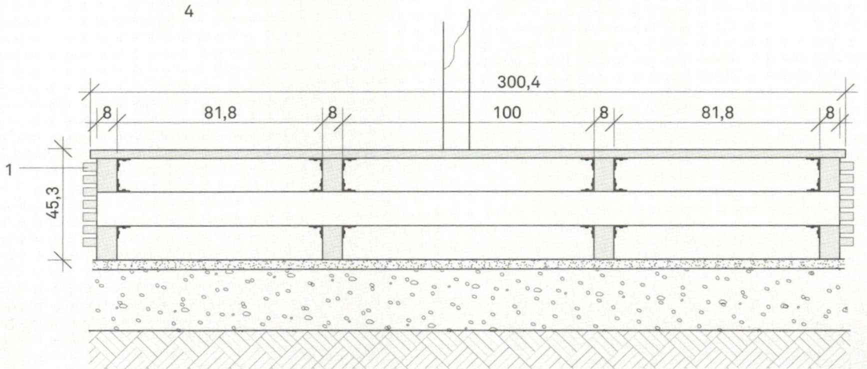

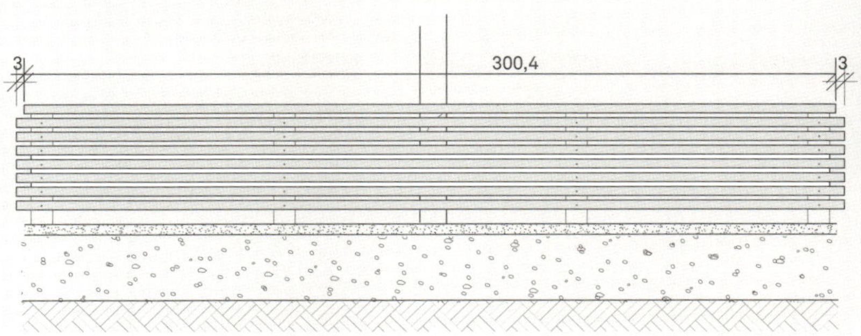

PARTERRES EN EL GARTENSCHAU, TULLN, AUSTRIA

Arquitectos paisajistas: hutterreimann + cejka, Berlín, Alemania
Finalización: 2008

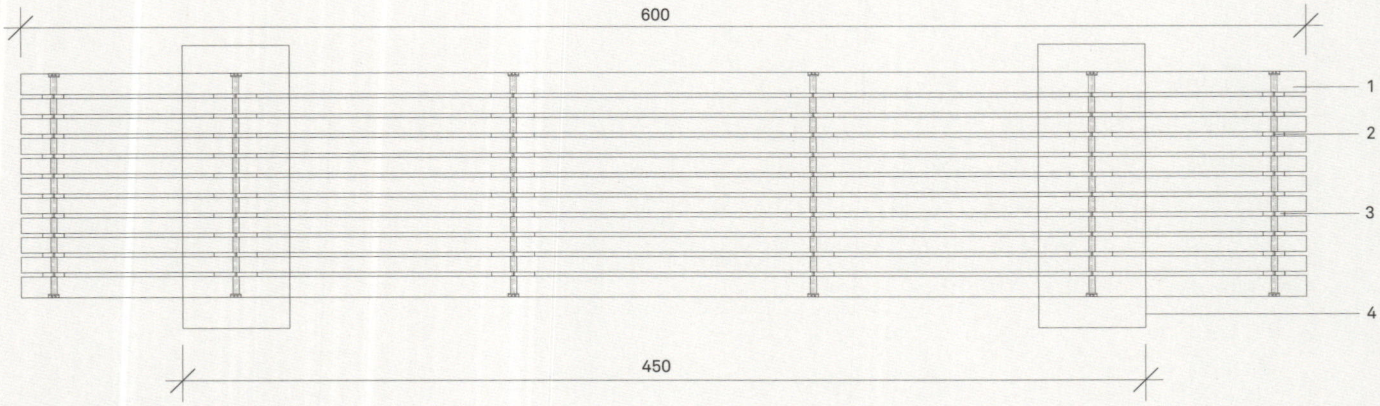

1 Listones de alerce, 600 x 10 cm
2 Varilla roscada, acero galvanizado
3 Separadores
4 Granito, piezas de 100 x 50 cm

BANCO EN DANIA-PARK, MALMÖ, SUECIA

Arquitectos paisajistas: Thorbjörn Andersson, SWECO
Arquitectos: FFNS Architects, Estocolmo, Suecia
Finalización: 2002

ANEXOS

BIBLIOGRAFÍA, NORMATIVA Y DIRECTRICES, MÁS INFORMACIÓN

Se ha confeccionado la lista de las normas europeas (EN) y las normas internacionales adoptadas en Europa (EN ISO) sin especificar los países. En cada país serán de aplicación las versiones aprobadas en el mismo.

CTE: Código Técnico de la Edificación (España).
DIN: Deutsches Institut für Normung [Instituto Alemán de Normalización].
DS: Dansk Standardiseringsrad [Instituto Danés de Normalización].
EN: Norma europea.
EN ISO: Norma internacional adoptada como norma europea.
FLL: Forschungsgesellschaft für die Landschaftsbau Leistungsprofil [Sociedad Alemana de Estudios para el Desarrollo y Diseño del Paisaje].
ÖNORM: Österreichisches Normungsinstitut [Instituto Austriaco de Normalización].
ONR: Österreichisches Normungsinstitut-Regel (ON-Regel) [Norma del Instituto Austriaco de Normalización].
RT: Rakennustieto [Datos de la Construcción, fundación finlandesa encargada de mantener una base de datos sobre materiales y sistemas constructivos; www.rakennustieto.fi/].
SEV: Schweizerischer Elektrotechnischer Verein [Entidad Suiza de Electrotécnica].
SIA: Schweizerischer Ingenieur und Architektenverein [Entidad Suiza de Ingeniería y Arquitectura].
SN: Standard Norge [Instituto Noruego de Normalización].
UNI: Ente Nazionale Italiano di Unificazione [Instituto Italiano de Normalización].
ZTV: Zusätzliche Technische Vertragsbedingungen [especificaciones técnicas adicionales, Alemania].

ENSAYO

Baur, Eva Gesine: *Was kommt, was bleibt. Prognosen für das nächste Jahrtausend*. dtv, Múnich, 1999.
Bertaux, Pierre: *La mutation humaine*. Payot, París, 1964.
Friedell, Egon: *A Cultural History of the Modern Age*. Knopf, Nueva York, 1930.
Hegger, Manfred; Drexler, Hans; Zeumer, Martin: *Basics Materials*. Birkhäuser Verlag, Basilea, 2007.
Poethig, Kurt; Schneider, Camillo: Hausgartentechnik. Das Handwerk der Anlage, Pflanzung und Pflege. Bücher der Gartenschönheit, vol. 12, Berlín, 1929.
Virilio, Paul: *The Aesthetics of Disappearance*. Semiotext(e), Nueva York, 1991.
Wagner, Karlheinz: «Fragil bauen». En: *Zuschnitt*, n.º 19, septiembre 2005 (pp. 8-9). Publicado por: proHolz Austria-Arbeitsgemeinschaft der österreichischen Holzwirtschaft.

1 MATERIALES Y TRABAJO CON MATERIALES DE CONSTRUCCIÓN EN GENERAL

Beier, Harm-Eckart; Niesel, Alfred; Petzold, Heiner: *Lehr-Taschenbuch für den Garten, Landschafts- und Sportplatzbau*. Ulmer Verlag, Stuttgart, 2003.
Bell, Victoria Ballard: *Materials for Architectural Design*. King, Londres, 2006.
Beylerian, George M.; Dent, Andrew; Moryadas, Anita: *Material Connexion. Innovative Materialien fur Architekten, Künstler und Designer*. Prestel, Múnich, 2005.
Brownell, Blaine: *Transmaterial: A Catalog of Materials that Redefine our Physical Environment*. Princeton Architectural Press, Nueva York, 2006.
Hegger, Manfred; Auch-Schwelk, Volker; Fuchs, Matthias Rosenkranz, Thorsten: *Construction Materials Manual*. Birkhäuser Verlag, Basilea, 2006.
Jørgensen, Kim Tang; Holgersen, Søren; Stausholm, Anne Fischer; Meyle, Eva: *Danske Anlægsgartnere: Normer og Vejledning i anlægsgartnerarbejde*. 2006
Lefteri, Chris: *Best of Materials for Inspirational Design*. RotoVision, Hove, 2007.
Niesel, Alfred (ed.): *Bauen mit Grün—Die Bau- und Vegetationstechnik des Landschafts- und Sportplatzbaus*. Ulmer Verlag, Stuttgart, 2003.
Schäffler, Hermann; Bruy, Erhard; Schelling, Günther: *Baustoffkunde*. Vogel, Würzburg, 2005.
Wendehorst, Reinhard: *Baustoffkunde*. Vincentz, Hanóver, 2004.
SIA 318 Garten- und Landschaftsbau.
Bundesvereinigung Recycling-Baustoffe (asociación registrada, en adelante A.R.)— www.recyclingbaustoffe.de

1.1 EL SUELO

Duchaufour, Philippe : Abrégé de pédologie. Sol, vegetation, environnement. Masson, París, 1997.
Ellenberg, Heinz und Lehrstuhl fur Geobotanik der Universität Göttingen: *Zeigerwerte der Pflanzen in Mitteleuropa (Indicadores para Plantas en Europa Central)*. Goltze, Göttingen, 2001.
Hill, M. O.; Mountford, J. O.; Roy, D. B.; Bunce, R. G. H.: *Ellenberg's Indicator Values for British Plants*. Series: Ecofact Research Report Series 2b. Technical Annex to Ecofact Volume 2. Institute of Terrestrial Ecology, 1999.
Plaste, Edward: *Soil Science & Management*. Thomson Delmar Learning, Nueva York, 2002.
Rosenheinrich, Günther; Pietzsch, Wolfgang: *Erdbau*. 3.ª edición revisada, Werner, Düsseldorf, 1998.

EN ISO 14688-1 Geotecnia, suelos, rocas y ensayos de penetración. Identificación y descripción de suelos. Parte 1: Identificación y descripción de suelos, 2002.
EN ISO 14688-2 Geotecnia, suelos, rocas y ensayos de penetración. Identificación y clasificación de suelos. Parte 2: Principios para la clasificación de suelos, 2004.

EN 12620 Áridos para hormigón.

EN 13043 Áridos para mezclas bituminosas y tratamientos superficiales de carreteras, aeropuertos y otras zonas pavimentadas.

EN 13242 Áridos para capas granulares y capas tratadas con conglomerantes hidráulicos para su uso en capas estructurales de firmes.

EN 13055-1 Áridos ligeros. Parte 1: Áridos ligeros para hormigón, mortero e inyectado.

EN 13139 Áridos para morteros.

EN 13285 Mezclas de áridos sin ligante. Especificaciones.

EN 13383-1 Escollera. Parte I: Especificaciones.

DIN 18196 Erd- und Grundbau—Bodenklassifikation für bautechnische Zwecke.

DIN 18300 VOB Vergabe- und Vertragsordnung für Bauleistungen—Parte C: Allgemeine Technische Vertragsbedingungen für Bauleistungen (ATV)—Erdarbeiten.

DIN 18915 Vegetationstechnik im Landschaftsbau—Bodenarbeiten.

DS 404 Nomenklatur for sand-, grus- og stenmaterialer.

ÖNORM L 1050 Boden als Pflanzenstandort—Begriffsbestimmung, Untersuchungsverfahren.

ÖNORM L 1061 Physikalische Bodenuntersuchungen; Bestimmung der Korngrössenverteilung des mineralischen Feinbodens.

ÖNORM B 4400 Erd- und Grundbau; Bodenklassifikation für bautechnische Zwecke und Methoden zum Erkennen von Bodengruppen.

ÖNORM B 4412 Erd- und Grundbau: Untersuchung von Bodenproben; Korngrössenverteilung.

SN 640 581: Erdbau, Boden, Grundlagen

Forschungsgesellschaft fur Strassen- und Verkehrswesen (FGSV) (publ.):

- *Technische Lieferbedingungen fur Gesteinskörnungen im Strassenbau (TL Gestein-StB 04).* FGSV-Verlag, Colonia, 2007.

Federal Office for the Environment [Oficina Federal para el Medioambiente] (FOEN) (www.bafu.admin.ch):

- Directive pour la valorisation, le traitement et le stockage des matériaux d'excavation et déblais/ Direttiva per il riciclaggio, il trattamento e il deposito di materiale di scavo. Berna, 1999.

- Construire en préservant les sols/ Costruire proteggendo il suolo. LFU n.º 10, Berna, 2001.

- Directive pour la valorisation des déchets de chantier minéraux/ Direttiva per il riciclaggio dei rifiuti edili minerali. Berna, 2006.

Gütegemeinschaft Substrate fur Pflanzenbau A.R. (Quality Assurance Association Growing Media for Plant Cultivation) — www.substrate-ev.org

Dachverband Lehm A.R.— www.dachverband-lehm.de

Bund/Länder-Arbeitsgemeinschaft Abfall (LAGA) — www.laga-online.de

Bundesgütegemeinschaft Recycling-Baustoffe A.R. — www.recycling-bau.de

EU-Recycling—the portal for waste, water, soil and air — www.recyclingportal.eu

Umweltportal Deutschland — www.portalu.de

1.2 LAS PLANTAS

Alanko, Pentti; Kahila, Pirkko: *Köynnöskasvit*. Tammi, 2003.

Armitage, Allan M.: *Armitage's garden annuals*. Timber Press, Pórtland, 2004.

Balder, H.; Flechner, H. P.; Klein, W.; Krüger, G.: «Unter der Lupe: angelieferte Pflanzware». En: *LA—Landschaftsarchitektur,* 1995, 05, 1.

Bayer, E.; Buttler, K. ; Finkelzeller, X. ; Grau, J.: *Guide de la flore méditerranéenne: caractéristiques, habitat, distribution et particularités de 536 espèces*. Delachaux et Niestlé, París, 2005.

Berg, Johann; Heft, Lothar: *Rhododendron und immergrüne Laubgehölze*. Ulmer Verlag, Stuttgart, 1991.

Hansen, Richard; Stahl, Friedrich: *Die Stauden und ihre Lebensbereiche in Gärten und Grünanlagen.* Ulmer Verlag, Stuttgart, 1997.

Hämet-Ahti, Leena (ed.): *Suomen puu- ja pensaskasvio*. 2., uudistettu painos. Dendrologian Seura—Dendrologiska Sällskapet r.y. Helsinki, 1992 (Publications of the Finnish Dendrological Society 6, pp. 373).

Hvass, Niels: *Plantning af træer*. European Tree Planting Guide, 2005.

Jelitto, Leo; Schacht, Wilhelm; Simon, Hans: *Die Freiland-Schmuckstauden*. Ulmer Verlag, Stuttgart, 2002.

Kawollek, Wolfgang: *Kübelpflanzen, Südländische Gehölze für die Kultur in Töpfen und Kübeln*. Ulmer Verlag, Stuttgart, 1997.

Krüssmann, Gerd: *Handbuch der Nadelgehölze*. Parey, Berlín/ Hamburgo, 1983.

Krüssmann, Gerd: *Handbuch der Laubgehölze*. Blackwell, Berlín, 1999.

Mathew, Brian; Swindells, Philip: *Blomsterløg og knolde*. Politikkens Forlag og Det Danske Haveselskab, 1994.

McClaren, Bill: *Encyclopedia of Dahlias*. Timber Press, Pórtland/ Cambridge, 2004.

Olsen, Ib Asger: *Planter i Miljøet*. Grønt miljø, 1998.

Phillips, Roger; Rix, Martyn: *Bulbs*. Macmillan Publishers, Londres, 1989.

Phillips, Roger; Rix, Martyn: *Perennials. Vol. 1 Early Perennials*. Macmillan Publishers, Londres 1994

Phillips, Roger; Rix, Martyn: *Perennials. Vol. 2 Late Perennials*. Macmillan Publishers, Londres, 1996.

Phillips, Roger; Rix, Martyn: *Annuals and Biennials*. Macmillan Publishers, Londres, 1999.

Polese, Jean-Marie: *Arbres et arbustes de Méditerranée*. Edisud, Aix-en-Provence, 2007.

Räty, Ella (ed.): *Viheralueiden puut ja pensaat*. Taimistoviljelijät ry. 4. uudistettu painos, 2007.

Schul, Jane: *Hvilken Plante hvor*. Politikken i samarbejde med Det Danske Haveselskab, 1999.

Seitz, Birgit; Kowarik, Ingo; Starfinger, Uwe (eds.): *Perspektiven fur die Verwendung gebietseigener Gehölze*. NEOBIOTA 2, 2003, pp. 3-26.

Sirviö, Jenni (ed.): *Viheralueiden kasvualustat*. Viherympäristöliitto ry, VYL julkaisu 31, 2004.

Toomey, Mary; Leeds, Everett: *An illustrated Encyclopedia of Clematis*. Timber Press, Pórtland, 2001.

Tossavainen, Anne; Räty, Ella (eds.): *Viherammattilaisen perennakirja*. Viherympäristöliitto ry.

Vollrath, Birgit: *Autochthonie im Praxistest. AFZ—Der Wald*. 2006/8, 435–437. Deutscher Landwirtschaftsverlag, Hanóver y Múnich, 2006.

Warda, Hans-Dieter: *Das große Buch der Garten- und Landschaftsgehölze*. Bruns Pflanzen Export GmbH, Bad Zwischenahn, 2001.

European Technical and Quality Standards for Hardy Nursery stock, including Roses, Fruit Trees, Herbaceous Perennials. (Nov. 1996), E.N.A. (European Nurserystock Association).
DIN 18916 Vegetationstechnik im Landschaftsbau—Pflanzen und Pflanzarbeiten.
ÖNORM L 1110 Pflanzen—Vegetationstechnische Arbeiten—Pflanzenguteanforderungen, Sortierungsbestimmungen

Qualitätsbestimmungen des Verbands Schweizer Baumschulen (VSB), 24.02.2005
Forschungsgesellschaft Landschaftsentwicklung Landschaftsbau e. V. (FLL) (publ.):
- *Gütebestimmungen für Baumschulpflanzen*. Bonn, 2004.
- *Gütebestimmungen für Stauden*. Bonn, 2004.
Danske Anlægsgartnere og Dansk Planteskoleforening: Kvalitetssikring af Planteleverancer, 1996.
Danske Anlægsgartnere: Pleje af grønne områder, 2003.

ISU internationale Stauden-Union—www.isu-perennials.org
Gemeinschaftliches Sortenamt der EU — www.cpvo.europa.eu
European Bamboo Society (EBS) — www.bamboo-society.org.uk
World Federation of Rose Societies — www.worldrose.org
Zentralverband deutscher Gartenbau — www.g-net.de
Grünflächenamtsleiterkonferenz — www.galk.de
Bund Deutscher Baumschulen — www.bund-deutscher-baumschulen.de
Allgemeine Deutsche Rosenneuheitenprüfung (ADR) — www.adr-rose.de
Bund deutscher Staudengärtner (BdS) — www.stauden.de
Polish Nurserymen Association — www.polskierosliny.pl; www.zielentozycie.pl
Royal Horticultural Society (RHS) — www.rhs.org.uk
British Bedding & Potplant Association — www.thebbpa.org.uk
International Flower Bulb Centre — www.bulbsonline.org
Gesellschaft Schweizer Staudenfreunde — www.staudenfreunde.ch
Unternehmerverband Gärtner Schweiz — www.jardinsuisse.ch
Die Vereinigung Schweizerischer Stadtgärtnereien und Gartenbauämter— www.vssg.ch
Österreichische Gartenbaugesellschaft — www.garten.or.at
Bundesverband Österreichischer Gärtner — www.gartenbau.or.at
Plantedirektotatet — www.plantedir.dk

1.3 PRADERAS DE CÉSPED Y OTRAS ÁREAS SEMBRADAS

Ellenberg, Heinz: *Vegetation Mitteleuropas mit den Alpen*. Ulmer Verlag, Stuttgart, 1996
Gandert, Klaus-Dietrich: *Rasen im Garten*. BfG. VEB Deutscher Landwirtschaftsverlag, Berlín, 1982.
Hentinen, Hanna: *Kotipihan nurmikko-opas: Perusta nurmikko helposti*. Viherympäristöliiton julkaisuja n.º 5. Viherympäristöliitto ry. Helsinki, 1997.
Hope, Frank: Rasen. *Anlage und Pflege von Zier-, Gebrauchs-, Sport- und Landschaftsrasen*. Ulmer Verlag, Stuttgart, 1983.
Klapp, Ernst; Opitz von Boberfeld, Wilhelm: *Taschenbuch der Gräser*, 2.ª edición revisada, Raul Parey, Berlín/Hamburgo, 1990.
Mertz, Peter: *Pflanzenwelt Mitteleuropas und der Alpen. Handbuch und Atlas der Pflanzengesellschaften*. Nikol Verlagsgesellschaft, Hamburgo, 2002.
Rasen/Turf/Gazon mit *Greenkeepers Journal*, Fachzeitschrift. Köllen Druck + Verlag GmbH.
Rothmaler, Werner; Jäger, Eckhart: *Exkursionsflora von Deutschland*, vol. 4, 10.ª edición. Spektrum Akademischer Verlag, Múnich, 2005.

93/626/CEE: Decisión del Consejo, de 25 de octubre de 1993, relativa a la celebración del Convenio sobre la Diversidad Biológica.
Directiva 66/401/CEE del Consejo, de 14 de junio de 1966, relativa a la comercialización de semillas de plantas forrajeras.
DIN 18035-4 Sportplätze—Parte 4: Rasenflächen.
DIN 18917 Vegetationstechnik im Landschaftsbau—Rasen und Saatarbeiten (RSM verankert).
DIN 18918 Vegetationstechnik im Landschaftsbau—Ingenieurbiologische Sicherungsbauweisen—Sicherungen durch Ansaaten, Bepflanzungen, Bauweisen mit lebenden und nicht lebenden Stoffen und Bauteilen, kombinierte Bauweisen (RSM verankert).
ÖNORM B 2606-1 Sportplatzbeläge—Rasenbeläge

Forschungsgesellschaft Landschaftsentwicklung und Landschaftsbau A.R.(FLL):
- *Empfehlungen für Bau und Pflege von Flächen aus Schotterrasen*. Bonn, 1999.
- *RSM 2006. Regel-Saatgut- Mischungen Rasen*. Bonn, 2005.

Deutsche Rasengesellschaft A.R.— www.rasengesellschaft.de
Deutsche Saatveredlung AG — www.dsv-saaten.de; www.rasen.de
Bundessortenamt — www.bundessortenamt.de

1.4 MADERA

Detail. Zeitschrift für Architektur + Baudetail: *Timber Construction*. 10/2006. Institut für internationale Architektur-Dokumentation GmbH & Co. KG, Múnich.
Geza Ambrozy, Heinz; Giertlová, Zuzana: *Planungshandbuch. Holzwerkstoffe. Technologie—Konstruktion—Anwendung*. Springer Verlag, Viena, 2005.
Hallmann, Heinz W.; Rohn, Heinz W.; Lingnau, Günter: *Bauen mit Holz in Park und Garten. Anregungen zur Gestaltung und Konstruktion*. Callwey Verlag, Múnich, 1984.
Herzog, Thomas y otros: *Timber Construction Manual*. Birkhäuser Verlag, Basilea, 2003.
Lefteri, Chris: *Wood*. RotoVision, Hove, 2005.
Mombächer, Rudolf (ed.): *Holz-Lexikon. Nachschlagewerk für die Holz - und Forstwirtschaft*, 3.ª edición revisada, DRW Verlag, Leinfelden-Echterdingen, 1988.
Petersen, Dorte klarskov: *Miljøvenlig brug af træ*. Have og Landskabsrådet, 2001.
Sell, Jürgen: *Eigenschaften und Kenngrößen von Holzarten*, 3.ª edición revisada, Baufachverlag AG, Zúrich, 1989.
Wagenführ, Rudi: *Holzatlas*, 5.ª edición ampliada y actualizada. Fachbuchverlag Leipzig im Carl Hanser Verlag, Múnich, 2000.
Winterbottom, Daniel M.: *Wood in the Landscape. A Practical Guide to Specification and Design*. John Wiley, Nueva York, 2000.

EN 335-1 Durabilidad de la madera y de sus materiales derivados. Definición de las clases de riesgo de ataque biológico. Parte 1: Generalidades. Versión trilingüe.
EN 335-2 Durabilidad de la madera y de sus productos derivados. Definición de las clases de riesgo de ataque biológico. Parte 2: Aplicación a madera maciza. Versión trilingüe.
EN 350-1 Durabilidad de la madera y de sus materiales derivados. Durabilidad natural de la madera maciza. Parte 1: Guía

para los principios de ensayo y clasificación de la durabilidad natural de la madera. Versión trilingüe.
EN 350-2 Durabilidad de la madera y de sus materiales derivados. Durabilidad natural de la madera maciza. Parte 2: Guía de la durabilidad natural y de la impregnabilidad de especies de madera seleccionadas por su importancia en Europa. Versión trilingüe.
EN 351-1 Durabilidad de la madera y de sus productos derivados. Madera maciza tratada con productos protectores. Parte 1: Clasificación de las penetraciones y retenciones de los productos protectores. Versión trilingüe.
EN 460 Durabilidad de la madera y de sus materiales derivados. Durabilidad natural de la madera maciza. Guía de especificaciones de durabilidad natural de la madera para su utilización según las clases de riesgo. Versión trilingüe.
EN 599-1 Durabilidad de la madera y de sus productos derivados. Prestaciones de los protectores de la madera determinadas mediante ensayos biológicos. Parte 1: Especificaciones para las distintas clases de riesgo.
EN 599-2 Durabilidad de la madera y de sus productos derivados. Características de los productos de protección de la madera establecidas mediante ensayos biológicos. Parte 2: Clasificación y etiquetado.
DIN 1052 Entwurf, Berechnung und Bemessung von Holzbauwerken—Allgemeine Bemessungsregeln und Bemessungsregeln für den Hochbau.
DIN 4074-1 Sortierung von Holz nach der Tragfähigkeit, Parte 1: Nadelschnittholz.
DIN 4074-5 Sortierung von Holz nach der Tragfähigkeit—Parte 5: Laubschnittholz.
DIN 68800-2 Holzschutz—Parte 2: Vorbeugende bauliche Massnahmen im Hochbau.
DIN 68800-3 Holzschutz—Parte 3: Vorbeugender chemischer Holzschutz.
NTR Dokument n.º 1 Nordisk træbeskyttelse.
RT 21-10823 Lämpökäsitelty puu.
RT 21-10880 Kyllästetty puutavara.
RT 29-10567 Maalaustarvikkeet. Maalit ja pinnoitteet.
RT 89-10241 Kestopuiset pihalaatat.

Puurakenteet 1: *Puu materiaalina.* Rakentajain kust. Helsinki, 1981.
Puurakenteet 3: *Liitokset.* Rakentajain kust. Helsinki, 1982.

Informationsdienst Holz — www.informationsdienst-holz.de
LIGNUM—Holzwirtschaft Schweiz — www.lignum.ch
LIGNUM—Office Romand — www.cedotec.ch
proHolz Austria — Arbeitsgemeinschaft der österreichischen Holzwirtschaft — www.proholz.at
Træbranchens Oplysningsråd — www.top.dk

1.5 PIEDRA NATURAL

Baetzner, Alfred: *Natursteinarbeiten.* Ulmer Verlag, Stuttgart, 1991.
Bradley, Frederick; *Studio Marmo: Natural Stone. A Guide to Selection.* Norton, Nueva York, 1998.
Detail. Zeitschrift fur Architektur und Baudetail. *Building with Stone.* N.º 6/1999. Institut für internationale Architektur-Dokumentation GmbH, Múnich.
Deutscher Naturwerksteinverband (DNV) (publ.): *Bautechnische Informationen Naturwerkstein.* Würzburg, 1996.
Deutscher Naturwerksteinverband (DNV) (publ.): *Pflasterdecken und Plattenbeläge aus Naturstein für Verkehrsflächen.* Würzburg, 2000.
Germann, Albrecht (ed.): *Naturstein-Lexikon: Gesteinskunde and Handelsnamen; Naturstein im Innen- und Aussenbereich; Kunstgeschichte und Architektur.* Callwey, Múnich, 2003.
Grimm, Wolf-Dieter: *Bildatlas wichtiger Denkmalgesteine der Bundesrepublik Deutschland.* Arbeitsheft 50 des Bayerischen Landesamtes für Denkmalpflege, Karl M. Lipp Verlag, Múnich 1990.
Holzman, Malcolm: *Stone Work.* Images Publishing Group, Mulgrave, Victoria, 2001.
Hugues, Theodor; Steiger, Ludwig; Weber, Johann: *Dressed Stone: Types of Stone, Details, Examples (Detail Practice).* Birkhäuser, Basilea, 2005.
Mäckler, Christoph: *Werkstoff Naturstein. Material, Konstruktion, Zeitgenössische Architektur.* Birkhäuser Verlag, Basilea, 2004.
Mehling, Günther: *Natursteinlexikon.* Múnich, 1981.
Mehling, Günther (ed.): *Natursteinlexikon*, 5.ª edición totalmente revisada y actualizada. Callwey Verlag, Múnich, 2003.
Mesimäki, Pekka: *Luonnonkivikäsikirja.* Kiviteollisuusliitto ry. Helsinki, 1997.
Topos. European Landscape Magazine, vol. 43: *Gestalten mit Stein.* Callwey Verlag, Múnich, 2003.
Wanetschek, Margret y Horst (ed.): *Naturstein und Architektur. Fassaden, Innenräume, Aussenanlagen, Steintechnik.* Callwey, Múnich, 2000.
Weber, Johann: «Oberflächenbearbeitung von Naturstein». En: *Detail — Zeitschrift fur Architektur und Baudetail. Bauen mit Naturstein,* 11/2003, p.1304ff.

EN 771-6 Especificación de piezas para fábrica de albañilería. Parte 6: Piezas de piedra natural.
EN 1341 Baldosas de piedra natural para uso como pavimento exterior. Requisitos y métodos de ensayo.
EN 1342 Adoquines de piedra natural para uso como pavimento exterior. Requisitos y métodos de ensayo.
EN 1343 Bordillos de piedra natural para uso como pavimento exterior. Requisitos y métodos de ensayo.
EN 933-4 Ensayos para determinar las propiedades geométricas de los áridos. Parte 4: Determinación de la forma de las partículas. Coeficiente de forma.
EN 1467 Piedra natural. Bloques en bruto. Requisitos.
EN 1468 Piedra natural. Tableros en bruto. Requisitos.
EN 1469 Piedra natural. Placas para revestimientos murales. Requisitos.
EN 1925 Método de ensayo para piedra natural. Determinación del coeficiente de absorción de agua por capilaridad.
EN 1926 Métodos de ensayo para piedra natural. Determinación de la resistencia a la compresión uniaxial.
EN 1936 Métodos de ensayo para piedra natural. Determinación de la densidad real y aparente y de la porosidad abierta y total.
EN 12059 Productos de piedra natural. Piedra masiva. Requisitos.
EN 12326 Productos de pizarra y piedra natural para tejados inclinados y revestimientos.
EN 12370 Métodos de ensayo para piedra natural. Determinación de la resistencia a la cristalización de sales.
EN 12371 Métodos de ensayo para piedra natural. Determinación de la resistencia a la heladicidad.

EN 12372 Métodos de ensayo para piedra natural. Determinación de la resistencia a la flexión bajo carga concentrada.
EN 12407 Métodos de ensayo para piedra natural. Estudio petrográfico.
EN 12440 Piedra natural. Denominación de la piedra natural.
EN 12670 Piedra natural. Terminología.
EN 13161 Métodos de ensayo para piedra natural. Determinación de la resistencia a la flexión a momento constante.
EN 13364 Métodos de ensayo para piedra natural. Determinación de la carga de rotura para anclajes.
EN 13373 Métodos de ensayo para piedra natural. Determinación de las características geométricas de las unidades.
EN 13755 Métodos de ensayo para piedra natural. Determinación de la absorción de agua a presión atmosférica.
EN 14066 Métodos de ensayo para piedra natural. Determinación de la resistencia al envejecimiento por choque térmico.
EN 14146 Métodos de ensayo para piedra natural. Determinación del módulo de elasticidad dinámico (con la medida de la frecuencia de resonancia fundamental).
EN 14147 Métodos de ensayo para piedra natural. Determinación de la resistencia al envejecimiento por niebla salina.
EN 14157 Métodos de ensayo para piedra natural. Determinación de la resistencia a la abrasión.
EN 14158 Métodos de ensayo para piedra natural. Determinación de la energía de rotura.
EN 14205 Métodos de ensayo para piedra natural. Determinación de la dureza Knoop.
EN 14580 Métodos de ensayo para piedra natural. Determinación del módulo de elasticidad estático.
EN 14581 Métodos de ensayo para piedra natural. Determinación del coeficiente lineal de dilatación térmica.
DIN 52100-2 Naturstein—Gesteinskundliche Untersuchungen—Allgemeines und Übersicht.
DIN 52104-2 Prüfung von Naturstein; Frost-Tau-Wechsel-Versuch; Verfahren Z.
DS 404 Nomenklatur for sand-, grus- og stenmaterialer.
ÖNORM B 3120-1 Natürliche Gesteine; Probenahme; allgemeine Grundlagen und gesteinskundliche Beschreibung.
ÖNORM B 3120-2 Natürliche Gesteine; Probenahme; Festgesteine.
RT 30-10314 Luonnonkivet, suomalaiset rakennuskivet.
SN 640 560b Randabschlüsse aus Naturstein und Kunststeiner.
SN 567 246 Natursteinarbeiten—Beläge, Bekleidungen und Werkstücke.

Fédération Belge des Associations de Maîtres Tailleurs des Pierres — www.pierresetmarbres.be
Deutsches Naturstein-Archiv — www.deutsches-natursteinarchiv.de
TU München—Fakultät für Architektur—Lehrstuhl für Baukonstruktion und Baustoffkunde—Baustoffsammlung EBB — www.ebb.ar.tum.de
Deutscher Naturwerkstein Verband A.R. — www.natursteinverband.de
Bayerischer Industrieverband Steine und Erden A.R. — www.steine-erden-by.de
Bundesinnungsverband des Deutschen Steinmetz-, Stein - und Holzbildhauerhandwerks — www.biv-steinmetz.de
Bundesverband Mineralische Rohstoffe (MIRO) — www.bvnaturstein.org
Bundesanstalt für Materialprüfung — www.bam.de
Finstone - Suomalainen kivi (Asociación Finlandesa de la Piedra Natural) — www.finstone.com
Institut Supérieure de Recherche et de Formation aux Métiers de la Pierre — www.institut-de-la-pierre.com
British Stone — www.bpindex.com
National Association of Memorial Masons (Namm) — www.namm.org.uk
Stone Federation Great Britain — www.stone-federationgb.org.uk
Mc Keon Stone Federation — www.mckeonstone.ie
Associazione Italiana Marmomacchine — www.assomarmomacchine.com
Norsk Byggtjeneste A/S (Centro Noruego de la Construcción) — www.nobb.no
Stenindustriens Landssammenslutning — www.stenindustrien.no
Vereinigung Österreichischer Natursteinwerke (VÖN) — www.pronaturstein.at
ASSIMAGRA (Associação Portuguesa dos Indústriais de Mármores, Granitos e Ramos Afins) — www.assimagra.com
Association Romande des Métiers de la Pierre (ARMP) — www.armp.ch
F.D.P. Federación Española de la Piedra Natural — www.fdp.es
Verband Dänischer Steinmetze — www.stenhuggerlauget.dk

1.6 LADRILLOS Y CLÍNKERES

Altaha, Nasser: «Säure und Wasser? Vorsicht! Ursachen und Vermeidung von Ausbluhungen». En: *Bautenschutz + Bausanierung. Zeitschrift für Bauinstandsetzung und Denkmalpflege*, n.º 6, pp. 14-18. Rudolf Müller Verlag, Colonia, 1998.
Auer, Gerhard y otros (eds.): *DAIDALOS—Triumpfe des Backsteins / Triumphs of Brick*, n.º 43, Bertelsmann Fachzeitschriften, Gütersloh, 1992.
Bender, Willi: *Lexikon der Ziegel*. Bauverlag, Wiesbaden/Berlín, 1995.
Bender, Willi; Händle, Frank (eds.): *Handbuch für die Ziegelindustrie: Verfahren und Betriebspraxis in der Grobkeramik*. Bauverlag, Wiesbaden/Berlín, 1995.
Bender, Willi: *Vom Ziegelgott zum Industrieelektroniker. Geschichte der Ziegelherstellung von den Anfängen bis heute*. Bundesverband der Deutschen Ziegelindustrie, Bonn, 2004.
Brunskill, Ronald W.: *Brick Building in Britain*. Victor Gollancz con Peter Crawley, Londres, 1997.
Distel, Walter: *Modern Bauen mit Backstein*. Schweizerische Zieglerorganisation, Zúrich, 1934.
Fester, Mark; Kraft, Sabine; Kuhnert, Nikolaus; Uhlig, Günther (eds.): *Zeitschrift für Architektur und Städtebau—Arch+ Mit Fug und Stein*, n.º 84, ARCH+ Verlag, Aachen, 1986.
Gurcke, Karl: *Bricks and brickmaking: A Handbook for Historical Archaeology*. The University of Idaho Press, Moscú, 1987.
Lefteri, Chris: *Keramik*. Material—Herstellung—Produkte. Av edition GmbH, 2005
Lynch, Gerard: *Brickwork: History, technology and practice*, vols. 1 y 2. Donhead, Londres, 1994.
Murerfagets Oplyaninaråd på: *Tegl—Fuger i murværk*. Forgalet Tegl, Copenhague, 1999.
Peirs, Giovanni: *Construire en brique en Europe*. Editions Lannoo sa, Tielt, 1994.
Peirs, Giovanni: *La Terre cuite. L'Architecture en terre cuite après*. Pierre Mardaga Editeur, Lieja, 1982.
Schrader, Milla: *Mauerziegel als historisches Baumaterial*. Edition: anderweit Verlag, Suderburg-Hösseringen, 1997.
Schumacher, Fritz: *Das Wesen des neuzeitlichen Backsteinbaus*. Callwey Verlag, Múnich, reedición 1985 (1920).

Sovinski, Rob W.: *Brick in the Landscape*. John Wiley & Sons Inc., Nueva York, 1999.
Zadel-Sodtke, Petra: *Wahrnehmungsorientiertes Gestalten von Ziegelsichtmauerwerk im Aussenraum*. Berlin, 2006.
Zimmerschied, Gerd: *Ziegel als gestaltendes Element*. Verlag Interbuch, Berlín, 1961.
EN 771-1 Especificaciones de piezas para fábricas de albañilería. Parte 1: Piezas de arcilla cocida.
EN 772-1 Métodos de ensayo de piezas para fábricas de albañilería. Parte 1: Determinación de la resistencia a comprensión.
EN 772-3 Métodos de ensayo de piezas para fábricas de albañilería. Parte 3: Determinación del volumen neto y porcentaje de huecos por pesada hidrostática de piezas de arcilla cocida.
EN 772-5 Métodos de ensayo de piezas para fábricas de albañilería. Parte 5: Determinación del contenido en sales solubles activas en las piezas de arcilla cocida para albañilería.
EN 772-7 Métodos de ensayo de piezas para fábricas de albañilería. Parte 7: Determinación de la absorción de agua por inmersión en agua hirviendo de piezas de arcilla cocida para fábricas de albañilería que sirven de barrera al agua por capilaridad.
EN 772-13 Métodos de ensayo de piezas para fábricas de albañilería. Determinación de la densidad absoluta seca y de la densidad aparente seca de piezas para fábricas de albañilería (excepto piedra natural).
EN 772-16 Métodos de ensayo de piezas para fábricas de albañilería. Parte 16: Determinación de las dimensiones.
EN 993-1 a 18 Métodos de ensayo para productos refractarios conformados densos.
EN 1344 Adoquines de arcilla cocida. Especificaciones y métodos de ensayo.
EN ISO 10545-1 a 16 Baldosas cerámicas.
BS 8221-1 and 2 Code of practice for cleaning and surface repair of buildings—Cleaning of natural stones, brick, terracotta and concrete.
DIN V 105-100 Mauerziegel—Parte 100: Mauerziegel mit besonderen Eigenschaften (preliminary standards).
DIN 18158 Bodenklinkerplatten.
DIN 18503 Pflasterklinker—Anforderungen und Prüfverfahren.
ÖNORM B 3200 Mauerziegel—Anforderungen und Prüfungen—Klassifizierung und Kennzeichnung—Ergänzende Bestimmungen zu ÖNORM EN 771-1.
RT 34-10761 Keraamiset laatat.
RT 34-10763 Keraamiset laatat, laatoitukset.
RT 35-10500 Poltetut tiilet. Muuraustarvikkeet.

Fédération Européenne des Fabricants de Tuiles et de Briques (TBE) — www.cerameunie.net
Fédération Belge de la Brique — www.brique.be
Kalk-og Teglvaerksforeningen af 1893 — www.byg-i-tegl.dk, www.mur-tag.dk

Bundesverband der Deutschen Ziegelindustrie A.R. — www.ziegel.de
Arbeitsgemeinschaft Pflasterklinker A.R. — www.pflasterklinker.de
Arbeitsgemeinschaft Ziegelelementbau im Bundesverband der Deutschen Ziegelindustrie A.R. — www.Ziegelelementbau.de
Forschungsstelle der Deutschen Ziegelindustrie A.R. — www.ziegel-forschung.de
Institut fur Ziegelforschung A.R. — www.izf.de
Deutsche Gesellschaft fur Mauerwerksbau e. V. — www.dgfm.de
Bauhaus-Universität Weimar, Fakultät Bauingenieurwesen, Fachgebiet Aufbereitung von Baustoffen und Wiederverwendung — www.uni-weimar.de/Bauing/aufber/
Fédération Française des Tuiles et de Briques — www.fftb.org
Association of Greek Heavy Clay Industries — www.sevk.gr
The Brick Development Association Ltd. BDA — www.brick.org.uk
Associazione Nazionale degli Industriali die Laterizi, ANDILAssolaterizi — www.laterizio.it
Koninklijk Verbond van Nederlandse Baksteenfabrikanten — www.knb-baksteen.nl
Verband Österreichischer Ziegelwerke — www.ziegel.at
Zwiazek Pracownikow Ceramiki Budowlanej i Silikatow — www.zwiazek.org.pl
APICER—Portuguese Association of Ceramic Industry — www.apicer.pt
CC Höganäs Byggkeramik AB — www.cchoganas.se
Verband Schweizerische Ziegelindustrie. VSZ — www.domoterra.ch
HISPALYT Asociación Española de Fabricantes de Ladrillos y Tejas de Arcilla Cocida — www.hispalyt.es
Ceramic & reractory Manufacturers' Associacion — www.turkishceramics.com
Cihlarsky svaz Cech a Mravy — www.cscm.cz
Magyar Téglás Szövetség — www.teglapont.hu

1.7 HORMIGÓN

Baus, Ursula: *Sichtbeton*. DVA, Múnich, 2007.
Collectif. Presses Polytechniques et Universitaires Romandes: *Construire avec les bétons*. Le Moniteur, Lausan, 2000.
Kind-Barkauskas, Friedbert (ed.): *Beton und Farbe—Farbsysteme, Ausführung, Instandsetzung*. DVA, 2003.
Kind-Barkauskas, Friedbert; Kauhsen, Bruno; Polonyi, Stefan: *Concrete Construction Manual*. Birkhäuser, Basilea, 2002.
Peck, Martin: *Technik des Sichtbetons—Praktische Hinweise zur Planung und Ausführung glatter Sichtbetonflächen*. Verlag Bau + Technik, Düsseldorf, 2007.

EN 196 Métodos de ensayo de cementos.
EN 197 1-2 Cemento.
EN 206 1-3 Hormigón.
EN 450 Cenizas volantes para hormigón.
EN 12878 Pigmentos para la coloración de materiales de construcción fabricados a partir de cemento y/o de cal. Especificaciones y métodos de ensayo.
DIN 51043 Trass.
DIN 1164 Zement mit besonderen Eigenschaften.
DIN 1100 Hartstoffe fur zementgebundene Hartstoffestriche.
DS 400 Betonvarer.
DS 423 Betonprøvning, 45 delstandarder fra forskellige år.
DS 481 Beton materialer.
RT 31-10066 Mosaiikkibetoni, yleiset laatuvaatimukset.
ÖNORM B 3310 Zement für Bauzwecke.
ÖNORM B 4200-10 Beton—Parte 10: Herstellung, Verwendung und Gütenachweis.
ÖNORM B 4710-1 Beton—Parte 1: Festlegung, Herstellung, Verwendung und Konformitätsnachweis.

Deutscher Ausschuss für Stahlbeton [Comisión Alemana para el Hormigón Armado]:
- *Richtlinie selbstverdichtender Beton.*
- *Richtlinie Beton mit verlängerter Verarbeitungszeit.*

Deutscher Beton Verein [Asociación Alemana del Hormigón]:
- *Merkblatt Sichtbeton.*
- *Merkblatt Betondeckung und Bewehrung.*
- *Merkblatt Trennmittel für Beton.*
- *Merkblatt Stahlfaserbeton.*
- *Merkblatt Glasfaserbeton für Fertigteile.*

Österreichischer Betonverein [Asociación Austriaca del Hormigón]:
- *Richtlinie Wasserundurchlässige Betonbauwerke—Weisse Wannen*, marzo, n.º de 1999.
- *Richtlinie Beton—Herstellung, Transport, Einbau, Gütenachweis*, febrero, n.º de 1999.
- *Richtlinie Innenschalenbeton*, marzo, n.º de 1995.

ÖVBB Richtlinie: *Geschalte Betonflächen (Sichtbeton).*

Belægningsgruppen Dansk Beton — www.belaegningsfraktionen.dk
Deutscher Ausschuss für Stahlbeton (DAfStb) — www.dafstb.de
Deutscher Beton Verein — www.betonverein.de
Pihakivi — www.pihakivi.com
Suomen Betonitieto Oy — www.betoni.com
Österreichische Vereinigung für Beton- und Bautechnik — www.concrete-austria.com
Bundesverbände der Deutschen Zement-, Transportbeton- und Betonfertigteilindustrie — www.beton.org
Verein Deutscher Zementwerke A.R. — www.vdz-online.de

1.8 METALES

Collectif: *Construire avec les aciers*. Le Moniteur, París, 2002.
Friedrich, Wilhelm: *Tabellenbuch Bau und Holztechnik*. Dümmlers Verlag, Bonn, 1974/1983.
Grimm, Friederich: *Stahlbau im Detail*. Weka Baufachverlag, Augsburgo, 1994.
Euro Inox (ed.): *Guide to Stainless Steel Finishes*. Bruselas, 2005.
Kindmann, Rolf (ed.): *Stahlbau kompakt: Bemessungshilfen, Profiltabellen. Stahleisen*, Düsseldorf, 2006.
LeCuyer, Annette: *Stahl & Co. Neue Strategien für Metalle in der Architektur*, Birkhäuser Verlag, Basilea, 2003.
Lefteri, Chris: *Metals. Materials for Inspirational Design*. RotoVision, Hove, 2004.
Reichel, Alexander y otros: *Building with Steel*. Institut für internationale Architektur-Dokumentation, Múnich, 2006.
Schneider, Ulrich; Bruckner, Heinrich; Bölcskey, Elmar: *Aluminium / Glas—Baustoffe und ihre Anwendung*, vol. 1. Springer, Viena, 2002.
Schneider-Bürger, Martha: *Stahlbau-Profile*. Stahleisen, Düsseldorf, 2004.
Schulitz, Helmut C.; Sobek, Werner; Habermann, Karl J.: *Steel Construction Manual*. Birkhäuser Verlag, Basilea, 2000 (en francés: *Construire en acier*. Presses Polytechniques et Universitaires Romandes, 2003).

EN ISO 1461 Recubrimientos de galvanización en caliente sobre piezas de hierro y acero. Especificaciones y métodos de ensayo.
EN ISO 3506-2 Características mecánicas de los elementos de fijación de acero inoxidable resistente a la corrosión. Parte 2: Tuercas.
EN ISO 12944-1 Pinturas y barnices. Protección de estructuras de acero contra la corrosión mediante sistemas de pintura protectores. Parte 1: Introducción general.
EN ISO 12944-2 Pinturas y barnices. Protección de estructuras de acero contra la corrosión mediante sistemas de pintura protectores. Parte 2: Clasificación de ambientes.
EN ISO 12944-5 Pinturas y barnices. Protección de estructuras de acero contra la corrosión mediante sistemas de pintura protectores. Parte 5: Sistemas de pintura protectores.
EN 10020 Definición y clasificación de los tipos de aceros 2000.
EN 1172 Cobre y aleaciones de cobre. Chapas y bandas para edificación.
EN 1179 Cinc y aleaciones de cinc. Cinc primario.
EN 1560 Fundición. Sistema de designación para fundición de hierro. Designación simbólica y numérica.
EN 1561 Fundición. Fundición gris.
EN 1562 Fundición. Fundición maleable.
EN 1563 Fundición. Fundición de grafito esferoidal.
EN 10017 Alambrón de acero para trefilado y/o laminado en frío. Dimensiones y tolerancias.
EN 10025-1 Productos laminados en caliente de aceros para estructuras. Parte 1: Condiciones técnicas generales de suministro.
EN 10025-2 Productos laminados en caliente de aceros para estructuras. Parte 2: Condiciones técnicas de suministro de los aceros estructurales no aleados.
EN 10025-3 Productos laminados en caliente de aceros para estructuras. Parte 3: Condiciones técnicas de suministro de los aceros estructurales soldables de grano fino en la condición de normalizado/laminado de normalización.
EN 10025-4 Productos laminados en caliente de aceros para estructuras. Parte 4: Condiciones técnicas de suministro de los aceros estructurales soldables de grano fino laminados termomecánicamente.
EN 10025-5 Productos laminados en caliente de aceros para estructuras. Parte 5: Condiciones técnicas de suministro de los aceros estructurales con resistencia mejorada a la corrosión atmosférica.
EN 10027-1 Sistemas de designación de aceros. Parte 1: Designación simbólica.
EN 10027-2 Sistemas de designación de aceros. Parte 2: Designación numérica.
EN 10056-1 Angulares de lados iguales y desiguales de acero estructural. Parte 1: Medidas.
EN 10079 Definición de los productos de acero.
EN 10080 Acero para el armado del hormigón. Acero soldable para armaduras de hormigón armado. Generalidades.
EN 10088-1 Aceros inoxidables. Parte 1: Relación de aceros inoxidables.
EN 10088-2 Aceros inoxidables. Parte 2: Condiciones técnicas de suministro para chapas y bandas de acero resistentes a la corrosión para usos generales.
EN 10088-3 Aceros inoxidables. Parte 3: Condiciones técnicas de suministro para semiproductos, barras, alambrón y perfiles para aplicaciones en general.
EN 10088-4 Aceros inoxidables. Parte 4: Condiciones técnicas de suministro para chapas y bandas de aceros resistentes a la corrosión para usos en construcción.
EN 10264-4 Alambres de acero y productos de alambre. Alambres de acero para cables. Parte 4: Alambre de acero inoxidable.
EN 10340 Aceros moldeados para usos estructurales.
RT 39-10260 Sinkitys teräksen suojana.
RT 39-10367 Kuparimetallit.
RT 39-10451 Alumiini.

Stahl-Informations-Zentrum [Centro de Estudios del Acero]:
- *Merkblatt 434—Wetterfester Baustahl*. Düsseldorf, 2004.

- *Merkblatt 329—Korrosionsschutz durch Feuerverzinken (Stückverzinken).* Düsseldorf, 2001.
Institut Feuerverzinken GmbH: *Korrosionsschutz durch Duplex-Systeme (Feuerverzinken + Beschichten).* Düsseldorf.

Wirtschaftsvereinigung Metall — www.wvmetalle.de
Metallic colour system — www.mcscolour.com
Natural Color Systems — www.ncscolour.com
RAL Deutsches Institut für Gütesicherung und Kennzeichnung e.V. — www.ral.de
EAA—European Aluminium Association — www.eaa.net
OECAM—Organisation of European Copper Alloy Ingot Makers — www.oecam.org
Gesamtverband der Aluminiumindustrie A.R. — www.aluinfo.de
www.copperinfo.com
www.kupfer-institut.de
www.oecam.org
www.kupfer-institut.de
Access Steel — www.access-steel.com
Acier construction — www.acierconstruction.com
Associazione fra i Costruttori in Acciaio Italiani — www.acaiacs.it
Bauen mit Stahl A.R. — www.bauen-mit-stahl.de
Bouwen met Staal — www.bouwenmetstaal.nl
Centre Technique Industriel de la Construction Métallique — www.cticm.eu
Deutscher Ausschuss für Stahlbau. DASt — www.deutscherstahlbau.de
European Convention for Constructional Steelwork — www.steelconstruct.com
Euro Inox—The European Stainless Steel Development Association — www.euro-inox.org
Informationsstelle Edelstahl Rostfrei — www.edelstahl-rostfrei.de
Informationsstelle für nichtrostende Stähle SWISS INOX — www.swissinox.ch
Stahlbau Zentrum Schweiz / Centre Suisse de la Construction Métallique / Centrale Svizzera per le Costruzioni in Acciaio — www.szs.ch
Stahl-Informations-Zentrum — www.stahl-info.de
Institut Feuerverzinken — www.feuerverzinken.com
European General Galvanizers Association (EGGA) — www.egga.com

International Zinc Association (IZA) — www.zincforlife.org
InitiativeZink — www.initiative-zink.de

1.9 OTROS MATERIALES DE CONSTRUCCIÓN

Plásticos

Ashby, Mike; Johnson, Kara: *Materials and Design*, 3.ª edición, Butterworth-Heinemann, Oxford, 2004.
Braun, Dietrich: *Kunststofftechnik für Einsteiger.* Carl Hanser Verlag, Múnich/Viena, 2003.
Domininghaus, Hans: *Die Kunststoffe und ihre Eigenschaften*, 5.ª edición. VDI-Verlag, Düsseldorf, 1999.
Ehrenstein, Gottfried W.: *Mit Kunststoffen konstruieren*, 2.ª edición, Carl Hanser Verlag, Múnich/Viena, 2001.
Elias, Hans-Georg: *An Introduction to Plastics*. Wiley-VCH, 2003.
Erhard, Gunter: *Konstruieren mit Kunststoffen.* Carl Hanser Verlag, Múnich/Viena, 1993.
Flemming, M.; Ziegmann, G.; Roth, S.: *Faserverbundbauweisen—Fertigungsverfahren mit duroplastischer Matrix.* Springer Verlag, Berlín/Heidelberg, 1999.
Franck, Adolf: *Kunststoff-Kompendium*, 5.ª edición. Vogel Fachbuchverlag, Würzburg, 2000.
Lefteri, Chris: *The Plastic Handbook*. RotoVision, Hove, 2008.
Lörcks, Jürgen: *Biologisch abbaubare Kunststoffe.* Fachagentur Nachwachsende Rohstoffe A.R., 2003.
Saechtling, Hansjürgen; Oberbach, Karl: *Kunststoff Taschenbuch*, 28.ª edition, Carl Hanser Verlag, Múnich/Viena, 2001.
Schwarz, Otto: *Kunststoffkunde.* 6.ª edition, Vogel Verlag, Würzburg, 2002.
Schwarz, Otto; Ebeling, Friedrich-Wolfhard: *Kunststoffkunde.* Vogel, Würzburg, 2007.
Wintermantel, Erich; Ha, Suk-Woo: *Biokompatible Werkstoffe und Bauweisen.* Springer Verlag, Leipzig, 1998.
Arbeitsgemeinschaft PVC und Umwelt A.R. — www.agpu.de
Arbeitsgemeinschaft Verstärkte Kunststoffe A.R. — www.avk-tv.de
Deutsche Kautschuk-Gesellschaft A.R. — www.rubber-dkg.de
DVS—Deutscher Verband fur Schweissen und verwandte Verfahren A.R. — www.die-verbindungs-spezialisten.de
Fachverband Schaumkunststoffe e. V. — www.fsk-vsv.de
Gesamtverband kunststoffverarbeitende Industrie A.R. — www.gkv.de
Kunststoff-Portal der Schweiz — www.kunststoff-schweiz.ch

Betún y asfalto

Beratungsstelle für Gussasphalt A.R. (publ.): *Informationen über Gussasphalt.* Bonn, 1998.
Zardini, Mirko: *Asfalto: il carattere della città.* Mondadori Electa, Milán, 2003.
EN 12591 Betunes y ligantes bituminosos. Especificaciones de betunes para pavimentación.
EN 13108-1 a 8 Mezclas bituminosas. Especificaciones de materiales.
Eurobitume, The European Bitumen Association — www.eurobitume.org
Arbeitsgemeinschaft der Bitumenindustrie — www.arbit.de
Aspahltberatung — www.asphaltberatung.de
vdd Industrieverband Bitumen-Dach- und Dichtungsbahnen A.R. —www.derdichtebau.de; www.vdd-technische-regeln.de
Verband der Belgischen Bitumenindustrie — www.beneluxbitume.org
Associatione Italiana Bitume Asfalto Strade—www.siteb.it

Vidrio

Achilles, Andreas y otros: *Glasklar—Produkte und Technologien zum Einsatz von Glas in der Architektur.* DVA, Múnich, 2003.
Flachglas AG (publ.): *Das Glashandbuch.* 1982
Klindt, Ludwig B.; Klein, Wolfgang: *Glas als Baustoff.* Verlagsgesellschaft R. Müller, Colonia, 1977.
Lefteri, Chris: *Glass.* RotoVision, Hove, 2002.
Schittich, Christian y otros: *Glass Construction Manual*, 2.ª edición revisada y ampliada. Birkhäuser Verlag, Basilea, 2006.
Schneider, Ulrich; Bruckner, Heinrich; Bölcskey, Elmar: *Aluminium / Glas*, vol. 1. Springer, Viena, 2002.
EN 572-1 Vidrio para la construcción. Productos básicos de vidrio. Vidrio de silicato sodocálcico. Parte 1: Definiciones y propiedades generales físicas y mecánicas.
EN 572-2 Vidrio para la construcción. Productos básicos de vidrio. Vidrio de silicato sodocálcico. Parte 2: Vidrio plano.
RT 38-10316 Lasilevyt, paksuuden mitoitus.
RT 38-10901 Rakennuslasit, tasolasit.
Bundesverband Flachglas (BF) — www.bundesverband-flachglas.de

2 PRINCIPIOS ESTRUCTURALES

Dierks, Klaus; Schneider, Klaus-Jürgen: *Baukonstruktion*, 2.ª edición, Werner Verlag, Düsseldorf, 1990.
Engel, Heino: *Tragsysteme/Structure Systems*. Hatje Cantz Verlag, Ostfildern-Ruit, 1999.
Frohmann, Martin: *Tabellenbuch Landschaftsbau*. Eugen Ulmer, Stuttgart, 2003.
Goris, Alfons; Schneider, Klaus-Jürgen: *Bautabellen für Architekten mit Entwurfshinweisen und Beispielen*, 17.ª edición, Werner-Verlag, Colonia, 2006.
Hegger, Manfred; Auch-Schwelk, Volker; Fuchs, Matthias; Rosenkranz, Thorsten: *Construction Materials Manual*. Birkhäuser Verlag, Basilea, 2006.
Meistermann, Alfred: *Tragsysteme*. Birkhäuser Verlag, Basilea, 2007.
Neumann, Dietrich; Hestermann, Ulf; Rongen, Ludwig; Weinbrenner, Ulrich: *Frick/Knöll Baukonstruktionslehre 1*, 34.ª edición. Vieweg+Teubner, 2006.
Neumann, Dietrich; Hestermann, Ulf; Rongen, Ludwig; Weinbrenner, Ulrich: *Frick/Knöll Baukonstruktionslehre 2*, 33.ª edición. Vieweg+Teubner, 2008.
Schneider, Klaus-Jürgen; Volz, Heinz: *Entwurfshilfen für Architekten und Bauingenieure*. Bauwerk Verlag GmbH, Berlín, 2004.
Simmer, Konrad: *Grundbau 1, Bodenmechanik, Erdstatische Berechnungen*, 19.ª edición , B. G. Teubner, Stuttgart, 1994.
Simmer, Konrad: *Grundbau 2, Baugruben und Gründungen*, 18.ª edición , B. G. Teubner, Stuttgart, 1999.
Smoltczyk, Ulrich: *Grundbau-Taschenbuch, Parte 1–3*, 6.ª edición, Ernst & Sohn, Berlín, 2001.
Wetzell, Otto W.: *Wendehorst Bautechnische Zahlentafeln*, 32.ª edición, B. G. Teubner, Wiesbaden, 2007.
Zilch, Konrad; Diederichs, Claus Jürgen; Katzenbach, Rolf: *Handbuch für Bauingenieure*. Springer Verlag, Berlín/Heidelberg, 2002.

EN ISO 898-1 Características mecánicas de los elementos de fijación fabricados de aceros al carbono y de aceros aleados. Parte 1: Pernos, tornillos y bulones.
EN ISO 4034 Tuercas hexagonales. Productos de clase C.

EN ISO 22475-1 Investigación y ensayos geotécnicos. Métodos de toma de muestras y mediciones piezométricas. Parte 1: Principios técnicos de ejecución.
EN ISO 22476-1 Investigación geotécnica y ensayos. Ensayos de campo. Parte 1: Ensayos de penetración con el cono eléctrico y el piezocono.
EN ISO 22476-2 Investigación y ensayos geotécnicos. Ensayos de campo. Parte 2: Ensayos de penetración dinámica.
EN ISO 22476-3 Investigación y ensayos geotécnicos. Ensayos de campo. Parte 3: Ensayos de penetración estándar.
EN ISO 4762 Tornillos de cabeza cilíndrica con hueco hexagonal.
EN 287 Cualificación de soldadores. Soldeo por fusión.
EN 1991 Acciones en estructuras.
EN 1992 (EC 2) Proyecto de estructuras de hormigón.
EN 1993 (EC3) Proyecto de estructuras de acero.
EN 1995 (EC 5) Proyecto de estructuras de madera.
EN 1996 (EC 6) Proyecto de estructuras de fábrica (albañilería).
EN 1997 (EC 7) Proyecto geotécnico.
EN 14399-4 Conjuntos de elementos de fijación estructurales de alta resistencia para precarga. Parte 4: Sistema HV. Conjuntos de tornillo y tuerca de cabeza hexagonal.
EN 14399-6 Conjuntos de elementos de fijación estructurales de alta resistencia para precarga. Parte 6: Arandelas planas achaflanadas.

DIN 1045-1, 2 y 3 Tragwerke aus Beton, Stahlbeton und Spannbeton.
DIN 1052 Entwurf, Berechnung und Bemessung von Holzbauwerken—Allgemeine Bemessungsregeln und Bemessungsregeln für den Hochbau.
DIN 1054 Baugrund—Sicherheitsnachweise im Erd- und Grundbau.
DIN 1055 Einwirkungen auf Tragwerke.
DIN 4021 Baugrund; Aufschluss durch Schürfe und Bohrungen sowie Entnahme von Proben.
DIN 18127 Baugrund—Untersuchung von Bodenproben—Proctorversuch.
DIN 18134 Baugrund; Versuche und Versuchsgeräte—Plattendruckversuch.
DIN 18800 Stahlbauten.
ÖNORM B 4418 —Erd- und Grundbau: Untersuchung von Bodenproben; Proctorversuch.

Forschungsgesellschaft für Strassen-und Verkehrswesen (FGSV) [Instituto de Investigación de Carreteras y Tráfico] (publ.):
- *RStO 01, Richtlinien für die Standardisierung des Oberbaues von Verkehrsflächen*. FGSV Verlag, Colonia, 2001.
- *ZTV E-StB 97, Zusätzliche Technische Vertragsbedingungen und Richtlinien für Erdarbeiten im Strassenbau*. FGSV Verlag, Colonia, 1997.

3 ELEMENTOS ESTRUCTURALES Y SISTEMAS CONSTRUCTIVOS

Armbuster, Georg y otros (eds.): *Regelgerechte Bauausführung im Garten-, Landschafts- und Sportplatzbau*. WEKA Baufachverlag, Augsburgo, 1999.
Asensio Cerver, Francisco: *Landscape Architecture: Urban Space Details*. Whitney Library of Design, Nueva York, 1998.
Basal, Metin; Özdemir, Aydin: *Sustainable Site Design Approaches*. (Título original en turco: Surdurulebilir Peyzaj Tasarım Yaklasimlari), Ankara University Publishing, 2008.
Beier, Harm-Eckart; Niesel, Alfred; Petzold, Heiner: *Lehr-Taschenbuch für den Garten-, Landschafts- und Sportplatzbau*. Ulmer Verlag, Stuttgart, 2003.
Blake, James: *Introduction to Landscape Design and Construction*. Gower Publishing, Brookfield, 1999.
Boyer, Annie; Rojat-Lefebvre, Elisabeth: *Aménager les espaces publics*. Le Moniteur, París, 1994.
Ching, Francis D.K.: *Bildlexikon der Architektur*. Campus Verlag, Fráncfort/Nueva York, 1996.
Frick, Otto; Knöll, Karl; Neumann, Dietrich: *Baukonstruktionslehre—Parte 2*. Teubner, Stuttgart, 2003.
Frohmann, Martin (ed.): *Tabellenbuch Landschaftsbau*. Ulmer Verlag, Stuttgart, 2003.
Harris, Charles W.; Dines, Nicholas T.: *Time-Saver Standards for Landscape Architecture: Design and Construction Data*, 2.ª edición. McGraw-Hill Publishing Company, Nueva York, 1998.
Hopper, Leonard J.: *Landscape Architectural Graphic Standards*. Hoboken, John Wiley & Sons, 2007.
Jørgensen, Kim Tang; Holgersen, Søren; Stausholm, Anne Fischer; Meyle, Eva: *Danske Anlægsgartnere: Normer og Vejledning i anlægsgartnerarbejde*, 2006.
Mc Leod, Virginia: *Detail in Contemporary Landscape Architecture*. Laurence King Publishing Ltd., Londres, 2008.

Mahabadi, Mehdi: *Konstruktionsdetails im Garten- und Landschaftsbau*. Vieweg Verlagsgesellschaft, Wiesbaden/Berlín, 1996.
Niesel, Alfred (ed.): *Bauen mit Grün—Die Bau- und Vegetationstechnik des Landschafts- und Sportplatzbaus*. Ulmer Verlag, Stuttgart, 2003.
Sauter, David: *Landscape Construction*. Delmar Learning, Nueva York 2005
Thompson, Ian H.; Dam, Torben; Nielsen, Jens Balsby (eds.): *European Landscape Architecture—Best Practice in Detailing*. Taylor & Francis, Londres, 2007.

ÖNORM L 1111 Gartengestaltung und Landschaftsbau—Technische Ausführung. SIA 318 Garten- und Landschaftsbau

Bundesverband Garten-, Landschafts- und Sportplatzbau e.V. (BGL) — www.galabau.de
The Landscape Research, Development & Construction Society (Forschungsgesellschaft Landschaftsentwicklung und Landschaftsbau A.R. - FLL) — www.f-l-l.de/english.html

3.1 MODELADO DEL TERRENO Y MOVIMIENTOS DE TIERRAS

Dachroth, Wolfgang R.: *Handbuch der Baugeologie und Geotechnik*. Springer, 2002.
Eymer, Wilfrid: *Grundlagen der Erdbewegung. Kirschbaum*, 2.ª edición. Bonn, 2006.
Florineth, Florin: *Pflanzen statt Beton*. Patzer Verlag, Berlín, 2004.
Floss, Rudolf: ZTVE—StB 94, *Kommentar mit Kompendium Erd- und Felsbau*. Kirschbaum Verlag, Bonn, 1997.
Müller-Rochholz, Jochen: *Geokunststoffe im Erd- und Verkehrswegebau*, 2.ª edición. Werner, Neuwied, 2008.
Müller-Rochholz, Jochen: *Geokunststoffe im Erd- und Strassenbau*. Werner, Düsseldorf, 2005.
Deutsche Gesellschaft fur Geotechnik (DGGT): *Empfehlungen für Bewehrungen aus Geokunststoffen (EBGEO)*. Wiley-VCH Verlag, Weinheim GmbH, 1997.
Petschek, Peter: *Grading for Landscape Architects and Architects*. Birkhäuser Verlag, Basilea, 2008.
Schmidt, Hans-Henning: *Grundlagen der Geotechnik*, 3.ª edición. Teubner B.G. GmbH, 2006.

DIN 4124 Baugruben und Gräben. Böschungen, Verbau, Arbeitsraumbreiten.
DIN 18300 Erdarbeiten.
DIN 18918 DIN 18918 Vegetationstechnik im Landschaftsbau—Ingenieurbiologische Sicherungsbauweisen—Sicherungen durch Ansaaten, Bepflanzungen, Bauweisen mit lebenden und nicht lebenden Stoffen und Bauteilen, kombinierte Bauweisen.
ÖNORM B 2205 Erdarbeiten—Werkvertragsnorm.
RT 81-10590 Routasuojausrakenteet.
SN 640 581 Erdbau, Boden; Grundlagen.
SIA 318 Garten- und Landschaftsbau.

Saxon Textile Research Institute — www.geokunststoffe.com/en

3.2 CAMINOS Y PLAZAS

Deutscher Asphaltverband (DAV) (publ.): *Ausschreiben von Asphaltarbeiten*. Bonn, 2003.
Eifert, Helmut: *Strassenbau heute—Tragschichten*. Verlag Bau+Technik, Düsseldorf, 2006.
Eifert, Vollpracht, Hersel: *Strassenbau heute—Betondecken*. Verlag Bau+Technik, Düsseldorf, 2004.
Holgersen, Søren; Dam, Torben: *Befæstelser*. Forlaget Grønt Miljø, 2006.
Littlewood, Michael: *Landscape Detailing*, vol. 2: *Surfaces*. 3.ª edición. Architectural Press, 1993.
Richter, Dirk: *Monolithische Betonböden*, vol. S 13, *Landschaftsentwicklung und Umweltforschung*. TU Verlag, Berlín, 2003.
Stolze Møller, C. J.: *Brolæggerfaget*. Erhvervsskolernes, 1984.
Thagesen, Bent: *Veje og Stier*. Polyteknisk Forlag, 1998.

EN 1338 Adoquines de hormigón. Especificaciones y métodos de ensayo.
EN 1339 Baldosas de hormigón. Especificaciones y métodos de ensayo.
EN 1340 Bordillos prefabricados de hormigón. Especificaciones y métodos de ensayo.
EN 1341 Baldosas de piedra natural para uso como pavimento exterior. Requisitos y métodos de ensayo.
EN 1342 Adoquines de piedra natural para uso como pavimento exterior. Requisitos y métodos de ensayo.
EN 1343 Bordillos de piedra natural para uso como pavimento exterior. Requisitos y métodos de ensayo.
EN 1344 Adoquines de arcilla cocida. Especificaciones y métodos de ensayo.
EN 13285 Mezclas de áridos sin ligante. Especificaciones.
EN 13877 Pavimentos de hormigón.
EN 14877 Superficies sintéticas para espacios deportivos de exterior. Requisitos.
DIN 18035-5 Sportplätze, Tennenflächen.
DIN 18300 Erdarbeiten.
DIN 18315 Verkehrswegebauarbeiten, Oberbauschichten ohne Bindemittel.
DIN 18316 Verkehrswegebauarbeiten, Oberbauschichten mit hydraulischen Bindemitteln.
DIN 18317 Verkehrswegebauarbeiten, Oberbauschichten aus Asphalt.
DIN 18318 Verkehrswegebauarbeiten, Pflasterdecken, Plattenbeläge, Einfassungen.
ÖNORM B 2214 Pflasterarbeiten—Werkvertragsnorm.
ÖNORM B 2606-2 Sportplatzbeläge—Parte 2: Tennenbeläge.

Forschungsgesellschaft für Straßen- und Verkehrswesen (FGSV) [Instituto de Investigación de Carreteras y Tráfico] (publ.):
- *RStO 01, Richtlinien für die Standardisierung des Oberbaues von Verkehrsflächen*. FGSV Verlag, Colonia, 2001.
- RuA-StB, *Richtlinien für die umweltverträgliche Anwendung von industriellen Nebenprodukten und Recycling-Baustoffen im Strassenbau*. FGSV Verlag, Colonia, 2001.
- *TL Gestein StB 04, Technische Lieferbedingungen für Gesteinskörnungen im Strassenbau*. FGSV Verlag, Colonia, 2004.
- *TL Min-StB 2000, Technische Lieferbedingungen für Mineralstoffe im Strassenbau (Gesteinskörnungen und Werksteine im Strassenbau)*. FGSV Verlag, Colonia, 2000.
- *ZTV Asphalt-StB 01, Zusätzliche Technische Vertragsbedingungen und Richtlinien für den Bau von Fahrbahndecken aus Asphalt*. FGSV Verlag, Colonia, 2001.
- *ZTV Beton-StB 01, Zusätzliche Technische Vertragsbedingungen und Richtlinien für den Bau von Fahrbahndecken aus Beton*. FGSV Verlag, Colonia, 2001.

- *ZTV Pflaster-StB 06, Zusätzliche Technische Vertragsbedingungen und Richtlinien zur Herstellung von Pflasterdecken, Plattenbelägen und Einfassungen.* FGSV Verlag, Colonia, 2006.
- *ZTV T-StB 2002, Zusätzliche Technische Vertragsbedingungen und Richtlinien für Tragschichten im Strassenbau.* FGSV Verlag, Colonia, 2002.

Deutscher Asphaltverband (DAV) [Asociación Alemana del Asfalto] (publ.):
Gestalten mit Asphalt und Technik im Asphaltbau. Bonn, 2005.

Deutscher Naturwerkstein Verband (DNV) (publ.):
- *Bautechnische Information Naturwerkstein Bodenbeläge, aussen.* Würzburg, 2008.
- *Bautechnische Information Naturwerkstein Mörtel für Aussenarbeiten.* Würzburg, 1996.
- *Merkblatt Pflasterdecken und Plattenbeläge aus Naturstein für Verkehrswegeflächen.* Würzburg, 2002.

3.3 ESCALERAS

Baus, Ursula; Siegele, Klaus: *Stahltreppen. Konstruktion Gestalt, Beispiel.* Deutsche Verlags-Anstalt, Stuttgart, 1999.
Blondel, François: *Cours d'architecture.* París, 1683.
Daidalos. *Extreme der Topografie*, vol. 63. Bertelsmann Fachzeitschriften GmbH, Gütersloh, 1997.
Detail—Zeitschrift für Architektur + Baudetail. *Stairs.* Ausgabe 4/2002. Institut für internationale Architektur-Dokumentation GmbH & Co. KG
Ehrmann, Walter; Nutsch, Wolfgang: *Der Holztreppenbau.* Verlag Europa Lehrmittel, Haan-Gruiten, 2004.
Hartisch, Karl: *Treppen in Stahl, Beton und Holz.* Karl Krämer, Stuttgart/Zúrich, 1993.
Mader, Günter: «Kleine Mathematik des Treppenbaus». En: *Der Gartenbau*, n.º 35/2002.
Mielke, Friedrich: *Handbuch der Treppenkunde.* Th. Schäfer, Hannover, 1993.
Pech, Anton; Kolbitsch, Andreas: *Treppen / Stiegen. Baukonstruktionen*, vol. 10. Springer, Viena, 2005.
Gut, D.: «Gedankengänge». En: Deplazes, Andrea: *Architektur konstruieren.* Birkhäuser Verlag, Basilea, 2005.
Informationsstelle Edelstahl Rostfrei: *Geländer und Treppen aus Edelstahl.* Rostfrei, Dokumentation 871, Düsseldorf, 1998.

EN 14076 Escaleras de madera. Terminología.
DIN 18065-1 Treppen in Gebäuden.
DS 105-E. Udearealer for alle. Anvisning for planlægning og indretning med henblik på handicappedes færden.
ÖNORM B 1600 Barrierefreies Bauen—Planungsgrundsätze.
ÖNORM B 5371 Gebäudetreppen—Abmessungen

Stahl-Informations-Zentrum [Centro de Estudios del Acero]:
- *Merkblatt 255—Aussentreppen aus Stahl.*
- *Merkblatt 355—Entwurfshilfen für Stahltreppen.*

3.4 BARANDILLAS Y VALLAS

Baus, Ursula; Siegele, Klaus: *Stahltreppen.* Dt. Verl.-Anst., Stuttgart, 1999.
Boeminghaus, Dieter: *Zäune aus Holz: klassische Lösungen und neue Beispiele.* Callwey Verlag, Múnich, 1986.
Gladischefski, Hans; Halmburger, Klaus: *Treppen in Stahl.* Bauverlag, Wiesbaden, 1974.
Goldelius, Hans-Walter: *Balkon- und Treppengeländer.* Verlagsgesellschaft Rudolf Müller GmbH & Co. KG, Colonia, 2008.
Littlewood, Michael: *Landscape Detailing*, vol. 1: *Enclosures*, 3.ª edición. Elsevier Ltd., Oxford, 1993.
Mader, Günter; Zimmermann, Elke: *Zäune und Tore aus Holz und Metall.* DVA, Múnich, 2006.
Warnes, Jon: *Living Willow Sculpture.* Search Press, 2000.

DIN 18024-1 Barrierefreies Bauen—Parte 1: Strassen, Plätze, Wege, öffentliche Verkehrs- und Grünanlagen sowie Spielplätze (será reemplazada por la norma DIN 18030).
DIN 18024-2 Barrierefreies Bauen—Parte 2: Öffentlich zugängige Gebäude und Arbeitsstätten, Planungsgrundlagen (será reemplazada por la norma DIN 18030).
SIA 358 Geländer und Brüstungen .
Documentation SIA D 0158 *Geländer und Brüstungen—Aspekte zur Anwendung der Norm SIA 358.*

Bundesverband Metall: *Technische Richtlinie des Metallhandwerks—Geländer und Umwehrungen aus Metall.* Charles Coleman Verlag GmbH & Co KG, 2008.
Schweizerische Beratungsstelle für Unfallverhütung (BFU): Dokumentation *Geländer und Brüstungen* (www.bfu.ch)
Stahl-Informations-Zentrum [Centro de Estudios del Acero]:
- *Merkblatt 255—Aussentreppen aus Stahl.*
- *Merkblatt 355—Entwurfshilfen fur Stahltreppen.*

3.5 MUROS

Baetzner, Alfred: *Natursteinarbeiten.* Ulmer Verlag, Stuttgart, 1991.
Dachverband Lehm A.R. (publ.): *Lehmbau Regeln*, 2.ª edición, Vieweg, Braunschweig/Wiesbaden, 2002.
Friederich, Volker: *Mauern aus Natursteinen.* Ulmer Verlag, Stuttgart, 2001.
Garner, Lawrence: *Dry Stone Walls.* Shire Publications Ltd., Buckinghamshire, 2005.
Kapfinger, Otto: *Martin Rauch—rammed earth. Lehm und Architektur.* Birkhäuser, Basilea, 2001.
Littlewood, Michael: *Landscape Detailing*, vol. 1: *Enclosures*, 3.ª edición, Elsevier Ltd., Oxford, 1993.
Mader, Günter; Zimmermann, Elke: *Mauern—Elemente der Garten- und Landschaftsarchitektur.* DVA, Múnich, 2008.
Pfeifer, Günther y otros: *Mauerwerk Atlas*, 6.ª edición. Birkhäuser, Basilea, 2001.
Radford, Andy: *A Guide to Dry Stone Walling.* Crowood Press Ltd., 2005.
Reichel, Alexander; Hochberg, Anette; Köpke, Christine: *Plaster, Render, Paint and Coatings: Details, Products, Case Studies (Detail, Series Prácticas).* Birkhäuser, Basilea, 2005.
Stiftung Umwelt Einsatz Schweiz SUS (ed.): *Trockenmauern im Berggebiet*—8. Internationaler Trockenmauerkongresses 29-31. Agosto de 2002, Visp (publicación de conferencia).
Tufnell, Richard; Rumpe, Frank; Ducommun, Alain; Hassenstein, Marianne: *Trockenmauern—Anleitung für den Bau und die Reparatur.* Hauptverlag, Berna, 1996.
EN 338 Madera estructural. Clases resistentes.
EN 998-2 Especificaciones para los morteros de albañilería. Parte 2: Morteros para albañilería.
EN 1993-5 (EC 3) Proyecto de estructuras de acero. Parte 5 Pilotes y tablestacas.
EN 1995-1-1 (EC 5) Proyecto de estructuras de madera. Parte 1-1: Reglas generales y reglas para edificación.

EN 1996-1-1 (EC 6) Proyecto de estructuras de fábrica. Parte 1-1: Reglas generales para edificios. Reglas para fábrica y fábrica armada.
EN 14487-1 Hormigón proyectado. Parte 1: Definiciones, especificaciones y conformidad.
EN 14487-2 Hormigón proyectado. Parte 2: Ejecución.

DIN 1045 Tragwerke aus Beton und Stahlbeton—Parte 1: Bemessung und Konstruktion—Kommentierte Kurzfassung.
DIN 1053-1 Mauerwerk—Parte 1: Rezeptmauerwerk; Berechnung und Ausführung.
DIN 1053-2 Mauerwerk—Parte 2: Mauerwerk nach Eignungsprüfung; Berechnung und Ausführung.
DIN 18330 Mauerarbeiten.
DIN 18332 Naturwerksteinarbeiten.
DIN 18515-1 Aussenwandbekleidungen—Parte 1: Angemörtelte Fliesen oder Platten; Grundsätze für Planung und Ausführung.
DIN 18515-2 Aussenwandbekleidungen; Anmauerung auf Aufstandsflächen; Grundsätze für Planung und Ausführung.
DIN 18516 Ausbruchlast am Ankerdornloch.
DS 415 Norm for fundering.
SIA 178 Natursteinmauerwerk.
SIA 225 Mauerwerk aus künstlichen Steinen, Leistung und Lieferung.
SIA 226 Natursteinmauerwerk, Leistung und Lieferung.
SN 567 246 Natursteinarbeiten—Beläge, Bekleidungen und Werkstücke.
SN 640 383 Mauertypen.
SN 640 385 Fundamente.
SN 640 386 Maueransichten.
SN 640 387 Fugen.
SN 640 388 Mauerkronen.
SN 640 389 Entwässerung und Hinterfüllung

Bundesverband der Deutschen Ziegelindustrie (publ.): *Merkblatt 1-3.11 Freistehende Mauern—Einfriedungen, Sichtblenden, Schutzmauern.* Bonn, 1994.

Deutscher Natursteinverband [Asociación Alemana de la Piedra Natural]:
- *Bautechnische Information Naturwerkstein: 1.1 Massiv- und Verblendmauerwerke.* 1996.
- *Bautechnische Information Naturwerkstein: 1.6 Mörtel für Aussenarbeiten.* 1996.
- *Bautechnische Information Naturwerkstein: 1.7 Bauchemische und bauphysikalische Einflüsse Aussenarbeiten.* 1995.
- *Bautechnische Information Naturwerkstein: 4.1 Wissenswertes über Naturwerkstein.* 1996.

Schweizer Ziegelindustrie (publ.): *Backstein Mauerwerk—Planung, Eigenschaften, Ausfuhrung.* Schweizer Ziegelindustrie Informationsstelle, Zúrich, 1977.

Dry Stone Walling Association of Great Britain (DSWA) — Handouts:
- *Notes on Building a Cairn.*
- *Specification for simple Retaining Walls.*
- *Butts for Shelter, Shooting or Watching.*
- *Craftsman Certification Scheme.*
- *Possible Grant Sources for Dry Stone Walling & Dyking.*
- *Bee Boles.*
- *Walls need Friends.*
- *Working for the Professional Waller or Dyker.*
- *Dry Stone Walls and Wildlife.*

Dry Stone Walling Association of Great Britain — www.dswa.org.uk
Bundesverband der Deutschen Ziegelindustrie — www.ziegel.de
Dachverband Lehm A.R.— www.dachverband-lehm.de
BetonMarketing Deutschland GmbH — www.beton.org
Verein Deutscher Zementwerke A.R. — www.vdz-online.de
Deutscher Beton- und Bautechnik-Verein A.R. — www.betonverein.de
Fachverband Baustoffe und Bauteile für vorgehängte hinterlüftete Fassaden — www.fvhf.de
Gesamtverband Deutscher Holzhandel A.R. — www.holzhandel.de
Stahl-Informations-Zentrum — www.stahl-info.de
Verband des Zimmerer- und Holzbaugewerbes Baden-Württemberg — www.holzbau-online.de

3.6 PEQUEÑAS CONSTRUCCIONES Y PÉRGOLAS

Engelmann, Fritz: *Kleine Holzbauwerke. Balkone, Pergolen, Zäune, Wartehäuschen, konstruktiver Holzschutz.* Bruder, Karlsruhe, 1995.
Jesberg, Paulgerd: *Lust zum Gartenhaus.* Coppenrath Verlag, Münster, 1995.
Littlewood, Michael: *Landscape Detailing*, vol. 3: *Structures*, 3.ª edición, Architectural Press, 1997.
Niederstrasser, Michael; Spalink-Sievers, Johanna; Weddige, Rüdiger: *Gartenhaus, Laube, Pergola.* Callwey, Múnich, 1986.
Zentralverband des Deutschen Dachdeckerhandwerks—Fachverband Dach-, Wand- und Abdichtungstechnik A.R.: *Deutsches Dachdeckerhandwerk—Regeln für Dachdeckungen.* Rudolf Müller, Verlag, Colonia, 2007.

3.7 PUENTES PEQUEÑOS Y 3.8 PASARELAS Y PLATAFORMAS

Baus, Ursula: *Fussgängerbrücken: Konstruktion—Gestalt—Geschichte.* Birkhäuser Verlag, Basilea, 2008.
Euro Inox (ed.): *Pedestrian Bridges in Stainless Steel.* Bruselas, 2004.
Hallman, Heinz W.; Rohn, Heinz W.; Lingnau, Günter: *Bauen mit Holz in Park und Garten—Anregungen zur Gestaltung und Konstruktion.* Callwey, Múnich, 1984.
Oster, Hans J. (ed.): *Fussgängerbrücken—Jörg Schlaich und Rudolf Bergermann.* Catalogue for an exhibition at ETH Zürich, Zúrich, 1992.
Ruske, Wolfgang (ed.): *Aussenanlagen im Detail.* WEKA-Verlag, Kissing, 1987.
Ruske, Wolfgang (ed.): *Bauten in der Landschaft.* WEKAVerlag, Kissing, 1987.
Stahl-Informations-Zentrum: *Fussgängerbrücken aus Stahl. Dokumentation 577.* Düsseldorf, 2004.

3.9 TÉCNICAS DE PLANTACIÓN Y MANTENIMIENTO DE SUPERFICIES AJARDINADAS

Ball, Liz; Anderson, Jim: *Composting.* Workman Publishing, 1998.
Frey, Wolfgang; Lösch, Rainer: *Lehrbuch der Geobotanik.* Fischer Verlag, Stuttgart, 1998.
Greenwood, Pippa; Halstead, Andrew: *Dumont's Grosses Gartenhandbuch Schädlinge & Krankheiten.* Dumont Verlag, Colonia, 1998.
Greenwood, Pippa; Halstead, Andrew y la Royal Horticultural Society: *Pest & Diseases.* Dorling Kindersley, Londres, 1997.
Kaiser, Klaus (1998): «Pflanzen. Zur Rose die Staude». En: *Garten + Landschaft*, 9/1998, pp. 23-24.
Krüssmann, Gerd: *Taschenbuch der Gehölzverwendung: ein Leitfaden für die richtige Verwendung der in den Baumschulen erhältlichen Gehölze.* Parey Verlag, Berlín, 1970.
Lacher, Jean-Luc; Gelgon, Thierry: *Aménagement et maintenance des surfaces végétales.* Tech.& Doc./Lavoisier, 2000.

Lapouge-Déjean, Brigitte; Klecka, Virginie: *Jardin sans eau !* Edisud, Aix-en-Provence, 2007.

Le Bret, Jean: *Les plantes vivaces de lumière*. París, 1989.

Niesel, Alfred (ed.): *Grünflächenmanagement. Dynamische Pflege von Grün*. Ulmer Verlag, Stuttgart, 2006.

Roloff, Andreas; Thiel, Andreas; Weiß, Henrik: *Urbane Gehölzverwendung im Klimawandel und aktuelle Fragen der Baum-pflege*. Selbstverlag der Fachrichtung Forstwissenschaft der TU Dresden, Tharandt, 2007.

Ruyten, Frits: «Der integrale Bepflanzungsplan». En: *Garten + Landschaft*, 8/1997, pp. 29-31.

Sachweh, Ulrich: *Grundlagen des Gartenbaues*. Ulmer Verlag, Stuttgart, 1985.

Scheffer, Fritz; Schachtschabel, Paul: *Lehrbuch der Bodenkunde*. Spektrum Akademischer Verlag, Heidelberg, 2002.

Schmidt, Cassian: «Neue Pflegekonzepte für nachhaltige Staudenpflanzungen». En: *Stadt + Grün*, 3/2005, pp. 30-35.

Schneidewind, Axel: «Vergleichsuntersuchung von Verankerungsmethoden und Baumbindematerialien für Jungbäume». En: Dujesiefken, Dirk; Kockerbeck, Petra (ed.): *Jahrbuch der Baumpflege*. Thalacker Verlag, Braunschweig, 2003, pp. 86-106.

DIN 18916 Vegetationstechnik im Landschaftsbau—Pflanzen und Pflanzarbeiten.

DIN 18919 Vegetationstechnik im Landschaftsbau—Entwicklungs-und Unterhaltungspflege von Grünflächen.

DIN 18920 Schutz von Bäumen, Pflanzenbeständen und Vegetationsflächen bei Baumassnahmen.

ÖNORM B 2241 Gartengestaltung und Landschaftsbau.

ÖNORM L 1040—Pflanzen-Vegetationstechnische Arbeiten.

SN 640 577 a Schutz von Bäumen—Protection des arbres.

SN 640 677 Alleebäume, Grundlagen.

SN 640 678 Alleebäume, Baumartenwahl.

FLL—Forschungsgesellschaft Landschaftsentwicklung und Landschaftsbau e. V. (publ.): *Additional Technical Contractual Terms and Guidelines for Tree Care*, 2004.

ELCA European landscape contractors association — www.elca.info/en

ISA International society of arboriculture — www.isa-arbor.com

Deutsche Dendrologische Gesellschaft A.R. DDG — www.ddg-web.de

Perenne e. V. Verein für Staudenzüchtung und Sortimentsentwicklung — www.perenne.de

Staudensichtung des Bundes deutscher Staudengärtner — www.staudensichtung.de

British association of landscape industries BALI — www.bali.co.uk

Landscape Institute — www.landscapeinstitute.org

Österreichische Gartenbaugesellschaft — www.garten.or.at

Landwirtschaftskammer Österreich — www.landwirtschafts-kammer.at

Bodenkundliche Gesellschaft der Schweiz — www.soil.ch/BGS

Bund Schweizer Baumpflege — www.baumpflege-schweiz.ch

Schweizerische Stiftung für die kulturhistorische und genetische Vielfalt von Pflanzen und Tieren — www.prospecierara.ch

Schweizer Dendrologische Gesellschaft — www.dendrologie.ch

3.10 PRADERAS Y PRADOS: INSTALACIÓN Y MANTENIMIENTO

Beard, James B.: *Beards Turfgrass Encyclopedia: For Golf Courses, Grounds, Lawns, Sports Fields*. State University Press, Michigan, 2005.

Brochard, Danierl: *Pelouses et gazons: les conseils d'un spécialiste pour choisir, installer et entretenir votre tapis vert*. Hachette, París, 1994.

Ellenberg, Heinz: *Vegetation Mitteleuropas mit den Alpen*. Ulmer Verlag, Stuttgart, 1996.

Gandert, Klaus; Bures, Frantisek: *Handbuch Rasen. Grundlagen—Anlage—Pflege*. Deutscher Landwirtschaftsverlag, 1992.

Gandert, Klaus-Dietrich; Bures, Frantisek: *Handbuch Rasen*. Deutscher Landwirtschaftsverlag, Hannover, 1991.

Hoppe, Frank: Rasen. *Anlage und Pflege von Zier-, Gebrauchs-, Sport- und Landschaftsrasen*. Ulmer Verlag, Stuttgart, 1983.

Jencks, Charles: *The Garden of Cosmic Speculation*. Frances Lincoln Limited, Londres, 2003 — www.charlesjencks.com

Kauter, Dirk: *Entwicklung der Rasenkultur in Mitteleuropa—Ein Überblick vom Mittelalter bis ins angehende 19. Jahrhundert*. Köllen Druck und Verlag, Bonn, 2002.

Loyd, Christopher; Hunningher, Erica (eds.): *Meadows*. Timber Press, Pórtland, 2004.

Orell, Christine: «Skurriler Sommerflor». En: *Gartenpraxis*, n.º 5/2004, pp. 14-17.

DIN 18035-2 Sportplätze Parte 2—Bewässerung von Rasen- und Tennenflächen.

DIN 18035-3 Sportplätze Parte 3—Entwässerung.

DIN 18035-4 Sportplätze Parte 4—Rasenflächen.

DIN 18917 Vegetationstechnik im Landschaftsbau—Rasen und Saatarbeiten.

DIN 18918 Vegetationstechnik im Landschaftsbau—Ingenieurbiologische Sicherungsbauweisen—Sicherungen durch Ansaaten, Bepflanzungen, Bauweisen mit lebenden und nicht lebenden Stoffen und Bauteilen, kombinierte Bauweisen.

ÖNORM B 2605 Sportplätze—Planungsrichtlinien und Ausführungshinweise.

ÖNORM B 2606-1 Sportplatzbeläge—Rasenbeläge.

FLL—Forschungsgesellschaft Landschaftsentwicklung und Landschaftsbau e. V. (publ.):
- *Richtlinie fur den Bau von Golfplätzen*. 2000.
- *Empfehlung fur Bau und Pflege von Flächen aus Schotterrasen*. 2000.

ÖAG (Österr. Arbeitsgemeinschaft für Grünland u. Futterbau und BAL Bundesamt für Alpenländische Landwirtschaft Gumpenstein) (publ.): Richtlinie für standortgerechte Begrünungen. 2000.

Deutsche Rasengesellschaft (DRG) — www.rasengesellschaft.de

Société des Gazons Française — www.gazonsfg.org

EIGCA European Institute of Golf Course Architects — www.eigca.org

The Sports Turf Research Institute — www.stri.co.uk

3.11 DRENAJE SUPERFICIAL

Geiger, Wolfgang F.; Dreiseitl, Herbert: *Neue Wege für das Regenwasser—Handbuch zum Rückhalt und zur Versickerung von Regenwasser in Baugebieten*. Verlag R. Oldenbourg, Múnich, 2001.

Mahabadi, Mehdi: *Regenwasserversickerung. Planungsgrundsätze und Bauweisen*. Thalacker Medien, Braunschweig, 2001.

Heinrichs, Franz-Josef; Rickmann, Bernhard; Sondergeld, Klaus-Dieter: *Gebäude- und Grundstücksentwässerung. Planung und Ausführung. DIN 1986-100 und DIN EN 12056-4.* Deutsches Institut für Normung A.R., Berlín, 2008.
Sieker, Friedhelm; Kaiser, Mathias; Sieker, Heiko: *Dezentrale Regenwasserbewirtschaftung im privaten, gewerblichen und kommunalen Bereich. Grundlagen und Ausführungsbeispiele.* Fraunhofer IRB Verlag, Stuttgart, 2006.

EN 124 Dispositivos de cubrimiento y de cierre para zonas de circulación utilizadas por peatones y vehículos. Principios de construcción, ensayos de tipo, marcado, control de calidad.
EN 752-1 Sistemas de desagües y de alcantarillado exteriores a edificios. Parte 1: Generalidades y definiciones.
EN 752-2 Sistemas de desagües y de alcantarillado exteriores a edificios. Parte 2: Requisitos de comportamiento.
EN 752-3 Sistemas de desagües y de alcantarillado exteriores a edificios. Parte 3: Proyecto.
EN 1433 Canales de desagüe para zonas de circulación utilizadas por peatones y vehículos. Clasificación, requisitos de diseño y de ensayo, marcado y evaluación de la conformidad.
EN 1610 Instalación y pruebas de acometidas y redes de saneamiento.
DIN 1986-100 Entwässerungsanlagen für Gebäude und Grundstücke—Parte 100: Zusätzliche Entwässerungsanlagen für Gebäude und Grundstücke.

Deutsche Vereinigung für Wasserwirtschaft, Abwasser und Abfall A.R.:
- Arbeitsblatt DWA-A 117: *Bemessung von Regenrückhalteräumen.* 2006.
- Arbeitsblatt DWA-A 138: *Planung, Bau und Betrieb von Anlagen zur Versickerung von Niederschlagswasser.* 2005.
- Arbeitsblatt ATV-DVWK-A 156: *Regeln für den Kanalbetrieb—Regenbecken und -entlastungen.* 2000.
- Arbeitsblatt ATV-DVWK-A 157: *Bauwerke der Kanalisation.* 2000.
- Arbeitsblatt ATV-A 166: *Bauwerke der zentralen Regenwasserbehandlung und -rückhaltung—Konstruktive Gestaltung und Ausrüstung.* 1999.

FLL—Forschungsgesellschaft Landschaftsentwicklung und Landschaftsbau e. V. (publ.):
- *Empfehlung zur Versickerung und Wasserrückhaltung.* 2005.
- *Richtlinie für die Planung, Ausführung und Unterhaltung von begrünbaren Flächenbefestigungen.* 2008

3.12 ELEMENTOS DE AGUA

Bahamón, Alejandro: *Water Features.* Loft Publications, Barcelona, 2007.
Dreiseitl, Herbert; Grau, Dieter (eds.): *Waterscapes—Planning, Building and Designing with Water.* Birkhäuser Verlag, Basilea/Berlín/Boston, 2001.
Dreiseitl, Herbert; Grau, Dieter; Ludwig, Karl H.C.: *New Waterscapes—Planning, Building and Designing with Water.* Birkhäuser Verlag, Basilea/Berlín/Boston, 2005.
Junker, Lars: *Vand i haven.* Politiken forlag i samarbejde med Det Danske Haveselskab, 2007
Littlewood, Michael: *Landscape Detailing*, vol. 4: *Water*, 3.ª edición. Elsevier Ltd., Oxford, 2001.
Lohmann, Michael: *Den frodige vandhave.* Skarv/Høst og Søn, 1993.
Stadelmann, Peter: *Kommas bog om vand i haven.* Komma, 1989.
Wachter, Karl; Bollerhey, Herbert; Germann, Theo: *Der Wassergarten.* Ulmer Verlag, Stuttgart 2005
Weixler, Richard; Hauer, Wolfgang: *Garten- u. Schwimmteiche—Bau, Bepflanzung, Pflege.* Leopold Stocker Verlag, Graz, 1998.

DIN 18195-1 to 10 Bauwerksabdichtungen, Partes 1-6.

FLL—Forschungsgesellschaft Landschaftsentwicklung und Landschaftsbau A.R. (publ.):
- *Recommendations for the Planning, Construction, Servicing and Operation of Public Swimming and Bathing Pond Facilities.* 2003.
- *Recommendations for the planning, construction, maintenance of private swimming and natural pools.* 2006.

Internationale Gesellschaft für naturnahe Badegewässer — www.igb.cc
Schweizerischer Verband fur naturnahe Badegewässer und Pflanzenkläranlagen — www.svbp.org

3.13 JARDINES VERTICALES

Alanko, Pentti; Kahila, Pirkko: *Köynnöskasvit.* Tammi, 2003.
Althaus, Christoph: *Fassadenbegrünung. Ein Beitrag zu Risiken, Schäden und präventiver Schadensverhütung.* Patzer Verlag, Berlín/Hanóver, 1987.
Baumann, Rudi: *Begrünte Architektur. Bauen und Gestalten mit Kletterpflanzen.* Callwey Verlag, Múnich, 1983.
Blanc, Patrick: «The Vertical Garden». En: *Nature and the City.* Nueva York, 2008. Véase también www.verticalgardenpatrick-blanc.com/2008-07-14
Bundesverband Metall, Vereinigung Deutscher Metallhandwerke (publ.): *Fassadenbegrünung—Gestaltung, Bemessung, Ausführung.* Charles Coleman Verlag, Colonia, 2000.
Detail. Zeitschrift für Architektur + Baudetail: *Urban Planning Details.* Ausgabe 6/2004. Institut für internationale Architektur-Dokumentation GmbH & Co. KG, Múnich.
Dunnett, Nigel; Kingsbury, Noel: *Planting Green Roofs and Living Walls.* Pórtland/Oregón, 2008.
Gunkel, Rita: *Fassadenbegrünung. Kletterpflanzen und Klettergerüste.* Stuttgart, 2004.
Hoyland, John: «Keep climbers in check». En: *Gardens Illustrated*, n.º 127, julio de 2007, pp. 78-81.
International Design: «The Vertical Gardens of Patrick Blanc». En: *Gardens Illustrated*, n.º 128, agosto de 2007, pp. 86-8.7
Köhler, Manfred: *Fassaden- und Dachbegrünung.* Ulmer Verlag, Stuttgart, 1993.
Lambertini, Anna; Ciampi, Mario: *Vertical Gardens: Bringing the City to Life.* Thames & Hudson, Londres, 2007.
Minke, Gernot: *Häuser mit grünem Pelz—ein Handbuch zur Hausbegrünung.* Fricke, Fráncfort, 1982.

EN 13119 Fachadas ligeras. Terminología. Versión trilingüe.
EN 20273 Elementos de fijación. Agujeros de paso para pernos y tornillos.
EN 20898-2 Características mecánicas de los elementos de fijación. Parte 2: Tuercas con valores de carga de prueba especificados. Rosca de paso grueso (ISO 898-2:1992).
EN 28839 Características mecánicas de los elementos de fijación. Pernos, tornillos, bulones y tuercas de metales no férreos (ISO 8839:1986).
DIN 18515-1 Aussenwandbekleidungen—Parte 1: Angemörtelte Fliesen oder Platten; Grundsätze für Planung und Ausführung.

DIN 18515-2 Aussenwandbekleidungen; Anmauerung auf Aufstandsflächen; Grundsätze für Planung und Ausführung
DS 410 Norm for belastning på konstruktioner.
ÖNORM B 2241 Gartengestaltung und Landschaftsbau—Werkvertragsnorm.
ÖNORM L 1110 Pflanzen—Güteanforderungen, Sortierungsbestimmungen.
ÖNORM L 1111 Gartengestaltung und Landschaftsbau—Technische Ausführung.

FLL (Forschungsgesellschaft Landschaftsentwicklung und Landschaftsbau A.R.):
- *Richtlinie für die Planung, Ausführung und Pflege von Fassadenbegrünungen mit Kletterpflanzen*. Bonn, 2000.

EFB-Europäische Föderation Bauwerksbegrünung — www.efb-bauwerksbegruenung.com
Associazione Italiana verde pensile (AIVEP) — www.aivep.org
Fachverband Bauwerksbegrunung e. V. (FBB) — www.fbb.de
Stadsingeniorens direktorat Kobenhavn—Grønne mure — www.vejpark2.kk.dk/publikationer/pdf/005_groenne_mure.pdf
Schweizerische Fachvereinigung Gebäudebegrünung (SFG) — www.sfg-gruen.ch
VBB Vereniging van Bouwwerk Begroeners — www.bouwwerkbegroeners.nl
VFB Verband für Bauwerksbegrünung — www.gruendach.at
ZEOSZ Zöldtetöepitök Országos Szövetsége — www.zeosz.hu

3.14 CUBIERTAS AJARDINADAS

Ahrendt, Jana: *Historische Gründächer, Ihr Entwicklungsgang bis zur Erfindung des Eisenbetons*. Dissertation, Berlín, 2007.
BGL (publ.): *Jahrbuch Dachbegrünung*. Thalacker Medien, Braunschweig, 2002.
Detail, Zeitschrift für Architektur + Baudetail, *Roof Construction*, Ausgabe 7–8/2002, Verlag Institut für internationale Architekturdokumentation, Múnich.
Dubbeling, M.; Bleuze, P.: *Begroeide daken*, Stuurgroep Experimenten Volkshuisvesting, Róterdam, 1999.
Dunett Nigel; Kingsbury Noel: *Planting Green Roofs and Living Walls*. Timber Press, Pórtland, 2008.
Ernst, Wolfgang: *Dachabdichtung Dachbegrünung, Fehler—Ursachen, Auswirkungen und Vermeidung*. Fraunhofer IRB Verlag, Stuttgart, 2002.
Garten + Landschaft, Themenheft Dachgrün, Ausgabe 10/2003. Callwey Verlag, Múnich.
Garten + Landschaft, Themenheft Eco Value, Ausgabe 1/2008. Callwey Verlag, Múnich.
Grützmacher, Bernd: *Grasdach und Dachbegrünung*. Callwey Verlag, Múnich, 1993.
Hopper, Leonard J.: «Living Green Roofs and Landscapes over Structure». En: *Landscape Architectural Graphic Standards*. Hoboken, N.J., John Wiley & Sons, 2007, pp.713-723.
Köhler, Manfred: *Fassaden- und Dachbegrünung*. Ulmer Verlag, Stuttgart, 1993.
Köhler, Manfred: «Gründächer international». En: *Stadt + Grün*, 10/2006, pp. 54-56.
Kolb, Walter; Schwarz, Tassilo: *Dachbegrünung, intensiv und extensiv*. Verlag Eugen Ulmer, Stuttgart, 1999.
Krupka, Bernd: *Dachbegrünung, Pflanzen- und Vegetationsanwendung an Bauwerken*. Verlag Eugen Ulmer, Stuttgart, 1992.
Møller, Angela Beck: *Det grønne tag*. Grønt miljøs småbøger, 2003.
Liesecke, H. J.: «Extensive Dachbegrünung, Parte 1: Von den ersten Entwicklungsansätzen bis zur praktischen Umsetzung». En: *Stadt + Grün*, 10/2006, p. 47.
Ídem: «Parte 2: Die Vermittlung von Forschungsergebnissen». En: *Stadt + Grün*, 11/2006, p. 52 ff.
Liesecke/Krupka/Lösken/Bruggemann (publ.: FLL): *Grundlagen der Dachbegrünung*. Patzer Verlag, Hannover, 1989.
Loon, A. van: *Ruimte voor de stadsboom*. Blauwdruk, Wageningen, 2003.
Ngan, Goya: *Soka-Bau Green Roof Case Study*, Canada Mortgage and Housing Corporation (publ.) «Innovative Buildings» series, self-published/Internet (www.cmhc.ca), Ottawa, 2004.
Osmundsen, Theodore: *Roof Gardens: History, Design, and Construction*. W.W. Norton & Company, Nueva York, 1999.
Peck, Steven; Kuhn Monica: *Design Guidelines for Green Roofs*, Canada Mortgage and Housing Corporation (publ.), self-published/Internet (www.cmhc.ca), Ottawa.
Snodgrass Edmund; Snodgrass Lucie: *Green Roof Plants, A Resource and Planting Guide*. Timber Press, Pórtland, 2006.
Stifter, Roland: *Dachgärten, Grüne Inseln in der Stadt*. Verlag Eugen Ulmer, Stuttgart, 1988.
Teeuw, P.G.; Ravesloot, C.M.: *Begroeide daken in Nederland*. Delft University Press, Delft, 1998.
Werthmann, Christian: *Green Roof: A Case Study: Michael Van Valkenburgh Associates' Design for the Headquarters of the American Society of Landscape Architects*. Princeton Architectural Press, Nueva York, 2007.

DIN 18338 Dachdeckungs- und Dachabdichtungsarbeiten.
DIN 18531 Dachabdichtungen; Begriffe, Anforderungen, Planungsgrundsätze (für Extensivbegrünungen).
DIN 18195 Bauwerksabdichtungen (für Intensivbegrünungen).
DIN 18531 Dachabdichtungen; Begriffe, Anforderungen, Planungsgrundsätze (für Extensivbegrünungen).
ÖNORM B 2209-1—Abdichtungsarbeiten für Bauwerke, Werkvertragsnorm.
ÖNORM B 2209-2—Abdichtungsarbeiten für genutzte Dächer, Werkvertragsnorm.
ONR 12 11 31 Qualitätssicherung im Grünraum—Gründach-Richtlinien für die Planung, Ausführung und Erhaltung, Viena, 2002.
UNI 11235 Istruzioni per la progettazione, l'esecuzione, il controllo e la manutenzione di coperture a verde, Roma, 2007.

Bundesinnung der Dachdecker und Pflasterer Österreichs: *Richtlinien für die Ausführung von Flachdächern*.
Internationale Förderation des Dachdeckerhandwerkes (IFD): *Richtlinien für die Planung und Ausführung von Dächern mit Abdichtungen (Flachdachrichtlinien)*.

Forschungsgesellschaft Landschaftsentwicklung und Landschaftsbau (FLL): *Guideline for the Planning, Execution and Upkeep of Green-Roof Sites*, 2002.
Schweizerische Fachvereinigung Gebäudebegrünung (SFG):
- *Gründachrichtlinie für Extensivbegrünung: Parte 1:* «Wasserhaushalt und Vegetation».
- *Gründachrichtlinie für Extensivbegrünung: Parte 2:* «Labelvergabe und Ökobilanz».
- *Empfehlung zur Pflege und zum Unterhalt von extensiven Dachbegrünungen*

Schweizerischer Ingenieur- und Architektenverein (SIA):

- *Empfehlung n.º 493: Deklaration ökologischer Merkmale von Bauprodukten.*
- *Empfehlung n.º 271/2: Flachdächer zur Begrünung.*

ASLA (American Society of Landscape Architects), Green Roof Project — www.asla.org/land/050205/greenroofcentral.html
Associazione Italiana Verde Pensile (AIVEP) — www.aivep.org
Deutscher Dachgärtner Verband A.R. — www.dachgaertnerverband.de
European Federation of Green Roof Associations (EFB) — www.efb-greenroof.eu
Fachvereinigung Bauwerksbegrünung (FBB) — www.fbb.de
Green Roofs for Healthy Cities North America — www.greenroofs.org
International Green Roof Association — www.igra-world.com
Livingroofs.org Ltd.— www.livingroofs.org
Österreichischer Verband für Bauwerksbegrünung — www.gruendach.at
Schweizerische Fachvereinigung Gebäudebegrünung (SFG) — www.sfg-gruen.ch
SGRA/SGRI—Scandinavian Green Roof Association/Institute — www.greenroof.se
Plattform zur Dachbegrünung — www.gruendaecher.de
Vereniging Bouwwerk Begroeners (V.B.B.) — www.bouwwerkbegroeners.nl
Zentralverband des Deutschen Dachdeckerhandwerks (ZVDH) — www.dachdecker.de
ZEOSZ Zöldtetöepitök Országos Szövetsége — www.zeosz.hu

3.15 ELEMENTOS ESPECIALES

Elementos de iluminación

ASL Landscape Design Institute y otros: *Landscape Lighting Design Book*. Callwey Verlag, Múnich, 1998.
Bean, Robert: *Lighting: Interior and Exterior*. Architectural Press, Oxford, 2004.
Egan, M. David; Olgyay, Victor W.: *Architectural Lighting*. McGraw-Hill, New York, 2002.
Flagge, Ingeborg: *Licht und Architektur 2000, Jahrbuch*. Rudolf Müller Verlag, Colonia, 2002.
Lange, Horst: *Handbuch der Beleuchtung*. ecomed Verlag, Landsberg, 2002.
Narboni, Roger; Jousse, François: *La lumière urbaine: éclairer les espaces publics*. Le Moniteur, París, 1995.
Narboni, Roger: *La lumière et le paysage: Créer des paysages nocturnes*. Le Moniteur, París, 2003.

Osborne, Michèle: *Lighting Gardens*. Mitchell Beazley, Londres, 2005.
Schricker, Rudolf: *Licht-Raum, Raum-Licht*. DVA, Stuttgart, 1994.

EN 12193 Iluminación. Iluminación de instalaciones deportivas.
EN 13201-2 Iluminación de carreteras. Parte 2: Requisitos de prestaciones.
EN 13201-3 Iluminación de carreteras. Parte 3: Cálculo de prestaciones.
EN 13201-4 Iluminación de carreteras. Parte 4: Métodos de medida de las prestaciones de iluminación.
EN 15193 Eficiencia energética de los edificios. Requisitos energéticos para la iluminación.
EN 1838 Iluminación. Alumbrado de emergencia.
SEV 4006 Leitsätze für die Beleuchtung von Tennisplätzen und hallen (1962).
SEV 8902 Leitsätze für die Beleuchtung von Leichtathletik-, Spiel- und Turnanlagen (1970).
SEV 8903 Leitsätze für die Beleuchtung von Fussballplätzen und Stadien für Fussball und Leichtathletik (1971).
SEV 8907 Leitsätze für öffentliche Beleuchtung: 1. Parte—Strassen und Plätze, 2. Parte—Strassentunnel und Unterführungen.

Leuchtdioden Rechercheportal — www.led-info.de
International Commission on Illumination (CIE) — www.cie.co.at
DIAL—Deutsches Institut für Angewandte Lichttechnik GmbH — www.dial.de

Zonas deportivas y de juego

EN 1176-1 Equipamiento de las áreas de juego. Parte 1: Requisitos generales de seguridad y métodos de ensayo.
EN 1176-2 Equipamiento de las áreas de juego y superficies. Parte 2: Requisitos de seguridad y métodos de ensayo adicionales específicos para columpios.
EN 1176-3 Equipamiento de las áreas de juego y superficies. Parte 3: Requisitos de seguridad y métodos de ensayo adicionales específicos para toboganes.
EN 1176-4 Equipamiento de las áreas de juego. Parte 4: Requisitos de seguridad y métodos de ensayo complementarios específicos para tirolinas.
EN 1176-5 Equipamiento de las áreas de juego y superficies. Parte 5: Requisitos de seguridad y métodos de ensayo adicionales específicos para carruseles.
EN 1176-6 Equipamiento de las áreas de juego. Parte 6: Requisitos de seguridad y métodos de ensayo complementarios específicos para balancines.
EN 1176-7 Equipamiento de las áreas de juego. Parte 7: Guía para la instalación, inspección, mantenimiento y utilización.
EN 1176-10 Equipamiento de las áreas de juego y superficies. Parte 10: Requisitos de seguridad y métodos de ensayo adicionales específicos para equipos de juego en recintos totalmente cerrados.
EN 1176-11 Equipamiento de las áreas de juego y superficies. Parte 11: Requisitos de seguridad y métodos de ensayo adicionales específicos para redes tridimensionales.
EN 1177 Revestimientos de las superficies de las áreas de juego amortiguadores de impactos. Determinación de la altura de caída crítica.
EN 12572-1 Estructuras artificiales de escalada. Parte 1: Requisitos de seguridad y métodos de ensayo para SAE con puntos de protección.
DIN 18035-1 Sportplätze; Freianlagen für Spiele und Leichtathletik; Planung und Masse.
DIN 18035-2 Sportplätze; Bewässerung.
DIN 18035-2 Sportplätze; Entwässerung.
DIN 33942 Barrierefreie Spielplatzgeräte—Sicherheitstechnische Anforderungen und Prüfverfahren.
DIN 33943 Skateeinrichtungen—Begriffe, sicherheitstechnische Anforderungen, Prüfung.
ÖNORM B 2605 Sportplätze—Planungsrichtlinien und Ausführungshinweise.
ÖNORM B 2607 Spielplätze—Planungsrichtlinien.

CRÉDITOS DE LAS FIGURAS

Algunas de las figuras se basan en la guía *Technisch-konstruktive Grundlagen I*, elaborada en la TU (Technische Universität) de Berlín por el Prof. Heinz W. Hallmann, en colaboración con Sandra Rösler y Flötotto Friederike.

Los planos de los proyectos que sirven como ejemplo se han redibujado sirviéndose de los planos originales de los proyectos de ejecución correspondientes.

En el momento de utilizar las normas DIN, es esencial consultar la versión más reciente, disponible en Beuth Verlag GmbH, Burggrafenstraße 6, 10787 Berlín.

1.1 EL SUELO

Figs. 1.1.1 a, b + 1.1.2: Fine Aufmkolk
Figs. 1.1.3 a 1.1.6 a-d: Astrid Zimmermann
Fig. 1.1.7: © LBEG Hanover, Landesamt für Bergbau, Energie und Geologie

1.2 LAS PLANTAS

Todas las figuras por Ute Rieper, excepto:
Figs. 1.2.3 y 1.2.4 a–d: H. Lorberg Baumschulerzeugnisse GmbH & Co. KG (www.lorberg.com)
Fig. 1.2.7: Marc-Rajan Köppler
Fig. 1.2.8 c: Wolfgang Stenglin, Lemwerder-Altenesch
Fig. 1.2.11: Alexander von Birgelen

1.3 PRADERAS DE CÉSPED Y OTRAS ÁREAS SEMBRADAS

Fig. 1.3.1: Astrid Zimmermann
Fig. 1.3.2 a: Astrid Zimmermann, y b-d: Alexander von Birgelen
Fig. 1.3.3: Ivette Grafe
Fig. 1.3.4: Simon Colwill
Figs. 1.3.5 y 1.3.6: Alexander von Birgelen, según Heinz Ellenberg, 1996, p. 787
Figs. 1.3.7 y 1.3.8: Norbert Kühn
Fig. 1.3.9: Alexander von Birgelen
Fig. 1.3.10: Cassian Schmidt

1.4 MADERA

Fig. 1.4.1: Binderholz GmbH / FeuerWerk—HolzErlebnisWelt/ Fügen (www.binder-feuerwerk.com)
Fig. 1.4.2: FSC Arbeitsgruppe Deutschland A.R., PEFC Deuschland A.R.
Fig. 1.4.3: Michael Volz
Fig. 1.4.4: Holzforschung Múnich, fotografía y multimedia
Fig. 1.4.5: Según Mägdefrau, 1951
Figs. 1.4.6 a 1.4.17: Gero Heck
Fig. 1.4.18: Mehling & Wiesmann GmbH
Figs. 1.4.19 a 1.4.21: Gero Heck

1.5 PIEDRA NATURAL

Fig. 1.5.1: Astrid Zimmermann
Fig. 1.5.5: Rüdiger Amend
Fig. 1.5.6: Burkhard Paetow
Fig. 1.5.7: Astrid Zimmermann
Fig. 1.5.8: Raderschall Landschaftsarchitekten AG, Zúrich, Suiza
Fig. 1.5.9: Hartmut Holl
Fig. 1.5.10: Burkhard Paetow
Fig. 1.5.12: Astrid Zimmermann
Fig. 1.5.13: Birgit Schmidt
Fig. 1.5.16: Astrid Zimmermann
Fig. 1.5.17: Hanna Bornholdt según Müller, 2001, p. 216 y Detail Praxis Natursteinwerk, 2002
Fig. 1.5.18 a–i: Theodor Hugues, Ludwig Steiger, Johann Weber
Tab. 1.5.2: Hanna Bornholdt según Müller, 2001
Tab. 1.5.3: Hanna Bornholdt según Müller, 2001, p. 230 y Detail Praxis – Natursteinwerk, 2002, p. 58

1.6 LADRILLOS Y CLÍNKERES

Todas las figuras por Petra Zadel-Sodtke, excepto:
Fig. 1.6.2 a–d: Astrid Zimmermann según Willi Bender: Handbuch für die Ziegelindustrie, 1995
Fig. 1.6.3 a: Petersen Tegl, b: Randers Tegl
Fig. 1.6.5 a–f: Petra Zadel-Sodtke/Astrid Zimmermann
Fig. 1.6.6: Randers Tegl
Fig. 1.6.7 a–o: Petra Zadel-Sodtke/Astrid Zimmermann
Fig. 1.6.8: A•K•A Ziegelgruppe GmbH, Peine
Fig. 1.6.9: Astrid Zimmermann (original: Bernhard Ziegelwerke)
Fig.1.6.10: Astrid Zimmermann (originales: segunda por la izquierda: Arbeitsgemeinschaft Pflasterklinker, tercera y cuarta por la izquierda: Vereinigte Ziegelwerke)
Fig. 1.6.11 A•K•A Ziegelgruppe GmbH
Fig. 1.6.12 a, b: belTerra®, Bauhaus-Universität Weimar, Professur Aufbereitung von Baustoffen und Wiederverwertung
Fig. 1.6.20 a, b, d, g, h, i, n, o: Petersen Tegl; c, t: Wienerberger; e, j, m, p: Randers Tegl; f, l, v, y, z: Wittmunder Kinker; k: Gima, Girnghuber GmbH; q, r, x: Astrid Zimmermann; s, w: Simon Colwill; u: A•K•A Ziegelgruppe GmbH

1.7 HORMIGÓN

Fig. 1.7.1: Thomas Brunsch
Fig. 1.7.2: Thomas Brunsch; diseño: Matthias Lenzendorf, realización: Thomas Queck/Matthias Lenzendorf
Figs. 1.7.3 y 1.7.4: Thomas Brunsch
Fig. 1.7.5: Sandra Brunsch
Fig. 1.7.6: Thomas Brunsch
Fig. 1.7.7: Sandra Brunsch
Fig. 1.7.8: Sandra Rösler
Fig. 1.7.9: Sandra Brunsch
Fig. 1.7.10 a: Thomas Brunsch; b: Astrid Zimmermann (silla de jardín Guhl en Eternit); c: Urban Design by Concrete® Sportanlagen GmbH
Fig. 1.7.11: Astrid Zimmermann
Fig. 1.7.12: Sandra Brunsch
Fig. 1.7.13: Astrid Zimmermann
Figs. 1.7.14 a–d a 1.7.16: Sandra Brunsch
Fig. 1.7.17 a, b: Thomas Brunsch; c: Astrid Zimmermann
Fig. 1.7.18: Astrid Zimmermann
Fig. 1.7.19: Sandra Brunsch
Figs. 1.7.20 a 1.7.23: Thomas Brunsch

1.8 METALES

Todas las figuras por Astrid Zimmermann, excepto:
Fig. 1.8.1: Joachim Zimmermann

Fig. 1.8.3: Martin Linz
Fig. 1.8.4: Sandra Rösler
Fig. 1.8.5: Astrid Zimmermann según Stahlbauprofile, Verlag Stahleisen GmbH, 2004
Fig. 1.8.6: según BAUEN MIT STAHL A.R./Stahlbau Arbeitshilfe—1.1 Korrosionsschutzgerechte Gestaltung
Figs. 1.8.9 a–g a 1.8.11: Jörn Mikoleit
Fig. 1.8.12: Informationsstelle Edelstahl-Rostfrei, Düsseldorf
Fig. 1.8.13: Jörn Mikoleit
Fig. 1.8.15 b: Stefan Wolf
Fig. 1.8.16 a: Ingeburg Zimmermann; b: Jörn Mikoleit
Fig. 1.8.18: KME/Christian Richters (diseño: modulorbeat—ambitious urbanists & planners, Marc Günnewig, Jan Kampshoff)

1.9 OTROS MATERIALES DE CONSTRUCCIÓN

Todas las figuras por Astrid Zimmermann, excepto:
Fig. 1.9.1 a: Stefan Müller-Naumann; b: Martin Wegner/Jennefer Richter
Fig. 1.9.2 d: Stefan Wolf; f: Ulrike Kirstein
Fig. 1.9.3 a, b: Stefan J. Cichosz, c: Doreen Kittner
Fig. 1.9.4 a: Stefan Müller-Naumann (BUGA Múnich, diseño: Rainer Schmidt); b, c, d: Swissfiber AG, Zúrich
Fig. 1.9.6: Jörn Mikoleit
Fig. 1.9.7: Stefan J. Cichosz
Fig. 1.9.8 b: Asphalt + Bitumen Beratung GmbH
Fig. 1.9.9: Asphalt + Bitumen Beratung GmbH
Fig. 1.9.10 a, b: Thilo Folkerts
Fig. 1.9.11 a, b: Asphalt + Bitumen Beratung GmbH
Fig. 1.9.13 b: Jörn Mikoleit
Fig. 1.9.19 d: Carolin Russler

2.1 ESTRUCTURAS Y SU DIMENSIONADO

Todas las figuras por Bernd Funke, excepto:
Fig. 2.1.1: Gabriele Zimmermann-Rall
Figs. 2.1.2 a 2.1.9 a–c: Bernd Funke
Fig. 2.1.10: Tim Krüger
Fig. 2.1.11 a–d: Bernd Funke basado en Heino Engel, 1997
Figs. 2.1.13 a–c y 2.1.15 a–d: Bernd Funke basado en Heino Engel, 1997
Fig. 2.1.16: Astrid Zimmermann
Fig. 2.1.17 a–d: Bernd Funke basado en Heino Engel, 1997
Fig. 2.1.18: Anónima
Fig. 2.1.19: Stefan Müller para Thomanek Duquesnoy Boemans Landschaftsarchitektur
Fig. 2.1.21: Bernd Funke según Wilhelm Scholz: Baustoffkenntnis, 1995
Fig. 2.1.23: Stefan Müller para Thomanek Duquesnoy Boemans Landschaftsarchitektur
Fig. 2.1.24: Bernd Funke según Heinz Buchenau/Albrecht Thiele: Stahlhochbau, 1986
Fig. 2.1.27: Astrid Zimmermann
Fig. 2.1.30 a–d: Bernd Funke basado en Otto W. Wetzel, 2007
Fig. 2.1.32: Thomanek Duquesnoy Boemans Landschaftsarchitektur
Figs. 2.1.35 a–d y 2.1.36 a, b: Bernd Funke basado en Klaus-Jürgen Schneider/Heinz Volz, 2004

2.2 CIMENTACIONES

Todas las figuras por Bernd Funke, excepto:
Fig. 2.2.2: Bernd Funke basado en Konrad Simmer, 1994
Fig. 2.2.3: Bernd Funke basado en Achim Hettler: Gründung von Hochbauten, 2000
Fig. 2.2.4: Bernd Funke según Konrad Simmer, 1987
Fig. 2.2.6: Bernd Funke basado en Klaus-Jürgen Schneider: Bautabellen mit Berechnungshinweisen und Beispielen, 9.ª edición, 1990
Fig. 2.2.7: Bernd Funke basado en Frick/Knöll/Neumann/Weinbrenner: *Baukonstruktionslehre*, parte 1, 29.ª edición, 1987
Fig. 2.2.8: Bernd Funke basado en Konrad Simmer, 1994
Fig. 2.2.9: Bernd Funke basado en Konrad Simmer, 1994
Fig. 2.2.10a: Bernd Funke basado en Otto W. Wetzel, 2007; b: Bernd Funke basado en Konrad Simmer, 1994
Fig. 2.2.11: Bernd Funke basado en Konrad Simmer, 1994
Fig. 2.2.12 a, b: Bernd Funke basado en Ulrich Smoltczyk, 1992
Fig. 2.2.13: Bernd Funke basado en Konrad Simmer, 1994
Fig. 2.2.15: Bernd Funke basado en Frick/Knöll/Neumann/Weinbrenner: *Baukonstruktionslehre*, parte 1, 33.ª edición, 2002
Fig. 2.2.18: Bernd Funke basado en Ulrich Smoltczyk, 1992
Fig. 2.2.19 a–c: Bernd Funke según Achim Hettler: Gründung von Hochbauten, 2000

2.3 UNIONES

Todas las figuras por Bernd Funke, excepto:
Fig. 2.3.1: Bernd Funke basado en Informationsdienst Holz, Mechanische Verbindungen
Figs. 2.3.4 a–u, 2.3.5 a–d y 2.3.6 a–j: Bernd Funke según Manfred Gerner: Handwerkliche Holzverbindungen der Zimmerer, 1992
Fig. 2.3.10 a–e: Bernd Funke basado en Informationsdienst Holz, Mechanische Verbindungen
Fig. 2.3.11: Bernd Funke según Dierks/Schneider: Baukonstruktion, 1990
Fig. 2.3.13 a, b: Bernd Funke basado en Dierks/Schneider: Baukonstruktion, 1990
Fig. 2.3.15 a–c: Bernd Funke según Gerhard Werner: *Holzbau*, parte 1, Grundlagen, 4.ª edición, 1991
Fig. 2.3.16 a, b: Bernd Funke según Frick/Knöll/Neumann/Weinbrenner: *Baukonstruktionslehre*, parte 2, 1988
Fig. 2.3.18 a, b: Bernd Funke según Frick/Knöll/Neumann/Weinbrenner: *Baukonstruktionslehre*, parte 2, 1988
Fig. 2.3.19: Bernd Funke según Dierks/Schneider: Baukonstruktion, 1990
Fig. 2.3.20: Bernd Funke basado en Dierks/Schneider: Baukonstruktion, 1990
Fig. 2.3.21: Bernd Funke basado en Gerhard Werner: *Holzbau*, parte 1, Grundlagen, 4.ª edición, 1991
Fig. 2.3.22 a, b: Bernd Funke basado en Informationsdienst Holz, Mechanische Verbindungen
Fig. 2.3.23 a, b: Bernd Funke según Otto W. Wetzel: Wendehorst Bautechnische Zahlentafeln, 32.ª edición, 2007
Fig. 2.3.24 a, b: Bernd Funke según Eduard Kahlmeyer: Stahlbau siguiendo DIN 18 800 (11.90), Bemessung und Konstruktion, Träger — Stützen — Verbindungen, 1993
Fig. 2.3.25 a: Bernd Funke basado en Kindmann/Krahwinkel: Stahl- und Verbundkonstruktionen, 1999; b+c: Bernd Funke según Frick/Knöll: *Baukonstruktionslehre*, parte 1, 2002; d: Bernd Funke
Fig. 2.3.26: Bernd Funke según Buchenau/Thiele: Stahlhochbau 1, 1986
Fig. 2.3.27 a, b: Bernd Funke según Wolfram Lohse: Stahlbau 2, 20.ª edición, 2005; c+d: Bernd Funke según Kindmann/Krahwinkel: Stahl- und Verbundkonstruktionen, 1999; e: Bernd Funke según Wolfram Lohse: Stahlbau 2, 20.ª edición, 2005
Fig. 2.3.28 a, b: Bernd Funke según Lohmeyer/Bergmann/Ebeling: Stahlbetonbau, 7.ª edición, 2006
Fig. 2.3.29 a, b: Bernd Funke según: Produktunterlage Fa. Peca Verbundtechnik GmbH; c: Bernd Funke
Fig. 2.3.30 a1: Bernd Funke según: Produktunterlage Fa. Halfen GmbH & Co.KG, a2+a3: Bernd Funke, b, c: Bernd Funke
Fig. 2.3.31 a–d: Bernd Funke según Lohmeyer/Bergmann/ Ebeling: Stahlbetonbau, 7.ª edición, 2006
Fig. 2.3.32 a, b: Bernd Funke basado en Lohmeyer/Bergmann/Ebeling: Stahlbetonbau, 7.ª edición, 2006
Fig. 2.3.33 a–c: Bernd Funke basado en Lohmeyer/Bergmann/Ebeling: Stahlbetonbau, 7.ª edición, 2006
Fig. 2.3.34 a: Bernd Funke según Frick/Knöll/Weinbrenner/Hestermann/Rongen: *Baukonstruktionslehre*, parte 1, 2002; b: Bernd Funke según Konrad Bergmeister: *Betonkalender*, 2005, parte 2

Fig. 2.3.35: Bernd Funke según Zilch/Diederichs/Katzenbach: Handbuch für Bauingenieure, 2002
Fig. 2.3.36 a, b: Bernd Funke según Frick/Knöll/Weinbrenner/Hestermann/Rongen: *Baukonstruktionslehre*, parte 2, 2003
Fig. 2.3.41 a: Bernd Funke basado en Frick/Knöll/Weinbrenner/Hestermann/Rongen: *Baukonstruktionslehre*, parte 1, 2002; b: Bernd Funke basado en Kindmann/Krahwinkel: Stahl- und Verbundkonstruktionen, 1999
Fig. 2.3.42 a: Bernd Funke según Dierks/Schneider: Baukonstruktion, 2.ª edición, 1990; b1+b2: Bernd Funke basado en Kindmann/Krahwinkel: Stahl- und Verbundkonstruktionen, 1999; c: Bernd Funke basado en Dierks/Schneider: Baukonstruktion, 2.ª edición, 1990
Fig. 2.3.43 a: Bernd Funke según Buchenau/Thiele: Stahlhochbau 1, 21.ª edición, 1986; b: Bernd Funke basado en Kindmann/Krahwinkel: Stahl- und Verbundkonstruktionen, 1999
Fig. 2.3.44 a, b: Bernd Funke según Zilch/Diederich/Katzenbach: Handbuch für Bauingenieure, 2002
Figs. 2.3.45 a, b y 2.3.46 a, b: Bernd Funke según Steinle/Hahn: Bauen mit Betonfertigteilen im Hochbau, 1991
Fig. 2.3.49 a–c: Bernd Funke basado en Frick/Knöll: *Baukonstruktionslehre*, parte 2, 2003
Fig. 2.3.50: Bernd Funke basado en Dierks/Schneider: Baukonstruktion, 2.ª edición, 1990
Fig. 2.3.51 a: Bernd Funke, b: Bernd Funke basado en Frick/Knöll/ Weinbrenner/Hestermann/Rongen: *Baukonstruktionslehre*, parte 2, 2003
Fig. 2.3.52 a–d: Bernd Funke según Frick/Knöll/Weinbrenner/Hestermann/ Rongen: Baukonstruktionslehre 1, 33.ª edición, 2002

3.1 MODELADO DEL TERRENO Y MOVIMIENTOS DE TIERRAS

Todas las figuras por Astrid Zimmermann excepto:
Fig. 3.1.2: Astrid Zimmermann según Martin Frohmann: Bautechnik 1, p. 156, Stuttgart, 1986, y Floss, p. 233, 1997
Fig. 3.1.3: Astrid Zimmermann según Martin Frohmann: Bautechnik 1, p. 89, Stuttgart, 1986, y Holger Seipel: Fachkunde für Gartenund Landschaftsbau, p. 80, Hamburgo, 2007
Fig. 3.1.7: Astrid Zimmermann según Beier/Niesel/Petzold: Lehr-Taschenbuch für den Garten- Landschafts- und Sportplatzbau, Stuttgart, 2003, y Werner Knaupe: Erdbau, Berlín, 1975, modificada
Fig. 3.1.9: Astrid Zimmermann según Produktinformation Tensar International GmbH (www.tensar.de), modificada
Fig. 3.1.10 a–c: Astrid Zimmermann según Florin Florineth, 2004, y Ingenieurbiologische Bauweisen, Studienbericht n.º 4, BWG, 2004 (www.bbl.admin.ch/bundespublikationen), modificada
Fig. 3.1.11: Astrid Zimmermann según Dywidag Systems International (www.dywidag-systems.com)
Fig. 3.1.13: Astrid Zimmermann según Produktinformation TenCate (www.tencate.com), Tensar International GmbH (www.tensar.de), REHAU AG+Co (www.rehau.de), modificada
Fig. 3.1.14: Astrid Zimmermann según Tensar International GmbH (www.tensar.de), modificada
Fig. 3.1.16: Zimmermann según Florineth, modificada con adiciones; fotógrafo: Jörn Mikoleit
Tab. 3.1.2: Astrid Zimmermann según Floss, modificada con adiciones
Tab. 3.1.3: Astrid Zimmermann según Martin Frohmann: Bautechnik 1, p. 89, 1986

Steep slope por Kurmittelhaus: planos + fotografías: Landschaftsarchitekturbüro Birgit Hammer
Ronnenburg — terraza sur: planos + fotografías: Landschaftsarchitekturbüro Fagus GmbH
Terraplenes de piedra — Mobile Life Campus: planos: Landschaftsarchitekturbüro
Topotek 1; fotografías: Hanns Joosten

Pendiente de césped, aeropuerto de Múnich: planos: Rainer Schmidt Landschaftsarchitekten; fotografías: Stefan Müller-Naumann

3.2 CAMINOS Y PLAZAS

Todas las figuras por Axel Klapka:
Fig. 3.2.5: Axel Klapka según RStO
Fig. 3.2.11 a–c y f–h: Deutscher Asphaltverband (DAV)
Fig. 3.2.16: Keller Landschaftsarchitekten
Fig. 3.2.21 a–h: dispo GmbH
Jardín Botánico de Barcelona: planos: Ferrater/Canosa/Figueras; fotografías: Axel Klapka

Renovación urbana, Schmalkalden: planos: Terra Nova; fotografía página izquierda: Terra Nova, fotografías página derecha: Reich—Stadt Schmalkalden (izquierda), Boris Storz (derecha)
Morelondon, Londres: Townshend Landscape Architects/Foster Architects; fotografías: Foster Architects
Stadtlounge, St. Gallen: planos + fotografías: Carlos Martínez Architekten AG
Beatline, Múnich: planos + fotografías: Keller Landschaftsarchitekten
Asphalt lake [Lago de asfalto]: fotografías: Wilhelm Koch

3.3 ESCALERAS

Todas las figuras por Astrid Zimmermann, excepto:
Fig. 3.3.1: Friederike Flötotto
Figs. 3.3.2 y 3.3.3: Astrid Zimmermann según Skript FG Landschaftsbau/Objektbau TU Berlín
Fig. 3.3.7 a: Simon Colwill, c: Thilo Folkerts
Fig. 3.3.8: Astrid Zimmermann según Skript FG Landschaftsbau/Objektbau TU Berlín
Fig. 3.3.10: Astrid Zimmermann según Pech/Kolbitsch, 2005, modificada con adiciones
Figs. 3.3.23, 3.3.26 a y 3.3.28: Astrid Zimmermann según Skript FG Landschaftsbau/Objektbau TU Berlín
Fig. 3.3.31 b: Stefan J. Cichosz
Fig. 3.3.32: Astrid Zimmermann según Hans Gladischefski: Treppen in Stahl, 1974, modificada con adiciones
Fig. 3.3.35 a–c: Astrid Zimmermann según Ehrmann/Nutsch, 2004, modificada con adiciones
Fig. 3.3.36: Yvonne Schwerk
Fig. 3.3.37 a: Friederike Flötotto
Escaleras metálicas por Schloss: planos: Weidinger Landschaftsarchitekten; fotografías: Astrid Zimmermann

Escaleras de clíncker en Charlottenlund, Dinamarca: planos Alexander Damsbo; fotografías: Timme Hovind
Escaleras pequeñas en Nordhausen: planos: Atelier Worschech y Julian Reisenberger (izquierda abajo); fotografías: Horst Schroeder (centro y derecha), Julian Reisenberger (izquierda)
Escaleras con cubiertas de madera, Markkleeberger: planos y fotografías: Rehwaldt Landschaftsarchitekten
Escaleras, Festhalle Weissach: planos: relais Landschaftsarchitekten; fotografías: Stefan Müller
Escaleras con cubiertas de goma: planos + fotografías: SLA

3.4 BARANDILLAS Y VALLAS

Todas las figuras por Astrid Zimmermann, excepto:
Fig. 3.4.1: Astrid Zimmermann según Godelius, 2008, modificada con adiciones
Fig. 3.4.3: Carolin Russler
Figs. 3.4.4 y 3.4.6: Astrid Zimmermann según Godelius, 2008, modificada con adiciones
Fig. 3.4.7: Simon Colwill
Fig. 3.4.10: Sandra Rösler
Fig. 3.4.12: Keller Landschaftsarchitekten
Fig. 3.4.23: © Sue Jackson, reproducida por cortesía de CABE
Fig. 3.4.37: Astrid Zimmermann según Godelius, 2008
Fig. 3.4.41: Astrid Zimmermann según Pech/Kolbitsch, 2005, modificada con adiciones
Fig. 3.4.43: Astrid Zimmermann según Lomer/Koppen 2001

Tab. 3.4.1: Astrid Zimmermann según Niesel, 2002, y Boeminghaus, 1986, con adiciones
Barandas en Textima: planos + fotografías: Weidinger Landschaftsarchitekten
Barandas en Maselakepark: planos + fotografías: (centro y derecha): Relais Landschaftsarchitekten; fotografía izquierda: Astrid Zimmermann
Barandillas con pasamanos, Wernigerode: planos: hutterreimann + cejka Landschaftsarchitektur; fotografías: Lichtschwärmer (centro) y Astrid Zimmermann
Valla de madera, Motalavej: planos + fotografías: SLA
Valla de madera con puerta: planos + fotografías: Kuhn Truninger Landschaftsarchitekten
Valla de acero con puerta en Lutherstift: planos + fotografías: LA.BAR Landschaftsarchitekten
Campo de Juego, Prags Boulevard: planos: arquitecta Kristine Jensens Tegnestue; fotografías: Simon Høgsberg
Valla, Prags Boulevard: planos: arquitecta Kristine Jensens Tegnestue; fotografías: Christina Capetillo
Salón en Oschatz: planos: Weidinger Landschaftsarchitekten; fotografías: Weidinger Landschaftsarchitekten (derecha) y Astrid Zimmermann
Laberinto, Oschatz: planos: Weidinger Landschaftsarchitekten; fotografías: Astrid Zimmermann
Valla con rejilla de madera, Tulln: planos: hutterreimann + cejka landschaftsarchitektur; fotografías: Lichtschwärmer (Franziska Poreski y Christo Libuda)

3.5 MUROS

Todas las figuras por Maik Böhmer, excepto:
Fig. 3.5.1: Maik Böhmer según Skript FG Landschaftsbau/Objektbau TU Berlín
Fig. 3.5.2: Simon Colwill
Fig. 3.5.3 a, b: Maik Böhmer/Astrid Zimmermann según Niesel, 2006; Heiko Müller
Fig. 3.5.4: Maik Böhmer/Astrid Zimmermann según Niesel, 2006
Figs. 3.5.6 y 3.5.7 a: Maik Böhmer/Bernd Funke
Fig. 3.5.7 b: Michael Lahmann
Fig. 3.5.8: Simon Colwill
Fig. 3.5.9: Maik Böhmer según Herstellerangaben Westerwelle
Figs. 3.5.15 a 3.5.18: Rekers Betonwerk GmbH & Co. KG
Figs. 3.5.19 y 3.5.20: Astrid Zimmermann
Fig. 3.5.26 b: Heiko Müller
Fig. 3.5.27 b: Heiko Müller
Fig. 3.5.28 b: Astrid Zimmermann
Fig. 3.5.29 b: Heiko Müller
Fig. 3.5.31: Simon Colwill
Figs. 3.5.32 a 3.5.34: Heiko Müller
Fig. 3.5.35 a: Maik Böhmer según Niesel, 1995; b: Astrid Zimmermann
Fig. 3.5.36 a: Maik Böhmer Niesel, 1995; b: Astrid Zimmermann
Fig. 3.5.37 a: Maik Böhmer Niesel, 1995; b: Michael Lahmann
Fig. 3.5.38 a: Maik Böhmer Niesel, 1995 ; b: Astrid Zimmermann
Fig. 3.5.39 b: Gabriele Zimmermann-Rall
Fig. 3.5.40 b: Astrid Zimmermann
Fig. 3.5.41: Thilo Folkerts
Fig. 3.5.43: Simon Colwill
Fig. 3.5.45: Heiko Müller
Figs. 3.5.46 a 3.5.48: Simon Colwill
Fig. 3.5.50: Heiko Müller
Fig. 3.5.51: Simon Colwill
Fig. 3.5.52: Heiko Müller
Fig. 3.5.53: Häfner/Jiménez
Fig. 3.5.54: Astrid Zimmermann
Fig. 3.5.57: Ulrike Zimmermann
Fig. 3.5.61ca: Según Befestigungstechnik vorgefertigter Betonfassaden, Merkblatt der Fachvereinigung Deutscher Betonfertigteilbau A.R. (06/2006); b: Bautechnische Information Naturwerkstein 1.1 Massiv- und Verblendmauerwerk
Fig. 3.5.66: Astrid Zimmermann
Fig. 3.5.69: Astrid Zimmermann
Fig. 3.5.71: Astrid Zimmermann
Figs. 3.5.73 a 3.5.75: Astrid Zimmermann
Tab. 3.5.1: Maik Böhmer
Tabs. 3.5.3 y 3.5.4: Según Ziegelbauberatung, Merkblatt 1.3.11 Freistehende Mauern
Tab. 3.5.5: Según Herstellerangaben Westerwelle
Muro de piedra natural en Bonifatiuspark: planos + fotografías: Bernard Sattler Landschaftsarchitekten
Muro de hormigón in situ con muro cortina de metal, Pragsattel-Löwentor: planos + fotografías: SCALA Architekten
Muro de travertino: planos + fotografías: LA.BAR Landschaftsarchitekten
Bordillo de chapa de acero, Prags Boulevard: planos: arquitecta Kristine Jensens Tegnestue; fotografías: Simon Høgsberg
Muro de gaviones: planos: hutterreimann + cejka Landschaftsarchitektur; fotografías: Lichtschwärmer (Franziska Poreski y Christo Libu)
Plaza Marco Polo: planos y fotografías: Miralles Tagliabue EMBT
Muro con incrustaciones de oro, Burghausen: planos y fotografías: Rehwaldt Landschaftsarchitekten
Escultura de ladrillo: planos y fotografías: Studio 3 — Universität Innsbruck
Muros en Dania-Park: planos: SWECO FFNS Architects; fotografías: Jens Lindhe, Åke E:son Lindman, Steffen Meyhöfer

3.6 PEQUEÑAS CONSTRUCCIONES Y PÉRGOLAS

Todas las figuras por Caroline Rolka, excepto:
Fig. 3.6.1: Åke E:son Lindman
Fig. 3.6.7: Astrid Zimmermann
Fig. 3.6.11: Tanja Gallenmüller
Fig. 3.6.13: Simon Colwill
Fig. 3.6.14: Weidenprinz
Fig. 3.6.15 a: Astrid Zimmermann
Figs. 3.6.16 a 3.6.20: Simon Colwill
Fig. 3.6.21 a: Roy Mänttäri Architekten; b: Astrid Zimmermann/Roy Mänttäri Architekten
Fig. 3.6.24: Astrid Zimmermann
Fig. 3.6.33: Caroline Rolka según Hallman/ Rohn/Lingnau, 1984, p. 16
Figs. 3.6.34 a 3.6.36: Astrid Zimmermann
Caseta de naño, isla de Lindau: planos + fotografías: Philip Lutz
Pérgola: planos: Sauerzapfe Architekten; fotografía: Sauerzapfe Architekten (centro) y Astrid Zimmermann
Pabellón del Recuerdo, Thames Barrier Park, Londres: planos + fotografías: Groupe Signes y Patel Taylor
Paseo en la península del paseo de la ribera Stralau: planos: hutterreimann + cejka Landschaftsarchitektur; fotografías: Lichtschwärmer (Christo Libuda y Franziska Poreski) y Astrid Zimmermann (abajo)
Pérgola Lutherstifts: planos y fotografías: LA.BAR Landschaftsarchitekten
Cochera en Egg: plano: Eric Leitner; fotografía: Georg Bechter
Refugio en Snefjord: planos y fotografías: Pushak Architekten.
Torre mirador Baobab en el zoo: planos y fotografías: Rehwaldt Landschaftsarchitekten
Capilla de asfalto: fotografías: Wilhelm Koch

3.7 PUENTES PEQUEÑOS

Todas las figuras por Astrid Zimmermann, excepto:
Fig. 3.7.4: Doreen Kittner
Fig. 3.7.8: Ulrike Böhm
Fig. 3.7.9: Martin Sauerzapfe
Fig. 3.7.11 a: Doreen Kittner
Puente viga en Lennépark: planos + fotografías: Britta Aumüller y Tobias Hamm
Katharinenbrücke: planos + fotografía izquierda: SAUERZAPFE ARCHITEKTEN; fotografías derecha: Astrid Zimmermann

Puente viga con refuerzos inferiores, Donaukai: planos: Herle & Herrle Architekten; fotografía: Claudia Wenz
Puente peatonal y ciclístico en el zoo: planos: Kling Consult; fotografías: Rehwaldt Landschaftsarchitekten
Puente en Lillefjord: planos + fotografías: Pushak Architekten

3.8 PASARELAS Y PLATAFORMAS

Fig. 3.8.1: Julia Jiménez Ramos (Krienicke Park, Wasserstadt Berlín-Spandau, HÄFNER/JIMENEZ Büro für Landschaftsarchitektur)
Fig. 3.8.2: Atelier le balto (Jardin sauvage, Palais de Tokyo, Atelier le balto)
Fig. 3.8.3: Atelier le balto (Licht-Garten, Kunst+Architektur in Alt Köpenick-Berlín, Atelier le balto)
Figs. 3.8.4 y 3.8.5: Marianne Mommsen
Fig. 3.8.6: Astrid Zimmermann
Fig. 3.8.7: Marianne Mommsen (patios en Rother Strasse, Berlín, Gustav Lange)
Figs. 3.8.8 y 3.8.9: Marianne Mommsen
Fig. 3.8.10: E-Stahl Ltd.
P. 293: plano: Odious/Marianne Mommsen; fotografías: Marianne Mommsen
P. 361: planos: Planungsgemeinschaft Remisenpark Potsdam/ Marianne Mommsen; fotografías: Planungsgemeinschaft Remisenpark (izquierda), Marianne Mommsen (derecha)
P. 362: planos: relais Landschaftsarchitekten; fotografías: Stefan Müller
Pp. 363 a 366: planos + fotografías: relais Landschaftsarchitekten

3.9 TÉCNICAS DE PLANTACIÓN Y MANTENIMIENTO DE SUPERFICIES AJARDINADAS

Todas las figuras por Ute Rieper, excepto:
Fig. 3.9.1: Astrid Zimmermann según Heinze/Schreiber, 1984
Fig. 3.9.3: Ute Rieper según Wolfgang Frey & Rainer Lösch, 1998
Figs. 3.9.6 y 3.9.7: Ute Rieper según FLL: *Empfehlungen für Baumpflanzungen*, parte 1: «Standortvorbereitungen für Neupflanzungen», 2005; y también parte 2: «Planung, Pflanzarbeiten, Pflege», 2004
Fig. 3.9.12: Ute Rieper según FLL: *Empfehlungen für Baumpflanzungen*, parte 1: «Standortvorbereitungen für Neupflanzungen», 2005; y también parte 2: «Planung, Pflanzarbeiten, Pflege», 2004
Fig. 3.9.15 Ute Rieper según Peter Brahe, 2000
Tab. 3.9.2: Ute Rieper según Bernd Hertle y otros, 1996
Tab. 3.9.5: Ute Rieper según Cassian Schmidt, 2005
Tab. 3.9.6: Ute Rieper según Grimes
Pappelhof, EnBW Zentrale: fotografías: Klahn + Singer + Partner
Parco Nord, Milán: fotografías: Andreas Kipar
Reja de alcorque, Neuburg an der Donau: planos + fotografías: keller landschaftsarchitekten
Recreación de rosaleda: fotografías: Christian Meyer
Xerojardinería en Bersarinplatz: fotografías: Marc-Rajan Köppler
Savignyplatz: fotografías: Christian Meyer

3.10 PRADERAS Y PRADOS: INSTALACIÓN Y MANTENIMIENTO

Todas las figuras por Ute Rieper, excepto:
Fig. 3.10.1: Ute Rieper según Florineth, 2004
Fig. 3.10.3 a+b: Otto Hauenstein Samen, Rafz
Figs. 3.10.5 y 3.10.6: Otto Hauenstein Samen, Rafz
Fig. 3.10.9: Astrid Zimmermann según Ellenberg, Heinz: *Vegetation Mitteleuropas mit den Alpen*, Stuttgart, 1996
Ueda Landform: fotografías: Charles Jencks
Prado de secano en Riemer Park: fotografías: Haase & Söhmisch
Prado de salvia y avena alta en Riemer Park: fotografías: Heiner Luz

3.11 DRENAJE SUPERFICIAL

Todas las figuras por Astrid Zimmermann, excepto:
Fig. 3.11.1 b: Simon Colwill
Fig. 3.11.2: Astrid Zimmermann basada en Niesel, 2002, p. 354
Fig. 3.11.4: Friederike Flötotto
Fig. 3.11.5: Carolin Russler
Fig. 3.11.12: Astrid Zimmermann según Skript FG Landschaftsbau/ Objektbau, TU Berlín
Figs. 3.11.15 y 3.11.16: Astrid Zimmermann según Produktvorlagen der Hersteller Aco, Hauraton and Anrin
Fig. 3.11.18 b, h: Simon Colwill; c: Yvonne Schwerk; f, g: Steffen Meyhöfer
Fig. 3.11.19: Symbolbibliothek Programm Vektorworks
Fig. 3.11.21: Petra Zadel
Fig. 3.11.22: Astrid Zimmermann basada en DWA-A 138
Fig. 3.11.24: relais Landschaftsarchitekten
Fig. 3.11.25: Astrid Zimmermann basada en DWA-A 138
Fig. 3.11.26: Fränkische Rohrwerke, Gebr. Kirchner GmbH & Co. KG (inspección Rigofill)
Figs. 3.11.27 a 3.11.29 a+b: Astrid Zimmermann en DWA-A 138
Zanjas y drenaje: planos: Astrid Zimmermann; fotografías: Ulrike Zimmermann
Bonifatiuspark: planos: Bernard und Sattler con Norbert Müggenburg; fotografías: Bernard und Sattler
Turbinenplatz: planos + fotografías: ADR Sarl, Julien Descombes y Marco Rampini

3.12 ELEMENTOS DE AGUA

Todas las figuras por Astrid Zimmermann, excepto:
Fig. 3.12.1 a: Simon Colwill
Fig. 3.12.2: Astrid Zimmermann según Thomas Brunsch/Skript FG Landschaftsbau/Objektbau TU Berlín
Fig. 3.12.5: Gisela Mourão
Fig. 3.12.8: Astrid Zimmermann según Skript FG Landschaftsbau/ Objektbau TU Berlín
Fig. 3.12.9: Astrid Zimmermann basada en FLL-Empfehlungen für Planung, Bau und Instandhaltung von Abdichtungssystemen für Gewässer im Garten-, Landschafts- und Sportplatzbau, edición de 2005, Mahabadi, 1996
Fig. 3.12.10: Astrid Zimmermann, partes basadas en Firestone Building Products (www.firestonebpe.com) y Herbst Handel + Transportgesellschaft mbH/www.bentonit.de
Juegos de agua/Leuna: planos y fotografías derecha: Weidinger Landschaftsarchitekten; fotografía izquierda: Bernd Hiepe
Estanque alargado/Jardín oriental de los cuatro ríos: planos: Kamel Louafi; fotografías: Kamel Louafi (izquierda) y Astrid Zimmermann (derecha)
Mesa de agua/Schumannstrasse: planos: K1 Landschaftsarchitekten; fotografías: Mathias Schrumpf (derecha) y K1 Landschaftsarchitekten
Elemento de agua/Pflegezentrum Bachwiesen: planos + fotografías: Kuhn-Truninger Landschaftsarchitekten
Juego de agua en el Jardín Urbano, Nørresundby: planificación: Rambøll; detalles de planos + fotografías: SLA
Juego de agua Goldsole: planos + fotografías: Rehwaldt Landschaftsarchitekten
Escalera de agua/Waldkirchen: planos + fotografías: Rehwaldt Landschaftsarchitekten
Juego de agua Aquasonum: planos + fotografías: Rehwaldt Landschaftsarchitekten
Juego de agua Steinschwärze: planos + fotografías: Rehwaldt Landschaftsarchitekten
Piscina natural en Großenhain: planos: Weidinger Landschaftsarchitekten; fotografías: Astrid Zimmermann

3.13 JARDINES VERTICALES

Todas las figuras por Cordula Loidl-Reisch, excepto:
Fig. 3.13.4: Fink + Jocher, Múnich
Plantación en patio interior/Viena: planos + fotografía: Cordula Loidl-Reisch
Jardín vertical del Departamento de Física/Berlín: planos + fotografías: Joerg Th. Coqui; fotografía izquierda: Astrid Zimmermann

3.14 CUBIERTAS AJARDINADAS

Todas las figuras por Eike Richter/LA.BAR, excepto:
Fig. 3.14.1 c: Zinco
Fig. 3.14.2: Dachgrün, Viena
Figs. 3.14.3 y 3.14.4: Optigrün
Fig. 3.14.5: Dachgrün, Viena
Fig. 3.14.7: Zinco
Fig. 3.14.10: John Wilhelm
Fig. 3.14.16 a+b: Wankner+Fischer, Optigrün
Figs. 3.14.17 y 3.14.20: Zinco
Fig. 3.14.21: Dachgrün, Viena
Fig. 3.14.22 a: Optigrün; b: Zinco
Figs. 3.14.23 y 3.14.24: Optigrün
Fig. 3.14.27: Optigrün
Figs. 3.14.28 y 3.14.31: John Wilhelm
Figs. 3.14.32 y 3.14.33: Martin Küster
Fig. 3.14.35: Zinco
Figs. 3.14.36 a 3.14.39: Optigrün
Fig. 3.14.40: Martin Küster
Figs. 3.14.41 y 3.14.42: Optigrün
Figs. 3.14.46 y 3.14.47: Optigrün
Fig. 3.14.48: Zinco
Fig. 3.14.49: Dachgrün
Figs. 3.14.50 a 3.14.56: Optigrün
Fig. 3.14.57: Zinco
Fig. 3.14.58: Dachgrün, Viena
Fig. 3.14.62: Martin Küster
Fig. 3.14.63 a–d: Optigrün
Fig. 3.14.64 a–d: Martin Küster
Fig. 3.14.65 a–d: Dachgrün, Viena
Figs. 3.14.66 y 3.14.67: Optigrün
Fig. 3.14.68: John Wilhelm
Biblioteca regional, universitaria y municipal de Sajonia: planos: Stefan Tischer/Joerg Th. Coqui; fotografías: Joerg Th. Coqui
Sede de SOKA-BAU: planos + fotografías: Latz und Partner
Ampliación del Landesamt Friedrichstraße: planos + fotografías: ST raum a
Estación de metro Zentrale Mitte en Garching: planos: LA.BAR Landschaftsarchitekten; fotografías: Thomas Mutter (izquierda abajo) y LA.BAR Landschaftsarchitekten (centro izquierda y abajo derecha)
Cubierta ajardinada en Viena: planos: stalzer lutz gärten; fotografías: Clemens Lutz
Patio interior, Tauentzienstraße: planos + fotografías: LA.BAR Landschaftsarchitekten

3.15 ELEMENTOS ESPECIALES

Todas las figuras por Katja Heimanns, excepto:
Fig. 3.15.3 a: Simon Høgsberg; b: Astrid Zimmermann
Fig. 3.15.4: Claudia Wenz
Figs. 3.15.5 a 3.15.7: Astrid Zimmermann
Figs. 3.15.8, 3.15.10 y 3.15.11: Doreen Kittner
Fig. 3.15.12: Astrid Zimmermann
Fig. 3.15.15 a+b: LA.BAR Landschaftsarchitekten
Fig. 3.15.16 a: Astrid Zimmermann (diseño para el Parque de Patinaje Oschatz: Concrete Sportanlagen y Weidinger Landschaftsarchitekten), b: Astrid Zimmermann
Fig. 3.15.17 a+b: Concrete Sportanlagen
Fig. 3.15.19: Carolin Russler
Fig. 3.15.21 b: Astrid Zimmermann
Fig. 3.15.22: Astrid Zimmermann
Juego de escalada/Maselakepark: planos + fotografías: relais Landschaftsarchitekten
Juegos de animales Arca de Noé / torre de escalada Traxingtanne / montículos de juego: planos + fotografías: Rehwaldt Landschaftsarchitekten
Banco de hormigón con revestimiento de madera: planos: Weidinger Landschaftsarchitekten; fotografías: Astrid Zimmermann
Roter Balken — Pragsattel-Löwentor: planos + fotografías: SCALA Architekten
Asientos en montículos de hierba—Hessische Landesvertretung: planos + fotografías: Bernard Sattler Büro für Landschaftsarchitektur
Banco/Maselakepark: planos + fotografías: relais Landschaftsarchitekten
Banco en la sede de Axel-Springer: planos + fotografías: Birgit Hammer Landschaftsarchitektur
Banco plegado / bancos en el zoo de Wuppertal / bancas en el Theoret. Zentrum: planos + fotografías: Rehwaldt Landschaftsarchitekten
Parterre / Tulln: planos: hutterreimann + cejka landschaftsarchitekten; fotografía: Lichtschwärmer
Banco / Dania-Park: planos: SWECO FFNS Architects; fotografía: Åke E:son Lindman

INDICE DE CONTENIDOS

A

D

E

F

G

H

Q

R

S

T

U

V

Y

Z

LOS AUTORES

Alexander von Birgelen, dipl. ing., investigador asociado en el Departamento de Tecnología de la Vegetación y la Utilización de Plantas (Vegetationstechnik und Pflanzenverwendung) en la TU (Technische Universität) de Berlín.

Hanna Bornholdt, dra. ing., arquitecta paisajista, Hamburgo.

Thomas Brunsch, dr. ing., autor del capítulo dedicado al hormigón.

Maik Böhmer, dipl. ing. (FH), Planorama Landschaftsarchitektur, Berlín.

Bernd Funke, dipl. ing., socio ejecutivo de CRP Planungsgesellschaft für Ingenieurbauwerke mbH, Berlín.

Gero Heck, dipl. ing., Relais Landschaftsarchitekten, Berlín. Investigador asociado al Instituto de Arquitectura del Paisaje (Institut für Landschaftsarchitektur) de la Universidad de Hannover hasta 2007.

Katja Heimanns, dipl. ing., arquitecta paisajista, Braunschweig.

Marianne Mommsen, dipl. ing., relais Landschaftsarchitekten, Berlín.

Axel Klapka, dipl. ing., K1 Landschaftsarchitektur, Berlín.

Cordula Loidl-Reisch, prof., dipl. ing., arquitecta paisajista. Directora del Departamento de Construcción del Paisaje y Construcción Comercial (Landschaftsbau-Objektbau) en la TU de Berlín.

Eike Richter, dipl. ing., LA.BAR Landschaftsarchitekten, Berlín.

Ute Rieper, dipl. ing., arquitecta paisajista en Basilea. Investigadora asociada en el Departamento de Tecnología de la Vegetación y la Utilización de Plantas (Vegetationstechnik und Pflanzenverwendung) en la TU de Berlín hasta 2008.

Caroline Rolka, dra. ing., arquitecta paisajista y experta en preservación de jardines históricos, Berlín, experta en la arquitectura de pequeña escala.

Petra Zadel-Sodtke, dra. ing., arquitecta paisajista en bdla, Berlín, especialista en la materia de construcción con ladrillos y clínkeres.

Astrid Zimmermann, dipl. ing., arquitecta paisajista, Berlín. Investigadora asociada del Departamento de Construcción del Paisaje y Edificación (Landschaftsbau-Objektbau) en la TU de Berlín hasta 2008.

Edición original en alemán a cargo de Astrid Zimmermann; Instituto de Arquitectura del Paisaje y Planificación Ambiental, Facultad VI, TU de Berlín.

Colaboradores:
Mareike Knocke, Sebastian Pötter, Jennifer Zelt, Sandra Rösler, Elisabeth Gallant, Heidrun Fehr, Ulrike Kirstein, Karsten Scheffer, Stefan J. Cichosz, Alexander Roscher, David Kaufmann, Gesa Königstein, Thorsten Wolff.

Edición de las ilustraciones: Astrid Zimmermann.

Todos los planos de CAD han sido dibujados y producidos con el programa Vectorworks. Vectorworks. LANDSCHAFT

Las recomendaciones técnicas contenidas en este libro reflejan el actual estado de la tecnología. Sin embargo, es necesario contrastarlas expresamente con la normativa vigente en cada país, aprobada y regulada por los correspondientes organismos competentes. Los autores y la editorial en ningún caso pueden considerarse responsables del diseño, planificación o ejecución de un proyecto deficiente.

Coordinación de la edición española a cargo de Q! estudio (www.q-estudio.com).
Equipo: Inmaculada E. Maluenda y Enrique Encabo Seguí, arquitectos y editores (coordinación de la edición, primera revisión del texto y terminología especializada); María Cifuentes Ochoa y Carlos Jiménez Romera, arquitectos y especialistas en la materia (traducción y terminología especializada); Virginia Fernández Nadal (corrección de textos).

Este libro también está disponible en versión alemana (ISBN 978-3-0346-0737-7 tapa dura; ISBN 978-3-0346-0719-3 tapa blanda) y en versión inglesa (ISBN 978-3-0346-0736-0 tapa dura; ISBN 978-3-0346-0720-9 tapa blanda).

Información bibliográfica publicada por la Biblioteca Nacional Alemana [Deutsche Nationalbibliografie]; todos los detalles se encuentran disponibles en Internet en http://dnb.d-nb.de

P.O. Box, CH-4002 Basilea, Suiza
Filial de ActarBirkhäuser

Impreso en papel libre de ácidos, fabricado a partir de pulpa libre de cloro. TCF ∞

Maquetación y diseño de la cubierta: Nadine Rinderer
Composición: ActarBirkhäuserPro, Barcelona – Basel, www.actarbirkhäuserpro.com

Impreso en España

ISBN 978-3-0346-0694-3

987654321 www.birkhauser.com

Querría mostrar aquí mi agradecimiento a todos los estudios, instituciones y personas que han apoyado y hecho posible esta publicación, cediendo gratuitamente materiales gráficos y documentación técnica de sus proyectos. Además, quiero agradecer específicamente a las siguientes personas sus trabajos de investigación, sus consejos como expertos y su apoyo en general: Simon Colwill, Birgit Funke, Jörn Mikoleit, Peter Rieper, Ulrike Zimmermann, Meika Fields, Anne-Cecile Jaquot, Nadine Kaczmarek, Martin Küster, Christian Oberbichler, Günter Mader, Karin Kragsig Peschardt, Thomas Reschke, Wolfgang Schäfer, Saara Vilhunen y Jim Wheeler. Mi más cálido agradecimiento a Annette Gref por apoyar la idea y el desarrollo de este libro, y a los profesores Heinz W. Hallmann y Cordula Loidl-Reisch del Departamento de Construcción del Paisaje y Edificación de la TU de Berlín.

ACO

With its 31 production sites and over 70 sales & marketing companies, ACO is an international synonym for surface and building drainage. ACO products are found around the world in numerous public spaces, transport hubs, airports and shopping streets. Over 3800 employees in Europe, America, Australia and Asia will generate a turnover of 630 million euros in 2008.
Modern landscaping has to cope with numerous ambitious design and engineering challenges. The world market leader in line drainage successfully tackles these challenges with a precisely matched range of quality products that fully satisfy the professional standards of planners and operatives. Whatever the situation — line and facade drainage, point drainage, rainwater infiltration, or tree and amphibian protection — ACO has the best solutions and systems for the creative design of public spaces, stadiums and sports grounds, domestic applications, roof gardens, or nature conservation and environmental protection. ACO's in-depth expertise in production technologies for polymer concrete, reinforced concrete, stainless steel, cast iron and plastics benefits landscaping projects and companies with a spectrum of solutions that combine aesthetics and customised design with functionality and economic efficiency. The innovative product systems are also backed up by a free service package including hydraulic calculations, manufacturer-neutral specification clauses, precise installation plans, and personal on-site consulting.